GOETHE-HANDBUCH

Band 4/1

GOETHE HANDBUCH

in vier Bänden

Herausgegeben von Bernd Witte,
Theo Buck, Hans-Dietrich Dahnke,
Regine Otto und Peter Schmidt (†)

Redaktion: Ulrike Bardt,
Petra Oberhauser
und Vera Viehöver

*Gefördert durch
die Fritz Thyssen Stiftung
und die Stiftung Weimarer Klassik*

GOETHE HANDBUCH

Band 4/1

Personen
Sachen
Begriffe
A–K

Herausgegeben von
Hans-Dietrich Dahnke
und Regine Otto

Verlag J.B. Metzler
Stuttgart · Weimar

Gedruckt auf säure- und chlorfreiem, alterungsbe-
ständigem Papier

ISBN 3-476-01446-0
Gesamtwerk: ISBN 3-476-00923-8

© 1998 J.B. Metzlersche Verlagsbuchhandlung
und Carl Ernst Poeschel Verlag GmbH in Stuttgart
Satz: Typomedia Satztechnik GmbH, Ostfildern
Druck und Bindung: Franz Spiegel Buch GmbH,
Ulm
Printed in Germany

Verlag J.B. Metzler Stuttgart · Weimar

Die Deutsche Bibliothek – CIP-Einheitsaufnahme

Goethe, Johann Wolfgang von:
Goethe-Handbuch : in 4 Bänden / hrsg. von Bernd
Witte ... – Stuttgart ; Weimar : Metzler.
  ISBN 3-476-00923-8
NE: Goethe, Johann Wolfgang von: Sammlung;
Witte, Bernd [Hrsg.]

Bd. 4. 1. Personen, Sachen, Begriffe / hrsg. von Hans
Dietrich Dahnke und Regine Otto. – 1998
  ISBN 3-476-01446-0

Inhaltsverzeichnis

Hinweise für Benutzer

Verantwortlich für den Inhalt der einzelnen Artikel ist der jeweilige Autor.

Formale Gestaltung der Artikel

Der Name »Johann Wolfgang von Goethe« wird in den Artikeln »G.« bzw. im Genitiv »G.s« abgekürzt. Auch in Wortzusammensetzungen wird »Goethe« abgekürzt (z.B. G.-Forschung). Ein genaues Verzeichnis aller Abkürzungen findet sich auf S. XVII. Alle Werktitel sowie alle Binnentitel erscheinen kursiv; bei Gedichten ohne Titel erscheint die erste Zeile kursiv als Titel. Titel von musikalischen Werken und Werken der bildenden Kunst erscheinen ebenfalls kursiv. Titel von Goethes Werken können in Kurzform genannt werden, z.B. *Campagne, Tasso, Lehrjahre, Dichtung und Wahrheit, Divan*.

Zur Unterteilung größerer Texte in Sinnabschnitte dienen Zwischenüberschriften. Bei kürzeren Artikeln werden Sinnabschnitte durch eine Leerzeile gekennzeichnet.

Vornamen werden nur bei der ersten Erwähnung einer Person innerhalb eines Artikels genannt. Bei eindeutig bekannten Personen (Schiller, Hegel etc.) erübrigt sich der Vorname. Bei Frauen und im Falle von Verwechslungsmöglichkeiten wird der Vorname immer gesetzt.

Bei Verweisen auf Autoren von Sekundärliteratur wird der Vorname nicht genannt, d.h. (vgl. Weimar) und nicht (vgl. Klaus Weimar). Die Titel erscheinen in der Bibliographie.

Zitierweise

Die Goethe-Texte sind nach den gängigen Ausgaben zitiert. Die Entscheidung, nach welcher Ausgabe der jeweilige Text zitiert wird, wird vom Autor gefällt. Ein Verzeichnis der Siglierungen findet sich auf S. XIV.

Häufig genannte Werke der Sekundärliteratur (z.B. Conrady) sind ebenfalls sigliert. Im Artikel und in der Bibliographie erscheint dann lediglich ein Kürzel in Kapitälchen (CONRADY), in der Regel mit Band- und Seitenangaben. Ein Verzeichnis dieser Siglierungen findet sich auf S. XV.

Zitate werden in doppelte, Zitate innerhalb von Zitaten in einfache Anführungszeichen gesetzt. Vom zitierten Autor veranlaßte Hervorhebungen in den Zitaten werden im Druck durch Sperrung wiedergegeben.

Hervorhebungen des zitierenden Autors werden über die Kursivierung hinaus durch die Angabe »[Hv. v. Vf.]« kenntlich gemacht.

Einfügungen des Artikelautors stehen in eckigen Klammern und werden folgendermaßen gekennzeichnet: [...; d. Vf.].

Wo wiederholt und ohne Verwechslungsmöglichkeit aus dem selben Text zitiert wird, folgt nach dem vollständigen Stellennachweis beim ersten Zitat im folgenden nur noch die Angabe der Seitenzahl(en) bzw. Vers-, Akt- oder Szenenzahl(en).

Die benutzten Ausgaben werden diplomatisch getreu zitiert. Flexionsänderungen in Zitaten werden nicht gekennzeichnet.

Briefe werden ausschließlich mit Datum und Adressat belegt. Zitiert wird hierbei in der Regel nach der Weimarer Ausgabe. Der Briefwechsel Goethe – Zelter wird nach der Münchner Ausgabe zitiert, der Briefwechsel Goethe – Schiller nach der Schiller-Nationalausgabe.

Die Gespräche mit Eckermann werden mit (Eckermann, Datierung) nachgewiesen, die Gespräche mit dem Kanzler von Müller mit (von Müller, Datierung).

Tagebucheintragungen werden in der Regel nach der Weimarer Ausgabe zitiert.

Die *Tag- und Jahreshefte* werden nur mit Angabe des Datums zitiert (*Tag- und Jahreshefte*, Jahreszahl).

Auf zeitgenössische nicht-G.sche Quellen und auf die Forschungsliteratur wird in den Artikeln durch einen Hinweis auf den Namen des Autors und die entsprechenden Seitenzahlen verwiesen, z.B. (Gundolf, S. 375). Alle zitierten Titel erscheinen in der Bibliographie.

Bibliographie

An den Artikel schließt sich eine alphabetisch geordnete Bibliographie an. Diese enthält die im Artikel zitierten Werke und eine Auswahl weiterer Titel der Forschungsliteratur.

Kommentare werden in der Artikel-Bibliographie nur aufgeführt, wenn sie vorher im Text erscheinen oder keine andere Sekundärliteratur existiert.

Siglenliste

I. AUSGABEN

a) Goethe-Ausgaben

ALH — Goethe's Werke. Vollständige Ausgabe letzter Hand. 40 Bde. Stuttgart, Tübingen 1827–1830. Ergänzt durch: Goethe's Nachgelassene Werke. Hg. von Johann Peter Eckermann und Friedrich Wilhelm Riemer. Bd. 1–20 [Bd. 41–60 der Ausgabe letzter Hand]. Stuttgart, Tübingen 1832–1842.

BA — Goethe: Poetische Werke. Kunsttheoretische Schriften und Übersetzungen. 22 Bde. Berlin, Weimar 1960–1978.

FA — Johann Wolfgang Goethe: Sämtliche Werke. Briefe, Tagebücher und Gespräche. 40 Bde. Hg. von Hendrik Birus u.a. Frankfurt/M. 1987ff.

GA — Johann Wolfgang von Goethe: Gedenkausgabe der Werke, Briefe und Gespräche. Hg. von Ernst Beutler. 24 Bde. u. 3 Ergänzungsbde. Zürich 1948–1971.

HA — Goethes Werke. Hamburger Ausgabe in 14 Bänden. Hg. von Erich Trunz. Hamburg 1948–1964.

JA — Goethes sämtliche Werke. Jubiläumsausgabe. Hg. von Eduard von der Hellen. 40 Bde. und Registerband. Stuttgart, Berlin 1902–1912.

JG Fischer-Lamberg — Der junge Goethe. Neu bearbeitete Ausgabe in fünf Bänden. Hg. von Hanna Fischer-Lamberg. Berlin 1963–1973. Registerband 1974.

JG Morris — Der junge Goethe. Neue Ausgabe in 6 Bänden. Hg. von Max Morris. Leipzig 1909–1912.

LA — Goethe. Die Schriften zur Naturwissenschaft. Vollständige mit Erläuterungen versehene Ausgabe im Auftrage der Deutschen Akademie der Naturforscher. Leopoldina. Begr. von Lothar Wolf und Wilhelm Troll. Hg. von Dorothea Kuhn und Wolf von Engelhardt. 17 Text- und 11 Kommentarbde. Weimar 1947ff.

MA — Johann Wolfgang Goethe: Sämtliche Werke nach Epochen seines Schaffens. Münchner Ausgabe. Hg. von Karl Richter in Zusammenarbeit mit Herbert G. Göpfert, Norbert Miller und Gerhard Sauder. München 1985ff.

WA — Goethes Werke. Hg. im Auftrage der Großherzogin Sophie von Sachsen. 143 Bde. Weimar 1887–1919. Nachdruck München 1987. [nebst] Bd. 144–146: Nachträge und Register zur IV. Abt.: Briefe. Hg. von Paul Raabe. Bd. 1–3. München 1990.

b) Sonstige Ausgaben

HSW — Herders Sämmtliche Werke. Hg. von Bernhard Suphan. 33 Bde. Berlin 1877–1913.

KA — Kritische Friedrich-Schlegel-Ausgabe. Eingeleitet und hg. von Ernst Behler. 35 Bde. München, Paderborn, Wien 1979ff.

SNA — Schillers Werke. Nationalausgabe. 1940 begründet von Julius Petersen. Fortgeführt von Lieselotte Blumenthal, Benno von Wiese, Siegfried Seidel. Hg. im Auftrag der Stiftung Weimarer Klassik und des Schiller-Nationalmuseums in Marbach von Norbert Oellers. 43 Bde. Weimar 1943ff.

II. GOETHE IN SELBSTZEUGNISSEN

Eckermann	Johann Peter Eckermann: Gespräche mit Goethe in den letzten Jahren seines Lebens. Hg. von Heinz Schlaffer. München 1986 (MA 19).
Gespräche	Goethes Gespräche. Eine Sammlung zeitgenössischer Berichte aus seinem Umgang auf Grund der Ausgabe und des Nachlasses von Flodoard Freiherrn von Biedermann ergänzt und hg. von Wolfgang Herwig. 4 Bde. Zürich, Stuttgart 1965–1984.
GRÄF	Hans Gerhard Gräf: Goethe über seine Dichtungen. Versuch einer Sammlung aller Äußerungen des Dichters über seine poetischen Werke. 9 Bde. Frankfurt/M. 1901–1914.
GRUMACH	Goethe. Begegnungen und Gespräche. Hg. von Ernst Grumach und Renate Grumach. Berlin 1965 ff.
Müller, von	Kanzler Friedrich von Müller: Unterhaltungen mit Goethe. Mit Anmerkungen versehen und herausgegeben von Renate Grumach. Weimar 1959.

III. SIGLIERTE EINZELWERKE

BEUTLER	Ernst Beutler: Essays um Goethe. Bremen 1957.
CONRADY	Karl Otto Conrady: Goethe. Leben und Werk. 2 Bde. Königstein/Ts. 1982–1985.
Corpus	Gerhard Femmel: Corpus der Goethezeichnungen. 7 Bde. Leipzig 1958–1973.
DWb	Deutsches Wörterbuch. Begr. von Jacob und Wilhelm Grimm. 33 Bde. Leipzig 1854–1962. Nachdruck München 1984.
EISSLER	Kurt R. Eissler: Goethe. Eine psychoanalytische Studie. 1775–1786. 2 Bde. Basel, Frankfurt/M. 1983–1985.
GHB	Goethe-Handbuch. Hg. von Bernd Witte, Theo Buck, Hans-Dietrich Dahnke, Regine Otto und Peter Schmidt. 4 Bde. Stuttgart, Weimar 1996/97.
GWb	Goethe-Wörterbuch. Bd. I ff. Stuttgart 1966 ff.
GUNDOLF	Friedrich Gundolf: Goethe. Berlin 1916.
HAMMER	Joseph von Hammer-Purgstall: Der Diwan des Mohammed Schemsed-din Hafis. Aus dem Persischen zum erstenmal ganz übersetzt von Joseph von Hammer. 2 Bde., Stuttgart u. Tübingen 1812 f.[tatsächlich: 1814] Repr. Hildesheim u. New York 1973.
HwbA	Hanns Bächtold-Stäubli (Hg.): Handwörterbuch des deutschen Aberglaubens. 10 Bde. Berlin, Leipzig 1927–1942.
KOMMERELL	Max Kommerell: Gedanken über Gedichte. Frankfurt/M. 1943.
MuR	Goethe: Maximen und Reflexionen. Hg. von Max Hecker. Weimar 1907.
STAIGER	Emil Staiger: Goethe. 3 Bde. Zürich 1952–1959.
ZASTRAU	Alfred Zastrau (Hg.): Goethe-Handbuch. Goethe, seine Welt und seine Zeit in Werk und Wirkung. Bd 1.: Stuttgart 1961, Bd. 4: 1956.
ZEITLER	Julius Zeitler (Hg.): Goethe-Handbuch. 3 Bde. Stuttgart 1916–1918.
ZIMMERMANN	Rolf Christian Zimmermann: Das Weltbild des jungen Goethe. Studien zur hermetischen Tradition des deutschen 18. Jahrhunderts. Interpretation und Dokumentation. 2 Bde. München 1969–1979.

V. ZEITSCHRIFTEN

AfMf.	Archiv für Musikforschung
AfMw.	Archiv für Musikwissenschaft
AfPhilos.	Archiv für Philosophie
AGeschBuchw.	Archiv für Geschichte des Buchwesens
Archiv.	Archiv für das Studium der neueren Sprachen und Literaturen
ARG.	Archiv für Reformationsgeschichte
BJbG.	Basis. Jahrbuch für Germanistik
ChrWGV.	Chronik des Wiener Goethe-Vereins
CLS.	Comparative Literature Studies
DU.	Der Deutschunterricht
DVjs.	Deutsche Vierteljahrsschrift für Literaturwissenschaft und Geistesgeschichte
GLL.	German Life and Letters
GN.	Germanic Notes
GoetheJbWien.	Jahrbuch des Wiener Goethe-Vereins
GoetheYb.	Goethe Yearbook
GQu.	The German Quarterly
GR.	Germanic Review
GRM.	Germanisch-romanische Monatsschrift
IASL.	Internationales Archiv für Sozialgeschichte der deutschen Literatur
JbIG.	Jahrbuch für Internationale Germanistik
JbDASprD.	Deutsche Akademie für Sprache und Dichtung Darmstadt. Jahrbuch
JbFDtHochst.	Jahrbuch des Freien Deutschen Hochstifts
JbGG.	Jahrbuch der Goethe-Gesellschaft
JbSK.	Jahrbuch der Sammlung Kippenberg
JEGP.	Journal of English and Germanic Philology
JHI.	Journal of the history of ideas
LGS.	London German Studies
LJb.	Lenz-Jahrbuch
MLN.	Modern Language Notes
MLQu.	Modern Language Quarterly
MLR.	Modern Language Review
Neoph.	Neophilologus
OGS.	Oxford German Studies
PEGS.	Publications of the English Goethe Society
PMLA.	Publications of the Modern Language Association of America
PRMA.	Proceedings of the Royal Musical Association
SchillerJb.	Jahrbuch der deutschen Schiller-Gesellschaft
SchrGG.	Schriften der Goethe-Gesellschaft
SuF.	Sinn und Form
ThLZ.	Theologische Literaturzeitung
WB.	Weimarer Beiträge
WZUJ.	Wissenschaftliche Zeitschrift der Universität Jena
WZUL.	Wissenschaftliche Zeitschrift der Universität Leipzig
ZfdA.	Zeitschrift für deutsches Altertum und deutsche Literatur
ZfdPh.	Zeitschrift für deutsche Philologie
ZfG., ZG.	Zeitschrift für Germanistik

ZSTh.   Zeitschrift für systematische Theologie
ZThK.   Zeitschrift für Theologie und Kirche

VI. ABKÜRZUNGEN

a.a.O.   am angegebenen Ort
Aufl.   Auflage
Bd.   Band
Bde.   Bände
begr.   begründet
ders./dies.   derselbe/dieselbe
Diss.   Dissertation
durchges.   durchgesehen
ebd.   ebenda
eingel.   eingeleitet
Fs.   Festschrift
G.   Goethe
GSA   Goethe- und Schiller-Archiv
Hg.   Herausgeber(in)/Herausgegeben
Hs./hs.   Handschrift/handschriftlich
Hv.   Hervorhebung
Jb.   Jahrbuch
Jh.   Jahrhundert
Kap.   Kapitel
Komm.   Kommentar
Ms.   Manuskript
N.F.   Neue Folge
o.g.   oben genannt
o.J.   ohne Jahr
o.O.   ohne Ort
Sp.   Spalte
Str.   Strophe
Tsd.   Tausend
u.ä.   und ähnliche(s)
u.a.   unter anderem, unter anderen
u.a.m.   und andere(s) mehr
u.ö.   und öfter
v.   vom, von
V.   Vers
Vf.   Verfasser
Vol./vol.   Volumen/volume
vollst.   vollständig
zit.   zitiert

Autorenverzeichnis

Fancelli, Maria	Sizilien
Fink, Gonthier-Louis	Elsaß, Frankreich, Französische Literatur, Volksdichtung
Förster, Jürgen	Charlotte von Stein
Franz, Michael	Kunst, Wahres/Gutes/Schönes
Gamm, Hans-Joachim	Bildung, Entsagung
Gaskill, Howard	Ossian
Gehl, Renate	Kraus
Gille, Klaus	Goethe-Forschung (19. Jh.)
Golz, Jochen	Epoche, Humor, Jean Paul, Merck
Gothe, Rosalinde	Bauern, Dornburg, Gotha, Hof, Ilmenau, Oberroßla, Sachsen-Weimar-Eisenach, Thüringen [mit H.-D. Dahnke]
Grumach, Renate	Gespräche, Müller
Grün, Klaus-Jürgen	Realität, Theorie/Praxis
Häfner, Ralph	Elemente, Makrokosmos/Mikrokosmos, Mensch/Menschheit, Orphik
Hagen, Waltraud	Nachdruck/Raubdruck, Werkausgaben
Hammacher, Klaus	Jacobi
Härtl, Heinz	Bettina von Arnim, Athenaeum
Hartung, Günter	Beethoven, Judentum, Mozart, Musik, Oper
Henkel, Arthur	Hamann
Hilgers, Klaudia	Schicksal
Holtermann, Michael	Dalberg
Huber, Peter	Polarität/Steigerung, Systole/Diastole
Jacobs, Angelika	Renaissance
Jäger, Hans-Wolf	Didaktische Dichtung
Jahn, Ilse	Geoffroy St.-Hilaire, Alexander von Humboldt
Jamme, Christoph	Hölderlin
Jeßing, Benedikt	Genie, Cornelia Goethe, Goethe-Biographien, Julirevolution, Mythologie, Mythos, Lili Schönemann
John, Johannes	Alter, Lessing, Liebe, Pathologisches, Publikum, Saint-Simonismus
Joost, Ulrich	Lichtenberg
Jørgensen, Sven-Aage	Bibel, Fromm/Frömmigkeit, Jesus, Moses
Kahler, Manfred	Adelsnominierung, Akademiemitgliedschaften, Orden/Titel, Testamente, Tod und Bestattung
Kahler, Marie-Luise	Naturwissenschaftliche Sammlungen [mit Gisela Maul], Urpflanze
Keller, Werner	Leben, Tod, Unsterblichkeit
Kiefer, Klaus H.	Aberglaube, Balsamo, Magie, Mystizismus
Kliche, Dieter	Schönes/Häßliches
Klien, Wolfgang	Juristische Tätigkeit
Knittel, Anton Philipp	Carus, Angelika Kauffmann, Runge
Koopmann, Helmut	Bürgertum, Ethik, Geist, Seele, Unerforschliches, Weltbürgertum
Krebs, Roland	Diderot
Krippendorff, Ekkehart	Krieg/Frieden, Politik, Staat
Krügel, Katharina	Porträts
Kuhn, Dorothea	Arbeitsweise [mit Siegfried Scheibe], Cotta
Laan, James M. van der	Heidentum
Lee, Meredith	Klopstock
Leistner, Bernd	Dichter, Harz, Kleist, Künstler, Poesie, Stil

Loužil, Jaromir   Böhmen, Karlsbad
Lüchow, Annette   Göttinger Hain
Lüsebrink, Hans-Jürgen   Calderón, Halsbandaffäre, Spanische Literatur
Maisak, Petra   Illustrationen, Zeichnungen
Malles, Hans-Jürgen   Übersetzungen
Mandelkow, Karl Robert   Goethe-Forschung (20. Jh.)
Marthaus, Margarete   Freitagsgesellschaft, Geselligkeit [mit H.-D. Dahnke], Mittwochs-
                                    gesellschaft, Wohnungen
Mattausch, Josef   Deutsche Sprache, Sprache
Maul, Gisela   Naturwissenschaftliche Sammlungen [mit M.-L. Kahler]
Mehlig, Johannes   Indien
Mildenberger, Hermann   Tischbein
Moes, Jean   Möser
Mommsen, Katharina   Arabien, Islam, Koran, Märchen, Mohammed, Orient, Persien
Moses, Stéphane   Tradition
Müller, Peter   Charakteristische Kunst, Klinger, Lenz, Schlosser, Straßburg
Namowicz, Tadeusz   Gleichheit, Revolution, Slawische Literaturen
Nahler, Horst   Editionen
Naumann-Beyer, Waltraud   Ästhetik, Anschauung, Fichte, Platonismus, Sexualität, Sinnlich-
                                    keit
Niedermeier, Michael   Dilettantismus, Handwerk, Industrie, Maschinenwesen, Natur-
                                    dichter, Pädagogik, Talent
Nisbet, Hugh Barr   Bacon, England, Lukrez
Oellers, Norbert   Schiller
Osterkamp, Ernst   Bildende Künste, Palladio, Raffael
Oswald, Stefan   Venedig
Otto, Regine   Dessau/Wörlitz [mit H.-D. Dahnke], Eckermann, Fürstenbund,
                                    Horen, Knebel
Paulin, Roger   Shakespeare
Peitsch, Helmut   Forster
Pestalozzi, Karl   Lavater
Peters, George   Heine
Peters, Günter   Auge, Kosmologie, Produktivität, Tätigkeit
Plum, Sabine   Enthusiasmus
Ponzi, Mauro   Rom
Randall, Anni Janeiro   Corona Schröter
Reed, Terence James   Carlyle, Englische Literatur
Riedel, Volker   Antike
Rötzer, Hans Gerd   Quérelle des Anciens et des Modernes
Rudnik, Christa   Diener/Schreiber, Riemer, Seidel
Rudolph, Enno   Individualität, Persönlichkeit
Saine, Thomas P.   Schlesien
Sandkaulen, Birgit   Hegel
Sauder, Gerhard   Anakreontik, Empfindsamkeit, Freundschaft, Sesenheim, Wetzlar
Scheibe, Siegfried   Arbeitsweise [mit Dorothea Kuhn]
Schings, Hans-Jürgen   Religion/Religiosität
Schmid, Gerhard   Eigentum/Einkommen, Institutionen
Schmid, Irmtraut   Amtliche Tätigkeit, Jena, Jenaische Allgemeine Literatur-Zeitung,
                                    Voigt

Aberglaube

Der frequente Umgang mit den Worten »Aberglaube(n)« und »abergläubisch« indiziert eine eigentümliche, sehr differenzierte und vielschichtige Konzeption des Aberglaubens bei G. Während er den Begriff vor allem in der wissenschaftlichen Polemik durchaus im Sinne von »Irrlehre« und »Vorurteil« benutzte, rechtfertigte er die Sache zugleich, entgegen der überkommenen christlichen wie auch rationalistisch-aufklärerischen Kritik, die auch heute noch bedeutungsprägend ist, vor allem in anthropologischer, ethnologischer, poetologischer und »egologischer« Hinsicht. Hier trifft man auf die Wirksamkeit einer geschichtlichen Wissensformation, die zu Lebzeiten des Dichters offensichtlich auslief und erst im 20. Jh., in der G.-Philologie gar erst in jüngster Zeit wieder positiver Forschungsgegenstand geworden ist.

G.s Konzeption des Aberglaubens ist nur im Funktionsgefüge seines höchst komplexen »Weltbildes« zu verstehen – und dieses wiederum nur in der Verschränkung mit der Epoche der Aufklärung. Es wäre freilich irrig, diesen epochalen Rahmen so zu verstehen, als ob Begriffe wie »Aberglaube« ebenso wie andere, »Magie« oder »Mystizismus«, kritisch davon abzusetzen wären. Das »siècle des lumières« erscheint zumal in seiner Spätphase als komplex strukturiertes soziokulturelles Gebilde, in dem Kant und Cagliostro koexistierten, »der höchste Menschenverstand, und der grasseste Aberglauben durch das feinste und unauflöslichste Band« (an Charlotte von Stein, 6.4. 1782) verknüpft sein konnten. Diese auf Lavater gemünzte, indes das Wesen der Epoche typisierende Aussage G.s bezeugt die widerspruchsvolle Homogenität eines Syndroms, die es gerade auch »aufgeklärten« Zeitgenossen schwer machte, über die Legitimität von Glaubensformen zu urteilen.

Nicht zufällig sind G.s Versuche, Wesen und Funktion von Aberglauben zu bestimmen, zumeist aphoristischer oder narrativer Art. Wenn er »Epochen der Wissenschaften« zu unterscheiden suchte, rechnete er deren erster, einer anfänglichen, »kindlichen«, Poesie und Aberglauben zu; indessen charakterisierte er die »ideelle« Endphase zugleich mit dem Begriff des »Mystischen« (WA II, 13, S. 446ff.). Diese Zusammenziehung von Anfang und Ende erlaubt wohl, »Mystizismus« als Oberbegriff für die in Frage stehende Diskurskonstellation anzusehen – allerdings in einer Bedeutungsprägnanz, die über den G.schen Sprachgebrauch schon wieder hinausgeht – und zugleich den Begriff der »Magie« anzuschließen. Während »Aberglaube« vor allem eine konkrete Lebenspraxis abdeckt, erfaßt »Magie« eine seinerzeit allmählich absterbende experimentell-spekulative, der Alchimie und der Hermetik nahestehende Diskurspraxis. Dagegen erfüllt der wesentlich abstraktere »Mystizismus«, wenngleich in überwiegend negativer Konnotation, noetische und poetische Funktionen, die wiederum an G.s »Symbolik« heranreichen, der es im Sinne seiner *Schlußbetrachtung über Sprache und Terminologie* (WA II, 1, S. 302ff.) oblag, das an die Erfahrung nur »Herantretende«, im Grunde aber »Unerforschliche« zu markieren.

Zeitlebens sah G. die sozial oder wissenschaftlich konstruierte Wirklichkeit von einem »ungeheuren Weltganzen« (an Schiller, 8.12. 1798) umgeben, von einem »ungeheuren Geheimniß« (WA II, 6, S. 99) durchwirkt, demgegenüber er okkulte (»dunkle«) bzw. sakrale Gefühle (»Ahndungen«) für angemessen hielt. Auch der Wissenschaftler G. hat den Boden der Naturmystik nie verlassen. Zwar versuchte er, sich der »Schwelle« der Naturgeheimnisse so weit wie möglich anzunähern (WA II, 8, S. 334), verharrte aber zugleich in mythisch »partizipierendem« Bewußtsein vor den »Urphänomenen«. Eine Unterscheidung von Glauben und Aberglauben erschien ihm von vornherein obsolet. Er interpretierte beide aus funktionalistischer, »praktischer« Sicht, sei es als menschlichen Wesenszug, sei es im Sinne eines metaphysischen Sekuritätsbedürfnisses: »Bei'm Glauben [...] komme alles darauf an, daß man glaube; was man glaube, sei völlig gleichgültig. Der Glaube sei ein großes Gefühl von Sicherheit für die Gegenwart und Zukunft, und diese Sicherheit entspringe aus dem Zutrauen auf ein übergroßes, übermächtiges und unerforschliches Wesen« (WA I, 28, S. 269f.) – der Autobiograph relativierte allerdings seine These aus dem Jahr 1774 als »Halbwahrheit« (ebd.). Für G. war Unglaube problematischer als Aberglaube (vgl. WA II, 3, S. 223). In seiner ausführlichen Würdigung Roger Bacons im »Historischen Teil« der *Farbenlehre* erhob er den Aberglauben geradewegs zum Gegenpol des »Wahnsinns« seiner eigenen Zeit: Jener sei »ein Erbtheil energischer, großthätiger, fortschreitender Naturen«, »Unglaube« dagegen »das Eigenthum schwacher, kleingesinnter, zurückschreitender, auf sich selbst beschränkter Menschen« (ebd., S. 164). G. propagierte hier mitnichten einen Okkultismus, denn er ortete Roger Bacon ja als progressiv innerhalb der »dunklen« Zwischenzeit, des Mittelalters. Entscheidend waren ihm nicht die »falschen Mittel«, sondern das »wahre Bedürfniß« (ebd., S. 160).

Insofern Aberglauben und Poesie das Fiktionale und Sinnliche gemeinsam haben, bezeichnete G. den Aberglauben auch als »die Poesie des Lebens« (WA I, 41.2, S. 54). Das bedeutete einerseits die Entpragmatisierung des Aberglaubens in der Dichtung, andererseits die Assimilierung vitaler Glaubensfunktionen und deren Überlieferung an das nachmetaphysische Zeitalter durch die Kunst als der »wahren Vermittlerin« (MuR, 413). Da der Poet dem Aberglauben »nur eine mentale Gültigkeit« verleihe (WA I, 41.2, S. 55), hielt G. die kompositorische Nutzung von Formen des Aberglaubens für so unschädlich wie fruchtbar. Diese wurden dabei von ihm ungeniert mit religiösen, magischen oder wissenschaftlichen Elementen durchmischt. Daß G. – was ihm bewußt war – an einer Zeitenwende stand, an der bedeutende orientalische wie okzidentale Traditionen abbrachen, versiegten oder »sanken«, bezeugt die Vielzahl von teils esoterischen, teils phantastischen Motiven in seinen literarischen Schriften, ja schon sein überreicher okkultistischer Wortschatz – wie die zahlreichen Komposita mit »Geister-«, »Zauber-« usw.

Gerade weil G. eine so umfassende Kenntnis von – im engeren Sinne – abergläubischen, christlich-religiösen und mythologischen Formen, Figuren und Praktiken besaß, weil seine uns schriftlich tradierten Äußerungen, auch und insbesondere die literarischen, eine im Grunde säkulare Verständigungsfunktion erfüllten, ist die Frage nach seinem persönlichen Aberglauben schwer zu beantworten. Das »Handwörterbuch des deutschen Aberglaubens« (HwbA) zitiert ihn nur an einer Stelle, anläßlich der Schilderung der »Planetenstunde« (WA I, 26, S. 11), wo die astrologischen Angaben ohnehin nur im poetischen Zusammenhang zu sehen sind. Aber aus seinem Werk könnte ein volkskundliches Kompendium abgezogen werden – wobei wiederum die Unterscheidung zwischen Aberglauben und Magie schwierig ist: Kabbala, Wunder, Hellsehen, Zweites Gesicht, Verwünschung, Liebeszauber, Teufelspakt, Hexenwahn, Geisterseherei, Zauberformeln, Talisman, Alraunwurzel, Schatzsuche – zu all dem und mehr finden sich zahlreiche Angaben. G. scheint besonders empfänglich gewesen zu sein für verschiedene Arten der abergläubischen Vorausdeutung, als da sind Omina, Orakel, auch Träume. Vor allem als Schriftsteller und Reisender folgte er Winken des Schicksals, etwa ein Manuskript abzusenden oder nicht, aufzubrechen oder umzukehren, bzw. übte er eine Praxis der Geheimhaltung, des Nicht-Berufens, die er selbst als abergläubisch bezeichnete – so besonders hinsichtlich der Italienischen Reise (an Carl August, 14.10. 1786; Eckermann, 10.2. 1829). Er trieb auch einen gewissen Kult mit Andenken, Symbolen und Gedenksteinen. In diesen Grenzbereichen privater Mythologie prägte sich seine Vorstellung vom »Dämonischen« aus, das in seiner Ambivalenz einige Analogien zum Aberglauben aufweist.

Literatur:

Faivre, Antoine/Zimmermann, Rolf Christian (Hg.): Epochen der Naturmystik. Hermetische Tradition im wissenschaftlichen Fortschritt. Berlin 1979. – Hennig, John: Zu Goethes Gebrauch des Wortes ›Gespenst‹. In: DVjs. 28 (1954), S. 487–496. – HwbA. –

Kiefer, Klaus H.: Ghost-Seeing in the Eighteenth Century. Visions of the Invisible. In: Neohelicon. 20 (1993), S. 213–235. – Kondylis, Panajotis: Die Aufklärung im Rahmen des neuzeitlichen Rationalismus. München 1986. – Lepinte, Christian: Goethe et l'occultisme. Paris 1957. – Moser, Dietz-Rüdiger (Hg.): Glaube im Abseits. Beiträge zur Erforschung des Aberglaubens. Darmstadt 1992. – Nisbet, Hugh Barr: Das Dämonische. On the Logic of Goethe's Demonology. In: Forum for Modern Language Studies. 5 (1971), S. 259–281. – O'Neil, Mary R.: Superstition. In: Eliade, Mircea (Hg.): The Encyclopedia of Religion. Bd. 14. London 1987, S. 163–166. – Schöne, Albrecht: Götterzeichen, Liebeszauber, Satanskult. Neue Einblicke in alte Goethetexte. München 1982. – ZIMMERMANN.

Klaus H. Kiefer

Absolutismus

»Absolutismus« oder gar »Aufgeklärter Absolutismus« sind geschichtlich späte politische Begriffe. Als Bezeichnung für eine bestimmte Regierungsform ist »Absolutismus« in Deutschland erst in den 30er Jahren des 19. Jhs. gebräuchlich geworden, und zwar, mit negativer Bedeutung, bei altständisch-konservativen wie bei liberal-konstitutionellen und demokratischen Gegnern unbeschränkter (»absoluter«) monarchischer Gewalt, die es zu dieser Zeit auch in den deutschen Staaten faktisch nicht mehr gab. Vor allem in der deutschen Geschichtsschreibung hat der monarchische Absolutismus dann jedoch als für die frühneuzeitliche Staatsbildung wichtige Regierungsform eine positive Beurteilung erfahren. Das gilt insbesondere für jene Form monarchischer Herrschaft, die bei Aufrechterhaltung »absoluter«, also ständisch nicht begrenzter Gewalt, von aufgeklärten Fürsten und Regierungen mit dem Ziel der Verbesserung der bestehenden sozialen, ökonomischen und kulturellen Verhältnisse ausgeübt wurde. Wenn auch nicht so genannt, fand diese Regierungsform des aufgeklärten Absolutismus – in ihrer kleinstaatlich-patriarchalischen wie in ihrer zentralistisch-, verwaltungs- und militärstaatlich-rationalistischen Ausprägung – im späten 18. und frühen 19. Jh. im Für und Wider starke Aufmerksamkeit. Wie die Verfassung des Reiches und ihre Reform, so standen die einzelstaatlichen Regierungsformen und deren Reform auf der Tagesordnung nicht nur der gelehrten politischen Diskussion – und das nicht erst seit der Französischen Revolution, danach jedoch um so vordringlicher.

Der Reichsstädter und thüringische Kleinstaatsminister G. konnte sich für ein absolutistisches Regiment auch dann nicht erwärmen, wenn ein aufgeklärter Fürst an dessen Spitze stand. Er war jedoch auch kein Freund ständischer Mitregierung oder eines monarchischen Konstitutionalismus. Für ihn war und blieb eine weniger durch Staatsrecht und Institutionen als durch Tradition, hierarchische soziale Ordnung und Einsicht der Regierenden beschränkte und wohlwollende monarchische Herrschaft das Wunschbild. Im Dialog zwischen Egmont und Alba hat er ihm in der Kontrastierung mit dem Absolutismus Philipps II. Ausdruck gegeben. »Und diese willkürlichen Veränderungen«, fragt Egmont, »diese unbeschränkten Eingriffe der höchsten Gewalt, sind sie nicht Vorboten, daß Einer thun will was Tausende nicht thun sollen? Er will sich allein frei machen, um jeden seiner Wünsche befriedigen, jeden seiner Gedanken ausführen zu können« (WA I, 8, S. 268). Und wenn er gute und weise Absichten habe, wer garantiere dafür, daß seine Nachfolger nicht mit »völliger Willkür« durch Leute »ohne Kenntniß des Landes und seiner Bedürfnisse« (ebd., S. 269) herrschen würden? Alba stellt dem den Willen des absoluten Monarchen entgegen, der besser wisse, »was dem Volke frommt«, und der deshalb beabsichtige, die Regierten »zu ihrem eignen Besten« einzuschränken, zu ihrem eigenen Heil Ruhe herzustellen – auch durch Unterdrückung der Opposition –, und der dafür die Unterstützung des Adels verlange. Damit, hält Egmont entgegen, habe der Herrscher beschlossen, Kraft, Gemüt, Selbstgefühl »seines Volks« zu vernichten, »um sie bequem regieren zu können« (ebd., S. 270). Das erzeuge im Volk Furcht und Widerstand, nicht gegenüber dem monarchischen Regiment an sich, sondern gegen den »falschen Weg«, den der König eingeschlagen habe (ebd., S. 271).

Das hier entworfene Bild nicht der Grenzen monarchischer Gewalt, sondern ihrer Ausübung, ist für G.s politisches Denken im Prinzip leitend geblieben. Wird Herrschaft willkürlich, beachtet sie ständisch-regionale Rechte und Freiheiten nicht, strebt sie ein einheitliches, gleichschaltendes Regiment über alle Bürger des Staates an, so zerstört sie die Vertrauensbasis, auf der ihre Autorität beruht. Dies – also die absolutistische Ausübung von Herrschergewalt – zu verhindern und das Volk davor zu schützen, ist vorrangig die Aufgabe des Adels, der als wesentlicher Träger der politischen und gesellschaftlichen Ordnung zugleich revolutionären Regungen im Volke entgegensteht.

Dieser konservativen Vorstellung hat G. auch in seiner – fragmentarisch gebliebenen – Revolutionskomödie *Die Aufgeregten* (1793) literarischen Ausdruck gegeben, insbesondere in der Gestalt der Gräfin, die unter dem Eindruck der Revolution in Frankreich nicht nur alles Revolutionäre ablehnt, sondern auch Kritik an ihren Standesgenossen übt. Später, 1824, hat er laut Eckermann über die *Aufgeregten* gesagt, man könne sie »gewissermaßen« als sein »politisches Glaubensbekenntnis jener Zeit« ansehen: anti-revolutionär und anti-absolutistisch. Die Gesinnung der Gräfin, die eingesehen habe, »daß die revolutionären Aufstände der unteren Klassen eine Folge der Ungerechtigkeit der Großen sind«, sei »damals« auch die seinige gewesen – »und ist es noch jetzt« (4. 1. 1824).

Daß diese Denkweise auch den aufgeklärten Absolutismus einbezog, wie ihn Friedrich II. und Joseph II. – bewundert und gefürchtet – repräsentierten, kommt in den *Aufgeregten* indirekt in der Aufforderung des sich aufspielenden Revolutionsschwadroneurs Breme zum Ausdruck, »alle wahre Demokraten« sollten diese beiden Monarchen »als ihre Heiligen anbeten« (WA I, 18, S. 57). Spricht doch hier nicht nur die politische Naivität und Verworrenheit im Kopfe des »aufgeregten« Kleinbürgers, es ist auch auf die »demokratischen«

Konsequenzen einer zentralistischen Machtpolitik angespielt, die im Sinne aufgeklärter Ideen ständische Privilegien und regionale Rechte zu beseitigen strebt.

Bei aller Anerkennung der Bedeutung des Preußenkönigs für die Deutschen, für ihr Ansehen in Europa und für ihr nationales Selbstbewußtsein kühlte G.s jugendliche Bewunderung für Friedrich bald ab; unter seinem Zepter leben mochte er ebensowenig wie Christoph Martin Wieland. Die historische Größe Friedrichs, seine Genialität als Feldherr und Regent hat er nicht angezweifelt, aber doch nie seinen aufgeklärten Rationalismus zu den Merkmalen seiner Größe gerechnet. Im Bericht über ein Gespräch mit Gaetano Filangieri 1787 in Neapel knüpfte er an dessen sorgenvolle Bemerkung über die Politik Josephs II. die allgemeine Betrachtung an: »Das Bild eines Despoten, wenn es auch nur in der Luft schwebt, ist edlen Menschen schon fürchterlich« (WA I, 31, S. 27).

G.s Einstellung zum »aufgeklärten Absolutismus« als Regierungsform läßt sich am konkretesten aus seinen Äußerungen über das wünschenswerteste Regiment erschließen. »Selig preisen wir daher gebildete Völker«, so in den *Noten und Abhandlungen zu besserem Verständniß des West-östlichen Divans*, »deren Monarch sich selbst durch ein edles sittliches Bewußtseyn regiert; glücklich die gemäßigten, bedingten Regierungen, die ein Herrscher selbst zu lieben und zu fördern Ursache hat, weil er ihn mancher Verantwortung überheben, ihm gar manche Reue ersparen« (FA I, 3.1, S. 262). – Eine Charakterisierung, die weder auf Friedrich II. und Joseph II. noch auf Peter den Großen oder Napoleon paßte! »Zeitgemäße Verbesserungen«, wie G. sie für notwendig hielt (Eckermann, 5.5. 1824), waren zwar das, was aufgeklärte Regierungen unternahmen – oder anstrebten, aber sie sollten, wie G. meinte, nicht mit »herrischer Willkür« (ebd.) unternommen und ausgeführt werden und nicht die ständisch-hierarchische Ordnung gefährden, für deren Erhaltung er dem Adel entscheidende Bedeutung zumaß – freilich einem Adel, der seiner Aufgabe als Vermittler zwischen Monarch und Volk gerecht wird und nicht durch absolutistische Fürstengewalt aus ihr verdrängt ist. Der Jurist G. kannte die Reichsverfassung, der Minister G. die tatsächlichen Machtverhältnisse im Reich, die Grenzen, die den Landesherren und ihren Regierungen gerade in den Kleinstaaten durch Machtlosigkeit nach außen, geringe materielle und personelle Ressourcen und das dichte Netz von grundherrlichen, kommunalen und kirchlichen Privilegien im Innern gezogen waren, zu gut, um fürstliche Macht als »absolut«, also uneingeschränkt anzusehen. Ein »absolutistisches« Regiment, willkürlich ausgeübt, wäre für ihn ein »despotisches« gewesen. Daß es ein »aufgeklärtes« sein sollte, galt für ihn als selbstverständlich, freilich nicht im Sinne einer zentralistischen, administrativ gleichschaltenden, dirigistischen Politik nach abstrakten Prinzipien, sondern als wohlwollende, rechtswahrende, Wohlstand und Bildung fördernde Herrschaft, die innere Unruhe nicht zu befürchten habe. Sie sah er in Herzog – seit 1815 Großherzog – Carl August repräsentiert, der seinem Lande bereits 1816, ohne Kontinuitätsbruch, eine Verfassung gab. »Er war beseelt von dem edelsten Wohlwollen, von der reinsten Menschenliebe, und wollte mit ganzer Seele nur das Beste. Er dachte immer zuerst an das Glück des Landes und ganz zuletzt erst ein wenig an sich selber. [...] Er hätte die ganze Menschheit beglücken mögen. Liebe aber erzeugt Liebe. Wer aber geliebt ist, hat leicht regieren« (Eckermann, 23.10. 1828). Diese Worte, wenige Monate nach dem Tod des Fürsten und Freundes ausgesprochen, zeichnen eine Idylle, die weit von der politischen Wirklichkeit des Jahres 1828 entfernt war. Für den bewußt sich politikfern haltenden Realisten G. bezeichnen sie gleichwohl ein überzeitliches Leitbild.

Literatur:

Aretin, Karl Otmar Frhr. von (Hg.): Der Aufgeklärte Absolutismus. In: Neue Wissenschaftliche Bibliothek. Bd. 67. Köln 1974. – Krieger, Leonard: An Essay on the Theory of Enlightened Despotism. Chicago, London 1975. – Vierhaus, Rudolf: Absolutismus. In: Sowjetsystem und Demokratische Gesellschaft. Eine vergleichende Enzyklopädie. Bd. 1. Freiburg im Breisgau 1966, Sp. 17–38.

Rudolf Vierhaus

Adel

An Bürgerstolz hat es G. zeitlebens so wenig gemangelt wie an Bewußtsein der eigenen, vor allem auf geistiger Leistung gründenden exzeptionellen Persönlichkeit. Eckermann notierte für den 26.9. 1827 folgende Aussage des Achtundsiebzigjährigen: »Es war so und lag tief in meiner Natur. Ich hatte vor der bloßen Fürstlichkeit, als solcher, wenn nicht zugleich eine tüchtige Menschennatur und ein tüchtiger Menschenwert dahinter steckte, nie viel Respekt. – Ja es war mir selber so wohl in meiner Haut und ich fühlte mich selber so vornehm, daß, wenn man mich zum Fürsten gemacht hätte, ich es nicht eben sonderlich merkwürdig gefunden haben würde. Als man mir das Adelsdiplom gab, glaubten Viele, wie ich mich dadurch möchte erhoben fühlen. Allein, unter uns, es war mir nichts, gar nichts! Wir Frankfurter Patrizier hielten uns immer dem Adel gleich, und als ich das Diplom in Händen hielt, hatte ich in meinen Gedanken eben nichts weiter, als was ich längst besessen«. G. hat zwar mit der Ablehnung von gewaltsamen, revolutionären Umwälzungen auch die Infragestellung geschichtlich entwickelter Rangordnungen und Besitzverhältnisse abgewiesen und im Alter, wie das am 15.7. 1827 geführte Gespräch mit Eckermann belegt, Verständnis für das aristokratische Bestreben bekundet, innegehabten Rang und Besitz für die Familie zu bewahren, doch war er kein bornierter Verteidiger des Adelsprinzips. Zumindest nahm er die existierenden Formen des Adels um des sozialen Friedens willen hin, aber er verband seine Vorstellung von Adel vor allem mit Leistung. In diesem Sinne entwarf er etwa 1829 für den mit einem Orden ausgezeichneten Freund Carl Friedrich Zelter ein

Wappen und gab »ihm dadurch gleichsam den Adel« (Eckermann, 6.4. 1829).

Der junge G., Enkel eines Frankfurter Stadtschultheißen und Sohn eines Kaiserlichen Rats, machte mit Götz von Berlichingen einen reichsunmittelbaren Ritter zum Helden seines ersten großen historischen Dramas. Götz, noch unzerstückelte Individualität und in seinem Umkreis wohlwollender Patriarch, kämpft um seine reichsritterliche Unabhängigkeit und Freiheit und demonstriert mit seinem Scheitern nichtsdestoweniger die geschichtliche Verabschiedung seiner Adelsschicht. Sieger im Kampf sind die ihre Eigeninteressen vertretenden Territorialfürsten, und an deren Hof, in deren Dienste begeben sich, wie Weislingen es vorführt, die für die neue Welt, für das nachmittelalterliche Zeitalter des Absolutismus sich aufschließenden Angehörigen des untergehenden Standes der freien Reichsritter. Moralische Integrität und Übereinstimmung mit der geschichtlichen Entwicklung fallen auseinander.

Welche kritische Distanz zur Realität des Adels in seiner Zeit G. auch haben mochte, er sagte den alten herrschenden Schichten doch nicht grundsätzlich ab. Er selbst begab sich, entgegen den Wünschen und Ratschlägen des Vaters, als Freund und Mentor des jungen Herzogs von Sachsen-Weimar in eine vom Adel dominierte Welt, um nach Maßgabe des Möglichen zu deren Öffnung für unabdingbare Veränderungen beizutragen. Sein Wirken in Weimar brachte den Frankfurter Bürger in vielfache konkrete Berührung mit Adelskreisen unterschiedlichster Art und Neigung. Im Dienst des Herzogs, eines absolutistisch regierenden und dennoch vielfach durch die gegebenen Verhältnisse gebundenen Fürsten, bekam er es mit traditionellen konservativen Vertretern des Ancien Régime zu tun, aber er fand auch aufgeklärte, kultivierte Menschen adliger Abkunft vor, die tendenziell gleichen Sinnes mit ihm waren und mit denen er sich freundschaftlich verbinden konnte. Im thüringischen Dienst- und Landadel lernte er nicht wenige tüchtige und ehrenwerte Vertreter ihres Standes kennen.

Das Bild des Adels in *Wilhelm Meisters thea-* *tralischer Sendung* und *Wilhelm Meisters Lehrjahren* reflektiert die Vielschichtigkeit dieser Erfahrungen. In der *Theatralischen Sendung* ist der sich vollziehende Umbruch im Bereich von Kultur und Kunst schon deutlich herausgestellt: Die Adelswelt auf dem Schloß verdient nichts anderes als die Parodie, mit der die Schauspieler in Wilhelms Umgebung auf sie antworten. Wilhelm weist zwar diese Verspottung zurück, aber er entwickelt selbst eine Argumentation, die den Bürger auf die eigene Substanz und Leistung verweist und die realen und ideellen Fesseln benennt, die den Adligen bei allen Vorteilen, die er durch seinen gesellschaftlichen Vorrang innehat und genießt, einengen. Zugleich ist ihm aber vorwiegend durch aufgeklärte, weiterdenkende Adlige, denen er in der Schloßwelt begegnet war, der Blick für Shakespeares Dichtung und damit für eine poetische Welt voll von großer Geschichte geöffnet worden. In den *Lehrjahren* wird Wilhelm viel unerbittlicher einer kritisch-distanzierenden Sicht ausgesetzt. Seine aus bürgerlichem Minderwertigkeitsbewußtsein erwachsene Bewunderung für den Adel enthüllt sich als illusionäres Wunschdenken. Aber ebenso sind es wiederum vornehmlich aufgeklärte Adlige, die im Roman für bürgerliche Reformen eintreten, den jungen Bürger an sich heranziehen und auf einen neuen Weg bringen. Sie sind die Repräsentanten des geschichtlichen Fortschritts, die den »Lehns-Hocus-Pocus« (WA I, 23, S. 146) ablehnen und auf eine Gleichheit hinarbeiten, mit der der Adel im modernen Staat seinen Übergang zum Bürgerstand zu vollziehen sucht.

Zwischen *Theatralischer Sendung* und *Lehrjahren* lag der tiefe Einschnitt der Französischen Revolution. Die Reformpläne der Turmgesellschaft sind bereits ein Versuch, alternativ und geschichtlich voranweisend auf dieses Ereignis und seine Herausforderungen zu reagieren. G.s Ablehnung der Revolution schloß weder die Kritik am politischen Versagen der alten Adelsschichten, das er besonders nachdrücklich im Verhalten der meisten der nach Deutschland emigrierten französischen Aristokraten bestätigt fand, noch das Nachdenken über notwendige gesellschaftliche Wandlungen aus. Nicht zufällig erweist sich im Dramenfragment *Die Aufgeregten* (1793) gerade die Gräfin als diejenige Person, die – »und wenn ich auch unter dem verhaßten Namen einer Demokratin verschrieen werden sollte« (WA I, 18, S. 46) – offensichtlich im Sinne des Dichters redet, während die Apologie der bestehenden Verhältnisse – »und wenn man mir auch den verhaßten Namen eines Aristokraten zueignete« (ebd., S. 47) – dem bürgerlichen Hofrat übertragen ist.

An diesem Versuch einer Bewahrung oder Wiedergewinnung der politischen und sozialen Balance hat G. im Grunde immer festgehalten. Eher sind die Pole allmählich noch weiter auseinandergetrieben worden. Es gibt zahlreiche Gelegenheitsäußerungen zum Thema, die den alten G. in einem Licht zeigen, das zu Recht die Kritik der liberalen und demokratischen Opposition herausgefordert hat; er selbst hat, wie viele Zeugnisse belegen, in seinem Umgang mit Aristokraten bei allem Selbstbewußtsein die Etikette mehr beachtet als man ihm abverlangt hätte. Wie er am Ende seines Lebens aus einem historisierenden Blickwinkel über den Adel dachte und urteilte, ist indessen in den letzten großen Werken, in *Wilhelm Meisters Wanderjahren* und im *Faust II*, unverstellt ins Bild gesetzt. Auch in den *Wanderjahren* sind es aufgeklärte, absolutistischen Machtzentren fernstehende Adlige, die in der Alten wie in der Neuen Welt eine vorwärtstreibende Rolle spielen. Und die Vorgänge in der Kaiserpfalz im ersten wie die in den Bürgerkriegsszenen des vierten Aktes von *Faust II* führen eine höfische Aristokratie vor, die bar jeder Einsicht in geschichtliche, politische und ökonomische Realitäten ist; ihre Vertreter haben nichts im Sinn als verschwenderischen, unproduktiven Lebensgenuß oder die Sicherung der für sie günstigen alten Verhältnisse und Besitzstände. Im fünften Akt, wo es um die wahrhaft moderne Entwicklung geht, ist ihresgleichen nicht mehr im Blickfeld.

Literatur:

Eberhardt, Hans: Goethes Umwelt. Weimar 1951. – Gothe, Rosalinde: Das Hinterland des klassischen Weimar. In: John, Jürgen (Hg.): Kleinstaaten und Kultur in Thüringen vom 16. bis 20. Jahrhundert. Weimar u. a. 1994, S. 205–220. – Krippendorff, Ekkehart: ›Wie die Großen mit den Menschen spielen‹. Versuch über Goethes Politik. Frankfurt/M. 1988. – Mommsen, Wilhelm: Die politischen Anschauungen Goethes. Stuttgart 1948.

Hans-Dietrich Dahnke

Adelsnominierung

Am 18.11. 1781 berichtete G. Charlotte von Stein von einer »weitläufigen Demonstration« der Herzoginmutter Anna Amalia, »daß mich der Herzog müsse und wolle adlen lassen«. Da die Erhebung in den Reichsadelsstand beim kaiserlichen Hof Josephs II. in Wien erwirkt werden mußte, beauftragte Carl August am 25.3. 1782 den Geschäftsträger des Hauses Sachsen-Weimar-Eisenach in Wien, Christian Bernhard von Isenflamm, G. »den Adelsbrief zu verschaffen«. Die Dienste, die G. geleistet habe, und seine »treue Anhänglichkeit« verlangten Anerkennung. »Sein Name ist in der Öffentlichkeit zu bekannt und sein Ruf zu begründet, als daß ich zu beweisen nötig hätte, daß er ausgezeichnet zu werden verdient«. Beigeschlossen war der wohl von Carl August initiierte Entwurf für das Wappen. Zugleich wurde hervorgehoben, daß alle Änderungen am Namen – »wie man das bei Adelungen manchmal tut« (Carl August an Isenflamm, 25.3. 1782) – unerwünscht seien.

Isenflamm übermittelte am 9.4. 1782 dem Reichsvizekanzler Fürst Rudolph Joseph von Colloredo den Wunsch Carl Augusts. Colloredo erstattete bereits am nächsten Tag den schriftlichen Vortrag an den Kaiser, und Joseph II. verfügte sein eigenhändiges »placet«. Somit war der »Herzoglich-Sachsen-Weimar und Eisenachische geheime Rat« G. »in des heiligen Römischen Reichs Adelstand aus Römisch Kaiserlicher Machtvollkommenheit« cum praedicato »von« erhoben. Der Adelsbrief trägt das Datum vom 10.4. 1782.

Das Diplom (GSA, G.-Akten 30) besteht aus vier Pergament-Doppelblättern, ist von Joseph II. unterschrieben und enthält in der Mitte das ausgemalte Wappen: ein blaues Schild mit silberner Einfassung, in dessen Mitte ein silberner sechseckiger Stern; auf dem Schild ein Turnierhelm, auf dessen Krone sich ebenfalls ein silberner Stern befindet. An einer Schnur, die das Pergament und einen weinroten Samteinband umschließt, hängt eine vergoldete Messingkapsel mit dem kaiserlichen Siegel. Die Urkunde ist nach dem üblichen Schema »Merita – Conceßio – Arma – Conceßio – Praedicatum – Mandatum« abgefaßt. G. stamme »nicht nur aus einem alten verdienten deutschen Geschlecht«, sondern habe »auch durch seine gründliche Wißenschaften, und ganz besondere Gelehrsamkeit den allgemeinen Ruf erworben, und sich um das deutsche Vaterland bestens verdient gemacht [...], in Ansehung deßen Er auch von des Herzogs zu Sachsen-Weimar-Eisenach Liebden ein vorzügliches Zutrauen, und die wichtige Stelle eines geheimen Raths erhalten« (Adelsbrief vom 10.4. 1782).

Isenflamm ließ am 12.4. 1782 zunächst von dem Wiener Bankgeschäft Fries & Co. die mit der Erhebung in den Adelsstand verbundenen Unkosten begleichen, die letztlich aus der Schatulle Carl Augusts bezahlt worden sind: »362 Reichstaler für das Adelsdiplom [...] incl. Agio, Provision u. Spesen« (Thüringisches Hauptstaatsarchiv Weimar, A 1097 und A 1102). Am 10.5. 1782 übersandte Isenflamm das in der Kanzlei ausgefertigte Diplom nach Weimar und vermerkte dabei, daß der ursprünglich vorgesehene goldene Stern mit Rücksicht auf das Wappen eines böhmischen Herrengeschlechts in einen silbernen verändert worden war.

Anfang Juni 1782 empfing G. den Adelsbrief von Anna Amalia – »wodurch dieses Dokument erst einigen Werth für mein Herz erhielt« (an Fritsch, 16.6. 1782). An Charlotte von Stein schickte er das Diplom mit den Worten: »damit Du nur auch weissest wie es aussieht.

Ich bin so wunderbar gebaut daß ich mir gar nichts dabey dencken kan« (4.6. 1782). Über die »geschehene Erhebung« G.s unterrichtete Carl August am 25. Juni offiziell die Landesregierungen zu Weimar und Eisenach und verfügte, G. »die damit verbundene Würde und Prärogativen beyzulegen«. Die »Nachachtung« erfolgte mit einem Zirkular der Kanzlei vom 5. Juli an die fürstlichen Beamten, Gerichte, Stadträte usw. (Thüringisches Hauptstaatsarchiv Weimar, Dienersachen B 24673).

G.s Mutter kommentierte die Nachricht in einem Brief an Anna Amalia vom 11.8. 1782: »Über so was kann ich nun gar nichts sagen, denn der größte Danck ist stumm«. Herder reagierte in einem Brief an Hamann vom 11.7. 1782 kritisch-spöttisch.

Eckermann notierte unter dem 26.9. 1827 G.s Äußerung: »Als man mir das Adelsdiplom gab, glaubten Viele, wie ich mich dadurch möchte erhoben fühlen. Allein, unter uns, es war mir nichts, gar nichts! Wir Frankfurter Patrizier hielten uns immer dem Adel gleich, und als ich das Diplom in Händen hielt, hatte ich in meinen Gedanken eben nichts weiter, als was ich längst besessen«.

Literatur:

Bradish, Joseph A. von: Goethes Erhebung in den Reichsadelsstand und der freiherrliche Adel seiner Enkel. Leipzig 1933.

Manfred Kahler

Ästhetik

G.s Verhältnis zur Ästhetik beruhte auf Skepsis gegenüber jeder theorieförmigen Behandlung der Künste, des Schönen, der ästhetischen Produktion und Erfahrung. Als er 1770 gegen Moses Mendelssohn einwendete, daß dieser per definitionem versucht habe, »die Schönheit wie einen Schmetterling zu fangen«, fürchtete er weniger das Mißlingen als das

Gegenteil. Gerade wenn der Fang gelänge, stecke die Schönheit – nicht anders als das »arme Thier« – »steif und leblos da«: ein »Leichnam« ohne Leben und Geist. Er hingegen fand es ratsamer, »zu suchen wo Schönheit seyn möchte als ängstlich zu fragen was sie ist«. Denn sie sei ein »schwimmendes glänzendes Schattenbild, dessen Umriß keine Definition hascht« (an Hetzler jun., 14.7. 1770). Auch die Polemik gegen Johann Georg Sulzers *Allgemeine Theorie der schönen Künste* richtete sich gegen die ästhetiktheoretische Abstraktion überhaupt. Sie zielte auf den Theoretiker, der vom »Wesen der Künste« rede und selber »von den Künsten nicht sinnliche Erfahrung hat« (vgl. WA I, 37, S. 211 u. S. 207). Der junge G. sprach auch vom »Schlamme der Theorien« und davon, daß selber Hand anlegen besser sei, als »von der vollkommensten Meisterschafft eines andern kritische Rechenschaft zu geben« (an Röderer, Herbst 1773). Zeugnisse für die Aversion gegen jede vom praktischen Kunstprozeß abgehobene Lehre, die Kunst bzw. Schönheit definieren oder das ästhetische Erlebnis erklären wollte, lassen sich aus all seinen Lebensphasen anführen. Die Abneigung gegen eine ästhetische Theorie, »wie sie der Philosoph auf strenge Weise aufzustellen verlangt« (WA I, 47, S. 42), betraf nicht zuletzt die »Frankfurter Ästhetik« Alexander Gottlieb Baumgartens und seines Schülers Georg Friedrich Meier, die »so viel Papier gefüllt, und so viele Köpfe leer gemacht« habe (WA I, 46, S. 91). Noch dem alten G. erschien nichts »hohler und fataler wie aesthetische Theorien« (von Müller, 1.5. 1826). Er mußte »über die Ästhetiker lachen [...], welche sich abquälen, dasjenige Unaussprechliche, wofür wir den Ausdruck s c h ö n gebrauchen, durch einige abstrakte Worte in einen Begriff zu bringen« (Eckermann, 18.4. 1827). Als eine Art G.sches Lebensmotto kann also der Satz angesehen werden: »Das Schöne kann nicht erkannt, es muß empfunden oder hervorgebracht werden« (WA I, 47, S. 87).

Aller Theorieskepsis zum Trotz finden sich jedoch auch bei G. nicht wenige allgemeine ästhetische Reflexionen impliziter und expliziter Art. Sie dienten der Selbstverständigung oder dem Austausch mit Freunden und waren zugleich »Confessionen des Künstlers [...], wornach er sich richtet, und wornach er wünscht, daß andere sich richten mögen« (WA I, 47, S. 42f.). Natürlich variierten diese »Confessionen« je nach Anlaß, Bezug, Intention und veränderter lebensgeschichtlicher und realhistorischer Konstellation; das Ziel eindeutiger Resümees wäre daher vermessen. Dies ist in Rechnung zu stellen, wenn dennoch versucht wird, einen durchgehenden Faden in den verschiedenen Äußerungen G.s herauszupräparieren. Er wird gebildet durch G.s Auffassung des Verhältnisses von Kunst und Natur.

Für G. war Natur die künstlerische Norm schlechthin. Schon 1769 stellte er »Natur« über »forcirte Gemälde« und »Flittergold« (an Friederike Oeser, 13.2. 1769). Im »Sturm und Drang« wirkte der normativ verwendete Naturbegriff normbrechend gegenüber den verschiedensten kulturellen Konventionen einschließlich moralischer und ästhetischer, darunter die klassizistischen Dogmen des französischen Theaters. Doch für den jungen G. war die Natur nicht in ihren einzelnen Resultaten, Formen oder Gebilden das Vorbild, das nachzuahmen oder in feste Regeln zu übersetzen wäre. Sie war ihm vor allem als unendliche, unerschöpfliche Produktivität vorbildlich, die das Kleinste wie das Größte zu einem wandelbaren Organismus verbindet und zu der Häßliches und Abnormes genauso gehören wie das Böse, der Schmerz und der Tod des Individuums: »Kraft, die Kraft verschlingt« (WA I, 37, S. 210). Genie war ihm gleichbedeutend mit dieser gottähnlichen Schöpferkraft; und die künstlerische Produktion wurde verstanden als Mimesis eines produktiven, dem pantheistischen »deus sive natura« Spinozas ähnlichen Prinzips, mit der sich das Subjekt zugleich gegen die verschlingende Übermacht der Natur wehrt. So war Erwin von Steinbach, der Schöpfer des Straßburger Münsters, für G. deshalb als Künstler vorbildlich, weil er ohne »Schule und Principium« die »zerstreuten Elemente in ein lebendiges Ganzes zusammenschuf« (ebd., S. 142 u. S. 147). Ähnlich diesem «gottgleichen Genius« (ebd., S. 149) erschien ihm auch das durch Herder nahegebrachte Genie Shakespeares als ein prometheischer Konkurrent Gottes: »Und ich rufe Natur! Natur! nichts so Natur als Shakespeares Menschen« (ebd., S. 133). Da der junge G. mit der Natur, jener »Quelle«, woraus der Künstler »unaufhörlich schöpft« (ebd., S. 315), keine besonders ausgezeichneten Gebilde, sondern das ubiquitäre Wirkungsprinzip der schaffenden Natur meinte, konnten ihm auch banale und alltägliche Gegenstände, Kopien wie Originale, zum Anstoß künstlerischer Produktivität werden. Es käme nur auf die subjektive Kraft an, die innere, bildende Ursache nachzuempfinden; und diese »Stimmung« finde man »so gut in dem Gips als in dem Marmor« (ebd., S. 316). Der Gedanke an eine der Natur analoge »innre Schöpfungskraft« des Künstlers fand konzentrierten poetischen Ausdruck in dem 1775 publizierten Gedicht *Künstlers Abendlied* (WA I, 2, S. 185).

Auch in Weimar hielt G. daran fest, daß nach der »lebendigen Naturwahrheit« zu bilden besser sei, als »irgend ein Stück als Muster aufzustellen« (G. an Jenny von Voigts, 21.6. 1781). Nach der Italienreise (1786–88) sprach er die »Forderung« aus, daß der Künstler »sich an die Natur halten, sie studiren, sie nachbilden, etwas, das ihren Erscheinungen ähnlich ist, hervorbringen solle« (WA I, 47, S. 11). Daß die Kunst der Natur ähnlich sei, war eine Auffassung, von der G. niemals abgerückt ist. Durch die Lektüre von Kants *Kritik der Urteilskraft* (1790) fühlte er sich in seiner angestammten Überzeugung bestätigt, daß beide Reiche gleicherweise zweckfrei und autonom seien (vgl. *Einwirkung der neuern Philosophie*; WA II, 11, S. 50 f.). Doch gerade das ästhetische Autonomiegebot, das für G. die Naturähnlichkeit der Kunst verbürgte, ließ ihn die Alterität der Kunst betonen und verbieten, daß sie sich der Natur assimiliere. So erklären sich die scheinbar paradoxen Formulierungen, die sich u.a. in seinen Bemerkungen zu *Diderot's Versuch über die Malerei* (1798/99) finden und in denen G. zum einen fordert, Kunst solle sich der Natur nicht angleichen oder mit ihr »wetteifern«, und in denen er zum anderen postuliert, der Künstler solle »nach Gesetzen, nach Regeln handeln, die ihm die Natur selbst vorschrieb« (WA I, 45, S. 260 f.).

Während sich G.s Naturbegriff in der ersten Hälfte der 80er Jahre im wesentlichen mit Spinozas »natura naturans« deckte (vgl. *Die Natur*; WA II, 11, S. 5–9), vollzog sich in Italien ein Umschwung in seiner Naturauffassung. Die spinozistische Einstellung auf die Vielheit, die in *jedem* Einzelnen die *ganze* Substanz erkannte und anerkannte, wurde beim »klassischen« G. von einer platonisch-neuplatonischen Haltung überformt, die zwischen Wesen (Idee, Urbild, Form, Gesetz) und der individuellen Erscheinung eine Werthierachie errichtete. Natürlich lokalisierte G. – darin dem spinozistischen Grundsatz treu bleibend – das gesetzliche Wesen nicht in einer extramundanen ideellen Sphäre, sondern innerhalb der wahrnehmbaren Phänomene. Aber nicht jedes Phänomen war im Besitz der Würde des Wesens; um dieses zu »schauen«, bedurfte es der sorgfältigen, innengeleiteten Auswahl unter den Erscheinungen. Gemäß dem in Rom gefaßten Vorsatz, »nur das Wahre zu nehmen und zu fassen« (Tagebuch, 27.10. 1786), suchte der aus Italien zurückgekehrte G. nach dem Urbildlich-Typischen, das er 1798 als »reines constantes Phänomen« (WA II, 11, S. 38) und etwa seit 1805 als »Urphänomen« bezeichnete. Dieses besondere Phänomen könne nur durch eine Erfahrung »von einer höhern Art« (WA II, 11, S. 33) empfangen werden, die das »empirisch Wankende«, das »Zufällige« und »Unreine« ausschließe (ebd., S. 40). Und genauso wie G. als Naturforscher den platten Empirismus ablehnte, dem »in der Breite der Erscheinung alles gleich war« (WA II, 3, S. 236), so verwahrte er sich auch in der Kunst gegen den Naturalismus oder die »sklavische Treue im Zeichnen nach der Natur« (von Müller, 27.2. 1818). Demgemäß siedelte er die »einfache Nachahmung« der Natur im »Vorhofe des Stils« an, der für ihn der »höchste Grad« der Kunst war (WA I, 47, S. 82 u. S. 80). Systematisch betrachtet, gibt es in der Sprachpraxis des »klassischen« G. (mindestens) zwei Naturbegriffe: den rohen Stoff der sinnlichen Erscheinung oder die »geringere reale Natur« (vgl. Eckermann, 20.10. 1828) und die als Einheit von Wesen und Erscheinung gedachte wahre oder ideale Natur. Doch nur die letzte galt ihm nunmehr als Norm und Ziel der Kunst. Seine Forderung an die Künstler, die Natur »nachzubilden«, bezog sich also nicht mehr auf alles natürlich Gewordene, sondern nur auf diejenigen Gestalten, die das Gesetz, das Wesen oder die innere Form repräsentieren. Nichts anderes war gemeint, als G. sagte, das Kunstwerk solle »natürlich zugleich und übernatürlich« erscheinen (vgl. WA I, 47, S. 11f.). Insofern er im Schönen und in der Kunst eine erscheinende Manifestation der Naturgesetze sah, verbanden sich bei ihm Ästhetik und Naturwissenschaft. Deshalb sagte Walter Benjamin, bei G. befände sich die Naturlehre an der Stelle, wo bei minderen Künstlern die Ästhetik sei: »Ihm war die Lehre von den Urphänomenen als Naturwissenschaft zugleich die wahre Kunstlehre« (S. 719f.).

In der Forderung nach Versöhnung der tradierten Dualismen von Erscheinung und Idee, Einzelnem und Allgemeinem, Abbild und Urbild liegt eine entscheidende Spezifik nicht nur der G.schen, sondern der gesamten klassischen deutschen Ästhetik. Das Versöhnungsparadigma findet sich theoretisch am prägnantesten bei Schiller formuliert, der in *Über die ästhetische Erziehung des Menschen* (1795) die Schönheit als Harmonie von Stoff und Form, sinnlicher Erscheinung und Vernunft bestimmte. Und es findet sich auch in der Hegelschen Auffassung der Kunstschönheit als »sinnliches Scheinen der Idee« (Hegel, Bd. 1, S. 240), in der die Sinnlichkeit »vergeistigt« und das Geistige »versinnlicht« seien (ebd., S. 49). Die von G. nach der Rückkehr aus Italien ausgebildeten positiven ästhetischen Wertbegriffe wie »Schönheit« »Stil« oder »Symbol« sind verschiedene Facetten seiner Einstellung auf das subjektive Erfassen des Ideellen *im* Sinnlichen, des Wesens *in* der Erscheinung, des Gesetzlichen *im* Einzelnen, der inneren Form *in* der äußeren Gestalt. Schönheit war ihm identisch mit dem »Gesetz, das in die Erscheinung tritt« (WA II, 11, S. 155). Ähnlich beruhte für ihn der Stil »auf dem Wesen der Dinge, in so fern uns erlaubt ist es in sichtbaren und greiflichen Gestalten zu erken-

nen« (WA I, 47, S. 80). Und das Symbol, das G. der seines Erachtens bloß demonstrativ-exemplifizierenden Allegorie vorzog, erhielt seine Auszeichung ebenfalls der innigen Verbindung von Sinnlichem und Ideellem wegen. Der im Symbol realisierte Zusammenfall der besonderen Erscheinung mit dem Geistig-Allgemeinen machte für ihn den Kern der wahren Poesie aus: »Es ist ein großer Unterschied, ob der Dichter zum Allgemeinen das Besondere sucht oder im Besonderen das Allgemeine schaut. Aus jener Art entsteht Allegorie, wo das Besondere nur als Beispiel [...] gilt; die letztere aber ist eigentlich die Natur der Poesie« (WA I, 42.2, S. 146).

Daß der von G. ursprünglich antinormativ eingesetzte Primärmaßstab der Natur auch wieder normativ verengt und sogar restriktiv werden konnte, zeigt sich u.a. am klassizistischen Programm der von G. mit Johann Heinrich Meyers Hilfe von 1799 bis 1805 durchgeführten Weimarischen Kunstausstellungen. Da er der Meinung war, daß bei Homer und in der »Kunst der Alten« die Natur des Menschen in der Einheit von Gesetz und Erscheinung am besten getroffen sei, stellte er die griechische Kunst als »Muster« auf und forderte, die bildenden Künstler sollten »Gegenstände« aus Homers Epen darstellen, weil sie hier »bereits halbgethane Arbeit« fänden (WA I, 48, S. 4).

G.s Erhebung der Natur zur ästhetischen Primärnorm und seine spezifische Naturauffassung bildeten auch das normative Fundament seines kritischen Verhältnisses zur romantischen Kunst und Literatur, in dem allerdings während der Zeit der Jenaer Frühromantik auf beiden Seiten die Vereinigungsbestrebungen überwogen. Fast alle Einwände, die G. nach der Jahrhundertwende gegen die Romantik vorbrachte, haben hierin ihren tieferen Grund. Darum müssen auch alle Versuche, die ablehnenden Äußerungen gegenüber der Romantik aus Gegensätzen wie Heidentum versus Katholizismus oder Christentum, Kosmopolitismus versus Nationalismus, Antike versus Moderne, Objektivismus versus Subjektivismus usw. erklären zu wollen, Zeugnisse in Kauf nehmen, in denen sich G. diesen Oppositionen entzieht. So äußerte er sich zwar

abfällig über das »neukatholische Künstlerwesen« (an Meyer, 22.7. 1805); doch zur gleichen
Zeit entschuldigte, ja verteidigte er Johann
Joachim Winckelmanns Übertritt zum Katholizismus (*Winckelmann*; WA I, 46, S. 30–34),
den er dessenungeachtet zutiefst verehrte. Katholizismus allein war also kein hinreichender
Gegnerschaftsgrund für G.; der religiöse Dissens wurde überwogen von der Übereinstimmung mit Winckelmanns ästhetischer Orientierung auf den schönen Menschen, in dem die
sich steigernde Natur ihr »letztes Product«
finde (ebd., S. 28). Das Urbildliche des Menschen als Naturprodukt, das er in Winckelmanns Schönheitskonzeption wiederfand,
konnte er sich nur als sinnliche Gegenständ-
lichkeit und nicht als Abstraktion von der umgebenden Natur oder als reine Innerlichkeit
vorstellen. Das trennte ihn von dem durch
Fichte vorbereiteten und vor allem von Novalis
beschrittenen geheimnisvollen Weg ins Innere
des Ich – was nicht heißen soll, er habe die
innere Einbildungkraft oder Phantasie gering-
geschätzt. In *Shakespeare und kein Ende!*
(1815 und 1826) betonte er, daß die von der
Dichtung erregte Imagination nicht der Erzeugung von Geheimnissen, sondern der Enthüllung der verborgenen Beweggründe der in ihren lebensweltlichen Konstellationen Handelnden dienen solle. Nicht das Verdunkeln,
sondern das Erhellen der »Wahrheit des Lebens« und der Gesetzlichkeit des »Weltgeistes«
machte ihm Shakespeare zum bleibenden
Vorbild (vgl. WA I, 41.1, S. 55; vgl. ebd.,
S. 55–57).

G. kritisierte die Romantik, die »nicht zu
schelten noch zu verwerfen« sei (ebd., S. 63),
nicht schon deshalb, weil sie die Aspekte der
Unbedingtheit, des freien Willens, der Subjektivität und Innerlichkeit ins Spiel brachte,
die er selber nach seiner Bekanntschaft mit der
deutschen Subjektphilosophie seinem Begriff
vom Menschen integriert hatte. Lediglich an
der einseitigen Verabsolutierung derartiger
Momente nahm er Anstoß. Insofern die Romantik die eine Seite der in der menschlichen
Natur verbundenen Gegensätze akzentuierte,
war sie für ihn genauso ein integrales Moment
des Kunstprozesses, wie die von ihr hervor-

gehobenen Aspekte zum Gesamtbild des Menschen gehörten. In Anknüpfung an Schillers
Unterscheidungen des Naiven und Sentimentalen erklärte er also die Synthese der Gegensätze von heidnischer Antike und christlich-
moderner Romantik zum poetischen Programm. Wenn allerdings die romantische
Kunst die von ihr favorisierten Momente von
sich aus relativierte und etwa – wie Alessandro
Manzoni – das Christlich-Katholische mit
»naivem Sinn« oder das innere Gefühl »ohne
alle Sentimentalität« verkörperte, dann billigte er ihr seinen höchsten Beifall zu (vgl.
Classiker und Romantiker in Italien; WA I,
41.1, S. 142f. u. zu Eckermann, 18.7. 1827).
Als er 1829, seine verschiedenen Einstellun-
gen und Äußerungen zur Romantik gleichsam
resümierend, in einem Gespräch mit Eckermann das Romantische auf den Nenner des
»Kranken« brachte, drückte er nicht zuletzt
seine Aversion gegen die künstlerische Entfernung von der Natur aus, die eine starke,
frische, frohe und gesunde Kunst erfordere
(Eckermann, 2.4. 1829).

Literatur:

Benjamin, Walter: Goethe. In: Gesammelte Schriften. Hg. von Rolf Tiedemann und Hermann Schweppenhäuser. Bd. 2.2. Frankfurt/M. ²1987. – Benz, Richard: Goethe und die romantische Kunst. München
1940. – Binder, Wolfgang: Das ›offenbare Geheimnis‹. Goethes Symbolverständnis. In: Benedetti,
Gaetano/Rauchfleisch, Udo (Hg.): Die Welt der
Symbole. Göttingen 1989, S. 146–163. – Borchmeyer, Dieter: ›...dem Naturalismus in der Kunst
offen und ehrlich den Krieg zu erklären...‹. Zu
Goethes und Schillers Bühnenreform. In: Unser
Commercium. Goethes und Schillers Literaturpolitik. Hg. von Wilfried Barner, Eberhard Lämmert,
Norbert Oellers. Stuttgart 1984, S. 351–370. – Einem, Herbert von: Goethe und Dürer. Goethes
Kunstphilosophie. Hamburg 1946. – Hegel, Georg
Friedrich Wilhelm: Ästhetik. Bde. 1 u. 2. Berlin,
Weimar 1965. – Jolles, Matthijs: Goethes Kunstanschauung. Bern 1957. – Jurgensen, Manfred: Symbol als Idee. Studien zu Goethes Ästhetik. Bern,
München 1968. – Lange, Victor: Das Schöne und die
Fantasie. Zu Goethes ästhetischer Theorie. In: Unser Commercium. Goethes und Schillers Literaturpolitik. Hg. von Wilfried Barner, Eberhard Lämmert, Norbert Oellers. Stuttgart 1984, S. 205–220. –

Menzer, Paul: Goethes Ästhetik. In: Kantstudien. Ergänzungshefte. 72 (1957). – Scheidig, Walther: Goethes Preisaufgaben für bildende Künstler 1799–1805. Weimar 1958. – Sommerhäuser, Hanspeter: Wie urteilt Goethe? Die ästhetischen Maßstäbe Goethes auf Grund seiner literarischen Rezensionen. Frankfurt/M. 1985.

Waltraud Naumann-Beyer

Akademiemitgliedschaften

Um »ein- für allemal der würdigen Gesellschaften zu gedenken, die mich ihrer Aufmerksamkeit würdigen und in ihren theuren Kreis aufnehmen wollen« (WA I, 53, S. 211), stellte G. eine Übersicht aller wissenschaftlichen Gesellschaften zusammen, deren Mitglied oder Ehrenmitglied er von 1788 bis 1826 wurde (GSA Weimar, G.-Akten 30). Ein Zusatz »Fortgesetztes Verzeichniß der später eingegangenen Diplome wissenschaftlicher Vereine« vom 30.4. 1829 reicht bis März 1829. Insgesamt sind 53 Diplome gelehrter Gesellschaften, dazu ein von Frankfurter Bürgern zum 28.8. 1819 übersandtes Diplom aufgeführt. Darunter befinden sich 11 Mitgliedschaften, zumeist Ehrenmitgliedschaften, in- und ausländischer Akademien:

Die Königliche preußische Akademie der Künste und mechanischen Wissenschaften ernannte G. am 10.2. 1789 zum Ehrenmitglied. Die Ernennungsurkunde (GSA Weimar, G.-Akten 30/ÜF 30) nennt als Zweck, »richtige Kenntnisse der Kunst in den königlichen Staaten zu verbreiten und Künstler zu bilden, deren Werke der Nation Ehre machen«. So wähle die Akademie Männer zu Mitgliedern, »von deren Kunstfertigkeiten und Kenntnisse sich die Erfüllung dieses Zweckes am sichersten erwarten läßt«. G. versicherte dem Senat der Akademie (27.2. 1789) seine Bereitschaft, »zum rühmlichsten Endzweck« der Akademie beizutragen.

Im Sommer 1806 empfahl Alexander von Humboldt in einem Aufsatz, G. als auswärtiges Mitglied der Akademie der Wissenschaften aufzunehmen. Parallel dazu reichte Alois Hirt einen entsprechenden Antrag ein, über den Ende Juli 1806 im Plenum befunden wurde. Nach der Bestätigung durch den preußischen König übersandte Hirt am 4. Oktober das auf den 3. August datierte Diplom (GSA Weimar, G.-Akten 30/ÜF 31). G. empfing es »mitten unter den Kriegsunruhen« und sah sich aufs neue überzeugt, »daß nichts in der Welt beständiger ist, als frühe, auf Wissenschaft und Kunst und gründliche Thätigkeit gegründete Verhältnisse« (an Hirt, 3.11. 1806). Aufgrund eines neuen Statuts für die Akademie vom Januar 1812 wurden die 24 ordentlichen auswärtigen Mitglieder neu bestimmt: G. gehörte der philosophischen Klasse an.

Im Februar 1808 kündigte Friedrich Heinrich Jacobi, seit 1807 Präsident der Königlichen Akademie der Wissenschaften in München, G. das Diplom an, mit dem er zum ordentlichen auswärtigen Mitglied dieser Akademie berufen wurde. Die Bestätigung durch den König von Bayern und die Wahl G.s erfolgten im März. Das Diplom (GSA Weimar, G.-Akten 30/ÜF 71) erhielt G. im September 1808 durch Eichstädt in Jena.

Am 15.3. 1811, dem »Napoleonstag«, ernannte die Akademie nützlicher Wissenschaften zu Erfurt G. zum Ehrenmitglied (GSA Weimar, G.-Akten 30/ÜF 43). Der Sekretär der Akademie, Johann Jacob Dominikus, betonte in seinem Begleitschreiben vom 3. September, G. sei »aus freiem Antrieb und mit der Bitte, das Publikum und Sie möchten diese verspätete öffentliche Huldigung Ihrer Verdienste verzeihen«, in einer öffentlichen Sitzung aufgenommen worden.

Fürst Metternich sah es am 19.2. 1812 als »eine angenehme Pflicht« an, G. mitzuteilen, daß die unter seiner Leitung stehende Akademie der vereinigten bildenden Künste zu Wien ihn am 12. Februar zum Ehrenmitglied proklamiert habe (an G., 19.2. 1812). Im Dankschreiben an den Sekretär der Akademie ließ G. wissen: »Sollte ich irgend etwas in Schriften verfassen, wovon ich glauben könnte, daß eine so erleuchtete Gesellschaft einigen Antheil daran nehmen dürfte, so würde ich nicht ermangeln, damit schuldigst aufzuwarten« (an Ellmaurer, 10.12. 1812).

»Wegen der unsterblichen Verdienste«, die sich G. durch »Beyspiel, Lehre und Aufmunterung um die gesamte Kunst erworben« habe, wählte ihn die Königlich Baierische Akademie der bildenden Künste am 12.10. 1814 zum Ehrenmitglied (GSA Weimar, G.-Akten 30/ÜF 72). G. wurde durch Schelling davon unterrichtet, der ihm bereits im Juni 1808 die »Verfassungsurkunde« hatte zugehen lassen mit dem Hinweis, daß es für G. erfreulich sein müsse, »manche der [...] Ideen und Vorschläge, solche Anstalten wirksam und nützlich zu machen, welche vordem in den Propyläen niedergelegt worden, hier in die Wirklichkeit übertragen zu finden« (Schelling an G., 7.6. 1808).

Auch die Kurfürstlich Hessische Zeichnungs-Akademie in Hanau machte G. »wegen seiner bekannten Liebe und Neigung für Künste und Wissenschaften, so wegen des Schutzes und der Pflege« am 25.1. 1816 zum Ehrenmitglied (GSA Weimar, G.-Akten 30/ÜF 56). Sie hoffte, daß er den Flor der gemeinnützigen Anstalt, über deren Sorgen der Maler und Kupferstecher Konrad Westermayr G. unterrichtete, nach Kräften befördern werde.

Am 26.8. 1818 wurde G. zum Mitglied der Leopoldinisch-Carolinischen (Deutschen) Akademie der Naturforscher ernannt (GSA Weimar, G.-Akten 30/ÜF 44), die zu diesem Zeitpunkt ihren Sitz dem Wohnort ihres Präsidenten Christian Gottfried Daniel Nees von Esenbeck entsprechend noch in Erlangen hatte. Nees von Esenbeck suchte den beinahe drei Jahrzehnte während Niedergang der Leopoldina seit seiner Wahl zum Präsidenten 1818 aufzuhalten und die altehrwürdige Akademie zu neuem Leben zu erwecken. Die wissenschaftlichen Kontroversen innerhalb der Akademie, in diesem Zusammenhang auch die politischen Auseinandersetzungen zwischen Bayern und Preußen, verfolgte G. mit regem Interesse. Wiederholt zur Mitarbeit aufgefordert, gab er zwischen 1824 und 1831 drei naturwissenschaftliche Abhandlungen in die Nova Acta Physico-Medica-Academiae.

Am 30.11. 1825 ernannte die Royal Irish Academy G. zum Ehrenmitglied (GSA Weimar, G.-Akten 30/ÜF 40). Der Mineraloge Carl Ludwig von Giesecke an der Universität Dublin übersandte ihm das Diplom mit einem Begleitschreiben am 6.5. 1826. Mit Giesecke stand G. seit 1819 in Kontakt. Sendungen irischer und grönländischer Mineralien bereicherten seine Sammlungen.

Laut Tagebuch erfuhr G. Mitte Mai 1827 von der Aufnahme als Ehrenmitglied in die Kaiserliche Akademie der Wissenschaften in St. Petersburg am 29.12. 1826. Die Urkunde (GSA Weimar, G.-Akten 30/ÜF 80) war von dem Präsidenten Sergius de Ouvaroff (Sergej Semenowitsch Uvarov) unterzeichnet, mit dem G. seit Ende 1810 brieflich verkehrte.

Ende September 1827 überbrachte der Kurator der Kaiserlichen Universität Charkow das Diplom, mit dem G. zum Ehrenmitglied der Universität ernannt worden war (GSA Weimar, G.-Akten 30/ÜF 38). G. unterhielt sich mit ihm »über Akademien, deren wissenschaftlich-politische Tendenzen pp.« (WA III, 11, S. 115). Seit Anfang des Jahrhunderts hatte G. zu einigen Wissenschaftlern der Universität persönliche und briefliche Kontakte; er erwähnt Charkow wiederholt im Zusammenhang mit meteorologischen Beobachtungen und Vergleichen der Barometerstände in Europa.

Literatur:

Intelligenzblatt d. JAL, Nr. 60 (14.9. 1811), Sp. 473–476. – Beils, Willi: Goethes Beziehungen zu Hessen. Marburg 1932. – Harnack, Adolf: Geschichte der Königlich preußischen Akademie der Wissenschaften zu Berlin. Bd. 1, 2. Hälfte. Berlin 1900. – Jacobi, Friedrich Heinrich: Über gelehrte Gesellschaften, ihren Geist und Zweck. München 1807. – Keller, Mechthild (Hg.): Russen und Rußland aus deutscher Sicht. München 1992. – Neigebaur, Johann Daniel Ferdinand: Geschichte der Kaiserl. Leopoldino-Carolinischen deutschen Akademie der Naturforscher. Jena 1860. – Prescher, Hans (Bearb.): Goethes Sammlungen zur Mineralogie, Geologie und Paläontologie. Berlin 1978. – Schmid, Günther: Goethe und die Naturwissenschaften. Eine Bibliographie. Halle 1940. – Steinbrucker, Charlotte: Goethe als Ehrenmitglied der Berliner Akademie der Künste. In: Zs. für Bücherfreunde. N. F. 11 (1919) 2, S. 164.

Manfred Kahler

Alchimie

Die »Alchymie«, schreibt G. in den *Materialien zur Geschichte der Farbenlehre*, sei eine »Art Aberglauben«: »zur höchsten irdischen Glückseligkeit« habe sie »durch ein einziges Mittel« zu gelangen geglaubt. Dieses gehe nach Ansicht der »Alchymisten« aus der Urmaterie hervor, die »durch eine der organischen ähnliche Behandlung veredelt wird«; Ziel solcher Operationen sei der »Stein der Weisen« als »Universal-Recipe« gewesen. Da dessen Entdeckung und verschiedenartige Zubereitung das ewige Thema einschlägiger Schriften sei, langweile ihre Lektüre »mit einem unerträglichen Einerlei«, das keine empirisch überprüfbaren und naturkundlich verwertbaren Erkenntnisse biete (LA I, 6, S. 130).

Bei seiner harten Kritik läßt G. allerdings außer acht, daß er sich in seiner Jugend lesend und experimentierend durchaus ernsthaft mit alchimistischem Gedankengut beschäftigt hatte. *Dichtung und Wahrheit* zufolge hatte er in der Zeit seiner Frankfurter Krise, motiviert durch seinen instabilen Gesundheitszustand nach dem Studienaufenthalt in Leipzig und angeregt durch den Arzt Johann Friedrich Metz, der »in dem frommen Kreise« um Susanna Katharina von Klettenberg sehr beliebt war, »Wellings Opus mago-cabbalisticum studirt«. Da ihm das Buch aber »dunkel und unverständlich« blieb, wendete er sich direkt den darin erwähnten Quellen zu, den Werken des Theophrastus Paracelsus und Basilius Valentinus, die »die Geheimnisse der Natur im Zusammenhang« zu durchschauen versprachen (WA I, 27, S. 202ff.). Die Heilung einer für G. lebensbedrohlichen Verdauungsstörung durch die vom Arzt herbeigeschaffte »Universal-Medicin«, ein »Gläschen krystallisirten trocknen Salzes«, führte dann zu praktischen Experimenten, wobei »sonderbare Ingredienzien des Makrokosmus und Mikrokosmus auf eine geheimnißvolle wunderliche Weise behandelt« wurden. Obwohl es ihm nicht vergönnt war, die »jungfräuliche Erde in den Mutterstand übergehen zu sehen«, also die Verwandlung des Mineralischen ins Vegetabilisch-Animalische, so brachten es »diese Operationen« doch mit sich, daß er »mit den äußeren Formen mancher natürlichen Dinge bekannt« wurde (ebd., S. 205ff.). In Verbindung mit der Pansophie hermetischer Tradition, auf die G. ebenfalls im 8. Buch von *Dichtung und Wahrheit* näher eingeht, besonders der Emanations-Lehre, konnte den Versuchen ein Sinn unterlegt werden, der sich dem an chemischen Erklärungen für die »Farbenerscheinungen« (LA I, 6, S. 130) interessierten Naturforscher verschließen mußte. Zudem kamen sie einer universellen Sicht der verschiedenen Seinsbereiche und der Erfassung ihres inneren Zusammenhangs entgegen, wie sie für G.s weiteres Schaffen, vornehmlich für seine Symboltheorie bedeutsam werden sollten.

»Wenn man den poetischen Teil der Alchymie« – das räumt G. bei seinen kritischen Auslassungen immerhin ein – »mit freiem Geiste behandelt«, dann entdecke man »ein aus allgemeinen Begriffen entspringendes [. . .] Märchen« (ebd.). G.s eigenes *Mährchen*, zur Fortsetzung der *Unterhaltungen deutscher Ausgewanderten*, sei, meint Ronald D. Gray, »dicht besetzt mit den Glanzstücken alchemistischer Lehre«, weshalb es nur dem mit alchemistischen Schriften Vertrauten verständlich sei (Gray, S. 181). Zweifellos greift das *Mährchen* etliche Motive auf, die in der Alchimie anzutreffen sind: die Leben und Tod verkehrende Lilie; die sich zum ewigen Kreis rundende Schlange; die metallenen Könige im Innern der Erde; das Verhältnis von Gold und Licht; Tod und Wiedergeburt usw. G. hat sie aber so phantasie- und kunstvoll »verschmolzen«, daß sie auf solche »allgemeinen Begriffe« wie Vereinigung von Disparatem und Konzentration gemeinsamer Kräfte oder auf Gesetzmäßigkeiten der Zeit und des Werdens verweisen und damit nicht allein dem Adepten zugänglich sind.

Aus dem Laboratorium eines Alchimisten. Geräte für die Magia naturalis

Die bündigste poetische Fassung hat G. alchimistischen Vorstellungen in der *Laboratorium*-Szene in *Faust II* gegeben. Der von Wagner entwickelte Homunculus ist unverkennbar das opus magnum der Alchimisten. Das zeigt schon die Szenerie, das spätmittelalterliche Laboratorium, »weitläufige unbehülfliche Apparate, zu phantastischen Zwecken« (WA I, 15.1, S. 101), vor allem die Phiole, in der Homunculus entsteht – nach Carl Gustav Jung »eine Art von ›matrix‹ respektive ›uterus‹«, in dem der »filius philosophorum« hervorgebracht wird (Jung, S. 276). Noch sichtbarer wird der Bezug zur Alchimie in den Worten, mit denen Wagner die Retortengeburt begleitet: Das von ihm geschilderte Farbenspiel »in der innersten Phiole« (V. 6823–6828) ist ebenso im alchimistischen Schrifttum bezeugt wie das Spezialvokabular, mit dem er seine Vorgehensweise beschreibt, z.B. »verlutiren« (V. 6852) = mit Lehm verschließen; »cohobi-

ren« (V. 6853) = durch mehrfache Destillation klären. Als reine Kopfgeburt schließlich, Ausdruck des geistigen Prinzips, vermag Homunculus Fausts Traum zu deuten und zur *Klassischen Walpurgisnacht* überzuleiten. Mit dem Rückgriff auf die Alchimie, d.h. mit dem Entstehungsprozeß des Homunculus nahm G. auch eine damals aktuelle Debatte ironisch auf, die sich 1828 an Friedrich Wöhlers synthetischer Herstellung eines Stoffwechselproduktes entspann – manchem schien der Weg vom Harnstoff zum künstlichen Menschen nicht mehr allzu weit zu sein. Für G. lag ein derartiges Vorhaben außerhalb jeder naturkundlichen Seriosität, gehörte vielmehr in das anachronistische Gebiet alchimistischer Spekulationen (vgl. LA I, 6, S. 130). Daß der weltfremde Adept Wagner, gestützt auf pergamentenes Wissen (vgl. V. 6989), das Zeugen nach herkömmlicher Art grundsätzlich abschaffen will und, dem Menschen »künftig höhern, höhern Ursprung« (V. 6847) zusichernd, dessen ausschließliche Fabrikation in vitro verlangt, das weist ihn gerade nicht als naturkundig aus, sondern verrät eine naturwidrige Hybris, die so unsinnlich wie lebensfeindlich ist. So erreicht Homunculus auch seine natürliche Entstehung erst durch die Verkörperlichung im Wasser des Meeres, aus dem alles »entsprungen« ist (V. 8435).

Literatur:

Diener, Gottfried: Fausts Weg zu Helena. Urphänomen und Archetypus. Darstellung und Deutung einer symbolischen Szenenfolge aus Goethes *Faust*. Stuttgart 1961, S. 245–261. – Gray, Ronald D.: Goethe the Alchimist. A Study of Alchemical Symbolism in Goethe's Literary and Scientific Works. Cambridge 1952. – Jung, Carl Gustav: Psychologie und Alchimie. In: ders.: Gesammelte Werke. Bd. 12. Hg. von Lilly Jung-Merker und Elisabeth Rüf. Olten, Freiburg 1972. – Raphael, Alice: Goethe and the Philosophers' Stone. Symbolical Patterns in *The Parable* and the Second Part of *Faust*. London 1965.

Rudolf Drux

Allegorie

Nach der Definition der antiken Rhetorik stellt die »Allegorie etwas durch Worte, etwas anderes durch den Sinn dar; bisweilen sogar Gegensätzliches« (Quintilian, *Institutio Oratoria* 8, 6, 44; auch in dem von G. viel benutzten Rhetorik-Lexikon Ernestis, S. 227; vgl. Kurz, S. 33–36). Bringt also jede Allegorie eine wörtliche Bedeutung mit einer übertragenen in Beziehung, so ist doch nicht jede eine fortgesetzte Metapher und damit eine Trope. Oft ist sie vielmehr, im Gegensatz zur Metapher, auch ohne Projektion der einen Bedeutung auf die andere kohärent lesbar. So kann man etwa nach Quintilians eigenem Beispiel (*Institutio Oratoria* 8, 6, 46f.) eine Ekloge Vergils lesen, ohne Menalcas mit dem Autor zu identifizieren; der Kampf eines Löwen in der *Ilias* läßt

sich jedoch schwerlich verstehen, wenn man diesen nicht mit Achilles identifiziert. Manche Allegorien sind also zu den Sinnfiguren zu rechnen oder können sogar die Gestalt von ganzen abgeschlossenen Texten annehmen.

Als Kategorie der bildenden Kunst bezeichnet die Allegorie meist ein integrales Ganzes – prototypisch die Personifikation beispielsweise der Caritas –, dessen Darstellung auf das Wissen des Betrachters um ihren »anderen« Sinn kaum verzichten kann. Bezieht sich die Diskussion über die Allegorie in der Ästhetik des 18. Jhs. vornehmlich auf das Medium der bildenden Künste, so ist damit die Bedingung für ihre Kritik gelegt. Der Allegoriebegriff wird »als der finstere Fond abgestimmt [...], gegen den die Welt des Symbols hell sich abheben sollte« (Benjamin, S. 337).

G. kritisierte die Allegorie als »meist rhetorisch« (WA I, 49.1, S. 142). Der strategische Wert dieser formallogisch unsinnigen Prädikation – etwa des Typs »Der Hund ist meist ein Tier« – liegt in dem eingeschränkten Verständnis von rhetorischen Ausdrucksformen, die als »vielleicht geistreich witzig, aber doch meist [...] conventionell« weiter bestimmt werden (ebd.). »Rhetorik« und ihr pars pro toto »Allegorie« werden – gegen ihre Bestimmungen in der rhetorischen Tradition – zu Schlagwörtern für eine Ausdrucksform, die ein Allgemeines durch ein Besonderes exemplifiziert, ohne diesem Besonderen eigene Darstellungsqualität einzuräumen (MuR, 279). Sie werden in Malerei und Dichtung gleichermaßen abgewertet, weil sie sich einer Kodierungsform bedienen, deren Äquivalent auf der Seite der Rezeption nicht das »Schauen« (ebd.), sondern die Lektüre ist. Marcel Prousts Beschreibung von Giottos Caritas (Proust, S. 81) etwa gilt einer »Charité sans charité«, von deren Bedeutung man nur durch die Bildunterschrift wissen kann.

G. zeigt jedoch einen flexibleren Umgang mit dem Oppositionspaar von »Allegorie« und »Symbol«, als seine gnomischen Formulierungen vermuten lassen. »Allegorische« Malereien etwa sind es, die den Ältesten der *Wanderjahre* seine Theorie vom Gleichnis als einer »zweiten Art von Wunder« entwickeln lassen, welche »das Außerordentliche« gemein mache (WA I, 24, S. 252). Das Kompositionsprinzip der *Wanderjahre* selbst konnte die G.-Philologie schon vor längerer Zeit nur noch mit einem Symbolbegriff beschreiben, der sein eigenes vermeintliches Gegenteil mit umfaßte (vgl. Emrich). Die Struktur von *Faust II* vollends wurde von den Zeitgenossen mit großer Selbstverständlichkeit als allegorische verstanden und, nach den Maßstäben von G.s eigener Ästhetik, kritisiert. Diese Einsicht konnte erst nach der – im verspäteten Anschluß an Walter Benjamin erfolgten – Rehabilitierung der Allegorie wiedererrungen werden (vgl. Schlaffer).

Literatur:

Benjamin, Walter: Ursprung des deutschen Trauerspiels. In: ders.: Gesammelte Schriften. Bd. 1. Frankfurt/M. 1974, S. 203–430. – Emrich, Wilhelm: Das Problem der Symbolinterpretation im Hinblick auf Goethes *Wanderjahre*. In: DVjs. 26 (1952), S. 331–352. – Ernesti, Io[hann] Christ[ian] Theoph. [d.i. Gottlieb]: Lexicon Technologiae Latinorum Rhetoricae. Leipzig 1797 [Reprint Hildesheim 1962]. – Kurz, Gerhard: Metapher, Allegorie, Symbol. Göttingen 1982. – Proust, Marcel: A la recherche du temps perdu. Bd. 1. Paris 1954. – Schlaffer, Heinz: *Faust. Zweiter Teil*. Die Allegorie des 19. Jahrhunderts. Stuttgart 1981.

Robert Stockhammer

Allgemeines/Besonderes

Wo nicht nur eine umgangssprachliche Verwendung der beiden von G. besonders häufig benutzten Wörter »allgemein« – im Sinne von »üblich«, »gemeinschaftlich« – und »besonders« – im Sinne von »unüblich«, »abgetrennt«, »hauptsächlich« – vorliegt, sind die zugehörigen Wortfelder bei ihm gewöhnlich auf künstlerische bzw. wissenschaftliche Erkenntnis- und Aneignungsprozesse bezogen, und zwar gegenständlich auf Phänomene und deren Ordnung, methodologisch auf einen korrespondierenden Gesetzesbegriff, der künstlerische und wissenschaftliche Gesetze einschließt. Entsprechend vielfältig – und z.T. widersprüchlich – ist G.s Auffassung vom Allgemeinen und Besonderen; sie kann letztlich nur im Zusammenhang mit seiner Phänomen- und Gesetzesauffassung behandelt werden.

Drei definitionsartige Sprüche aus den Maximen und Reflexionen umreißen die Richtung von G.s Denken in dieser Frage: 1. »Was ist das Allgemeine? / Der einzelne Fall. / Was ist das Besondere? / Millionen Fälle« (MuR, 558). 2. »Das Allgemeine und Besondere fallen zusammen: das Besondere ist das Allgemeine, unter verschiedenen Bedingungen erscheinend« (MuR, 569). 3. »Das Besondere unterliegt ewig dem Allgemeinen; das Allgemeine hat ewig sich dem Besonderen zu fügen« (MuR, 199). G.s Bestimmungen greifen die alte, seit der Scholastik intensiv verfolgte Frage nach Realität und Erkennbarkeit des Allgemeinen auf; sie wird vor allem unter drei Aspekten berührt:

1. Inwieweit ist Allgemeines Eigenschaft der Realität und/oder der Phänomene und wie ist es auf Besonderes zu beziehen? Die Frage reicht philosophiegeschichtlich weit zurück und hat in der universalientheoretischen Diskussion drei konkurrierende Antworten gefunden: Die platonistische hält das Allgemeine für eine vom Denken unabhängig existierende, die Wirklichkeit normierende Idee; für die realistische ist es eine in der objektiven Wirklichkeit liegende, durch die abstrahierende Tätigkeit des Subjekts zu erkennende Struktur; die nominalistische sieht in ihm eine Handlung oder Fiktion des Subjekts ohne Rückbezug auf an sich seiende Objekte. G. wußte sich in diese Diskussion gestellt: Er lehnte die nominalistischen Tendenzen des zeitgenössischen Empirismus, Sensualismus und Physikalismus ab und verwarf ebenso realistische Positionen, die dem erkennenden Subjekt nur rekonstruktive Möglichkeiten der Erkenntnis von Allgemeinem zugestanden. Er übernahm aber auch – trotz seines »Spinozismus« – nicht die spinozistische Gegenüberstellung von Einzelnem und Allgemeinem,

sondern neigte zur Befürwortung der Existenz von Allgemeinem – aber weder als bloßer Idee, noch als bloßer objektiver Struktur. Vielmehr meinte er, daß das Allgemeine als Naturverhältnis phänomenal »geschaut« werden könne. In diesem Sinne sind die gleichsetzende Verknüpfung – »Das Wahre (Allgemeine), das wir erkennen und festhalten« (MuR, 1004) – und die direkte Zuordnung von Allgemeinem und Besonderem zur »lebendigen Einheit« zu verstehen: »Grundeigenschaft der lebendigen Einheit: sich zu trennen, sich zu vereinen, sich in's Allgemeine zu ergehen, im Besondern zu verharren, sich zu verwandeln, sich zu specificiren [...], alles wirkt durcheinander, in gleichem Sinn und gleicher Maße; deßwegen denn auch das Besonderste, das sich ereignet, immer als Bild und Gleichniß des Allgemeinsten auftritt« (MuR, 571). Wissen ist so nicht nur Resultat eines gedanklichen Verallgemeinerungsprozesses, sondern »das Bedeutende der Erfahrung, das immer in's Allgemeine hinweis't« (MuR, 1380), also Allgemeines am Erfahrungsgegenstand selbst aufspürt.

2. In bezug auf die Frage, mit Hilfe welcher Erkenntnismethoden und -mittel sich Allgemeines und Besonderes fassen lassen, gab G. in der *Einleitung* zur *Farbenlehre* die Antwort: »Die Lust zum Wissen wird bei dem Menschen zuerst dadurch angeregt, daß er bedeutende Phänomene gewahr wird, die seine Aufmerksamkeit an sich ziehen. [...] Alsdann bemerken wir erst eine große Mannichfaltigkeit, die uns als Menge entgegendringt. Wir sind genöthigt, zu sondern, zu unterscheiden und wieder zusammenzustellen; wodurch zuletzt eine Ordnung entsteht, die sich mit mehr oder weniger Zufriedenheit übersehen läßt. Dieses in irgend einem Fache nur einigermaßen zu leisten, wird eine anhaltende strenge Beschäftigung nöthig. Deßwegen finden wir, daß die Menschen lieber durch eine allgemeine theoretische Ansicht, durch irgend eine Erklärungsart die Phänomene bei Seite bringen, anstatt sich die Mühe zu geben, das Einzelne kennen zu lernen und ein Ganzes zu erbauen« (WA II, 1, S. XXIX). Die »bedeutenden Phäno-

mene« tragen Allgemeines und lassen es gewahr werden – eben deshalb ist das Allgemeine »der einzelne Fall«. Ihre mannigfaltigen Erscheinungsweisen fordern auf, zu sondern, also Besonderes herauszustellen – eben deshalb ist das Besondere »Millionen Fälle«. So ist auch das Besondere wiederum »das Allgemeine, unter verschiedenen Bedingungen erscheinend«. Der dialektische Kreis verläuft vom wahrgenommenen bedeutenden Einzelnen als Allgemeinem über Absonderung und Gesetzeseinsicht zum Besonderen, von dort aus durch Erbauen eines neuen Ganzen zu tieferer Verallgemeinerung – eben deshalb unterliegt »das Besondere [...] ewig dem Allgemeinen« und hat »das Allgemeine [...] ewig sich dem Besonderen zu fügen«.

Sehr schön ist dieser Gedankengang bei der Beschreibung des Wegs zu Urphänomenen zu verfolgen: Wir werden einzelne Phänomene »in der Erfahrung gewahr«, die sich »unter allgemeine empirische Rubriken bringen lassen« – also Allgemeines an sich tragen. Verschiedene solcher Phänomene lassen sich weiter ordnen, »suborbiniren sich abermals unter wissenschaftliche Rubriken« – doch ist dieser Prozeß eben nicht als theoretische Ansicht, als irgendeine Erklärungsart, welche die Phänomene »beiseite bringt«, zu verstehen, vielmehr handelt es sich um »höhere Regeln und Gesetze, die sich aber nicht durch Worte und Hypothesen dem Verstande, sondern gleichfalls durch Phänomene dem Anschauen offenbaren« – eben durch Urphänomene. Sie ermöglichen ihrerseits ein tieferes Verständnis besonderer und einzelner Phänomene im »gemeinsten Falle der täglichen Erfahrung« (WA II, 1, S. 72).

G.s Mißtrauen gegen jede »allgemeine theoretische Ansicht«, gegen »irgend eine Erklärungsart«, die den theoretischen Entwurf der Phänomenschau vorausgehen läßt, äußert sich auch in der Sicht auf die Möglichkeiten, Allgemeines und Besonderes sprachlich zu erfassen. Wo G. die *Nomenclatur* der Farben bespricht, die »vom Besondern aus in's Allgemeine und vom Allgemeinen wieder zurück in's Besondre« (ebd., S. 242) spiele, warnt er zugleich: »Jedoch wie schwer ist es, das Zeichen nicht an die Stelle der Sache zu setzen, das Wesen immer lebendig vor sich zu haben und es nicht durch das Wort zu tödten. [...] wie oft wird nicht das Allgemeine durch ein Besonderes, das Elementare durch ein Abgeleitetes mehr zugedeckt und verdunkelt, als aufgehellt und näher gebracht« (ebd., S. 304). Noch zugespitzter: »Allgemeine Begriffe und großer Dünkel sind immer auf dem Wege, entsetzliches Unglück anzurichten« (MuR, 471).

3. Der Dialektik von Allgemeinem, Besonderem und Einzelnem in künstlerischen Erkenntnis- und Aneignungsprozessen widmete G. eine Vielzahl gesonderter Überlegungen. Dabei gab es eine grundsätzliche Tendenz, wissenschaftliche Verallgemeinerungsprozesse in die Nähe der künstlerischen zu rücken. Erstere sind unmittelbar auf die Natur, letztere auf die menschliche Natur bezogen. Allerdings »Indem der Künstler irgend einen Gegenstand der Natur ergreift, so gehört dieser schon nicht mehr der Natur an, ja man kann sagen: daß der Künstler ihn in diesem Augenblick erschaffe« (WA I, 47, S. 17), und damit Allgemeines und Besonderes in eigenen Entwürfen. So kann G. zum einen die Schritte künstlerischer Aneignung – Nachahmung, Manier, Stil – als Verallgemeinerungsstufen kennzeichnen. Er kann zum anderen die Richtung der Verallgemeinerung vom Allgemeinen zum Besonderen und vom Besonderen zum Allgemeinen zur Differenzierung von Allegorie und eigentlicher Poesie benutzen (vgl. MuR, 279). Er kann weiterhin den wichtigsten Verallgemeinerungsgegenstand, vor allem der Literatur, im allgemein Menschlichen ausmachen (vgl. WA I, 41.2, S. 306) und schließlich das sich historisch ändernde Verhältnis zum Verallgemeinerungsprozeß zur Kennzeichnung unterschiedlicher historischer Kunstperioden verwenden (vgl. WA I, 34.1, S. 162f.).

Literatur:

Gethmann, Carl Friedrich: Allgemeinheit. In: Krings, Hermann u.a. (Hg.): Handbuch philosophischer Grundbegriffe. München 1973, S. 33. – Gögelein, Christoph: Zu Goethes Begriff von Wissenschaft. Auf dem Wege der Methodik seiner Farbstudien. München 1972. – Zucker, Francis J.: Goethes Farbenlehre heute. Als traditionelle und alternative Wissenschaft sowie als revolutionäre Ontologie. In: Glaser, Horst Albert (Hg.): Goethe und die Natur. Frankfurt/M. u.a. 1986, S. 149–153.

John Erpenbeck

Alpen

Drei Reisen in die Schweiz und zwei Reisen nach Italien gaben G. Gelegenheit, die Alpen zu erleben und kennenzulernen. Tagebücher, Briefe und andere Reiseberichte übermitteln die dabei empfangenen tiefen Eindrücke, und auch in poetischen Werken findet sich, wenngleich in weniger spezifischer Form, der Niederschlag davon.

Nachdem die Alpen lange Zeit als unwirtliche und gefährliche, gar von Geistern und Monstern bewohnte Gegenden gegolten hatten, die nur aufsuchte, wer dazu gezwungen war, änderte sich das im Verlaufe des 18. Jhs. in zweierlei Richtung. Zum einen entdeckte man in ihnen einen Naturbereich, dessen majestätische Unberührtheit zugleich für natürlich-freiheitliche Lebensverhältnisse unter den Menschen Raum zu geben schien – im Tell-Mythos hat das seinen populärsten Ausdruck gefunden –, zum anderen wurden sie zum Objekt wissenschaftlicher geologischer und botanischer Erkundungen. Während G. sich der Mythenbildung und Utopieprojektion dezidiert verschloß – man vergleiche in diesem Zusammenhang den Auftakt zur ersten Abteilung der *Briefe aus der Schweiz* –, gewann der naturwissenschaftliche Aspekt zunehmende Bedeutung für ihn.

In den Zeugnissen der ersten Schweizer Reise 1775 finden sich durchaus noch Spuren jener alten Gebirgs-Furcht: »aufwärts. allmächtig schröcklich« (Tagebuch, 20.6. 1775) notierte er im Reusstal; noch in *Dichtung und Wahrheit* hallen solche Eindrücke nach, wenn von »wilden Felsen, Nebelseen und Drachen-

nestern« die Rede ist (WA I, 29, S. 155). Solche
in düster-ossianischen Tönen wiedergegebe-
nen Empfindungen wurden freilich von Anfang an bereits durch eine Haltung überwogen,
die sich, gegründet auf aufmerksames Beobachten, für alle neuen Erlebnisse und Erfahrungen uneingeschränkt offenhielt.

Auf der zweiten Reise tritt bereits deutlich
das geologische Interesse zutage, das G. in den
unmittelbar vorangegangenen Jahren im Thüringer Wald und insbesondere im Harz ausgebildet und geschult hatte. Nachdem G. auf
zwei Harzreisen, 1777 und 1778, Grundlagen
zu einem geologischen System für sich entwickelt hatte, suchte er 1779 auch in den Alpen
nach Erweiterung seiner Kenntnisse und nach
Befestigung seiner Auffassungen. Dafür
spricht auch, daß er in Genf den Bahnbrecher
der Alpengeologie, Horace Bénédict de Saus-
sure (*Voyages dans les Alpes*, 1779–1796), aufsuchte. Natürlich bezeugen seine Aufzeichnungen von dieser Reise, daß er auch nun wieder tief von der Großartigkeit und Erhabenheit
der Gebirgswelt überwältigt wurde und mit
Schauder wie mit Ergriffenheit das Gewaltige
dieser Naturlandschaft reflektierte. Zugleich
aber fand er sich in seiner Tendenz bestätigt, in
der Natur ein beständiges, ewiges, dabei Bewegung und Entwicklung durchaus einschließendes Lebensgesetz wirksam zu sehen.
»Selbst der Gedanke einer so ungeheuren Bewegung gibt ein hohes Gefühl von ewiger Festigkeit [...]. Man fühlt tief, hier ist nichts
Willkürliches, hier wirkt ein alles langsam be-
wegendes ewiges Gesetz« (WA I, 19, S. 225f.).
Was erst einige Jahre später, 1784, die Grundrichtung des Aufsatzes *Über den Granit* bestimmen sollte, ist freilich nur in der Fassung
überliefert, die G. 1796 für die zweite Abteilung der *Reise in die Schweiz* formulierte.

Über solche noch mehr subjektgebundene
als spezifisch naturwissenschaftliche Interessen reflektierende Positionen hinaus vermochte G. freilich nicht wesentlich vorzudringen. Charakteristisch ist, daß er sich 1786 bei
der Alpenüberquerung auf dem Wege nach Italien zwar wiederum gelegentlich geologischen
Beobachtungen widmete, daß sich ihm jedoch
erneut nicht die Spezifik des Alpengebirges

Via-Mala-Brücke. Zeichnung von Goethe

erschloß. Dafür zeugt, daß er auch hier seinen
vorgängigen Meinungen folgte, nämlich in der
Annahme, daß, obwohl er Granit selbst noch
nicht gefunden hatte, der »Granitstock« nicht
ferne sein könne, »an dem sich das alles an-
lehnt« (Tagebuch, 9.9. 1786), wie in der skeptischen Zurückweisung von Versuchen, die
Entstehung der Alpen aus vulkanischen Vorgängen zu erklären.

Obwohl G. die dritte Reise in die Schweiz
durch intensive Literaturstudien zu fundieren
bestrebt war, gelangte er auch 1797 in seiner
Erkenntnis von den Alpen nicht viel weiter als
zuvor. Auch jetzt finden sich aufmerksame Beobachtungen festgehalten, aber angesichts des
scheinbar Regellosen und Chaotischen des
Ganzen blieb der Eindruck des Übermächtig-
und Unzugänglich-Gewaltigen dominant. Es
ist später gewiß nicht einfach G., der aus
Fausts Worten spricht: »Gebirgesmasse bleibt
mir edel-stumm, / Ich frage nicht woher und

nicht warum?« (WA I, 15.1, S. 247); vielleicht aber läßt sich sagen, daß der Dichter eine solche Stimmung wohl am stärksten aus seinem Erlebnis der Alpen hat ziehen können.

Literatur:

Linck, Gottlob: Goethes Verhältnis zur Mineralogie und Geologie. Jena 1906. – Semper, Max: Die geologischen Studien Goethes. Leipzig 1914. – Weiss, Richard: Das Alpenerlebnis in der Literatur des 18. Jahrhunderts. Horgen-Zürich, Leipzig 1933. – Ziehen, Max: Die deutsche Schweizbegeisterung in den Jahren 1750–1815. Frankfurt 1922.

Christoph Siegrist

Altdeutsche Kunst

Der Begriff »altdeutsche Kunst« ist weder bei G. noch bei seinen Zeitgenossen präzis zu bestimmen. Seit dem letzten Drittel des 18. Jhs. wird damit allgemein die deutsche Kunst des Mittelalters bezeichnet, die geographisch gesehen auch die Kunst der Niederlande einschließt (so auch G. an J.H. Meyer, 24. 4. 1817). Erstmals scheint G. das Wort »altdeutsch« 1772 in seinem Aufsatz *Von Deutscher Baukunst* gebraucht zu haben (WA I, 37, S. 150). Er spricht dort von »einer altdeutschen Kirche« und will wohl die seit Bramante und Giorgio Vasari »verrufene Benennung gothische Bauart« vermeiden (WA I, 27, S. 275). G.s wechselvolles Verhältnis zur altdeutschen Kunst läßt sich exemplarisch an seiner Beurteilung der Architektur ablesen: Anfang der 70er Jahre an seinem Prosahymnus auf das Straßburger Münster; während der Italienreise als »Wut und Haß« des leidenschaftlichen Anhängers Palladios »gegen die gotische Architektur« (Boisserée 1978, S. 241; vgl. auch WA I, 30, S. 135); nach 1810 an der Beschäftigung mit dem Kölner Dom, dem Freiburger Münster und der Oppenheimer Katharinenkirche. Unter dem Einfluß von Sulpiz Boisserée räumte G. sogar dem Kölner Dom vor dem

Straßburger Münster »die erste Stelle in dieser Bauart« ein (WA I, 49.2, S. 162). Die gotische Plastik, die G. in den 70er Jahren überging – mit keinem Wort erwähnte er die vor der Revolution noch nicht zerstörten Skulpturen des Straßburger Münsters –, unterlag zur Zeit seines Italienaufenthaltes demselben Verdikt wie die Architektur. Angesichts einer Abgußsammlung »der besten Antiken« erinnerte er sich der »kauzenden, auf Kragsteinlein über einander geschichteten Heiligen der gothischen Zierweisen«, die er »Gott sei Dank, auf ewig los« zu sein glaubte (WA I, 30, S. 134f.). Während er die Bauplastik auch später aus seinem Gesichtskreis ausblendete, regte ihn 1805 die Betrachtung »des herrlichen Vischerschen Monuments« (*Tag- und Jahreshefte 1805*) für Erzbischof Ernst von Sachsen im Magdeburger Dom zu einer historisch-vergleichenden Studie dreier Bronzegrabmäler an (WA I, 48, S. 241–244). 1816 sandte G. zwei Abgüsse der Apostel vom Sebaldusgrab, die er 1812 für sich bestellt hatte, sowie »des Künstlers kleines Bild«, das damals als Selbstporträt und als Werksignatur galt, an Gottfried Schadow und bekräftigte seine Hochschätzung Vischers (an Schadow, 2. 6. 1816).

Inbegriff altdeutscher Malerei war für G. die Malerei der Dürerzeit – Martin Schongauer und Michel Wolgemut eingeschlossen. Seine Vorstellung bereicherte sich 1814, als er in der Boisseréeschen Sammlung nicht nur auf die altniederrheinische, sondern auch auf die altniederländische Malerei aufmerksam wurde und für sich »eine Lücke in der Kunstgeschichte ziemlich« auszufüllen vermochte (*Tag- und Jahreshefte 1821*).

Im Verhältnis zu Dürer als Exponenten der Zeit um 1500 lösten sich ebenfalls Phasen der Verehrung und der Distanzierung bei selektiver Anerkennung ab. G.s Äußerung von 1780, daß Dürer, »wenn man ihn recht im Innersten erkennen lernt an Wahrheit Erhabenheit und selbst Grazie nur die ersten Italiener zu seines gleichen hat«, wäre nach 1786 kaum denkbar (an Lavater, 6. 3. 1780). In den *Tag- und Jahresheften 1809* ist die Rede von »der gewissenhaften Peinlichkeit, die sowohl seine [Dürers; d. Vf.] Gemählde als Holzschnitte beschränkt«

(WA I, 36, S. 50); dafür erhielten im Gegenzug die Randzeichnungen zum Gebetbuch Kaiser Maximilians das Lob, daß der Maler »sich nirgends so frey, so geistreich, groß und schön bewiesen, als in diesen gleichsam extemporirten Blättern« (an Cornelius, 8.5. 1811). Zeitlebens fühlte sich G. »durch eine entwickeltere Kunst angezogen« (WA I, 27, S. 278). Die »deutsche Kunstwelt des 16. Jahrhunderts«, so schrieb er an Cornelius aus Anlaß der übersandten *Faust*-Illustrationen, »kann in sich nicht für vollkommen gehalten werden. Sie ging ihrer Entwicklung entgegen, die sie aber niemals, so wie es der transalpinischen glückte, völlig erreicht hat« (8.5. 1811). Daraus entsprang grundsätzlich die Forderung, die »Avantagen« seit Raffael zu »benutzen und auf dem trefflichen Wege fort[zu]gehen«, der von diesem und seinen Zeitgenossen gewiesen worden sei (Eckermann, 4.1. 1827).

Als Leipziger Student reiste G. 1768 nach Dresden, um die Gemäldegalerie zu besichtigen. Er konzentrierte sich dort auf die Niederländer des 17. Jhs.: Adriaen van Ostade, Godfried Schalcken, Herman Swanevelt. Unter dem Einfluß von Adam Friedrich Oeser schenkte er »den allzukindlichen Anfängen der deutschen Kunst« noch keine Beachtung (WA I, 27, S. 160). Wenig später regte ihn aber der Straßburger und Darmstädter Bekanntenkreis zur Beschäftigung mit den »vaterländischen Alterthümern« an (WA I, 28, S. 99 f.). Seine dramatischen Pläne, die Stoffe des *Faust* und des *Götz von Berlichingen*, führten ihn zum »Studium des funfzehnten und sechzehnten Jahrhunderts« (ebd., S. 98). G. bekundete 1772 seine Bewunderung für das Straßburger Münster und seinen Erbauer, den »gottgleichen Genius«, der »einen Babelgedanken in der Seele« wachrief, in dem Aufsatz *Von Deutscher Baukunst* (WA I, 37, S. 149 u. S. 140). Er verstand gotische Baukunst als deutsche vaterländische Baukunst, die – wie die griechische – ursprünglich und »unwissend alles Fremden« geboren sei (ebd., S. 149). Der dithyrambische Ton der Jugendschrift verdeckt G.s Auseinandersetzung mit der Architekturtheorie (Johann Georg Sulzer, Marc Antoine Laugier, Julien-David Le Roy, Jacques François

Blondel), die in letzter Zeit stärker beachtet wurde (vgl. Keller u. Knopp).

Im zeitkritischen Schlußteil des Münsteraufsatzes fällt erstmals der Name Albrecht Dürers. G. hebt ihn von den »geschminkten Puppenmahler[n]« seiner Zeit ab, die »durch theatralische Stellungen, erlogene Teints, und bunte Kleider« imponieren wollten: »Männlicher Albrecht Dürer, den die Neulinge anspötteln, deine holzgeschnitzteste Gestalt ist mir willkommener« (WA I, 37, S. 150).

Zur systematischen Beschäftigung mit Dürers graphischem Werk kam G. 1780, als er Johann Kaspar Lavaters Sammlung von Kupferstichen und Holzschnitten neu ordnete. G. erwarb sich durch diese Arbeit nicht nur eine Überschau über die Graphik der Dürer-Zeit, sondern auch einen Blick für die Qualität der verschiedenen Drucke und für die Unterscheidung von Original und Kopie, die ihm künftig auch für die eigene Sammlung von Nutzen war. G.s Briefe aus dieser Zeit dokumentieren seine Hochschätzung vor allem Dürers.

Gegenüber Johann Heinrich Merck gab er am 7.4. 1780 die Absicht zu erkennen, »über die merkwürdigsten Blätter meine Gedanken auf[zu]setzen, nicht sowohl über Erfindung und Composition, als über die Aussprache und die ganz goldene Ausführung«, während Merck seinerseits – in zeitlicher Konkordanz – im Juli-Heft des *Teutschen Merkur* den von Kennerschaft zeugenden Aufsatz *Einige Rettungen für das Andenken Albrecht Dürers gegen die Sage der Kunst-Literatur* veröffentlichte. Innerhalb der graphischen Sammlung G.s bildete der Dürer-Bestand mit über 250 Kupferstichen und Holzschnitten eine Ausnahme. Albrecht Altdorfer, Hans Sebald Beham, Lucas Cranach d. Ä. und Martin Schongauer waren ungleich bescheidener vertreten, und die übrigen altdeutschen Meister fielen quantitativ nicht ins Gewicht. Um Kupferstiche Schongauers bemühte G. sich noch im Alter. Als er 1819 »einen ganz vortrefflichen Abdruck vom Tod der Maria« erwerben konnte, ging ihm »ein uralter Wunsch« in Erfüllung (an S. Boisserée, 23.3. 1820).

Gemälde altdeutscher Meister konnte G. – im Gegensatz zu der für ihn erschwinglichen

Ritter, Tod und Teufel. Kupferstich von
Albrecht Dürer

Graphik – nur auf Reisen kennenlernen: 1779
in Basel (Holbein), 1786 in München (Dürer),
1788, 1790 und 1797 in Nürnberg (Dürer, Wolgemut, Cranach), 1790, 1794 und 1810 in Dresden bei erneutem Besuch der Galerie (Holbein, Dürer, Cranach, Quentin Massys, Jan van
Eyck). Ihr Eindruck auf ihn ist nur in Marginalien zu fassen. Zu Cranach, dem Hofmaler der
sächsischen Kurfürsten, entwickelte sich seit
G.s Übersiedlung nach Weimar ein besonderes, durch die lokale Tradition bedingtes Verhältnis. 1776 skizzierte er seinen ersten Eindruck der Stadtkirche als der künftigen Wirkungsstätte Herders und kam auch auf die Lucas Cranach d.Ä. zugeschriebenen Werke zu
sprechen: das Altartriptychon, die *Allegorie
der Erlösung*, und den *Lutherschrein* (an Herder, 10.7. 1776). Nachdem Heinrich Meyer mit
seiner kleinen Schrift *Ueber die Altargemälde
von Lucas Cranach in der Stadtkirche zu Weimar* 1813 die erste monographische Behandlung eines altdeutschen Gemäldes überhaupt
geliefert hatte, folgte 1815 der Aufsatz über

Altdeutsche Gemählde in Leipzig unter dem
kollektiven Autornamen der »Weimarischen
Kunstfreunde«. Danach beschäftigte sich G.
noch wiederholt mit musealen bzw. konserva-
torischen Überlegungen in bezug auf Cranach.
   Die Weimarer Gemäldegalerie, die G. und
Heinrich Meyer im Jahr 1824 im Jägerhaus
einrichteten, wies nur wenige altdeutsche Gemälde auf: Aus dem umfänglichen großherzoglichen Cranach-Besitz wurden *Christus
und die Ehebrecherin* sowie *Adam und Eva*
überführt; die *Tucher*-Porträts Dürers wurden
als Bilder eines unbekannten Meisters ausge-
stellt, das Porträt Hans Tuchers mit dem Ver-
merk »werth von Albr. Dürer zu seyn«, sowie
Jan van Scorels *Bildnis eines Geistlichen* als
ein Gemälde von Holbein d.J. Bis zum Herbst
1814, d.h. bis zum Besuch der Boisseréeschen
Galerie in Heidelberg, habe G. »nie einen Johann van Eyck, und überhaupt außer Kranach
und wenige Dürer keine altdeutschen Bilder
gesehen«, schrieb Sulpiz Boisserée am 24.10.
1814 an einen Kölner Freund (Boisserée 1862,
Bd. 1, S.234). Im Tenor mochte Boisserée
recht haben, denn G. hatte in der Tat die
Sammlungen von Wien, Paris, Amsterdam,
Brüssel oder Madrid nicht besucht. Aber über
die oberdeutsche Malerei hatte er im Laufe
der Jahre einen Überblick gewonnen. Noch
unmittelbar vor der Fahrt nach Heidelberg besichtigte er am 16. und 17. September 1814 in
Frankfurt die aus »den aufgehobenen Klöstern
entnommenen Gemälde« (WA 34.1, S. 106;
WA 34.2, S. 15–19), darunter vor allem die
Bilder des ehemals reich ausgestatteten Domi-
nikanerklosters, u.a. Teile des Hochaltars von
Hans Holbein d.Ä. und den *Heller-Altar* von
Albrecht Dürer.
   Unter dem unmittelbaren Eindruck der
Boisseréeschen Gemälde versprach G., »eine
eigene kleine Schrift« über die Sammlung und
die Tätigkeit der Brüder Boisserée zu verfassen (Boisserée 1862, Bd. 1, S.233). Aber erst
im Sommer 1815, als er durch den Freiherrn
vom Stein um ein Gutachten für die preußische Regierung »über Erhaltung und Ordnen
der Kunstschätze am Rhein« gebeten wurde,
beschäftigte er sich mit diesem an Umfang
gewachsenen Projekt in der Hoffnung auf öf-

fentliche Wirkungen (an August von Goethe, 1.8. 1815). Dabei baute er vor allem auf die Unterstützung von Sulpiz Boisserée und dessen genauere »Kenntniße zu einem solchen weitgreifenden Unternehmen« (an Karl Freiherrn vom Stein, 10.8. 1815; vgl. auch die Paralipomena WA I, 34.2, S. 37–39). Im Rückblick schrieb er an Zelter, daß er ohne »dringende Nötigung niemals weder dem wichtigen Punkt der Kunsterhaltung durch die barbarische Zeit hindurch, noch auch den Eigentümlichkeiten nationeller und provinzieller Wiederherstellung Aufmerksamkeit hätte schenken können« (11.3. 1816).

Im *Heidelberg*-Kapitel von *Kunst und Alterthum am Rhein und Main* hofften die Boisserées und ihre Freunde nicht nur eine Beschreibung der Sammlung, sondern auch ein Dokument der »Bekehrung Goethe's« zu finden (Boisserée 1862, Bd. 1, S. 229 u. S. 239). G. zog sich auf einen historisch-kritischen Standpunkt zurück: Er gab einen Überblick über die Entstehung der Sammlung und über die Entwicklung der niederrheinischen bzw. niederländischen Malerei mit exemplarischer Vorstellung weniger Werke, nicht ohne zum Schluß auf den »Schaum der Überschätzung« hinzuweisen, der »dem Kenner und Liebhaber widerlich ist« (WA I, 34.1, S. 190). Generell beschrieb er den »Vorschritt aus einem erstarrten, veralteten, künstlichen Zustand in die freie lebendige Naturwahrheit« (ebd., S. 183), wobei er die Epochen entsprechend den Boisseréeschen Vorstellungen gliederte. Die »orientalische düstere Trockenheit« der byzantinischen Schule »erheiterte« sich demnach in den Rheingegenden unter der Einwirkung des Nationalcharakters und des Klimas (ebd., S. 170). Die »Achse, worauf sich die ältere niederländische Kunst in die neue dreht« (ebd., S. 180), bildete für G. jedoch Stefan Lochners *Altar der Kölner Stadtpatrone*. Als epochaler Vertreter der neuen Zeit (15. Jh.) galt Jan van Eyck, den G. wie die Heidelberger Sammler auf der Grundlage der Gemälde Rogier van der Weydens charakterisierte: Er werfe »alles Gestempelte so wie den Goldgrund völlig weg, ein freies Local thut sich auf, worin nicht allein die Hauptpersonen, sondern auch alle Nebenfiguren vollkommen Porträt sind« (ebd.). Trotz der Perfektionierung der Öltechnik, der Anwendung perspektivischer Mittel und der geistigen Symmetrie in der Darstellung wollte G. aber den »Maßstab der vollendeten Kunst« nicht angelegt wissen (ebd., S. 184). Die Behandlung von andern »schätzenswerthen Künstlern«, die »sich sämmtlich in ihrem heimischen Kreise« hielten (wie Hans Memling, Israel von Meckenem, Lucas van Leyden, Quentin Massys u.a.; WA I, 34.1, S. 189), stellte G. für die Zukunft ebenso in Aussicht wie die Behandlung der unter italienischem Einfluß ausgebildeten Talente (Jan van Scorel, Marten van Heemskerk u.a.). Auch die oberdeutsche Schule sollte in die geplante Fortsetzung, die jedoch unterblieb, einbezogen werden.

Obgleich G. sich bei der Darstellung der Entwicklung der altdeutschen Malerei auf die Vorgaben Sulpiz Boisserées gestützt hatte, wollte er bei der Beschreibung der Gemälde, insbesondere bei der Beschreibung der *Veronika*-Tafel, seine Art und Weise der Bildbetrachtung demonstrieren, ja vielleicht beabsichtigte er, wie neuerdings dargelegt wurde, eine »Korrektur und Neuorientierung der Betrachtungsweise altdeutscher Malerei einzuleiten« (Osterkamp, S. 281). In der historisch-strukturierenden Betrachtung des Bildgegenstands – vom byzantinisch-starren Christuskopf über die anmutigen Mienen und Gebärden der hl. Veronika zu den kompositionell vollkommen befriedigenden, ein neues Naturgefühl aussprechenden Engelgruppen (WA I, 34.1, S. 173–175) – bemühte sich G. um die bisher zugunsten der Wiedergabe und Würdigung des religiösen Bildvorwurfs vernachlässigten Gestaltungsprinzipien. Seine Aufmerksamkeit richtete sich so entschieden auf die formalen Aspekte und deren geschichtliche Genese, daß alsbald getadelt wurde, er lege »zu viel Gewicht auf die Technik« (Boisserée 1862, Bd. 2, S. 144). G. aber war es um eine solche Akzentuierung zu tun: Im Gegenzug zu den romantisch-frömmelnden Beschreibungen altdeutscher Malerei in der Nachfolge Friedrich Schlegels forderte er deren historische und ästhetische Würdigung.

Literatur:

Anhalt, Kurt Edwin: Goethes kunstgeschichtliches
Verhältnis zu Peter Vischers Werken. In: Fränkische
Monatshefte. 8 (1929), S. 208–210 u. S. 242–244. –
Beutler, Ernst: Von deutscher Baukunst. Goethes
Hymnus auf Erwin von Steinbach. Seine Entstehung
und Wirkung. München 1943. – Boisserée, Sulpiz:
Briefwechsel, Tagebücher. Faks.-Dr. nach der 1.
Aufl. von 1862. Bd. 1 u. 2. Göttingen 1970. – Ders.:
Tagebücher. 1808–1854. Hg. von Hans-Joachim
Weitz. Bd. 1: 1808–1823. Darmstadt 1978. – Einem,
Herbert von: Goethe und Dürer. In: ders.: Goethe-
Studien. München 1972, S. 25–49. – Firmenich-Ri-
chartz, Eduard: Sulpiz und Melchior Boisserée als
Kunstsammler. Ein Beitrag zur Geschichte der Ro-
mantik. Bd. 1. Jena 1916. – Gethmann-Siefert, An-
nemarie/Pöggeler, Otto (Hg.): Kunst als Kulturgut.
Die Bildersammlung der Brüder Boisserée – ein
Schritt in der Begründung des Museums. Bonn 1995.
– Goethe als Sammler. Kunst aus dem Haus am Frau-
enplan in Weimar. Zürich 1989. – Hecht, Wolfgang:
Goethe und die Gründung der Weimarer Gemäl-
degalerie. In: GoetheJb. 102 (1985), S. 199–214. –
Keller, Harald: Goethes Hymnus auf das Straßburger
Münster und die Wiedererweckung der Gotik im 18.
Jahrhundert 1772/1972. München 1974. – Knopp,
Norbert: Zu Goethes Hymnus *Von deutscher Bau-
kunst*. In: DVjs. 53 (1979), S. 617–650. – Lange,
Victor: Goethe im Glashaus. Klassizistische Kunst-
maßstäbe, Altdeutsche Kunst und Neudeutsches
Künstlerwesen. In: Strack, Friedrich (Hg.): Heidel-
berg im säkularen Umbruch. Stuttgart 1987,
S. 337–353. – Meyer, Johann Heinrich: Geschichte
der Kunst. Bearb. u. hg. von Helmut Holtzhauer u.
Reiner Schlichting. Weimar 1974. – Osterkamp,
Ernst: Im Buchstabenbilde. Studien zum Verfahren
Goethescher Bildbeschreibungen. Stuttgart 1991. –
Schoener, Albrecht: Goethe und die altdeutsche
Kunst. Diss. Gießen 1921. – Schuchardt, Christian:
Goethes Kunstsammlungen. 3 Bde. in 1 Bd. Nach-
druck der Ausgabe Jena 1848–49. Hildesheim, New
York 1976. – Schulze, Sabine (Hg.): Goethe und die
Kunst. Katalog Schirn Kunsthalle. Frankfurt/M.
1994. – Steinen, Wolfram von den: Mittelalter und
Goethezeit. In: Historische Zs. 183 (1957),
S. 249–302. – Trunz, Erich: Goethe als Sammler. In:
ders.: Weimarer Goethe-Studien. Weimar 1984,
S. 7–47.

Doris Strack/Friedrich Strack

Altdeutsche Literatur

G.s Beschäftigung mit der altdeutschen Literatur ist Teil seiner Auseinandersetzung mit
dem Mittelalter, dem er Zeit seines Lebens mit
zwiespältigen Empfindungen gegenüberstand,
und steht ferner in Zusammenhang mit dem
allgemein wachsenden Interesse an der altdeutschen Poesie in der zweiten Hälfte des
18. Jhs. G.s Lektüreerfahrungen seiner Jugendzeit reichten bis an die Schwelle zur altdeutschen Zeit zurück (WA I, 26, S. 51), zu den
vorausgegangenen dunklen Jahrhunderten
fand er dagegen keinen Zugang.

Seit den 90er Jahren versuchten die Romantiker G.s Aufmerksamkeit auf die altdeutsche
Poesie zu lenken. Sein Interesse an der älteren
Literatur erstreckte sich bis zur Jahrhundertwende jedoch vorwiegend auf deren Stoffe
(vgl. an A. W. Schlegel, 15.12. 1798). Von einem Werk der mittelalterlichen Literatur
wurde neben der *Faust*-Dichtung auch das
Versepos *Reineke Fuchs* (1794) angeregt.

Um 1805 begann für G. eine Phase intensiver Auseinandersetzung mit der Dichtung
des Mittelalters, die bis ca. 1812 andauerte. Er
versuchte, sein Wissen über das Mittelalter zu
erweitern und den Hiat zwischen Antike und
Neuzeit zu überbrücken. Besonders eingehend
beschäftigte er sich seit 1806 mit dem *Nibelungenlied*. Der Anstoß dazu kam von außen:
Im Gefolge der Koalitionskriege suchte das
erwachende Nationalgefühl in der Rückwendung zum Mittelalter Orientierung. Das *Nibelungenlied* erlangte in dieser Situation erstaunliche Popularität, und G. wurde gebeten,
im Winter 1808/09 Vorträge darüber in den
Mittwochsgesellschaften zu halten. Von der
patriotischen Begeisterung seiner Zeitgenossen für das *Nibelungenlied* hielt er sich jedoch
fern und betonte, daß sein Interesse ausschließlich ein historisches sei.

Die *Nibelungen*-Vorlesungen regten ihn zur
Lektüre weiterer mittelhochdeutscher Epen
an: »Fierabras und andere ähnliche Helden-
sagen und Gedichte, König Rother, Tristan und
Isalde folgten und begünstigten einander«

Der Nibelungen Ende. Stahlstich von Th. Langer nach J. Schnorr von Carolsfeld

(*Tag- und Jahreshefte 1809*). Aus der Weimarer Bibliothek entlieh er 1809 den *Iwein* Hartmanns von Aue und den *Parzival* Wolframs von Eschenbach, im folgenden Jahr mehrere Bände Minnelieder. 1811 las er Hartmanns *Armen Heinrich*, dessen religiöse Thematik in Verbindung mit dem Motiv der Krankheit ihn abstieß (ebd., *1811*).

Der einzige unmittelbar greifbare Niederschlag, den die Auseinandersetzung mit altdeutscher Literatur in G.s Werk hinterließ, findet sich im Maskenzug *Die romantische Poesie* (1810), wobei das Adjektiv »romantisch« nicht die zeitgenössische, sondern die mittelalterliche Dichtung im Unterschied zur antiken meint; hier stellte G. dem modisch verklärenden Mittelalterbild der Romantik seine eigene, vom klassischen Denken ge-

prägte Auffassung dieses geschichtlichen Zeitraums entgegen.

In diesen Jahren hatte G. häufig Kontakt zu führenden Philologen wie Johann Gustav Gottlieb Büsching, Friedrich Heinrich von der Hagen und Wilhelm Karl Grimm, dem er ein tieferes Verständnis der älteren deutschen Dichtung verdankte (ebd., *1809*). Er unterstützte seinerseits die Editionstätigkeit der Brüder Grimm, indem er Jakob Ludwig Karl Grimm ein Minnesänger-Manuskript aus der herzoglichen Bibliothek zugänglich machte; zu ähnlichen Zwecken hatte er bereits früher Christoph Heinrich Müller eine Handschrift der *Eneit* Heinrichs von Veldeke aus der Gothaer Bibliothek verschafft.

Um 1810 wurden G.s Äußerungen über die romantische Mittelalter-Begeisterung kritischer; »daß unsre modernen, religiosen Mittelältler mancherley Ungenießbares fördern und befördern« (an Knebel, 25.11. 1808) werde allerdings z.T. dadurch aufgewogen, daß »durch ihre Liebhaberey und Bemühung manches Unschätzbare ans Tageslicht« (ebd.) komme.

Auch nach 1812 setzte G. die Lektüre altdeutscher Literatur fort, wenn auch in vermindertem Umfang. Trotz seiner Belesenheit auf dem Gebiet der altdeutschen Literatur fühlte er sich darin nicht recht heimisch. Sein Verhältnis zum Mittelalter war im wesentlichen vom Denken der Aufklärung bestimmt; er betrachtete jene finsteren Jahrhunderte als Zeitraum, der einer höher entwickelten Kulturstufe voranging (*Tag- und Jahreshefte 1794*). Daher konnte das Studium der älteren Dichtung für ihn nicht Selbstzweck, sondern lediglich Mittel zu umfassenderer historischer Erkenntnis sein.

Literatur:

Arlt, Gustave Otto: Goethe and Older German Literature. In: Schütze, Martin (Hg.): Goethe Centenary Papers. Chicago 1933, S. 75–88. – Brackert, Helmut: *Nibelungenlied* und Nationalgedanke. Zur Geschichte einer deutschen Ideologie. In: Mediaevalia litteraria. Fs. für Helmut de Boor zum 80. Geburtstag. Hg. von Ursula Henning und Herbert Kolb. München 1971, S. 343–364. – Jenny, Ernst: Goethes altdeutsche Lektüre. Diss. Basel 1900. – Keudell, Elise von: Goethe als Benutzer der Weimarer Bibliothek. Ein Verzeichnis der von ihm entliehenen Werke. Weimar 1931. – Körner, Josef: Die Renaissance des germanischen Altertums. In: Zs. für den Deutschen Unterricht. 27 (1913), S. 1–30. – Samuel, Richard: Die Rezeption des Mittelalters durch Goethe. In: JbIG. 2 (1976), H. 4, S. 60–66. – Steig, Reinhold: Goethe und die Brüder Grimm. Berlin 1892.

Martina Eicheldinger

Alter

»Das Alter ist ein höflich Mann: / Einmal übers andre klopft er an, / Aber nun sagt Niemand: Herein! / Und vor der Türe will er nicht sein. / Da klinkt er auf, tritt ein so schnell, / Und nun heißt's, er sei ein grober Gesell« (MA 9, S. 103). Diese 1814 entstandenen, mit dem Titel *Das Alter* überschriebenen humorvoll-versöhnlichen Verse über das Alter als einen zwar ungebetenen, aber im ganzen doch nicht unfreundlichen Gast werden so oft zitiert, daß man sie für G.s repräsentatives Fazit über den letzten Lebensabschnitt eines Menschen halten könnte. Tatsächlich umfassen G.s Äußerungen über das Alter und den Prozeß des Alterns aber eine weitaus größere Vielfalt an Tönen und Aspekten.

Solche Einsichten verschweigen weder nachlassendes körperliches Leistungsvermögen – »Das Gedächtniß mag immer schwinden, wenn das Urtheil im Augenblick nicht fehlt« (MuR, 111) –, noch eine zunehmende Entmündigung durch die Mit- und Umwelt: »Man schont die Alten, wie man die Kinder schont« (MuR, 370). Für eine der existentiellen Grunderfahrungen des (hohen) Alters, die wachsende Einsamkeit, scheut sich G. nicht, einen der leuchtendsten politischen Begriffe seiner Zeit zu benutzen: »Der Alte verliert eins der größten Menschenrechte, er wird nicht mehr von seines Gleichen beurtheilt« (MuR, 371). Diese Erkenntnis wird zum Postulat, wenn G. es als »schwer zu lösende Aufgabe strebender Menschen« bezeichnet, »die Verdienste älterer Mitlebenden anzuerkennen und sich von ihren Mängeln nicht hindern zu lassen« (MuR, 862).

Am bemerkenswertesten ist an diesen wie an vielen anderen Überlegungen zuallererst, daß das Alter auf eine so umfassende Weise überhaupt zum Gegenstand der Reflexion wird. Der alte G. hat nicht nur ein umfangreiches Oeuvre hinterlassen, dessen spezifischen Altersstil man eingehend untersucht und gewürdigt hat (vgl. GHB., Bd. 1, S. 372–374 u. S. 436–449, bes. S. 446ff.), er hat die Entstehungsbedingungen dieses Alterswerks dabei nochmals grundlegend reflektiert; mit anderen Worten: G.s Spätwerk ist nicht nur Alterskunst, es handelt in wichtigen Teilen auch davon.

»Jedem Alter des Menschen antwortet eine gewisse Philosophie« (MuR, 806), wird ein Aphorismus aus dem Nachlaß eingeleitet; auf welche Weise G. diese »Eigengesetzlichkeit« des Alters nicht nur wiederholt beschrieben, sondern »recht eigentlich entdeckt« (Müller-Seidel, S. 286) und vor allem in seinen Maximen und Reflexionen systematisch zu einem Netz von Beobachtungen verknüpft hat, das durchaus die Umrisse einer Gerontologie erkennen läßt, haben gerade Untersuchungen jüngeren Datums überzeugend herausgearbeitet. Als G.s besondere Leistung wurde dabei hervorgehoben, daß er eine Lebensstufe, die bis dahin vor allem mit dem Signum von Degeneration und Verfall versehen und dabei oft verächtlich oder lächerlich gemacht wurde, grundlegend (und auf traditionsstiftende Weise) rehabilitiert habe.

»Mit den Jahren steigern sich die Prüfungen« (MuR, 677), resümiert G., woraus zum einen ein Plädoyer für eine »gesteigerte« Tätigkeit folgen kann : »Genau besehen, haben wir uns noch alle Tage zu reformiren und gegen andere zu protestiren, wenn auch nicht in religiösem Sinne« (MuR, 673); was zugleich aber auch das Recht einschließt, »mit Bewußtsein auf einer gewissen Stufen stehen bleiben« (MuR, 987) zu dürfen. In einem anderen Aphorismus hat G. diese Alternative noch prägnanter zugespitzt: »Man muß entweder zu handeln ganz aufhören oder mit Willen und Bewußtsein das neue Rollenfach übernehmen« (MuR, 259). Vor allem Bewußtsein und »Geist«, der – wie es in den *Noten und Abhandlungen zu besserem Verständniß des West-östlichen Divans* heißt – »vorzüglich dem Alter, oder einer alternden Weltepoche« (FA I, 3, S. 181) angehört, werden wiederholt als die wichtigsten Vermögen des alten Menschen beschrieben, um die denkbar extremste menschliche Grenzsituation – das Leben in der nun unmittelbaren Nähe zum Tode – zu erleichtern und erträglich zu machen. G. wußte um die

Tragik solcher Grenzsituationen – »In jeder großen Trennung liegt ein Keim von Wahnsinn« (MA 15, S. 627) –, die er im berühmten 258. Aphorismus seiner Maximen und Reflexionen thematisiert und zugleich produktiv, d.h. der Erkenntnis nutzbar gemacht hat: »Madame Roland, auf dem Blutgerüste, verlangte Schreibzeug, um die ganz besondern Gedanken aufzuschreiben, die ihr auf dem letzten Wege vorgeschwebt. Schade daß man ihr's versagte; denn am Ende des Lebens gehen dem gefaßten Geiste Gedanken auf, bisher undenkbare; sie sind wie selige Dämonen, die sich auf den Gipfeln der Vergangenheit glänzend niederlassen«.

Von beidem – unermüdlicher Produktivität *und* Kreativität – legt G.s Alters- und Spätwerk selbst ein eindrucksvolles Zeugnis ab; ja mehr noch: die Vielfalt der gepflegten und (weiter) verfolgten Interessen, wie sie die Tagebücher bis ins hohe Alter dokumentieren, das breite Spektrum der Formen und Ausdrucksmöglichkeiten hat wesentlich zur grundlegenden Um- und Aufwertung beigetragen, die künstlerische Alterswerke durch die germanistische und kulturwissenschaftliche Forschung in unserem Jahrhundert erfahren haben. An *Dichtung und Wahrheit* wie das nachfolgende umfangreiche autobiographische Schaffen – die *Italienische Reise*, die *Tag- und Jahreshefte*, die *Campagne in Frankreich* – ist dabei ebenso zu erinnern wie an den *West-östlichen Divan*, die sich zu Gruppen und Sammlungen zusammenschließende Spruchdichtung, an den Altersroman *Wilhelm Meisters Wanderjahre* in seinen beiden Fassungen der Jahre 1821 und 1829 wie an *Faust II*; nicht zu vergessen G.s Tätigkeit als Herausgeber seiner Zeitschrift *Über Kunst und Alterthum*, die ihre Entstehung einer Reise an Rhein und Main in den Jahren 1814 und 1815 verdankte, oder die naturwissenschaftlichen Periodika *Zur Morphologie* und *Zur Naturwissenschaft überhaupt*.

Die Erkenntnis des Regelhaften und Gesetzlichen (vgl. MuR, 686), die Konzentration auf das Wesentliche, »auf die letzten Formeln« (an Boisserée, 3. 11. 1826) und »einfachen Vorstellungen« (an Zelter, 6.9. 1828): dies findet seinen sprachlichen Ausdruck in einer Tendenz zum Lakonismus, für den G. wiederholt das Bild von den »Sybillinischen Büchern« (MA 17, S. 887; an Zelter, 19.3. 1827; an Schultz, 29.6. 1829) gewählt hat. Es erklärt zugleich, warum G. in einem bewußten Verzicht auf stilistische Brillanz und rhetorischen Schmuck gerade der Aphorismus, der in der Forderung zu größter Konzentration auf sprachlich engstem Raum per se schon auf der Grenze zwischen »Sprache und Schweigen« (Neumann, S. 619) angesiedelt ist, besonders geeignet schien, solche Überlegungen festzuhalten.

G.s Äußerungen über das Alter schließen das Gefühl des Verlusts ebenso ein wie das Bewußtsein eines Privilegs. Man wisse »aber nicht eher als nach einem längern Lebenslauf was ächte Maximen, die uns über das Gemeine heben, für einen hohen Werth haben, der so selten anerkannt wird«, hieß es schon am 29.3. 1801 in einem Schreiben an Johann Friedrich Rochlitz; im Alter findet diese Haltung der Überschau ihr räumliches Äquivalent oft in erhöhten Positionen – der alten Burg der *Novelle*, dem Turm des Lynkeus in *Faust II* oder der Zinne in einem Brief an Carl Friedrich Zelter vom 19.3. 1818 – und einer feierlichen Sprechweise, die sich gelegentlich religiösen Denkformen nähert: »Der Greis jedoch wird sich immer zum Mysticismus bekennen. Er sieht daß so vieles vom Zufall abzuhängen scheint: das Unvernünftige gelingt, das Vernünftige schlägt fehl, Glück und Unglück stellen sich unerwartet in's Gleiche; so ist es, so war es, und das hohe Alter beruhigt sich in dem, der da ist, der da war, und der da sein wird« (MuR, 806). Solche »Betrachtungen«, wie sie G. bevorzugt nennt (man denke an das *Buch der Betrachtungen* im *West-östlichen Divan* oder die *Betrachtungen im Sinne der Wanderer* aus den *Wanderjahren*; wie das GWb, Bd. 2, Sp. 551–558 bemerkt, ist dieser Terminus mit »annähernd 2500 Belegen einer der am häufigsten verwendeten Begriffe in G-s Denken«, und hier insbesondere im Spätwerk), werden nicht nur als besonderes Geschenk empfunden – »Daß der Mensch zuletzt Epitomator von sich selbst wird! Und dahin zu gelangen ist schon Glück genug« (MuR, 995; in

diesem Sinne auch an Zelter, 29.4. 1830) –, sie können als »Beruhigung« (vgl. etwa MA 17, S. 351, S. 661 u. S. 669; das GWb, Bd. 2, Sp. 433–436 führt zu diesem Wortfeld ebenfalls ca. 850 Belegstellen an) darüber hinaus eine therapeutische Wirkung entfalten, wie sie G. in seinem Brief an Carl Julius Moritz Seebeck am 3.1. 1832 so beschrieben hat: »Und so bleibt [...] uns die Pflicht noch übrig, das Menschliche, das uns nie verläßt, wenigstens in seinen Eigenheiten anzuerkennen und uns durch Reflexion über die Mängel zu beruhigen, deren Zurechnung nicht ganz abzuwenden ist«. Eine solche »Diätetik der Seele« (Müller-Seidel, S. 287) findet ihre Voraussetzungen in zyklischen Denkformen – »Der ist der glücklichste Mensch, der das Ende seines Lebens mit dem Anfang in Verbindung setzen kann« (MuR, 140) –, die Stagnation und Resignation zu überwinden helfen: »Das Alter kann kein größeres Glück empfinden als daß es sich in die Jugend hineingewachsen fühlt und mit ihr nun fortwächst« (an Carus, 23.3. 1818).

Literatur:

John, Johannes: Aphoristik und Romankunst. Eine Studie zu Goethes Romanwerk. Rheinfelden 1987, bes. S. 121–195. – Müller-Seidel, Walter: Goethes Maximen und Reflexionen. Denkformen und Bewußtseinskritik. In: ders.: Die Geschichtlichkeit der deutschen Klassik. Literatur und Denkformen um 1800. Stuttgart 1983, S. 278–290. – Neumann, Gerhard: Ideenparadiese. Untersuchungen zur Aphoristik von Lichtenberg, Novalis, Friedrich Schlegel und Goethe. München 1976. – Preisendanz, Werner: Die Spruchform in der Lyrik des alten Goethe und ihre Vorgeschichte seit Opitz. Heidelberg 1952.

Johannes John

Amerika

Im 18. Jh. wurde Amerika zu einem festen geographischen und politischen Begriff. In G.s Sprachgebrauch bezeichnete er sowohl die geographische Einheit in bezug auf den ganzen Erdteil als auch die politischen Mächte, zumeist jedoch die Vereinigten Staaten. Im Verlauf der historischen Entwicklung zum frühen 19. Jh. ist dabei eine zunehmende Differenzierung zu beobachten, die nach genaueren Bezeichnungen verlangte, wie z.B. Nord-, Mittel- und Südamerika. Viele Faktoren trugen bei G. zu einer vertieften Kenntnis bei, so die Diskussion über das Problem der deutschen Söldnertruppen im Dienste der englischen Krone und über die anstehende Entwicklung bürgerlicher Freiheiten im amerikanischen Bundesstaat, so die Lektüre von Reise- und Auswandererberichten, wie z.B. aus dem Kreis der Herrnhuter, schließlich die Kontakte mit Besuchern aus Amerika und mit europäischen Forschungsreisenden.

In G.s Jugendzeit und -werken steht das Wort, wie bei den andern Stürmern und Drängern, symbolisch für Abenteuerlust, Ferne, Freiheit, Erfolg und unbegrenzte Möglichkeiten, so z.B. in *Die Mitschuldigen* (1769, 2. Fassung 1787), in *Stella* (1776) oder in *Der Groß-Cophta* (1791). In der 2. Fassung der *Mitschuldigen* ist die Rede von der Bereitschaft junger Menschen, nach Amerika zu reisen: »In Deutschland gäb's ein Corps von braven jungen Leuten, / Die für Amerika Succurs und Geld bereiten«. Allerdings sind die Motive dafür aus der Sicht des Herrn Söller vorwiegend in Verworrenheit und Abenteuerlust zu suchen: »Ach, es gibt Kerls genug, bei denen's immer sprudelt; / Und wenn so einen denn die Liebe weidlich hudelt, / So müßt's romanenhaft, sogar erhaben stehn, / So, mit dem Kopf voran, in alle Welt zu gehn« (WA I, 9, S. 44). Da in der Amerika-Kolportage die Suche nach Erfolg mit Gefahr verbunden ist, erweist sich das Motiv als bequeme Ausflucht, um die Abwesenheit einer Person zu erklären. In *Stella* erzählt Lucie das »Mährchen«, daß ihr Vater auf einer Geschäftsreise nach Amerika umgekommen sei (WA I, 11, S. 136 u. S. 142). Damit läßt sich dessen schuldhaftes Verlassen von Frau und Tochter bemänteln, ohne daß der Wahrheitsgehalt der Behauptung zu überprüfen wäre. Komödienhaft wird dasselbe Motiv im *Groß-Cophta* verwendet, wo

der betrügerische Graf sein Publikum mit der Behauptung zu beeindrucken sucht, er sei im Geiste nach Amerika versetzt worden, um einem Freund in Gefahr beizustehen (WA I, 17, S. 159f.).

In *Dichtung und Wahrheit* ist sogar davon die Rede, daß G. selbst mit dem Gedanken der Auswanderung konfrontiert wurde. Im Rückblick auf die Beziehung zu Lili Schönemann berichtet er, daß die Verlobte bereit war, gemeinsam mit ihm nach Amerika auszuwandern, um den Konventionen der Frankfurter Gesellschaft zu entgehen. Wenn dieses Angebot auch historisch nicht belegt ist, mag man doch darin ein Stück Selbstkritik sehen. G. gesteht ein, daß er das Verbleiben in der Heimat vorzog: »Aber eben das was meine Hoffnung hätte beleben sollen, drückte sie nieder. Mein schönes väterliches Haus, nur wenig hundert Schritte von dem ihrigen, war doch immer ein leidlicher zu gewinnender Zustand, als die über das Meer entfernte ungewisse Umgebung«. Amerika war für ihn damals noch »das Eldorado derjenigen, die in ihrer augenblicklichen Lage sich bedrängt fanden« (WA I, 29, S. 156f.).

Andererseits nahm G. damals durchaus die politischen Veränderungen in Nordamerika wahr. Wiederum in *Dichtung und Wahrheit*, also aus der Sicht von 1821, berichtet er über das allgemeine Interesse, daß der Unabhängigkeitskrieg erregte: »Man wünschte den Amerikanern alles Glück und die Namen Franklin und Washington fingen an am politischen und kriegerischen Himmel zu glänzen und zu funkeln«. Doch: »Ich selbst und mein engerer Kreis befaßten uns nicht mit Zeitungen und Neuigkeiten; uns war darum zu thun, den Menschen kennen zu lernen; die Menschen überhaupt ließen wir gern gewähren« (ebd., S. 68f.).

In den 90er Jahren – angesichts der Vorgänge in Frankreich – sah G. im Befreiungskampf der Nordamerikaner eine bedenkenswerte Alternative zum revolutionären Umsturz wie zur Erstarrung in alten Verhältnissen. In *Wilhelm Meisters Lehrjahren* erscheint mit Lothario ein Vertreter des Reformadels, der »in Gesellschaft einiger Franzosen mit vieler Distinktion unter den Fahnen der vereinigten Staaten gedient« hat (FA I, 9, S. 627), um unter dem Motto »hier, oder nirgends ist A m e - r i k a!« in der Heimat zu wirken (ebd., S. 808). Hier macht er sich ans Werk, um Reformen, wie z.B. die Bauernbefreiung und Steuer- und Rechtsgleichheit, zu planen, die auf eine gewaltlose Aufhebung des Feudalsystems hinauslaufen. Zugleich bleibt die Auswanderung nach Amerika eine aktuelle Möglichkeit. Die freimaurerisch-illuminatisch inspirierte Turmgesellschaft, die sich angesichts bevorstehender »großer Veränderungen« und wachsender Unsicherheit des Besitzes in eine »Sozietät« zur internationalen Vermögensanlage umfunktioniert, um ihr Kapital gegen Verluste durch »eine Staatsrevolution« zu schützen, faßt für ihre Aktivitäten auch wieder Amerika ins Auge (ebd., S. 945).

Das Motiv der gemeinsamen Auswanderung nach Amerika bildet den Anknüpfungspunkt für *Wilhelm Meisters Wanderjahre* von 1829. Fast sämtliche Personen des Romans, einschließlich Lotharios und Wilhelm Meisters, werden Mitglieder der Auswanderungsgesellschaft, die nach Amerika segelt, um »die Besten und Würdigsten mit sich fort zu ziehen und ein günstigeres Schicksal jenseits der Meere zu suchen« (FA I, 10, S. 713). Der amerikanischen Utopie ist ein europäisches Siedlungsprojekt entgegengesetzt, das an die Kolonisationspläne Friedrichs des Großen und Maria Theresias erinnert, doch nur wenige der Figuren des Romans widmen sich dem europäischen Projekt.

Seit den 90er Jahren empfing G. eine Reihe von Besuchern aus den Vereinigten Staaten in Weimar oder Jena. Ab 1816 wurden diese Besuche besonders intensiv. Prominente Intellektuelle wie der Historiker George Bancroft, der Mineraloge Joseph Green Cogswell, der klassische Philologe Edward Everett, Herausgeber der *North American Review* und spätere Präsident der Universität Harvard, sowie der Romanist George Ticknor gehören dazu. Auf Empfehlung von Cogswell stiftete G. 1819 eine Auswahl seiner Werke der Bibliothek der Universität Harvard.

Mit Südamerika wurde G. durch Alexander von Humboldt näher vertraut, der seit 1795 mit ihm im Briefwechsel stand und ihm seine Veröffentlichungen übersandte, besonders von seiner mehrjährigen, epochemachenden Forschungsreise nach Südamerika von 1799 bis 1804. Der Bericht der mit Aimé Bonpland unternommenen Expedition erschien auf deutsch in sechs Bänden von 1807 bis 1829. Der erste Teil von 1807 unter dem Titel *Ideen zu einer Geographie der Pflanzen nebst einem Naturgemälde der Tropenländer* war G. gewidmet, der großen Anteil an dem Gesamtwerk nahm; aus diesem Grunde wird oft 1807 als Zeitpunkt einer verstärkten wissenschaftlichen Beschäftigung mit Amerika angegeben.

Ab 1815 äußerte G. in Gesprächen mit Sulpiz Boisserée, Johann Peter Eckermann, Kanzler von Müller u.a.m. das Bedauern, nicht in jüngerem Alter die Auswanderung nach Amerika betrieben zu haben. So sagt er etwa am 10.5. 1819: »Wären wir zwanzig Jahre jünger [...], so segelten wir noch nach Nordamerika« (Gespräche, 3.1, S. 115).

Einen Höhepunkt von G.s Anteilnahme an Nordamerika bildete die Reise des Prinzen Bernhard von Weimar, des zweiten Sohnes von Carl August, der 1825 bis 1826 die Vereinigten Staaten bereiste. G. studierte nicht nur intensiv das Reisetagebuch des Prinzen, sondern veranlaßte auch dessen Herausgabe und Druck. Das Reisetagebuch lieferte außerdem Anregungen zum Abschluß der *Wanderjahre* (Tagebuch, 31.8. 1826). G.s Amerika-Lektüre steigerte sich in diesen Jahren, mit besonderer Konzentration auf die Geologie Amerikas. An amerikanischen Autoren las G. Benjamin Franklin, James Fenimore Cooper und Washington Irving.

G.s oft zitiertes Gedicht *Amerika, du hast es besser* aus den *Zahmen Xenien* scheint den positiven Stand der G.schen Ansicht um 1827 zu reflektieren. Im Gegensatz dazu steht das verhältnismäßig negative Bild der Auswanderer-Utopie in *Wilhelm Meisters Wanderjahren* von 1829, das polizeistaatliche Zwangsmaßnahmen sowie Judenfeindschaft erwähnt (FA I, 10, S. 686–690). Obwohl hier ein unzuverlässiger Erzähler in Rechnung zu stellen ist, wird damit doch ein ernüchterndes Gegengewicht zu dem Amerika-Enthusiasmus der übrigen Romanfiguren gegeben.

Die literarische Rezeption G.s in Amerika war von 1817 bis 1865 vor allem vom nordamerikanischen »Transzendentalismus« bestimmt: Margaret Fuller (1810–1850) und Ralph Waldo Emerson (1803–1882). Die erste englische *Werther*-Übersetzung wurde 1784 in Philadelphia gedruckt, die erste englische *Faust*-Übertragung 1838 in New York. Die *Faust*-Übersetzung von Bayard Taylor aus dem Jahr 1870 hat ihre Lesbarkeit bis ins 20. Jh. bewahrt.

Literatur:

Baumann, Walter: Goethe und Amerika. In: JbIG. 2 (1976), H. 3, S. 187–192. – BEUTLER, S. 742–787. – Buckley, Thomas L.: The Bostonian Cult of Classicism. The Reception of Goethe and Schiller in the Literary Reviews of the *North American Review*, *Christian Examiner*, and the *Dial*, 1817–1865. In: Elfe, Wolfgang u.a. (Hg.): The Fortunes of German Writers in America. Studies in Literary Reception. Columbia 1992, S. 27–40. – Grefe, Maxine A.: Apollo in the Wilderness. An Analysis of Critical Reception of Goethe in America. 1806–1840. New York 1988. – Hellersberg-Wendriner, Anna: America in the World View of the Aged Goethe. In: GR. 14 (1939), S. 270–276. – Jantz, Harold: America and the Younger Goethe. In: MLN. 97 (1982), S. 515–545. – Kriegleder, Wynfrid: Wilhelm Meisters Amerika. Das Bild der Vereinigten Staaten in den *Wanderjahren*. In: GoetheJbWien. 95 (1991), S. 15–31. – Lange, Victor: Goethes Amerikabild. Wirklichkeit und Vision. In: Bauschinger, Sigrid u.a. (Hg.): Amerika in der deutschen Literatur. Stuttgart 1975, S. 63–74. – Lieder, Frederick W. C.: Goethe in England and America. In: JEGP. 10 (1911), S. 535–556. – Maierhofer, Waltraud: Perspektivenwechsel. Zu *Wilhelm Meisters Wanderjahren* und dem amerikanischen Reisetagebuch Bernhards von Sachsen-Weimar-Eisenach. In: N.F. ZG. 3 (1995), S. 508–522. – Sell, Friedrich C.: American Influences Upon Goethe. In: American-German Review. 9 (1943), H. 4, S. 15–17. – Urzidil, Johannes: Das Glück der Gegenwart. Goethes Amerikabild. Zürich ⁶1958. – Wadepuhl, Walter: Goethe's Interest in the New World. Jena 1934. – Wertheim, Ursula: Der amerikanische Unabhängigkeitskrieg im Spiegel der zeitgenössischen deutschen Literatur. In: Braemer, Edith/dies. (Hg.): Studien zur deutschen Klassik. Berlin 1960, S. 71–114.

Ehrhard Bahr

Amtliche Tätigkeit

G.s amtliche Tätigkeit umfaßt diejenigen Lebensbereiche, in denen er in amtlichem Dienstverhältnis zu einer regierenden Instanz oder einer Behörde gewirkt hat. Aufgaben dieser Art waren ihm am Reichskammergericht Wetzlar und vor allem im Herzogtum Sachsen-Weimar und Eisenach (ab 1815 Großherzogtum Sachsen-Weimar-Eisenach) übertragen. Seine Tätigkeit als Anwalt in der Frankfurter Kanzlei hingegen hat als private Geschäftstätigkeit zu gelten.

Während G.s Arbeit am Reichskammergericht in Wetzlar nur einen kurzen (Mai bis September 1772) und wenig dokumentierten Abschnitt seines Lebens ausmacht, sind die Aufgaben, die er in Sachsen-Weimar übernahm, lebensbestimmend geworden. G. hat dem weimarischen Staat ein bedeutendes Maß an Zeit, Kraft und Wissen gewidmet. Für das Verständnis der amtlichen Wirksamkeit G.s sind Kenntnisse über Aufgabenstellung und Funktionsweise der jeweiligen Behörden unerläßlich. Grundsätzlich galt für die Behörden des aufgeklärten Absolutismus im 18. Jh. die kollegiale Arbeitsweise. Das bedeutet, daß Entscheidungen aus Mehrheitsbeschlüssen der prinzipiell gleichberechtigten Mitglieder des jeweiligen Kollegiums resultierten. Erst allmählich, insbesondere bei Kommissionen, wurden auch Einzelentscheidungen möglich.

Das Geheime Consilium

Am 11.6. 1776 wurde G. zum Geheimen Legationsrat ernannt und trat am 25. Juni mit Stimmrecht in das Geheime Consilium ein. Am 5.9. 1779 erhielt er den Titel Geheimer Rat und am 13.9. 1804 wurde er – zusammen mit den anderen Mitgliedern des Consiliums – zum Wirklichen Geheimen Rat mit dem Titel Exzellenz ernannt (Bradish, S. 261f., Nr. 50). In diesem zur Beratung des Herzogs bestimmten Kollegium, der höchsten Behörde des Lan-

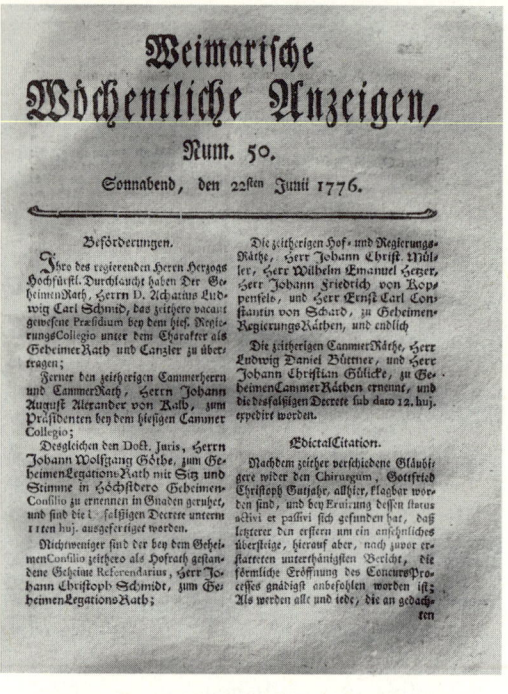

Anzeige von Goethes Ernennung zum
Geheimen Legationsrat 1776

des, arbeitete G. mit Jakob Friedrich Freiherrn von Fritsch (1731–1814) und Christian
Friedrich Schnauß (1722–1797), seit 1784 auch
mit Johann Christoph Schmidt (1727–1807)
zusammen. Bereits vor Beginn seiner Italienreise nahm er nicht mehr regelmäßig an den
Sitzungen teil, und nach seiner Rückkehr gehörte er dem Geheimen Consilium bis zu dessen Umwandlung in ein Staatsministerium
(1815) nur nominell an. Dennoch wurde er
auch weiterhin um Rat gefragt, nicht nur 1789
bei der Entscheidung Carl Augusts über die
Annahme der ungarischen Königskrone. Auch
mit komplizierten Aufträgen wurde er immer
wieder betraut, z.B. mit der Beilegung der
Studentenunruhen in Jena oder mit einem
Münz- und Währungsgutachten, um das er im
November 1793 gebeten wurde.
    Das Geheime Consilium Sachsen-Weimars
war 1755 ins Leben gerufen worden. In ihm
wurden alle dem Landesherrn zur Entscheidung vorbehaltenen Fragen erörtert und er-

ledigt. Zu seinen Aufgaben gehörten alle Gegenstände, für die der Herzog die alleinige
Instanz war: Angelegenheiten des Fürstlichen
Hauses und der auswärtigen Politik sowie die
Beziehungen zu Kaiser und Reich und zu den
reichsunmittelbaren Ständen, die Universität
Jena sowie Beamten-, Diener- und Gnaden-
sachen. Des weiteren kamen hier jene Gegenstände zur Beratung, die von den Fachbehör-
den an den Herzog als oberste Instanz herangetragen wurden: Angelegenheiten der inneren Verwaltung, der Ämter sowie des
Rechts-, Gerichts- und Lehnswesens, Sachen
der Finanzverwaltung, der Forsten und Bau-
sachen, geistliche Angelegenheiten, Kirchen-
und Schulsachen, Militärsachen, Angelegenheiten der Landstände und der Steuern. Dieses Tätigkeitsfeld vermittelte G. »die Kenntnis
des gesamten Umfangs der Staatsgeschäfte
und der Verwaltungspraxis in allen Zweigen
und gab ihm Einblick sowohl in die [...] Realität des täglichen Lebens wie in die Zusammenhänge der im staatlichen Rahmen wirksam
werdenden bewegenden Kräfte seiner Zeit«
(Flach, S. 17).
    In der Regel verlief die Entscheidungsfin-
dung mündlich, so daß der Anteil der einzelnen Räte meist nicht belegt ist. Schriftliche,
von den Räten paraphierte Voten liegen nur in
Fällen vor, die außerhalb der Sessionen oder
zu deren intensiverer Vorbereitung in einer Art
»Umlaufverfahren« bearbeitet wurden. Da die
kollegialische Verantwortlichkeit gegenüber
dem Landesherrn Vorrang hatte, wurde eine
Arbeitsteilung und Spezialisierung unter den
Räten vermieden. Als Mitglied des Consiliums
hatte G. eine Fülle von Einzelregelungen mit-
zutragen. Sie reichten von der Aufstellung eines Kammeretats, der Genehmigung von Gna-
dengeschenken und dem Erlaß rückständiger
Pacht- oder Steuerreste über die Besetzung der
Lehrstühle an der Universität Jena bis zu dem
im öffentlichen Gedächtnis gebliebenen Urteil
über die Beibehaltung der Todesstrafe für
Kindesmörderinnen.
    Im ersten Weimarer Jahrzehnt blieb es für
G. aber nicht nur bei Sitz und Stimme im Consilium, er hatte sich auch über lange Zeiträume
speziellen Geschäften zu widmen, Geschäften,

»die nach den Gepflogenheiten der damaligen weimarischen Behördenpraxis [...] durch eigens zu diesem Zwecke gebildete ständige Kommissionen zu erledigen waren« (Flach/Dahl, Bd. 1, S. XIV).

Kammergeschäfte

Nachdem der Präsident der weimarischen Kammer Johann August Alexander von Kalb (1747–1814) am 6.6. 1782 seiner Amtsgeschäfte enthoben werden mußte, wurde G. am 11.6. 1782 beauftragt, an den Sitzungen des Kammerkollegiums teilzunehmen, um sich mit dessen Geschäften bekannt zu machen; die Kammer ihrerseits wurde angewiesen, G. von allen »Vorfallenheiten« zu unterrichten und die nötigen Informationen und Akten bereitzustellen (Bradish, S. 224–226, Nr. 21f.). G.s Tätigkeit in der Weimarer Kammer erstreckte sich ausschließlich auf die Aufgabe, den Kammeretat auszugleichen, eine Funktion, die sich aus seiner Zuständigkeit für Finanzfragen im Geheimen Consilium ergab. »Die Kammerschulden, die sein Vorgänger, von Kalb, zurückgelassen hatte, beliefen sich auf über einhundertdreißigtausend Reichstaler. Die Stände sollten sie übernehmen. Dafür sollte der Militäretat um mehr als die Hälfte, auf dreißigtausend Taler jährlichen Zuschuß herabgesetzt werden« (Wahl, S. 56f.).

Kommissionen und Direktionen

Die Bergwerkskommission

Am 18.2. 1777 wurde G. beauftragt, vorbereitende Verhandlungen für die Wiederaufnahme des Bergwerksbetriebes in Ilmenau zu führen, am 14.11. 1777 wurden ihm sämtliche Bergwerksangelegenheiten übertragen (Bradish, S. 200f., Nr. 6f.). G.s Mitverantwortliche in der Bergwerkskommission waren zunächst der Kammerpräsident von Kalb und der Hof-

und Regierungsrat Johann Ludwig Eckardt (1732–1800). Mit dem Ausscheiden Kalbs am 8.4. 1780 fiel der Vorsitz G. zu. Am 22.9. 1783 wurde, anstelle von Eckardt, Christian Gottlob Voigt Mitglied der Kommission. Gleichzeitig wurde dessen jüngerer Bruder Johann Carl Wilhelm Voigt (1752–1831) als Bergsekretär berufen. Dem am 23.2. 1784 gegründeten Ilmenauer Bergamt oblagen die technischen Aufgaben.

Die Wiederbelebung des seit dem Mittelalter bis ins 18. Jh. mit unterschiedlicher Intensität betriebenen und von manchen Katastrophen heimgesuchten Ilmenauer Kupferschieferbergwerks machte sich der gerade zur Regierung gelangte Herzog frühzeitig zur Pflicht und löste bereits Anfang 1776 die notwendigen Untersuchungen aus. Die Gutachten empfahlen die Wiederaufnahme des Bergwerkes an den Standorten des »Johannesschachtes« und des Schachtes »Neue Hoffnung«. In einer Tiefe von 270 m vermutete man das Kupferschieferflöz. G. war von Anfang an in die Probleme einbezogen und widmete sich ihnen im Sommer 1776 in besonderem Maße. Zu den Bergleuten nahm er Kontakt auf und befuhr mit dem Herzog und Friedrich Wilhelm Heinrich von Trebra (1740–1819) den zum Martinrodaer Stollen führenden Schacht »Treuer Friedrich«. Hier zeigt sich ein für G. typisches Merkmal seiner Amtsführung: Am Anfang eines jeden Geschäftes stand die Ortsbesichtigung und die persönliche Anschauung. Ab 1777 waren G. und Kalb beauftragt, mit der wichtigsten Anteilseignerin am Ilmenauer Bergwerk, der Freiin Philippine Charlotte von Gersdorf, Verhandlungen aufzunehmen, um deren Rechte abzulösen.

Die offizielle Wiedereröffnung des Bergwerks erfolgte am 24.2. 1784 mit einer feierlichen Veranstaltung und dem Niedertäufen des »Neuen Johannesschachts«. Die Betreiber des Bergwerkes hatten mit geologischen und technischen Schwierigkeiten zu kämpfen, die bedeutende Summen verschlangen. Dem stand eine nur geringe Ausbeute gegenüber. Schließlich markierte der Bruch im Martinrodaer Stollen in der Nacht vom 22. zum 23.10. 1796 das Ende des Ilmenauer Bergbaus. Für Sachsen-Weimar bedeutete das einen großen wirtschaftlichen Verlust, für G. eine herbe Enttäuschung. Er hatte die Geschäfte bei diesem hoffnungsvoll begonnenen, aber unglücklich verlaufenden und allmählich erlöschenden Unternehmen, das schließlich in den Jahren 1812 bis 1813 liquidiert wurde, nach und nach ganz C.G. Voigt überlassen, obgleich er mit der Kommission dem Namen nach bis zum Ende verbunden blieb. Kurt Steenbuck sieht den tieferen Grund für den Fehlschlag dieses Unternehmens in der fehlerhaften Einschätzung der geologischen Gegebenheiten.

Die Wege- und Wasserbaudirektion
Der Übertragung der »Direction des hiesigen Landstraßenbaues« an G. am 19.1. 1779 (Bradish, S. 203–205, Nr. 8) folgte am 23.2. 1779 die Übertragung der »Aufsicht über die um die Stadt gehenden Promenaden und die Direction des hiesigen Stadt-Pflaster-Bau-Wesens« (ebd., S. 212, Nr. 14). »Diese Geschäfte verlangten nicht nur eine eingehende Befassung mit allen Angelegenheiten des Straßen- und Wasserbauwesens, sondern ebenso mit den Fragen der Straßenpolitik und der Straßenführung und mit den finanziellen Problemen der Geleits- und Zollabgaben« (Flach, S. 18f.).

Jean Antoine Joseph de Castrop (um 1731–1785) war der praktische und technische Bauleiter, G. selbst oblagen Akten- und Rechnungsführung sowie die Berichterstattung. Sein erstes Ziel war die Einhaltung des Etats, der sich auf etwa 3000 Taler belief und der von den Weimarer und Jenaer Landständen (Eisenach hatte eine gesonderte Wegebaudirektion) bewilligt wurde. Die Erfolge sparsamer Haushaltung zeigten sich bald, aber die immer neu aufzubringenden Gelder für Straßenbaumaßnahmen des Erfurter Obergeleits, die zu immer neuen Zahlungen auch aus Kammermitteln führten, verhinderten grundlegende Vorhaben der Wegebaudirektion. G. mußte sich deshalb jahrelang auf sparsame Reparaturmaßnahmen beschränken. Um Schäden rechtzeitig bemerken und reparieren zu können, organisierte er für die einzelnen Straßenabschnitte eine ständige Überwachung durch Wegeknechte, die von übergeordneten Wegekommissaren beaufsichtigt wurden.

Erst als G. 1782 zur Sanierung des Kammeretats eingesetzt worden war, konnte er Vorhaben wie die Chausseebauten nach Erfurt und Jena sowie größere Ausbesserungen auf der Ilmenauer Straße veranlassen. Nach Castrops Tod behielt er das Wegebauamt nur noch bis zu seinem abschließenden Bericht vom 9.6. 1786. Die von ihm eingerichteten Wegeinspektionen wurden später aus Ersparnisgründen aufgelöst, was eine deutliche Verschlechterung der Straßen zur Folge hatte.

Danach widmete sich G. in diesem Bereich ausschließlich dem Wasserbau. Schon vor der Italienreise hatte er die Kommission geleitet, die jenen Bürgern Jenas helfen sollte, die durch die Wasserflut vom 28./29.2. 1784 zu Schaden gekommen waren. Der am 21.10. 1790 gegründeten Wasserbaukommission gehörten auch, zusammen mit J.C. Schmidt, der Oberforstmeister Otto Joachim Moritz von Wedel (1752–1794) und C.G. Voigt an. Gegen Ende wurde G. vom Hauptmann Christoph Gottlob Vent (1752–1822) und vor allem von Paul Götze (1761–1835) unterstützt. Die Aufgaben der Kommission betrafen die Saale bei Jena, deren Flußlauf immer wieder zu regulieren war. Nachdem die Kommission auf G.s Antrag aufgelöst worden war, fielen ab 1.9. 1803 die Geschäfte wieder an die Chaussee- und Wegebaudirektion.

Die Kriegskommission
Am 5.1. 1779 trat G. in die Kriegskommission ein, »deren Aufgabe in der Besorgung aller Geschäfte der Militärverwaltung, insbesondere der ökonomischen Angelegenheiten bestand« (Flach, S. 19). Hier traf er auf eine verwahrloste Aktenführung; der Kriegsrat Carl Albrecht von Volgstedt (gest. 1784) erwies sich als untauglich. Erst als dieser 1781 entlassen war, konnte G. Erfolge erzielen. Sein Hauptanliegen war die Reduktion des Militärs und die Verringerung der Ausstattungskosten. Er suchte den Beamtenstab zu verkleinern und pensionierte »nach und nach vier Obristleutnants, sechs Majore, vierzehn Hauptleute und Rittmeister und zwölf Leutnants, also sechs-

unddreißig Offiziere« (Wahl, S. 45). Im Jahre 1783, als es ihm gelang, die Kammerschulden auf die Landstände zu übertragen, konnte »der Militäretat um mehr als die Hälfte, auf dreißigtausend Taler jährlichen Zuschuß herabgesetzt werden« (ebd.), und die Infanterie reduzierte sich auf 248 Mann. Daß dabei die sozialen Verhältnisse der Soldaten berücksichtigt wurden, belegt die Literatur an manchen Beipielen. So wurden bei der Entscheidung über die zu Entlassenden deren Berufschancen in Rechnung gestellt und bei Desertionen das staatliche Recht auf Einzug des Vermögens hintangestellt, wenn es bedürftige Personen betraf. G.s Tätigkeit in der Kriegskommission erhielt so das Prädikat »einer umsichtigen Wohlfahrtspolitik« (Bürgin, S. 158).

Von G.s Aushebungsreisen in den Jahren 1779 und 1782 wissen wir nur wenig. Aus seinem Gutachten vom 9.2. 1779 (Flach/Dahl, Bd. 1, S. 52–56) wird aber seine Meinung über die Rekrutierungspraktiken erkennbar. Er suchte die preußischen Werbefeldzüge zu verhindern und formulierte hier schon Grundgedanken zum späteren Fürstenbund, an dessen Verhandlungen er Mitte der 80er Jahre als Geheimsekretär des Herzogs zeitweise teilnahm.

Die Ilmenauer Steuerkommission
Am 6.7. 1784 wurde G. mit der Leitung der gleichzeitig eingesetzten Kommission »zu Besorgung der zu Berichtigung der Katastrorum im Amte Ilmenau zu veranstaltenden Steuerrevision sowie zu Führung der Aufsicht über das Ilmenauer Steuerwesen« beauftragt (Bradish, S. 227–229, Nr. 23f.). Bis zum 30.12. 1785 arbeitete er zunächst mit dem Regierungsrat Emanuel Gottlob Hetzer (1734–1794) zusammen; danach wurde Hetzer durch C. G. Voigt ersetzt. Ab 1805 überließ G. Voigt die Geschäfte. Am 2.1. 1818 wurde die Kommission aufgelöst.

In Abgrenzung gegen die Kompetenzen der Regierung, die am 21.12. 1784 erfolgte, hatte die Kommission die Aufgabe, die Grundstücksbesteuerung im Amt Ilmenau zu regulieren. In Ilmenau herrschte auf dem Gebiet der Steuererhebung Unordnung und Korrup-

tion; keiner der bisher vom Geheimen Consilium entsandten Beamten hatte wirklich durchgreifen können. G. war mit diesen Problemen bereits als Mitglied des Geheimen Consiliums befaßt gewesen und durch seinen 1779 nach Ilmenau geschickten Schützling Johann Friedrich Krafft (gest. 1785) regelmäßig über die Verhältnisse unterrichtet worden. Als im Jahre 1781 wieder einmal eine Steuerkommission für Ilmenau eingesetzt wurde, war G. maßgeblich daran beteiligt (Flach/Dahl, Bd. 1, S. 170–176). Ihre Arbeit führte zur Verurteilung des Hauptschuldigen, des Steuereinnehmers Georg Friedrich Gruner (Voigt, S. 118–121), bewirkte die Eintreibung der restlichen Steuerschulden und die Durchsetzung der neuen Besteuerung, womit geregelte Verhältnisse und größere Gerechtigkeit im Gemeinwesen erreicht wurden. Am 3.1. 1796 konnte die Kommission vom Abschluß der Vermessung und Bonitierung der Grundstücke berichten.

Die Wende in G.s amtlicher Tätigkeit

G. beschloß sein erstes Weimarer Jahrzehnt mit der »Flucht« nach Italien. Zuvor, am 9.7. 1786, schrieb er an Charlotte von Stein: »Meine Geschäffte sind geschlossen und wenn ich nicht wieder von vorne anfangen will muß ich gehen«; und weiter: »Denn ich sage immer wer sich mit der Administration abgibt, ohne regierender Herr zu seyn, der muß entweder ein Philister oder ein Schelm oder ein Narr seyn«. Dieser Ausspruch und G.s lange Abwesenheit von Weimar markieren einen nicht unbedeutenden Einschnitt in seinem amtlichem Wirken. Irrig aber ist die Auffassung, daß er nach seiner Rückkehr seinem ursprünglichen Engagement untreu geworden sei. In der Korrespondenz mit Carl August während der Italienreise werden seine künftigen Aufgaben im Dienste des Herzogs mehrfach erörtert. Ein Grundton in G.s Briefen ist seine Dankbarkeit für die großzügige Beurlaubung durch den Herzog, ein anderer sein Versuch, von einigen seiner bisherigen Geschäfte Abstand zu gewinnen. Nach der Rückkehr aus Italien am 18.6. 1788 blieb G. in der Bergwerkskommission und in der Ilmenauer Steuerkommission, er behielt den Wasserbau und übernahm neue Aufgaben auf dem Gebiet von Kunst und Wissenschaft. Dabei konnte er sich der ständigen und wachsenden Mithilfe seines Kollegen C. G. Voigt bedienen, so daß die laufenden Geschäfte zunehmend auf diesen übergingen.

Der Schloßbau

Am 23.3. 1789 wurde G., zusammen mit dem Geheimen Rat und Kammerpräsidenten J. C. Schmidt, dem Oberforstmeister von Wedel und C. G. Voigt, in die Schloßbaukommission berufen (Bradish, S. 243, Nr. 36). Seit 1797 gehörte ihr auch Wilhelm Ernst Friedrich Freiherr von Wolzogen (1762–1809), seit 1802 Vent an. Die Schloßbaukommission hatte die Aufgabe, »den Wiederaufbau des am 6.5. 1774 abgebrannten Residenzschlosses in künstlerischer, technischer und finanzieller Hinsicht zu fördern« (Flach, S. 22). Trotz mancher Stokkungen, die durch das Fehlen von Fachkräften verursacht wurden, gelang es, das Schloß bis zum Einzug der russischen Großfürstin Maria Pawlowna als Erbprinzessin im Jahre 1804 fertigzustellen und damit die bedeutendste Bauleistung Weimars im Klassizismus zustande zu bringen. Die größte Hürde für das Unternehmen waren die hohen Kosten. Einer ursprünglich veranschlagten Bausumme von 130000 Talern stand im Jahre 1800 die geschätzte Summe von 403000 Talern gegenüber. Am Ende schlugen als Gesamtsumme 690000 Taler zu Buche. G. oblag es, die künstlerische Ausgestaltung des Baues zu verantworten. Das hieß für ihn, Architekten zu gewinnen, die dem neuen klassizistischen Kunstideal verpflichtet waren.

Im Oktober 1791 konnte für einen Teil des Baues Richtfest gefeiert werden. Aber danach ging es nur schleppend voran, was auch am Rückzug des Hamburgers Johann August Arens (1757–1806) gelegen haben mag. Mit der Anwerbung des Stuttgarters Nikolaus Thouret (1767–1845) begann 1798 der Innenausbau. 1800 zog sich auch Thouret zurück. Schon im Januar 1799 war Johann Heinrich Meyer vom Herzog mit Aufsichtsfunktionen betraut worden. Ab November 1800 trat Heinrich Gentz (1766–1811) aus Berlin in die Verantwortung und führte bei zweieinhalbjähriger Anwesenheit bis zum 8.8. 1803 unter anderem den Innenausbau zu Ende.

Das Hoftheater

Nicht G.s früh begründete Zuneigung zum Theater, sondern der 1790 gefaßte Entschluß des Herzogs, sich nicht mehr mit Giuseppe Bellomos Theatergesellschaft zu begnügen und eine neue, unter eigener Regie geführte Truppe als Hoftheater zu unterhalten, war die Ursache für die Übertragung der Direktion des Theaters an G. Zunächst hatten mehrere Schauspieler, zuletzt der Leipziger Theaterdirektor Joseph Seconda, einen entsprechenden Auftrag ausgeschlagen. Anfang 1791 übernahm G. die Leitung des Hoftheaters, das als neue Theatergesellschaft teilweise aus Schauspielern der Bellomoschen Truppe gebildet wurde. »Zuerst arbeitete er hier mit dem Hofkammerrat Franz Kirmß (1750–1826) zusammen. Mit der Errichtung einer ständigen Theaterkommission am 1.8. 1797 trat zu beiden der Kammerherr Johann Georg Lebrecht von Luck (1751–1814) hinzu, der 1803 ausschied. Als die Theaterkommission am 26.3. 1816 in Hoftheater-Intendanz umbenannt und damit den übrigen Landeskollegien gleichgestellt wurde, bestand sie außer Goethe und Kirmß aus dem am 21. Dezember 1813 eingetretenen Staatsminister und Obermarschall Albert Cajetan Graf Edling (1772–1841) und dem am 18. Dezember 1808 berufenen Kammerrat Leopold Kruse (1766–1850); zu diesen trat am 29. Januar 1817 noch [...] August von

Goethe hinzu. Aber bald darnach, am 13. April 1817, schied Goethe, als er sich mit seinen künstlerischen Auffassungen gegen die ihn umspinnenden Intrigen nicht durchsetzen konnte, aus diesem Amte« (Flach, S. 22).

G.s anfängliche Absicht, »sehr piano zu Wercke« zu gehen (an F. H. Jacobi, 20. 3. 1791), erwies sich bald als undurchführbar. Zunächst galt es, die neue Truppe zusammenzustellen. Die neuen Bewerber und einige aus Bellomos Gesellschaft wurden für ein Jahr und dann wieder bis Ostern 1793 unter Vertrag genommen. Es standen Verhandlungen an, um die aus Finanzierungsgründen unentbehrliche Spielstätte in Lauchstädt für die Weimarer Truppe zu sichern. Von Giuseppe Bellomo (1754–1833) mußte das Haus in Lauchstädt gekauft und von der Regierung in Merseburg das Gastspielprivileg erlangt werden. Dies war jährlich zu wiederholen und brachte aufwendige Vorbereitungen für die in den Sommermonaten stattfindenden Gastspiele mit sich; diese führten die Truppe auch nach Leipzig, Erfurt und Rudolstadt. Hinzu kam in den Jahren 1800 bis 1802 der Umbau des Lauchstädter Theaters.

Für Regie, Gastspiele und direkte Aufsicht stand der Theaterkommission seit Ostern 1793 Johann Heinrich Vohs (1762–1804) als Regisseur zur Verfügung. Das Reglement der Truppe folgte einem nach dem Vorbild des Mannheimer Nationaltheaters entworfenen Kodex von 17 Paragraphen (Wahle, S. 47). Dennoch blieben Konflikte nicht aus, so daß G. schließlich im Jahre 1796 einen wöchentlichen Wechsel der Regisseure (»Wöchner«) einführte. Zu gleicher Zeit suchte er August Wilhelm Iffland (1759–1814) für die Theaterleitung zu gewinnen, um sich aus dem Amt zurückziehen zu können. Erst während der Zusammenarbeit mit Schiller und im Zusammenhang mit dem Umbau des Weimarer Theatergebäudes im Jahre 1798 wuchs G.s Interesse für das Weimarer Theater wieder, wobei seine Leitung stets zugleich von bildungspolitischen Zielen geprägt war. Mehr als an anderen Bühnen der Zeit wurden in Weimar klassische Stücke geboten und zugleich die Dramen des europäischen Auslandes durch Übersetzungen in den Spielplan einbezogen. Das Hoftheater war für alle Bevölkerungsschichten offen und wurde von ihnen genutzt. Bei drei Vorstellungen wöchentlich und einem Billettpreis von etwa 16 Groschen war durchschnittlich mit etwa 500 Zuschauern zu rechnen.

In seiner Funktion als Theaterintendant konnte sich G. nicht auf die künstlerische Einwirkung beschränken, sondern mußte auch bei persönlichen Auseinandersetzungen unter den Schauspielern und in Disziplinarfällen eingreifen. Auch die von Karoline Jagemann (1777–1848) ausgelösten häufigen Einmischungen Carl Augusts erschwerten G.s Amtsführung. Sie waren zuletzt die Ursache, daß er 1817 die Leitung des Theaters niederlegte.

Die Oberaufsicht über die unmittelbaren Anstalten für Wissenschaft und Kunst in Weimar und Jena

In den Jahren nach der Italienreise wurden von Carl August und von G. eine Reihe von Einrichtungen gegründet bzw. weitergeführt und betreut. Es handelte sich dabei um die Freie Zeichenschule, die herzoglichen Bibliotheken, in Jena um den Botanischen Garten, die naturwissenschaftlichen Sammlungen, das Chemische Institut, die Sternwarte, die Tierarzneischule und die Universitätsbibliothek. Sie alle wurden allmählich unter G.s und C. G. Voigts Aufsicht gestellt. Da die Jenaer Universität als Ernestinische Einrichtung gemeinsam von den Herzögen von Sachsen-Weimar, Sachsen-Gotha, Sachsen-Coburg-Saalfeld und Sachsen-Meiningen erhalten wurde, ergab sich für Carl August und G. die Notwendigkeit, die Anstalten aus der Verfügungsgewalt der Universität herauszuhalten. Sie sollten von der Universität genutzt, aber ausschließlich von Sachsen-Weimar getragen werden. G. bestand auf der Unabhängigkeit dieser Bereiche von den anderen Höfen.

Eine erste Zentralisierung dieser Aufgabenfelder war durch Bündelung der Finanzen aller Einrichtungen zu einem Budget im Jahre 1809 begonnen worden. Die eigentliche institutionelle Vereinigung erfolgte im Rahmen der Umgestaltung der Landesverwaltung im Jahre 1815, als Sachsen-Weimar-Eisenach auf dem Wiener Kongreß den Rang eines Großherzogtums zugesprochen bekam. Am 12.12. 1815 wurde G. »in Betracht seiner ausgezeichneten Verdienste um die Beförderung der Künste und Wissenschaften und der denselben gewidmeten Anstalten« zum Staatsminister ernannt (Bradish, S. 267f., Nr. 58). Er blieb weiterhin für die ihm übertragenen Bereiche zuständig, die auf seinen Vorschlag hin von nun an unter der offiziellen Bezeichnung »Oberaufsicht über die unmittelbaren Anstalten für Wissenschaft und Kunst in Weimar und Jena« geführt wurden (Bradish, S. 268f., Nr. 59). Sie waren gewissermaßen G.s Departement, das er zusammen mit C.G. Voigt verwaltete. Da G. nicht Mitglied des Staatsministeriums wurde, bildete Voigt das Verbindungsglied zu diesem.

Bei der Entwicklung der Amtsgeschäfte G.s im Rahmen der »Oberaufsicht« lassen sich zwei Etappen feststellen: Die Periode bis 1815, in der sie sich im wesentlichen als Summe von einzelnen Kommissionsaufträgen darstellt, und die Zeit danach, wo wir G.s Amtsbereich im Gefüge der sachsen-weimarischen Behördenorganisation vorfinden. Die Arbeit in der »Oberaufsicht« wurde nach 1815 stärker kanzleimäßig betrieben, was möglicherweise auf G.s Sohn August zurückging, der ihr ab 31.12. 1815 beigegeben war. Die Aktenführung folgte seitdem einem Aktenplan, aus dem sich ergibt, daß auch weitere Geschäfte allmählich unter dem Dach der »Oberaufsicht« zusammengefaßt wurden. G. neigte zuletzt dazu, jeden offiziellen Auftrag in dieses Ressort einzubauen. So befaßte er sich mit der lithographischen Anstalt, mit Denkmalpflege überhaupt sowie mit Festlichkeiten und mit Studienreisen von Künstlern. Auch an der Gründung der Gewerkenschule war er beratend beteiligt.

Bei der finanziellen Absicherung der Institute war die Stellung Voigts als Kammerpräsident besonders hilfreich. Überhaupt ist G.s »oberaufsichtliche« Tätigkeit wie seine Arbeit in früheren Kommissionsgeschäften ohne Berücksichtigung der Beteiligung Voigts kaum zu beurteilen. Das Zusammenwirken beider Männer gründete in gegenseitiger Achtung und persönlicher Verbundenheit; es stützte sich auf eine ihrem Wesen und ihrer jeweiligen Stellung entsprechende Arbeitsteilung. Beide wußten die »oberaufsichtlichen« Geschäfte von den übrigen Aufgaben zu unterscheiden.

Die Freie Zeichenschule

Die im Jahre 1774 von Friedrich Justin Bertuch in Vorschlag gebrachte Freie, d.h. für jedermann zugängliche, Zeichenschule sollte die Kunstfertigkeit und den Geschmack der Bevölkerung fördern. Ursprünglich in Räumen des Gymnasiums untergebracht, konnte sie ab 1779 ins Rote Schloß übersiedeln, wo für sie 1781 mehrere Räume, darunter ein großer Saal, eingerichtet wurden. 1811 erhielt sie Räume im mittleren Stockwerk des Fürstenhauses (heute Hauptgebäude der Musikhochschule »Franz Liszt«), und nach 1815 bezog sie das Jägerhaus (heute: Liszt-Gedenkstätte) sowie ein Haus in der Esplanade (heute: Schillerstraße), das auch J.H. Meyer bewohnte. Bis 1797 führte G. die Aufsicht über die Schule zusammen mit C.F. Schnauß. Ihr erster Direktor in Weimar war der aus Frankfurt stammende Georg Melchior Kraus (1733–1806); ihm folgte J.H. Meyer.

G.s Einwirkung richtete sich vorwiegend auf die kunstprogrammatischen Ziele im Sinne des Klassizismus. Zum Geburtstag des Herzogs, am 3. September, wurden alljährlich Ausstellungen veranstaltet, die in den Jahren 1799 bis 1805 den Preisaufgaben für bildende Künstler gewidmet waren. 1815 leitete G. eine Umstrukturierung der Schule ein, wobei mehrere Klassen gebildet wurden. In den höheren Klassen sollte eine gehobene künstlerische Weiterbildung ermöglicht werden. Zu den Lehrern der Schule gehörten Johann Heinrich Kästner (1747–1812), Martin Gottlob Klauer (1742–1801), Johann Heinrich Lips (1758–1817), Ferdinand Jagemann (1780–1820) und Johann Peter Kaufmann (1764–1829) sowie Carl Friedrich Christian Steiner (1774–1840) für das mathematische Fach; zu den Schülern gehörte Friedrich Preller (1804–1878).

Die herzoglichen Bibliotheken

Unter der Regentschaft von Herzogin Anna Amalia umfaßte die Bibliothek in Weimar etwa 60000 Bände. Ab 1775 unterstand sie C. F. Schnauß mit Johann Christoph Friedrich Spilkker (1746–1805) als erstem Beamten, Ernst August Schmid (1746–1809) als Sekretär und ab 1797 Christian August Vulpius (1761–1827) als Bibliotheksregistrator. Das Reskript vom 9.12.1797 (Bradish, S.254f., Nr.45), das G. und C.G. Voigt als »eine besondere Commission« einsetzte, wies an, daß sich die Tätigkeit für die miteinander gekoppelten Einrichtungen Bibliothek und Münzkabinett in Weimar unterschiedlich gestalten sollte. Während das Münzkabinett nur in »oberaufsichtliche« Obhut kam, sollten für die Bibliothek »alle zu Erhaltung einer guten innern und äußern Einrichtung nötige Anordnungen« getroffen werden. G.s und Voigts Leitungstätigkeit richtete sich dementsprechend auch auf Details der Bibliotheksorganisation, u.a. auf die Einführung von Arbeitsmitteln (Zugangsbücher, Ausleihbelege), die Fortführung des Nominalkatalogs, die Verwertung von Dubletten. Eine Ausleih- und Benutzerordnung wurde eingeführt und die dauernde Aufgabe der Beschaffungspolitik sowie das große Ziel eines Gesamtkatalogs der sachsen-weimarischen Bibliotheken verfolgt – ein Plan, der schon zwischen G. und Schiller erörtert worden war, aber letztlich nicht realisiert wurde.

Lange bevor G. die Bibliothekskommission übertragen bekam, beschäftigte ihn schon die Bibliothek des Natur- und Sprachforschers Christian Wilhelm Büttner (1716–1801) in Jena. Im Jahre 1781 wurde zwischen diesem und dem Herzog ein Vertrag abgeschlossen, der vorsah, daß Büttners Bibliothek gegen eine zu zahlende Jahresrente von 300 Talern in den Besitz des Herzogs von Sachsen-Weimar kommen sollte. 20 Jahre lebte Büttner noch mitten unter seinen Büchern im Jenaischen Schloß. Nach seinem Tode wurde mit Reskript vom 27.11.1801 G. die Aufgabe übertragen, »bey der Entsiegelung und Aufzeichnung des Büttnerschen Nachlasses dasjenige, was nach dem Kauf-Contract [...] zur herrschaftlichen Acquisition gehöret, separiren und abgeben« zu lassen (Thüringisches Hauptstaatsarchiv, A 7026, Bl. 68). Mit der Übernahme des Nachlasses und der Ordnung der Bibliothek, die unter der Bezeichnung Schloßbibliothek geführt wurde, war Vulpius befaßt, der einen sechzehnbändigen Verfasserkatalog herstellte und im Jahre 1810 vom Abschluß der Ordnungsarbeiten berichten konnte.

Der Botanische Garten

Die Idee, einen botanischen Garten in Jena anzulegen, ging auf langjährige Bemühungen des Botanikers Karl Batsch (1761–1802) zurück, der von Knebel unterstützt wurde. Bereits am 24.10.1789 hatte G. den Auftrag zur Errichtung eines solchen Gartens in einem Teil des Fürstengartens (nordwestlich der jetzigen Goetheallee) erhalten (Bradish, S.244, Nr.37). Die Einsetzung einer zur Aufsicht bestellten Kommission mit G. und C.G. Voigt erfolgte aber erst durch ein Reskript vom 20.2.1794 (Bradish, S.248, Nr.41), mit dem der Herzog die Vorschläge genehmigte, die ihm G. in seinem Promemoria vom 11.2.1794 (WA IV, 10, S.137–141, Nr.3040) vorgetragen hatte. Damit existierte vom Frühjahr 1794 an in Jena eine der ersten naturwissenschaftlichen Anstalten, die zum Nutzen der Universität bestimmt, ihr aber nicht unterstellt waren. Der Botanische Garten im Fürstengarten sollte – anders als der von der medizinischen Fakultät verwaltete »hortus medicus« – einer Botanik dienen, die einem neuen methodischen Ansatz folgte. Mit diesem Garten begründeten die Initiatoren eine eigenständige Botanik in Jena. Nachfolger Batschs wurden der Botaniker Friedrich Joseph Schelver (1778–1832) und ab 1807 Friedrich Siegmund Voigt (1781–1850). Der Botanische Garten blieb zeitlebens ein bevorzugter Gegenstand von G.s amtlicher Fürsorge.

*Die naturwissenschaftlichen Sammlungen
in Jena*

Ein besonders ereignisreiches Jahr für G.s
amtliche Geschäfte war das für die Jenaer Universität als Krisenjahr zu bezeichnende Jahr
1803. Nach der Entlassung Fichtes und dem
Weggang Christoph Wilhelm Hufelands
(1762–1836) nach Berlin verlor die Universität
viele ihrer bedeutendsten Lehrer, so auch
Schelling und Justus Christian Loder. Schließlich wurde auch die für den Ruhm der Universität wichtige *Allgemeine Literatur-Zeitung*
von ihrem Herausgeber Bertuch und ihrem Redakteur Christian Gottfried Schütz (1747–
1832) nach Halle verlegt. G. und C. G. Voigt
gründeten eine privatwirtschaftlich finanzierte neue Zeitung, die *Jenaische Allgemeine
Literatur-Zeitung*, die ab 1.1. 1804 erschien.

Als Gegenmaßnahme zur Überwindung der
Universitätskrise ist vor allem auch die Unterstellung der herzoglichen Sammlungen (»Museen«) in Jena unter G.s Oberaufsicht anzusehen. Sie wurde mit Reskript vom 11. 11. 1803
(Bradish, S. 258f., Nr. 49) vollzogen. Gemeint
war zunächst das im Jenaer Schloß aufbewahrte Naturalienkabinett, dessen Kernbe-
stand von Johann Ernst Immanuel Walch
(1725–1778) herrührte und bislang unter der
Aufsicht Loders gestanden hatte. Loder besaß
außerdem eine Sammlung anatomische Präparate, die mit seinem Weggang aus Jena der
Universität verlorengingen. So mußten neue, zu
Lehrzwecken benötigte Präparate angeschafft
werden. Dies dürfte den Ausschlag dafür gegeben haben, G. mit der Oberaufsicht über die
Jenaer Sammlungen zu betrauen. Der Aufbau
des anatomischen Kabinetts wurde dem neu zu
berufenden Anatomieprofessor übertragen. Ab
1805 war dies Johann Friedrich Fuchs (1774–
1828), dessen Nachfolger Emil Huschke
(1797–1858) wurde.

Auch für das von Johann Georg Lenz
(1749–1832) aufgebaute mineralogische Kabinett wurde eine staatliche Trägerschaft angestrebt. Ende des Jahres 1803, nach der herzoglichen Privilegierung der »Mineralogischen
Gesellschaft« und einer an Lenz gezahlten
Entschädigung, ging die Sammlung der Gesellschaft in den Besitz des Herzogs über. Am

22. 10. 1804 wurde G. Präsident der nunmehrigen »Herzoglichen Societät für die gesamte
Mineralogie in Jena«, was seine Oberaufsicht
über das Kabinett einschloß. Lenz, der weiterhin die Geschäfte der Gesellschaft führte, gelang es durch internationale Verbindungen,
diese Sammlung zu einer der bedeutendsten
seiner Zeit auszubauen.

Durch den Tod von Batsch war die Sammlung der »Naturforschenden Gesellschaft« ver-
waist. Batsch hatte die Gesellschaft am 14.7.
1793 gegründet und eine Sammlung angelegt,
die allerdings mit seiner privaten Sammlung
vermischt worden war. Nachdem G. am 25.9.
1804 zum Präsidenten der »Naturforschenden
Gesellschaft« ernannt war, wurde die Regelung der Eigentumsverhältnisse in Angriff genommen. Am 16.6. 1806 kam eine Überein-
kunft zwischen der »Oberaufsicht« und der Gesellschaft zustande. Danach übernahm jene
die Schulden der Gesellschaft, zahlte an die
Witwe eine gewisse Summe und konnte nunmehr für einen angemessenen Aufbewahrungsort und die Katalogisierung der in staatlichen Besitz überführten Sammlungen sorgen. Zunächst Knebel und später F. S. Voigt
unternahmen es, die Sammlung zu betreuen.
Im Laufe der Jahre verlor sie allerdings an
eigenständiger Bedeutung.

Vornehmste Aufgabe der naturwissenschaftlichen Sammlungen in Jena war es, aus staat-
lichem oder privatem Besitz stammende Kol-
lektionen zu bewahren, finanziell auszustatten
und zu erweitern, um sie der akademischen
Nutzung zuzuführen. Dabei erhielt der didaktische Zweck zunehmend Raum. Wie bei fast
allen Instituten bestand auch bei denjenigen in
G.s Verantwortung eine Hauptaufgabe darin,
eine ausreichende Unterbringung für die Gegenstände zu beschaffen und für geordnete finanzielle Verhältnisse sowie für geeignete Personen zu sorgen. Neben den wissenschaftlichen Zielen, die jedem Institut besonders eigen waren, verfolgte G. innerhalb der ihm
unterstellten Einrichtungen auch einen kon-
servatorischen Zweck. Er wollte den Hoch-
schullehrern, denen die Sammlungen für
Lehre und Forschung zur Verfügung standen,
die materiellen Sorgen um die Gegenstände

abnehmen. Kustoden bzw. Konservatoren sollten für die Sicherung der Sammlungsgegenstände, d.h. für Aufbewahrung, Ordnung und Vermehrung verantwortlich werden – eine Regelung, die sich aus G.s Erfahrung ergab, sich aber nicht durchsetzte.

Das Chemische Institut

Nach dem Tode Johann Friedrich August Göttlings (1753–1809) fehlte im Universitätsbetrieb ein Chemiker. Durch Carl Augusts Initiative wurde der Apotheker und Chemiker Johann Wolfgang Döbereiner (1780–1849) für das Wintersemester 1810/11 berufen. Ihm wurden die im Kabinett vorhandenen Instrumente übergeben, und weitere wurden angekauft. Zu dem neuen, unter Döbereiners Leitung stehenden Chemischen Institut zählten schließlich ein Kabinett aus physikalischen Geräten und chemischen Präparaten, ein Laboratorium und ein Auditorium. G. betrieb die Förderung des Instituts mit besonderer Intensität. Nicht zuletzt die Beschaffung des in der Neugasse gelegenen Hellfeldschen Hauses als Wohnhaus und Werkstatt Döbereiners und die Vorplanung eines Laboratoriums belegen sein Engagement.

Die Sternwarte

Mit Reskript vom 21.4. 1812 (Bradish, S. 263f., Nr. 53) wurde die in Jena einzurichtende Sternwarte G.s Oberaufsicht mit einem Etat von 100 Talern unterstellt. Ihr Direktor sollte der zuvor zum Professor der Astronomie berufene Carl Dietrich von Münchow (1778–1836) werden. »Als Ort der Sternwarte wurde das dem Schillergäßchen westlich anliegende Gartengrundstück von etwa 90 Quadratruten = 16,6 ar gewählt, welches 1810 vom Staate für 1200 Tlr. angekauft worden war. 1797–1802 war es in Schillers Besitz gewesen« (Knopf, S. 117). G., der an den vorbereitenden Gesprächen zwischen Carl August, Knebel und Bernhard August von Lindenau (1779/80– 1854) beteiligt war, übernahm diesen Bereich eher mit Skepsis und überließ es Münchow, die notwendigen baulichen Einrichtungen zu veranlassen.

Bei der weiteren Ausgestaltung ging es auch hier um die Verwaltung der Finanzen und die personelle Besetzung. Nachdem Münchow 1819 einen Ruf nach Bonn angenommen hatte, wurde Johann Friedrich Posselt (1794–1823) eingesetzt, dem Heinrich Ludwig Friedrich Schrön (1799–1875) folgte. Schrön wurde durch die ungenügende Ausstattung der Sternwarte mit astronomischen Instrumenten in Richtung der meteorologischen Beobachtungen gelenkt und kam damit einem bevorzugten Interessengebiet des Herzogs entgegen. In seiner Amtszeit sind in Jena, Weida, Ilmenau, Frankenheim, Allstedt, Schöndorf, Weimar, Eisenach und auf der Wartburg meteorologische Beobachtungsstationen eingerichtet worden, deren Daten in einem meteorologischen Jahrbuch publiziert wurden. Erst kurz vor seinem Tode hat G. diese Beobachtungsorte schließen lassen.

Die Tierarzneischule

Am 21.10. 1816 teilte der Großherzog G. mit, daß Theobald Renner (1779–1850) zum Professor der Tierarzneiwissenschaft nach Jena berufen worden sei und ausschließlich von Sachsen-Weimar besoldet werde. Gleichzeitig sollte ein Institut gegründet werden, für das die »Oberaufsicht« die räumlichen und baulichen Voraussetzungen zu schaffen hatte. Damit wurde August von Goethe beauftragt. Man fand den Ort auf dem Heinrichsberg, »wo ein labyrinthartiges altes Gebäude gegen die Stadt zu verborgen, gegen Vorstadt und Feld völlig offen, von einem hinreichenden Gras und Baumgarten umgeben«, angekauft wurde (MA 11.2, S. 611f.). In G.s Bericht gewinnt die Tierarzneischule mit Etatanforderungen von 700 Talern jährlich ein besonderes Gewicht.

Renner blieb bis zur Aufhebung der Tierarzneischule im Jahre 1843 ihr Direktor. Michael Färber (1778–1844) erhielt die Verantwortung für die allgemeine Verwaltung in einer für G.s Arbeitsweise charakteristischen Instruktion vom 5.12. 1831. Auch bei der Tierarzneischule ging es G. um den Aufbau naturwissenschaftlicher Sammlungen, hier um eine Präparatensammlung zur Osteologie und vergleichenden Zootomie. G. folgte wiederum seiner Maxime, daß »bei jeder naturwissenschaftlichen Anstalt [...] ein Museum die vorzüglichste Begründung [sei; d. Vf.]: der Lehrer kann wechseln aber der Neuantretende muß finden, was ihm die Belehrung möglich macht« (MA 11.2, S. 621).

Die Universitätsbibliothek

Im Gefolge der Universitätsreform wurde G. durch herzogliches Reskript vom 7.10. 1817 (Bradish, S. 308–310, Nr. 82) die Universitätsbibliothek übertragen. Erneut standen, neben der Aufgabe, »mehr Raum in dem Collegiengebäude für die Bibliothek zu gewinnen« (ebd.), riesige Katalogisierungsarbeiten auf der Tagesordnung. Man vereinigte die Schloßbibliothek mit der Universitätsbibliothek und stellte die Bücher nach einer Systematik der Wissenschaften auf. Die jahrelange Arbeit von Vulpius an der Schloßbibliothek ging so in die schon erwähnten neuen Bandkataloge der Universitätsbibliothek ein. G. hatte diese Aufgabe in vollem Bewußtsein ihrer Schwierigkeit übernommen und hielt sich auch deswegen in den Jahren 1817 bis 1819 für längere Zeit in Jena auf. Ihm standen die Bibliothekare Vulpius, Georg Gottlieb Güldenapfel (1776–1826) und Karl Wilhelm Göttling (1793–1869) zur Seite.

Die Reorganisation der Universität

Spezielle amtliche Probleme, die die »Oberaufsicht« zumindest berührten, entstanden im Zusammenhang mit der Reorganisation der Universität, die 1817 eingeleitet wurde. Da Sachsen-Meiningen und Sachsen-Coburg als Erhalter der Universität ausschieden, war nur noch Sachsen-Gotha neben Sachsen-Weimar mitverantwortlich. Carl August scheint nicht abgeneigt gewesen zu sein, die der »Oberaufsicht« unterstellten Institute in die Neuregelung der Universitätverfassung einzubeziehen und damit auch Sachsen-Gotha mit zu unterstellen. C. G. von Voigt wußte dies abzuwenden, so daß G.s Departement in der bisherigen Stellung verblieb. Nur die Universitätsbibliothek war trotz des Auftrags an G., sie zu reorganisieren, nicht aus der Universitätsverfassung gelöst worden und unterstand auch weiterhin Sachsen-Gotha.

G.s Mitwirkung an den neuen Universitätsstatuten, die 1821 fertiggestellt wurden, ist belegt. Zum 7. Abschnitt des Hauptstatuts lieferte er wörtlich formulierte Gegenvorschläge (Schmid, S. 188f.), mit denen er die Selbständigkeit der »oberaufsichtlichen« Anstalten durchsetzen konnte. Das Amt eines Kurators hatte er ausdrücklich abgelehnt. Trotz so deutlicher Abgrenzung blieb G. weiterhin mit der Universität durch die »Oberaufsicht« verbunden, deren Geschäfte er bis an sein Lebensende führte. In den letzten Jahren assistierte dabei der Hofrat und Leibarzt Carl Vogel (1796/98–1864). Personelle Änderungen hatten sich nach dem Tode Voigts im Jahre 1819 ergeben; an dessen Stelle im Staatsministerium trat Christian Wilhelm Schweitzer (1781–1856). Schweitzer war es auch, der nach G.s Tod die Aufgaben des Bereiches übernahm. Erst bei der Umbildung des Staatsministeriums im Jahre 1849/50 wurde die bis dahin immer noch gesondert geführte »Oberaufsicht« in das Departement für Justiz und Kultus integriert.

Zusammenfassung

G.s amtliche Tätigkeit in sachsen-weimarischen Diensten umfaßte über fünfeinhalb Jahrzehnte seines Lebens. Im Laufe dieser Zeit ergaben sich sehr unterschiedliche Schwerpunkte. Nur anfangs und gewissermaßen am Rande war er mit außenpolitischen und diplomatischen Aufgaben befaßt. Deutlich ist dabei G.s Bestreben, seinen Fürsten und das Land vor unkalkulierbaren Risiken zu bewahren. Im ersten Jahrzehnt galt seine Aufmerksamkeit sozial- und wirtschaftspolitischen Zielen, für die er durch Sanierung der staatlichen Finanzen eine gesunde Grundlage zu schaffen suchte. Nach der Italienreise versuchte er die staatliche Fürsorge für Künste und Naturwissenschaften zu stärken, wobei die Universität Jena im Zentrum seines Interesses blieb. Hier wie auch bei den der »Oberaufsicht« unterstellten Instituten ging es G.

zunächst immer darum, durch eine gesunde finanzielle Grundlegung und durch klare Festlegungen über Aufgaben und Verantwortlichkeiten die Basis für eine fachgemäße Arbeit zu schaffen. Zugleich widmete er sich wiederholt mit besonderem Interesse Bauvorhaben, die den Instituten dienen sollten. In den späteren Jahren ist zu beobachten, daß die Initiativen zu Neuerungen eher vom Herzog ausgingen. Insgesamt scheint es speziell G.s Sache gewesen zu sein, auf haushälterischem Gebiet die Ordnung zu sichern und für die jeweiligen Aufgaben die richtigen Personen zu finden. In der Zusammenarbeit mit einigen von ihnen entwickelte sich dann nicht selten ein von G. intensiv verfolgtes Interessen- und Forschungsgebiet.

G.s amtliche Tätigkeit schlug sich in mannigfachen Schriftformen nieder. Neben den im ersten Band der Amtlichen Schriften vorliegenden Dokumenten aus dem ersten Weimarer Jahrzehnt, die Art und Umfang dieses vielfältigen Geschäfts erkennen lassen, ist aus den überlieferten Akten der Kommissionen und der »Oberaufsicht« eine andere Art der Amtsführung erkennbar. Hier gibt es Weisungen an die untergeordneten Institute, und es gibt deren Berichte. Aufschlußreich sind Beschlußprotokolle über Sitzungen und Aktenvermerke mit Zustandsbeschreibungen. Sie enthalten auf der einen Hälfte des Schriftstücks Fragen, oft als numerierte Punkte, zu denen der jeweilige Korrespondenzpartner, d.h. ein Vertreter der unterstellten Institute oder umgekehrt G., auf der anderen Hälfte des Schriftstückes Antworten eintrug. Diese Arbeits- und Mitteilungsform erwies sich offenbar als die schnellstmögliche Art der Verständigung zwischen G., seinem jeweiligen Mitkommissarius und den nachgeordneten Personen.

Die Originalzeugnisse von G.s amtlicher Tätigkeit sind nur zum Teil erhalten, so die Akten der Schloßbaukommission und der Ilmenauer Steuerkommission; von den Theaterakten sind viele überliefert. Als vollständig verloren müssen die Akten der Kriegskommission gelten. Der größte Teil der Oberaufsichtsakten ist 1945 in der Auslagerungsstätte des Weimarer Staatsarchivs in Bad Sulza verlorengegangen.

So gewinnen die frühen Darstellungen über die Bereiche dieses Ressorts besonderen Wert, ebenso wie die wenigen edierten Quellen, aber auch die Gegenüberlieferung aus den einzelnen unterstellten Instituten oder der übergeordneten Instanz. Die Akten der Universitätsbibliothek und der Sternwarte können als gesichert gelten; hingegen sind die meisten Registraturen der anderen Anstalten im 19./20. Jh. verschollen. Außer den amtlich geführten Registraturen enthält auch G.s private Korrespondenz Informationen über seine Überlegungen und Vorstellungen zu amtlichen Angelegenheiten. Vom vorhandenen Aktenmaterial ist noch manches unbekannt oder der Forschung schwer zugänglich.

Literatur:

Bradish, Joseph A. von: Goethes Beamtenlaufbahn. New York 1937. – Brandis, Karl Georg: Goethes Plan eines Gesamtkatalogs der weimarischen Bibliotheken. In: JbGG. 14 (1928), S. 152–165. – Bürgin, Hans: Der Minister Goethe vor der römischen Reise. Seine Tätigkeit in der Wegebau- und Kriegskommission. Weimar 1933. – Bulling, Karl: Geschichte der Universitätsbibliothek Jena 1549–1945. Weimar 1956. – Döbling, Hugo: Die Chemie in Jena zur Goethezeit. Jena 1928. – Flach, Willy: Goetheforschung und Verwaltungsgeschichte. Weimar 1952. – Ders./Dahl, Helma (Hg.): Goethes Amtliche Schriften. Veröffentlichung des Staatsarchivs Weimar. 4 Bde. Weimar 1950–1987. – Hartung, Fritz: Das Großherzogtum Sachsen unter der Regierung Carl Augusts 1775–1828. Weimar 1923. – Hüttl, Adolf: Goethes wirtschafts- und finanzpolitische Tätigkeit. Ein wenig bekannter Teil seines Lebens. Hamburg 1995. – Knopf, Otto: Die Astronomie an der Universität Jena von der Gründung der Universität im Jahre 1558 bis zur Entpflichtung des Verfassers im Jahre 1927. Jena 1937. – Salomon, Johanna: Geschichte der ›Societät für die gesamte Mineralogie zu Jena‹ unter ihrem Gründer Johann Georg Lenz und ihrem Förderer und Präsidenten Johann Wolfgang von Goethe (1796–1830). Diss. Jena 1957. – Schmid, Irmtraut: Die Oberaufsicht über die naturwissenschaftlichen Institute an der Universität Jena unter Goethes Leitung. In: Impulse. 4 (1982), S. 148–193. – Steenbuck, Kurt: Silber und Kupfer aus Ilmenau. Ein Bergwerk unter Goethes Leitung. Hintergründe, Erwartungen, Enttäuschungen. Weimar 1995. – Stichling, Gottfried Theodor: Goethe und die freie Zeichenschule zu Weimar. In: Weimarische Beiträge zur Literatur und Kunst. Weimar 1865, S. 33–49. – Voigt, Julius: Goethe und Ilmenau. Leipzig 1912 (Repr. Leipzig 1990). – Wahl, Hans: Vom Kriegskommissar Goethe und seinen Soldaten. In: Goethe-Kalender auf das Jahr 1942. Leipzig 1941. – Wahle, Julius: Das Weimarer Hoftheater unter Goethes Leitung. Weimar 1892. – Wilamowitz-Moellendorff, Erdmann von: Dreihundert Jahre Bibliothek. Eine Bibliographie zur Geschichte der Bibliothek der deutschen Klassik und ihrer Bestände. In: Kratsch, Konrad/Seifert, Siegfried (Hg.): Historische Bestände der Herzogin Anna Amalia Bibliothek zu Weimar. Beiträge zur Geschichte und Erschließung. Mit Bibliographie. München u.a. 1992, S. 183–310.

Irmtraut Schmid

Anakreontik

Die Bezeichnung eines Typs lyrischer Dichtung als Anakreontik geht auf den Dichter Anakreon von Teos (6. Jh. v. Chr.) zurück, dem etwa sechzig griechische Oden zugeschrieben werden, deren größter Teil allerdings aus einer spätgriechischen oder hellenistischen Phase stammt. Die Rezeption fußt auf einer *Anakreonteia/Anacreontea* genannten Sammlung, deren erster Übersetzer Henricus Stephanus (Henri Estienne) 1554 einer Ausgabe der griechischen Texte seine eigene Übersetzung ins Französische gegenüberstellte. Eine große Zahl weiterer Ausgaben und Übersetzungen in die Nationalsprachen geht darauf zurück (vgl. GHB., Bd. 1, S. 36f.).

Nach Auskunft des G.-Wörterbuchs hat G. nur an wenigen Stellen (Briefe, Aufsätze, Rezensionen) Anakreon erwähnt; von »anakreontisch« spricht er im Hinblick auf die genannte Überlieferung oder in *Dichtung und Wahrheit* im Hinblick auf die literarische Richtung. In der älteren Forschung wurden G.s Gedichte der Leipziger Zeit als Zeugnisse der Anakreontik verstanden. Sie ist aber nur *eine* Möglichkeit der musa iocosa, der scherzhaften und meist zugleich erotischen Dichtung des 18. Jhs. G. hat die Werke von Ludwig Gleim und Gotthold Ephraim Lessing, wahrscheinlich aber nicht die von Johannes Nikolaus Götz und Johann Peter Uz angefertigte poetische Übertragung *Die Oden Anakreons in reimlosen Versen nebst einigen anderen Gedichten* (Frankfurt und Leipzig 1746) oder die von Götz allein überarbeitete Fassung (*Die Gedichte Anakreons und der Sappho Oden*, 1760) gekannt. Die Vorbildlichkeit von Salomon Geßners Idyllen, Jakob Heinrich von Gerstenbergs *Tändeleien* und Christoph Martin Wielands *Komischen Erzählungen* führte ihn über die Anakreontik hinaus. So erscheint der junge Leipziger Poet in erster Linie als ein Rokoko-Schriftsteller, der die neuen Lehren des »Scherzes« in der erotischen Poesie beherzigte. Unter den 19 Gedichten des Buchs *Annette* zeigt allein das Widmungsgedicht *An Annetten* die typischen Elemente deutscher Anakreontik in Stil, Vers und Metrum. Die letzten sieben Gedichte – mit der Gruppe von Madrigalen – verwenden gelegentlich Details aus Werken Christian Felix Weißes und Ludwig Gleims. Aber insgesamt sind sie nicht anakreontischen Mustern (leichter Stil, Vorliebe für Klangwirkungen, reim- und strophenlose Gestaltung, erotische Glückserfüllung, antiheroische Polemik, poetische Selbstreflexion, sterotyp eingesetzte Versatzstücke des Mythos von Bacchus, Amor, Venus) verpflichtet, sondern in Stil und Versifikation dem epigrammatischen Prinzip Lessings.

Die Fähigkeit, sich neue Formen und Schreibweisen anzuverwandeln, ist immer wieder an G. bewundert worden. Die Leipziger Sammlung ist geradezu eine Anthologie der Möglichkeiten scherzhafter weltlicher Lyrik im Jahrzehnt 1760/70. Neben dem einzigen strophen- und reimlosen Gedicht in anakreontischer Manier bilden Gedichte im »vers libre« mit allen Freiheiten dieser Versform (freie Silben- und Zeilenzahl, Reimbildungen aller Art, Verzicht auf strophische Gliederung) die größte Gruppe. Es gibt Verserzählungen, Versprosa-Mischformen, scherzhaft-epigrammatische Gedichte und dem strophisch komponierten Gesellschaftslied folgende Formen. Nach Herbert Zemans Urteil ist die »Ausbeute an anakreontischen Elementen im Buch *Annette* gering« (1972, S. 273). Nach der ironischen

Absage an Anakreon in *Wandrers Sturmlied* wird anakreontische Lyrik noch einmal in der Weimarer Zeit, im Kontext des Tiefurter literarischen Zirkels, für G. bedeutend. Die herausragenden Texte dieser Zeit sind die Ode *An die Cikade* (Übersetzung des 43. Anacreonteums, 1781) und das Epigramm *Anakreons Grab* (1785). Diese Gedichte stehen in G.s Werk nicht allein – sie sind im Kontext der nach 1782 in Weimar wieder in Mode gekommenen Anakreon-Lektüre zu sehen. Insofern ist das *Journal von Tiefurt* als wichtiges Dokument dieser Renaissance zu betrachten. Auch Herder und andere Mitglieder der Tiefurter Gesellschaft haben Anacreontea beigesteuert. Zeman möchte die Übertragung der 46. und 22. anakreontischen Ode G. zuschreiben (1975, S. 224f.) Als Reflex der Weimarer Anakreonteen-Begeisterung der 80er Jahre können die in Italien entstandenen Gedichte *Amor als Landschaftsmaler* und *Cupido, loser eigensinniger Knabe* betrachtet werden. Das zweite Gedicht hat G. in die zweite Fassung des Singspiels *Claudine von Villa Bella* eingefügt, aber nicht in seine Gedichtsammlungen aufgenommen. In beiden Gedichten kehren anakreontische Motivik und Versart wieder. In Stil und Metrum klingt anakreontische Schreibart noch in dem Gedicht *An seine Spröde* (1789) nach. Während in der älteren Forschung zum *West-östlichen Divan* häufig auf eine Wiederkehr anakreontischer Stilmittel hingewiesen wurde, herrscht darüber heute allgemeine Zurückhaltung: Am Beispiel von *Kenne wohl der Männer Blicke* hat bereits Zeman (1972, S. 312ff.) die völlig andere »Welthaltung« und Distanz zu den Anakreonteen betont; Hendrik Birus geht in seinem Kommentar zu diesem Gedicht an keiner Stelle auf eine eventuelle Nähe zu den Anakreonteen ein (FA I, 3.2, S. 1190f.). So wird heute G.s Nähe zu den Anakreonteen auf die Leipziger Zeit und die Anakreon-Renaissance des Tiefurter Kreises in den 80er Jahren eingeschränkt.

G.s explizite Äußerungen zur Anakreontik finden sich durchweg in Briefen und Texten des frühen 19. Jhs. – es sind teilweise kritische Rückblicke auf frühere Phasen seiner Dichtung. In *Dichtung und Wahrheit* berichtet er

Titelblatt der ersten Sammlung Goethescher Gedichte

von seiner jugendlichen Produktion: »Ich hatte eine gute Anzahl sogenannter anakreontischer Gedichte verfertigt, die mir wegen der Bequemlichkeit des Sylbenmaßes und der Leichtigkeit des Inhalts sehr wohl von der Hand gingen« (MA 16, S. 154). In seinem späteren literarhistorischen Rückblick heißt es distanziert: »Das Anakreontische Gegängel ließ gleichfalls unzählige mittelmäßige Köpfe im Breiten herumschwanken« (ebd., S. 296). Höflich nimmt G. in einem Brief an Wilhelm Christoph Leonhard Gerhard vom 3. 12. 1816 an dessen »gegenwärtigen Bearbeitungen anakreontischer Lieder« Anteil und bezweifelt nicht ihre gute Aufnahme. Im Konzept eines Briefes an Zelter vom 11. 5. 1820 heißt es in einer nicht in den Brief übernommenen Stelle: »Man spricht immer von Anakreon als dem

Tejer Greis. In den Gedichten die unter seinem Namen gehn, finde ich die eigentlichen hohen Jahre nicht ausgedruckt. Jene Leichtigkeit könnte sich ein jüngerer leicht gesinnter auch gar wohl anmaßen. Doch es sollen ja nur untergeschobene Gedichte seyn« (WA IV, 33, S. 336).

Literatur:

Alt, Peter-André: Funktionen der Allegorie in deutscher Anakreontik und Lehrdichtung des 18. Jahrhunderts. In: DVjs. 66 (1992), S. 253–282. – Anakreon/anakreontisch. In: GWb, Bd. 1, S. 462. – Bohnen, Klaus: Anakreontik. In: Reallexikon der deutschen Literaturwissenschaft. Bd. 1. Berlin, New York ³1997, S. 76–79. – Kühlmann, Wilhelm: Anakreonteen. In: Reallexikon der deutschen Literaturwissenschaft. Bd. 1. Berlin, New York ³1997, S. 75–76. – Merker, Erna: Anakreontik. In: Reallexikon der deutschen Literaturgeschichte. Bd. 1. Berlin 1958, S. 61–63. – Nägele, Rainer: Das Imaginäre und das Symbolische. Von der Anakreontik zum Schleiersymbol. In: Goethezeit. Fs. für Stuart Atkins. Bern, München 1981, S. 45–63. – Zastrau, Alfred: Anakreon. In: ZASTRAU, Bd. 1, S. 236–238. – Zeman, Herbert: Die deutsche anakreontische Dichtung. Ein Versuch zur Erfassung ihrer ästhetischen und literarhistorischen Erscheinungsformen im 18. Jahrhundert. Stuttgart 1972. – Ders.: Goethes anakreontische Lyrik der Weimarer Zeit. In: ZfdPh. 94 (1975), S. 203–235.

Gerhard Sauder

Anna Amalia, Herzogin von Sachsen-Weimar-Eisenach
(1739–1807)

Anna Amalia, von 1759 bis 1775 Regentin des Herzogtums Sachsen-Weimar-Eisenach, danach als »Herzoginmutter« von großem Einfluß, hat gewichtigen Anteil daran, daß G.s zunächst nur als Besuch gedachter Aufenthalt in Weimar zu einer dauerhaften Bindung an die Stadt und die Herzogsfamilie führte.

Durch ihre vielseitige, von bürgerlichen Lehrern getragene Bildung und Erziehung am Hof zu Braunschweig-Wolfenbüttel war sie mit den führenden philosophischen und literarischen Tendenzen ihres Jahrhunderts, nicht zuletzt mit der Aufklärung, vor allem der französischen, vertraut und für ihre aktive kulturelle Rolle vorbereitet. Ihr starkes Interesse für Literatur, Musik, Kunst und Theater ließ sie zur Initiatorin einer für Weimar bedeutsamen geistigen und kulturellen Entwicklung werden; die Berufung Christoph Martin Wielands zum Prinzenerzieher 1772 war ein wichtiger Schritt auf diesem Weg.

Eine entscheidende Voraussetzung dafür, daß Weimar in den folgenden Jahrzehnten zu einem Zentrum bürgerlicher Literatur und Kultur in Deutschland werden konnte, war die von Toleranz bestimmte Gemeinsamkeit von Adligen und bürgerlichen Intellektuellen am herzoglichen Hof. Auch nach 1775, als Anna Amalias ältester Sohn Carl August die Regentschaft übernahm und die kulturellen Intentionen seiner Mutter fortführte und verstärkte, wirkte Anna Amalia in gleichem Sinne fort: Der gesellige Kreis, den sie in ihrem städtischen Wittumspalais und an ihren ländlichen Sommersitzen in Ettersburg und – seit 1781 – in Tiefurt um sich versammelte, bildete einen bedeutsamen Kern, der die führenden Geister in Weimar zusammenführte und zusammenhielt. Zu ihm gehörten – neben G. – mit Wieland, Herder, Karl Ludwig von Knebel und anderen solche Persönlichkeiten, die sich mit Anna Amalias und des Herzogs Unterstützung gegen konservative Kräfte am Hof zu behaupten und durchzusetzen vermochten und zunehmend das gesellschaftlich-kulturelle Klima in Weimar bestimmten. Anna Amalia spielte auch eine positive Rolle, wenn es galt, Krisen in den Beziehungen G.s zum Hofadel und zu Carl August durch verständnisvolle und ausgleichende Vermittlung zu überwinden, so beispielsweise, als Jakob Friedrich Freiherr von Fritsch wegen der von Carl August 1776 entgegen den Konventionen des Hofbeamtentums vollzogenen Berufung G.s in das Geheime Consilium mit seinem Rücktritt als Minister drohte. Der existentiellen und künst-

lerischen Krise, in die G. während seines ersten Weimarer Jahrzehnts geriet, brachte
Anna Amalia offensichtlich Verständnis entgegen, wie eine Tagebucheintragung vom 12.8.
1779 verrät: »hatte eine starcke Erklärung mit
☾ [Anna Amalia; d. Vf.] die auf das alte hinauslief. bey Verhältnissen die nicht zu ändern
sind müssen gewisse Schärfigkeiten sich sammeln, und zulezt irgendwo ausbrechen«.

G. hat die Fähigkeit Anna Amalias, dauerhafte Beziehungen zu stiften sowie bei kontroversen Positionen zu vermitteln, und ihre
Verdienste um die Grundlegung des »klassischen Weimar« erkannt und gewürdigt. Bemerkungen wie in *Paläophron und Neoterpe* –
»Und unsern Bund hat S i e begründet in der
Stadt« (WA I, 13.1, S. 15) – oder in den *Tag-
und Jahresheften 1790*, wo er von »dieser, alles
um sich her, auswärts und zu Hause, belebenden Fürstin« spricht, finden sich des öfteren.
Ähnlich wie Wieland entwickelte G. bald ein
enges, lebenslang anhaltendes persönliches
Vertrauensverhältnis zu Anna Amalia, das sich
u.a. in ständig wiederkehrenden Besuchen,
Gesprächen und vertraulichen Briefen, im Beistand bei persönlichen Angelegenheiten wie
der Einrichtung des Hauses am Frauenplan,
bei Krankheiten und Trauerfällen wie dem Tod
Prinz Constantins, Anna Amalias zweitem
Sohn, manifestierte. G.s Verhältnis zu Anna
Amalia war dennoch nicht unkritisch: »Sie sei
ein allerliebstes, vortreffliches, aber i n d e f i -
n i b l e s Wesen gewesen« (Gespräche, 3.1,
S. 251).

Der gesellige Kreis um Anna Amalia gab
wichtige Impulse für eine lebendige Kulturentwicklung in Weimar, auch wenn die in den
80er und 90er Jahren durch Anna Amalias sog.
Tafelrunde repräsentierte, fürstlich dominierte Organisationsform zunehmend durch
freiere Freundeskreise sowie bürgerliche Zirkel und Salons ergänzt und abgelöst wurde.
Produktiv war auch seine Rolle für die Förderung von Kunst. Hinzuweisen ist in diesem
Zusammenhang insbesondere auf das gemeinsame Wirken für das sog. Liebhabertheater,
das von dem Kreis um die »Herzoginmutter«
getragen wurde. Anna Amalia selbst war daran
als Komponistin einiger Lieder für das 1776

Herzogin Anna Amalia in Pompeji.
Ölgemälde von J.H.W. Tischbein

aufgeführte Singspiel *Erwin und Elmire* und
für die 1778 in Ettersburg aufgeführte zweite
Fassung der Satire *Das Jahrmarktsfest zu
Plundersweilern* unmittelbar beteiligt.

G.s poetisches Schaffen in diesen Jahren
verdankt dem Zusammenwirken innerhalb
dieses Kreises viel, so wurde die Prosafassung
der *Iphigenie auf Tauris* 1779 durch das Liebhabertheater uraufgeführt, und Gedichte wie
Edel sey der Mensch und *Auf Miedings Tod*
waren erstmals zu lesen im handschriftlichen
Journal von Tiefurt 1781 bzw. 1782. Als Dank
für die von Anna Amalia ihren Freunden zuge-
dachten Weihnachtsgaben verfaßte G. 1781
das Rollengedicht *Das Neueste von Plundersweilern*, das zusammen mit einem Aquarell
von Georg Melchior Kraus ein kräftiges satirisches Bild der zeitgenössischen Literatur
entwarf und die Weimarer Autoren samt ihren
Werken nicht aussparte. 1800 nahm G. den

Geburtstag Anna Amalias zum Anlaß, ihr das Festspiel *Paläophron und Neoterpe* zu widmen, das an der Schwelle zum neuen Jahrhundert – ursprünglich sollte es den Titel *Alte und neue Zeit* tragen – auf heitere Weise, in der Anna Amalia vertrauten Form des aus der Tradition des griechischen Theaters und der italienischen Volkskomödie stammenden Maskenspiels, die Auseinandersetzung zwischen dem Überlebten und dem Zukünftigen darstellt.

1790 entsprach G. dem Wunsch Carl Augusts, seine Mutter zum Abschluß ihrer Italienreise von Venedig abzuholen und nach Hause zu geleiten. Die Liebe zu Italien und die Beschäftigung mit italienischer Kunst und Kultur hatten schon früh eine zusätzliche Gemeinsamkeit zwischen der Fürstin und dem Dichter geschaffen. Hinzu kam die gemeinsame Verbindung G.s und Anna Amalias zu dem für die zeitgenössische Winckelmann-Rezeption und klassizistische Kunsttheorie bedeutsamen Adam Friedrich Oeser, der häufig in Weimar weilte und von der Fürstin für die künstlerische Ausstattung des Wittumspalais herangezogen wurde. Eine Handschrift von 74 im Zusammenhang mit dem Venedig-Aufenthalt 1790 entstandenen Epigrammen hat G. aus dem Gesamtkorpus der *Venezianischen Epigramme* für Anna Amalia ausgewählt und sie ihr 1791 geschenkt, versehen mit der Verswidmung »Sagt, wem geb' ich dies Büchlein? Der Fürstin die mirs gegeben, / Die uns Italien noch jetzt in Germanien schafft« (WA I, 1, S. 467).

Das Italienerlebnis und die davon bestärkte klassische Kunstauffassung blieben stets ein verbindendes Thema. In Übereinstimmung mit Anna Amalia bemühte sich G. um das Erbe Johann Joachim Winckelmanns. Die Fürstin stellte G. die in ihrem Besitz befindlichen Briefe Winckelmanns an Hieronymus Dietrich Berendis, der 1783 in ihrem Dienst in Weimar verstorben war, für seine *Winckelmann*-Schrift von 1805 zur Verfügung; G. widmete ihr das Werk mit deutlicher Würdigung ihres bisherigen Wirkens für das klassische Weimar und ihrer Sympathie für die »Weimarischen Kunstfreunde« und verband damit die Erwartung einer »glänzenden Epoche [...], in welcher alles vorhandene Gute noch immer gemehrt, in sich verknüpft, befestigt, gesteigert und der Nachwelt überliefert werden soll« (WA I, 46, S. 7). Die Bemühungen um eine kritische Ausgabe der Werke Winckelmanns scheiterten freilich unter anderem auch daran, daß Anna Amalia und der in ihrem Dienst als Bibliothekar stehende Kunsthistoriker Karl Ludwig Fernow 1807 bzw. 1808 starben. G. widmete Anna Amalia einen Nachruf, der, von den Kanzeln des Herzogtums verlesen, ihre Lebensleistung würdigte und über den Anlaß hinaus Wesentliches über die Entfaltung des klassischen Weimar aussprach.

Literatur:

Bode, Wilhelm: Amalie Herzogin von Weimar. 3 Bde. Berlin ²1909. – Werner, Charlotte Marlo: Goethes Herzogin Anna Amalia. Düsseldorf 1996.

Siegfried Seifert

Anschauung

G.s emphatische Einstellung zur Anschauung war verbunden mit der Zuversicht, das die singulären Erscheinungen überschreitende Geistige evident zu machen sowie deren zerstreute Mannigfaltigkeit in einen gesetzlichen bzw. vernünftigen Zusammenhang zu bringen und damit die Sinneswahrnehmungen mit »höherer« Bedeutung zu versehen. Von allen dualistisch-idealistischen Konzeptionen unterschied sich G. dadurch, daß er das Transzendente in die Immanenz der Erscheinungen verlagerte. Ob er das »Höhere« nun Gott, Geist, Typus, Idee, Muster, Form, Urbild oder Gesetz nannte, für ihn war es nicht in einer gesonderten ideellen Sphäre, sondern im Diesseits angesiedelt. Diese Haltung kann, G.s Retrospektion aus *Dichtung und Wahrheit* zufolge, geradezu als frühkindliche Prägung angesehen werden: Schon als Knabe sei er unfähig gewesen, den »großen Gott der Natur« irgendwo anders als in seinen Werken aufzusuchen (vgl. WA I, 26, S. 63f.). Später führte diese Haltung zum Dissens mit Friedrich Heinrich Jacobi: »Wenn du sagst man könne an Gott nur g l a u b e n [...] so sage ich dir, ich halte viel aufs s c h a u e n, und wenn Spinoza von der Scientia intuitiva spricht, [...] so geben mir diese wenigen Worte Muth, mein ganzes Leben der Betrachtung der Dinge zu widmen die ich reichen und von deren essentia formali ich mir eine adäquate Idee zu bilden hoffen kann« (an Jacobi, 5.5. 1786). Von Jacobi trennte G. seine angeborene »Anschauungsweise«, die ihn »Gott in der Natur, die Natur in Gott zu sehen unverbrüchlich gelehrt hatte« (WA I, 36, S. 72). Die »Anschauungsweise«, die auch die Affinität zu dem Pantheisten Spinoza nährte, war Grund für den Bruch mit dem langjährigen Freund. G.s Rezension von Jacobis Briefwechsel aus dem Jahre 1827 macht die Gründe dafür nochmals deutlich: »Jacobi wußte und wollte gar nichts von der Natur, ja er sprach deutlich aus: sie verberge ihm seinen Gott [...]; als wenn die Außenwelt dem, der Augen hat, nicht überall die geheimsten Gesetze täglich und nächtlich offenbarte!« (WA I, 42.2, S. 85).

Die Überzeugung, daß Idee, Gesetz oder Wesen sich nicht jenseits, sondern innerhalb der wahrnehmbaren Phänomene befinden, bildete die methodische Leitlinie für G.s naturwissenschaftliche Forschungen. Er suchte nach einer Gestalt, in der das allgemeine Muster des Individuellen wiederum als Individuum (Urorgan, Urpflanze) unmittelbar sichtbar werde. Schon vor seiner Abreise nach Italien war seine Hypothese einer Urpflanze so weit gediehen, daß sie bereits eine »alte Grille« war, als er sie am 17.4. 1787 in Palermo bestätigt zu finden glaubte. Er fragte sich: »Woran würde ich sonst erkennen, daß dieses oder jenes Gebilde eine Pflanze sei, wenn sie nicht alle nach einem Muster gebildet wären?« (WA I, 31, S. 147f.). Daß dieses, das Verschiedene verbindende »Muster« wirklich anschaulich sei, war auch Thema seines Gespräches im Juli 1794 mit Schiller, das die Freundschaft beider einleitete. Während Schiller, noch unter dem Eindruck seiner Kantstudien stehend, gemäß Kants Dualismus von noumenon und phaenomenon die Urpflanze eher für eine (unsichtbare) Idee hielt, betonte G. deren phänomenal-visuellen Status: »Das kann mir sehr lieb sein, daß ich Ideen habe [...] und sie sogar mit Augen sehe« (WA II, 11, S. 17f.). Den Gedanken, daß die Idee des Anschaulich-Mannigfaltigen ebenfalls anschaulich sei, drückte er 1798 sogar poetisch aus (*Die Metamorphose der Pflanzen*; WA I, 1, S. 290–292). Im selben Jahr erörterte er in dem Aufsatz *Erfahrung und Wissenschaft* den Begriff »reines Phänomen« (WA II, 11, S. 38–41). Auch hier ging es um das Problem, allgemeingültige Logizität und individuelle Anschaulichkeit zu vereinen. Das »reine Phänomen« konnte also weder mit der einzelnen kontingenten Sinneserfahrung identisch sein – bzw. mit dem »e m p i r i - s c h e n P h ä n o m e n, das jeder Mensch in der Natur gewahr wird« (ebd., S. 240) –, noch durfte es der Sinneswahrnehmung verschlossen und außerhalb der empirischen Phänomene liegen. So bestimmte G. das reine Phänomen als eine Art Synopsis von diachronen und synchronen Veränderungen der empirischen Phänomene selber (vgl. ebd.). Als er dies tat, arbeitete er bereits an seiner *Farbenlehre*, in deren Fortgang der Begriff des Urphänomens entstand. In diesem ab ca. 1805 fixierten Begriff ist wie in einem Brennspiegel G.s theoretische und methodologische Entwicklung in puncto Anschauung zusammengefaßt. Akzentuiert ist die intramundane und erscheinungsimmanente Daseinsweise der »höheren Regeln und Gesetze«, die sich nicht »durch Worte und Hypothesen dem Verstande, sondern gleichfalls durch Phänomene dem Anschauen offenbaren«. Das Urphänomen, auch »Haupterscheinung« genannt, bezeichne zwar die »Gränze des Schauens«; doch das bedeute nicht, man solle »hinter ihm und über ihm noch etwas Weiteres aufsuchen« (vgl. WA II, 1, S. 72f.). Mit dem Urphänomen war für G. der höchste Punkt markiert, zu dem wir in der Erkenntnis gelangen können; und dieses Optimum lokalisierte er innerhalb der Anschauung. Als Objekt betrachtet, fallen im Urphänomen Logisch-Allgemeines und Anschaulich-

Konkretes zusammen. Um diese Einheit jedoch auch subjektiv realisieren zu können,
bedarf es eines Vermögens, in dem ebenfalls
Logisches und Sinnliches, intellektuelle Aktivität und Hingabe an den Gegenstand, Konstruktion und Kontemplation zusammenwirken. G.s Begriff des Urphänomens impliziert
also jene Synthese von Denken und Anschauen, die für ihn nicht nur als Naturwissenschaftler, sondern auch als Künstler maßgeblich war. Es ist müßig, die zahlreichen Formulierungen zusammenzustellen, in denen er die
von ihm angestrebte innige Verbindung von
Begriff und Bild und damit jenes » r e i n e Anschauen« paraphrasierte, das sich vom » g e -
w ö h n l i c h e n Anschauen« unterscheide und
»sehr selten« sei (WA I, 42.2, S. 180). Zitiert
sei nur die zustimmende Reaktion auf Johann
Christian August Heinroths »geistreiches
Wort«, daß sein »Anschauen selbst ein Denken« und sein »Denken ein Anschauen« sei
(WA II, 11, S. 58).

G. war durch die deutsche Philosophie, namentlich durch Kant, zu wachsendem Interesse an der Frage gelangt, was das Subjekt
mitbringen müsse, um Natur und Außenwelt
in der von ihm gemeinten emphatischen Weise
»anzuschauen«. Im § 77 der *Kritik der Urteilskraft* spricht Kant von einem intuitiven Verstand, der die Totalität des Ganzen gleichsam
in Bildern (urbildlich und synthetisch-allge-
mein) denke. Von diesem Gedanken war G.
fasziniert. Während aber Kant mit dieser »anschauenden Urteilskraft« eher ein göttliches
Vermögen meinte, nahm G. diese Fähigkeit für
sich als Mensch in Anspruch und traute sich
durchaus zu, das Kantsche » A b e n t e u e r
d e r V e r n u n f t [...] muthig zu bestehen«
(WA II, 11, S. 55). Obwohl G. die denkende
Anschauung für ein menschliches Vermögen
hielt, galt sie ihm doch nicht als anthropolo-
gisch konstantes, unveränderliches Vermögen
eines transzendentalen Subjekts, sondern als
Resultat der Wechselwirkung von Subjekt und
Objekt: »Jeder neue Gegenstand, wohl beschaut, schließt ein neues Organ in uns auf«
(WA II, 11, S. 59). Diese Dialektik von Angeschautem und Anschauendem, dieser Chias-
mus von Gesehenem und Sehendem, dem

auch die über Plotin vermittelte Anspielung
auf Platos *Timaios* in der Einleitung zur *Farbenlehre* gilt (vgl. WA II, 1, S. XXXI), ist ein
weiterer Differenzpunkt zwischen G. und
Kant. Andererseits stimmte G. völlig mit
Schelling überein, der ab Mitte der 90er Jahre
begann, seine Lehre von der intellektuellen
Anschauung auszubilden. Ernst Cassirer sah in
dieser Lehre nichts als den Versuch, G.s Verfahren »in allgemeinen methodischen Begriffen auszusprechen« (S. 16).

Literatur:

Cassirer, Ernst: Goethes Pandora. In: Idee und Gestalt. Goethe. Schiller. Hölderlin. Kleist. Darmstadt
1971, S. 7–31. – Graham, Ilse: Goethe. Schauen und
Glauben. Berlin, New York 1988. – Rotten, Elisabeth: Goethes Urphänomen und die platonische
Idee. Gießen 1913. – Schmidt, Alfred: Goethes herrlich leuchtende Natur. Philosophische Studie zur
deutschen Spätaufklärung. München 1984. – Sieb-
eck, Hermann: Goethe als Denker. Stuttgart ²1905. –
Vorländer, Karl: Kant, Schiller, Goethe. Leipzig
1907.

Waltraud Naumann-Beyer

Antike

I.

Die Beziehung zu Griechenland und Rom gehört zu den wesentlichen Konstanten von G.s
Leben und Schaffen. Zunächst einmal wollte
er durch »gründliche Studien« eine »vollständigere Ansicht des Alterthums« selbst erlangen, um auf diese Weise in seinen »eigenen
Werken [...] vorzuschreiten« (WA I, 27, S. 42).
Die Erweiterung und Vertiefung seines Bildes
von der Antike lag ihm ebenso am Herzen, wie
es ihm selbstverständlich war, ihr Vermächtnis
auf die eigene Gegenwart zu beziehen und für
diese nutzbar zu machen – und zwar vor allem
in seinen literarischen, aber auch in seinen
theoretischen Arbeiten. Darüber hinaus jedoch war die Antike für ihn nicht nur ein un-

verzichtbares Bildungsgut und ein unerschöpfliches Reservoir des künstlerischen Schaffens, sondern auch eine tief in seine Geisteswelt hineinwirkende, seine Welterfahrungen und Weltvorstellungen mitbestimmende Lebensmacht.

Als Epochenbegriff verwendete G. zumeist das Wort »Alterthum«, während das Wort »Antike« vorwiegend als Sachbegriff für ein Kunstwerk aus dem griechisch-römischen Altertum diente. Im adjektivischen Gebrauch sprach er im Hinblick auf diese Zeit von »antik« oder von »alt« (vgl. GWb, Bd. 1, Sp. 723–726, 406–418 u. 427–431).

Das Altertum hatte seit Jahrhunderten, besonders seit der Renaissance, in einem heute kaum noch vorstellbaren Ausmaß das Weltbild, die Denkweise, das Kunstschaffen und die Lebenshaltung der Menschen geprägt, und sogar die Herausbildung betont moderner Konzeptionen geschah im allgemeinen unter ständiger Bezugnahme auf die »Alten«. Dabei kam es im 18. und zu Beginn des 19. Jhs. zu tiefgreifenden Wandlungen. Die Erschließung neuer Dimensionen historischen Denkens und gewaltige geschichtliche Umbruchsprozesse, die zu veränderten gesellschaftlichen Bedingungen, zu revolutionierenden wissenschaftlichen und technischen Erkenntnissen sowie zu immer weiter ausgreifender Kommunikation führten, wirkten ihrerseits auf das Antikeverständnis ein und verliehen ihm entweder andere Inhalte, Formen und Funktionen oder stellten die gleichsam naturgegebene Autorität der »klassischen« Autoren in Frage. G.s Verhältnis zum griechischen und römischen Altertum ist deshalb nicht nur durch bestimmte Grundzüge geprägt, sondern zeigt ebensosehr beträchtliche Entwicklungen, ja unverkennbare Spannungen und Widersprüche. Auf spezifische Weise spiegelt es die Merkmale und Paradigmenwechsel in der Antikerezeption seiner Zeit.

Seit dem Ende des 17. Jhs. wurden in zunehmendem Maße die Unterschiede zwischen Antike und Moderne erkannt. Die Renaissance hatte im Rückgriff auf das Altertum und in der Anerkennung von dessen Vorbildlichkeit die Überlegenheit der eigenen Epoche über das Mittelalter behauptet; die Kontrahenten in der Querelle des anciens et des modernes hingegen haben sich mit der Antike direkt auseinandergesetzt. Hatten sie sich zunächst noch relativ linear auf den grundsätzlichen Vorrang der »Alten« bzw. auf einen ebenso grundsätzlichen, aber nur antithetisch zur Antike bestimmten Vorrang der »Neueren« fixiert, so hat sich im weiteren Verlauf des Streites mit der Herausbildung des historischen Bewußtseins eine differenzierte Sicht auf die Überlegenheit von »Sitten«, »Staatsverfassung« und »Künsten« bei den »Alten« sowie von »Bildung und Vernunft« bei den »Neueren« (HSW 30, S. 517) entwickelt. Gegen Ende des 18. Jhs. bestimmten Theoretiker wie Schiller oder Friedrich Schlegel das Wesen der modernen Dichtung nicht mehr bloß durch deren Entgegensetzung zur antiken Kunst, sondern durch eigene Charakteristika wie »sentimentalisch« oder »interessant«. Im Zusammenhang schließlich mit dem Zerfall einer jahrhundertealten, von der Intention her auf das Römische Reich zurückgehenden politischen Ordnung, mit der genaueren Kenntnis anderer (vor allem der orientalischen, der mittelalterlichen und der frühneuzeitlichen, aber auch der nichtklassischen antiken) Kulturen, mit der wachsenden Einsicht in die Einseitigkeiten und problematischen Züge der Aufklärung und mit einem erneuten Rückgriff auf das Christentum bedeutete dies in den Jahren nach 1800 eine spürbare Abwendung von den traditionellen antiken Leitbildern.

Die Frage nach dem Unterschied zwischen Antike und Moderne führte – auch dann, wenn es nicht zu einer Entgegensetzung kam – zum Übergang von der Position einer normativen zu der einer historisch-methodischen Geltung des Altertums. Waren bis weit ins 18. Jh. hinein die überlieferten Werke und Lehren oft in einer ausschließlichen, starren und formalen Art als musterhaft betrachtet worden, so setzte sich nunmehr eine frische und lebensnahe, umfassende und innovative Rezeptionsweise durch. Dies äußerte sich gleichermaßen in der Ablösung der Nachahmungspoetik und des imitatio-Prinzips wie in der Gewinnung neuer Regeln bzw. im Verzicht auf Regeln überhaupt oder in der Ausrichtung der Literatur auf die Wirklichkeit der eigenen Zeit. Die »Alten« galten nicht mehr als Muster, sondern als Beispiele für die Art und Weise dichterischen Schaffens. Während Johann Joachim Winckelmann in den *Gedanken über die Nachahmung der griechischen Werke in der Malerei und Bildhauerkunst* noch die Nachahmung der »Alten« als den einzigen Weg, selbst groß und unnachahmlich zu werden, gepriesen hatte und Gotthold Ephraim Lessing auf allgemeine, aus der Antike überkommene Regeln zielte, orientierte Herder vor allem auf die Unterschiede zwischen antiker und moderner Welt, erkannte den Eigenwert anderer Kulturen und sprach der griechischen Kunst zugleich Vollendung wie Einzigartigkeit und Unwiederholbarkeit zu.

Die Spannung zwischen klassizistischer Ästhetik und aufklärerischem Historismus, zwischen Kanonisierung des Altertums und Anerkennung der Eigenständigkeit anderer Kulturen gehört zu den Wesensmerkmalen des Antikebildes um 1800. Hatte sich bereits bei Winckelmann ein Widerspruch zwischen seiner Erkenntnis der historischen und geographischen Bedingtheit der griechischen Kunst und dem Postulat ihrer Nachahmung offenbart, so liegen bei Schiller Idealisierung der antiken und Differenzierung zwischen antiker und moderner Kunst eng beieinander, und F. Schlegel entwickelte sich von einem ausgesprochenen »Graecomanen« zu einem Verkünder der romantischen Kunst, von einem Kritiker zu einem Apologeten der Moderne. Dabei erfolgte seit Winckelmann und Lessing stets eine Orientierung an den »Alten« selbst, d. h. eine Abkehr von der Interpretationstradition des 16. bis frühen 18. Jhs. Zugleich verlagerte sich der Schwerpunkt der Antikerezeption im 18. Jh. von Rom, das in der gesamten früheren Rezeptionstradition dominierte, auf Griechenland. Dies war ein gesamteuropäischer Prozeß, der in Frankreich bereits partiell bei Jean Racine und dann bei François de Salignac de La Mothe Fénelon und Anne Dacier einsetzte und sich später z. B. in der Homer-Begeisterung Denis Diderots entfaltete, an dem in Italien Giambattista Vico, in England

Thomas Blackwell, Edward Young und Robert Wood Anteil hatten und der in Deutschland geradezu eine Verabsolutierung des griechischen Altertums herbeiführte. Bahnbrechend hierfür war Winckelmann, und auch bei Lessing ist, trotz aller Anerkennung der Römer, der Übergang zu den griechischen Vorbildern unverkennbar. Herder hat Römer und Griechen scharf einander entgegengesetzt, und bei Schiller, Wilhelm von Humboldt, Hölderlin und im wesentlichen auch Hegel dominierte der griechische Anteil.

Die Ursache für diesen Paradigmenwechsel ist in erster Linie in der Kritik an der absolutistischen Ordnung und an der modernen arbeitsteiligen Gesellschaft sowie in der Sehnsucht nach einem ganzheitlichen, natürlichen, ursprünglichen und wahrhaften Leben zu sehen. Die Akzentverlagerung von Rom auf Griechenland bedeutete zugleich eine Abkehr von der staatlich-politischen und eine Hinwendung zur allgemein-menschlichen, kulturellen und individuellen Sphäre, die Orientierung an künstlerischen und philosophischen Leistungen. »Freiheit« wurde weniger als politische Tugend denn als Grundlage der »Schönheit« verherrlicht. Allerdings hatte diese unbedingte Griechenverehrung auch viele irreale und utopische Züge. Indem sie voraussetzte, daß im antiken Hellas der Gegensatz von Natur und Kultur aufgehoben und das Ideal eines menschenwürdigen Lebens verwirklicht gewesen sei, sah sie weitgehend ab von den Widersprüchen der griechischen Gesellschaft (von der Sklaverei, den inneren und äußeren Kriegen und der Härte ihrer Mythen) und übertrug entweder eine idealisierte Vorstellung von der klassischen Kultur in der Hochblüte der demokratischen Polis Athen auf ganz Griechenland oder klammerte die archaische und hellenistische Zeit und die nichtdemokratischen Poleis aus. Angesichts dieser Diskrepanzen zwischen klassischem Ideal und historischer Wirklichkeit erhoben sich von Anfang an auch skeptische Stimmen gegen einen allzu enthusiastischen Griechenglauben (Johann Georg Hamann, Christoph Martin Wieland, Christian Gottlob Heyne). Es bestand weiterhin eine Spannung zwischen einer Anti-

Bauer mit Kuh vor idealtypischer Landschaft

kerezeption, die vor allem einzelne Werke und Lehren antiker Autoren als beispielhaft für die Gesetze künstlerischen Schaffens und die Charakteristika literarischer Gattungen ansah, und einer Antikerezeption, die auf die Vorbildlichkeit des antiken Lebens insgesamt zielte – also zwischen ästhetischer und geschichtsphilosophischer, zwischen detaillierter und universeller Rezeption. Bis zur Mitte des 18. Jhs. dominierte die erste Richtung; seit Winckelmann und Herder gewann die zweite zunehmend an Gewicht.

Schließlich war die Antikerezeption des 18. und frühen 19. Jhs. eng verbunden mit einem Aufschwung der Altertumswissenschaften und der neuhumanistischen Bildungskonzeption und Bildungsreform. Johann Matthias Gesner, Johann David Michaelis und vor allem Heyne in Göttingen, aber auch Johann August Ernesti und Johann Jakob Reiske in Leipzig, später dann Friedrich August Wolf, Johann Gottfried Jakob Hermann und August Boeckh begründeten ein umfassendes, auf die Bildung des Geistes und des Geschmacks ausgerichtetes Studium des Altertums, das zum Interesse vorrangig für die griechische Literatur, zu ausgezeichneten Kommentaren, zu einer regen Übersetzungstätigkeit und schließlich auf pädagogischem Gebiet zur Reformpolitik W. von Humboldts führte.

II.

Die Fundamente für G.s Beziehung zur Antike wurden bereits in den Jahren bis 1765 in Frankfurt gelegt. Erste Eindrücke vermittelte ihm eine Reihe von Kupferstichen mit römischen Architekturprospekten, die der Vater 1740 von seiner Italienreise mitgebracht und mit denen er einen Vorsaal seines Hauses ausgeschmückt hatte. Mit sieben Jahren erhielt G. Latein-, mit neun Jahren – allerdings weniger intensiv – Griechischunterricht. Er las u. a. Peter Laurembergs Sammelwerk *Acerra philologica*, Ovids *Metamorphosen*, das *Corpus iuris* und das *Neue Testament*. Aus der Zeit von 1757 bis 1759 sind Übungen in lateinischer und gelegentlich in griechischer Sprache erhalten geblieben (JG Fischer-Lamberg 1, S. 3–62). Die *Ilias* lernte er in der »prosaischen Übersetzung« seines Onkels Johann Michael Loen kennen, die *Odyssee* durch die deutsche Versübertragung von Fénelons *Télémaque*. Die ersten Bücher von *Dichtung und Wahrheit* berichten von alledem. Einblicke in die antike Kultur erhielt der junge G. auch durch Theateraufführungen und durch die Lektüre mythologischer, philosophiegeschichtlicher und literarhistorischer Handbücher (Trevelyan, S. 28–42; Schwinge, S. 7 f.). In dem »Knabenmährchen« *Der neue Paris*, das er seinen Freunden erzählte, klang – zumindest nach der am 3.7. 1811 diktierten Version – mit der Wiedergewinnung Helenas bereits ein Motiv an, das später im *Faust* zentrale Bedeutung erlangte (WA I, 26, S. 78–99).

Dem Wunsch, in Göttingen bei Michaelis und Heyne Altertumswissenschaften zu studieren, um die akademische Laufbahn einzuschlagen, wurde vom Vater nicht stattgegeben. G. studierte Jura in Leipzig, wo ihm Ernesti »als ein helles Licht« (WA I, 27, S. 43) erschien. Dessen Vorlesung über Ciceros *De oratore* oder *Orator* aber enttäuschte ihn, und es kam zu keiner stärkeren Beschäftigung mit den alten Sprachen und Literaturen. In Leipzig wurde G. durch Adam Friedrich Oeser mit einigen Gipsabgüssen antiker Plastik und mit den Gemmenabdrücken in Philipp Daniel Lipperts *Daktyliothek* bekannt sowie vor allem auf Winckelmann hingewiesen, dessen frühe

Schriften er ebenso las wie Lessings *Laokoon* und *Wie die Alten den Tod gebildet*. Gründlicher hat er sich mit Winckelmann erst in Weimar befaßt, und die *Geschichte der Kunst des Altertums* las er zum erstenmal in Italien. Daß die antike Kunst noch keine größere Bedeutung für ihn hatte, zeigt sich darin, daß er bei einem Aufenthalt in Dresden im März 1768 zwar die Gemäldegalerie besuchte, es aber ablehnte, die antiken Skulpturen im Großen Garten zu sehen (ebd., S. 174). In G.s frühem Schaffen spielt die Antike kaum eine Rolle. Zu den verlorenen Werken gehören ein Streitgedicht nach Lukian zwischen der Muse der tragischen Dichtkunst und dem Gewerbe, Nachahmungen des Plautus und Terenz und ein lateinisches mythologisches Hochzeitsgedicht (JG Fischer-Lamberg 1, S. 451 u. S. 484). In den Gedichtsammlungen *Annette* und *Neue Lieder* finden wir außer der travestierenden Romanze *Pygmalion* nur konventionelle allegorische Anspielungen auf Venus, Amor oder Luna in der Art der Rokokolyrik.

Während des Aufenthaltes in Frankfurt von 1768 bis 1770 befaßte sich G. mit griechischer Philosophie, fand aber nur zu den Stoikern und den Neuplatonikern näheren Zugang. Im Oktober oder November 1769 besuchte er den Mannheimer Antikensaal, den er im August 1771 auf der Rückreise von Straßburg noch einmal aufsuchte. Vor allem war er von einem Gipsabdruck der *Laokoon*-Gruppe beeindruckt. Weiterhin berührten ihn sowohl der Saal als Ganzes wie insbesondere die Abgüsse des *Apoll von Belvedere* (an Herder, Sommer 1771), des *Sterbenden Fechters*, der Gruppe von *Kastor und Pollux* und eines Kapitells des Pantheon. G. bekannte zwar in *Dichtung und Wahrheit*: »Dieses große und bei mir durch's ganze Leben wirksame frühzeitige Schauen war dennoch für die nächste Zeit von geringen Folgen« (WA I, 28, S. 87). Immerhin hat er in Frankfurt nach 1771 einige Gipsabgüsse von antiken Köpfen für sein Arbeitszimmer erworben.

Den eigentlichen Umschwung in G.s Beziehung zur Antike brachten die Zeit in Straßburg und die Begegnung mit Herder. Jetzt erlernte er wirklich die griechische Sprache – im Mittelpunkt stand die Lektüre Homers (an Salzmann, Juni 1771). Herder hat ihm auch Sophokles nahegebracht (vgl. Petersen, S. 17) und seine Vorliebe für Ovid getadelt (WA I, 27, S. 319 f.). Vor den römischen Ruinen im Elsaß »umspülte« ihn »der Geist des Alterthums« (ebd., S. 339). In der Folgezeit las G. weiterhin Platon, Xenophon, Anakreon, Theokrit und vor allem Pindar (an Herder, Juli 1772). Homer als Dichter eines natürlichen Lebens und Pindar, der damals als genial-naturhafter, ursprünglicher Dichter galt, waren in den frühen 70er Jahren die von ihm am stärksten rezipierten antiken Schriftsteller (vgl. Grumach, Bd. 1, S. 117–127 u. S. 226–228). In der Rede *Zum Schäkespears Tag* (1771) nennt G. Homer, Sophokles und Theokrit, die ihn fühlen gelehrt hätten, was griechische Seelen seien, und Prometheus als das große Vorbild eines schöpferischen Künstlers; in einer Rezension zu David Christoph Seybolds *Schreiben über den Homer* in den *Frankfurter Gelehrten Anzeigen* (1772) polemisiert er gegen eine kunstfremde Homer-Interpretation und gegen eine Überbewertung Vergils; und in dem Aufsatz *Von Deutscher Baukunst* (1772), in dem er programmatisch statt einer »schönen« eine »charakteristische« Kunst fordert und pointiert den überkommenen Regeln absagt, erinnert er nachdrücklich an Homer, Herakles und Prometheus (WA I, 37, S. 148 f.).

Den charakteristischen Ansatz zur Aufnahme antiker Motive in G.s Dichtung bilden die großen Hymnen aus der ersten Hälfte der 70er Jahre. Die freien Rhythmen dieser Gedichte sind nach dem Vorbild Pindars gestaltet, dessen Regelmäßigkeiten man noch nicht erkannt hatte. In ebenfalls »genialischem« Verständnis übersetzte G. 1773 die Pindar zugeschriebene 5. *Olympische Ode*. In *Wandrers Sturmlied* (1772) bekennt sich der Autor enthusiastisch zu dem vorklassischen Dichter und grenzt sich von Anakreon und Theokrit ab, postuliert in der Anrufung Jupiters, Apollons und des Dionysos eine Göttergleichheit des Genies in Kunst und Leben. Während G. in *Ganymed* (1774) das Streben nach einer Einheit von Göttlichem und Menschlichem besingt, artikuliert er in *An Schwager Kronos*

(1774) einen ungeheuren Lebensanspruch und formuliert in der Ode *Prometheus* (1774) eine rebellisch-radikale Kampfansage an irdische und himmlische Gewalten unter dem Aspekt des Künstlerisch-Schöpferischen. Damit hatte er zugleich eine zentrale Gestalt für seine dichterische Reflexion der Gegenwart unter Rückgriff auf die Antike gefunden.

Aus den frühen 70er Jahren stammt zudem eine Reihe von dramatischen Arbeiten mit antiken Sujets. Das *Prometheus*-Fragment von 1773 zeigt gegenüber der Ode einige Differenzierungen: Einerseits offenbart der Titan problematische Züge (seine Vereinzelung oder die Absage an seine Brüder); zum anderen deutet sich in der Liebe zu Minerva (die im Unterschied zu Jupiter keine tyrannische, sondern eine menschenfreundliche Gottheit ist) ein Moment der Versöhnung an. Die spätere Relativierung des prometheischen Menschenbildes und der Wandel von einer rebellischen zu einer auf Ausgleich bedachten Haltung sind also schon von Anfang an in der G.schen Konzeption angelegt. Das Fastnachtsspiel *Satyros oder Der vergötterte Waldteufel* (1773) hat zahlreiche – zumeist ironische – Anklänge an das Prometheus-Thema. Die Farce *Götter Helden und Wieland* (1773) ist das erste Zeugnis sowohl für G.s intensive Beschäftigung mit einer antiken Tragödie wie für seine lebenslange, von Hochachtung geprägte Beziehung zu Euripides. In der Polemik gegen Wielands *Alceste* verbindet sich die Abkehr von dem zaghaften und sittsamen Tugendideal im Griechenbild des Rokoko mit einem Bekenntnis zu dem kraftvollen, übermütigen Herakles der Euripideischen *Alkestis*, der gleichsam zum Vorbild eines Sturm-und-Drang-Helden wird. Von den Plänen zu einem *Cäsar* und zu einem *Sokrates* sind nur wenige Notizen und briefliche Zeugnisse vorhanden. Das herausragende literarische Zeugnis für G.s frühe Homer-Rezeption sind *Die Leiden des jungen Werthers*. Mehrfach kommt der Titelheld auf seine Homer-Lektüre zu sprechen und schildert Wahlheim als eine natürliche, harmonische, idyllische Welt in Analogie zur *Odyssee*. Bezeichnenderweise verlagert sich der Akzent mit der Verschärfung der Wertherschen Krise:

»Ossian hat in meinem Herzen den Homer verdrängt« (WA I, 19, S. 124).

In der ersten Hälfte der 70er Jahre hatte G. ein starkes inneres Verhältnis zu den Griechen, seine größte und intimste Griechennähe. Sie beruht weniger als in späteren Phasen auf Bewunderung und bedeutet auch keineswegs eine Verabsolutierung; wohl aber gelten die Griechen als beispielhaft für ein natürliches Leben, für kraftvolle Äußerung des eigenen Lebensanspruchs und für rebellische Haltungen. Eine bloße Nachahmung oder gar Wiederherstellung wird nicht gefordert: »Nicht in Rom, in Magna Gräcia; / Dir im Herzen ist die Wonne da!« (WA I, 2, S. 191). Der Umgang mit den tradierten Formen und Werken ist äußerst frei. Die Dichtung hat Vorrang gegenüber der Theorie; der geschichtsphilosophische Anspruch ist der ästhetischen Gesetzgebung übergeordnet. Die bildende Kunst steht noch weitgehend am Rande. Die Antikerezeption des jungen G. ist in ganz überwiegendem Maße eine Rezeption der griechischen Antike. Der römischen gelten nur – neben dem *Cäsar*-Plan – einige Beiträge zu Johann Kaspar Lavaters *Physiognomischen Fragmenten* (1775): *Scipio, Titus, Tiberius, Brutus* und *Cäsar* (WA I, 37, S. 354–358). Charakteristisch ist die Distanzierung vom »Römerpatriotismus« in einer Rezension zu Joseph von Sonnenfels' *Über die Liebe des Vaterlandes* in den *Frankfurter Gelehrten Anzeigen* (1772): »Davor bewahre uns Gott, wie vor einer Riesengestalt! wir würden keinen Stuhl finden, darauf zu sitzen; kein Bett, drinnen zu liegen« (ebd., S. 270).

III.

Auch das erste Weimarer Jahrzehnt ist vom Primat der Dichtung über die Theorie, der Literatur über die bildende Kunst, der Geschichtsphilosophie über die Ästhetik gekennzeichnet, und die Orientierung an den Griechen ist ebenfalls unverändert. Das Rebellische und Dynamische des frühen Griechenbildes aber weicht jetzt einer Haltung, die eher auf Ausgleich und Einordnung, auf Harmonisierung und Humanisierung gerichtet ist.

In dieser Zeit hat sich G. weiterhin mit Ho-
mer beschäftigt – u.a. im Zusammenhang mit der Übersetzung Gottfried August Bürgers. In enger Verbindung mit Herder, dessen Schrift *Plastik* 1778 erschienen war, entwickelte er nunmehr gegenüber der Sturm-und-Drang-Phase ein milderes und zugleich stärker idealisiertes Griechenbild. Durch Herder fand er auch erneuten Zugang zu Winckelmann. Er befaßte sich mit der pythagoreischen Ethik (an Charlotte von Stein, 8.9. 1780) und erwarb weitere Gipsabgüsse – eine Büste des *Apoll von Belvedere* wurde ihm 1782 vom Herzog von Gotha geschenkt (Tagebuch, 16.1. 1782).

Ab 1777 kam es zu einer intensiven dichterischen Auseinandersetzung mit der Antike in der Lyrik und vor allem in der Dramatik. In dem 1778 entstandenen Monodrama *Proserpina* ist in der erschütternden Klage und der leidenschaftlichen Anklage des in die Unterwelt entführten Mädchens (vgl. Ovid, *Metamorphosen* V) noch der Geist des frühen prometheischen Göttertrotzes lebendig. Das Gefühl der Fremde und der Verzweiflung deutet aber bereits auf den Anfang von *Iphigenie auf Tauris* voraus. Die 1779 entstandene Prosafassung dieses Schauspiels ist der Höhepunkt der G.schen Antikebegegnung in den ersten Weimarer Jahren. Die *Iphigenie* ist – dem freien Umgang mit den antiken Vorgaben in der Sturm-und-Drang-Zeit vergleichbar und durchaus unterschieden von der engeren Bindung an diese Vorgaben in der klassischen Phase – modern und antik zugleich. Friedrich Wilhelm Riemer überliefert folgende Äußerung vom 20.7. 1811: »D a s U n z u l ä n g l i c h e   i s t   p r o d u k t i v. Ich schrieb meine Iphigenia, aus einem Studium der griechischen Sachen, das aber unzulänglich war. Wenn es erschöpfend gewesen wäre, so wäre das Stück ungeschrieben geblieben« (Gespräche, 2, S. 677). Gegenüber Schiller sprach G. von einem »gräcisirenden Schauspiel« (19.1. 1802) – dieser aber nannte die *Iphigenie* »so erstaunlich modern und ungriechisch daß man nicht begreift, wie es möglich war, sie jemals einem griechischen Stücke zu vergleichen« (an Körner, 21.1. 1802). *Iphigenie auf Tauris* ist ein Drama der menschlichen Autonomie: Im Unterschied zu Euripides ist die Entsühnung des Orest ein Vorgang, der durch »reine Menschlichkeit« bestimmt ist (WA I, 4, S. 277) und nicht des Bildraubs im Auftrag der Götter bedarf; Iphigenie übt – bei aller Frömmigkeit – Kritik an inhumanen Verhaltensweisen der Götter, bewahrt ihre sittliche Integrität, indem sie es ablehnt, Thoas zu betrügen. Diese auf eine Lösbarkeit von Antinomien zielende aufklärerische Konzeption entbehrt aber weder tragischer Aspekte, noch ist sie einfach in die Antike hineinprojiziert worden: G. nennt Tantalos, Ixion und Sisyphos »als Glieder einer ungeheuren Opposition im Hintergrunde meiner Iphigenie« (WA I, 28, S. 314) und stellt im Einklang mit Euripides die Ambivalenz des Oresteischen Muttermordes heraus. Auch in seiner Götterkritik kann er durchaus an diesen griechischen Tragiker anknüpfen; und die Wahrheitsliebe seiner Titelheldin ist im Verhalten des Neoptolemos aus dem Sophokleischen *Philoktet* vorgebildet.

Erst ab 1780 hat G. die griechischen Tragiker intensiver gelesen – teils im Urtext, teils in lateinischer, teils in deutscher Übersetzung (Georg Christoph Tobler, Friedrich Leopold zu Stolberg) – und dadurch auch mehr Einsicht in die Härte der griechischen Mythologie gewonnen. Im Umkreis der *Iphigenie* ist 1781 bis 1783 – unter Verwendung von Motiven aus Homer und Euripides (vor allem aus dessen *Ion*) – die Prosafassung des Fragments *Elpenor* entstanden. Wie in der *Iphigenie* sollte eine Wiedererkennungsszene zur Entsühnung eines durch frevelhafte Taten befleckten Hauses führen; die Charaktere aber sind schroffer und unerbittlicher gezeichnet. Von G.s Interesse für die griechische Komödie zeugen demgegenüber die Lektüre des Aristophanes von 1778/79 und die Bearbeitung von dessen *Vögeln* (1780).

Auch in der Lyrik dieser Zeit finden wir mehrfach antike Reminiszenzen: *Harzreise im Winter* (1777), die letzte Hymne in freien Rhythmen, beginnt mit einem Pindar-Motiv; *Grenzen der Menschheit* (1781) erscheint als Abkehr von den Forderungen nach Göttergleichheit und Göttertrotz in *Wandrers Sturmlied* und *Prometheus*; *Ilmenau* (1783) problematisiert die Gestalt des Titanen und distan-

ziert sich von ihr. Seit Anfang der 80er Jahre verwendete G. Hexameter und Distichen und verfaßte Gedichte, die – weniger in der Übernahme einzelner Motive als vielmehr in Stil und Geist – durch die *Griechische Anthologie* angeregt sind, auf die Herder 1778 in *Plastik* und ab 1780 durch Übersetzungen nachdrücklich aufmerksam gemacht hatte. Die meisten der kleinen Gedichte, die G. 1815 in dem Zyklus *Antiker Form sich nähernd* zusammengefaßt hat, sind in den Jahren vor der Italienreise entstanden. Hatte G. einst Anakreon als Gegensatz zu Pindar abgelehnt, so schrieb er jetzt auch Gedichte in dessen Geist (wie *Anakreons Grab*).

IV.

Die »Wiedergeburt«, die G. in Italien erlebte (WA I, 30, S. 233) und die ihn dazu brachte, auch »den alten Schriftstellern wieder näher zu treten« (ebd., S. 151), war vor allem eine Wiedergeburt im Zeichen der Antike, die er in Landschaft und Kunstwerken überwältigend spürte. In Italien erst wurde er mit Fragen der Kunst und der Kunstgeschichte enger vertraut; hier fand er einen stärkeren Zugang zu den tragischen Dimensionen der griechischen Literatur – insbesondere aber erfuhr er hier eine Steigerung seines Lebensgefühls, das sich dann in der Dichtung der folgenden Jahre niederschlug.

In Verona besuchte G. das Museo Maffiano, wo ihn vor allem spätgriechische Grabreliefs interessierten, und sah mit dem Amphitheater »das erste bedeutende Monument der alten Zeit« (ebd., S. 59). In Venedig beeindruckten ihn die vier antiken Bronzerosse von San Marco und zwei griechische Marmorlöwen vor dem Arsenal. Mit dem Tempel der Minerva in Assisi erblickte er »das erste vollständige Denkmal der alten Zeit« (ebd., S. 182). In Rom hat die Rotonde des Pantheons G. »zu einer freudigen Verehrung ihrer Großheit bewogen« (ebd., S. 212), und des Tempels des Antoninus und der Faustina erinnerte er sich als eines »herrlichen Architekturgebildes« (ebd., S. 135). Vom Colosseum hingegen war er gleichermaßen beeindruckt wie bedrückt (ebd., S. 214 u. S. 265f.). An Plastiken bewunderte G.

in Rom, neben der *Laokoon*-Gruppe, vor allem den *Apoll von Belvedere* – »das genialischte« Werk, »daß man sagen muß es scheint unmöglich« (an den Freundeskreis in Weimar, 7.11.1786) –, den *Hercules Farnese* – »eins der vollkommensten Werke alter Zeit« (WA I, 32, S. 6) –, die *Dioskuren* auf dem Quirinal (vgl. Grumach, S. 511f.) und »einige colossale Köpfe« (WA I, 30, S. 232): die *Juno Ludovisi*, den *Jupiter von Otricoli*, die *Medusa Rondanini* und die *Minerva Giustiniani* – von den drei erstgenannten erwarb oder erhielt G., teils in Rom, teils später, Kopien für sein Haus am Frauenplan (vgl. Grumach, S. 533–542).

Mit Ausnahme des Pantheons hat G. von den in Rom gesehenen Kunstwerken ausdrücklich Griechisches oder für griechisch Gehaltenes hervorgehoben – und griechische Architektur und Plastik interessierten ihn auch in erster Linie auf der Reise nach Neapel und Sizilien. Von Neapel aus besuchte er zweimal den Poseidontempel von Paestum, über den er zuerst erschrocken war, mit dem er aber bald vertraut wurde (WA I, 31, S. 71f. u. S. 237f.); und auch in Pompeji und Herculaneum ist er zweimal gewesen. Auf Sizilien schließlich sah er die Tempel von Segesta und Agrigent und das Theater von Taormina. An Werken antiker Plastik hob er in Neapel einen Pferdekopf aus Erz und eine für eine Tänzerin gehaltene weibliche Statue, in Palermo die bronzenen Widder und im Dom zu Agrigent einen attischen Hippolytossarkophag hervor. Während des zweiten Aufenthaltes in Rom lernte G. die antiken Statuen noch genauer kennen, zeichnete und malte selbst, distanzierte sich aber auch, nach Kenntnis der griechischen Kunst in Süditalien und auf Sizilien, deutlich vom Römisch-Politischen. So fand er das Colosseum zwar »ganz herrlich« und »imposant« (WA I, 32, S. 37 u. S. 116), wurde jedoch von einem »Schauer« (ebd., S. 336) überfallen und war befremdet von der »Masse deß was der Staat war, an und für sich«: »mir ist er, wie Vaterland, etwas Ausschließendes« (ebd., S. 116).

In Italien lernte G. die Kunst- und Altertumswissenschaftler Karl Philipp Moritz, Johann Heinrich Meyer und Aloys Ludwig Hirt kennen, mit denen er später in enger Verbindung blieb. Er vertiefte seine historischen und kunsthistorischen Kenntnisse durch die Lektüre des Livius sowie von Winckelmanns *Geschichte der Kunst des Altertums* und von dessen *Briefen an seine Freunde*. Vor allem aber las er, angeregt durch die antike Atmosphäre und im Hinblick auf seine eigenen Dichtungen, Homer und die griechischen Tragiker. Während der Italienreise stellte G. die Versfassung der *Iphigenie* fertig, für die er sich zunächst an Sophokles, dann aber vor allem an Euripides orientierte und in die nicht zuletzt auch Erfahrungen aus dem öffentlichen Leben seines Gastlandes einflossen. Die Spannung zwischen Betrug und Wahrheit und die problematische Situation Iphigenies sind erst jetzt in voller Schärfe herausgestellt; der vierte Akt, in dem die Konflikte kulminieren, hat deshalb die umfangreichsten Veränderungen erfahren. Im Zusammenhang mit dieser Arbeit dachte G. auch an eine *Iphigenie von Delphi*, in der Elektra als leidenschaftliche, unbarmherzige Kontrastfigur zu Iphigenie hätte auftreten sollen (WA I, 30, S. 167f.). Das Stück hätte zwar ebenfalls zu einer Wiedererkennung und zu einem versöhnenden Ende geführt; aber die Härte der griechischen Tragik wäre – wie bereits in *Elpenor* – stärker zum Ausdruck gekommen.

In Sizilien begann G. mit der Arbeit an der Tragödie *Nausikaa*, in der er die Begegnung zwischen Odysseus und der phaiakischen Königstochter in einer tragisch endenden Liebesgeschichte gestalten wollte. G. hat nur die Szenen I/1–2 ausgeführt und einige Schemata und Entwürfe zu späteren Szenen verfaßt; der Plan, den er rückblickend 1817 in der *Italienischen Reise* vorlegte (WA I, 31, S. 199–202), geht entscheidend über die Vorstellungen von 1787 hinaus. Vermutlich hat die Diskrepanz zwischen der idyllisch-natürlichen Welt, als die dem Autor das Land der Phaiaken bei Homer erschien, und dem tragischen Antagonismus von Liebe und Heimkehr dazu beigetragen, daß das Stück Fragment blieb.

V.

In der Zeit zwischen der Italienreise und etwa 1805 hat sich G. sowohl als Dichter wie als

Theoretiker mit der Antike auseinandergesetzt und das Altertum zunehmend gleichermaßen wegen seines beispielhaften Menschentums wie wegen seiner ästhetischen Gesetze geschätzt. Sein Interesse galt weiterhin
vornehmlich den Griechen – aber er war auch
empfänglich für die Liebeselegie, die Epigrammatik und das Lehrgedicht der Römer. Es
war die Zeit seiner größten Antikeverehrung.
Dabei zeigt sich eine gewisse Diskrepanz zwischen dem (wenn auch nicht uneingeschränkten) Klassizismus seiner theoretischen Aussagen und der (im großen und ganzen) stärkeren Vermittlung zwischen Antikem und Modernem in seinen Dichtungen.

Nach der Rückkehr aus Italien und dem Beginn seines Zusammenlebens mit Christiane
Vulpius erhielten in G.s Lyrik erotische Themen und Motive Vorrang. Erste Zeugnisse sind
das Gedicht *Der Besuch* (nach der Elegie I 3
des Properz) in reimlosen vierfüßigen Tro-
chäen und das in Distichen verfaßte Epigramm
Süße Sorgen. Die zwischen Herbst 1788 und
Frühjahr 1790 entstandenen sog. *Römischen
Elegien* – der bedeutendste poetische Ertrag
des in Italien gewonnenen neuen Lebensgefühls – verherrlichen ein sinnlich erfülltes,
von der Kunst bestimmtes und mythologisch
überhöhtes Leben. Dabei dominiert – bestärkt
durch G.s mitwirkende Anteilnahme an Karl
Ludwig von Knebels Properz-Übersetzung – in
der direkten Nachbildung antiker Motive und
Wendungen die Affinität zu Properz. Entscheidend sind dabei nicht so sehr einzelne Reminiszenzen als vielmehr die Rezeption von
Sprache und Stil der augusteischen Liebeselegie in einer »Art Koine, in der properzische
Elemente überwiegen« (Luck, S. 182). Die
Sprachmelodie der *Elegien* erinnert jedoch
mehr an Tibull, während das Besingen des
Liebesglücks und die idyllischen Züge sogar
im Unterschied zu den Vorbildern eingebracht
wurden. Die griechische Mythologie ist vor
allem durch Homer präsent; und auch die Epi-
grammtradition – insbesondere diejenige der
Priapeia – ist weiterhin spürbar. Neben den
Römischen Elegien schrieb G. eine Reihe erotischer Epigramme im Stil der *Griechischen
Anthologie*, die er auswahlweise in die *Vene-*
zianischen Epigramme aufnahm, großenteils
aber ihres drastischen Inhalts wegen nicht veröffentlichte. Die meisten Gedichte dieser
Sammlung gehen auf die wenig glückliche
Reise nach Oberitalien im Jahre 1790 zurück
und sind in der Art Martials gehalten. An die
Stelle einer antikisierenden Verklärung Itali-
ens sind die Reflexion europäischer Zeitgeschichte, die kritische Beobachtung der Französischen Revolution und der italienischen
Zustände sowie ein deutlicher antiklerikaler
Akzent getreten. Auf Martial griffen G. und
Schiller 1795/96 auch mit den *Xenien* zurück.
Innerhalb ihrer Zeitkritik und Literatursatire
bezogen sich die Verfasser ausdrücklich auf die
Antike als Maßstab. Sie definierten »Griech-
heit« als »Verstand und Maß und Klarheit«,
wandten sich gegen das »hitzige Fieber« der
»Gräcomanie« und polemisierten gegen eine
simplifizierende und harmonisierende Deu-
tung der griechischen Tragödie (WA I, 5.1,
S. 251f.).

Im Jahre 1792 ließ G. den vorderen Teil
seines Weimarer Hauses in repräsentativem
Stil umbauen und mit symbolischen Bildpro-
grammen – Jupiter, Dionysos, Eros-Thanatos-
Motiv – schmücken. Im Oktober desselben
Jahres hat er während des Feldzuges in Frankreich zum letztenmal ein antikes Denkmal in
ursprünglicher Umgebung gesehen: das »Monument von Ygel«, über das er später schrieb:
»Vielleicht war die Macht des Alterthums nie
so gefühlt worden als an diesem Contrast«
(WA I, 33, S. 149).

In den Jahren von 1793 bis 1805 wurde G.s
Griechenlandrezeption vor allem durch Homer geprägt. Er las diesen Dichter allein oder
mit Freunden, führte Gespräche über ihn,
nahm Anteil an der Übersetzung von Johann
Heinrich Voß und übersetzte selbst. Neben Homer studierte er in dieser Zeit die Tragiker
(darunter Sophokles im Urtext gemeinsam mit
Voß' Sohn Johann Heinrich) sowie weiterhin –
neben Hesiod, Herodot, Aristophanes und
Thukydides – »gleichsam zum erstenmal«
(an F.H. Jacobi, 1.2. 1793) Platon, dessen *Ion*
er zudem in der Schrift *Plato als Mitgenosse
einer christlichen Offenbarung* vor F.L. zu
Stolberg in Schutz nahm, außerdem die *Poetik*

des Aristoteles und Hippokrates, dessen Gedanken eine Grundlage für den Lehrbrief in
Wilhelm Meisters Lehrjahren bilden (WA I, 23,
S. 124f.), sowie abermals Winckelmanns *Geschichte der Kunst des Altertums*.

Entscheidende Bedeutung für die Antikerezeption dieser Jahre hatte die Freundschaft
mit Schiller, der in seinen theoretischen
Schriften Züge von G.s Griechenlandbild mit
eigenen Anschauungen verschmolz und dessen Dichtung als »naiv« im Sinne der Griechen
charakterisierte. Mit ihm erörterte G. das Verhältnis des Epischen zum Dramatischen sowie
den Unterschied von antiker und moderner
Kunst. Des weiteren studierte er F. A. Wolfs
Prolegomena ad Homerum, deren These, daß
die homerischen Epen mehrere Verfasser hätten, er zunächst ablehnte, aber bald weitgehend akzeptierte. Die Elegie *Hermann und
Dorothea* (1796), in der G. programmatisch
seine Beziehung zu den antiken Autoren verteidigt, schließt mit den Versen: »Denn wer
wagte mit Göttern den Kampf? und wer mit
dem Einen? / Doch Homeride zu sein, auch
nur als letzter, ist schön« (WA I, 1, S. 294). In
der Zeit zwischen der Rückkehr aus Italien
und den ersten Jahren des 19. Jhs. begannen
oder festigten sich auch die durch das gemeinsame Interesse an der Antike begründeten Beziehungen zu W. von Humboldt, Moritz,
Meyer, Hirt, Heyne, Karl August Böttiger, Hermann, Riemer und Johann Daniel Wilhelm
Otto Uhden.

G.s epische Dichtung stand in diesen Jahren
ganz im Zeichen Homers. 1793 schrieb er den
Reineke Fuchs: die Bearbeitung eines seit dem
Mittelalter vielfach behandelten Stoffes, die
zwar keine konkrete Beziehung zu den Griechen hat, von den Zeitgenossen aber – und
zwar nicht nur aufgrund des Versmaßes – wegen ihres homerischen Tons geschätzt wurde.
In *Herrmann und Dorothea* (1797) verknüpft
sich Antikes mit Modernem. Vor allem der
idyllische Charakter des Werkes, eine gewisse
epische Breite, viele sprachliche Wendungen
und formale Entsprechungen weisen auf das
griechische Vorbild hin. Während diese Verbindung von antiken Gestaltungsprinzipien
und modernem Stoff zu einem abgeschlosse-

nen und von den Lesern anerkannten Werk
führte, ist G.s Versuch, ein klassizistisches
Epos zu schreiben, gescheitert. Mit der *Achilleis* von 1798/99, derentwegen er sich noch
einmal eingehend mit der *Ilias* beschäftigte,
wollte er das Geschehen zwischen den Vorgängen der beiden homerischen Epen – den
Tod des Achill – gestalten. Tatsächlich allerdings kollidierte die homerische Art mit dem
von Dictys Cretensis übernommenen Motiv
der Liebe Achills und Polyxenas, das dem antiken Stoff einen modernen, »sentimentalischen« Akzent verlieh. Das Werk blieb Fragment. Es ist bezeichnend, daß der allzu direkte
Rückgriff auf die Antike hier wie in Schillers
Braut von Messina zu einem problematischen
Ergebnis führte.

Zwischen 1796 und 1800 hat G. mehrere
große Gedichte in antiken Versmaßen geschaffen. *Alexis und Dora* (1796), eine tragisch getönte Idylle von Liebe und Eifersucht, lehnt
sich nochmals an die Dichtung der Augusteischen Zeit an, insbesondere an harmonische
Züge des von Tibull besungenen Goldenen
Zeitalters und im Motiv der Trennung an die
Heroides Ovids. Auch *Der neue Pausias und
sein Blumenmädchen* (1797) zeigt Anklänge an
die augusteische Dichtung, und die Elegie
Amyntas (1797) beruht auf dem seit der Antike
häufig verwendeten Motiv des von Efeu um-
schlungenen Baumes als eines Gleichnisses
für die Liebe und erinnert an Theokrit und
Properz. *Euphrosyne* (1797/98) ist eine Toten-
ehrung für die Schauspielerin Christiane
Becker-Neumann mit einer Fülle antiker, insbesondere homerischer Motive (vor allem Reminiszenzen an die Fahrt des Odysseus in die
Unterwelt), *Die Metamorphose der Pflanzen*
(1798) eine Verbindung von Liebes- und Lehrgedicht mit Anklängen an Lukrez. Die *Metamorphose der Tiere* schließlich (um 1798–
1800) ist das wichtigste Zeugnis der G.schen
Lukrez-Rezeption und zudem – einer Anregung Knebels folgend – im Unterschied zu den
vorangegangenen, in Distichen verfaßten Gedichten in Hexametern, dem Versmaß des antiken Lehrgedichts, geschrieben. Überhaupt
nahm G. regen Anteil an der in den 80er Jahren begonnenen, aber erst 1821 in vollstän-

diger Form veröffentlichten Lukrez-Übersetzung Knebels.

Auch in der Gattung der Ballade hat G. griechische Motive verwendet. *Der Zauberlehrling* (1797) geht auf Lukians *Philopseudes* zurück; *Die Braut von Corinth* (1797) ist einem Stoff aus dem *Buch der Wunder* des Phlegon von Tralles (2. Jh. v. Chr.) frei nachgestaltet. Ähnlich wie in Schillers Gedicht *Die Götter Griechenlandes* werden hier die natürliche Sinnlichkeit der Antike und die menschenfeindliche Intoleranz des Christentums als des Paradigmas für einen neuen Glauben einander scharf entgegengestellt – doch es deutet sich an, daß die Sympathie mit der antiken Lebenshaltung das Wissen um deren Vergänglichkeit einschließt.

Auf dramatischem Gebiet wollte G. 1795 bis 1797 mit der *Befreiung des Prometheus* wieder auf eine seiner frühen Zentralgestalten zurückgreifen und nunmehr ein »Trauerspiel im altgriechischen Geschmack« schreiben (Schiller an Körner, 10.4. 1795). Er dachte auch an eine Fortsetzung der Aischyleischen *Hiketiden*. 1800 schließlich ist – mit dem Untertitel »Satyr-Drama« (WA I, 15.2, S. 65) – das *Helena*-Fragment entstanden, die früheste Passage für *Faust II*. Es entspricht im wesentlichen den Versen 8489–8802 der endgültigen Fassung, enthält aber noch nicht die ersten beiden Chöre. Das Fragment hat die Form einer griechischen Tragödie und trug zu Schillers Versuch bei, in der *Braut von Messina* eine antikisierende Tragödie zu verfassen. Die Handlungsmotive stammen vor allem aus dem *Orestes* und den *Troerinnen* des Euripides; der antiken Metrik sind der jambische Trimeter und das Chorlied mit einem ersten Paar respondierender, nicht gereimter Strophen nachgebildet; und auch die Sprache lehnt sich an das griechische Vorbild an. G. fühlte »nicht geringe Lust eine ernsthafte Tragödie« zu schreiben, und war »betrübt«, daß er »das Schöne in der Lage meiner Heldin [...] zunächst in eine Fratze verwandeln« sollte (an Schiller, 12.9. 1800). Erwies sich einerseits (ähnlich wie in der *Achilleis*) das klassische Modell als nicht reproduzierbar, so war es G. andererseits noch nicht möglich, es in die Konzeption des *Faust* zu integrieren und die verschiedenen Elemente – das Schöne und das Häßliche, das Heroische der Antike und den modernen Zauberspuk – miteinander zu verschmelzen. Das »Satyr-Drama« blieb unvollendet.

Danach trat die Antike in G.s Dichtung zurück. Im Jahre 1800 entstand noch das kleine Festspiel in antiker Tradition *Paläophron und Neoterpe* und 1802 das Vorspiel für die Eröffnung des Lauchstädter Theaters *Was wir bringen*, in dem der Autor das (im Unterschied zu *Faust II* nicht problematisierte) Philemon-und-Baucis-Motiv verwendete.

In der Zeit zwischen 1797 und 1805 hat sich G. intensiv mit kunst- und literarhistorischen Fragen beschäftigt. Erstmals trat die theoretische Auseinandersetzung mit der Antike in starkem Maße neben die dichterische. In Zusammenarbeit mit Schiller entstand von April 1797 an, besonders ab Ende 1797 der Aufsatz *Über epische und dramatische Dichtung*, dessen Gedanken vor allem aus der griechischen Literatur abgeleitet sind. Von 1798 bis 1800 gab G. Die *Propyläen* heraus, in denen er – insbesondere in der Einleitung und in dem Aufsatz *Über Laokoon* – engagiert die griechische Kunst zum Vorbild der modernen erklärte. Das ausgesprochen klassizistische Programm dieser Zeitschrift war aufs engste mit dem Bemühen verbunden, das zeitgenössische Kunstschaffen zu fördern: nämlich durch Preisaufgaben, in denen G. zu Gestaltungen nach Homer und den griechischen Göttersagen aufforderte. Von 1799 bis 1805 sind sieben Preisaufgaben gestellt und die ausgezeichneten Werke in Weimarischen Kunstausstellungen gezeigt worden. Der Widerhall bei den Zeitgenossen war gering: Nur unbedeutende Künstler unterwarfen sich den Anforderungen, während Philipp Otto Runge und Johann Gottfried Schadow sich mehr oder weniger scharf distanzierten und Caspar David Friedrich seinen eigenen Weg ging. Im Grunde hat G. sogar, indem er ein klassizistisches Programm auf hohem Niveau formulierte, dazu beigetragen, daß sich die jungen Künstler vom antiken Kanon abwandten und neuen Intentionen folgten. Versuche, praktisch auf das geistige Leben der Zeit einzuwirken, unternahm G. auch auf dem Gebiet der Pädagogik und des Theaters. Durch seine Kontakte mit W. von Humboldt und F. A. Wolf stand er in enger Verbindung mit den Bestrebungen der neuhumanistischen Bildungsreformer; und als Weimarer Theaterdirektor regte er u. a. Friedrich Hildebrand von Einsiedels Bearbeitung der Terentianischen *Adelphoe* (1802) an, brachte August Wilhelm Schlegels Euripides-Adaptation *Ion* (1802) und Schillers *Braut von Messina* (1803) zur Aufführung.

Höhepunkt und Abschluß dieser Phase in G.s Schaffen war die von ihm herausgegebene und von ihm, Meyer und Wolf verfaßte Schrift *Winckelmann und sein Jahrhundert* (1805): ein die Abwertung Roms einschließendes Bekenntnis zum »Nächsten, Wahren, Wirklichen« des griechischen Menschentums und der griechischen Kunst sowie eine Absage an die romantische Moderne, deren Grundtendenz »in's Unendliche« gehe (WA I, 46, S. 22f.). Dabei ist die mitunter normative Ausrichtung des Werkes mit einer Sicht gepaart, wonach die »Griechen in ihrer besten Zeit« als Beispiele für »das Einzige, ganz Unerwartete« leistende Menschen gelten (ebd., S. 21f.). G. war sich der Unwiederholbarkeit des Altertums und des fiktionalen Charakters seines eigenen Antikebildes durchaus bewußt: »Aber es ist auch nur eine Täuschung, wenn wir selbst Bewohner Athens und Roms zu sein wünschten. Nur aus der Ferne, nur von allem Gemeinen getrennt, nur als vergangen muß das Alterthum uns erscheinen« (ebd., S. 38.). In den Anmerkungen zu seiner Übersetzung von Diderots *Rameaus Neffe* aus demselben Jahr verwahrte sich G. sogar dagegen, die Griechen und Römer »ausschließlich« als Muster zu nehmen: »Wir haben uns andrer Voreltern zu rühmen und haben manch anderes Vorbild im Auge« (WA I, 45, S. 176).

VI.

Das letzte Vierteljahrhundert von G.s Leben ist charakterisiert durch eine gleichbleibende Hochachtung vor den »Alten« und zugleich durch eine Erweiterung seiner geistigen Interessen über die Antike hinaus. Am Neubeginn der dichterischen Produktivität stand die in jambischen Trimetern geschriebene *Pandora* von 1807/08: Angesichts der problematischen Folgen der industriellen Revolution und der machtpolitischen Zentralisierung unter Napoleon hat G. dem tätigen Prometheus dessen kontemplativen, der Vergangenheit zugewandten Bruder Epimetheus entgegengestellt – ähnlich wie F. Schlegel in der *Idylle über den Müßiggang* aus seinem Roman *Lucinde* einen rastlos arbeitenden Prometheus und einen müßiggehenden Herakles miteinander konfrontierte. G. suchte seine Zeitkritik noch mit dem Glauben an eine künftige Harmonie zu verbinden; denn er gestaltete – unter leichter Bevorzugung des Epimetheus – eine Synthese der beiden Prinzipien in der Heirat der Titanenkinder. Weniger überzeugend wirkt die klassizistische Allegorie *Des Epimenides Erwachen* (1814), die – unter Rückgriff auf die antike Sage von einem Hirten, der in einen Jahrzehnte dauernden Schlaf verfiel und danach zum Seher seines Volkes wurde – Herrschaft und Sturz Napoleons reflektiert, das Verhalten des Autors während des Befreiungskrieges und seine jetzige Rolle zu erklären versucht und in einem Preislied auf den Einklang von »Fürst und Volk« endet (WA I, 16, S. 380).

In der Lyrik wandte sich G. verstärkt nichtantiken Bereichen zu, insbesondere dem Orient – im *West-östlichen Divan* mit dem ausdrücklichen Gegensatz: »Mag der Grieche seinen Thon / Zu Gestalten drücken« (FA I, 3.1, S. 21). Des weiteren nahm er auf antike Motive eher in allgemein-philosophischer als in konkreter Weise Bezug: wie in dem Gedicht *Urworte. Orphisch* (1817), zu dem er sich durch mehrere Altertumswissenschaftler angeregt fühlte und in das Gedanken unterschiedlicher Herkunft eingeflossen sind, oder in den Gedichten *Eins und Alles* (1821) und *Vermächtnis* (1829) mit ihrer Spannung zwischen heraklitischem Werden und platonischem Sein. Schließlich hat G. noch einmal markant an eine antike Erscheinung erinnert und die hoffnungsvolle Aussage des Festspiels von 1807/08 relativiert: mit der Anspielung auf die unwiederbringlich verlorene Pandora in der Marienbader *Elegie* (1823).

Weiterhin nahm G. in einer Reihe größerer Prosaschriften auf das Altertum Bezug. Die Ausarbeitung der *Materialien zur Geschichte der Farbenlehre* nötigte ihn zu genauer Beschäftigung mit der antiken Philosophie – Pythagoreer, Platon, Aristoteles, Seneca. *Dichtung und Wahrheit* und die *Italienische Reise* betonten ausführlich die Rolle der Antike im Leben des Autors. Die letztgenannte Schrift dürfte sogar ebensosehr als klassizistisches Bildungsprogramm wie als autobiographische Reisebeschreibung zu lesen sein – gegenüber den Aufzeichnungen aus der Reisezeit hat G. in mehreren Fällen Wendungen ins Grundsätzliche vorgenommen.

Unverändert waren das kunsthistorische Interesse G.s, die Anteilnahme an neuen Funden und der Erwerb von Kunstgegenständen für seine Sammlungen. Eine besonders nachhaltige Faszination übten auf ihn die Friesreliefs und Giebelskulpturen des Parthenons aus, von denen er 1787 in Rom erstmals Zeichnungen gesehen hatte. Im Oktober 1814 lernte er in Darmstadt die ersten Abgüsse kennen, 1817 die Veröffentlichung über die *Elgin Marbles*, über die er sich mehrfach mit höchster Anerkennung äußerte – »denn hier ist doch allein Gesetz und Evangelium beysammen« (an Sartorius, 20.7. 1817) –, die er den modernen Bildhauern zur Nachahmung empfahl und mit denen er sich auch noch später beschäftigte. Sehr hoch schätzte er den Fries des Apollontempels von Bassai bei Phigalia – dieser und die Parthenonskulpturen waren ihm die »äußersten Gränzen menschlicher Kunstthätigkeit« (*Tag- und Jahreshefte 1820*). Aufmerksam verfolgte G. die Ausgrabungen von Pompeji und Herculaneum und studierte die Kopien pompejanischer Wandgemälde. Er erhielt in dieser Zeit mehrere Gipsabgüsse – darunter 1825 die *Medusa Rondanini* und 1829 den *Ilioneus* als Geschenke König Ludwigs I. von Bayern (vgl. Grumach, S. 540–542 u. S. 558f.) –, 1829 einen stark verkleinerten Nachguß der Igeler Säule (vgl. ebd., S. 465–471) sowie Werke der antiken Kleinkunst, Münzen und Zeichnungen. Er veröffentlichte eine Reihe kunstgeschichtlicher Aufsätze und Anzeigen in der von ihm herausgegebenen Zeitschrift *Über Kunst und Alterthum* – u.a. 1818 *Myrons Kuh* (bereits 1812 geschrieben) und *Philostrats Gemählde*.

Ebenso konstant war G.s Interesse an der antiken Literatur – bis hin zur Beschäftigung mit philologischen Detailproblemen (vgl. Schwinge, S. 29–34). Er hielt auch in diesen Jahren Kontakt zu zahlreichen Philologen; am wichtigsten war der zu Hermann in Leipzig. G. las immer wieder Homer, äußerte sich häufig über ihn und überarbeitete und veröffentlichte 1821 seinen umfangreichen Auszug aus der *Ilias* von 1797 (WA I, 41.1, S. 266–327). Sein besonderes Augenmerk aber galt jetzt den Tragikern. Er las W. von Humboldts Übersetzung des Aischyleischen *Agamemnon* (an W. von Humboldt, 1.9. 1816). Neben umfangreichen Gesprächen mit Johann Peter Eckermann über Sophokles ist vor allem die intensive Beschäftigung mit Euripides hervorzuheben. Während dieser Tragiker sowohl von A. W. Schlegel wie von Philologen des frühen 19. Jhs. als ein Dichter des Verfalls angesehen und gegenüber Sophokles abgewertet wurde, hat sich G. von 1820 bis zu seinem Tode außerordentlich positiv über ihn geäußert – mit besonderem Nachdruck noch in einem Gespräch mit Karl Wilhelm Göttling am 3.3. 1832. Hermanns Schrift *Euripidis fragmenta duo Phaethontis e codice Claromontano edita* regte ihn sofort zu einer Rekonstruktion und Weiterdichtung des *Phaethon* an, die er 1823 – zusammen mit einem Nachtrag – in *Über Kunst und Alterthum* veröffentlichte und 1826/27 nochmals ergänzte. Außerdem übersetzte er eine Szene aus den *Bakchen*. Während G. in seinen Dichtungen vor allem jene Tragödien des Euripides rezipierte, die einen versöhnenden Ausgang hatten (*Alkestis, Iphigenie bei den Taurern, Helena*), hat er sich als Philologe und Übersetzer also auch Stücken mit tödlichem Ausgang zugewendet. Als Hermann 1831 dem Dichter seine Ausgabe der *Iphigenie in Aulis* widmete, fühlte dieser sich hochgeehrt und vertiefte sich erneut in das Werk des Euripides.

In der Kontroverse zwischen Hermann und Voß d.Ä. auf der einen und Georg Friedrich Creuzer auf der anderen Seite nahm G. Partei für die Gegner von Creuzers romantischer Mythostheorie. 1823 schrieb er, veranlaßt durch Hermanns Schrift *De compositione tetralogiarum tragicarum dissertatio*, den im selben Jahr in *Über Kunst und Alterthum* veröffentlichten Aufsatz *Die tragischen Tetralogien der Griechen*, in dem er Hermanns Erkenntnis übernahm, daß eine Tri- oder Tetralogie nicht einen zusammenhängenden Inhalt haben muß, sondern auch in einer Steigerung der äußeren Formen verschiedene Stoffe behandeln kann, und diese Erkenntnis durch »einige neuere Beyspiele solcher unzusammenhängend-gesteigerten theatralischen Darstellungen« (an Hermann, 6.4. 1823) ergänzte. 1826 verfaßte G., im Anschluß an Hermanns *De Aeschyli Philocteta dissertatio*, den Aufsatz *Philoktet, dreifach*, in dem er über die Eigentümlichkeiten und die Unterschiede der drei Tragiker reflektierte. 1827 legte er in seiner Schrift *Nachlese zu Aristoteles Poetik* eine Deutung der Aristotelischen Katharsis-Auffassung vor, die zwar nicht der Theorie des Griechen gerecht wurde, wohl aber, indem sie auf eine Versöhnung innerhalb der Stücke zielte, seiner eigenen Tragikkonzeption entsprach. Weitere Autoren, mit denen sich G. in den letzten Jahren seines Lebens beschäftigte, waren u.a. Platon, Lukrez (in der Knebelschen Übersetzung), Plutarch und Longos. 1827 und 1830/31 befaßte er sich mit Barthold Georg Niebuhrs *Römischer Geschichte*.

Charakteristisch für diese Seite des G.schen Schaffens in den letzten Jahren seines Lebens ist das produktive Verhältnis zur philologischen Arbeit, die enge Verbindung zwischen der historischen Untersuchung, dem Aufzeigen aktueller Aspekte, der Formulierung ästhetischer Positionen und der dichterischen Weiterführung. Die kunstgeschichtlichen und philologischen Interessen G.s führten allerdings nicht zu einem geschlossenen ästhetischen System, sondern zeigen in den verallgemeinernden Aussagen auch widersprüchliche Züge. Viele der betreffenden Äußerungen stammen aus Briefen oder aus Gesprächen, sind also durchaus situationsbedingt oder gehen in ihrer apodiktischen Form sogar auf die Gesprächspartner zurück.

Einerseits ist eine Tendenz zur Verabsolutie-rung nicht zu übersehen. Mehrfach hat G. die Werke der »Alten« grundsätzlich allen anderen vorgezogen und beispielsweise erklärt: »im Bedürfnis von etwas Musterhaftem müssen wir immer zu den alten Griechen zurückgehen [...]. Alles übrige müssen wir nur historisch betrachten« – oder: »Man studiere nicht die Mitgeborenen und Mitstrebenden, sondern [...] vor allen Dingen die alten Griechen und immer die Griechen« (Eckermann, 31.1. u. 1.4. 1827). Er meinte, daß wir erst durch die Anschauung des Altertums »zu Menschen würden« (MuR, 660), hielt »die Alten [...] auf jedem Gebiete der heiligen Kunst« für »unerreichbar« (Gespräche, 3.2, S. 204), stellte Homer oder Pheidias sowohl der außereuropäischen wie der nachantiken europäischen Kunst strikt entgegen (an Knebel, 9.11. 1814) und scheute sich nicht vor scharfer Polemik (MuR, 763 u. an Windischmann, 20.4. 1815). Insbesondere »das Romantische« erfuhr dabei gegenüber dem »Antiken« oder dem »Klassischen« mitunter eine deutliche Abwertung (Eckermann, 2.4. 1829 u. MuR, 1031–1033), – und an Heinrich von Kleist kritisierte G. das düstere Antikebild und eine unzulässige Vermischung von Antikem und Modernem (an Kleist, 1.2. 1808).

Andererseits hat G. nicht die Antike schlechthin verherrlicht, sondern sich mehrfach distanziert über die römische Geschichte oder die lateinische Sprache geäußert (WA II, 3, S. 127f. u. S. 201f.; Eckermann, 24.11. 1824) – und auch bei den Griechen hat er zwar »Künste und Wissenschaften«, nicht aber »ihre übrigen Handlungen und Verhältnisse als musterhaft« angesehen, ihre Freiheitsliebe stark relativiert, sich von ihrer Geschichte ebenso wie von der römischen distanziert (Tagebuch, 31.1. 1813; Gespräche, 2, S. 851; Eckermann, 24.11. 1824) und irreale Momente angedeutet: »Unter allen Völkerschaften haben die Griechen den Traum des Lebens am schönsten geträumt« (MuR, 298). G. hat die Griechen weniger als muster- denn als beispielhaft geschätzt: So lobte er 1818 in dem Aufsatz *Antik und modern* an Raffael, daß dieser »nirgends« »gräcisirt«, sondern »fühlt, denkt, handelt [...] wie ein Grieche«, und verkündete programmatisch: »Jeder sei auf seine Art ein Grieche! Aber er sei's!« (WA I, 49.1, S. 154 u. S. 156). Laut Eckermann bedeutete für ihn das »Studium der Alten« nichts anderes als ein Studium der »wirklichen Welt« in der Art der »Alten« (29.1. 1826). Selbst zwischen »Klassischem« und »Romantischem« wußte G. zu vermitteln: Shakespeare war ihm zwar ein »naiver«, aber auch »ein entschieden moderner Dichter, von den Alten durch eine ungeheure Kluft getrennt« (WA I, 41.1, S. 58); in dem 1818/19 geschriebenen Aufsatz *Klassiker und Romantiker in Italien, sich heftig bekämpfend* nahm er eine vermittelnde Position ein, und bisweilen spielte er den Gegensatz herunter (Eckermann, 16.12. 1829 u. 21.3. 1830).

Was insbesondere den philologischen und pädagogischen Aspekt betrifft, so hat sich G. zwar dafür ausgesprochen, daß das Studium der griechischen und lateinischen Sprache und Literatur die Grundlage aller höheren Bildung bleiben solle (MuR, 762), doch dabei eher an Kenntnisse »für einen tüchtigen Hausgebrauch« gedacht (WA II, 9, S. 398). Bei aller Sympathie für Philologie und Philologen hat er über das Fachgebiet und dessen Vertreter mitunter distanziert und spöttisch geurteilt (vgl. Grumach, S. 936–940; Schwinge, S. 28f.) und darauf bestanden, »als Poet« sich »einiger Freyheiten bedienen zu dürfen« (an Göttling, 18.6. 1825).

Der souveräne Umgang mit antiken Themen und Motiven kulminiert in *Faust II*. 1825/26 schrieb G. den dritten Akt, den er 1827 unter dem Titel *Helena. Klassisch-romantische Phantasmagorie. Zwischenspiel zu Faust* veröffentlichte. Gegenüber dem Fragment von 1800 hat er zunächst einmal die antiken – insbesondere die Euripideischen – Momente weiter ausgebaut: Stilistisch hat er die jambischen Trimeter im Hinblick auf eine der griechischen noch nähere Diktion überarbeitet und durch trochäische Tetrameter ergänzt, hat das Chorlied zu einer regelmäßigen Komposition umgeformt und antike Gesprächsformen wie die Stichomythie eingeführt. Inhaltlich hat G. die Anklänge an den *Orestes* des Euripides verstärkt und die Problematik von dessen *Helena* – das Motiv der nach Ägypten entrückten und

den Idolcharakter der trojanischen Helena – hinzugefügt, die er schon 1804 in dem Aufsatz *Polygnots Gemählde in der Lesche zu Delphi* aufgegriffen hatte. Bis zum Auftreten Fausts ist der Helena-Akt im wesentlichen ein »euripideisches« Drama, und auch in den späteren Teilen sind noch antike Formen und Motive verwendet – so ist der Sturz des Euphorion dem Euripideischen *Phaethon* nachgebildet und zugleich in Beziehung zu Ikaros gesetzt.

Neben der heroischen Tragödie hat G. im *Helena*-Akt die bukolische Idylle rezipiert und dabei nicht allein auf die antike, sondern sogar mehr noch auf die gesamte neuzeitliche Tradition der Pastoraldichtung zurückgegriffen. Von nichtantiken Elementen nutzte er den mittelalterlichen Minnesang, die persische Dichtung – der Übergang vom antiken Metrum zum modernen Reim (V. 9377–9384) symbolisiert sowohl die Harmonie der Liebenden wie zugleich die Vermählung von Antike und Moderne – und sogar einen Vorgang aus der modernen Literaturgeschichte (den Tod Byrons). G. hat, eigenen Aussagen zufolge, mit diesem Werk eine Versöhnung zwischen Klassikern und Romantikern im Sinn gehabt (an Iken, 27.9. 1827; vgl. Eckermann, 16.12. 1829). Aus dem klassizistischen Fragment von 1800, das an dem Widerspruch zu dem modernen Kontext gescheitert war, ist mit der Integration weltliterarischer Traditionen im weitesten Sinne in den 20er Jahren eine Dichtung von universellem Charakter geworden. Zugleich aber bedeutet der Ausklang der *Helena*-Handlung auch eine Verabschiedung der Antike. Helena ist zwar im Sinne des humanen Griechenbildes der klassischen deutschen Literatur gegenüber der Unglücksträgerin, Schuldbewußten und Verwerflichen in den Tragödien des Euripides zu einem Symbol der Schönheit umgewertet worden; aber eine Synthese von Antike und Moderne ist nur vorübergehend im Reich des ästhetischen Scheins – eben als »Phantasmagorie« – möglich. Die geschichtliche Wirklichkeit siegt über die Beschwörung der Antike.

Freier noch als im *Helena*-Akt konnte G. mit der Antike in der 1830 entstandenen *Klassischen Walpurgisnacht* schalten, in der er zwar die Vermählung von Faust und Helena vorbereitete, aber geradezu das Bild einer unklassischen Antike schuf. Es dominieren hier die »niederen« Gottheiten, die archaischen und dionysischen Züge; G. verwendet ausgiebig Motive aus Aristophanes – insbesondere aus dessen Gelehrtensatire *Die Wolken*, wodurch u.a. die geschichtsphilosophisch gewichtige Auseinandersetzung zwischen Thales und Anaxagoras um das Prinzip des Neptunischen und des Vulkanischen komische Züge erhält –, und er spart nicht mit spielerisch-ironischen »Piquen« (Eckermann, 21.3. 1830) auf die Philologen. Bemerkenswert ist, daß der »Einstieg« in die *Klassische Walpurgisnacht* von Rom aus erfolgt, von der Schlacht bei Pharsalos und von Lukans *Bellum civile* her. Auch dadurch wird die rauhe geschichtliche Wirklichkeit von Anfang an als Kontrast zur Welt des ästhetischen Scheins sichtbar.

Im vierten und fünften Akt treten antike Motive deutlich zurück oder werden relativiert. So sind bei Fausts Ende ausgerechnet die Lemuren zugegen, die seiner Schlußvision eine hintergründige Ambivalenz verleihen. Für die Erlösung greift der Dichter – ganz anders als in der antiklerikal akzentuierten Entgegensetzung von Antike und Christentum in seiner klassischen Phase – unter Verwendung empedokleischer, platonischer und neuplatonischer Gedanken auf die christlich-mittelalterliche Mythologie und auf Dantes *Paradiso* zurück. Und eine der 1831 zuletzt geschriebenen Szenen von *Faust II* ist gleichermaßen eine Reminiszenz an Ovids Geschichte von Philemon und Baucis wie eine definitive Absage an die antike Idylle.

VII.

Studium des Altertums und eigenes Schaffen sind bei G. eng miteinander verbunden. Kenntnis der Antike, Bildung des Geschmacks seiner Zeitgenossen, Ermittlung ästhetischer Gesetzmäßigkeiten und poetische Praxis gehen oft Hand in Hand. G. ist mit Recht ein »poeta doctus«, ja ein »poeta doctissimus« genannt worden (Rüdiger, S. 173). Verwurzelung in der eigenen Zeit, persönliche Erfahrung und Rezeption der Antike finden in seinen Werken zu einer schöpferischen Synthese. Innerhalb seines Schaffens wiederum besteht – zumal während der Italienreise und dann vor allem seit der Mitte der 90er Jahre – ein Zusammenhang zwischen theoretischen und poetischen Äußerungen. Dabei liegen G.s wichtigste Leistungen auf dem Gebiet der dichterischen Praxis – ähnlich wie bei Schiller und Hölderlin und im Unterschied zu Winckelmann, Lessing und Herder oder auch zu den Brüdern Schlegel und zu W. von Humboldt.

Im Rahmen der Debatten um den Unterschied zwischen Antike und Moderne bzw. um die Eigenständigkeit der neueren Kunst stand G. in seinen theoretischen Äußerungen (anders als Schiller und F. Schlegel) zumeist auf seiten der »Alten«. Als Dichter hingegen gestaltete er moderne Sujets bzw. behandelte auch in den meisten seiner von der Antike angeregten Werke gegenwärtige Probleme. Sosehr er ein Verehrer des Altertums war – es ging ihm nicht um eine Verabsolutierung oder Neubeschwörung der Antike, sondern darum, sie für die Bewältigung eigener Anliegen zu nutzen. Die romantische Bevorzugung der Moderne auf Kosten der Antike war ihm fremd – einer Synthese von »Klassischem« und »Romantischem« hingegen war er durchaus zugetan, und er deutete auch sein Wissen um die Vergänglichkeit des Altertums an.

Dabei zeigte G. hinsichtlich der Geltung der antiken Paradigmata bedeutsame Wandlungen und Spannungen. In seiner Jugend dominierte die schöpferische, originäre, eigenwillige Annäherung an die »Alten«, und auch in den ersten Weimarer Jahren ging er primär von modernen Fragestellungen aus an die Antike heran. Seit der Italienreise und insbesondere seit der Mitte der 90er Jahre hingegen neigte er für einige Zeit zu Verklärung und sehr direkter Nachahmung der antiken Vorbilder. Namentlich bei seiner Orientierung auf ästhetische Gesetzmäßigkeiten finden sich mitunter klassizistische und normative Tendenzen, wie sie noch von Lessing und Winckelmann vertreten, aber bereits von Herder überwunden worden waren. Später zeigen sich in seinen theoretischen Äußerungen nur partiell verabsolutierende Gedanken, und es kommt eher zu einem Abbau normativer Vorstellungen und zum Übergang auf eine historisch-methodische Sicht der Antike. In seinen Dichtungen löste sich G. sogar vollständig von einer Kanonisierung der Antike, war empfänglich für deren unklassische Züge und für andere Kulturen.

Der von Winckelmann und Lessing geprägte unmittelbare Rückgriff auf die antiken Quellen ist für G. stets verbindlich gewesen. Er nutzte zwar Handbücher wie Andrea Palladios *Quattro libri dell' architettura* und Benjamin Hederichs *Gründliches Lexicon mythologicum* oder die Veröffentlichungen zeitgenössischer Philologen, orientierte sich aber in seinen Wertungen an den »Alten« selbst und ließ die Tradition zwischen dem 16. und dem frühen 18. Jh. rigoros beiseite.

G.s Antikebegegnung war weitgehend durch die Griechen bestimmt. Im Zentrum seines literarischen Interesses stand Homer; enge Beziehungen hatte er insbesondere in seiner Jugend zu Pindar und während seines gesamten Lebens zu Euripides. In der bildenden Kunst bewunderte er vor allem Werke aus der klassischen Zeit der Griechen (wenn er auch nur wenige Originale kannte); archaische Bildwerke hingegen hat er kaum gesehen oder sie als bedrückend empfunden, und auch die hellenistische Kunst lag ihm ferner. Die Affinität zur griechischen Kultur führte gelegentlich zu einer wertenden Gegenüberstellung mit den Römern, aber nicht zu einer generellen Absage in der Art Herders, und schloß die Empfänglichkeit für Lukrez, die augusteische Liebeselegie, die Bukolik und die Epigrammatik nicht aus.

In der Frühphase dominierten in G.s Griechenlandrezeption rebellisch-emanzipatorische Züge und die Polemik gegen das Antikebild des Rokoko. Später war er eher auf Ausgleich, auf sittliche Autonomie und auf ästhetische Gesetze bedacht. In Werken wie *Pandora* und *Faust II* schloß er in seine Kritik auch die entstehende bürgerliche Gesellschaft ein. Generell allerdings war sein Antikebild nicht spezifisch politisch, sondern fast ausschließlich kulturgeschichtlich geprägt.

G. hat sich als Theoretiker mit konkreten Lehren und Werken der »Alten« beschäftigt, und er hat auch als Dichter in sehr unmittelbarem Sinne an antike Vorbilder angeknüpft – aber er war weniger von ihnen abhängig als mit ihnen wesensverwandt, und so überwog im allgemeinen der universelle Zugriff. Wichtiger als einzelne Quellen und Einflüsse waren für ihn der innere Gehalt und der Stil eines antiken Autors und einer antiken Gattung, die Rezeption antiker Harmonie und Diesseitigkeit schlechthin.

Charakteristisch ist nicht nur die Verbindung von Literatur und Wissenschaft im allgemeinen, sondern auch die Wechselbeziehung von Literatur, Ästhetik, Philologie und Archäologie – insbesondere seit der Mitte der 90er Jahre. G. ordnet sich somit ein in die Allianz von Schriftstellern und Philologen bei der Herausbildung der neuhumanistischen Bildungskonzeption. Dabei liegt sein Augenmerk allerdings auf der lebendigen Erfahrung und der dichterischen Umsetzung; G. ist kein Fachgelehrter, sondern ein Liebhaber des Altertums gewesen, und viele seiner Äußerungen haben Gelegenheitscharakter. Das Studium der Antike diente in erster Linie der literarischen Auseinandersetzung mit der Gegenwart, der Artikulation des eigenen Lebensgefühls.

VIII.

Das Verhältnis zur Antike ist in der Geschichte der G.-Rezeption und der G.-Forschung unterschiedlich beachtet und bewertet worden. Zwischen 1795 und 1800 wurde es weitgehend mit Zustimmung gesehen. Dabei ging es weniger um Details (wie antike Gegenstände und Versmaße) als vielmehr um die Art des Dichtens. Für Schiller war G. der Inbegriff des »naiven« im Gegensatz zum »sentimentalischen« Dichter, die Verkörperung des antiken Prinzips in der Moderne. Für die Brüder Schlegel und für Novalis galt sein Werk als Verbindung des Antiken und Modernen – ebenso für W. von Humboldt, der allerdings den antiken Aspekt stärker betonte. Nach 1800 wandten sich die Romantiker von G.s klassischen Positionen und vom realistischen Charakter seiner Dichtungen ab; Antike und Moderne wurden zunehmend als Gegensätze empfunden. Man verabschiedete sich von der Antike und vom Autonomieprinzip der Kunst und betrachtete diese mehr oder weniger als ein Organ metaphysischer und religiöser Bedürfnisse. F. Schlegels Gemäldebeschreibungen in *Europa* waren eine bewußte Polemik gegen das klassizistische Programm der *Propyläen*; dem *Wilhelm Meister* wurde nunmehr vorgeworfen, daß er auf dem Umweg der Moderne zur Antike zurückführen solle. Laut Ludwig Tieck habe G. sogar an der »Deutschheit« seiner Sturm-und-Drang-Zeit Verrat geübt und sei ein »Sektierer für das Altertum« geworden (Mandelkow, Bd. 2, S. 98).

Die Zeit des Vormärz war vor allem eine Zeit der G.-Kritik; die antikisierenden Tendenzen des Schriftstellers wurden als wenig förderlich abgelehnt. In Georg Gottfried Gervinus' *Geschichte der Deutschen Dichtung* etwa herrscht eine ambivalente Mischung von Verständnis und Distanz. Ein Umschwung setzte 1849 mit dem 100. Geburtstag G.s, mit der Niederlage der Revolution und mit der Herausbildung einer realistischen Welt- und Kunstauffassung ein. Wurden einerseits – etwa bei Julian Schmidt und mit besonderer Vehemenz in Hermann Hettners *Romantischer Schule* von 1850 – weiterhin fundamentalkritische Positionen gegen die als Flucht aus der Wirklichkeit verstandene Weimarer Klassik vertreten, so sah andererseits Viktor Hehn in G.s Schaffen eine Vermittlung des poetischen Realismus mit dem epischen Darstellungsstil, einen Gewinn an Realismus durch Rückbesinnung auf Homer, und Carl Leo Cholevius hat in seiner *Geschichte der deutschen Poesie nach ihren antiken Elementen* (1854/56) eine erste umfangreiche Gesamtwürdigung der G.schen Antikerezeption vorgenommen. Charakteristisch für den Wandel des G.-Bildes in den 60er Jahren ist Hettners Aufsatz über *Iphigenie*, in dem eine Versöhnung zwischen Antikem und Modernem anerkennend dargestellt ist; und auch in seiner *Geschichte der deutschen Literatur im 18. Jahrhundert* hat er das Verhältnis des Dichters zur Antike im großen und ganzen wohlwollend behandelt.

Die G.-Rezeption im Kaiserreich stand im Zeichen des »Olympiers«; man akzentuierte besonders das Arrangement mit der Macht, die Kompromisse mit der etablierten Ordnung. Im Rahmen der Kanonisierung G.s war jetzt auch dessen Bezug zur Antike gleichsam a priori akzeptiert – aber es dominierte das Bild eines klassisch stilisierten, eines »apollinischen« Dichters, und es gab nur eine relativ geringe detaillierte und spezialisierte Forschung. Symptomatisch ist Albert Bielschowskys in zahlreichen Auflagen erschienenes Buch *Goethe. Sein Leben und seine Werke* (1895/1903). Das »Griechentum der Weimarischen Heroen« (Bd. 2, S. 111) ist dort eine selbstverständliche Größe und wird an den entsprechenden Stellen nachvollziehend gelobt, aber es fehlen (mit Ausnahme des Kapitels *In Italien*) zusammenhängende Darstellungen und konkrete Einschätzungen. Den Forschungsstand zu Beginn des 20. Jhs. repräsentiert Erwin Maaß' *Goethe und die Antike* von 1912, eine breite und enumerative, die Einflüsse oft überbewertende Monographie.

Nachdem bereits in Friedrich Gundolfs *Goethe* von 1916 G.s Antikerezeption recht umfangreich und konkret beschrieben worden war, sind aus den 20er Jahren vor allem die Arbeiten von Karl Bapp und Franz Koch über die Beziehung zur griechischen Philosophie erwähnenswert. Das G.-Jahr 1932 hat zum Antike-Thema unter zahlreichen Veröffentlichungen nur eine von Bestand gebracht (Richard Alewyn). In den späteren 30er Jahren hingegen sind zwei großangelegte, einander entgegengesetzte Konzeptionen vorgestellt worden, die G. in den Gang der deutschen Antikerezeption des 18. und 19. Jhs. einordnen: In E. M. Butlers Buch *The Tyranny of Greece over Germany* (1935) wird, aus antifaschistischer Gesinnung heraus, eine grundsätzlich bedenkenswerte, im einzelnen aber oft überzogene radikale Kritik an der realitätsverschleiernden Funktion der klassischen deutschen Griechenrezeption geübt und G. in die Ambivalenz dieser Rezeption eingegliedert, seine Suche nach Harmonie als fragwürdiger Ausweg aus einer Krisensituation gedeutet. Dagegen hat Walther Rehm in seinem Buch *Griechentum und Goethezeit* (1936) und in mehreren Beiträgen, die später in dem Band *Götterstille und Göttertrauer. Aufsätze zur deutsch-antiken Begegnung* zusammengefaßt wurden, eine die positivistische Einflußforschung überwindende geistesgeschichtliche Deutung vorgenommen, die zwar Distanz gegenüber der nationalsozialistischen Ideologie – etwa in der Ablehnung des Staatlich-Römischen – zeigt, die aber in ihrer betont nationalen Orientierung und in ihrem Verzicht auf kritische Analyse zugunsten bewundernder Interpretation mit der konservativen Literaturdeutung jener Zeit übereinstimmt.

Aus den 40er Jahren stammen zwei überragende Leistungen: Humphrey Trevelyans Monographie *Goethe and the Greeks* (1941), eine zusammenhängende chronologische Darstellung der Fakten, in ihren Bewertungen nuanciert und bei aller Hochachtung vor G. Problematisches nicht aussparend, und – als ein besonders wichtiger Beitrag zum G.-Jahr 1949 – Ernst Grumachs Sammlung *Goethe und die Antike*, eine systematische Dokumentation aller einschlägigen Äußerungen des Autors, die für jede Beschäftigung mit dem Thema unerläßlich ist. Bis in die Mitte der 60er Jahre dominierte eine weitgehend geistesgeschichtlich-immanente Deutung auch der G.schen Antikerezeption, die sich mehr auf Konstanten denn auf Entwicklungen bezog, stärker Äußerungen zum Altertum selbst als dessen poetische Nutzung für aktuelle Fragen berücksichtigte und mehr an einem Nachvollzug als an einer Problemanalyse interessiert war – am deutlichsten in Wolfgang Schadewaldts Nachwort zu Grumachs Sammlung und in anderen Arbeiten dieses Forschers. Daneben hat sich Th. C. van Stockum weiterhin mit Detaileinflüssen befaßt, und von Edith Braemer ist insbesondere der rebellisch-emanzipatorische Gehalt in der Antikebeziehung des jungen G. herausgearbeitet worden.

Seit der Mitte der 60er Jahre ist eine Reihe von Spezialuntersuchungen zu G.s Antikerezeption in einzelnen Werken oder in einzelnen Bereichen erschienen. Die Forschung wandte sich ab von einer Überbetonung der »deutsch-antiken Begegnung« und analysierte statt dessen das Verhältnis des Dichters zum griechischen und römischen Altertum im internationalen historischen und literarhistorischen Kontext. Es wurden weniger die Konstanten als vielmehr die Wandlungen des G.schen Antikebildes akzentuiert, und das Augenmerk lag besonders auf der nachklassischen Phase und auf den »dionysischen« Zügen, auf dem differenzierten Verhältnis zur Romantik oder auf den inneren Spannungen und Divergenzen – etwa zwischen Literaturtheorie und literarischer Praxis.

Literatur:

Alewyn, Richard: Goethe und die Antike. In: Das humanistische Gymnasium. 43 (1932), S. 114–124. – Anglet, Andreas: Der reflektierte Mythos in Goethes *Klassischer Walpurgisnacht*. In: JbFDtHochst. 1992, S. 129–160. – Bapp, Karl: Aus Goethes griechischer Gedankenwelt. Goethe und Heraklit nebst Studien über des Dichters Beteiligung an der Altertumswissenschaft. Leipzig 1921. – Barner, Wilfried: Altertum, Überlieferung, Natur. Über Klassizität und autobiographische Konstruktion in Goethes *Italienischer Reise*. In: GoetheJb. 105 (1988), S. 64–92. – Beetz, Manfred: ›In den Geist der Alten einzudringen‹. Altphilologische Hermeneutik als Erkenntnis- und Bildungsinstrument der Weimarer Klassik. In: Richter, Karl/Schönert, Jörg (Hg.): Klassik und Moderne. Die Weimarer Klassik als historisches Ereignis und Herausforderung im kulturgeschichtlichen Prozeß. Stuttgart 1983, S. 27–55. – Braemer, Edith: Goethes *Prometheus* und die Grundpositionen des Sturm und Drang. Berlin 1959. – Butler, E[liza] M[arian]: The Tyranny of Greece over Germany. Cambridge 1935, S. 83–154 [dt.: Deutsche im Banne Griechenlands. Berlin 1948, S. 125–191]. – Fuchs, Albert: G. und die antike Plastik. In: GoetheJbWien. 66 (1962), S. 46–60. – Gelzer, Thomas: Die Bedeutung der klassischen Vorbilder beim alten Goethe. In: Bolgar, R[obert] R[alph] (Hg.): Classical Influences on Western Thought A.D. 1650–1870. Cambridge 1979, S. 309–326. – Ders.: Aristophanes in der *Klassischen Walpurgisnacht*. In: Maler, Anselm (Hg.): J.W. Goethe. Fünf Studien zum Werk. Frankfurt/M. u.a. 1983, S. 50–84. – Ders.: Helena im *Faust*. Ein Beispiel für Goethes Umgang mit der antiken Mythologie. In: Killy, Walther (Hg.): Mythographie der frühen Neuzeit. Ihre Anwendung in den Künsten. Wiesbaden 1984, S. 223–253. – Grumach, Ernst: Goethe und die Antike. Eine Sammlung. Mit einem Nachw. von Wolfgang Schadewaldt. 2 Bde. Berlin 1949. – Irmscher, Johannes: Antikebild und Antikeverständnis in Goethes *Winckelmann*-Schrift.

In: GoetheJb. 95 (1978), S. 85–111. – Jørgensen,
Sven-Aage: Zum Bild der unklassischen Antike. In:
Conrady, Karl Otto (Hg.): Deutsche Literatur zur
Zeit der Klassik. Stuttgart 1977, S. 65–75. – Koch,
Franz: Goethe und Plotin. Leipzig 1925. – Lefèvre,
Eckard: Goethe als Schüler der alten Sprachen oder
Vom Sinn der Tradition. In: Gymnasium. 92 (1985),
S. 288–298. – Lichtenstern, Christa: Jupiter, Dio-
nysos, Eros/Thanatos. Goethes symbolische Bild-
programme im Haus am Frauenplan. In: GoetheJb.
112 (1995), S. 343–360. – Lohmeier, Dieter: Griechi-
sche Muster in Goethes Lyrik. In: GoetheJb. 108
(1991), S. 47–59. – Luck, Georg: Goethes *Römische
Elegien* und die augusteische Liebeselegie. In: Arcadia. 2 (1967), S. 173–195. – Maaß, Ernst: Goethe und
die Antike. Berlin u.a. 1912. – Manasse, Ernst Moritz: Goethe und die griechische Philosophie. In:
Reiss, Hans (Hg.): Goethe und die Tradition. Frank-
furt/M. 1972, S. 26–57. – Mandelkow, Karl Robert:
Goethe in Deutschland. Rezeptionsgeschichte eines
Klassikers. 2 Bde. München 1980–1989. – Müller,
Reimar: Weltanschauung und Traditionswahl in
Goethes *Winckelmann*-Schrift. In: GoetheJb. 96
(1979), S. 11–21. – Osterkamp, Ernst: Die Geburt der
Romantik aus dem Geiste des Klassizismus. Goethe
als Mentor der Maler seiner Zeit. In: GoetheJb. 112
(1995), S. 135–148. – Petersen, Uwe: Goethe und
Euripides. Untersuchungen zur Euripides-Rezeption
in der Goethezeit. Heidelberg 1974. – Rehm, Walther: Griechentum und Goethezeit. Geschichte eines
Glaubens. Leipzig 1936, S. 119–199. – Rüdiger,
Horst: Weltliteratur in Goethes *Helena*. In: SchillerJb. 8 (1964), S. 172–198. – Ruppert, Hans: Goethe
und die Altertumswissenschaftler seiner Zeit. In:
Forschungen und Fortschritte. 33 (1959), S. 230–
236. – Schadewaldt, Wolfgang: Goethestudien. Natur und Altertum. Zürich, Stuttgart 1963. – Schie-
ring, Wolfgang: Goethe und die antike Kunst. In:
Göres, Jörn (Hg.): Goethe in Italien. Eine Ausstellung des Goethe-Museums Düsseldorf. Mainz 1986,
S. 55–65. – Schmidt, Jochen: Griechenland als Ideal
und Utopie bei Winckelmann, Goethe und Hölderlin. In: HölderlinJb. 28 (1992/93), S. 94–110. –
Schwinge, Ernst-Richard: Goethe und die Poesie der
Griechen. Stuttgart 1986. – Stockum, Th[eodorus]
C[ornelis] van: Deutsche Klassik und antike Tragödie. II: Goethes Versuch der Neubelebung der antiken Tragödie. Der *Helena*-Akt in *Faust II*. In:
Neoph. 43 (1959), S. 265–277. – Trevelyan, Hum-
phry: Goethe and the Greeks. Cambridge 1941 [dt.:
Goethe und die Griechen. Hamburg 1949]. – Wegner, Max: Goethes Anschauung antiker Kunst. Berlin
1944. – Zabka, Thomas: *Faust II* – Das Klassische
und das Romantische. Goethes ›Eingriff in die neueste Literatur‹. Tübingen 1993.

Volker Riedel

Arabien

G.s Interesse für Wesen und Welt der Araber
blieb lange unbeachtet, obwohl die Auswirkungen der arabischen Kultur auf G.s eigenes
Schaffen erstaunlich intensiv und fruchtbar
waren. Von der arabischen Sprache und Grammatik erwarb G. nur begrenzte Kenntnisse.
Erstmalig beschäftigte er sich mit zwölf Jahren, als er Hebräisch lernte, »ein wenig mit
Arabisch« (Gespräche, 3.2, S. 760). Während
der *Divan*-Epoche bemühte er sich von neuem
um die Aneignung arabischer Sprache und
Schrift, wobei ihm Fachleute wie Heinrich
Eberhard Gottlob Paulus in Heidelberg und
Johann Gottfried Ludwig Kosegarten in Jena
halfen. Doch bekannte er 1823 dem Kanzler
von Müller: »Bei den ungeheuren Schwierigkeiten mit deren Sprache [des Arabischen; d.
Vf.] habe er seine Kenntnis von ihr mehr erobert durch Überfall als regelmäßig erworben«
(Gespräche, 3.1, S. 583). Zutiefst beeindruckt
war G. von der arabischen Schrift: »In keiner
Sprache ist vielleicht Geist, Wort und Schrift
so uranfänglich zusammengekörpert« (an
C.H. Schlosser, [23. 1. 1815]).

Geographische Orientierungen erwarb G.
zunächst durch Bibelstudien, die in ihm lebhafte Vorstellungen weckten »von jenem [...]
viel gepriesenen Lande, seiner Umgebung und
Nachbarschaft, so wie von den Völkern und
Ereignissen, welche jenen Fleck der Erde
durch Jahrtausende hindurch verherrlichten«
(WA I, 26, S. 204). Als Student verfolgte er mit
Spannung eine Forschungsexpedition zur Erkundung des Jemen. In allen Lebensepochen
beschäftigten ihn Reisebeschreibungen; besonders schätzte er Carsten Niebuhrs *Beschreibung von Arabien* (1772) und *Reisebeschreibung nach Arabien und andern umliegenden
Ländern* (1774/1778).

Die Arabistik löste sich während G.s Lebenszeit erst allmählich aus den Banden der
christlichen Theologie. So waren auch die Gelehrten, von denen G. Aufschlüsse über Ara-
bisches suchte, Alttestamentler, Kirchenräte,
Professoren der Theologie wie Johann David

Michaelis, Johann Gottfried Eichhorn, Georg Wilhelm Lorsbach und Heinrich Eberhard Gottlob Paulus in Göttingen, Jena und Heidelberg. Im *Faust* u.a. finden sich Spuren des genialsten deutschen Arabisten jener Epoche, Johann Jakob Reiske, der als erster dafür eintrat, das Arabische auch außerhalb der philologia sacra zu betreiben, und der infolgedessen nie eine Professur erhielt. G. bejahte die Unabhängigkeit der Arabistik und sorgte 1817 durch Berufung von Kosegarten an die Universität Jena dafür, das dort die ästhetische Richtung zum Durchbruch kam.

Bei seinen Kontakten mit den Fachgelehrten ging es G. vor allem um Auskünfte über arabische Poesie. Auch in der Literatur über Arabien beschäftigte ihn neben Mohammed, Koran und Islam alles, was sich auf Dichtung bezog, am meisten. Eine ausgesprochene Vorliebe empfand G. für die vorislamische Beduinendichtung. Als er 1783 William Jones' *The Moallakát, or Seven Arabian Poems* kennenlernte, begann er sofort, sie ins Deutsche zu übertragen, fasziniert von der poetischen Wucht, mit der hier die nomadische Lebensform beschworen war, das stolze Unabhängigkeitsstreben, der Edelmut, die glühende Leidenschaft, Einbildungskraft, Kühnheit und Gastfreiheit. Für seinen *West-östlichen Divan* griff G. auf diese klassischen Dichtungen zurück; das Kapitel *Araber* der *Noten und Abhandlungen* bezeugt, was sie ihm bedeuteten. Dort erschien auch seine eigene Übersetzung und Analyse von Taabbata Scharrans Blutrache-Gesang *Unter dem Felsen am Wege* als Beispiel arabischer Dichtkunst bis zum Erscheinen des Propheten. Bei allem Respekt vor diesem, war G. überzeugt davon, er habe den Arabern »eine düstre Religionshülle« übergeworfen, wodurch »jede Aussicht auf reinere Fortschritte« verhüllt worden sei (FA I, 3.1, S. 142). Unter den Dichtern islamischer Zeit war es vor allem Motanabbi, der G. interessierte und mit dem er sich gern identifizierte. Gleichfalls zu Identifikationsfiguren wurden ihm die legendären Dichtergestalten von Medschnun und Hatem Thai und der dichtende Wesir Abu Ismael Tograi, dessen *Lamijat al Agam* in mehreren *Divan*-Gedichten und in den *Zahmen Xenien* Spuren hinterließ.

Seit seiner Kindheit liebte G. die Erzählungen von *1001 Nacht*. Die motivischen und formalen Einwirkungen dieses arabischen Sammelwerks auf G.s erzählerisches, dramatisches und lyrisches Schaffen sind exorbitant. An arabischer Erzählkunst orientierte G. sich bei seiner Vorliebe für bestimmte Arten der lockeren Komposition und für das Erzählen in Fortsetzungen. So komponierte er u.a. die *Unterhaltungen deutscher Ausgewanderten* »nach Weise der Tausend und Einen Nacht«, wo dann »eine Begebenheit in die andere eingeschachtelt, ein Interesse durch das andere verdrängt wird« (WA I, 18, S. 158). Die *Wanderjahre* dichtete er »nach Art der Sultanin Scheherazade« (an Göttling, 27.1. 1829). Eine 1825 neu erschienene Übersetzung gab G. entscheidende motivische Anregungen zu *Faust II*; u.a. ermöglichte sie ihm die Darstellung des langen Wegs von Faust zu Helena, der Begegnung und Werbung, wie auch der Hochzeit im unterirdischen Palast. Am Ende der Mummenschanz, deren Zaubereien dem arabischen Sammelwerk gleichfalls viel zu verdanken haben, bekunden die anerkennenden Worte des Kaisers (V. 6031ff.) G.s eigene Dankbarkeit und Bewunderung für *1001 Nacht* und Scheherazades »Fruchtbarkeit«.

Literatur:

Mommsen, Katharina: Goethe und *1001 Nacht*. Berlin 1960. – Dies.: Goethe und die *Moallakat*. Berlin ²1961. – Dies.: Natur- und Fabelreich in *Faust II*. Berlin 1968. – Dies.: Goethe und die Arabische Welt. Frankfurt/M. ²1989.

Katharina Mommsen

Arbeitsweise

Unter Arbeitsweise wird hier die Art und Weise verstanden, in der ein Autor sein Werk verfaßt. Sie wird bestimmt durch die verschiedenen Arbeitsschritte, die dazu führen, daß

Agenda-Zettel, 9. September 1828

ein bestimmter Text in einer vom Autor gewollten und gebilligten Gestalt vorliegt. Diese primären Faktoren der Arbeitsweise werden durch die Lebensgewohnheiten des Autors beeinflußt, die als sekundäre Faktoren der Arbeitsweise angesehen werden können.

Hinsichtlich der allgemeinen schriftstellerischen Arbeitsweise unterscheiden wir zwei Grundtypen von Autoren: Erstens den sog. »Kopfarbeiter«, der die Ausführung eines Werkes bis ins Detail voraus bedenkt, ehe er mit der Niederschrift eines Werkes auf dem Papier beginnt. Bei dieser Arbeitsweise entstehen schon bei der ersten Niederschrift seiner Texte relativ »saubere« Niederschriften ohne größere Korrekturen; erst im Zuge ihrer Überarbeitung werden umfangreichere Korrekturen vorgenommen. Einen zweiten Grundtypus der Arbeitsweise stellt der sog. »Papierarbeiter« dar, der den Text auf dem Papier selbst mit Hilfe zahlreicher Korrekturen (besonders Sofortkorrekturen) in die gewünschte Form bringt.

Zu den sekundären Faktoren, die die Arbeitsweise bestimmen, gehören die allgemeinen Lebensbedingungen und -gewohnheiten des Autors, so etwa die Nutzung bestimmter Tages- oder Nachtzeiten für die Arbeit an seinen Werken oder für deren Vorbereitung, die Möglichkeit (oder Unmöglichkeit), helfende Personen in den Arbeitsprozeß einzuschalten (Schreiber, denen das Werk diktiert werden kann, Mitarbeiter, die die Gestaltung des Werkes kritisieren können usw.), immer wieder »saubere« Abschriften herzustellen oder herstellen zu lassen, die Gewohnheit, Niederschriften eines Werkes in bestimmten Arbeitsstufen auf unterschiedlichem Papier (minderer oder besserer Qualität in verschiedenen Formaten) vorzunehmen und den Text auf ihnen in bestimmter Weise anzuordnen, für verschiedene Arbeitsphasen unterschiedliche Schreibmaterialien zu verwenden u.a.

Die Kenntnis aller dieser und weiterer Faktoren ist ausschlaggebend für eine exakte Analyse der überlieferten Handschriften des Autors und damit für die Datierung der einzelnen Entstehungsphasen, und sie ist besonders wichtig für die kongruente Wiedergabe dieser

Handschriften entsprechend ihrer Entstehung in einer wissenschaftlichen Edition.

Über G.s Arbeitsweise läßt sich erst aus der Zeit nach seiner Übersiedlung nach Weimar im Jahre 1775 Näheres ermitteln. Das liegt daran, daß aus früheren Etappen zu seinen Dichtungen kaum Arbeitshandschriften bzw. (schematisierende) Vorstufen überliefert sind, aus denen sich sein arbeitstechnisches Verhalten ableiten ließe. Anzunehmen ist jedoch, daß sich schon in der Vorweimarer Zeit Ansätze zu allen den Verfahren ausgebildet haben, von denen wir aus späteren Jahren wissen. Ausschlaggebend dabei war nicht zuletzt G.s Vater, der während der juristischen Tätigkeit seines Sohnes in Frankfurt/M. die Grundlagen für dessen rationelle Arbeitsweise gelegt zu haben scheint, ihm durch seine helfende Mitarbeit die Einbeziehung anderer Personen in den Produktionsprozeß eines Werkes nahebrachte und ihn offenbar bei der rationellen Anlage eines Manuskriptes ebenso beeinflußte wie bei dem sparsamen Umgang mit dem teuren Papier.

G.s Arbeitsweise wird (besonders während seines Lebens in Weimar, auch während seiner Reisen) durch große Regelmäßigkeit in seiner Lebensführung bestimmt, die Einfluß auf seine schriftstellerische Tätigkeit hat. Seine Arbeit beginnt in der Regel am frühen Morgen, etwa um 6 Uhr, nachdem er aufgestanden ist und eine Tasse Kaffee zu sich genommen hat. Diese erste Arbeitsperiode dauert bis etwa 10 Uhr und wird durch das Frühstück abgeschlossen. Danach empfängt er Besucher und erledigt Briefe; bestehen keine entsprechenden Verpflichtungen, wird die Tätigkeit der ersten Arbeitsperiode fortgesetzt. Die zweite Arbeitsphase endet in der Regel gegen 13 oder 14 Uhr, der Zeit des Mittagessens, das entweder in kleinem häuslichen Kreise eingenommen wird oder zu dem Mitarbeiter oder geladene Gäste hinzugezogen werden, mit denen Probleme der jeweiligen Arbeit oder der sonstigen Tätigkeit erörtert werden können. Nach dem Mittagessen (das in der Regel die letzte Mahlzeit des Tages darstellte; Abendessen erfolgen nur im Zusammenhang mit der Einladung besonderer Gäste) werden laufende Geschäfte

unternommen, Besuche absolviert oder empfangen. »Abends« (für G. die Zeit bis zum Dunkelwerden) werden weiterhin laufende Geschäfte besorgt, es erfolgen Ausfahrten, Spaziergänge, Theaterbesuche und anderes dieser Art. Den Zeitraum, den G. mit »Nachts« bezeichnet (für ihn die Zeit nach Eintritt der Dunkelheit), verwendet er zur Lektüre, die oftmals mit der laufenden schriftstellerischen Arbeit im Zusammenhang steht. Das Tagwerk endet meist gegen 22 Uhr.

G. ist hinsichtlich seiner Arbeitsweise weitgehend dem Grundtypus des »Kopfarbeiters« zuzuordnen. Seine schriftstellerischen Arbeiten bereitet er meist dergestalt vor, daß er in der Regel sofort und ohne große äußerlich erkennbare Mühe eine zu der betreffenden Zeit gültige Textfassung zu Papier bringen kann. Wie stark der Text bei der Niederschrift bereits im Kopf vorgeformt ist, belegt (als ein Beispiel) die Arbeit an *Herrmann und Dorothea*: In die überlieferte Handschrift, eine Abschrift durch den Schreiber Johann Jakob Ludwig Geist, sind die Verse ab IX 226 nach Diktat eingefügt worden. In einem Brief an Karl August Böttiger hatte er am 3.6. 1797 berichtet: »Was noch abgeht ist wenig über 100 Hexameter«; die am 7.6. 1797 ergänzte Schlußpartie des Werkes umfaßte tatsächlich 93 Hexameter und war zur Zeit der brieflichen Mitteilung offenbar im Kopf bereits weitgehend vorgeformt.

Dieser konzentrierten Niederschrift eines Werkes in einer bereits gültigen Form gingen jedoch, zumindest bei den schriftstellerischen Werken in Prosa, bei den Epen und bei groß angelegten Gedichten, zahlreiche vorbereitende Arbeiten voraus, die, soweit sie überliefert sind, in wissenschaftlichen Editionen als Paralipomena zu den betreffenden Werken wiedergegeben sind und wichtige Einblicke in den sich wandelnden Entstehungsprozeß eines Werkes erlauben. G. pflegte generell poetische Motive, Erlebnisse und Lesefrüchte aufzuzeichnen. Dies geschah in der Regel nicht in Hinsicht auf eine spätere Benutzung, sie standen aber jederzeit für die Verwendung in einem Werk zur Verfügung. Die eigentliche Arbeit an einem konkret geplanten Werk (auch einem Aufsatz usw.) begann mit der Herstellung eines Schemas, nachdem vorher intensive Überlegungen bzw. Literaturstudien erfolgt waren. Ein solches Schema enthält untereinandergeschriebene Stichworte, die die wichtigsten Stationen des Handlungsablaufs (oder des Darstellungsganges) festhielten. Ein solches erstes Schema (von G. meist mit Bleistift geschrieben) wurde danach durch Zusätze erweitert und oftmals stark korrigiert. Wenn es unübersichtlich geworden war, wurde es abgeschrieben, wobei es wiederum verändert und erweitert werden konnte. Die einzelnen Punkte eines solchen Schemas wurden gewöhnlich im Zusammenhang mit der Abschrift numeriert; Ergänzungen wurden mit einer »ad«-Numerierung auf die Nummern des existierenden Schemas bezogen. Wenn das Schema wiederum stark korrigiert und erweitert worden war, erfolgten neue Abschriften in der gleichen Form. Beziehen sich solche Schemata auf ein größeres Werk, nimmt in der Regel die Ausführlichkeit der einzelnen Punkte zum Ende hin ab: Dieser Teil war zwar schon im allgemeinen, aber noch nicht im Detail bedacht. Im Laufe der Ausarbeitung entstanden deshalb auch noch Teilschemata, die bisher noch nicht detailliert geplante Abschnitte in der notwendigen Ausführlichkeit beschrieben. Auch alle größeren Veränderungen eines bereits ausgearbeiteten Werkes wurden in der Regel durch solche Teilschemata vorbereitet. Aufgabe dieser Schemata war es, die Struktur des betreffenden Werkes festzuhalten und gegebenenfalls bequem veränderbar zu machen; es diente aber auch als Disposition für die Niederschrift (bzw. das Diktat) des Textes. Und es gestattete außerdem, das Werk an jeder beliebigen Einzelstelle auszuführen, ohne daß der unmittelbar vorangehende oder folgende Text bereits ausgearbeitet sein mußte (denn G. begann sehr oft die Niederschrift seiner Werke nicht an deren Anfang, sondern von einer oder mehreren, ihn besonders interessierenden, Stellen aus), und auch während der weiteren Ausführung des Werkes ließ sich mit Hilfe des Schemas bequem zwischen dessen verschiedenen Teilen hin- und herspringen. Bei dieser diskontinuierlichen Arbeitsweise gewährleistete das Schema die organische Verbindung solcher Einzelstellen mit dem gesamten Werk.

Auf Grund dieser Schemata entstand die erste Niederschrift des Werkes, die in der Regel diktiert wurde (nur Gedichte schrieb G. meist eigenhändig nieder). Dazu wurde (wie auch zu den Schemata) meist grobes Papier (sog. Konzeptpapier) im Folioformat, das in Lagen angeordnet war, benutzt; es wurde durch vertikale Brechung in zwei Hälften gegliedert. Der Text (sowohl des Werkes wie vorher der Schemata) wurde auf die rechte Spalte geschrieben, die linke Spalte blieb für Ergänzungen und Korrekturen frei. Es konnten zwischen den Textpartien aber auch ganze Seiten unbeschrieben bleiben, wenn G. an dieser Stelle eine spätere Texterweiterung vorsah, zu der neue Vorarbeiten notwendig waren. In den Diktathandschriften fehlt meist die Interpunktion oder sie ist unvollständig (G. gab also beim Diktat nicht die Satzzeichen an). Der diktierte Text war manchmal syntaktisch ungenau, die Sätze waren oft lang und enthielten Wiederholungen gleichartiger Satzglieder. Nach Beendigung des Diktats (oder an einem der folgenden Tage) ging G. diese erste Textfassung durch, fügte Satzzeichen ein, beseitigte Hörfehler und Irrtümer und veränderte, soweit notwendig, den Text. Enthielt die Handschrift nach dieser Überarbeitung »viele« Korrekturen, wurde eine Abschrift hergestellt, die erneut korrigiert, gegebenenfalls auch weiter verändert wurde. Bei größeren Veränderungen wurden manchmal einzelne Lagen oder Blätter der Handschrift ausgetauscht, teilweise auch einzelne Seiten oder Seitenteile mit neuen Textstellen überklebt.

Während G. in der Vorbereitungsphase mit Freunden oder Helfern nicht über seine Pläne sprach, aus Furcht, daß das Vorhaben von ihnen zerredet würde, sondern mit ihnen nur allgemeine Probleme des geplanten Werkes erörterte, bezog er sie in der Überarbeitungsphase gern in die Arbeit ein: Er las das Werk in geeigneten Kreisen vor und überprüfte seine Wirkung, und er gab es seinen Freunden und Helfern zur Beurteilung sowie zu genau festgelegten Korrekturen. Der Prozeß der Veränderung und neuen Abschrift konnte so lange fortgesetzt werden, bis eine definitive Textfassung gefunden war. Danach setzte die Schlußredaktion ein, bei der allen Einzelheiten des Werkes, auch der Orthographie und Interpunktion, Beachtung geschenkt wurde. Anschließend wurde von einem Schreiber die Druckvorlage hergestellt, meist auf besserem Papier im Quartformat; in ihr sind die Seiten vollständig beschrieben, nur ein Außenrand wurde genau eingehalten, der durch Brechung oder durch Bleistiftlinien gekennzeichnet war. Nach nochmaliger Durchsicht dieser Abschrift ging das Manuskript an den Verlag. Soweit der Druck in der Nähe von G.s Wohnsitz erfolgte, ließ G. sich Korrekturbogen zusenden und korrigierte entweder den Text selbst oder ließ die Korrektur durch seine Helfer vornehmen.

Überarbeitungen bereits gedruckter Werke wurden in der Regel anhand vorliegender Drucke vorgenommen (wobei dies z.T. auch Nachdrucke oder Doppeldrucke waren, durch die, von G. oder seinen Helfern unbemerkt, Fehler in den Text gelangen konnten); bei größeren Umarbeitungen oder Ergänzungen des Textes wurden die neuen oder veränderten Teile in Form von Handschriften in den gedruckten Text eingefügt, so daß Manuskripte entstanden, die teilweise aus gedruckten Seiten, teilweise aus Handschriften bestanden.

Während des Produktionsprozesses an einem Werk nahm oftmals der Eifer an der Arbeit ab; es konnten kürzere oder längere Pausen auftreten, in denen andere Werke erarbeitet wurden, ehe das früher begonnene Werk fortgesetzt wurde. Die Wiederaufnahme erfolgte oftmals auf äußeren Druck hin, etwa durch Ermunterungen und Mahnungen von Freunden, durch die Vorbereitung einer Ausgabe, aber auch durch Selbstzwang, etwa durch Termine, die G. sich selbst stellte.

Bei der Erarbeitung von Werken lassen sich bei G. folgende allgemeine Stadien erkennen, die je nach Umfang des Werkes unterschiedlich umfangreich und zeitraubend waren, aber sich im Prinzip bei allen Werken (abgesehen von spontan entstehenden kleineren Gedichten) wiederholen:

1. Gedankliche Konzeption
2. Schematisierung
3. Ausführung
4. Überarbeitung (eventuell mit Schematisierung neu entstehender Teile)
5. Revision.

Auf einen wichtigen allgemeinen Faktor von G.s Arbeitsweise sei abschließend hingewiesen: Mit Papier, das in der damaligen Zeit sehr knapp und auch relativ teuer war, ging G., obwohl er oft zahlreiche Abschriften seiner Werke herstellen ließ, sehr ökonomisch um. Erledigte Blätter (etwa Schemata, Entwurfshandschriften oder einzelne Blätter aus Textfassungen), die teilweise noch unbeschrieben waren, wurden über den gesamten Text hinweg mit Bleistift durchstrichen (wobei diese Streichung nicht Tilgung des Textes bezeichnet und nicht damit zu verwechseln ist). Diese Blätter wurden entweder vollständig für weitere Arbeiten verwendet, oder sie wurden zu kleinen Zetteln zerschnitten und für Notizen benutzt. So können überlieferte Blätter dieser Art auf ihrer Rückseite Texte anderer Werke, Texte von Schemata oder auch profane Texte (Rechnungen usw.) enthalten; durchaus nicht alle auf diese Art überlieferten Bruchstücke sind bisher den Werken, zu denen sie ursprünglich gehörten, zugeordnet, da die Bezüge oft noch nicht erkannt sind. Daß solche Blätter außerdem durch die Zweitverwendung wesentliche chronologische Fakten enthalten, sei wenigstens angedeutet, denn ihre Weiterverwendung war erst möglich, nachdem der ursprüngliche Text »erledigt« war.

Bei der Charakteristik von G.s Arbeitsweise ist zu beachten, daß sein Arbeitstag durchaus nicht nur von dem dichterischen Werk, sondern oftmals vorwiegend von organisatorischen und wissenschaftlichen Arbeiten besetzt war. Im wissenschaftlichen Zusammenhang kommen zu den genannten fünf Vorbereitungsstadien eines Textes noch weitere kennzeichnende Stufen hinzu, die hier im nachgelassenen Arbeitsmaterial umso deutlicher auszumachen sind, als G. nur seltener die vorbereitenden Unterlagen als erledigt betrachten und verwerfen konnte. Sie dienten meist nicht nur als Vorarbeiten zu einem bestimmten Memorandum oder zu einer einzelnen Veröffentlichung, sondern sie wurden noch für die Weiterarbeit zur Verfügung gehalten. G. bewahrte dieses Material in Mappen geheftet oder lose eingelegt auf oder steckte es in größere, den heutigen Briefumschlägen ähnliche Beutel, die er »Papiersäcke« nannte. Sie enthalten oft auch G. zugesandte einschlägige Schriftlichkeiten.

Als er für die Bearbeitung der Ausgabe letzter Hand seine Papiere zusammenstellen ließ, wurden die Mappen geordnet, mit Aufschriften und Signaturen versehen und in ein Verzeichnis aufgenommen, das als *Repertorium über die Goethesche Repositur* überliefert ist. Freilich wurde dabei nicht alles erfaßt, so daß im Nachlaß auch Material zu finden ist, das ungeordnet überliefert wurde, häufig schwer zu identifizieren, aber für die Analyse der Arbeitsweise nicht weniger aufschlußreich ist.

G.s wissenschaftliche Denk- und Arbeitsmethode erschließt sich aus dem gesamten überlieferten Material: Seine Schritte im Arbeitsprozeß gehen aus von einer Einstimmung in sein Forschungsgebiet, die unterstützt wird durch Besprechungen mit Fachleuten und durch Lektüre oder Sammlung von Beobachtungen und Experimenten. Es folgt ein erster Einfall zur Lösung eines Problems oder zur Übersicht über einen Fragenkomplex, den G. als Aperçu bezeichnet; es ist das Erfassen von etwas Typischem, dessen Spuren in Notizen oder in Mitteilungen im Brief oder im Gespräch überliefert sind. Dieser blitzartige erste Durchblick muß, um schlüssig zu werden, in eine Folge ähnlicher Anschauungen integriert werden. G. hat das Verfahren in seinem Aufsatz *Der Versuch als Vermittler von Objekt und Subjekt* dargestellt; es erfordert nun gezielte Stoffsammlungen, Aufzeichnungen über Experimente oder Tabellen und Skizzen und führt zu ersten eigenhändigen oder diktierten Entwürfen. Nun erst werden auch Schemata angelegt; es folgen die Arbeiten an solchen Teilen der Ausführung – oft in einer noch vorläufigen Anordnung –, die Umformungen erlauben und als Vorarbeiten bezeichnet werden können. Erst in weiteren Manuskripten, die meist auf grauem, längs gefaltetem Konzeptpapier halbseitig von Schreibern aufgezeichnet sind und mit vielen Korrekturen G.s und auch seiner Mitarbeiter vorliegen können, konstituiert sich in stufenweisen Zwischenfassungen der endgültige Text, der dann, wenn er als Druckvorlage konzipiert, also nochmals abgeschrieben (»mundiert«) ist, nach dem Satz noch verschiedene Korrekturvorgänge durchläuft, ehe der Druck fertig ist.

So kann G. angesichts seines naturwissenschaftlichen Werkes am Schluß darauf bestehen: »Nicht also durch eine außerordentliche Gabe des Geistes, nicht durch eine momentane Inspiration, noch unvermuthet und auf einmal, sondern durch ein folgerechtes Bemühen bin ich endlich zu einem so erfreulichen Resultate gelangt« (WA II, 6, S. 127).

Aus den Zeugen dieser fortlaufenden Genese eines Textes kann ebenso wie der Arbeitsprozeß auch der Denkprozeß sichtbar werden. Der Einblick in das Arbeitsmaterial und in die Korrekturvorgänge erlaubt oft genug Rückschlüsse auf Intentionen des Verfassers, die seine Denk- und Forschungsweise deutlicher machen als das fertige Werk. Das komplexe Arbeitsverfahren G.s läßt in jedem Stadium der Textgenese den Blick des Autors auf ein von einem Aperçu her intendiertes Ganzes sichtbar werden.

Literatur:

Kuhn, Dorothea: Der Arbeitsvorgang bei Goethes naturwissenschaftlichen Studien. In: Hahn, Karl-Heinz (Hg.): Im Vorfeld der Literatur. Weimar 1991, S. 44–57. – Laufer, Christel: Von den Texten. In: Scheibe, Siegfried u.a.: Vom Umgang mit Editionen. Eine Einführung in Verfahrensweisen und Methoden der Textologie. Berlin 1988, S. 55–84. – Praschek, Helmut: Bemerkungen zu Goethes Arbeitsweise im Bereich seiner Erzählungen. In: Scheibe, Siegfried u.a.: Goethe-Studien. Berlin 1965, S. 97–122. – Scheibe, Siegfried: Von der Entstehungsgeschichte, der Textgeschichte und der zeitgenössischen Wirkungsgeschichte. In: ders. u.a.: Vom Umgang mit Editionen. Eine Einführung in Verfahrensweisen und Methoden der Textologie. Berlin 1988, S. 160–204. – Trunz, Erich: Ein Tag aus Goethes Leben. In: ders.: Weimarer Goethe-Studien. Weimar 1980, S. 251–277.

Siegfried Scheibe/Dorothea Kuhn

Arkadien

Seit Theokrit und Vergil ist Arkadien Schauplatz der bukolischen Poesie, der Hirtendichtung. In der Renaissance erneuert Jacopo Sannazaros Schäferroman *Arcadia* (1480) diesen Topos. Das in Wirklichkeit karge und ärmliche Bergland des zentralen Peleponnes gilt in Literatur und bildender Kunst als Inbegriff der idealen Landschaft, des einfachen und doch erfüllten Lebens und der naiven Einheit von Natur und Sittlichkeit. Arkadien ist das »künstliche Paradies« des Abendlandes schlechthin (vgl. Petriconi). In der Nachfolge arkadischer Dichtungen des Rokoko stehen Schäferspiele des jungen G. wie *Die Laune des Verliebten* (1767).

Spätestens seit einem um 1622 entstandenen Gemälde Guercinos, dessen Motiv Nicolas Poussin 1630 aufgreift, ist auch der Todesgedanke in arkadischen Schilderungen präsent: Hirten betrachten zu der Inschrift »Et in Arcadia ego« einen Totenkopf bzw. ein Grab. Umstritten ist, ob dieses Memento mori ursprünglich als Ausspruch des personifizierten Todes oder – wie Christoph Martin Wieland, Schiller und andere Zeitgenossen G.s annahmen – des verstorbenen Menschen gemeint war. Herder hebt den Todesgedanken im Kontinuum des irdischen Lebens auf, wenn er 1785 in den *Ideen zur Philosophie der Geschichte der Menschheit* zu der Inschrift anmerkt: »›Auch ich war in Arkadien!‹ ist die Grabschrift aller Lebendigen in der sich immer verwandelnden, wiedergebärenden Schöpfung« (HSW 13, S. 255). Herder löst den Spruch schließlich ganz von der Todesthematik, um statt dessen den Lebensgenuß eines Italienreisenden damit auszudrücken: »Ich, auch ich war in Arkadien«, heißt es in dem Gedicht *Angedenken an Neapel* (HSW 29, S. 573f.). Entsprechend verwendet G. die Worte »Auch ich in Arcadien!« als Motto der Erstausgabe (nicht der ALH) der *Italienischen Reise* von 1816/17 (WA I, 30, S. 283). Möglicherweise richtet er seine und Herders Lesart des »Et in Arcadia ego« gezielt gegen die geläufige Bedeutung, ähnlich wie

die Turmgesellschaft in den *Lehrjahren* (1795/96) ihr Motto » G e d e n k e z u l e b e n « programmatisch dem Memento mori entgegenstellt (WA I, 23, S. 198).

In zwei Dichtungen des nachklassischen G. hält der Tod dann doch Einzug in Arkadien. Bernhard Buschendorf zeigt, daß die Gartenanlage und das ländliche Leben in den *Wahlverwandtschaften* (1809) arkadische Topoi evozieren, zu denen auch der Tod des Kindes von Eduard und Charlotte zählt. Während in diesem Roman das Wort Arkadien nicht ausgesprochen wird, flüchten im 3. Akt des *Faust II* (1827) Faust und Helena vor den Unruhen des Krieges ausdrücklich nach »Arkadien in Sparta's Nachbarschaft« (WA I, 15.1, S. 222). Das große, von Faust gesprochene Arkadien-Gedicht (V. 9504–9561) zitiert, wie Horst Rüdiger im einzelnen nachweist, die bukolische Tradition von Theokrit bis zum Rokoko. Die unter zackigen Felsen auf grünen Grasmatten, zwischen Eichenwäldern und Büschen, inmitten von Ziegen und Schafen lebenden Hirten gleichen einerseits den Göttern und scheinen in ihrer Zufriedenheit und Gesundheit unsterblich, andererseits ernähren sie sich, den Tieren ähnlich, von der Hand in den Mund, wenn »laue Milch bereit für Kind und Lamm« quillt, das Obst »reife Speise« ist und »Honig trieft vom ausgehöhlten Stamm« (V. 9547ff.). Hier blüht für Faust und Helena, »wie idyllischem Liebespaare«, in Höhlen, Grotten und Lauben (V. 9586f.) »Arkadisch frei« (V. 9573) das Liebesglück. Mit dem Heranwachsen ihres Sohnes Euphorion geht diese unschuldige Einheit von Natur und Sitte zugrunde; er vermag »Überlebendige, / Heftige Triebe« (V. 9739f.) nicht zu bändigen und sehnt sich nach »Krieg« (V. 9837) und »Tod« (V. 9888). Das durch imaginäre Verwandlung inmitten der Faustischen Ritterburg entstandene Arkadien gebiert jene heroischen Topoi aufs neue, denen Faust und Helena gerade entfliehen wollten. Die Zerstörung der arkadischen Idylle durch das Heroische ist, wie Horst Römer zeigt, im *Faust II* ein literaturgeschichtliches Novum.

Literatur:

Buschendorf, Bernhard: Goethes Mythische Denkform. Zur Ikonographie der *Wahlverwandtschaften*. Frankfurt/M. 1986. – Petriconi, Helmuth: Die künstlichen Paradiese. In: Romanistisches Jb. 10 (1959), S. 167–199. – Römer, Horst: Idylle und Idyllik in Goethes *Faust II*. In: JeanPaulJb. 11 (1976), S. 137–163. – Rüdiger, Horst: Weltliteratur in Goethes *Helena*. In: SchillerJb. 8 (1964), S. 172–198.

Thomas Zabka

Arnim, Bettina von

(1785–1859)

Die Zuneigung von Bettina (Bettine) von Arnim geb. Brentano zu G. wurde durch ihre identifikatorische Lektüre seiner Werke und persönliche Beziehungen eigentümlich geprägt. Angeregt durch ihren älteren Bruder Clemens, der in Jena und Göttingen zu Kreisen von Studenten und jungen Dozenten gehörte, deren Enthusiasmus für G. durch seine von den Frühromantikern vollzogene Kanonisierung zum größten lebenden Dichter inspiriert war, las sie die in den *Neuen Schriften* erschienenen Werke und fand in *Wilhelm Meisters Lehrjahren* eine Imitationsfigur, die für ihre Jugendjahre bestimmend blieb: In Opposition zu ihrer Umwelt verhielt sie sich exzentrisch wie eine ins Leben getretene Mignon. Bei ihrer Großmutter, der Schriftstellerin Sophie von La Roche, lernte sie 1806 in Offenbach frühe Werkmanuskripte sowie die 1772/75 an die Großmutter geschriebenen Briefe kennen, in denen G. seine Liebe zu Bettina Brentanos frühverstorbener Mutter Maximiliane bekundet hatte. Im selben Jahr befreundete sie sich in Frankfurt mit G.s Mutter, deren Erzählungen über die Jugend des Sohnes sie »in der bekannten kräftigen Manier« (Clemens Brentano an seine Frau Sophie, 24.9. 1806) in ein – nicht erhaltenes – »Buch in folio« (Bettina an G., 14.11. 1810) eintrug.

Zur ersten persönlichen Begegnung kam es am 23.4. 1807, als Wieland, der mit ihrer Großmutter verlobt gewesen war, Bettina Brentano einen Besuch bei G. vermittelte. Ende April/Anfang Mai berichtete sie dem Bruder Clemens ihre Eindrücke von dem Dichter: »Wer ihn einmal gesehen hat wie ich, und ihn nicht liebt wie ich, der ist seinen Anblick nicht werth, und wenn die ganze Welt ihn nicht erkennt so will die Bettine Jubel rufen über seine Herrlichkeit [...] den Duft seines Lebens will ich erschwingen und auffassen, und zum ewigen Andenken seiner bewahren«. Dieser Brief gilt als »Programmentwurf« (Milch, S. 21) für *Goethes Briefwechsel mit einem Kinde*, dessen entstehungsgeschichtliche Wurzeln in die Blütezeit der Heidelberger Romantik zurückreichen und mit der Bewunderung Ludwig Achim von Arnims und Clemens Brentanos für G. zusammenhängen. Bettina Brentano sollte gemäß der Intention der beiden im Einverständnis mit G. aus den Mitteilungen von G.s Mutter eine »geheime Biographie dieses Göttlichen« bilden (Brentano an Arnim, Anfang Oktober 1806).

Von 1807 bis 1811 unterhielt Bettina Brentano mit G. einen Briefwechsel, den sie mit oftmals ausführlichen und inspirierten Episteln enthusiastisch betrieb, wohingegen G. weniger häufig und eher zurückhaltend antwortete. Einige Briefe gaben ihm Anregungen für den *Sonette*-Zyklus, den sie – wie auch andere Liebesgedichte G.s – auf sich bezog. 1810 teilte sie ihm Erzählungen seiner 1808 verstorbenen Mutter über seine Jugendzeit mit, die er für *Dichtung und Wahrheit* nutzen wollte, die aber erst postum 1891 in von ihm leicht überarbeiteter Fassung unter dem Titel *Aristeia der Mutter* erschienen.

Eine Begegnung im Sommer 1811 führte zu einem Eklat. Sie reiste diesmal gemeinsam mit Ludwig Achim von Arnim, mit dem sie seit dem Frühjahr verheiratet war. Beim Besuch einer Gemäldeausstellung kam es am 13. September zu »einem heftigen und pöbelhaften

Streit« zwischen ihr und Christiane von Goethe, die, wie Pauline Gotter am 23. Oktober Schelling mitteilte, »der unglücklichen Bettine die Brille von der Nase [riß; d. Vf.] und auf dem Boden zertrümmerte«. Bettina von Arnim soll danach »in ganz Weimar erzählt« haben, »es wäre eine Blutwurst toll geworden und hätte sie gebissen« (Marie Helene von Kügelgen an die Familie Volkmann, 12. 10. 1812). G. brach daraufhin die Beziehung ab. Verdecktere Ursachen des Bruches lagen in ästhetischen und politischen Divergenzen G.s mit Ludwig Achim von Arnim. Dessen Roman *Armut, Reichtum, Schuld und Buße der Gräfin Dolores* (1810) stand in einem komplizierten Abhängigkeits- und Gegensatzverhältnis zu den *Wahlverwandtschaften* und hatte G., der die poetischen Werke der Romantiker nach einer Phase abwartender Kenntnisnahme immer stärker unter Kritik stellte, empört (an Reinhard, 7. 10. 1810); ebenso widersprach dem propreußisch-nationalen Engagement Arnims die pronapoleonisch-kosmopolitische Haltung G.s.

1812 scheiterte in Teplitz der Versuch einer Wiederannäherung, der G. zu dem Vierzeiler *Den Zudringlichen* provozierte: »Was nicht zusammen geht, das soll sich meiden!« (WA I, 2, S. 276). Erst nach Christianes Tod 1816 kam es wieder zu Kontakten. Bettina von Arnim besuchte Weimar auf ihren Reisen zwischen 1821 und 1830 siebenmal und wurde bei fünf Aufenthalten von G. empfangen, 1830 jedoch erneut wegen »Zudringlichkeit« (Tagebuch, 7.8. 1830) von ihm abgewiesen. Ihrem Sohn Siegmund trug er während eines Besuchs vor Mitte März 1832 »das Letzte was er geschrieben« (Eckermann, März 1832), ins Stammbuch ein: »Ein jeder k e h r e vor seiner Thür, / Und rein ist jedes Stadtquartier« (WA I, 5.1, S. 153).

Anfang der 20er Jahre reagierte Bettina von Arnim auf den Aufruf Frankfurter Bürger, ein G.-Denkmal zu errichten, mit Zeichnungen und einem Entwurf ihrer Denkmalsidee – G. als olympischer Gott mit einer nackten Psyche an seinen Knien –, von dem sie G. 1824 einen Abguß mitbrachte. Das Denkmal beschäftigte sie während ihres ganzen weiteren Lebens. Der Untertitel *Seinem Denkmal* zu *Goethes*

Briefwechsel mit einem Kinde war als Hinweis gedacht, daß es mit dem Erlös des Buches finanziert werden sollte. Zu dem geplanten Monument konnten jedoch die finanziellen Mittel nicht aufgetrieben werden. Schließlich fertigte der Bildhauer Karl Steinhäuser in Rom ein Denkmal, das Bettina von Arnims Idee unvollkommen darstellte. Es wurde 1853 nach Weimar gebracht und zunächst im Tempelherrenhaus, dann 1865 im Treppenhaus des neuerbauten Landesmuseums aufgestellt. Sie hielt die Ausführung für mißlungen.

Ihre seit 1817 geschriebenen Briefe beantwortete G. nicht mehr. Mitte der 20er Jahre begann sie, Aufzeichnungen sowie fiktive Briefe an ihn und von ihm zu verfassen, aus denen sie anderen vorlas. Nach seinem Tod erleichterte ihr der Glaube an Unsterblichkeit die Idolisierung des Dichters. Nachdem sie ihre Briefe an ihn zurückerhalten hatte, vollendete sie, angeregt vor allem durch Schleiermacher und den Fürsten von Pückler-Muskau, ihr dreiteiliges Werk *Goethes Briefwechsel mit einem Kinde* (1835), dessen Erstausgabe sehr erfolgreich war, aber auch kontrovers diskutiert wurde. Die ersten beiden Teile enthalten den überarbeiteten *Briefwechsel*, der dritte Teil ist ein fiktives Tagebuch mit dem Untertitel *Buch der Liebe*, das die – platonisch, neutestamentlich und frühromantisch inspirierte – Suche nach dem Ideal der Liebe verherrlicht.

Goethes Briefwechsel mit einem Kinde ist ein komplexes, Genregrenzen überschreitendes Werk, dem traditionelle literaturgeschichtliche Rubrizierungen wie Epochen (G.-Zeit und Vormärz) oder Gattungen (Brief und Roman) und Schreibweisen (autobiographisch und feministisch) nicht gerecht werden. Neuere Untersuchungen haben seinen Charakter als mehrdimensionales Kunstwerk herausgearbeitet. Als Erstlingswerk bildet es die Grundlage für Bettina von Arnims weitere Schriften, die ihm technisch – als Briefdichtungen – und inhaltlich – im G.- und Goethezeit-Bezug – verpflichtet sind.

Literatur:

Bettina von Arnim: Werke 1. Hg. von Heinz Härtl. Berlin, Weimar 1986. – Bettine von Arnim: Werke und Briefe. Hg. von Walter Schmitz u. Sibylle von Steinsdorff. Bd. 2. Frankfurt/M. 1992. – Bäumer, Konstanze: Bettine, Psyche, Mignon. Bettina von Arnim und Goethe. Stuttgart 1986. – Liebertz-Grün, Ursula: Ordnung im Chaos. Studien zur Poetik der Bettine Brentano-von Arnim. Heidelberg 1989. – Milch, Werner: Die junge Bettine 1785–1811. Ein biographischer Versuch. [...] hg. von Peter Küpper. Heidelberg 1968.

Heinz Härtl

Atheismus

Der neuzeitliche Atheismus als Leugnung der Existenz Gottes erscheint im Zeitalter G.s modifiziert als die dem jüdisch-christlichen Offenbarungsglauben entgegenstehende natürliche Religiosität, deren Inhalte in der Wirklichkeit der Welt und des Menschen gegründet sind. Das Prinzip der Immanenz teilt dieser Atheismus-Begriff mit dem (spinozistischen) Pantheismus, der die Identität von Gott und Natur behauptet und der im 18. Jh. oft polemisch mit dem Atheismus gleichgesetzt wurde.

G. benutzt den Begriff des Atheismus erstmals im Zusammenhang des von Friedrich Heinrich Jacobi ausgelösten Pantheismusstreits, nachdem der Spinoza-Gegner in seiner Abhandlung *Über die Lehre des Spinoza in Briefen an den Herrn Moses Mendelssohn* von 1785 seine Glaubensphilosophie in der provozierenden These: »Spinozismus ist Atheismus« (Scholz, S. 173) hatte gipfeln lassen. In seinem Brief an Jacobi vom 21. 10. 1785 weist G. diese Gleichsetzung entschieden zurück – »Du weißt daß ich über die Sache selbst nicht deiner Meinung bin. Daß mir Spinozismus und Atheismus zweyerley ist« –, so wie er an andrer Stelle Jacobis Argument kurzerhand auf den Kopf stellt: denn wenn die Antispinozisten Spinoza »Atheum schelten, so mögte ich

ihn theissimum ia christianissimum nennen und preisen« (an Jacobi, 9.6. 1785; vgl. 5.5. 1786). G. mutmaßt in Jacobis Position eine unzulässige Verdunkelung des natürlichen Wissens und eine ins christliche Gewand gehüllte dogmatisierende Proselytenmacherei, die er drei Jahre zuvor an Johann Caspar Lavater scharf kritisiert hatte (vgl. G. an Charlotte von Stein, 6.4. 1782). Noch in *Dichtung und Wahrheit* klingt die Empörung über den Zürcher Theologen nach, der »zuletzt mit dem harten Dilemma hervortrat: Entweder Christ oder Atheist! Ich erklärte darauf, daß wenn er mir mein Christenthum nicht lassen wollte, wie ich es bisher gehegt hätte, so könnte ich mich auch wohl zum Atheismus entschließen, zumal da ich sähe, daß niemand recht wisse, was beides eigentlich heißen solle« (WA I, 28, S. 259). Eine Verwirrung der Begriffe konstatiert G. aber auch im Blick auf den widersprüchlichen Spinoza-Artikel in Pierre Bayles *Dictionnaire historique et critique*: Der Argumentation des Verfassers, dem verwerflichen Atheisten zugleich ein »Menschen und Gott gefälliges Leben« (WA I, 29, S. 8) zu bescheinigen, begegnet der Autobiograph mit dem Hinweis auf das Jesus-Wort, wonach man die Gerechten an ihren Früchten erkennen solle.

G.s Verständnis des Atheismus und sein Gebrauch des Begriffs sind also deutlich durch die neuzeitliche Antithese von christlicher Offenbarungsreligion und einer säkularisierten, dem Pantheismus nahestehenden Weltsicht geprägt, die sich an der Erfahrung der Natur als der Gesamtheit alles Seienden und an der anthropologischen Grundkraft der Vernunft als des erkennenden und urteilenden Geistes orientiert. Die Berufung auf Natur und Geist im Sinne der All-Einheit und der geeinten Zwienatur muß somit vom Standpunkt eines dogmatischen Kirchenchristentums aus teuflisch anmuten, weshalb der Kanzler des Reiches Mephistopheles entgegenhält: »Natur und Geist – so spricht man nicht zu Christen. / Deßhalb verbrennt man Atheisten, / Weil solche Reden höchst gefährlich sind. / Natur ist Sünde, Geist ist Teufel« (*Faust II*, V. 4897–4900; WA I, 15.1, S. 14f.). Dem entspricht umgekehrt G.s Bekenntnis, »er sei in der Naturkunde und Philosophie ein Atheist, in der Kunst ein Heide und dem Gefühl nach ein Christ!« (Gespräche, 3.1, S. 36f.).

Skeptisch bis ablehnend steht G. dem rationalistisch oder transzendentalphilosophisch gefärbten Atheismus gegenüber, der dem poetischen Bedürfnis nach gleichnishaftem Schauen widerspricht und in seiner Radikalität den sozialen Konsens bedroht. Wie in einer »tristen atheistischen Halbnacht« (WA I, 28, S. 70) fühlt sich der Straßburger Student bei der Lektüre von Paul Heinrich Dietrich Baron von Holbachs *Système de la nature*, und auch Voltaires deistisch verbrämter Atheismus erscheint in der *Farbenlehre* als eine »Denkweise, die jederzeit nur wenigen Menschen gemäß und den übrigen zum Abscheu sein mußte« (WA II, 4, S. 142; vgl. WA I, 28, S. 60). Ungehalten reagiert er auch im sog. Atheismusstreit, der mit der Entlassung Fichtes von der Universität Jena »wegen beygemessner Atheisterey« (Minister Voigt) endet und der den herzoglich-weimarischen Kurator zu der Direktive veranlaßt, »daß academische Lehrer künftighin sich solcher LehrSätze welche der allgemeinen Gottesverehrung widerstreiten in ihren Vorträgen enthalten werden« (Goethes Amtliche Schriften. Bd. 2.2, S. 602f.).

Scheint G. im Fall Fichte vom akademischen Amtsinhaber eine gewisse Zügelung der Lehrfreiheit zu fordern – im Einklang übrigens mit Kants Schrift *Beantwortung der Frage: Was ist Aufklärung?* –, so verteidigt er doch kompromißlos die Freiheit der Kunst, wo sie sich durch Religion und Kirche bedroht sieht. Sein Spott trifft deshalb die im Zeitalter der Französischen Revolution doppelt anachronistische römische Zensurpraxis, die gegen die »atheistischen Reden / Des verruchten Convents« (WA I, 5.2, S. 371) ankämpft; aber auch die romantische Kunstreligion der »frommen Leute« mit ihrer Ablehnung des klassizistischen Regelkanons wird – ausgerechnet dem katholischen Romantiker Sulpiz Boisserée gegenüber – polemisch als »purer Atheismus« (27.5. 1817) bezeichnet.

Literatur:

Bayle, Pierre: Dictionnaire historique et critique. 2 Bde., Rotterdam 1696/97 (dt. von Johann Christoph Gottsched, 4 Bde. Leipzig 1741–44). – Holbach, Paul Heinrich Dietrich, Baron von (Paul-Henri Thiry baron d'H.): Système de la nature ou des lois du monde physique et du monde moral. London (recte: Amsterdam) 1770. – Kant, Immanuel: Beantwortung der Frage: Was ist Aufklärung? Berlin 1784. – Scholz, Heinrich (Hg.): Die Hauptschriften zum Pantheismusstreit zwischen Jacobi und Mendelssohn. Berlin 1916. – Tümmler, Hans: Goethes Anteil an der Entlassung Fichtes von seinem Jenaer Lehramt 1799. In: ders.: Goethe in Staat und Politik. Köln, Graz 1964, S. 132–166.

Martin Bollacher

Athenaeum

Die Zeitschrift *Athenaeum*, 1798–1800 von August Wilhelm und Friedrich Schlegel herausgegeben, war bestimmt, dem Literatur- und Bildungsprogramm der Jenaer Frühromantik, in dem die Berufung auf G. und seine Werke zentral war, zur Publizität zu verhelfen. Nachdem Friedrich Schlegel bereits 1794 die »Vereinigung des Wesentlich-Modernen mit dem Wesentlich-Antiken« als das »Problem unsrer Poesie« benannt und hinzugefügt hatte, »daß Göthe, der erste einer ganz neuen Kunst-Periode, einen Anfang gemacht hat, sich diesem Ziel zu nähern« (an A.W. Schlegel, 27.2. 1794), wurde G. im 1. Stück des *Athenaeum* von Novalis zum »wahren Statthalter des poetischen Geistes auf Erden« erklärt. Diese Thronerhebung bekräftigten Friedrich Schlegels Beiträge zum 2. Stück: die *Fragmente* und die Charakteristik *Über Goethe's Meister*. »Die Französische Revoluzion, Fichte's Wissenschaftslehre, und Goethe's Meister sind die größten Tendenzen des Zeitalters«, heißt es im 216. Fragment. In der Charakteristik analysierte Schlegel Technik und Gehalt insbesondere der ersten drei Bände des Romans. Für ihn hatte G. darin ironisch einen banalen modernen Gegenstand zu einem autonomen

Kunstwerk stilisiert. Der Untersuchung des für Schlegel wichtigsten Einzelwerks folgte im letzten Stück der Zeitschrift mit dem *Versuch über den verschiedenen Styl in Goethes früheren und späteren Werken* eine Analyse der Gesamtentwicklung des Dichters, der vor allem deshalb »der Stifter und das Haupt einer neuen Poesie« genannt zu werden verdiene, weil er sich »zu einer Höhe der Kunst heraufgearbeitet« habe, »welche zum erstenmal die ganze Poesie der Alten und der Modernen umfaßt, und den Keim des ewigen Fortschreitens enthält« (*Athenaeum*, Bd. 3, S. 180 f.). Für Schlegel bestand G.s Vorbildlichkeit gerade in der fortschreitenden »Reinkarnation des antiken Kunstgeistes in moderner Zeit« (Mandelkow, S. 54) und damit – im übergreifenden Zusammenhang der erneuerten *Quérelle des anciens et des modernes* – in der praktischen Vermittlung der im ästhetischen Diskurs einander konfrontierten Kunstauffassungen.

Die Vorbildlichkeit des G.schen Werks lag für die Jenaer Romantiker auch in der Ermunterung zu einem künstlerischen Fortschreiten, das zur Überbietung der *Lehrjahre* führen sollte. Der vierte Band des Romans, in dem zeitgenössische Verhältnisse thematisiert wurden, entsprach den frühromantischen Intentionen erheblich weniger, weshalb Schlegel ihn in seine Charakteristik nicht einbezog. Novalis konstatierte das »Eindringen des Evangeliums der Oeconomie« (Novalis, Bd. 3, S. 647) und meinte, das Werk sei »durchaus p r o s a i s c h – und modern«, »das Romantische« gehe »darinn zu Grunde – auch die Naturpoesie, das Wunderbare« (ebd., S. 638). Im Unterschied allerdings zu dieser intern bleibenden kritischen Meinungsbildung wurde G. durch das *Athenaeum* im Bewußtsein der Zeitgenossen als größter lebender Dichter kanonisiert. Der Öffentlichkeit erschien er als Verbündeter der Autoren der Zeitschrift und ihrer Parteigänger.

Dies war für die literarischen Bestrebungen der Jenaer Romantiker wichtig. Das Programm und die Kommunikationsstrategie des *Athenaeum* waren den um 1800 dominierenden Normen und Verkehrsformen provokativ entgegengesetzt. Die Kritik richtete sich gegen alles, was den transzendentalpoetischen Maximen des frühromantischen Kreises nicht mehr oder noch nicht entsprach. Der rückwärtsgewandten Berufung von Aufklärern auf ein bereits initiiertes »Goldenes Zeitalter« der deutschen Literatur setzte das *Athenaeum* die Aussicht auf ein erst herbeizuführendes entgegen, dessen »Morgenröte« mit der G.schen Dichtung begonnen habe.

Im Gegensatz zu G. wurde Schiller durch das *Athenaeum* konsequent totgeschwiegen und so indirekt attackiert. Er konnte, wenn er sein Bündnis mit G., der den Jenaer Romantikern viel Sympathie entgegenbrachte, nicht gefährden wollte, seine kritischen Positionen öffentlich nicht äußern und mußte sich mit privaten Bemerkungen begnügen. So rügte er die »naseweise, entscheidende, schneidende und einseitige Manier« der *Fragmente*, die ihm »physisch wehe« tue (an G., 23.7.1798), und gestand, daß er »in den aesthetischen Urtheilen dieser beiden [Schlegels; d. Vf.] eine solche Dürre, Trockenheit und sachlose Wortstrenge« finde, daß er »oft zweifelhaft« sei, »ob sie wirklich auch zuweilen einen Gegenstand darunter denken« (an G., 27.7.1798). G. dagegen urteilte im wesentlichen positiv: »Das Schlegelsche Ingrediens, in seiner ganzen Individualität scheint mir denn doch in der Olla potrida unsers deutschen Journalwesens nicht zu verachten. Diese allgemeine Nichtigkeit [...] hat an einem solchen Wespenneste wie die Fragmente sind einen fürchterlichen Gegner. [...] Bey allem was Ihnen daran mit Recht mißfällt kann man denn doch den Verfassern einen gewissen Ernst, eine gewisse Tiefe und von der andern Seite Liberalität nicht ableugnen« (an Schiller, 25.7.1798).

Im zeitgenössischen ästhetisch-literarischen Kontext hatten die Divergenzen der Brüder Schlegel gegenüber G. – wie auch gegenüber Schiller – eher den Charakter von minimalen Abweichungen als den gegensätzlicher Positionen. So stellte G., der bereits 1800 in einem Briefkonzept an Wilhelm von Humboldt der »kritisch-idealistischen Partey [...] das Grundgute ihrer Lehre« bescheinigt hatte (19.11.1800), in dem Schema *Epoche der forcierten Talente* von 1812 die Schlegelschen kritischen Arbeiten auch in die Nachfolge der ästhetischen Schriften Schillers. Dieser habe »den ersten theoretischen Anstoß« gegeben, und die »Gebrüder Schlegel theoretisirten und kritisirten im ähnlichen Sinne« (WA I, 42.2, S. 442). In den *Tag- und Jahresheften 1802* vermerkte G., daß er und Schiller in dem »großen Zwiespalt der sich in der deutschen Literatur hervorthat«, auf der Seite »der neuern strebenden Philosophie und einer daraus herzuleitenden Ästhetik« gestanden hätten.

Literatur:

Athenäum. Reprograph. Nachdruck. 3 Bde. Leipzig 1960, Darmstadt 1983. – *Athenäum.* Auswahl. Hg. von Gerda Heinrich. Leipzig ²1984. – Behler, Ernst: Die Zeitschriften der Brüder Schlegel. Ein Beitrag zur Geschichte der deutschen Romantik. Darmstadt 1983, S. 13–58. – Fambach, Oscar (Hg.): Ein Jahrhundert deutscher Literaturkritik (1750–1850). Bd. 4: Das große Jahrzehnt in der Kritik seiner Zeit. Berlin 1958. – Härtl, Heinz: *Athenaeum*-Polemiken. In: Dahnke, Hans-Dietrich/Leistner, Bernd (Hg.): Debatten und Kontroversen. Literarische Auseinandersetzungen in Deutschland am Ende des 18. Jahrhunderts. Bd. 2. Berlin, Weimar 1989, S. 246–357. – KA. – Körner, Josef: Romantiker und Klassiker. Die Brüder Schlegel in ihren Beziehungen zu Goethe und Schiller. Berlin 1924. – Mandelkow, Karl Robert: Goethe in Deutschland. Rezeptionsgeschichte eines Klassikers. Bd. 1. München 1980. – Novalis: Schriften. Begr. von Paul Kluckhohn u. Richard Samuel. Hg. von Richard Samuel [...]. 4 Bde. 1 Materialbd. 1 Erg.-Bd. Stuttgart u.a. 1960–1988.

Heinz Härtl

Aufklärung

Zu den »geistigen Mächten«, denen G. nahegestanden und deren Gedankenreichtum er »in der umfassendsten Weise ausgemessen« hat, gehörte, wie Ernst Troeltsch mit besonderem Nachdruck hervorgehoben hat, auch die Aufklärung (S. 560). Dieser Sachverhalt wurde oft zu wenig beachtet oder auch bewußt übergangen, wenn die deutsche Klassik als »Über-

windung« der Aufklärung interpretiert wurde. Selbstverständlich, weil alle »Gebildeten«, alle Schriftsteller im 18. Jh. von der Aufklärung als philosophisch-literarische und pädagogische, als prinzipiell allgemeine praktische Reformbewegung – wenn auch oft in unterschiedlicher Weise – erfaßt wurden. G. hat dies vor allem im Rückblick auf die Entwicklung der deutschen Literatur des 18. Jhs. wiederholt betont.

Zur Philosophie der deutschen Früh- und Hochaufklärung (Christian Thomasius, Christian Wolff, die Wolff-Schule) hat G. kaum eine positive Beziehung gefunden; sie war ihm zu allgemein, zu abstrakt, zu theoretisch, zu lebensfremd. 1812, im Rückblick auf seine Leipziger Zeit und in der Rekonstruktion seines damaligen Lebensgefühls, sprach er der »Schulphilosophie« ihre Verdienste nicht ab, schränkte dann aber doch ein, daß sie sich »durch das oft Dunkle und Unnützscheinende ihres Inhalts, durch unzeitige Anwendung einer an sich respectabeln Methode und durch die allzugroße Verbreitung über so viele Gegenstände, der Menge fremd, ungenießbar und endlich entbehrlich gemacht« habe. »Mancher gelangte zur Überzeugung, daß ihm wohl die Natur so viel guten und geraden Sinn zur Ausstattung gegönnt habe, als er ungefähr bedürfe, sich von den Gegenständen einen so deutlichen Begriff zu machen, daß er mit ihnen fertig werden, und zu seinem und anderer Nutzen damit gebahren könne, ohne gerade sich um das Allgemeinste mühsam zu bekümmern und zu forschen, wie doch die entferntesten Dinge, die uns nicht sonderlich berühren, wohl zusammenhängen möchten?« (WA I, 27, S. 94f.). So auch schon in G.s *Winckelmann*-Schrift (1805), wo sein Urteil über die Philosophen zwar nicht so ablehnend wie das Johann Joachim Winckelmanns, aber doch deutlich distanziert und mokant ausfiel: »Wollte man [...] die Philosophen beschuldigen, daß sie selbst den Übergang zum Leben nicht sicher zu finden wissen, daß sie gerade da, wo sie ihre Überzeugung in That und Wirkung verwandeln wollen, die meisten Fehlgriffe thun und dadurch ihren Credit vor der Welt selbst schmälern; so würde es hiezu an mancherlei Beispielen nicht fehlen« (WA I, 46, S. 54f.). Den Kunsttheoretiker Johann Georg Sulzer hatte G. schon 1772 in den *Frankfurter Gelehrten Anzeigen* verrissen (WA I, 37, S. 206–214); in seinem Bericht über Johann Christoph Gottsched in *Dichtung und Wahrheit* mischen sich Ironie und Spott (WA I, 27, S. 86f.). Ganz anders das Urteil über Kant: Außer »etwa« den echten Altertumsforschern habe »kein Gelehrter ungestraft jene große philosophische Bewegung, die durch Kant begonnen, von sich abgewiesen, sich ihr widersetzt, sie verachtet« (WA I, 46, S. 55). G., der durch Schiller 1794 tiefer in Kants Philosophie eingeführt worden und insbesondere von dessen *Kritik der Urteilskraft* beeindruckt war, hat 1827 laut Eckermann Kant den »vorzüglichsten« unter den neueren Philosophen genannt. »Er ist auch derjenige, dessen Lehre sich fortwirkend erwiesen hat, und die in unsere deutsche Kultur am tiefsten eingedrungen ist« (11.4. 1827). Einen »Aufklärer« hat G. den Königsberger Philosophen allerdings nie genannt, wie er denn auch das Substantiv »Aufklärung« kaum gebrauchte. Offensichtlich erschienen ihm diese Wörter zu allgemein, zu inhaltsleer und bald auch schon verbraucht.

Mehr als die Schriften deutscher Aufklärer haben G. die Werke der französischen »philosophes« beeindruckt – allen voran diejenigen Voltaires –, wobei ihn spezifisch philosophische, antiklerikale und politische Debatten weniger interessierten als die Freiheit der Diskussion, die Klarheit der Argumentation und, nicht zuletzt, die Offenheit für das naturwissenschaftliche Denken ihrer Zeit. Gerade bei seinen eigenen naturwissenschaftlichen Arbeiten war G. sich des kulturellen Wandels bewußt, der sich unter dem Eindruck der Aufklärung seit dem späten 17. Jh. in Europa vollzogen hatte. Wenn er zentralen Themen der Aufklärung wie der Bibelkritik und der Auseinandersetzung mit der Theologie – gerade in Deutschland –, der politischen und Gesellschaftskritik – vor allem in Frankreich – geringe Aufmerksamkeit widmete, so entsprach das seiner »Natur«, die das aufnahm, was seinem eigenen Wesen gemäß war.

Die Wörter »Aufklärung«, »aufklären«, »auf-

geklärt« hat er überhaupt selten verwendet, und wenn, dann in so allgemeiner Bedeutung, wie er auch das Wort »liberal« gebrauchen konnte. So 1830, laut Eckermann, als er François-Pierre-Guillaume Guizot einen Mann nach seinem Sinne nannte: »Er ist solide. Er besitzt tiefe Kenntnisse, verbunden mit einem aufgeklärten Liberalismus, der, über den Parteien stehend, seinen eigenen Weg geht« (3.2. 1830). Ähnlich hat G. zeitgenössische deutsche Schriftsteller gemäßigt aufgeklärter Richtung charakterisiert. An Ludwig Gleim, dem rechtschaffenen, »edlen Manne«, rühmte er ein »leidenschaftliches Wohlwollen«, die Wohltätigkeit des »guten Haushalters«, seinen »eigentlichsten Bürgersinn«, seinen Patriotismus und seinen echten Liberalismus, dem »alles Revolutionäre« verhaßt war (WA I, 35, S. 240f.). An Justus Möser schätzte er den »tüchtigen Menschenverstand«, den Zusammenhang von Geist und Charakter; er sei der Zeitgenossenschaft Lessings, des »Repräsentanten des kritischen Geistes«, würdig gewesen (WA I, 41.2, S. 52). An dieser Unterscheidung zwischen dem Soliden, Verständigen, Liberalen und dem Radikalen, Revolutionären war es G. offenbar gelegen. Kanzler von Müller berichtet von einem Gespräch, in dem die Rede auf die »jetzige Bestrebung der Monarchisten« kam, »Freiheit und Aufklärung zu verdrängen«. G. habe dazu gesagt: »Im Prinzip, das B e s t e h e n d e zu erhalten, Revolutionärem vorzubeugen, stimme ich ganz mit ihnen überein, nur nicht in den Mitteln dazu. S i e nämlich rufen die Dummheit und die Finsternis zu Hilfe, ich den Verstand und das Licht« (18.9. 1823).

G. benutzt hier unbefangen und unideologisch Signalmetaphern der Aufklärung. Wie der Revolution, so sei der Reaktion mit »Verstand« und »Licht« gegenüberzutreten, und zwar in bewahrender, stabilisierender Absicht. Die Erhaltung des »Bestehenden« und die Verhinderung von revolutionären Ausbrüchen verlangen jedoch auch immer maßvolle Reformen. Im Gespräch vom 4.1. 1824, in dem G. laut seine »zur Zeit der französischen Revolution« geschriebene, allerdings unvollendet gebliebene Komödie *Die Aufgeregten* sein »politisches Glaubensbekenntnis jener Zeit« nennt und sich gegen die Verkennung seiner politischen Gesinnung verteidigt, bestätigt er, kein »Freund« der Revolution gewesen zu sein, deren Greuel ihn empörten, deren »wohltätige Folgen« damals noch nicht abzusehen gewesen seien und für deren Nachahmung es in Deutschland keine Notwendigkeit gegeben habe. Ebensowenig aber sei er ein »Freund herrischer Willkür«, vielmehr sei er überzeugt gewesen, daß eine große Revolution nie Schuld des Volkes sei, sondern der Regierung. Revolutionen seien »unmöglich«, wenn die Regierungen gerecht und wachsam seien und mit »zeitgemäßen Verbesserungen« verhinderten, daß »das Notwendige von unten her erzwungen wird«. Angesichts des vielen Schlechten, Ungerechten und Unvollkommenen in der Welt wolle er darum nicht ein »Freund des Bestehenden« genannt werden.

G. hat die Aufklärung nie für die Revolution verantwortlich gemacht, sie auch nicht pauschal des Radikalismus bezichtigt. Ohne explizit von »Aufklärung« zu sprechen, ist in *Dichtung und Wahrheit* die Entwicklung der Literatur, des literarischen Geschmacks, des freieren Denkens »jener Epoche« dargestellt, während welcher »innerhalb des protestantischen Theils von Deutschland und der Schweiz sich dasjenige gar lebhaft zu regen anfing, was man Menschenverstand zu nennen pflegt« (WA I, 27, S. 94). Die Losung der damaligen Zeit sei die »Toleranz« gewesen und habe »unter den besseren Köpfen und Geistern« gegolten (WA I, 28, S. 105). Stets sind es Verständigkeit, Tüchtigkeit, Unaufgeregtheit, Wohlwollen, Menschenfreundlichkeit, die G. in Gesinnung und Tun schätzt: bürgerliche Tugenden einer gemäßigten Aufklärung. Politisch stimmte G. einer wohlwollenden aufgeklärten Regierung mit paternalistischen, nichtabsolutistischen Zügen zu, wie sie in Weimar praktiziert wurde.

G.s Kritik an der Aufklärung setzt immer dort an, wo er Übertreibung – z.B. im »Unterrichtswesen« –, Übereilung, Mißbrauch von Freiheiten – z.B. der Presse –, blinden Optimismus im Hinblick auf die menschliche Natur erkennt. »Fehler der sogenannten Aufklä-

rung:« – heißt es in den Maximen und Reflexionen – »daß sie Menschen Vielseitigkeit gibt, deren einseitige Lage man nicht ändern kann« (MuR, 958).

Damit trifft G. den neuralgischen Punkt der Wirkung von Aufklärung: Sie will die Menschen über die Begrenztheit und Einseitigkeit ihres Denkens und Verhaltens, ihres materiellen und gesellschaftlichen Daseins, also des »Bestehenden« hinausführen, ohne die Voraussetzungen dafür schaffen zu können, die »Vielseitigkeit« zu nutzen. G. sagte nicht, daß die Lage der Menschen nicht geändert werden dürfe; er war überzeugt, daß es aus ökonomischen und sozialen Gründen, aber auch deswegen nicht möglich ist, weil die Menschen unvollkommen sind. Auch die gewaltsame Veränderung ihrer »Lage« durch eine Revolution schaffe solche Voraussetzungen nicht, setze vielmehr Leidenschaften und Egoismen frei. »Vor der Revolution war alles Bestreben; nachher verwandelte sich alles in Forderung« (MuR, 959). Insbesondere die Rede von der »Freiheit« – ein Generalthema der literarischen und öffentlichen Diskussion seit der Aufklärung – hat G. aufgebracht, wenn sie, wie er meinte, realitätsfern und fordernd geführt wurde. »Sprech' er doch nie von Freiheit, als könn' er sich selber regieren! / Losgebunden erscheint, sobald die Schranken hinweg sind, / Alles Böse, das tief das Gesetz in die Winkel zurücktrieb« (*Herrmann und Dorothea*; WA I, 50, S. 235). Vor allem der Verknüpfung von Gleichheit und Freiheit begegnete er mit tiefem Mißtrauen; »Gesetzgeber oder Revolutionärs«, die beides zugleich versprächen, seien »Phantasten oder Charlatans« (MuR, 953). In der Gesellschaft müsse prinzipiell Gleichheit gelten; die Entscheidung jedoch, sich ihr zu unterwerfen, erfolge aus individueller »sittlicher« Freiheit (MuR, 951 u. 952): eine individualistische, auf das Modell freier Vergesellschaftungen bezogene, unpolitische Interpretation der Vertragslehre, gleichwohl die Benennung eines fundamentalen Problems der Theorie wie der Praxis der modernen Demokratie seit der Aufklärung, ohne daß sich G. dessen politischer Tragweite bewußt war.

Die Äußerungen G.s, die sich direkt und

noch mehr indirekt auf die Aufklärung, genauer: auf die Zeit beziehen, in der Denk- und
Kommunikationsstrukturen, soziale und politische Vorstellungen sich formierten und Reformen in Gang kamen, die der Aufklärung
zuzurechnen sind, blieben zurückhaltend, waren indes nicht ablehnend. Eine explizite Auseinandersetzung mit der Aufklärung gibt es bei
ihm nicht; er war kein Verteidiger des Alten,
dem kein Leben mehr innewohnt; er haßte die
Revolution, erkannte aber Veränderung im
Sinne von Verbesserung als notwendig an, oft
ohne sie der Aufklärung zuzuschreiben, wenngleich sie in den Kontext ihrer Wirkungen gehörte. Vieles, was durch die Aufklärung möglich gemacht worden war, galt schon der nächsten Generation als selbstverständlich und
wurde von ihr selbständig genutzt. Auch die
großen Dichter der Klassik und die großen
Philosophen des deutschen Idealismus standen auf den Schultern der Aufklärer des
18. Jhs.

Das gilt sowohl für die Bildungsidee als
auch für das Konzept des »Bürgers« und der
Bürgerlichkeit. *Wilhelm Meisters Wanderjahre*
sind von aufgeklärten Erziehungsvorstellun-
gen getragen. »Denken und Thun, Thun und
Denken, das ist die Summe aller Weisheit, von
jeher anerkannt, von jeher geübt, nicht eingesehen von einem jeden. Beides muß wie Aus-
und Einathmen sich im Leben ewig fort hin
und wieder bewegen« (WA I, 25.1, S. 30) –
diese pädagogische Maxime Montans mit der
Betonung des Tuns, der Praxis, verweist über
den Bildungsgedanken des Neuhumanismus
auf die Aufklärung zurück. In dieser Perspektive darf auch das Gedicht *Vermächtniß* (1829)
gelesen werden: »Denn das selbstständige Gewissen / Ist Sonne deinem Sittentag. // Den
Sinnen hast du dann zu trauen, / Kein Falsches
lassen sie dich schauen, / Wenn dein Verstand
dich wach erhält. [...] // Genieße mäßig Füll'
und Segen, / Vernunft sei überall zugegen / Wo
Leben sich des Lebens freut« (WA I, 3,
S. 82 f.).

Dem Aufklärungsdenken verpflichtet ist
auch G.s Bürger-Begriff. »Wer ist das würdigste Glied des Staats? Ein wackerer Bürger; /
Unter jeglicher Form bleibt er der edelste

Stoff« (WA I, 1, S. 355). Den »eigentlichsten
Bürgersinn« sprach er Gleim zu, der »als
Mensch« auf sich selbst ruhe, ein bedeutendes
öffentliches Amt verwalte, sich gegenüber
Stadt, Provinz und Staat als »Patriot«, gegen
Vaterland und Welt als »echten Liberalen« erweise (*Tag- und Jahreshefte 1805*). Daß er hier
nicht den emotional politischen Patriotismus,
sondern den – nicht standes- oder klassen-
spezifischen   –   aufgeklärten   Bürgersinn
meinte, den er auch für sich in Anspruch
nahm, bestätigt eine späte Äußerung: »Wenn
ein Dichter lebenslänglich bemüht war, schäd-
liche Vorurteile zu bekämpfen, engherzige Ansichten zu beseitigen, den Geist seines Volkes
aufzuklären, dessen Geschmack zu reinigen
und dessen Gesinnungs- und Denkweise zu
veredeln, was soll er denn da Besseres tun?
und wie soll er denn da patriotischer wirken?«
(Eckermann, März 1832). Gewiß war G.s »geistig-kulturelle Bürgerlichkeit« (Mann) politisch konservativ; aber das war die späte Aufklärung in Deutschland weithin. Beim späten
G. – vor allem in den *Wanderjahren* – tritt in
der Betonung des praktischen Handelns und
der Zusammengehörigkeit von Denken und
Tun – gegenüber Idealismus und Romantik –
der Geist der späten deutschen Aufklärung unübersehbar hervor.

Literatur:

Mann, Thomas: Goethe als Repräsentant des bürger-
lichen Zeitalters (1932). Repr. in ders.: Goethes
Laufbahn als Schriftsteller. Frankfurt/M. 1982. –
Rasch, Wolfdietrich: Der junge Goethe und die Auf-
klärung. In: Grimm, Reinhold/Wiedemann, Con-
rad: Literatur und Geistesgeschichte. Berlin 1968,
S. 127–139. – Troeltsch, Ernst: Der deutsche Idea-
lismus. In: ders.: Gesammelte Schriften. Hg. von E.
Baron. Bd. 4. Tübingen 1925. – Vierhaus, Rudolf:
Goethe und die Aufklärung. In: Kimpel, Dieter/
Pompetzki, Jörg: Allerhand Goethe. Frankfurt/M.
1985, S. 11–29.

Rudolf Vierhaus

Holzschnitt nach einer Zeichnung von Goethe

Auge

»Das Auge war vor allen anderen das Organ, womit ich die Welt faßte« (WA I, 27, S. 16). Der Satz aus *Dichtung und Wahrheit* betont nicht nur die Dominanz des Visuellen in G.s sinnlicher Erkenntnis der Welt, er benennt zugleich eine der wichtigsten Bildquellen seiner dichterischen Arbeit und einen zentralen Gegenstand seiner Naturforschung. Im Brief an Schiller vom 15. 11. 1796 schrieb G. über seine »Naturbetrachtungen« und das Projekt der *Farbenlehre*: »Es wird wenn Sie wollen eigentlich d i e W e l t d e s A u g e s die durch Gestalt und Farbe erschöpft wird«. Für Phänomene des Sehens, die sich ihm aufgrund der stark visuell orientierten Disposition seiner Einbildungskraft in Dramatik, Epik und Lyrik zu einem reichen metaphorischen Netz von Darstellungsweisen und Symbolbezügen verdichteten, fand der »Augenmensch« G. oftmals empirische Bestätigung durch die Farben-

lehre, die seine poetische Erfindung dann wieder bereichern konnte. Deren *Didaktischer Theil* geht vom Auge und seinen »physiologischen Farben« (WA II, 1, S. 1) aus, um bei jener »sinnlich-sittlichen Wirkung« (ebd., S. 307) zu enden, die die Farben durch das Auge hindurch auf das Gemüt ausüben.

G. wandte, durch Johann Joachim Winckelmann, Johann Kaspar Lavater und Herder in der Kunst des sinnlich-geistigen Sehens geübt, seine Aufmerksamkeit früh dem Auge zu. Von ihm stammt eines der ersten deutschen Augenselbstporträts. Das Original dieser Zeichnung gilt heute als verschollen; dem 1. Stück der *Beyträge zur Optik* (1791) ist aber eine Vignette beigefügt, auf der G.s Auge in emblematischer Weise von Wolken, Regenbogen, Sonnenstrahlen und optischen Instrumenten umgeben ist, wobei noch die ikonologische Assoziation mit dem Auge Gottes beabsichtigt sein dürfte. Die Vignette läßt sich als bildliche Darstellung der Verse lesen, die G. der Einleitung zum *Didaktischen Theil* seiner *Farbenlehre* (1810) einfügte: »Wär' nicht das Auge sonnen-

haft, / Wie könnten wir das Licht erblicken? /
Lebt' nicht in uns des Gottes eigne Kraft, / Wie
könnt' uns Göttliches entzücken?« (ebd., S.
XXXI). G. knüpfte an naturphilosophische
Ideen von der Lichtnatur und der Selbsttätigkeit des Auges an, die von Empedokles über
Platon und Aristoteles, mit neutestamentlichen Quellen (Matth. 6, 22f.; Luk. 11, 34ff.)
verbunden, zu Plotin reichten und in der Renaissance z.B. von Leonardo da Vinci neu entfaltet wurden. Neben dem Grundsatz der Ähnlichkeit von Auge und Licht sind die Merkmale
der Spontaneität, der Wechselwirkung und des
Strebens nach Totalität für G. maßgeblich.
»Das Auge hat sein Dasein dem Licht zu danken. Aus gleichgültigen thierischen Hülfsorga-
nen ruft sich das Licht ein Organ hervor, das
seines Gleichen werde; und so bildet sich das
Auge am Lichte für's Licht, damit das innere
Licht dem äußeren entgegentrete« (ebd.). Die
Lebendigkeit des Auges äußert sich darin, daß
es bestrebt ist, einem einzelnen Licht- oder
Farbeindruck durch dessen Gegensatz zu begegnen und das Einseitige zu Totalität und
Harmonie zu entwickeln (§§ 33, 38). So wie
das Auge das Sichtbare »dem ganzen Menschen« überliefert, tritt die Seele des einen
Menschen durch das Auge hindurch für den
andern in die Erscheinung. »Das Ohr ist
stumm, der Mund ist taub; aber das Auge vernimmt und spricht. In ihm spiegelt sich von
außen die Welt, von innen der Mensch. Die
Totalität des Innern und Äußern wird durchs
Auge vollendet« (WA II, 5.2, S. 12). Das Auge
ist der Ort einer doppelten Spiegelung von
Strahlen, die aus der Welt und der Seele rühren, und in deren Begegnung sich die Seelen
zweier Menschen spiegeln: Diesem Zusammenhang widmete G. das Gedicht *Entoptische
Farben*, und er hat das Motiv der spiegelnden
Augen-Blicke besonders kunstvoll im Epos
Herrmann und Dorothea durchgeführt.

Wie vielfältig G. das Motiv des Auges im
dramatischen Werk auffächert, kann das Beispiel seiner *Faust*-Dichtung verdeutlichen. Im
Ersten Teil ist es »seiner Augen Gewalt«, die
Gretchen am Spinnrad besingt (V. 3397; WA I,
14, S. 171), und im »Augenschmerz« (V. 4703;
WA I, 15.1, S. 6) wendet sich Faust zu Beginn

des *Zweiten Teils* von der blendenden Sonne
weg dem »farbigen Abglanz« (V. 4727) des Lebens zu. In ein einziges Auge müssen sich die
drei Phorkyaden teilen (V. 7982 u. 8014). »Zum
Sehen geboren, / Zum Schauen bestellt«
(V. 11288f.) ist demgegenüber Lynkeus der
Türmer; aber seine »glücklichen Augen«
(V. 11300) sehen so Schreckliches wie das
Feuer, mit dem Faust die Hütte von Philemon
und Baucis niederbrennen läßt. Am Ende läßt
die Sorge Faust erblinden, doch noch im Augenblick des Todes möchte er sich als Befreier
des Volkes und Herr der Elemente sehen
(V. 11579).

Matthias Völcker hat drei Situationstypen
herausgearbeitet, in denen dem Auge in G.s
Romanwerk zentrales metaphorisches Gewicht zukommt: Situationen der Selbstverge-
wisserung und Erkenntniskritik, der erotischen Annäherung und Entfernung, der ästhetisch ausgerichteten Natur- und Kunsterfah-
rung. Dabei kann das Auge sowohl einen
Gegenstandsbereich bezeichnen als auch zum
Handlungsträger werden oder die Funktion einer Vermittlungsinstanz übernehmen.

In *Die Leiden des jungen Werthers* wird die
Augen-Metaphorik in Motiven der Dämmerung, der Tränen und der Schwärze abgewandelt. Lottes Augen, die sich in der Gewitter-
szene wie die Werthers mit Tränen füllen, be-
siegeln im »vergötternden« Blick auf »Klopstock!« die Gemeinsamkeit der literarisch
vermittelten Empfindungen (WA I, 19, S. 36).
In den Augen glaubt Werther Lottes Liebe zu
lesen (ebd., S. 53), doch der Außenaspekt des
Sehens wird bald zugunsten der sich im Innern
verfestigenden Einbildungskraft aufgegeben:
»Hier in meiner Stirne, wo die innere Sehkraft
sich vereinigt, stehen ihre schwarzen Augen«
(ebd., S. 139). Bis ans gewaltsame Ende führt
G. die Metaphorik des Auges durch, indem er
schreibt: »Über dem rechten Auge hatte er sich
durch den Kopf geschossen« (ebd., S. 190).

Sind *Wilhelm Meisters Lehrjahre* insgesamt
als ein Roman der Augenlust inszeniert, so
kommt dem Auge zusätzliche Symbolkraft im
polaren Kräftefeld seiner Figuren zu. Wilhelm
nimmt Mignon unter dem Eindruck eines epi-
leptischen Anfalls in seine Obhut, bei dem »ein

Strom von Thränen aus ihren geschlossenen Augen in seinen Busen« floß (WA I, 21, S. 229). Über seinen Umgang mit Felix wird es später heißen: »Wilhelm sah die Natur durch ein neues Organ« (WA I, 23, S. 131): Mit den Augen des einen Kindes wird Wilhelms eigener Blick in eine leidvoll-verschlossene Innenwelt gerichtet, mit denen des andern auf eine gegenständlich-offene Außenwelt bezogen. Die strahlenhäuptige Lichtererscheinung der schönen Amazone Natalie an Wilhelms Wundlager erfährt ihre physiologische Aufklärung u.a. im § 30 der *Farbenlehre* (»Schwarze und weiße Bilder zum Auge«; WA II, 1, S. 6). G. kann symbolisch erhöhte Schlüsselsituationen naturwissenschaftlich unterfangen, ohne ihnen ihre sublime Bedeutsamkeit zu entziehen. Das gilt auch für die Charakterisierung der Differenz zwischen Therese und Natalie: Das hellblaue, infolge der operativen Entfernung einer Warze gelegentlich tränende Auge der praktischen Therese wird vornehmlich als Gegenstand gezeichnet; dagegen Nataliens Auge in der Unverwechselbarkeit des Blicks, »der, selbst nicht gegenständlich faßbar, ihr ideales Verhaltensprofil aufzeigt« (Völcker, S. 221). Wie bewußt G. seine »Welt des Auges« komponierte, zeigt die Anlage der Wiedersehensszene: In genauem Gegenentwurf zur blendenden Lichterscheinung der ersten Begegnung mit Natalie vermag Wilhelms Auge hier die »durch den Lichtschirm beschatteten Züge genau wieder zu sehen und sicher wieder zu erkennen« (WA I, 23, S. 155).

Im Roman *Die Wahlverwandtschaften* sind die Motive von Auge, Blick und Bild an der Stiftung sinnbildlicher Bezüge maßgeblich beteiligt. Ottilies Schönheit wirkt als »ein wahrer Augentrost« (WA I, 20, S. 68) auf die Figuren des Romans und gleicht darin der Heilkraft des grünfarbenen Smaragds: Bestimmungen, die G. in der *Farbenlehre* als »sinnlich-sittliche Wirkung« bei der gleichgewichtigen Mischung der ersten und einfachsten Farben Gelb und Blau aufklärte (§ 801 f.). Im *West-östlichen Divan* widmete er dem Smaragd das Gedicht *Bedenklich*: Verse, in denen dem »Augerquicklichen« der Schönheit zugleich das »Gefährliche« verführender Blicke eingeschrieben ist

(FA I, 3.1, S. 38). Das Experiment sich überkreuzender erotischer Verhältnisse scheint alle Figuren des Romans mit Blindheit zu schlagen: G. spielte mit dem Namen Ottilie auf die Heilige Odilia an, eine Blindgeborene, die nach der Taufe das Augenlicht erlangte und zur Schutzpatronin der Augenkranken wurde. Die Ähnlichkeit der Augen des Kindes mit ihren eigenen läßt Ottilie erschrecken, und seine Ähnlichkeit mit dem Hauptmann müßte allen Personen auffallen, wären ihnen nicht die Augen gebunden. So ist das Kind zugleich sichtbarer Ausdruck des gedanklichen Ehebruchs und ein blinder Fleck im Auge des Romans. Für das Leben des Kindes gibt es in der Ökonomie der *Wahlverwandtschaften* keinen Ort als den des Opfers. Ottilie glaubt deshalb, mit dem Ertrinken des Kindes – Odilias Taufe! – habe ihr Gott »auf eine schreckliche Weise [...] die Augen geöffnet« (WA I, 20, S. 370).

So hoch G. das Auge als Organ der Welterfahrung und Spiegel der Seele schätzte, als Dichter mußte er ihm das Wort zumindest gleichrangig an die Seite stellen. In *Shakespeare und kein Ende* heißt es: »Das Auge mag wohl der klarste Sinn genannt werden, durch den die leichteste Überlieferung möglich ist. Aber der innere Sinn ist noch klarer, und zu ihm gelangt die höchste und schnellste Überlieferung durch's Wort: denn dieses ist eigentlich fruchtbringend, wenn das, was wir durch's Auge auffassen, an und für sich fremd und keineswegs so tiefwirkend vor uns steht« (WA I, 41.1, S. 53 f.). Den lebendigen Zusammenhang von Auge und Wort hat der G. des *West-östlichen Divan* ins poetologische Bild des Fächers gefaßt: Der »Werth des Worts« (*Offenbar Geheimniß*; FA I, 3.1, S. 32 f.) belebt sich zum Gedicht, wo »zwischen den Stäben / [...] das schönste was sie besitzt / Das Auge, mir in's Auge blitzt« (ebd., S. 33). In der Augen-Metaphorik des Gedichts *Wink* fand G. die prägnanteste und schönste Formel für seine Dichtung.

Die Abmessungen, der Ausdruck und die Leistungsfähigkeit von G.s Augen sind aus der Gesichtsmaske und dem Augenselbstporträt, aus Selbstzeugnissen G.s und Urteilen der Zeitgenossen vielfach untersucht worden. In den zahlreichen G.-Porträts sind es immer wieder die großen schwarzen Augen, von denen die Wirkung ausgeht. Ein »Goethe-Kästchen« (1982) der Konzept-Künstlerin Dorothee von Windheim enthält, mit »Liquid Light« auf Gazefetzen fixiert, das Augenpaar des Dichters in zwölffacher Reproduktion (vgl. Schmidt-Burkhardt, S. 24). Der Deckelrand der gläsernen Schatulle trägt die eingangs zitierten Worte G.s in leichter Variation: »Das Auge war vor allem das Organ, womit ich die Welt faßte«.

Literatur:

Einem, Herbert von: Das Auge, der edelste Sinn. In: Wallraff-Richartz-Jb. 30 (1968), S. 275–286. – Graham, Ilse: An Eye for the World. Stages of Realisation in *Wilhelm Meister*. In: dies.: Goethe. Portrait of the Artist. Berlin, New York 1977, S. 182–226. – Dies.: Goethe. Schauen und Glauben. Berlin, New York 1988. – Matthaei, Rupprecht: Auge. In: Zastrau, Bd. 1, Sp. 454–477. – Sarauw, Christian: Goethes Augen. Kopenhagen 1919. – Schmidt-Burkhardt, Astrit: Sehende Bilder. Die Geschichte des Augenmotivs seit dem 19. Jahrhundert. Berlin 1992. – Schöne, Albrecht: Goethes Farbentheologie. München 1987. – Völcker, Matthias: Blick und Bild. Das Augenmotiv von Platon bis Goethe. Bielefeld 1996.

Günter Peters

Augenblick

Das G.-Wörterbuch kennt über 3000 Belege für G.s Verwendung dieses Wortes. Neben dem alltäglichen Gebrauch zur Bezeichnung des momentanen Zeitpunkts besitzen das Wort und seine Synonyma in G.s Werken und Schriften den Charakter eines emphatischen Zeitbegriffes mit zentraler Bedeutung für die Weltsicht des Dichters. Gemeinsam ist der Vielfalt der Verwendungsweisen die innere Spannung zwischen der Flüchtigkeit des Zeitpunktes und der Intensität, mit der er als Wendepunkt des Lebens, des Erkennens, des Schaffens oder eines geschichtlichen Ablaufes

verstanden wird. Der Augenblick ist auf diese Weise ein grundlegendes Konzept für G.s Deutung des menschlichen Lebens.

G.s Glaube an einen entelechischen Kern der menschlichen Person ließ ihn den Augenblick der Geburt in seinen Lebenslauf-Dichtungen als den Übergang der Entelechie aus ihrer Präexistenz in die irdische Gestalt und den Tod als ein Wiedereingehen in die Ewigkeit fassen (neuplatonische Einflüsse). Der Augenblick bezeichnet in diesen Dichtungen auch den Höhepunkt des Lebens: als ein herausragendes Ereignis, das als Augenblick der Liebe oder als Augenblick thematisiert wird, in dem der Sprecher seine Sendung erkennt. Für solche Momente einer höchsten Lebensintensität gilt: »Der Augenblick ist Ewigkeit« (*Vermächtniß*, V. 30). »Ewigkeit« benennt hier keine meßbare Dauer, sondern bezeichnet die Qualität einer Erfahrung, die im Wechsel der Ereignisse Dauerhaftes, ja punktuell die Ordnung der göttlichen Natur sichtbar werden läßt.

Von zentraler Bedeutung unter den Wendepunkten des Lebens ist der Augenblick der Liebe. Die Leipziger Gedichte beklagen anakreontisch den unauflösbaren Widerspruch zwischen der Flüchtigkeit des Liebesaugenblicks und dem Wunsch nach dessen Dauer. Während des Sturm und Drang jedoch trägt dieser aus dem Zeitlauf herausgenommene und als hermetisch abgeschlossenes Ereignis erfahrene »erfüllte« Augenblick der Liebe durch die Qualität der Erfahrung über die Trennung der Liebenden, ja das Ende der Liebe hinweg. In den Dichtungen des mittleren und späten G. wird dieses Konzept der Versöhnung zunehmend zurückgenommen. Der Augenblick ist »ewig«, weil die Liebenden füreinander bestimmt sind und der Moment des Liebeserkennens auf die Erneuerung oder Erfüllung der Liebe vorausweist; die Vergänglichkeit des Glücks und die Endgültigkeit der Trennung aber werden nun in voller Härte gegen die glückliche Erinnerung gestellt. Das Bildfeld des »sel'gen Wechselblicks« (*Weltseele*, V. 34), das den Liebesaugenblick beherrscht, greift vor allem im Spätwerk auf mystische Visionsmetaphorik zurück (*West-östli-*

cher Divan). Ein platonisches Element ist dabei schon früh das Motiv der Anamnesis (*Warum gabst du uns die Tiefen Blicke*; *Wiederfinden*). Strukturell findet das Erkennen und Wiedererkennen der Liebenden seine Entsprechung in G.s virtuoser Verwendung der Anagnorisis in seinen Dichtungen (*Stella*; *Lehrjahre* u.ö.). Wie sehr G.s Konzept des Augenblicks die Vergänglichkeit akzeptiert und sie zu überwinden versucht, zeigt sich daran, wie gezielt er die Überforderung des Augenblicks durch menschliche Hybris und die Verwischung seiner quantitativen und qualitativen Dimension im *Faust* problematisiert (vgl. die genau kalkulierte Wettformel aus dem Text von 1808, V. 1699–1706; vgl. später *Faust II*, V. 11581–11586).

Im Anschluß an die europäische Tradition erhält die ästhetische – und wissenschaftliche – Epiphanie bei G. eine eigene Gestalt und Funktion. Eine säkularisierte Visionsmetaphorik in Verbindung mit der antiken Inspirationsvorstellung kennzeichnet den Augenblick als Moment einer künstlerischen Eingebung oder eines plötzlichen Naturerkennens. Die frühe subjektivistische Gegenwartsüberhöhung tritt unter dem Einfluß von G.s Erfahrungen als Naturforscher zurück und wird abgelöst durch den »prägnanten«, »fruchtbaren« Augenblick mit seiner auf die Zukunft gerichteten Dynamik. Bezeichnend hierfür ist G.s Begriff des Aperçu, mit dem im Rückblick sowohl das Ereignis des plötzlichen Erkennens als auch in der Gegenwart das pointierte Formulieren der neuen Einsicht bezeichnet werden kann: die Schau ist Vergangenheit, und ihre darstellerische Umsetzung rückt ins Zentrum der Aufmerksamkeit. Dem subjektiven Augenblick der Eingebung entspricht nun objektiv ein »prägnanter Stoff« (an J.H. Meyer, 6.6. 1797), ein »prägnanter Punct« (WA II, 11, S. 63), an dem sich ein Urphänomen erkennen und dann symbolisch gestalten läßt. Diese Evidenzerfahrung ist für G. weder in der Kunst durch ästhetische Erörterungen noch in der Naturforschung durch experimentelle Falsifikationen zu widerlegen und erhält eine Schlüsselfunktion für seinen objektiven Begriff von Schönheit und sein Kriterium für

den Geltungsanspruch naturwissenschaftlicher Aussagen.

Der Bereich des »flüchtigen« Augenblicks ist für G. das öffentliche Leben. Hier wird der Begriff oft im Sinne von »kurzlebige Mode« oder »oberflächlicher Schein« verwandt. Allerdings kann G. Wendepunkte der Geschichte als »prägnant« bezeichnen. Grundsätzlich jedoch ist gemäß G.s Geschichtsskepsis der Augenblick hier gefährdeter als in anderen Bereichen. Das Verhalten in der politischen Sphäre fordert jene »Klugheit« und berechnende Konsequenz, die in der Liebe, in der Kunst und in der Wissenschaft gegenüber der Intuition abgewertet werden. An Götz, Egmont und Tasso werden die Gefahren eines sorglosen Vertrauens auf die Intuition im Politischen problematisiert. Der herausgehobene Augenblick kann für G. in den Bereichen der Liebe, Kunst und Natur den Rang einer Theodizee erlangen: dem endlichen Menschen die punktuelle Einsicht in eine sinnvolle Ordnung des Kosmos ermöglichen. Dies ist durch äußere Bedrohungen und die permanente Zerstreuung der Aufmerksamkeit im Bereich des öffentlichen Lebens kaum möglich.

Bezeichnend für G.s Auffassung des Augenblicks als Zeitvorstellung ist die Berührung dieser Denkfigur mit der »Empfindung der Vergangenheit und Gegenwart in Eins« (WA I, 28, S. 284), der Erfahrung der Transparenz der Zeiten, in der das »Schaudern«, die Empfindung eines »Gespenstermäßigen« (WA I, 28, S. 284), die Anwesenheit eines »Ewigen« signalisiert.

G. bindet den Augenblick zunehmend in eine zeitliche Kontinuität ein. Parallel hierzu wird die Epiphanie, die im Frühwerk vor allem der auf ihr eigenes Erleben bezogenen Innerlichkeit zugeordnet wurde und in G.s Bildlichkeit mit der Höhlenmetaphorik verknüpft war, zum Konzept einer weltzugewandten Schau; für diese stehen das Motiv des »Bildersaals« der Zeiten, die Metaphorik des Überblicks (Modell: Landschaftsbild) und das Modell des Doppelbildes, in dem zur sinnlichen Wahrnehmung die ergänzende Erscheinungsform des Phänomens hinzugedacht wird (Modell: Komplementärfarben). Von großer

Wichtigkeit ist auch die Fixierung des Augenblicks als Gestalt, als erstarrter Übergang zwischen zwei Zuständen in der Plastik, wie er von der Kunsttheorie des 18. Jhs. als Laokoon-Problem diskutiert worden ist, aber auch in der Natur. Den Begriff des »prägnanten« Augenblicks übernahm G. aus Lessings *Laokoon*-Schrift.

Literatur:

Anglet, Andreas: Der ›ewige‹ Augenblick. Studien zur Struktur und Funktion eines Denkbildes bei Goethe. Köln u.a. 1991. – »Aperçu«. In: GWb, Bd. 1, Sp. 766f. – »Augenblick«. In: GWb, Bd. 1, Sp. 1068–1075. – Lubkoll, Christine: Das Vergehen im Augenblick. Wissen, Liebe und Kunst in Goethes *Faust*. In: dies.: ›... und wär's ein Augenblick‹. Der Sündenfall des Wissens und der Liebeslust von der *Historia* bis zu Thomas Manns *Doktor Faustus*. Rheinfelden 1986, S. 114–203. – Pehnt, Wolfgang: Zeiterlebnis und Zeitdeutung in Goethes Lyrik. Von der Anakreontik bis zur frühen Weimarer Lyrik. Tübingen 1957. – Schadewaldt, Wolfgang: Zu den Begriffen Augenblick – Moment – Stunde. In: ders.: Goethestudien. Zürich 1963, S. 433–446 u. S. 500. – Schmitz, Hermann: Goethes Altersdenken im problemgeschichtlichen Zusammenhang. Bonn 1959, S. 148–167 u. S. 186–179.

Andreas Anglet

Bacon, Francis
(1561–1626)

Schon als Student lehnte Bacon, der mit den Titeln Baron Verulam und Viscount St. Albans als englischer Staatsmann und Philosoph sowie als Begründer des britischen Empirismus in die Geschichte eingegangen ist, die Aristotelische Physik und die deduktive Logik der Scholastik zugunsten einer Erkenntnisreform im Zeichen von Induktion und Erfahrung ab. Seine neue Methode ist im *Novum organum* (1620) dargelegt, das als Teil eines nie vollständig entwickelten philosophischen Systems, der *Instauratio magna*, gedacht war; ein weiterer Hauptteil dieses Werkes, *De aug-*

mentis scientiarum, erschien 1623. Bacons grenzenlose Zuversicht, daß die Naturwissenschaft dem Menschen die Möglichkeit biete, Herr des Universums zu werden, machte ihn zum Wegbereiter der Aufklärung. Seine postum veröffentlichte *Nova Atlantis* (1627) enthält den Entwurf eines utopischen Staates.

Neben dem Denken Spinozas, Kants und Schillers zählte G. Bacons Arbeit über Wissenschaftsmethodologie zu den wichtigsten Einflüssen auf seine eigene philosophische Entwicklung (Gespräche, 2, S. 1105f.). Seine Äußerungen über Bacon sind bis etwa 1800 größtenteils positiv: Noch in seinem Brief vom 21.2. 1798 an Schiller ist u.a. von Bacon die Rede, »zu dem ich abermals ein großes Zutrauen gewonnen habe«. Es ist nicht unwahrscheinlich, daß G. das Werk Bacons zuerst durch Herder kennenlernte, der schon in seiner Jugend den Empirismus Bacons hoch schätzte und später als Gegenmittel gegen den Apriorismus Kants zu empfehlen pflegte (Nisbet 1967, S. 273f.); auf ähnliche Weise hielt G. die Baconische Induktion für methodisch zuverlässiger als das deduktive Theoretisieren Newtons und lobte z.B. die Leistung Robert Boyles, der seine empirischen Forschungen über Licht und Farben anstellte, »ehe Newton auf seine Hypothese fiel und mit derselben ganz antibaconisch dieses Feld tyrannisierte« (an Schiller, 10.2. 1798). G.s eigene Theorie der naturwissenschaftlichen Methode in den Aufsätzen *Der Versuch als Vermittler zwischen Objekt und Subjekt* (1792) und *Erfahrung und Wissenschaft* (1798) ist tatsächlich der Induktionsmethode Bacons weitgehend nachgebildet. G. warnt wie Bacon vor voreiligen Schlüssen, vor jenen »inneren Feinden« (vgl. die »Idola« Bacons in *Works*, Bd. 4, S. 53–66) wie Ungeduld, Selbstzufriedenheit, vorgefaßter Meinung usw., die zur Aufstellung einseitiger Theorien führen, die keinen Rückhalt in der Erfahrung haben (LA I, 3, S. 289f.). Ebenfalls im Gefolge Bacons und im Gegensatz zu Newton – sowie zur modernen Naturwissenschaft – hielt G. dafür, daß die Experimente nicht in erster Linie dazu dienen, vorhandene Theorien oder Hypothesen zu prüfen, sondern vielmehr dazu, durch immer umfassendere Versuchsreihen neue Erkenntnisse in Form eines allgemeinen Satzes oder »höheren Prinzips« zu gewinnen (ebd., S. 295). Solche Sätze oder Prinzipien sind aber keineswegs mit den Gesetzen der Newtonschen oder heutigen Physik gleichzusetzen, denn sie drücken kein mathematisches Größenverhältnis aus; sie enthalten vielmehr eine sprachlich formulierte, allgemeine Definition von Eigenschaften, die einer Reihe verwandter Phänomene zukommen. Nach etwa 1798 wurden diese Vorstellungen bei G. – in deutlicher Abweichung von Bacon – allmählich durch den Begriff des »Urphänomens«, d.h. des exemplarischen, symbolischen Falles in der Erfahrungswelt, abgelöst. G.s an Bacon erinnernde Gleichgültigkeit gegenüber der Mathematik blieb aber für sein naturwissenschaftliches Denken weiterhin bestimmend.

Im Laufe seiner Vorarbeiten für die *Farbenlehre* wurde G. sich der Grenzen von Bacons Philosophie zunehmend bewußt. Schon 1793 bemerkte er, daß es den Menschen nicht leicht falle, ständig »auf dem Wege der reinen Erfahrung« vorzugehen, wie Bacon empfohlen hatte, ohne ihren Beobachtungen die eigenen vorgefaßten Meinungen aufzudrängen (ebd., S. 153), und er behauptete in einem Entwurf für die *Geschichte der Farbenlehre*, daß alle Beobachtungen zwangsläufig durch irgendeine vorher bestehende Theorie oder Absicht geleitet werden. Er setzte hinzu: »Die Lust zu theoretisieren, gegen welche Baco sich so heftig geäußert hatte, kann und darf den Menschen nicht verlassen; und so groß ist die Macht des Gedankens, er sei wahr oder falsch, daß er die Erfahrung mit sich fortreißt« (LA I, 8, S. 186). G.s Äußerungen über Bacon im ersten Jahrzehnt des 19. Jhs. sind dementsprechend negativ. Er nennt ihn z.B. »das Haupt aller Philister« (LA II, 6, S. 337) und verurteilt seine »grenzenlose Empirie« oder »die Verulamische Zerstreuungsmethode« (LA I, 6, S. 143 u. S. 154). Er mißbilligt zugleich Bacons »Unempfindlichkeit gegen Verdienste der Vorgänger« (ebd., S. 142) und nennt ihn einen »Hercules [...] der einen Stall von dialectischem Miste reinigt, um ihn mit Erfahrungsmist füllen zu lassen« (an F. H. Jacobi, 7.3. 1808; vgl.

LA II, 6, S. 63). Bacons Fehler bestand für G. allerdings nicht in seiner empirischen Methode als solcher, sondern in der Einseitigkeit, mit der er sie durchsetzte. Diese Einseitigkeit habe zur Folge, »daß seine Wirkung mehr schädlich als nützlich gewesen« sei (LA I, 6, S. 142).

Negative Urteile dieser Art basieren nicht nur auf G.s wachsender Einsicht in die Untrennbarkeit von Idee und Erfahrung und auf seiner Überzeugung, daß irgendein Leitfaden oder Prinzip – wie der Begriff des Urphänomens – erforderlich sei, um den Beobachter durch das Labyrinth der Erfahrung zu führen, sie ergaben sich auch auf seinen zwischen 1802 und 1805 durchgeführten Forschungen über die Geschichte der britischen Royal Society. Er glaubte, diesen Forschungen entnehmen zu können, die englische Naturwissenschaft besitze seit Bacons Ablehnung jeder früheren Autorität keine Regeln oder Prinzipien mehr, um ihre Beobachtungen planmäßig einzurichten; Bacon sei es tatsächlich gelungen, »das Kind mit dem Bade auszuschütten« (ebd., S. 147). Das Forschungsprogramm der Royal Society sei infolgedessen völlig unsystematisch, »ohne Plan und Maßregel«, wobei sich neue und einseitige Theorien und Hypothesen unbemerkt einschleichen konnten. Die einflußreichste und schädlichste dieser Theorien sei Newtons Theorie von der Entstehung der Farben durch Brechung des Lichtstrahles (vgl. ebd., S. 246–251). Es erhellt daraus, daß G.s Feindschaft gegenüber Bacon in der Zeit der *Farbenlehre* durch die Überzeugung verstärkt wurde, daß der Erfolg von Newtons Chromatik indirekt auf Bacons Einfluß zurückzuführen sei.

Trotz solcher negativen Äußerungen gab G. in der *Geschichte der Farbenlehre* zu, daß Bacons Schriften »ein großer Schatz für die Nachwelt« sind (ebd., S. 143). Aus der distanzierten Perspektive seiner letzten Jahre wurde ihm ein ausgewogenes Urteil noch leichter; 1831 stellte er fest, Bacons wichtigster Beitrag zur Wissenschaft sei seine empirische und analytische Methode gewesen: »Und hat er nicht durch eben diese gewaltig vorgetragene Lehre viel gewirkt? und wirkt er nicht noch auf das herrlichste, wenn wir die Einseitigkeit seiner Lehre begreifen und den Geist gleichfalls wirken lassen, indem wir zugleich erfahren und untersuchen« (LA I, 10, S. 295).

Literatur:

Bacon, Francis: Works. Hg. von James Spedding u.a. 14. Bde. London 1857–1874. – Hennig, John: A Note on Goethe and Francis Bacon. In: MLQu. 12 (1951), S. 201–203. – Nisbet, Hugh Barr: Herder and Francis Bacon. In: MLR. 62 (1967), S. 267–283. – Ders.: Goethe and the Scientific Tradition. London 1972, S. 23–47.

Hugh Barr Nisbet

Balsamo, Giuseppe

(1743–1795)

Giuseppe Balsamo, geboren 1743 in Palermo, gestorben 1795 in der Festung San Leo, war den Zeitgenossen und ist der Nachwelt eher als Graf Cagliostro bekannt: Conte Alessandro di Cagliostro. Obgleich sich sowohl dieser Name als auch das Adelsprädikat in der Verwandtschaft bzw. der Familiengeschichte findet, war das so obskure wie brillante Rollenspiel Cagliostros – er benutzte auch andere Pseudonyme – nicht frei von Bedenklichkeiten. Der Nachweis seiner wahren Identität bzw. seiner Betrugsmanöver verabsäumt indes die Erklärung seines Erfolgs. Daß gerade ein römisches Inquisitionsgericht zu seiner »völligen Entlarvung« und damit zur »Aufklärung der Welt« (WA I, 31, S. 131; vgl. Barberi) beigetragen hatte, belustigte schon G., der sich als einer der wenigen seiner Zeit um ein komplexeres Verständnis der »famosen Hexen Epoche« (an Charlotte von Stein, 4.?8. 1787) bemühte, nämlich zu begreifen, »wodurch seit einigen Jahren unsre Zeit, aller ihrer gerühmten Aufklärung zu Trotz, auf einmahl in die dickste Verfinsterung der barbarischen Jahrhunderte zurück zu stürzen scheint« (Wieland, S. 89). Bis in die jüngste Zeit hatte die For-

schung G.s intensive Beschäftigung mit dem letzten und zweifelsohne dubiosen Großmeister der Magie als biographisches Kuriosum abgehakt, hatte sein (mißratenes) *Groß-Cophta*-Lustspiel so wie auch Schillers (erfolgreichen) *Geisterseher*-Roman – durch den Cagliostro gleich in doppelter Gestalt als »Armenier« und als »Sizilianer« spukt – nicht ernst genommen. Von Cagliostros literarischem Nachwirken bei den Romantikern und in zahlreichen trivialen Genres (Alexandre Dumas u.a.) bis ins 20. Jh. kann hier nicht gehandelt werden. Sowohl G.s Kritik der Aufklärung als auch seine Sicht der Französischen Revolution sind mit seiner Cagliostro-Deutung eng korreliert. Zum einen wird für G. »ein gewisser Aberglaube an dämonische Menschen niemals aufhören« (WA I, 35, S. 230), zum anderen erscheint ihm die Pariser Halsbandaffaire, deren Symbolfigur der allerdings zu Unrecht beklagte Cagliostro war, als »prägnanter Punct« (vgl. WA II, 11, S. 63 u. WA II, 8, S. 166), von dem er, Jahre vor Valmy, eine »Umkehrung der Welthistorie« (Gespräche, 2, S. 1138) ableiten konnte: eine klassische »Abduktion« im Sinne Charles Sanders Peirces wie u.a. bei Entdeckung der »Urpflanze«.

Am 3.3. 1781 berichtet Johann Caspar Lavater dem wißbegierigen G. von seinem Straßburger Treffen mit Cagliostro, dieser sei »ein höchst origineller, kraftvoller, unerhabner und in gewissem Betracht unaussprechlich gemeiner Mensch; ein Parazelsischer Sternnarr, ein hermetischer Philosoph – ein Arkanist – ein Antiphilosoph« (SchrGG. 16, S. 152f.). G. hatte sich jedoch von seinem jugendlichen Mystizismus gelöst, und über der Auseinandersetzung bezüglich Cagliostro kommt es zum Bruch mit dem Züricher »Hexenmeister«, wie G. Lavater nun selber tituliert: »Glaube mir, das Unterirdische geht so natürlich zu als das Überirdische, und wer bei Tage und unter freyem Himmel nicht Geister bannt, ruft sie um Mitternacht in keinem Gewölbe« (an Lavater, 22.6. 1781). Die Unterminierung der »moralischen und politischen Welt« (ebd.), die G. im vorrevolutionären Jahrzehnt mehr und mehr irritierte – und ihn u.a. auch zur »Flucht« nach Italien bewog (WA I, 30, S. 20) –, veranlassen ihn nicht nur, eine zeitgemäße Opera buffa zu konzipieren, die die Halsbandaffäre zum Vorwurf nimmt (an Kayser, 14.8. 1787), sondern auch weiter nach Cagliostro zu forschen, als er in Palermo gerüchteweise von dessen Herkunft erfährt. Das »sonderbare Abenteuer« (WA I, 30, S. 126), wie er sich Kenntnis von Cagliostros Stammbaum und Zugang zur Familie Balsamo verschaffte, hat G. selber mehrfach dargeboten; zunächst 1792 in Bd. 1 der *Neuen Schriften* zusammen mit dem *Groß-Cophta* und dem *Römischen Carneval*, dann 1817, mit einigen Varianten, im zweiten Teil der *Italienischen Reise* (Palermo, den 13. u. 14.4. 1787); G. hat auch *Des Joseph Balsamo, genannt Cagliostro, Stammbaum* am 23.3. 1792 in der Weimarer Freitagsgesellschaft vorgelesen und dabei Geld für die bedürftige Familie Balsamo gesammelt. Vor allem die Erstveröffentlichung des Aufsatzes besaß ohne Zweifel politische Funktionen, nämlich vor dem »Wahnsinn« und den »gespensterhaften« Folgen der Revolution (WA I, 35, S. 11) zu warnen, die G. nicht als eine Frucht der Aufklärung, sondern der »Dämmerung« verstand (WA I, 17, S. 154), in der Cagliostro und Konsorten ihr Unwesen treiben konnten; und jener war in der Tat nicht der einzige »Wundermann«: Johann Joseph Gaßner, Johann Georg Schrepfer, Saint-Germain, auch Franz Mesmer u.a. sind zu nennen (vgl. G. an Esenbeck, 23.7. 1820).

In Sizilien, der Magna Graecia, wo G. nicht nur das in seinen botanischen Studien entwickelte »Modell« (Urpflanze) auf »alles übrige lebendige« (an Charlotte von Stein, 8.6. 1787; WA I, 31, S. 147f.) zu übertragen hoffte, sondern wo er auch dem antiken Ursprung am nächsten zu sein glaubte, mußte eine »monströse« Erscheinung wie die Cagliostros G.s Verstand besonders provozieren, denn zufällig ist es nicht, »daß einer aus dieser oder jener Nation, Stamm oder Familie sein Herkommen ableite« (WA I, 41.1, S. 217). Der Stammbaum Giuseppe Balsamos, den er eigenhändig von einem Palermitaner Advokaten abzeichnete, der für die französische Regierung recherchierte, bot die »natürliche« Grundlage dafür, das Abnorme normal erscheinen zu lassen

(WA II, 6, S. 173f.), den mystischen »Schleier«, den Cagliostro über seine Abstammung warf (vgl. Borowsky), zu zerreißen. So wie G. pflanzliche Monstra als Versuche wertet, »welche die Natur zu Gunsten des Beobachters anstellt« (WA II, 7, S. 158), gewinnt er dem Cagliostro-Syndrom einen geschichtlichen Sinn ab. Einer sozial- bzw. mentalitätsgeschichtlichen Revolutionsforschung, die sich der »basses Lumières« (Baczko, S. 784) annimmt, erscheint heute G.s Verklammerung von Bewußtseinskrise und Staatsumsturz, von falschem Prophetentum und Revolutionsschwärmerei plausibler als einer hegelianisch inspirierten. Das Postulat der Gemütsfreiheit, wie es G. im *Groß-Cophta* zu realisieren sucht und zusammen mit Schiller zur Gattungsbestimmung der »reinen Komödie« nutzt (WA I, 40, S. 69), zieht den Anteil des Unvernünftigen in der Geschichte in Betracht, der Figuren wie Cagliostro und Napoleon in gleicher Weise, nur mit unterschiedlicher Wertung, als dämonisch bzw. diabolisch (vgl. WA II, 6, S. 174) erscheinen läßt.

Der Scharlatan ist freilich nur Katalysator für die menschliche Verführbarkeit überhaupt: »Die Menschen lieben die Dämmerung mehr als den hellen Tag, und eben in der Dämmerung erscheinen die Gespenster« (WA I, 17, S. 154). G. erkennt die Wirkungsmöglichkeiten Cagliostros aber auch in der zeitgenössischen Kommunikationssituation (vgl. WA I, 35, S. 230), konnte sich dieser doch durch Mobilität und Arkanprinzip leicht jeder Kontrolle entziehen und »wechselweise im Süden, Norden, Westen seine Taschenspielereien treiben« (ebd.). Allerdings produzieren die aufklärerischen Medien – durch Überthematisierung – auch selber den Mythos Cagliostro; dies eine andere Aufklärungsdialektik als die von Max Horkheimer und Theodor W. Adorno ermittelte. Angesichts der weit verbreiteten Freimaurerei mit all ihren okkulten Ritualen, Graden und Traditionen darf Cagliostros Stiftung einer »ägyptischen« Loge keineswegs als absonderlich betrachtet werden; daß er Frauen aufnahm, war revolutionär (vgl. von der Recke). Auch wenn er dabei betrügerische Zwecke verfolgte, funktionierte sein System nicht wesentlich anders als das anderer Geheimgesellschaften. Man vergleiche hierzu nur etwa Mozarts ägyptisierende *Zauberflöte*. Dadurch, daß G. die Ambivalenz des »Kophtischen Wesens« (an Jacobi, 7.3. 1808) im *Groß-Cophta* darstellte, verscherzte er sich die Sympathie eines »großen respectablen Theils des Publicums« (WA I, 33, S. 263), zumal als die gegenrevolutionäre Tendenz des 1787 begonnenen Stückes deutlich wurde. Dessen Aktualität verblaßte, während ein anderer Magier weltliterarische Karriere machte: Faust, der vor der Veröffentlichung des G.schen Meisterwerks als der »Cagliostro seiner Zeiten« (*Allgemeine deutsche Bibliothek*, Bd. 107 [1792], S. 535) galt.

Literatur:

Baczko, Bronislaw: Lumières. In: Furet, François/ Ozouf, Mona (Hg.): Dictionnaire critique de la Révolution française. Paris 1988, S. 776–785. – Barberi, Giovanni: Compendio della vita e della gesta di Giuseppe Balsamo denominato il conte Cagliostro. Rom 1791. – Borowsky, Ludwig Ernst: Cagliostro, einer der merkwürdigsten Abenteurer unsres Jahrhunderts. Königsberg ²1790. – Brunet, Philippe: Cagliostro. Biographie. Paris 1992. – Dalbian, Denyse: Le comte de Cagliostro. Paris 1983. – Darnton, Robert: Mesmerism and the End of Enlightenment in France. Cambridge/Mass. 1968. – Frick, Karl R. H.: Licht und Finsternis. Gnostisch-theosophische und freimaurerisch-okkulte Geheimgesellschaften bis an die Wende zum 20. Jahrhundert. 2 Bde. Graz 1975 u. 1978. – Kiefer, Klaus H.: Wiedergeburt und Neues Leben. Aspekte des Strukturwandels in Goethes *Italienischer Reise*. Bonn 1978. – Ders.: Okkultismus und Aufklärung aus medienkritischer Sicht. Zur Cagliostro-Rezeption Goethes und Schillers im zeitgenössischen Kontext. In: Richter, Karl/Schönert, Jörg (Hg.): Klassik und Moderne. Die Weimarer Klassik als historisches Ereignis und Herausforderung im kulturgeschichtlichen Prozeß. Walter Müller-Seidel zum 65. Geburtstag. Stuttgart 1983, S. 207–227. – Ders. (Hg.): Cagliostro – Dokumente zu Aufklärung und Okkultismus. München u. a. 1991. – Ders.: Fiction et réalité. Aspects de la réception de Cagliostro du 18ᵉ siècle à nos jours. In: Gallingani, Daniela (Hg.): Presenza di Cagliostro. Atti del Convegno Internazionale San Leo, 20, 21, 22 Giugno 1991. Firenze 1994, S. 423–452. – Recke, Elisa von der: Nachricht von des berüchtigten Cagliostro Aufenthalte in Mitau. Berlin, Stettin 1787. – Wieland,

Christoph Martin: Über den Hang der Menschen an Magie und Geistererscheinungen zu glauben (1781). In: ders.: Sämmtliche Werke. Hg. von der Hamburger Stiftung zur Förderung von Wissenschaft und Kultur in Zusammenarbeit mit dem Wieland-Archiv und Hans Radspieler. Bd. 24. Hamburg 1984, S. 71–92.

Klaus H. Kiefer

Bauern

Ländliche Lebenswelt lag trotz des väterlichen Garten- und Weinbergbesitzes außerhalb der Erfahrungssphäre des jungen G. Erst in der Straßburger Zeit, angeregt durch Johann Gottfried Herders Hinweise auf die Volkspoesie, vor allem aber durch die Besuche in Sesenheim, ergaben sich erste Berührungen. Frühe literarische Spuren finden sich in Szenen des *Götz von Berlichingen* und in den *Leiden des jungen Werthers*.

Mit dem Übergang nach Weimar öffneten sich neue Bereiche durch zahlreiche Ausritte an der Seite des jungen Carl August, durch Jagden, durch Besuche auf nahegelegenen Sommersitzen und benachbarten Gütern, durch Gespräche, die der Forst- und Landwirtschaft galten. Ganz konkrete Einblicke in dörfliche Existenz ergaben sich zunächst an Extremfällen. G.s Tagebuch von 1776 verzeichnet allein von April bis Juni fünf Brandkatastrophen: »Feuer in Ulrichshalben. wo 21 Häußer und 1 Mann verbrannt« (16.4. 1776), am 22. Mai vernichtete ein Feuer das ganze Dorf Nekkerode (an Auguste Gräfin zu Stolberg, 17.–24.5. 1776; Tagebuch, 22.5., 1., 14., 21.6. 1776). Carl August eilte zumeist selbst an die Brandstelle, G. war dabei oft an seiner Seite oder auch an seiner Stelle (vgl. Corpus I, Nr. 135, Nr. 142, Nr. 161; VI b, Nr. 175).

Die Tätigkeit im Geheimen Consilium (seit Juni 1776) erschloß G. die ländliche Struktur des Fürstentums, insbesondere den Zusammenhang zwischen Staatsfinanzen (Kammervermögen und Landschaftskasse) und bäuerlichen Abgaben. Erkennbar wurde auch der latent vorhandene Konfliktstoff zwischen Gütern (vorrangig Kammergütern) und bäuerlichen Gemeinden (über 80% der landwirtschaftlichen Nutzfläche waren Bauernäcker, die aber von den Schafherden der Güter beweidet wurden). – Im Februar 1777 ging G. »In der Bauer Masque auf die Red. [Redoute; d. Vf.]« (Tagebuch, 11.2. 1777). Vermutlich entstand aus diesem Anlaß das Gedicht »Durchlauchtigster! / Es nahet sich / Ein Bäuerlein demüthiglich« (WA I, 4, S. 205). Der Bauernstand wird darin des Herzogs »bestes Gut« genannt.

Mit der Übernahme der Kriegs- und der Wegebaukommission 1779, insbesondere aber durch die Leitung der fürstlichen Kammer ab 1782 ergaben sich weitere, tiefere Einblicke. G. notierte aus Gesprächen mit dem Dornburger Amtmann: »Klage über Mangel der Viehzucht und ausgedehnten Trifft der Pächter« (Tagebuch, 5.3. 1779). In einem Brief an Karl Ludwig von Knebel reflektierte G. seine Erfahrungen aus der Kenntnis des Amtes Ilmenau: »So steig ich durch alle Stände aufwärts, sehe den Bauersman der Erde das Nothdürftige abfordern, das doch auch ein behäglich auskommen wäre, wenn er nur für sich schwizte. Du weißt aber wenn die Blattläuse auf den Rosenzweigen sitzen und sich hübsch dick und grün gesogen haben, dann kommen die Ameisen und saugen ihnen den filtrirten Safft aus den Leibern. Und so gehts weiter, und wir habens so weit gebracht, daß oben immer in einem Tage mehr verzehrt wird, als unten in einem beygebracht/organisirt werden kann« (17.4. 1782). Ein schwerwiegender Satz findet sich in einem Brief an das Ehepaar Herder: »Das arme Volck muß immer den Sack tragen und es ist ziemlich einerley ob er ihm auf der rechten oder lincken Seite zu schweer wird« (20.6. 1784). G. verhandelte zu dieser Zeit mit den Eisenacher Landständen wegen Übernahme der Weimarer Finanzreform von 1783, die Ausgaben und Einnahmen zwischen der fürstlichen Kammer und der Landschaftskasse partiell neu abstimmte, um der drückenden Verschuldung der Kammer zu begegnen. Die Haupteinnahmen der Kammer (außer Pachtgeldern) waren alte Steuern und »Erbzinsen« der Bauern, Einnahmen der Landschaftskasse waren die von den Landständen bewilligten Grundsteuern der bäuerlichen Grundbesitzer. Die Bauernschaft, zusätzlich belastet durch Frondienste sowie durch die feudalen Weide- und Jagdrechte, trug beide Staatskassen. »Man beschreibt den Zustand des Landmanns kläglich und er ist's gewiß, mit welchen Übeln hat er zu kämpfen« (G. an Carl August, 26.12. 1784). Zuvor hatte G. den Fürsten gebeten, nach seiner Rückkehr die Wildschweinherde des Ettersberges, die die Felder rundum verwüstete, der Tafel aufzuopfern.

Besonders in den 70er Jahren waren die Bauern Zielgruppe physiokratischer Reformprojekte, mit denen die Staatskassen saniert werden sollten. Für Sachsen-Weimar wurden solche Tendenzen vor allem durch die Korrespondenz mit Johann Heinrich Merck sichtbar. »Wir kommen endlich hier an die Zerschlagung der Güter, die bey Euch etwas gemeines ist« (G. an Merck, 13.2. 1785). G.s Frage richtete sich auf das spezielle hessisch-darmstädtische Verfahren, das Merck sehr gerühmt hatte. Es erwies sich jedoch für Weimar als nicht geeignet, da der mit sehr hohen Kosten erworbene bäuerliche Besitz »weder erb noch eigenthümlich [...] noch auf einen Erbbestand« ausgegeben wurde (G. an Carl August, 15.3. 1785), in seiner Besitzqualität somit weit unter den hiesigen guten Eigentumsrechten lag. Bäuerliche Bodenkäufe über die Zerschlagung von Gütern hat es im Fürstentum Weimar im 18. Jh. mehrfach gegeben, häufiger jedoch erst in den 90er Jahren. Ebenso gab es Begrenzungen und Ablösungen von Frondiensten für einzelne Gemeinden, an denen G. zum Teil mitgewirkt hatte.

Mit der Übernahme neuer Aufgabenbereiche nach 1788 wurden G.s Äußerungen über Bauern seltener. 1795 notierte er für einen Vortrag unter dem Stichwort Landesökonomie »Zerschlagung herrschaftlicher und Rittergüter Ausgleichung der Triften, der Frohnen Erhöhung der Preise aller Victualien zum Vortheil des Landmanns« (WA I, 53, S. 489). Das betraf gegenwärtige Vorgänge. Dennoch hatte

G. widerraten, als die Kammergüter Unter-
pörlitz und Heyda im Amt Ilmenau an die dortigen Gemeinden verkauft werden sollten. Er
meinte, daß man nach einigen Jahren einen
viel höheren Kaufertrag aus den steuerfreien
(bisher herrschaftlichen) Grundstücken erzielen könne (an Voigt, 1.5. 1794); denn für Ilmenau stand eine neue Steuerordnung in Aussicht, die den Steuergrundbetrag (eine »ganze
Steuer« oder ein »Steuertermin«) für die Amts-
dörfer insgesamt von bisher 67 Rtlr. auf 246
Rtlr. anhob. Eine in das Amtsgebiet entsandte
Militäreinheit demonstrierte den Nachdruck,
der hinter der neuen Ordnung stand. »Wir
müssen zum erstenmal recht derb auffallen,
damit sie lernen was das heiße eine zehnjährig
vorbereitete Anstalt auf Bauernweise retardie-
ren zu wollen« (G. an Voigt, 30.8. 1796). Neue
Aspekte der Grundbesteuerung kamen 1796
auch in *Wilhelm Meisters Lehrjahren* zur Sprache: »Was hat der Bauer in den neuern Zeiten,
wo so viele Begriffe schwankend werden, für
einen Hauptanlaß, den Besitz des Edelmanns
für weniger gegründet anzusehen, als den seinigen? nur den, daß jener nicht belastet ist,
und auf ihn lastet« (8. Buch, 2. Kap.; WA I, 23,
S. 146). Vorausgesetzt hatte Lothario: »Mir
kommt kein Besitz ganz rechtmäßig, ganz rein
vor, als der dem Staate seinen schuldigen Theil
abträgt« (ebd., S. 145). Dahinter standen die
Kriegsanlagen von 1795, zu denen auch die
Rittergüter herangezogen wurden; mit einer
(reduzierten) Grundsteuer wurden sie ab 1821
belegt. – Das Bild einer ländlichen Gemeinde,
die in einer Notsituation Ordnung und Zusammenhalt wahrt, zeichnete G. in *Herrmann und
Dorothea* (1797). In den späteren Jahren gibt
es kaum noch Bemerkungen über Bauern. Eine
Ausnahme bildet der Dornburger Aufenthalt
von 1828, wo G. mit Aufmerksamkeit auch
seine ländliche Umwelt wahrnahm. Sie zeige
sich ihm »wie vor funfzig Jahren und zwar in
gesteigertem Wohlseyn« (G. an Beulwitz, 18.7.
1828). Mit der Verfassung von 1816 hatten die
Bauern als Stand Landtagsfähigkeit im Großherzogtum Sachsen-Weimar-Eisenach erlangt.

Literatur:

Eberhardt, Hans: Goethes Umwelt. Weimar 1951. –
Franz, Günther: Johann Heinrich Merck als land-
wirtschaftlicher Berater des Herzogs Carl August
von Sachsen-Weimar. In: Berglar, Peter (Hg.): Staat
und Gesellschaft im Zeitalter Goethes. Festschrift
für Hans Tümmler zu seinem 70. Geburtstage. Köln,
Wien 1977, S. 255–272. – Gothe, Rosalinde: Goethe,
Carl August und Merck. Zur Frage der Reforman-
sätze im Agrarbereich. In: GoetheJb. 100 (1983),
S. 203–218. – Dies.: Das Verhältnis von Eigentum,
Zins und Steuer in der Weimarer Revisionsinstruk-
tion von 1726. In: Jb. für Geschichte des Feuda-
lismus. 11 (1987), S. 321–351. – Dies.: Das Hinterland des klassischen Weimar – Besitzrecht und
Handlungsfreiheit in den altweimarischen Landen.
In: John, Jürgen (Hg.): Kleinstaaten und Kultur in
Thüringen vom 16. bis 20. Jahrhundert. Weimar u.a.
1994, S. 205–220. – Sagave, Pierre Paul: Ideale und
Erfahrungen Goethes im ersten Weimarer Jahr-
zehnt. In: GoetheJb. 93 (1976), S. 105–115.

Rosalinde Gothe

Beethoven, Ludwig van
(1770–1827)

Das künstlerische und persönliche Verhältnis
zwischen G. und dem 21 Jahre jüngeren Beethoven ist seit der Vormärzzeit von Legenden
entstellt, aus denen man immer wieder unangemessene Folgerungen gezogen hat. Demnach hätten bei der Begegnung 1812 in Teplitz
ein plebejischer Revolutionär neben einem
Hofmann oder – so Nietzsche im Aphorismus
103 seiner *Fröhlichen Wissenschaft* – »Volk neben Adel«, »der Phantast neben dem Künstler«
gestanden, unter denen keine rechte Verständigung möglich gewesen sei, und G. habe sich
gegen den Jüngeren, dessen Wesen eine Gefahr für ihn bedeutete, bewußt verschlossen.
In Wirklichkeit trafen hier jedoch weniger
zwei entgegengesetzte Lebens- und Kunstan-
schauungen aufeinander als vielmehr zwei autonom gewordene Künste mit unterschiedlichen, auch regional getrennten Traditionsbe-
reichen; selbst auf dem gemeinsamen Gebiet
der Vokalmusik gab es einen verborgenen

Streit um den Primat. Beethoven war außerdem so sehr Instrumentalmusiker, daß er auch seine Liedkompositionen gewissermaßen instrumental anlegte; von einem bewußten Anschmiegen an den Text, wie G. es sich wünschte, konnte bei ihm nicht die Rede sein. Die größte Annäherung an den Dichter hatte er in seiner *Egmont*-Musik erreicht, gerade weil hier der Musik keine feste Form vorgegeben war und sie ihrem eigenen Gesetz folgen konnte.

Allem Anschein nach hörte G. erstmals 1807 eine Arie von Beethoven, vielleicht ohne den Namen des Komponisten zu erfahren. Im mittleren und nördlichen Deutschland waren bis 1810, als E. T. A. Hoffmanns Besprechung der 5. Symphonie erschien, Beethovens Kompositionen wenig bekannt; im Publikum schätzte man ihn, seit seinem Berlin-Besuch 1796, als einen phantasievollen Klavierspieler. Nur unter Fachleuten und romantischen Dichtern verbreitete sich langsam ein esoterischer Ruhm. Im Sommer 1810 drang in Wien Bettina Brentano zu dem Meister vor, der sich seit zwei Jahren intensiv mit Dichtungen G.s beschäftigt und gerade mehrere Lieder sowie seine Musik zum *Egmont* vollendet hatte – letztere zwar auf Bestellung der Hoftheater-Direktion, doch ohne Honorar, allein aus Liebe zum Dichter. Durch Bettina ermuntert, schickte Beethoven Ende April 1811 mit dem Wiener Freund Franz von Oliva einen verehrungsvoll-herzlichen Brief nach Weimar, auf den wenig später eine freundliche Antwort erfolgte. G. hatte bei dieser Gelegenheit durch Oliva zum ersten Mal Beethovensche Klavierwerke gehört, freilich ohne mit ihnen viel anfangen zu können. Die angekündigte *Egmont*-Musik erhielt er Anfang 1812 und empfing von ihr, besonders von dem Melodram des letzten Aktes (*Süßer Schlaf*), einen tiefen Eindruck.

Die von beiden Seiten gewünschte Begegnung kam im Juli 1812 in Teplitz zustande, wohin Beethoven seiner fortschreitenden Taubheit wegen zur Kur geschickt war und wohin G. der lungenkranken Kaiserin Maria Ludovica zuliebe von Karlsbad anreiste. Einige Tage nach seiner Ankunft suchte er Beethoven auf und berichtete noch am selben Abend seiner Frau nach Karlsbad, übrigens mit einem deutlichen Seitenblick auf das dortige Adelspublikum: »Zusammengefaßter, energischer, inniger habe ich noch keinen Künstler gesehen. Ich begreife recht gut wie er gegen die Welt wunderlich stehn muß« (19.7. 1812). Nachdem er an zwei Abenden Beethoven am Klavier gehört und im Tagebuch vermerkt hatte: »Er spielte köstlich« (21.7. 1812), faßte G. sechs Wochen später, am 2. September, seinen Gesamteindruck gegenüber Carl Friedrich Zelter so zusammen: »Sein Talent hat mich in Erstaunen gesetzt; allein er ist leider eine ganz ungebändigte Persönlichkeit [...] Sehr zu entschuldigen ist er hingegen und sehr zu bedauern, da ihn sein Gehör verläßt, das vielleicht dem musikalischen Teil seines Wesens weniger als dem geselligen schadet. Er, der ohnehin lakonischer Natur ist, wird es nun doppelt durch diesen Mangel«. Beethoven war von der Begegnung erfreut, ärgerte sich aber über G.s häufigen und vertrauten Umgang mit dem Hof der Kaiserin; er schrieb nach Leipzig: »Goethe behagt die Hofluft zu sehr, mehr als es einem Dichter geziemt. Es ist nicht viel mehr über die Lächerlichkeit der Virtuosen hier zu reden, wenn Dichter, die als die ersten Lehrer der Nation angesehen sein sollten, über diesen Schimmer alles Andere vergessen können« (an Breitkopf und Härtel, 9.8. 1812).

Alle weiteren Details von dem Zusammentreffen – wie daß Beethoven dem zuhörenden G. seine Rührung als unkünstlerisch verwiesen habe oder daß bei einer Begegnung mit dem kaiserlichen Hof G. demütig zur Seite getreten, Beethoven jedoch mit untergeschlagenen Armen quer durch die Gesellschaft gegangen sei – gehören ins Reich der Fabel. Es sind Erdichtungen Bettinas, die gleich nach G.s Tod unbedenklich Beethoven zum Sprachrohr ihrer Künstlerauffassung und ihres vormärzlichen Demokratismus gemacht hat. Beethoven selber behielt das Zusammentreffen in dankbarer Erinnerung; er rühmte noch 1822 G.s menschlichen Takt (»Was hat der große Mann da für Geduld mit mir gehabt! Was hat er an mir getan!«), er bestätigte den nachhaltigen Eindruck seiner Dichtungen (»Er hat den Klopstock bei mir totgemacht. [...] Es läßt sich keiner so gut komponieren wie er. Ich schreibe nur nicht gern Lieder«), und er zeigte sich von der Idee fasziniert, den *Faust* in der Art der *Egmont*-Musik zu komponieren (»Das wär ein Stück Arbeit! Da könnt es was geben!«), obschon wissend, daß ihm dazu nach Abschluß der 9. Symphonie und der *Missa solemnis* keine Zeit mehr bleiben werde (zu Friedrich Rochlitz, Juni 1822; zit. nach Braun, S. 67).

Aus G.s Bericht an Zelter spricht ein tiefes Gefühl für Beethovens menschliche und künstlerische Persönlichkeit. Dem Dichter blieb jedoch, so sehr er sich um moderne Vokalkompositionen bemühte – ab 1814 ließ er den *Egmont* in Weimar mit Beethovens Musik spielen, 1816 setzte er den *Fidelio* ins Repertoire –, die neuere Instrumentalmusik im Grunde unzugänglich und wohl auch unheimlich. Ihre Technik motivischer Arbeit schien ihm die auf dem Gesang beruhende Naturordnung der Musik zu negieren. Eine Bemerkung zu Sulpiz Boisserée Anfang Mai 1811, während sie dem Olivaschen Klavierspiel zuhörten und gleichzeitig Philipp Otto Runges *Tageszeiten* betrachteten – »das will alles umfassen und verliert sich darüber immer ins Elementarische« (Gespräche, 2, S. 648) –, gemahnt ein wenig an die Verstörung, die G. angesichts der Französischen Revolution empfunden hatte: »als wollte die Welt, die gestaltete, rückwärts / Lösen in Chaos und Nacht sich auf und neu sich gestalten« (WA I, 50, S. 266). In den letzten zwanzig Jahren seines Lebens hat er öfters Beethovensche Klaviermusik gehört – von dem Weimarer Regierungsrat Friedrich Schmidt, von auswärtigen Besuchern, vielleicht auch vom Kapellmeister Johann Nepomuk Hummel –, ohne jemals ein Gefühl der Befremdung loszuwerden. 1830 spielte ihm Felix Mendelssohn-Bartholdy gar den Ersten Satz der 5. Symphonie vor: »Das berührte ihn ganz seltsam. Er sagte erst: ›Das bewegt aber gar nichts‹ – ›Das macht nur staunen‹ – ›Das ist grandios!‹ Und dann brummte er so weiter und fing nach langer Zeit wieder an: ›Das ist sehr groß, ganz toll; man möchte sich fürchten, das Haus fiele ein – und wenn

Das nun alle Menschen zusammenspielen!‹« (Bode, S. 268). Im Bericht des 80jährigen an Zelter hieß es jedoch nur: »Von der Bachischen Epoche heran, hat er mir wieder Heyden, Mozart und Gluck zum Leben gebracht; von den großen neuern Technikern [neben Beethoven war noch Karl Maria von Weber gespielt worden; d. Vf.] hinreichende Begriffe gegeben« (an Zelter, 3.6. 1830).

Literatur:

Benz, Richard: Goethe und Beethoven. Leipzig 1944. – Bode, Wilhelm: Die Tonkunst in Goethes Leben. Bd. 2. Berlin 1912. – Braun, Felix (Hg.): Beethoven im Gespräch. Leipzig 1952. – Deutsch, Otto Erich: Beethovens Goethe-Kompositionen. In: JbSK. 8 (1929/30), S. 102–133. – Leitzmann, Albert: Beethoven und Bettina. In: Deutsche Revue. 43 (1918). Bd. 1, S. 110–121. – Moser, Hugo: »Beethoven«. In: ZASTRAU, Bd. 1, Sp. 951–957. – Nagel, Willibald: Goethe und Beethoven. Langensalza 1902. – Rolland, Romain: Goethe et Beethoven. In: Europe (Paris) 1927, 15.5. u. 15.6.; dt. Übersetzung in: JbSK. 7 (1927/28), S. 9–74.

Günter Hartung

Befreiungskriege

G. beurteilte die Befreiungskriege aus einer Perspektive, die für die späteren, von der Nationalidee geprägten Generationen befremdlich war; er stand ihnen eher ablehnend gegenüber.

Zwischen 1812 und 1815 befreiten sich die europäischen Staaten und Völker von der napoleonischen Herrschaft. Den Auftakt bildete die Niederlage der »Großen Armee«, die im Mai 1812 mit gut 500000 Mann nach Rußland aufgebrochen war und am Jahresende, auf ein Zehntel zusammengeschrumpft, über die ostpreußische und polnische Grenze zurückkehrte. Ende März 1814 standen alliierte Truppen in Paris und zwangen den französischen Kaiser abzudanken. In der Zwischenzeit war das napoleonische Bündnissystem, das ganz

Mitteleuropa umspannt hatte, zerfallen, und aus Verbündeten waren Kriegsgegner geworden. Der Zar, der österreichische Kaiser und der preußische König hatten eine Koalition gebildet, der in der Völkerschlacht bei Leipzig (16.–18.10. 1813) der entscheidende Sieg gelang. Die Rheinbundstaaten hatten sich, als die Kriegsalliierten nach Westen vorrückten, von ihrem Protektor losgesagt.

Der Krieg zur Befreiung Europas war im wesentlichen ein von den Regierungen gelenkter und von ständigen Verhandlungsofferten der Alliierten begleiteter Kabinettskrieg, bei dem besonders der österreichische Außenminister Clemens Lothar Fürst von Metternich als maßvoller Vermittler fungierte. Napoleon hatte seinen Sturz nicht zuletzt der eigenen starren Verweigerungspolitik zu verdanken. Einen kompromißlosen Volkskrieg gegen Frankreich wollten besonders die Wortführer eines preußisch-deutschen Patriotismus entfesseln, allen voran Generalleutnant August Neidhardt Graf von Gneisenau. Die Erhebung gegen den Imperator sollte nach dem Willen dieser Patrioten gleichzeitig der Erringung innenpolitischer Freiheit und Gleichheit dienen, der Befreiungskrieg der Staaten ein »Freiheitskrieg« der Völker werden. Die alliierten Regierungen fürchteten und unterdrückten jedoch revolutionäre Konsequenzen dieser Art.

G.s ablehnende Haltung gegenüber den Befreiungskriegen gründete zum einen in seiner Friedensliebe. Politische Stabilität und Ordnung sah er durch den Rheinbund gewährleistet und durch die Kontinentalpolitik, die die Dominanz Frankreichs sichern sollte, weiter gefestigt. Im Unterschied zu Carl August, aber in Übereinstimmung mit weimarischen Regierungskollegen nahm er an dem Protektorat Napoleons über die deutschen Mittel- und Kleinstaaten keinen Anstoß. Zum anderen gehörte er zu den Verehrern Napoleons, insbesondere seit er diesem in einer Audienz am 2.10. 1808 während des Erfurter Fürstentages begegnet war. Er sprach ihm die Gestaltungskraft zu, die notwendig war, um die revolutionären Kräfte der Zeit zu bändigen und dem Gang der Weltgeschichte Sinn und Ordnung zu verleihen. Eine militärische Niederlage des

Kaisers schien ihm bei dessen Genialität unmöglich, so daß er vom Scheitern der Befreiungskriege überzeugt war.

Von Ende April bis Anfang August 1813 hielt sich G. im böhmischen Teplitz auf, nicht ohne Sorge, daß die kriegerischen Wirren sich bis zu seinem Kurort ausdehnen könnten. Zurück in Weimar wurde er Augenzeuge des siegreichen Vormarsches der Alliierten. Daß sich das Kriegsgeschick gegen Napoleon wandte, erschütterte ihn sehr. Die Völkerschlacht bei Leipzig, von der deutschen Nationalbewegung als großer und herrlicher Sieg gefeiert, blieb für ihn selbst im Rückblick ein zwiespältiges Ereignis. In den *Tag- und Jahresheften 1820* ist zwar die Rede von Medaillen »zu Ehren des großen Befreiungskrieges«, indessen bezeichnete er 1822 die »Leipziger Unglückstage« als Teil des »Unerträglichen in der Gegenwart« (an Rochlitz, 22.4. 1822), und noch 1829 sprach er von der »verlornen Schlacht« (Tagebuch, 24.10. 1829). Daß Metternich nicht den Sturz Napoleons als Kaiser der Franzosen, sondern größtmögliche Schonung anstrebte, war eine Voraussetzung für das positive Verhältnis G.s zu dem österreichischen Politiker, das sich bereits Ende Oktober 1813 bei einer Unterredung in Weimar abzeichnete und in den kommenden Jahren weiter festigte. Metternichs außen- und innenpolitische Ordnungsvorstellungen fanden weithin G.s Zustimmung. Dazu gehörte einerseits das Streben nach einem Gleichgewicht der europäischen Mächte, das Frankreich als machtpolitischen Faktor einschloß und vor allem Rußland nicht durch großen Machtzuwachs an seinen Westgrenzen – durch den Besitz eines vereinten polnischen Reiches – zu stark werden ließ. Andererseits waren sich Metternich und G. darin einig, die mit der nationalen Befreiungsbewegung aufgekommenen demokratischen Tendenzen möglichst zurückzudrängen.

Als Napoleon im Februar 1814, in der Schlußphase der Befreiungskriege, die letzte Chance zu einem Kompromißfrieden erhielt, soll G. erklärt haben: »Laßt mir meinen Kaiser in Ruh!« (Gespräche, 2, S. 1198). Der Kaiser ergriff jene Chance nicht, und nachdem er abgesetzt und die bourbonische Monarchie restauriert war, fand der Dichter sich mit den neuen Zuständen ab. Während der hunderttägigen Herrschaft Napoleons nach der Flucht von der Insel Elba stand G. politisch auf der Seite der Alliierten, da jetzt nur sie ihm einen dauerhaften Frieden zu sichern schienen. Der gestürzte Imperator verlor dennoch nicht die hohe Wertschätzung des Dichters.

Mehr noch als der Kabinettskrieg der Staaten stießen die Ansätze zu einem Freiheitskrieg der Völker auf G.s Ablehnung. Als sich sein Sohn August Ende 1813 als Freiwilliger zum Militärdienst meldete, hintertrieb der Vater die Einziehung. Für die Kriegsbegeisterung der Freiwilligen hatte er kein Verständnis. In Preußen waren rund 20000 bei einer Heeresstärke von 280000 Mann zu den Waffen geeilt; das berühmte Freikorps des Reitergenerals Ludwig Freiherr von Lützow bestand zu 17% aus Studenten. G. setzte für die Gebildeten andere Prioritäten. Er suchte »Freunde der Wissenschaft und Kunst, die zu Hause bleiben, aufzufordern, daß sie das heilige Feuer, welches die nächste Generation so nöthig haben wird, und wäre es auch nur unter der Asche, erhalten mögen« (an Knebel, 24.11. 1813). Auch für die Bewertung der Befreiungskriege spielte eine Rolle, daß G. das Verhältnis von Geist und Politik differenziert betrachtete. Unter dem Aspekt unmittelbar gegenwartsbezogener, friedens- und ordnungssichernder Erfordernisse räumte er der Politik gegebenenfalls den Vorrang ein, in Hinblick auf die Förderung künftiger Entwicklungen suchte er dem Bereich des Geistigen möglichst großen und dauerhaften Einfluß unabhängig vom Politischen zu verschaffen. Für den gesteigerten Nationalismus, den er mit der Befreiungsbewegung verbunden sah, empfand er von seinen Positionen her keine Sympathie: Er schien ihm den Weg zur individuellen geistigen Entfaltung zu verstellen und aufs neue Despotie hervorzubringen. Die Unterdrückung, die Napoleon zur Last gelegt wurde, konnte am Ende von den Freiheitskämpfern selbst ausgehen. In den *Zahmen Xenien* warnte er: »Verflucht sei wer nach falschem Rath, / Mit überfrechem Muth, / Das was der Corse-Franke that / Nun als ein Deutscher thut!« (WA I, 5.1, S. 147).

Kein Gespür für die bewegenden Kräfte der Zeit, fehlender Patriotismus, realitätsferner Kosmopolitismus, Rückzug ins Unpolitische: das waren Vorwürfe, mit denen die lange in Deutschland vorherrschende borussisch-deutsche Geschichtsschreibung G.s Sicht der Befreiungskriege bedachte, so gern sie auch den Dichterfürsten in die Nähe der preußischen Reformer und der frühen deutschen Nationalbewegung gerückt hätte. Der erfolgreiche Kampf gegen Frankreich, der Sturz des Imperators Napoleon avancierten im nationalistischen Geschichtsbild zum Mythos, die Taten kühner preußischer Heerführer wurden zur Legende. Einem anderen Strang historischer Legendenbildung hingegen läßt sich G.s Heroisierung Napoleons zuordnen. Sie entsprang seinem Enthusiasmus für eine große Gestalt der Weltgeschichte. Zwischen den Legenden steht jedoch die Distanz des Dichters zu dem ausbrechenden, bereits chauvinistische Züge offenbarenden Nationalismus, eine Distanz, die der heutigen historisch-politischen Wertung der Befreiungskriege in hohem Maße entspricht.

Literatur:

Mommsen, Wilhelm: Die politischen Anschauungen Goethes. Stuttgart 1948.

Peter Burg

Bergbau

G.s Beziehung zum Bergbau ist vor allem mit Ilmenau, dem bedeutendsten Bergbauort des Herzogtums Sachsen-Weimar-Eisenach, verbunden.

Bei Ilmenau bildet eine geologische Störungszone den Nordrand des Thüringer Waldes. Dieser ist an einer Spalte gegenüber dem Vorland um einige hundert Meter emporgehoben. Der im Vorland in etwa 200 m Tiefe liegende Kupferschiefer wurde bei der Her

aushebung des Gebirges in der Spalte mitge-
schleppt. Geochemisch bedingte Wanderungen der im Gestein, insbesondere im Kupferschiefer enthaltenen Metalle Kupfer und Silber bewirkten, daß der in der Störungszone
zwischen Ilmenau und Roda steil stehende
Kupferschiefer reich vererzt war, d. h. hohe
Kupfer- und Silbergehalte aufwies, nördlich
davon im Vorland aber kein oder nur minimal
Metall enthielt. Das ist uns heute – nicht zuletzt durch den Bergbau der G.-Zeit – bekannt.
G. und seine Zeitgenossen konnten von diesem Unterschied der Metallgehalte in der Störungszone mit steilstehendem Kupferschiefer
und im Vorland mit dem in der Tiefe flach
gelagerten Kupferschiefer noch nichts wissen.

Der Bergbau von Ilmenau, das bis 1583 zur
Grafschaft Henneberg gehörte, hatte in der
Zeit von etwa 1200 bis um 1625 seine erste
Blütezeit, in welcher zeitweise recht gute Erträge zu verzeichnen und zahlreiche Maschinen und sonstige technische Anlagen geschaffen worden waren. Der 6,7 km lange Martinrodaer Stolln, der das den Gruben bei Ilmenau
und Roda zufließende Wasser ableiten sollte,
wurde um 1592 begonnen und nach längeren
Unterbrechungen der Arbeiten 1717 vollendet.
Die zweite Bergbauperiode begann 1680 auf
Anregung der nach der hennebergischen Erb-
teilung 1583 nun regierenden Herzöge von
Sachsen-Weimar, Sachsen-Gotha und Sach-
sen-Zeitz. Bergbeamte, deren Amtsführung
nicht immer korrekt war, beschafften große
Kapitalmengen, legten zur Energieversorgung
der mit Wasserrad-Antrieb versehenen Pum-
penanlagen bei Stützerbach-Manebach fünf
Teiche und von diesen zu den Gruben führend
drei Gräben, den unteren, den mittleren und
den oberen Berggraben an, die heute als Wan-
derwege erhalten sind. Als am 9.5. 1739 der
Damm des Unteren Freibachteiches brach,
richteten die Wassermassen große Verwüstun-
gen an. Die Wasserräder verloren das Auf-
schlagwasser, die Pumpen standen still, das
Grundwasser stieg auf, die Gruben ersoffen.
Der Bergbau endete mit großen Schulden. Die
Bergleute wurden arbeitslos. Ein Teil von ihnen wanderte aus. Die Bleibenden gerieten in
große Not, zumal 1752 die Stadt Ilmenau ab-

brannte, 1756/63 der Siebenjährige Krieg und
Mißernten 1771 und 1772 die Not vergrößer-
ten und die Stadt 1776 erneut einen Groß-
brand erlitt.

Herzog Carl August übernahm am 3.9. 1775
die Regierung und wurde damit auch für das
Bergrevier Ilmenau-Roda der Landesherr. Für
G., seit Juni 1776 Mitglied des Geheimen Conseils und mitverantwortlich für die Staatsfinanzen, deren Verbesserung er nicht durch
neue Steuern, sondern durch ein Ankurbeln
der Wirtschaft erreichen wollte, wurde die
Wiederaufnahme des Bergbaus in Ilmenau ein
wichtiges Vorhaben. G. hatte Ilmenau schon
am 3.5. 1776 – nach dem Stadtbrand – besucht
und dabei die Not der Menschen und den Verfall der Bergwerke kennengelernt. Im Juli
fand in Ilmenau eine Beratung zwischen Carl
August, G. und den aus Kursachsen gerufenen
Gutachtern, Bergmeister Friedrich Wilhelm
Heinrich von Trebra aus Marienberg, Kunst-
meister Johann Friedrich Mende aus Freiberg
und Steiger Johann Gottfried Schreiber statt.
Trebra und Mende schlugen vor, den ab 1726
begonnenen Johannesschacht weiter abzuteu-
fen, den gebrochenen Teichdamm und den
mittleren Berggraben wieder herzustellen, damit dem Johannesschacht Wasserkraft zuzu-
leiten und den Martinrodaer Stolln bis zu dem
Schacht zu verlängern, so daß man die Fall-
höhe zwischen Kunstgraben und Stolln für den
Einbau von Wasserrädern zum Antrieb von
Pumpen nutzen konnte. Im Jahre 1783 änderte
man den Plan, indem man an Stelle des alten
einen völlig neuen Schacht ansetzte, und zwar
nahe am Verlauf des Martinrodaer Stollns und
etwas näher an der Sturmheide, d. h. an der
einst gut vererzten Störungszone. Da der steil-
stehende Bereich des Kupferschiefers an der
Sturmheide aber schon abgebaut, dort Erz also
nicht mehr zu erwarten war, hatte man den
1726 begonnenen Schacht und auch den 1783
neu bestimmten Ansatzpunkt des Johannesschachtes in den Bereich des flach gelagerten
Kupferschiefers gelegt, eine nach damaliger
Kenntnis begründete Entscheidung.

War die technische Seite des geplanten Unternehmens seit dem Gutachten von Trebra
und Mende im wesentlichen klar, so stellte

dessen rechtlich-ökonomische Seite G. vor schwerwiegende Probleme, die eine Verzögerung des Beginns der Arbeiten um mehrere Jahre zur Folge hatten. Die Weimarer Regierung hatte auch diesmal die am ehemaligen henneberischen Bergbau partizipierenden Höfe zu fragen, ob sie sich am neuen Ilmenauer Bergbau beteiligen wollten. Diesmal betraf dies die Herzogtümer Gotha, Meiningen, Hildburghausen und Coburg sowie das Kurfürstentum Sachsen. Diese Regierungen wollten eine finanzielle Beteiligung möglichst vermeiden, alte Rechte an etwaigen Bergbauerträgen aber in Anspruch nehmen. Trotz dieser bergrechtlich nicht begründeten Haltung der Partner mußte G. einen gütlichen Vergleich anstreben, da andernfalls das Herzogtum Gotha den großenteils auf seinem Gebiet verlaufenden mittleren Berggraben sperren und damit die Energieversorgung des Ilmenauer Bergbaus unterbrechen konnte. »Lieber durch Vergleich als durch Strenge des Rechts« (LA I, 1, S. 20) wollte G. auch das Problem der Schulden des alten Bergbaus (von vor 1739) lösen, obwohl er damit den neuen Bergbau stark belastete. Diese Fragen waren 1783 so geklärt, daß man nun mit einer vom Hofrat Johann Ludwig von Eckardt verfaßten, inhaltlich aber von G. geprägten Werbeschrift Kapital einwerben und eine Gewerkschaft (bergmännische Kapitalgesellschaft) gründen konnte. In kurzer Zeit setzte man die 1000 Kuxe (Anteilscheine) für je zwanzig Taler ab, und zwar an den Höfen, beim Adel und zahlreich auch beim Bürgertum, 100 allein in Berlin. G. hatte drei Kuxe gekauft, Wieland zehn, die herzogliche Familie 42.

Am 24.2. 1784 erfolgte der feierliche Beginn der Arbeiten. Vor den Honoratioren von Ilmenau und der herzoglichen Bergwerks-Kommission hielt G. im Posthaus eine Rede. Davor paradierte die Knappschaft. Es folgten ein Gottesdienst und der Festzug zu dem geplanten Schachtansatzpunkt, wo G. mit einer ihm vom Berggeschworenen Schreiber übergebenen Keilhaue (Hacke) den ersten Hieb vollbrachte. Das Abteufen des Schachtes erfolgte anfangs ohne Probleme. Im Juni 1785 erreichte man bei 104 m Tiefe den Martinrodaer

Stollen. Da der Schacht etwa 200 m tief werden mußte, ließ man 1785/86 von dem sächsischen Werkmeister Johann Gottfried Otto einen Wassergöpel bauen, d.h. eine kräftigere Fördermaschine mit Wasserrad-Antrieb. Die Zufuhr des Aufschlagwassers kontrollierte G. am 4.6., 8.6. und 8.11. 1785 durch Begehungen des mittleren Berggrabens. Am 11.11. 1785 notierte er, was am Graben zu reparieren sei (LA I, 1, S. 112–115). Als man im September 1787 mit dem Schacht etwa 230 m tief war und nur noch wenige Meter bis zum Kupferschieber anzuteufen brauchte, brachen große Mengen Grundwasser ein und füllten den Schacht etwa 100 m hoch an. Man mußte nun – in Abwesenheit des in Italien weilenden G. – Pumpen einbauen. Nach einem Vierteljahr war der Schacht zwar wieder frei von Wasser, doch 1787/1788 erfolgten weitere Wasserbrüche. Die Pumpen mußten auf technisch komplizierte Weise verstärkt werden. G. berief deshalb für Juni 1791 einen Gewerkentag ein, erläuterte die Situation und die Finanzierungsmöglichkeiten und ließ von den Bevollmächtigten der Gewerken den Plan des Freiberger Kunstmeisters Carl Gottfried Baldauf, zwei weitere Kunstgezeuge einzubauen genehmigen. Schließlich bewältigte man das Wasser mit vier Wasserrädern, die insgesamt 56 Kolbenpumpen betätigten. Als am 3.9. 1792 die erste Tonne Kupferschiefer gefördert wurde, war dies für Ilmenau ein Festtag. G. war damals allerdings mit dem Herzog Carl August und Weimarer Truppen beim Feldzug gegen das revolutionäre Frankreich. In Ilmenau richtete man vom Schacht aus nun verschiedene Abbaustrecken ein. Grundwasser floß zwar weiter zu, aber in geringerer Menge, so daß nur drei der vier Wasserräder dauernd zum Antrieb von Pumpen nötig waren. Konnte man die bergmännischen Anstrengungen nun als erfolgreich betrachten, so gab es 1792/93 bei mehreren Schmelzversuchen eine große Enttäuschung: Der Kupferschiefer aus dem Johannesschacht ergab mit den üblichen Schmelzverfahren kein Kupfer. G. hatte zwar schon 1790 in einem Brief an das Bergamt Ilmenau die Einführung der Amalgamation vorgeschlagen, eines metallurgischen Prozesses, mit dem man seit 1786 in Schemnitz/ Österreich (heute Banská Stiavnica/Slowakien) erfolgreich Silber mittels Quecksilber aus den dortigen Erzen extrahierte. Doch kam es in Ilmenau nicht so weit. Denn in der Nacht vom 24. zum 25.10. 1796 brach nahe am Johannesschacht der Martinrodaer Stolln zusammen. Damit konnte das Grundwasser nicht mehr abfließen, sondern stieg im Schacht auf. Am 30. Oktober eilte G. nach Ilmenau, um die Instandsetzungsarbeiten selbst zu leiten, was er elf Tage lang tat. Erst im Frühjahr 1798 war der Bruch wieder aufgewältigt. Nun aber waren – nach vierzehn Jahren ergebnislosen Bergbaus – die Gewerken müde. Weiteres Kapital kam nicht, so daß Schacht und Stolln in den Folgejahren nur notdürftig unterhalten werden konnten. Im Jahre 1812 stellte man den Bergbau endgültig ein. Als G. am 11.4. 1813 seinem langjährigen Mitarbeiter, dem Minister Christian Gottlob Voigt, für die Bereitschaft dankte, die letzten Abwicklungsarbeiten zu übernehmen, zog er zugleich ein nachdenkliches Resümee: »Es ist freylich ein Unterschied, ob man in unbesonnener Jugend und friedlichen Tagen, seinen Kräften mehr als billig ist vertrauend, mit unzulänglichen Mitteln Großes unternimmt und sich und Andre mit eitlen Hoffnungen hinhält, oder ob man in späteren Jahren, in bedrängter Zeit, nach aufgedrungener Einsicht, seinen eignen Wollen und Halbvollbringen zu Grabe läutet«. War der Ilmenauer Bergbau für G. letztlich auch ein Mißerfolg, so ergaben sich im Zusammenhang damit doch viele indirekte Lebensgewinne. Hier begann die Freundschaft mit Trebra, die bis zu dessen Tod 1819 Bestand hatte und, gemäß den aus der Praxis des Unternehmens erwachsenden Anforderungen, G. zu vielerlei wichtigen, ihn bereichernden Aktivitäten antrieb, so zu den beiden Harzreisen 1783 und 1784, so zum Besuch des Schneeberger Bergbaus im Erzgebirge 1786 und von schlesischen Gruben 1790, wo er erstmals Dampfmaschinen sehen konnte. Als Ignaz von Born und Trebra 1786 in Glashütte (Sklene Teplice, Slowakien) die Societät für Bergbaukunde, die erste internationale technikwissenschaftliche Gesellschaft gründeten, wählte

man G. zu deren Ehrenmitglied; allerdings ging diese Gesellschaft nach wenigen Jahren wieder ein. Insgesamt war G.s Engagement für den Ilmenauer Bergbau eine Quelle wichtiger Impulse für naturwissenschaftliche und technische Bemühungen, gewann er doch dort Einblicke in Natur und Technik und betätigte sich selbst als Bergingenieur.

In späteren Jahren hatte G. weniger Berührung mit dem Bergbau. Immerhin besuchte er im September 1810 Gruben und Hütten bei Freiberg und hier auch seinen alten Freund Trebra, ebenso inspizierte er im April 1813 den Zinnbergbau von Altenberg, Zinnwald und Graupen im Osterzgebirge. Nachdem 1828 der Bohrmeister Carl Christian Friedrich Glenck auf weimarischem Gebiet bei Stotternheim nördlich von Erfurt Steinsalz erbohrt und eine Saline gegründet hatte, lieferte G. am 30.1. 1830 ein Gedicht über *Die ersten Erzeugnisse der Stotternheimer Saline.*

Literatur:

Semper, Max: Die geologischen Studien Goethes. Leipzig 1914. – Steenbuck, Kurt: Silber und Kupfer aus Ilmenau, ein Bergwerk unter Goethes Leitung. Weimar 1995. – Voigt, Johann Carl Wilhelm: Geschichte des Ilmenauer Bergbaus. Sondershausen, Nordhausen 1821. – Wagenbreth, Otfried: Goethe und der Ilmenauer Bergbau. Weimar 1983. – Ders.: Ein Denkmal für Goethes bergbauliche Tätigkeit. In: Neue Bergbautechnik. 15 (1985), S. 160.

Otfried Wagenbreth

Berlin/Potsdam

Die preußische Hauptstadt Berlin war – anders als Potsdam, das in der Rolle einer zweiten Residenz- und eigentlichen Garnisonsstadt blieb – trotz aller Rückschläge, die der Siebenjährige Krieg, die »teuren und epidemischen Jahre 1771 und 1772« (Nicolai, S. 216) und später die napoleonischen Kriege mit sich brachten, zu G.s Lebzeiten eine prosperierende Großstadt. Wurden 1749 rund 110000 Einwohner gezählt, so 1763 120000, 1789 150000, 1802 177000, 1815 191000 und 1831 246000.

Bereits der junge G. bezeugte ein von später vielfach erneuerten Aversionen überlagertes Interesse an dieser Großstadt, als er der Karschin im Blick auf Weimar ankündigte, »nicht nordwärts« zu gehen, »ob ich gleich gern Lot und seine Hausgenossen in euerm Sodom wohl einmal grüsen möchte« (an Anna Luise Karsch, 17.8. 1775). Im Jahr zuvor war die Aufführung des *Götz von Berlichingen* vom Berliner Publikum mit lebhaftem Beifall aufgenommen worden; Johann Georg Sulzer allerdings, der namhafte Ästhetiker, hatte »das verworrene und verwirrende Schauspiel nicht bis ans Ende aushalten« können (an Bodmer, 19.11. 1774). Dann kämpfte ein noch prominenterer Vertreter der Berliner Aufklärung, Christoph Friedrich Nicolai, mit seinen *Freuden des jungen Werthers* gegen den durchschlagenden Erfolg von G.s Roman an. Als G. im Mai 1778 seine – trotz aller späteren Einladungen – einzige Berlinreise unternahm, beschäftigten ihn aber nicht vorrangig solche literarischen Differenzen und Fehden, sondern politische Probleme: Er nahm teil an einer diplomatischen Mission Carl Augusts, welche der Sicherung von Weimars Neutralität im Bayerischen Erbfolgekrieg dienen sollte.

Freilich ging G. auch diese Unternehmung vor allem als Poet an: »Und ich scheine dem Ziele dramatischen Wesens immer näher zu kommen, da michs nun immer näher angeht, wie die Grosen mit den Menschen, und die Götter mit den Grosen spielen« (an Charlotte von Stein, 14.5. 1778). Nach dem tief berührenden Erlebnis des »Traumbilds« Wörlitz (WA III, 1, S. 66) nahm G. an Sanssouci vor allem »Gold, Silber, Marmor, Affen, Papageien und zerrissene Vorhänge« (an Merck, 5.8. 1778) als desillusionierende Privatsphäre des Preußenkönigs wahr. In Berlin haben weder das Forum Fridericianum mit der Lindenoper, der Hedwigskirche, dem Prinz-Heinrich-Palais und der in Bau befindlichen Königlichen Bibliothek noch die Begegnungen mit Johann Joachim Spalding, dem Nestor der Berliner

Aufklärungstheologen, oder mit Carl Abraham von Zedlitz, dem Aufklärer auf dem Posten des Kultusministers, G. auch nur annähernd so beeindruckt wie die allerorten sichtbaren militärischen Zurüstungen nach Friedrichs Mobilmachung am 18.3. 1778: »Wenn ich nur gut erzählen kan von dem großen Uhrwerck das sich vor einem treibt, von der Bewegung der Puppen kan man auf die verborgnen Räder besonders auf die grose alte Walze FR gezeichnet mit tausend Stiften schliesen die diese Melodieen eine nach der andern hervorbringt« (an Charlotte von Stein, 17.5. 1778). Daß ranghöchste »Puppen« eigene Melodien pfiffen, daß er an der Tafel des Prinzen Heinrich »über den großen Menschen [Friedrich II.; d. Vf.] seine eignen Lumpenhunde räsonniren« hörte, war für G. durchaus irritierend und keineswegs beispielhaft: er habe »in preußischen Staaten kein laut Wort hervorgebracht, das sie nicht könnten drucken lassen. Dafür ich gelegentlich als stolz etc. ausgeschrieen bin« (an Merck, 5.8. 1778). Hier wird ein nicht eben rühmenswerter Aspekt von G.s gestörtem Verhältnis zu den Berlinern offenbart – noch viel später waren sie ihm ein allzu »verwegener Menschenschlag« (Eckermann, 4.12. 1823) –, den seine Verehrer meist gänzlich ignorierten wie selbst Johann Georg Forster, als er, bornierte Selbstgefälligkeit der Berliner gegenüber Fremden beklagend, schrieb: »Was Wunder also, daß Goethe dort so sehr, so allgemein mißfallen hat und seinerseits mit der verdorbenen Brut so unzufrieden ist!« (an F.H. Jacobi, 23.4. 1779).

G. blieb sowohl den außenpolitischen Intentionen von 1778 treu – die Realisierung des Fürstenbundplans unter preußischer Ägide war einer der Gründe für sein Aufgeben politischer Tätigkeit, das spätere Engagement Carl Augusts in preußischen Militärdiensten hat er stets mißbilligt – als auch seiner ursprünglichen Ablehnung des »verwegenen« berlinischen Räsonierens, wie insbesondere die Kritik des Daniel Jenisch am *Literarischen Sansculottismus* (1795) zeigen sollte. Seit der in Italien entstandenen Freundschaft zu Karl Philipp Moritz entwickelte G. nichtsdestoweniger vielfältige und teils sehr intensive Kontakte zum kulturellen Leben Berlins. 1789 begann die Verbindung mit dem Drucker-Verleger Johann Friedrich Unger – ein Zeichen, daß G. auf den steigenden Rang Berlins als Buchstadt reagierte. Über die Familie Unger kam 1796 die Bekanntschaft mit Carl Friedrich Zelter zustande, die zu einer vertrauten Freundschaft wurde und G. Zugang zu fast allen Ebenen des Berliner Kulturlebens eröffnete. Andererseits entwickelten sich seit den 90er Jahren die Berliner literarischen Salons zu den wohl wirkungsvollsten Zentren der Rezeption und Propagierung von G.s Werken. Von 1809, als Wilhelm von Humboldt die Leitung der Sektion für den öffentlichen Unterricht übernahm, bis in die 20er Jahre – besonders unter dem Kultusminister Karl Freiherr von Stein zum Altenstein – war G. ein geschätzter Berater der preußischen Wissenschafts- und Kulturpolitik. Dabei gestalteten sich die »Berlinischen Verhältnisse und Verhandlungen« (Tagebuch, 9.11. 1820) nach der reaktionären Wende von 1819, die u.a. ein Verbot der *Egmont*-Aufführung brachte, durchaus kompliziert. Dennoch blieb auch die Verbindung zum Berliner Nationaltheater erhalten, für das G. auf Bitten des Intendanten August Wilhelm Iffland 1814 das Festspiel *Des Epimenides Erwachen* verfaßt hatte. 1820 beriet G. mit Karl Friedrich Schinkel und Christian Daniel Rauch die Entwürfe zum neuen Berliner Schauspielhaus; für die Eröffnungsvorstellung lieferte er den Prolog. Das Berliner Musikleben schätzte er seit langem schon als besonders bedeutend ein. Seitdem Georg Wilhelm Friedrich Hegel in Berlin lehrte (1818), galt die preußische Hauptstadt auch für G. als das deutsche Zentrum philosophischer Wissenschaften. Besonders verbunden aber fühlte sich der späte G. Berlin durch Kontakte mit exponierten Anhängern und entschiedenen Propagandisten seiner Farbenlehre, insbesondere Christoph Friedrich Ludwig Schultz. Im übrigen reichte nun die soziale Dimension der Berliner G.-Gemeinde vom gebildeten Mittelstand bis zum Monarchen, der G. bei seinem Weimarbesuch 1799 noch ignoriert hatte. Ein Brief Zelters vom 22.5. 1820 über die *Faust*-Aufführung mit der Musik des Fürsten Anton Heinrich Radziwill macht das besonders anschaulich.

Literatur:

Nicolai, Friedrich: Beschreibung der königlichen Residenzstadt Berlin. Leipzig 1987 (= Auswahl aus: Friedrich Nicolai: Beschreibung der Königlichen Residenzstädte Berlin und Potsdam, aller daselbst befindlichen Merkwürdigkeiten, und der umliegenden Gegend. Berlin ³1786). – Pniower, Otto: Goethe in Berlin und Potsdam. Berlin 1925. – Victor, Walther: Goethe in Berlin. Berlin 1955. – Zedlitz, Leopold Freiherr von: Neustes Conversations-Handbuch für Berlin und Potsdam. Berlin 1834 (Reprint Leipzig 1979).

Peter Weber

Bertuch, Friedrich Johann Justin
(1747–1822)

Zwischen »entsezlich behaglicher Laps« (Tagebuch, 19.1. 1780) und der Anerkennung von »Bertuchs Beyspiel im Literarischen, Merkantilischen und Technischen« (1822; WA I, 41.2, S. 400) bewegen sich G.s Äußerungen über den Weimarer Verleger, Schriftsteller, Übersetzer und Herausgeber. Friedrich Johann Justin Bertuch gehörte zu den Personen, die G.s Weimarer Existenz am längsten begleiteten; daraus entstanden zahlreiche und vielfältige persönliche Kontakte und sachliche Berührungspunkte.

Bertuch, der 1773 nach dem Studium der Theologie und Jurisprudenz und einer Hauslehrertätigkeit in seine Vaterstadt Weimar zurückgekehrt war, wurde 1775 Geheimsekretär und Schatullverwalter des jungen Herzogs Carl August. Er gehörte zu jenem Kreis Adliger und Bürgerlicher am Hof, in dem G. bald eine besondere Stellung einnahm, stand jedoch dem unkonventionellen, anfangs teilweise wilden Treiben der anderen zurückhaltend gegenüber. G.s Bemerkung vom »behaglichen Laps« – ein energieloser Mensch – ist in dieser Haltung Bertuchs begründet.

Bertuch zählte aber als vielseitig musisch-literarisch Interessierter, als Schriftsteller und Übersetzer, zu den aktivsten Mitgliedern des genannten Kreises. Dem Liebhabertheater, der Freien Zeichenschule, der Umgestaltung des Ilmparks u.a. widmete er sich als Akteur und Organisator. Sein 1773 in Weimar uraufgeführtes Trauerspiel *Elfride* hielt sich über Jahre auf deutschen Bühnen und stand auch im Repertoire des neuen, von G. geleiteten Hoftheaters. Bertuchs Übersetzungen poetischer und theoretischer Werke und Schriften aus dem Spanischen und Französischen, an erster Stelle die des *Don Quixote* des Cervantes (6 Bde., 1775–1777), waren im Publikum präsent. Seit den 80er Jahren wirkte Bertuch verstärkt als Herausgeber und Verleger. Von der Beteiligung am Wielandschen *Teutschen Merkur* (1773–1776, 1782–1786 u. 1803–1810), der Mitbegründung und -herausgeberschaft der *Allgemeinen Literatur-Zeitung* (Jena 1785 ff.) und des *Journal der Moden* (Weimar 1786 ff., ab Jg. 2 *Journal des Luxus und der Moden*) ging sein Weg bis zur Gründung eines eigenen Verlags, des »Industrie-Comptoirs« (1791, seit 1802 »Landes-Industrie-Comptoir«). Seine enorme Aktivität ist mit der Entstehung und Entfaltung des literarischen Markts in Deutschland in den letzten Jahrzehnten des 18. Jhs. verbunden, sie macht aber auch den wachsenden Interessengegensatz zwischen ihm und Dichtern und Schriftstellern wie G., Herder und Schiller verständlich. G.s Verhältnis zu Bertuch war von Anfang an ironisch-distanziert geprägt. Dennoch wurde Bertuch auch für G. in zahlreichen kommerziellen und Finanzoperationen, bei der Beschaffung von Büchern und Kunstgegenständen u.ä., unentbehrlich. Das »Du« der ersten Weimarer Jahre: »Mach doch das Geld zusammen«, »Sey so gut« (an Bertuch, 11.12. 1776 bzw. 20.11. 1779) wich allerdings Anfang der 80er Jahre dem konventionellen »Sie«. Die Abneigung gegenüber einer aus seiner Sicht wegen kommerzieller Zielstellung verarmenden, oberflächlichen Literatur faßte G. in dem Terminus »verbertuchen« zusammen (an Charlotte von Stein, 20.10. 1779).

Desungeachtet nutzte G. jedoch Bertuchs Fähigkeiten zur Verhandlung mit Verlegern und Druckern. So organisierte Bertuch die Verbindung mit Georg Joachim Göschen zur Herausgabe der ersten rechtmäßigen Gesamtausgabe von G.s *Schriften* (1787–1790). Er entwarf den Vertrag, beteiligte sich an der Finanzierung, betreute den Ablauf der Edition und sorgte für die Werbung, blieb aber von den inhaltlich-literarischen Fragen weitgehend ausgeschaltet. Bertuchs Drängen war es zu danken, daß G. 1789 das *Römische Carneval* als ersten größeren literarischen Reflex seines Italienerlebnisses publizierte; gemeinsam mit Georg Melchior Kraus übernahm Bertuch die verlegerische und künstlerische Betreuung des bei Ettinger in Gotha in Kommission vertriebenen Werkes. Schließlich erschienen G.s *Beyträge zur Optik* (Stück 1 u. 2, 1791/92) in dem inzwischen gegründeten »Industrie-Comptoir«.

Ein kontinuierlicher Kontakt ergab sich auch zu den von Bertuch verlegten Zeitschriften. Das *Journal des Luxus und der Moden* und die *Allgemeine Literatur-Zeitung*, die von G. und Schiller in den *Xenien* und später mit kritisch-ironischen Seitenhieben bedacht wurden (WA I, 5.1, S. 170, S. 259, S. 291 u. WA I, 5.2, S. 352), hat G. dennoch intensiv genutzt. Das Spektrum reichte von Mitteilungen zum Weimarer Kunst- und Theaterleben über Ankündigungen und Rezensionen G.scher Werke bis zur Veröffentlichung größerer Texte wie beispielsweise *Weimarisches Hoftheater* oder *Proserpina. Melodram von Goethe* (1802 bzw. 1815 im *Modejournal*). Die *Preisaufgaben für bildende Künstler* und die jeweilige Rückschau auf die entsprechenden »Weimarischen Kunstausstellungen« erschienen von 1799 bis 1803 in der *Allgemeinen Literatur-Zeitung*. Zugleich barg die Zeitschrift als operative Publikationsform auch Konfliktstoff. Als G. von einer kritischen Rezension Karl August Böttigers zur Hoftheaterinszenierung von August Wilhelm Schlegels *Ion* (1802) erfuhr, unterdrückte er deren Veröffentlichung in scharf autoritärer Weise mit der Androhung seines Rücktritts von der Theaterleitung (*Tag- und Jahreshefte 1802*). Die Affäre verdeutlicht Bertuchs schwierige Stellung zwischen den Weimarer Literaturparteien und den Zwang zum Kompromiß. Wenig später wies Bertuch seinerseits G. in die Schranken, als dieser im Mai 1803 eine Gefälligkeitsrezension zugunsten des Jenaer Botanikers Franz Joseph Schelver in der *Allgemeinen Literatur-Zeitung* veröffentlichen wollte. Bertuch nutzte die autonome Stellung der Redaktion und lehnte mit dem Hinweis auf den Grundsatz der Unparteilichkeit ab (vgl. LA II, 9B, S. 209). G. blieb nur der Rückzug, dessen stilisierter Ausdruck den Ärger über die Kränkung nicht verbergen kann (vgl. ebd. u. an Bertuch, 13.5. 1803 bzw. 7.6. 1803). Das Verhältnis zu Bertuch erfuhr durch die Übersiedlung der *Allgemeinen Literatur-Zeitung* zum Jahreswechsel 1803/04 in das preußische Halle erneut eine ernste Krise: »Freilich ist er [Bertuch; d. Vf.] durch diese Affäre ganz unter die literarischen Widersacher rangirt worden« (Voigt an G., 30.11. 1803).

Dennoch erforderten die große Autorität Bertuchs und das Zusammenleben in Weimar die Normalität im Umgang miteinander. Bertuch war aus dem gesellig-kulturellen und geschäftlichen Leben des klassischen Weimar nicht wegzudenken. Das betrifft u.a. die Mitwirkung an der »Freitagsgesellschaft« (1791–1795). Auch nach der Entpflichtung als herzoglicher Schatullier (1796) war Bertuch in zahlreiche Projekte (Schloßbau, Ilmenauer Bergbau, Bau des Römischen Hauses u.a.) finanziell und persönlich involviert und blieb auch als Vermittler von Buch- und Kunstbestellungen, Privatdrucken (z.B. Register von G.s Autographensammlung, 1811) u.ä. häufig G.s Partner. Eine Annäherung, die Bertuch G.s Wertschätzung einbrachte, ergab sich etwa seit 1810 durch naturwissenschaftliche Themen und Publikationen. Ein Höhepunkt dieser Kontakte war die gemeinsame Arbeit an der von G. entworfenen und gezeichneten kolo-

rierten Karte *Höhen der alten und neuen Welt bildlich verglichen*, die Bertuch in seiner Zeitschrift *Allgemeine geographische Ephemeriden* (Bd. 41, 1813) und als Einblattdruck veröffentlichte.

Als 1808 die Weimarer Freimaurerloge »Anna Amalia zu den drei Rosen« wieder eingerichtet wurde, erhielt Bertuch G.s uneingeschränktes Votum für das Amt des »Meisters vom Stuhl« und seine persönliche Unterstützung (vgl. Tagebuch, 25.2. 1808, 2.5. 1808, 11.5. 1808 u.ö. sowie an Bertuch, 11.3. 1808, 11.5. 1808, 17.8. 1808 u. 24.10. 1808). Auch den vielfältigen Ämtern, in denen Bertuch in Weimar (u.a. Stadtrat ab 1811) und Erfurt (Direktor der »Akademie gemeinnütziger Wissenschaften« ab 1816) wirkte, konnte G. seine Anerkennung nicht versagen; das belegen Wendungen wie »unermüdlich thätiger Mann« (WA II, 6, S. 236), »unermüdete Thätigkeit« (WA I, 33, S. 219) u.ä. Zur späten Annäherung hat auch beigetragen, daß der alternde G. Bertuch als Zeugen der früheren Weimarer Jahrzehnte schätzte und bei der Vorbereitung autobiographischer Zeugnisse befragte (G. an Bertuch, 15.12. 1816; Tagebuch, 16.12. u. 17.12. 1816). Die Anerkennung der Bertuchschen Leistungen, die schon in früheren bilanzierenden Berichten G.s (z.B. in *Ueber die verschiedenen Zweige der hiesigen Thätigkeit*, 1795, oder im Bericht an den Marschall Alexandre Berthier, 1806) anklang (WA I, 53, S. 186, S. 489 u. S. 511), erfuhr 1822 mit der Formel »Legationsrath Bertuchs Beyspiel im Literarischen, Merkantilischen und Technischen« (WA I, 41.1, S. 400) ihre verallgemeinernde Würdigung, die auch in der von G. redigierten Grabrede des Kanzlers Friedrich von Müller für Bertuch (1822) deutlich wird. Die innere Distanz zu Bertuch bliebt jedoch bis zum Schluß bestehen.

Literatur:

Heinemann, Albrecht von: Ein Kaufmann der Goethezeit. F.J.J. Bertuchs Leben u. Werk. Weimar 1955. – Hohenstein, Siglinde: Friedrich Justin Bertuch (1747–1822). Bewundert, beneidet, umstritten. Berlin, New York 1989. – Seifert, Siegfried: ›Verbertuchte Literatur‹ oder Die unendliche Geschichte vom Autor und Verleger am Beispiel Goethes und Friedrich Justin Bertuchs. In: Leipziger Jb. zur Buchgeschichte. 5 (1995), S. 111–134.

Siegfried Seifert

→ **Besonderes s. Allgemeines**

Bibel

Bei der Analyse des Verhältnisses G.s zur Bibel muß bedacht werden, daß sie im 18. Jh. als eine in Kirche, Schule und zu Hause gelesene und ausgelegte kanonische Schrift in ihren für Dogma und Erbauung wichtigsten Teilen allen bekannt und auch so gegenwärtig war, daß sie Schriftstellern als ein Thesaurus von bedeutungsträchtigen Sprüchen, Beispielen, Fabeln, Gleichnissen und Metaphern dienen konnte. Um die Jahrhundertmitte war außerdem mit Klopstocks *Messias* eine biblische Dichtung erschienen, die enthusiastisch aufgenommen wurde und viele Nachahmungen hervorrief. G.s frühe Dichtungen zu biblischen Themen und die zahlreichen Bibelallusionen in seinen Schriften sind vor diesem Hintergrund zu sehen.

Gleichzeitig befand sich die Bibelphilologie in einer weite Kreise lebhaft interessierenden Entwicklung. Die Heilige Schrift blieb zwar für die christlichen Kirchen die Grundlage der Lehre, Verkündigung und Moral, für die zeitgenössische Hebraistik und Gräzistik war sie aber auch eine mit profanen, philologischen Methoden zu analysierende Sammlung historischer Quellen geworden. G. sah deshalb seit seiner frühen Jugend die Bibel als das keineswegs einheitliche Zeugnis einer nicht dogmatisch festzulegenden Religiosität vieler Jahrhunderte an, die nicht mit dem Christentum gleichzusetzen ist, von dem er sich in mancher Hinsicht distanzierte, ohne sich gleichzeitig von Bibel und Bibelstudien abzuwenden.

Einen guten und recht detaillierten, allerdings von einheitsstiftender Intention gepräg-

ten Rückblick auf die Bedeutung der Bibel im Leben G.s gibt *Dichtung und Wahrheit*. Das vierte Buch beschreibt anschaulich die Privatstunden bei Rektor Johann Georg Albrecht (1694–1770), in welchen die frühen Hebräischstudien bald zu Bemühungen um die »Auslegung schwerer und bedenklicher Stellen« (WA I, 26, S. 203) werden, durch Hinzuziehung des umfangreichen Werkes *Die heilige Schrift des Alten und Neuen Testaments nebst einer vollständigen Erklärung derselben, welche aus den auserlesensten Anmerkungen verschiedener Engländischer Schriftsteller zusammengetragen* (Leipzig 1749–70). Von Anfang an war G.s Verhältnis zur Bibel also keineswegs naiv, wohl aber soll das lange Referat der Geschichte der Patriarchen im vierten Buch von *Dichtung und Wahrheit* zeigen, daß er sich schon damals gern »nach jenen morgenländischen Gegenden« (WA I, 26, S. 221) flüchtete, die er später in seinem *West-östlichen Divan* beschwor.

Klopstocks biblische Dichtungen sowie Karl Friedrich von Mosers *Daniel in der Löwengrube* haben nach G.s Aussage das verschollene »biblische prosaisch-epische Gedicht« (*Dichtung und Wahrheit*, 4. Buch; WA I, 26, S. 224) *Joseph* beeinflußt. Auch an anderen biblischen Stoffen wie Jesabel, Ruth und Thronfolge Pharaos hat er sich versucht. Von diesen frühen Versuchen ist ein Belsazar-Fragment überliefert. Von größerem Interesse ist die 1764/65 entstandene, sich an Johann Elias Schlegel anlehnende geistliche Ode *Poetische Gedanken über die Höllenfahrt Jesu Christi*. Sie vertritt streng orthodox-lutherisch argumentierend die Ewigkeit der kraß ausgemalten Höllenstrafen und schildert eher – trotz des Titels – das Jüngste Gericht als das Niederfahren Christi zur Hölle nach der Kreuzigung.

Die in Leipzig einsetzende und sich in der Krankheit und Rekonvaleszens des »bibelfesten« G. (WA I, 7, S. 129) entwickelnde religiöse Krise führte zu engen Verbindungen mit pietistischen Kreisen in Frankfurt, vor allem mit Susanna von Klettenberg und der herrnhutischen Brüdergemeine. Dadurch wurde G. mit der erbaulichen Bibelauslegung näher vertraut, und er nennt den hervorragenden Exegeten Johann Albrecht Bengel (1687–1752) als Vertreter einer eschatologisch ausgerichteten Schriftauslegung sowie Gottfried Arnolds *Kirchen- und Ketzerhistorie* (1699–1700). Arnold, dessen »Gesinnungen« G. teilte, vertrat eindrucksvoll die pietistische Distanz zum Dogma, die mit einer interkonfessionellen, zur Mystik neigenden Frömmigkeit und einer intensiven, das Leben des Lesenden in die Textauslegung einbeziehenden Bibelexegese verbunden war. Außerdem betrachtete Arnold die Ketzer als die wahren Christen, und in den Briefen aus dieser Periode ist schon G.s späterer, mit Zähigkeit behaupteter Anspruch auf eine eigene, vielleicht ketzerische Position unter oder neben den Erweckten zu erkennen: »Von Seiten der Gemeine lässt man mich denn in den Circkel, so mit einer stillen Connivenz, wie die Engel den Abbadona in ihren Kreis um Golgatha liessen« (an Langer, 24.11. 1768). Abbadona ist ein gefallener, aber reuiger Engel in Klopstocks *Messias*.

G.s pietistische Phase, wenn man von einer solchen sprechen darf, dauerte nur kurz, aber sein Interesse für biblische Fragen erlosch keineswegs und äußerte sich in den Aufsätzen *Brief des Pastors zu *** an den neuen Pastor zu ***. Aus dem Französischen* (1773) und *Zwo wichtige bisher unerörterte biblische Fragen zum erstenmal gründlich beantwortet, von einem Landgeistlichen in Schwaben* (1773) sowie in einer fragmentarischen Übersetzung des Hohenliedes Salomons. In den Aufsätzen wendet er sich wie Rousseau gegen kirchlichen Dogmatismus und rationalistischen Unglauben und bekennt sich nach dessen Muster – vgl. *Profession de foi du vicaire savoyard* (1762) – in der Rolle eines treuherzigen Landpfarrers im ersten Essay zu einer Haltung, in der sich ein irenischer Pietismus mit dem Toleranzdenken der Aufklärung amalgamiert, während der zweite mit gespielter Naivität die traditionelle orthodoxe Auslegung der Berichte über die Gesetzestafeln im Alten Testament und des Zungenredens im Neuen Testament historisch und kritisch befragt. Nur eine solche historisch-kritische Exegese könne nach seiner Auffassung »manches Anstößige«

tilgen und die »schale Spötterei« etwa eines Voltaire unwirksam machen (*Dichtung und Wahrheit*, 7. Buch; WA I, 27, S. 98).

Die Bekanntschaft mit Herders historisch-einfühlender Interpretation des Alten Testaments bedeutete eine Vertiefung für G.s Bibelverständnis. Herder wies eindringlich auf die poetischen Qualitäten und die in der geschichtlich gewachsenen und nicht einheitlichen Bibel vertretenen literarischen Gattungen sowie auf deren Entstehung und mannigfache Funktionen hin – wie schon vor ihm Robert Lowth und Johann David Michaelis. G.s eigene Art, die Bibel zu lesen, war jedoch nicht nur eine »kritisch historisch-poetische« (an Schiller, 15.4. 1797), d.h. Genese, Gattung und Überlieferung reflektierende Analyse, sondern er wollte darüber hinaus mit einer intuitiven, quasi morphologischen Methode aus der überlieferten Urkunde »das Ursprüngliche, Göttliche, Wirksame, Unantastbare, Unverwüstliche« (*Dichtung und Wahrheit*, 12. Buch; WA I, 28, S. 101) herausspüren. Dieses »Göttliche« bzw. »Wirksame« entspricht, vielleicht wenig theologisch ausgedrückt, dem Wort Gottes in der Schrift, das in, mit und unter der geschichtlichen Hülle zu finden ist. Das andere Element der pietistischen Exegese, die Applikation, die persönliche Anwendung auf das Leben des Bibellesers, ist ebenso deutlich immer noch vorhanden: »Das Innere, Eigentliche einer Schrift, die uns besonders zusagt, zu erforschen, sei daher eines jeden Sache, und dabei vor allen Dingen zu erwägen, wie sie sich zu unserm eignen Innern verhalte, und in wiefern durch jene Lebenskraft die unsrige erregt und befruchtet werde« (ebd., S. 101f.).

G.s Formulierungen zeigen außerdem, wie er die an der Bibellektüre erlernte, existentielle Weise, zu lesen, verallgemeinern konnte, da die Offenbarung des Göttlichen seit Straßburg für ihn nicht mehr auf die Bibel beschränkt war, obwohl diese ihm wichtig blieb. Seine alttestamentlichen Studien setzte er auch später fort, besonders fesselten ihn der Auszug Israels aus Ägypten und der Zug durch die Wüste (vgl. an Schiller, 12./15.4. 1797); der hier erwähnte Aufsatz wurde unter dem

Titel *Israel in der Wüste* in veränderter Form erst in den *Noten und Abhandlungen zu besserem Verständniß des West-östlichen Divans* (1819) publiziert, und der Ort seiner Veröffentlichung zeigt, daß das Alte Testament für G. in den weiteren Kontext des Orientalischen, Patriarchalischen eingebettet ist. In *Wilhelm Meisters Wanderjahren* wird es in der pädagogischen Provinz als »ethnisch« oder »heidnisch« (WA I, 24, S. 243), d.h. als Ausdruck einer allgemeinen, überall gültigen Religiosität eingestuft, während das Neue Testament eine Sonderstellung einnimmt.

In Verbindung mit den Auseinandersetzungen über Lavaters *Pontius Pilatus* (1782–1785) schrieb G., er sei »zwar kein Widerkrist, kein Unkrist aber doch ein dezidirter Nichtkrist« (an Lavater, 29.7. 1782). Seine kirchenfeindliche und glaubenskritische Haltung nahm in Rom zu und äußerte sich auch in Gedichten wie *Die Braut von Korinth* (1797) und *Groß ist die Diana der Epheser* (1815), die neutestamentliche Motive aufgreifen. Wenn G. keine Schriften des Neuen Testaments ähnlich eingehend wie etwa das erste Buch Mose behandelt hat, hängt seine Zurückhaltung wohl mit deren stärker sakrosanktem Charakter zusammen, denn er hat sie auch immer wieder gelesen und zitiert.

Mit einem Hinweis auf Sammlungen von Oskar Johannes Mehl hat das *Goethe-Handbuch* von Alfred Zastrau in dem Artikel »Bibel« eine ungefähre Auflistung der entlehnten Stellen aus den alt- und neutestamentlichen Schriften vorgenommen und ist zu folgenden Ergebnissen gekommen: Auf 300 Schriftstellen aus dem Alten Testament wird an etwa 600 Stellen in G.s Werken auf verschiedene Weise angespielt, während die entsprechenden Zahlen für das Neue Testament und G.s Werke 285 und etwa 500 sind. Es ist auf diese Weise möglich, einen Überblick über G.s Lieblingsstellen und -schriften zu gewinnen: G. bevorzugt deutlich im Alten Testament die Geschichtsbücher, weniger die Psalmen und die Propheten, dafür werden aber einige Stellen aus den Psalmen und den Propheten um so häufiger zitiert. Aus dem Neuen Testament steht das Matthäusevangelium an erster Stelle, unter den Briefen werden die Paulinischen am häufigsten zitiert – aber wiederum nimmt etwa die bekannte Aufforderung zur Nächstenliebe aus dem ersten Johannesbrief eine Sonderstellung ein.

Bei dem Gebrauch einer solchen sehr nützlichen Auflistung kann natürlich nur die Analyse des jeweiligen Kontextes das Gewicht der Allusion bestimmen. Beispielsweise erhält der erste Satz des Johannesevangeliums: »Im Anfang war das Wort« in *Faust* natürlich mehr Gewicht als viele Matthäusstellen, wie auch die Hioballusionen im *Prolog im Himmel* viele Stellen aus dem ersten Buch Mose aufwiegen. In den späten Werken treten wieder wie in den *Leiden des jungen Werthers* häufiger an zentralen Stellen Hinweise auf das Neue Testament auf – etwa auf Philipper 4, 7 in der Marienbader *Elegie*. Am dichtesten sind sie vielleicht in den *Wanderjahren* zu finden, die mit dem braven Sankt Joseph dem Zweiten anfangen, der ein werktägliches Familienleben mit der Marie führt, aber doch in der Nachfolge der biblischen Gestalt steht. Dieses Werk enthält in den Kapiteln über die pädagogische Provinz einen erneuten Versuch G.s, der Niedrigkeit und dem schmählichen Tod Gottes am Kreuz einen Sinn abzugewinnen.

Literatur:

Deutschländer, Leo: Goethe und das alte Testament. Frankfurt 1923. – Fischer-Lamberg, Hanna: Das Bibelzitat beim jungen Goethe. In: Gedenkschrift für FJ Schneider. Weimar 1956, S. 201–221. – Henkel, Hermann: Der biblische Bilder- und Sentenzenschatz in Goethes Schriften. Neue Jbb. für Philologie und Pädagogik. 140 (1889), S. 174–186 u. S. 248–258. – Janzer, Gertrud: Goethe und die Bibel. Heidelberg 1929. – Thielecke, Helmut: Goethe und das Christentum. München, Zürich 1982. – ZASTRAU. – ZIMMERMANN.

Sven-Aage Jørgensen

Bibliothek

G.s Bibliothek ist durch den von Hans Ruppert vorgelegten Katalog dokumentiert. Erfaßt ist der 1885 im G.-Haus am Frauenplan überlieferte Bestand von 5424 Titeln mit schätzungsweise über 6000 einzelnen Bänden.

In ihrer inhaltlichen Struktur spiegelt G.s Bibliothek deutlich dessen universelle Interessen wider. Dennoch dominieren die Werke zur Literatur und zur Naturwissenschaft mit jeweils einem Fünftel. Gegenüber dem bei Ruppert erfaßten Bestand ist eine gewisse Relativierung anzuraten. Abgesehen davon, daß G. seiner Büchersammlung nicht den gleichen Status und Wert wie seinen weitgehend systematisch angelegten Sammlungen zur Kunst und Naturwissenschaft beimaß, enthält der überlieferte Bestand offensichtlich nicht alle Bücher, die sich in G.s Besitz befanden. Ein erster größerer Nachweis liegt in dem handschriftlichen *Verzeichniss derjenigen Bücher, welche sich in der Bibliothek Ihro der* [sic!] *Herrn Geheimden Rath von Goethe Hochwohlgeb. vorfinden* von 1788 vor. Vergleicht man die hierin verzeichneten Titel, so fehlen bei Ruppert fast 150. Verluste könnten u.a. dadurch entstanden sein, daß G. Werke, vor allem die für das gesellige literarische Gespräch wichtigen Neuerscheinungen, an Freunde und Partner weitergab, ja sie kursieren ließ (vgl. Ruppert 1958, Nr. 175, Nr. 180 u.ö.). Auch G.s Bibliothek enthält Bücher, die von anderen Vorbesitzern wie z.B. Heinrich Christian Boie (ebd., Nr. 55) stammen bzw. trotz ausdrücklicher Bitte dem Vorbesitzer nicht zurückgegeben wurden (ebd., Nr. 1725).

Nachdem G. 1794 schätzungsweise über 300 Bücher aus der Bibliothek seines Vaters übernommen hatte, kann man erst seit etwa 1800 von einem bewußteren Bestandsaufbau sprechen. Einen erhöhten Stellenwert erhielt die Bibliothek in Verbindung mit der Sichtung und Ordnung von G.s Manuskripten und Sammlungen seit etwa 1820. Der damit beauftragte Friedrich Theodor David Kräuter stellte von 1822 an einen umfangreichen handschriftlichen *Catalogus bibliothecae Goethianae* (986 Seiten in Folio) zusammen; parallel dazu wurden seit 1821 von ihm und anderen jährliche Bücher-Vermehrungslisten (WA III, 8, S. 309–325; WA III, 9, S. 323–340 u. WA III, 10, S. 295– 303) geführt. In G.s Tagebüchern und Korrespondenz ist die regelmäßige Bestandsergänzung in den letzten Jahrzehnten belegt. Auch die aufbewahrten Verkaufskataloge einzelner Buchhändler und Versteigerungskataloge privater Büchersammlungen (Ruppert 1958, Nr. 567–632) vor allem aus den Jahren nach 1800 weisen auf das sich entwickelnde Interesse für die Bibliothek und eine ständige Quelle für den Bucherwerb hin. Insgesamt war der Bestandsaufbau von pragmatischen Gesichtspunkten bestimmt; die z.B. für Christoph Martin Wielands Büchersammlung charakteristische Vorliebe für bibliophile Ausgaben ist nicht erkennbar.

Wertvolle Zugänge ergaben sich aus den zahlreichen Schenkungen, die G. von zeitgenössischen Autoren, Herausgebern und Verlegern (Bertuch, Unger, Cotta u.a.) erhielt. Neben nahezu allen führenden Dichtern, Schriftstellern, Philosophen, Philologen und Naturwissenschaftlern aus Deutschland und aus dem Weimarer Kreis gehörten hierzu auch ausländische Autoren wie Thomas Carlyle, Ugo Foscolo, Étienne Geoffroy Saint-Hilaire, Wuk Stephanowitsch Karadschitsch, Alessandro Manzoni, Anne Louise Germaine de Staël-Holstein u.a. Häufig enthielten diese Exemplare gedruckte (Ruppert 1958, Nr. 186, Nr. 2463 u.ö.) oder handschriftliche Widmungen, die von Zeugnissen persönlicher Verbundenheit (Hegel, 1804: »Herrn von Göthe, seinem vieljährigen, höchstverehrten Freunde«; ebd., Nr. 3089) bis zu teilweise gereimten Elogen reichen. Die Belege über die Art und Weise des Bucherwerbs und -zugangs (Rechnungen u.a.) sind in Rupperts Katalog dokumentiert und stellen wichtige biographische und wirkungsgeschichtliche Zeugnisse dar.

G.s Bibliothek enthält zahlreiche Rarissima und Erstausgaben, so z.B. den Druck von Wielands *Alceste* mit der handschriftlichen Rollenbesetzung der Weimarer Uraufführung von 1773 (ebd., Nr. 1198) oder Friedrich Heinrich

Jacobis Schrift gegen Moses Mendelssohn im Spinozastreit (1786; ebd., Nr. 3073). Kulturhistorisch wertvoll sind in ihrer Geschlossenheit auch solche Bestandsgruppen wie Verlags- und Auktionskataloge, Zeitschriften und Almanache, Literatur über Frankfurt/M., Weimar und Sachsen-Weimar-Eisenach, über die Weimarer Freimaurerloge, juristische u.a. Literatur, die mit G.s amtlicher Tätigkeit verbunden ist usw. Andererseits fehlen, besonders aus den Jahrzehnten vor 1800, Werke, die mit Sicherheit in G.s Besitz gewesen sind, z.B. das nur handschriftlich in wenigen Exemplaren verbreitete *Journal von Tiefurt*; auch eine Reihe von Erstausgaben der Werke G.s fehlt.

Auch die Spuren der Lektüre G.s und seiner Auseinandersetzung mit einzelnen Werken (Anstreichungen, Marginalien und andere handschriftliche Notizen) sind von Ruppert dokumentiert. Sie haben unterschiedliches inhaltliches Gewicht und reichen von einfachen Bleistiftanstreichungen und Korrekturen (Ruppert 1958, Nr. 86, Nr. 174 u.ö.), deren Häufigkeit in bestimmten Werken die gründliche Auseinandersetzung verrät (z.B. zu Fichtes *Wissenschaftslehre*, 1794; vgl. ebd., Nr. 3049), über Spuren intensiver praktischer Nutzung (z.B. Notizen und Ergänzungen in einem Exemplar von Benvenuto Cellinis *Vita* im Zusammenhang mit G.s Übersetzung dieses Werkes; vgl. ebd., Nr. 54) bis zu aufschlußreichen Wertungen und Schlußfolgerungen G.s (z.B. die Notiz »Gefühl von Menschen-Würde = Gott« und ähnliche Bemerkungen in Kants *Critik der Urtheilskraft*, 1790; vgl. ebd., Nr. 3058). Besonderen Wert haben die Notizen in G.s eigenen Werken (ebd., Nr. 1800, 1820 u.a.) oder in für die Genese einzelner Werke G.s wichtigen Quellen (z.B. ebd., Nr. 1409). Ruppert weist zum anderen auch die verbalen Zeugnisse der Lektüre und Rezeption nach, die außerhalb der Bücher in G.s Tagebüchern und Briefen zu finden sind. Der Hinweis auf unaufgeschnittene Exemplare könnte zwar auf fehlendes oder zurückgehendes Lektüreinteresse – z.B. bei nach 1805 erschienenen Dante- oder Tasso-Ausgaben (vgl. ebd., Nr. 1672 u. Nr. 1673 bzw. Nr. 1707–1710) – hindeuten, kann jedoch erst im biographischen Kontext bewertet werden.

Generell ist zu berücksichtigen, daß G. auch der umfangreiche Bestand der Weimarer und Jenaer Bibliotheken, besonders der von ihm gemeinsam mit Christian Gottlob von Voigt im Rahmen der »Oberaufsicht« geleiteten Herzoglichen Bibliothek, zur Verfügung stand. Diese Lektüre ist durch die Verzeichnisse von Elise von Keudell zu Weimar (2276 Entleihungen) und Karl Bulling zu Jena (177 Entleihungen) dokumentiert.

Insgesamt ist G.s Bibliothek ein zwar bedeutsames, aber nur in Verbindung mit anderen Quellen zu nutzendes biographisches und werkgeschichtliches Zeugnis.

Literatur:

Keudell, Elise von: Goethe als Benutzer der Weimarer Bibliothek./Bulling, Karl: Goethe als Erneuerer und Benutzer der jenaischen Bibliotheken. Repr. der Originalausgaben von 1931 u. 1932. Leipzig 1982. – Ruppert, Hans: Goethes Bibliothek. Katalog. Weimar 1958 [Repr. Leipzig 1978]. – Ders.: Das älteste Verzeichnis von Goethes Bibliothek. In: GoetheJb. 24 (1962), S. 253–287. – Ders./Ruppert, Ilse: Handschriftliche Buchwidmungen in Goethes Bibliothek. In: GoetheJb. 22 (1960), S. 301–311. – Wachsmuth, Andreas B.: Goethes Bibliothek. Zu ihrem jetzt erschienenen Katalog. In: GoetheJb. 20 (1958), S. 178–201.

Siegfried Seifert

Bildende Künste

Der Begriff der bildenden Künste umfaßt für G. die bildlich darstellenden Künste Plastik (mit den verwandten Künsten, z.B. Medaillen- und Gemmen-Kunst) und Malerei (mit den benachbarten graphischen Künsten), in einem weiteren Sinne auch die Architektur als eine räumlich gestaltende Kunst: »Füge man nun noch die bildenden Künste hinzu, was Architektur, Plastik, Malerei [...] beitrage« (BA 17, S. 138). Das Partizip »bildend« besitzt hierbei sowohl eine mimetische als auch eine kreative Bedeutungskomponente: Das Verb »bilden«

bezeichnet für G. einerseits die abbildende bzw. nachbildende Wirklichkeitswiedergabe im Sinne der Nachahmungsästhetik des 18. Jhs. und andererseits die schöpferische Gegenstandsgestaltung und künstlerischen Gesetzen folgende Formgebung im Sinne der vom Sturm und Drang angebahnten Autonomieästhetik; im Begriff der bildenden Kunst durchdringen sich das nachahmende und das schöpferische Moment untrennbar. Damit grenzt sich G.s Verständnis bildender Kunst – spätestens seit der Straßburger Zeit – ab von dem in den Traditionen des französischen Aufklärungsklassizismus stehenden Konzept der »Schönen Künste« (etwa bei Johann Georg Sulzer): »Die Kunst ist lange bildend, eh sie schön ist« (BA 19, S. 35). So sehr G. die Bedeutung der bildenden Künste für sein dichterisches Werk hervorgehoben hat, so entschieden hat er zugleich zeitlebens darauf beharrt, daß sich bildende Kunst und Poesie in ihren medialen Bedingungen, Gegenständen, künstlerischen Gesetzen und Wirkungsformen grundsätzlich unterscheiden; analoge Grenzziehungen hat er gegenüber der Musik vorgenommen.

G.s Beschäftigung mit den bildenden Künsten umfaßt zahlreiche Aspekte: die Praxis des Zeichners, eine rege Sammlertätigkeit, das umfangreiche kunstschriftstellerische Werk, kunstpädagogische und kunstpolitische Bemühungen. Im folgenden wird G.s Auffassung von Malerei, Plastik und Architektur anhand seiner Schriften, Briefe und Gespräche dargestellt. Seine Auseinandersetzung mit den bildenden Künsten gestaltete sich in den verschiedenen Lebensabschnitten mit unterschiedlicher Intensität; dabei lassen sich vier Hauptphasen unterscheiden, die nur z.T. mit den üblichen werkchronologischen Einteilungen übereinstimmen.

Jugend, Sturm und Drang, erstes Weimarer Jahrzehnt (1749–1786)

Die Freie Reichsstadt Frankfurt war, begünstigt durch die Nähe der Niederlande und die Handelsverbindungen mit Italien, ein Zentrum des Kunsthandels. Im Frankfurter Patriziat entstanden im 18. Jh. zahlreiche bedeutende private Bildersammlungen, in denen, den geschmacklichen Orientierungen der Zeit entsprechend, die flämisch-niederländische Malerei des 17. Jhs. dominierte. Im Gegensatz dazu hat G.s Vater Johann Caspar Goethe für sein Bilderkabinett, das etwa 100 Gemälde umfaßt haben dürfte, Bilder zeitgenössischer Frankfurter Maler gekauft (vor allem von Johann Conrad Seekatz, Johann Georg Trautmann, Wilhelm Friedrich Hirt, Christian Georg Schütz, Justus Juncker), die den Realismus der Niederländer auf eine gefällige Rokoko-Ästhetik hin variierten. G. hat diesen Künstlern, die in seinem Elternhaus ein- und ausgingen, bei der Arbeit zugesehen, als sie für den im Hause einquartierten Grafen François de Thoranc ihre Bilder malten; seit dem neunten Lebensjahr erhielt er selbst zudem Zeichenunterricht, so daß er von frühester Zeit an auch ein praktisches Verständnis für die bildende Kunst besaß. Das große Anschauungsrepertoire im niederländischen Geschmack, das ihm die Frankfurter Sammlungen boten, wurde erweitert um die römischen Veduten, die der Vater von seiner Italienreise mitgebracht hatte und die in einem Vorsaal des Elternhauses hingen, und vor allem um die Berichte des Vaters von Italien, die, ohne schon den Geschmack des jungen G. prägen zu können, doch sein Interesse für die Kunst Italiens bereits in jungen Jahren wachriefen. Von Jugend an gehörte so die bildende Kunst zum selbstverständlichen geistigen Besitz des Dichters.

In der Leipziger Studienzeit lernte G. bei Adam Friedrich Oeser, bei dem er Zeichenunterricht nahm, die Kunsttheorien des Frühklassizismus kennen, insbesondere die Schriften Johann Joachim Winckelmanns, dessen »hohes Kunstleben [...] in Italien« ihm seit dieser Zeit als »mit Andacht« verehrtes Vorbild vor Augen stand (BA 13, S. 340f.). An seiner vom Naturalismus der Niederländer geprägten Kunstauffassung hat dies freilich vorerst nichts ändern können: »Was ich nicht als Natur ansehen, an die Stelle der Natur setzen, mit einem bekannten Gegenstand vergleichen konnte, war auf mich nicht wirksam« (ebd., S. 350). Und so ging er 1768 bei seinem ersten Besuch der Dresdner Gemäldegalerie unbeeindruckt an den italienischen Meistern vorüber, um sich mit Enthusiasmus in die niederländische Landschaftsmalerei zu versenken. Auch hat er damals die bedeutende Dresdner Antikensammlung nicht besichtigt.

Daß dennoch der Klassizismus Oesers mit seiner Leitmaxime, »das Ideal der Schönheit sey Einfalt und Stille« (an Reich, 20.2. 1770), von prägender Bedeutung für G.s Wahrnehmung war, erwies sich bereits im Oktober 1769 bei seinem ersten Besuch des Mannheimer Antikensaals. In dem »Wald von Statuen« (BA 13, S. 539), den G. hingerissen durchwanderte, zog besonders die *Laokoon*-Gruppe seine Aufmerksamkeit auf sich und regte ihn zu einer Neudeutung der dargestellten Situation an; sie bildet den Ursprung des 1797 entstandenen und 1798 im ersten Heft der *Propyläen* veröffentlichten Aufsatzes *Über Laokoon* – ein bemerkenswertes Beispiel für die Kontinuität in G.s Wahrnehmung und Deutung bildender Kunst über alle Umbrüche in den geschmacklichen Orientierungen hinweg. G. selbst hat zu Ende des 11. Buchs von *Dichtung und Wahrheit* die kontinuierliche Entwicklung seines Verständnisses bildender Kunst hervorgehoben, als er seinen zweiten Besuch des Mannheimer Antikensaals anläßlich der Rückreise von Straßburg im August 1771 schilderte und dabei »die stille Fruchtbarkeit solcher Eindrücke« betonte, die ihm, wenngleich auf einem »großen Umweg« (ebd., S. 541) – gemeint ist die Italienreise –, die allmähliche Annäherung an das ästhetische Ideal der Klassik ermöglichten. Ein weiterer dieser schon früh aufs klassische Ideal hinüberweisenden Eindrücke waren die nach Raffaels Kartons gewirkten Gobelins, darunter die *Schule von Athen*, die G. 1770 in Straßburg sah.

Doch führte die in der Straßburger Studienzeit unter dem Einfluß Johann Georg Hamanns und Herders vollzogene Hinwendung zur Genieästhetik auch in G.s Verhältnis zur bildenden Kunst zu tiefgreifenden kunsttheoretischen und geschmacklichen Neuorientierungen: Die Fundierung der Kunst im Prinzip des Schöpferischen erzwang die Verwerfung der Nachahmungstheorien des Vernunftzeitalters und damit zugleich die Ablehnung des zeitgenössischen Klassizismus, wie andererseits die Betonung der Originalität, des Charakteristischen und der »individuellen Keimkraft« des Künstlers (BA 19, S. 72) analog zur Begeisterung für Shakespeare eine Hochschätzung nationaler Traditionen auch in der bildenden Kunst begünstigen mußte. In G.s Aufsatz *Von Deutscher Baukunst* (1771/72) fand diese veränderte Kunstauffassung ihre programmatische Formulierung. Der Aufsatz ist ein Hymnus auf Erwin von Steinbach, den Baumeister des Straßburger Münsters, in dessen »gottgleichem Genius« (ebd., S. 36) sich, über die Jahrhunderte hinweg, das Genie des den Bau bewundernden Betrachter-Ichs zu spiegeln suchte. Der Künstler, so lehrte ihn die Fassade des Münsters, schafft nicht nach abstrakten Prinzipien und imitiert nicht willkürliche ästhetische Konventionen, sondern bringt mit elementarer kreativer Kraft wie die Natur »ein lebendiges Ganze« hervor, in dem »wie in Werken der ewigen Natur [...] alles Gestalt und alles zweckend zum Ganzen« ist (ebd., S. 34f.). Die »deutsche Baukunst« wird in G.s Aufsatz polemisch aufgeboten gegen den Klassizismus der französischen Architektur und einen modischen Stil à la Grecque, wobei insbesondere der 1768 in deutscher Übersetzung erschienene *Essai sur l'architecture* von Marc Antoine Laugier scharf attakiert wird, und gegen die Rokoko-Ästhetik in der Malerei zitiert G. die Gestaltenwelt des »männlichen Albrecht Dürer« (ebd., S. 37).

Die auf das Schöpferische und Charakteristische in der Kunst ausgerichtete Geniekonzeption verband sich mit einem antitheoretischen Affekt, der die Abwehr aller regulierenden und normierenden Elemente in den bildenden Künsten zum Ziel hatte. Zumal G.s

Auseinandersetzung mit Johann Georg Sulzers *Allgemeiner Theorie der schönen Künste* (1771), von der er sagte, ein »schädlicheres Nichts« (ebd., S. 23) sei nicht erfunden worden, steht im Zeichen der Polemik gegen die generalisierenden Abstraktionen der Kunsttheorie. Hierin aber tritt, über die generationsspezifische Ablehnung der normativen Schönheitslehren der Aufklärung hinaus, ein Grundzug von G.s lebenslanger Beschäftigung mit den bildenden Künsten hervor – der unbedingte Primat der Anschauung: »Wer von den Künsten nicht sinnliche Erfahrung hat, der lasse sie lieber« (ebd., S. 22f.). Und zugleich ermöglichte ihm die Zurückweisung dogmatischer Fixierungen eine grundsätzliche Offenheit allen kunstgeschichtlichen Erscheinungen gegenüber. In den gleichen Jahren, in denen er für die Gotik schwärmte, ließ er sich im Mannheimer Antikensaal von einem korinthischen Kapitell des Pantheon beeindrucken, und die Bewunderung für den Realismus der niederländischen Malerei hinderte ihn nicht daran, die Renaissancekunst Raffaels als Ausdruck gleicher schöpferischer Ursprünglichkeit zu verehren. So stellte er in dem Aufsatz *Nach Falconet und über Falconet* (1775) auf programmatische Weise »Rembrandt, Raffael, Rubens« (ebd., S. 68) als gleichrangige Künstler nebeneinander. Ebenso symptomatisch ist, daß die bedeutendste der Kupferstich-Rezensionen, die G. 1772 für die *Frankfurter Gelehrten Anzeigen* schrieb, nicht einem Werk der deutschen oder niederländischen Malerei galt, sondern Kupferstichen nach Gemälden des von ihm in späteren Jahren als größter Meister der idealen Landschaftsmalerei des Südens verehrten Claude Lorrain. Unabhängig von den Bildthemen oder stilistischen Erwägungen galt G.s Bewunderung also zunächst und vor allem der individuellen Schöpferkraft des Künstlers, der wie die Natur ein inneren Gesetzen gehorchendes organisches Ganzes hervorbringt. G.s spätere Absage an seinen jugendlichen Enthusiasmus für die Gotik droht gelegentlich den Blick dafür zu verstellen, daß sein Verständnis bildender Kunst in der klassischen Zeit auf vielfache Weise eine Fortführung und Systematisierung dieser in Straßburg

entwickelten organischen Kunstauffassung darstellt; seine lebenslange Verehrung für Raffael und Lorrain verweist auf die hohe Kontinuität auch in der Entwicklung seiner kunsttheoretischen Leitmaximen.

Zwar war für G. ein Werk der bildenden Kunst zu dem Medium geworden, anhand dessen er seine Sturm-und-Drang-Ästhetik entwickelt hat, doch nahmen im übrigen die bildenden Künste in der voritalienischen Zeit in G.s geistiger Welt – über die eigenen zeichnerischen Versuche hinaus – keinen bevorzugten Raum ein. Als letzte Schrift zur bildenden Kunst vor der Italienreise entstand die *Dritte Wallfahrt nach Erwins Grabe im Juli 1775*: eine sakralisierende Überhöhung des Münster-Erlebnisses mit gebetsartiger Anrufung des Künstlers als eines alter deus. Die Briefe und Tagebücher des ersten Weimarer Jahrzehnts verzeichnen nur selten eine Beschäftigung mit Architektur, Malerei und Plastik; den schmalen Raum, den die politische Tätigkeit ließ, füllten vor allem die eigene dichterische Produktion und naturwissenschaftliche Studien. Wiederholt befaßte G. sich in dieser Zeit mit altdeutscher Graphik, insbesondere mit Albrecht Dürer, dessen »mit Gold und Silber nicht zu bezahlende Arbeit« er zunehmend verehrte (an Lavater, 6.3. 1780). Auch zeitgenössische Künstler fanden seine Aufmerksamkeit: so Johann Heinrich Wilhelm Tischbein, als dessen Förderer er schon 1782 auftrat, und vor allem Johann Heinrich Füssli, dessen heroische Bildkonzeptionen aus dem Geiste des Sturm und Drang ihn zeitweise ganz in den Bann schlugen.

Doch schon bald zeichnete sich auch auf dem Felde der bildenden Kunst ein Bruch mit dem Subjektivismus und der gestalterischen Willkür der ehemaligen Weggefährten ab: »Wenn Raphael und Albrecht Dürer auf dem höchsten Gipfel stehen, was soll ein echter Schüler mehr fliehen als Willkürlichkeit?« So hielt er 1781 Maler Müller in einer scharfen Kritik von dessen »nur noch gestammelten« Bildern vor und riet ihm, »eine Zeit lang sich ganz an Raphaeln, die Antiken und die Natur« zu wenden (an Müller, 21.6. 1781). In Urteilen wie diesen deutet sich eine Abwendung vom

Konzept der charakteristischen Kunst und die tastende Annäherung an eine Idealitätskonzeption an, wie sie in der Kunst der Antike und der italienischen Renaissance verbürgt erschien. Tatsächlich dominieren in den Briefen und Tagebüchern der letzten vor-italienischen Jahre an den seltenen Stellen, die von bildender Kunst handeln, bereits Künstler der Renaissance, insbesondere Raffael, und auch mit der antikisierenden Formensprache des großen Renaissancebaumeisters Andrea Palladio hat sich G. schon vor der Italienreise auseinandergesetzt. Wiederholt las er zudem in den kunsttheoretischen Schriften des Malers und Winckelmann-Freundes Anton Raphael Mengs, dem Raffael, Correggio und Tizian als die größten Meister der neueren Malerei galten; damit trat die klassizistische Kunstauffassung, die ihm Oeser schon fünfzehn Jahre zuvor nahegebracht hatte, erneut in das Zentrum von G.s kunsttheoretischen Interessen.

Italien und die Wirkungen der Italienreise (1786–1797)

Die erste Italienreise markiert in G.s Auseinandersetzung mit den bildenden Künsten einen Einschnitt von grundlegender Bedeutung. Erst die Anschauung der Originalwerke aus Antike und Renaissance vermittelte G. die Notwendigkeit einer systematischen Beschäftigung mit Architektur, Plastik und Malerei; erst hier bildete er kunsttheoretische Leitvorstellungen aus, an denen er bis an sein Lebensende festgehalten hat, und erst in Italien erkannte er auch die Geschichtlichkeit aller Kunst.

Tatsächlich läßt sich die *Italienische Reise*, in der G. Jahrzehnte später die italienischen Erfahrungen in anti-romantischer Perspektive systematisierte, als eine Bildungsgeschichte des Auges lesen, deren Ergebnis die anschauende Kenntnis der Kunst war: »Mein Auge bildet sich gut aus, mit der Zeit könnte ich Kenner werden« (BA 14, S. 553). Zwar stand

die Malerei im Zentrum seines Kunststudiums, doch erwarb G. in Italien eine profunde Kennerschaft auch in Architektur und Plastik.

Zum größten Architekturerlebnis G.s in Italien wurde die Begegnung mit den Bauten Palladios in Vicenza und Venedig. Palladios Baukunst im Geist der römischen Antike regte ihn nicht allein zum Studium von Technik und Formensprache der Architektur – z.B. der Säulenordnungen – an, sondern verwies ihn zugleich auf die Baukunst der Antike selbst; so schloß sich dem Studium von Palladios *Vier Büchern zur Architektur* schon wenige Tage später die Lektüre von Vitruvs *Zehn Büchern über die Baukunst* an. Das überwältigende Palladio-Erlebnis, das G.s Architekturauffassung bis an sein Lebensende geprägt hat, und die Beschäftigung mit der antiken Baukunst als dem unerreichten Vorbild auch der neueren Architektur haben eine Auseinandersetzung G.s mit den großen Bauwerken der römischen Renaissance verhindert – sieht man von der Peterskirche ab, an der ihn aber allein deren alle natürlichen Größenverhältnisse außer Kraft setzende äußere Monumentalität beeindruckte, während er an dem Pantheon, dem am besten erhaltenen antiken Bauwerk Roms, »die äußere wie die innere [...] Großheit« (ebd., S. 296), also die mit den Proportionen des Menschen in Übereinstimmung stehende umfassende Harmonie des Baukörpers bewunderte.

Das an Palladios elegant antikisierenden Bauformen ausgebildete Ideal des Gefälligen und Harmonischen in der Baukunst hat G. aber auch den Zugang zu den originalen griechischen Bauwerken Süditaliens erschwert: den Tempeln Paestums und Siziliens. Beklommen stand er in Paestum zwischen den »stumpfen, kegelförmigen, enggedrängten Säulenmassen« und fand sich »in einer völlig fremden Welt«, die ihm »furchtbar« erschien (ebd., S. 390). Im Angesicht der gebauten Zeugnisse eines als utopische Vergangenheit verehrten Griechentums wurde dem Klassizisten G. die unüberbrückbare Distanz der Moderne zur Antike bewußt, eine Erfahrung, die er noch 1829 in die Formulierung brachte, daß er die griechische Architektur »zuletzt immer wie eine fremde erhabene Feenwelt zu betrachten hatte« (an Schultz, 10.1.1829).

Die Beschäftigung mit Architektur trat insgesamt während G.s Rom-Aufenthalt stark zurück; auch hat ihn sein an Palladio geschulter Blick an der Gotik Venedigs, an den barocken Bauwerken Roms und an den bedeutenden Zeugnissen mittelalterlicher Baukunst in Sizilien vorbeiblicken lassen. In zwei Aufsätzen über Baukunst (1788 und 1795) hat G. nach seiner Rückkehr die visuellen Eindrücke zu systematisieren und »eine Norm für unsere Urteile über Baukunst zu finden« versucht (BA 19, S. 107). Die Architekturkritik hat danach drei Bedingungen der Baukunst zu berücksichtigen: das Material, den Zweck und die »Natur des Sinns, für welchen das Ganze harmonisch sein soll«. Dieser Sinn ist nicht primär der visuelle, sondern der »Sinn der mechanischen Bewegung des menschlichen Körpers« in dem umbauten Raum (ebd., S. 108); in ihm gründet die Lehre von den Proportionen.

G. hat seine Kenntnisse der Baukunst durch die Lektüre zahlreicher Architekturtraktate und Reiseberichte, insbesondere im Zusammenhang mit der Vorbereitung seiner 1795–1797 gemeinsam mit Johann Heinrich Meyer geplanten großen kulturgeographischen Italienkunde, kontinuierlich auszuweiten gesucht. In seiner Tätigkeit als Berater bei bedeutenden Bauvorhaben in Weimar (Römisches Haus, Schloßbau, Wiederaufbau des Hoftheaters) sowie beim Umbau seines Wohnhauses konnte G. sein Architekturverständnis auch praktisch umsetzen.

Nicht anders als im Falle der Baukunst bedeutete die Italienreise auch für G.s Verständnis der Plastik einen tiefen Einschnitt. Erst in Italien gewann er unter der tiefgreifenden Wirkung antiker Marmorskulptur ein Bewußtsein für die ästhetische Differenz zwischen Original und Gipsreproduktion: »Der Marmor ist ein seltsames Material, deswegen ist Apoll von Belvedere im Urbilde so grenzenlos erfreulich, denn der höchste Hauch des lebendigen, jünglingsfreien, ewig jungen Wesens verschwindet gleich im besten Gipsabguß« (BA 14, S. 314). So gab er sich der lebendigen

Anschauung der antiken Skulpturen hin, wobei die Auswahl der Statuen, die ihn besonders nachhaltig beeindruckten, durchaus dem klassizistischen Zeitgeschmack verhaftet blieb: die Belvedere-Skulpturen, *Minerva Giustiniani*, *Juno Ludovisi*, *Herkules Farnese*, *Medusa Rondanini*. Von Anfang an hat sich G. darum bemüht, das uferlose Anschauungsmaterial in Rom mit Hilfe des historisch-ästhetischen Ordnungsentwurfs zu bewältigen, den ihm Winckelmanns *Geschichte der Kunst des Altertums* (1764) bereitstellte; er las Winckelmanns Werk in der italienischen Übersetzung Carlo Feas (1783) gleich nach seiner Ankunft in Rom und legte dessen stilgeschichtliches Kategoriensystem – den »dauerhaften Winkelmannischen Faden, der uns durch die verschiedenen Kunstepochen durchleitet« (ebd., S. 468) – auch eigenen Werkdeutungen zugrunde. Insgesamt führte G.s Beschäftigung mit antiker Skulptur ihn jedoch weniger zur Kunstgeschichte als zum »Studio der Menschengestalt, welche das Non plus ultra alles menschlichen Wissens und Tuns ist« (ebd., S. 670). Gerade weil für ihn der Mensch der vornehmste Gegenstand der bildenden Künste war, hat G. das Studium der Anatomie als Schlüssel zum Verständnis der Skulptur bewertet.

Bemerkenswert ist, daß G. zwar auf der Notwendigkeit einer Anschauung der Originale insistierte, während seines gesamten ersten Italienaufenthaltes jedoch – und später in Weimar ohnehin! – sich in seiner Wohnung mit Gipsabgüssen umgeben und auch in der Abgußsammlung der Französischen Akademie Studien betrieben hat; hierin bezeugt sich eine für den Klassizismus typische Hochschätzung der künstlerischen Erfindung und des ideellen Gehalts der Kunst, die sich auch in zwei der Plastik benachbarten bevorzugten Sammel- und Studiengebieten G.s in Italien dokumentiert: den antiken Münzen und Gemmen.

Stärker noch als Architektur und Plastik hat die Malerei G. in Italien beschäftigt; hier fiel der Kontrast zwischen den fast ausschließlich auf Reproduktionsgraphik beruhenden Vorkenntnissen und der lebendigen Anschauung des Kunstschönen am intensivsten aus. Das

Spektrum an Werken der Malerei, mit denen G. sich in Italien auseinandergesetzt hat, erstreckt sich von der Florentiner Frührenaissance (Masaccio) bis zu den Gemälden der Zeitgenossen Tischbein, Jakob Philipp Hakkert und Angelika Kauffmann; im Zentrum standen die großen Meister der Renaissance Raffael, Michelangelo, Leonardo und Tizian, aber auch der Bologneser Barockklassizismus der Carracci, der Manierismus Tintorettos, die großen Meister der italienischen Barockmalerei (Guercino, Domenichino, Guido Reni) und der römischen Ideallandschaft (Lorrain, Nicolas Poussin) zogen G.s Bewunderung auf sich.

Der Text der *Italienischen Reise* führt eindringlich vor Augen, wie sich G. mit der kontinuierlichen Erweiterung seiner Kunstkenntnisse und der Intensivierung der Anschauung allmählich auch ein theoretisches Verständnis der Malerei erschloß. Mußte er sich noch zu Beginn seiner Reise gestehen, wie wenig er von Kunst und Handwerk des Malers verstehe, so gewann er bereits unter dem Eindruck des Lichts und der Farben Venedigs ein Bewußtsein für die Abhängigkeit der Kunst von Kultur und Landschaft und damit für die Gründe der Entstehung lokaler Malerschulen. Den Blick für die spezifischen Gesetze der Malerei versuchte er sich zunächst über die dargestellten Gegenstände zu erschließen. Dabei kritisierte er immer wieder die Wahl religiöser Bildthemen und zumal die Martyriumsdarstellungen, weil sie die dargestellten Figuren zur Passivität verurteilen und das eigentlich wirkende Prinzip außerhalb der Immanenz des Bildraums in der Transzendenz ansiedeln; damit verliert nicht nur die Darstellung selbst für G. an Interesse, sondern sie verstößt vor allem gegen eine Leitmaxime seiner Kunstbetrachtung, die noch sein negatives Urteil über die Malerei der Romantik bestimmt hat: Ein Kunstwerk muß aus sich selbst heraus verständlich sein.

Der Reflexion der Bildthemen schloß sich das Studium der Formprinzipien der Malerei an. Schon vor Raffaels *Heiliger Cäcilie* in Bologna – dem ersten Originalgemälde Raffaels, das er betrachtet hat – wurde ihm bewußt, daß die Vollkommenheit eines Kunstwerks nicht auf dem Bildgegenstand (»fünf Heilige nebeneinander, die uns alle nichts angehn«; BA 14, S. 135) beruht, sondern auf der Klassizität seiner Form. Deshalb nannte er Raffael wie Palladio »groß«, denn es »war an ihnen nicht ein Haarbreit W i l l k ü r l i c h e s ; nur daß sie die Grenzen und Gesetze ihrer Kunst im höchsten Grade kannten« (ebd., S. 137). Die Suche nach den Gesetzen der Kunst hat ihn, bei aller Ausweitung seiner kunstgeschichtlichen Studien, in Italien immer wieder zu Raffael zurückgeführt, auch wenn ihn zeitweise die gewaltigen Bildkonzeptionen von Michelangelos *Sistina-Fresken* so sehr in den Bann schlugen, daß er den Blick für Raffael zu verlieren drohte. Aber schon die Bemerkung, daß der Anblick von Michelangelos »Meisterstück« ihn so sehr eingenommen habe, »daß mir nicht einmal die Natur auf ihn schmeckt« (ebd., S. 308), läßt erahnen, weshalb G. nicht in ihm, sondern in Raffael die Instanz höchster künstlerischer Vollkommenheit verehrte. Denn zum kunsttheoretischen Ertrag der Italienreise gehörte die Einsicht, daß der Künstler nicht die Natur subjektiv überbieten solle, sondern daß er schaffe wie die Natur, nach den gleichen objektiven Gesetzen und Prinzipien wie sie: »Diese hohen Kunstwerke sind zugleich als die höchsten Naturwerke von Menschen nach wahren und natürlichen Gesetzen hervorgebracht worden. Alles Willkürliche, Eingebildete fällt zusammen, da ist die Notwendigkeit, da ist Gott« (ebd., S. 583). So schaffe der Künstler nach Regeln, »die ihm die Natur selbst vorschrieb«, eine »zweite Natur, aber eine gefühlte, eine gedachte, eine menschlich vollendete«, wie G. 1798 in einer Anmerkung zu Denis Diderots *Versuch über die Malerei* schrieb (BA 21, S. 740). In diesem Sinne kann der die *Italienische Reise* leitmotivisch durchziehende Streit, ob Michelangelo oder Raffael der größere Künstler sei, am Ende mit dem Urteil entschieden werden, Raffael habe, »wie die Natur, jederzeit recht« (BA 14, S. 646).

Die Erfahrung höchster künstlerischer Idealität hat G. in Italien zugleich auch zur Erkenntnis der Geschichtlichkeit aller Kunst gelangen lassen; so zeichnet sich seine Kunstbetrachtung – wie diejenige seines Vorbilds Winckelmann – durch ein Ineinander von Normativität und Historizität aus. Schon bei der Betrachtung antiker Skulptur ließ er sich, Winckelmann folgend, von der Einsicht leiten, daß auf dem Felde der Kunst »kein Urteil möglich ist, als wenn man es historisch entwickeln kann« (ebd., S. 332). So hat auch die Erfahrung höchster künstlerischer Vollkommenheit in der Moderne ihn nach deren geschichtlichen Entstehungsbedingungen fragen lassen. Das Werk Raffaels war für ihn erklärbar nur als das Ergebnis einer langen Kunstentwicklung, als oberster Stein einer von seinen Vorläufern gebildeten großen »Pyramide« (ebd., S. 262): ein Bild, das für die zunehmend normative Durchdringung von G.s kunstgeschichtlicher Betrachtungsweise charakteristisch ist. Tatsächlich hat denn auch sein anhaltendes Nachdenken über das Wechselverhältnis von Natur und Kunst die genuin kunstgeschichtliche Betrachtungsweise bei G. in Italien spürbar in den Hintergrund treten lassen.

Den kunsttheoretischen Ertrag seiner Italienreise hat G. erst nach seiner Rückkehr in einigen kleinen Aufsätzen zusammengefaßt. Zu denken ist hier neben den Beiträgen über Baukunst und der Zusammenfassung der für die Ausbildung der Autonomieästhetik wichtigen Abhandlung *Über die bildende Nachahmung des Schönen* von Karl Philipp Moritz, die ihn in seiner »Betrachtung der Natur und Kunst als eines einzigen großen Ganzen« (BA 19, S. 90) bestätigte, vor allem an die Klärung der Begriffe *Einfache Nachahmung der Natur, Manier, Stil*. G. unterscheidet hier von der treuen Wiedergabe der Wirklichkeit den subjektiven Formwillen des Künstlers – seine Manier – und schließlich den Stil als den »höchsten Grad« der Kunst; die Ebene des Stils sieht G. dort erreicht, wo der Künstler seinen Gestaltungswillen darin erfüllt, auf der Basis eines langen Naturstudiums – »auf den tiefsten Grundfesten der Erkenntnis« – dem wahren »Wesen der Dinge« Ausdruck zu verleihen (ebd., S. 80), und so zur Objektivität der Form findet. Mit der Einführung des Stilbegriffs als kunsttheoretischer Leitkategorie hatte G., bei grundsätzlicher Beibehaltung sei-

ner organischen Kunstauffassung, den äußersten Gegenpol zum Subjektivismus seiner frühen Geniekonzeption erreicht.

Weimarer Klassik (1798–1805)

Mit der Gründung der Kunstzeitschrift *Propyläen* (1798–1800) trat der G.sche Klassizismus gleichsam in seine programmatische Phase. Hatte G. auf der Rückreise von Italien den Entschluß gefaßt, »nicht von der Kunst in abstracto« handeln zu wollen (FA I, 15.1, S. 831), suchte er nun mit dem Ziel einer Steuerung der aktuellen Kunstentwicklung klare theoretische Leitvorstellungen sowie objektive Maßstäbe und Urteilskategorien zu entwickeln. Der »symbolische Titel« der Zeitschrift sollte dabei zum Ausdruck bringen, daß sich G. und seine Weimarischen Kunstfreunde (Schiller und Meyer) »so wenig als möglich vom klassischen Boden entfernen« wollten (BA 19, S. 175); er signalisierte damit zugleich G.s Gegnerschaft zu der mit Wilhelm Heinrich Wackenroders *Herzensergießungen eines kunstliebenden Klosterbruders* (1796) sich ankündigenden Kunstfrömmigkeit der Frühromantik und ihrer Hinwendung zur deutschen Kunst der Dürerzeit.

Zur Grundlage aller Urteile wurde G.s Stilbegriff: »daß ein Künstler sowohl in die Tiefe der Gegenstände als in die Tiefe seines eignen Gemüts zu dringen vermag, um in seinen Werken [...], wetteifernd mit der Natur, etwas geistig Organisches hervorzubringen und seinem Kunstwerk einen solchen Gehalt, eine solche Form zu geben, wodurch es natürlich zugleich und übernatürlich erscheint« (ebd., S. 179). Als Beispiel für ein geistig-organisches Kunstwerk in diesem Sinne deutete G. im ersten Heft der *Propyläen* die *Laokoon*-Gruppe: Er erklärte die Darstellung aus dem »eigentlichen Lebenspunct des dargestellten« (an Meyer, 14.7.1797), dem Biß der Schlange in die Hüfte des Vaters, aus dem sich alle weiteren Elemente der Darstellung ableiten lassen. Das Werk erfüllt damit – im Gegensatz etwa zu den christlichen Martyriumsdarstellungen – auf vollendete Weise die Grundforderung G.s an die bildende Kunst, »daß sie sich beim ersten Anschauen sowohl im ganzen als in ihren Teilen selbst erkläre« (BA 19, S. 165).

Von hier gelangte G. zu einer Klärung des Gegenstandsproblems in der Malerei. Auf der Grundlage der Forderung, daß ein Werk der bildenden Kunst sich selbst ganz aussprechen müsse, haben G. und Meyer die Darstellungsgegenstände – in dem von Meyer ausgearbeiteten Aufsatz *Über die Gegenstände der bildenden Kunst* – in vorteilhafte, gleichgültige und widerstrebende unterschieden. Dabei stellten sie die rein menschlichen Darstellungen an die Spitze dieser Rangordnung; zu den gleichgültigen Themen zählen etwa Stilleben, Veduten oder Portraits; am wenigsten kunstgemäß sind alle Gegenstände, deren Verständnis ein spezielles – historisches oder mythologisches – Vorwissen verlangt. Mit Hilfe seiner Gegenstandslehre konnte G. zugleich eine wirkungsästhetische Abgrenzung von bildender Kunst und Poesie vornehmen: Während die Poesie die Einbildungskraft anzuregen versucht, muß sich die künstlerische Intention des bildenden Künstlers ganz im Medium der sinnlichen Darstellung realisieren: »Der bildende Künstler soll dichten, aber nicht poetisieren«; er darf also nicht wie der Dichter »bei sinnlicher Darstellung auch für die Einbildungskraft arbeiten« (ebd., S. 167). Zum prominentesten Beispiel für eine derart »poetisierende« Malerei wurde für G. der früher verehrte Füssli. Aus der Einsicht in die medialen Bedingungen der bildenden Kunst ergab sich für G. auch die Folgerung, daß deren höchstes Darstellungsziel das Sinnlich-Schöne, die anschaubare schöne Form, sei; eine Indienstnahme der bildenden Kunst für moralisierende Tendenzen oder für die Religion hat er als falsche Verbindung der darstellenden Künste mit dem Sittlich-Schönen und als Sentimentalisierung der Kunst verworfen. Scharf kritisierte er deshalb an den Romantikern, daß sie künstlerische mit religiösen oder ethischen Kategorien verwechselten: »Eine Ahnung des S i t t l i c h - H ö c h s t e n will sich durch Kunst ausdrücken, und man bedenkt nicht, daß nur

das S i n n l i c h - H ö c h s t e das Element ist, worin sich jenes verkörpern kann« (ebd., S. 456).

Programmatische Bedeutung kam in diesem Zusammenhang Meyers Aufsatz *Raphaels Werke, besonders im Vatikan* zu, dessen erster Teil das erste Heft der *Propyläen* abschloß; hier wurden die Verdienste des größten Vorbilds für das »Sinnlich-Höchste« in der Malerei dem Leser noch einmal systematisch entwickelt. Der Aufsatz bietet zugleich ein vorzügliches Beispiel für die Anwendung der »Tabellarischen Methode« (an Meyer, 16. 11. 1795), die G. und Meyer, im Anschluß an Kategoriensysteme der akademischen Tradition, vor allem aber an Mengs, entwickelt hatten, um ein objektives Urteilssystem für die künstlerischen Qualitäten eines Bildes zu gewinnen. Die Gemälde werden nach den Rubriken Erfindung, Anordnung, Ausdruck, Zeichnung, Kolorit, Beleuchtung bzw. Licht und Schatten, Draperie beurteilt. Diese Begriffe stehen hierarchisch zueinander; wenn G. in der Erfindung das »höchste, entschiedenste Verdienst« (BA 19, S. 283) des Künstlers erkannte, so gelangte darin eine für den Klassizismus charakteristische Hochschätzung der ideellen Bildkomponente zum Ausdruck, während die mechanisch-handwerklichen Leistungen des Künstlers im Vergleich zur geistigen Konzeption geringer bewertet wurden.

G.s Versuch, auf kunsttheoretischem Wege mit einer Kunstzeitschrift hohen Niveaus, in der so bedeutende Beiträge wie seine kommentierte Übersetzung von Diderots *Versuch über die Malerei* und der kleine Kunstroman *Der Sammler und die Seinigen* erschienen sind, auf die Entwicklung der Gegenwartskunst und den Kunstgeschmack Einfluß zu nehmen, blieb der Erfolg weitgehend versagt; mit dem Erscheinen des 6. Hefts wurden die *Propyläen* 1800 eingestellt. Nicht weniger erfolglos war sein Versuch, auf praktischem Wege mit Hilfe von Preisaufgaben die bildenden Künstler auf das Vorbild der Antike festzulegen. G.s Preisaufgaben für bildende Künstler in den Jahren 1799 bis 1805 werden heute gemeinhin als Irrweg eines dogmatisch sich verengenden Klassizismus bewertet. Tatsächlich sind sie verstehbar nur als Reaktion auf die romantischen Subjektivierungstendenzen in der bildenden Kunst, »das klosterbrudrisierende, sternbaldisierende Unwesen« (ebd., S. 449) und die Hinwendung der Künstler zu patriotischen Themen. Mit Sorge hatte G. von Anbeginn beobachtet, wie eine neue Künstlergeneration sich von seiner am Muster der Antike orientierten Idealkonzeption abwandte und an nationale kunstgeschichtliche Traditionen anzuschließen suchte. Gegen diese Entwicklung bot G., auf der Basis seiner Gegenstandslehre, die Themenwelt der Epen Homers auf: Weil Homer »so lebendig, so einfach und wahr dargestellt« habe, finde der »bildende Künstler bereits halbgetane Arbeit« vor; auch könne er sich im Falle der Homerischen Themen an der »Kunst der Alten« orientieren, bei denen »jeder echte moderne Künstler [...] alle seine Muster, seine höchsten Ziele« aufsuche (ebd., S. 280). Jahr für Jahr wählten deshalb Meyer und G. die Themen ihrer Preisaufgaben aus *Ilias* und *Odyssee*.

Die künstlerischen Ergebnisse fielen aber trotz der Beteiligung wichtiger jüngerer Künstler (u. a. Ferdinand August Hartmann, Veit Hans Friedrich Schnorr von Carolsfeld, Christian Friedrich Tieck, Philipp Otto Runge, Johann Martin Rohden, Peter von Cornelius, Friedrich Franz und Christian Johannes Riepenhausen, Johann Martin Wagner) wenig befriedigend aus; dies spiegelt freilich auch die Provinzialität in der Entwicklung des zeitgenössischen deutschen Klassizismus. Daß G. und Meyer selbst spürten, wie wenig fruchtbar sich ihre kunstpädagogischen Regulierungsversuche erwiesen, zeigt sich daran, daß sie selbst bei den letzten Preisaufgaben vom Homerischen Themenkatalog abwichen und auch freie Themenwahl zuließen. Und auf geradezu ironische Weise wird die Vergeblichkeit des Versuchs der Weimarischen Kunstfreunde, die aktuelle Kunstentwicklung im klassizistischen Sinne zu steuern, bestätigt dadurch, daß der wichtigste Landschaftsmaler der Romantik durch die Zuerteilung des halben Preises bei der letzten Weimarer Preisaufgabe 1805 seine erste öffentliche Anerkennung

erfuhr: der junge Caspar David Friedrich, der gegen den Text der Ausschreibung, die die Darstellung von Taten des Herkules verlangte, zwei Landschaftszeichnungen eingereicht hatte.

Noch ein weiteres Ereignis bewies, wie fruchtlos sich G.s Klassizismus gegen die romantischen Strömungen anstemmte: Zur Weimarischen Kunstausstellung des Jahres 1803 hatten die Brüder Riepenhausen eine Folge von klassizistischen Umrißzeichnungen eingesandt, die nach Pausanias' Beschreibung der Gemälde Polygnots in der Lesche zu Delphi entstanden waren. G. wertete dies dankbar als ein Zeichen dafür, daß seine Maximen auch bei der jungen Generation Anerkennung fanden, und bemühte sich daraufhin in seinem großen Aufsatz *Polygnots Gemälde in der Lesche zu Delphi* um eine Rekonstruktion des Gesamtzyklus mit der Absicht, den Künstlern vorzuarbeiten, die »immer mehr Trieb zeigen, sich dem Altertum zu nähern« (ebd., S. 420). Um so nachhaltiger mußte es ihn treffen, daß schon im Folgejahr die Brüder Riepenhausen zum Katholizismus übertraten und, statt ihren Rekonstruktionsversuch des antiken Gemäldezyklus fortzusetzen, Radierungen nach dem Leben der heiligen Genoveva veröffentlichten; ein scharfer Angriff G.s auf die »neukatholische Sentimentalität« in der Kunst war die Folge (ebd., S. 449).

Das Ende der *Propyläen*, der Abbruch der Weimarer Preisaufgaben, die Konversion der Riepenhausen, der Tod Schillers: all dies mußte G. 1805 bewußt machen, wie isoliert er mit seinem Programm eines konsequenten Klassizismus in der bildenden Kunst mittlerweile war. Trotz dieser bedrückenden Resonanzlosigkeit hat er noch im Jahre 1805 seine – seit 1799 vorbereitete – ehrgeizigste klassizistische Programmschrift veröffentlicht: das Sammelwerk *Winckelmann und sein Jahrhundert*. Mit ihr wurden noch einmal das Bild der griechischen Antike als Utopie einer »innerhalb der lieblichen Grenzen der schönen Welt« sich erfüllenden Humanität (ebd., S. 482) und die »antike Natur« (ebd., S. 483) Winckelmanns, des Wiederentdeckers der griechischen Idealität, gegen die romantischen Strö-

mungen aufgeboten; doch nur bewährte
Freunde wie Karl Ludwig von Knebel, Carl
Friedrich Zelter und Wilhelm von Humboldt
haben diesem Werk noch Beifall gezollt.

Die späten Jahre (1805–1832)

So mündete G.s unter großem persönlichen
Einsatz unternommener Versuch, die Entwicklung der bildenden Künste im Sinne seines
klassizistischen Kunstprogramms zu steuern,
im Jahre 1805 in die Resignation: »die Weimarischen Kunstfreunde, da sie Schiller verlassen hat, sehen einer großen Einsamkeit entgegen« (BA 19, S. 456). Hinzu kam, daß die auf
die Niederlage von Jena und Auerstedt (1806)
folgenden politischen Ereignisse insgesamt
das Interesse der Öffentlichkeit an Fragen der
bildenden Kunst sinken ließen, während sie
die Hinwendung der romantischen Künstler zu
patriotischen Themen begünstigen mußten;
zugleich fand die als »Kinder-Päpsteley« (an
Meyer, 7.6. 1817) von G. erbittert bekämpfte
romantische Verschwisterung von Religion
und Kunst 1809 mit der Gründung des Lu-
kasbundes der sog. Nazarener ihren Höhepunkt. All dies führte dazu, daß G. als Kunst-
schriftsteller nach der *Winckelmann*-Mono-
graphie für ein Jahrzehnt nahezu verstummte.
Das bedeutet aber nicht, daß sich an seinen
künstlerischen Grundüberzeugungen Entscheidendes geändert oder seine Abwehr gegen die romantischen Kunstlehren sich gemildert hätte.

Dies beweisen die wichtigsten Aktivitäten
dieser Jahre im Zusammenhang mit den bildenden Künsten: Sie dienen sämtlich der Bestätigung und Befestigung des klassischen Ideals – und weisen doch zugleich, wie schon das
den künstlerischen Ertrag des vergangenen
Jahrhunderts resümierende Winckelmann-
Buch, weniger eine programmatisch-innova-
torische als eine defensiv-retrospektive Tendenz auf. 1806 ließ G. für den Weimarer Mu-
seumsbestand den zeichnerischen Nachlaß
von Asmus Jakob Carstens (1754–1798) an-

kaufen, dem Begründer der klassizistischen
Malerei in Deutschland, den G. als »den Den-
kendsten, Strebendsten von allen, welche zu
seiner Zeit in Rom der Kunst oblagen«, beurteilt hat (BA 20, S. 252). Zur gleichen Zeit
regte er die Entstehung der achtbändigen Gesamtausgabe von Winckelmanns Werken an
(1808–1820); dieser Edition, die zunächst von
Karl Ludwig Fernow und nach dessen Tod von
Meyer und Johannes Schulze betreut wurde,
maß G. in einer Zeit, »da unsere Widersacher
[...] uns so gern für vernichtet erklären möchten«, eine für die Erhaltung von Weimars »altem literarischen Ruf« entscheidende Bedeutung bei (an Voigt, 1.5. 1807). Von 1807 bis
1811 dann schrieb G. auf der Grundlage von
dessen hinterlassenen Papieren die Biographie des 1807 verstorbenen Philipp Hackert,
des für G. letzten großen Repräsentanten der
klassischen Landschaftsmalerei; die 1811 erschienene Biographie Hackerts, bei dem G.
1787 in Neapel Zeichenunterricht genossen
hatte, blieb in ihrer programmatischen Unzeit-
gemäßheit ohne jede Resonanz in der Öffentlichkeit. Ihre größte Wirkung fand G.s Hak-
kert-Biographie gleichsam innerhalb von G.s
Werk selbst: Denn die Redaktion der Hackert-
schen Papiere mußte bei G. die Erinnerung an
seinen eigenen Italienaufenthalt wachrufen
und konnte ihn damit zur Niederschrift seiner
Italienischen Reise (1816, 1817 u. 1829) anregen: G.s bedeutendster Schrift zur bildenden Kunst. Mit ihr versicherte sich G. noch
einmal der Ursprünge seiner klassischen Ästhetik, dies in unausgesprochener, Bericht und
Wertungen dennoch bis ins einzelne festlegen-
der Abgrenzung von der romantischen Kunstauffassung.

Insgesamt gestaltete sich G.s Auseinandersetzung mit der romantischen Malerei zumal
in dem Jahrzehnt nach dem Ende der Weimarer Preisaufgaben jedoch erheblich differenzierter und komplexer, als es manche seiner polemischen Äußerungen erwarten läßt.
Philipp Otto Runge, der bei dem Preisausschreiben 1801 erfolglos geblieben war, besuchte 1803 G. in Weimar und schickte ihm
1806 die vier Kupferstiche der *Tageszeiten*.
Obgleich Runges verschlüsselte allegorische

Bilderfindungen G. und Meyer »hinsichtlich auf den Sinn« als »wahre Hieroglyphen« bewerten mußten (BA 20, S. 71), hat G. der »geheimnisvollen anmuthigen Welt« dieser Blätter dennoch seine Achtung nicht versagt und die »Vollendung« bewundert, mit der ein »talentvolles Individuum« sich in seiner Eigenart in ihnen aussprach (an Runge, 2. 6. 1806). Zu einem intensiveren Austausch zwischen Runge und G. kam es aber erst dadurch, daß der Maler in seiner Theorie der Farben (niedergelegt in der 1810 erschienenen *Farbenkugel*) mit G.s Farbenlehre übereinstimmte. G. hat die Anerkennung, die seiner Farbentheorie bei einem zeitgenössischen bildenden Künstler zuteil geworden war, dankbar in *Zur Farbenlehre* (1810) vermerkt. So hielten sich in G.s Verhältnis zu Runge Anziehung und Abstoßung die Waage. Gegenüber Sulpiz Boisserée hat G. die Rungesche Arabeskenkunst als Ausdruck eines romantisch-selbstzerstörerischen Unendlichkeitsstrebens verworfen und doch zugleich auch die »unendlichen Schönheiten« dieses »Teufelszeugs« gerühmt: »zum Rasendwerden, schön und toll zugleich« (Gespräche, 2, S. 648).

Eine gleiche Ambivalenz kennzeichnete G.s Verhältnis zu Caspar David Friedrich. G. hat in Friedrich eines der bedeutendsten künstlerischen Talente seiner Zeit erkannt und keinen Zweifel daran gelassen, daß er für ihn der größte Landschaftsmaler nach der mit Hakkerts Tod erloschenen klassischen Tradition war. G. war – durchaus gegen Widerstände von seiten Meyers – vor dem Beginn der Freiheitskriege einer der bedeutendsten Förderer Friedrichs; nirgends kam es in dieser Zeit zu so vielen Ankäufen Friedrichscher Werke wie in Weimar. Dennoch hat G. die romantische Subjektivierung der Landschaft, ihre allegorisierende Spiritualisierung zur Seelenlandschaft und zum Träger einer vieldeutigen religiösen Sinnsphäre mit Entschiedenheit bekämpft. Zumal seit Friedrichs Hinwendung zu patriotischen Bildthemen ab etwa 1812 schloß G. den Landschaftsmaler in sein Generalverdikt über alle romantische Malerei ein; am 11. 9. 1815 sprach er gegenüber Boisserée gar mit »Wut« über Friedrichs Landschaftskonzep-

tionen: Friedrichs Bilder »können ebenso gut auf den Kopf gesehen werden« (ebd., S. 1085).

Gegen die romantische Subjektivierung und Spiritualisierung der künstlerischen Landschaftsauffassung zitierte G. immer wieder sein in Italien ausgebildetes, zur lebenslangen künstlerischen Leitidee verfestigtes klassisches Landschaftsideal. In der idealen Landschaft, als deren größten Meister er Lorrain verehrte, verbindet sich eine objektive Naturauffassung mit einem künstlerischen Gestaltungswillen, der das Gesetz der Schönheit aus der gesetzmäßigen Ordnung der Natur selbst gewinnt. In den späten Notizen für das Aufsatzfragment *Landschaftliche Malerei* steht der Satz: »Im Claude Lorrain erklärt sich die Natur für ewig« (BA 20, S. 457). Das aber heißt, daß der Maler im Landschaftsbild nicht die Subjektivität der Empfindung vor der Natur formuliert, sondern daß er die Landschaft in der Schönheit ihrer Erscheinung ihre Objektivität, ihre innere Gesetzmäßigkeit, aussprechen läßt. In Ausgleich, Maß und Harmonie der klassischen Landschaft spiegelte sich für G. die objektive Ordnung der natürlichen Lebenszusammenhänge; sie schuf damit einen immanenten Geborgenheits- und Erfüllungsraum. In diesem Sinn konstruierte der späte Aufsatzentwurf *Landschaftliche Malerei*, der zu G.s bis zuletzt verfolgten Konzeptionen gehört, mit der von ihm entworfenen Entwicklungsgeschichte der Landschaftsmalerei zugleich ein Fortschrittsmodell, dessen so nie wieder erreichter Höhepunkt von Lorrain und seiner Landschaftsauffassung markiert wird: Er sei »ans Letzte einer freien Kunstäußerung in diesem Fache gelangt« (ebd., S. 462). Freilich wußte G. genau, daß sich die in romantische Strömungen abgleitenden jüngeren Landschaftsmaler nicht mehr auf das Beispiel Lorrains würden festlegen lassen; deshalb führte er ihnen in dem Aufsatz *Ruisdael als Dichter* (1816) mit Jakob van Ruisdael einen Maler vor Augen, der den Charakter nördlicher Landschaft meisterhaft gestaltet und dabei zugleich an der objektiven Naturauffassung der Ideallandschaft festgehalten hatte.

Von Anziehung und Widerstreben war

schließlich auch G.s Auseinandersetzung mit der altdeutschen Malerei in der Phase seiner engsten Berührung mit der romantischen Kunstsphäre gekennzeichnet. Nur zögernd und erst nach langem Werben Boisserées, der ihn im Mai 1811 zum ersten Mal in Weimar besucht hat, fand sich G. bereit, sich auf die ihm seit der Italienreise ganz fern stehende und zudem seit den Wackenroder/Tieckschen Kunstschriften und Friedrich Schlegels *Europa*-Aufsätzen auch ideologisch verdächtige Welt der altdeutschen Kunst einzulassen. Bei seinen Besuchen der Boisseréeschen Sammlung altdeutscher Gemälde in Heidelberg im September und Oktober 1814 und im Herbst 1815 aber hat G. sich mit betroffenem Staunen dieser ihm bis dahin – trotz seiner Bewunderung für Dürer und die Kupferstiche Martin Schongauers – weitgehend fremden Kunstsphäre geöffnet und seine bisherige Fehleinschätzung von Charakter und Wert der altdeutschen Malerei eingestanden. Eine Korrektur seiner klassischen Kunstauffassung, gar eine »gegenklassische Wandlung« (Pyritz, S. 155ff.) bedeutete dies aber keineswegs. Der – bezeichnenderweise Fragment gebliebene – Bericht über die Heidelberger Sammlung, den G. auf Anregung Boisserées geschrieben und 1816 im ersten Heft von *Kunst und Alterthum* veröffentlicht hat, machte dies zur Betroffenheit der Romantiker, die auf eine Bekehrung des Klassizisten G. gehofft hatten, überraschend deutlich. Denn so sehr G. auch bereit war, den künstlerischen Rang der altdeutschen Malerei anzuerkennen, so konsequent beschränkte er sich doch in seinem Sammlungsbericht auf die kunstgeschichtliche Einordnung der Bilder, wobei den unausgesprochenen Bezugspunkt für alle Urteile nach wie vor sein Klassizitätsideal und die Autonomiekonzeption bildeten, deren größte Verkörperung für ihn Raffael blieb. In Abwehr von Friedrich Schlegels Auffassung der Malerei als einer farbigen Hieroglyphe für göttliche Geheimnisse nahm G. so mit seinen Beschreibungen altdeutscher Bilder implizit eine Korrektur romantischer Kunstauffassung aus dem Geiste der Klassik vor. Mit welcher Konsequenz er dabei verfuhr, beweist das zweite Heft von *Kunst und Alterthum*, in dem 1817 anstelle der erwarteten Fortsetzung des Heidelberger Sammlungsberichts Meyers in enger Zusammenarbeit mit G. entstandener scharfer Angriff auf die *Neudeutsche religios-patriotische Kunst* der Romantiker erschien. Bei aller Ausweitung seiner kunstgeschichtlichen Interessen, bei aller Bereitschaft auch, sich, dem sanften Werben Boisserées folgend, über vier Jahrzehnte nach der Straßburger Zeit erneut mit der gotischen Baukunst des Straßburger Münsters und des Kölner Doms zu beschäftigen: einen Geschmackswandel hat G. im Falle der bildenden Künste bis an sein Lebensende nicht mehr vollzogen.

Mit seiner Zeitschrift *Ueber Kunst und Alterthum* (1816–1832) schuf G. sich ein flexibles Publikationsmedium, in dem er die Resultate seiner Studien zu Malerei, Plastik und Architektur einer interessierten Öffentlichkeit mitteilen konnte. Die hier veröffentlichten Aufsätze – wie auch die Berichte zahlreicher Besucher, mit denen G. die wachsenden Bestände seiner Kunstsammlungen durchsah und besprach – künden von einer staunenswerten Weite und Offenheit des kunsthistorischen Interesses und von der unablässigen Bemühung, seine Kenntnis der Verfahren, Techniken und Gesetze der bildenden Künste zu vertiefen; sie bezeugen aber auch, wie unbeirrt G. – »Dauer im Wechsel« (vgl. WA I, 1, S. 119) – an seiner organischen Kunstauffassung und an seinen künstlerischen Leitbildern festgehalten hat: Palladio in der Architektur, Raffael in der Malerei, die Antike in der Plastik. Die von G. mit größtem Interesse verfolgten archäologischen Entdeckungen des frühen 19. Jhs. setzten in seiner Auffassung griechischer Skulptur, die bis dahin nahezu ausschließlich von Werken der Spätklassik und des Hellenismus geprägt war, ganz neue stilgeschichtliche Akzente: Nachzeichnungen der 1813 von Kronprinz Ludwig von Bayern angekauften Ägina-Giebelskulpturen machten ihn 1817 mit dem spätarchaischen Stil vertraut; vor allem aber beschäftigte er sich 1816/17 (und auch in den Folgejahren immer wieder), angeregt durch die Publikation des Foliowerks *The Elgin Marbles* (1816), intensiv mit den soeben für das British Museum angekauften Parthenon-Skulpturen, die ihm den hochklassischen Stil des Phidias vor Augen führten. Die historische und archäologische Vertiefung seines Bildes der griechischen Kultur – und die damit einhergehende Historisierung des Griechentums selbst – führte aber nicht zu einer Distanzierung G.s vom klassischen Ideal, sondern leitete einen Prozeß ein, der als Grenzerweiterung des Klassischen beschrieben werden kann.

Besonders deutlich läßt sich dieser Prozeß anhand der komplizierten, von 1804 bis 1818 sich erstreckenden Textgeschichte seiner Bearbeitung von Philostrats *Eikones* rekonstruieren: *Philostrats Gemälde* sollten den zeitgenössischen Künstlern zunächst ein Repertoire an klassischen Bildthemen im Sinne des klassizistischen Kunstprogramms zur Zeit der Preisaufgaben zur Verfügung stellen; in den späteren Bearbeitungsstufen griff G. dann aber bevorzugt solche Bilderfindungen auf, in denen das Häßliche und Abgründige, das Unharmonische und Dämonische in den klassischen Mythen dominierten. Im Blick für das Nicht-Harmonische und Dämonische in den Bildern der klassischen Welt spiegelt sich G.s zunehmende Erfahrung jener geschichtlichen Widerstände, die der Verwirklichung seines klassischen Humanitätskonzepts entgegenstanden. An der Vorbildlichkeit der griechischen Kunst für die bildenden Künstler seiner Zeit hat dies für G. nichts geändert, im Gegenteil: Die Erweiterung des Klassizitätskonzepts über das Ideal des Gefälligen und Harmonischen hinaus verwies auf den Reichtum an künstlerischen Lösungen, die bei den Griechen zu finden waren, wie auch die archäologischen Entdeckungen in G.s Augen die Verbindlichkeit der von den Griechen erkannten Kunstgesetze für die bildenden Künstler immer wieder aktualisierten. Bei den »Elginischen Marmoren und Consorten«, so schrieb G. 1817, sei »doch allein Gesetz und Evangelium beysammen« (an Sartorius, 20.7. 1817); unverdrossen wies er die Künstler seiner Zeit auf die von den Parthenon-Skulpturen glanzvoll bestätigte Größe der griechischen Kunst hin: »Wären die Menschen nicht gar zu sehr

geneigt Rückschritte zu thun, so stünde hier eine neue Laufbahn offen« (an Boisserée, 7.8. 1819).

Längst hatte G. sich dabei vom planen Nachahmungsklassizismus der Preisaufgaben-Zeit abgewandt; vielmehr ging es ihm, im Sinne seines klassischen Stilbegriffs, darum, daß der Künstler auf der Grundlage genauer Naturbeobachtung und in Erkenntnis der Gesetze der Kunst seine Kunstwerke »wie freie Naturerzeugnisse hervortreten« lasse (BA 20, S. 223); so waren die Griechen verfahren, und so verfuhr, wie der Aufsatz *Antik und modern* (1818) noch einmal hervorhob, auch Raffael: »Er gräzisiert nirgends, fühlt, denkt, handelt aber durchaus wie ein Grieche« (ebd., S. 221). Und hieraus ergab sich der die Freiheit des künstlerischen Ausdruckswillens an die Objektivität der Form- und Naturgesetze bindende Imperativ: »Jeder sei auf seine Art ein Grieche! Aber er sei's« (ebd., S. 223).

Auf bedeutende Beispiele einer solcherart objektives Formgesetz und subjektiven Formwillen zum Ausgleich bringenden Kunst wollen G.s späte große Abhandlungen zur bildenden Kunst – *Joseph Bossi über Leonard da Vincis Abendmahl zu Mailand* (1817/18) und *Julius Cäsars Triumphzug, gemalt von Mantegna* (1820–1823) – aufmerksam machen; an Hauptwerken der Renaissance als einer am Vorbild der Alten wie der Natur orientierten Moderne entwickelte G. noch einmal seine Kunstauffassung. Mit Leonardos *Abendmahl* bot er gegen die nazarenischen Tendenzen auf dem Felde der christlichen Malerei eine Bilderfindung auf, an der er zeigen konnte, daß die Kunst nur dort zur Vollkommenheit gelangt, wo sie sich frei, nur ihren eigenen Gesetzen gehorchend, über den religiösen Gegenstand erhebt. Und in Andrea Mantegnas Zyklus erblickte G. ein Abbild jener utopischen Antike, in der Individuum und Gesetz, Subjektives und Objektives, Ideelles und Natürliches zum Ausgleich finden; im *Triumphzug* Mantegnas sah er einen immanenten Erfüllungsraum: eine Welt, in der das Leben zu seiner höchsten Entfaltung gelangt, ein Geschehen, das seinen Sinn in sich selbst trägt.

Literatur:

Benz, Richard: Goethe und die romantische Kunst. München 1940. – Büttner, Frank: Der Streit um die ›neudeutsche religios-patriotische Kunst‹. In: Aurora. 43 (1983), S. 55–76.- Eberlein, Kurt Karl: Goethe und die bildende Kunst der Romantik. In: JbGG. 14 (1928), S. 1–77. – Einem, Herbert von: Goethe-Studien. München 1972. – Ders.: Die bildende Kunst im Leben und Schaffen Goethes. In: GoetheJbWien. 86–88 (1982–1984), S. 29–65; 89–91 (1985–1987), S. 89–192. – Göres, Jörn (Hg.): Goethe in Italien (Ausstellungskatalog). Mainz 1986. – Hetzer, Theodor: Goethe und die bildende Kunst. Leipzig 1948. – Jolles, Matthijs: Goethes Kunstanschauung. Bern 1957. – Kampmann, Wanda: Goethes Kunsttheorie nach der italienischen Reise. In: JbGG. 15 (1929), S. 203–217. – Keller, Harald: Goethes Hymnus auf das Straßburger Münster und die Wiedererweckung der Gotik im 18. Jahrhundert (1772–1972). München 1974. – Keller, Heinrich: Goethe und das Laokoon-Problem. Frauenfeld, Leipzig 1935. – Liess, Reinhard: Goethe vor dem Straßburger Münster. Zum Wissenschaftsbild der Kunst. Weinheim 1985. – Menzer, Paul: Goethes Ästhetik. Köln 1957. – Miller, Norbert: Goethes Begegnung mit Jakob Philipp Hackert. Der *Jahreszeiten*-Zyklus des Malers und die ›Landschaft nach der Natur‹ als klassizistisches Programm. In: Die Vier Jahreszeiten im 18. Jahrhundert. Heidelberg 1986, S. 185–224. – Osterkamp, Ernst: Im Buchstabenbilde. Studien zum Verfahren Goethescher Bildbeschreibungen. Stuttgart 1991. – Ders.: Die Geburt der Romantik aus dem Geiste des Klassizismus. Goethe als Mentor der Maler seiner Zeit. In: JbGG. 112 (1995), S. 135–148. – Poensgen, Georg: Die Begegnung mit der Sammlung Boisserée in Heidelberg. In: Goethe und Heidelberg. Heidelberg 1949, S. 145–195. – Prang, Helmut: Goethe und die Kunst der italienischen Renaissance. Berlin 1938. – Pyritz, Hans: Humanität und Leidenschaft. Goethes gegenklassische Wandlung. In: Goethe-Studien. Hg. von Ilse Pyritz. Köln, Graz 1962, S. 97–191. – Robson-Scott, William D.: The Younger Goethe and the Visual Arts. Cambridge 1981. – Scheidig, Walther: Goethes Preisaufgaben für bildende Künstler 1799–1805. Weimar 1958. – Schulz-Uellenberg, Gisela: Goethe und die Bedeutung des Gegenstandes für die bildende Kunst. München 1947. – Schulze, Sabine (Hg.): Goethe und die Kunst (Ausstellungskatalog). Stuttgart 1994.

Ernst Osterkamp

Bildung

G.s Verhältnis zur Natur und sein lebenslanges Wirken als Naturforscher bestimmen seine ursprüngliche und fundamentale Auffassung von Bildung. Natur scheint ihm eine weitgefächerte Werkstatt, in der sie ständig neue Formen hervorbringt, weil sie nach ewigen Gesetzen wirken muß. Ihr Bildungstrieb spielt mit der Mannigfaltigkeit einzelner Erscheinungen, daraus gehen notwendig veränderte Bildungen hervor; entsprechend denkt G. z.B. über die Bildung von Edelsteinen oder des Erdkörpers nach. Seine entfalteten Sinne erkennen die aus der Bildung zu sich gekommenen jeweiligen Gestalten; in Botanik, Geologie und Farbenlehre lassen sie sich aufspüren. Naturphilosophische Reflexionen sind deshalb als Ausgangspunkt von G.s Bildungsbegriff festzuhalten; auch in dessen subjektiver Komponente bleiben sie nachweisbar. In erster Instanz bildet die Natur den Menschen und schafft ihm zugleich Möglichkeiten eigener Umbildung.

Auf dieser Grundlage läßt sich die persönliche Seite der Bildung beschreiben. Durch günstige pädagogische Verhältnisse war G.s Lebensgang seit der frühen Kindheit auf geistiges Wachstum und für die Erkenntnis neuer Phänomene vorbereitet. Die altgriechischen Schlüsselbegriffe trophé und paideia wie deren römische Äquivalente educatio und formatio waren ihm vertraut. Wenn er *Dichtung und Wahrheit* eine griechische pädagogische Weisheit als Motto voranstellte, so zeigt sie, daß ihn die Menschenformung bewegte. Im *Prometheus* wird sie gegen die Götter behauptet.

G. zog aus der Erkenntnis, daß sich in seiner Lebensepoche die Zivilgesellschaft konstituierte, die Schlußfolgerung, daß sich das als mündig erachtete bürgerliche Subjekt mit Hilfe der Bildung durch eigene Anstrengung eine harmonische Gestalt verschaffen müsse; mit ihr, meinte er, gelte es auf die Welt zurückzuwirken. Anstelle der zunehmend als platt erachteten Aufklärung sollte die wiederbelebte antike humanitas treten. Diesen Bereich der deutschen Klassik hat G. selbst entscheidend gefördert, die Epoche mitbestimmt, ohne daß sich sein Verständnis von Bildung darin erschöpfte.

G.s Bildungsbegriff hing am Phänomen der Gestalt und am unablässigen Gestaltwandel von Leben. Aufgaben erwuchsen ständig aus neuen Forderungen des Tages. Beim jungen Goethe läßt sich die Gestaltung des eigens Erworbenen als Merkmal der Individuation erkennen; in der Persönlichkeit manifestiert sich das Ringen mit inneren und äußeren Kräften. Daher wird der Bildungsbegriff zum Indikator authentischen Daseins, Bildung selbst zum Schlüsselbegriff für die Deutung von G.s Lebensgang.

Das künstlerische Schaffen bis etwa zur Italienreise ist noch stark von spontaner Kreativität eingefaßt, weil ein Teil des innovativen Vermögens für Verwaltung, Politik und Freundschaftsdienste gegenüber der herzoglichen Familie abrufbar gebunden bleibt. Danach aber – mit fürstlich zugestandener Emanzipation aus ermüdenden repräsentativen Pflichten – gewann G. die Kraft, sich seiner Anschauung von Gestalt zu widmen. Das ist der Anfang seiner morphologischen Betrachtungsweise, die später in organologische Studien und fundamentale Hypothesen zur Farbenlehre und Sinnestätigkeit münden. Diese Wendung seiner mittleren und späten Lebenszeit endet aber nicht in einer Isolierung des Naturforschers, sondern ist ihm Schwelle zur Eröffnung neuer Räume.

Seine naturwissenschaftlichen Studien gehören einem Bildungsverständnis an, das G.s künstlerischer Produktion durchaus entspricht. Er versinnbildlicht, wie der Mensch sich in Antrieb und Zügelung selbst zu bearbeiten habe, um sich als objektive Äußerung in die ihn umschließende Gesellschaft einzubringen, ihr Mitträger zu werden. Tätigkeit wäre deren Kriterium. Pflanzliches Wachstum – als Ausbildung innewohnender Formkraft verstanden – und selbstgestalteter menschlicher Bildungsprozeß werden für G. zum Gleichnis der sich unerschöpflich erneuernden Natur, deren transpersonale Gewalt nur bewundernd wahrzunehmen ist. Aus dieser Zurückhaltung

den Naturkräften gegenüber wird auch erklärlich, daß G. im Bereich praktischer Pädagogik sich nicht auf einen Kanon von regulativen oder didaktischen Empfehlungen einließ, sondern in der körperlichen wie seelischen Spontaneität des Kindes unerläßliche Impulse für dessen künftige Lebenskraft erkannte. Diese Auffassung von Bildung korrespondiert mit der Lehre von der dreifachen Ehrfurcht gegenüber den Modalitäten des Seins und der Ehrfurcht vor den unbegreiflichen eigenen Kräften, wie er sie in den *Wanderjahren* darstellte. In lebenslanger Arbeit soll das Selbstzerstörerische gebannt werden, indem Beschränkung geübt und damit Eigentümlichkeit erreicht wird. Mit den etwa 900 Belegen zu »Bildung« befruchtet G. das pädagogische Wortfeld bis zur Gegenwart.

Literatur:

»Bildung«. In: GWb, Bd. 2, Sp. 698–711. – Fertig, Ludwig: Johann Wolfgang von Goethe der Mentor. Darmstadt 1991. – Flitner, Wilhelm: Goethe im Spätwerk. Glaube, Weltsicht, Ethos. Hamburg 1947. – Gamm, Hans-Jochen: Das pädagogische Erbe Goethes. Frankfurt/M., New York 1980. – Kiehn, Ludwig: Goethes Begriff der Bildung. Hamburg 1932. – Korff, Hermann August: Geist der Goethezeit. 4 Bde. Leipzig 1962. – Schadewaldt, Wolfgang: Goethestudien. Zürich, Stuttgart 1963. – Viëtor, Karl: Goethes Anschauung von Menschen. Bern 1960.

Hans-Jochen Gamm

Böhmen

Während das Italien-Erlebnis G. plötzlich und von Grund aus aufwühlte, wirkte Böhmen ein Menschenalter lang unauffällig auf ihn. Im Zeitraum von 38 Jahren, zwischen 1785 und 1823, hat er es siebzehnmal besucht und auf böhmischem Boden insgesamt 1114 Tage, in der Summe volle dreieinhalb Jahre also, verbracht. Böhmen wurde ihm Bedürfnis, seine

Besuche dort fanden Widerhall in seinen Interessen, förderten sein wissenschaftliches
wie dichterisches Schaffen und brachten ihm
viele bedeutende persönliche Beziehungen.
Kein Wunder, daß G., als er aus gesundheit-
lichen Gründen keine großen Reisen mehr unternehmen konnte, immer noch den Wunsch
hegte, »in einiger Verbindung mit [...] dem
lieben Böhmen zu bleiben« (an Grüner,
27.[29.]1.1826).

Böhmen stellte für G. das nächstliegende
wirkliche Ausland dar, eine trotz vieler geschichtlicher und kultureller Bindungen an
Deutschland ganz andere Welt. Im Vergleich
mit den zerstückelten deutschen Landen war
damals die Habsburger Monarchie eine wahre
Großmacht; außerdem hob sie sich von
Deutschland auffallend durch ihren Staatska-
tholizismus sowie ihre ethnische Buntscheck-
kigkeit ab. Böhmen selbst war – auf der Oberfläche wenigstens – ein patriarchalisches, ro-
mantisch-verträumtes Land, das immer noch
nicht die katastrophalen Folgen des Dreißigjährigen Krieges, die gewaltsame Rekatholi-
sierung und die absolutistische Regierungs-
weise verwunden hatte. Nach einer wechselvollen Geschichte, in der es einmal Gegenstand von Eroberungen durch die deutschen
Kaiser, ein andermal der Kern des Kaiserreiches gewesen war, hatte es weitgehend seine
politische Autonomie verloren und war zum
bloßen Kronland der Habsburger gesunken.

Obwohl Böhmen zur Zeit G.s gleichsam abseits von der Geschichte stand, wurde in den
böhmischen Kurorten, die er besuchte (Karlsbad, Teplitz, Marienbad), eifrig große Politik
betrieben. Diese Städte waren Treffpunkte der
kaiserlichen und königlichen Hofgesellschaf-
ten, der hohen Aristokratie aus ganz Europa,
der Militärs und der Diplomaten wie auch der
politischen Agenten aus allen Staaten. Ihre Begegnungen, Beratungen und Verhandlungen
spielten sich im vergnügten und leichtfertigen
Milieu der berühmtem Kurorte ab. Es ist nicht
zu vergessen, daß der Badegast G. hier nicht
nur als berühmter Dichter, sondern auch als
Hofmann und Staatsminister von Sachsen-
Weimar empfangen wurde.

Geographisch bildet Böhmen ein durch natürliche Grenzen (Böhmerwald, Erzgebirge,
Riesengebirge, Böhmisch-Mährische Höhen)
eingeschlossenes Territorium von etwa
52000 km², das in der Mitte Europas und an
der Ostgrenze Deutschlands, eingekeilt zwischen Sachsen und Bayern liegt. G. sprach in
diesem Zusammenhang von einer »natürlichen Würde des Königreichs Böhmen«; es sei
»ein Continent mitten im Continente« (WA I,
42.1, S. 20f.). Am Anfang des 19. Jhs. zählte
das Land ca. 4 Millionen Einwohner, etwa
zwei Drittel davon Tschechen und ein Drittel
Deutschböhmen. Adel und Bürgertum waren
fast ausnahmslos deutschsprachig, nur das
Landvolk und ein Teil der Kleinbürger sprachen noch tschechisch. Doch eben zur Zeit der
G.schen Aufenthalte bereitete sich ein folgenschwerer kulturpolitischer Umschwung vor.
Der vorwiegend deutschsprachige Landespa-
triotismus der böhmischen Stände, Ausdruck
einer schüchternen Opposition gegen Wien,
wurde in der ersten Hälfte des 19. Jhs. durch
den deutschen wie tschechischen Sprachnatio-
nalismus abgelöst. Hatten die früheren Patrioten mit der Erforschung der böhmischen Natur
begonnen, so wurden im Prozeß der sogenannten »tschechischen nationalen Wiedergeburt«,
die unter dem Einfluß der deutschen Romantik stand und auf die Volksschichten ausgerichtet war, das Studium und die Pflege der
ethnischen und sprachlichen Eigenheiten der
Bevölkerung Böhmens und seiner geschichtlichen Traditionen in den Vordergrund gerückt.
Trotz der national-sprachlichen Profilierung
dieser Bestrebungen konnte indessen bis 1848
ein friedliches Zusammenleben der Deutschen
und Tschechen in Böhmen aufrechterhalten
werden.

G. ist ziemlich früh – noch unbewußt – in
Berührung mit der älteren böhmischen Geschichte und Kultur gekommen. Als Kind
lernte er Latein anhand des berühmten Lehr-
buchs *Orbis sensualium pictus* von Jan Ámos
Komenský (Comenius); durch die Vermittlung
seiner Verwandten Susanna Katharina von
Klettenberg wurde er noch in Frankfurt mit
der Böhmischen Brüdergemeinde, deren erster Bischof einst Komenskı gewesen war, und
deren deutscher Filiation, den Herrnhutern,

bekannt. Später, nach seinen ersten Böhmen-Besuchen, beschäftigte er sich systematisch mit der böhmischen Geschichte. Er las die populäre *Böhmische Chronica* des Wenceslaus Hayecius (in deutscher Übersetzung von Johann Sandel, Prag 1596), die *Historia bohemica* des Aeneas Silvius Piccolomini (Prag 1458), die *Miscellanea historica regni Bohemiae* von Bohuslaus Balbinus S.J. (Prag 1679ff.) und die *Respublica Bojema* von Paulus Stransky (Lugduni Batavorum 1634). Von den neueren Bohemica kannte er die *Neue Chronik von Böhmen* (1780) von Franz Martin Pelzel, die *Topographie des Königreiches Böhmen* (Prag 1785–91) von Jaroslav Schaller, den *Inbegriff der Geschichte Böhmens* (Prag 1815) von Carl Ludwig von Woltmann und andere Schriften. In späteren Jahren las er auch Josef von Hormayrs *Taschenbuch für die vaterländische Geschichte* (1825) und die *Monatsschrift der Gesellschaft des Vaterländischen Museums in Prag* (seit 1827). 1821 ließ er sich sogar die *Böhmische Sprachlehre zum Gebrauche der Deutschen* (Prag [6]1821) von Karl Ignaz Tham besorgen und versuchte, wie seine erhaltenen Aufzeichnungen bezeugen, in die Grundlagen des Tschechischen einzudringen.

Die böhmischen Aufenthalte G.s fanden auf dem Hintergrund von dramatischen und umwälzenden weltgeschichtlichen Begebenheiten statt. Manche der Ereignisse spielten sich dicht an den Grenzen Böhmens ab, so die Schlacht bei Jena 1806 oder die Fürstenversammlung in Dresden 1812; 1819 vereinbarte der deutsche Ministerkongreß unter der Führung Metternichs die berüchtigten Beschlüsse zur Unterdrückung der »Demagogenumtriebe«. Alle diese Ereignisse berührten und bewegten die in den böhmischen Kurorten sich vergnügende Gesellschaft. G. war bestrebt, sich abseits aller kompromittierenden politischen Verwicklungen zu halten. Im kosmopolitischen Milieu der böhmischen Bäder war es freilich schwierig, nicht in Konflikte zu geraten. Immerhin widerstand er z.B. den Versuchen Metternichs, ihn für die Wiener *Jahrbücher der Literatur* (1818) zu gewinnen, doch ließ er sich von dem mächtigen Minister – vielleicht nicht ungern – die Verleihung des Kommandeurkreuzes des Leopoldordens gefallen, und während die patriotischen Deutschen ihm seine Zurückhaltung gegenüber der deutschen Befreiungsbewegung vorwarfen, suchten die tschechischen Schriftsteller dagegen bei ihm Verständnis für ihre Bemühungen, weil sie in ihm einen nicht national befangenen Deutschen sahen.

G. reiste meistens über Hof, Asch und Eger nach Böhmen, ausnahmsweise auch vom Norden über Dresden und Teplitz. Er hat im Grunde nur den nordwestlichen Teil Böhmens, namentlich die berühmten Kurorte Karlsbad, Teplitz, Marienbad und deren Umgebung kennengelernt. Am häufigsten nahm er sein Quartier in Karlsbad; 1813 kehrte er ausnahmsweise in Teplitz und erst 1821 bis 1823 in Marienbad ein. Von diesen Badeorten machte er dann zahlreiche Ausflüge in die nähere sowie entferntere Umgebung. Trotz seines mehrmals geäußerten Wunsches hat er Prag sowie die östlich und südöstlich von Prag gelegene Gebiete Böhmens nie gesehen. Eine Ausnahme bildet die 1790 von Breslau in den Braunauer Ausläufer im Nordosten des Landes unternommene Reise, bei welcher er das Heuscheuerplateau und die »Steinstadt« (Quadersandsteinflöze) in Adersbach und Weckelsdorf besichtigte und die Schneekoppe im Riesengebirge bestieg; dieses Unternehmen hing mit der Reise Carl Augusts in das schlesische Heerlager der Preußen zusammen, bei welcher er den Herzog begleitete.

Sonst allerdings dienten die G.schen Fahrten nach Böhmen in erster Linie der Pflege seiner Gesundheit; den vorgeschriebenen Trink- und Badekuren oblag er immer gewissenhaft. Bald jedoch traten auch andere Interessen und Beschäftigungen hinzu: naturwissenschaftliche Beobachtungen und Forschungen, verschiedene gesellschaftliche Begegnungen und Vergnügungen, und es fand sich Zeit und Muße auch zum künstlerischen Schaffen.

Von Anfang an fesselte die vielfältige Natur Böhmens G.s Aufmerksamkeit. Die älteste böhmische Erdgeschichte und fossile Botanik boten ihm auch Anlässe zur Weiterentwicklung seiner Lieblingsidee der Urphänomene. Das böhmische Becken zeugte seiner Meinung

Marienbad mit Kreuzbrunnen. Zeichnung von Goethe

nach von der Existenz eines uralten Binnenmeeres (vgl. WA II, 9, S. 104). Bereits die reichen Mineralquellen der von ihm besuchten Kurorte zogen ihn nicht nur als Badegast, sondern auch als Naturforscher an. Sie förderten seine Überzeugung von dem »neptunischen« Ursprung der geologischen Gestaltung dieser Gegend. Große Aufmerksamkeit schenkte er dem Karlsbader »Sprudel«, dessen Explosion im Jahre 1809 und die darauffolgenden Versuche, die Quelle zu bändigen, er erlebt und kritisch verfolgt hat. Bei seinen Hin- und Rückreisen und dann auf zahllosen Ausflügen, Wanderungen und Exkursionen ging er allen geologischen und mineralogischen Sehenswürdigkeiten Westböhmens nach. Während er die Sandsteinflöze in Nordostböhmen nur flüchtig besichtigen konnte, hatte seine lang-

jährige Beschäftigung mit der westböhmischen Geologie und Mineralogie den Charakter wirklicher wissenschaftlicher Arbeit (vgl. WA II, 9, S. 5–135: *Zur Kenntniß der böhmischen Gebirge*; WA II, 10, S. 99–126: *Mineralogie und Geognosie besonders des Leitmeritzer Kreises vorzüglich Zinnformation*; WA II, 12, S. 13–38: Meteorologisches Tagebuch 23. April – 28. Mai 1820; ebd., S. 110–114: *Karlsbad*). Er studierte sowohl die allgemeine Erdgeschichte dieses Gebietes als auch die besonderen Lokalitäten und einzelne geologische Gebilde – die Steinkohlengruben und Zinnlager, die merkwürdigen Berge Kammerberg, Wolfsberg, Podhorn, Donnersberg, Hassenstein u. a. Im Zusammenhang mit diesen Forschungen untersuchte er mehrere Sammlungen von Mineralien und sammelte sie auch selbst. Auf seinen Forschungsreisen fand er immer bereitwillige Begleiter und Helfer; zu nennen sind wenigstens der Egerer Polizeirat Josef Sebastian Grüner, der Karlsbader Steinschneider Josef Müller und der Egerer Scharfrichter und Kuriositätensammler Karl Huß. G. interessierte sich aber auch für die Meteorologie und unter dem Einfluß des Grafen Sternberg für die in dessen Kohlengruben in Březina vorkommenden Pflanzenfossilien. Alles Sehenswürdige hielt er in zahlreichen Zeichnungen, in seinem *Reise-, Zerstreuungs- und Trostbüchlein* und im *Roten Reisebüchlein* fest.

Zur Erforschung der böhmischen Natur trat bald das Studium der böhmischen Geschichte und Kultur hinzu. Jetzt konnte G. seine ziemlich gute Kenntnis der älteren böhmischen Geschichte aufgrund persönlichen Kennenlernens bedeutender historischer Denkmäler – Städte, Burgen und Schlösser – konkretisieren und korrigieren. Sein historisches Interesse wurde neu belebt und auch inhaltlich beeinflußt durch seinen Verkehr mit Repräsentanten des böhmischen Adels, den Grafen Johann Rudolf und Eugen von Czernin, dem Grafen Karl Borromäus von Harrach, dem Grafen Johann Baptist von Paar und insbesondere mit dem Grafen Caspar von Sternberg; der letztgenannte nahm entscheidenden Anteil an den Bestrebungen des patriotischen böhmischen Adels, die 1818 zur Gründung der »Gesellschaft des vaterländischen Museums« in Prag führten. G. hat die Gesellschaft nicht nur moralisch, sondern auch durch Spenden von Mineralien, Kopien von Dokumenten u.ä. unterstützt. Dafür ist er 1822 durch die Ernennung zum Ehrenmitglied der Gesellschaft geehrt worden. Mit Recht rechnet ihn Franz Thomas Bratranek (S. 36) zu den Mitbegründern des Prager Museums. Von großer Bedeutung war auch die ausführliche Rezension des ersten Jahrgangs der *Monatsschrift der Gesellschaft des vaterländischen Museums in Böhmen*, die G. 1827 für die von Hegel und Varnhagen von Ense in Berlin herausgegebenen *Jahrbücher für wissenschaftliche Kritik* geschrieben hat (WA I, 42.1, S. 20–54). Die Verbindung mit dem böhmischen Adel erklärt in gewisser Hin-

sicht G.s patriarchalisch-idyllisches Bild der böhmischen gesellschaftlichen und kulturellen Zustände und Perspektiven: »Es ist«, schrieb er über die Bestrebungen der Kreise um die *Monatsschrift*, »ein so männlich ruhiger Sinn in diesen Dingen, ein stilles Fortschreiten, Schritt vor Schritt, daß, wenn sie das Glück haben, noch zehn bis zwanzig Jahre auf dieselbe Weise fortfahren zu können, so gelangen sie zu philosophisch-literärischer Freiheit ohne Revolution, und bewirken die Reformation im Stillen. Inzwischen verliert niemand dabei, denn ich kenne die hochkultivierten Männer die dieses bedächtig zu leiten wissen« (an Zelter, 17.10. 1827). Das eigentliche Volksleben – das deutschböhmische, geschweige denn das tschechische – blieb ihm ziemlich fremd.

Wegen ihrer poetischen Reize zog G. in besonderem Maße die älteste, ja mythische Vergangenheit Böhmens an. Lebhaft beschäftigte ihn die Sage von der Fürstin und Wahrsagerin Libussa, die die Stadt Prag gegründet haben soll, oder die Sage vom Mädchenkrieg, die ihn sogar bewog, den kleinen Aufsatz *Amazonen in Böhmen* (WA I, 42.2, S. 93f.) zu schreiben – in der Anzeige *Böhmische Poesie* (WA I, 41.2, S. 288f.) äußerte er sich rühmend auch über neueste Bearbeitungen solcher Stoffe, etwa im Versepos *Wlasta* (Prag 1829) des deutschböhmischen Dichters Karl Egon Ebert. Für »ganz unschätzbare Reste der ältesten Zeit« hielt er die »K ö n i g i n g r ä t z e r [richtig: Königinhofer; d. Vf.] H a n d s c h r i f t« (ebd., S. 288), deren deutsche Übersetzung von Wenzel Alois Swoboda (Prag 1822) ihm Caspar Graf von Sternberg geschenkt hatte; sie enthielt angeblich alttschechische lyrische und Heldengedichte aus dem 9. bis 13. Jh. Dem barocken Landespatron Johannes von Nepomuk widmete er sein Interesse ebenso wie der realgeschichtlichen Gestalt Wallensteins, des kaiserlichen Generalissimus Albrecht von Waldstein. Bei Nepomuk zog ihn allerdings eher der gegenwärtige Volkskult – die Landeskirchweih am 15. Mai – als der Heilige selbst an, wie seine Gedichte *St. Nepomucks Vorabend* (WA I, 3, S. 48) und *Celebrität* (WA I, 2, S. 209f.) zeigen, und bei Wallenstein vermittelte gewiß auch die Schillersche Dramentrilogie, an deren Entstehung und Aufführung er aktiven Anteil genommen hatte.

Auf böhmischem Boden oder unter dem Eindruck von Böhmen-Aufenthalten sind viele Gedichte G.s entstanden – etwa neunzig. Sie zeigen eine große Spannweite und reichen von mehr oder weniger konventionellen Gelegenheitsgedichten – Huldigungen an hohe Kurgäste etwa – über reflexive und Naturpoesie bis zur *Trilogie der Leidenschaft*. Eine besondere Stellung unter diesen Gedichten nimmt die genial einfache Redaktion des angeblich altböhmisches Liedes *Das Sträußchen* (WA I, 3, S. 209f.) ein. Die Eindrücke, Erfahrungen und Stimmungen aus Böhmen fanden direkt oder indirekt Widerhall in vielen Werken, an denen G. in diesen Jahren arbeitete. Die Entstehung bedeutender Dichtungen ist mit Aufenthalten in Böhmen verbunden; so wurde die Arbeit an *Dichtung und Wahrheit* 1808 in Karlsbad in Angriff genommen, und über die *Wahlverwandtschaften* schrieb er am 1.6. 1809 an Zelter, daß sie »in den böhmischen Gebirgen konzipiert und angefangen« wurden.

G.s Persönlichkeit und Werk waren unter den Gebildeten in Böhmen gut bekannt und wurden trotz einer gewissen Zurückhaltung kirchlicher Kreise, die den Dichter für nicht christlich genug hielten, hoch geschätzt. Ziemlich früh schickten böhmische Literaten Proben ihres Schaffens an G. mit der Bitte um Gutachten und Rat. Andere lernte er bei seinen Böhmenbesuchen persönlich kennen. Noch andere kamen als Pilger aus Böhmen nach Weimar, um dort ihre Aufwartung zu machen. So wurde G. mit den Prager Deutschen Anton Müller, Wolfgang Adolf Gerle und Karl Egon Ebert sowie mit den egerländischen »Naturdichtern« Johann Heinrich Goßler und Anton Fürnstein (vgl. WA I, 41.2, S. 48ff.) bekannt. In den Jahren 1817 bis 1818 besuchte ihn in Weimar der tschechische Dichter Ján Kollár, um ihm mit seinen Kollegen, den Theologiestudenten aus Jena, slowakische Volkslieder vorzusingen. Auch Pavel Josef Šafařík, der spätere Erforscher des slawischen Altertums, suchte G. für die slawischen Volkslieder zu gewinnen. In diesem Zusam-

menhang ist auch Wenzel Johann Tomášk zu nennen, in dem G. einen Komponisten nach seinem Geschmack fand; Tomášk, der etwa 40 G.sche Gedichte vertonte, stellte seine ersten Versuche dem Dichter 1820 als ein Beispiel vor, »wie deutsche klassische Dichtung sich ausnimmt, wenn sie von der Lyra eines Böhmen begleitet wird« (Handrick, S. 33). Durch den Grafen Johann Rudolf Czernin wurde G. 1823 mit dem berühmten Slawisten Josef Dobrovský bekannt; ihn nannte er den »Altmeister kritischer Geschichtsforschung in Böhmen« (WA I, 42.1, S. 36), ließ jedoch seine Ablehnung der »Königinhofer Handschrift« nicht gelten. Ob G. auch den Mathematiker, Logiker und nicht-konformen Priester Bernard Bolzano persönlich kennengelernt hat, ist ungewiß. Jedenfalls war er über ihn sehr gut informiert; mit ihm belegte er seine Behauptung von der blühenden Kultur in Böhmen, und Bolzanos Erstlingswerk, die *Beiträge zu einer begründeteren Darstellung der Mathematik* (Prag 1810) empfahl er dem befreundeten Mathematiker Johann Friedrich Christian Werneburg. In dem jungen Physiologen Jan Evangelista Purkyně hoffte G. nach der Erscheinung von dessen Dissertation *Beiträge zur Kenntnis des Sehens in subjektiver Hinsicht* (Prag 1819) einen Verbündeten im Kampf um die Durchsetzung seiner Farbenlehre zu finden. In seiner zweiten Arbeit *Beobachtungen und Versuche zur Physiologie der Sinne* (Prag 1825) verwies dann Purkyně in der Tat auf die *Farbenlehre*, obwohl er mit deren physikalischem Teil nicht einverstanden war. Bei seinem Besuch in Weimar 1822 hat Purkyně einen günstigen Eindruck hinterlassen. Allem Anschein nach wurde er auf G.s und Alexander von Humboldts Verwendung 1823 als Professor der Physiologie an die Universität Breslau berufen.

Den deutschsprachigen Böhmen war das Werk G.s natürlich leicht zugänglich. Für die breiteren, nur tschechisch sprechenden Schichten wurden bald geeignete Übersetzungen besorgt. Außer mehreren Einzelgedichten G.s sind noch zu seinen Lebzeiten zwei seiner größeren Werke tschechisch erschienen. Karel Simon Macháček hat *Iphigenia v Taurii*

(Praha 1822) und František Ladislav Čela-kovský *Marinka* (*Die Geschwister*; Praha 1827) herausgegeben. Erst nach dem Tod des Dichters konnte Josef Jungmann seine Über-setzung des Versepos *Heřman a Dorota* (Praha 1841) veröffentlichen. Der große Philo-loge wählte G. – neben René Chateaubriand und John Milton –, um die Tauglichkeit der tschechischen Sprache für die höchsten dich-terischen Aufgaben praktisch zu demonstrie-ren. 1863 ist endlich auch *Faust I* in der Über-setzung von Josef Jiří Kolár erschienen. Be-reits 1842 hatte der Brünner Augustinermönch Franz Thomas Bratranek seine philosophi-schen *Erläuterungen zu Goethes Faust* verfaßt – im Druck sind sie allerdings erst 1957 er-schienen. An eine *Faust*-Übersetzung sollen zwar schon in den 40er Jahren der bereits ge-nannte Karel Šimon Macháček und dann auch der Mähre František Matouš Klácel gedacht haben; wirklich geliefert wurde sie aber von Kolár, dem später František Vlček (1900), Ja-roslav Vrchlický (1890, ²1907) und Otokar Fi-scher (1928) folgten. Die letztgenannte Über-setzung wird bis heute als die klassische ange-sehen und neu herausgegeben, obwohl inzwi-schen (1985) eine weitere tschechische *Faust*-Übertragung von Olga Mašková erschie-nen ist. Die Tradition der G.-Übersetzungen gipfelte vorläufig in den *Spisy* (Werke. 15 Bde. Praha 1927–1932), die unter der Redaktion von Fischer alle Hauptwerke G.s in neuen Übersetzungen brachten.

Die außerordentliche Stellung G.s in der böhmischen Kulturgeschichte wird durch die Tatsache beleuchtet, daß G. sogar bei der Ge-burt der tschechischen Nationalhymne (jetzt Staatshymne) *Kde domov můj?* (Wo ist mein Heim?) Pate gestanden hat. Ihr Autor Josef Kajetán Tyl verfaßte sie 1834, fasziniert durch das G.sche *Mignon*-Lied, das er kurz vorher übersetzt hatte. Nach Johannes Urzidil (S. 483) ist es »ohne Zweifel der größte Popu-laritätserfolg G.s außerhalb der deutschen Sprachräume und gewiß der schönste, ob-schon unbewußte und uneingestandene Dank für seine Liebe zum [...] böhmischen Land«.

Literatur:

Bratranek, Franz Thomas: Briefwechsel zwischen Goethe und Kaspar Graf von Sternberg (1820–1932). Wien 1866. – Goethův sborník. Památce 100. výročí básníkovy smrti vydali čeští germanisté. [Goethe-Festschrift. Zum 100. Todesjahr des Dichters von den tschechischen Germanisten herausgegeben.] Praha 1932. – Handrick, Willi: Goethe und Böhmen. 1785–1832. Ausstellung der Nationalen Forschungs-und Gedenkstätten der klassischen deutschen Lite-ratur in Weimar in Zusammenarbeit mit Památník národního písemnictví v Praze. Weimar 1964. – Kraus, Arnošt Vilém: Goethe a Čechy [Goethe und Böhmen]. Praha 1896. – Sauer, August: Goethe und Österreich. Briefe und Erläuterungen. 2 Bde. Wei-mar 1902–1904. – Urzidil, Johannes: Goethe in Böh-men. Zürich ²1962. – Wajs, Miloslav: Westböhmen in Goethes Leben, Werk und Wirken. Museum Karlsbad 1992.

Jaromír Loužil

→ **Böses s. Gutes**

Boisserée, Sulpiz (1783–1854) und Melchior (1786–1851)

Aus wohlhabendem Kölner Handelshaus stammend, konnten die Brüder Boisserée ihrer Neigung zu hu-manistischen Studien folgen und 1803/1804 in Paris, 1805/1806 in Köln Privatvorlesun-gen von Friedrich Schlegel hören. Nicht zuletzt unter dem Eindruck von Schlegels Ge-mäldebeschreibungen sammelten sie seit 1804 gemeinsam mit ihrem älteren Freund Johann Baptist Bertram Bilder aus den aufgehobenen Kirchen und Klöstern und bauten eine mehr als 200 altdeutsche Gemälde umfassende Pri-vatsammlung auf. 1808 begann Sulpiz Boisse-rée (s. Abb.) unter dem Einfluß von Georg For-

sters *Ansichten vom Niederrhein* mit der Aus-
messung des Kölner Domes und ließ im folgenden Jahr die ersten Risse anfertigen. Im
Mai 1810 übersandte er an G. »sechs Zeichnungen von der Domkirche zu Köln«, um »das
Urtheil des Mannes aufzufordern, dessen Beifall mehr wie jedes andere mich selbst in meinen Arbeiten leiten und ermuntern und auf die
äußere Vollendung des Werkes den entschiedensten Einfluß haben muß« (8. 5. 1810). Die
Verbindung zu G. war ihm auf Empfehlung
Graf Reinhards eröffnet worden. G. lobte das
Unternehmen, verschwieg aber nicht seinen
grundsätzlichen Vorbehalt gegenüber der Beschäftigung mit »dieser mittleren Epoche« der
Baukunst, die er mit einem »Raupen- und Pup-
pen-Zustand« verglich und die seiner Meinung
nach in der italienischen Renaissance überwunden war (an Reinhard, 14. 5. 1810).

G.s Einladung zu einem Weimar-Besuch
nahm Sulpiz Boisserée erst im Mai des folgenden Jahres wahr. Neben weiteren inzwischen
vollendeten Zeichnungen des Domes und der
älteren Kölner Kirchen führte er die ersten
fünf Blätter von Peter Cornelius zum *Faust* mit
sich, um G. »wegen einem öffentlichen Urtheil
anzugehen« (an M. Boisserée, 15.5. 1811). G.
fand den Gast »in seinem Fache sehr wohl
fundirt« (an Cotta, 11. 5. 1811). Für ihn frischte
sich im Umgang mit Boisserée eine »schon
verblichne Seite der Vergangenheit wieder«
auf (an Reinhard, 8.6. 1811), hatte er doch
früher »eben so eine Art Abgötterey mit dem
Straßburger Münster getrieben« (an Reinhard,
14.5. 1810).

Für Boisserée dienten die Architekturauf-
nahmen quasi als Visitenkarte, um die im Entstehen begriffene Sammlung altdeutscher, vor
allem niederrheinischer und niederländischer
Gemälde empfehlen zu können. Erst im Herbst
1814 entschloß sich G., die Boisserées zu besuchen, und mußte sogleich zugeben, daß die
alten Meisterwerke »wohl eine Wallfahrt
werth« wären (an Christiane, 27.9. 1814[?]).
Er lernte »die Stufen der niederländischen
Kunstschule, durch das byzantinische und grä-
cisirende Bemühen, bis zu Johann von Eyck,
und dessen Schüler und Nachfolger, auf eine
Weise kennen [...], die in Verwunderung«

setzte (an F. A. Wolf, 8. 11. 1814, Beilage). Auch
bei wiederholter Betrachtung der Sammlung
im Jahr darauf fühlte er sich »historisch wie
artistisch« belehrt (*Tag- und Jahreshefte
1815*).

Vorausgegangen war auf Initiative des Freiherrn vom Stein eine Fahrt nach Köln mit gemeinsamer Besichtigung des Domes, dessen
»Maß« G. »mit vorbereitetem Erstaunen« zu
fassen suchte (ebd.). Freiherr vom Stein regte
auch ein Gutachten für die preußische Regierung an, eine Art Bestandsaufnahme der
Kunstschätze an Rhein und Main mit Blick auf
deren künftige Erhaltung. Auf Bitten G.s steuerte Sulpiz Boisserée dazu »hauptsächlich
Stoff für Köln, aber auch für die übrigen Orte
bis Frankfurt und Aschaffenburg« bei. G. redi-
gierte die Materialien für seine Schrift *Kunst
und Alterthum am Rhein und Main* (WA I,
34.2, S. 36–41) und gab im *Heidelberg*-Kapitel
endlich die lang erwartete Würdigung der
Boisseréeschen Sammlung »auf historischem
Wege«, indem er »nicht sowohl von den Bildern selbst als von ihrem Bezug unter einander
Rechenschaft« abzulegen trachtete (WA I, 34.1,
S. 157).

Die Lithographien, mit denen die Bilder der
Sammlung »allgemeiner bekannt« (WA I, 49.1,
S. 429f.) gemacht werden sollten, besprach G.
in den *Tag- und Jahresheften 1821* und später –
unter der Federführung Heinrich Meyers – in
Ueber Kunst und Alterthum 1827. Hier beob-
achteten die Weimarischen Kunstfreunde mit
Kennerblick »eine ununterbrochene Steige-
rung« in der Anwendung der lithographischen
Technik und eine Vervollkommnung in der
Wiedergabe der Bildvorlagen seit der ersten
Lieferung von 1821. Sie erkannten damit die
Leistung der Brüder, insbesondere Melchior
Boisserées an, der die Stuttgarter lithographi-
sche Anstalt leitete, und empfahlen die Stein-
drucke »als eine nothwendige Zierde einer je-
den Kunstsammlung« (WA I, 49.1, S. 429f.).

In den Sommer- und Herbstwochen 1815
stand Sulpiz Boisserée im persönlichen Austausch G. näher als andere: Die Wirkungen
der Kunsteindrücke »wurden gehegt und erhöht durch die gesellige Nähe von S u l p i z
B o i s s e r é e , mit dem ich von Wiesbaden

über Mainz, Frankfurt, Darmstadt reisend fast nur solche Gespräche führte« (*Tag- und Jahreshefte 1815*). Der Jüngere begleitete schließlich G., der in innerer Unruhe und im Vorgefühl nahender Krankheit aus Heidelberg flüchtete, bis nach Würzburg.

Als es um die Ausgabe letzter Hand ging, die G. seit 1822 vorbereitete, wirkte Sulpiz Boisserée in einer schwierigen Situation als Vermittler, indem er in langwierigen, ebenso taktischen wie taktvollen Verhandlungen einen Kompromißvorschlag zwischen Cotta und G. ausarbeitete, der beide Seiten befriedigte. G. dankte daraufhin mit Worten, wie er sie im Alter gegenüber einem jüngeren Gefährten nie wieder geäußert hat: »Sie haben Sich, lassen Sie es mich gerade zu sagen, so klug als tüchtig, so edel als grandios gezeigt, und ich fange nur an mich zu prüfen ob ich meinen Danck bis an Ihre Leistung steigern kann« (3.2. 1826).

Aus Anlaß von G.s 70. Geburtstag hatte sich Sulpiz Boisserée mit dem Projekt zu einem Denkmal für den Dichter in Frankfurt beschäftigt. Mit Zustimmung des Frankfurter Vereins erging der Auftrag zunächst an Johann Heinrich Dannecker, später – auf Wunsch G.s und aus Zeitgründen – an Christian Daniel Rauch. Statt für eine kolossale Büste plädierte Boisserée schließlich für eine – auch vom Verein akzeptierte – Marmorstatue (S. Boisserée an G., 29.4. 1822). Die Ausführung des Denkmals kam dann jedoch zum Stillstand: Im Dezember 1826 starb Simon Moritz von Bethmann, der nicht nur für den förmlichen Werkvertrag von 1825, sondern auch für die finanzielle Sicherung des Unternehmens verantwortlich gezeichnet hatte.

Als sich 1837 in Frankfurt erneut ein Denkmalverein konstituierte und Anfang 1841 den Auftrag für eine G.-Statue an Ludwig Schwanthaler vergab, verfolgte Boisserée, der nach dem Verkauf der Sammlung an Ludwig I. in München lebte und mit Schwanthaler befreundet war, die Entstehung von der ersten Skizze über die verschiedenen Modelle zur Figur und über die Zeichnungen zu den Basreliefs bis zum Guß im Jahr 1844. Nach 25 Jahren kam damit unter seiner Teilnahme das Werk doch noch zum Abschluß.

Literatur:

Beutler, Ernst: Die Boisserée-Gespräche von 1815 und die Entstehung des Gingo-biloba-Gedichtes. In: Goethe-Kalender. 33 (1940), S. 114–162. – Boisserée, Sulpiz: Briefwechsel, Tagebücher. Faks.-Dr. nach der 1. Aufl. von 1862. Bd. 1 u. 2. Göttingen 1970. – Boisserée, Sulpiz: Tagebücher. 1808–1854. Hg. von Hans-J. Weitz. Bd. 1–4. Darmstadt 1978–1985. – Ethos und Pathos. Die Berliner Bildhauerschule 1786–1914. Ausstellungskatalog. Berlin 1990, S. 207f., S. 222f., S. 372f., insbes. S. 379 mit Verz. früherer Veröff. – Firmenich-Richartz, Eduard: Sulpiz und Melchior Boisserée als Kunstsammler. Ein Beitrag zur Geschichte der Romantik. Bd. 1. Jena 1916, insbes. S. 194–247. – Gethmann-Siefert, Annemarie: Die Sammlung Boisserée in Heidelberg. Anspruch und Wirkung. In: Strack, Friedrich (Hg.): Heidelberg im säkularen Umbruch. Traditionsbewußtsein und Kulturpolitik um 1800. Stuttgart 1987, S. 394–422. – Dies./Pöggeler, Otto (Hg.): Kunst als Kulturgut. Die Bildersammlung der Brüder Boisserée – ein Schritt in der Begründung des Museums. Bonn 1995. – Hagen, Waltraud: ›Wüßten Sie was ich dieses Jahr gelitten habe‹. Anlaß und Hintergrund für Goethes Brief an Sulpiz Boisserée vom 3. Februar 1826. In: Hahn, Karl-Heinz (Hg.): Im Vorfeld der Literatur. Weimar 1991, S. 58–74. – Poensgen, Georg: Die Begegnung mit der Sammlung Boisserée in Heidelberg. In: Goethe und Heidelberg. Hg. von der Direktion des Kurpfälzischen Museums. Heidelberg 1949, S. 145–184. – Rychner, Max: Goethe und Sulpiz Boisserée. In: ders.: Sphären der Bücherwelt. Zürich 1952, S. 48–59.

Doris Strack/Friedrich Strack

Bürger, Gottfried August
(1747–1794)

Der einzigen Begegnung Gottfried August Bürgers mit G. im Jahre 1789 war eine Korrespondenz vorausgegangen, die herzlich begonnen hatte und danach deutlich abgekühlt war. Aus der Zeit nach 1800 sind zahlreiche Zeugnisse G.s über den früheren Brieffreund überliefert.

Bürger hatte 1773 enthusiastisch *Götz von Berlichingen* als Geniestreich eines »deutschen Shakespear« aufgenommen (an Boie, 8.7. 1773). Der junge G., der seinerseits Bürgers Ballade *Lenore* sehr schätzte, eröffnete, angeregt durch den Besuch eines Freundes von Bürger, den Briefwechsel am 12.2. 1774 und regte den gegenseitigen Austausch an: »Sollen die sich nicht anfassen deren Weg mit einander geht«? (JG Fischer-Lamberg 4, S. 7). In der folgenden, kaum zwanzig Briefe umfassenden Korrespondenz tauschten die Dichter sich, mit einem gefühlsmäßigen Höhepunkt in den Jahren 1775/76, über die »Verworrenheiten« des Lebens aus (G. an Bürger, 17.2. 1775; JG Fischer-Lamberg 5, S. 10); Bürger blieb G. in dieser Phase nach eigenem Bekunden »immer« gegenwärtig, »auch schweigend wie zeither« (ebd.).

In Weimar förderte G. – als »junger Enthusiast« (an Zelter, 6.11. 1830) – Bürgers Vorhaben einer jambischen Homerübersetzung und gewann 1776 den Weimarer Hof für die finanzielle Unterstützung des stets mit »kümmerlichen Umständen« (an Reinhard, 2.1. 1824) kämpfenden Autors. Im *Teutschen Merkur* lobte er dessen »größte epische Anlagen« und stellte ihm ein Honorar für die Homerübertragung in Aussicht (WA I, 37, S. 360; vgl. G. an Reinhard, 2.1. 1824). Bürgers Übersetzung des sechsten Gesangs der *Ilias* sah G. selbst durch. Als Bürger die von G., Wieland und Herder vor konkurrierenden hexametrischen Übersetzungen bevorzugte Arbeit nicht abschloß, ließ G. dem Freund die gesammelten Gelder dennoch zukommen (1778), distanzierte sich aber nachhaltig von ihm. 1781 wendete sich der von beruflichen und persönlichen Schwierigkeiten heimgesuchte Amtmann Bürger an den ehemaligen Weggefährten und bat ihn um eine andere Stellung (18.8. 1781). G. deutete daraufhin sozialgeschichtlich und psychologisch treffend Bürgers »Unzufriedenheit« als Folge des Mißverhältnisses seines »Innersten« zu dem »Zustande unserer bürgerlichen Verfaßung« (20.2. 1782) und riet ihm vorsichtig zu einer akademischen Laufbahn. Als Bürger G. 1789 besuchte, wurde er kühl aufgenommen; daraufhin verfaßte er ein satirisches Epigramm gegen den »hölzernen Minister«. Es wurde publiziert von Friedrich Nicolai in seinem *Anhang zu Friedrich Schillers 'Musen-Almanach für das Jahr 1797'* (Berlin,

Stettin 1797, S. 167) und prägte die Erwartungshaltung einiger späterer G.-Besucher (z.B. Karl Friedrich Cramer, Johann Heinrich Voß d.J., Adolph Müllner, Anselm Feuerbach).

G., der 1801 in Göttingen Bürgers Grabmal besuchte (Tagebuch, 7.6. 1801), hat sich im Rückblick moralisch und ästhetisch von dem »lieben Bruder« (an Bürger, 17.2. 1775; JG Fischer-Lamberg 5, S. 10) der 70er Jahre und damit von der eigenen Sturm-und-Drang-Periode abgegrenzt. Bürgers begeisterte *Götz*-Rezeption in seinem Brief vom 8.7. 1773 an Heinrich Christian Boie, den G. 1807 durch Johann Heinrich Voß d.J. erhielt (14.3. 1807), zitiert G. in seiner Autobiographie als historischen Beleg für den Kampf der Stürmer und Dränger gegen den »elenden RegelnCodex« (Bürger an Boie, 8.7. 1773) und für »eine lebhafte Jugend, die sich gegen einander aufknöpfte und ein talentvolles aber ungebildetes Innere hervorkehrte«, der aber das »Sittlich-ästhetische« gefehlt habe (MA 16, S. 763; vgl. auch ebd., S. 608). Nicht ohne Mitgefühl charakterisierte G. aus klassischer und nachklassischer Warte den sozial benachteiligten und von Liebesmiseren bedrückten Bürger als »außerordentlichen Menschen«, der nie »auf einen grünen Zweig« gekommen sei (MuR, 76). Immer würdigte er zwar dessen »Talent«, das meisterhafte Lieder hervorgebracht habe (zu Eckermann, 3.5. 1827), doch bemängelte er vor allem die andere Moralität des Dichters: »Bürger [...] hatte zu mir wohl eine Verwandtschaft als Talent, allein der Baum seiner sittlichen Kultur wurzelte in einem ganz anderen Boden und hatte eine ganz andere Richtung« (Eckermann, 12.5. 1825). Die zwiespältige Beurteilung Bürgers findet sich auch im späten Brief an Zelter vom 6.11. 1830. Zwar hebt G. auch hier das »Echte Wahre« an Bürgers Werk als bleibenden Beitrag für die deutsche Literaturgeschichte hervor; gleichzeitig aber kritisiert er das »entschiedene deutsche Talent« Bürgers als »ohne Grund und ohne Geschmack, so platt wie sein Publikum«. Diese ethische und ästhetische Verurteilung entspricht der Maßgabe Schillers in seiner 1791 publizierten Rezension der Bürgerschen Gedichtsammlung von

1789. Diese Kritik war von G. schon damals öffentlich gutgeheißen worden (Schiller an Körner, 3.5. 1791). Schiller hatte dem »Talent« Bürger mangelnde Moralität vorgehalten, dessen angestrebtes Ideal von »Popularität« elitär als Anbiederung an den »großen Haufen« ausgelegt und ihm »Idealisierung, Veredlung« (SNA 22, S. 253) des Menschen und der Dichtung als neues Kunstprogramm der Klassiker empfohlen. Im zitierten Brief an Zelter befürwortet G. grundsätzlich diese Kritik von Bürgers »Gemeinheiten« – er bemängelte sie vor allem an Bürgers derbkomischem Gedicht *Frau Schnips* (zu Eckermann, 12.5. 1825) – und beanstandet lediglich die »schroffe« Vortragsform von Schillers Verriß (an Zelter, 6.11. 1830). Die gemeinsame klassische Front mit Schiller belegen die zwei Xenien *Ajax* und *Bürger* (WA I, 5.1, S. 255 u. S. 282) und die literaturtheoretischen Studien zum »Dilettantismus«, in denen von Bürgers Einfluß auf das »Geleyer« mittelmäßiger Lyriker die Rede ist (WA I, 47, S. 313).

Bürgers Gedichte beeinflußten in Zustimmung und Ablehnung G.s Lyrik. Der junge G. rezipierte 1773/1774 »begeistert« die Ballade *Lenore* (GRUMACH, Bd. 1, S. 241; *Dichtung und Wahrheit*. Teil 4, Buch 17, MA 16, S. 735) und schätzte besonders die *Historia* vom Raub der Europa und das Gedicht *Der Raubgraf* (an Bürger, 17.2. 1775; JG Fischer-Lamberg 5, S. 10). G.s 1809 entstandene Ballade *Johanna Sebus* bezieht sich auf Bürgers *Schön Suschen* (Tagebuch, 11.5. 1809; vgl. ZASTRAU, Bd. 1, Stichwort »Ballade«, Sp. 676) und scheint beeinflußt durch das *Lied vom braven Manne* (vgl. Caroline Schelling an Pauline Gotter, 7.8. 1809; in: GRÄF 3, 1, S. 472). 1814 dichtet G. zu Bürgers Gedicht *Ach, könnt ich Molly kaufen* eine programmatische *Antwort*, die von klassischer Warte aus das lyrische Ich des Autors mahnt: »Drum singe den Gemüthern / Nicht eingebildete Pein« (WA I, 5.2, S. 356).

Literatur:

Bürger, Gottfried August: Sämtliche Werke. Hg. von Günter u. Hiltrud Häntzschel. Frankfurt/M. u.a. 1988. – GRUMACH, Bd. 1. – Kluge, Gerhard: Gottfried August Bürger. In: Wiese, Benno von (Hg.): Deutsche Dichter des 18. Jahrhunderts. Ihr Leben und Werk. Berlin 1977, S. 594–618. – Müller-Seidel, Walter: Schillers Kontroverse mit Bürger und ihr geschichtlicher Sinn. In: Formenwandel. Fs. für Paul Böckmann. Hamburg 1964, S. 294–318. – Scherer, Helmut: ›Lange schon in manchem Sturm und Drange‹. Gottfried August Bürger. Der Dichter des Münchhausen. Eine Biographie. Berlin 1995. – Schöne, Albrecht: Säkularisation als sprachbildende Kraft. Studien zur Dichtung deutscher Pfarrerssöhne. Göttingen 1957. – Strodtmann, Adolf (Hg.): Briefe von und an Gottfried August Bürger. Ein Beitrag zur Literaturgeschichte seiner Zeit. Aus dem Nachlasse Bürger's und anderen, meist handschriftlichen Quellen herausgegeben. 4 Bde. Berlin 1874. Repr. Bern 1970. – Wurzbach, Wolfgang von: Gottfried August Bürger. Sein Leben und seine Werke. Leipzig 1900, S. 160–170.

Christof Wingertszahn

Bürgertum

Bürgerliches, Bürgerlichkeit gehört zu den Kräften, die G.s Leben und auch seine Dichtung am stärksten geprägt haben; das Bürgerliche ist die Lebensform, zu der er sich am nachhaltigsten bekannt hat. Das bedeutet nicht, daß er immer ein uneingeschränkt freundliches Bild des Bürgertums gezeichnet hätte. Er kannte auch die Schattenseiten der bürgerlichen Existenz und hat sie in verschiedenen Zusammenhängen und zu verschiedenen Zeiten deutlich beschrieben.

Die positive Charakteristik überwiegt jedoch. Nicht zuletzt hat die Intensität und Wärme, mit der die Kindheits- und Jugendjahre in der bürgerlich-großbürgerlichen Frankfurter Umwelt in *Dichtung und Wahrheit* dargestellt sind, zu einem solchen Eindruck beigetragen; dabei ist allerdings zu bedenken, daß sie aus der Sicht eines vorgerückten Lebensalters gegeben ist und insofern keine uneingeschränkte Authentizität beanspruchen kann. Auf alle Fälle hat diese frühe Prägung wesentlich ein positives Grundverständnis bewirkt. Distanzierende, auf Eigentümlichkeiten gerade der Frankfurter Bürgerexistenz verweisende Momente fehlen allerdings auch in dieser Darstellung nicht. So ist etwa davon die Rede, daß die Frankfurter Bürger das Jahr 1757 ungeachtet »großer Gemüthsbewegung«, die die Ereignisse des Siebenjährigen Krieges auslösten, »in völlig bürgerlicher Ruhe« verbracht hätten (WA I, 26, S. 112). Nicht zuletzt auf den eigenen Vater ist der Hinweis bezogen, es habe zu den »Eigenheiten eines Frankfurter Bürgers« jener Zeit gehört, daß sich mancher der »Wohlhabenden und Unterrichteten« zurückzog »und durch Studien und Liebhabereien sich eine eigne und abgeschlossene Existenz« bildete (ebd.). Der bewußte Rückzug des Vaters auf die eigene bürgerliche Existenz dürfte das spätere Sozialverhalten und bürgerliche Selbstbewußtsein des Sohnes vorgeprägt haben. Der Vater war das Urbild eines Bürgers: »Ihm fehlte keine der Eigenschaften, die zu einem rechtlichen und angesehenen Bürger gehören« (ebd., S. 118).

Leipzig brachte andere Erfahrungen. Dort mußte man nach überkommenem französisierenden Vorbild »galant« sein, und es verstand sich von selbst, daß die Studierenden als »wilde Fremdlinge« galten und »keine Achtung vor dem Bürger« hatten (JA 23, S. 46). Später blieb davon der Eindruck der Beschränktheit der bürgerlichen Welt: das bürgerliche Leben – das waren nur zu oft »die Bedürfnisse des Tags« (JA 24, 20). Die bürgerliche Welt neigte zu geistiger Bedürfnislosigkeit und einiger Dumpfheit, und so spricht der Autobiograph verständlicherweise von der »einzigen Aussicht, uns in einem schleppenden, geistlosen, bürgerlichen Leben hinhalten zu müssen« (ebd., S. 163). Das allzu Gemütlich-Enge spiegelte sich auch in der Literatur, wie sie von einer bürgerlichen Welt favorisiert wurde, die darin ein bei aller Naturtreue idealisiertes Abbild ihrer selbst ohne bedenkliche Züge suchte. So heißt es etwa über die bürgerlichen Schauspiele jener Zeit: »Diderots Hausvater, der ehrliche Verbrecher, der Essighänd-

ler, der Philosoph ohne es zu wissen, Eugenie und mehr dergleichen Werke waren dem ehrbaren Bürger- und Familiensinn gemäß, der immer mehr obzuwalten anfing. Bei uns gingen der dankbare Sohn, der Deserteur aus Kindesliebe und ihre Sippschaft denselben Weg. Der Minister, Clementine und die übrigen Geblerischen Stücke, der deutsche Hausvater von Gemmingen, alle brachten den Werth des mittleren, ja des unteren Standes zu einer gemüthlichen Anschauung, und entzückten das große Publicum«. Kritisch wird kommentiert, daß »das deutsche Theater sich völlig zur Verweichlichung hinneigte« (WA I, 28, S. 193f.). Auch in Justus Mösers Werk ließ sich ein Bürgertum mit fragwürdigen Seiten gespiegelt finden: »Von der einen Seite hält man am Herkommen fest, von der andern kann man die Bewegung und Veränderung der Dinge nicht hindern. Hier fürchtet man sich vor einer nützlichen Neuerung, dort hat man Lust und Freude am Neuen, auch wenn es unnütz ja schädlich wäre« (ebd., S. 238).

Natürlich ist die Darstellung von *Dichtung und Wahrheit* von den in etlichen Lebensjahrzehnten erworbenen Erfahrungen und vollzogenen Schlußfolgerungen eingefärbt. Der junge G., insbesondere der der frühen 70er Jahre, hat die Enge und Borniertheit der zeitgenössischen Bürgerwelt gewiß schärfer erfahren, stärker als peinigend empfunden und sich gegen sie gewehrt. Der Widerschein davon findet sich etwa in den Invektiven des Herkules in *Götter Helden und Wieland* gegen die Bürger, die »sich vor den Faustrechtszeiten kreuzigen« (WA I, 38, S. 33), oder in dem Spott über die vielgerühmte Freiheit der Schweizer in den *Briefen aus der Schweiz. Erste Abtheilung*: »Frei wären die Schweizer? frei diese wohlhabenden Bürger in den verschlossenen Städten? frei diese armen Teufel an ihren Klippen und Felsen? [...] nun sitzen sie hinter ihren Mauern, eingefangen von ihren Gewohnheiten und Gesetzen, ihren Fraubasereien und Philistereien, und da draußen auf den Felsen ist's auch wohl der Mühe werth von Freiheit zu reden, wenn man das halbe Jahr vom Schnee wie ein Murmelthier gefangen gehalten wird« (WA I, 19, S. 197f.); ein andermal heißt es direkt: »Unser bürgerliches Leben, unsere falschen Verhältnisse« (ebd., S. 206). Diese Problematik ist auch ein Grundthema des *Werther* und der *Wilhelm Meister*-Romane, zumindest bis zu den *Lehrjahren*, und sie bestimmt schließlich die Argumentation, mit der G. der Mutter erklärte, warum er nicht seine belastende und risikoreiche Weimarer Existenz in ein saturiertes und behäbiges Leben als Frankfurter Bürger zurückzutauschen bereit war (an die Mutter, 11.8. 1781). Dennoch blieb ihm das Bürgerliche die Lebensform, die auch in ihrer Widersprüchlichkeit und Gefährdung nicht in Frage zu stellen war. In den *Frankfurter Gelehrten Anzeigen* von 1772 ist darauf hingewiesen, daß das wahre, »charakteristische« Leben einer »Nation« eben nicht in der Umgebung der »schönen Herrn und Damen«, sondern in der – wie immer von »Natur« entfernten – Bürgerwelt zu finden ist (WA I, 37, S. 274–276). Und Egmonts Satz: »Ein ordentlicher Bürger, der sich ehrlich und fleißig nährt, hat überall so viel Freiheit als er braucht« (WA I, 8, S. 211) erschöpft sich gewiß nicht in der auf Beruhigung gerichteten Funktion, die er im dramatischen Kontext hat, vielmehr spricht aus ihm auch eine selbstgewisse Fixierung des Dichters selbst auf die bürgerliche Lebensform. Später gründete sich G.s Bekenntnis dazu nicht nur auf den Grundsatz der Ordnung, um deretwillen er sogar eine Ungerechtigkeit hinzunehmen bereit war (WA I, 33, S. 315), sondern vor allem auf die kulturelle Produktivität, die er im Bürgertum wirksam sah. Bildung als ein entscheidender Teil des bürgerlichen Lebens war für ihn getragen von einem »breiten Fundament bürgerlicher Existenz« (JA 32, S. 250); eine der *Zahmen Xenien* aus dem Nachlaß, die auf das Mittelalter zurückblickt, verweist nachdrücklich auf diesen Ursprung: »Wo kam die schönste Bildung her, / Und wenn sie nicht vom Bürger wär'?« (WA I, 5.1, S. 151).

Bei alledem war sich G. natürlich bewußt, daß die bürgerliche Welt im wesentlichen eine merkantile Welt war und daß das bürgerliche Geschäftemachen die wirtschaftliche Grundlage aller höheren Bildung schuf. In der Geschichte Italiens traf er auf jene Kategorie von

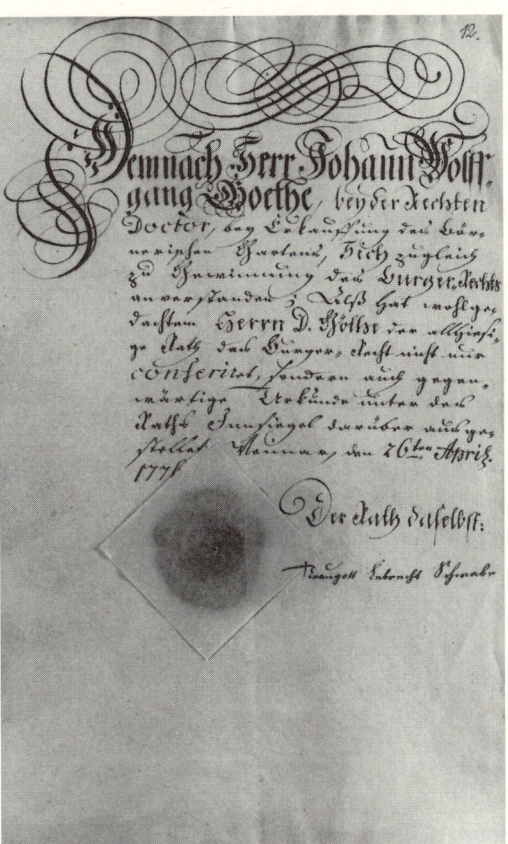

Weimarer Bürgerbrief für Goethe
26. April 1776

Männern, »die mit großem Vater- und Bürgersinn nach innen und mit klarem Handels- und Weltsinn nach außen wirkten« (JA 32, 253). In den Kreislauf des bürgerlichen Lebens ist der Schriftsteller einbeschlossen: Auch er ist der bürgerlichen Gesellschaft nützlich, bringt andererseits die notwendige Bewegung in sie hinein. In *Dichtung und Wahrheit* heißt es zur Charakteristik des späteren 18. Jhs.: »In ruhigen Zeiten will jeder nach seiner Weise leben, der Bürger sein Gewerb, sein Geschäft treiben und sich nachher vergnügen: so mag auch der Schriftsteller gern etwas verfassen, seine Arbeiten bekannt machen und, wo nicht Lohn, doch Lob dafür hoffen, weil er glaubt, etwas Gutes und Nützliches getan zu haben. In dieser Ruhe wird der Bürger durch den Satiriker, der Autor durch den Kritiker gestört und so die friedliche Gesellschaft in eine unangenehme Bewegung gesetzt« (JA 23, S. 53). »Unangenehme Bewegung« ist der bürgerlichen Welt allerdings zuwider – mit dem Bürgerlichen ist stets »Behagen« verbunden (JA 29, S. 8), zu ihm gehören »Ernst und Redlichkeit«, aber auch, daß »jeder in seiner Stadt, in seinem Kreise, seinem Hause, seinem Zimmer ungestört fortleben und arbeiten kann, es mag draußen übrigens stürmen, wie es will« (JA 34, S. 191). Wobei freilich hinzugefügt ist: »Jedoch in Frankreich war es ganz anders«. Von Johann Konrad Grübel, einem unbedeutenden Lyriker der Zeit, dem er gleichwohl zwei Rezensionen widmete, sagte G. 1798, er habe »die Gränzen niemals überschritten, die einem wohldenkenden und ruhigen deutschen Bürger ziemen« (WA I, 40, S. 248), und das war als Lob, nicht als Kritik gemeint – es stammte allerdings schon aus den Jahren nach der Französischen Revolution.

Denn die bürgerliche Welt bekam als Gegenbereich zur Französischen Revolution und deren Folgeerscheinungen für G. ein weitaus positiveres Ansehen. So zweifelhaft ihm oftmals das Bürgerliche vorher erschienen sein mochte, unter dem Aspekt der Bedrohung durch politische Wirrnisse präsentierte es sich als Gegenwelt zur französischen »Aufregung« und gewann an Wert hinzu. Das wird bereits an den Werken deutlich, in denen G. unmittelbar abweisend auf die Übertragung der französischen Umwälzungen auf Deutschland reagierte, und nicht von ungefähr entstanden in diesen Jahren Werke, die das große Lob der Bürgerlichkeit sangen. So vor allem *Wilhelm Meisters Lehrjahre* und *Herrmann und Dorothea*.

In den *Lehrjahren* hat G. nach dem Vorbild Christian Garves die bürgerliche Welt der Handelsstädte der adeligen Gesellschaft gegenübergestellt. Im Konkreten wird an jener durchaus Kritik geübt: Die Rede ist von dem »stockenden, schleppenden bürgerlichen Leben« (JA 17, S. 34). Die Verhältnisse sind eng, und der Held versucht sich aus ihnen zu befreien. Wenn der Schwager Werner das »Glück

des bürgerlichen Lebens« (JA 18, S. 11) preist und damit die bürgerlich-merkantile Welt meint, reizt das Wilhelm, der unter dem geistig Unzulänglichen dieser Welt leidet, zu kategorischem Widerspruch; unzufrieden damit, daß sich ein Bürger zwar »Verdienst erwerben und zur höchsten Not seinen Geist ausbilden« kann, daß aber seine »Persönlichkeit« verloren geht, »er mag sich stellen, wie er will« (ebd., S. 13), strebt er dem Kulturideal des französisch gebildeten Edelmannes nach. Am Ende eines langen, mit Irrtümern und Niederlagen gepflasterten Weges erkennt er aber seine sozialen Bindungen. Er akzeptiert seinen Sohn, und das heißt: »In diesem Sinne waren seine Lehrjahre geendigt, und mit dem Gefühl des Vaters hatte er auch alle Tugenden eines Bürgers erworben« (ebd., S. 267). Dieses Bewußtsein bekommt dann sogar patriotische Züge, wenn der Edelmann Lothario den als guten Bürger rühmt, »der vor allen andern Ausgaben das, was er dem Staate zu entrichten hat, zurücklegt« (JA 18, S. 274), und sich ausdrücklich selbst zu dieser Haltung bekennt.

Das eigentliche Hohelied der Bürgerlichkeit hat G. wohl in *Herrmann und Dorothea* gesungen. Hier ist das Bild einer bürgerlichen Ordnung entworfen, das als strahlendes Gegenbild zu den Vorgängen in Frankreich gedacht ist. Es dürfte auch im Sinne des Dichters bekenntnishaft sein, wenn es heißt: »Doch das Schlimmste find' ich den Dünkel des irrigen Wahnes, / Der die Menschen ergreift: es könne jeder im Taumel / Seines heftigen Wollens die Welt beherrschen und richten. / Hielte doch jeder sein Weib und seine Kinder in Ordnung, / Wüßte sein trotzig Gesinde zu bändigen, könnte sich stille, / Wenn die Toren verschwenden, in mäßigem Leben erfreuen!« (JA 6, S. 88). Die häusliche Ordnung, die Familie, das Konfliktlose der miteinander verbundenen Menschen, Ordnung und Tüchtigkeit, die innere Freiheit, die die bürgerliche Kultur verschafft, Lebensfreudigkeit als Grundstimmung: Das sind die Kennzeichen dieser idealisierten bürgerlichen Welt, die gleichermaßen von politischer Stabilität wie von bewußter Ausklammerung des Politischen bestimmt ist. Nur der kritische Leser erkennt darin Züge von Spießbürgerlichkeit, von Enge und fragwürdiger Harmoniesüchtigkeit. Zu verstehen ist eine solche Darstellung allerdings nicht ohne den Blick auf Friedenssehnsucht, die in den letzten Versen des Epos noch einmal Sprache findet. Das ist vielleicht der eigentliche Triumph der Bürgerlichkeit in G.s Werk.

Bei alledem bleibt Kritik an der Bürgerwelt niemals ausgeschlossen. Aber dieses gelegentlich aufflammende Mißfallen hält sich in Grenzen; im ganzen überwiegt das Idealbild eines bürgerlichen Lebens, dem G. seine Sympathie schenkte. Auffällig ist allemal, daß es eine unpolitische Welt ist. Die bürgerliche Moral wird als zeitlos-humane Moral überhaupt vorgestellt, und damit gilt sie eigentlich für alle Schichten der Gesellschaft. Aus einer so formulierten Ethik leitet sich denn auch das Bemühen ab, den reformwilligen Adel für diese Bürgermoral zu gewinnen. Der Roman *Wilhelm Meisters Lehrjahre* liefert in diesem Sinne ein Beispiel dafür, wie sich Bürger und Adlige treffen können. Daraus entsteht sogar so etwas wie eine kulturpolitische Forderung: Bürgertum und Adel sollen sich unter dem Primat einer bürgerlichen Ethik so verbinden, daß Revolutionen überflüssig werden.

Literatur:

Bürger, Christa: Der Ursprung der bürgerlichen Institution Kunst im höfischen Weimar. Literatursoziologische Untersuchungen zum klassischen Goethe. Frankfurt/M. 1977. – Fink, Gonthier-Louis: Die Bildung des Bürgers zum ›Bürger‹. Individuum und Gesellschaft in *Wilhelm Meisters Lehrjahren*. In: Recherches germaniques. 2 (1972), S. 3–37. – Fügen, Hans Norbert: Stabilität, Konflikt und Wandel in Goethes bürgerlichem Epos. In: ders.: Dichtung in der bürgerlichen Gesellschaft. Bonn 1972, S. 14–27. – Hahn, Karl-Heinz: Adel und Bürgertum im Spiegel Goethescher Dichtungen zwischen 1790 und 1810 unter besonderer Berücksichtigung von *Wilhelm Meisters Lehrjahren*. In: GoetheJb. 95 (1978), S. 150–162. – Hamm, Heinz: Der Theoretiker Goethe. Grundpositionen seiner Weltanschauung, Philosophie und Kunsttheorie. Kronberg/Ts. 1976. – Lypp, Maria: Bürger und Weltbürger in Goethes *Herrmann und Dorothea*. In: GoetheJb. 31 (1969), S. 129–142. – Scholz, Rüdiger: Die beschädigte

Seele des großen Mannes. Goethes *Faust* und die bürgerliche Gesellschaft. Berlin ²1995. – Schravesande, Cornelis: Die psychische Struktur des Bürgers in *Wilhelm Meister*. In: Neophilologus. 22 (1937), S. 16–25.

Helmut Koopmann

Byron, George Gordon Noel, Lord
(1788–1824)

George Gordon Noel Byron, 6. Baron Byron, einer der hervorragendsten englischen Dichter des frühen 19. Jhs., wurde mit seinem Werk und mit seiner Biographie für den alten G. einer der wichtigsten literarischen Zeitgenossen in Europa.

Obwohl Byrons Deutschkenntnisse gering waren, war ihm wie seiner ganzen Generation von Jugend auf die Geschichte *Werthers* vertraut, und G.s Romangestalt hat möglicherweise in Childe Harold einen verspäteten Nachkommen gefunden. *Die Wahlverwandtschaften* hat Byron in einer französischen Übersetzung aus dem Jahre 1810 gelesen – sonst hat er an G. nur den Verfasser des *Faust* gekannt und bewundert. Wohl über Madame de Staels *De l'Allemagne* (1813) konnte er sich zum erstenmal einen Begriff vom *Faust* bilden, die erste nähere Bekanntschaft mit dem Drama, von dem damals weder eine englische noch eine französische Übersetzung vorlag, erfolgte aber in seinem ersten Exiljahr 1816 in der Villa Diodati am Genfer See. Matthew Gregory Lewis, der Verfasser des Schauerromans *The Monk*, der 1793 G. in Weimar kennenlernte, trug Byron aus dem Stegreif eine mündliche Übersetzung der Hauptszenen von *Faust I* vor. Das kurz danach entstandene

Drama *Manfred* zeigt deutliche Spuren einer Beeinflussung vor allem durch die Eingangsszene *Nacht* und die *Walpurgisnacht*. Den Vorwurf des Plagiats hat Byron allerdings energisch zurückgewiesen. G. hat wohl das Richtige getroffen, als er 1820 in *Über Kunst und Alterthum* in seiner positiven Besprechung des *Manfred* schrieb: »Dieser seltsame geistreiche Dichter hat meinen Faust in sich aufgenommen [...]. Er hat die seinen Zwecken zusagenden Motive auf eigne Weise benutzt, so daß keins mehr dasselbige ist, und gerade deßhalb kann ich seinen Geist nicht genugsam bewundern« (WA I, 41.1, S. 189; vgl. an Knebel 13.10. 1817). Als Dank für die Anerkennung durch »the Greatest man of Germany – perhaps of Europe« (Byron an Murray, 7.6. 1820) wollte Byron zunächst sein Trauerspiel *Marino Faliero* mit einer Widmung an G. versehen; diese wurde aber wegen der vielen allzu satirischen Seitenhiebe gegen William Wordsworth und Robert Southey vom Verleger unterdrückt. 1821 verfaßte er eine Widmung des *Sardanapalus* »To the illustrious Goethe«, seinem »liege-lord«, wie es hieß, aber wohl durch Schuld des Verlegers John Murray ist auch diese in der ersten Ausgabe unterblieben und erst in der selten gewordenen zweiten Ausgabe von 1823 erschienen. Der handschriftliche Text der geplanten Widmung mitsamt einer Erklärung, sie würde jetzt dem historischen Schauspiel *Werner* vorgesetzt werden – was in Wirklichkeit schon geschehen war – gelangte im November 1822 an G. Im Januar 1822 hielt sich Byron in Pisa auf, wo ihm Percy Bysshe Shelley Stellen aus *Faust* übersetzte und der ganze Kreis die englische Ausgabe (1820) der *Faust*-Illustrationen von Friedrich August Moritz Retzsch studierte, die zusätzlich eine 60 Seiten lange *Analysis of the Tragedy* enthielt. Unter dem unmittelbaren Eindruck dieses *Faust*-Studiums entstand dann Byrons letztes Drama, *The Deformed Transformed*, von dessen drei geplanten Teilen nur zwei vollendet und posthum veröffentlicht wurden; auf die Verwandtschaft mit G.s Tragödie weist Byron selber in einem kurzen Vorwort hin, und die Ähnlichkeit von Byrons Stranger und G.s Mephistopheles ist unverkennbar. Auch die in der anonymen *Analysis* vorausgesetzte geistige Identität von Faust und Mephistopheles scheint die Doppelgängerthematik des Stücks beeinflußt zu haben. Wie eine merkwürdige Antizipation der Versetzung Fausts in die »große Welt« (V. 2052) von *Faust II* wirkt die Reise der beiden Byronschen Hauptgestalten nach Rom, um die Belagerung der Stadt (1527) mitzuerleben – wobei Byrons Held in einen Zweikampf mit Benvenuto Cellini gerät. Auch in *Cain* und *Don Juan* hat die Forschung faustische, bzw. mephistophelische Züge entdeckt.

Erst im Frühjahr 1816 wurde G. durch Berichte über die gescheiterte Ehe des Dichters, die in der englischen Presse erschienen, auf den Namen Byron aufmerksam gemacht. Nach der Lektüre von Byrons lyrischem Plädoyer (*Fare thee well* und *The Sketch*) und von den längeren Gedichten *The Corsair* und *Lara* erkundigte er sich weiter nach »der Lebensgeschichte, dem Charakter u.s.w. dieses wundersamen Mannes« (an Eichstädt, 4.6. 1816) und holte sich im Oktober 1817 unzuverlässige und zum Teil fiktive Auskunft aus dem Schlüsselroman *Glenarvon* der Lady Caroline Lamb (Tagebuch, 7.10., 22.10. u. 23.10.). Möglicherweise hatte er schon im Sommer desselben Jahres *The Prisoner of Chillon* und den dritten Gesang von *Childe Harold* gelesen – freilich erwähnte er das Epos nie wieder. Die entscheidende Steigerung seines Interesses brachte die Bekanntschaft mit dem dramatischen Gedicht *Manfred*, das ihm ein amerikanischer Besucher am 11.10. 1817 überreichte. G. las das Buch sofort, erkannte die Verwandtschaft mit seinem *Faust*, begann eine Übersetzung (WA I, 3, S. 199–203) und schrieb seine Rezension (WA I, 41.1, S. 189–193), in die einige der verfälschten Angaben aus Lambs *Glenarvon* übergingen. Im Herbst 1818 machte er über Schopenhauer den ersten wiewohl vergeblichen Versuch einer Kontaktaufnahme mit dem Engländer, der sich zu dieser Zeit in Venedig aufhielt. Am 6.12. 1819 schickte ihm Carl August die Gesänge eins und zwei vom schon berüchtigten *Don Juan*. G. las bis tief in die Nacht, versuchte sich in der Übersetzung der ersten Strophen und verfaßte eine kurze Besprechung, die, am 18.12. 1819 abgeschlossen, erst 1821 in *Über Kunst und Alterthum* gedruckt wurde (WA I, 41.1, S. 245–249). Inzwischen traten der Bewunderung des »höchst merckwürdigen und geistreichen« Werks (an Carl August, 14.12. 1819) auch Tendenzen der Distanzierung zur Seite (Gespräche, 3.1, S. 149 u. S. 259), und die weiteren Gesänge dieses »verrückten« und »grandiosen« Gedichts (an Boisserée, 23.3. 1820) hat er allem Anschein nach nicht zur Kenntnis genommen. Für Byrons satirische Ader blieb sein Interesse noch eine Weile bestehen. Den ganzen Januar 1821 beschäftigte ihn das Jugendwerk *English Bards and Scotch Reviewers*, von dem er eine Übersetzung begann, die er aber wegen mangelnder Vertrautheit mit dem zeitgeschichtlichen Hintergrund des Gedichts nicht weiterführte (*Tag- und Jahreshefte 1821*).

Fast zwei Jahre verstrichen, bis das geistige Verhältnis der beiden Dichter plötzlich wieder aufblühte: Im November 1822 traf die ursprünglich für *Sardanapalus* bestimmte, nunmehr auf *Werner* übertragene Widmung in Weimar ein. G.s Freude über diese Huldigung war kaum zu bändigen und ist nicht leicht zu erklären. Das handgeschriebene Widmungsblatt ließ er lithographieren und verteilte die Kopien unter seine Freunde. Die beiden Dramen bekam er dann im März 1823 zu lesen. Er meinte, daß sie im Vergleich zu *Manfred* einen Fortschritt darstellten, sei Byron in ihnen doch »moins terrible et moins misanthrope« (Gespräche, 3.1, S. 491). Anfang Juni meldete sich ein junger Engländer, Charles Sterling, mit einem eigenhändigen Empfehlungsschreiben Byrons aus Genua, wo der englische Lord im Begriff war, sich nach Griechenland einzuschiffen. Am 22. Juni wurde als Antwort das Gedicht *Ein freundlich Wort kommt eines nach dem andern* geschrieben, und Sterling erhielt den Auftrag, es an Byron weiterzuleiten. Die Sendung holte Byron in Livorno ein, wo er gerade noch Zeit hatte, am 22.7. 1823 seinen zweiten unmittelbar an G. gerichteten Brief zu schreiben: G. erhielt ihn in Marienbad am 11. August. Ein Besuch Byrons in Weimar schien sich anzubahnen. Nach der Rückkehr aus Böhmen im September 1823 las G. zum erstenmal

Cain, Heaven and Earth, *The Island* und *The Vision of Judgment*. Die Begeisterung für Byron erreichte einen Höhepunkt (vgl. Gespräche, 3.1, S. 692f.): Die Besprechung des *Cain*, am 19.2. 1824 abgeschlossen, wurde sofort in *Über Kunst und Alterthum* veröffentlicht (WA I, 41.2, S. 94–99). Am 23. Mai erreichte G. die Nachricht von Byrons Tod vor Missolunghi.

Über Frédéric Jean Soret ging Thomas Medwin G. um einen Beitrag zu seinem Nachrufband *Journal of the Conversations of Lord Byron* an. Der Aufsatz (*Goethe's Beitrag zum Andenken Lord Byrons*; WA I, 42.1, S. 100–104) erschien noch vor Jahresende in deutscher und englischer Sprache in Medwins Sammlung. Diese war dann für G. Gegenstand eines eingehenden Studiums; vielleicht war das der Auslöser für den Gedanken, die eigenen Gespräche durch Johann Peter Eckermann festhalten zu lassen. Aus William Parrys Erinnerungen (*The Last Days of Lord Byron*), mit denen er sich im Juni 1825 beschäftigte, geht eine noch tiefere Wirkung auf G. hervor: Aus der Sicht Parrys, der Byrons Philhellenismus als Reaktion auf die philiströse Enge der gesellschaftlichen Verhältnisse in England deutete, wurde G. Byrons Verwandlung in einen griechisch-nationalen Freiheitskämpfer verständlicher. Es entstanden das Gedicht *Stark von Faust, gewandt im Rath* und vor allem der Trauergesang »Nicht allein! – wo du auch weilest« (*Faust*, V. 9907–9938), in dem die schon seit 1816 geplante Euphorion-Gestalt mindestens teilweise mit Byron identifiziert wird. Die spärlichen Dokumente zu seiner persönlichen Beziehung zum englischen Dichter bewahrte G. in einer roten Mappe wie Erinnerungsstücke einer Liebschaft auf. In seine Sammlungen gingen von Byron ein anonymes Miniaturgemälde sowie ein Gipsmedaillon Pierre Jean Davids und eine Büste Jean Jacques Flatters' ein; letztere wurde in der Eingangshalle im Haus am Frauenplan aufgestellt. Mehrere Gespräche mit Eckermann zeugen von der fortdauernden inneren Beschäftigung mit Byron. Im August 1829 war Henry Crabb Robinson wieder in Weimar und löste Gespräche über Byron aus; außerdem las Robinson G.

The Vision of Judgment und *Heaven and Earth* vor. Anschließend nahm G. *Don Juan* wieder auf und las – »nicht ohne erneute Bewunderung des außerordentlichen Dichtergeistes« (Tagebuch, 16.8.1829) – die Gesänge dreizehn und vierzehn: Gerade mit diesem Gedicht, das ihn zeitweilig von Byron entfernte, scheint er sich also doch einigermaßen versöhnt zu haben. Im Tagebuch lautet die letzte Erwähnung Byrons am 26.12.1831: »Nach Tische mit Ottilien. Die Lithographien zum Don Juan besehen«.

Wenn es stimmt, daß G.s Leben jeweils unter dem Einfluß bedeutender Zeitgenossen – Herder, Schiller, Byron – dreimal einen schöpferischen Höhepunkt erreicht hat, so ist eine richtige Einschätzung der »Wirkung in die Ferne« (WA I, 1, S. 202f.) des frühvollendeten Engländers von großem Belang. Das leidenschaftliche Moment an G.s Beziehungen zu Byron hat man immer wieder und mit Recht hervorgehoben; es läßt sich aber nicht ohne weiteres deuten. Daß für G. manche Züge der eigenen Jugendzeit in Byron wieder lebendig wurden, ist wohl unbestreitbar und insofern objektiv bezeugt, als der ganz Europa in seinen Bann ziehende »Byronismus« als eine Fortsetzung des »Wertherismus« betrachtet werden kann. Naheliegend ist auch der Gedanke an ein Vater-Sohn-Verhältnis. Den Kontrast zwischen G.s angeblich heiter entsagendem Leben in den 1820er Jahren und dem »Vorwärtsdrängen Byrons« überbetonen, wie es Annemarie Schöne tut (Sp. 1526), heißt, einem früheren und zum Teil entstellten Bild des alten G. zu viel Glauben beimessen. Springt es doch ins Auge, daß sich die Annäherung an den englischen Dichter in zwei großen Schritten vollzog, die zeitlich mit den zwei größten Krisen in G.s späterem Leben zusammenfielen: 1816 (*Manfred*-Lektüre) die Lösung von Marianne von Willemer und der Tod Christianes; 1822/23 (*Sardanapalus*-Widmung und *Cain*-Lektüre) die Levetzow-Katastrophe. Zwei von der bisherigen Forschung wenig berücksichtigte Momente könnten zu einem neuen Verständnis der Beziehung beitragen: zum einen die Parallele zwischen G.s früher emotioneller Bindung an seine Schwester Cornelia und By-

rons inzestuösem Verhältnis zu Augusta Leigh; zum andern der hohe Wert, den G. auf den gesellschaftlichen Rang seines englischen Bewunderers legte. Der Peer, der sich zum »Vasallen« seines deutschen »Lehnsherrn« (»liege-lord«) erklärte, der die Schwester erreichte, die für G. ewig unantastbar bleibt, der mit 21 Jahren im obersten Rat der Nation mitreden durfte, der Günstling der Götter und der Gesellschaft, dem von Jugend auf alle Türen offen standen und dem ererbter Besitz sowie körperliche Stärke und Gewandtheit einen extravaganten Lebensstil ermöglichten – hat G. um Byrons lahmen Fuß überhaupt gewußt? – das erschien wie die mühelose Verwirklichung dessen, was sich der Frankfurter Bürgersohn in langen Jahren erkämpfen mußte bzw. was er in den Bereich von Traum und Dichtung verweisen mußte. Das berühmte von Eckermann überlieferte Wort – »Byron ist nicht antik und ist nicht romantisch, sondern er ist wie der gegenwärtige Tag selbst« (5.7.1827) – verliert sein Befremdendes – denn wer ist »romantischer« als Byron? –, wenn man bedenkt, daß es genau und vielleicht besser auf G. selbst paßt. Von einer Identifikation ist also eher zu sprechen als von einem Vater-Sohn-Verhältnis. Von *Don Juan* hat sich der Deutsche wohl nicht wegen der anstößigen Thematik des Gedichts zeitweilig distanziert, sondern weil er in der Herausforderung des Publikums, die Stoff und Behandlung bedeuteten, das Zeichen einer Selbstgefährdung erblickte, die ihn zu einer ähnlichen Ablehnung eines Heinrich von Kleist, Philipp Otto Runge, Ludwig van Beethoven, ja sogar des jungen Schiller motiviert hatte. Wenn er von Byron ausdrücklich die biblischen Dramen *Cain* und *Heaven and Earth*, die satirischen Werke *English Bards and Scotch Reviewers*, *The Vision of Judgment* und, wenn auch mit Vorbehalt, *Don Juan*, sodann die Stücke, die einen deutlichen Bezug auf *Faust* haben – *Manfred* und *The Deformed Transformed* – schließlich die realistische Milieuschilderung sowohl in *Don Juan* wie in den Dramen lobte, so ergibt das eine Auffassung von Byron, die man auch als alternatives G.-Bild ansprechen könnte, vor allem wenn *Faust* im Mittelpunkt der Betrachtung bleibt:

Ein »g e g e n s t ä n d l i c h e r« Denker (WA II, 11, S. 58), aber mit satirischem Sinn, der an seiner Opposition gegen die herrschende philosophisch-theologische Orthodoxie hartnäckig festhält, sie aber besser zu verbergen weiß als der liberal gesinnte englische Lord. Von Anfang an hat man in England mehr als in Deutschland die revolutionären und oppositionellen Tendenzen, die auch im alten G. weiterwirkten, hervorgehoben und – je nach dem Standpunkt des Betrachters – entweder anerkannt oder verpönt. Einer gegenseitigen Identifikation war auch Byron anscheinend nicht abgeneigt: »I [...] please myself with thinking there is some analogy between our characters and writings« (Medwin, S. 267).

Literatur:

Butler, Eliza Marian: Byron and Goethe. Analysis of a Passion. London 1956. – Medwin, Thomas: Journal of the Conversations of Lord Byron. London 1824. – Propper, Maximilian von: Zur Anatomie einer Meisterfälschung: Goethes Gespräch mit dem russischen Grafen S. In: GoetheJbWien. 78 (1974), S. 5–26. – Robertson, John George: Goethe and Byron. In: PEGS. 2 (1925), S. 1–132. – Schöne, Annemarie: »Byron«. In: ZASTRAU, Bd. 1, Sp. 1514–1528.

Nicholas Boyle

Calderón de la Barca, Pedro
(1600–1681)

Die Beschäftigung G.s mit dem Werk des spanischen Barockdichters und Dramatikers Pedro Calderón de la Barca fällt in seine späte Schaffensperiode zwischen 1802 und 1832. Eine kontinuierliche Reihe von Zeugnissen, in denen G. die weltliterarische Bedeutung des spanischen Dramatikers unterstrich und ihn Shakespeare zur Seite stellte, sowie die Tatsache, daß G. in seiner Eigenschaft als Direktor des Weimarer Theaters mehrere Theaterstücke Calderóns auf die Bühne brachte, be-

legen G.s Beschäftigung mit seinem Werk, das er allerdings – aufgrund mangelnder spanischer Sprachkenntnisse – wohl ausschließlich in Form von Übersetzungen (die großenteils August Wilhelm Schlegel zu verdanken waren) zur Kenntnis nahm. 1802 notierte er in den *Tag- und Jahresheften* zu den ersten Übertragungen von Stücken Calderóns, insbesondere zu *Andacht zum Kreuz (La devoción de la cruz)*, »daß in diesem Jahre Calderón, den wir dem Namen nach Zeit unseres Lebens kannten, sich zu nähern anfing und uns gleich bei den ersten Musterstücken in Erstaunen setzte«. Noch mehr beeindruckt zeigte sich G. von Calderóns – gleichfalls von Schlegel übersetztem – Stück *Der Standhafte Prinz (El príncipe constante)*, zu dem er in einem Brief an Schiller vom 28.1.1804 schrieb: »Es verdient gewiß neben der Andacht zum Kreutze zu stehen, ja man ordnet es höher, vielleicht weil man es zuletzt gelesen hat und weil der Gegenstand so wie die Behandlung im höchsten Sinne liebenswürdig ist. Ja ich möchte sagen, wenn die Poesie ganz von der Welt verlohren ginge, so könnte man sie aus diesem Stück wieder herstellen«.

G.s Interesse an Calderón stand im Zusammenhang mit der Suche nach neuen formalen und inhaltlichen Anregungen für sein Projekt eines deutschen Nationaltheaters. Neben der im Zentrum des Calderónschen Theaters stehenden Auseinandersetzung zwischen Heidentum und Christentum sowie formalen Elementen (wie der Verwendung des vierfüßigen trochäischen Verses und der Vorliebe für Parallelismen) faszinierte G. an Calderón die Konzeption eines von religiösen Zeremonien inspirierten »totalen Theaters«, das alle zur Verfügung stehenden Ausdrucksmöglichkeiten zu verwenden und alle Sinne anzusprechen suchte. Die formaltheatralischen Elemente, das »Technische und Theatralische«, in dem Calderón »unendlich groß« sei, wie G. am 12.5.1825 laut Eckermann bemerkte, sah er vor allem im *Standhaften Prinzen* verkörpert. Dieser beeindruckte ihn so nachdrücklich, daß er bei der Erstaufführung am 30.1.1811 in Weimar in Tränen ausbrach und in den *Tag- und Jahresheften 1811* hierzu folgendes notierte: »D e r s t a n d h a f t e P r i n z ward mit allgemeinem Beifalle aufgeführt, und so der Bühne eine ganz neue Provinz erobert«.

In thematischer Hinsicht schließlich interessierte G. sich für Calderón als einem Vermittler arabischer Bildung, orientalischer Bildersprache und orientalischer Stoffe in den christlichen Okzident. Dies gilt insbesondere für Calderóns Stücke *Der wundervolle Magus (El mágico prodigioso)*, das sich mit der Bekehrung des vorderasiatischen Zauberers und Märtyrers Cyprianus beschäftigt und auch das Motiv des Pakts mit dem Teufel enthält, und *Die große Zenobia (La gran Zenobia)*, zu dem G. in einem Brief an den Übersetzer Johann Diederich Gries am 29.5.1816 schrieb: »Bis in die tiefe Nacht hat mich Ihr Calderón festgehalten. Ich bewundere auf's neue dieses außerordentliche Talent und das mit desto mehr Behaglichkeit, als Sie uns Geist und Wort so glücklich überliefern. [...] Noch Eins füge ich hinzu, daß mein Aufenthalt im Orient mir den trefflichen Calderón, der seine arabische Bildung nicht verleugnet, nur noch werther macht, wie man edle Stammväter in würdigen Enkeln gern wiederfindet und bewundert«.

Auch wenn die unmittelbaren Einflüsse Calderóns auf G.s dramatisches Werk nur schwer präzise festzumachen sind, sein 1807 begonnener Versuch, nach Calderóns Vorbild ein Drama zu schreiben (die *Bruchstücke einer Tragödie*, die im allgemeinen als *Trauerspiel in der Christenheit* bezeichnet werden), folgenlos abgebrochen wurde und G. herausragende Dramen des spanischen Autors wie *La vida es un sueño (Das Leben ist ein Traum)*, *La dama duende (Dame Kobold)* und *El alcalde de Zalamea (Der Richter von Zalamea)* entweder nicht zur Kenntnis nahm oder stillschweigend überging, so zeugt seine sich über 30 Jahre hinziehende, kontinuierliche Beschäftigung mit Calderón nicht nur von dem Bestreben, dem »Naturalismus auf der Bühne entgegenzuarbeiten, das poetische Element im Drama zu fördern und die dichterische Sprache zu bereichern« (Lepiorz, S. 26), sondern auch von der Zielsetzung, dem eigenen Werk und dem deutschen Publikum eine neue, wichtige, bisher weitgehend verkannte (weil mit dem nega-

tiven Spanienbild der Aufklärung verknüpfte) weltliterarische Provinz zu erschließen. Seine auf Calderón bezogenen Verse aus dem *Buch der Sprüche* im *West-östlichen Divan* verdeutlichen schlaglichtartig diese doppelte Zielsetzung, die Calderón zu einer Vermittlerfigur zwischen östlicher und westlicher Kultur werden lassen: »Herrlich ist der Orient / Übers Mittelmeer gedrungen; / Nur wer Hafis liebt und kennt, / Weiß, was Calderon gesungen« (FA I, 3.1, S. 66).

Literatur:

Bertrand, J. J. A.: El mayor amigo de Expaña. Revista de ideas estéticas. 8 (1950), S. 169–195. – Davis, J. Cary: Goethe and Spain. In: Hartwig, Helmut A. (Hg.): The Southern Illinois Goethe Celebration. Carbonale (Ill.) 1950, S. 27–34. – Dorer, Edmund: Goethe und Calderón. Gedenkblätter zur Calderónfeier. Leipzig 1881. – Lepiorz, Gerhard: Goethes Verhältnis zu Calderón. Neuphilologische Zs. 1 (1949), S. 18–27. – Schuchardt, Hugo: Goethe und Calderón. In: ders. (Hg.): Romanisches und Keltisches. Straßburg 1886, S. 120–149.

Hans-Jürgen Lüsebrink

Carl August, Herzog, seit 1815 Großherzog von Sachsen-Weimar-Eisenach (1757–1828)

»Klein ist unter den Fürsten Germaniens freilich der meine; / Kurz und schmal ist sein Land, mäßig nur, was er vermag«, stellt G. in dem *Venezianischen Epigramm* lakonisch fest, das er für seinen Herzog schrieb (WA I, 1, S. 315). Dennoch war Carl August durch ein halbes Jahrhundert Weimars zentrale Figur, unbestritten auch zentrale Figur des literarischen Weimar. Der Herzog habe »eine Art Geiz auf große Männer« gehabt, erklärte G. im Juni 1830 dem jungen Felix Mendelssohn-Bartholdy, und er habe für diese Männer, ob nun für ihn oder Christoph Martin Wieland, für Herder oder Schiller, in Weimars beengten Grenzen mehr getan, als anderswo Könige zu tun pflegten (Gespräche, 3.2, S. 630).

Am 3.9.1775, zurück von einem halben Jahr in Paris, zurück von dieser Grand Tour, dem obligaten Abschluß hochadeliger Erziehung, übernahm Carl August das Regiment in seinem angestammten Herzogtum, einem kümmerlichen Zwergstaat von 36 Quadratmeilen und etwa 100000 Seelen. Vier Wochen darauf verband er sich mit Luise von Hessen-Darmstadt, einem empfindsam-stolzen Geschöpf, und wiederum vier Wochen später meldete sich G., der Einladung des jungen Paares folgend, in der thüringischen Residenz.

Die Einladung, zunächst ohne Plan und Ziel, war Resultat des Wohlgefallens, das die jungen Männer im Jahr zuvor bei kurzen Begegnungen in Frankfurt, Mainz und Karlsruhe aneinander gefunden hatten. Erst in Weimar, als das Gefallen Züge herzlichen Vertrauens annahm, wünschte sich der Prinz, selbst offen, ungestüm, burschikos, dazu ein ausgezeichneter Kopf und mit achtzehn bereits sicher in Urteil und Entscheidung, diesen früh berühmten, hochbegabten und höchst originellen Mann zum Freund und Mitarbeiter. Und er setzte diesen Wunsch, wohl die folgenreichste Entscheidung seines Regentendaseins, entschlossen und bedachtsam (was meist übersehen wird), mit Hilfe der Mutter, gegen den Widerstand von Hof und eingesessener Bürokratie durch, die den bürgerlichen Parvenu erbittert ablehnten. Carl August, der sich auch späterhin in schwierigen Situationen, elastisch und zäh, als ein geborener Praktiker der politischen Arbeit erwies, genügte es, den Mann seiner Wahl mit Amt, Titel und Besitz seinem Land integriert zu haben. Zur Aufhebung bestehender Institutionen und zur Vertreibung bewährter Staatsdiener sah er keinen Anlaß. G. nahm Platz im Conseil; Leiter der Ge-

schäfte blieb Jakob Friedrich Fritsch, der seit 1772 den Vorsitz innehatte. G. aber gewährte der Herzog, wie jenes Epigramm dankbar resümiert, »was Große selten gewähren, / Neigung, Muße Vertraun, Felder und Garten und Haus. / Niemand braucht' ich zu danken als Ihm, und manches bedurft' ich, / Der ich mich auf den Erwerb schlecht, als ein Dichter, verstand. / [...] / Niemals frug ein Kaiser nach mir, es hat sich kein König / Um mich bekümmert, und Er war mir August und Mäcen« (WA I, 1, S. 315f.).

Carl August war nicht adelig schön, eher untersetzt, vierschrötig, dickschädelig wie viele Wettiner vor ihm: ein derber, stämmiger Bursche, was aber raschen Witz, Delikatesse und Geschmack nicht ausschloß, wie sein Umgang mit den erlauchtesten Geistern der Epoche und ein Blick auf die Züge seiner leichten und eleganten Handschrift zeigt. Dieser Carl August, nun endlich befreit vom Zwang einer überanstrengt-abgezirkelten höfischen Erziehung (geleitet von Graf von Goertz, bereichert durch Wielands und Karl Ludwig von Knebels Teilnahme), genoß jetzt, blutjung noch, zunächst ungehemmt den Aufstand gegen Regel und Form. In Götz-Ton und Werther-Uniform ging mit Lärm und Peitschenknall, mit Unfug, auch grobem Unfug, mit scharfem Ritt quer durch das aufgescheuchte, skandalisierte Land noch einmal Sturm und Drang in Szene. Bei Hof jedoch, besonders in der Umgebung der mädchenhaft-scheuen Herzogin, die Carl Augusts wildes Treiben nur widerwillig ertrug, galten weiterhin Etikette und Zeremoniell. Auch Anna Amalias Musenhof, an dessen zarter gestimmten Vergnügungen der junge Fürst, zurück von handfesten Abenteuern in Wald und Flur, bereitwillig teilnahm, blieb unangetastet. Im Umkreis von Mutter und Sohn verwischten sich die Grenzen zwischen jung und alt. G. trat neben Wieland; Rokoko, Empfindsamkeit und Sturm und Drang gingen leichthin in Spiel und höfischer Unterhaltung ineinander über.

Doch jenseits dieser Späße und Scherze, in der Praxis, im Getriebe von Arbeit und Leben galt es viel zu ändern, viel zu bessern. Reformen waren nahezu unabdingbar. Seit ihrem ersten Gespräch im Dezember 1774 im Rothen Hahn zu Frankfurt, als sie über Justus Mösers *Patriotische Phantasien*, dieses kluge Buch eines klugen Staatsmanns, diskutierten, wußte Carl August, daß der Dichter – trotz *Götz*, trotz *Werther*-Ruhm – für Probleme, die zum Pflichtenkreis des Fürsten zählten, zu interessieren war. Er sah, daß G. die wirtschaftspolitischen Fragestellungen, etwa des Merkantilismus oder die modernen physiokratischen Überlegungen zur Hebung von Handel und Wandel, kannte. Überzeugt, einen fähigen Gehilfen gefunden zu haben, zog er den Dichter immer enger an sich, an seine Arbeit heran. Besonders im ersten Jahrzehnt ihrer Gemeinsamkeit ist kaum zu scheiden, wo der Anteil des einen beginnt, der des andern endet. »R e g i e - r e n ! !« heißt es am 8.10. 1777 in G.s Tagebuch, und: »[der Herzog; d. Vf.] wird mir immer näher und näher u Regen und rauher wind rückt die Schaafe zusammen«. Oft verbrachte der junge Fürst, wie G. später erzählte, ganze Abende bei ihm, »in tiefen Gesprächen über Gegenstände der Kunst und Natur und was sonst allerlei Gutes vorkam«; bis tief in die Nacht hinein hätten sie beisammen gesessen, und es sei nicht selten gewesen, daß sie nebeneinander auf G.s Sofa einschliefen (Eckermann, 23.10. 1828).

Der Probleme waren viele: Abbau des Militärs, Vereinfachung der Prozeßordnung, Reform der Steuern; unter Herders Führung sollte das Schulwesen verbessert, in Ilmenau das stillgelegte Bergwerk in Gang gesetzt werden, der sollte Straßenbau vorangetrieben, Land- und Forstwirtschaft sollten modernisiert, das veraltete Triftrecht, der bäuerliche Frondienst abgeschafft werden, und das schwierigste Problem: die Staatsfinanzen mußten geordnet, der Ausgleich von Soll und Haben mußte gefunden werden. Mühsam erzielte kleine Fortschritte waren zu verzeichnen, doch das meiste blieb Ansatz, Hoffnung, Forderung. Zu eng waren die Grenzen, zu gering die Mittel.

G. erinnerte Johann Peter Eckermann im genannten Gespräch auch an das *Ilmenau*-Gedicht, das er dem Herzog – gleich einem Rechenschaftsbericht über den Gang ihrer ersten acht gemeinsamen Jahre – am 3.9. 1783 zum 26. Geburtstag überreichte. Nahezu unverhüllt schildern die Verse des Fürsten Anfänge, schildern die Gefährdungen seines Charakters, sprechen von der Zerrissenheit, von dem »Irrthum«, der ihm, »bei tiefer Neigung für das Wahre / [...] eine Leidenschaft« ist. »Und düster wild an heitren Tagen / Unbändig ohne froh zu sein«, nennt ihn der Dichter, und der fürstliche Adressat weiß und nimmt es hin, daß nur vordergründig vom Fels, der zu schroff, vom Steg, der zu schmal, die Rede ist (WA I, 2, S. 146). Er weiß, daß G. in diesen Bildern die ziellose Lebens- und Kraftvergeudung seines Herrn tadelt; die rasch heruntergespielten derb-sexuellen Abenteuer, doch auch erotische Verstrickungen, die mit Namen wie Jeanette von Werthern-Neunheiligen, Elise Gore oder Corona Schröter zu bezeichnen wären – Affären, die die Herzogin verletzten und den Frieden der fürstlichen Ehe störten, wenngleich Carl August mit Nachdruck darauf bestand, daß jenseits seiner Amouren (auch jenseits der von Luise seit 1802 tolerierten »Nebenehe« mit Caroline Jagemann) unangefochten die Herzogin die Erste Dame des Landes war und blieb, der jede Ehrerbietung gebührte.

Vor allem aber war Carl August bewußt, daß der Mann, dem er 1782, nach der Entlassung des Kammerpräsidenten Johann August Alexander von Kalb, 1782 die Sanierung der Staatsfinanzen aufgebürdet hatte, die leichtfertig geleerten Kassen meinte. Geleert waren sie vor allem durch kostspieligste Passionen: die Vernarrtheit in edle Hunde, edle Pferde und durch die »Jagdwut« – Privilegien großer Herren, auf die der Fürst nicht zu verzichten gedachte. Dienstlich im südlichen Thüringen unterwegs, zog G. in einem Brief an Knebel das Fazit: »So steig ich durch alle Stände aufwärts, sehe den Bauersman der Erde das Nothdürftige abfordern, das doch auch ein behäglich auskommen wäre, wenn er nur für sich schwizte. Du weißt aber wenn die Blattläuse auf den Rosenzweigen sitzen und sich hübsch dick und grün gesogen haben, dann kommen die Ameisen und saugen ihnen den filtrirten Safft aus den Leibern. Und so gehts weiter, und wir habens so weit gebracht, daß oben immer in einem Tage mehr verzehrt wird, als unten in einem beygebracht werden kann« (17.4. 1782).

Gewinn aber und ein starkes Band auf Lebenszeit blieb, trotz mancherlei Verdrießlichkeiten und gelegentlicher Entfremdung, daß die praktische Arbeit, der zähe Kampf mit der Wirklichkeit Carl August und G. zur Beobachtung und Erforschung der an Rätseln so reichen Natur zwang. Während sie nach den Erzgängen im Ilmenauer Bergwerk suchten oder das Wiesen- und Ackerland vor G.s Gartentür in den lichten Park an der Ilm und die verrotteten Belvederer Anlagen in den, wie Johann A. Schultes, der bekannte Botaniker, sagt, »reichsten Garten des Festlandes« (*Flora* vom 7.3. 1822) verwandelten, wurden sie zu ernsthaften Botanikern, zu Geologen und Mineralogen. In Jena hörten sie weiterführende Vorlesungen, nutzten den Anschauungsunterricht in Sammlungen und Instituten, verfolgten angespannt die Entwicklung neuer Technologien, für sie Aspekte der erst zaghaft einsetzenden Naturwissenschaft, die sie nach allen Richtungen zu fördern wünschten und auch (gemessen an der Kargheit der Mittel) in erstaunlichem Ausmaß förderten.

Die Irritation ging von Wien aus. 1778 und noch einmal 1785 hatte Kaiser Joseph II., verlockt durch das Erlöschen der bayrischen Linie des Hauses Wittelsbach, versucht, Teile Bayerns an sich zu ziehen. Dem sollten die von Preußen geprägten Bestrebungen eines deutschen Fürstenbundes entgegenwirken. Carl August war elektrisiert. Im Innersten oft gelangweilt und enttäuscht vom zähen Trott der heimischen Geschäfte, warf er sich, obwohl G. warnte und sich deutlich von diesen außenpolitischen Aktivitäten distanzierte, mit stürmischem Elan in das intrigante Getriebe. Er knüpfte Verbindungen zu wohlgesinnten »Mitständen« (Franz von Dessau, Ernst von Gotha, Karl Friedrich von Baden), war rastlos unterwegs zwischen Berlin, Mainz und Braunschweig, beförderte 1787 Carl Theodor von Dalbergs Wahl zum Koadjutor von Mainz, lehnte den windigen Vorschlag einer ungarischen Thronkandidatur ab. Für ihn war der

Fürstenbund eine letzte Chance, das Alte Reich zu beleben und zu kräftigen. Er erhoffte die Reform von Reichstag und Reichsgericht, ersehnte die Überwindung der religiösen Spaltung, propagierte den wirtschaftlichen Zusammenschluß, den diese Verbindung der kleineren deutschen Herrschaften, quer zu den Machtblöcken Österreich und Preußen, vielleicht doch ermöglichen könnte. Doch die Partikular-Egoismen der Großen und der Kleinen erstickten jeden Neuanfang im Keim. Das Reich, das dann 1803 und 1806 unter Napoleons Schlägen endgültig zusammenbrach, war nicht mehr zu retten. Der Tod Josephs II. und die Konvention von Reichenbach, die, getragen von Preußen und Österreich, 1790 den Status quo festschrieb, ließen den Fürstenbund dahinsinken, noch ehe er recht Dasein gewonnen hatte.

1788 war Carl August, zum Kummer und Verdruß seiner Weimarer Untertanen, noch zusätzlich in den preußischen Militärdienst eingetreten. Sein Rang war der eines Generalmajors, die Garnison Aschersleben. Von dort brach er 1787 zum Feldzug nach Holland auf, 1791 nach Schlesien, 1792 folgte die Teilnahme am Ersten Koalitionskrieg, der, halbherzig gegen das revolutionäre Frankreich in Gang gesetzt und miserabel geführt, im jämmerlichen Debakel der Kanonade von Valmy endete. Im Jahr darauf folgte die Belagerung von Mainz, an der, auf Carl Augusts Wunsch, G., obwohl Feind aller militärischen Demonstrationen und degoutiert von der Kriegslust, die den Fürsten wie eine Art Krätze unter der Haut säße (an Knebel, 2.4. 1785), ebenso teilnahm wie am schlesischen Feldlager und an der unglückseligen Kampagne. Herzogin Luise, G. und andere Freunde hatten gemahnt, gewarnt; des Herzogs Räte, die Untertanen grollten. Nichts war gewonnen, die Kassen geleert. Das Reich zerfiel, die französischen Armeen waren im Vormarsch.

Erschöpft, ernüchtert, tief resigniert und hart in seine Grenzen verwiesen, kehrte Carl August 1794 nach Weimar zurück. Überzeugt, daß der »Reichskrieg« eine verlorene Sache sei, schloß er sich 1796 der Neutralitätspolitik Preußens an und gewann, im geschickten Taktieren zwischen den Machtblöcken, für sein Land Jahre des Friedens, gewann eine Atempause, einen geistigen Freiraum. Mit Schillers und G.s Leistungen in Theater und Poesie, mit dem Aufschwung der Jenaer Universität zu einer der modernsten Hochschulen des damaligen Deutschlands gewann er das »klassische« Jahrzehnt Weimars.

Allen revolutionären Parolen abgeneigt, doch jedem weiterführenden Gedanken offen, nutzte er, unterstützt von tüchtigen Fachleuten (an ihrer Spitze Christian Gottlob von Voigt), die Jahre »vor dem Sturm« zu Reformen in Verwaltung und Justiz, an die er bei der Neuordnung von 1815 anknüpfen konnte. Bereits im April 1816 begannen die Beratungen zur Verfassung, die der Großherzog, treu seinem Versprechen in den Zeiten der Not und Unterdrückung, dem Land unverzüglich zu geben gewillt war. Bereits im Mai lag dieses »Grundgesetz über die Landständische Verfassung des Großherzogtums Sachsen-Weimar-Eisenach« im Druck vor. Das war ein Schritt, der Carl August, ohnehin ob seiner natürlichen Schlichtheit überaus volkstümlich, den Ruf einbrachte, der einzige deutsche Fürst zu sein, der sein Wort gehalten hat.

Zu diesem Zeitpunkt lag vieles hinter ihm. Die Niederlage vom Oktober 1806, deren schlimmste Folgen Herzogin Luises Mut gegenüber Napoleon abgewendet hatte; dann die Jahre der mühsam ertragenen Rheinbund-Zugehörigkeit, Jahre der Auspowerung des Landes unter Napoleons Befehl und 1813 schließlich die Teilnahme am Befreiungskampf der Deutschen. Der Wiener Kongreß erhob Carl August 1815 zum Großherzog und brachte ihm, seine »Ländergens« abrundend, eine Verdoppelung seines Territoriums. »Ich habe«, schreibt er weiter sarkastisch-vergnügt an Friedrich Karl Ferdinand von Müffling, »das seltene Glück erlebt, alles mir Versprochene erlangt zu haben, selbst einige Seelen darüber, während andere Dämonen noch immer vergebens nach armen Seelen schnappen« (Tümmler, S. 257).

Überzeugt, daß er einer berechtigten Forderung der Zeit nachkomme, hatte der Großherzog im »Grundgesetz« volle Preßfreiheit zugesichert. Das löste sofort, von Clemens Fürst von Metternich dirigiert, ein wahres Kesseltreiben aus Wien, Berlin und Petersburg gegen Carl August aus. Doch selbst gefährlichste Drohungen vermochten den Fürsten nicht einzuschüchtern. Sachlich wies er auf die Pflicht des Bundestags hin, das Problem der Pressefreiheit und Fragen der Freiheit von Lehre und Forschung verbindlich zu formulieren und im Gesetzeskatalog zu verankern. Mit einem geschickten Schachzug, dem Erlaß der Karlsbader Beschlüsse, wischte Metternich Carl Augusts Protest vom Tisch. Laut Gesetz wurden nun die Burschenschaft verboten, die Pressefreiheit de facto aufgehoben und die Universitäten, als Herde der Unruhe, strengster Staatskontrolle unterstellt.

Am 29.5.1828, in der Früh, brach der Großherzog in Weimar auf. Einen Abstecher nach Berlin denke er zu machen, hatte er G. am 13. Mai mitgeteilt. Dort wolle er alles Neuentstandene und Hinzugekommene beleuchten und »sozusagen von der Außenwelt Abschied nehmen«. Am 14. Juni, auf der Rückfahrt, bei einem Halt in Schloß Graditz, brach der Fürst nach einem Empfang, den der Schwerleidende seinen Offizieren gegeben hatte, am Fenster, wo er Luft zu schöpfen suchte, tot zusammen.

Nie habe er den großen menschlichen Fürsten lebendiger, geistreicher, milder gesehen, schrieb am 5.9.1828 Alexander von Humboldt, der des Herzogs letzte Tage in Berlin geteilt hatte, und er schilderte den Weimarer Freunden des Fürsten fast bestürzende Luzidität, sein, trotz großer körperlicher Schwäche, lebhaft nach allen Seiten hin ausgreifendes Interesse, die geheimnisvolle Klarheit seines Geistes; und G., der mit Eckermann diesen Brief am 23. Oktober gemeinsam las, sagte: »Sie sehen [...], was für ein bedeutender Mensch er war. [...] Ja, so war er!« Und er fuhr fort: »Ich kann es am besten sagen, denn es kannte ihn im Grunde Niemand so durch und durch wie ich selber. [...] Der Großherzog war freilich ein geborener großer Mensch, womit Alles gesagt und Alles getan ist«.

Literatur:

Andreas, Willy: Carl August von Weimar. Ein Leben mit Goethe. 1757–1783. Stuttgart 1953. – Ders. (Hg.): Politischer Briefwechsel des Herzogs und Großherzogs Carl August von Weimar. Bearb. von Hans Tümmler. 3 Bde. Bd. 1 u. 2. Stuttgart 1954–1958. Bd. 3. Göttingen 1973. – Geiger, Ludwig (Hg.): Goethes Briefwechsel mit Wilhelm und Alexander von Humboldt. Berlin 1909. – Sengle, Friedrich: Das Genie und sein Fürst. Stuttgart, Weimar 1993. – Tümmler, Hans: Carl August von Weimar, Goethes Freund. Eine vorwiegend politische Biographie. Stuttgart 1978. – Wahl, Hans (Hg.): Briefwechsel des Herzogs-Großherzogs Carl August mit Goethe. 3 Bde. Berlin 1915–1918.

Effi Biedrzynski

Carlyle, Thomas
(1795–1881)

Mehr als jeder andere Brite seiner Zeit war Carlyle für die Rezeption G.s und der deutschen Literatur überhaupt im Inselreich richtungweisend. Der angehende Schriftsteller hat mit Essays zu dieser »seltsamen Literatur« (E 1, S. 35) Eigenem präludiert und fast allein einen Umschwung in der öffentlichen Meinung herbeigeführt (vgl. Eckermann, 11.10. 1828). Dabei galt es, gegen festverwurzelte Vorurteile anzukämpfen, die deutsches Dichten und Denken schlechthin mit Geschmacklosigkeit, Unmoral, Obskurität oder Jakobinismus gleichsetzten. Seinen Landsleuten konnte Carlyle mit Recht vorhalten, sie seien nicht als die Empiriker vorgegangen, für die sie sich gern auszugeben pflegten. Ihre Meinungen stützten sich vielmehr auf eine vage Erinnerung an den längst verflogenen Sturm und Drang, im Philosophischen zeigten sie sich wenig offen für neues Denken bzw. unfähig, auch nur dessen Richtung zu begreifen. So glaubte man aus diametralem Mißverständnis des Begriffs »transzendental« den rigorosen Erkenntniskritiker Kant als »Mystiker« abtun zu dürfen.

1827 ließ der bislang deutschfeindliche Her- ausgeber der *Edinburgh Review* Francis Jeffrey dem jungen Carlyle freie Hand, die Öffentlichkeit zu »germanisieren«. Dem ersten polemischen Umriß *The State of German Literature* schickte Carlyle in weltoffeneren Zeitschriften (*Foreign Review, Foreign Quarterly, Frazer's Magazine*) eine Reihe themenspezifischer Essays nach, die das *Nibelungenlied*, Luther, Jean Paul, Schiller und vor allem wiederholt G. – *Goethe, G.s Helena* (1828), *G.s Works, G.s Portrait, Death of G.* (1832) – behandelten: Schon 1829 konnte Carlyle berichten, ein Interesse für das Deutsche beginne sich auch an den Universitäten Oxford und Cambridge zu regen, diesen »Hochburgen insularen Stolzes und Vorurteils« (an G., 22.12. 1829); 1834 durfte er auf drei englische *Faust*-Übersetzungen verweisen, die im Lauf des letzten Jahres erschienen seien (an Eckermann, 6.5. 1834): ein recht konkreter Ertrag der Vermittlertätigkeit, die für Carlyle nun eine abgeschlossene Lebensphase war. Denn er war bereits auf dem Weg, zur selbständigen »moralischen Macht« zu werden, die G. schon früh in ihm erkannt hatte (Eckermann, 25.7. 1827).

Seine Deutschkenntnisse hatte der junge Schotte ab 1819 vor allem erworben, um Abraham Gottlob Werners mineralogische Schriften lesen zu können, war dann über Mme de Staëls *De l'Allemagne* zur »ganz anderen Fund-Grube« der deutschen Literatur gelangt (an G., 3.11. 1829); 1824 hatte er eine Übersetzung von *Wilhelm Meisters Lehrjahren*, 1825 eine Schiller-Biographie vorgelegt. Hier klang Carlyles Leitgedanke schon leise an, Geschichte und Kultur seien das Werk großer einzelner, die er später als »Heroen« bezeichnet (*On Heroes and Hero-Worship*, 1840).

Diese Anschauung wurde von G. mitgeprägt, den Carlyle als Jahrhundertfigur neben Napoleon, als kulturgeschichtliches Phänomen neben Shakespeare stellte. Im persönlichen Bereich wurde G. dem an Glaubenszweifeln leidenden jungen Carlyle geradezu zum Retter. Die Arbeitsdisziplin des Übersetzens mitsamt dem Gehalt der *Lehrjahre* hat Carlyle aus der existentiellen Verzweiflung herausgeholfen. Das wird in seinem abenteuerlichen Erstling *Sartor Resartus* (1831) in Jean-Paulscher Manier als humoristisch-philosophische Lebensbeschreibung des Professor Diogenes Teufelsdröckh nacherzählt. Auch diesem kauzigen Doppelgänger hat sich »der Zweifel zum Unglauben verdüstert« (2. Buch, 7. Kap.), er muß durch die Nacht des »ewigen Nein« (ebd.) hindurchgehen, um zur Lebensbejahung zu gelangen, wofür das Werk G.s, des »Weisesten dieser Zeit« (1. Buch, 10. Kap.), grundlegend ist. Der grübelnde Weltschmerz hat abgewirtschaftet: »Mache deinen Byron zu, deinen Goethe auf«, heißt es im Kapitel *Das ewige Ja*, wo auf Schritt und Tritt aus *Wilhelm Meister* zitiert und auf G.sche Bilder und Leitbegriffe – Heilschlaf, Entsagung, »der Gottheit lebendiges Kleid« (2. Buch, 9. Kap.) – verwiesen wird. Das Grundbedürfnis des Menschen wird schließlich auf die goethenahe Formel einer »als unanzweifelbar gefühlten Erfahrungsgewißheit« (»a felt indubitable certainty of Experience«) gebracht, die das Spekulative erst in Tätigkeit umzusetzen erlaube (ebd.). Jenseits der eigenen Problematik Carlyles erblickt man hier bereits die des Zeitalters. G. wird von Carlyle im Kampf gegen den in England grassierenden Utilitarismus und den Verfall der Werte eingesetzt. Für Carlyle lag die Bestimmung G.s eben darin, die weit auseinanderklaffenden Gegensätze Gott und Welt, Ideal und Wirklichkeit, Glaube und Wissen, Kunst und Lebenspraxis, Ehrfurcht und Klarheit in einer neuen diesseitigen Geistigkeit, einem »natural supernaturalism« (3. Buch, 8. Kap.) zu versöhnen. Nur er vermöge »den Abgrund zu schließen«, der sich vor dem Menschen der Neuzeit aufgetan habe (E 4, S. 190). G.s »Offenbarung des Mysteriums der Mysterien, des menschlichen Lebens, wie es eigentlich ist« (E 4, S. 193) war für Carlyle – so später in *Heroes* (5. Vortrag, *The Hero as Man of Letters*) – »wahrhaft eine Prophetie in diesen tief unprophetischen Zeiten«.

Das ist offensichtlich keine ästhetische Interpretation. Carlyle treibt nicht Literaturkritik, er bietet keine Textanalyse, er verfährt intuitiv-verallgemeinernd und bezweckt letztlich ethisch-kulturkritische Ermahnung. Entsprechend gilt sein Interesse in erster Linie solchen Werken, denen sich Lebensmaximen unmittelbar entnehmen lassen: dem *Meister*-Komplex – den *Wanderjahren* eher als den *Lehrjahren*, über deren allzumenschliche Partien Carlyle gelegentlich Vorbehalte äußert – und *Dichtung und Wahrheit*: ist doch »das größte Werk jedes Menschen das Leben, das er geführt hat« (E 4, S. 148). Ausgespart bleiben gattungsmäßig die ganze Lyrik und chronologisch das ganze Frühwerk, es sei denn als Produkt eines im biographischen Rückblick relativierten Lebensabschnitts, den eine »gesündere« mittlere Schaffensperiode (E 1, S. 281) abgelöst habe. Für eine Kunst, die sich nicht in Lebensethik ummünzen ließ, hat Carlyle anscheinend wenig Sinn gehabt. Emerson gegenüber meint er später sogar, Kunst sei »eine große Täuschung«, G. und Schiller hätten »viel Zeit damit vergeudet«, was der alte G. denn auch »selber eingesehen« und »im Spätwerk den Ton entsprechend geändert« habe (7. 7. 1848; Emerson, Bd. 5, S. 274). Bezeichnend faßt Carlyle die Lebensweisheit G.s in der Aufforderung zusammen, »Im Ganzen, Guten, Wahren resolut zu leben« (an G., 10. 6. 1831; E 4, S. 126); bei G. steht aber »Im Ganzen, Guten, *Schönen* [Hv. v. Vf.]« (*Generalbeichte*; WA I, 1, S. 127). Trotz alledem ist Carlyles kulturgeschichtlicher Blick auf G. als beispielhaft eigenständigen Überwinder neuzeitlicher Aporien (E 4, S. 197) nicht von der Hand zu weisen.

Der 1824 mit der Übersendung der *Lehrjahre*-Übertragung einsetzende Briefwechsel hat – abgesehen von beiderseitiger Genugtuung – Carlyle konnte die »Dankbarkeit und Ehrfurcht eines Jüngers vor seinem Meister, ja eines Sohnes vor seinem geistigen Vater« (an G., 15. 4. 1827) ausdrücken, G. sich am Beweis seiner weltliterarischen Wirkung erfreuen – kaum einen nennenswerten Inhalt. Aus tiefster schottischer Landeinsamkeit zu Craigenputtock (»Falkenklippe«) schauten Carlyle und seine Frau Jane mit fast überschwenglicher Begeisterung nach Weimar hinüber, das ihnen trotz der Ferne als eine »nahe und freundliche, im Geist vertraute Stadt« erschien (an G., 10. 6. 1831). Vielleicht hat sich der Jüngere gerade darum zu Lebzeiten des Meisters nie veranlaßt gefühlt, die Reise ins Land seines Ideals anzutreten.

Literatur:

Abrams, Meyer Howard: Natural Supernaturalism. London 1971. – Ashton, Rosemary: The German Idea. Four English Writers and the Reception of German Thought. 1800–1860. London ²1994. – Carlyle, Thomas: Sartor Resartus. Boston 1831. – Ders.: On Heroes, Hero-Worship and the Heroic in History. London 1840. – Ders.: Critical and Miscellaneous Essays in five volumes. London 1842 (= E). – Eliot, Charles (Hg.): Correspondence between Goethe and Carlyle. London, New York 1887. – Emerson, Ralph Waldo: Works. London 1903.

Terence James Reed

Carus, Carl Gustav

(1789–1869)

Über 200 Schriften hat Carus, der »geniale Polyhistor und Polypragmatiker« (Berglar, S. 124), der zugleich Arzt und Psychologe, Naturwissenschaftler und Philosoph, Maler, Ästhetiker und Schriftsteller war, hinterlassen. Erkenntnisleitender Angelpunkt aller seiner Unternehmungen war eine historisch-genetische Betrachtungsweise. »Durch das Schauen des Werdens das Gewordene zu begreifen«, wie er die »genetische Methode« in seinen 1835 erschienenen *Briefen über Göthe's Faust* charakterisierte (S. 11), war das Grundmotiv seines Strebens. Deshalb verwundert es nicht, wenn G. bereits nach flüchtiger Lektüre enthusiastisch auf das erste größere Werk von Carus, das *Lehrbuch der Zootomie*, reagierte: »Das Alter«, schrieb er dem Verfasser am 23.3. 1818, »kann kein größeres Glück empfinden als daß es sich in die Jugend hineingewachsen fühlt und mit ihr nun fortwächst«. So begann ein langjähriger Gedankenaustausch, der nicht zuletzt dadurch intensiviert wurde, daß es Carus »in den folgenden Jahren Bedürfnis« war, »jede nicht bloß medizinische Arbeit [...] auch

alsbald nach ihrer Vollendung von Göthe gekannt zu wissen«, wie er rückblickend 1843 in seinem Buch *Göthe. Zu dessen näherem Verständnis* bekannte (S. 15). Während Carus allerdings daran gelegen war, auch als Künstler in Weimar ernstgenommen zu werden, ging es G. vor allem um die Diskussion seiner naturwissenschaftlichen Bemühungen. Carus scheint jedoch eine intensive Erörterung der von ihm abgelehnten G.schen Farbentheorie bewußt vermieden zu haben. Vielleicht erklärt das zu einem Teil, warum G. 1828 den Briefwechsel abbrach – ein letzter Brief, den er im November 1831 diktierte, wurde nicht abgesandt und erreichte erst aus dem Nachlaß den vorgesehenen Empfänger.

Nachdem Carus erstmals 1816 mit Landschaftsbildern auf einer Ausstellung Beachtung erlangt hatte, schickte er, von seinem Freund Caspar David Friedrich bereits seit langem dazu aufgefordert, im April 1820 mit dem *Gasthaus auf dem Brocken* und einem *Tannenwald* zwei Gemälde nach Weimar. G. veranlaßte Johann Heinrich Meyer zu einer in *Über Kunst und Altertum* veröffentlichten Besprechung, in der der positive Vergleich zu den Landschaften Jakob van Ruisdaels gezogen wurde. Auch die neue wissenschaftliche Abhandlung *Von den Naturreichen* fand G.s Anerkennung, so daß dieser in seiner Antwort am 1.7. 1820 Carus zu weiterer Korrespondenz einlud. Ein Jahr später machte der seit 1814 als Professor für Frauenheilkunde in Dresden ansässige Carus, unterwegs auf einer Studienreise nach Italien, Station in Weimar, und es kam zur einzigen persönlichen Begegnung zwischen ihnen. Carus berichtete darüber später, sowohl in seinem Buch *Göthe. Zu dessen näherem Verständnis* (1843) als auch in seinen insgesamt an G. orientierten Memoiren *Lebenserinnerungen und Denkwürdigkeiten* (1865/66). Gesprächsthemen waren neben Carus' theoretischen Überlegungen zur Landschaftsmalerei – auf G.s Empfehlung publizierte er sie 1831 unter dem Titel *Neun Briefe über Landschaftsmalerei* – vor allem Fragen zur Schädel- und Wirbeltheorie; offenbar fand G. hier eine grundsätzliche Übereinstimmung der Denkweisen, und so lud er Carus am 13.1.

1822 zur Mitarbeit an seinen *Heften zur Morphologie* ein. Als einziger zeitgenössischer Beiträger ist Carus mit drei Arbeiten vertreten: Außer der 1822 in Heft 4 erschienenen Selbstanzeige seines erst 1828 publizierten Werks *Von den Ur-Theilen des Knochen- und Schalengerüstes* erschienen auf diese Weise eine Abhandlung über die *Urform der Schalen kopfloser und bauchfüßiger Weichthiere* (Heft 5, 1823) und die sechzehn Thesen umfassenden *Grundzüge allgemeiner Naturbetrachtung* (Heft 6, 1823). Zudem sandte Carus auf G.s Bitten wiederholt Bilder, so am 5.2. 1822 z.B. vier Landschaften, von denen eine »den Abendspaziergang Fausts am Ostervorabend« darstellt – diesem Bild galt in der Besprechung in *Über Kunst und Altertum* (Heft 2, 1824) das größte Interesse.

Spätestens seit dem Anfang der 20er Jahre begann für Carus die genetisch-morphologische Betrachtungsweise zum alles überragenden Prinzip zu werden, sowohl im Bereich der Kunst als auch auf immer neuen Gebieten der Wissenschaft, vor allem der Geologie und gegen Ende des Jahrzehnts auch der Psychologie. So versuchte er etwa die in G.s Wolkengedichten erkannten Prinzipien künstlerisch umzusetzen; als »programmatisches Zeugnis dieser Wendung« (Busch, S. 494) gilt seine 1820 datierte *Geognostische Landschaft*. Ablesbar ist der Wandel seiner Landschaftsauffassung auch in seiner theoretischen Auseinandersetzung mit der Landschaftsmalerei. Seinem methodologischen Credo gemäß war er bestrebt, auch die eigene künstlerische Entwicklung in genetischer Perspektive zu begreifen. Als G. 1823 erneut um Bilder bat, kündigte Carus am 23.11. 1823 sechs Gemälde aus unterschiedlichen Lebensphasen mit dem Ziel an, »eine Art Entwicklungsgeschichte dieser Kunstübung, wie sie sich von selbst unter widerstreitenden Verhältnissen hervorgetan hat, darzulegen« (Bratranek, S. 88). G. wiederum antwortete am 16.8. 1827 auf die Übersendung der ersten beiden *Erläuterungstafeln zur vergleichenden Anatomie*: »Faßt man sie recht, so wird uns mit dem Begriff ein stilles heimliches Anschauen des Werdens und Steigens, Entstehens und Entwickelns immer zugänglicher«. Und noch im letzten, nicht mehr abgesandten Brief G.s vom 26.11. 1831 heißt es im Rahmen einer lobenden Antwort auf die *Vorlesungen zur Psychologie*, die Carus übersandt hatte: »Ganz naturgemäß habe ich bey dem Allgemeinen das Sie vortragen auf die individuelle Psychologie meiner abgeschlossenen Persönlichkeit zu reflectieren gehabt und glaubte immer doch nur die Ramificationen jenes geistig organischen Systems, auf die verschiedenste Weise durchgeführt [...] zu erblicken«. Carus machte sich dann in *Göthe. Zu dessen näherem Verständnis* diese Einsicht zunutze, indem er »die Individualität« G.s in genetisch-morphologischer Perspektivierung als Paradigma der Lebenskunstlehre darstellte. Hielt sich die Rezeption dieser Studie bereits in Grenzen, so war der 1863 unter dem Titel *Göthe, dessen Bedeutung für unsere und die kommende Zeit* erschienenen Abhandlung keine Wirkung mehr beschieden.

Literatur:

Berglar, Peter: Carl Gustav Carus. In: GoetheJb-Wien. 67 (1963), S. 123–138. – Bratranek, Franz Thomas: Goethes naturwissenschaftliche Correspondenz. Leipzig 1874. – Busch, Werner: Der Berg als Gegenstand von Naturwissenschaft und Kunst. Zu Goethes geologischem Begriff. In: Goethe und die Kunst. Ausstellungskatalog. Hg. von Sabine Schulz. Ostfildern 1994, S. 485–497. – Carus, Carl Gustav: Neun Briefe über Landschaftsmalerei. Zuvor ein Brief von Goethe als Einleitung. Leipzig 1831. – Ders.: Briefe über Göthe's *Faust*. Leipzig 1835. – Ders.: Göthe, dessen Bedeutung für unsere und die kommende Zeit. Wien 1863. – Ders.: Göthe. Zu dessen näherem Verständnis [1843]. Mit einem Nachwort neu hg. von Hans Krey. 2. durchges. Aufl. Leipzig 1949. – Grosche, Stefan: Lebenskunst und Heilkunde bei C. G. Carus (1789–1869). Anthropologische Medizin in Goethescher Weltanschauung. Mit 16 unveröffentlichten Briefen von Carus an Goethe und einer Bibliographie der Sekundärliteratur. (Diss. Göttingen 1993). – Müller-Tamm, Jutta: Kunst als Gipfel der Wissenschaft. Ästhetische und wissenschaftliche Weltaneignung bei Carl Gustav Carus. Berlin, New York 1995. – Prause, Marianne: Carl Gustav Carus. Leben und Werk. Berlin 1968.

Anton Philipp Knittel

Chaos

Mythische Naturvergötterung hat Walter Benjamin in einer berühmt gewordenen Interpretation der *Wahlverwandtschaften* G. vorgeworfen – und dafür scheint in der Tat zunächst das berühmte *Natur*-Fragment von 1780 zu sprechen. Benjamins Fazit lautet: »Unterscheidungslos verfällt das Dasein dem Begriffe der Natur. [...] In dieser Weltbetrachtung ist das Chaos« (Benjamin, S. 149). Aber diese Interpretation unterschlägt gerade die G.sche Arbeit am Chaos, wie sie sich im Verhältnis seiner Begriffe von Kunst und Natur darstellt. Zwei Zitate, die mehr als vierzig Jahre auseinanderliegen, mögen das bestätigen. Natur, so notiert G. schon 1772, ist die »Kraft, die Kraft verschlingt. [...] Und die Kunst ist gerade das Widerspiel, sie entspringt aus den Bemühungen des Individuums, sich gegen die zerstörende Kraft des Ganzen zu erhalten« (zit. nach Cassirer, S. 185). In gleichem Sinne heißt es in den Maximen und Reflexionen des Jahres 1823: »Man sagt: ›Studire, Künstler, die Natur!‹ Es ist aber keine Kleinigkeit, aus dem Gemeinen das Edle, aus der Unform das Schöne zu entwickeln« (MuR, 191).

Im Trauerspielfragment *Elpenor* entwickelt G. eine Antithese zwischen Edelmut und einem sich verhärtenden »Übermuth« (WA I, 11, S. 6), der das Glück beleidigt und dadurch die Mächte des Chaos entfesselt. Gottfried Diener hat darin wohl zurecht eine moderne Gestalt der »Hybris« (Diener, S. 248) erkannt. Doch G. rekonstruiert die Ordnung nun nicht einfach durch eine Verdrängung des Chaos. Schon in einem Brief vom 12. 1. 1785 an Friedrich Heinrich Jacobi bemerkt er, daß seine Naturstudien dem »stillen Chaos« gelten, »das sich immer schöner sondert und im Werden reinigt«. Welch fundamentale Bedeutung diese Beobachtungen für G.s Denken haben, macht ein anderer Satz dieses Briefes deutlich: »Eh ich eine Sylbe μετα τα φυσιχα schreibe muß ich nothwendig die φυσιχα besser absolvirt haben«. Diese Intention auf eine Morphologie des Amorphen hat G. nie aufgegeben. In einer der Betrachtungen im Sinne der Wanderer in *Wilhelm Meisters Wanderjahren* bemerkt G., es gehöre »eine eigene Geisteswendung dazu, um das gestaltlos Wirkliche in seiner eigensten Art zu fassen« (GA 8, S. 328 f). Es sei eben schwer, die Sprache des Gegenstandes von den realistischen Hirngespinsten des Erkenntnissubjekts zu unterscheiden und die Phänomene selbst hinter den Phantasiebildern des Denkens zu schauen.

Kants *Kritik der Urteilskraft* hatte das Problem ja insofern gelöst, als sie verschiedene Weltaspekte isolierte. Das autonom Schöne der Natur war für Kant eine Entdeckung, die es dem Menschen erlaubt, den zwecklosen Mechanismus des Empirischen zu distanzieren und Natur als Kunst zu betrachten – d.h. als System nach Gesetzen. Den Gegenpol des Naturschönen bildet das Chaos, d.h. die Natur in ihrer regellosesten Unordnung. Daß dies Chaos die Ideen des Erhabenen erregt, begründet Kant dialektisch: Chaos ist das schreckliche Antlitz der Natur, das den Menschen aus der Natur heraus auf einen Grund rein in sich selbst stößt. Was dann unter dem Titel des Erhabenen als Zweckmäßigkeit in uns selbst fühlbar wird, ist von der Natur ganz unabhängig.

So betrachtet Kant die Natur a) in der Erkenntnistheorie als zwecklosen Mechanismus (transzendentale Zurüstung), b) in der Theorie des Naturschönen als System nach Gesetzen (Analogie zur Kunst), c) in der Analytik des Erhabenen als wüstes Chaos (Absprung ins Subjekt). Diese säuberliche Trennung der Sphären – genauer gesagt: der Weltaspekte – schließt jede dynamische Beziehung zwischen Chaos und Kunst aus. Deshalb bemüht die Ästhetik nach Kant immer wieder Geburts- und Schöpfungsmetaphern. So ist das Chaos für G. nicht die wüste Kehrseite des Schönen, sondern die Stätte seiner Emergenz. Vom formstarren Klassizismus unterscheidet sich echt klassische Kunst demnach gerade durch die Rezeption des Ungestaltet-Nächtigen – etwa der antiken Häßlichkeit und des christlichen Teufels im zweiten Teil des *Faust*. Wilhelm Emrich bemerkt hierzu sehr genau: »Der Schönheit liegt als ontologisch unabdingbare

Bedingung ihrer Entstehung das Chaos zugrunde« (Emrich, S. 282).

Mephistopheles, »der Geist der stets verneint«, weiß die Macht der Zerstörung als sein »eigentliches Element« und macht Faust mit der Genealogie des Bösen vertraut: »Ich bin ein Theil des Theils, der Anfangs alles war, / Ein Theil der Finsterniß, die sich das Licht gebar« (WA I, 14, S. 67). Dieser Geist der Verneinung ist ein Abkömmling der »Mutter Nacht« und, wie Faust nun begreift, »Des Chaos wunderlicher Sohn!« (ebd., S. 69). Und es gibt in den Paralipomena einen Entwurf zur Schlußszene des *Faust II*, die G. als »Epilog im Chaos auf dem Weg zur Hölle« (WA I, 14, S. 287) konzipiert hat. Das ist der wohl stärkste Beleg dafür, daß G. das Chaos nicht als Feind sondern als Wurzelgrund von Schönheit und Gestaltung begreift. Das ist der Interpretationsschlüssel zur *Klassischen Walpurgisnacht*. Dort erweisen sich die Parzen als des Chaos Schwestern, die Phorkyaden heißen sich »unbestritten [...] Des Chaos Töchter«, und Mephistopheles, als Phorkyas modelliert, erscheint als »Des Chaos vielgeliebter Sohn!« (WA I, 15.2, S. 154). Das Chaos ist der Schauplatz, auf dem sich Häßliches und Schönes verschränken. Doch gerade die uralten Mächte des Gestaltlosen stehen hier für die Postulate extremster Modernität ein. Emrich hat deutlich gemacht, daß es die Kraft ästhetischer Moderne ist, mit der es G. vermag, das »Chaosgeborene unter die antiken Götter zu versetzen« (Emrich, S. 283).

Diese Verschränkung von Chaos und neuer Welt, Schönheit und Grauen hat G. in dem Festspiel *Des Epimenides Erwachen* zum äußersten verdichtet. Die Idee des Festes ist, wie Gottfried Diener zeigen konnte, von G. als Triumph göttlicher Mächte über die gestörte Weltordnung und die chaotisch entfesselten Elemente konzipiert. Im Augenblick des Erwachens zeigt sich Epimenides der Schauplatz in vollendeter Zweideutigkeit: Ist der ungeheure Komet »ein furchtbar Zeichen« (GA 6, S. 470), oder Wink in die befreite neue Welt? Sind die Genien in Wahrheit Dämonen? Ist das Grauen die Strafe eines Gottes oder Ausdruck der Verzweiflung, daß kein Gott lebt? Führt das Erwa-

chen nur in einen neuen »Traum / Von Ängstlichkeiten«? »Nicht Spur von Kunst, von Ordnung keine Spur! / Es ist der Schöpfung wildes Chaos hier, / Das letzte Grauen endlicher Zerstörung« (ebd., S. 471).

Daß sich hier nicht der Abgrund des Nihilismus auftut, sondern ein Schauplatz der Selbsterkenntnis eröffnet, setzt eben voraus, daß gerade auch die »schrecklichen Gewalten« und »majestätisch häßlichen Gestalten« in jene »glückliche Verkettung« (ebd., S. 468) sich fügen, die G.s Klassik meint – Schönheit als Entfaltung des schrecklichen, ungestaltet Wirklichen.

Literatur:

Benjamin, Walter: Goethes *Wahlverwandtschaften*. In: Gesammelte Schriften. Hg. von Rolf Tiedemann und Hermann Schweppenhäuser. Bd. 1.1. Frankfurt/M. 1978, S. 123–201. – Cassirer, Ernst: Freiheit und Form. Darmstadt ³1961. – Diener, Gottfried: *Pandora*. Zu Goethes Metaphorik. Bad Homburg 1968. – Emrich, Wilhelm: Die Symbolik von *Faust II*. – Hankamer, Paul: Spiel der Mächte. Stuttgart 1949. – Kaiser, Gerhard: Wandrer und Idylle. Göttingen 1977. – ZIMMERMANN, Bd. 1.

Norbert Bolz

Charakteristische Kunst

Die Begriffe »Charakter« und »charakteristisch« finden sich häufig im Vokabular des Vorweimarer G. (u.a. *Charakteristik der vornehmsten europäischen Nationen*; WA I, 37, S. 274–276). Die Relation von charakteristischer und schöner Kunst bildet eine Kernzone in G.s Sturm-und-Drang-Ästhetik. Die These von Wesen und Eigenart der charakteristischen Kunst entwickelt G. in selbständiger, rhapsodisch-unsystematischer Weise in dem bereits in Sesenheim begonnenen Aufsatz *Von Deutscher Baukunst*, der 1772 anonym erschien und 1773 in die von Herder besorgte Flugschrift *Von Deutscher Art und Kunst* aufgenommen wurde, Zeichen dafür, daß Herder die Zusammengehörigkeit der eigenen Ansichten mit denen des Schülers anerkannte. G. war seit den strengen Straßburger Exerzitien mit Herders Shakespeare-»Phrenesie«, seiner Sicht auf den Rang der Volkspoesie, mit Grundpositionen des geschichtlichen Denkens wie der Empfindungstheorie vertraut, Leitvorstellungen, die auch den Ansatz seiner Schrift mitmodellieren halfen.

Der Dialog des Schreibenden mit dem Straßburger Münster und seinem Schöpfer spürt gedanklich Ursprung und Werden der vor dem eigenen Jahrhundert liegenden Kunstperiode nach, bewegt sich im Argument auf der Linie jener von Herder hervorgehobenen Originalität und Vollendung mittelalterlicher Kunst, die die antike Tradition verlassen hat und zum Beispiel ästhetischer Erneuerungsfähigkeit wird. Die im Straßburger Münster bereits nach dem Maß von Harmonie und Schönheit gestaltende Kunstfähigkeit des mittelalterlichen Menschen hat ihre Quelle in der allen Menschen aller Zeiten, Völker und Zonen eigenen, unter bestimmten Bedingungen aktiv werdenden bildenden Fähigkeit, die historisch-ursprünglich wie auch gegenwärtig charakteristische Kunst hervorbringt: »Die Kunst ist lange bildend, eh sie schön ist, und doch, so wahre, große Kunst, ja, oft wahrer und größer, als die Schöne selbst. Denn in dem Menschen ist eine bildende Natur, die gleich sich thätig beweist, wann seine Existenz gesichert ist. Sobald er nichts zu sorgen und zu fürchten hat, greift der Halbgott, wirksam in seiner Ruhe, umher nach Stoff ihm seinen Geist einzuhauchen. [...] Und laßt diese Bildnerey aus den willkürlichsten Formen bestehen, sie wird ohne Gestaltsverhältniß zusammenstimmen, denn Eine Empfindung schuf sie zum karakteristischen Ganzen« (JG Fischer-Lamberg 3, S. 106). Die kreative Kraft jedes Individuums manifestiert sich für G. im charakteristischen Kunstwerk, das Gestaltung des außer dem Menschen liegenden Stoffes nach dem Maß seiner Individualität ist, seines Geistes und seiner Empfindungsfähigkeit. Charakteristische Kunst geht in G.s Konzept aus der Empfindungsfähigkeit hervor, die bei allen Völkern und einzelnen Menschen vorhanden, wenn auch völlig verschieden ist, jedoch in der Einheitlichkeit und Ungebrochenheit das Maß ihres ästhetischen Wertes besitzt. Sind ihm Eigenständigkeit und Rang der charakteristischen Kunst unbestritten, so steigt sie zu schöner Kunst erst dadurch auf, wenn diese ungeteilte Empfindung beim Künstler mit dem »Gefühl der Verhältnisse« verschmilzt, dieser das Geheimnis des »Genius« erfühlt, der sich »in seeligen Melodien herumwälzt«: »Diese karackteristische Kunst, ist nun die einzige wahre. Wenn sie aus inniger, einiger, eigner, selbstständiger Empfindung um sich wirkt, unbekümmert, ja unwissend alles Fremden, da mag sie aus rauher Wildheit, oder aus gebildeter Empfindsamkeit geboren werden, sie ist ganz und lebendig. Da seht ihr bey Nationen und einzelnen Menschen dann unzählige Grade. Jemehr sich die Seele erhebt zu dem Gefühl der Verhältnisse, die allein schön und von Ewigkeit sind, deren Hauptakkorde man beweisen, deren Geheimnisse man nur fühlen kann, in denen sich allein das Leben des gottgleichen Genius in seeligen Melodien herumwälzt; jemehr diese Schönheit in das Wesen eines Geistes eindringt, daß sie mit ihm entstanden zu seyn scheint, daß ihm nichts genugthut als sie, daß er nichts aus sich wirkt als sie, desto glücklicher ist der Künstler, desto herrlicher ist er, desto tiefgebeugter stehen wir da und beten an den Gesalbten Gottes« (JG Fischer-Lamberg 3, S. 106).

Im Spannungsverhältnis von charakteristischer und schöner Kunst erfaßt G. den lange währenden Aufstieg der mittelalterlichen Kunst zu Schönheit und Vollendung einerseits, zum anderen tritt in ihm der Zusammenhang dieser schönen Kunst, deren Produzent der Künstler ist, mit der Kunstfähigkeit und den Kunstwerken aller Menschen, Zeiten und Völker hervor, der Garant der Erneuerungsfähigkeit auch der Kunst des ausgehenden 18. Jhs. ist. Charakteristische und schöne Kunst bilden in diesem Konzept eine Einheit, insofern die charakteristische Kunst die jeweils elementare und ursprüngliche Stufe der Kunst einer Epoche darstellt, von der aus sich die schöne Kunst entwickelt, deren Schöpfer der Künstler ist.

Charakteristische Kunst unterscheidet sich von der schönen, birgt jedoch als Ausdruck elementarer Gestaltungsfähigkeit eine eigenständige Kunstleistung, deren Beachtung erst Vielfalt und Reichtum ästhetischer Möglichkeiten einer Epoche berücksichtigt. Im Sinne der Hamannschen These, daß die Poesie die Muttersprache des Menschengeschlechts sei, umschließt der Begriff der charakteristischen Kunst die natürliche Kreativität aller Menschen, Völker und Zeiten. Der Kreis der anerkannten Kunstproduzenten erweitert sich, zu dem nun auch nichtprofessionelle, ungebildete Schichten gehören. Volkspoesie, besonders das Volkslied, rücken in den Literaturkanon ein. Die These von der charakteristischen Kunst räumt einer Vielzahl von Menschen maßgeblichen Anteil am kulturellen Aufstieg der Menschheit ein (Häuserbau usw.), ist – bezogen auf die Literatur – die gedankliche Voraussetzung jener Herder dankbar zuerkannten umwälzenden Kunstauffassung, »daß die Dichtkunst überhaupt eine Welt- und Völkergabe sei, nicht ein Privat-Erbtheil einiger feinen gebildeten Männer« (WA I, 27, S. 313). Charakteristische und schöne Kunst, Volkspoesie und Kunstpoesie gelten nicht als sich ausschließende Alternativen, sondern als innerlich zusammengehörige, sich ergänzende Teile im kulturellen Leben einer Epoche.

Die ästhetische Kreativität auch der unteren, ungebildeten Schichten entspringt der allen Menschen eigenen Empfindungsfähigkeit. Diese entfaltet sich nicht auf dem Boden gediegener Bildung oder sozialer Privilegierung, sondern in der allen Menschen aufgezwungenen Auseinandersetzung mit der bedrohenden Natur, sie realisiert sich – und hier berührt sich die These von der charakteristischen Kunst mit dem generellen Kunstkonzept dieser Jahre – im Kunstwerk, durch das der Mensch seine Existenz von der Natur abtrennt und dauerhaft sichert, so daß sich erst jetzt seine spezifischen Bedürfnisse entfalten können, erst dadurch seine eigentliche Humanisierung eingeleitet werden kann: »Was wir von Natur sehn, ist Kraft, die Kraft verschlingt nichts gegenwärtig alles vorübergehend, tausend Keime zertreten jeden Augenblick tau-

send gebohren, groß und bedeutend, mannigfaltig ins Unendliche; schön und häßlich, gut und bös, alles mit gleichem Rechte neben einander existirend. Und die K u n s t ist gerade das Widerspiel, sie entspringt aus den Bemühungen des Individu[u]ms, sich gegen die zerstörende Kraft des Ganzen zu erhalten« (JG Fischer-Lamberg 3, S. 95). Empfindungs- und Kunstfähigkeit als Medien menschlicher Selbsttätigkeit sind Grundbedingungen humaner menschlicher Existenz, keine Zutat oder Luxus. Charakteristische und schöne Kunst gelten G. in diesem Sinne als Zeugnisse der Überlebensfähigkeit des Menschengeschlechts in einer bedrohlichen Wirklichkeit, sind ihm Beispiel auch der durch subjektive Tätigkeit (Scheiden, Verwahren, Auswahl) errungenen Durchsetzungsfähigkeit der Individuen, deren ästhetische Kreativität weder auf Verschönerung der Dinge noch auf Nachahmung der Natur aus ist, sondern die »Reproducktion der Welt um mich, durch die innre Welt die alles packt, verbindet, neuschafft, knetet und in eigner Form, Manier, wieder hinstellt,« anstrebt (an F. H. Jacobi, 21.8. 1774).

Für G. bleibt das Verhältnis von charakteristischer und schöner Kunst kein theoretisches oder historisches Phänomen. Im gedanklichen Dialog mit dem mittelalterlichen Münster findet er Antwort auf die ihn bewegende Frage, wie im ausgehenden 18. Jh. eine reiche, blühende Kultur entstehen kann. Auf die bange Frage »Und unser aevum? hat auf seinen Genius verziehen, hat seine Söhne umher geschickt, fremde Gewächse zu ihrem Verderben einzusammeln« folgt die prompte Antwort: »Und ihr selbst, treffliche Menschen, denen die höchste Schönheit zu genießen gegeben ward [...] ihr schadet dem Genius. Er will auf keinen fremden Flügeln [...] empor gehoben und fortgerückt werden. Seine eigne Kräfte sind's, die sich im Kindertraum entfalten, im Jünglingsleben bearbeiten, bis er stark und behend, wie der Löwe des Gebürges auseilt auf Raub. Drum erzieht sie meist die Natur, weil ihr Pädagogen ihm nimmer den mannigfaltigen Schauplatz erkünsteln könnt, stets im gegenwärtigen Maas seiner Kräfte zu handeln und zu genießen. – Heil dir, Knabe! der du mit einem scharfen Aug für Verhältnisse geboren wirst, dich mit Leichtigkeit an allen Gestalten zu üben. Wenn denn nach und nach die Freude des Lebens um dich erwacht, und du jauchzenden Menschengenuß nach Arbeit, Furcht und Hoffnung fühlst; das muthige Geschrey des Winzers« (JG Fischer-Lamberg 3, S. 106 f.). Analog zur mittelalterlichen Kunst wird das ausgehende 18. Jh. dann eine reiche blühende Kunst hervorbringen, wenn sich Laien und Künstler für einen eigenen Jahrhunderts-Genius entscheiden und sich in die Lehre der Natur begeben, sich naturalisieren, so daß sich in der Fülle der Arbeit und des Genusses die Springquellen der Empfindung öffnen, die sich in einer Fülle von Kunstwerken manifestieren.

Literatur:

Beutler, Ernst: *Von deutscher Baukunst.* In: Goethe. N.F. 6 (1941), S. 232 ff. – Ders.: Ausgabe der Deutschen Baukunst. Reihe von Vorträgen und Schriften. Freies Deutsches Hochstift. Frankfurt/M. 4 (1943), S. 21 ff. – von Einem, Komm. in HA 12, S. 560 ff. – Müller, Peter: Einleitung zu: Sturm und Drang. Weltanschauliche und ästhetische Schriften. Bd. 1. Berlin 1978, S. LXXIII-CII. – Sauder, Komm. in MA 11.2, S. 835–844. – Zimmermann, Rolf Christian: Zur Datierung von Goethes Aufsatz *Von deutscher Baukunst.* In: Euphorion. 51 (1957), S. 438 ff.

Peter Müller

China

Bereits in früher Jugend erhielt G. durch die im 18. Jh. in Deutschland wie in anderen europäischen Ländern modische Chinoiserie eine gewisse Vorstellung von China und dem Chinesischen. Im ersten Stock des 1755 nach dem väterlichen Geschmack umgebauten Elternhauses gab es ein als Repräsentationsraum geltendes Zimmer namens »Peking«, das mit Tapeten in chinesischen Mustern, Möbeln im chinesischen Stil und einem im oberen Teil mit chinesischen Figuren bemalten Kachelofen ausgestattet war. Im Musikzimmer desselben Stockwerks stand ein Klavichord, auf dessen Deckel eine chinesische Landschaftsmalerei zu sehen war. Mit der Wandlung seines Geschmacks zu Natürlichkeit im Winckelmannschen Sinne, wie sie Adam Friedrich Oeser in Leipzig bewirkte, wurde G. auch die Chinoiserie zuwider. Diese Abneigung hallt noch deutlich nach, wenn in dem satirischen Drama *Der Triumph der Empfindsamkeit* spöttisch ein Park à la chinoise beschrieben ist: »Krumme Gänge, Wasserfälle, Teiche, / Pagoden, Höhlen, Wieschen, Felsen und Klüfte, / [...] / Fischerhütten, Pavillons zum Baden, / Chinesisch-gothische Grotten, Kiosken, Tings, / [...] / Gräber, ob wir gleich niemand begraben« (WA I, 17, S. 38). Und noch 1796 wird die Kritik an Jean Paul in dem Gedicht *Der Chinese in Rom* ähnlich verbildlicht: »Säulchen von Holz tragen des Daches Gezelt, / Daß an Latten und Pappen, Geschnitz und bunter Vergoldung / Sich des gebildeten Augs feinerer Sinn nur erfreut« (WA I, 2, S. 132). Mit wirklicher chinesischer Kunst hatte die verspottete Mode wenig genug zu tun.

Früh ist G. offenbar auch repräsentativen Werken der konfuzianischen Klassik begegnet. In den *Ephemerides* sind zumindest sechs Titel aus einer von dem Jesuiten Franc Nobel in Prag herausgegebenen Übersetzung konfuzianischer Texte ins Lateinische notiert. Ob G. davon etwas gelesen hat, ist nicht zu belegen. In den Jahren des Sturm und Drang jedenfalls dürfte er mit einer philosophischen Tradition, die in einer frühen Etappe der deutschen Aufklärung als Stützung von Verstandeskultur und Moralpredigt genommen worden war, kaum etwas anzufangen gewußt haben. Wenn aber etliche Jahre später, am 10.1. 1781, nach einem Besuch Carl Augusts und der Lektüre von Herders *Briefen, das Studium der Theologie betreffend* der Ausruf »O Ouen Ouang!« ins Tagebuch eingetragen wurde, deutet das einen echten inneren Bezug an. Der junge Dichter-Minister berief sich auf Wen Wang, den von Konfuzius gepriesenen idealen Herrscher, der sein Reich erfolgreich regierte, indem er seine

Untertanen zur Tugend erzog – wohl kaum in simpler Identifizierung, sondern schon in gehörigem Ermessen der Spannung von Ideal und Wirklichkeit aufgeklärten Regierens. Wen Wang kannte G. vermutlich aus dem damals bekannten vierbändigen enzyklopädischen Sammelwerk von chinesischen Schriften, das der französische Jesuit Jean Baptiste du Halde 1735 unter dem Titel *Description géographique, chronologique, politique et physique de l'Empire de la Chine et de la Tartarie chinoise* hatte erscheinen lassen. Diese Sammlung enthielt auch ein Stück der Yuan-Dramatik, *Die Waise aus dem Hause Zhao* von Ji Junxiang, das in England und Frankreich – hier u.a. in einer Bearbeitung von Voltaire – erfolgreich aufgeführt worden und auf das vielleicht auch G. aufmerksam geworden war. Denn es ist wahrscheinlich, daß durch dieses Drama sowie durch eine chinesische Erzählung aus der gleichen Quelle G.s Fragment gebliebenes Drama *Elpenor* angeregt wurde, an dem er 1781 und 1783 arbeitete; zumindest gibt es Übereinstimmung in einigen Motiven.

Auch aus den 90er Jahren ist die Lektüre chinesischer Werke bezeugt. Nachweislich hat G. 1796 den aus dem Englischen übersetzten und 1766 in Leipzig erschienenen Roman *Haoh Kjöh Tschwen, d.i. die angenehme Geschichte des Haoh Kjöh* gelesen, den ihm Schiller empfohlen hatte. Aus dem Brief Schillers an G. vom 24.1. 1796 ist sogar zu schließen, daß G. mit dem Plan umging, einen chinesischen Roman in eine Erzählung umzuarbeiten, um damit seine *Unterhaltungen deutscher Ausgewanderten* fortzusetzen – was aber unterblieb (vgl. WA I, 53, S. 417–419). Man vermutet jedoch, daß er zwanzig Jahre später, als er ein neues Schema für die Novelle *Der Mann von funfzig Jahren* für *Wilhelm Meisters Wanderjahre* zu finden suchte, den Schluß des chinesischen Romans in Erinnerung hatte, wenn er darstellte, wie die Heldin trotz ihrer wahren Liebe und des Zuratens der Mutter die Heirat mit dem Vetter aus sittlichen Gründen ablehnt.

Bevor sich G. unter dem Kriegslärm von 1813/15 in den persischen und arabischen Osten flüchtete, nutzte er bereits das Studium von »Sinica« in ähnlicher Absicht. Im Oktober 1813, in den Tagen der Leipziger Völkerschlacht, verzeichnet das Tagebuch nahezu täglich solche ausweichenden Aktivitäten; ein Brief an Karl Ludwig von Knebel vom 10.11. 1813 berichtet darüber ausdrücklich: »Ich habe die Zeit, mehr um mich zu zerstreuen, als um etwas zu thun, gar mancherley vorgenommen, besonders habe ich China und was dazu gehört fleißig durchstudirt. Ich hatte mir dieses wichtige Land gleichsam aufgehoben und abgesondert, um mich im Fall der Noth, wie es auch jetzt geschehen, dahin zu flüchten. Sich in einem ganz neuen Zustande auch nur in Gedanken zu befinden ist sehr heilsam.«

Noch einmal, 1827, fand G. zu einer intensiven Beschäftigung mit chinesischer Literatur. Es war ein chinesischer Roman, der zum Ausgangspunkt jenes berühmten Gesprächs vom 31. Januar mit Eckermann wurde, in dem G. sein Konzept einer Weltliteratur entwickelte. Er rezipierte das fernöstliche Werk als gar nicht fremdartig, vielmehr sagte er: »Die Menschen denken handeln und empfinden fast eben so wie wir und man fühlt sich sehr bald als ihres Gleichen, nur daß bei ihnen alles klarer, reinlicher und sittlicher zugeht. Es ist bei ihnen alles verständig, bürgerlich, ohne große Leidenschaft und poetischen Schwung und hat dadurch viele Ähnlichkeit mit meinem Hermann und Dorothea, so wie mit den englischen Romanen des Richardson«. Und bemerkenswert fand er, daß der Roman gar nicht einmal zu den vorzüglichsten seiner Art zählte; »die Chinesen haben deren zu Tausenden und hatten ihrer schon, als unsere Vorfahren noch in den Wäldern lebten« (ebd.). Daran schließen sich die Aussagen über die Poesie als »Gemeingut der Menschheit« (ebd.) und über die auf der Tagesordnung stehende Epoche der Weltliteratur an.

Die intensive Beschäftigung mit chinesischer Poesie mündete dann im Mai/Juni 1827, als G. einige Wochen in seinem Gartenhaus zubrachte, in eine Phase eigener poetischer Produktivität, der der zu den Kostbarkeiten der G.schen Alterslyrik gehörende Zyklus der *Chinesisch-Deutschen Jahres- und Tageszeiten* entsproß. G. hatte den Versroman *Hua Jian Ji* gelesen, der von einer abenteuerlichen Liebesgeschichte erzählte und dem der englische Übersetzer Peter Perring Thomas einen Anhang in Gestalt von zehn Gedichten mitgegeben hatte. Aus dem anfänglichen Übertragen und Nachdichten dieser Gedichte (*Die Lieblichste* und *Chinesisches*; WA I, 5.1, S. 50f. u. WA 41.2, S. 272–275), das immerhin nach dem Urteil von Kennern die poetische Qualität nicht nur der englischen Übersetzung, sondern auch des Originals übertraf, wurde eigenes Dichten. Die dem späten G. so eigentümliche Art, fremden Kulturen zu begegnen und produktive Beziehungen dazu aufzunehmen, führte auch in diesem Fall zu einem singulären, erlesen schönen Werk.

Literatur:

Beutler, Ernst: Goethe und die chinesische Literatur. In: Das Buch in China und das Buch über China. Frankfurt/M. 1928, S. 54–58. – Biedermann, Woldemar Freiherr von: Goethe und das Schrifttum Chinas. In: Zs. für vergleichende Literaturwissenschaft. N. F. 7 (1894), S. 383–401. – Chen Quan: Die chinesische schöne Literatur im deutschen Schrifttum. Diss. Kiel 1933. – Mommsen, Katharina: Goethe und China in ihren Wechselbeziehungen. In: Goethe und China – China und Goethe. Bericht des Heidelberger Symposions. Hg. von Günther Debon u. Adrian Hsia. Bern 1985. – Wagner-Dittmar, Christine: Goethe und die chinesische Literatur. In: Studien zu Goethes Alterswerken. Hg. von Erich Trunz. Frankfurt/M. 1971, S. 122–228. – Wilhelm, Richard: Goethe und die chinesische Kultur. In: JbFDtHochst. 1927, S. 301–316. – Yan Wuneng: Gede yu Zhongguo. Beijing 1991.

Yan Baoyu

Christentum

I. Das Christentum als die auf Jesus Christus, sein Leben und seine Lehre gegründete Weltreligion und als Gesamtheit der sich zur neutestamentlichen Verkündigung bekennenden Kirchen, Glaubensgemeinschaften und Individuen war im 18. und 19. Jh. einem tiefgreifenden Wandel unterworfen, der die Substanz des kirchlichen Dogmas, das Verhältnis von Kirchenchristentum und Lehre sowie das Selbstverständnis des einzelnen Christen in Frage stellte. Die seit der frühen Neuzeit fortschreitende Auflösung der mittelalterlichen Einheit von christlicher Religion und Gesellschaft durch den universalgeschichtlichen Prozeß der Säkularisierung, der im Namen einer sich verselbständigenden bürgerlich-modernen Kultur die Legitimation des christlichen Weltbildes bedrohte, beschleunigte sich im Zeichen der rationalistischen Aufklärung und ihrer systematischen Kritik einer undurchschauten und deshalb potentiell vernunftwidrigen Tradition. Der rationalistische Angriff auf die Lehrinhalte und die institutionalisierten Formen des Christentums führte aber nicht nur zur Erosion, sondern auch zur Behauptung und Wiedergewinnung christlicher Positionen oder – wie vor allem in der Romantik – zu einer starken Rechristianisierung der verweltlichten Kultur und Gesellschaft. G. wurde – unmittelbar oder mittelbar – zum Zeugen all dieser religiösen Krisen und Umwälzungen: Als Lessings Ungenannter, Hermann Samuel Reimarus, sein deistisches Grundbuch *Die vornehmsten Wahrheiten der natürlichen Religion in zehn Abhandlungen auf eine begreifliche Art erkläret und gerettet* veröffentlichte, war G. fünf Jahre alt; mit Friedrich Leopold Graf zu Stolbergs Konversion zum Katholizismus (1800) kündigte sich für die Zeitgenossen die romantische Rückwendung zum (katholischen) Christentum und der von G. hart kritisierten *Neu-deutschen religios-patriotischen Kunst* (1817) an; und nur drei Jahre nach dem Tod des Dichters erschien David Friedrich Strauß' revolutionäre Schrift *Das Leben Jesu. Kritisch bearbeitet*, die mit ihrer dogmenkritischen Mythentheorie und dem Plädoyer für eine Läuterung der Christusreligion zur Humanitätsreligion das Christentum und die christliche Theologie erschütterte und ein postchristliches Zeitalter anzukündigen schien.

II. G. entstammte, wie die meisten Dichter, Gelehrten und Wissenschaftler des 18. Jhs., einem protestantischen Elternhaus, wobei die Ahnenreihe mütterlicherseits bis zu dem mit Luther befreundeten Lucas Cranach d. Ä., dem Schöpfer einer protestantisch-reformatorischen Kunst, zurückreicht. Im Gegensatz zur Mutter, die sich später dem pietistisch-herrnhutisch orientierten Kreis um Susanna Katharina von Klettenberg anschloß, vertrat der Vater eine eher konventionelle Form des christlichen Glaubens, die sich auf die Einhaltung der kirchlichen Riten und Gepflogenheiten beschränkte. G. empfing die lutherische Taufe durch den Beichtvater der Familie Textor, Dr. Johann Philipp Fresenius, besuchte den auf eine »Art von trockner Moral« (WA I, 26, S. 62) reduzierten Religionsunterricht und übte sich, da er »doch einmal in die Kirche gehen mußte« (ebd., S. 227), eine Zeitlang auch im Nachschreiben der sonntäglichen Predigten. Die Konfirmation ließ er als ein äußerliches Zeremoniell über sich ergehen, das aber in der Folge eine geradezu hypochondrische »Gewissensangst« (WA I, 27, S. 127) in ihm hervorrief, von der er sich erst in Leipzig befreite. Zu einem vertieften Bibelchristentum gelangte er dort durch die Vermittlung Ernst Theodor Langers, besuchte auch während der Frankfurter Interimszeit die Versammlungen der Brüdergemeine und erlebte – unter dem Einfluß Susanna von Klettenbergs – sogar seine Bekehrung: fühlte er sich zunächst trotz seiner Freundschaft zum Evangelium noch nicht als Christ (an Langer, 24. 11. 1768; JG Fischer-Lamberg 1, S. 260), so bekannte er Langer am 17. 1. 1769: »Mich hat der Heiland endlich erhascht, ich lief ihm zu lang und zu geschwind, da kriegt er mich bey den Haaren« (ebd., S. 264). Die pietistische Nachfolge Christi, bei der er sich auch mit der »Krankheit« (WA I, 27, S. 204) der hermetisch-alchimistischen Studien ansteckte, war jedoch nicht von Dauer, und so wandte er sich bereits in Straßburg von den langweiligen frommen Leuten wieder ab (an S. K. von Klettenberg, 26. 8. 1770). Vom offiziellen, kirchlich oder gemeinschaftlich gebundenen Christentum hatte er sich, nicht zuletzt unter dem Eindruck von Gottfried Arnolds *Unpartheiischer Kirchen- und Ketzer-Historie*, ohnehin endgültig gelöst und sich »ein

Christenthum zu [s]einem Privatgebrauch« (WA I, 28, S. 306) gebildet, in dem sich das pelagianische Vertrauen in die Güte der menschlichen Natur (ebd., S. 305) mit einer pantheistischen Naturfrömmigkeit verband.

Wie radikal dann die kraftgenialische Selbstheit der Sturm-und-Drang-Epoche G. dem Christentum entfremdete, belegt seine briefliche Reaktion auf Herders theologische Schriften *Erläuterungen zum Neuen Testament aus einer neueröffneten Morgenländischen Quelle* (1775) und *Briefe zweener Brüder Jesu in unserm Kanon* (1775): »Wenn nur die ganze Lehre Von Christo nicht so ein Scheisding wäre, das mich als Mensch als eingeschränktes bedürftiges Ding rasend macht so wär mir auch das Objeckt lieb« (an Herder, etwa 12.5. 1775; JG Fischer-Lamberg 5, S. 24). Und als Lavater ihm zu Beginn der 80er Jahre mit seinem sektiererischen Christuskult, in dem sich »der höchste Menschenverstand, und der grasseste Aberglauben« (an Charlotte von Stein, 6. 4. 1782) miteinander verknüpften, auf den Leib rückte, sah sich G. nicht nur zu einer Distanzierung von dessen christozentrischer Schrift *Pontius Pilatus*, sondern auch vom Christentum veranlaßt: zwar sei er »kein Widerkrist, kein Unkrist aber doch ein dezidirter Nichtkrist« (an Lavater, 29.7. 1782). In Italien, wo er auf dem Boden der antik-heidnischen Kultur die Depravation eines zugleich machiavellistischen und jenseitsorientierten Christentums erlebte, entfernte sich G. so weit von der christlichen Religion, daß sich Friedrich Heinrich Jacobi noch Jahrzehnte später nur schaudernd an das Heidentum des Freundes und an seinen »wahrhaft *Julianischen Haß*« – dies G.s eigener Ausdruck – »wider das Christentum und namhafte Christen« (Gespräche, 2, S. 21) erinnern konnte.

Bei aller Feindschaft gegen das institutionalisierte Christentum, die mit der Folge der Jahre einer etwas versöhnlicheren Haltung wich, brach G. jedoch niemals offiziell mit der lutherischen Kirche. Und obwohl er mit Frau und Kind nicht gerade eine »heilige Familie« (an Carl August, 18.4. 1792) bildete, legte er auf die »heilige Handlung« (an Voigt, 27.12. 1789) der Taufe bei August und den anderen, früh verstorbenen Kindern ebenso Wert wie auf Augusts Konfirmation, die Herder – als einen für Kinder doch immer »apprehensiven« Akt – am 13.6. 1802 »auf eine liberalere Weise als das Herkommen vorschreibt« (an Herder, 26.4. 1802; vgl. Gespräche, 2, S. 37) durchführte. Mitten in den napoleonischen Wirren, die auch Weimar nicht verschonten, entschloß sich G. zur kirchlichen Sanktionierung seiner Lebensgemeinschaft mit Christiane Vulpius, ein Zeremoniell, das am 19.10. 1806 in der Sakristei der Schloßkirche stattfand. Als Christiane am 6.6. 1816 verstarb, erhielt sie ein standesgemäßes christliches Begräbnis mit Chorgesang und Leichenpredigt. In den letzten Jahren seines Lebens hegte G. die Hoffnung, die Menschen würden aus einem »Christentum des Wortes und Glaubens immer mehr zu einem Christentum der Gesinnung und Tat kommen« und sich dabei von der »Liebe Christi« und nicht von den »Absurditäten« (Eckermann, 11.3. 1832) kirchlicher Satzungen und Riten leiten lassen. Zu einer solchen heidnischen Sicht mochte sich aber die Amtskirche nicht bequemen. In seiner Trauerrede bei G.s Bestattung am 26.3. 1832 rühmte Generalsuperintendent Johann Friedrich Röhr zwar das geistige Fortleben des großen Genius ganz im Sinne eines »Stirb und werde!«, aber als er kurz danach einem Freund zwei Exemplare seiner Grabrede übersandte, kommentierte er seinen Nachruf in einer Weise, die G.s Aversion gegen das bornierte und heuchlerische Pfaffenwesen noch postum zu bestätigen schien: »Gott ist tot, denn Goethe ist gestorben – rufen unsere Goethekoraxe mit einem Munde, [...] Ich selbst bin über seinen sittlichen Wert mit möglichstem Glimpf hinweggegangen und habe mich damit begnügt, ihn mit seinem eigenen Fette zu beträufeln. Wer die nicht-gesprochenen Worte aus den gesprochenen herauszulesen versteht, wird nicht im Zweifel sein, was ich meinte« (an Reil, 29.3. 1832).

III. G.s Ansichten über Geist und Buchstaben des Christentums, Gott und Christus, Kirche und Geistlichkeit, christliche Konfessionen und Gemeinschaften, Zeremonien und Rituale sind in den Briefen, Gesprächen und autobiographischen Schriften vielfältig dokumentiert. Spiegeln die brieflichen Äußerungen über das Christentum zumeist G.s Reaktion auf einen aktuellen Anlaß – ein Thema, ein zeitgeschichtliches Ereignis, ein literarisches oder künstlerisches Werk – wider, so sind die in den Gesprächen enthaltenen Urteile – vor allem in der Spätzeit – stärker auf das Typische und Allgemeine hin ausgerichtet. Diese Sichtweise herrscht auch in *Dichtung und Wahrheit* vor, wo – nach Eckermanns Zeugnis vom 30.3. 1831 – G. die einzelnen Fakten seiner Biographie im Licht einer »höheren Wahrheit« als »Symbole des Menschenlebens« dargestellt hat. Die religiöse Entwicklung der Kinder- und Jugendjahre, die uns die Autobiographie nachzeichnet, weist deshalb trotz aller Wandlungen und Wendepunkte gerade in der Sicht auf das Christentum eine bemerkenswerte Kontinuität auf. G. unterscheidet historisch und systematisch – dabei ein Argument aus der Ketzergeschichte und der rationalistischen Kirchenkritik aufnehmend – zwischen der christlichen Religion (dem Kirchenchristentum) und der Religion Christi als dem ursprünglichen, reinen Kern einer vom Menschensohn Jesus verkündeten universalen Sittenlehre. Seiner Verehrung einer biblisch-jesuanischen Urreligion steht eine lebenslange Abneigung gegen die Kirche, in der er ein »Produkt des Irrtums und der Gewalt« (Gespräche, 3.1, S. 603) erblickt, und den Klerus, gegen den Widersinn erstarrter Rituale, gegen Theologengezänk und dogmatisch-exegetische Spitzfindigkeiten gegenüber. Und dem christlichen Offenbarungsverständnis begegnet er mit seiner pelagianischen und pantheistischen Naturreligion, die die Ausschließlichkeit des christlichen Glaubens ins Universelle hinein auflöst. Die wechselnden Namen für die in der Anschauung der Natur sich bewährende Weltfrömmigkeit G.s – er bezeichnet sich selbst als Heiden, Nichtchristen, Ungläubigen, Spinozisten, Hypsistarier – kongruieren alle in jenem Begriff einer unteilbaren Gott-Natur, der auch der biblischen Botschaft zugrunde liegt. So schreibt G. rückblickend im 1. Buch von *Dichtung und Wahrheit*: »Der

Knabe hatte sich überhaupt an den ersten Glaubensartikel gehalten. Der Gott, der mit der Natur in unmittelbarer Verbindung stehe, sie als sein Werk anerkenne und liebe, dieser schien ihm der eigentliche Gott, der ja wohl auch mit dem Menschen wie mit allem übrigen in ein genaueres Verhältnis treten könne, und für denselben eben so wie für die Bewegung der Sterne, für Tages- und Jahreszeiten, für Pflanzen und Thiere Sorge tragen werde. Einige Stellen des Evangeliums besagten dieses ausdrücklich« (WA I, 26, S. 63).

Gerade damit leugnet G. aber den einmaligen Offenbarungscharakter der heiligen Schriften, denn wenn Gott mit dem Menschen in ein »genaueres Verhältnis« treten kann, bedarf es keiner kanonischen Beglaubigung und keines speziellen Mittlertums mehr. Den Schweizer Theologen-Freunden, die auf Zeugnisse und die Exklusivität des »Christus-Gefühls« (Lavater an G., 1.5. 1774) pochten, hielt er deshalb sein weltlich-humanes Evangelium entgegen: »Und so ist das Wort der Menschen mir Wort Gottes es mögens Pfaffen oder Huren gesammelt und zum Canon gerollt oder als Fragmente hingestreut haben« (an Lavater und Pfenninger, 26.4. 1774). Und als Lavater in den 80er Jahren den Freund weiterhin für seinen im »Medium« Christus verankerten Glauben an einen unendlichen Gott, für den »die geballte Erde keinen Sinn« (an G., 28.7. 1782) habe, gewinnen wollte, protestierte G. nachdrücklich gegen den intoleranten Lehrer einer »ausschliessenden« und in ihrer Naturwidrigkeit empörenden Religion: »Du hältst das Evangelium wie es steht für die göttlichste Wahrheit, mich würde eine vernehmliche Stimme vom Himmel nicht überzeugen, daß das Wasser brennt und das Feuer löscht, daß ein Weib ohne Mann gebiert, und daß ein Todter aufersteht; vielmehr halte ich dieses für Lästerungen gegen den großen Gott und seine Offenbarung in der Natur« (an Lavater, 9.8. 1782). G. beharrte Lavater gegenüber auf seinem »liberalen Weltsinn« – auch als dieser »zuletzt mit dem harten Dilemma hervortrat: Entweder Christ oder Atheist! Ich erklärte darauf« – so der Autobiograph im 14. Buch von *Dichtung und Wahrheit* – »daß wenn er mir

mein Christenthum nicht lassen wollte, wie ich es bisher gehegt hätte, so könnte ich mich auch wohl zum Atheismus entschließen, zumal da ich sähe, daß niemand recht wisse, was beides eigentlich heißen solle« (WA I, 28, S. 259). Angesichts dieser Verwirrung der Begriffe wollte er deshalb auch den vorgeblichen Atheisten Spinoza »theissimum ia christianissimum nennen und preisen« (an F.H. Jacobi, 9.6. 1785). In Herders Darstellung des Christentums im 4. Teil der *Ideen zur Philosophie der Geschichte der Menschheit*, den G. im Sommer 1788 in einer Rohfassung las, traf er dann wieder auf verwandte Anschauungen, da Herder das reine, humane Urchristentum scharf von seinen historischen Depravationen – etwa den im Namen Christi veranstalteten Räuberfeldzügen ins Heilige Land – unterschieden hatte. In seinem Brief vom 4.9. 1788 an den nach Italien reisenden Freund bemerkte G. dazu: »Das Christenthum hast du nach Würden behandelt; ich danke dir für mein Theil. Ich habe nun auch Gelegenheit, von der Kunstseite es näher anzusehen, und da wirds auch recht erbärmlich. [...] Es bleibt wahr: das Mährchen von Christus ist Ursache, daß die Welt noch 10/m Jahre stehen kann und niemand recht zu Verstand kommt, weil es ebenso viel Kraft des Wissens, des Verstandes, des Begriffs braucht, um es zu vertheidigen als es zu bestreiten«. Wenig Verständnis brachte er auch – nach der Lektüre von John Miltons *Verlornem Paradies* – für die Theorie des freien Willens auf, der »in dem Gedicht, so wie in der christlichen Religion überhaupt, eine schlechte Rolle« (an Schiller, 31.7. 1799) spiele, da er es doch mit denen hielt, die – wie Spinoza – »mehr an Natur als an Freyheit glauben und die Freyheit, wenn sie sich ja einmal aufdringt, geschwind als Natur tractiren« (an Schiller, 5.7. 1803). Unversöhnlich zeigte sich G. in der Folge überall dort, wo er illegitime Geltungsansprüche der christlichen Religion vermutete. So zürnte er über Kant, der in seiner Schrift *Die Religion innerhalb der Grenzen der bloßen Vernunft* (1793) seinen philosophischen Mantel »freventlich mit dem Schandfleck des radicalen Bösen beschlabbert« habe, »damit doch auch Christen herbeigelockt werden, den Saum zu küssen« (an das Ehepaar Herder, 7.6. 1793); und mit ähnlich schneidenden Worten kommentierte er Stolbergs »abscheuliche Vorrede« (an Schiller, 21.11. 1795) zu seiner Platon-Übersetzung (*Auserlesene Gespräche des Platon*, 1796/97) und seinen usurpatorischen Versuch, den antiken Philosophen der »Ehre eines Mitgenossen einer christlichen Offenbarung« (WA I, 41.2, S. 170) teilhaftig werden zu lassen.

Aufgrund dieser Schelte gegen die frömmelnden Umtriebe des »gräflichen Saalbaders« (an Schiller, 25.11. 1795) kann es nicht verwundern, daß G. auch die religiösen Tendenzen der Romantiker, die in Philosophie, Poesie und bildender Kunst seit der Jahrhundertwende immer stärker hervortraten, als Kennzeichen eines »alterthümelnden christkatholischen Kunstgeschmacks« (WA I, 49.1, S. 36) und als drohende Überfremdung der Kunst durch eine »christelnde« (WA I, 41.1, S. 109; vgl. WA I, 53, S. 404) Zwecksetzung ablehnte. Insbesondere das von Wackenroder und Tieck ausgehende »klosterbrudrisirende, sternbaldisirende Unwesen« (WA I, 48, S. 122) kritisierte er als ein vernunft- und kunstwidriges Syndrom, »denn wie sollte auch eine Schlußfolge gelten, eine Schlußfolge wie diese: einige Mönche waren Künstler, deßhalb sollen alle Künstler Mönche sein« (WA I, 35, S. 141). Als zu Beginn des Jahrhunderts der Stern des protestantischen, später zum Katholizismus konvertierten Dramatikers Zacharias Werner aufging, sah sich G. zu einem höchst zwiespältigen Lob veranlaßt. Daß Werner dem »modernen Christenwesen« anhänge, sei »seiner Zeit gemäß«, die das sinnliche Schöne der Antike durch das sittliche Schöne ersetzt habe. Aber gerade durch das Vermengen des Heiligen mit dem Schönen im Zeichen des christlichen Kreuzes entstehe »eine lüsterne Redouten- und Halb Bordellwirthschaft, die nach und nach noch schlimmer werden wird« (an F.H. Jacobi, 7.3. 1808). G.s Befürchtungen schienen sich kurz danach mit Friedrich Schlegels Konversion zu bestätigen, die doch nur den ganzen christlich-katholischen »hocus pocus« (an Reinhard, 22.6. 1808) beleuchte, der sich bereits in Schlegels Abhandlung *Über die*

Sprache und Weisheit der Indier (1808) angekündigt habe. Zwar brachte die Bekanntschaft mit den Brüdern Sulpiz und Melchior Boisserée eine Annäherung an die mittelalterliche Kunst, auch fand der Autobiograph im 7. Buch von *Dichtung und Wahrheit* nach der Lektüre von François René Vicomte de Chateaubriands *Génie du Christianisme* warme Worte für die Symbolkraft der katholischen Sakramente, aber zugleich exzerpierte er für seinen Sohn einen Passus aus der *Jenaischen Allgemeinen Literatur-Zeitung*, in dem vor dem Glauben, die »Deutschheit sei einerley mit dem Christenthum« (an August von Goethe, 14.1. 1814), gewarnt wurde. Beinahe nietzscheanisch deutete G. gegenüber Friedrich Wilhelm Riemer das Christentum als Religion eines pöbelhaften Egalitarismus, denn es »setzt jeden in den Naturzustand (der ursprünglichen Gleichheit) zurück, ohne ihm die Moyens dazu zu geben. [...] Daher befinden sich alle L u m p e so vortrefflich dabei: denn man kann ihnen nichts anhaben« (Gespräche, 2, S. 779). Den Reformationsfeiern des Jahres 1817 stand er, trotz seiner Sympathie für Luthers Persönlichkeit, distanziert gegenüber: Denn da die christliche Religion bald nach ihrer Entstehung »ihr ursprüngliches Reine« (an Zelter, 14.11. 1816) eingebüßt habe, sei sie in der Gegenwart nur noch ein »verworrener Quark« (an Knebel, 22.8. 1817).

Die Abneigung gegen den kranken Zeitgeist, der in Gestalt eines »poetisch-christlichen Obscurantismus« (an Jacobs, 14.8. 1812; Konzept) in Kunst, Kultur und Gesellschaft das antik-klassische Muster zu verdrängen drohte, schwächte sich beim späten G. zwar ab, doch der Graben zwischen seiner pantheistischen Grundüberzeugung und dem Kirchenchristentum blieb unüberbrückbar. Erkannte er einerseits die Verwurzelung des Christentums »in der menschlichen Natur und ihrer Bedürftigkeit« (Gespräche, 2, S. 724; vgl. Eckermann, 4.2. 1829), so betonte er andererseits immer wieder die Entartung der in den Evangelien und in Christi Botschaft noch unverfälschten, sittlichen Kultur der christlichen Religion. Eine Wiederbringung dieser »reinen Lehre und Liebe Christi« (Eckermann, 11.3.

1832) kündigte sich ihm in Luthers reformatorischem Wirken an (ebd.; vgl. ebd., 4.1. 1824), aber im Blick auf das unchristliche Christentum seiner Zeit konnte er sich auch einmal selbst als den einzigen wahren Christen in Christi Sinne bezeichnen. Als er in einem Gespräch mit Kanzler von Müller die Heiligkeit der Ehe als eine »Kultur-Errungenschaft des Christentums« von »unschätzbarem Wert« würdigte, fügte er hinzu: »Sie wissen, was ich von dem Christentum halte – oder Sie wissen es vielleicht auch nicht – wer ist denn noch heutzutage ein Christ, wie Christus ihn haben wollte? Ich allein vielleicht, ob ihr mich gleich für einen Heiden haltet« (von Müller, 7.4. 1830).

Nicht über das Dogma, sondern über die Symbolik und Mythologie erschloß sich dem Heiden G. dann wieder Christliches, das in seiner Verbindung von Phänomen und Idee seinen ästhetischen Sinn ansprach. Doch auch hier gilt es zu differenzieren: Trotz der Verwendung der Rosenkreuzsymbolik in seinem fragmentarischen Epos *Die Geheimnisse* (1784/ 85) bezeichnete er – in einem Brief an den Freund Carl Friedrich Zelter vom 9.6. 1831 – das »leidige Marterholz« als »das Widerwärtigste unter der Sonne«, das »kein vernünftiger Mensch auszugraben und aufzupflanzen bemüht sein« solle. Angenehm als ein Dokument urchristlichen Glaubens war ihm dagegen der Bericht des Evangelisten Matthäus von Jesus, der auf dem Meer wandelt und den sinkenden Petrus rettet: denn es gebe – so G. zu Riemer am 10.12. 1827 – »in der ganzen christlichen Mythologie kein so Bedeutendes: es sei Wunder, Symbol und Bedeutung der ganzen Religion selbst« (Gespräche, 3.2, S. 244; vgl. an Therese von Eißl, 21.5. 1828; Eckermann, 12.2. 1831 u. 13.2. 1831; *Zu mahlende Gegenstände*; WA I, 49.1, S. 433f.).

IV. Im Gegensatz zu den Selbstzeugnissen, Briefen und Gesprächen, die die persönlichen Äußerungen des Autors wiedergeben, enthalten die poetischen Werke – obwohl G. auch sie als »Bruchstücke einer großen Confession« (WA I, 27, S. 110) bezeichnete – ein aufgrund der indirekten, ironischen, symbolischen oder perspektivisch gebrochenen Aussage ungleich breiteres und differenzierteres Spektrum christlicher Themen, Motive und Bilder. Der Bogen der dichterischen Gestaltung reicht dabei von dem noch spätbarock getönten, rhetorisch geschmückten, sechzehnstrophigen Gedicht *Poetische Gedancken über die Höllenfahrt Jesu Christi* aus den Frankfurter Jugendjahren bis hin zur *Bergschluchten*-Szene in *Faust II*, in der das Schicksal von Fausts Entelechie in einer Folge christlich-katholischer Bilder dargestellt wird. G.s Intention und Interesse ist dabei immer primär von dichterisch-ästhetischer Art: Wenn er nach Eckermanns Bericht vom 6.6. 1831 am Schluß der *Faust*-Tragödie die »scharf umrissenen christlich-kirchlichen Figuren und Vorstellungen« gewählt hat, um sich als Dichter nicht »im Vagen« zu verlieren, so spricht er hier als ein Autor, der zeit seines Lebens die Erfahrung des eigenen Ich wie der Welt in der Fülle seiner Werke poetisch verwandelt und damit der begrifflichen Eindeutigkeit entzogen hat. Dies gilt auch für die Gestaltung christlicher Themen.

Ein frühes Interesse G.s für biblisch-alttestamentliche Stoffe und Figuren ist für die Frankfurter und Leipziger Zeit bezeugt, doch dem Autodafé vom Oktober 1767 fielen alle dramatischen Entwürfe – »Belsatzer, Isabel, Ruth, Selima, ppppp haben ihre Jugendsünden nicht anders als durch Feuer büsen können« (an Cornelia Goethe, 12.10. 1767; JG Fischer-Lamberg 1, S. 141) – sowie das Prosaepos *Joseph* zum Opfer (vgl. *Dichtung und Wahrheit*, 4. Buch). Einzig vom klassizistischen *Belsazar*-Drama sind zwei Alexandriner-Fragmente erhalten, die G.s Vertrautheit mit dem *Alten Testament* dokumentieren und in der häufigen Verwendung von Bibelzitaten auf den *Götz von Berlichingen* vorausweisen, in dem das Lutherdeutsch neben Götzens Lebensbeschreibung die sprachliche Hauptquelle bildet. Aus diesem Zusammenhang erklärt sich auch G.s spätere Einschätzung seiner Leipziger Dramen *Die Laune des Verliebten* und *Die Mitschuldigen* im 7. Buch von *Dichtung und Wahrheit*, sprechen sie doch »in etwas herben und derben Zügen jenes höchst christliche Wort spielend aus: wer sich ohne Sünde fühlt, der hebe den ersten Stein auf« (WA I, 27, S. 114). Christlich in einem ursprünglich-undogmatischen Sinn ist auch die Figur des Bruder Martin in *Götz von Berlichingen*, der – anders als der machiavellistische Bamberger Klerus – unter der Unnatur des geistlichen Standes leidet. Ihm kommt »nichts beschwerlicher vor, als nicht Mensch seyn dürfen. Armuth, Keuschheit und Gehorsam. Drey Gelübde, deren jedes, einzeln betrachtet, der Natur das unausstehlichste scheint, so unerträglich sind sie alle« (JG Fischer-Lamberg 3, S. 182). Auf satirisch-humoristische Weise werden religiöse »Gegenstände, Begebenheiten, Personen« (WA I, 28, S. 236) in den Fastnachtsspielen der 70er Jahre aufs Korn genommen: so die Auflösung der biblischen Tradition durch eine selbstbezügliche Empfindsamkeit im *Jahrmarktsfest zu Plundersweilern* – »Religion, Empfindsamkeit / Ist ein D*** ist lang wie breit« (JG Fischer-Lamberg 3, S. 141) – oder der Typus des falschen Propheten im *Fastnachtsspiel vom Pater Brey*, das – »Zu Lehr Nutz und Kurzweil gemeiner Christenheit insonders Frauen und Jungfrauen zum goldnen Spiegel« (ebd., S. 161) – den zweiten Tartuffe entlarvt und ihn, statt in die Arme der Angebeteten, zu den Schweinen auf den Dorfanger entläßt. Eine ähnliche Drastik herrscht auch in dem Knittelvers-Drama *Satyros* (1773), in dem der sensualistisch-geniale Naturdämon für die christliche Lebensführung des Einsiedlers nur Spott und Hohn übrig hat: »Da ist dem Kerl sein Platz zu beten / Es thut mir in den Augen weh / Wenn ich dem Narren seinen Herrgott seh. / Wollt lieber eine Zwiebel anbeten / Bis mir die Tränen in die Augen träten, / Als öffnen meines Herzens schrein / Einem Schnitzbildlein Queer-Hölzelein« (ebd., S. 302). Gegen die Verwässerung der alten evangelischen Glaubenslehre durch den neumodisch-aufklärerischen Zeitgeist, wie ihn G. in Carl Friedrich Bahrdts Musterübersetzung des Neuen Testaments am Werke sah, richtet sich der ebenfalls in Knittelversen geschriebene *Prolog zu den neuesten Offenbahrungen Gottes*, während das Fragment vom *Ewigen Juden* die Ahasver-Legende mit der Vorstellung von Christi Wiederkehr und Reminiszenzen an Klopstocks *Messias* verknüpft und das »venio iterum crucifigi« (WA I, 30, S. 192) eines Heilandes, der den Bewohnern der katholischen und reformierten Länder nurmehr als ein Fremdling vorkommt, veranschaulichen sollte.

Sicher nicht nur als eine »Posse« (an Herder, Oktober 1793), sondern als ein – freilich dichterisch geformtes – Dokument des G.schen Privatchristentums zu Beginn der 70er Jahre beleuchten die beiden Sendschreiben der lutherischen Geistlichen an ihre Amtsbrüder eine dem Geist und nicht dem Buchstaben verpflichtete Humanitätsreligion: läßt sich das Pfingstwunder für den schwäbischen Landpfarrer als die ursprachliche Selbstbekundung der enthusiastischen, »fühlbaren Seelen« (*Zwo wichtige biblische Fragen*; JG Fischer-Lamberg 3, S. 123) interpretieren, so verkündet G. in der Maske eines pietistischen Pastors die »Loosung der damaligen Zeit« (WA I, 28, S. 105), nämlich das Gebot der Toleranz. Der Vertreter eines herrnhutisch gefärbten, zugleich universellen und individuellen Gefühlschristentums, der dogmatische Kontroversen sowie die kirchliche Hierarchie verabscheut, beruft sich ausschließlich auf die jesuanisch-johanneische Liebesreligion, die »nirgends gedruckter [d.h. unterdrückter; d. Vf.] war als in der christlichen Kirche« (*Brief des Pastors zu *** an den neuen Pastor zu ***; JG Fischer-Lamberg 3, S. 115). Der Glaube des Pastors, »daß Gott und Liebe Synonymen sind« (ebd., S. 109), gründet sich auf das Evangelium und die Briefe des Johannes, dessen Testament nach Meinung G.s nichts anderes besagt als: *»Kindlein liebt euch*, und wenn das nicht gehen will: *laßt wenigstens einander gelten«* (an Zelter, 7. 11. 1816). G.s Vorliebe für das Johannesevangelium bezeugen auch die Logosszene im *Faust*, wo Faust als zweiter Luther das »heilige Original« in sein »geliebtes Deutsch« (V. 1222 f.; WA I, 14, S. 62) zu übertragen sucht, oder das Motiv von Werthers »Krankheit zum Todte« (JG Fischer-Lamberg 4, S. 136), mit dem – freilich in Umkehrung des geistlichen Sinns – Jesu Kommentar zur Krankheit des Lazarus nach Joh. 11, 4 zitiert wird. In Werthers pantheistische Religiosität, der sich Gott in der Herrlichkeit der lebendigen Natur offenbart, mischen sich – vor allem gegen Ende des Romans – Züge eines säkularisierten Christusglaubens, dem das eigene Leiden als eine gottlose Passion erscheint: »Mein Gott! Mein Gott! warum hast du mich verlassen?« (ebd., S. 163). Der arme Werther erhofft sich von der »neumodischen moralisch kritischen Reformation des Christenthums« (ebd., S. 158) ebenso wenig Trost wie vom offiziellen Kirchenchristentum: »Ich ehre die Religion, [...] ich fühle, daß sie manchem Ermatteten Stab, manchem Verschmachtenden Erquikkung ist. Nur – kann sie denn, muß sie denn das einem jeden seyn?« (ebd., S. 162). Die Distanz G.s zur christlichen Orthodoxie bestätigen zur selben Zeit die großen mythologischen und historischen Vorbildfiguren Prometheus, Ganymed, Mahomet oder die Gestalt des an der Schwelle vom Mittelalter zur Neuzeit stehenden Faust, der – gerade weil ihn das »Drüben« (V. 1660; WA I, 14, S. 80) wenig kümmert – ein Bündnis mit dem Teufel schließen kann und dessen pantheistisch-enthusiastisches Glaubensbekenntnis das kirchenfromme Gretchen im *Urfaust* kaum zu überzeugen vermag: »Wenn mans so hört, mögts leidlich scheinen / Steht aber doch immer schief darum, / Denn du hast kein Christenthum« (V. 1158 ff.; WA I, 39, S. 292). G. befreit die Faustgestalt aus dem christlichen Gut-Böse-Dualismus, und wo im Volksbuch *Historia von D. Johann Fausten* von Johann Spies (1587) der Teufelsbündner der »gantzen Christenheit zur warnung« (*Vorrede*) und als ein schreckliches Exempel der menschlichen Hybris zur Hölle fährt, da erlebt der G.sche Faust seine Entsühnung als einen naturhaft-unbewußten Vorgang. Die Elfen, die in der *Anmutigen Gegend* die helfende und heilende Natur verkörpern, fragen nicht nach Sünde oder Schuld: »Ob er heilig, ob er böse, / Jammert sie der Unglücksmann« (V. 4619 f.; WA I, 15.1, S. 3).

G.s Weimarer Zeit ist – in ihrer ersten Hälfte – von einer bis zum Haß sich steigernden Ablehnung des Kirchenchristentums geprägt. Den der Italienreise vorausgehenden Jahren gehört aber noch jenes aus inneren Gründen

fragmentarisch gebliebene Stanzenepos *Die Geheimnisse* an, das nach G.s späterer Deutung »eine Art von ideellem Montserrat« (WA I, 41.1, S. 102) hätte darstellen und in der unter dem Zeichen des Rosenkreuzes versammelten Bruderschaft im Sinne Herders eine universell-humane, überkonfessionelle Religiosität verkünden sollen. Das Unternehmen erwies sich aber als »zu ungeheuer« (an Knebel, 28.3. 1785) und wurde abgebrochen. Seinem Unmut über die katholische Kirche, über Pilger, Geistlichkeit und Wunderglauben macht G. dann in den *Venezianischen Epigrammen* Luft, deren religionskritischer Tenor in dem blasphemischen Distichon gipfelt: »Jeglichen Schwärmer schlagt mir an's Kreuz im dreißigsten Jahre; / Kennt er nur einmal die Welt, wird der Betrogne der Schelm« (WA I, 1, S. 320). Noch unversöhnlicher äußert sich der Autor in einem anderen Epigramm: Vier Dinge seien ihm »wie Gift und Schlange zuwider«, nämlich »Rauch des Tabaks, Wanzen und Knoblauch und †« (ebd., S. 323). In den *Xenien* findet sich der Renegat Friedrich Leopold Graf zu Stolberg als christlicher Herkuliskus (*Der moderne Halbgott*; WA I, 5.1, S. 221) verspottet – die Anspielung verknüpft hierbei den christlichen Platon-Exegeten mit den christlichen Helden der Barockromane von Andreas Heinrich Buchholtz –, während die Ballade *Die Braut von Korinth* (1798) vor dem weltgeschichtlichen Hintergrund des sich ausbreitenden Christentums den tragischen Untergang zweier Liebenden erzählt: »Keimt ein Glaube neu, / Wird oft Lieb' und Treu' / Wie ein böses Unkraut ausgerauft« (WA I, 1, S. 219). Auch das Gedicht *Die erste Walpurgisnacht* lebt aus dem Gegensatz zwischen heidnischem Naturglauben und der Höllenangst der »dumpfen Pfaffenchristen« (ebd., S. 212). Wo in den Werken der 90er Jahre Repräsentanten der Kirche auftreten, sind es entweder undogmatische, weltklug-menschenfreundliche Charaktere wie der Pfarrherr in *Herrmann und Dorothea*, der den Harfner pflegende Landgeistliche und der Abbé in *Wilhelm Meisters Lehrjahren* oder die pietistische Schöne Seele, die in der Nachfolge Christi lebt und Pflicht und Neigung, vita contemplativa und vita activa in Harmonie zu bringen sucht. Aber in seinem Brief an Schiller vom 18.3. 1795 macht G. deutlich, daß das Ganze der *Bekenntnisse einer schönen Seele* »auf den edelsten Täuschungen und auf der zartesten Verwechslung des subjectiven und objectiven beruht«, daß also gerade die Kernüberzeugung der Schönen Seele vom »göttlichen Ursprung« und der »Realität« (WA I, 22, S. 355) ihres aus der Erfahrung der Innerlichkeit gespeisten Glaubens einer – wenn auch sittlich motivierten – Illusion entspringt. Ein abschreckendes Beispiel religiöser Mißbildung zeichnet der Autor am Ende des Romans in der Gestalt von Mignons Mutter Sperata, die, als Opfer von Priestertrug, abstrusem Wunderglauben und übersteigertem Sündenbewußtsein, in religiösen Wahn und in den Tod getrieben wird.

Die Verachtung, die G. der Kirchengeschichte und dem Kirchenchristentum entgegenbringt, durchzieht leitmotivisch auch die späten Werke. So nimmt der Dichter in den *Sprüchen* – vor allem in der Gruppe der durchaus polemischen *Zahmen Xenien* – kein Blatt vor den Mund, wenn er die ganze Kirchengeschichte als »Mischmasch von Irrthum und von Gewalt« (WA I, 5.1, S. 131) bezeichnet oder wenn er unmutig ausruft: »Mit Kirchengeschichte was hab' ich zu schaffen? / Ich sehe weiter nichts als Pfaffen; / Wie's um die Christen steht, die Gemeinen, / Davon will mir gar nichts erscheinen« (ebd.). Halb ironisch werden auch die alten deutschen Mannen dafür gelobt, daß »sie gehaßt das Christenthum«, bis endlich doch »die Pfaffen sie bezwungen« (ebd., S. 135) hätten. Die Befreiung vom Pfaffenregiment durch Luther scheint somit historisch gerechtfertigt, auch wenn aus G.s Sicht Wissenschaft und Kunst jede Religion überflüssig machen. Das zur 200-Jahr-Feier der Reformation verfaßte Gedicht *Dem 31. Oktober 1817* endet deshalb mit dem Bekenntnis zur eigenen künstlerischen und wissenschaftlichen Tätigkeit: »Auch ich soll gottgegebne Kraft / Nicht ungenützt verlieren, / Und will in Kunst und Wissenschaft / Wie immer protestiren« (WA I, 3, S. 140). Auch in der Balladendichtung greift G. christliche Motive auf: Der Polemik gegen Friedrich Heinrich Jacobis

Glaubensphilosophie gehorcht das Gedicht *Groß ist die Diana der Epheser* von 1812; mit schwarzem Humor malt *Der Todtentanz* das bekannte mittelalterliche Motiv, während *Die wandelnde Glocke* die Domestizierung eines Kindes zu bürgerlich-christlicher Lebensweise in Szene setzt.

Den Geist des Christentums und die welthistorische Rolle der christlichen Religion beurteilt der späte G. versöhnlicher als der Nichtchrist der mittleren Jahre. So offenbart er im Herbst 1817 einem Durchreisenden, »er sei in der Naturkunde und Philosophie ein Atheist, in der Kunst ein Heide und dem Gefühl nach ein Christ« (Gespräche, 3.1, S. 36f.). Ähnliche Betrachtungen enthalten die Maximen und Reflexionen, die für eine nicht dogmatische, sondern gefühlvolle Behandlung der Bibel eintreten (MuR, 335, 373, 672 u. 822), die aber auch die Verbindung von Religion und Kommerz thematisieren (MuR, 163 u. 824) oder die in der christlichen Moral eine Kompensation für eine im Politischen gescheiterte Revolution sehen wollen (MuR, 819). Eine entschiedene Aufwertung wird der christlichen Religion aber in den *Wanderjahren* zuteil, da sie – im Unterschied zur ethnischen und philosophischen Religion – auf der Ehrfurcht vor dem, was unter uns ist, beruht, Leiden und Tod als göttlich anerkennt und darauf abzielt, selbst Sünde und Verbrechen als »Fördernisse des Heiligen zu verehren und liebzugewinnen« (WA I, 24, S. 244). Damit erscheint die christliche Religion zwar als »ein Letztes, wozu die Menschheit gelangen konnte und mußte« (ebd., S. 243), aber doch nicht als Ziel der Menschheitsentwicklung. Denn die eigentlich wahre Religion entsteht aus der »Ehrfurcht vor sich selbst«, jener obersten Ehrfurcht, die im Erziehungsplan der drei Pädagogen das Beste repräsentiert, was »Gott und Natur hervorgebracht haben« (ebd., S. 244), ein Humanum also, von dem die Bildsequenzen des Heiligtums nur eine Vorahnung geben können. Ausgeschlossen bleibt auch hier die Darstellung des gekreuzigten Christus, da die Oberen der pädagogischen Provinz es für eine »verdammungswürdige Frechheit« halten, den »leidenden Heiligen dem Anblick der Sonne auszusetzen« (ebd., S. 255) und das Geheimste der menschlichen Existenz ans Licht zu zerren (vgl. den Aufsatz *Christus nebst zwölf alt- und neutestamentlichen Figuren, den Bildhauern vorgeschlagen*). Zu einer auf Glaube, Liebe und Hoffnung gegründeten christlichen Religion bekennen sich im übrigen auch die Auswanderer, doch in ihrem strengen Ordnungssinn, »den man vielleicht pedantisch nennen mag« (WA I, 25.1, S. 210), neigen sie zu Intoleranz: Juden sollen in der neuen Gemeinschaft nicht geduldet werden (ebd.). G.s persönlicher Standpunkt ist anders: In einem Aufsatz zum Reformationsfest im Oktober 1817, das die Erinnerung an die Völkerschlacht bei Leipzig einschließe und als ein »Fest der reinsten Humanität« (WA I, 42.2, S. 33) zu begehen sei, verweist er darauf, daß der Tag der Befreiung »seine Glorie nicht etwa nur Christen, sondern auch Juden, Mahometanern und Heiden zu danken hat« (ebd., S. 33f.).

G.s Hoffnung, »daß der leidenschaftliche Zwiespalt zwischen Classikern und Romantikern sich endlich versöhne« (an Iken, 27.9. 1827), führt im Spätwerk zu einer ästhetischen Neubewertung des Christentums – besonders auch des Katholizismus –, ohne daß damit eine Bekehrung des alten Heiden einherginge. So entschieden wie noch im *Winckelmann*-Aufsatz von 1805, in dem Winckelmanns klassizistisches Kunstverständnis durch die »Entfernung von aller christlichen Sinnesart« (WA I, 46, S. 26) charakterisiert wird, trennt G. Heidnisches und Christliches späterhin nicht mehr, wenn er – in *Kunst und Alterthum am Rhein und Main* - die geschichtliche Rolle der christlichen Kirche für die »Erhaltung der Kunst« (WA I, 34.1, S. 160) anerkennt und dem griechischen Olymp einen »christlichen Olymp« (an S. Boisserée, 19.11. 1814) zur Seite stellt.

Christlich-Katholisches erweckt dort sein Interesse, wo der strenge Gegensatz von Himmlischem und Irdischem gemildert und, wie im Leben des »humoristischen Heiligen« Philipp Neri, das »Heilige mit dem Weltlichen« (WA I, 31, S. 246) verbunden wird. Auch der Bericht über das *Sanct Rochus-Fest zu Bingen* (1817) enthält eine »heitere im Innern fromme Darstellung«, die – anders als die »frömmelnde Unkunst« (an S. Boisserée, 27.9. 1816) der Nazarener – das Walten des Göttlichen im Irdischen betont und das Menschenwesen im Lichte des Humors betrachtet.

Zugleich erschließt sich dem Künstler und Dichter G. in der biblisch-christlichen Tradition ein Fundus von klar umrissenen, die poetische Imagination mit der Realität vermittelnden Gleichnissen, Vorstellungen und Symbolen, in denen Wort und Bild korrelieren (MuR, 188) und die das Unaussprechliche der Kunst anschaulich werden lassen. Wo der Dichter in diesem Sinne zum Maler wird (vgl. an Zelter, 7.11. 1816), haben auch die heiligen Bilder ihren legitimen Ort: die legendenhafte Darstellung vom Tod der »heiligen« Ottilie in den *Wahlverwandtschaften*, das in die *Novelle* wiederaufgenommene Motiv von Daniel in der Löwengrube, die Metamorphose der Josephs-Figur in den *Wanderjahren* (*Sanct Joseph der Zweite*) und, vom *Prolog im Himmel* bis zur *Bergschluchten*-Szene, die christlich-scheinchristlichen Bilder der im lebenslangen Streben sich erlösenden Entelechie Fausts. Aus dieser unermüdlichen Tätigkeit, die der Natur des Menschen gemäß ist, darf dann auch – wie G. am 4.2. 1829 Eckermann gegenüber bekennt – die »Überzeugung unserer Fortdauer« entspringen, »denn wenn ich bis an mein Ende rastlos wirke, so ist die Natur verpflichtet, mir eine andere Form des Daseins anzuweisen, wenn die jetzige meinem Geist nicht ferner auszuhalten vermag«. Nicht ohne Ironie ist es, wenn G. sich hier auf die Kräfte der Natur und des Geistes beruft und damit – im Anklang an seine *Faust*-Dichtung – wieder sein tief verwurzeltes Heidentum zum Ausdruck bringt. Denn: »Natur und Geist – so spricht man nicht zu Christen. / Deßhalb verbrennt man Atheisten, / Weil solche Reden höchst gefährlich sind. / Natur ist Sünde, Geist ist Teufel, / Sie hegen zwischen sich den Zweifel, / Ihr mißgestaltet Zwitterkind« (V. 4897–4902; WA I, 15.1, S. 14f.).

Literatur:

Arnold, Gottfried: Unpartheiische Kirchen- und Ketzer-Historie. 2 Bde. Frankfurt/M. ²1729. – Busch, Ernst: Goethes Religion. Die *Faust*-Dichtung in christlicher Sicht. Tübingen 1949. – Chateaubriand, François René Vicomte de: Le Génie du Christianisme ou Beautés de la Religion Chrétienne. 5 Bde., Paris 1802. – Herder, Johann Gottfried: Briefe zweener Brüder Jesu in unserm Kanon. Lemgo 1775. – Ders.: Erläuterungen zum Neuen Testament aus einer neueröfneten Morgenländischen Quelle. Riga 1775. – Ders.: Ideen zur Philosophie der Geschichte der Menschheit. Riga und Leipzig 1784–1791. – Kaltenbrunner, Gerd-Klaus: Die Religionen Goethes. In: Neue Deutsche Hefte. Hg. von Joachim Günther. 174 (1982), S. 244–288. – Kant, Immanuel: Die Religion innerhalb der Grenzen der bloßen Vernunft. Königsberg 1793. – Klopstock, Friedrich Gottlieb: Der Messias. Ein Heldengedicht. Bremen u.a. 1748–1773. – Lavater, Johann Kaspar: Pontius Pilatus oder die Bibel im Kleinen und der Mensch im Großen. 4 Bde. Zürich 1782–1785. – Meyer, Rudolf: Goethe – der Heide und der Christ. 2., völlig neu bearbeitete und erweiterte Auflage. Stuttgart 1965. – Milton, John: Paradise Lost. London 1667, ²1674. – Obenauer, Karl Justus: Goethe in seinem Verhältnis zur Religion. Jena 1921. – Reimarus, Hermann Samuel: Die vornehmsten Wahrheiten der natürlichen Religion in zehn Abhandlungen auf eine begreifliche Art erkläret und gerettet. Hamburg 1754. – Schlegel, Friedrich: Über die Sprache und Weisheit der Indier. Heidelberg 1808. – Stolberg, Friedrich Leopold Graf zu: Auserlesene Gespräche des Platon. Königsberg 1796/97. – Strauß, David Friedrich: Das Leben Jesu. Kritisch bearbeitet. 2 Bde. Tübingen 1835/36.

Martin Bollacher

Cotta, Johann Friedrich
(1764–1832)

Johann Friedrich Cotta (seit 1817 Cotta von Cottendorf, seit 1822 Freiherr) stammte aus einer württembergischen Buchhändler- und Verlegerfamilie. Nach einem vielseitigen, durch mathematische und technische Interessen ausgeweiteten Studium der Kameralistik in Tübingen lenkte ihn eine Reise nach Paris 1785 auf politische Fragen, mit denen er sich sein Leben lang leidenschaftlich beschäftigte.

1787 übernahm er die J. G. Cotta'sche Verlagsbuchhandlung in Tübingen, die er mit dem Prinzip »keine andern als gute Bücher« (an Reich, 11.7. 1787; zit. nach Lohrer, S. 48) zu verlegen, aus ihrem provinziellen Dasein herauszuführen suchte. Dazu brauchte er die Mitarbeit von bedeutenden Autoren. 1793/94 nutzte er die Gelegenheit von Schillers Aufenthalt in Schwaben zur Vereinbarung über den Verlag der *Horen*, unter deren Mitarbeitern G., Herder, Wieland, Fichte, Hegel, Hölderlin, Jean Paul, die Brüder Schlegel und von Humboldt sein sollten. Cotta verstand es, sie als Teilnehmer auch an anderen Periodica seines Verlages und für selbständige Veröffentlichungen zu gewinnen. Die persönlichen Beziehungen zwischen Cotta und G., der gerade im Begriff stand, sich von seinem bisherigen Verleger Georg Joachim Göschen zu trennen, stellte Schiller her. G. hielt sich zunächst zurück, er hegte ein allgemeines Mißtrauen gegen die Verleger und deren »Calcul« (an Schiller, 23.12. 1794), das gespeist war durch die Unbilden der Zensur und des unberechtigten Nachdrucks, Geißeln des Buchhandels im 18. Jh., die ebenso die Rechte der Verleger wie die der Autoren einschränkten.

1797 besuchte G. auf seiner Reise in die Schweiz die Cottasche Familie in Tübingen. Schiller hatte den Verleger vorbereitet und hatte gebeten, G. freundlich aufzunehmen – mit dem Hinweis: »er sieht auf so was« (an Cotta, 21.7. 1797). Cottas Gastfreundschaft bewährte sich; Schiller konnte ihm am 21.9. 1797 berichten, daß G. von diesem Besuch nicht genug Gutes zu sagen wisse und seine Meinung über den Verleger auf den Punkt gebracht habe: »Für einen Mann von strebender Denkart und unternehmender Handelsweise hat er soviel Mäßiges, Sanftes und Gefaßtes, soviel Klarheit und Beharrlichkeit, daß er mir eine seltne Erscheinung ist«. So stand G.s Übergang zu dem Tübinger, von 1810 an in

Stuttgart ansässigen Verlag nichts im Weg. Neben Beiträgen zu dessen periodischen Schriften, 1797 und 1798 besonders gemeinsam mit Schiller zum *Musenalmanach*, kamen zunächst Dramenübersetzungen nach Voltaire, dann die Biographien Benvenuto Cellinis (*Leben des Benvenuto Cellini*) und Johann Joachim Winckelmanns (*Winkelmann und sein Jahrhundert*) und die *Propyläen* heraus, nicht ohne daß Cottas Geduld damit stark beansprucht worden wäre. Der hoffte nämlich auf das Erscheinen des erfolgversprechenden *Faust*-Dramas und auf eine Edition von G.s sämtlichen Werken. Schiller, der zwischen beiden in allen geschäftlichen Fragen vermittelt hatte, erlebte noch die Vertragsabschlüsse, durch die Cotta zum Verleger aller größeren Werke G.s wurde. Die Werkausgabe, die auch den Erstdruck des *Faust I* enthielt, erschien von 1806 bis 1808 in zwölf Bänden.

Nicht nur das geschäftliche Verhältnis hatte sich unterdessen stabilisiert. Auch persönlich war man sich nähergekommen. Im Briefwechsel zwischen G. und Cotta sind die jährlichen Besuche Cottas in Weimar auf seinem Weg zur Leipziger Messe dokumentiert. In den Gesprächen und in der ausführlichen Korrespondenz ging es nicht nur um Herstellung und Vertrieb von G.s Werken, sondern auch um allgemeine Probleme des Buchhandels, den Cotta auf dem Wiener Kongreß zu vertreten hatte, und um gemeinsam interessierende politische Fragen. Cotta war der Verleger einer politischen Tageszeitung, der *Augsburger Allgemeinen Zeitung*, engagierte sich in der Landespolitik und wurde bei der ersten verfassunggebenden Ständeversammlung in Württemberg Abgeordneter, später Vicepräsident der zweiten Kammer des württembergischen Landtags – ein tätiger Mann ganz in G.s Sinn. Tüchtig auch als Unternehmer, richtete er seinen Verlag mit den modernsten Maschinen ein, erneuerte den Betrieb auf seinen landwirtschaftlichen Gütern, beteiligte sich an der Leitung eines Kurhotels in Baden-Baden und an der Rhein- und Bodenseedampfschiffahrt. Er gründete 1807 eine literarische Tageszeitung, das *Morgenblatt für gebildete Stände*, 1827 einen Verlag mit vorwiegend graphischer Produktion, die Literarisch-Artistische Anstalt in München, und förderte junge Künstler durch Aufträge und Reisezuschüsse – nicht zuletzt, um damit G.s, von Cotta stets bewundertes Wirken für das mit Schiller und Johann Heinrich Meyer gegründete klassizistische Programm zu unterstützen.

Trotz aller grundsätzlichen Übereinstimmungen gab es jedoch auch Meinungsverschiedenheiten im Lauf dieser langjährigen Kooperation. G. mußte an sensationslüsternen Berichten über Weimar in Cottas Journalen Anstoß nehmen, mußte sich über ungünstige Rezensionen ärgern, und er konnte nicht immer zufrieden sein mit der Ausstattung und dem Druck seiner Werke. Strittig waren auch die Honorare. Cotta fühlte sich durch mangelndes Vertrauen von G.s Seite gekränkt: Bei den Absprachen für eine abschließende Edition von G.s Werken, die die zweite, zwanzigbändige von 1815/19 ablösen sollte und als Ausgabe letzter Hand von 1822 an geplant wurde, begann ein regelrechtes Pokerspiel zwischen beiden, in dem Cotta auf seine Erfahrung und seinen nunmehr renommierten Verlagsnamen, G. auf seine Berühmtheit, auf hohe Angebote anderer Verleger und den großen Arbeitsaufwand setzte, den er zur Herstellung zuverlässiger Texte und zur Beschaffung von Privilegien der deutschen Länder zum Schutz vor dem Nachdruck geleistet hatte. G. verfolgte das Ziel, eine damals noch nicht übliche Beteiligung am Gewinn des Verlegers für alle Autoren durchzusetzen. Wenn das auch noch nicht zu erreichen war, so hat er doch den Weg dahin gewiesen. Da an der Kontroverse auch die Söhne, August von Goethe und Georg von Cotta, beteiligt waren, schien eine Einigung fast unmöglich. Für die Vermittlung sorgte der Kunstgelehrte Sulpiz Boisserée; zur Schlichtung aller Zwistigkeiten trug auch die liebenswürdige zweite Ehefrau Cottas, Elisabeth geb. Freiin von Gemmingen-Guttenberg (1789–1859), die G. bei einem Besuch in Weimar 1828 persönlich kennenlernte, das Ihre bei. 1827 waren die ersten Bände der Ausgabe letzter Hand erschienen; die zunächst geplanten Lieferungen von 40 Bänden haben G. und Cotta erlebt, die im selben Jahr starben.

Literatur:

Fehling, Maria/Schiller, Herbert (Hg.): Briefe an Cotta. 3 Bde. Stuttgart, Berlin 1925–1934. – Kuhn, Dorothea (Hg.): Goethe und Cotta. Briefwechsel 1797–1832. 4 Bde., Stuttgart 1979–1983. – Lohrer, Liselotte: Cotta. Geschichte eines Verlags 1659–1959. Stuttgart 1959. – Schäffle, Albert: Cotta. Berlin 1895. – Unseld, Siegfried: Goethe und seine Verleger. Frankfurt/M. ²1993. – Vollmer, Wilhelm: Briefwechsel zwischen Schiller und Cotta. Stuttgart 1876.

Dorothea Kuhn

Coudray, Clemens Wenzeslaus

(1775–1845)

Am 20.4. 1816 wurde Clemens Wenzeslaus Coudray, der als Hofarchitekt und Professor im Fürstentum Fulda wirkte, nach Weimar berufen und als Großherzoglicher Oberbaudirektor bei der Landesdirektion verpflichtet. Nicht zuletzt auch um der persönlichen Verbindung zu G. willen ist Coudray in weimarische Dienste getreten. Nach seinem ersten Besuch schrieb er an seine Frau: »Besonders lieb zeigte sich mir der große Goethe, der sonst wohl die Excellenz zu spielen versteht«; er bezeichnete G. als den »Patron der Künstler« und als »Kunstbeschützer und Kenner« (28.12. 1815). G. fand in ihm endlich einen Fachmann und zugleich eine Persönlichkeit, mit welcher er alle die Probleme und Aufgaben besprechen konnte, die ihn auf dem Gebiete der Baukunst beschäftigten. Nach über zehnjährigem Wirken des fast dreißig Jahre jüngeren Architekten in Weimar urteilte er: »Coudray ist einer der geschicktesten Architekten unserer Zeit. Er hat sich zu mir gehalten und ich mich zu ihm, und es ist uns beiden von Nutzen gewesen. Hätte ich den vor funfzig Jahren gehabt!« (Eckermann, 12.2. 1829). Dabei dachte G. sicher nicht zuletzt an die langwierigen Bemühungen um den Wiederaufbau des Stadtschlosses oder den Theaterumbau.

Nach einer Ausbildung als Innendekorateur war Coudray durch die Tätigkeit bei Hofbaukonducteur Christian Friedrich Schuricht in Dresden, der in dieser Zeit durch den Innenausbau des Römischen Hauses in Weimar in Kontakt mit G. stand, und bei Hofbaumeister Johann August Heyne in erste Beziehungen zur Baukunst gekommen. Seine eigentliche Architekturausbildung hatte er in den Jahren 1800 bis 1804 an der Ecole Polytechnique in Paris erfahren. Als Meisterschüler von Jean Nicolas Durand gewann er in Wettbewerben mehrere Medaillen. Mit glänzenden Zeugnissen ausgestattet, wurde er als Hofarchitekt und Professor am Lyzeum nach Fulda berufen. Bevor er dieses Amt antrat, rundete er auf einer Italienreise seine Ausbildung ab. Von den Entwürfen dieser Jahre ist allerdings kaum etwas gebaut worden. Ihr besonderer Ertrag lag in den architekturtheoretischen Vorlesungen und in den Erfahrungen aus der Verwaltungstätigkeit.

Coudray kam nach Weimar und fand hier Verhältnisse vor, die die kleine Residenz des nach dem Wiener Kongreß zum Großherzogtum erhobenen Sachsen-Weimar deutlich gegenüber anderen Städten abhoben. Dazu gehörte eine rege Bautätigkeit, die den klassizistischen Baustil bis etwa zur Mitte der 30er Jahre bewahrte und entwickelte. In dieser Zeit hat Coudray als Architekt und Oberbaudirektor das Baugeschehen im Großherzogtum und in der Residenzstadt sowohl in verwaltungstechnischer als auch in architektonischer und städtebaulicher Hinsicht maßgeblich beeinflußt. Auch wenn er nicht zum Bahnbrecher für seine und die kommende Zeit wurde, so hatte er vor allem Bedeutung für die Weiterentwicklung einer rationalen bürgerlichen Baugesinnung. Mit seinem Tode im Jahre 1845 endete ein bedeutungsvolles Kapitel Weimarer Baugeschichte; die weitere Entwicklung war durch die Abkehr vom Klassizismus und die Zuwendung zum Historismus charakterisiert.

Coudrays erstes Bemühen in Weimar galt der Bildung einer Oberbaubehörde zur Verwaltung des gesamten öffentlichen Bauwesens in Stadt und Land. Mit der Verabschiedung einer Bauordnung für die Haupt- und Resi-

denzstadt, der Überarbeitung der Innungsord-
nung für die Maurer sowie – mit engagierter
Unterstützung G.s – der Gründung einer Bau-
gewerkeschule setzte Coudray seine Reformbestrebungen im Bauwesen erfolgreich fort.
Neben der vielfältigen Tätigkeit der Oberbaubehörde auf dem Lande – mit Entwürfen für
Schulen, Kirchen und Pfarrhäuser, mit Planun-
gen für Gehöft- und Dorfanlagen und auch mit
Maßnahmen des Straßen- und Wasserbaus –
konzentrierte sich Coudrays Wirken auf die
Stadt Weimar. Seine städtebaulichen Planun-
gen und die ausgeführten Entwürfe zahlreicher repräsentativer höfischer und bürgerlicher Bauten prägen noch heute das Bild der
Stadt. In diesen zwei sehr arbeitsreichen und
oft auch mit Enttäuschungen verbundenen
Jahrzehnten sind u.a. der Westflügel des
Stadtschlosses mit der Schloßkapelle, die Tor-
und Wachhäuser am Frauenplan und in der
Erfurter Straße, das Kulissenhaus gegenüber
dem Theater, die Fürstengruft auf dem alten
Friedhof, die Hauptwache gegenüber der Bastille und zahlreiche Wohnhausbauten im Zusammenhang mit den Stadterweiterungen im
Westen und Süden errichtet worden.

Manches Bauwerk ist in engem gedanklichen Austausch mit G. und mit dessen starker
Anteilnahme und Förderung entstanden, so
z.B. der Neubau der Bürgerschule neben den
Bertuch-Häusern. G. schrieb dazu: »Das Gebäude bewirkt schon selbst Cultur, wenn man
es von außen ansieht und hineintritt. Die roh-
sten Kinder, die solche Treppen auf- und ab-
gehen, [...] in solchen heitern Sälen Unterricht empfangen, sind schon auf der Stelle aller düstern Dummheit entrückt und sie können einer heitern Thätigkeit ungehindert
entgegen gehen« (an Carl August, 20.7. 1826).
Im gemeinsamen Austausch entstanden die
Ideen für die Gittereinfassungen um Wielands
Grab in Oßmannstedt sowie die Entwürfe für
die beiden weißen Gartentüren und das Mosa-
ikpflaster am Eingang zu G.s Gartenhaus.

Ein besonderes Zeichen für die engen Beziehungen und den lebhaften architektur-fach-
lichen Gedankenaustausch zwischen Coudray
und G. ist die gemeinsame Bemühung um den
Theaterbau in Weimar. Als im März 1825 das

Theatergebäude in Flammen aufgegangen war,
äußerte G. laut Eckermann: »Dieser Brand ist
mir sehr merkwürdig. Ich will Euch nur ver-
raten, daß ich die langen Abendstunden des
Winters mich mit Coudray beschäftigt habe,
den Riß eines für Weimar passenden neuen
schönen Theaters zu machen. Wir hatten uns
von einigen der vorzüglichsten deutschen
Theater Grund- und Durchschnitts-Risse
kommen lassen, und indem wir daraus das
Beste benutzten und das uns fehlerhaft Scheinende vermieden, haben wir einen Riß zu
Stande gebracht, der sich wird können sehen
lassen« (24.3. 1825). Der Entwurf wurde leider nicht ausgeführt.

Bis in G.s letzte Lebensjahre blieb das
freundschaftliche Verhältnis erhalten. In der
Übersicht seiner Lebensereignisse schrieb
Coudray zum Jahr 1828: »Goethes Wohlwollen, ich darf sagen Freundschaft, beglückte
mich auch in diesem Jahr, und ich verbrachte
mit dem Alt-Meister viele frohe und nützliche
Stunden in stiller Abgeschiedenheit« (Schneemann, S. 128). Coudray war als einer der letzten Freunde beim sterbenden G.; durch ihn
wurden dessen Worte an den Diener Friedrich
überliefert: »Mach doch den Fensterladen im
Schlafgemach auf, damit mehr Licht herein
komme« (Gespräche, 3.2, S. 886). Er traf die
Anordnungen für die Aufbahrung, die Über-
führung und Beisetzung in der Fürstengruft,
und auch die Entwürfe zu den Särgen G.s und
Schillers stammen von seiner Hand.

Literatur:

Bach, Anita u.a.: Clemens Wenzeslaus Coudray, Bau-
meister der späten Goethezeit. In: Tradition und
Gegenwart. Weimarer Schriften. 7 (1983), S. 54–69.
– Art. »Coudray«. In: Biedrzynski, Effi: Goethes
Weimar. Ein Lexikon der Personen und Schauplätze.
Zürich 1992, S. 45–49. – Jericke, Alfred/Dolgner,
Dieter: Der Klassizismus in der Baugeschichte Wei-
mars. Weimar 1975. – Schneemann, Walter: C.W.
Coudray, Goethes Baumeister. Weimar 1943. – Sei-
fert, Jürgen: Bauherr und Architekt. In: Hahn, Karl-
Heinz (Hg.): Goethe in Weimar. Ein Kapitel deut-
scher Kulturgeschichte. Leipzig 1986, S. 115–143.

Jürgen Seifert

Dämonisches

Der Begriff des Dämonischen ist eine zentrale Kategorie der Weltanschauung G.s, die für ihn zeit seines Lebens und Schaffens prägende Gültigkeit hatte. Insbesondere dort, wo das Wort als Substantiv gebraucht wird (Dämon, ΔAIMΩN), kann man darin einen spezifischen Leitbegriff seines Denkens erkennen. Indes läßt sich den insgesamt 188 im G.-Wörterbuch erwähnten Belegen unschwer ablesen, daß die semantische Spannweite des Begriffs im Werk weithin dem unscharfen, ja widersprüchlichen Wortgebrauch der damaligen Zeit folgt. Hinzu kommt freilich die ganz eigene Schicksalsvorstellung G.s, wie sie sich vor allem in den letzten anderthalb Jahrzehnten seines Lebens als bestimmendes Prinzip seiner Lebens- und Welterfahrung herausgebildet hat. Diese spezielle Ausdeutung der generellen Begriffsskala, die das Dämonische zum prägenden Kristallisationselement der menschlichen Entwicklung erhebt, steht naturgemäß im Zentrum unseres Interesses.

Den Orientierungshintergrund bildet G.s Vorliebe für deduktive und genetische Zusammenhänge. Wie die Evolution ist in seiner Sicht die Subjekt-Objekt-Relation an die Existenz eines Urphänomens gebunden. Die Nähe des Dämonischen zum Urphänomen wird im Brief an Hegel vom 13.4. 1821 ausdrücklich hervorgehoben. Diese Wechselbeziehung möglichst gleichgewichtig zu halten, war ihm wesensmäßig bedingtes Bedürfnis. Dahinter steckte die Erwartung möglichst weitgehender »Objektivierung des Subjekts« (Georg Simmel). Die dazu nötige transzendierende Ausweitung begründete G. im wesentlichen vom Dämonischen her. Er folgte damit einer Traditionslinie, die von Plato und Aristoteles über Plotin bis zu Spinoza, Gottfried Wilhelm von Leibniz, Emanuel Swedenborg und Johann Georg Hamann reicht.

In direkter Anlehnung an antike Vorstellungen schrieb G. dem Dämonischen anfangs, vor allem in der Sturm-und-Drang-Phase, hauptsächlich den positiven Sinn einer im Menschen wie in der Natur lebenden offenen Energie zu, welche Herz und Geist beflügelt und so die menschliche Schöpferkraft auslöst. Wie schon Hamann in den *Sokratischen Denkwürdigkeiten* sah er im dämonischen Menschen das virtuelle Genie. Zugleich war ihm jedoch bewußt, daß die selben Kräfte dämonischer Produktivität jederzeit umschlagen können ins Chtonisch-Nächtige, das weithin bestimmt ist von Zufall und Tragik. Die kreative und die unheimliche Komponente des Dämonischen stehen seiner Meinung nach in direkter Verbindung mit den heilenden oder zerstörenden Naturkräften. Doch gilt für eine »dämonische Natur«, daß ihre Züge sich in der Regel »in einer durchaus positiven Tatkraft« äußern (Eckermann, 2.3. 1831). Deswegen spricht G. beispielsweise Mephistopheles Dämonisches ab, weil er »ein viel zu negatives Wesen« sei (ebd.). Auf der anderen Seite betont er: »Je höher ein Mensch, [...] desto mehr steht er unter dem Einfluß der Dämonen, und er muß nur immer aufpassen, daß sein leitender Wille nicht auf Abwege gerate« (ebd., 24.3. 1829). Musterfälle solch dämonischer Naturen mit exzessivem Lebens- und Tätigkeitstrieb waren für ihn unter den Zeitgenossen etwa Friedrich II., Peter der Große, Großherzog Carl August, »im höchsten Grade« Napoleon (ebd., 2.3. 1831), unter den Künstlern Mozart (ebd., 6.12. 1829 u. 20.6. 1831), Lord Byron (an Ottilie von Goethe, 18.8. 1823) und Paganini (Eckermann, 2.3. 1831). Dämonischer Art sind gleichfalls etliche der von ihm ins Leben gerufenen literarisch-fiktiven Gestalten, wie etwa Prometheus, Werther, Egmont, Mignon und der Harfner, Orest, Tasso und in erster Linie Faust.

Bedeutsamer und charakteristischer ist freilich die für das Menschenbild G.s wesentliche Konzeption einer Bestimmung des seelischen Erlebens und vor allem die einer generellen Prägung der Persönlichkeit durch die »produktivmachenden Kräfte« (Eckermann, 11.3. 1828) des Dämonischen (»Geprägte Form die lebend sich entwickelt«; WA I, 3, S. 95). In der *Dämon*-Strophe des zyklischen Gedichts *Urworte. Orphisch* (1817) wird sie erstmals einläßlich thematisiert. G. sieht hier im Dämon das wahre Zentrum der Persönlichkeit, den Inbegriff der geheimnisvollen Lebenskräfte, die aufbauend-antreibend, aber genausogut lähmend und zerstörerisch auf uns einwirken können. Damit kommt dem Dämon eine neue Qualität zu. Er bestimmt die unerforschliche innere Gesetzlichkeit des Menschen und ist insoweit »gleichbedeutend mit seiner formgebenden Entelechie« (Spranger, S. 124). Deshalb bezeichnet Alfred Zastrau diese »schaffende Kraft, die auch zerstören muß« als »das eigentliche metaphysische Prinzip der letzten Jahre« G.s (ZASTRAU, Bd. 1, S. 1731). In die Irre jedoch führt der Versuch, das Dämonische kurzerhand mit Okkultismus oder gar »Aberglauben« gleichzusetzen (ZEITLER, Bd. 1, S. 351 u. S. 353). Zwar ist es »durch Verstand und Vernunft nicht aufzulösen« (Eckermann, 2.3. 1831), aber damit noch lange nicht ablösbar vom Geschichtlich-Mythischen. Entschieden zu weit in die andere Richtung geht wiederum die Annahme Walter Muschgs, das Dämonische »ersetze« bei G. »den Gottesbegriff« (Muschg, S. 21). Davon kann, wie etwa der Faust-Schluß zeigt, keine Rede sein. Hingegen stellt Gerhard Schulz mit einer gewissen Berechtigung fest: »Das Schwierige an diesem Begriff [am Dämonischen; d. Vf.] ist, daß er im Grunde eine Privatmythe in einem vorpsychologischen Zeitalter bleibt, die G. teils als rein psychologische, teils als geschichtliche Bezeichnung verwendet« (Schulz, S. 179). In der Sache trifft das durchaus zu; allerdings sollte nicht gleich als »Privatmythe« abgetan werden, was offenkundig für Weltbild und Dichtung G.s vorrangige Bedeutung im Sinne der Gestaltbildung hatte.

Der Reflex des Dämonischen im Werk ist dementsprechend vielfältig. Überall dort nämlich, wo die »Harmonie von Entgegengesetztem« ins Spiel kommt, neigt G. dazu, »Klüfte des Begreifens und der Begriffe zu überbrücken [...] mit seiner Vorstellung eines ›Dämonischen‹« (ebd., S. 178f.). Den Aspekt schöpferischer Offenheit einer dämonischen Existenz verfolgte G. seit der Straßburger Zeit. Das Thema vom Menschen als Halbgott (*Prometheus, Mahomet, Satyros, Ganymed, Urfaust*) gehört ebenso zu diesem Bereich wie die extreme Selbsterweiterung großer Charaktere (*Götz von Berlichingen, Werther, Egmont,* ferner *Tasso* und wiederum *Faust*). Nicht ohne Grund hat der Autor in den Schemata zu *Dichtung und Wahrheit* die Konzeption *Egmonts* mit der Konzeption des Dämonischen gleichgesetzt (WA I, 29, S. 247). Die Verbindung von Größe und Gefahr und damit die Nähe zum Tragischen ist dem Dämonischen allemal eigen. Am *Ödipus von Colonus* machte G. die »dämonische Constitution« und die »düstere Heftigkeit seines Daseins« aus (WA I, 41.2, S. 249). Gleiches gilt für die Erzählkonstruktion der *Wahlverwandtschaften* mit ihrer »dämonischen Zuweisung« (CONRADY, Bd. 2, S. 353). Vor allem Ottilie ist in diesem »Roman des Dämonischen« (Muschg, S. 18) der Musterfall einer dämonischen Existenz. Von ihr führen wiederum Linien hinüber zum *Wilhelm Meister*-Roman (Mignon, hauptsächlich aber Makarie). Ähnliche Bilder dunkler Dämonisierung bestimmen ebenso die Balladen vom *Erlkönig* oder vom *König in Thule*. Überhaupt geht von den schaffenden Naturformen starke dämonische Wirkung aus. Eindringlich demonstriert G. das am Erdgeist in *Faust I* und an den Elfen sowie den Müttern in *Faust II*. Muschg hat mit Recht konstatiert: »Die Klassische Walpurgisnacht ist das größte Fest von Goethes dämonischer Phantasie« (Muschg, S. 19). Erst »das frische Leben« und »der neue Tag« (V. 12086 u. 12093) des *Faust*-Schlusses heben, lösend und erlösend, die dämonischen Kräfte definitiv auf. Ihre wahre, gestaltbildende Kraft aber erfährt G.s Dämon-Konzeption erst im Alterswerk. In der ersten Stanze des *Urworte*-Zyklus wird dem Dämon die Bestimmung der Individualität eines jeden Menschen zugeschrieben. Die vom Autor gemeinte Lebensgesetzlichkeit dient folglich nichts Geringerem als der entelechischen Vervollkommnung des Subjekts. Im Dämonischen, wie G. es verstanden hat, liegt darum ebenso die Möglichkeit einer Steigerung der Natur aus einander widerstrebenden Tendenzen und insofern der Vervollkommnung des Seienden schlechthin begründet.

Literatur:

Anglet, Andreas: Der ›ewige‹ Augenblick. Studien zur Struktur und Funktion eines Denkbildes bei Goethe. Köln u.a. 1991, S. 386–392. – CONRADY, Bd. 1, S. 482–484 u. Bd. 2, S. 437–442. – Franz, Erich: Mensch und Dämon. Goethes Faust als menschliche Tragödie, ironische Weltschau und religiöses Mysterienspiel. Tübingen 1953 (insbes. S. 161–172). – Hankamer, Paul: Spiel der Mächte. Ein Kapitel aus Goethes Leben und Goethes Welt. Stuttgart 1960 (insbes. 120–145). – Kunisch, Hermann: Goethe-Studien. Berlin 1991 (insbes. S. 9–83). – Muschg, Walter: Goethes Glaube an das Dämonische. Stuttgart 1958. – Pott, Hans-Georg: Das Dämonische bei Goethe und Eichendorff. In: Germanica Wratislaviensia. 95 (1992), S. 39–57. – Puszkar, Norbert: Dämonisches und Dämon. Zur Rolle des Schreibens in Goethes *Wahlverwandtschaften*. In: GQu. 59 (1986), S. 414–430. – Schaeder, Grete: Gott und Welt. Drei Kapitel Goethescher Weltanschauung. Hameln 1947 (insbes. S. 94–110). – Schulz, Gerhard: Chaos und Ordnung in Goethes Verständnis von Kunst und Geschichte. In: GoetheJb. 110 (1993), S. 173–183. – Spranger, Eduard: Goethe. Seine geistige Welt. Tübingen 1967 (insbes. S. 123f., S. 169–172 u. S. 303ff.). – ZASTRAU. – ZEITLER.

Theo Buck

Dalberg, Carl Theodor Reichsfrh. von

(1744–1817)

Carl Theodor Reichsfrh. von Dalberg, der den in Erfurt lehrenden Christoph Martin Wieland so vorteilhaft bei Anna Amalia eingeführt hatte, daß diese ihn als Prinzenerzieher abwarb, nutzte als gern gesehener Gast seinen Einfluß in Weimarer Hofkreisen, um Carl August bei der Berufung G.s ins Consilium zu unterstützen. Sofort nach G.s Ankunft entwickelte sich ein enges Verhältnis. G. hat während seines ersten Weimarer Jahrzehnts »schönste Tage« (Tagebuch, 8.11.1776) mit dem Erfurter Statthalter verbracht. An den wilden Unternehmungen mit Carl August beteiligte sich Dalberg oft, allerdings wurde »viel geschwatzt auf dem Pirschgang mit d. Stadthalter und folgl. nichts geschossen« (ebd., 1.10.1776). Themen des »unendlichen Gesprächs« (an Charlotte von Stein, 15.9.1781) waren »viel politische philosophische und poetische Dinge« (Tagebuch, 2.5.1780), dem breiten Interessenspektrum Dalbergs entsprechend.

Der Domkapitular und Verwaltungsjurist Dalberg, einem alten reichsadeligen Geschlecht entstammend, verwirklichte seit 1771 als kurmainzischer Statthalter in Erfurt ein ausgedehntes Reformprogramm. Er wurde 1787 nach heftigen Kabalen zum Koadjutor – zum Nachfolger des Kurfürsten – gewählt, gelangte aber erst 1802 – nach Stationen in Würzburg und Konstanz – mit dem Tode des alten Kurfürsten ins zweifelhafte Amt als Erzbischof und letzter Kurfürst von Mainz. Damit war Dalberg Erzkanzler des Heiligen Römischen Reiches, dessen Zerfall gerade er im Spiel der Mächte nicht aufhalten konnte. Napoleon machte ihn 1806 zum Fürstprimas des Rheinbundes, 1807 zum Fürst von Frankfurt/Main und 1810 zum Großherzog. Mit dem Fall des Korsen dankte Dalberg 1813 ab.

Dalberg verfaßte, nicht nur in seiner Erfurter Zeit, in der er zur großen Politik noch keinen Zugang hatte, Dutzende von Schriften. Jurisprudenz, Geschichte, Bildungspolitik, *Betrachtungen über das Universum* (1777), Moral und Staatskunst, Ästhetik, Baukunst und Chemie sind nur einige Themen, über die er handelte. Schiller, der einen Aufsatz seines Mäzens Dalberg *Ueber Kunstschulen* in den *Horen* drucken mußte, fand ihn »unendlich elend« (an Körner, 5.4.1795). Rückblickend bemerkte auch G. »Unzulänglichkeit in der Philosophie« und Dalbergs »dilettantischen Trieb zur Malerei« (Eckermann, 7.2.1830). Doch gerade Dalbergs vagabundierendes Interesse und seine rasche Empfänglichkeit qualifizierten ihn zum Förderer und Anreger. Den jungen Wilhelm von Humboldt regte er 1792 zu einem Aufsatz über die beste Staatsverfassung an – während Humboldt eine liberale Verfassung entwarf, erstellte Dalberg ganz im Sinne einer Aufklärung von oben einen Gesamtkatalog von Aufgaben, die der gute Souverän zu bewältigen habe.

Die Weimar-Erfurter Allianz funktionierte. Der (katholische) Dalberg unterstützte die Berufung Herders nach Weimar, G. vermittelte Dalbergs »phisiognomische Bemerkungen« an Lavater (G. an Lavater, 1.5. 1780). Dalberg wiederum brachte mit Hilfe G.s ein Rom-Stipendium für Maler Müller auf den Weg. Für Dalbergs Bruder, den Mannheimer Intendanten Wolfgang Heribert von Dalberg, sollte G. ein Stück schreiben; so wurde er zur Arbeit an der Prosafassung der *Iphigenie* motiviert (an Dalberg, 21.7. 1779).

G. war von Dalbergs »trefflicher Gewandtheit« und »beneidenswerther Leichtigkeit« »in bürgerlichen und Politischen Dingen« fasziniert: »Für mich ist sein Umgang von viel Nuzzen. Durch die Erzählungen aus seinem manigfaltigen politischen Treiben, hebt er meinen Geist aus dem einfachen Gewebe in das ich mich einspinne«. Doch zugleich zweifelte G. am grenzenlosen Optimismus Dalbergs, der Moral und Politik identifizierte. Er sei »doch eigentlich auch kein rechtes Kind dieser Welt, und so klug und brav seine Plane sind, fürcht ich doch es geht einer nach dem andern zu scheitern« (an Charlotte von Stein, 5.5. 1780).

Dalberg, Freimaurer und Mitglied des radikalaufklärerischen Illuminatenordens (»Baco von Verulam«) mit hohem Ordensrang wie G. und Carl August auch, wurde vom Weimarer Herzog massiv für sein Fürstenbundprojekt eingespannt. Carl August wiederum spielte 1787 bei der Wahl Dalbergs zum Koadjutor mit »metallenen Hilfstruppen« und politischen Intrigen, von denen der ehrenhafte Kandidat nichts wissen wollte, eine maßgebliche Rolle. G. gratulierte Dalberg aus Italien zur vollzogenen Wahl.

Mit der häufigeren Abwesenheit Dalbergs aus Erfurt und den politischen Umwälzungen lockerte sich das Verhältnis langsam. G. und Dalberg einte ihre antirevolutionäre Haltung und die Faszination durch Napoleon. Angesichts des Auszugs der Studenten aus Jena nach Übergriffen der Hofjäger verhinderte G. deren freundliche Aufnahme in Erfurt, indem er Dalberg die bescheidenen Studentenunruhen als »Bild jener größern Übel« (wenn auch nur als »Kinderkrankheit«) vorstellte (an Dalberg, 19.7. 1792).

Das gemeinsame Augenmerk galt immer mehr naturwissenschaftlichen Fragen. Dalberg, Gründer der Naturforschenden Gesellschaft in Erfurt, nahm regen Anteil an der Entstehung der *Farbenlehre*, und G. sandte Versuchsmaterial, auch einen Aufsatz (LA I, 3, S. 464–474), der »neue Freude und neuen Nutzen« brachte (an Dalberg, 19.3. 1794). Auch auf die *Morphologie* hat Dalberg »treulich«, »fördernd« und »geistreich« eingewirkt. »Bei aller wissenschaftlichen Arbeit bin ich ihm viel schuldig geworden, weil er das mir eigentümliche Hinstarren auf die Natur zu bewegen, zu beleben wußte«, stellte G. fest. Dalberg »hatte den Mut, durch gewisse gelenke Wortformeln, das Angeschaute zu vermitteln, an den Verstand heran zu bringen« (LA I, 9, S. 70 f.).

Auf dem Erfurter Fürstentag traf G. den Fürstprimas noch einmal und versuchte, Dalberg für sein Projekt, dem »Nachdrucks-Unwesen« Einhalt zu gebieten (an Cotta, 1.10. 1809), und für die Entlassung aus dem Frankfurter Bürgerrecht »mit Beseitigung üblicher Formen« (an Schlosser, 26.10. 1808), d.h. unter Nachlaß der üblichen Vermögensabgabe, zu gewinnen – beides ohne Erfolg, obwohl G. so charmante Agentinnen wie Bettina Brentano und Caroline von Wolzogen einspannte.

Der »für alles Gute so thätige« Dalberg (WA I, 36, S. 317) war G. rückblickend ein »Hoffnungsstern« der »wissenschaftl. und literaren Cultur«, die, »weltbürgerlicher Natur«, die Herrscher anleitet, »Unterthanen glücklich zu machen« (WA I, 53, S. 383). Wie Anna Amalia und Carl August war Dalberg einer jener Fürsten, an die sich G.s Hoffnungen auf einen aufgeklärten Absolutismus knüpften. Dalberg sei »ein Mann der wohl verdient hätte das ihm angeborne und zugedachte Glück in friedlicher Zeit zu erreichen, die höchsten Stellen durch unermüdete Wirksamkeit zu schmücken und den Vorteil derselben mit den Seinigen bequem zu genießen« (LA I, 9, S. 70) – mit diesem Nachruf ehrte G. Dalberg zu einem Zeitpunkt, als dieser wegen seiner napoleonfreundlichen Politik, die zumindest die Restbestände des alten Reiches erhalten sollte, von den Deutschnationalen schon längst heftig angefeindet wurde.

Literatur:

Beaulieu-Marconnay, Karl Frhr. von: Karl von Dalberg und seine Zeit. Zur Biographie und Charakteristik des Fürsten Primas. 2 Bde. Weimar 1879. – Färber, Konrad Maria: Kaiser und Erzkanzler. Carl von Dalberg und Napoleon am Ende des Alten Reiches. Regensburg 1988. – Rob, Klaus: Karl Theodor von Dalberg (1744–1817). Eine politische Biographie für die Jahre 1744–1806. Frankfurt/M. u.a. 1984. – Vulpius, Wolfgang: Goethe und Karl Theodor von Dalberg. In: GoetheJb. 90 (1973), S. 212–232.

Michael Holtermann

Denkmäler

Die Denkmäler für G. sind ein wichtiger Bereich der Rezeptionsgeschichte des Dichters und seines Werkes. G. war einer der wenigen, denen bereits zu Lebzeiten Monumente gesetzt wurden. Die frühesten waren zwei denkmalartig im Freien aufgestellte Büsten von Gottlieb Martin Klauer (1782, Tiefurt bei Weimar und Seifersdorf bei Dresden). Das erste öffentliche ganzfigurige Standbild G.s unter freiem Himmel, 1844 in Frankfurt/M. errichtet, schuf Ludwig Schwanthaler. Die Verwirklichung dieses Monumentes hatte sich über 25 Jahre hingezogen, wobei man die bedeutendsten Bildhauer der Zeit einzubeziehen versucht hatte. G. selbst hatte noch an der Planung mitgewirkt. Von dem Unternehmen, namentlich von den Entwürfen Christian Daniel Rauchs (1823/24), gingen weitreichende Impulse für die Entwicklung des G.-Denkmals aus. Auch ein Denkmalsentwurf Bettina von Arnims entstand in diesem Umfeld. Das bis heute bekannteste und am stärksten unsere Vorstellung von der äußeren Erscheinung G.s (wie auch Schillers) bestimmende Denkmal ist das Doppelstandbild G.s und Schillers in Weimar von Rauchs Meisterschüler Ernst Rietschel (1857). Bedeutende Monumente für G. gibt bzw. gab es weiterhin in München (Max von Widnmann, 1869), Berlin (Fritz Schaper, 1880), Karlsbad (Adolf von Donndorf, 1883), Wien (Edmund Hellmer, 1900), Leipzig (Carl Seffner, 1903), Darmstadt (Ludwig Habich u. Adolf Zeller, 1903), Straßburg (Ernst Waegener, 1904), Rom (Gustav Eberlein, 1904) und Chicago (Hermann Hahn, 1914).

Denkmäler für G. gehörten im 19. Jh., der Epoche der Entfaltung und Blüte des bürgerlichen Standbildes, zu den vornehmsten Aufgaben der Monumentalplastik, vor allem im deutschsprachigen Raum. Zunächst überwog die Darstellung des älteren G., des »Dichterfürsten«. In der zweiten Hälfte des 19. Jhs. nahm der Wunsch nach Wiedergabe eines jüngeren G. im Denkmal zu. Orientierung boten hierfür vornehmlich die Büsten Alexander Trippels von 1787/90 und verschiedene bildliche Darstellungen aus G.s mittlerem Lebensalter, wie insbesondere Johann Heinrich Wilhelm Tischbeins Gemälde *G. in der Campagna* von 1786/88. Schon bald aber kam – wohl analog mit der allgemeinen Rezeptionsgeschichte – erneut der alternde »Dichterfürst« zu Ehren, wie er durch eine Bildnisbüste Rauchs (1820), dessen Statuette G.s im Hausrock (1828) und das bekannte Gemälde Joseph Stielers (1828) tradiert ist.

Die Bedeutung G.s für das öffentliche Denkmal resultiert aus seiner schon früh erkannten geistesgeschichtlichen Stellung im allgemeinen wie seinem »standbildhaften« Dasein im besonderen. Bis zu seinem Tod 1832 gab es bereits fast genauso viele ihm gewidmete Denkmalvorhaben (12) wie im darauffolgenden Jahrhundertdrittel (14). Mehr als doppelt so viele (34) waren es in der Zeit zwischen 1866 und den Jahren bis zum Ersten Weltkrieg. Zu einer Häufung kam es insbesondere im Zusammenhang mit den G.-Jubiläen 1849 und 1899. Das Dichterdenkmal, das den Gefeierten in ganzer Gestalt und in realistischer, historisierender Darstellung zeigte, war in der zweiten Hälfte des 19. Jhs. eine Modeerscheinung geworden. Nach dem Ersten Weltkrieg gab es nur noch vereinzelt neue Monumente für G., etwa im zeitlichen Umkreis des G.-Jahres 1932. In jüngerer Zeit entstanden Denkmäler in den 1960er Jahren (z.T. als Ersatz für im Zweiten Weltkrieg verlorengegangene: München, Marienbad) und 1986 ein nichtfigürliches, abstraktes Monument aus Beton von Eduardo Chilida in Frankfurt/M.

Topographisch betrachtet, waren es vorrangig die Stätten von G.s Wirken in Deutschland und Böhmen, für die man Monumente plante und ausführte. Den umfangreichsten Bestand außerhalb dieses Bereiches gibt es in Nordamerika. Die genaue Anzahl der ihm bis heute in aller Welt gewidmeten Denkmäler und die Umstände von deren Entstehung sind jedoch nicht leicht zu überblicken, da es eine in ganzer Breite zusammenfassende Darstellung zur Geschichte des G.-Denkmals bisher nicht gibt.

G. selbst hat sich bei verschiedenen Gelegenheiten zum Thema »Denkmal« geäußert, z.B. in den Aufsätzen *Denkmale* (BA 19, S. 442f.) und *Betrachtungen über ein dem Dichter Goethe in seiner Vaterstadt zu errichtendes Denkmal* (BA 16, S. 429–433), aber auch in seinem literarischen Werk (*Die Wahlverwandtschaften*; BA 12, bes. S. 139f.).

Literatur:

Gamer, Jörg: Goethe-Denkmäler – Schiller-Denkmäler. In: Mittig, Hans Ernst/Plagemann, Volker (Hg.): Denkmäler im 19. Jahrhundert. Deutung und Kritik. München 1972, S. 141–162. – Schuchard, Jutta: ›Goethe auf dem Postament‹ – Goethe-Denkmäler. In: GoetheJb. 106 (1989), S. 278–308. – Selbmann, Rolf: Dichterdenkmäler in Deutschland. Literaturgeschichte in Erz und Stein. Stuttgart 1988. – Voerkel, Stefan: Goethe im Denkmal. Das Leipziger Standbild des jungen Goethe von Carl Ludwig Seffner. Phil. Diss. Leipzig 1990 (Ms.). – Weddigen, Otto: Die Ruhestätten und Denkmäler unserer deutschen Dichter. Halle 1904.

Stefan Voerkel

Despotismus

»Ueberhaupt pflegt man bey Beurtheilung der verschiedenen Regierungsformen nicht genug zu beachten, daß in allen, wie sie auch heißen, Freyheit und Knechtschaft zugleich polarisch existire. Steht die Gewalt bey Einem, so ist die Menge unterwürfig, ist die Gewalt bey der Menge, so steht der Einzelne im Nachtheil; dieses geht denn durch alle Stufen durch, bis sich vielleicht irgendwo ein Gleichgewicht, jedoch nur auf kurze Zeit, finden kann« (FA I, 5.1, S. 192). Niemals höre man mehr von Freiheit reden, als wenn eine Partei eine andere unterjochen wolle. »Freyheit ist die leise Parole heimlich Verschworner, das laute Feldgeschrey der öffentlich Umwälzenden, ja das Losungswort der Despotie selbst, wenn sie ihre unterjochte Masse gegen den Feind anführt, und ihr von auswärtigem Druck Erlösung auf alle Zeiten verspricht« (ebd., S. 193). G. macht diese nachdenkliche Bemerkung in den *Noten und Abhandlungen zu besserem Verständniß des West-östlichen Divans* bei seinem Versuch, die »Westländer« über die ihnen so fremde persische Dichtkunst »und was ihr ähnlich ist« aufzuklären (ebd., S. 185f.). Den entscheidenden Grund für die Fremdheit erkennt er in der »geistigen und körperlichen Unterwürfigkeit [des Orientalen; d. Vf.] unter seinen Herren und Oberen« (ebd., S. 186). Was er dann über »das Verhältniß der Despoten zu den Ihrigen, und wiefern es noch menschlich sey« (ebd., S. 189) sagt, gehört einerseits in den Kontext der durch Montesquieus *Esprit des Lois* (1748) ausgelösten Diskussion um die naturalen, sozialen und historischen Voraussetzungen der verschiedenen Regierungsformen – der republikanischen, monarchischen, despotischen – und die ihnen entsprechenden politischen Tugenden. Während die Frage nach der Funktionsfähigkeit der republikanischen erst durch die amerikanische und vor allem die Französische Revolution akut wurde – die alten europäischen Republiken galten weitgehend als oligarchisch erstarrt, allenfalls für Klein- und Stadtstaaten geeignet –, gewann die Unterscheidung zwischen monarchischer und despotischer Regierung im 18. Jh. zunehmende politische Brisanz. Montesquieu definierte die monarchische als eine solche, bei der »ein einzelner, aber nach fest bestimmten Gesetzen regiert«, während bei der despotischen »ein einzelner ohne Recht und Gesetz alles nach seinem Willen und seinen Launen lenkt« (2. Buch, 1. Kap.). Hatte im christlichen Europa lange das »heidnische« Osmanenreich als Despotie gegolten, so wurde dieses nicht nur in der aufgeklärten Kritik an den politischen, sozialen und kirchlichen Verhältnissen in Europa aufgewertet. Die – mehr oder weniger erfolgreiche – »absolutistische« Politik europäischer Monarchen und ihrer Regierungen, unter politischer Ausschaltung der »pouvoirs intermédiaires« (Montesquieu), also ständischer Vertretungen, städtischer Magistrate und der Kirchen, alle legislative, exekutive und jurisdiktionelle Gewalt zu konzentrieren, wurde zunehmend als »despotisch« kritisiert, selbst die Reformpolitik aufgeklärter Regierungen (u.a. Friedrichs II., Josephs II., Katharinas II.), weil sie ihre fortschrittlichen Ziele unter Nutzung ihrer Machtkonzentration verfolgten. Montesquieus »monarchische Regierung« war eine limitierte, die »Zwischengewalten« erhaltende, die Regierten, durch Repräsentation vermittelt, an der Regierung beteiligende und dadurch Freiheit sichernde. Die »monarchie absolue« wie der begrifflich widersprüchliche »despotism eclairé« gerieten in die Schußlinie einer Kritik, die sie als »despotisch« diskreditierte. Eine zweite Komponente für G.s Verwendung des Despotismus-Begriffs resultierte aus eigener lebenszeitlicher und lebensweltlicher Erfahrung: die Beobachtung der von der äußeren Macht- und inneren Entwicklungspolitik »absolutistisch« regierter Staaten ausgehenden wachsenden politischen Dynamik und des Verlaufs der Revolution in Frankreich vom Aufbruch in die Freiheit jedes einzelnen zum Despotismus der Massen. »Frankreichs traurig Geschick, die Großen mögen's bedenken; / Aber bedenken fürwahr sollen es Kleine noch mehr. / Große gingen zu Grunde: doch wer beschützte die Menge / Gegen die Menge?

Da war Menge der Menge Tyrann« (*Venezianische Epigramme* [53]; WA I, 1, S. 320).

Selbstverständlich verteidigt G. nicht den orientalischen Despotismus; er versucht das »knechtische Verfahren« der Dichter im »Osten« aus dem »moralisch-climatischen Zustand« (FA I, 3.1, S. 162) zu erklären, der der despotischen Regierungsform entspreche. Wichtiger ist ihm jedoch, auf die anthropologischen Polaritäten und die Morphologie kultureller Entwicklung abzuheben, die den Herrscher zum Despotismus, die Beherrschten zur Anpassung oder zum Widerstand nötigen können. »Ein Reich zu bevölkern oder zu entvölkern ist dem despotischen Willen gleich gemäß« (ebd., S. 260). Große Völker können durch den Despotismus wechselweise erhöht und erniedrigt werden.

Das Thema der Polarität im Gang der Weltgeschichte hat G. seit der Französischen Revolution und Napoleon stark beschäftigt. Im Gespräch mit Riemer heißt es 1809: »Der reine wahre Despotismus entwickelt sich aus dem Freiheitssinne«, denn der Freiheitssinn strebe »ins Unbedingte«, er wolle herrschen, ohne daß es ihm immer gelinge. Sei dies jedoch »bei einem« der Fall, »so ist der Despot fertig« (Gespräche, 2, S. 423f.). In diesem Sinne konnte G. Napoleons Herrschaft eine »despotische« nennen (Eckermann, 4.5. 1827). Der Despot kann kraft seiner Gewalt Gutes bewirken; aber er ist von Hybris bedroht, provoziert Widerstand; nicht der Despot an sich, aber das System des Despotismus ist ein verderbliches. Der Tyrann kann Größe haben, die Tyrannei nicht; an sie können sich die »knechtischen Seelen« gewöhnen, selbst wenn sie den Tyrannen hassen; wer »edel und groß« ist, aber haßt die Tyrannei. An Pierre Jean de Béranger lobt G., daß er die großen Eigenschaften Napoleons bewunderte, »ohne jedoch eine Fortsetzung seiner despotischen Herrschaft zu wünschen«, das »schwach gewordene Geschlecht« der Franzosen unter den wiedergekehrten Bourbonen jedoch erhoffe neue große Eigenschaften auf dem Thron (Eckermann, 4.5. 1827).

Zu den nicht häufigen historischen Betrachtungen G.s gehört – in den Maximen und Reflexionen – der Gedanke, daß es zwei »Momente« in der Weltgeschichte gebe, die sich in den verschiedensten Verschränkungen »an Individuen und Völkern zeigen«: zum einen die Epoche des »Werdens, des Friedens, des Nährens, der Künste, der Wissenschaften, der Gemüthlichkeit, der Vernunft« – dieser Zustand aber löse sich zuletzt in »Parteisucht und Anarchie« auf –, zum andern die Epoche »des Benutzens, des Kriegens, des Verzehrens, der Technik, des Wissens, des Verstandes«. Sie gewähren »unter gewissen Bedingungen« Dauer und Genuß, doch artet ein solcher Zustand in »Selbstsucht und Tyrannei« aus, »wo man sich aber keineswegs den Tyrannen als eine einzelne Person zu denken nöthig hat; es gibt eine Tyrannei ganzer Massen, die höchst gewaltsam und unwiderstehlich ist« (WA II, 3, S. 133). Diesem Verständnis des Prozesses der Geschichte entspricht G.s spätes Bekenntnis, mit dem er seine Haltung zur Französischen Revolution rechtfertigte: »Es ist wahr, ich konnte kein Freund der französischen Revolution sein, denn ihre Greuel standen mir zu nahe und empörten mich täglich und stündlich, während ihre wohltätigen Folgen damals noch nicht zu ersehen waren [...] Ebensowenig aber war ich ein Freund herrischer Willkür. Auch war ich vollkommen überzeugt, daß irgend eine große Revolution nie Schuld des Volkes ist, sondern der Regierung. Revolutionen sind ganz unmöglich, sobald die Regierungen fortwährend gerecht und fortwährend wach sind, so daß sie ihnen durch zeitgemäße Verbesserungen entgegenkommen, und sich nicht so lange sträuben, bis das Notwendige von unten her erzwungen wird« (Eckermann, 4. 1. 1824).

Rudolf Vierhaus

Dessau/Wörlitz

Zwischen 1776 und 1797 besuchte G. Dessau, die Haupt- und Residenzstadt des Fürstentums Anhalt-Dessau, insgesamt achtmal. Seine erste Beziehung zu Dessau hatte sich jedoch schon früher ergeben, durch die Berufung seines Leipziger Mentors Ernst Wolfgang Behrisch zum Erzieher an den Hof des Fürsten Leopold Friedrich Franz von Anhalt-Dessau (1740–1817). Der junge G. hatte in diesem Fürsten noch einen typischen Barockherrscher gesehen, wie der Brief an Behrisch vom 3. 11. 1767 belegt. Im späten Rückblick in *Dichtung und Wahrheit* nannte G. ihn einen »in jeder Rücksicht trefflichen Fürsten« (WA I, 27, S. 144). Der Fürst galt allgemein als ein Muster des Reformabsolutismus und als bedeutendster Landschaftsgestalter seiner Zeit.

Die Wörlitzer Anlagen sah G. erstmals 1776; zwei Jahre später zeichnete er das Schloß. Vor allem erschien ihm das Dessau-Wörlitzer Gartenreich vorbildhaft: »Der Park in Dessau, als einer der ersten und vorzüglichsten berühmt und besucht, erweckte Lust der Nacheiferung«, heißt es noch 1822 im *Schema zu einem Aufsatze die Pflanzencultur im Großherzogthum Weimar darzustellen* (WA II, 6, S. 229). Schon bei seinen ersten Besuchen beschrieb G. das neue Stilgefühl, welches Wörlitz dem Besucher vermittelte (an Charlotte von Stein, 14. 5. 1778). In den 80er Jahren wurde dem Landschaftsgestalter Franz auf der Ilmhöhe ein Denkstein gesetzt; G. ehrte den Fürsten u.a. Initiatoren der »Gartenrevolution« (vgl. Hennebo) außerdem im Jahre 1799 durch die Aufstellung von Büsten in der Weimarer Bibliothek.

Besonders interessiert war der Staatsbeamte G. an reformerischen Bemühungen um die Volkserziehung aus dem Geiste der Aufklärung. Den Gründer des Dessauer Philanthropinums, Johann Bernhard Basedow (1724–1790), hatte er bereits 1774 auf einer gemeinsam mit Johann Caspar Lavater unternommenen Reise kennengelernt und die ambivalente Atmosphäre des Zusammentreffens im poetischen Selbstporträt eingefangen: »Prophete rechts, Prophete links, / Das Weltkind in der Mitten« (WA I, 2, S. 267). G. besuchte das Philanthropinum im Winter 1776, begegnete Basedow aber danach nicht wieder. Legt man die Äußerungen in *Dichtung und Wahrheit* zugrunde, resultierte G.s Distanzierung sowohl

aus der Skepsis gegenüber Basedows pädagogischen Prinzipien und methodischem Vorgehen als auch aus der Ablehnung seiner zur
Intoleranz neigenden Persönlichkeit (vgl. WA
I, 28, S. 272ff.).

Angesichts der Baukunst des Andrea Palladio erinnerte sich G. in Italien an Dessau (Tagebuch, 11. 10. 1786). Später veranlaßte er, daß
der Weimarer Baurat Carl Friedrich Christian
Steiner und der Architekt Clemens Wenceslaus Coudray zur Konsultation des Baugesche-
hens nach Dessau geschickt wurden. Die Einflüsse des dort wirkenden Baumeisters Friedrich Wilhelm von Erdmannsdorff finden sich
im Römischen Haus des Ilmparks, das u. a. in
Anlehnung an die Sieglitzer Solitüde bei Dessau gebaut wurde. Man konsultierte Erdmannsdorff auch für den Festsaal im Schloß.
Bei seinem letzten Besuch in Dessau im Januar
1797 besichtigte G. den Neubau der Mulde-
brücke, und 1798 verfolgte er mit Interesse
den Bau des Dessauer Schauspielhauses.

Mit den Zielen der »Allgemeinen Buch-
handlung der Gelehrten und Künstler« und
der Verlagskasse (1781–1784) übereinstimmend, die Dichter, Künstler, Gelehrte und Verleger »zu gemeinsamem Anteil an der gemeinsamen Arbeit verbinden wollte« (Grävenitz,
S. 377), hoffte G. zeitweilig, von dort seine
erste Werkausgabe »in GroßQuart mit lateinischen Lettern in die Welt fahren« zu lassen
(Sander an Gleim, 24. 8. 1782). Doch dieses
Projekt wurde erst durch Georg Joachim Göschen verwirklicht, der das gescheiterte ge-
nossenschaftliche Unternehmen reprivati-
sierte und sich die bestehenden Geschäftsverbindungen zunutze machte.

G.s letzter Besuch galt dem Gemälde *Amor
und Psyche* der Angelika Kauffmann im Lui-
sium, dem Lieblingssitz der Fürstin Louise,
sowie der Chalkographischen Gesellschaft,
dem neuen »Kupferstecher Institut im kleinen
Schlosse« zu Dessau (Tagebuch, 3. 1. 1797). An
der Arbeit dieser Reproduktionsanstalt nahm
er regen Anteil, wie u. a. seine Fürsprache in
den *Propyläen* beweist (WA I, 47, S. 46, S. 279,
S. 282, S. 286 u. S. 365–367). Zugleich hoffte
er, daß sich die Dessauer Stecher an einer der
Weimarer *Preisaufgaben* beteiligen würden
(WA I, 48, S. 219f. u. S. 229).

Das »Nymphäum« im Park zu Wörlitz

G.s lebenslanges Interesse für »Dessauer
Personal und Verhältniß« (Tagebuch, 16. 4.
1820) erklärt sich nicht zuletzt aus verwandtschaftlichen Beziehungen: G. war mütterlicherseits verwandt mit der Dessauer Familie
von Loen, sein Großonkel Johann Michael von
Loen war ein Schwager des Fürsten Franz; G.s
Schwiegertochter Ottilie war in Dessau aufgewachsen. Zu ihren Verwandten schickte G.
1829 und 1830 seine Enkel Walther und Wolfgang auf Bildungstour. Sie berichteten ihm
u. a. über das »altdeutsche Haus« (Tagebuch,
26. 7. 1830), den Aufbewahrungsort einer eindrucksvollen Sammlung, die den Fürsten
Franz von Anhalt-Dessau zum eigentlichen Initiator der Neugotik auf dem europäischen
Kontinent machte.

Die Bedeutung des Bildungserlebnisses
Dessau-Wörlitz war G. zu jeder Zeit präsent:
Auch Christiane hatte er zu einer Reise nach
Dessau geraten, an einen Ort, wo sie mehrere
Tage benötige, wenn sie »alles sehen und mit
einiger Ruhe genießen« wolle (12. 7. 1803).

Literatur:

Grävenitz, George von: »Dessau«. In: Zeitler, Bd.
1, S. 376f. – Hennebo, Dieter: Goethes Beziehungen
zur Gartenkunst seiner Zeit. In: JbFDtHochst. 1979,

S. 90–119. – Hirsch, Erhard: Dessau-Wörlitz. Aufklärung und Frühklassik. ›Zierde und Inbegriff des 18. Jahrhunderts‹. Leipzig, München 1987. – Ders.: Experiment Fortschritt. Praktizierte Aufklärung. Dessau 1990. – Ders.: ›Anhaltdessaubiederkeit‹. In: G. Mühlpfordt-Fs. Weimar 1997. – Reil, Friedrich: Leopold Friedrich Franz. Dessau 1845.

Hans-Dietrich Dahnke/Regine Otto

Deutsche

Ähnlich wie in den zeitgenössischen Wörterbüchern war für G. der Begriff »der Deutsche« (auch: »Teutsche«) nicht streng definiert, auf keinen Fall im Sinne einer modernen Staatsangehörigkeit. Die Deutschen des 18. Jhs. waren Staatsuntertanen und fühlten sich als Bayern, Mecklenburger, Sachsen und Preußen ihrem Staat als Nation verpflichtet. Eine Doppelidentität als Deutscher war von staatlicher Seite nicht erwünscht und daher bis 1815 auf den intellektuellen oder künstlerischen Bereich beschränkt. Zwischen 1806 und 1820 bildete sich in Reaktion auf die französische Besetzung und auf den Wiener Kongreß, der die Bildung eines deutschen Nationalstaates verhinderte, ein deutscher Nationalismus in Verbindung mit dem Liberalismus heraus. G. stand diesem frühen Nationalismus als liberaler Oppositionsbewegung skeptisch, doch nicht völlig ablehnend gegenüber. Diese Einstellung kommt auch in seinem Gebrauch des Wortes »der Deutsche« zum Ausdruck.

Teilweise hatte der Begriff im 18. Jh. noch eine archaische Bedeutung, der sich auch G. bediente, wenn er zusammen mit dem Adjektiv »alt« damit die Germanen und ihre »biederen« Tugenden meinte. Im weitesten Sinn gebrauchte G. das Wort zur Bezeichnung der Angehörigen der deutschsprachigen Territorien des Heiligen Römischen Reiches und deren Gesellschaft, Geschichte und Kultur. Außerdem bezeichnete er damit den Träger positiver Eigenschaften, wie »Redlichkeit, Treue, Fleiß u.a.« (GWb), wobei er das Wort fast synonym mit »Biedermann« verwendete. In der Rezension der *Preisaufgabe betreffend 1800* verwahrte er sich gegen das Vorurteil der Langsamkeit, Schwerfälligkeit und Zweitrangigkeit des »deutschen Genies« und erklärte: »Dem bescheidenen, wenig ruhmredigen Deutschen ist der Glaube an sich selbst von je her etwas schwer geworden, und doch kann ohne denselben nichts vollkommen wohl gedeihen« (WA I, 48, S. 18). Diese Tugenden könnten jedoch zu Schwerfälligkeit, Pedanterie oder sogar Schwermut führen: »Es ist der Charakter der Deutschen, daß sie über allem schwer werden, und daß alles über ihnen schwer wird« (WA I, 52, S. 270). Außerdem kritisierte G. die Neigung zu Individualismus und Isolation. Im *Didaktischen Theil der Farbenlehre* von 1808 bemerkte er: »Überhaupt wäre es zu wünschen, daß die Deutschen, die so vieles Gute leisten, indem sie sich das Gute fremder Nationen aneignen, sich nach und nach gewöhnten, in Gesellschaft zu arbeiten« (WA II, 1, S. 290). In einem Brief an Johann Friedrich Rochlitz sprach G. die Hoffnung aus, daß »der Deutsche immer mehr einsehen lernt, daß nirgends für ihn Heil zu finden sey als bey seinen Landsleuten« (27.2. 1815). Noch 1827 schrieb er in einem Brief an Carl August Varnhagen von Ense: »Dem Deutschen fehlt [...] der Trieb, die Lust, das Bedürfniß, sich im geselligen Leben zu bilden« (8. 11. 1827).

G. verwendete das Wort auch zur Charakteristik einzelner Personen. In einem Brief aus Rom schlug er 1786 den Kunsthistoriker Aloys Ludwig Hirt als Mitarbeiter für Wielands *Deutschen Merkur* vor mit der Empfehlung, daß er »ein trockner, treuer fleißiger Deutscher« sei (an Wieland, 17. 11. 1786), und von Denis Diderot heißt es in *Dichtung und Wahrheit*, daß er »in alle dem, weßhalb ihn die Franzosen tadeln, ein wahrer Deutscher ist« (WA I, 28, S. 64).

Zumeist kritisch gebrauchte G. das Wort aus seiner Sicht als Autor in Äußerungen über sein Publikum. So beklagte er sich bereits 1790: »Die Deutschen sind [...] rechtliche, biedere Menschen aber von Originalität, Erfindung, Charackter [...] eines Kunstwercks haben sie nicht den mindesten Begriff. Das heißt mit Einem Worte sie haben keinen Geschmack« (an Reichardt, 28.2. 1790). Diese Kritik steigerte sich zu der scharfen Absage an das deutsche Lesepublikum von 1817: »Sie mögen mich nicht! Das matte Wort! Ich mag sie auch nicht! Ich habe es ihnen nie recht zu Danke gemacht!« (Falk, S. 92). Im Briefwechsel mit Carl Friedrich Zelter zeigte sich G. voll von Invektiven gegen sein Publikum: »Die lieben Deutschen kenn ich schon: erst schweigen sie, dann mäkeln sie, dann beseitigen, dann bestehlen und verschweigen sie« (9.8. 1816). Oder: »Die lieben Deutschen glauben nur Geist zu haben wenn sie paradox d.h. ungerecht sind« (27.7. 1828).

Das Wort diente G. auch, wenn er von seinen Landsleuten als Angehörigen einer durch gemeinsame Kultur geprägten Gesellschaft sprach, besonders im Hinblick auf die Entstehung eines deutschen Nationalbewußtseins. Als er 1795 im Zentrum seines Aufsatzes *Literarischer Sansculottismus* die Frage nach einer klassischen Literatur in Deutschland erörterte, stellte er fest, daß »die Bildung der höheren Classen durch fremde Sitten und ausländische Literatur [...] den Deutschen als Deutschen [hinderte; d. Vf.] sich früher zu entwickeln« (WA I, 40, S. 200f.), und somit eine klassische Literatur nicht zu erwarten sei. Doch zwanzig Jahre später registrierte er in seinem Reisebericht *Kunst und Alterthum am Rhein und Main* 1816 anläßlich der Bemühungen der Romantiker um mittelalterliche Architektur, daß der »patriotische Deutsche« auf der Suche nach Identität »leidenschaftlich in Gedanken beschäftigt [sei; d. Vf.] seiner heiligen Baudenkmale sich zu erfreuen« (WA I, 34.1, S. 197).

In *Wilhelm Meisters Lehrjahren* führte G. zwei Figuren ein, die sich besonders mit ihrer Deutschheit identifizieren, ohne daß er sie damit als eindeutig positive Charaktere herausstellte: Bei Aurelie ist die Deutschheit mit Schwärmerei und einer unglücklichen Liebschaft verbunden, bei Therese dient sie zur Kennzeichnung ihres nüchtern pragmatischen Wesens. Aurelie berichtet, welcher Gedanke sie geleitet habe, als sie die Bühne mit der

Hoffnung auf ein zukünftiges Nationaltheater betrat: »Was waren die Deutschen nicht in meiner Einbildung, was konnten sie nicht sein!« (WA I, 22, S. 96).

Im Gefolge der Französischen Revolution, besonders im Zusammenhang mit den Koalitions- und Befreiungskriegen faßte G. mit dem Wort Deutsche die Angehörigen des deutschen Staatenbundes zusammen. In *Herrmann und Dorothea* von 1797 verwahrt sich der Titelheld gegen den Einfluß der Französischen Revolution: »Nicht dem Deutschen geziemt es, die fürchterliche Bewegung / Fortzuleiten« (WA I, 50, S. 267), und im Plural dient das Wort zur Bezeichnung der österreichischen und preußischen Koalitionstruppen: »Und es wendete sich das Glück auf die Seite der Deutschen, / Und der Franke floh mit eiligen Märschen zurücke« (ebd., S. 234). Sein Wunschbild in Hinsicht auf die Deutschen artikulierte G. in den *Venezianischen Epigrammen* 1790 am Beispiel seines Herzogs Carl August: »Klein ist unter den Fürsten Germaniens freilich der meine; / [...] / Aber so wende nach innen, so wende nach außen die Kräfte / Jeder; da wär's ein Fest, Deutscher mit Deutschen zu sein« (WA I, 1, S. 315).

Schließlich erwies sich das Wort als »programmatisch in G.s Idealvorstellung des humanen, kosmopolitischen Deutschen, insbesondere im Hinblick auf seine Rolle im ›Weltliteratur‹-Programm« (GWb). Ausgehend von der Erfahrung seiner eigenen Auslandsreisen stellte G. fest, daß er »weder Blick noch Schritt in fremde Lande gethan, als in der Absicht das allgemein Menschliche [...] unter den verschiedensten Formen kennen zu lernen« und solches in seinem »Vaterlande wiederzufinden, anzuerkennen, zu fördern«. Im Rahmen dieses kosmopolitischen Bildungskonzepts rechtfertigte er »die Bestimmung des Deutschen, sich zum Repräsentanten der sämmtlichen Weltbürger zu erheben« (an Büchler, 14.6. 1820), und erklärte im Hinblick auf das Programm einer Weltliteratur: »Ich bin überzeugt daß eine Weltliteratur sich bilde [...]. Der Deutsche kann und soll hier am meisten wirken, er wird eine schöne Rolle bey diesem großen Zusammentreten zu spielen haben«

(an Streckfuß, 23.1.1827). Unter Weltliteratur verstand G. »das wahrhaft Verdienstliche«, das sich dadurch auszeichne, »daß es der ganzen Menschheit angehört«; im Briefwechsel mit Thomas Carlyle versuchte G. 1827 seinen englischen Übersetzer davon zu überzeugen, daß die Deutschen »zu einer solchen Vermittlung und wechselseitigen Anerkennung [...] seit langer Zeit schon« beigetragen hätten (20.7. 1827).

Im Hinblick auf die politische Zukunft der Deutschen war G. nicht so optimistisch. Unter Berufung auf die Klagen über das jüdische Volk in der Bibel wiederholte er toposartig in seinen Gesprächen zwischen 1806 und 1812: »Der beste Rat [...] sei, [...] die Deutschen, wie die Juden, in alle Welt zu zerstreuen, nur auswärts seien sie noch erträglich« (Gespräche, 2, S. 383). Gegenüber dem Historiker Heinrich Luden sprach er am 13.12.1813 von dem »bitteren Schmerz«, den er beim Gedanken an das »teutsche Volk« empfinde, »das so achtbar im Einzelnen und so miserabel im Ganzen« sei. Ein Vergleich des deutschen Volkes mit anderen Völkern errege bei ihm »peinliche Gefühle«. Die Entfaltung deutscher Literatur und Wissenschaft schien ihm nur ein »leidiger Trost« angesichts der mangelnden politischen und staatlichen Bedeutung zu sein. Der »Glaube an Teutschlands Zukunft«, den er laut Luden im Anschluß daran äußerte, hatte mehr Tröstungsfunktion als Gewißheit: »Ja, das teutsche Volk verspricht eine Zukunft, hat eine Zukunft. Das Schicksal der Teutschen ist, mit Napoleon zu reden, noch nicht erfüllt« (ebd., S. 866f.). 1814 allerdings nahm er seine ausgeprägte Skepsis hinsichtlich der »Erhebung des teutschen Volkes« (ebd., S. 868), die er im Gespräch mit Luden im Dezember 1813 artikuliert hatte, zurück. Mit dem Festspiel *Des Epimenides Erwachen* von 1814 versuchte er, sein nationales Versäumnis nachzuholen und sich dem Diskurs des zeitgenössischen Nationalismus anzupassen: »So rissen wir uns rings herum / Von fremden Banden los. / Nun sind wir Deutsche wiederum, / Nun sind wir wieder groß« (WA I, 16, S. 380). Über die »Einheit Deutschlands« urteilte G. später im Gespräch mit Johann Peter Eckermann vom 23.10.1828

positiv und sah sie durch den technologischen und wirtschaftlichen Fortschritt gewährleistet, während er sich gegen eine zentrale Hauptstadt negativ aussprach.

Seine eigene Bedeutung, »was ich den Deutschen überhaupt, besonders den jungen Dichtern geworden bin«, faßte G. darin zusammen, daß er sich als »ihren B e f r e i e r« sah (WA I, 42.2, S. 106).

Für die Rezeption der G.schen Auffassung der Deutschen im 20. Jh. wurde Thomas Manns Exilroman *Lotte in Weimar* (1939) zum Paradebeispiel, so daß man G. beim Nürnberger Prozeß nach *Lotte in Weimar* zitierte, obwohl eine Reihe von G.-Aussagen über die Deutschen in diesem Roman nicht in G.s Werken, Briefen oder Gesprächen nachzuweisen sind.

Literatur:

Boerner, Peter: ›Sie mögen mich nicht! Ich mag sie auch nicht!‹ Goethe über die Deutschen. In: Scheuer, Helmut (Hg.): Dichter und ihre Nation. Frankfurt/M. 1993, S. 138–150. – Falk, Johannes Daniel: Goethe aus näherm persönlichen Umgange dargestellt. Leipzig 1832. – GWb, Bd. 2, Sp. 1164–1170. – Hermann, Ulrich (Hg.): Volk, Nation, Vaterland. Hamburg 1996. – Leppmann, Wolfgang: Goethe und die Deutschen. Bern, München 1982. – Wehler, Hans-Ulrich: Deutsche Gesellschaftsgeschichte. Bd. 2. München ²1989. – Weitz, Hans-Joachim (Hg.): Goethe über die Deutschen. Frankfurt/M. 1965.

Ehrhard Bahr

Deutschland

Der Begriff wurde von G. erstaunlich häufig verwendet, obwohl Deutschland zu seiner Zeit weder als Staat noch als eindeutig festgelegte geographische Einheit existierte, vor allem nicht als politische Nation, wie Amerika und Frankreich seit Ende des 18. Jhs. Unproblematisch war G.s Gebrauch zur Bezeichnung des geographischen Raums, bei dem sich über 50

Jahre keine Veränderung feststellen läßt, ob es sich nun um einen Brief an Johann Heinrich Merck vom 5.8. 1778 handelt, in dem G. die Aussicht vom Brocken beschreibt und »die Gegend von Teutschland« unter sich »alles von Wolken bedeckt« sieht, oder um einen Brief an Kaspar Maria von Sternberg vom 29.6. 1829, in dem er über Böhmen bemerkt, »wie schroff« es trotz seiner Nähe »von dem übrigen benachbarten Deutschland abgeschlossen ist«.

Als Bezeichnung des geistig-kulturellen Raums verwendete G. Deutschland häufig metonymisch, wobei auch polemische Töne zur Geltung kamen. Ganz objektiv heißt es z.B. in einem Brief vom 1.9. 1803 an Carl August über Herder, daß dieser »durch seine Schriften, seinen Stand, seine Persönlichkeit in großem Ansehen durch ganz Deutschland« stehe. Doch oft kam ein sarkastischer Ton zum Vorschein, wenn G. literarische Fragen diskutierte und in einem Brief an Karl Ludwig von Knebel vom 9.7. 1790 vom »prosaischen Deutschland« sprach, in dem es keinen Raum für Gedichte gäbe.

Besondere Bedeutung kam dem Begriff in G.s Äußerungen über das Verhältnis von kultureller und staatlicher Identität im Zusammenhang einer deutschen Klassik zu. In seinem Aufsatz *Literarischer Sansculottismus* von 1795 entschuldigte G. die Situation in Deutschland im Hinblick auf die »geographische Lage«, die die deutsche Nation »eng zusammenhält, indem ihre politische sie zerstückelt« und somit eine klassische Literatur verhindert. In Anspielung auf die Französische Revolution wollte G. jedoch »die Umwälzungen nicht wünschen, die in Deutschland classische Werke vorbereiten könnten« (WA I, 40, S. 199). Die Krise des Nationalbewußtseins zwischen 1795 und 1806 spiegelt sich in G.s und Schillers *Xenien* aus dem Jahr 1797, in denen es auffällig viele Belege gibt. Unter dem Titel *Das deutsche Reich* ist die Aporie zwischen Reich und gebildeter Nation thematisiert: »Deutschland? Aber wo liegt es? Ich weiß das Land nicht zu finden, / Wo das gelehrte beginnt, hört das politische auf« (WA I, 5.1, S. 218). Im kulturellen Programm der *Xenien* diente der Begriff der literarischen Pole-

mik: »Alles in Deutschland hat sich in Prosa und Versen verschlimmert, / Ach! und hinter uns liegt weit schon die goldene Zeit« (ebd., S. 250). Über die beabsichtigte Wirkung der *Xenien* machte sich G. keine Illusionen: »Deutschland fragt nach Gedichten nicht viel; ihr kleinen Gesellen, / Lärmt, bis jeglicher sich wundernd an's Fenster begibt« (ebd., S. 222). Später, in den *Zahmen Xenien*, galt G.s Unmut den Sprachreinigern, deren Absicht sei: »Teutschland soll rein sich isolieren, / einen Pest-Cordon um die Gränze führen« (ebd., S. 143).

In Gegenüberstellung zu anderen Ländern, meistens Italien oder Griechenland, verwendete G. das Wort oft zur Charakterisierung deutscher Mängel, so wenn er in einem Brief an Friederike Oeser vom 13.2. 1769 schrieb, daß »unter Deutschlands Eichen [...] keine Nymphen gebohren [wurden; d. Vf.] wie unter den Myrthen, im Tempe«, oder wenn er im Nachtrag zur *Metamorphose der Pflanzen* erklärte: »Aus Italien dem formreichen war ich in das gestaltlose Deutschland zurückgewiesen« (*Zur Morphologie. Verfolg*; WA II, 6, S. 131). Über die Mittelmäßigkeit der deutschen Künstler in Rom schrieb G. an Schiller am 30.12. 1795: »Deutschland kann sich nicht entlaufen und wenn es nach Rom liefe, überall wird es von der Platitüde begleitet«.

Von wesentlicher Bedeutung war der Begriff im staatspolitischen Sinne, zumeist angewandt auf das Staatsgebilde des Heiligen Römischen Reiches Deutscher Nation und dessen Nachfolgestaaten und im Zusammenhang mit der zeitgenössischen politischen Situation, besonders in den Jahren von der Französischen Revolution bis zur Gründung des Deutschen Bundes 1815. Zunächst bedeutete Deutschland für G. das Heilige Römische Reich Deutscher Nation. Im *Götz von Berlichingen* wird das Reich kritisiert, weil es seine Funktion als Ordnungsmacht nicht mehr erfülle. Sowohl Götz als auch Weislingen beklagen die »unruhigen Köpfe in ganz Deutschland« und wünschen eine Beruhigung Deutschlands (WA I, 8, S. 115), sie unterscheiden sich freilich in den Mitteln zur Herbeiführung dieses Zustandes. Sogar die Anführer der revolutionären Bauern benutzen Deutschland als Argument, um Götz zur Annahme der Hauptmannschaft zu überreden: »Die Fürsten werden dir Dank wissen, ganz Deutschland« (ebd., S. 144). Später in *Dichtung und Wahrheit* übernahm G. Samuel von Pufendorfs Formel über die Verfassung des Reiches (*De statu imperii Germanici*, 1667), wenn im 12. Buch von dem »monstrosen Zustand dieses durchaus kranken Körpers« die Rede ist, »der nur durch ein Wunder am Leben erhalten ward« (WA I, 28, S. 134).

Für die Klagen über den Zerfall des alten Reiches hatte G. nach 1806 nur Spott übrig: »In der Welt [...] nichts als Jeremiaden [...] über ein Ganzes jammern, das verloren sein soll, das denn doch in Deutschland kein Mensch sein Lebtag gesehen, noch viel weniger sich darum bekümmert hat« (an Zelter, 27.6.1807). G. nahm keinen Anstoß daran, daß es zwischen 1806 und 1814 drei Deutschland gab: Österreich, Preußen und den Rheinbund. Den Befreiungskriegen stand er skeptisch gegenüber. Auch den Deutschen Bund von 1815 ließ er nicht als Ersatz für Deutschland gelten, obwohl dieser in seiner Verfassung den eigenen Vorstellungen von einem politischen und kulturellen Föderalismus entgegenkam. Noch 1830 erklärte G. im Gespräch laut Johann Peter Eckermann über nationales Interesse als Bedingung politischer Dichtung: »Wir haben keine Stadt, ja wir haben nicht einmal ein Land, von dem wir entschieden sagen könnten: Hier ist Deutschland!« (14.3. 1830). Um diese Zeit war Deutschlands staatliche Einheit in weite Ferne gerückt. Immerhin vertraute G. darauf, daß wirtschaftliche Entwicklung (Zollverein) und Technologie (Straßen- und Eisenbahnnetz) zur Einheit führen würden: »Mir ist nicht bange [...], daß Deutschland nicht eins werde« (Eckermann, 23.10. 1828). Zugleich beharrte er bei seinem Bekenntnis zum politischen und kulturellen Föderalismus und sprach sich ausdrücklich gegen »eine einzige große Residenz« (ebd.) bzw. Hauptstadt aus.

Literatur:

Dann, Otto: Nation und Nationalismus in Deutschland 1770–1990. München 1994. – GWb, Bd. 2, Sp. 1170. – Mommsen, Wilhelm: Die politischen Anschauungen Goethes. Stuttgart 1948. – Schulze, Hagen: Der Weg zum Nationalstaat. Nationalbewegung vom 18. Jh. bis zur Reichsgründung. München 1985. – Wehler, Hans-Ulrich: Deutsche Gesellschaftsgeschichte. Bd. 2. München ²1989.

Ehrhard Bahr

Deutsche Literatur

G.s Verhältnis zur deutschen Literatur war entsprechend seiner eigenen dichterischen Entwicklung und der Gestaltung seiner Publikumsbeziehung wechselhaft, und es unterlag mehreren Wandlungen. G. hat von seiner Jugend bis in sein hohes Alter immer aufmerksam verfolgt, was in der deutschen Literatur geschah, hat sich mit dieser auseinandergesetzt, ihre Entwicklungswege mit kritischem Urteil begleitet. Dabei ging es ihm sowohl um eine auf das eigene Schaffen bezogene künstlerische Selbstverständigung als auch um Versuche fördernder Einflußnahme auf das Werden deutscher Literatur sowie auf die Geschmacksbildung des Publikums.

In der frühen Sturm-und-Drang-Periode war G. neben Herder, Jakob Michael Reinhold Lenz und Johann Heinrich Merck ein begeisterter Verkünder neuer literarisch-ästhetischer Grundsätze, die sich in Abwendung von klassizistischen Standpunkten, von der noch bei Gotthold Ephraim Lessing ganz unbestrittenen Gültigkeit antiker Muster, zur gotisch-deutschen Kunst und Literatur bekannten. In einer – wahrscheinlich von Merck verfaßten – Rezension in den *Frankfurter Gelehrten Anzeigen* 1772 wurde der »allgemeinen Orthodoxie des Geschmacks« die Vorstellung einer Dichtkunst entgegengehalten, »die aus vollem Herzen und wahrer Empfindung strömt« und die am Ende das erzeugen helfen solle, »was wir dann deutschen Geschmack, deuts c h e s G e f ü h l nennen würden« (WA I, 37, S. 197 ff.). Für G. und andere Stürmer und Dränger war das »Deutsche« in Kunst und Literatur gleichbedeutend mit dem Originalen und Charakteristischen, es stand für ein Programm »wahrer« Kunst, die Wirkliches, Geschichtliches, Menschliches nicht nachahmend, sondern schöpferisch gestaltete. Das Nationale wurde dabei als die konkrete Fassung von Historischem begriffen. Die von Herder 1773 herausgegebene ästhetische Programmschrift *Von deutscher Art und Kunst*, an der G. mit einem Aufsatz *Von deutscher Baukunst* beteiligt war, umriß Grundzüge eines neuen bürgerlichen Weltbildes und einer neuen bürgerlichen Kunstauffassung. Die Begriffe »deutsche Kunst« oder »deutsche Literatur« wurden dabei vorwiegend in idealtheoretischem Sinne gebraucht. Mit ihnen sollten der Praxis des Kunstschaffens Orientierung und Impulse gegeben werden.

Während Intensität und Umfang der Kenntnisnahme deutscher Literatur auch in der Weimarer Zeit G.s nicht nachließen, änderten sich doch die Gesichtspunkte, unter denen G. die deutsche Literatur betrachtete und beurteilte. Er hielt sich zwar weiterhin vom literarischen Tagesgezänk und Cliquenwesen zurück, verteidigte die deutsche Literatur aber entschieden gegen Angriffe, wenn diese grundsätzliche historische, ästhetische oder politische Streitfragen berührten. Das geschah einmal nach der Veröffentlichung der Schrift *De la littérature allemande* von Friedrich II. im November 1780, und es wiederholte sich mit der scharfen Zurückweisung einer »sansculottischen« Literaturauffassung, wie sie Daniel Jenisch in dem Aufsatz *Über Prosa und Beredsamkeit der Deutschen* vorgetragen hatte, der 1795 im März- und Aprilheft des *Berlinischen Archivs der Zeit und ihres Geschmacks* erschienen war.

Der preußische König Friedrich II. hatte von der Position einer konservativ-klassizistischen Kunstauffassung ein verächtliches Urteil über die zeitgenössische deutsche Literatur, dabei namentlich auch über G.s *Götz von Berlichingen*, abgegeben. G. reagierte darauf mit einer dialogischen Satire, die im Januar und Februar 1781 entstand und im März nach kritischen Bemerkungen Herders (vgl. G. an Herder, 23.3. 1781) überarbeitet wurde. Den Text teilte G. den Weimarer Freunden und Vertrauten mit: der herzoglichen Familie, Charlotte von Stein, Luise von Göchhausen, Karl Ludwig von Knebel und natürlich Herder, eine Abschrift ging auch an den Herzog von Gotha. Eine geplante Fortsetzung unterblieb, aber auch der vorhandene Text wurde nicht veröffentlicht, und er wurde auch nicht überliefert. Aus einem Brief Herders an Johann Georg Hamann vom 11.5. 1781 wissen wir, daß es sich um ein Gespräch »in einem Wirthshause zu Frankfurt, an der table d'hote« gehandelt habe, das ein Deutscher und ein Franzose über des Königs Schrift *De la littérature allemande* führen. Politischer Rücksichten wegen ließ sich G. von Herder und dem Herzog von Gotha die vorgesehene Veröffentlichung ausreden. So beschränkte G. sich darauf, in einem Brief vom 21.6. 1781 an Jenny Wilhelmine Juliane von Voigts der Möserschen Gegenschrift gegen Friedrich II., die unter dem Titel *Ueber die deutsche Sprache und Litteratur* in den *Westphälischen Beyträgen zum Nutzen und Vergnügen* erschienen war, lebhaft zuzustimmen. G. schrieb darin Jenny von Voigts, der Tochter von Justus Möser, daß ihr Herr Vater »bei diesem Anlaße so viel verwandte und weit herumliegende Ideen rege gemacht, daß ihm jeder Deutsche, dem es um die gute Sache und um den Fortgang der angefangenen Bemühungen zu thun ist, danken muß. Was er von meinen Sachen sagt, dafür bleib ich ihm verbunden, denn ich habe mir zum Gesetz gemacht, über mich selbst und das Meinige ein gewissenhaftes Stillschweigen zu beobachten«. In dem letzten Satz wird vermutlich ein weiterer Grund dafür erkennbar, daß G. es für besser hielt, auf des Königs Schrift nicht selbst öffentlich zu antworten.

Im Falle der Kontroverse mit Jenisch wies G. einen Angriff auf die deutsche Literatur zurück, der inhaltlich aus einer ganz anderen Richtung kam. Jenisch war ein Berliner Aufklärer, der zum weiteren Kreis der sog. deutschen Jakobiner zählte. Er hatte in der deutschen Literatur im Vergleich zu Frankreich einen beklagenswerten Mangel an Klassizität und politisch geschulter »Prosa und Beredsamkeit« festgestellt. G. nannte in seiner Replik *Literarischer Sansculottismus*, die im Mai 1795 geschrieben und im fünften Stück der *Horen* anonym veröffentlicht wurde, den Gesichtspunkt und das Urteil Jenischs unangemessen und unhaltbar. G. empfand eine unverhohlene Abneigung gegen die Französische Revolution, deren weltgeschichtliche Bedeutung ihm zu diesem Zeitpunkt noch nicht bewußt geworden war. Zu dem politischen Gegensatz traten persönliche Empfindlichkeiten G.s, weil Jenisch zu den Kritikern G.s gehörte. G. entschloß sich deshalb zu einer schroffen Zurechtweisung, bei der er sich von dem »übelgedachten und übelgeschriebenen Text« (WA I, 40, S. 197) Jenischs mit Argumenten distanzierte, die auf den Feldern von Literaturgeschichte und -kritik denen seines Kontrahenten überlegen waren. Der von G. polemisch gebrauchte Begriff des »Sansculottismus« meinte die »rohe Zudringlichkeit« und »ungebildete Anmaßung« eines Kritikers, der »sich in einen Kreis von Bessern zu drängen, ja Bessere zu verdrängen und sich an ihre Stelle zu setzen denkt« (ebd.). Dem abwertenden Urteil Jenischs über die deutsche Literatur hielt G. entgegen, daß man die ungünstigen Voraussetzungen bedenken müsse, die für die deutschen Schriftsteller und die deutsche Literatur gegeben seien. Sie bestünden in der politischen Zerstückelung der deutschen Nation, in der Hinwendung der höheren Stände zu fremden Sitten und ausländischer Literatur, im Fehlen eines literarisch-kulturellen Zentrums, das junge Schriftsteller anziehen, orientieren, fördern könne. »Nirgends in Deutschland ist ein Mittelpunct gesellschaftlicher Lebensbildung, wo sich Schriftsteller zusammen fänden und nach Einer Art, in Einem Sinne, jeder in seinem Fache sich ausbilden könnten« (ebd., S. 199). Bedenke man dies, müsse man mit Respekt und Anerkennung »die Arbeiten deutscher Poeten und Prosaisten von entschiednem Namen« (ebd., S. 201) betrachten. G. hob besonders die literarische Leistung Christoph Martin Wielands hervor, der zu jenen zähle, die »eine Art von unsichtbarer Schule« (ebd.,

S. 202) entstehen ließen, so daß »der junge Mann, der jetzt hineintritt [...], in einen viel größeren und lichteren Kreis [kommt; d. Vf.] als der frühere Schriftsteller« (ebd.). Es sei ein Zustand erreicht, daß viele in Deutschland gut schrieben, und G. bilanziert: »So sieht ein heitrer billiger Deutscher die Schriftsteller seiner Nation auf einer schönen Stufe und ist überzeugt, daß sich auch das Publicum nicht durch einen mißlaunischen Krittler werde irre machen lassen« (ebd., S. 203).

Dieses Plädoyer für die deutsche Literatur entstand aus der Abwehr einer ungerechten und tadelsüchtigen Kritik, und ihm lag auch die Absicht der Rechtfertigung des eigenen Schaffens zugrunde. Die generelle Richtung von G.s Äußerungen über die zeitgenössische deutsche Literatur war damit allerdings nicht angegeben. G. ging zwar davon aus, daß die Literatur des späten 18. Jhs. allgemein einen Fortschritt gegenüber der Gottsched-Adelungischen Epoche erkennen lasse, aber sein Verhältnis zu den verschiedenen Vertretern und Strömungen der deutschen Literatur gestaltete sich zunehmend schwierig. Nachdem G. und Schiller sich in der Mitte der 90er Jahre über Grundlinien einer künstlerischen Zusammenarbeit verständigt hatten, bemühten sie sich darum, ihrem literarischen Konzept in der Öffentlichkeit Geltung und Anerkennung zu verschaffen. Dabei stützten sie sich auf eigene literarische Werke, auf kunsttheoretische Aufsätze und auf die von Schiller seit 1795 herausgegebene Zeitschrift *Die Horen*, die die besten Schriftsteller Deutschlands vereinigen und die Geschmacksbildung des Publikums im Sinne der Weimarer Klassik lenken sollte. Schon der erste Jahrgang der *Horen* fand eine große Aufmerksamkeit, rief aber auch ein breites kritisches Echo hervor. Das hatte vielfache Gründe. Es gab Widerstände gegen den Gedanken der ästhetischen Autonomie und einen vermeintlichen moralischen Indifferentismus der Weimarer Klassiker, und es gab Vorbehalte gegen eine sich offenbar etablierende Kunstinstanz. Ihr wurde eine Suche nach Standpunkten entgegengestellt, die den Zeitumständen und den Bedürfnissen des Publikums besser gerecht würden. Zuweilen mag auch persönlicher Neid deutscher Autoren auf die berühmten Weimarer Kollegen hämische Angriffe verursacht haben. G. und Schiller sahen sich weitgehend isoliert. Sie nahmen den Fehdehandschuh auf und eröffneten in den *Xenien* einen literarischen » K r i e g«, wie Schiller es im Brief an G. vom 23.11. 1795 nannte. Die *Xenien* erschienen im September 1796 in Schillers *Musenalmanach für das Jahr 1797.* Sie sind eine umfassende satirische Darstellung des zeitgenössischen Literaturbetriebes in Deutschland, eine öffentliche Ausstellung und Musterung der Hauptgegner der Weimarer Klassik. Wichtigstes Angriffsziel ist die nach Meinung G.s und Schillers seichte Aufklärung, für die vor allem der Name Christoph Friedrich Nicolai, aber auch die Namen Johann Joachim Eschenburg, Johann Wilhelm Ludwig Gleim u.a. stehen. In Xenion 256 heißt es mit Bezug auf die *Deutsche Monatsschrift,* zu deren Mitarbeitern Gleim und Eschenburg gehörten, »Deutsch in Künsten gewöhnlich heißt mittelmäßig!« (WA I, 5.1, S. 242). Gegenstände der Kritik sind die verschiedenen Vertreter einer philiströsen Bürgerlichkeit, eines Geistes der Mittelmäßigkeit, der Halbheit und Schiefheit in Literatur und Popularphilosophie. Xenion 58 aus dem Nachlaß spricht rügend von »dem deutschen Gemisch alberner Albernheit« (ebd., S. 277), und Xenion 39 aus dem Nachlaß weiß zwar den deutschen » K ö r p e r«, nicht aber den deutschen » G e i s t« zu finden (ebd., S. 275). Während Wieland respektvoll und schonend behandelt wird, sind weitere Angriffsziele die frühen Romantiker, Autoren der trivialen Literatur, aber auch die deutschen Leser, bei denen weder »Enthusiasmus« noch auch nur »Höflichkeit« zu finden seien (ebd., S. 289).

Die *Xenien* G.s und Schillers lösten einen Skandal aus, zu dem auch heftige Gegenreaktionen der Angegriffenen gehörten. G. hielt es aber schon bald nicht für sinnvoll, den Literaturstreit öffentlich fortzusetzen, sondern er wollte das Publikum und die literarischen Gegner eher durch eigene Kunstleistungen überzeugen oder wenigstens in die Schranken weisen. Im Brief an Schiller vom 15.11. 1796 schrieb er: »Nach dem tollen Wagestück mit den Xenien müssen wir uns blos großer und würdiger Kunstwerke befleißigen und unsere proteische Natur, zu Beschämung aller Gegner, in die Gestalten des Edlen und Guten umwandeln«. Im Brief an Schiller vom 7.12. 1796 bekräftigte G. den Entschluß, die »positiven Arbeiten« fortzusetzen und den literarischen Widersachern zunächst die »Qual der Negation« zu überlassen.

G.s Verhältnis zur zeitgenössischen deutschen Literatur und ihren Vertretern blieb konfliktreich und schwierig. Mit Autoren wie Hölderlin und Jean Paul wußte er nichts anzufangen. Seine Beziehungen zu den deutschen Romantikern waren rückläufig. Die Frühromantiker hatten noch gute Kontakte zu G. gesucht, dessen künstlerische Autorität anerkannt, ihn nach seiner Meinung gefragt, wenn Zweifel bestanden, ob Manuskripte im *Athenaeum* veröffentlicht werden sollten. Auch G. hat eine Zeitlang den literarischen Werken der Romantiker wohlwollende Aufmerksamkeit geschenkt und z.B. Stücke von Friedrich Schlegel (*Alarcos*), August Wilhelm Schlegel (*Jon*) und Heinrich von Kleist (*Der zerbrochne Krug*) auf dem Weimarer Theater spielen lassen. Bald verschärften sich aber seine künstlerischen Vorbehalte gegen Kleist bis zur völligen Ablehnung. Der Erzähler E. T. A. Hoffmann blieb G. fremd, von einem Modeautor wie Friedrich de la Motte Fouqué hielt er nicht viel, jüngere Dichter wie Adelbert von Chamisso, Joseph Freiherr von Eichendorff und Ludwig Uhland beachtete er kaum. G.s tiefe Abneigung gegen die katholisierende Mittelalterschwärmerei der Romantik sowie seine Distanz zur patriotischen Begeisterung der Befreiungskriege verstärkten seine literarische Vereinsamung. Da half es auch nicht viel, daß er im Januar 1806 dem ersten Band von *Des Knaben Wunderhorn* eine freundliche Rezension in der *Jenaischen Allgemeinen Literatur-Zeitung* widmete, daß er den Dramatiker Zacharias Werner auf der Weimarer Bühne förderte und daß er poetischen Dilettanten, den sog. »Naturdichtern« (vgl. WA I, 41.2, S. 48), wiederholt seinen fachkundigen und wohlmeinenden Rat erteilte.

Die kritisch reservierte bis ablehnende Haltung des älteren G. gegenüber der jüngsten deutschen Literatur und ihren wichtigsten Vertretern gründete in den tiefen Vorbehalten, mit denen G. charakteristische Tendenzen der modernen Literatur betrachtete. Schon in der Mitte der 90er Jahre hatte er in den *Unterhaltungen deutscher Ausgewanderten* dargestellt, daß die Poesie sich den zerstörerischen Einflüssen der modernen Zeit, den geschichtlich-politischen Widersprüchen und Interessenkämpfen entziehen müsse, wenn sie sich der Wahrheit und Schönheit verpflichtet fühle und dazu beitragen wolle, sowohl das menschliche Individuum als auch die harmonische Geselligkeit zu fördern. Der im Spätwerk G.s vorherrschende antikisierende Symbolstil war die Konsequenz solcher Einsicht. Er war Ausweis der Zugehörigkeit zu einer »Gemeinschaft der Heiligen«, zu der sich G. im Brief an Zelter vom 18.6. 1831 bekannte. Ihr standen die »leidigen Dichter« gegenüber, die die Zauberin Erichtho am Beginn der *Klassischen Walpurgisnacht* in den Versen 7007 bis 7009 von *Faust II* tadelnd anspricht, weil sie im »Übermaß verlästern« und »doch nie in Lob und Tadel« endigen (WA I, 15.1, S. 110). Die »leidigen Dichter« (ebd.) sind den Widersprüchen und Widerwärtigkeiten des Historischen verfallen. Von parteiischer Tadelsucht geprägt, opfern sie die Wahrheit und die Schönheit dem partikularen Interesse. Einen negativen Höhepunkt solcher Fehlentwicklung der modernen Literatur erblickte der alte G. in der »neusten französischen Romanliteratur«. Sie nennt der schon erwähnte Brief an Zelter vom 18.6. 1831 »e i n e L i t e r a t u r d e r V e rz w e i f l u n g [...] Das Häßliche, das Abscheuliche, das Grausame, das Nichtswürdige, mit der ganzen Sippschaft des Verworfenen, in's Unmögliche zu überbieten, ist ihr satanisches Geschäft«. Einer so beschaffenen modernen Literatur, die sich als romantisch verstand, hielt G. seine berühmte Maxime entgegen: »Classisch ist das Gesunde, romantisch das Kranke« (MuR, 1031). Dem »Kranken« in der neuesten Literatur widersprach G. mit Leidenschaft und Verachtung: »Das Romantische ist schon in seinen Abgrund verlaufen; das Gräßlichste der neuern Productionen ist

kaum noch gesunkener zu denken« (MuR, 1033).

Der alte G. hat sich nicht darauf beschränkt, den in seinen Augen besorgniserregenden Tendenzen der neuesten Literatur verurteilend und warnend entgegenzutreten, sondern er hat sich auch bemüht, den Lauf der Dinge zu ändern. Er hat sich fortgesetzt mit der jüngsten deutschen Literatur beschäftigt und insbesondere jungen Schriftstellern Mut zugesprochen und Empfehlungen gegeben. Ihm wurden, wie er 1827 schrieb, »theils unmittelbar von Verfassern und Verlegern, theils durch die Aufmerksamkeit freundlicher Literatoren« (WA I, 41.2, S. 279) regelmäßig Werke der neuesten deutschen Poesie zugeschickt, so daß er einen guten Überblick gewann und »zum Nachdenken« (ebd.) angeregt wurde. Noch kurz vor seinem Tode schrieb er in der Beilage eines Briefes an Melchior Meyr vom 22.1. 1832, die die Überschrift *Wohlgemeinte Erwiderung* trägt und mit dem Datum 19.1. 1832 versehen ist: »Nur allzu oft werden mir von jungen Männern deutsche Gedichte zugesendet mit dem Wunsch, ich möge sie nicht allein beurtheilen, sondern auch über den eigentlichen dichterischen Beruf des Verfassers meine Gedanken eröffnen«. G. beantwortete solche Wünsche mit wohlmeinendem Zuspruch. Die deutsche Sprache sei inzwischen »auf einen so hohen Grad der Ausbildung gelangt, daß einem jeden in die Hand gegeben ist, sowohl in Prosa als in Rhythmen und Reimen sich dem Gegenstande wie der Empfindung gemäß nach seinem Vermögen glücklich auszudrücken« (ebd.). Es fehle in der deutschen Literatur nicht an poetischen Talenten, die Gutes für die Zukunft versprächen. »Man sieht manch schönes Naturell, das sich von herkömmlichen Regeln befreit hat, sich nach eigner Art und Weise zu beschäftigen und auszudrücken bemüht ist« (WA I, 41.2, S. 279). Ihnen widmete G. sein *Wort für junge Dichter*, das in seinen letzten Lebensjahren entstand und das von Johann Peter Eckermann 1833 aus dem Nachlaß in Band 45 der Ausgabe letzter Hand veröffentlicht wurde. Hier gibt G. einen ermutigenden Ausblick: »Glücklicherweise steht unsere Poesie im Technischen so hoch, das Verdienst eines würdigen Gehalts liegt so klar am Tag, daß wir wundersam erfreuliche Erscheinungen auftreten sehen« (WA I, 42.2, S. 107). Um diesen einen weiteren Auftrieb zu geben, stellte G. den jungen Dichtern sein Verständnis der rechten poetischen Methode und des poetischen Gehalts vermächtnishaft vor Augen (vgl. ebd., S. 106ff.).

Die deutsche Literatur seiner Zeit bot für den alten G. ein widersprüchliches Bild. Einerseits hatte sie teil am »Romantischen«, »Kranken«, an den Fehlentwicklungen moderner Literatur, andererseits waren solche problematischen Entwicklungstendenzen in der deutschen Literatur noch weniger dominant und ausgeprägt als in der französischen und englischen Literatur, und es gab auch Kräfte, die sich dem vorherrschenden Zeitgeist entgegenstellten. Hier sah G. die Position und Aufgabe des eigenen Schaffens und dessen generelle geschichtliche Bedeutung. In dem Zelter-Brief vom 18.6. 1831 heißt es: »Wie es die Welt jetzt treibt, muß man sich immer und immerfort sagen und wiederholen: daß es tüchtige Menschen gegeben hat und geben wird, und solchen muß man ein schriftlich gutes Wort gönnen, aussprechen und auf dem Papier hinterlassen«. In einer Reihe von Schemata, die zwischen 1826 und 1829 entstanden und die von den Herausgebern der Weimarer Ausgabe 1907 unter dem Titel *Studien zur Weltliteratur* vereinigt wurden, hat G. dargestellt, daß die deutsche Literatur und vor allem das eigene literarische Werk in Frankreich, Italien und England zunehmend bekannt und anerkannt wurden (WA I, 42.2, S. 491–501). Daraus sei Hoffnung zu schöpfen. Den Schotten Thomas Carlyle nannte G. als Beispiel einer schon zu beobachtenden europäischen Wirkung der klassischen deutschen Literatur. In der Vorrede zur deutschen Ausgabe der Schiller-Biographie von Carlyle schrieb G. 1830: »Unser Freund, als wir mit ihm in Verhältniß traten, war damals in Edinburgh wohnhaft, wo er, in der Stille lebend, sich im besten Sinne auszubilden suchte und, wir dürfen es ohne Ruhmredigkeit sagen, in der deutschen Literatur hiezu die meiste Förderniß fand« (WA I, 42.1, S. 189).

Die deutsche Literatur, die in der Lebenszeit G.s durch »fremde Anregung« (WA I, 27, S. 389) stark profitiert hatte, sah der alte G. gern in einer Rolle überwiegenden Gebens oder Zurückgebens an die anderen europäischen Literaturen. Damit wurde die deutsche Literatur in G.s Sicht nicht nur zu einer stillen Teilhaberin, sondern zu einer aktiven Triebkraft der sich bildenden Weltliteratur. Die Gewißheit, daß sie ihren Einfluß ausüben werde, ließ G. gelassen in die Zukunft sehen, denn »die allgemeine Weltcultur steht so hoch, daß eine Sonderung des Echten und Falschen gar wohl von ihr zu erwarten bleibt« (WA I, 41.2, S. 280).

Literatur:

Barner, Wilfried u.a. (Hg.): Unser Commercium. Goethes und Schillers Literaturpolitik. Stuttgart 1984. – Gerster, Georg: Die leidigen Dichter. Goethes Auseinandersetzung mit dem Künstler. Zürich 1954. – Haenelt, Karin: Studien zu Goethes literarischer Kritik. Frankfurt/M. u.a. 1985. – Wohlleben, Joachim: Goethes Literaturkritik. Die Wandlungen der Grundeinstellung Goethes als Kritiker von der Rückkehr aus Italien bis zu seinem Tode. Diss. Berlin (West) 1965.

Wolfgang Stellmacher

Deutsche Sprache

Ein mehr als 65jähriges literarisches Schaffen in allen Genres und Formen, das neben einem exemplarischen dichterischen Werk auch die Bereiche von Kritik und theoretischer Reflexion umfaßt, ganze Abteilungen sachbezogener naturwissenschaftlicher und amtlicher Schriften enthält, dazu umfangreiche Korpora von Briefen und Tagebüchern hervorbringt, bedingt notwendig auch ein besonderes Verhältnis zu seinem Darstellungsmedium: der deutschen Sprache.

G. selbst hat dieses Verhältnis zu seiner Muttersprache nur gelegentlich thematisiert.

Lob wechselt mit Tadel. Das frühe Gedicht *Sprache* von 1773 (WA I, 2, S. 256) deutet auf den verborgenen Reichtum, den es im schöpferischen Gebrauch freizusetzen gelte, wogegen in den *Venezianischen Epigrammen* Unmut hervorbricht über Sprödigkeit und mangelndes Ausdrucksvermögen: »verderb' ich unglücklicher Dichter / In dem schlechtesten Stoff leider nun Leben und Kunst« (Nr. 29; WA I, 1, S. 314). Äußerungen der Spätzeit würdigen den inzwischen erreichten hohen Ausbildungsgrad des Deutschen, der es insbesondere auch als Übersetzungssprache für den »Markt« der Weltliteratur qualifiziere (*German Romance*; WA I, 41.2., S. 306), konstatieren aber als Kehrseite die Gefahr von Phraseologisierung und Erschöpfung.

Die wesentlichen Einsichten vermittelt die G.sche Sprachpraxis selbst. Der Reichtum der G.-Sprache ist rein quantitativ ablesbar an ihrem Wortschatz. In den Sammlungen des G.-Wörterbuchs sind über 90.000 verschiedene Wörter belegt. Sie gehören den verschiedensten Sprachvarietäten, Funktional- und Gattungsstilen bzw. Textarten an.

Was sich hinter diesen Daten verbirgt, verdeutlicht ein Beispiel der Frühzeit: Der Briefroman *Die Leiden des jungen Werthers* von 1774 gilt als ein Muster empfindsamer, teils natürlich-redesprachlicher, teils auch leidenschaftlicher, an Höhepunkten rhythmisch-gesteigerter Sprache. Der freie Gestaltungswille äußert sich programmatisch in Werthers Kritik an der stilistischen Pedanterie des Gesandten (FA I, 8, S. 126ff.). In den gleichzeitigen Rechtsanwaltseingaben erweist sich indes der *Werther*-Autor gerade als souveräner Beherrscher des gängigen Kanzleistils. Komplizierte Satzperiodik, schwere Partikeln, Formelhaftigkeit, korrekte, z.T. pleonastische Ausdrucksweise – das sind, neben allen lebendigen Darstellungspartien, prägende Merkmale der Schriftsätze des Frankfurter Rechtsanwalts. Anders die Diktion des zwei Monate nach dem *Werther* entstandenen Trauerspiels *Clavigo*: treffsichere, pointierte Dialogreden, die an Lessing erinnern, an dramatischen Umschlagpunkten leidenschaftlich-kraftgenialische Ausbrüche. Ebenfalls im Frühjahr 1774

werden niedergeschrieben die burlesk-volkstümlichen Knittelverse des Fragments *Der ewige Jude:* »Um Mitternacht wohl fang ich an, / Spring aus dem Bette wie ein Toller« (WA I, 38, S. 55). Von Lyrik fällt in die Wertherzeit u.a. die freirhythmische Hymne *Ganymed*. Daneben und dazwischen erscheint das bunte Kaleidoskop adressaten- und situationsbezogener Briefe. Am Beispiel der Wertherzeit wird deutlich, daß G.s Sprache sich in Wahrheit als ein ganzes Ensemble sprachlicher Ausdrucksformen darstellt. Diese »Mehrsprachigkeit« kennzeichnet den Autor G. im Grunde lebenslang.

Über ihre strukturelle Differenziertheit hinaus vereinigt diese Sprache mehrere geschichtliche Entwicklungsstufen.

Der Frankfurter Knabe wuchs auf in einem altertümlich-regional geprägten Sprachmilieu. In der Leipziger Studentenzeit nahm er den fortgeschrittenen Sprachstandard seiner Zeit auf, jene in den kursächsischen Städten und namentlich auch in der Aufklärungsmetropole Leipzig ausgebildete Literatur- und Gesellschaftssprache, deren jüngste Ausformung, von Christian Fürchtegott Gellerts Stilideal »Schreib, wie du sprichst« bestimmt, auf eine Mittellage weltläufiger kultivierter Natürlichkeit hinauslief.

Schon in der Leipziger Zeit zeigten sich indessen auch Ansätze, zu neuen Ufern zu gelangen. Und in der nachfolgenden Straßburger und Frankfurter Geniezeit gestaltet der junge G. die weitere literatursprachliche Entwicklung maßgeblich mit. Gegen die herkömmliche Regelhaftigkeit kommt es zu einer radikalen Öffnung und Befreiung. Die literarische Revolution des Sturm und Drang geht einher mit einer sprachlichen: Volkssprachliche und archaische Ausdrucksmittel strömen ein, selbständige Wortbildungen und freie syntaktische Strukturen (»Inversionen« u.a.) bestimmen das Bild. An dieser gewaltigen Bereicherung hat G. in allen Stilvarianten wichtigen Anteil: in der stark volksmäßig geprägten wie in der kraft- und der empfindsam-genialischen Schreibweise.

Auch die folgende Entwicklungsstufe zeigt G.s mitbestimmende Rolle: Der Übergang von einer (relativ) freien Ausdrucksgestaltung zu einer auf Objektivität und Disziplin ausgerichteten Sprachgebung läßt sich in der Prosa am schrittweisen Aufbau des Romans *Wilhelm Meisters theatralische Sendung* und am erreichten Stand in *Wilhelm Meisters Lehrjahre* ablesen. Ziel des neuen klassischen Kunstwillens ist eine variantenreiche und zugleich maßvolle, auf das Gesetzliche, Allgemeingültige orientierte Darstellungsweise mit einer gewissen Tendenz zur Stilisierung. Die gewonnenen Freiheiten gehen in die neue Ordnung ein und sind in ihr aufgehoben. Stilisierung bedeutet dabei nicht Harmonisierung und Glätte, sondern ist Ausdruck einer immer wieder errungenen künstlerischen Stoffbewältigung.

Die Gefahr des Verblassens und semantischer Entleerung hat G. selbst frühzeitig erkannt. Schon im *Dilettantismus*-Schema von 1799 ist die Rede von »zusammengeplünderten Phrasen und Formeln«, die »nichts mehr sagen«, und »ganzen Büchern«, die »schön stilisirt sind und gar nichts enthalten« (WA I, 47, S. 312). Im Aufsatz *Deutsche Sprache* von 1817 befindet der Verfasser: »Wenn eine gewisse Epoche hindurch in einer Sprache viel geschrieben und in derselben von vorzüglichen Talenten der lebendig vorhandene Kreis menschlicher Gefühle und Schicksale durchgearbeitet worden, so ist der Zeitgehalt erschöpft und die Sprache zugleich, so daß nun jedes mäßige Talent sich der vorliegenden Ausdrücke als gegebener Phrasen mit Bequemlichkeit bedienen kann« (WA I, 41.1, S. 113). Die Annahme liegt nahe, daß die Alterssprache G.s zu erheblichen Teilen eine ironisch-skeptische Abkehr von solcherart abgebrauchter Standardsprache darstellt. Nicht Erstarrung und Absinken kennzeichnet das Spätwerk, wie Kritiker im 19. Jh. (Friedrich Theodor Vischer u.a.) meinten, sondern der Versuch, der Konventionalisierung zu entgehen. Formelhaftes und Stereotypes, teilweise mit verdeckten semantischen Prägnanzen, durchdringt sich mit erneuter kühner Wort- und Metaphernschöpfung, mit Elementen aus fremden Sprachen und Kulturen, Verfremdungseffekten überhaupt, in der Poesiesprache oftmals strukturiert in harten Satzfügungen – eine beispiellose Altersform von höchst individueller Prägung.

G.s Bezug zur deutschen Sprache läßt sich demnach charakterisieren als ein lebendiges, fruchtbares Spannungsverhältnis: ein beständiges Eintauchen und Aufnehmen und ein vielfältig bereicherndes Ausspenden, mit Perioden einer gewissen Distanz zum Standard, deutlich in der Geniezeit und dann wieder im Alter; aufs ganze ein stets kritisch-produktiver Umgang, der zu immer neuen Aus- und Weitergestaltungen führt. Seine Sprache entzieht sich damit der einfachen Verfügbarkeit. So muß schon von daher der herkömmliche Topos der germanistischen Sprachhistoriographie bedenklich erscheinen, die sog. »Klassikersprache« habe die allgemeine Hoch- und Standardsprache der Folgezeit maßgeblich bestimmt. Die Wirkung des klassischen und damit auch des G.schen Spracherbes auf die deutsche Sprachentwicklung bleibt noch genauer zu untersuchen. Dabei sind die tiefgreifenden gesellschaftlichen Umschichtungen nach dem Ende der »Kunstperiode«, im heraufkommenden Industrie- und Medienzeitalter, besonders zu beachten.

Gleichwohl bleibt sicher, daß die überkommene Literatursprache – und damit die Sprachleistung G.s – als Teilstrom im neu entstehenden Kräftefeld weiterwirkt: aus ihrem Reichtum spendend, zugleich aber auch, vielfältig vermittelt, sich modifizierend, abflachend und verbrauchend. Ihre latent vorhandenen Fermente sind auch für heutige Sprachteilhaber aufrufbar und in stets erneuerter Begegnung fruchtbar zu halten.

Literatur:

Blackall, Eric A.: Die Entwicklung des Deutschen zur Literatursprache 1700–1775. Stuttgart 1966. (besonders Kap. XV, S. 364–398). – Boucke, Ewald A.: Wort und Bedeutung in Goethes Sprache. Berlin 1901. – GWb. – Hübner, Arthur: Goethe und die deutsche Sprache. Langensalza 1933. – Martini, Fritz: Goethes verschiedene Sprachen. In: Etudes Germaniques. 22 (1967), S. 190–215. – Mattausch, Josef: Klassische deutsche Literatur und Entwicklung des deutschen Sprachstandards. In: Linguisti-

sche Studien des Zentralinstituts für Sprachwissenschaft der Akademie der Wissenschaften der DDR.
Reihe A. 66, 1 (1980), S. 121–176. – Maurer, Friedrich: Die Sprache Goethes im Rahmen seiner
menschlichen und künstlerischen Entwicklung. Erlangen 1932. – Petersen, Julius: Goethe und die
deutsche Sprache. In: JbGG. 17 (1931), S. 1–26. –
Rausch, Georg: Goethe und die deutsche Sprache.
Leipzig, Berlin 1909.

Josef Mattausch

→ **Diastole s. Systole**

Dichter

Reflexe einer dem dichterischen Tun geltenden Selbstverständigung enthält das G.sche
Textcorpus in großer Fülle. Bereits die Briefe
des Leipziger Studenten an die Schwester sind
aufschlußreich auch insofern, als G. in ihnen
über seine bisherigen dichterischen Versuche
sehr kritisch sprach, zugleich aber wissen ließ,
daß er sich nicht etwa an jenen »Sentiments
über die Poesie« (an Cornelia Goethe,
11.[-15.]5.1767) orientiere, die er durch Christian Fürchtegott Gellert vertreten sehe. Mit
Nachdruck betonte er, daß er beim Versuch,
sich zum Dichter auszubilden, vom Urteil anderer ganz unabhängig bleiben wolle: »Man
lasse doch mich gehen, habe ich Genie; so
werde ich Poete werden, und wenn mich kein
Mensch verbessert, habe ich keins; so helfen
alle Criticken nichts« (ebd.). So auch deutet
sich hier schon eine Disposition an, die regel-
bezogener Fremdanleitung mit Abwehr begegnet und einzig aufs geniale Selbst rekurriert.
Und in der Straßburger Zeit erwuchs aus dieser Disposition ein unbedingtes Credo; der
Kontakt mit Herder erwies sich nicht zuletzt
darin als anregend, daß G. das auf Johann
Georg Hamann zurückgehende Geniever-
ständnis seines Gesprächspartners vermittelt
bekam; G. eignete sich dessen Auffassung zu,
daß Genialität mit ganzheitlichem Vermögen
gleichzusetzen sei und daß sich in ihr, sofern
sie unirritiert bei sich bleibe, die naturhafte
Identität von Gott und Mensch bezeuge. Und

wenn Herder (vgl. vor allem dessen Gedicht
Die Schöpfung von 1769) akzentuiert den Inbegriff des Schöpferischen mit dem Genie verband, so konnte G. besonders daran sich entzünden. Wie anderen seiner Generation, die
ihrerseits das Genie in sich als Maß allen
Schreibens deklarierten, empfahl sich G. dabei ein Traditionsbezug, der allem regelpoeti-
schen Disziplinierungsgebot schroff opponierte; und ähnlich dem feiernden Gedenken,
das der als »gottgleicher Genius« apostrophierte Erwin von Steinbach erfuhr (*Von Deutscher Baukunst*; WA I, 37, S. 149), manifestierte sich dasjenige, durch das Pindar und
Shakespeare gepriesen wurden. In seiner
Rede *Zum Schäkespears Tag* rühmte G. an
dem Briten: »Er wetteiferte mit dem Prometheus, bildete ihm Zug vor Zug seine Menschen nach, nur in C o l o s s a l i s c h e r
G r ö s s e« (WA I, 37, S. 133 f.); und das Schauspiel *Götz von Berlichingen mit der eisernen
Hand* spiegelt diese G.sche Shakespeare-Begeisterung auf kaum minder signifikante
Weise. Was indessen Pindar betrifft, so schrieb
G. aus Wetzlar an Herder, daß er nun nachgerade in ihm »wohne« (Mitte Juli 1772); in der
Hymne *Wandrers Sturmlied* wird der altgrie-
chische Lyriker hoch sowohl über Anakreon
als auch über Theokrit gestellt; die nachfolgenden Hymnen halten den Pindar-Bezug gleichermaßen präsent. Dabei artikuliert das *Prometheus*-Gedicht ein Genie-Bewußtsein, von
dem aus gar der Anspruch auf Formung eines
völlig neuen Menschengeschlechts kundgetan
wird: eines solchen, das der sich mitteilenden
Schöpferfigur ebenbildlich sei.

Schon in *Wandrers Sturmlied* aber findet
sich auch jener Problemreflex, der die Wahrnehmung des Sprechers bezeichnet, daß zwischen dem Status einer als »Göttergleich«
(WA I, 2, S. 68) begriffenen Genie-Existenz
und dem Menschlich-Normalen eine kaum
überbrückbare Kluft besteht.

Die bereits Weimarer Erfahrungen verarbei-
tende Hymne *Harzreise im Winter* bringt das
Konflikthafte dieser Antinomie neuerlich, und
schärfer noch, zur Geltung – wobei in ihr zugleich das G.sche Bestreben sich ausdrückt,
von der Suche nach Möglichkeiten einer Ver-

mittlung zwischen genial-schöpferischem Impetus und politisch-gesellschaftlicher Praxis nicht abzulassen. Schließlich aber obsiegte die Einsicht, daß jedenfalls »äusserlich« zwei verschiedene »Leben« zu führen seien: »Nur im innersten meiner Plane und Vorsäze, und Unternehmungen bleib ich mir geheimnißvoll selbst getreu und knüpfe so wieder mein gesellschafftliches, politisches, moralisches und poetisches Leben in einen verborgenen Knoten zusammen« (an Knebel, 21. 11. 1782). Jahre später sodann, in Italien, suchte G. die einschlägige Individualerfahrung zu objektivieren; für die gesellschaftliche Welt wurde befunden, daß deren diffuse Eigengesetzlichkeit – »nothwendig und zufällig, absichtlich und blind« (*Zur Morphologie. Verfolg. Schicksal der Handschrift*; WA II, 6, S. 132) – von dem, wodurch die Kunst sich bestimme, prinzipiell zu unterscheiden sei; und im *Torquato Tasso* figurierte G. prononciert einen solchen Dichter, der ebendieser Differenz nicht eingedenk ist und dessen Schicksal sich damit ins Tragische wendet.

Damit aber trat im Verlauf des ersten Weimarer Jahrzehnts auch zunehmend jenes Dichter-Verständnis zurück, dem die Vorstellung von fesselsprengend naturhafter Genialität das Gepräge gegeben hatte. Das wach gewordene Interesse an der Naturforschung wirkte seinerseits auf diesen Vorgang: G. sah sich angeregt, die Phänomene der anorganischen und organischen Natur nach dem zu befragen, was an bildender Gesetzlichkeit ihnen zugrunde liege; die einschlägige Suche fand sich mit Erkenntnis belohnt; dem Dichter wiederum wurde nun auch aus dieser Erfahrungsperspektive geboten, daß sich sein Tun in einer gleichsam naturhaft impulsiven Selbstentäußerung nicht etwa erschöpfen dürfe. Im Essay *Einfache Nachahmung der Natur, Manier, Stil* von 1789 erörterte G. das ihn bewegende ästhetische Kardinalproblem, indem er sich exemplarisch auf die bildende Kunst bezog. Auch der Dichter indes war mit gemeint, wenn erklärt wurde, daß der Künstler danach streben solle, nach Maßgabe von sondernder Wesenserkenntnis an die Gestaltung zu gehen. Wer in erster Linie aus seinem subjektiven Selbst heraus schöpfe, so die qualifizierende Auskunft, bleibe kaum minder hinter der erreichbar-großen Kunstleistung zurück als jener, der nur mehr das singuläre (Natur-)Phänomen nachahme. Und solch große Kunstleistung, das verstand sich für G. nun nachgerade von selbst, habe auch insofern auf sich zu halten, als außerästhetische Bezugsinstanzen jenseits allen Betrachts bleiben müßten. In der Folge kehrte G. dann diesen Autonomie-Gedanken nachdrücklich hervor; dazu gedrängt sah er sich namentlich durch die von der Französischen Revolution ausgelösten Erschütterungen; und im Bemühen um Abwehr diverser andersgearteter Auffassungen konstituierte sich nicht zuletzt der Arbeitskontakt mit Schiller.

Wenn indes mit den damit gewonnenen, wesentlich auf die griechische und römische Antike zurückgreifenden Bestimmungen die Gefahr eines womöglich normierenden Klassizismus sich verband, so gelangte G. schließlich selbst dazu, dieses Problem zu reflektieren. Die Texte, die nach Schillers Tod entstanden, machen die Suche nach einer Lösung sehr sinnfällig; schon die *Sonette* von 1807/08 geben, indem sie sich in die Petrarca-Tradition stellen, einen deutlichen Fingerzeig. Vor allem aber erweist sich der *West-östliche Divan* als signifikant, wo das Dichten in vielfältigen Brechungen erörtert und thematisiert wird. Dabei findet sich der vorab dominante Bezug auf die griechische und römische Antike durch den auf die Kultur des Orients relativiert; im Gedicht *Lied und Gebilde* heißt es gar: »Mag der Grieche seinen Thon / Zu Gestalten drücken, / An der eignen Hände Sohn / Steigern sein Entzücken; // Aber uns ist wonnereich / In den Euphrat greifen, / Und im flüßgen Element / Hin und wieder schweifen. // Löscht ich so der Seele Brand / Lied es wird erschallen; / Schöpft des Dichters reine Hand / Wasser wird sich ballen« (FA I, 3.1, S. 21). Zugesprochen wird einer Hinwendung des Dichters zum Fließenden, Unbegrenzten – die freilich so erfolgen möge, daß der auf Formung gerichtete Schöpfungsimpuls dabei nicht preisgegeben werde. Daß aber eben dieses dichterisch Geformte keine allzu eindeutig-scharfe Kontur erlange, scheint dem Sänger nun geboten: Vom

Propheten, der durch Eindeutigkeit tyrannisiere, wie gleichermaßen vom Despoten, der es durch Gewaltherrschaft tue, unterscheide sich der Dichter insofern, als er mit seinem Wort Toleranz bezeuge. Und solchem Grundverständnis entspricht schließlich, daß G. nun für die Dichtung mehr denn je vor allem das Postulat einer konfliktbewußten Friedfertigkeit in Anschlag brachte.

So auch konfrontierte G. das vom Dichter zu Leistende einer Gesellschaftsgeschichte, die er weitgehend durch Regellosigkeit und durch diffus-gewaltsame Vollzüge gekennzeichnet sah. Und entschiedener noch als vorab bezog er sich dabei namentlich auf das, was ihm als Naturgesetzliches aufschien. Die Natur habe dem Menschen »auf's herrlichste vorgearbeitet«, und zwar insofern, als »sie ein gestaltetes Leben dem Gestaltlosen« entgegensetzte (WA II, 12, S. 102), so heißt es im *Versuch einer Witterungslehre*; in sich selbst trage sie »Gesetz und Regel«, jenem »ungezügelten, gesetzlosen Wesen zu imponiren« (ebd., S. 103), wodurch sich die Triebhaftigkeit der Elemente bestimme. Der Mensch wiederum, dies die sich nahelegende Schlußfolgerung, sei daher gefordert, wachen Bewußtseins analog zu verfahren – wenn aber in der gesellschaftlich-geschichtlichen Welt solch wach-bewußtes Agieren nicht eben angetroffen werden könne, dann müsse es, Entsprechendes zu leisten, jedenfalls die Aufgabe des Dichters sein. G.s dichterisches Alterswerk läßt der Naturforschung korrespondierende Gestaltungsbezüge in großer Fülle hervortreten; Versuchsanordnungen des beobachtenden und reflektierend-betrachtenden Wissenschaftlers finden sich literarisch aufgehoben; die G.sche Entoptik erlangte für seine Altersästhetik nachgerade den Status eines »Orientierungsmusters« (Sauder/ Richter, S. 102). Dem Verfahren wechselseitiger Spiegelung zeigt sich nicht zuletzt auch das Widerspiel der Sprechweisen verpflichtet; der Bogen spannt sich vom Gestus des Lehrhaften bis hin zu einem, der humoristisch-ironisch grundiert ist. Und solches Widerspiel setzte G. dem ihm Mißlichen borniert Festschreibung ebenso entgegen wie ein Sagen, dem noch immer ein Geheimnishaftes bleiben

sollte. Die komplementäre Fügung der Bildentwürfe, auch das beziehungsreiche Gegeneinander von Schönem und schauerlich Groteskem, von hochgestimmt Erhabenem und herabstimmend Monströsem sind für dieses Verfahrensprinzip gleichermaßen signifikant. Bei alledem hielt G. bis ins hohe Alter an der Auffassung fest, daß der Dichter sich abzugrenzen habe vom Prosaisten. Als des Dichters Medium wollte er das einer Poesie begriffen wissen, die sich der Kontrolle durch strenge Rationalität keineswegs unterwerfen dürfe und deren besonderem Status das Kennzeichen verssprachlicher Formung entspreche. Und wenn G. für den Schriftsteller die Pflicht zur Diskursivität entschieden unterstrich, so galt ihm für den Dichter, daß dieser seinen Imaginationen zu trauen habe. Schließlich machte er für ihn jene sympathetisch-elementare Kraft namhaft, die er in Hinsicht auf außergewöhnliche Individuen seit je in Anschlag gebracht hatte. Am 8. 3. 1831 äußerte er laut Johann Peter Eckermann: »In der Poesie [...] ist durchaus etwas Dämonisches, und zwar vorzüglich in der unbewußten, bei der aller Verstand und alle Vernunft zu kurz kommt, und die dabei auch so über alle Begriffe wirkt«.

Daß der Dichter, wie er ihn in sich ausgebildet hatte, vom Publikum an Aufnahmebereitschaft nur wenig erwarten könne, dessen war G. sich freilich in hohem Grade bewußt. Sein Engagement als *Xenien*-Coautor war durch die ermunternde Zusammenarbeit mit Schiller ausgelöst worden; die Hoffnung hatte sich belebt, es ließe sich in ästhetischen Angelegenheiten ein Konsens erkämpfen, der geeignet sein würde, auf das Rezeptionsverhalten des Publikums eine förderliche Wirkung zu tun. Das Fehlschlagen der Aktion mußte dann allerdings die Einsicht befestigen, daß bestenfalls einige wenige erreicht werden könnten. Und wie immer blieben werbende Gesten nicht ausgespart, G.s diesbezügliche Einsicht relativierte sich kaum mehr; konfrontiert mit der sich verbürgerlichenden Gesellschaft, erfuhr er die fortschreitende Diffusion, die sie mit sich brachte; dieser bot er, unirritierbar sich selbst behauptend, die Stirn – um zugleich zu wissen, daß das Mißverhältnis fortdauern werde. Der dichterische Reflex solchen Wissens findet sich nicht zuletzt in den *Zahmen Xenien*. Und zu Eckermann soll er am 14. 4. 1824 gesagt haben: »Meine ganze Zeit wich von mir ab, denn sie war ganz in subjektiver Richtung begriffen, während ich in meinem objektiven Bestreben im Nachteile und völlig allein stand«. Und viereinhalb Jahre später, am 11.10. 1828: »M e i n e S a c h e n k ö n n e n n i c h t p o p u l a r w e r d e n; wer daran denkt und dafür strebt, ist in einem Irrtum. Sie sind nicht für die Masse geschrieben, sondern nur für einzelne Menschen, die etwas Ähnliches wollen und suchen, und die in ähnlichen Richtungen begriffen sind«. So hat es auch etwas Symptomatisches, daß der *Faust II* nach Fertigstellung weggeschlossen wurde. Eine Hoffnung auf Empfänglichkeit wollte sich dem Dichter nur mehr mit künftigen Lesern noch verbinden.

Literatur:

Eickhölter, Manfred: Die Lehre vom Dichter in Goethes *Divan*. Hamburg 1984. – Hillmann, Ingeborg: Dichtung als Gegenstand der Dichtung. Untersuchungen zum Problem der Einheit des *West-östlichen Divan*. Bonn 1965. – Kaiser, Gerhard: Literatur und Leben. Goethes Sonettenzyklus von 1807/1808. In: JbFDtHochst. 1982, S. 57–81. – Leistner, Bernd: Im Zeichen des großen Anspruchs. Goethes Entwicklung zum Weimarer Klassiker. In: ders.: Spielraum des Poetischen. Goethe, Schiller, Kleist, Heine. Berlin, Weimar 1985, S. 7–58. – Lemmel, Monika: Poetologie in Goethes *West-östlichem Divan*. Heidelberg 1987. – Sauder, Gerhard/Richter, Karl: Vom Genie zum Dichter-Wissenschaftler. Goethes Auffassungen vom Dichter. In: Grimm, Gunter E. (Hg.): Metamorphosen des Dichters. Das Selbstverständnis deutscher Schriftsteller von der Aufklärung bis zur Gegenwart. Frankfurt/M. 1992, S. 84–104. – Schmidt, Jochen: Die Geschichte des Genie-Gedankens 1750–1945. Bd. 1: Von der Aufklärung bis zum Idealismus. Darmstadt 1985, insbes. S. 193–353.

Bernd Leistner

Didaktische Dichtung

Zusammenhängend und öffentlich hat sich G. erst im hohen Alter zur didaktischen Poesie geäußert: in einem kurzen Aufsatz mit dem Titel *Über das Lehrgedicht*, der 1827 im 6. Band der Zeitschrift *Ueber Kunst und Alterthum* erschien (WA I, 41.2, S. 225–227). Voraus und nebenher gingen gelegentliche Bemerkungen: »Lehrgedichte oder beschreibende« seien nicht gut zu vertonen (JA 35, S. 314); Verse, die zu »Tugend, Tauglichkeit, [. . .], Sittlichkeit« ermunterten, sollten »nicht didactisch, sondern gemüthlich und herzerregend« sein (WA I, 42.2, S. 415); Schriftsteller aus dem Volk, sog. »N a t u r p o e t e n«, hätten eine Neigung in Richtung auf das »Didaktische, Belehrende, Sittenverbessernde« (WA I, 42.1, S. 97). Anlaß zu G.s eingangs erwähntem Aufsatz bot Friedrich Konrad Griepenkerls *Lehrbuch der Ästhetik* von 1827, worin nach traditioneller Art neben anderen Dichtungsgattungen auch der Lehrdichtung ihr Recht eingeräumt wurde. G. führte gegen diese Tradition, die älter als das 18. Jh. war und auch ihn selbst überdauern sollte, den Aspekt der äußerlich unterscheidbaren Form ins Feld, wonach der »lyrischen, epischen und dramatischen« Poesie Daseinsrecht und Würde einer Gattung zusprechbar seien, nicht aber einer »didaktischen« Poesie (WA I, 41.2, S. 225). Eine solche Absolutsetzung des Form-Kriteriums ist allerdings schwer zu rechtfertigen. Mit ihm konkurrierten in der Poetik des 18. und 19. Jhs., jeweils ohne Anspruch auf Ausschließlichkeit, andere Prinzipien der Einteilung. Es wurde darauf gesehen, ob eine Dichtart antik oder neuzeitlich sei; welchem Stand oder Personal sie entspreche (Heroen, Fürsten, Bürgern, Bauern, Hirten oder Tieren); ob der Poet selber rede (Epos, Ode, Didaskalie) oder reden lasse (Drama); welchen Zweck der Dichter im Auge habe (Lobpreis, Divertissement oder Belehrung) und an welche Seelenkraft er sich wende (Verstand, Einbildungskraft oder Gefühl). Unter solchen und noch weiteren Prinzipien der Einteilung erhielt und behielt die Lehrdichtung zwanglos Geltung und Heimatrecht unter den Gattungen der Poesie. Auch erfuhr sie traditionellerweise eine ähnliche Binnengliederung, wie sie bei den übrigen Gattungen vorgenommen wurde – etwa im dramatischen Bereich in Tragödie, Komödie und kleinere Formen, im epischen in Heldenepos, komisches Epos, Idylle. Für die Didaktik hatte sich als ziemlich stabile Einteilung herausgebildet: Lehr- und Beschreibgedicht, Verssatire, Versepistel, Epigramm, Fabel und moralische Verserzählung; in der Regel indiziert die Reihung zugleich eine gewisse Rangfolge.

Nach den Grundsätzen der Poetik und der Literaturkritik zwischen Aufklärung und Biedermeier wären reiche Gedichtgruppen G.s ohne Zwang der didaktischen Poesie zurechenbar, entgegen dessen eigenem Verständnis der späten Jahre. Das gilt für manche epistelhaften Gedichte an Personen. Es gilt mehr noch für die Epigramme, wobei wir in erster Linie an die mit Schiller im *Musen-Almanach für das Jahr 1797* gemeinsam veröffentlichten *Xenien* denken. Sie gehören durchweg der Art des »römischen Epigramms« an, sind kurze Distichengedichte, polemisch gewetzt. Nach G.s eigenem Begriff im erwähnten Aufsatz wären sie Beispiele für »scheltende Poesie« (WA I, 41.2, S. 225). Dasselbe gilt auch für andere in den 90er Jahren gedichtete und gedruckte Epigramme, etwa für die kleine Gleichniserzählung *Der Chinese in Rom* (1796), die satirisch gegen Jean Paul und seine skurril-überladene Ausdrucksweise gerichtet ist. Die meisten dieser Epigramme zählen aber zum »griechischen« Schlag der Spezies, wie ihn G. früh kennengelernt, bei Klopstock studiert und auch bei seinem Freund Herder gefunden hatte: knappe und dichte Distichenfolgen zur Charakterisierung eines locus amoenus (*Einsamkeit, Erwählter Fels*), zur Feier einer historischen oder legendären Gestalt (*Anakreons Grab*) oder zur symbolhaften Beschreibung menschlichen Tuns (*Dem Ackermann*). Aus »römischen« und »griechischen« Elementen ähnlich sortiert zeigen sich auch die *Venezianischen Epigramme* (1791, 1796), in denen

aggressive Bemerkungen gegen Reformation und Revolution neben empfindsamen Denkversen für die Geliebte oder den fürstlichen Mäzen stehen. Entschiedener zur strafenden Spezies der Satire lassen sich die späteren, von G. ab 1820 in Schüben herausgebrachten *Zahmen Xenien* rechnen. In ihnen, wie in den posthum veröffentlichten *Invektiven*, herrscht allerdings nicht mehr das antike Maß, sie sind als Reimverse gedichtet, oft mehrstrophig. Die Reimform und häufig auch eine gewollte metrische Holprigkeit teilen diese Verse mit den »Sprüchen«, die der Dichter im Alter verfaßt und gesammelt hat, doch tritt in den letzteren das streitbar Satirische zugunsten der knappen, kalenderspruchartigen Didaxe zurück; G. erneuerte hier die alte Lehrform des Apophthegmas.

Bestreitet der Aufsatz von 1827 anfangs, daß es die Didaktik als eigene »Dichtart« gebe, so erstaunt im Fortgang die differenzierte und tolerante Argumentation. Als exklusive Gattung, meint G. zunächst, sei die lehrende Poesie wegen mangelnder Formbesonderheit nicht auszumachen, doch sei dieses auch gar nicht erforderlich, weil – und zwar »unmerklich« (WA I, 41.2, S. 225) – alle Poesie belehrend sein soll; sie breite nämlich Weltverhältnisse vereinfacht und Lebensverhältnisse pointiert vor uns aus und erleichtere damit Schlußfolgerungen, seien sie physikalischer, psychologischer oder moralischer Art. Die überkommene »didaktische oder schulmeisterliche« Dichtung, dazu die »beschreibende, die scheltende Poesie«, gehörten »zwischen Dicht- und Redekunst«, blieben »Mittelgeschöpf zwischen Poesie und Rhetorik« (ebd.) – eine Formulierung, die an Lessings Ortsbestimmung der Fabel erinnert: »auf [dem] gemeinschaftlichen Raine der Poesie und Moral« (Lessing, S. 353). Zu verachten sei Lehrpoesie nicht, und »selbst der begabteste Dichter« sollte nicht verschmähen, sich in der nun einmal populären didaktischen Weise zu versuchen. Jeder möge »irgend ein Capitel des Wissenswerthen« so behandeln, wie es das Ethos solchen Dichtens verlangt: »mit rhythmischem Wohllaut und Schmuck der Einbildungskraft verziert, lieblich oder energisch« vorgetragen

(WA I, 41.2, S. 226). Nachahmenswerte Muster bieten für G. die Briten, die Fachwissen zunächst populär aufbereiten – »sie schmeicheln sich in Scherz und Ernst erst ein bei der Menge« – und die strengeren Daten »in aufklärenden Noten« nachtragen (ebd.). G. charakterisiert hiermit ein Verfahren, das seit der Antike üblich und auch für die deutsche didaktische Aufklärungsdichtung verbindlich war: mit Apostrophierung des Lesers, mit Bildern und Beispielen, mit empfindungsreichen Passagen im Gedichtcorpus sowie mit Noten geographischer (Albrecht von Haller), moralischer (Johann Peter Uz) oder juridischer Art (Magnus Gottfried Lichtwer). Er selbst hatte in diesem Augenblick wohl das humoristisch-allegorische Gedicht *King Coales Levee, or geological etiquette* (1819) von John Scafe im Sinn.

Fast drei Jahrzehnte früher hatte ihn das Lehrgedicht eines anderen Briten beschäftigt, *The Botanic Garden* (1789/91) von Erasmus Darwin. G. monierte, hier sei die lehrhafte Materie »auch nicht mit einer Spur von poetischem Gefühl zusammen gebunden« (an Schiller, 26.1. 1798), wollte allerdings daraus nicht schlußfolgern, die poetische Behandlung eines wissenschaftlichen, namentlich eines naturwissenschaftlichen Gegenstandes sei von sich her zum Scheitern verurteilt. Dieses englische Lehrgedicht regte ihn im Gegenteil zu eigenen didaktischen Versuchen und zu Überlegungen grundsätzlicher Art an. Mit Schiller unterhielt sich G. am 18.6. 1798 »über die Möglichkeit einer Darstellung der Naturlehre durch einen Poeten« (Tagebuch); gegenüber Karl Ludwig von Knebel erwog er »ein Gedicht über die magnetischen Kräfte« (16.7. 1798) und berichtete vom Nachdenken »über die Möglichkeit eines Naturgedichtes in unsern Tagen«, wobei er sich als Vorbild auf das von Knebel übersetzte große lukrezische Lehrgedicht *De rerum natura* berief (22.1. 1799). Wieder einige Jahre davor, 1792, hatte G. im Freundeskreis mit Emphase aus dem *Hymnus an Flora* des dänischen Hofbeamten Friedrich Carl Emil von der Lühe vorgelesen; dieses Lehrgedicht lag in Weimar als Manuskript vor, 1794 druckte Herder Teile davon, vollständig

erschien es 1797 und zählt mit der ärgerlichen englischen und der geachteten lukrezischen Didaskalie zu den Impulsen für G.s Gedichte *Die Metamorphose der Pflanzen* (1799 in Schillers *Musenalmanach* gedruckt) und *Metamorphose der Tiere* (wahrscheinlich um 1800 entstanden, veröffentlicht 1820). Es war gegen Ende des Jhs. G.s Überzeugung, daß »Wissenschaft und Poesie vereinbar« seien, da »Wissenschaft sich aus Poesie entwickelt« habe und sich beide daher »freundlich, zu beiderseitigem Vorteil, auf höherer Stelle, gar wohl wieder begegnen könnten« (WA II, 6, S. 139f.). Der Plan für ein umfassendes »großes Naturgedicht«, das ihm »vor der Seele schwebte«, lag zu dieser Zeit, wie G. später in den *Tag- und Jahresheften 1799* mitteilte, »durchaus im Hintergrund«. Als Teilstücke zum »großen Naturgedicht« nach Art des Lukrez dürfen die beiden genannten Metamorphose-Texte gelten, allerdings fanden sie keine zeitgenössische und in ihrer antikischen Darbietung – Elegie bzw. Hexametergedicht – überhaupt keine Fortsetzung oder Ergänzung. Sie wurden später in die Hefte *Zur Morphologie* (1817ff.) eingerückt und in der Ausgabe letzter Hand (1827) mit den *Urworten* der Rubrik *Gott und Welt* zugeschlagen. Das Ganze ist sicherlich als später Ersatz für jenes um 1800 geplante Naturgedicht gedacht. Wenn wir einem Wort Caroline Schlegels an Friedrich Wilhelm Joseph Schelling vom Oktober 1800 trauen dürfen, hat G. aber schon damals »das Gedicht [...] seine Natur«, so Carolines Formulierung, an Schelling abgetreten.

In der *Metamorphose der Pflanzen* folgte G. neuen didaktischen Idealen, wie sie seit den 60er und 70er Jahren des 18. Jhs. in deutschen Poetiken gefordert wurden. Danach galten auch für die lehrende Gattung dialogische, erzählende und rührende Elemente als unerläßlich; *Nathan der Weise* oder *Musarion* wurden bei Johann Jacob Hottinger, Johann Jakob Engel oder Friedrich von Blankenburg zu didaktischen Mustergedichten. Bei G. ist in die intime Unterrichtung der mehrmals mit zärtlicher Emphase angeredeten »Geliebten« auch das Vorbild des erotischen Elegikers Properz eingegangen, mit dem G. sich in den 90er Jahren befreundet hatte. Seine botanisch-didaktische Elegie umgreift ebenso die Lehrsituation wie die Personen des Lehrers und der Belehrten. Diese erkennen am Ende sich selbst in einer Metamorphose, die sich ihnen zwischen erster Bekanntschaft und inniger Liebe ereignet, wo »Amor zuletzt Blüthen und Früchte gezeugt« (WA I, 1, S. 292) hat; diese Verbindung von Amor und Natur läßt auch die hohe Lobpreisung der Liebe in Lukrezens Naturgedicht anklingen. Der Akt der poetischen Belehrung stiftet nach der unguten Verwirrung, von welcher der Anfang des Gedichtes spricht (»Dich verwirret, Geliebte«), eine kleine harmonische Gemeinschaft. Didaktische Poesie ist hier für den kleinsten menschlichen Verband ebenso eine soziale Tat wie in den zeitlich nahen *Unterhaltungen deutscher Ausgewanderten* das friedenbringende gesellige Fabulieren für den größeren.

Indirekt hat G. sich noch in den *Wanderjahren* der Lehrdichtung gewidmet, und zwar in der Novelle *Der Mann von funfzig Jahren* (1807/08). Der Titelheld und Major schätzt »die anmuthige Weisheit römischer Schriftsteller und Dichter« – so seine hübsche Umschreibung der antiken Lehrpoesie (WA I, 24, S. 295) – und versucht sich in ihrer Nachahmung selbst mit einem lehrhaft-beschreibenden Jagdpoem. Die Damen, darunter die jugendliche Verehrte des dichtenden Majors, spenden diesem Werklein und der lehrenden Gattung insgesamt ihren Beifall, doch winkt die Hand der schönen Hilarie schließlich nicht dem Didaktiker, sondern seinem lyrisch dichtenden Sohn.

Literatur:

Albertsen, Leif Ludwig: Das Lehrgedicht. Aarhus 1967. – Jäger, Hans-Wolf: Zur Poetik der Lehrdichtung in Deutschland. In: DVjs. 44 (1970), S. 544–576. – Kuhn, Dorothea: Typus und Metamorphose. Goethe-Studien. In: Grumach, Renate (Hg.): Marbach a.N. 1988. – Gotthold Ephraim Lessing, Werke. In Zusammenarbeit mit Karl Eibl u.a. hg. von Herbert G. Göpfert. Bd. 5. München 1973. – Prange, Klaus: Das anthropologisch-pädagogische Motiv der Naturauffassung Goethes in dem Lehrgedicht *Metamorphose der Pflanzen*. In: Literatur in Wissenschaft und Unterricht. 8 (1975), S. 123–131. – Siegrist, Christoph: Das Lehrgedicht der Aufklärung. Stuttgart 1974. – Trunz, Erich: Goethes Gedicht *Prooemion*. In: DVjs. 21 (1943), S. 99–112.

Hans-Wolf Jäger

Diderot, Denis
(1713–1784)

G.s Interesse für Diderot erstreckte sich über sein ganzes Leben. Er sah nämlich schon als 11jähriger auf der Bühne des französischen Theaters in Frankfurt nicht nur den *Hausvater* Diderots, sondern auch Charles Palissot de Montenoys Komödie *Les Philosophes*, in der Diderot und Jean-Jacques Rousseau aufs gröbste diffamiert wurden. Andererseits stammt seine bekannteste Würdigung des französischen Aufklärers erst aus der letzten Periode seines Lebens: »Diderot ist Diderot, ein einzig Individuum, wer an ihm oder seinen Sachen mäckelt, ist ein Philister, und deren sind Legionen. Wissen doch die Menschen weder von Gott noch von der Natur noch von ihres Gleichen dankbar zu empfangen, was unschätzbar ist« (an Zelter, 9.3. 1831). Deswegen scheint es angebracht, die Hauptetappen der Entdeckung Diderots durch G. nachzuvollziehen, um die Entwicklung des von ihm entworfenen Diderot-Bildes genau darstellen zu können.

In der berühmten Charakterisierung der französischen Literatur, so wie sie die Generation der Stürmer und Dränger sah (*Dichtung und Wahrheit*, 11. Buch), blieben allein Rousseau und Diderot von der grundsätzlichen Kritik verschont. Merkwürdigerweise folgt das Lob Diderots unmittelbar auf die Kritik der *Enzyklopädie*, an der er doch bekanntlich einen so großen Anteil genommen hatte. Ganz im Sinne des Sturm und Drang, dessen Geist G. rückblickend zu rekonstruieren versucht, werden die revolutionär-aufrührerischen Elemente in den Erzählungen Diderots als ausschlaggebende Ursache für ihre positive Aufnahme im damaligen Straßburger Freundeskreise betont. Doch ist diese Darstellung chronologisch unrichtig, da G. erst 1772, als er Straßburg schon längst verlassen hatte, Diderots Erzählung *Les deux Amis de Bourbonne* lesen konnte, auf die sich die in diesem Kontext erwähnten »wackeren Wilddiebe und Schleichhändler« (WA I, 28, S. 64) beziehen. In Straßburg kann ihn Herder lediglich auf den Verfasser des *Eloge de Richardson* aufmerksam gemacht haben, in dem die Stürmer und Dränger sofort einen Wesensverwandten geahnt hatten. G. prägte in diesem Kontext das Bild eines »deutschen« Diderot, der sich gleichsam in die französische Literatur verirrt hatte und der allein bei den Deutschen auf Verständnis stoßen konnte. Aus der späteren Sicht ist allerdings die Gültigkeit dieser ersten Rezeption stark relativiert: »Aber auch sein Standpunct war schon zu hoch, sein Gesichtskreis zu weit, als daß wir uns hätten zu ihm stellen und an seine Seite setzen können« (ebd.).

In der voritalienischen Zeit wurde G. mit verschiedenen Werken Diderots bekannt, die in der Friedrich Melchior Grimmschen *Correspondance littéraire* abgedruckt waren. So entdeckte er insbesondere *Jacques le Fataliste* und *La Religieuse*. Im Unterschied zu zahlreichen Zeitgenossen brachte er wenig Interesse für die religiös-kritische und moralisierende Tendenz des zweiten Romans auf, begeisterte sich aber sofort für *Jacques le Fataliste* (vgl. Tagebuch, 3.4. 1780): Er wollte das Werk in »sechs ununterbrochenen Stunden« (an Merck, 7.4. 1780) verschlungen haben und weigerte sich das Ganze zu zerstückeln, wie mehrere andere Leser es getan hatten. G. schreckte weder vor der Derbheit und »Unsittlichkeit« mancher Episoden zurück noch nahm er Anstoß an der scheinbaren Formlosigkeit des Werkes. Ganz im Gegenteil entdeckte er schon hier, wie später bei dem *Neveu de Rameau*, das künstlerische Können Diderots, das »die heterogensten Elemente der Wirklichkeit in ein ideales Ganze zu vereinigen« gewußt hatte (WA I, 45, S. 207).

Für die Zeit der Weimarer Klassik und der Freundschaft mit Schiller sind die beiden G.schen Diderot-Übertragungen bedeutsam. Die kommentierte Übersetzung von zwei Kapiteln aus den *Essais sur la peinture* wurde Anlaß zu einer kritischen Auseinandersetzung mit den Verfechtern »des halbwahren Evangeliums der Nachahmung der Natur« (WA I, 45, S. 164), zu denen G. auch Diderot zählte, und zur Begründung der eigenen Kunsttheorie im Rahmen des *Propyläen*-Projektes. Sie bot G. aber auch die Gelegenheit, durch den mit dem »abgeschiedenen« Gegner (ebd., S. 250) geführten Dialog zu veranschaulichen, was ihn von Diderot trennte und was ihn doch immer wieder an ihm faszinierte. Obwohl er von Diderots »sophistischen Schlingen« sprach (ebd., S. 256; vgl. ebd., S. 261) und ihn als »Sophisten« bezeichnete (ebd., S. 259 u. S. 262), empfand er dennoch die Beschäftigung mit dem Schriftsteller als ungewöhnlich bildend und die notwendige Auseinandersetzung mit seinen Gedanken als geistig anregend.

Die durch Schiller vermittelte Entdeckung des *Neveu de Rameau* ist nur mit der von *Jacques le Fataliste* zu vergleichen. G. begrüßte den frechen und witzigen Dialog als ein Meisterwerk. Die Übersetzung wie die begleitenden Anmerkungen können als eine gezielte Provokation gelten; sie waren eine kritische Stellungnahme vor allem gegenüber neuen sich abzeichnenden weltanschaulichen und künstlerischen Strömungen (Nationalismus, Katholizismus, Romantik). Dadurch, daß G. in seinen Anmerkungen Diderot in den Kontext seiner Zeit und seiner Welt eingliederte, korrigierte er das einseitige Bild eines »deutschen« Diderot: dieser erscheint jetzt vielmehr als ein echter Vertreter der von den Zeitgenossen inzwischen verunglimpften französischen Aufklärung.

Ein direkter Einfluß Diderots auf G.s. naturwissenschaftliche Anschauungen ist trotz mancher auffallender Übereinstimmungen und Ähnlichkeiten nicht nachweisbar. Der Begriff des Typus und der Gedanke der Metamorphose, die bei G. eher auf George Louis Leclerc Graf von Buffon als auf Diderot zurückgehen dürften, lagen in der Luft. Das Urteil aus dem Jahre 1804, er sei »zwar nicht für

Diderot's Gesinnungen und Denkweise, aber für seine Art der Darstellung als Autor ganz besonders eingenommen« (*Tag- und Jahreshefte 1804*) dürfte deswegen wohl am treffendsten G.s. Verhältnis zu Diderot zusammenfassen: eine uneingeschränkte Bewunderung für den Schriftsteller, insbesondere für den Erzähler, aber eine weit kühlere, allerdings teilweise auf eine unvollständige Kenntnis des Werkes zurückgehende Haltung dem Denker und dem Kunsttheoretiker gegenüber.

Literatur:

Dieckmann, Herbert: Goethe und Diderot. In: DVjs. 10 (1932), S. 478–503. – Mortier, Roland: Diderot en Allemagne. 1750–1850. Paris 1954.

Roland Krebs

Diener/Schreiber

Dem Grundsatz seines Vaters folgend, »daß ein Bedienter im Hause zu mehreren Verrichtungen nützlich sein müsse« (Schleif, S. 83; vgl. WA I, 27, S. 55), hat G. alle seine Diener in vielfältiger Weise beschäftigt. Sie trugen nicht nur Verantwortung für seine persönliche Betreuung, zu der die Sorge um Verpflegung, mancherlei Botengänge und handwerkliche Arbeiten gehörten, sondern waren auch Rechnungsführer, Reisebegleiter, oftmals Gesprächspartner und vor allem Schreiber im privaten, poetischen und amtlichen Geschäft.

G.s Verhältnis zu seinen Dienern war objektiv durch die Normen der ständischen Ordnung bestimmt, schloß aber subjektiv Fürsorge und Verantwortlichkeit ein. So erlaubte G.s Verhältnis zu den »niederen Klassen« (vgl. WA IV, 2, S. 171; WA IV, 3, S. 191; WA IV, 6, S. 308) ihm eine Art patriarchalischer Zuwendung zu seinen Dienern, sowohl in der Bemühung um ihre Ausbildung als auch in der Vorsorge für eine auskömmliche Stellung in der Zukunft. Zu diesem Wohlwollen paßte die absichtsvolle

Lenkung jedes einzelnen, so daß es für die meisten Diener und Hausgenossen G.s wohl stimmen mag, daß sie »seine Geschöpfe« waren, die an ihm »heraufgekommen« sind und sich an ihm »fortgebildet« haben (Schleif, S. 13). Güte und Geduld waren nach den Aussagen von Zeitzeugen überwiegende Verhaltensweisen G.s gegenüber seinen Bediensteten (Pollmer, S. 31). Daß G. auch »b e s t i a -l i s c h« sein konnte, wie er selbst bekannte (von Müller, 5. 4. 1824), zeigen andere Beispiele seines Umgangs mit Dienern, speziell anläßlich der Trennung von einigen wenigen unter ihnen. So trifft auch auf G.s Beziehungen zu seinen Untergebenen zu, was er in den *Tag- und Jahresheften 1795* allgemein sagt: Es läge in seiner Art, »aus herkömmlicher Dankbarkeit unbequeme Menschen fortzudulden, wenn sie mir es nicht gar zu arg machten, alsdann aber meist mit Ungestüm ein solches Verhältniß abzubrechen« (WA I, 35, S. 47). Grundsätzlich hatte der Diener ganz seinem Herrn zu leben. Andernfalls drohte die Entlassung. Anläßlich der Trennung von Carl John schrieb G. am 23. 7. 1813 an Christiane: »Diese Menschen wie es ihnen wohlgeht wollen sich und nicht der Herrschaft leben und so ist es besser man scheidet«. Daß die meisten Untergebenen mit großer Treue, oft zeit ihres Lebens, an G. gehangen haben, kann nicht darüber hinwegtäuschen, daß gerade die begabtesten und ihrem Herrn vertrautesten Diener die drückende Abhängigkeit in Entfremdung oder gar in ein tragisches Schicksal führen konnte.

Neben P h i l i p p F r i e d r i c h S e i d e l, den G. 1775 in Dienst nahm und der eine Sonderstellung innehatte, trat 1776 C h r i -s t o p h E r h a r d S u t o r (1754–1838). Der zurückhaltende, tüchtige Mann genoß G.s volles Vertrauen und erfüllte vielseitige Pflichten. Er war Rechnungsführer, Reisebegleiter und oft auch Botengänger. Weniger trat er als Schreiber hervor, weshalb er in G.s Aufzeichnungen auch selten erwähnt ist. Als Sutor 1782 geheiratet hatte und seine Familie sich schnell vergrößerte, mußte er sich nach einem Nebenverdienst umsehen, denn der Lohn eines Kammerdieners reichte für den Unterhalt einer Familie nicht aus. G. gewährte dem nicht mehr

Goethe, seinem Schreiber John diktierend. Gemälde von J. J. Schmeller

im Hause wohnenden Diener, der bis 1795 für ihn tätig blieb, Kostgeld und förderte die von Sutor begründete Spielkartenfabrik und Leihbücherei. In späteren Jahren genoß Sutor als wohlhabender Bürger und Ratsdeputierter in Weimar hohes Ansehen.

Ende 1777 kam ein junger Mann in G.s Dienst, der wie kein anderer zu dessen »Geschöpf« wurde: J o h a n n G e o r g P a u l G ö t z e (1761–1835). G. nahm den völlig ungebildeten 16jährigen Jungen zusammen mit seiner in bedrängten Verhältnissen lebenden

Mutter und seinem jüngeren Bruder ins Haus. Nach Seidels Ausscheiden im Jahre 1788 übernahm Götze dessen Aufgaben in der Rechnungs- und Wirtschaftsführung. Auf gemeinsamen Reisen (1790 Italien, 1792 Frankreichfeldzug, 1793 Belagerung von Mainz) führte er das Tage- bzw. Rechnungsbuch. Nach 17jährigem Dienst verschaffte ihm G. 1794 eine Stellung in der Wegebaukommission. Götzes Laufbahn als herzoglicher Beamter war mühselig und entbehrungsreich: 1794 wurde er Baukondukteur bei der Wasserbaukommission in Jena, 1803 Wegebaukommissar und 1807 Wegebau-Inspektor. Die wohlklingenden Titel lassen kaum erahnen, daß Götze über Jahre lediglich die kärgliche Position eines Aufsehers innehatte. Die Aufträge dienstlicher und privater Art für G. liefen nebenher, besonders dann, wenn G. sich in Jena aufhielt. Götzes praktische Natur und sein weltoffener Charakter waren immer wieder von Nutzen, so z.B. in seiner Tätigkeit als Bauleiter in Lauchstädt und als Geldbeschaffer für das Ilmenauer Bergwerk. Die Verbindung G.s zu seinem »werthen Alten« (an Götze, 10.11. 1831) währte lebenslang. Noch dreißig Jahre nach der gemeinsamen Teilnahme am Frankreichfeldzug bat G., mit der Abfassung der *Campagne in Frankreich* beschäftigt, seinen ehemaligen Diener, ihm dessen Erinnerungen mitzuteilen. G.s Wertschätzung zeigt sich wohl auch in der Tatsache, daß er den alten Götze 1826 von Johann Joseph Schmeller porträtieren ließ.

Im Jahre 1795 nahm G. J o h a n n J a k o b L u d w i g G e i s t (1776–1854) in seine Dienste, der das Weimarer Lehrerseminar besucht hatte. Geist war in einer Zeit produktivsten Schaffens, die durch die Freundschaft mit Schiller bestimmt war, bei G. tätig. Für die Wirtschaftsführung wurde der Bedienstete, seit Christiane das Haus verwaltete, seltener gebraucht, und so ist es nicht verwunderlich, daß der gebildete Diener vorwiegend als Schreiber eingesetzt wurde. Die meisten Manuskripte der nachfolgenden zehn Jahre sind von G.s »Spiritus«, wie Geist von Schiller genannt wurde (SNA 28, S. 232), geschrieben, so die berühmte *Xenien*-Reinschrift. Auf gemeinsamen Reisen fand dieser geistig bewegliche Diener sogar Zeit, eigenen Interessen nachzugehen und nicht nur das Tagebuch G.s nach dessen Diktat zu führen, sondern auch eigene Aufzeichnungen zu machen, z.B. während der Reise in die Schweiz 1797. Auch für Geist ebnete G. den Weg in die Beamtenlaufbahn: 1804, als er das Haus am Frauenplan verließ, wurde Geist Stallschreiber im Hofmarschallamt, 1805 Hofmarschallamtsregistrator und 1814 Hofrevisor. Nebenher war auch er weiterhin für G. tätig, jedoch war die Beziehung zu seinem früheren Herrn nie so vertraut wie die Seidels und Götzes. Erst in G.s letzten Lebensjahren ergaben sich durch das gemeinsame Interesse an der Botanik wieder Kontakte.

Mit dem Weggang Geists begann 1804 eine Zeit, in der die Diener häufiger wechselten. Zunächst trat schon 1803 J o h a n n G e n s l e r (Lebensdaten nicht ermittelt) seinen Dienst an und war im ersten Jahr hauptsächlich für Christiane tätig. Ab 1804 stand er zu G.s Verfügung, zunächst anscheinend zur vollsten Zufriedenheit. Im Sommer 1806 jedoch, auf der Rückreise von Karlsbad, kam es zur abrupten Entlassung. Ein offenbar handgreiflicher Streit Genslers mit dem Kutscher veranlaßte G., die Polizei gegen seinen Diener in Anspruch zu nehmen.

In den Jahren 1806 bis 1812 stand J o h a n n D a v i d E i s f e l d (1787–1852) in G.s Dienst. »Karl« – so nannte G. jeden Diener seit Gensler – begleitete seinen Herrn alljährlich nach Karlsbad. Der Grund für die Trennung von diesem Diener, eine bereits ausgeheilte ansteckende Krankheit Eisfelds, macht eine der besonderen Empfindlichkeiten des Dichters deutlich. Trotzdem bewahrte Eisfeld seine Anhänglichkeit gegenüber G. Wie aus G.s Tagebuch ersichtlich ist, besuchte Eisfeld seinen früheren Dienstherrn in späteren Jahren und gab »Nachricht von dem Gedeihen seines wirthschaftlichen Unternehmens in seiner Vaterstadt Langensalza« (30.5. 1826).

Eine engere persönliche Beziehung, wie sie G. in jungen Jahren zu seinen Dienern hatte, stellte sich wieder her, als K a r l W i l h e l m S t a d e l m a n n (1782–1845) 1814 in G.s Dienst trat; er blieb, mit einer kurzen Unterbrechung, bis 1824. Stadelmann unterschied sich von seinen Vorgängern nicht nur dadurch, daß er als gelernter Buchdrucker ein »civis academicus« unter den Handwerkern war, sondern er war der erste, der als ein nicht mehr ganz junger Mensch in G.s Dienst trat, als Mann mit Familie, der in seiner vorherigen angesehenen Stellung schon Sicherheit und Selbstbewußtsein erworben hatte. Sogleich nach Stadelmanns Dienstantritt begab G. sich mit ihm auf eine längere Reise in die Rhein-Main-Gegend, die wohl das gegenseitige Vertrauen stiftete. Ende 1815 verließ Stadelmann vorerst den Dienst. Ob Nachwirkungen seiner Krankheit oder schon Anzeichen des später zum endgültigen Bruch führenden Alkoholismus der Grund dafür waren, läßt sich nicht mehr feststellen. In der Zwischenzeit – Stadelmann kam im Februar 1817 wieder ins Haus – war Ferdinand Schreiber (1797–1849) als Kammerdiener bei G. tätig. Obwohl er nur kurze Zeit in G.s Diensten stand und wegen Krankheit bald wieder ausschied, verhalf G. ihm durch Empfehlung zu einer neuen Anstellung. Nach Christianes Tod brauchte G. einen besonders verläßlichen Diener. Stadelmann bewährte sich in dieser Eigenschaft erneut. Er hatte sich um alle häuslichen Dinge zu kümmern, insbesondere um die Versorgung seines Herrn, wenn dieser in Jena oder anderswo weilte. Auch auf den alljährlichen Reisen in die böhmischen Bäder erwies Stadelmann sich als geschickt und umsichtig. Besonders hervorzuheben ist sein tätiges Mitwirken an G.s mineralogischen Sammlungen. Rührend sorgte sich Stadelmann um G., als dieser im Jahre 1823 schwer erkrankt war. Als um so überraschender mußte die plötzliche Entlassung erscheinen, die in G.s Tagebuch am 1.7. 1824 mit lakonischen Worten notiert ist: »Stadelmanns Abgang. Nöthige Einrichtungen deßhalb«. Der Diener war immer häufiger betrunken, und es kam zu dem schon erwähnten Abbruch des Verhältnisses »mit Ungestüm« (WA I, 35, S. 47). Nach der Entlassung aus G.s Diensten war Stadelmann in seiner Heimatstadt Jena als Buchdrucker tätig. Seit 1834 lebte er im Jenaer Armen- und Arbeitshaus. Eine große Stunde erlebte er noch einmal, als die Frankfurter Stadtherren ihn 1844 als letzte »große, lebendige Reliquie des Dichter-Heros« (Kippenberg, S. 276) zur Einweihung des G.-Denkmals einluden und die Frankfurter Bürgerschaft ihm eine kleine Rente aussetzte. An dem Tage, als die erste Rentenzahlung aus Frankfurt eintraf, hatte Stadelmann sich erhängt.

Schon bald nach Stadelmanns Dienstbeginn hatte G. festgestellt, daß der verläßliche Diener nicht als Schreiber zu verwenden war. Deshalb wurde noch im Jahre 1814 Johann August Friedrich John (1794–1854), Sohn eines Weimarer Stubenmalers, G.s »Haus- und Canzleygenosse« (Tagebuch, 3.7. 1820). John gehört ebenfalls zu den besonders vertrauten Dienern; wegen seiner vielfältigen Schreibarbeiten ist er auch der in G.s Tagebüchern am häufigsten genannte. Die meisten Manuskripte des alten G. sind von Johns Hand geschrieben. Schon frühzeitig beschaffte G. ihm eine zusätzliche Anstellung im Staatsdienst (vgl. G. an Voigt, 18.12. 1815), zunächst als Kopist bei den Anstalten für Kunst und Wissenschaft, ab 1819 als Schreiber und Diener in der Großherzoglichen Bibliothek. Als John 1820 heiratete und eine Stadtwohnung mietete, gewährte ihm G. einen Mietzuschuß. 1822 wurde John Kopist bei der Großherzoglichen Oberaufsicht und 1835 dritter Kopist bei der Landesregierung.

G. nutzte in den späteren Jahren auch Johns Fähigkeiten als Zeichner und Maler, insbesondere bei der Ordnung seiner reichhaltigen Sammlungen. Neben der Korrespondenz und Tagebuchführung übernahm John nach und nach die komplizierte Haushalts- und Rechnungsführung und erledigte alles bald völlig selbständig. Daß er eine besondere Vertrauensstellung im Hause G.s innehatte, zeigte sich u.a. darin, daß er, wie der Jenaer Sekretär Johann Michael Christoph Färber und der alte Diener Paul Götze, bisweilen bei G. zu Tisch geladen wurde. Die enge Beziehung zu G. wird auch in dem Gemälde von Schmeller gewürdigt, auf dem der alte Dichter zusammen mit seinem Schreiber dargestellt ist. In seinem Testament vermachte G. John »in Anerkennung seiner treuen Dienstleistungen zweihundert Thaler Sächs.« (WA I, 53, S. 333).

Die plötzliche Entlassung Stadelmanns, an dessen Zuverlässigkeit und Geschicklichkeit G. sich in zehn Jahren gewöhnt hatte, brachte vermutlich große Schwierigkeiten mit sich, einen geeigneten Nachfolger zu finden. Aus dem Gesindebuch der Stadt Weimar Nr. 10 aus dem Jahre 1824 geht hervor, daß H e i n r i c h W e i s e (1786–1869) aus Weimar, 38 Jahre alt, von Juli 1824 bis Ostern 1825 in G.s Diensten stand. Am 1.12. 1824 trat G o t t l i e b F r i e d - r i c h K r a u s e (1805–1860) seinen Dienst an. Auch er hatte das Weimarer Lehrerseminar besucht. Zwar war er bisweilen als Schreiber tätig, besaß jedoch nicht die Begabung des ehemaligen Seminaristen Geist. Außerdem standen G. um diese Zeit zur Vorbereitung der Ausgabe letzter Hand außer John die Sekretäre F r i e d r i c h T h e o d o r D a v i d K r ä u t e r (1790–1856) und J o h a n n C h r i s t i a n S c h u c h a r d t (1799–1870) zur Verfügung. Wenn auch nicht daran zu zweifeln ist, daß Krause seinen Dienst bis zu G.s Tod pflichtbewußt versah – G. hat seiner ebenfalls im Testament gedacht –, so ist doch nirgendwo die Vertrautheit und enge Beziehung erkennbar, wie sie zu John und Stadelmann bestand. Krause übte wohl nicht die Diskretion, die G. an John so schätzen mochte; mit dem Einblick des Kammerdieners sah er mitunter allzu Menschliches und behielt es nicht für sich. Daß er sich nach G.s Tod – er war bis 1837 noch in Ottilie von Goethes Diensten – ein kleines »Erinnerungsmuseum« (Schleif, S. 218) zusammenstahl, deutet gleichfalls auf problematische Züge hin.

Nicht als Diener sind diejenigen Sekretäre zu betrachten, die G. fast ausschließlich mit amtlichen Aufgaben betraute, wie z.B. Kräuter, und ebensowenig diejenigen Mitarbeiter, denen er – besonders in späteren Jahren – die Betreuung seines umfangreichen Werkes übertrug, wie z.B. Eckermann.

Literatur:

Biedrzynski, Effi: Goethes Weimar. Das Lexikon der Personen und Schauplätze. Zürich 1992. – Kippenberg, Anton: Stadelmanns Glück und Ende. In: JbSK. 2 (1922), S. 240–284. – Pollmer, Arthur (Hg.): Riemer, Friedrich Wilhelm: Mitteilungen über Goethe. Auf Grund der Ausgabe von 1841 und des handschriftlichen Nachlasses hg. von Arthur Pollmer. Leipzig 1921. – Schleif, Walter: Goethes Diener. Berlin, Weimar 1965. – Schmidt, Günther: Ein Blumengedicht von Goethes ›wackerem Spiritus‹. Goethe. In: N.F. JbGG. 4 (1939), S. 91–97. – Tümmler, Hans: Geschichtliches aus dem Nachlaß Götzes. In: N.F. JbGG. 20 (1958), S. 277–282.

Christa Rudnik

Dilettantismus

Das Problem des Dilettantismus ist eng mit G.s persönlicher Entwicklung verbunden. Die Auseinandersetzung damit gewann ihre Bedeutung im Zusammenhang seines Ringens um Selbstfindung und Selbstgewißheit, um die Ausbildung seines Talents und seiner Kennerschaft auf den verschiedenen künstlerischen Gebieten, in den Naturwissenschaften und in seinen amtlichen Tätigkeiten. Sie nahm – vor allem seit den späten 90er Jahren – prinzipiellen Charakter an und gewann ein ausgeprägtes theoretisches Profil. In der Kritik am Dilettantismus suchte er sich über die Rolle der Kunst im Ganzen der Menschheitsentwicklung sowie über grundlegende Epochentendenzen und den herrschenden Zeitgeist Klarheit zu verschaffen.

Während das aus der italienischen Renaissance stammende »dilettante« den Liebhaber zunächst ohne abwertende Konnotation vom Professionalisten abgegrenzt hatte, erhielt der Begriff im letzten Drittel des 18. Jhs. eine zunehmend pejorative Bedeutungsvariante, in Deutschland insbesondere durch Johann Georg Sulzer, der in seiner *Allgemeinen Theorie der schönen Künste* (1771) zwischen dem wahren, genießenden Liebhaber und dem oberflächlichen Dilettanten unterschied. Fortan schwankte die Wertung zwischen Herabsetzung (Christian Friedrich Daniel Schubart, Johann Timotheus Hermes) und Respekt (Christoph Martin Wieland). Gelegentlich wurde der Dilettant als ausübender Kunstfreund wohlmeinend dem Meister gegenübergestellt (Johann Heinrich Merck, Friedrich Blanckenburg).

Die Unterscheidung zwischen Künstler und Liebhaber beschäftigte bereits den jungen G., der sein eigenes Talent als bildender Künstler, speziell im Zeichnen, erproben wollte und sich immer wieder die Frage nach den eigenen Anlagen sowie nach den Möglichkeiten ihrer Ausbildung stellte. Bereits früh – so in der Sulzer-Rezension der *Frankfurter Gelehrten Anzeigen* (1772), in *Von Deutscher Baukunst* (1773) und in *Nach Falconet und über Falconet* (1776) – hob er den prometheischen Kunstschöpfer und den wahren Kunstkenner von dem als überflüssig, ja als schädlich angesehenen »Dilettanten nach der Mode« (WA I, 37, S. 207) wie von dem bloß spekulativen Theoretiker à la Sulzer ab. Für ihn verfügten Kenner und Künstler im Gegensatz zum Dilettanten über die Fähigkeit, schon im Akt des Wahrnehmens und Erlebens schöpferisch zu reagieren, besaßen sie ein Gefühl für die innere Form und das Detail. Findet der Künstler in der Natur seinen Gegenstand, so geht der Dilettant von der Wirkung anderer Werke aus, begeistert sich also bloß an der Kunst statt an der Natur selbst.

Als sich G. im ersten Weimarer Jahrzehnt, vermittelt vor allem auch über seine naturwissenschaftlichen Studien, der Suche nach der Gesetzlichkeit des Gestalthaften zuwandte, setzte er dem Wirken des bornierten und selbstgenügsamen Dilettanten – über den künstlerischen Bereich hinaus – die Aufgabe entgegen, sich zur Meisterschaft auszubilden (*Wilhelm-Meister*-Romane). In Italien wurde er von der psychologischen Deutung des Begriffs durch Karl Philipp Moritz (*Über die bildende Nachahmung des Schönen*, 1788) beeinflußt, der im Dilettantismus eine Verwechslung von Empfindungskraft und Schöpfertum sah. Während er sich des eigenen Dilettantismus in den bildenden Künsten und Naturwissenschaften bewußt wurde und in dem Aufsatz *Einfache Nachahmung der Natur, Manier, Stil* ein klares Konzept von den Stufen künstlerischen Schaffens entwickelte, folgte er doch

nicht Moritz' moralisierendem Urteil und hob, wohlwollend und entschuldigend, den Tätigkeitstrieb des Dilettanten positiv hervor.

Mit dem Weimarer Kunstprogramm und in starker Beeinflussung durch Johann Heinrich Meyer gewann die Kritik am Dilettantismus grundsätzliche Bedeutung für G.s weltanschauliche und ästhetische Auffassungen. In dem ästhetischen Erziehungsprogramm, das den *Propyläen* und der Briefnovelle *Der Sammler und die Seinigen* zugrundeliegt, kündigte sich eine Fundamentalkritik am Dilettantismus an, gerichtet gegen die Vermischung der Künste, gegen die Neigung zum Naturalismus, gegen die Zuflucht zu Empfindsamkeit und Subjektivismus, gegen den ausufernden Hang nach unbegrenzter Freiheit und phantastischen Imaginationen, gegen die Vorliebe für dunkle Ideen und gegen die ausgeprägte Modesucht. Diesen falschen Tendenzen stellte G. seine Auffassungen von der Eigengesetzlichkeit der Kunst entgegen und traf eine scharfe Unterscheidung zwischen Naturwahrheit und »Kunstwahrheit« (WA I, 47, S. 196).

Im Frühjahr 1799 entstanden in Zusammenarbeit mit Schiller und Meyer, wobei G. als spiritus rector gelten muß, die Schemata *Über den Dilettantismus* (WA I, 47, S. 299–326), die als Vorarbeiten zu einer grundlegenden ästhetischen Epochenkritik gedacht waren. Die Dilettantismus-Auseinandersetzung sollte als wichtigstes Projekt der *Propyläen* zum Kern der kunsttheoretischen und zeitkritischen Intentionen des Weimarer Klassizismus werden.

Das erste Schema ordnet die verschiedenen Künste unter psychologisch-typologischen Aspekten ursächlich bedingenden Trieben zu (Äußerungs-, Lust-, Nachahmungs- und Bildungstrieb). Das umfangreiche zweite Schema vergleicht diese Künste nach Nutzen und Schaden für das »Subjekt« und für »das Ganze« (S. 300f.), wobei der Horizont der Analyse über Deutschland hinaus auf das europäische Ausland ausgedehnt wurde. G. folgte hier der den Dilettantismus wesentlich polemischer betrachtenden Sehweise Schillers: Vor allem falscher Geschmack, übertriebene Phantasie und Pfuscherei wurden analysiert und unter Kritik gestellt. Beide Dichter gingen von der

Überzeugung aus, daß der Dilettantismus in den »objektiven« Künsten (z.B. Architektur, Gartenkunst) schädlicher sei als in von vornherein subjektiven (z.B. Lyrik).

Schemata zu den einzelnen Künsten konkretisieren und ergänzen diese Positionen. Grundlegend sind die beiden umfangreichen Schemata zur Baukunst und zur Gartenkunst. Die üblich gewordenen Bildungsreisen nach Italien und Frankreich, vor allem aber die moderne »Gartenliebhaberey«, heißt es hier (S. 310), hätten den Dilettantismus in Deutschland und in Europa verbreitet. Die negative Wirkung des Dilettantismus verstärke sich in der Architektur, die »mit den bedeutendsten und erhöhtesten Momenten des Menschen in Verbindung« (S. 306) stehe, durch »Phantasmen und Empfindungen« (S. 307). In beiden Schemata wird die zeitgenössische Tendenz zur Aufhebung der Grenzen zwischen Baukunst, Gartenkunst, Malerei und Dichtung kritisiert. G. und Schiller sahen in der »Vermischung von Kunst und Natur«, wie etwa in der modernen englischen Gartenmode praktiziert, die »Unart der Zeit« wirksam, »im ästhetischen unbedingt und gesetzlos seyn zu wollen und willkührlich zu phantasieren« (S. 310). Das zweiteilige Schema zum Dilettantismus in der Poesie setzt sich vor allem mit dem Epigonenhaften und Plagiatorischen sowie mit der Vermischung der Gattungen und Genres durch den Dilettanten auseinander. Hier geht es insbesondere um die Wirkung auf die Kunst, weniger als in den anderen Schemata um die Wirkung auf die Gesellschaft. Positiver als im Bereich der anderen Künste allerdings wird die wechselseitige Abhängigkeit von Künstler und Liebhaber herausgestellt und der lernbereite Dilettant gelobt.

An diese von G. und Schiller gemeinsam erarbeiteten Schemata schließen sich Entwürfe bzw. Fragmente zum Dilettantismus-Problem an, in denen sich G. zum Sachwalter der Objektivität und des gesetzhaften Charakters der Kunst macht. »Die Kunst giebt sich selbst Gesetze und gebietet der Zeit: der Dilettantism folgt der Neigung der Zeit« (S. 319). Hier versuchte G., den psychologischen Erklä-

rungsansätzen stärker historisch-soziologische Aspekte (Berufung, Profession, Spezialisierung) an die Seite zu stellen.

Daß es nach einigen Neuansätzen im Sommer 1799 nicht zum Abschluß des Dilettantismus-Projekts kam, lag offensichtlich in der Unmöglichkeit begründet, hinter der polemischen Gegenüberstellung von »Nutzen« und »Schaden« die historische Entwicklung des Problems in seiner Komplexität begrifflich zu bewältigen und die Verquickung von kunsttheoretischen, sozialen, kulturellen und individuell-menschlichen Problemen angemessen darzustellen. G. behielt aber das Problem im Auge, wenn er sich über Subjekt und Objekt, Genie und Talent, Spezialisierung und allgemeine Ausbildung, Unbedingtheit und Entsagung äußerte. Nach 1800 erörterte er es vor allem in seinen Romanen. Neben den *Wanderjahren* waren es vor allem *Die Wahlverwandtschaften*, in denen er versuchte, den Dilettantismus als Ausdruck der Epochenkrise ins Bild zu bringen und seine historische Aufhebung in entsagender künstlerischer und beruflicher Spezialisierung und Meisterschaft zu entwerfen.

Literatur:

Baumann, Gerhard: Goethe: *Über den Dilettantismus.* In: Euphorion. 46 (1952), S. 348–369. – Bitzer, Hermann: Goethe über den Dilettantismus. Bern 1969. – Vaget, Hans Rudolf: Der Dilettant. Eine Skizze der Wort- und Bedeutungsgeschichte. In: SchillerJb. 14 (1970), S. 131–158. – Ders.: Dilettantismus und Meisterschaft. Zum Problem des Dilettantismus bei Goethe. Praxis, Theorie, Zeitkritik. München 1971. – Wertheim, Ursula: Das Schema über den Dilettantismus. In: WB. 6 (1960), Sonderheft, S. 965–977.

Michael Niedermeier

Dornburg

G.s Beziehung zu Dornburg stellte sich schon im ersten Weimarer Jahr her und hat bis in sein hohes Alter angehalten.

Dornburg liegt auf einer Hochfläche oberhalb der Saale zwischen Jena und Naumburg. Am Rande der kleinen Stadt, wo der Kalkhang etwa neunzig Meter steil zum Fluß abfällt, befinden sich drei Schlösser, zwei davon sind seit 1928 als G.-Gedenkstätten eingerichtet.

Von den drei Schlössern waren das nördliche und das mittlere fürstlicher Besitz. Das »Alte Schloß« steht an der Stelle, die vermutlich die Pfalz Ottos I. getragen hatte. Die mittelalterliche Burg galt als uneinnehmbar, erst 1451 wurde sie erstürmt und schwer zerstört. Der Wiederaufbau ließ unter Einbeziehung älterer Teile eine spätgotische Burg entstehen. Im 18. Jh. hatte hier der Amtmann des Dornburger Gebietes seinen Sitz. Das Schloß war außerdem bis in das frühe 18. Jh. fürstliche Wohnung und Ort repräsentativer Regierungsakte. Dagegen war das »Neue Schloß« eindeutig nach der Laune eines Herrschers entstanden. Herzog Ernst August (1688–1748), der Großvater Carl Augusts, wollte von hier aus einem militärischen Schauspiel beiwohnen, das er im Saaletal abzuhalten gedachte. Das kleine Schloß wurde 1736 bis etwa 1740 von Gottfried Heinrich Krohne errichtet, die gesamte Schloßanlage blieb unvollendet, da Ernst August nach Anfall der Eisenacher Erbschaft (1741) sein Interesse an Dornburg verloren hatte. Dennoch zeigt das Schlößchen die frühe Ausprägung des Rokoko in Thüringen. Das spätere Desinteresse am Dornburger »Neuen Schloß« war durch die Finanzmisere der Weimarer Kammer mitbestimmt.

Im Oktober 1776 zeichnete G. die Schlösser über dem Steilhang; das Blatt trägt auf der Rückseite Verse für Charlotte von Stein: »Ich bin eben nirgend geborgen« (WA I, 4, S. 209). Im Juli 1777 kam es zu einem Ausflug einer kleinen Hofgesellschaft nach Dornburg. Die Anregung dazu scheint von G. ausgegangen zu sein. Dornburg, das in den vorausgegangenen Jahrzehnten abseits des Weimarer Interesses gelegen war, scheint dennoch den meisten Beteiligten nicht unbekannt gewesen zu sein, und man nutzte die drei Tage zum näheren Erkunden der Landschaft und der nahen Burgen, es wurde gezeichnet, und mit August von Einsiedel gab es ein »tolles Disputiren«. Das Rokokoschloß bot dem überraschenden Besuch nur ein rustikales Nachtlager: »Nachts auf der Streue mit d. Herzog, Prinzen, Dalberg u 2 Einsiedels« (Tagebuch, 3.–6. 7. 1777).

Vor der Italienreise ist G. noch mehrmals in Dornburg gewesen (Tagebuch, 2.–5. 3. 1779, 23. 4. 1779). Insgesamt waren es mehr als zwanzig Besuche. Sie waren zunächst meist durch amtliche Pflichten bestimmt; es ging um Rekrutenaushebungen, um den Wegebau und die Wasserregulierung im Saaletal, wo eine alte wichtige Nord-Süd-Straße verlief, und um Einblicke in die Verwaltung der lokalen Amtsgeschäfte wie auch der wirtschaftlichen Verhältnisse des Umlandes. Den »schönsten Plaz, auf dem bösten Felsen«, wo ihm »eine warme gute Stäte« zubereitet war (an Charlotte von Stein, 4. 3. 1779), nahm der Dichter gerne an, und so wirkte sich die Ruhe in dem »überlieblichen« (an Knebel, 5. 3. 1779) Schlößchen fördernd auf die Arbeit an *Iphigenie* und *Egmont* aus (an Charlotte von Stein, 17. 3. 1782). Nach der Rückkehr aus Italien kam es erst wieder ab Mitte der 90er Jahre zu Besuchen in Dornburg. Meist waren es Tagesausflüge, von Jena aus, oft mit der Familie oder Freunden (Schiller, Knebel, Wilhelm von Humboldt).

Als das Schloß 1816 instand gesetzt wurde, neue Gartenanlagen, Weinberge und Wege und auch die neue Straße am Berg entstanden, verdichtete sich G.s Interesse an den Vorgängen. Wiederholt sind Gespräche, mehrmals auch Besuche in Dornburg belegt. Von 1817 an nutzte die fürstliche Familie das Dornburger Rokokoschloß als Sommeraufenthalt. Im Winter 1818/19 stellte es der Fürst dem ersten Landtag des Großherzogtums für die Sitzungsperiode zur Verfügung.

Das eigentliche Dornburger »Goetheschloß« ist das Renaissanceschloß. Als Wohnhaus eines Rittergutes war es im 16. Jh. erbaut worden, 1824 konnte Carl August es erwerben. Er

Die Dornburger Schlösser. Zeichnung von Goethe

ließ es für seine Bedürfnisse herrichten und wohnte hier, wenn die fürstliche Familie in Dornburg weilte.

Als die Nachricht vom Tode des Großherzogs (14.6. 1828) G. jäh aus einer weitgespannten vielfältigen Tätigkeit riß, und er sich außerstande sah, an den Trauerfeierlichkeiten in Weimar teilzunehmen, wurde Dornburg ihm zum Zufluchtsort. Es wurde sein längster Aufenthalt auf dem Berg über der Saale (7.7.–11.9. 1828). G. wohnte im Renaissanceschloß, Carl Augusts engerem Wohnbereich gegenüber waren ihm drei Zimmer eingeräumt, darunter die »Bergstube«, die in vielen Briefen dieser Dornburger Zeit erwähnt wird. Nach wenigen Tagen machte sich die Ruhe und Schönheit des Ortes wohltuend bemerkbar, sie gäbe das Gefühl, »daß eigentlich keine Trauer in der Welt seyn sollte« (an Soret, 10.7. 1828). G. wandte sich zunächst wieder naturwissenschaftlichen Studien zu, die er durch Beobachtungen in den Gärten ergänzen konnte. Aufsätze über den Weinstock und die Bignonia radicans entstanden, dann die Einleitung zur deutsch-französischen Ausgabe seiner Meta-

morphose der Pflanzen, in der er sich die frühe Weimarer Zeit vergegenwärtigte. Die intensive Tätigkeit ging mit einer zunehmenden inneren Ruhe einher, durch die G. seine Erschütterung überwand. Neben den Naturwissenschaften beschäftigten ihn philosophische und historische Werke, Zeitereignisse blieben nicht ausgespart, und er wandte seine Aufmerksamkeit auch wieder der neuen Literatur zu (Sir Walter Scott, Lord George Noel Gordon Byron). Gegen Ende des Sommers entstanden die Dornburger Gedichte (*Dem aufgehenden Vollmonde* und *Dornburg. September 1828*).

Das Rokokoschloß und das Renaissanceschloß gingen 1923 in die Hände der G.-Gesellschaft über, 1954 in den Besitz der Nationalen Forschungs- und Gedenkstätten der klassischen deutschen Literatur, heute gehören sie zum Bestand der Stiftung Weimarer Klassik.

Literatur:

Gothe, Rosalinde/Pietsch, Jürgen: Dornburg. Von Otto I. bis Goethe. Weimar 1991. – Holtzhauer, Helmut: Die Dornburger Schlösser und ihre Wiederherstellung. In: N.F. JbGG. 25 (1963), S. 115–129. – Wahl, Hans: Die Dornburger Schlösser. Zum 28. August 1923. SchrGG. 36 (1923). – Ders.: Goethes Dornburg. In: JbGG. 16 (1930), S. 149–165.

Rosalinde Gothe

Dürer, Albrecht
(1471–1528)

Albrecht Dürer, der bedeutendste deutsche Maler und Graphiker des 16. Jhs., lebte als erster Künstler ohne Zunftzwang in seiner Heimatstadt Nürnberg. Er unternahm 1495 eine Reise nach Venedig, der 1506/07 ein längerer Italienaufenthalt und 1520/21 eine Reise in die Niederlande folgten. Unter dem Eindruck seiner Italienreise vollzog sich in seinem Werk der Übergang von der Spätgotik zur Renaissance.

G. erwähnte Dürer zum erstenmal in dem Aufsatz *Von Deutscher Baukunst* (1773) als positives Gegenbild zu den vom französischen Rokoko beeinflußten »geschminkten Puppenmahlern« (WA I, 37, S. 150). Seine frühen positiven Urteile stammen aus einer Phase, in der er sich intensiv mit der »Deutschheit des sechzehnten Jahrhunderts« (WA I, 28, S. 52) beschäftigte. In Dürer erblickte er den Vertreter einer unverfälschten nationalen Kunst, in der sich schlichter, kraftvoller Volkscharakter ausspricht. Auch in G.s Freundeskreis erwachte das Interesse für den Renaissance-Künstler. G. war Johann Caspar Lavater dabei behilflich, seine Sammlung Dürerscher Graphiken zu bearbeiten und zu vervollständigen. G. selbst besaß zahlreiche Blätter von ihm und erwarb für die herzogliche Sammlung in Weimar Dürer-Graphiken.

Auf der Fahrt nach Italien hatte G. Gelegenheit, in München mehrere Gemälde von Dürer kennenzulernen. Mit spürbarer Begeisterung bemerkte er, er habe »ein paar Stücke von ihm gesehen, von unglaublicher Großheit« (WA I, 30, S. 161). Über die Jahrhunderte hinweg

fühlte sich G. Dürer verwandt, in dessen Schicksal er die Problematik des modernen Künstlers erblickte: »Mir ist so ein armer Narr von Künstler unendlich rührend, weil es im Grunde auch mein Schicksal ist, nur daß ich mir ein klein wenig besser zu helfen weiß« (ebd., S. 161). Auf der Rückreise aus Rom besichtigte G. 1788 in Nürnberg »die noch übrigen prächtigen Gemählde des Albrecht Dürers« (Tagebuch Paul Götzes, März 1790; WA III, 2, S. 13).

In den *Venetianischen Epigrammen* von 1790 rügte G. dann allerdings überraschend Dürer und warf ihm vor, er zerrütte »mit apokalyptischen Bildern, / Menschen und Grillen zugleich, unser gesundes Gehirn« (WA I, 1, S. 318). Nach seiner Begegnung mit der antiken Kunst in Italien wurde G. offenbar Dürers Bindung an die Gedankenwelt des Mittelalters unangenehm bewußt, wobei ihn das düstere religiöse Sujet der Apokalypse besonders abstieß. Uneingeschränkt lobte er dagegen Dürers theoretische Schriften, soweit sie ihm zugänglich waren.

Rund fünfzehn Jahre vergingen, bis sich G. erneut mit Dürer beschäftigte. Ein neuer Abschnitt in der Auseinandersetzung mit ihm begann 1807 mit dem Erscheinen von *Albrecht Dürers christlich-mythologischen Handzeichnungen*, Lithographien von Johann Nepomuk Strixner nach den Dürerschen Illustrationen zum Gebetbuch Kaiser Maximilians. Gegenüber Friedrich Heinrich Jacobi pries G. am 7.3. 1808 die Randzeichnungen geradezu überschwenglich. Schon am 19. März veröffentlichten die Weimarischen Kunstfreunde in der *Jenaischen Allgemeinen Literatur-Zeitung* eine Besprechung, die besonders den heiteren, geistreichen Charakter der Zeichnungen und ihre Leichtigkeit hervorhob (vgl. *Tag- und Jahreshefte 1809*). G. regte außerdem Peter Cornelius (1783–1867) und Eugen Napoleon Neureuther (1806–1882) zum Studium der Dürer-Zeichnungen an und förderte damit ihre Rezeption in der Illustrationskunst des 19. Jhs.

Die Romantiker, deren Dürer-Verehrung in diesen Jahren ihren Höhepunkt erreichte, faßten G.s Lob als Bekehrung zu den Idealen ihrer eigenen Kunstanschauung auf. G. vermied daraufhin weitere öffentliche Äußerungen über Dürer. Dem Nürnberger Dürer-Verein trat er bei (Tagebuch, 27.9. 1828); die Teilnahme an den Festlichkeiten in Nürnberg zum 300. Todestag des Künstlers lehnte der 78jährige mit der Versicherung ab, »an Zweck und Vorhaben, welches sich durch diese Feyer so lebhaft und energisch ausgesprochen, fortan theilzunehmen« (an den Magistrat von Nürnberg, 21.4. 1828).

G.s Verhältnis zu Dürer wandelte sich im Lauf seines Lebens mehrfach. Seine unterschiedlichen Urteile spiegeln die Entwicklung seiner eigenen Ästhetik und seiner Auseinandersetzung mit zeitgenössischen Tendenzen, resultieren z.T. aber auch daraus, daß er Dürers Werk nicht als Ganzes überblicken konnte und sich nicht von allen Bereichen des Dürerschen Schaffens in gleichem Maße angesprochen fühlte.

Literatur:

Einem, Herbert von: Goethe und Dürer. In: ders.: Beiträge zu Goethes Kunstauffassung. Hamburg 1956, S. 9–45. – Jahn, Johannes: Goethe und Dürer. In: N.F. JbGG. 33 (1971), S. 75–95. – Lüdecke, Heinz: Die Begegnung Goethes mit Dürer. In: Holtzhauer, Helmut/Henning, Hans (Hg.): Goethe-Almanach auf das Jahr 1971. Berlin 1971, S. 285–311. – Wolff, Eugen: Dürer und Goethe. In: DVjs. 6 (1928), S. 257–269.

Martina Eicheldinger

Eckermann, Johann Peter
(1792–1854)

»An Goethe. / Wenn im Rechten ich begriffen, / Hab' ich's einzig Dir zu danken, / Denn im Irren, Suchen, Schwanken / Hat mich Deine Hand ergriffen / Und auf rechten Weg geleitet, / Der geebnet, fest, gebreitet, / Nicht in Sümpfe sich verlieret, / Nein, zum sichern Ziele führet. – Weimar d. 3. Octbr 1823 Ecker-

mann«. Die an die Tonlage protestantischer Kirchenlieder erinnernden Verse sind symptomatisch für das verklärende Licht, in dem Eckermann G.s Einwirken auf sein Leben sehen wollte. Sie korrespondieren mit gleichermaßen harmonisierenden Sätzen aus den *Gesprächen mit Goethe in den letzten Jahren seines Lebens*, die Eckermann 1836 und 1848 veröffentlichte und die seinen zwiespältigen Ruhm begründeten. Das Gesprächswerk hat für die G.-Rezeption so herausragende wie problematische Bedeutung erlangt. Für den Autor war es Lebenswerk im doppelten Wortsinne. Die Fakten seiner Biographie widersprechen jener Verklärung allerdings weitgehend.

Am 21.9. 1792 in Winsen an der Luhe geboren, wuchs Eckermann in dürftigsten Verhältnissen auf. Der »Bildungsgang« des Hausierersohns, in der Einleitung zu den *Gesprächen* ausführlich beschrieben, endete mit einem fragmentarischen Jurastudium in Göttingen. Nachdem Eckermann am Winterfeldzug 1813/14 teilgenommen hatte, erlangte er eine Anstellung bei der königlichen Kriegskanzlei in Hannover. Mit wechselweise optimistischer und kleinmütiger Einschätzung seiner Fähigkeiten und Kräfte sehnte sich Eckermann schon früh ins Reich des Geistes und der Poesie und hoffte, auch die lebensnotwendigen Einkünfte in und aus diesem Reich gewinnen zu können. Der lokale Erfolg eines 1821 veröffentlichen Bändchens *Gedichte* nährte die Hoffnungen, und Eckermann begann, *Beyträge zur Poesie mit besonderer Hinweisung auf Goethe* auszuarbeiten. Im Frühjahr 1817 hatte er erstmals Gedichte G.s kennengelernt. Seine bisherigen literarischen Hausgötter – Klopstock, Theodor Körner und Schiller – wurden rasch verdrängt. »Bewunderung und Liebe nahm täglich zu«, heißt es in der Einleitung zum Gesprächswerk über die Wirkungen der nunmehr permanent fortgesetzten G.-Lektüre.

Auf die Zusendung des Gedichtbändchens hatte G. nur mit formellem Dank reagiert. Das Manuskript der *Beyträge* interessierte ihn mehr. Deutlich war daraus zu ersehen, daß hier erklärende Verteidigung des Dichters unternommen wurde, der in diesen Jahren feindselige Kritik an seiner Person und seinem Werk in der literarischen Öffentlichkeit heranwachsen sah. Die *Beyträge* beschäftigen sich u.a. mit »Natur und Kunst in der Poesie«, mit der »Ausbildung der sinnlichen Anschauung«, mit »Objektivität und Mannigfaltigkeit« als bestimmenden Signaturen des G.schen Schaffens und mit den *Wahlverwandtschaften*, die zunächst überwiegend verständnislos aufgenommen worden waren. G. schickte das Manuskript des völlig unbekannten Autors empfehlend an Cotta, in dessen Verlag die *Beyträge* 1824 erschienen. Sie veranlaßten Heinrich Heine, Eckermann unter die »Apologisten« G.s einzureihen, die »noch größere Thorheiten« hervorbrächten als die G.-Gegner: »Auf der Grenze des Lächerlichen steht in dieser Hinsicht einer Namens Herr Eckermann, dem es übrigens nicht an Geist fehlt« (HSA 8, S. 39).

Eckermann war 1823 nach Weimar übergesiedelt; im September 1823 entschied er sich, in Weimar zu bleiben. Es wurden ihm umfangreiche Aufgaben übertragen. G. war überzeugt, Eckermann arbeite »mit Sinn und Verstand [...] Er ist übrigens mit meiner Denkweise so vertraut, daß er das Geschäft dem Sinne nach eben so gut und der Ausführung nach besser als ich selbst leisten dürfte« (an Schultz, 9.8. 1823). Das dominierende »Geschäft« war bis zu G.s Tod und darüber hinaus die redaktionelle Mitarbeit an der Ausgabe letzter Hand. Die früh geplanten *Gespräche* mußten zurückgestellt, andere literarische Pläne ganz aufgegeben werden. In den Jahren 1827 bis 1830 erschienen zunächst vierzig Bände der G.-Ausgabe. Von Bezahlung des aufopferungsvoll tätigen Redakteurs war nicht die Rede. G. steuerte gelegentlich etwas zu Eckermanns Unterhalt bei. Im übrigen blieb es bei 12 Silbergroschen pro Stunde, die Eckermann als Deutschlehrer für junge Engländer in einem Weimarer Pensionat erhielt, bei dem damit verbundenen Freitisch, bei Mahlzeiten im

G.-Haus sowie dem Freibillett für das leidenschaftlich geliebte Theater. 1825 erhielt Eckermann durch G.s Vermittlung den Jenaer Doktortitel, mit dem sich allerdings außer der Ehre nur Verpflichtungen verbanden, z.B. die Herausgabe einer Festschrift zum fünfzigjährigen Regierungsjubiläum Carl Augusts 1825. Seit 1819 war Eckermann mit Johanne Bertram, der Tochter eines Hannoveraner Kaufmanns, verlobt. An die Gründung eines Hausstandes war unter den gegebenen finanziellen Verhältnissen noch lange nicht zu denken. Der Künstler und der Wissenschaftler G., die exzeptionelle Persönlichkeit, die sich bereits historisch sah, forderte rücksichtslos Tribut und Dienst – wohl auch in der Überzeugung, daß dem Gehilfen nichts Besseres widerfahren könne. Eckermann dürfte diese Überzeugung weitgehend geteilt haben. Der aus vielen seiner Niederschriften ablesbare Hang zur Selbsttäuschung und eine verhängnisvolle Begabung, miserable Lebenswirklichkeit gleichsam mit geschlossenen Augen phantasievoll zu verschönern, sowie die kaum überbietbare, unter modernen psychologischen Aspekten therapiebedürftige Fähigkeit zur Anempfindung ermöglichten dies. Das Gesprächswerk und Eckermanns Briefe zeugen davon, wie die immer wiederholte Begegnung mit G., die überwältigende Ausstrahlung der Person und die Beschäftigung mit dem Werk, nicht zuletzt das vertrauliche, von G. als förderlich-antreibend anerkannte Teilnehmen an erst entstehenden Werken wie z.B. *Dichtung und Wahrheit* oder dem zweiten Teil des *Faust* Eckermanns eigentlichen Lebensinhalt ausmachten (vgl. von Müller, 8.6. 1830; G. an Carlyle, 2.6. 1831). Die vom Tage bestimmten und dennoch lenkbaren Unterhaltungen über Menschen und Kunstwerke, über Poesie und Geschichte, über »Gott und Welt« dienten der Integration aller dieser Faktoren.

Im Jahr 1830 schien Eckermann seine affirmative Existenz grundlegend verändern zu wollen. Auf der Rückreise aus Italien, wohin er August von Goethe begleitet hatte, überdachte Eckermann seine Situation und seine Aussichten. In einem großen Bekenntnisbrief an G. (12.9. 1830) sprach er von »zerstörenden und herabziehenden Verhältnissen«, die er nunmehr hinter sich zu lassen wünsche; er wolle nur noch gelegentlich nach Weimar zurückkehren und im übrigen in einer großen Residenz seine »literarischen Vorsätze« ausführen (Houben, Bd. 1, S. 505–508). G. antwortete gelassen (12.10. 1830) – zumal Eckermann ohnehin versichert hatte, daß er ohne G.s »Zustimmung« und »Segen« nichts vermöge (ebd.) – und teilte zugleich mit, daß er an dem Gesprächswerk zwar gern weiterhin Anteil nehmen wolle, eine baldige Publikation aber nicht wünsche. Der Tod August von Goethes und die Sorge, wie G. dies überstehen werde, dürften den Ausschlag gegeben haben für Eckermanns Rückkehr; schon am 21.10. 1830 hatte er an G. geschrieben: »Ich lache über mich selbst und sehe mich im Geiste schon wieder in Weimar« (Houben, Bd. 1, S. 517). Am 23. November traf er ein. Der schonungslose Brief vom 12. September ging nur in stark gemilderter Bearbeitung in die *Gespräche* ein.

In seinem Testament vom 20.1. 1831 ernannte G. Eckermann zum verantwortlichen Herausgeber seines literarischen Nachlasses. In einem Zusatzvertrag vom 15. Mai wurden ihm 5% des für die Publikation des Nachlasses zu erwartenden Honorars zugesichert. Auch für die künftige Veröffentlichung der G.schen Korrespondenz erhielt Eckermann die Vollmacht. Kurze Zeit nach G.s Tod begann die Arbeit an der Edition der »Nachgelassenen Werke« im Rahmen der Ausgabe letzter Hand. Bis Ende 1833 erschienen fünfzehn Bände; sie enthielten u.a. den zweiten Teil des *Faust*. Nun konnten endlich die *Gespräche* ausgearbeitet werden. Eckermann war krank und verzweifelt, als er daran ging. Im November 1831 hatte er nach zwölfjähriger Verlobungszeit Johanne Bertram geheiratet; nach der Geburt eines Sohnes war sie im Frühjahr 1834 gestorben. Es ist kein Anzeichen dafür überliefert, daß G. von Eckermanns Heirat Notiz genommen hätte.

Die nachweisbare Zahl der Besuche, die Eckermann vom Juni 1823 bis zum März 1832 bei G. machte, liegt zwischen 950 und 1000. Etwa ein Viertel davon beträgt die Zahl der Gespräche, die er in seinem Werk dargestellt hat.

G. wußte seit Anfang 1824 von dem Plan (Tagebuch, 15.2. 1824), und schon am 6.6. 1825 hatte Eckermann an seine Braut geschrieben: »Meine Arbeit rückt langsam vor, aber es wird auch etwas sehr gutes. Goethe [...] ist sehr erbaut davon und findet die Arbeit vortrefflich. Ich werde damit sicher ein großes Glück machen und nicht allein in Deutschland sondern auch in Frankreich und England dadurch einen guten Nahmen bekommen« (Tewes 1905, S. 41 f.). Doch die Zustimmung zur Publikation schob G. immer wieder auf, zuletzt mit dem vertröstenden Hinweis, es werde den Wert des Buches »erhöhen«, wenn er später »bezeugen« könne, daß es ganz in seinem Sinne »aufgefaßt« sei (an Eckermann, 12.10. 1830). Diese Autorisation ist nie erfolgt. Zwar konnte G. sicher sein, daß Eckermann nichts ohne seinen »Segen« veröffentlichen werde, aber den Zeit- und Kraftaufwand, den ein solches Werk verlangte, schätzte er gewiß realistischer ein als der Verfasser. Die Vorarbeiten hatte Eckermann in Tagebuchaufzeichnungen und Briefen festgehalten. Wieviel druckfertiges Manuskript ihm zur Verfügung stand, als er die Arbeit 1834 wieder aufnahm, ist nicht festzustellen. Neuere Publikationen und Ankündigungen, denen zufolge auch andere Autoren Gespräche mit G. veröffentlichen wollten, ließen nunmehr Eile angezeigt erscheinen, zumal das Interesse des Publikums ohnehin nachließ, wie u.a. der schleppende Verkauf der Schiller-G.-Briefe oder der Nachlaß-Ausgabe signalisierten. Ende Oktober 1835 schloß Eckermann das Manuskript des ersten, Mitte Januar 1836 das des zweiten Teils ab. Zur Ostermesse 1836 erschienen diese *Gespräche* bei Brockhaus, für dessen Lexikon Eckermann auch den Artikel »Goethe« verfaßte (1837), in einer Auflage von 3000 Exemplaren.

Der buchhändlerische Erfolg der *Gespräche* blieb weit hinter den Erwartungen des Autors und seiner Freunde zurück; noch zehn Jahre später war ein Restbestand der ersten Auflage vorhanden. Auch die publizistische Anerkennung hielt sich in Grenzen und kam über ein halbes Dutzend wohlwollender Anzeigen nicht hinaus. Trotzdem dachte Eckermann immer wieder an die Fortsetzung. Er sichtete das übrige und fand keineswegs so hinreichendes Material, wie er hoffte. Immer stärker waren die zunächst wieder in Tagebüchern und Briefen entworfenen Texte auf die Erinnerung angewiesen. Die Arbeit konnte unter solchen Umständen nur langsam gedeihen, zumal Eckermann von 1839 an auch an der Redaktion der neuen, vierzigbändigen Cotta-Ausgabe der G.schen Werke mitzuwirken hatte. Unterstützung für die Fortsetzung der *Gespräche* erfuhr er durch Frédéric Soret (1795–1865), der als Prinzenerzieher in Weimar von 1822 bis 1836 ebenfalls Materialien für ein Gesprächswerk gesammelt hatte, dessen wichtigste Teile auf Unterhaltungen mit G. beruhen sollten. Eckermann konnte dieses Material für den dritten Teil seines Werks benutzen. Dieser Teil, der nochmals mit Gesprächen aus dem Jahr 1823 beginnt und bis zu G.s Tod führt, erschien zur Ostermesse 1848 in dem Magdeburger Verlag Heinrichshofen. Die öffentliche Teilnahme hatte inzwischen weiter abgenommen. Im Vorfeld des Jahres 1848 waren die literarischen Interessen in andere Richtungen gelenkt worden, und der Markt war ohnehin geschwächt. Von den 2500 Exemplaren des dritten Teils mußte Brockhaus 1000 erwerben, als er die *Gespräche* um 1860 vollständig in seinen Verlag übernahm. Eine zweite Publikation des Werkes, von dem er sich so viel erhofft hatte, erlebte Eckermann nicht. Seine Bühnenbearbeitung des *Faust* (1834) blieb Fragment. Verbittert und in unwürdigen Verhältnissen starb er am 3.12.1854 in Weimar.

Es ist mit einiger Sicherheit davon auszugehen, daß G. bei seinen Unterhaltungen mit Eckermann die mögliche Publikation im Auge behielt, seit er von dem Plan wußte. Doch dieser Aspekt ist nur mittelbar zu fassen, am deutlichsten dort, wo G. – wie etwa ab 1827, auffallend intensiv 1831 – die Gesprächsthemen ausführlicher in seinen Tagebüchern notierte. Der Wortlaut der Stellungnahmen G.s zu den Themen aber, die er vorgab oder auf die Eckermann ihn brachte, läßt sich auf diese Weise nur selten ermitteln – noch seltener, ob sie beiläufig oder als Grundsatzerklärungen erfolgten. Die größte Authentizität ist dort feststellbar, wo Eckermann G.s Werke, Briefe

und Tagebücher herangezogen hat. Überwiegend sind die Texte Produkte mehrstufiger Ausarbeitung. Die Zeitspannen zwischen dem Datum eines Gesprächs und der ersten Aufzeichnung einerseits, der Notiz und der Ausarbeitung andererseits differieren sehr stark. Die nur fragmentarisch überlieferten Arbeitsmaterialien lassen den Schluß zu, daß in nahezu allen Fällen Notat und Gedächtnisprotokoll zusammenwirkten, und daß vielen Gesprächen lediglich die schriftlich nicht fixierte Erinnerung zugrunde liegt. Ein aussagekräftiges Beispiel dafür ist das Gespräch vom 11.3.1828, für das Eckermann nur die Stichworte »Productivität, Genie, Napoleon, Preußen« notiert hatte und das in der erst 1842 formulierten Druckfassung zehn Seiten einnimmt (vgl. Eckermann an Heinrich Laube, 5.3.1844).

Die Entstehungsbedingungen der *Gespräche* haben immer wieder die Frage nach der Glaubwürdigkeit Eckermanns provoziert. Uneingeschränkter Parteinahme für Eckermann, wie sie sich in den Editionen und Kommentaren Heinrich Hubert Houbens aussprach, stellte sich der am entschiedensten von Julius Petersen vertretene Zweifel entgegen, der philologisch weitgehend begründet ist, aber die individualen Bedingungen nicht ausreichend berücksichtigt. Mit Recht bestand Eckermann auf seiner Selbständigkeit als Schriftsteller. In der Vorrede zu den *Gesprächen* bekannte er: »Dies ist m e i n Goethe«, und er war überzeugt, daß »bei dem Durchgange durch ein anderes Individuum« zwar Eigentümlichkeiten des dargestellten Gegenstandes verlorengehen und fremde Elemente sich einmischen können, daß das erklärte »Streben nach möglichster Treue« dadurch aber nicht beeinträchtigt werde. In dem erwähnten Brief Eckermanns an Laube heißt es programmatisch: »Es war dabei wohl teilweise das W a s gegeben, aber nicht das W i e. Und auch das W a s mußte ich gewissermaßen bereits besitzen, um es zu penetriren und mit der gehörigen Wahrheit des Details wiedergeben zu können [...] Ich hatte [...] höhere Zwecke im Auge, und wenn auch meinerseits nichts erfunden worden und a l l e s v o l l k o m m e n w a h r i s t, so ist es

doch g e w ä h l t« (Houben, Bd. 2, S. 659f.).
Auch in diese Absichten spielten Selbsttäu-
schungen hinein, wie sie sich noch in den
Träumen niederschlugen, die Eckermann auf-
zeichnete und in denen G. ihm gleichsam
nachträglich die ausgebliebene Autorisation
erteilte (z.B. 14.11. 1836; Baumgart, S. 120f.).
    Die »höheren Zwecke« traten immer mehr
in den Vordergrund, je stärker Distanz und
Gegnerschaft das Verhältnis der Zeitgenossen
zu G. bestimmten. Eckermann wollte diesen
Zeitgenossen ein wenn nicht »vollständiges«,
so doch harmonisch-»ganzes« Bild von »seinem« G. übergeben. So entstand ein Denkmal,
das sich rasch verselbständigte und schließlich
gegen seinen Schöpfer zum Zeugen aufgerufen
wurde. Das Denkmal galt als Dokument, und
die Geschichte seiner Wirkungen ist zu großem Teil ein Ergebnis dieser Verwechslung.
Eckermanns Schreibweise, seine gelegentlich
unfreiwillig-komische Identifizierung mit G.s
Altersstil und die Fähigkeit, wörtliche Rede
eingängig zu formulieren, haben nicht unwesentlich dazu beigetragen. Die wiederholt
nach allen Regeln der philologischen Kunst
traktierte Frage nach der Authentizität der Details ist zwar geeignet, zahlreiche Einzelfragen
zu beantworten, wird jedoch der spezifischen
Struktur dieser Texte ebensowenig gerecht wie
die nach wie vor übliche undistanzierte Zitier-
weise »Goethe sagte zu Eckermann [. . .]«.
    Das von Eckermann entworfene G.-Bild
spielt in der Rezeptionsgeschichte bis heute
eine wichtige Rolle – bei Freund und Feind,
sofern sie einig sind in der irreführenden Voraussetzung, bei Eckermann spreche durchweg
G. selbst. Die kontinuierliche Verbreitung der
Gespräche setzte in den 60er Jahren des
19. Jhs. ein, im Zusammenhang mit ideologischen Bedürfnissen, die nach 1848 im deutschen Bürgertum entstanden und denen die
stilisierende, auf »olympische« Harmonie zielende Grundtendenz des Werkes entgegenkam. Die lange Reihe der Übersetzungen begann bereits 1839 mit einer englischen Ausgabe. Die Gespräche wurden nicht nur zum
populärsten Nachschlagewerk in Sachen G.,
sondern zum Identifikationsobjekt. Stimmen
wie diejenige Heinrich Heines, der den »Apo-

logisten« nun auch als den Autor der Gespräche verspottete, die ihm »ein wahrhaft pomma-
diges, besänftigendes Vergnügen« gewährten
(an Weerth, 5.11. 1851), blieben lange in der
Minderheit. Für die uneingeschränkte Anerkennung wird häufig Friedrich Nietzsche herangezogen. Er erklärte Eckermanns Gespräche
zum »besten deutschen Buche, das es gibt«
(Nietzsche, S. 109). Sie avancierten in zahllosen Auflagen zum deutschen Hausbuch – als
meistgelesenes Werk G.s, wie Hermann Bahr
in seinem Goethebild schon 1921 feststellte.
Bis heute erscheinen Eckermanns Gespräche
auch in G.-Werkausgaben. Der Mensch und
Schriftsteller Eckermann verschwand im sche-
menhaften Umriß eines bloßen Mediums. Ein-
fühlsame, auf historisch-psychologische Gerechtigkeit bedachte Stellungnahmen wie diejenige Christian Morgensterns (Stufen, 1918)
blieben zunächst Ausnahmen.
    Im Zusammenhang mit der jüngeren Ge-
schichte der G.-Rezeption veränderte sich die
Bewertung zunehmend zugunsten Eckermanns. Neben Zeugnisse wissenschaftlicher
Objektivierung, die sich weder auf Mitleids-
bekundungen noch auf die moralisierende Abwertung des einen oder des anderen Partners
dieser komplizierten Verbindung beschränken
wollten, traten Bemühungen, dem »dienstba-
ren« Schemen literarisch wieder ins Leben zu
helfen. Zur belletristischen Behandlung des
Themas trugen sehr unterschiedliche Autoren
bei. Stellvertretend sind zu nennen Arnold
Zweig (Der Gehilfe; Novelle, 1916) und Ernst
Lissauer (Eckermann; Schauspiel, 1921). In
jüngerer Zeit wurden diese Bemühungen wieder aufgenommen, z.B. mit dem Roman Der
strahlende Schatten. Goethes Eckermann
(1959) von Mary Lavater-Sloman, in Jutta Hek-
kers dokumentarischer Erzählung Ich erinnere
mich. Gespräche um Eckermann (1962) und in
Louis Fürnbergs Novellenfragment Der arme
Doktor Eckermann (1965). Zum G.-Jubiläum
1982 erschien In Goethes Hand. Szenen aus
dem 19. Jahrhundert von Martin Walser.
Eckermann fungierte in solchen Werken wiederum als Medium, jetzt aber für das sich wandelnde G.-Bild der Autoren. Die in jedem
Sinne existentielle Bindung Eckermanns und

seines Gesprächswerks an G. und dessen Wirkungsgeschichte blieb so bis in die Gegenwart virulent.

Literatur:

Abbé, Derek van: On Correcting Eckermann's Perspectives. In: PEGS. N.S. 23 (1954), S. 1–26. – Baumgart, Wolfgang: Südliche Beleuchtung. Der Träumer Eckermann. In: Euphorion. 85 (1991), H. 2, S. 111–124. – Houben, Heinrich Hubert: Johann Peter Eckermann. Sein Leben für Goethe. Nach seinen neu aufgefundenen Tagebüchern und Briefen dargestellt. 2 Bde. Leipzig 1924/25–1928. – Johann Peter Eckermann: Leben im Spannungsfeld Goethes. [Katalog]. Hg. im Auftrage der Stiftung Weimarer Klassik vom Goethe-Nationalmuseum. Weimar 1992. – Mandelkow, Karl Robert: Das Goethebild J. P. Eckermanns. In: Gratulatio. Festschrift für Christian Wegner zum 70. Geburtstag. Hamburg 1963, S. 83–109. – Nahler, Edith: Johann Peter Eckermann und Friedrich Wilhelm Riemer als Herausgeber von Goethes literarischem Nachlaß. In: Hahn, Karl-Heinz (Hg.): Im Vorfeld der Literatur. Vom Wert archivalischer Überlieferung für das Verständnis von Literatur und ihrer Geschichte. Studien. Weimar 1991, S. 75–85. – Nietzsche, Friedrich: Menschliches, Allzumenschliches. Bd. 2. Chemnitz 1879. – Petersen, Julius: Die Entstehung der Eckermannschen Gespräche und ihre Glaubwürdigkeit. Frankfurt/M. ²1925. – Rodieck, Christoph: Eckermann und die Folgen. Deutsche und französische Fortsetzungen der ›Gespräche mit Goethe‹. In: Neophilologus. 73 (1989), S. 327–338. – Tewes, Friedrich (Hg.): Goethes Faust am Hofe des Kaisers. In drei Akten für die Bühne eingerichtet von Johann Peter Eckermann. Aus Eckermanns Nachlaß hg. von Friedrich Tewes. Berlin 1901. – Ders. (Hg.): Aus Goethes Lebenskreise. J. P. Eckermanns Nachlaß. Bd. 1 (mehr nicht erschienen). Berlin 1905.

Regine Otto

Editionen

G.s Arbeitsweise, sein Verfahren des Sammelns und Archivierens führten dazu, daß von seinem Schaffen eine besonders reichhaltige Überlieferung vorhanden ist. Deren Auswertung kann differenzierte Ergebnisse vorweisen, ist jedoch keineswegs abgeschlossen. Das betrifft den vielschichtigen Komplex des dichterischen und schriftstellerischen Werks, aber auch jene Texte und Materialien, die damit in direktem und indirektem Zusammenhang stehen (z.B. G.s Briefe, die Briefe an ihn, Tagebücher und Notizbücher, amtliche Schriften, Gespräche und andere Lebenszeugnisse, Zeichnungen, Objekte der Sammeltätigkeit).

Die editorische Erschließung von G.s Werk ist beeindruckend, was die Menge der Ausgaben und die Vielfalt ihrer Gestaltungsformen angeht. Weniger befriedigend stellt sich die Situation dar, wenn die Erfüllung editorischer Grundaufgaben als Maßstab gilt. Dabei ist vor allem an die vollständige und exakte Wiedergabe der authentischen Textgestalt zu denken, außerdem an die übersichtliche, einen schnellen Zugriff erlaubende Anordnung, die deskriptive und kritische Darstellung der Überlieferung, schließlich auch an erläuternde Beigaben, die die Forschungen zum biographischen und sachlichen Umfeld der edierten Texte zusammenfassen sowie sachliche und sprachliche Verstehenshilfen gewähren.

Ausgaben des 19. Jahrhunderts

Die frühesten Ausgaben nach G.s Tod wurden noch von seinen Mitarbeitern betreut, die bereits die Nachlaßbände der Ausgabe letzter Hand herausgegeben hatten. Während Kanzler von Müller als testamentarisch bestellter Nachlaßverwalter die Verhandlungen mit dem Verlag führte, wurde die redaktionelle Arbeit insbesondere von Johann Peter Eckermann übernommen, der mit der Hilfe von Friedrich Wilhelm Riemer, Friedrich Theodor David Kräuter und Christian Theodor Musculus den Text früherer Ausgaben verglich und unveröffentlichte Manuskripte sichtete. So entstanden zwei Ausgaben – *Poetische und prosaische Werke in zwei Bänden*. Stuttgart und Tübingen 1836–1837 (sog. Quartausgabe); *Sämmtliche Werke in vierzig Bänden*. Stuttgart und Tübingen 1840 –, deren Bedeutung sich aus der

Erstveröffentlichung zahlreicher Texte und aus der Verbesserung von älteren Druckfehlern ergab. Außerdem lieferten sie mit chronologischen Angaben sowie registerartigen Verzeichnissen (Ergänzungsbd. zur 40bändigen Ausgabe, bearb. von Musculus. 1842) erste Erschließungshilfen, die durch ihre Herleitung aus Erinnerungen an Gespräche und Arbeitskontakte mit G. einen wichtigen Quellenwert besitzen. Allerdings erstreckte sich die redaktionelle Tätigkeit der Nachlaßbearbeiter – besonders auf Betreiben des Kanzlers von Müller – auch auf die Aussonderung von Werken, die als anstößig galten, oder auf deren durch Auslassungen gemilderte Darbietung. So konnte z.B. das Gedicht *Das Tagebuch* hier noch nicht erscheinen, und von *Hanswursts Hochzeit* wurde ein retuschierter Text aufgenommen. Zudem wurden fragmentarisch oder unfertig überlieferte Texte (wie z.B. *Der ewige Jude*) geglättet und von den noch vorhandenen Spuren des Entstehungsprozesses befreit, so daß bei aller pietätvollen Gewissenhaftigkeit Texte veröffentlicht wurden, die in dieser Form niemals autorisiert waren. Damit trat bereits in diesem frühen Stadium eines der wichtigsten Probleme der philologischen, auf die Textgestalt bezogenen Forschung zu G.s Werken zutage. Dieses Problem der Verwitterung und Überfremdung von G.s Texten blieb für lange Zeit unbewußt, oder seine Lösung wurde mit unzulänglichen Mitteln in Angriff genommen. Erst seit der Mitte des 20. Jhs. wird mit neuen Methoden, mehr oder weniger konsequent, versucht, eine authentische Textgestalt herzustellen.

Im 19. Jh. entstanden zunächst noch mehrere sog. vorkritische Ausgaben, die das Augenmerk weniger auf die Textgestalt, sondern vornehmlich auf die biographischen, sachlichen und sprachlichen Erläuterungen und Deutungen der Texte legten, so die nach dem Verlag benannte Hempelsche Ausgabe (36 Teile in 23 Bdn. Berlin [1869–1879] – Neubearbeitung unter der Leitung von Karl Alt. 40 Teile mit 2 Anmerkungs- und 2 Register-Bdn., zusammen in 22 Bdn. Berlin, Leipzig, Wien, Stuttgart [1909–1926]) und die in Joseph Kürschners Reihe *Deutsche National-Litteratur*

erschienene Ausgabe (36 Teile in 41 Bdn. Berlin, Stuttgart [1882–1897]). Die Dichte der Kommentare ist in diesen Editionen zwar außerordentlich unterschiedlich, doch zeichnen sich namentlich die von Gustav von Loeper und Heinrich Düntzer bearbeiteten Bände durch eine große Sorgfalt und eine bis in die Einzelheiten vordringende Genauigkeit aus, wobei allerdings Düntzers Akribie die ästhetische Qualität der kommentierten Werke häufig verfehlt.

Die Weimarer Ausgabe

Nachdem 1885 auf der Grundlage der testamentarischen Bestimmung von G.s Enkel Walther Wolfgang von Goethe der Nachlaß G.s in den Besitz der Weimarer Großherzogin Sophie gekommen und das G.-Archiv gegründet worden war, wurden sofort die Vorbereitungen zu einer umfassenden, auf dieser Hinterlassenschaft beruhenden Edition in die Wege geleitet. Diese Ausgabe begann 1887 zu erscheinen, wurde als Sophienausgabe oder Weimarer Ausgabe (WA) bekannt und blieb bis heute die größte geschlossene Textsammlung zu G. und damit die am meisten benutzte Grundlage für den Umgang mit G.-Texten. Ihrer Struktur folgte im wesentlichen auch der Aufbau des G.-Archivs (heute: G.-Nachlaß im G.- und Schiller-Archiv). Die WA erschien im Zeitraum von 1887 bis 1919 und umfaßt 143 Bände, gegliedert in vier Abteilungen (Werke: 55 in 63 Bdn. 1887–1918; Naturwissenschaftliche Schriften: 13 in 14 Bdn. 1890–1904; Tagebücher: 15 in 16 Bdn. 1887–1919; Briefe: 50 Bde. 1887–1912). In etwa drei Jahrzehnten entstand damit ein einzigartiges editorisches Monumentalgebäude, äußerlich ein Dokument nationalstaatlicher und gründerzeitlicher Aufbruchsstimmung, inhaltlich weitgehend den herrschenden positivistischen Strömungen der historischen Wissenschaften verpflichtet, methodisch von ähnlichen Vorstellungen geprägt, wie sie die unmittelbaren Nachlaßverwalter G.s als Vollstrecker seiner letztwilligen

Verfügungen glaubten entwickeln zu müssen. Diese Voraussetzungen und die Kürze der Vorbereitungszeit führten zu einem Ergebnis, das als erstmalige umfassende Bewältigung eines riesigen Materials größte Bewunderung verdient, andererseits aber von zahlreichen Lükken, prinzipiellen Unzulänglichkeiten, methodischen Ungleichmäßigkeiten, von einer beträchtlichen Unübersichtlichkeit sowie schließlich von einer Menge banaler Fehler beeinträchtigt wird.

Ursprünglich waren für die Leitung der Ausgabe der Jurist und hohe preußische Beamte Gustav von Loeper, der prominente Berliner Literaturhistoriker Wilhelm Scherer und dessen Schüler Erich Schmidt, der erste Leiter des G.-Archivs, bestimmt worden. Nach Scherers Tod im Jahre 1886 ging Schmidt nach Berlin, Bernhard Suphan wurde Leiter des G.-Archivs, und außer ihm wurden Herman Grimm und Bernhard Seuffert mit der verantwortlichen Organisation und Redaktion der Ausgabe betraut. Neben den fünf leitenden Herausgebern von 1887 waren im Lauf des Erscheinens der WA weitere über 60 Wissenschaftler an ihrer Bearbeitung beteiligt, darunter Konrad Burdach (Bearbeiter des *West-östlichen Divans*), Max Hecker (Schriften zur Literatur, Register der Werk-Abteilung, mehrere Briefbde.), Rudolf Steiner (mehrere Bde. der Naturwissenschaftlichen Schriften), Carl August Hugo Burkhardt und Ferdinand Heitmüller (beide als Bearbeiter des größten Teils der Tagebuch-Abteilung), Eduard von der Hellen, Albert Leitzmann, Carl Schüddekopf (Briefbde.), August Fresenius, Wolfgang von Oettingen, Max Morris, Hans Gerhard Gräf sowie Harry Maync (*Wilhelm Meisters theatralische Sendung*) und Julius Wahle (Nachtragsbd. zur Werk-Abteilung).

Die Konzeption der Ausgabe ging von der Vorstellung aus, gleichsam ein Denkmal errichten zu müssen. Es sollte »d a s G a n z e v o n G o e t h e s l i t t e r a r i s c h e m W i r-k e n n e b s t A l l e m , w a s u n s a l s K u n d-g e b u n g s e i n e s p e r s ö n l i c h e n W e-s e n s h i n t e r l a s s e n i s t , i n [. . .] R e i n-h e i t u n d V o l l s t ä n d i g k e i t « dargestellt werden (WA I, 1, S. XVIII). Aus dieser Prä-

misse ergaben sich wichtige Grundsatzentscheidungen: das Weglassen der amtlichen Schriftstücke und der Ausschluß von Vorarbeiten wie Auszügen und Übersichten, z.B. solcher »die zum Zwecke der ›Annalen‹ angefertigt und für diese aufgebraucht sind« (ebd., S. XIX; daher die besondere Unzulänglichkeit in der Edition der *Tag- und Jahreshefte*), außerdem zunächst weiterhin die Aussonderung von Texten und Textteilen, die einem konventionellen Anstandsbegriff entgegenzustehen schienen. Dieses Hindernis führte zu Inkonsequenzen und zu Nachträgen in den später herauskommenden Bänden der Ausgabe, z.T. auch nur in deren Lesartenverzeichnissen, was wiederum eine besondere Uneinheitlichkeit und Unübersichtlichkeit nach sich zog. So waren ein Heft der *Römischen Elegien*, zwei Hefte der *Venezianischen Epigramme* und andere Texte sekretiert, bevor sie 1914 im Band 53 der Werk-Abteilung erscheinen konnten (vgl. WA I, 53, S. 451–453 u. Borchmeyer, S. 234–236).

Die Anordnung der Werke richtete sich nach der Ausgabe letzter Hand. Als besonders schwerwiegend erwies sich der Grundsatz, auch für die Textgestalt von einer letztwilligen Verfügung G.s auszugehen und dabei nicht die zuerst erschienene Taschenausgabe, sondern die Oktavausgabe zugrunde zu legen. Daraus ergaben sich zwei Folgeerscheinungen, deren Problematik von den Bearbeitern der WA zwar erkannt, aber nicht oder nur halbherzig gelöst wurde. Zum einen war dies die Bevorzugung späterer, »abschließender« Fassungen von Werken, deren aus ihrer früheren Entstehungszeit stammende Eigenart dadurch beeinträchtigt wurde. Zum anderen war es die weitgehende Übernahme der von dem Jenaer Altphilologen Carl Wilhelm Göttling eingeführten orthographischen und interpunktionellen Normierungen, die zwar auf G.s pauschal erteilter Vollmacht beruhen, aber im einzelnen dennoch oft gegen die Intention des Textes in seinen Feinstrukturen verstießen (vgl. Grumach 1950 u. 1959). Die WA ging über die von Göttling vorgenommene Normierung sogar noch hinaus, indem sie eine leichte Angleichung an die Orthographie vom Ende des

19. Jhs. unternahm (vgl. WA I, 1, S. XX-XXIV).

Trotz aller Einwände und Einschränkungen hat die WA als eine für ihre Entstehungszeit hervorragende philologische Leistung zu gelten. Ihre Vorzüge bestehen in der relativ weit gehenden Vollständigkeit der Texte, in einer zumindest äußerlichen Geschlossenheit der Darbietung und damit in einer guten Zitierbarkeit. Die Ausgabe ist weit verbreitet und erfüllt – auch durch fotomechanische Nachdrucke sowie durch die Verfügbarkeit auf CD-ROM – noch immer am besten die Anforderungen einer einheitlichen Nachweisbarkeit. Die Mängel der Ausgabe bestehen neben den oben angeführten ungelösten Fragen der Textkonstitution auch darin, daß die Darstellung der Überlieferung und die Verzeichnung der Lesarten, insbesondere die Auswertung des gesamten handschriftlichen Materials, in sehr unterschiedlicher Intensität vorgenommen wurde. Zur Überlieferung bietet die Ausgabe meist nur Kurzinformationen, die häufig nicht auf die Entstehungsgeschichte des Werkes bezogen sind. Textvarianten werden in Auswahl mitgeteilt; die den Texten nicht unmittelbar zuzuordnende Überlieferung (Schemata, Entwürfe, ausgeschiedene Stellen und dergleichen) wird jeweils im Anhang in der Form von Paralipomena wiedergegeben, jedoch in vielen Fällen höchst unvollständig (z.B. zur *Italiänischen Reise*, zu den *Tag- und Jahresheften*, zu *Wilhelm Meisters Wanderjahren*, zu den naturwissenschaftlichen Schriften). Die Ausgabe enthält keine Erläuterungen und – mit Ausnahme der umfangreichen Register – keine der in neueren Studienausgaben üblichen Beigaben. Das Fehlen der Erläuterungen fällt besonders bei den Tagebüchern und Briefen ins Gewicht. Die später erschienenen Bände dieser Abteilungen besitzen zwar ansatzweise und sporadisch Sacherläuterungen in den philologischen Apparaten und liefern in den Registerteilen die wichtigsten Angaben zu vorkommenden Personen, jedoch steht eine durchgehende Kommentierung aller Briefe und Tagebücher G.s bis heute aus.

Der junge Goethe

Eine Abkehr von dem Prinzip der Ausgabe letzter Hand und damit ein Vorstoß mit erheblichem innovatorischem Potential wurde in einer Teilsammlung noch vor dem Abschluß der WA unternommen, allerdings nur für die Werke und Briefe des frühen G., d.h. für die Zeit vor Weimar. Diese Ausgabe – *Der junge Goethe* (6 Bde., besorgt von Max Morris. Leipzig 1909–1912) –, die auf einer ursprünglichen, zunächst unvollkommen realisierten Intention von Michael Bernays und Salomon Hirzel beruhte (*Der junge Goethe*. 3 Tle. Leipzig 1875, ²1887), brachte trotz ihrer Knappheit in den wissenschaftlichen Zugaben einen beträchtlichen editorischen Erkenntnisgewinn. Die Ausgabe wurde erweitert und verbessert durch eine Neubearbeitung von Hanna Fischer-Lamberg (*Der junge Goethe*. 5 Bde. u. Register-Bd. Berlin, New York 1973–1974). Zur Gliederung wurden kurze chronologische Abschnitte gewählt, für die die Briefe und die im gleichen Zeitraum entstandenen Werke nacheinander dargeboten werden; die ursprünglich außerdem zugeordneten Gesprächsaufzeichnungen sind in der Neubearbeitung weggelassen. Die Ausgabe bringt die Texte grundsätzlich nach der frühesten Gestalt, meist nach Handschriften oder Erstdrucken, gegebenenfalls in mehreren Fassungen. Sie verzichtet auf Normalisierungen und enthält materialreiche Anmerkungsteile, die ein besonderes Augenmerk auf sprachliche Eigentümlichkeiten und auf Querverbindungen zwischen den Schaffens- und Lebensbereichen G.s richten und speziell auch auf Lektüre und auf literarische Vorbilder eingehen. Der Vorwurf einer positivistisch und biographistisch verengten Sicht, der der Ausgabe anläßlich der Neubearbeitung gemacht worden ist (vgl. Zimmermann, S. 528), wird sich nicht aufrechterhalten lassen, wenn man ihn mit der großen Bedeutung der Edition für ein genetisches und im tieferen Sinne historisches Textverständnis konfrontiert. Diese Bedeutung ergibt sich in doppelter Hinsicht auch aus dem geistesgeschichtlichen Umfeld: für die

Ausgabe von Morris aus dem neuen G.-Verständnis der damals jungen Generation der Naturalisten und Expressionisten, für die Neubearbeitung von Fischer-Lamberg aus einer völligen inhaltlichen und methodischen Neubesinnung der germanistischen Literaturwissenschaft nach dem Zweiten Weltkrieg, als nach einer ideologisch geprägten Periode eine prinzipielle Versachlichung und eine Rückkehr zu philologischen Grundtugenden angestrebt wurde.

Akademie-Ausgabe, Leopoldina-Ausgabe, Pläne zu neuen Ausgaben der Tagebücher und Briefe

In den Jahrzehnten nach 1945 entwickelte sich ein neues, differenziertes editorisches Problem- und Verantwortungsbewußtsein. Daraus ergaben sich mehrere Ansätze, die auf eine Verbesserung, Ersetzung oder Ergänzung der WA gerichtet waren. Deren erste Abteilung sollte durch die Akademie-Ausgabe der *Werke Goethes* nach und nach ersetzt werden. Für die zweite Abteilung wurde dieses Ziel von der Leopoldina-Ausgabe der *Schriften zur Naturwissenschaft* angestrebt. Zur Tagebuch- und zur Brief-Abteilung der WA gab es in Weimar in den 60er Jahren den Plan einer neuen Gesamtausgabe, der damals über weitreichende Vorarbeiten nicht hinauskam. Zur Zeit nimmt das Projekt einer Neubearbeitung des Tagebuch-Komplexes in Weimar jedoch konkrete Gestalt an (vgl. Golz). Die Brief-Abteilung der WA erfuhr durch drei Bände *Nachträge und Register*, bearb. von Paul Raabe und Mechthild Raabe, München 1990, eine Weiterführung und Abrundung.

Die Akademie-Ausgabe der *Werke Goethes* wurde von Ernst Grumach begründet, der durch aufsehenerregende Studien eine Art »Erdbeben« in der G.-Philologie ausgelöst hatte. Grumach leitete die Ausgabe, die an der damaligen »Deutschen Akademie der Wissen-schaften zu Berlin« (in der DDR) bearbeitet wurde, bis 1959 und förderte zur Etablierung der Arbeitsgruppe das schnelle Erscheinen von Textbänden. Nach seinem Ausscheiden führte eine kleine Gruppe von Wissenschaftlern um Waltraud Hagen und Siegfried Scheibe die Arbeit bis Ende der 60er Jahre weiter; danach wurde sie unter dem Druck autoritärer kultur- und wissenschaftspolitischer Erwägungen eingestellt (vgl. Hahn/ Holtzhauer). Die Ausgabe erschien in Einzelbänden ohne durchgehende Zählung und brachte es zwischen 1952 und 1986 auf 22 Textbände, 9 Apparat- und Registerbände sowie 6 Ergänzungsbände. Für die in der Akademie-Ausgabe erschienenen Werke, insbesondere für diejenigen, zu denen die philologischen Apparate vorliegen, bietet die Edition eine zuverlässige Textgrundlage, die jeweils dem Textzeugen folgt, der der schöpferischen Arbeit G.s am nächsten steht und keine Überfremdungen enthält. Stark voneinander abweichende Fassungen sind vollständig abgedruckt. Die Wiedergabe zugehöriger, nicht direkt in den Text eingegangener Materialien (Paralipomena) strebt nach Vollständigkeit. Die überlieferten Handschriften und Drucke werden umfassend beschrieben und datiert sowie in ihrer Funktion für die Textentwicklung bewertet. Die Variantenverzeichnisse sollen die belegten Entstehungs- und Umformungsprozesse der Texte in ihrer Gesamtheit darstellen. Sie dokumentieren damit unter anderem die bei G. spezifisch ausgeprägte Zusammenarbeit mit Schreibern und Helfern, die in Einzelheiten ebenfalls die Textgestalt beeinflussen konnte. Die Ausgabe enthält keine Erläuterungen (abgesehen von den Kurzangaben in den Personenregistern bei *Dichtung und Wahrheit* und bei den *Schriften zur Literatur*). Die fehlende Bandzählung sowie die Unabgeschlossenheit bewirkten eine relativ geringe Verbreitung der Akademie-Ausgabe; dieser Umstand entspricht nicht der wissenschaftlichen Bedeutung des Unternehmens.

Zu den wichtigen Ergebnissen, die im Zusammenhang mit der Arbeit an der Akademie-Ausgabe zustande kamen, gehören die Untersuchungen zur Druckgeschichte von G.s Werken (Waltraud Hagen: *Die Drucke von Goethes Werken*. Berlin 1971, ²1983. – *Quellen und Zeugnisse zur Druckgeschichte von Goethes Werken*. 4 Bde. Berlin 1966–1986). Sie wurden wegen der komplizierten Beziehungen zwischen Originalen, Nachdrucken und Doppeldrucken notwendig und erforderten detaillierte Analysen, die nunmehr die schnelle Bestimmung jedes einzelnen Drucks ermöglichen.

Die Leopoldina-Ausgabe der *Schriften zur Naturwissenschaft* erwuchs ebenfalls aus der Aufgabe, die entsprechende Abteilung der WA zu erneuern. Die chronologische Anordnung der abgeschlossenen Texte und die Zuordnung einer Fülle von handschriftlichen Materialien sowie die fundierte, nur von Fachwissenschaftlern zu leistende Herstellung des Bezugs zur Geschichte der naturwissenschaftlichen Einzeldisziplinen sollte die Ausgabe zu einer weit über die zweite Abteilung der WA hinausführenden Sammlung werden lassen. Sie sollte außerdem sowohl den literaturhistorisch wie den naturwissenschaftlich interessierten Benutzern die Zusammenhänge zwischen den Schaffensbereichen G.s verdeutlichen. Die Ausgabe wurde 1947 von Günther Schmid, Wilhelm Troll und Lothar Wolf begründet, denen sich bald danach Rupprecht Matthaei und Dorothea Kuhn als Herausgeber anschlossen. Seit 1976 wird die Leopoldina-Ausgabe von Dorothea Kuhn und Wolf von Engelhardt herausgegeben; spezielle Komplexe werden von Dietrich von Engelhardt und Horst Zehe bearbeitet. Die Ausgabe enthält in einer ersten Abteilung die Texte, die G. selbst veröffentlichte oder deren Veröffentlichung er beabsichtigte; diese Abteilung liegt abgeschlossen vor (11 Bde. Weimar 1947–1970). Eine weit fortgeschrittene zweite Abteilung enthält Materialien und Zeugnisse sowie Erläuterungen, und zwar sowohl philologische Nachweise (Überlieferung, Varianten) als auch allgemeine Abschnitte über biographische und historische Bezüge sowie reichhaltige Einzelstellenerläuterungen; bisher erschienen 9 Bände (Weimar 1961–1997), weiterhin geplant sind 5 Bände und ein abschließender Register-Band. Die Ausgabe ist nach den Gebieten der allgemeinen Naturwissenschaft, der Optik und Farbenlehre, der Mineralogie und Geologie und schließlich der Morphologie gegliedert, innerhalb dieser Abschnitte chronologisch. Die beiden Folgen der Hefte *Zur Naturwissenschaft überhaupt* und *Zur Morphologie* wurden in der ihnen von G. gegebenen Anordnung belassen und bilden je einen Band der Ausgabe. Die vollständige Darbietung der Materialien ist nicht nur wegen ihrer exakten Textdarbietung wertvoll, sondern besonders auch deshalb, weil zahlreiche Aufzeichnungen und Notizen, Auszüge, Listen, Schemata und Entwürfe erstmals in Zuordnung und Datierung genauer bestimmt und damit für das tiefere Verständnis und die eigentliche wissenschaftliche Auswertung erst erschlossen werden.

Neben den ausgreifenden Unternehmungen und Projekten zur Erneuerung der WA bot sich für die Brief-Abteilung ein pragmatisches Verfahren der Ergänzung an. Die zu diesem Zweck von Paul Raabe und Mechthild Raabe veröffentlichten drei Bände, die an die Zählung der WA anschließen (Bd. 51–53 der IV. Abt. München 1990), erweitern den Textbestand (vorher: 13362 Briefe) um 1020 Briefe und Billette, die von den Bearbeitern der WA übersehen und seit 1912 publiziert wurden oder die bisher unveröffentlicht geblieben waren. Die Texte werden nach den Handschriften oder den Erstdrucken wiedergegeben und im Kommentarband mit einem Quellenverzeichnis, einem Verzeichnis der Briefempfänger, einem Glossar und Einzelerläuterungen zu jedem Brief (d.h. Angaben zur Überlieferung und knappe Sacherläuterungen) erschlossen. Ein Registerband bietet Übersichten zur ganzen vierten Abteilung der WA: Er erfaßt sämtliche Briefe – auch die in den Lesarten gedruckten Entwürfe, Konzepte oder nicht abgesandten Briefe – in einer chronologischen Liste und in einem alphabetischen Verzeichnis der Briefempfänger, die ergänzt werden durch Verzeichnisse nach Wohnorten und nach Berufen. Die drei wichtigen Ergänzungsbände (zu detaillierten Nachträgen und Verbesserungen vgl. Schmid) können allerdings die Briefabteilung der WA nicht vollkommen auf den neuesten Stand bringen, denn für die Briefe, die in der WA bisher schon vorlagen, konnten neuere Erkenntnisse zu Überlieferung, Datierung und Textgestalt nicht eingearbeitet werden; auch bleiben die auf fünf Bände der WA verteilten Namen- und Werkregister weiterhin in dieser uneinheitlichen Gestalt. Am Weimarer G.- und Schiller-Archiv wird zur Zeit an einem ausführlichen Repertorium von G.s Briefen gearbeitet, das als Vorbereitung zu einer neuen Brief-Gesamtausgabe gelten kann.

Amtliche Schriften, Briefe an Goethe, Gespräche, Zeichnungen

Für diejenigen Überlieferungsbereiche, die aus der WA ausgeschlossen blieben, wurden in den Jahrzehnten nach 1945 ebenfalls größere editorische Anstrengungen unternommen; sie betrafen die amtlichen Schriften, die Gespräche, die Briefe an G. und seine Zeichnungen.

Die Ausgabe *Amtliche Schriften* (4 in 5 Bdn. Weimar 1950–1987) erreichte den Abschluß in der Dokumentation der Texte. Die erschienenen Bände bieten zu G.s amtlicher Tätigkeit der Jahre 1776 bis 1786 und 1788 bis 1819 eine zuverlässige editorische Grundlage. Für den ersten Zeitraum (Bd. 1, bearb. von Willy Flach) sind nur amtliche Schriften im engeren Sinne berücksichtigt, d.h. Schriftstücke aus den Behördenakten; für den zweiten Abschnitt (Bd. 2–3, bearb. von Helma Dahl) bietet die Ausgabe eine umfassende Textsammlung zu allen von G. für das Geheime Consilium übernommenen Vorgängen, ergänzt durch eine gründliche Einführung in die Quellenlage, durch Angaben zur Überlieferung und durch reichhaltige Sacherläuterungen. Die Ausgabe ist durch einen Registerband gut erschlossen.

Für die an G. gerichteten Briefe entschloß man sich für eine spezielle Form der editorischen Aufbereitung. Wegen der großen Zahl der Briefe (bekannt sind 21500 von etwa 3500 Absendern, davon sind 19800 Briefe überliefert) kam ein vollständiger Abdruck nicht in Betracht. Die von Karl-Heinz Hahn begründete Regestausgabe bietet eine Kombination von Regesten (Kurzangaben zum Hauptinhalt der Briefe), Zitaten und kommentierenden Inhaltsdarstellungen. Unter der Redaktion von Irmtraut Schmid erschienen fünf Bände (Weimar 1980–1991), die den Zeitraum von 1764 bis 1810 umfassen. Ein für denselben Zeitraum geltender Ergänzungsband (bearb. von Manfred Koltes unter Mitarbeit von Ulrike Bischof u. Sabine Schäfer. Weimar 1995) enthält mehrere Register, zahlreiche Korrekturen und Ergänzungen sowie eine Datumskonkordanz. Damit (wie mit dem Register zu den *Amtlichen Schriften*) liegt ein reicher Fundus von Angaben zu G.s Lebensbeziehungen sowie zur Weimarer Klassik überhaupt vor.

Zu G.s Gesprächen erscheint eine vollständige kritische Ausgabe, für die ursprünglich 12 Textbände und 3 Ergänzungsbände (mit Quellenverzeichnis, Anmerkungen, Generalregister) geplant waren, die jedoch einen erheblich größeren Umfang erreichen wird. Bisher liegen 5 Textbände vor; sie enthalten den Zeitraum von 1749 bis 1805 (*Begegnungen und Gespräche*. Begründet von Ernst Grumach u. Renate Grumach, hg. von Renate Grumach. Bd. 1–5. Berlin, New York 1965–1985). Die Ausgabe gibt alle von den Zeitgenossen berichteten und von G. selbst bezeugten Gesprächsinhalte und auch bloße Gesprächssituationen wieder. Neben der eigentlichen Dokumentation von Gesprächen bezieht sie indirekte Quellen, vorausweisende Zeugnisse oder dichterische Spiegelungen ein. Durch dieses Streben nach Vollständigkeit wie auch durch eine großzügige Aufnahme der Rahmendarstellungen, in die die eigentlichen Gesprächsberichte eingebettet sind, geht die Ausgabe über die früheren Gesprächssammlungen hinaus. Zu den noch fehlenden Zeitabschnitten und zu den Erläuterungen bildet die auf der Basis der Arbeiten von Flodoard Freiherrn von Biedermann, d.h. seiner Ausgabe (1. Aufl. in 10 Bdn. Leipzig 1889–1896; 2. Aufl. in 5 Bdn. Leipzig 1909–1911) und seines Nachlasses, durch Wolfgang Herwig bearbeitete Gesprächsausgabe (5 in 6 Bdn. Zürich, Stuttgart 1965–1987) die maßgebende Grundlage der Forschung und des Studiums für diesen Bereich der Überlieferung. Die Textdokumentation ist durch Sacherläuterungen und Register gut erschlossen und vermittelt knappe, zweckmäßige Informationen zum Verständnis, zu Hintergründen und zur Glaubwürdigkeit der Gesprächsberichte.

In einer vorbildlichen Sammlung liegen schließlich die bildkünstlerischen Arbeiten G.s vor. Gerhard Femmel edierte sie im *Corpus der Goethe-Zeichnungen* (7 in 10 Bdn. Leipzig 1958–1973), das mit seinen Abbildungen und mit der genauen Beschreibung der Überlieferung sowie mit den zugehörigen Erläuterungen zu einem Standardwerk geworden ist. Durch den abschließenden Band (Zeugnisse) werden G.s Zeichnungen mit der schriftlichen Überlieferung verknüpft.

Studienausgaben

Neben den Ausgaben, die es als ihre Hauptaufgabe betrachten, die überlieferten Texte nach historisch-kritischer Methode darzubieten, haben für das Werk G.s zahlreiche Studienausgaben eine nicht geringe Bedeutung. Umfang, Textbehandlung, Gliederung und Beigaben unterscheiden diese Ausgaben erheblich voneinander, und eine generelle Charakterisierung ist vor allem deshalb schwierig, weil es auch innerhalb der einzelnen Editionen große Unterschiede in grundsätzlichen Fragen gibt.

Erste Ausprägungen dieser Ausgabenform stellten die Hempelsche Ausgabe und die G.-Reihe in Kürschners *Deutscher National-Litteratur* dar. Weite Verbreitung fand die Jubiläums-Ausgabe des Cotta-Verlags (40 Bde. u. Register-Bd., in Verbindung mit Konrad Burdach u.a. hg. von Eduard von der Hellen. Stuttgart 1902–1912). Wegen ihrer chronologischen Anordnung von Werken und Briefen besaß die Propyläen-Ausgabe (45 Bde., hg. von Conrad Höfer und Curt Noch. München [ab Bd. 29 Berlin] 1909–1932) eine gewisse Bedeutung für die Strukturierung einer Ausgabe nach den Entwicklungsphasen des Autors. Damit wurde erstmals versucht, das Prinzip des *Jungen Goethe* von Morris auf das Gesamt-

werk anzuwenden. Die Herausgeber der Propyläen-Ausgabe verzichteten jedoch auf Anmerkungen und vertrauten auf einen suggestiv wirkenden Automatismus für das ästhetische Verständnis gleichzeitig entstandener Texte.

In ihrem Textbestand waren diese und andere Studienausgaben weitgehend von der WA abhängig. Über die selbständige textkritische Arbeit, die ihre Herausgeber durchaus häufig leisteten, wurde meist nicht ausdrücklich Rechenschaft gegeben. So lief die Intention der Jubiläums-Ausgabe für die editorischen Beigaben darauf hinaus, einen in die biographischen und werkgeschichtlichen Zusammenhänge einführenden Extrakt bereitzustellen, der möglichst wenig äußere Zeichen von gelehrter Form aufweisen sollte (vgl. Bd. 1, S. V f.). Die vermeintlich störende Vielzahl von kleinen und kleinsten Nachweisen, die die positivistische Forschung zusammengetragen hatte, sollte unterdrückt werden, um ein genießendes oder ein intuitiv verstehendes Lesen nicht zu beeinträchtigen. Die Textdarbietung wurde aus ähnlichen Gründen einer orthographischen und interpunktionellen Modernisierung unterworfen, deren Tragweite zunächst vielfach unterschätzt wurde.

Dennoch gingen auch die Studienausgaben in Einzelfällen auf die Originalüberlieferung zurück. In dieser Hinsicht kamen der Festausgabe zum hundertjährigen Bestehen des Bibliographischen Instituts (18 Bde., hg. von Robert Petsch u.a. Leipzig 1926–1927) und der Fragment gebliebenen Welt-Goethe-Ausgabe (geplant 50 Bde., erschienen 8 Bde., hg. von Anton Kippenberg, Julius Petersen und Hans Wahl. Leipzig 1932–1940) besondere Bedeutung zu.

Einen neuen Typ der Studienausgabe, der weitreichende Bedeutung erlangen sollte und geradezu einen Kanon der editorischen Beigaben entwickelte, verkörpert die Hamburger Ausgabe. Der Hauptherausgeber Erich Trunz verfolgte drei Grundanliegen: die philologische Solidität des Textes nach wechselnden Textgrundlagen und mit ausgewählten Nachweisen, den einführenden Charakter der Erläuterungen in allgemeinen und speziellen Teilen und die Zusammenfassung des aktuellen Forschungsstandes mit bibliographischen Angaben und referierender Wiedergabe inhaltlicher Schwerpunkte der wissenschaftlichen Literatur zu Entstehung, Deutung und Wirkung. Die Ausgabe der Werke erschien in 14 Bänden (1. Aufl. Hamburg 1962–1967). Die einzelnen Bände erreichten zahlreiche Nachauflagen (zwischen 7 u. 13), die seit 1972 in München herauskamen und in die jeweils der neueste Stand der Forschung eingearbeitet ist; zum Teil sind sie völlig neu gestaltet. Daher ist es bei der Benutzung dieser Ausgabe besonders wichtig, die letzte Bearbeitung heranzuziehen. Den einführenden Charakter der Ausgabe betont auch der relativ geringe Umfang, d.h. die Tatsache, daß es sich um eine Auswahl der Hauptwerke handelt (8 Bde. dichterisches Werk, 3 Bde. autobiographische Schriften, 1 Bd. Schriften zur Literatur und Kunst, 2 Bde. naturwissenschaftliche Schriften). Die Auswahl der Textgrundlage wird jeweils begründet und mit einem Verzeichnis wichtiger Varianten untermauert. Eine »behutsame« Modernisierung der Orthographie und – in geringerem Umfang – der Interpunktion wird als Kompromiß angeboten. Das Bewußtsein von der Problematik dieses Verfahrens war zwar bereits entwickelt, hat jedoch nicht in allen Bänden zu philologisch einwandfreien Ergebnissen geführt. Das Hauptgewicht der Ausgabe liegt auf dem Kommentar, der zu jedem Werk oder zu jeder Werkgruppe in konzentrierter Form die inhaltlichen und strukturellen Probleme zusammenfaßt, sie mit biographischen und allgemein-literaturgeschichtlichen Aspekten konfrontiert und dabei den Sprach- und Stilmerkmalen besonderes Augenmerk widmet. Die Hamburger Ausgabe wurde ergänzt durch eine Briefauswahl (4 Bde., hg. von Karl Robert Mandelkow u. Bodo Morawe. Hamburg 1962–1967; mehrere Nachauflagen bis 1988, seit 1972 in München) und eine Auswahl der Briefe an G. (2 Bde., hg. von Karl Robert Mandelkow. Hamburg 1965–1969; 3. Aufl. München 1988). Auch in diesen Bänden liegt ein Schwerpunkt auf dem Kommentar, der die Hauptkorrespondenten ausführlich und in ihrer Bedeutung für G. vorstellt, auf Stil- und Aussagemuster der Briefe eingeht

und zahlreiche Einzelerläuterungen beibringt. Alle Bände der Hamburger Ausgabe bieten Angaben zur wichtigsten Forschungsliteratur; der Abschlußband der Werkabteilung enthält eine zusammenfassende Auswahlbibliographie. Die Anlage dieser Beigaben soll durch die Konzentration auf die wichtigsten Nachweise und zum Teil mit Hilfe von Annotationen die Orientierung in dem quantitativ riesigen Forschungsgebiet erleichtern.

Die Nützlichkeit der Hamburger Ausgabe, ihre gute praktische Eignung für das Studium und ihre weite Verbreitung erweckten in der Folgezeit den Wunsch, ihre Methode auf das Gesamtwerk G.s angewendet zu sehen. Es entstanden umfangreichere Studienausgaben, die die Texte in wesentlich größerer Vollständigkeit enthielten, jedoch im Kommentarteil nicht immer die Dichte und Komplexität der Hamburger Ausgabe erreichten. Schon die Cotta-Gesamtausgabe der Werke und Schriften in 22 Bänden (Stuttgart 1949–1969; Neuaufl. Essen 1982) hatte weitgehend auf detaillierte editorische Beigaben, Erläuterungen und Nachweise verzichtet. Die von Ernst Beutler herausgegebene Gedenkausgabe des Artemis-Verlages in 24 Bänden und 3 Ergänzungsbänden (Zürich [seit 1960: Zürich und Stuttgart] 1948–1971), die auch eine Auswahl von Briefen, Gesprächen und Tagebüchern einbezog (insgesamt 8 Bde.) und daneben einen Band *Briefe aus dem Elternhaus* enthielt, legte den Schwerpunkt der Kommentierung auf umfangreiche Einführungen von hohem Rang. Die Texte beruhen auf der WA und berücksichtigen nicht in allen Fällen die seit deren Erscheinen bekanntgewordenen Berichtigungen. Eine konsequent durchgeführte Einzelstellenerläuterung wurde nicht angestrebt; allerdings enthalten mehrere Bände materialreiche Beigaben (Spezialverzeichnisse, Übersetzungen fremdsprachiger Stellen, Zeittafeln, Abbildungen, in Sonderfällen auch Einzelerläuterungen). Die Ausgabe wird durch einen vorzüglichen Registerband abgerundet. Mehrere Nachauflagen bezeugen die Verbreitung dieser Edition. Sie wurde zu einer der am meisten zitierten Studienausgaben. Dies trifft ebenfalls für die Berliner Ausgabe zu, die mit den Abteilungen *Poetische Werke* (16 Bde., darin auch die autobiographischen Schriften) und *Kunsttheoretische Schriften und Übersetzungen* (6 Bde.) sowie einem Supplementband (*Abbildungen*) im Aufbau-Verlag 1960–1978 herauskam. Mit ihrer Textgestalt (Hauptgrundlage die WA; sog. behutsame Modernisierung) entsprach die Ausgabe nicht völlig dem erreichten Erkenntnisstand. Dennoch konnte sie unter den abgeschlossenen Studienausgaben eine gewisse Vorrangstellung erreichen; denn sie bietet für alle Werke eine relativ einheitliche Darstellung der Entstehungs- und Wirkungsgeschichte, eine knappe Dokumentation der Textgeschichte (z.T. auch mit Abdruck mehrerer Textfassungen) und einen konsequent durchgeführten Einzelstellenkommentar mit den für das unmittelbare Textverständnis notwendigen Informationen. Die allgemeinen und speziellen Anmerkungsteile wurden auf einen konzentrierten Bestand von Sacherläuterungen zugeschnitten, der die Ausgabe weitgehend von Deutungsaspekten unabhängig machen sollte. Gegenüber der Hamburger Ausgabe ergab dies einen Verzicht auf das Referieren von Forschungs- und Interpretationsergebnissen, dessen Funktion für eine Klassiker-Edition aber ohnehin umstritten ist, zumal es ein schnelleres Veralten mit sich bringt.

Den derzeitigen Endpunkt in der Bearbeitung von Studienausgaben zum Werk G.s stellen zwei Editionen dar, die seit 1985 erscheinen und bereits weit fortgeschritten, jedoch noch nicht abgeschlossen sind. Es handelt sich um die Ausgabe *Goethe: Sämtliche Werke. Briefe, Tagebücher und Gespräche* des Deutschen Klassiker-Verlags, die sog. Frankfurter Ausgabe, und um die Ausgabe *Goethe: Sämtliche Werke nach Epochen seines Schaffens*, die im Hanser-Verlag erscheinende Münchner Ausgabe. Die Frankfurter Ausgabe soll in einer ersten Abteilung mit 27 Bänden sämtliche Werke enthalten, in einer zweiten Abteilung mit 13 Bänden eine repräsentative Auswahl von Briefen, Tagebüchern und Gesprächen in einheitlicher chronologischer Folge. Die Werkabteilung ist nach Gattungen gegliedert; sie bezieht auch amtliche und naturkundliche

Schriften sowie einen Band G.-Zeichnungen ein. In der zweiten Abteilung ist ein Band gesondert für Eckermanns *Gespräche mit G.* vorgesehen. Die Münchner Ausgabe ist chronologisch angelegt, d.h. ihre voraussichtlich 20 Bände (in 30; zusätzlich ein Registerbd.) enthalten jeweils die dichterischen Werke sowie die autobiographischen, naturwissenschaftlichen und amtlichen Schriften zu einem Zeitabschnitt, innerhalb dessen wiederum nach Gattungen angeordnet. Je ein Doppelband ist den Briefwechseln mit Schiller und mit Zelter gewidmet, ein Band den Eckermann-*Gesprächen*. Für beide Editionen gilt grundsätzlich, daß sie das Prinzip der Ausgabe letzter Hand verlassen und jeweils eine Textgrundlage wählen, die der Arbeit G.s am jeweiligen Werk möglichst nahesteht (Erstdruck, Druckvorlage oder eine moderne historisch-kritische oder kritische Ausgabe wie die Akademie-Ausgabe, die Leopoldina-Ausgabe oder *Der junge Goethe*). Die Abweichungen von diesen Textgrundlagen werden auf die notwendigsten beschränkt und in der Regel detailliert nachgewiesen und begründet. Stärker voneinander abweichende Fassungen werden vollständig wiedergegeben, wobei sie in der Münchner Ausgabe auf verschiedene Bände verteilt sein können. Das Verfahren der Textkonstitution, das sich den Methoden kritischer Ausgaben annähert, wird in beiden Editionen dadurch beeinträchtigt, daß orthographische Modernisierungen vorgenommen werden (Modernisierungen der Interpunktion nur in Ausnahmefällen). Bei der Handhabung dieser Modernisierungen ist zunehmende Zurückhaltung zu beobachten. Das führt zu einem nicht völlig einheitlichen Bild und dazu, daß in den einzelnen Bänden mit unterschiedlicher Genauigkeit über die Texteingriffe berichtet wird. Die editorischen Beigaben beider Ausgaben haben – mit individuellen Abstufungen – hohes Niveau. Sie enthalten in der Frankfurter Ausgabe Abschnitte zu Entstehung und Überlieferung, zu den Quellen, zur Wirkungsgeschichte und zur Gesamtdeutung sowie Einzelstellenkommentare von beträchtlicher Dichte. In der Münchner Ausgabe sind die allgemeinen Abschnitte wie auch die Einzelerläuterungen meist knapper angelegt. Die Einführungen gehen besonders auf das Beziehungsgeflecht zwischen den Schaffensbereichen G.s ein, das durch die chronologische Anordnung der Ausgabe sichtbar wird. Außerdem wird auf die Dokumentation zeitgenössischer Materialien zur Entstehungs- und Wirkungsgeschichte großes Gewicht gelegt. Die Einzelstellenerläuterungen bieten zuverlässige Sachinformationen. In der Frankfurter Ausgabe werden die interpretierenden Aspekte etwas stärker einbezogen; mit unterschiedlicher Intensität wird der Forschungsstand zur Deutung der Werke referiert; am Schluß der Kommentare finden sich dementsprechend Auswahl-Literaturverzeichnisse.

Die wissenschaftliche Beschäftigung mit dem Werk G.s bleibt – je nach ihrer Zielstellung und ihrem Anspruch – auf die Benutzung mehrerer Editionen angewiesen. Dort, wo es vordringlich um eine authentische Textgestalt geht – wie bei sprach- und stilgeschichtlichen Untersuchungen und überhaupt bei allen linguistischen Fragestellungen – oder wo in historischer Treue die Arbeitsweise G.s und die Textentwicklung seiner Werke dokumentiert werden sollen, sind außer den Originalzeugen die historisch-kritischen Ausgaben (die WA und die sie ersetzenden und ergänzenden Editionen) unentbehrlich. Für die Belange von Studium und Schule, für die Zusammenfassung von Deutungsgesichtspunkten, für die schnelle Orientierung über literaturgeschichtliche Forschungsschwerpunkte im Zusammenhang mit G. sowie für die künstlerische Interpretation von G.-Texten wird meist die kombinierte Verwendung mehrerer Studienausgaben ratsam sein.

Literatur:

Borchmeyer, Dieter: Sophiens Reise von Weimar nach München. Zum Nachdruck der Weimarer Ausgabe. In: GoetheJb. 106 (1989), S. 230–239. – Engelhardt, Wolf von: Umgang mit Goethes mineralogisch-geologischem Nachlaß. In: Acta historica Leopoldina. 20 (1992), S. 21–30. – Golz, Jochen: Zu Aufbau und Interdependenz von Erläuterungen bei der Kommentierung von Goethes Tagebüchern. In: Martens, Gunter (Hg.): Kommentierungsverfahren und Kommentarformen. Tübingen 1993, S. 151–161. – Grumach, Ernst: Prolegomena zu einer Goethe-Ausgabe. In: N.F. JbGG. 12 (1950), S. 60–88; überarbeitet in: ders.: (Hg.): Beiträge zur Goethe-Forschung. Berlin 1959, S. 1–34. – Ders.: Probleme der Goethe-Ausgabe. In: Das Institut für Deutsche Sprache und Literatur. Vorträge, gehalten auf der Eröffnungstagung. Berlin 1954, S. 39–51. – Ders./Hagen, Waltraud: Editionen. In: GHB. 1, Sp. 1994–2062, insbes. Sp. 2042–2062. – Hagen, Waltraud u.a.: Goethe. In: Handbuch der Editionen. Berlin 1981, S. 181–199. – Dies.: Die Berliner Ausgabe von Goethes Werken – Vorzüge und Grenzen eines Editionstyps. In: ZfG. 3 (1982), S. 203–210. – Hahn, Karl Heinz/Holtzhauer, Helmut: Wissenschaft auf Abwegen? Zur Edition von Werken der neueren deutschen Literatur. In: forschen und bilden. 1 (1966), S. 2–22. – Jahn, Ilse: Die Leopoldina-Ausgabe von Goethes Schriften zur Naturwissenschaft im Urteil eines Benutzers. In: GoetheJb. 113 (1996), S. 315–321. – Kuhn, Dorothea: Goethes Schriften zur Naturwissenschaft. Über Inhalt und Gestaltung der Leopoldina-Ausgabe. In: N.F. JbGG. 33 (1971), S. 123–176; Neudruck in: dies.: Typus und Metamorphose. Goethe-Studien. Marbach a.N. 1988, S. 70–89. – Dies.: ›Erfahrung, Betrachtung, Folgerung durch Lebensereignisse verbunden‹. Zur Geschichte der Leopoldina-Ausgabe von Goethes Schriften zur Naturwissenschaft. In: Acta historica Leopoldina. 20 (1992), S. 11–20. – Märkisch, Anneliese: Konkordanz zu Goethes Werken. Berlin 1973. – Otto, Regine: Johann Wolfgang Goethe. Sämtliche Werke nach Epochen seines Schaffens. Münchner Ausgabe [...]. In: GoetheJb. 110 (1993), S. 353–360. – Scheibe, Siegfried: Zu Problemen der historisch-kritischen Edition von Goethes Werken. Aus der praktischen Arbeit der Akademie-Ausgabe. In: WB. 6 (1960), Sonderheft, S. 1147–1160. – Ders.: Zu einigen Grundprinzipien einer historisch-kritischen Ausgabe. In: Martens, Gunter/Zeller, Hans (Hg.): Texte und Varianten. München 1971, S. 1–44. – Schmid, Irmtraut: Auf dem Wege zu einer Gesamtausgabe der Briefe Goethes. In: ZfdPh. 110 (1991), S. 515–529. – Vaget, Hans Rudolf: Unvorgreifliche Anmerkungen zu zwei neuen Goethe-Ausgaben. In: GoetheYb. 5 (1990), S. 279–292. – Zimmermann, Rolf Christian: *Der junge Goethe* von Max Morris in der Neubearbeitung durch Hanna Fischer-Lamberg. In: ZfdPh. 95 (1976), S. 526–567.

Horst Nahler

Ehe

Hans Blumenberg hat G.s Verhältnis zu Frauen als ein durch mangelnden Realismus geprägtes gekennzeichnet – er habe eben Literatur daraus gemacht. Und in der Tat: Wer sich als ästhetischer Titan stilisiert, kann sich mit der Figur eines verheirateten Prometheus nicht versöhnen. Walter Benjamin spricht deshalb zurecht von G.s »mehr als dreißigjährigem Kampf gegen die Ehe« (Benjamin 1989, S. 710). Daß G. dann doch geheiratet hat, läßt deshalb auf einen Bruch im Selbstverständnis schließen. G. hat seinen Eheschluß mit Christiane Vulpius auf den Tag der Schlacht bei Jena und der Plünderung Weimars datiert. Damit markiert er den endgültigen Einbruch des Realen in ein bisher ästhetisch durchgestaltetes, selbstgeschaffenes Leben (vgl. Blumenberg, S. 532ff.).

Es gehört zu den Stereotypen der G.-Interpretation, daß sich G. nach seiner Eheschließung 1806 zu einer positiven Bewertung dieser Institution durchgerungen habe. Diese These wird dann gerne von einer moralisierenden Deutung der *Wahlverwandtschaften* gestützt. In aller wünschenswerten Deutlichkeit definiert etwa Karl August Böttiger das Sakrament der Ehe als »Kitt des Bürgervereins« und spürt in den *Wahlverwandtschaften* schon Konsequenzen jener heillosen Profanation, die die Ehe nur noch als »bürgerlichen Contrakt« nach Preußischem Landrecht begreift (Böttiger, S. 181). Doch G. erzählt nicht etwa in kritisch sittlicher Absicht, wie eine Ehe zerbricht, sondern wie sich die Lebensvollzüge im Kräftefeld ihrer Auflösung verwandeln. Er zeigt die Kräfte, die aus der Ehe in ihrem Zerfall hervorgehen. Insofern kann Benjamin mit gutem Sinn behaupten: »Der Gegenstand der Wahlverwandtschaften ist nicht die Ehe« (Benjamin 1978, S. 131). G. führt in den *Wahlverwandtschaften* die Inkommensurabilität dreier Ordnungen vor Augen: die Blutsverwandtschaft des Familienclans, die konjugale Familie mit ihrem Primat der Ehe und die Wahlverwandtschaft des Begeh-

rens. Die Blutsverwandtschaft bildet einen Clan, die Ehe eine Institution, das Begehren einen neuen Körper.

Am 19.10. 1823 bemerkt G. in einem Gespräch mit Kanzler von Müller, fast »alle Gesetze seien Synthesen des Unmöglichen, z.B. das Institut der Ehe. Und doch sei es gut, daß dem so sei, es werde dadurch das Möglichste erstrebt, daß man das Unmögliche postuliere«. Unmöglich ist es offenbar, mit Hilfe von Gesetzen dem komplexen System des Begehrens, den dynamischen Rekonfigurationen nach der Chemie der Leidenschaften Ordnung aufzuprägen. In der Ehe reflektiert sich für G. also ein prinzipielles Problem sozialer Komplexität. So heißt es in einem Brief an Schiller vom 5.7. 1802: »Es geht mit allen Geschäften wie mit der Ehe, man denkt wunder was man zu Stande gebracht habe, wenn man copulirt ist und nun geht der Teufel erst recht los. Das macht weil nichts in der Welt einzeln steht und irgend ein Wirksames, nicht als ein Ende, sondern als ein Anfang betrachtet werden muß«.

Das Leben ist für G. der Inbegriff von Bezügen – eben dieses Leben in Bezügen macht aber die Ehe zur Synthese des Unmöglichen und erweist den Ehebruch als Einbruch unbezwinglicher Natur ins Zivilisationsgeschehen. G. sieht im Ehebruch eine unaufhebbare Lockung und deshalb in der Ehe eine unmögliche, aber notwendige Vereinigung. Am 29.1. 1830 schreibt er an Carl Friedrich Zelter: »daß ich, in meinen Wahlverwandtschaften, die innige, wahre Katharsis so rein und vollkommen als möglich abzuschließen bemüht war; deshalb bild ich mir aber nicht ein, irgend ein hübscher Mann könne dadurch von dem Gelüst nach eines andern Weib zu blicken gereinigt werden. Das sechste Gebot, welches schon in der Wüste, dem Elohim-Jehova so nötig schien, daß er es, mit eigenen Fingern, in Granittafeln einschnitt, wird in unsern Löschpapiernen Katechismen immerfort aufrecht zu halten nötig sein«.

Die Ehe als unmögliche, aber notwendige Vereinigung – diese Paradoxie löst für G. allein die Macht der Gewohnheit auf. So bemerkt er in seinen Maximen und Reflexionen von 1827, »daß die Gewohnheit sich vollkommen an die

Stelle der Liebesleidenschaft setzen kann«. Und weiter: Ein »gewohntes Verhältniß«, wie eben eine lange während Ehe, »besteht gegen alles Widerwärtige; Mißvergnügen, Unwillen, Zorn vermögen nichts gegen dasselbe; ja es überdauert die Verachtung, den Haß« (MuR, 390).

Literatur:

Benjamin, Walter: Goethes *Wahlverwandtschaften*. In: Gesammelte Schriften. Hg. von Rolf Tiedemann u. Hermann Schweppenhäuser. Bd. 1.1. Frankfurt/M. 1978, S. 123–201. – Ders.: Enzyklopädieartikel Goethe. In: Gesammelte Schriften. Hg. von Rolf Tiedemann und Hermann Schweppenhäuser. Bd. 2.2. Frankfurt/M. 1989, S. 703–739. – Blumenberg, Hans: Arbeit am Mythos. Frankfurt/M. [5]1990. – Böttiger, Karl August: *Die Wahlverwandtschaften* – ein Roman von Göthe. In: Härtl, Heinz (Hg.): *Die Wahlverwandtschaften*: eine Dokumentation der Wirkung von Goethes Roman 1808–1832. Weinheim 1983, S. 176–198. – Rösch, Ewald (Hg.): Goethes Roman *Die Wahlverwandtschaften*. Darmstadt 1975. – Schrimpf, Hans Joachim: Die Ehe. In: ders.: Das Weltbild des späten Goethe. Stuttgart 1956, S. 176–198.

Norbert Bolz

Eigentum/Einkommen

Johann Peter Eckermann zufolge äußerte G. am 13.2. 1829: »Man muß [...] Geld genug haben, seine Erfahrungen bezahlen zu können [...]; eine halbe Million meines Privatvermögens ist durch meine Hände gegangen, um das zu lernen, was ich jetzt weiß, nicht allein das ganze Vermögen meines Vaters, sondern auch mein Gehalt und mein bedeutendes literarisches Einkommen seit mehr als funfzig Jahren«. Die hier genannte Summe – wohl in Reichstalern gerechnet – ist sicher nicht wörtlich zu nehmen, liegt aber auch nicht völlig außerhalb der Realität. Die wirklichen Zahlen lassen sich aus G.s eigener Rechnungsführung, aus amtlichen Quellen, dem Briefwech-

sel mit Verlegern und insbesondere den Unterlagen seines Hauptverlegers Johann Friedrich Cotta recht zuverlässig ermitteln. Danach kann summarisch gesagt werden, daß G. in über fünfeinhalb Jahrzehnten amtlicher und literarischer Tätigkeit dienstliche Gehälter im Umfang von fast 120000 Reichstalern und Honorare von etwa 140000 Reichstalern erhalten hat. An Zahlungen der Mutter lassen sich seit Ende der 70er Jahre bis zu deren Tod etwa 10–12000 Gulden (etwa 6600–8000 Reichstaler) nachweisen, die zu mindestens zwei Dritteln in die Zeit bis zur Italienreise fallen. Die 1808 mit einem halben Anteil in Höhe von etwa 22000 Gulden zu seiner Verfügung gelangte väterliche Erbschaft brachte bei der bis 1825 dauernden Abwicklung noch einmal einen Ertrag von etwa 20000 Gulden (gerechnet im 24-Guldenfuß = etwa 11000 Reichstaler). Aus angelegten Kapitalien schließlich ergaben sich Zinseinnahmen von mindestens 23000 Reichstalern.

Diese zusammenfassende Aufrechnung hat freilich nur eingeschränkte Aussagekraft, da sie die Entwicklung der Lebenshaltungskosten nicht berücksichtigen kann und infolge der Wertschwankungen bei der Umrechnung verschiedener Münzsorten auf den Reichstaler (nachfolgend der Kürze halber als Taler bezeichnet) Ungenauigkeiten enthält. Immerhin lassen sich aber zwei allgemeine Feststellungen treffen: Zum einen gehörte G. von Anfang an zu den »Spitzenverdienern« in Weimar und stand hier, seit er dienstältester Geheimer Rat war, nach dem »Industriellen« Friedrich Justin Bertuch auf der obersten Stufe der Einkommensleiter, was freilich auch den ökonomisch zurückgebliebenen Stand dieser Residenz- und Ackerbürgerstadt dokumentiert. Zum anderen war er – mit der Gunst des Herzogs Carl August und dem dienstlichen Gehalt im Hintergrund – der erste deutsche Schriftsteller, dem es gelang, aus dem Ertrag seiner zunehmend mit Spitzenhonoraren bezahlten literarischen Werke nicht nur eine angemessene Lebenshaltung zu finanzieren, sondern auch ein nicht unbeträchtliches Kapitalvermögen anzusammeln. Dies trifft allerdings nur auf die letzten zwei bis drei Lebensjahrzehnte in vollem Umfang zu. Bei genauerer Betrachtung der einzelnen Lebensabschnitte zeigt sich ein differenziertes Bild.

In den Jahren bis zur Italienreise ergibt der Vergleich zwischen den nachweisbaren Einnahmen und Ausgaben in der Regel ein Defizit. Als »Haussohn, dessen Casse nicht in reichlichen Umständen sein konnte« (*Dichtung und Wahrheit*; WA I, 28, S. 202), kam G. erst durch die Anstellung als Geheimer Legationsrat in Weimar im Juni 1776 in den Genuß eines regelmäßigen eigenen Einkommens. Das Gehalt betrug zunächst im Quartal 300 Taler, ab IV/1781 350 Taler, ab III/1785 400 Taler; dazu kamen seit III/1779 50 Taler im Quartal für die Leitung der Kriegskommission. Diese festen Einnahmen reichten offensichtlich nicht aus, um die Ausgaben der laufenden Haushaltsführung, die sich in dieser Zeit zwischen 1400 und 3000 Talern im Jahr bewegten, vollständig zu bestreiten. Dazu kamen noch persönliche Ausgaben G.s, die in den von seinem Diener Philipp Seidel für den Haushalt geführten Rechnungsbüchern nicht erfaßt sind. Der genaue Umfang des Defizits läßt sich daher nicht berechnen, zumal die von Seidel verbuchten Einnahmen, die mehrfach erheblich über dem Gehalt liegen, nicht spezifiziert sind. Zu seiner Deckung wird vor allem Herzog Carl August eingesprungen sein. Er war es wohl auch, der 1776 den formell von G. getätigten Ankauf des Gartenhauses für 600 Taler sowie die nicht unerheblichen anschließenden Baukosten finanziert und G. damit erstmalig zu Eigentum an Grund und Boden verholfen hat. Zuschüsse des Vaters hat es jedenfalls – dessen penibler Buchführung zufolge – nicht gegeben.

Verhältnismäßig gut läßt sich die Finanzierung der Reise nach Italien belegen, obwohl G.s Aufzeichnungen über seine Ausgaben unvollständig überliefert sind. Seidel, der inzwischen als Kammerkalkulator in den weimarischen Staatsdienst eingetreten war, aber wie bisher G.s Haushalts- und Rechnungsführung in Weimar betreute, nahm das weiterlaufende Gehalt (3600 Taler von III/1786 bis II/1788) und die Honorare für Band eins bis fünf der

von Georg Joachim Göschen verlegten *Schriften* G.s (1250 Taler) in Empfang. Über den Jenaer Kaufmann und Bürgermeister Johann Jacob Heinrich Paulsen ließ er davon entsprechend den Anforderungen G.s von Oktober 1786 bis Mai 1788 etwa 3600 Taler nach Italien überweisen. Weitere Zahlungen sind nicht belegt. Allerdings hatte G. noch im Juni 1786 1500 Gulden (etwa 1000 Taler) und zuvor im Februar 1786 schon einmal 1000 Gulden von seiner Mutter erhalten. Diese Beträge dürften aber vor allem zur Abdeckung von Defiziten im Haushalt gedient haben. Die Reisekasse war jedenfalls mit etwa 300 Talern nicht allzu reichlich ausgestattet und mußte schon in Venedig durch eine erste Überweisung aufgefüllt werden.

Nach der Rückkehr verfügte G. weiterhin über ein Quartalsgehalt von 400 Talern. Eine Erhöhung um 50 Taler ab II/1788 glich lediglich den Wegfall der Besoldung für die Kriegskommission aus, deren Leitung G. nicht wieder aufnahm. Im Jahre 1798 erhielt er ab III. Quartal noch einmal eine bescheidene Zulage von 25 Talern im Quartal, die dann aber die einzige Erhöhung bis 1815 blieb. Eine Bilanz läßt sich auch für diesen Zeitraum schwer aufstellen. Die von verschiedenen Schreibern, zeitweise auch von G. selbst und von seiner Frau Christiane mit unterschiedlicher Genauigkeit geführten Rechnungsbücher für den Haushalt geben weiterhin keine Auskunft über G.s persönliche Ausgaben, unter denen die Ankäufe für seine Sammlungen eine zunehmende Rolle gespielt haben dürften. Manche der Bücher enthalten offenbar nur Teile der Haushalts- und Wirtschaftsausgaben, wie die Aufrechnung der für die Jahre von 1789 bis 1815 nachweisbaren, zwischen 1100 und 4400 Talern schwankenden jährlichen Ausgaben zeigt. So gibt es, obwohl sich im Laufe der Jahre stabile Formen der Rechnungsführung entwickeln, keine ausreichende Basis für zuverlässige Vergleiche zwischen Einnahmen und Ausgaben. Es ist anzunehmen, daß die Einnahmen aus den Honoraren seit Ende der 90er Jahre für den Ausgleich des Budgets gesorgt und dann auch einen gewissen Überschuß erbracht haben.

Während G. sich 1795 für die Kriegssteuer noch »ohne Vermögen« deklariert, gibt er 1807 ein Vermögen von 4600 Talern (ohne Wohn- und Gartenhaus) an. Zur Frankfurter Steuer erklärt die Mutter für G. schon 1801 ein Vermögen von 10000 Gulden, das sich nach der Erbschaft 1808 auf 35000 Gulden erhöht; offenbar ist hier der Weimarer Hausbesitz zugrunde gelegt bzw. mit einbezogen. An bedeutenden Honoraren sind für die Zeit bis 1815 zu nennen: etwa 4000 Taler für G.s *Neue Schriften* bei Friedrich Gottlob Unger (1792–1800) sowie 10700 Taler für die erste von Cotta veranstaltete Gesamtausgabe (1805–1808) mit zusätzlichen 2500 Talern für die *Wahlverwandtschaften* (1809); ferner etwa 3000 Taler für die *Propyläen* (1798–1800), 1000 Taler für *Herrmann und Dorothea* (1799), 3740 Gulden für *Cellini* und die *Natürliche Tochter* (1803), 1200 Taler für die *Farbenlehre* (1810) und schließlich 6000 Taler für *Dichtung und Wahrheit* (1812).

Ohne diesen Rückhalt hätte G. nicht wagen können, sich der Mode der Zeit entsprechend als Gutsherr zu versuchen. Den Kauf des Gutes Oberroßla für etwa 13000 Taler im Jahre 1798 hat er allerdings im wesentlichen durch Aufnahme von Darlehen finanziert. Der rechtzeitige Verkauf nach fünf Jahren brachte mit 15500 Talern eine annähernde Deckung der eingegangenen Verpflichtungen.

Ohne Belastung der eigenen Mittel war G. schon 1792 Eigentümer des von ihm bereits von 1782 bis 1786 bewohnten Hauses am Frauenplan geworden; Herzog Carl August hatte es über die weimarische Kammer für 6000 Reichstaler aus dem Besitz von Paul Johann Friedrich Helmershausen ankaufen lassen und dem Freunde zum Geschenk gemacht. Obwohl der Herzog noch 1500 Taler für den Ausbau zur Verfügung stellte, hat G. im Laufe der Jahrzehnte weitere erhebliche Summen in sein Haus investiert. In den Jahren 1817 und 1819 sowie noch kurz vor seinem Tode, im Februar 1832, arrondierte er seinen Grundbesitz durch Ankauf benachbarter Häuser in der Seifengasse und am Frauenplan für insgesamt etwa 3700 Taler.

Einen deutlichen Einschnitt für G.s Etat und Finanzwirtschaft bilden die Jahre 1815/16. Sein Gehalt als Staatsminister betrug nun – bis an sein Lebensende – 750 Taler Kassegeld im Quartal, was etwa 796 Taler in Kurrentgeld ergab. Die Rechnungsführung für den großen und aufwendig angelegten, in gefestigten Formen organisierten und administrierten Haushalt übernahm G.s Sohn August. In den von ihm angelegten Büchern sind die gesamten finanziellen Aufwendungen für Haushalt und Wirtschaft – aber wiederum ohne die von G. selbst getätigten persönlichen Ausgaben – exakt erfaßt. Dabei zeigt sich ein langsames Anwachsen der jährlichen Ausgaben – in Kurrentgeld – von etwa 4000 Talern im Jahre 1817 bis auf über 12000 Taler im Jahre 1830. Sicher hat dazu auch die Vergrößerung der Familie beigetragen, denn August behielt sein Gehalt – etwa 300 Taler Kurrentgeld im Quartal – zur eigenen Verfügung. Gleichwohl sind gerade in diesen Jahren bedeutende Überschüsse durch Honorare entstanden; G. legte sie, neben der Vergabe einiger Darlehen, hauptsächlich in Obligationen der weimarischen Kammer und in Inhaberscheinen der Hauptlandschaftskasse an, deren Zinsen zusätzliche Einnahmen brachten. An bedeutenden Honoraren sind zu erwähnen: 16000 Taler für die zweite Gesamtausgabe bei Cotta (1815–1818) und 60000 Taler für die Ausgabe letzter Hand (1827–1830), dazu insgesamt 8500 Taler für *Kunst und Altertum* (1816–1828) und 2400 Taler für die *Morphologischen Hefte* (1817–1824), 4000 Taler für die *Italienische Reise* (1816), je 2000 Taler für den *West-östlichen Divan* (1819), für *Wilhelm Meisters Wanderjahre* (1821) und die *Campagne in Frankreich* (1822) sowie 4000 Taler als G.s Anteil an der Ausgabe seines Briefwechsels mit Schiller (1828).

Das Vermögen, das G. bei seinem Tode hinterließ, ist aus den überlieferten Verzeichnissen und Abrechnungen im einzelnen ersichtlich. Zu den Immobilien gehörten das Wohnhaus am Frauenplan, das Nachbarhaus in der Seifengasse mit zwei Hinterhäusern, das übernächste Nebenhaus am Frauenplan und das Gartenhaus mit Garten am Horn. Eine Bewertung für diesen Haus- und Grundbesitz wurde nicht vorgenommen. An Kapitalien fanden sich Wertpapiere über 59000 Taler und sonstige Außenstände in Höhe von 4500 Talern, also insgesamt ein Kapitalvermögen von 63500 Taler. Pretiosen setzte man mit etwa 1300 Taler an. Für Silber, Möbel, Porzellan und die sonstige Einrichtung der Häuser fand keine Bewertung statt. Nach Abzug der Passiven – unter anderem Darlehen der Weimarer Sparkasse und von Johann Heinrich Meyer – verblieb ein Wert des Nachlasses (ohne Immobilien) von über 63000 Talern.

Ohne Bewertung waren auch G.s Kunst- und Naturaliensammlungen geblieben. Über die Bedeutung seiner lebenslang intensiv betriebenen Sammlungstätigkeit für seine persönliche Bildung und für sein gesamtes Werk hat er sich mehrfach geäußert. Die Mittel, die er dafür aufgewandt hat, sind – wie bemerkt – nirgends zusammenhängend verzeichnet und kaum abzuschätzen, wenn sich auch manches aus den darüber geführten Korrespondenzen erschließen läßt. G. selbst beziffert die Ausgaben für seine Sammlungen im Gespräch mit Kanzler von Müller am 19.11. 1830 auf »jährlich wenigstens 100 Dukaten« (Biedermann, S. 178), was einem Wert von etwa 275 Talern entspräche. In den Jahren 1834/35 kam man beim ersten Versuch einer Bewertung, die sich allein auf die Kunstsammlungen bezog, auf eine Summe von fast 16000 Talern. Doch bewahrheitete sich im weiteren, was G. in seinem Testament vom 6.1. 1831 festgestellt hatte: »Eine eigentliche Taxe dieser relativ unschätzbaren Gegenstände ist nicht wohl möglich« (WA I, 53, S. 329).

G.s Haltung zu seinem persönlichen Eigentum war zweifellos dadurch geprägt, daß er in eine wohlhabende Familie hineingeboren war. Schon vom väterlichen Hause her war ihm aber auch die Überzeugung vertraut, daß Eigentum vor allem als Möglichkeit zu Bildung und Welterfahrung zu nutzen war. Lebenslang hat er sich von dieser Maxime leiten lassen, wie seine eingangs zitierte Äußerung von 1829 zeigt. Daneben verstärkt sich in den letzten Lebensjahrzehnten aber zweifellos auch ein Element des bürgerlichen Besitzsinns, wie er

es am 15.7. 1827 zum Ausdruck bringt: »In der Jugend, wo wir nichts besitzen, oder doch den ruhigen Besitz nicht zu schätzen wissen, sind wir Demokraten. Sind wir aber in einem langen Leben zu Eigentum gekommen, so wünschen wir dieses nicht allein gesichert, sondern wir wünschen auch, daß unsere Kinder und Enkel das Erworbene ruhig genießen mögen« (Eckermann).

In dieser Richtung hatte G. gute Voraussetzungen geschaffen. Er hinterließ ein Vermögen, das seinen Nachkommen, zusammen mit den Rechten aus seinen Werken, in finanzieller Hinsicht eine beachtliche Lebensgrundlage bieten konnte. Wie weit diese Basis ausreichte, wie die Erben im einzelnen damit verfuhren, bedarf in manchen Punkten noch genauerer Untersuchung. Das gleiche gilt für offene Fragen zu G.s eigener Finanzwirtschaft, zu deren Beantwortung in den umfangreichen Rechnungsbeständen des G.-Archivs ein reicher Quellenfundus vorliegt.

Quellen:

Goethe- und Schiller-Archiv: Bestände 34 Goethe Rechnungen; 30 Goethe Akten; 37 Goethe Familie; 38 Verwaltung des Goethe-Nachlasses.

Literatur:

Beutler, Ernst: Das Goethesche Familienvermögen. In: G.-Kalender. 32 (1939), S. 218–232. – Biedermann, Flodoard Frhr. von (Hg.): Goethes Gespräche. Bd. 5. Leipzig 1911. – Bradish, Joseph A. von: Goethes Beamtenlaufbahn. New York 1937. – Goethe, Johann Caspar: Liber Domesticus 1753–1779. Hg. von Helmut Holtzhauer unter Mitarbeit von Irmgard Möller. Leipzig 1973. – Hagen, Waltraud/Nahler, Edith (Hg.): Quellen und Zeugnisse zur Druckgeschichte von Goethes Werken. 4 Bde. Berlin 1966–1984. – Hünich, Fritz Adolf: Goethe und seine Verleger. In: G.-Kalender. 18 (1925), S. 99–118. – Küntzel, Ulrich: Die Finanzen großer Männer. Frankfurt/M. u.a. 1984. – Kuhn, Dorothea (Hg.): Goethe und Cotta. Briefwechsel 1797–1832. Bd. 3.2. Stuttgart 1983, S. 222–227: Honorarkonto über die bei Cotta erschienenen Veröffentlichungen Goethes.

Gerhard Schmid

Einbildungskraft

Einbildungskraft ist für G. dasjenige menschliche Vermögen, welches seinen Ausgangspunkt von Erfahrungen nimmt, sein Material in inneren Vorstellungen von diesen Erfahrungen hat und in deren Darstellungen seinen Ausdruck findet. Entfernt sich die Einbildungskraft von der Erfahrung, so läuft sie Gefahr, Abstruses, Wahnhaftes und Täuschendes hervorzubringen. Hält sie sich dagegen eng an gehabte Erfahrungen und operiert sie im Verbund mit dem Verstand, so ist sie für G. ein Vermögen, das für Kunst, Dichtung, Wissenschaft und Lebensführung gleichermaßen fruchtbar sein kann. G. ruft diese Janusköpfigkeit der Einbildungskraft häufig in Erinnerung, seit dem Italienaufenthalt mit der Tendenz, die Freiheit der Einbildungskraft strenger durch Regelung einzuschränken.

Zum historischen Verständnis ist in Erinnerung zu rufen, daß die Einbildungskraft in der deutschen Aufklärung, etwa bei Christian Wolff und Alexander Gottlieb Baumgarten, noch recht deutlich vom Dichtungsvermögen unterschieden wurde. Der Vermögenspsychologie jener Zeit zufolge ist die Einbildungskraft (facultas imaginandi, phantasia) ein bloß reproduktives Vermögen. Sie formt Bilder von vergangenen Empfindungen und erneuert sie auf diese Weise in abgeschwächter Form (Baumgarten 1779, § 557 f.). Fehlleistungen des Gedächtnisses, mangelnder Scharfsinn oder unzulänglicher Witz können falsche Vorstellungen oder leere Einbildungen verursachen. Dafür ist nach Baumgarten eine »ausschweifende« Phantasie (Phantasia effraenis) verantwortlich. Wer Einbildungen mit Empfindungen verwechselt, ist ein Phantast, im schlimmsten Fall verrückt (Baumgarten 1779, § 594). Wahre Einbildungen dagegen werden von einer »wohlgeordneten Einbildungskraft« (Phantasia subacta) hervorgebracht (ebd., § 571). Die Umordnung von Teilen der Einbildungen zu einem neuen Ganzen leistet nach schulphilosophischer Vorstellung das Dichtungsvermögen. Sind diese neuen Einheiten widerspruchsfrei denkbar, so sind sie »wahre Dichtungen« (Baumgarten 1735, § 51); sind sie aber in sich widersprüchlich, so handelt es sich um Chimären, die wegen ihres fehlenden Bezugs zur Erfahrung auch leere Einbildungen (vana phantasmata) genannt werden (Baumgarten 1779, § 589–591). Für derartige Fehlleistungen ist buchstäblich kein Platz in der Welt, sie sind »utopische Fiktionen« (Baumgarten 1735, § 52).

Vor diesem Hintergrund wird G.s Verwendung des Begriffs in seinen Varianten leichter verständlich. Häufig nämlich umfaßt G.s Begriff der Einbildungskraft das produktive Dichtungsvermögen mit, so daß aus der Reproduktion von Empfindungen und der Produktion von neuen Vorstellungen eine mitunter brisante Mischung entsteht. Zugleich wird einsichtig, warum G. immer wieder Mißtrauen gegenüber der Einbildungskraft in ihrer Oszillation zwischen innovativer und unsinniger Schöpfung artikuliert. Die Freiheit der Einbildungskraft zu zügeln, hieß für ihn nicht nur, sie für eigene Absichten nutzbar zu machen, sondern auch, die Angst vor der Utopie zu bezwingen – eine beständige Gratwanderung zwischen den Möglichkeiten von Traditionsbindung und Traditionsbruch.

G. bezeichnete in *Dichtung und Wahrheit* als ein Erbe mütterlicherseits »die Gabe, alles was die Einbildungskraft hervorbringen, fassen kann, heiter und kräftig darzustellen« (WA I, 27, S. 373) – ein Vermögen, das ihn in seiner Ambivalenz bis in seine letzten Lebensjahre hinein lebenspraktisch, dichterisch, erkenntnistheoretisch und als Naturwissenschaftler bzw. Naturphilosoph immer wieder beschäftigte. Meinte er rückblickend, er habe sich Anfang der 70er Jahre »gegen die Anfechtungen der Einbildungskrafft [...] stählen« müssen (WA I, 27, S. 258), obwohl er zu eben jener Zeit für die Abschaffung der drei Einheiten im Drama als »lästige Fesseln unsrer Einbildungskraft« plädiert hatte (WA I, 37, S. 131), so empfand G. sie 1793 als gefährlichen »inneren Feind« (WA II, 11, S. 28), der sich zwischen wissenschaftlichem Versuch und Urteil einschleichen und den Wissenschaftler zu voreiliger, ungesicherter Spekulation verführen

könne. Mit Bezug auf 1805 findet sich die später hingeworfene, harte Formulierung über die
Einbildungskraft als Form des Atavismus: »Die
Einbildungskraft lauert als der mächtigste
Feind, sie hat von Natur einen unwiderstehli-
chen Trieb zum Absurden, der selbst in gebildeten Menschen mächtig wirkt und gegen
alle Cultur die angestammte Rohheit fratzen-
liebender Wilden mitten in der anständigsten
Welt wieder zum Vorschein bringt« (WA I, 35,
S. 243f.). Kanzler von Müller notierte 1824 einen Ausspruch G.s, dessen damaliger Bezug
freilich unklar ist – sei es auf Auguste Jacobi,
sei es auf die »dämagogischen Umtriebe auf
unseren Universitäten« (von Müller, 8. 11.
1824) bezogen: »›Es gibt einen Eigensinn
schlimmster Art, den der Phantasie, oder vielmehr der Einbildungskraft‹« (ebd.).

Im *Werther*, in den *Wahlverwandtschaften*,
in *Wilhelm Meisters Lehrjahren* und auch in
den *Wanderjahren* ist die Einbildungskraft
eine wichtige Kraft, die sowohl Handlungsver-
lauf und Figurenschicksal bestimmt, als auch
Element des Kalküls der Romankonstitution
insgesamt ist. Werther marginalisiert und isoliert sich in Tagträumen, in denen er selbst
schließlich als der unausweichlich Unglückliche figuriert (vgl. WA I, 19, S. 90). Seine der
Einbildungskraft verdankten Illusionen begrüßt er melancholisch als »göttliches Geschenk« (ebd., S. 119). In den *Wahlverwandtschaften* trägt die Aktivität der Einbildungskraft erheblich dazu bei, Erfahrung, Verstand
und Pflicht außer acht zu lassen, was im clair-
obscur zum berühmten, imaginären Ehebruch
im Ehebett (vgl. WA I, 20, S. 131) und schließlich zum tragischen Ende führt. *Wilhelm Meisters Lehrjahre*, zusammengesehen mit *Wilhelm Meisters Wanderjahren*, können beide
insgesamt als Geschichte der Disziplinierung
der Einbildungskraft Wilhelms gelesen werden – beides Romane, in denen die Einbildungskraft nicht nur eine handlungs- und figu-
renkonstitutive Rolle spielt, sondern auch
selbst häufig explizit Thema ist (vgl. z. B. WA I,
21, S. 12 u. S. 27–35; WA I, 22, S. 180f. u.
S. 317–321; WA I, 23, S. 206; WA I, 24, S. 93f.;
WA I, 25.1, S. 9, S. 16, S. 282; WA I, 26, S. 75;
MuR, 507 u. 668). Was in Karl Philipp Moritz'

Anton Reiser mit dem Interesse an der eigenen
Person sozialpsychologisch analysiert wird –
die »L e i d e n   d e r   E i n b i l d u n g s k r a f t«
(Moritz, S. 89) –, wird im *Wilhelm Meister*
durch stufenweise Erweiterung des Erfah-
rungshorizonts zu einer Entsagung geführt,
die der Titelfigur eine Position in der Gesellschaft eröffnet, die ihr angemessen ist.

Weder Kunst und Literatur noch Wissenschaft sind, wie G., hier durchaus an die Aufklärung anschließend, meinte, ohne die »Operation« der Einbildungskraft möglich (WA I,
41.1, S. 66). Insbesondere die produktive Einbildungskraft hat einen hohen Wert als Fähigkeit, Abwesendes lebhaft zu vergegenwärtigen
und umzugestalten. G. erinnerte sich in *Dichtung und Wahrheit*, daß die frühe Lektüre des
Alten Testaments »eine lebhaftere Vorstellung
in meiner Einbildungskraft« auslöste (WA I,
26, S. 204). Im 1. Buch Mose faszinierten ihn
die Schilderungen von »Ursprung und [...]
Wachsthum des Menschengeschlechts«, »die
ersten und einzigsten Nachrichten der Urge-
schichte«, der »kleine Raum«, in dem die folgenreiche Geschichte statthat, »zugleich so
einfach und faßlich, als mannichfaltig« (ebd.).
Seine Einbildungskraft enfaltete das im Räumlichen und Zeitlichen begrenzt Dargestellte,
gewissermaßen punkthaft Zusammengezo-
gene zu einem Gemälde des Ursprungs der
Menschheitsgeschichte. Es war die Faszination durch das Geschichtsträchtige und Bedeu-
tungsschwangere, das sich in überschaubaren
Einheiten dem späteren Leser darbot und von
der Einbildungskraft entfaltet wurde. Das genuine Feld der literarischen Einbildungskraft
ist die Entfaltung der prägnanten Abbreviatur
in der produktiven Vorstellung. So las G., wie
schon Lessing vor ihm, 1813 Shakespeare als
Dramendichter des einbildungsträchtigen
»geistigen Worts«, das »besser imaginirt als
gesehen« werden könne (WA I, 41.1, S. 54).

Die Vorstellungsart der Einbildungskraft
liegt zwischen der Reproduktion vergangener
Erfahrungen, an der sie teilhat, und der
Schöpfung des völlig Neuen. Insofern ist sie,
so G., dem Mythos verwandt (vgl. MuR, 535),
steht aber über ihm (vgl. *Howards Ehrengedächtnis*; WA I, 3, S. 98, 2. Strophe sowie LA I,

8, S. 238) – eine Vorstellungsart, die Alexander Gottlieb Baumgarten »poetisch« im Sinne der griechischen Etymologie genannt hatte (Baumgarten 1779, § 592) und die auf die Nähe der Auffassung G.s von der poetischen Leistung der Einbildungskraft zu seinem Symbolbegriff verweist: »Es ist die Sache, ohne die Sache zu sein, und doch die Sache; ein im geistigen Spiegel zusammengezogenes Bild, und doch mit dem Gegenstand identisch« (WA I, 49.1, S. 142). G. schrieb somit der Einbildungskraft einen prominenten Stellenwert in der Konstitution der Eigenart des literarisch-poetischen und künstlerischen Diskurses zu.

Insbesondere seit dem Italienaufenthalt spielte die Einbildungskraft in G.s poetologischen und kunsttheoretischen Überlegungen eine wichtige Rolle. Auffällig dabei ist das Bemühen um eine eher beschreibende denn wertende Auffassung der Leistungen der Einbildungskraft. Das Verhältnis zwischen angeschautem Gegenstand auf der einen und dem von der Einbildungskraft vorgestellten bzw. dann literarisch oder künstlerisch dargestellten Gegenstand auf der anderen Seite war dabei ein zentraler Punkt. Anläßlich des Vergleichs der eigens gesehenen Felsen »Scylla« und »Charybdis« mit deren künstlerischer Darstellung heißt es in der *Italienischen Reise*: »Einbildung und Gegenwart verhalten sich wie Poesie und Prosa, jene wird die Gegenstände mächtig und steil denken, diese sich immer in die Fläche verbreiten« (WA I, 31, S. 223). In der Gemeinschaftsarbeit mit Schiller, *Der Sammler und die Seinigen*, wurden die »Imaginanten« als eine Spielart des künstlerischen Dilettantismus verspottet, »weil sie so gern dem Scheine nachstreben, der Einbildungskraft etwas vorzuspielen suchen, ohne sich zu bekümmern in wie fern dem Anschauen genug geschieht« (WA I, 47, S. 196). Trotz Spott und Kritik aber wurde deren Beitrag als eine notwendige Bedingung der »Möglichkeit der höchsten Kunst« (ebd., S. 197) gewürdigt, weil diese »Fähigkeit, neue Welten zu schaffen«, ein starkes Mittel »gegen die leidige Prosa« sei (ebd.). Des weiteren war die Leistung der Einbildungskraft für G. ein Kriterium zur Beurteilung so verschiedener ästhetischer Produkte wie der Gattung Märchen, persischer Dichtung (WA I, 7, S. 71f.), arabischer Dichtung (ebd., S. 17 u. S. 36f.), indischer bildender Kunst und Dichtung (an A. W. Schlegel, 15.12. 1824; an W. von Humboldt, 22.10. 1826), aber auch der arabischen Sprache (WA I, 7, S. 101f.).

Immer wieder betonte G., daß Dichtung grundsätzlich gegenständlich sein, d.h. »Gehalt« (WA I, 42.2, S. 474), einen »prägnanten Gegenstand« haben müsse (WA I, 41.1, S. 223), dessen poetische Darstellung »die Einbildungskraft erregen, den Geist beschäftigen soll« (ebd.). Die Ballade, in der lyrischer, epischer und dramatischer Modus noch nicht getrennt seien, erschien ihm als poetisches »Ur-Ei [...], das nur bebrütet werden darf, um als herrlichstes Phänomen auf Goldflügeln in die Lüfte zu steigen« (ebd., S. 224) – auf den »Goldflügeln« der Einbildungskraft. Bloße Formspielerei war für G. deshalb leer, weil sie die Einbildungskraft nicht anregt, keine Geistesbeschäftigung ist. Deshalb schätzte er in dieser Hinsicht Dantes Kraft der Präzision in der Darstellung selbst des »Abstrusesten und Seltsamsten« (WA I, 42.2, S. 70), deshalb plädierte er auch für eine Prosaübersetzung des *Nibelungenliedes* (ebd., S. 474), damit es »unmittelbar kräftig zu dem wachenden Zuhörer« spreche (ebd.), deshalb verurteilte er die Predigten Friedrich Wilhelm Krummachers als »n a r k o t i s c h e   P r e d i g t e n«, die durch ihre eitle Form die Einbildungskraft des Zuhörers zerstreuten und »mehr sein Ohr als sein Herz in Anspruch« nähmen (WA I, 42.1, S. 18f.).

Im Zusammenhang mit seinen wissenschaftlichen Tätigkeiten interessierte G. sich vor allem für die erkenntnistheoretische Rolle der Einbildungskraft. Ausgehend von der konkreten Einzelerfahrung, deren kontrollierter Reproduktion im Versuch und dessen variierter Wiederholung, mit dem Zweck, die Phänomene in ihrer qualitativen Eigentümlichkeit zu erfassen, wies G. der produktiven Einbildungskraft einen hohen Stellenwert im Erkenntnisprozeß zu. Sie hat veranschaulichende Unterstützungsfunktion, die das Er-

kannte entfaltet und steigert. Die Einbildungskraft kompensiert die einseitige analytische
Ausrichtung des Verstandes durch ihre synthetisierende Aktivität. »Die Anschauenden
verhalten sich [...] productiv, und das Wissen,
indem es sich selbst steigert, fordert, ohne es
zu bemerken, das Anschauen und geht dahin
über, und, so sehr sich auch die Wissenden vor
der Imagination kreuzigen und segnen, so
müssen sie doch, ehe sie sich's versehen, die
productive Einbildungskraft zu Hülfe rufen«
(WA II, 6, S. 302). Die Einbildungskraft ko-
operiert mit dem Verstand, »und so entstehen
nach und nach solche Gedankenwesen (entia
rationis), denen das große Verdienst bleibt,
uns auf das Anschauen zurückzuführen, und
uns zu größerer Aufmerksamkeit, zu vollkom-
menerer Einsicht hinzudrängen« (WA II, 9,
S. 91). Die Einbildungskraft vermittelt also
zwischen der sinnlichen Wahrnehmung des
Ganzen und deren diskursiver Zerlegung
durch den Verstand, indem sie ein Ganzes in
der Vorstellung hervorbringt, welches wiederum im angeschauten, konkreten, individuellen Phänomen das Typische transparent
werden läßt.

Voraussetzung für eine in Lebenspraxis,
Dichtung, Philosophie und Naturwissenschaft
förderliche Nutzung der Einbildungskraft
blieb für G. deren strenge Disziplinierung,
ihre Integration in den Verbund von Sinnlichkeit, Verstand und Vernunft (vgl. WA I, 35,
S. 243).

Literatur:

Baumgarten, Alexander Gottlieb: Meditationes phi-
losophicae de nonnullis ad poema pertinentibus [zu-
erst 1735]/Philosophische Betrachtungen über einige Bedingungen des Gedichtes. Übersetzt und mit
einer Einleitung hg. von Heinz Paetzold. Hamburg
1983 [zit. Baumgarten 1735]. – Ders.: Metaphysica.
Nachdruck der 7. Aufl. Halle 1779. Hildesheim 1963
[zit. Baumgarten 1779]. – »einbilden«, »Einbildung«,
»Einbildungskraft«. In: GWb. Bd. 2. Stuttgart u. a.
1989, Sp. 1427–1431. – Moritz, Karl Philipp: Anton
Reiser. Ein psychologischer Roman [1785–1790].
Mit Textvarianten, Erläuterungen und einem Nachwort hg. von Wolfgang Martens. Stuttgart 1972.

Hans Adler

→ **Einkommen s. Eigentum**

Elemente

G.s früheste Kenntnisnahme der antiken Elementenlehre und ihrer neuzeitlichen Adaptio-
nen wurde wohl vor allem durch die in der
Bibliothek seines Vaters vorhandenen *Institu-
tiones historiae philosophiae* (1756) von Johann Jacob Brucker begründet und später (belegt durch die *Geschichte der Farbenlehre*)
durch die Lektüre Plutarchs, Theophrasts und
der doxographischen Sammlung des Johannes
Stobaios vertieft. Die Aufnahme dieser Lehre
durch G. ist von Anfang an um die Einsicht in
die natürlich-sittliche Doppelgestalt des Menschen zentriert und findet von hier aus Eingang in seine Dichtungen, seine ästhetischen
und seine naturgeschichtlichen Schriften.
Eine charakteristische Auseinandersetzung
mit der Elementenlehre bietet bereits die Rede
des Titelhelden zu Beginn des vierten Aktes
von *Satyros oder der vergötterte Waldteufel*
(1773), in der G. persönliche Züge von Freunden und Zeitgenossen satirisch stilisiert und
auf allgemeine Gültigkeit hin überhöht. In
dem Rahmen eines Schöpfungsmythos sind
die Elemente vor aller Gestaltung »Nacht«, ein
»Unding«, das sich erst durch die gegeneinander wirkenden Prinzipien »Haß« und »Lieb«
zu einem »Ganzen« bilden; »im verschlossnen
Hass« tosen die Elemente, »Kraft an Kräfften
widrig von sich stosend«. Aus dem derart um-
schriebenen Chaos (»Ohne Feinds band ohne
Freunds band«) »erquoll« »das Urding«. G.
läßt die Bildung eines »Ganzen«, des Kosmos,
durch das Aufkeimen des »Begehrungs
schwalls«, der Liebe, geschehen, vermittels
welcher die Elemente »sich erschlossen« und
»in einander ergossen / All durchdringend all
durchdrungen«. Das Produkt dieser Mischung
der Elemente, »Das All und Ein und Ewig Ding
/ Immer verändert! Immer beständig!«, ist bestimmt durch ein fortdauerndes Sich-Vermeh-
ren und -Verzehren der Kräfte, die es beleben
(JG Fischer-Lamberg 3, S. 311 f.).

Wird dieser widerstreitende Ausgleich der Kräfte von »Lieb« und »Haß«, die in der Veränderung ein Beständiges bewahren, gestört, so bricht ein Gewaltsames hervor, das die Weltverhältnisse im ganzen und die menschlichen Lebensverhältnisse im besonderen in Unordnung bringt. G.s Denken besitzt in dieser Beziehung der Elemente zur Kontrarietät der Kräfte oder Prinzipien über einen langen Zeitraum hinweg eine beachtliche Konstanz, und so konnte die Konzeption der frühen Satire, freilich mit gewandelter ethisch-sozialer Ausrichtung, auch in der Folge wieder wirksam werden. Vor dem Horizont von G.s Auseinandersetzung mit den Revolutionsereignissen in Frankreich spricht der Herzog in *Die natürliche Tochter* (1803) an der Schwelle zur Peripetie des dritten Aufzugs: »Verhaßt sei mir das Bleibende, verhaßt / Was mir in seiner Dauer Stolz erscheint; / Erwünscht was fließt und schwankt. Ihr Fluthen schwellt, / Zerreißt die Dämme, wandelt Land in See« (WA I, 10, S. 309; vgl. dazu ebd., S. 318). Zeitgenössische Keimlehre (vgl. *Faust I*, V. 384) und Elementenlehre verbindet Mephistopheles in *Faust I*: »Der Luft, dem Wasser, wie der Erden / Entwinden tausend Keime sich, / Im Trocknen, Feuchten, Warmen, Kalten! / Hätt' ich mir nicht die Flamme vorbehalten, / Ich hätte nichts Aparts für mich« (WA I, 14, S. 68). In *Wandrers Sturmlied* (1772) ist in Analogie zur Weltschöpfung die menschliche Schöpfungskraft zur Mischung der Elemente mythisch in Beziehung gesetzt: das lyrische Ich wird von dem feuerbeflügelten Genius »über Wasser über Erde«, »übern Schlammpfad«, »über Deukalions fluthschlamm« gehoben. Es folgt die Anrufung des »Jupiter Pluvius«, von dem »mein Lied« »begann«, »in dem es endet«, »aus dem es quoll«. Neben der Nennung der Elemente sind auch die diesen analogen Eigenschaften der Dinge metaphorisch umschrieben (»Schneegestöber«, »Wärm umhüllen«), in denen sich zugleich das innere Verhältnis des lyrischen Ich zur Sonne als dem Mittelpunkt des Kosmos (»Innre Wärme / Seelen Wärme / Mittelpunckt / Glüh ihm entgegen / Phöb Apollen«) darstellt (JG Fischer-Lamberg 2, S. 228ff.).

Die bevorzugte Stellung des Elementes Wasser ist in G.s gesamtem Werk beobachtet worden, und es erscheint hier als Reflex und produktive Umformung der Schöpfungslehre des Thales. In *Faust II*, auf dem Höhepunkt der Feier der Elemente in der *Classischen Walpurgisnacht*, tritt Thales selbst auf mit den Worten: »Alles ist aus dem Wasser entsprungen!! / Alles wird durch das Wasser erhalten!« (WA I, 15.1, S. 174; vgl. bis V. 8487), dem die Sirenen den Eros als wirkendes Prinzip hinzufügen: »So herrsche denn Eros der alles begonnen!« (V. 8479). Fausts Rede am Anfang des *Zweiten Teils* faßt die bis hierher entwickelten Aspekte der von G. rezipierten Elementenlehre im Kern noch einmal zusammen: Der Anrufung der »auch diese Nacht beständigen« »Erde« (V. 4681) folgt mit dem ruhelosen »Flammen-Übermaß« (V. 4708) ein altes Prometheusmotiv; dem an den Elementen beobachteten Widerstreit von »Lieb'« und »Haß« (V. 4711; vgl. V. 4844) stehen die menschlich-analogen Empfindungen von »Schmerz- und Freuden« (V. 4712) gegenüber. Die durch den »Wassersturz« (V. 4716) erzeugte »Wechsel-Dauer« des »bunten Bogens« (V. 4722) in den »Lüften« »spiegelt ab das menschliche Bestreben« (V. 4725), ein Streben, als dessen Mittel- und Zielpunkt hier die »Sonne« (V. 4715) kosmologisch evoziert wird. Diese Herrschaft der »Lebens-Elemente« (V. 6990) ist aber für den Menschen nicht unvermittelt, sondern nur »am farbigen Abglanz« (V. 4727) einsehbar.

Schließlich sei noch auf die lyrisch-zyklische Reihung der Elemente in G.s Spruchsammlung hingewiesen (WA I,2, S. 216f.), die den analogisch zu denkenden Gegensatz derselben zum Menschen, der »kein Wesen ihres Gleichen« (ebd., S. 217) sei, zum Ausdruck bringt. Diesem Gedanken entspricht der Versuch Fausts, durch ein sittliches Prinzip, den »Geist«, die »zwecklose Kraft unbändiger Elemente« zu »besiegen« (*Faust II*, V. 10219ff.). In den *Wahlverwandtschaften* sagt Charlotte: »Aber der Mensch ist doch um so manche Stufe über jene Elemente erhöht« (WA I, 20, S. 54). Diese Denkfigur ist zumindest seit G.s Sulzer-Rezension (1772) präsent, in der er die (spinozistisch deutbare) »Natur« als »Kraft, die Kraft verschlingt«, den »Tod in allen Elementen«, der »Kunst« als den »Bemühungen des Individ[u]ums, sich gegen die zerstörende Kraft des Ganzen zu erhalten« (JG Fischer-Lamberg 3, S. 94f.), konträr aufeinander bezieht.

G.s Einschätzung des Wertes der Elementenlehre im Bereich der Naturforschung ist ambivalent. In der *Geschichte der Farbenlehre* kommentiert er die empedokleische Analogisierung der vier Elemente zu den vier Grundfarben weiß, schwarz, rot und gelb: »Die Einteilung der ursprünglichen Naturkräfte in vier Elemente ist für kindliche Sinnen faßlich und erfreulich, ob sie gleich nur oberflächlich gelten kann; aber die unmittelbare Begleitung der Elemente durch Farben ist ein Gedanke, den wir nicht schelten dürfen, da wir ebenfalls in den Farben eine elementare über alles ausgegossene Erscheinung anerkennen« (LA I,6, S. 74). Gelegentlich berührt er das Verhältnis der drei paracelsischen »Uranfänge« »Sal, Sulphur und Mercurius« zur Elementenlehre (ebd., S. 128f.). Die Applikabilität der Elementenlehre im Bereich der Zoologie ergibt sich für G. aus den von Eduard Joseph d'Alton beobachteten morphologischen »Gestaltsveränderungen« der Nagetiere: Die Veränderungen des Skeletts zeigen eine »Tendenz« zum »reinen, aufrechten Stande des Menschen«, die sich beim Übergang der Tiere vom Wasser zur Erde, zur »Lufthöhe« und durch den Einfluß »des alles belebenden Lichtes« noch verstärke (*Die Skelette der Nagetiere, abgebildet und verglichen von d'Alton*, 1824; LA I,9, S. 375f.).

Die wohl intensivste Reflexion G.s über die Wirkung der Elemente in ihrem Verhältnis zum Menschen findet sich im *Versuch einer Witterungslehre* (1825). In dem Abschnitt *Bändigen und Entlassen der Elemente* ist hier das »Regellose«, »Gestaltlose« dem »gestalteten Leben« »entgegengesetzt«: »Die Elemente sind daher als kolossale Gegner zu betrachten, mit denen wir ewig zu kämpfen haben, und sie nur durch die höchste Kraft des Geistes, durch Mut und List, im einzelnen Fall bewältigen« (LA I,11 S. 263). Zusammenfassend nennt G. folgende analogische, auf die Elementenlehre bezogene Deutungsmuster: »Vier Elemente.

Die Eintheilung in vier entspringt aus einer Verdopplung des Gegensatzes, und ist theils naturgemäß, wie bei den Weltgegenden Jahrszeiten Temperamenten, theils willkürlich, wie bei den Welttheilen« (WA II,11, S. 212).

Literatur:

Dzialas, Ingrid: Auffassung und Darstellung der Elemente bei Goethe. Berlin 1939. – Lepinte, Christian: Element/Elemente. In: Zastrau, Bd. 1, Sp. 2133–2139. – Schöne, Albrecht: Über Goethes Wolkenlehre. In: JbAkadWissGöttingen. 1968, S. 26–48. – Wittkowski, Wolfgang: The Sea in *Faust* and Goethe's Verdict on His Hero. In: Tymieniecka, Anna-Teresa (Hg.): Poetics of the Elements in the Human Condition. The Sea. Dordrecht u.a. 1985, S. 433–445. – Umbach, Elke: Element. In: GWb, Bd. 3.1, Sp. 33–36. – Wolff, Eugen: Wasser. In: Zeitler, Bd. 3, S. 529–532.

Ralph Häfner

Elsaß

Ende 1768 wünschte G. – offensichtlich in Weiterführung und Steigerung seines Aufenthalts in Leipzig, dem damaligen Klein-Paris – »nach Franckreich zu gehen, und zu sehen wie sich das französche Leben lebt, und um französch zu lernen« (an Käthchen Schönkopf, 30.12.1768). Ein Jahr später, in einem Brief an Ernst Theodor Langer vom 30.11. 1769, erscheinen das Elsaß und Straßburg als Vorstufe für die allmähliche Annäherung an Frankreich. 1770/71 aber blieb es bei einem etwa anderthalbjährigen Aufenthalt westlich des Oberrheins. Nicht nur gab es keine Weiterreise, vielmehr verband sich der Aufenthalt in Straßburg und im Elsaß mit einem gerade auch in Hinsicht auf die Frage nationaler Kultur tiefen Einschnitt in G.s Entwicklung.

Es gibt relativ wenige authentische Dokumente über G.s Aufenthalt im Elsaß. In der Retrospektive von *Dichtung und Wahrheit* ist, verstärkt durch die unterschiedliche Eigenart und Blickrichtung der Autobiographie, manches anders gedeutet, als der Student es erlebt hatte. Die Rekonstruktion dessen, was wirklich war, ist zusätzlich dadurch erschwert, daß die Zeugnisse über das Elsaß des späten 18. Jhs. oftmals kontrovers sind, so daß nach 1870 die deutsche Kritik sich zuweilen auf jene Zeugnisse stützte, die den unabänderlich deutschen Charakter dieses Landes betonten, während die französische Kritik versucht war, jene Texte zu bevorzugen, die die progressive Assimilation der Elsässer und ihre Liebe zu Frankreich und seinem König betonten (de Pange, S. 26). Die Widersprüchlichkeit der Überlieferung spiegelt die tatsächliche nationale und soziale, religiöse und kulturelle Aufspaltung der damaligen elsässischen Gesellschaft wider, und die komplexe, letztlich kaum aufzulösende Vernetzung dieser verschiedenen Aspekte macht das Verständnis für die gegebene Konstellation immer wieder schwierig.

Das »elsassische Halbfrankreich«, von dem G. in *Dichtung und Wahrheit* spricht (WA I, 27, S. 259), war als »province de l'étranger effectif« von Frankreich durch eine Zollgrenze getrennt. Obwohl es unter der Oberherrschaft des französischen Königs stand, hatte es seine Gerechtsame großenteils wahren können. Straßburg etwa, das sich erst im 18. Jh. als Sitz der französischen Verwaltung zur Hauptstadt der Provinz entwickelt hatte, unterschied sich von einer Freien deutschen Reichsstadt vor allem durch das Mitspracherecht der durch den Prätor vertretenen Krone sowie durch die Befugnisse der Militärgouverneure der Stadt und der Provinz. Im übrigen war das Elsaß durch ein politisches Gewirr gekennzeichnet; am Beispiel der Grafschaft Hanau-Lichtenberg konnte G. die politische Situation des durch den Westfälischen Frieden an die französische Krone gefallenen Landes kennenlernen: Die Grafschaft unterstand wie das übrige Elsaß der Oberherrschaft des französischen Königs, aber der Landgraf von Hessen-Darmstadt genoß hier bis zur Revolution nahezu uneingeschränkt seine Feudalrechte. Obwohl der Despotismus der Krone in den elsässischen Ländereien und Städten sich weniger zu manife-

stieren schien als in den alten französischen Provinzen, mangelte es auch hier am Ende der Regierung Ludwigs XV. nicht an Kritik an der französischen Hof- und Günstlingswirtschaft.

Die nationale Problematik wirkte offenbar im religiösen und kulturellen Bereich virulenter als im politischen. Die deutsch-elsässischen Lutheraner, die dem katholischen Frankreich um so mehr abgeneigt waren, als sie im protestantischen Deutschland eine Stütze sahen, hatten aus der 1765 erfolgten Vertreibung der Jesuiten, die zuvor ebenso eifrig für die französische Sprache wie für den Katholizismus geworben hatten, Hoffnung darauf abgeleitet, nunmehr weniger bedrängt zu werden. Daß die Abneigung gegen die Jesuiten nicht unbegründet war, verrät die demographische Entwicklung. Waren die Katholiken vor 1648 bzw. 1681 deutlich in der Minderheit gewesen, so waren sie an manchen Orten um 1770 trotz der Immigration deutscher und schweizerischer Protestanten sogar in der Mehrheit, einerseits dank der Unterstützung der Krone, die das Münster den Katholiken zurückgab und uneheliche Kinder als Patenkinder des Königs katholisch taufen ließ, andererseits dank des Einflusses der Kirche und der Jesuiten, die durch Schulen, prächtige Prozessionen und Bildung von Kongregationen Proselyten zu machen verstanden. Hinzu kam der Zuzug von Offizieren, Beamten und Handwerkern aus dem katholischen Innerfrankreich. Besonders aus der Niederlassung der Handwerker ergaben sich soziale und religiöse Spannungen zwischen den alteingesessenen Lutheranern, die bis 1789 nicht nur in Straßburg fast ausschließlich das Bürgerrecht besaßen, und den zugereisten Katholiken, die vor allem zur untersten und zur obersten Gesellschaftsschicht gehörten.

Die Theatersituation in Straßburg illustriert die Spannung im Bereich der Künste. Während die mehrheitlich protestantische Bürgerschaft das französische Theater mied und durch Wandertruppen am deutschen Theater- und Kulturleben teilnahm, gaben der kosmopolitisch gesinnte Adel, gleichviel ob elsässischer, französischer oder deutscher Abstammung, durch seine Salons, die auch Offiziere und Funktionäre der Krone besuchten, und das französische Theater dem kulturellen Leben der elsässischen Hauptstadt einen französischen Anstrich.

Anscheinend verkehrte G. in Straßburg vor allem in studentischen Kreisen. Zu den Professoren scheint er keinen näheren Kontakt gehabt zu haben. Im Vordergrund stand für ihn die von Johann Daniel Salzmann geleitete »Tischgesellschaft« oder »Sozietät«. Zu dieser gehörten auch zwei Elsässer, an die er sich enger anschloß, Friedrich Leopold Weyland und Franz Christian Lerse, beide aus Buchsweiler (Bouxwiller). Durch Salzmann wurde G. anscheinend auch in bürgerliche Gesellschaften eingeführt, doch verfügen wir nicht über nähere Angaben dazu. Mindestens ebenso wie die von Herder bestärkte Ausrichtung auf das Natürliche und das Nationale färbte die Beschränkung des Umgangs auf Protestanten G.s Bild von Straßburg und dem Elsaß.

Schon am 22.6. 1770 machte sich G. mit zwei elsässischen Kommilitonen, Weyland und Johann Konrad Engelbach, auf, um mit ihrer Hilfe Land und Leute kennen zu lernen. Die in *Dichtung und Wahrheit* zitierte zweibändige lateinische *Alsatia illustrata* (1751–1761) des Straßburger Historikers Johann Daniel Schoepflin, in der die geographischen, topographischen, verfassungs- und kulturgeschichtlichen Fakten des Landes sowie der verschiedenen Herrschaften und Freien Reichsstädte alphabetisch geordnet dargestellt waren, hat er vielleicht vor oder nach der Reise eingesehen, sicher aber später zur Redaktion der Autobiographie herangezogen. Die vierzehntägige Reise führte die Freunde zuerst nach Zabern (Saverne), wo G. Größe und Pracht des Schlosses und seines Gartens bewunderte. Nicht minder imponierte ihm die Zaberner Steige, die als strategisch wichtige Chaussee breit ausgebaut über den Vogesenpaß führte und damals als ein technisches Meisterwerk betrachtet wurde. Nach einem Abstecher nach Pfalzburg (Phalsbourg) verweilten die Reisenden in Buchsweiler, das zwar nicht mehr Residenz, aber noch Verwaltungszentrum der Grafschaft Hanau-Lichtenberg

war. In Niederbronn und auf der Wasenburg, wo römische Basreliefs und Inschriften zu finden waren, fühlte G. sich »umspült« vom »Geist des Alterthums« (WA I, 27, S. 339). Auch für die Wasserscheiden und die Geologie begann er sich zu interessieren; so machten ihn die Fossilien des Bastberges zuerst auf die Theorie der Erdentstehung aufmerksam. Danach führte die Reise nach Lothringen und an die Saar, wo er sich Bergbau und Hüttenwesen erklären ließ. Hier wie auch sonst im Elsaß interessierte er sich für die ersten Anzeichen der industriellen Revolution. Sie waren im nördlichen Elsaß insbesondere mit dem Namen des Barons Johann von Dietrich verbunden, der, wie in *Dichtung und Wahrheit* dargestellt, als Großgrundbesitzer nicht nur die Gebirgsschätze, Eisen, Kohle und Holz zu nutzen wußte, sondern auch als Mäzen und Hüttenwerksbesitzer seinen Reichtum zum Besten der Gegend anzuwenden verstand (ebd., S. 338).

Im Juni und Juli 1771 nahm G. seine Streifereien durch das Elsaß, die durch die Liebesbeziehung zu Friederike Brion zeitweilig wohl etwas anders gerichtet waren, wieder auf. Seine Interessen waren vielseitig, wahrscheinlich vielseitiger und komplexer, aber auch spontaner und zielloser, als das in *Dichtung und Wahrheit* deutlich wird. Er scheint sich insgesamt mehr für die Natur als für Kunst und Architektur, wenn man hier von dem Erlebnis des Straßburger Münsters absieht, interessiert zu haben. Der Jurastudent etwa nahm, als er nach Colmar kam, anscheinend keine Kenntnis von dem dort tagenden »Conseil souverain«, dem obersten Gerichtshof des Elsaß, und als er auf der Reise ins südliche Elsaß bis Ensisheim vorstieß, fiel ihm offensichtlich nur der dort aufbewahrte Aerolith in die Augen, dessen kosmischen Ursprung auch er bezweifelte. Auch an einer Wallfahrt auf den Odilienberg nahm er teil, war dabei jedoch gemäß *Dichtung und Wahrheit* vor allem von der Ottilien-Legende beeindruckt. Andererseits nahm er kulturelle Unterschiede aufmerksam zur Kenntnis. Sehr wohl vermerkte er, daß die städtischen Cousinen Friederike Brions »französisch« gekleidet gingen (WA I, 28, S. 36), während die Briontöchter wie generell die Kleinbürgermädchen und die Mädchen aus dem Volk elsässische Tracht trugen. In Sesenheim nahm er immerhin am Leben eines protestantischen Dorfes teil und erweiterte von hier aus durch Exkursionen in die Umgebung und auf die Rheininseln sowie nach Fort Louis seine Kenntnis des unteren Elsaß.

Ob G. »die schöne Gegend« (WA I, 27, S. 229) vom Münsterturm oder vom Odilienberg herab oder nach der Zaberner Steige das wasserreiche Land überschaute, ob er in Sesenheim oder in Colmar die fruchtbaren Ebenen und waldbewachsenen Berge betrachtete, stets mutete ihn das »herrliche Elsaß« (WA I, 28, S. 79) »wie ein neues Paradies« (WA I, 27, S. 230) an; es schien ihm »immer dasselbe und immer neu« (WA I, 28, S. 79). Das entspricht gewiß dem bleibenden Eindruck, den er als junger Mensch gewann. Und doch ist davon auszugehen, daß die Darstellung in *Dichtung und Wahrheit* insgesamt eine Idylle vorführt, für die in leitmotivisch auftauchenden Panoramabildern der adäquate Rahmen geschaffen ist.

Aufschlußreich ist in dieser Hinsicht etwa, daß G. im Gegensatz zu Friedrich Christian Laukhard und zu Jakob Michael Reinhold Lenz sowie zu anderen Elsaßbesuchern der Zeit weder in Briefen noch in der Autobiographie die Garnison erwähnt, obwohl diese acht- bis zehntausend Mann betrug, die mit ihren bunten Uniformen das Straßenbild von Straßburg, Bitsch, Hagenau, von Fort Louis und anderen Orten, die er besuchte, prägten. Die Armee belebte nicht nur die Garnisonstädte, wo »so viel guter Ton, ja so viel Galanterie« herrschte (Laukhard, Bd. 2, S. 37), sie gefährdete auch, wie Laukhard und Lenz zeigen, die Moral der Bürgertöchter und der Mägde. Übrigens zeigte sich auch hier der national-kulturelle Gegensatz: Zwar waren die Soldaten zahlreicher Regimenter deutschsprachig, doch ihre Offiziere sprachen französisch, auch wenn sie – wie zahlreiche Regimentskommandeure – aus deutschen Fürstenhäusern stammten.

G. spricht in *Dichtung und Wahrheit* nicht über die politisch-verfassungsmäßigen Zustände und über die vielerlei Spannungen, die im Leben der Menschen dieses Landes wirksam waren. Hatte ihn sein Freund Langer im November 1769 offenbar vor der elsässischen Zwitterhaftigkeit von Straßburg gewarnt, so vermittelt die Autobiographie im Gegensatz dazu ein idyllisches Bild von Land und Leuten. Der Akzent ist auf die reiche, vielgestaltige Landschaft gelegt, während die religiösen, sozialen und nationalen Spannungen entweder nur gestreift oder ganz übergangen sind. Die Darstellung ist nicht zuletzt geprägt durch die Rolle, die die Sesenheimer Episode und die eigene nationale Neuorientierung in der Entwicklung des Dichters hatten oder zugewiesen bekamen. G. zeigt, wie er »an der Gränze von Frankreich alles französischen Wesens auf einmal bar und ledig« wurde (WA I, 28, S. 71). Auch im Rückblick begnügte er sich nicht damit, auf den Unterschied zwischen Deutschland und Frankreich hinzuweisen, vielmehr ist ein affektiv besetzter Gegensatz aufgebaut, wovon die manicheischen nationalen Stereotypen deutlich zeugen. So stehen die »deutsche Natur- und Wahrheitsliebe« der Kommilitonen und die »unverrückte deutsche Redlichkeit« eines Schoepflin der »parteiischen Unredlichkeit« eines Voltaire (ebd., S. 60, S. 46 u. S. 60f.) gegenüber, der für G. wie kein zweiter Frankreich repräsentierte. Immerhin bewahrte sich G., während er solchermaßen den grundlegenden Unterschied zwischen deutschem und französischem Wesen betonte und sich von letzterem distanzierte, eine gewisse Neigung für die gemeinhin den Franzosen zugeschriebene »freie, gesellige, bewegliche Lebensart« (WA I, 27, S. 258); sie paßt indessen eigentlich nicht in das hier gezeichnete Frankreichbild – bewußt oder unbewußt ist sie darum den Elsässern, diesem »heitern lustigen Völkchen« (ebd., S. 246), verliehen.

Die Sesenheimer Lieder, deren pandynamische Beseelung und kosmische Entgrenzung in den Straßburg/Elsaß-Passagen von *Dichtung und Wahrheit* keine Entsprechung gefunden haben, zeigen am besten, was – abgesehen von Herder und Friederike – das Elsaß G. offenbarte: ein bisher unbekanntes Erleben der Natur, Sinn für die Natürlichkeit des Landlebens sowie Kenntnis der Volkspoesie. Ist dies vielleicht auch etwas zufällig geschehen, weil er ähnliches auch in anderen Gegenden hätte finden können, so war allerdings die Perspektive auf das Problem des Nationalen, die sich ihm hier öffnete, spezifisch an das Elsaß gebunden.

Literatur:

Dollinger, Philipp (Hg.): Histoire de l'Alsace. Toulouse 1970. – Fink, Gonthier-Louis (Hg.): Goethe et l'Alsace. Actes du Colloque de Strasbourg. Strasbourg 1971. – Ders.: Straßburg im Schnittpunkt der deutschen und französischen Aufklärung. Das soziale und kulturelle elsässische Mosaik zur Zeit Schoepflins. In: Recherches germaniques. 26 (1996), S. 153–204. – Froitzheim, Johann: Zu Straßburgs Sturm- und Drangperiode 1770–1776. Straßburg 1889. – Laukhard, Friedrich Christian: Leben und Schicksale von ihm selbst beschrieben. Hg. von Hans Werner Engels u. Andreas Harms. 3 Bde. Frankfurt/ M. 1987. – Livet, Georges/Rapp, Francis (Hg.): Histoire de Strasbourg des Origines à nos jours. Strasbourg 1981. – Pange, Jean de: Goethe im Elsaß. Baden-Baden 1950. – Traumann, Ernst: Goethe der Straßburger Student. Leipzig ²1923. – Vogler, Bernard: Histoire culturelle de l'Alsace. Strasbourg 1993.

Gonthier-Louis Fink

Empfindsamkeit

Empfindsamkeit tritt als moralische, psychohistorische und literarische Tendenz um 1750 in Deutschland auf – zunächst wird sie noch »Zärtlichkeit« genannt. In England und Frankreich ist sie schon um 1700 nachweisbar. Die Moralischen Wochenschriften, das Bürgerliche Trauerspiel, affektiv geprägte Formen der Rokokolyrik und nach 1750 der Roman befördern die Verbreitung unter den Lesern. Als ideengeschichtlicher Ursprung gilt die Theorie des moral sense, die vor 1700 u.a. als Reaktion auf Thomas Hobbes' egoistische Anthropologie durch englische und schottische Philosophen entwickelt wurde: Sie setzt voraus, daß jedem menschlichen Herzen ein »natürliches Gesetz« des »immediate feeling and finer internal sense« (Willey, S. 61) eingeschrieben sei. Die Vernunft wurde von Francis Hutcheson und David Hume ausdrücklich in ihrer Funktion als Regulativ bestätigt. Shaftesbury hat den Menschen als ein von Natur mit »benevolence« begabtes, geselliges Wesen verstanden; es kann sich den Affekten unter Leitung der Vernunft anvertrauen. Das moralische Gefühl richtet über Tugend und Laster (S. 54).

In England und Frankreich sind Adlige und Bürgerliche Träger der neuen Tendenz – in Deutschland wird sie von den Bürgerlichen als affektive Norm praktiziert und allmählich auch vom Adel (meist von Frauen) übernommen. Frauen sind das Zentrum der neuen kleinfamilialen Privatsphäre. Als Leserinnen, Mütter und Erzieherinnen leben und lehren sie die gesellschaftlich geforderte Affektregulierung und Sublimierung. Der empfindsame Platonismus empfahl die kulturell positiv bewertete Verschiebung der Triebenergien zu Empfindungen des »Mitleids« und zu »Taten der Menschlichkeit«. In diesem Kontext gedeiht auch der Freundschaftskult der Zeit.

Die gefühlsbetonte Frömmigkeitspraxis des Pietismus fördert die Ausbreitung in Deutschland. Der ästhetische Emotionalismus (Jean Baptiste Dubos, Johann Jakob Breitinger, Gotthold Ephraim Lessing, Moses Mendelssohn) liefert die literaturtheoretische Legitimation für eine empfindsame Literatur und Popularphilosophie. In Brief- und Reiseroman, Brief, Tagebuch, Stammbuch, in der Autobiographie, Idylle, Lyrik, der sog. weinerlichen Komödie, dem Melodram und Bürgerlichen Trauerspiel ist die Empfindsamkeit nicht immer dominant. Sie verbindet sich mit den Tendenzen aufklärerischer Literatur (z.B. bei Christian Fürchtegott Gellert, Sophie La Roche, Gotthold Ephraim Lessing, G., Johann Georg und Friedrich Heinrich Jacobi, Jakob Michael Reinhold Lenz, Johann Martin Miller, Ludwig Heinrich Christoph Hölty, Friedrich Gottlieb Klopstock, Jean Paul). Der bedeutendste Beitrag der Empfindsamkeit zur Ästhetik der Aufklärung besteht in der umfassenden Förderung und Differenzierung der Wirkungsästhetik. In ihr werden die rhetorische Affektenlehre und der Emotionalismus (Dubos) aufgehoben. Ein neues Publikum verändert in diesem Kontext die Rezeption von Kunst und läßt sich durch diese selbst wieder verändern. Die Mitleidsthematik und die auf Rührung zielende Tragödientheorie der Aufklärung sind bis heute in der Diskussion geblieben.

In den 70er Jahren verkam die Empfindsamkeit zur Mode der Empfindelei. Die von der »wahren« und »tatenreichen« Empfindsamkeit erwartete Reform der menschlichen Beziehungen blieb aus. Die Empfindsamkeit drang in einige Bereiche (Sitten, Rechtsprechung, Erziehung, Armen- und Waisenfürsorge, Schulen, Tierschutz) ein. In der Reduktion auf Literatur und Kunst lebte sie in der nun entstehenden Unterhaltungsliteratur als »Sentimentalität« fort.

Nach Auskunft des G.-Wörterbuchs verwendet G. »empfindsam« überwiegend in den 70er Jahren oder mit Bezug auf diese Zeit. Folgende Bedeutungen lassen sich in seinem Sprachgebrauch unterscheiden: 1. gefühlvoll, zartfühlend, weichherzig, sympathetisch; 2. in kulturhistorischem Kontext speziell auf die Darmstädter Empfindsamen bezogen; 3. im Sinne der »Empfindsamen Reise« von Lawrence Sterne und ihren Nachahmungen; 4. pejorativ im Sinne von sentimental, larmoyant, zimperlich. Während »empfindsam« neunzehnmal belegt ist, erscheint »Empfindsamkeit« nur in zehn Belegen – wiederum nur aus den 70er Jahren oder auf die empfindsame Tendenz dieser Zeit bezogen. Im Gegensatz zur Mehrdeutigkeit des Adjektivs wird das Substantiv nur in zwei Bedeutungen verwendet: 1. als seelisch-emotionale Kultiviertheit; 2. im Sinne von Überfeinerung, Verweichlichung, Larmoyanz. Daneben gibt es noch die Zusammensetzung »Empfindsamkeitskrankheit«, um die Sentimentalität der deutschen Empfindsamen zu charakterisieren. Selbstverständlich ist diese Terminologie eingebettet in die Polysemie von »empfinden«, für das 1200 Belege vorliegen, wobei ein Drittel die Bedeutung »etwas auf bestimmte emotionale Weise

Stich von D. Chodowiecki

erfassen, gewahr werden« annimmt. Dazu kommen: empfindlich/Empfindlichkeit und Empfindung (920 Belege), das in über der Hälfte der Stellen Gefühl, Regung, Leidenschaft, Gemütsbewegung oder Stimmung bedeutet. Gerade bei »Empfindung« kann auch eine empfindsame Konnotation gemeint sein – bis hin zu ästhetischen Diskursen.

In der Leipziger Lyrik ist G. zunächst noch ganz den Modellen der Rokoko-Lyrik verpflichtet; die Affekte werden auf das Spiel der Liebe reduziert. Wendungen wie »fühlbar Herz« (MA 1.1, S. 107) und die häufiger erscheinende »Zärtlichkeit« werden aus dem moralischen Kontext in einen erotischen transferiert. Auch das »sich fühlen« (ebd., S. 106) bezieht sich auf die Liebeserfahrungen. Im *Triumph der Tugend. Zwote Erzählung* ist Richardsonsche Tugendempfindsamkeit am Werk. In *Oden an meinen Freund* und in *Lieder mit Melodien* werden Elemente der Empfindsamkeit verwendet. Gedichte (*An die Unschuld*, *An den Mond*) und das Fragment eines Briefromans *Arianne an Wetty* entfalten empfindsame Terminologie mit wachsender Intensität. Die erste Fassung der *Mitschuldigen* und das Schäferspiel *Die Laune des Verliebten* sind gleichsam noch unentschieden zwischen erotisierter Zärtlichkeit und einer Öffnung des Gefühls zur Tugendempfindsamkeit hin. Der Übergang von rokokohaftem Scherz zu Zärtlichkeit vollzieht sich in diesen Stücken vor 1770. Der empfindsame Ton verstärkt sich zunehmend in den Singspielen *Erwin und Elmire* und besonders in *Claudine von Villa Bella*. In diesem kleineren Stück der Frankfurter Zeit spielt die herrschende Tendenz der Empfindsamkeit keine geringe Rolle. Sie wird vor allem in handlungsarmen Situationen eingesetzt, die zu empfindungsvollen Arien Anlaß geben. G. erprobt allerdings schon in dieser Phase Distanzierungstechniken: dem empfindsam-sublimen Stil setzt er dialektale Sprache entgegen. Claudine verkörpert in dem gleichnamigen »Räuberstück« wesentliche Momente der Empfindsamkeit. Mit ihrer Neigung zur sympathetischen Natur und Mondnacht spricht sie im Dialog mit Pedro wie eine Figur aus dem *Werther*. G.s Roman von 1774 und *Stella* sind ohne die empfindsame Tendenz undenkbar – sowohl im Hinblick auf die Darstellungstechnik als auch in der spezifischen Rezeption. Diese hat G. selbst überrascht und zu prinzipiellen ästhetischen Konsequenzen geführt. Die eigenwillige und überwiegend mit kritischer Absicht verwendete Empfindsamkeit im *Werther* wurde von den meisten Lesern nicht verstanden. Für sie war die Zweideutigkeit der empfindsamen Vokabeln und Szenerien nicht erkennbar. Sie folgten der ironisch gemeinten Vorrede und betrachteten Werther als Identifikationsfigur, vorbildlichen Helden mit vorbildlichem Lebenslauf. Die Herausgeber-Vorrede zitiert den Topos vom Erbauungsbuch als Tröster, Seelen- und Glaubensfreund. So schien der Roman wie viele andere empfindsame Texte von vornherein einen empfindsamen Leser zu konstruieren. Distanzierende Momente der Erzählung,

in welchen das Ich durch Übertreibung und häufige intertextuelle Bezüge Zweifel an der Authentizität seines Pathos weckt, wurden nur von wenigen Kritikern und Schriftstellern wahrgenommen. Autor und Publikum schienen durch den *Werther* in einer starken sympathetischen Verbindung zu stehen. Gleichzeitig wurden sie jedoch durch eine ungeheure Kluft voneinander getrennt. Das Mißverständnis des Romans, das Überlesen der in ihm angelegten Ambivalenz, die scheinbar für Empfindsamkeit plädierte und in Wahrheit Empfindelei vorführte, ließ auch die selbsttherapeutische Funktion des Romans für G. übersehen: »Als der Dichter den Werther geschrieben, um sich wenigstens persönlich von der damals herrschenden Empfindsamkeitskrankheit zu befreien, mußte er die große Unbequemlichkeit erleben, daß man ihn gerade diesen Gesinnungen günstig hielt. Er mußte manchen schriftlichen Andrang erdulden« (WA I, 41.1, S. 331).

Die Zeitgenossen wußten bereits, daß die Empfindsamkeit, vor allem die von Richardson verbreitete Tugendempfindsamkeit, meist als sublimierte Sexualität zu verstehen war. Empfindsamkeit wurde überwiegend literarisch vermittelt und stellte auch ein neues System der Liebessprache dar. G. hat in seiner Frankfurter Zeit die Möglichkeiten dieser Sprache gründlich kennengelernt. Neben den großen Werken der Zeit, den Singspielen und der Darmstädter Lyrik sind die gleichzeitigen Briefe Zeugnisse dafür, daß Empfindsamkeit allerdings nicht nur eine literarische Rolle und poetische Möglichkeit des jungen Autors neben anderen gewesen ist. G. hat die sympathetische Geselligkeit in Darmstadt, die Freundschaft mit Friedrich Heinrich Jacobi und anderen Autoren der jungen Generation in diesen Jahren empfindsam genossen.

Die sprachliche Charakterisierung der drei Hauptfiguren in *Stella* verleiht dem Stück eine ästhetische Qualität, die alle bisherigen Versuche empfindsamer Dialogführung übertraf. Die Hauptfiguren können sich in unterschiedlicher Weise der Leitung durch den inneren Sinn, den moral sense, überlassen. Cäcilie und Stella wurden von den Zeitgenossen als empfindsame Seelen, Fernando als empfindsamer Bösewicht gefeiert (vgl. Sauder, Komm. in MA 1.2, S. 721).

Die empfindsame Tendenz wirkt auch auf G.s ästhetische Konzeption. Bereits in den Rezensionen der *Frankfurter Gelehrten Anzeigen* fordert er »Empfindung« des Ganzen statt Analyse und Zergliederung. Am höchsten bewertet wird ein »empfundenes Kunstwerk« (MA 1.2, S. 324). Die Abneigung gegen jede Zergliederung führt den Kritiker G. zur geradezu pathetischen Anerkennung von Empfindung und Gefühl bei der Produktion und Betrachtung von Kunstwerken: gefühlvolle Künstler werden nur von gefühlvollen Kennern verstanden. Das Werk als Ganzes wird aus einer großen Empfindung geschaffen. In Analogie zum inneren oder moralischen Sinn spricht G. von einer »inneren Form« (ebd., S. 491), die Gefühl sein will.

Seit 1773 etwa wird G. in seinen Äußerungen zur Empfindsamkeit häufig zu ihrem Kritiker, während er gleichzeitig seine großen empfindsamen Werke konzipiert. Im *Jahrmarktsfest zu Plundersweilern*, in *Ein Fastnachtsspiel vom Pater Brey*, in den Paralipomena zu *Hanswursts Hochzeit oder Der Lauf der Welt*, besonders aber in den späteren Stükken *Der Triumph der Empfindsamkeit* (1777) und *Das Neueste von Plundersweilern* (1781) verhält sich G. immer distanzierter zur empfindsamen Tendenz. Im *Triumph der Empfindsamkeit* für das Weimarer Liebhabertheater ist von der Empfindsamkeit nur noch Empfindelei geblieben. G. hat präzise dargelegt, daß es bei den Empfindlern um einen Gegensatz von Natur und Kunstnatur, von »wahrer Natur« und »Schattennatur« gehe. Das Geheimnis des Stückes, das mit der Figur des Prinzen Oronaro, der überall seine »Reisenatur« mitführte, auch den satirischen Möglichkeiten des Theaters Rechnung trägt, steckt in einer vom Prinzen mitgeführten Puppe. Der beste Beleg für die literarische Künstlichkeit der Empfindelei ist die Entdeckung des Inhalts der Puppe. In ihr befinden sich als seine Eingeweide Bücher der empfindsamen Tendenz, Empfindsamkeiten aller Art: *Siegwart, Der gute Jüngling, Die neue Heloise, Die Leiden des jungen Werthers,* *Adelstan und Röschen, Allwills Papiere, Freundschaft und Liebe, Stella* (G. hat in den verschiedenen Fassungen verschiedene Titel genannt; sie wurden hier zusammengefaßt). Das Stück konzentriert sich auf die Thematik der Einbildung und Phantasie, deren hohles Bild und lügenhafte Träume zentrale Motive der Empfindsamkeitskritik darstellen. G. hat sich als Kritiker gegen die dominanten moralischen Ansprüche gewandt. Er befürchtete als Folge der allgemeinen Empfindelei eine wachsende Bereitschaft zur falschen Introspektion und Selbstquälerei bei jungen Menschen. Dem setzte er seine Forderung nach Aktivität in den verschiedenen Bereichen der Gesellschaft entgegen. In den *Xenien* heißt es mit Blick auf Jung-Stilling: »H.S. / Auf das empfindsame Volk hab ich nie was gehalten, es werden, / Kommt die Gelegenheit nur schlechte Gesellen daraus« (MA 4.1, S. 778). In den Maximen und Reflexionen schreibt G. – seine Überlegung bezieht sich auf Grimmelshausens *Simplicissimus* –: »Sobald die guten Werke und das Verdienstliche derselben aufhören, sogleich tritt die Sentimentalität dafür ein, bei den Protestanten« (MuR, 317). Für G. stellt die Empfindelei eine nicht zu unterschätzende Gefährdung der individuellen psychischen Verfassung, aber auch eine falsche Einstellung im Sozialverhalten, schließlich sogar einen ästhetischen Irrweg der luxurierenden Einbildungskraft dar. In seinen Äußerungen zur Empfindsamkeit, die er bereits in den 80er Jahren als vergangene und historisch gewordene Tendenz aus großer Distanz beurteilt, fehlen jedoch auch Argumente der Rechtfertigung nicht. Häufig behaupteten die Kritiker der Empfindelei, er habe mit seinem *Werther* eine »Krankheit, ein Fieber erregt«. Er habe jedoch nur »das Übel aufgedeckt, das in jungen Gemütern verborgen lag. Während eines langen und glücklichen Friedens hatte sich eine literarisch-ästhetische Ausbildung auf Deutschem Grund und Boden, innerhalb der Nationalsprache, auf das schönste entwickelt; doch gesellte sich bald, weil der Bezug nur aufs Innere ging, eine gewisse Sentimentalität hinzu, bei deren Ursprung und Fortgang man den Einfluß von Yorik-Sterne nicht verkennen darf. Wenn auch sein Geist nicht über den Deutschen schwebte, so theilte sich sein Gefühl um desto lebhafter mit. Es entstand eine Art zärtlich leidenschaftlicher Asketik, welche, da uns die humoristische Ironie des Britten nicht gegeben war, in eine leidige Selbstquälerei gewöhnlich ausarten mußte« (MA 14, S. 476). In dem Bestreben, sich von diesem »Übel« persönlich zu befreien, habe er versucht, auch anderen hilfreich zu sein. Im Zusammenhang mit dem *Triumph der Empfindsamkeit* spricht er von einer »schalen Sentimentalität«, die »überhandnehmend manche harte realistische Gegenwirkung veranlaßte« (*Tag- und Jahreshefte 1780*).

Literatur:

Doktor, Wolfgang: Die Kritik der Empfindsamkeit. Bern, Frankfurt/M. 1975. – Hansen, Klaus B. (Hg.): Empfindsamkeiten. Passau 1990. – GWb, Bd. 3, Sp. 61–71. – Kimmich, Dorothee: Empfindsamkeit. In: Historisches Wörterbuch der Rhetorik. Hg. von Gert Ueding. Bd. 2. Tübingen 1994, Sp. 1108–1121. – Sauder, Gerhard: Empfindsamkeit. Bd. 1. Stuttgart 1974. Bd. 3. Stuttgart 1980. – Shaftesbury, Anthony Earl of: An Inquiry concerning virtue, or Merit. In: ders.: Characteristics of Men, Manners, Opinions, Times. Three Volumes. Vol. 2. London [6]1738. – Waldberg, Max von: Goethe und die Empfindsamkeit. In: Berichte des Freien Deutschen Hochstiftes. N.F. 15 (1899), S. 1*-21*. – Wegmann, Nikolaus: Diskurse der Empfindsamkeit: Zur Geschichte eines Gefühls in der Literatur des 18. Jahrhunderts. Stuttgart 1988. – Willey, Basil: The Eighteenth-Century Background. Studies on the Idea of Nature in the Thought of the Period. Harmondsworth 1967.

Gerhard Sauder

Empfindung

Die Empfindung, in der Philosophie vom 17. bis frühen 19. Jh. als unmittelbar gewisses Bewußtsein von etwas Gegenwärtigem begriffen und aller höheren Erkenntnis zugrunde gelegt, ist als Wort Jacob Grimm zufolge »erst in der zweiten hälfte des vorigen [18.; d. Vf.] jh. recht in gang gekommen« (DWb, Bd. 3, Sp. 432).

Rationalistische Philosophen des 17. und frühen 18. Jh. reduzierten die Empfindung auf den Begriff der Vorstellung, die zunächst als dunkel oder zumindest undeutlich systematisiert, dann aber von Gottfried Wilhelm Leibniz mit Hilfe einer durch Gott prästabilierten Harmonie als den Dingen entsprechend gerechtfertigt wurde. Christian Wolff schrieb der als Vorstellung bestimmten Empfindung eingemischte Lust- und Unlustgefühle sowie eine mögliche Deutlichkeit zu. Kant schied die Empfindung als objektive erkenntnisdienliche Vorstellung der Sinne vom subjektbezogenen Gefühl ab. Demgegenüber insistierte Herder, der »Empfindung« und »Gefühl« oft synonym verwendete, auf der Untrennbarkeit, dem Gewebe von Empfindung und Denken. In idealistischen Systemen des späten 18. und frühen 19. Jh. wurde die Empfindung zu einem Schritt im Prozeß der Selbsterkenntnis: als intentionale Setzung bei Fichte, als Selbstanschauung in der Begrenztheit bei Schelling, bei Hegel als Form des Geistes, in der jeglicher Inhalt als das Eigenste, aber noch ohne Rechtfertigung erscheint (vgl. Piepmeier/Neumann u. Sauder, S. 114–117, S. 180f. u. S. 211f.).

Diese begrifflichen Probleme – das Verhältnis von Sinnlichkeit, Gefühl und deutlicher Erkenntnis, die Trennbarkeit der Erkenntniskräfte, die objektive oder nur selbstbezügliche Geltung sowie der Charakter als Inhalt oder Aktivität – kommen auch in G.s unterschiedlichen Gebrauchsweisen des Wortes »Empfindung« und in deren Ambivalenzen zum Ausdruck. Bei G. findet sich überdies das Konzept der Vorstellung meist durch eine emotionale Komponente psychologisch konkretisiert und die Subjektivität im Hinblick auf die schöpferische und sich mitteilende Individualität umgedeutet. Er thematisiert als »Empfindung« allgemein seelisch-geistige Zustände oder Vorgänge, sofern sie, in der Regel gerichtet auf besondere Gegenstände, individuell, manchmal auch kollektiv gegenwärtig und wirksam sind. Seltener werden mit dem Wort die entsprechenden, bisweilen an bestimmte Perso-

nentypen gebundenen, seelisch-geistigen Fähigkeiten oder davon geprägte Eigenschaften
von Handlungen oder künstlerischen Darstellungen angesprochen. Im einzelnen lassen
sich folgende Verwendungsweisen unterscheiden.

Am häufigsten charakterisiert G. mit dem
Wort »Empfindung(en)« seelische Zustände,
wie sie im Erleben von menschlichen Beziehungen, auch Kunstwerken, Naturphänomenen oder Farbwirkungen als Gefühl, Gemütsbewegung oder Stimmung jeweils bewußt
sind. Bei dieser in autobiographischen und
poetischen Texten geläufigen Gebrauchsweise
benutzt G. das Wort teils, um bestimmte Zustände wie Glück, Liebe, Verdruß allgemein zu
kategorisieren oder zusammenzufassen. Teils
werden die Empfindungen hinsichtlich der Art
oder Intensität genauer beschrieben oder auch
moralisch oder ästhetisch eingestuft und bewertet, z.B. als »gleichgültig«, »schmerzlich«,
»grässlich«, »leidenschaftlich«, »süß« und sehr
häufig als »angenehm« oder »unangenehm«,
teils bleiben sie auch unbestimmt (vgl. an K.
Schönkopf, 1.6. 1769; WA I, 32, S. 271; WA I,
28, 184). Öfter ist das Sonderbare, mit positiver Wertung das Eigene, die Tiefe, die Wahrheit dieser Zustände betont. Häufig steht
»Empfindung« in Opposition zu »Gedanken«,
»Gesinnungen«, »Handlungen«, seltener –
auch mit Abwertung insbesondere der schwärmerischen Subjektivität – in einer Reihe mit
»Einbildungen« oder »Grillen« (vgl. WA I, 29,
S. 99; WA I, 40, S. 198). Oft stellt G. die un-
willkürliche Erregung der Empfindung heraus
und besonders in der literarischen Gestaltung
der Innerlichkeit von Personen zudem ihre
Mischung, den Genuß, die mangelnde Aus-
drucksmöglichkeit sowie die (verhinderte)
Mitteilung oder Verbergung. Typisch sind die
beiden folgenden Ausschnitte aus den *Lehrjahren* und der letzte aus dem *Zweiten Römischen Aufenthalt*: »Mignon empfand unerhörte Qual, alle die heftigen Empfindungen
einer leidenschaftlichen Eifersucht mischten
sich zu dem unerkannten Verlangen einer dun-
keln Begierde, und griffen die halb entwik-
kelte Natur gewaltsam an« (WA I, 23, S. 172).
»Nur Wilhelm [...] konnte sich nicht fassen;

was er empfand durfte er nicht denken, und
jeder Gedanke schien seine Empfindung zerstören zu wollen« (ebd., S. 257). »Freut euch
mit mir, daß ich glücklich bin [...]. Könnte ich
meinen Geliebten nur etwas von meinem Genuß und meiner Empfindung mittheilen« (WA
I, 32, S. 78). In engerem Sinne kennzeichnet G. durch »Empfindung« (für jdn.) auch
spezielle Gefühle der Zuneigung oder Liebe, –
u.a. im *Werther*: »Die arme Leonore! [...]
Konnt' ich dafür, [...] daß eine Leidenschaft
in dem armen Herzen sich bildete! Und doch
[...] Hab' ich nicht ihre Empfindungen genährt?« (WA I, 19, S. 5; vgl. WA I, 22, S. 279) –
und in seltenen Fällen Mitgefühl und Anteilnahme, etwa in *Dichtung und Wahrheit*: »Endlich sah ich sie abfahren und es fiel mir wie ein
Stein vom Herzen: denn meine Empfindung
hatte den Zustand von Friederiken und Oli-
vien getheilt« (WA I, 28, S. 39; vgl. an A.W.
Schlegel, 16.12. 1797).

Häufig bezieht G. den Begriff auch auf den
seelisch-geistigen Zustand oder Bewußtseins-
inhalt einer Person, die bestimmter, meist sozialer, ästhetischer oder idealer Sachverhalte
gewahr wird, und er zeichnet ihn dadurch als
Eindruck, Erlebnis, Erfahrung oder Überzeugung von intuitiver, oft anschaulicher und un-
deutlicher bzw. komplex-ganzheitlicher, dabei
subjektiver und emotional bedeutsamer Art
aus. Die geistigen Zustände bzw. Inhalte sind
z.T. als vorschnell und als Gegensatz zu Wissen oder Erkennen dargestellt: »Der erste moralische Blick in die Welt so wenig als der erste
phisikalische bringt unserm Kopf oder unserm
Herzen eine deutliche Empfindung; [...] und
nur sehr lange hernach lernt man e r k e n n e n
was man sieht« (an Hetzler sen., 28.9. 1770).
Zum Teil setzt G. die Bewußtseinsinhalte als
gewiß, so in *Von Deutscher Baukunst* (1773),
einem gleichfalls in erster Linie autobiographischen Zusammenhang: »Mit welcher uner-
warteten Empfindung überraschte mich der
Anblick [eines gotischen Münsters; d. Vf.], als
ich davor trat! Ein ganzer, großer Eindruck
füllte meine Seele, den, weil er aus tausend
harmonirenden Einzelheiten bestand, ich
wohl schmecken und genießen, keineswegs
aber erkennen und erklären konnte« (WA I, 37,

S. 145). In der Schilderung religiösen und existentiellen Erlebens zeigt er die Bewußtseinszustände vielfach als unaussprechlich, z.B. bei Wilhelm in den *Lehrjahren*: »Das ist Glauben! sagte ich, und sprang wie halb erschreckt in die Höhe. Ich suchte nun meiner Empfindung, meines Anschauens gewiß zu werden [...]. Bei diesen Empfindungen verlassen uns die Worte. Ich konnte sie ganz deutlich von aller Phantasie unterscheiden« (WA I, 22, S. 316f.). Seltener sind Ahnungen, besonders des moralisch Richtigen, als »Empfindung« charakterisiert, etwa in einem fiktiven Gespräch über Kunst (WA I, 47, S. 265). Des öftern spricht G. mit dem Wort auch eine anschauliche Vorstellung an, vor allem soweit sie schöpferisch wirksam wird, wie in dem folgenden Beispiel aus *Dichtung und Wahrheit*: »Ein Gefühl aber, das bei mir gewaltig überhand nahm, [...] war die Empfindung der Vergangenheit und Gegenwart in Eins: eine Anschauung, die etwas Gespenstermäßiges in die Gegenwart brachte. Sie ist in vielen meiner [...] Arbeiten ausgedrückt« (WA I, 28, S. 284).

Weniger häufig werden von G. psychische Zustände oder Vorgänge, durch die äußere Sinnesreize und körperliche Verfassungen zu Bewußtsein gelangen, als »Empfindung« bezeichnet. Bei den Empfindungen als sinnlichen Wahrnehmungen – es handelt sich vor allem um solche visueller Art im Rahmen der *Farbenlehre* – hebt er meist die passive Erregung (WA II, 1, S. 160), manchmal hingegen auch die Aktivität des Sinnesorgans hervor (ebd., S. 308). Die Empfindung als körperliches Verspüren oder Befinden verknüpft sich für G. oft mit einem Lust- oder Unlustgefühl (z.B. WA I, 31, S. 223; WA I, 47, S. 68).

Mit einer anderen Verwendungsweise von »Empfindung« bezieht sich G. außerdem allgemein auf die psychischen Vorgänge oder Zustände, die als Fühlen oder gefühlsbetontes Erleben und Erfassen jene bestimmten Emotionen oder geistigen Inhalte ermöglichen. Oft sind die Bewußtseinsformen besonders, z.B. als »mahlerisch« (WA I, 19, S. 19), aber auch in einer für eine Zeit oder Kultur typischen Weise bestimmt. Sofern G. damit eine Bedingung künstlerischen Schaffens, auch als Gegensatz

zu »Reflexion« (WA I, 27, S. 109), kennzeichnet, verbindet er mit »Empfindung« eine positive Wertung: »schwer ist's auch, daß ein Mann, der sich der veränderlichen modischen Art gleichstellt, [...] ein gefühlvoller Künstler werde. Alle Quellen natürlicher Empfindung, die der Fülle unsrer Väter offen waren, schließen sich ihm« (WA I, 37, S. 318). Dagegen knüpft er unter Heraushebung des undeutlichen Verschwimmens, der selbstgenüßlichen Hingabe oder der Hemmung von Tätigkeit an die genannten Bewußtseinszustände im *Werther* eine kritische Abwertung speziell als »empfindsames« Erleben: »Noch nie war ich glücklicher, noch nie war meine Empfindung an der Natur, bis auf's Steinchen, auf's Gräschen herunter, voller und inniger, und doch [...] meine vorstellende Kraft ist so schwach, alles schwimmt und schwankt so vor meiner Seele« (WA I, 19, S. 57). In seltenen Fällen seiner Dichtung verwendet G. das Wort zudem in der abstrakteren Bedeutung »Besinnung« (über etwas) (WA I, 26, S. 42) oder »Bewußtsein« (WA I, 23, S. 280).

In der Reflexion, vor allem der ästhetischen in autobiographischen und theoretischen Texten, bezeichnet G. als »Empfindung« darüber hinaus die Fähigkeit, etwas zu fühlen oder gefühlsbetont zu erleben oder zu erfassen, oft im Gegensatz zu »Verstand« und »Vernunft« (vgl. MuR, 1052). Manchmal schreibt G. dieser Auffassungsfähigkeit das positive Merkmal der Hingebung an die Sache zu (vgl. WA I, 47, S. 21f.), manchmal stellt er sie als tätige Gefahr für die unbefangene Anschauung dar (WA I, 30, S. 191).

Das Wort »Empfindung« dient G. auch dazu, eine ästhetische Eigenschaft von Handlungen herauszustellen, sofern diese den Sinn, namentlich Gefühle, in besonderem Maße und einnehmend ausdrücken, so bei *Werther* und in *Dichtung und Wahrheit*: »Der Graf drückte meine Hände mit einer Empfindung, die alles sagte« (WA I, 19, S. 103). »Sie sprach gut und wußte dem was sie sagte durch Empfindung immer Bedeutung zu geben« (WA I, 28, S. 183). Speziell in bezug auf den Ausdruck künstlerischer Werke und Darbietungen beschreibt G. mit »Empfindung(en)« auch den emotionalen Sinngehalt, z.B. bei der Lao-koon-Gruppe: »Der Mensch hat bei eignen und fremden Leiden nur drei Empfindungen, Furcht, Schrecken und Mitleiden [...]; alle drei werden durch dieses Kunstwerk darge-stellt und erregt« (WA I, 47, S. 114f.). In den *Lehrjahren* wird die mit dem Wort »Empfin-dung« charakterisierte Begabung, emotionale oder geistige Inhalte überzeugend zu vermit-teln, durch die Figur des Theaterdirektors un-ter dem Aspekt von Wahrheit und Illusion pro-blematisiert (WA I, 22, S. 181).

Allgemein häufiger als »Empfindung« und oft synonym gebraucht G. das Wort »Gefühl«, seltener allerdings im Plural. Anders als mit »Empfindung« bezeichnet er mit diesem Wort nicht den seelisch-geistigen Vorgang des Füh-lens oder gefühlsbetonten Erlebens und Erfas-sens, sondern neben emotionalen Zuständen vor allem geistige Inhalte sowie die Fähigkeit, zu fühlen oder – besonders in ästhetischen Kontexten – etwas gefühlsbetont zu erleben und zu erfassen.

Mit den verschiedenen Verwendungsweisen des Wortes »Empfindung« konzipiert G. we-sentliche Bedingungen der ästhetischen Re-zeption und Produktion: Er benutzt es nicht nur, wenn er im Text einer emotionalen Reak-tion, einem intuitiven Eindruck angesichts ei-ner künstlerischen Darstellung oder deren möglicher, sittlich erhöhender und mäßigen-der Wirkung Gestalt geben will, sondern – wie in der *Einleitung in die Propyläen* (1798) auch, um eine ambivalente, entwicklungsbe-dürftige Fähigkeit, etwas zu fühlen oder ge-fühlsbetont zu erleben, auf den Begriff zu brin-gen: »Das schlechteste Bild kann zur Empfin-dung und zur Einbildungskraft sprechen, in-dem es sie in Bewegung setzt, los und frei macht, und sich selbst überläßt; das beste Kunstwerk spricht auch zur Empfindung, aber eine höhere Sprache, die man freilich verste-hen muß; es fesselt die Gefühle und die Ein-bildungskraft; es nimmt uns unsre Willkür, [...] wir sind genöthigt uns ihm hinzugeben, um uns selbst von ihm, erhöht und verbessert, wieder zu erhalten« (WA I, 47, S. 21f.). Im Kontext ästhetischer Produktion kennzeichnet G. mit »Empfindung« einmal Ausdrucksfähig-keit des Subjekts sowie Ausdrucksqualität und Sinngehalt der Darstellung. Vorgängig zu die-sen bestimmt er schon zu Beginn der 70er Jahre unter positiver Hervorhebung von In-dividualität und Einheitlichkeit die Empfin-dung als schöpferischen Ausgangspunkt in Form einer Emotion oder Vorstellung: »diese Bildnerei [der Wilden; d. Vf.] [...] wird ohne Gestaltsverhältniß zusammenstimmen, denn Eine Empfindung schuf sie zum charakteristi-schen Ganzen. Diese charakteristische Kunst ist nun die einzige wahre. Wenn sie aus in-niger, einiger, eigner, selbstständiger Empfin-dung um sich wirkt« (WA I, 37, S. 149). Die ebenfalls als »Empfindung« charakterisierte schöpferische Auffassungsfähigkeit entwirft G. als Bedingung der (Ein-)»Bildungskraft« und als eine »thätige Kraft« (*Zweiter Römi-scher Aufenthalt*; WA I, 32, S. 313), die zur Entäußerung und Selbstanschauung tendiert: »Um sich nun diesen höhern Grad des Ge-nusses, welchen sie an einem Werke, das ein-mal schon da ist, unmöglich haben kann, auch zu verschaffen, strebt die einmal zu lebhaft gerührte Empfindung vergebens etwas Ähn-liches aus sich selbst hervorzubringen [...]: in einem schönen Werke, das ihr sein Dasein dankt, mit dem Bewußtsein von eigner Bil-dungskraft, sich selbst zu spiegeln« (ebd., S. 309f.).

Literatur:

Mog, Paul: Ratio und Gefühlskultur. Studien zu Psy-chogenese und Literatur im 18. Jahrhundert. Tü-bingen 1976. – Piepmeier, Rainer/Neumann, Od-mar: Empfindung. In: Ritter, Joachim (Hg.): Hi-storisches Wörterbuch der Philosophie. Bd. 2. Darmstadt 1972, Sp. 456–474. – Sauder, Gerhard: Empfindsamkeit. Bd. 1. Stuttgart 1974.

Norbert Schrader

England

G. machte nie eine Reise nach England, aber er interessierte sich sein ganzes Leben hindurch für englische Sprache und Literatur sowie für britische Kultur im allgemeinen. Schon in seiner Jugend besaß er umfangreiche Kenntnisse britischer Einrichtungen und Denkweisen, die er u.a. seiner Lektüre von Joseph Addisons *Spectator* verdankte (vgl. an Cornelia, 7.12. 1765). Er und seine Schwester erhielten im Jahre 1762 vier Wochen Privatunterricht in englischer Sprache; zwei Jahre später hatten sie Gelegenheit, ihr gesprochenes Englisch zu üben, als sie den jungen Engländer Arthur Lupton kennenlernten, zu dem Cornelia zärtliche Beziehungen entwickelt zu haben scheint. G.s Briefe aus Leipzig an Cornelia sind teilweise in einem seltsamen, gebrochenen Englisch geschrieben (11. u. 14.5. 1766), das eher durch poetische Einflüsse als durch Rücksicht auf Orthographie oder idiomatische Richtigkeit geprägt ist; dasselbe trifft auf das eigenartige Gedicht *A Song over The Unconfidence towards my self* zu, das G. einem dieser Briefe beilegte. Er selber erteilte 1777 Charlotte von Stein Englischunterricht, und in Italien führte er die schöne »Mailänderin«, die er im Hause des englischen Kunsthändlers Thomas Jenkins kennengelernt hatte, ins Englische ein (WA I, 32, S. 123f.). Obgleich er in späteren Jahren mit Ausländern, die kein Deutsch konnten, gewöhnlich Französisch sprach, unterhielt er sich manchmal auf Englisch mit britischen Gästen, besonders wenn das Gespräch auf englische Übersetzungen seiner eigenen Werke kam, die er mit kritischem Interesse zu lesen pflegte (vgl. Gespräche, 3.2, S. 247). Manche seiner Briefe an britische Korrespondenten sind ebenfalls in englischer Sprache geschrieben.

Die Bedeutung englischer Schriftsteller für G.s Poesie und Gedankenwelt ist kaum zu überschätzen. Bis zum Ende der Straßburger Zeit – vor allem nach seiner Begegnung mit Herder – stellten englische Autoren einige der wichtigsten Einflüsse auf G.s poetisches Schaffen dar. Sowohl sein größtes poetisches Vorbild als auch sein größter intellektueller Widersacher waren Engländer – die Rede ist von William Shakespeare und Isaac Newton.

Die meisten Engländer, denen G. begegnete, waren Europareisende. Er traf besonders viele in Italien, größtenteils Adlige oder bemittelte Großbürger auf der Grand Tour, Briten, die sein Interesse an italienischer Kunst und Geschichte teilten; früher hatte er sogar gehofft, »von einem wohlunterrichteten Manne, von einem kunst- und geschichtskundigen Engländer, nach Italien geführt zu werden« (WA I, 30, S. 210). Mehrere Leute dieser Art gehörten zu seinem italienischen Bekanntenkreis, darunter Sir William Hamilton, Kunstsammler und britischer Gesandter in Neapel, und seine Frau Emma, die spätere Geliebte Lord Nelsons, deren berühmte »Stellungen« (attitudes) vielleicht das Muster für einige der tableaux vivants in den *Wahlverwandtschaften* (2. Teil, 4.–6. Kapitel) lieferten. G. selbst gab sich als reisenden Engländer aus, als er die Familie Cagliostros in Italien besuchte. Es überrascht also nicht, daß die Figur des reisenden Engländers in seinen Werken öfters vorkommt. Die bekannteste dieser Gestalten ist vielleicht der englische Lord in den *Wahlverwandtschaften* (2. Teil, 10.–11. Kapitel), der gewisse Ähnlichkeiten mit Charles Gore aufweist; Gore war ein reicher Engländer und ein Liebhaber der Landschaftsmalerei, der mit seinen Töchtern ab 1791 für mehrere Jahre in Weimar lebte und wie G. die Weimarischen Truppen auf der Kampagne in Frankreich begleitete. G. widmete ihm in einem Nachtrag zur *Hackert*-Schrift einen kleinen biographischen Aufsatz.

Die Engländer waren zu G.s Zeit die weitaus zahlreichste Gruppe von Ausländern in Weimar. Manche waren sogar Mitglieder der herzoglichen Verwaltung, wie z.B. der Landeskommissar George Batty und der Kammerherr Joseph Charles Mellish, der *Herrmann und Dorothea* ins Englische übersetzte. G. richtete an diesen das Gedicht *An Freund Mellish* und übernahm 1801 für Mellishs Sohn die Patenschaft. Im Jahre 1797 gründete Jean Joseph Mounier eine Erziehungsanstalt für junge Engländer in Weimar, die drei Jahre später von fünfzehn Schülern besucht wurde (Gillies, S. 24). Herzog Carl August war selber durchaus englandfreundlich: Er besuchte London im Jahre 1814 und blieb durch seinen Londoner Agenten Johann Christian Hüttner in ständigem Kontakt mit England. Hüttner belieferte die Weimarer Bibliothek mit den neuesten Veröffentlichungen aus England und machte G. 1822 mit dem englischen Meteorologen Luke Howard bekannt.

Abgesehen von der ortsansässigen englischen Gemeinde kamen sehr viele Engländer zu G.s Lebzeiten nach Weimar. Dabei handelte es sich hauptsächlich um junge Männer aus wohlhabenden Familien auf der Europareise. Solche Deutschlandreisen waren schon in den 1780er Jahren keine Seltenheit, und obgleich die Besuchszahlen während der langen Kriege mit Frankreich zurückgingen, stiegen sie nach 1814 schnell wieder an und nahmen in den folgenden Jahrzehnten ständig zu. G.s Ruhm hatte sich inzwischen über ganz Europa verbreitet, und viele machten den Umweg nach Weimar, um dem Dichter ihre Aufwartung zu machen; in der Reisesaison empfing er manchmal bis zu einem Dutzend englische Gäste an einem Tage (Gespräche, 3.2, S. 925f.). Zu diesen zählten u.a. die zwei Söhne des Herzogs von Wellington sowie der Herzog von Clarence, der später als William IV. den englischen Thron bestieg (Landgraf, S. 59 u. S. 62). Mehrere englische Schriftsteller, z.B. der Journalist Henry Crabb Robinson, berichteten ausführlich über ihre Besuche (vgl. Gespräche, 3.2, S. 437ff.), und der Porträtist George Dawe malte G.s Bildnis im Jahre 1819. G. korrespondierte in seinen späteren Jahren mit einigen dieser Besucher sowie mit verschiedenen britischen Schriftstellern, Verehrern und Übersetzern seiner Werke, so mit Sir Walter Scott und Thomas Carlyle.

Daß G. im letzten Jahrzehnt seines Lebens beinahe ein offenes Haus für englische Reisende führte, hängt mit dem Einfluß seiner Schwiegertochter Ottilie zusammen. Ihr Interesse für alles Englische, besonders für junge Engländer – zu einigen von ihnen entspannen sich Liebesbeziehungen –, wurde beinahe zur Anglomanie; viele der englischen Gäste, darunter der künftige Romanschriftsteller William Makepeace Thackeray, mußten übrigens Beiträge zu ihrer literarischen Zeitschrift *Chaos* liefern, die sie von 1829 bis 1832 herausgab. G. sah Ottilies England-Schwärmerei gutmütig zu und nannte die Schwiegertochter scherzweise »den englischen Konsul in Weimar« (Gespräche, 3.2, S. 527).

Aussagen über England und die Engländer kommen in G.s Gesprächen mit Eckermann besonders häufig vor: Englische Literatur, englische Besucher in Weimar und englische Bildungs- und Gesellschaftsformen sind immer wiederkehrende Gesprächsthemen. Die Erklärung dafür liegt zum Teil in der Tatsache, daß Johann Peter Eckermann, der bereits als Deutschlehrer für junge Engländer tätig war, im Jahre 1824 auf G.s Rat anfing, englische Sprache und Literatur zu studieren; fünf Jahre später wurde er als Lehrer des Erbgroßherzogs in diesen Fächern angestellt (Gespräche, 3.1, S. 744f.; Eckermann, 15.2. 1824).

G.s Vorliebe für die britische Kultur gründete in der Überzeugung, daß sie mit der deutschen wesensverwandt sei, aber auf einer höheren Entwicklungsstufe stehe (vgl. WA I, 28, S. 212f.). Er lobte besonders den englischen Individualismus und behauptete, »daß bei den Engländern vorzüglich bedeutend und schätzenswerth ist die Ausbildung so vieler derber tüchtiger Individuen, eines jeden nach seiner Weise« (WA II, 4, S. 96). Er bewunderte zugleich ihr Selbstbewußtsein: »Ihre persönliche Ruhe, Sicherheit, Thätigkeit, Eigensinn und Wohlhäbigkeit geben beinahe ein unerreichbares Musterbild von dem was alle Menschen sich wünschen« (ebd., S. 141; vgl. Eckermann, 12.3. 1828). Diese Bewunderung war aber keineswegs unkritisch. G. war auch mit »dem englischen Hochmuth« gut vertraut (an Knebel, 9.3. 1814), einer Eigenschaft, die er in der Person des Earl of Bristol verkörpert fand, dem er aber mit scharfer Kritik am englischen Imperialismus entgegentrat (vgl. Eckermann, 17.3. 1830). Auch englische Heuchelei und Scheinheiligkeit entgingen nicht seiner Aufmerksamkeit (Gespräche, 3.2, S. 699).

Die positiven Züge der Engländer waren nach G.s Auffassung vor allem das Ergebnis ihres pluralistischen Gesellschaftssystems, zu dessen Vorteilen er u.a. den leichten Umgang zwischen verschiedenen sozialen Schichten (WA I, 27, S. 343f.), die Beteiligung des Individuums am öffentlichen Leben (WA I, 28, S. 212f.), die kosmopolitische Kultur der Hauptstadt (an Fritz von Stein, 28.8. 1794) und die fruchtbare Mischung von schottischen, irischen und englischen Nationalitäten rechnete (Gespräche, 3.1, S. 362). Der größere Reichtum der englischen Literatur im Vergleich zur deutschen war nach seiner Ansicht von diesen Vorzügen untrennbar (ebd., S. 574f.). Aber auch politische Umstände waren G.s Meinung nach am Welterfolg Englands beteiligt. Die Magna Charta von 1215, »jener große Freiheitsbrief, der durch die Zusätze nachfolgender Zeiten das wahre Fundament neuer englischer Nationalfreiheit geworden«, begünstigte nicht nur Klerus und Hochadel: »so gewann doch der Bürgerstand dadurch außerordentlich, daß freier Handel gestattet [...], daß die Gerichtsverfassung verbessert ward [...], daß kein freier Mann sollte gefangen gehalten, verbannt oder auf irgend eine Weise an Freiheit und Leben angegriffen werden (WA II, 3, S. 149f.). Für G. wie für die meisten seiner europäischen Zeitgenossen war England vor allem das Land der Freiheit – in Politik und Literatur, aber auch im Erziehungswesen; so stellte er mit Bedauern die »glücklich-freiere Entwickelung« englischer Kinder der repressiven Erziehung deutscher Kinder gegenüber (Eckermann, 12.3. 1828).

Dieser pragmatischen Einstellung schreibt er ebenfalls den zunehmenden Einfluß Großbritanniens als Weltmacht zu: »Während [...] die Deutschen sich mit Auflösung philosophischer Probleme quälen, lachen uns die Engländer mit ihrem großen praktischen Verstande aus, und gewinnen die Welt« (ebd., 1.9. 1829). Auch die praktische Veranlagung der Engländer fand Würdigung durch G., obgleich er auch meinte, daß dieser Fähigkeit oft ein Mangel an Reflexion und theoretischem Denken entgegenstehe (ebd., 14.4. 1824 u. 24.2. 1825). Die britische Vorliebe für praktische,

empirische Methoden wurde für ihn in der *Farbenlehre* sogar sehr problematisch, insofern sie die unkritische Anerkennung der irrigen Theorie Newtons gefördert habe. Insgesamt jedoch schätzte er den britischen Pragmatismus als heilsames Mittel gegen die Gefahren der Romantik und des Idealismus: »Könnte man nur den Deutschen, nach dem Vorbilde der Engländer, weniger Philosophie und mehr Tatkraft, weniger Theorie und mehr Praxis beibringen, so würde uns schon ein gutes Stück Erlösung zuteil werden« (ebd., 12.3. 1828).

Die intensive Beschäftigung des alten G. mit England und den Engländern hängt auch mit der Tatsache zusammen, daß G.s eigene Leistung als Dichter, die in England aufgrund moralischer Bedenken hinsichtlich *Werther*, *Faust* und anderer Werke lange geschmälert worden war, zunehmend anerkannt wurde, so daß zahlreiche britische Literaten seine Freundschaft suchten. Die »funfzehn Freunde in England«, die ihm 1831 ein kunstvolles Petschaft zum Geburtstag schickten und denen er ein Gedicht widmete (WA I, 4, S. 303), waren größtenteils Schriftsteller, darunter Carlyle, Scott und William Wordsworth. G. hatte unter anderem diese ständige Wechselwirkung mit englischen Schriftstellern durch Übersetzungen, Korrespondenz und poetische Anregungen vor Augen, als er seinen Begriff der »Weltliteratur« prägte; nicht zufällig finden sich mehrere seiner wichtigsten Äußerungen zu diesem Thema in seinem Briefwechsel mit Carlyle und in seinen Besprechungen von dessen Schriften.

Literatur:

Gillies, Alexander: A Hebridean in Goethe's Weimar. The Reverend James Macdonald and the Cultural Relations between Scotland and Germany. Oxford 1969. – Hennig, John: Goethe and the English-Speaking World. Bern u.a. 1988. – Jones, Trevor D.: English Contributors to Ottilie von Goethe's *Chaos*. In: PEGS. 9 (1931–1933), S. 68–91. – Landgraf, Hugo: Goethe und seine ausländischen Besucher. München 1932. – Scott, Douglas Frederick Schumacher: Some English Correspondents of Goethe. London 1949. – Wilkie, John R.: Goethe's English

Friend Lupton. In: GLL. 9 (1955/56), S. 29–39. – Willoughby, Leonard A.: Goethe Looks at the English. In: MLR. 50 (1955), S. 464–484.

Hugh Barr Nisbet

Englische Literatur

Wer so lange und so weltoffen gelebt hat wie G., bringt es schließlich auf eine derart immense Belesenheit, daß die ihm wichtigen geistigen Begegnungen auch nur in einer Kultur auf knappem Raum nicht leicht zu erfassen sind. Gleichwohl läßt sich jene Wechselwirkung zwischen den Völkern aufzeigen, die G. mit dem Begriff »Weltliteratur« gemeint hat, indem man danach fragt, was durch einzelne Autoren und über sie hinaus den Gesamtcharakter der englischen Literatur für G. ausmacht, welchen Gewinn er von ihr und umgekehrt sie von ihm gehabt hat.

Denn es hat sich durchaus um ein Verhältnis auf Gegenseitigkeit gehandelt, das in G.s später Bemerkung, »unsere eigene Literatur« sei »größtenteils aus der ihrigen hergekommen«, nämlich von Goldsmith, Fielding und Shakespeare (Eckermann, 3.12. 1824), allzu einseitig dargestellt wird. *Götz von Berlichingen* etwa hat seine Wurzeln in der Shakespeare-Begeisterung des jungen G., wirkte dann aber auf die englische Literatur zurück, indem es den jungen Walter Scott begeisterte, der es schlecht und recht übersetzt und als seinen Erstling veröffentlicht hat. Für Scott war G.s Drama trotz der vielen Schnitzer bei der Übertragung – auch hier war offenbar, wie G. zur *Iphigenie* bemerkt hat, »das Unzulängliche [...] produktiv« (Gespräche, 2, S. 677) – ein erster Wegweiser zum Geschichtsroman. Oder: In der englischen »Friedhofs«-Dichtung des frühen 18. Jhs., in düsteren Hamletstimmungen und Ossianlandschaften sollen *Die Leiden des jungen Werthers* eine ihrer Wurzeln gehabt haben (WA I, 28, S. 213ff.), der »Wertherismus« hat dann aber nach England zurückgewirkt und das romantische Leiden By-

rons und seiner Helden mitbestimmt, das sich zum analogen Phänomen des »Byronismus« auswuchs. Worauf der alte G. dem bewundernd-bewunderten Lord im Sinn der an Werther und Torquato Tasso gewonnenen Weisheit 1824 den Rat erteilt, sich selbst zu erkennen und durch dichterische Katharsis zu gesunden (*An Lord Byron*). Dabei verliert G. Unterschiede der Manier und der Anschauung nicht aus den Augen: »Wenn man den Inhalt meiner Römischen Elegieen in den Ton und die Versart von Byrons Don Juan übertragen wollte, so müßte sich das Gesagte ganz verrucht ausnehmen« (Eckermann, 25.2. 1824; vgl. als Stichprobe die von G. übersetzten fünf Anfangsstrophen FA I, 2, S. 553f.). Genauer könnte es der Komparatist nicht treffen.

Es geht aber nicht um akademische Erkenntnis, sondern um schöpferische Fühlungnahme. Zwar ist Distanz im Spiel, die aber rezeptive Herzlichkeit, nicht Kühle bewirkte. Schon G.s Straßburger Freundeskreis hat Shakespeare »alle Gerechtigkeit, Billigkeit und Schonung« zugewendet, »die wir uns unter einander selbst versagen« (WA I, 28, S. 71). Ein halbes Jahrhundert später begrüßte G. eine ähnliche fremdenfreundliche Sympathie, die nach Deutschland zurückgewirkt hat, indem das in Carlyles Biographie vorgelegte Schillerbild »so klar und so gehörig« sei, »als es kaum aus der Ferne zu erwarten gewesen« – es hat aber eben an der Ferne und dem »guten Willen« des Herüberschauenden gelegen: »Denn gerade daß der Schottländer den deutschen Mann mit Wohlwollen anerkennt, ihn verehrt und liebt, dadurch wird er dessen treffliche Eigenschaften am sichersten gewahr und vermag sich zu einer Klarheit über seinen Gegenstand zu erheben, zu der sogar Landsleute des Trefflichen in früheren Tagen nicht gelangen konnten« (WA I, 41.2, S. 302).

Die große weltliterarische Konversation hat schon früh damit angefangen, daß der junge G. englisch und französisch dichtete. Von den kaum erlernten Fremdsprachen drängte es ihn offenbar schöpferischen Gebrauch zu machen, er hat sich in ihnen eher getummelt als geübt. Es wurde sogar ein Briefroman geplant, in dem sechs über ganz Europa verstreute

Freunde in der jeweiligen Landessprache miteinander kommunizieren sollten (vgl. WA I,
26, S. 195f.). Das Werk ist nicht erhalten, dafür aber die englisch und französisch verfaßten
Briefe G.s an die Schwester, die ausgeformte
Gedichte enthalten. Was französische Kritiker
dem Briefsteller und Gastdichter G. bescheinigt haben, kann der englische Leser bestätigen: Die Sprachkenntnisse des jungen G.,
oder vielmehr sein Sprach-, besser noch sein
Stilgefühl, sind eindrucksvoll genug, um die
unfreiwillige Komik der gelegentlichen
sprachlichen Mißgriffe reichlich aufzuwiegen.

Gleich das erste englischsprachige Gedicht
rührt zufällig mit seinem Titel *A Song over the
Unconfidence towards my self* (FA I, 1, S. 34)
an ein Grundproblem der interkulturellen Beziehungen Deutschlands im 18. Jh. Bei einer
Literatur, die noch in den Kinderschuhen
steckte – die Stichworte »Kindheit«, »kindlich«
und »kindisch«, »Wiege« und »Schule«, finden
sich auf Schritt und Tritt in den kritischen
Diskussionen der Zeit, vor allem in bezug auf
Theater und Drama –, war das »Unvertrauen
gegenüber sich selbst« ein wichtiger indivi-
dual- wie kulturpsychologischer Faktor. Kindheit bedeutete Unselbständigkeit, Unmündigkeit. Vormünder waren längst die Franzosen,
was höchste Instanzen wie Gottsched und
Friedrich II. auch prinzipiell gutgeheißen, ja
als selbstverständlich hingestellt haben. So
stand man auch hier vor der Frage, wie der
Ausgang aus der Unmündigkeit zu schaffen
sei, um sich »durch Widerspruch« zu entwikkeln und endlich »bei sich zu Hause« zu sein
(WA I, 27, S. 72).

Der Weg zur Unabhängigkeit schien über
eine zweite Abhängigkeit zu führen, eben die
von englischen Mustern, die freilich z. T. durch
französische Übersetzungen vermittelt wurden. Diese konnte aber für eine Wahlverwandtschaft ausgegeben werden, die erst die
wahren dichterischen Kräfte der Deutschen
freisetzen sollte. Hier waren bekanntlich Lessing und Herder die Vorkämpfer. In *Dichtung
und Wahrheit* freilich wird die Hinwendung
zur englischen Kultur als glatter Übergang dargestellt, den G.s Straßburger Freundeskreis
auf eigene Faust vollbracht habe. Nachdem

man hier »an der Gränze von Frankreich« dessen Lebensweise, Dichtung, Kritik und Philosophie abgelehnt hatte, würde man sich
gleichsam aller Kultur bar, folglich auf die
»rohe Natur« angewiesen gesehen haben, wäre
nicht der Einfluß Shakespeares gewesen
(WA I, 28, S. 71). Maßgebliche Instanzen hatten aber den englischen Dramatiker gerade
wegen primitiver Roheit abgelehnt. Seine
»scheußlichen Stücke«, so Friedrich II. 1780,
seien nur für kanadische Wilde genießbar,
wenn schon wegen ihrer Herkunft aus dem
primitiven Alt-England eher zu verzeihen, als
die im *Götz* praktizierte »hassenswerte Nachahmung jener schlechten englischen Stücke«
(*De la littérature allemande*, S. 441). Freilich
scheint, nach dem Hauptzeugnis zu urteilen,
G.s frühe Shakespeare-Begeisterung tatsächlich im Zeichen der »rohen Natur« gestanden
zu haben. In der Rede *Zum Schäkespears Tag*
(1771) steht nämlich der Ausruf »Natur! Natur!
nichts so Natur als Shakespeares Menschen«
(WA I, 37, S. 133), wobei schon die Satzform
mit ihrer harten Fügung von Adverb und Substantiv – »so Natur« – die Unmittelbarkeit der
mimetischen Wirkung Shakespeares und den
Abstand zu französischer Kunst denkbar konkret ausdrückt. Daß es eine Täuschung war,
falls G. je wirklich gemeint hat, bei Shakespeare liege keine Täuschung durch Kunst vor,
hindert nicht, daß sie auf seine eigene Kunst
produktiv wirkte. Von dieser Position aus
konnte G. vor allen Dingen die »Fesseln unsrer
Einbildungskrafft« abschütteln, den »Herrn
der Regeln« mit ihren leidigen Einheiten
»Fehde« ankündigen und »ihre Türne zusammen [...] schlagen« (WA I, 37, S. 131). Nicht
von ungefähr gebraucht der Autor des *Götz* die
Sprache seiner geschichtlichen Figur, denn gerade der Geschichtsstoff mußte als Inbegriff
des unregelmäßigen Lebens die Konventionen
des »regelmäßigen Theaters« (ebd.) sämtlich
in Frage stellen. Auch darin war Shakespeare
mit seinen formal recht wilden Historien vorangegangen.

In der Formfrage ließ sich der Spieß jedoch
leicht umdrehen und Shakespeare als Beispiel
und Bürge für Kunst ausweisen. Denn parado-
xerweise waren es die »Herren der Regeln«,

die sich nach der »rohen Natur« richteten, insofern sie dem Dogma der Einheiten gemäß den Bühnenraum und die Dauer der Vorführung mit wirklichem Raum und wirklicher Zeit verwechselten, mithin Bühne, Handlung und Schauspieler als »natürliche Zeichen« – so die Sprache der damaligen Ästhetik – mißverstanden. Bei Shakespeare hingegen, dessen Drama im Vergleich etwa zur gedrängten Eleganz eines Racine schwer auf die Bühne zu bringen war und ist, weil er »hundert Auftritte einer Weltbegebenheit mit dem Arm umfaßt« (Herder, *Shakespear*; HSW 5, S. 221), wird Wirklichkeit nicht banal vorgespiegelt, sondern sie muß erst durch einen Appell an die Einbildungskraft konstituiert werden. Dabei sind die theatralischen Mittel, Schauspieler und Schauspielerinnen inbegriffen, eigentlich »willkürliche Zeichen«, die den Zuschauer in die freie Raum-Zeit der Phantasie befördern sollen. Das hat schon der junge G., wohl mit Hilfe von Herders Shakespeare-Essay, intuitiv gefaßt und in den Metaphern seiner eigenen Shakespeare-Rede ausdrücken wollen. »Natur« bedeutet dort eine Kunst, bei der die ohne Regelzwang gewählten Mittel nicht zum Selbstzweck erstarrt sind. Übrigens stellt Shakespeare selber im Prolog von *Heinrich V.* das Prinzip auf, daß alles am »seh«-willigen Publikum liege, auf dessen »imaginary forces« (»einbildende Kräfte«) der Dichter wirken müsse. Die Stelle enthält im Keim die ganze Lehre des künstlerischen Scheins, wendet sie übrigens auch schon an, indem sie Wirklichkeiten mächtig heraufbeschwört. An diese programmatische Äußerung scheint G. im Abschnitt *Shakespeare als Dichter überhaupt* der Aufsatzreihe *Shakespeare und kein Ende!* (1813/17) anzuknüpfen, wobei er die letzte logische Folge zieht, daß man Shakespeare am besten vorgelesen hört, ohne »durch schickliche noch unschickliche Darstellung« zerstreut zu werden, denn er »spricht an unsern innern Sinn«. Mit oder ohne theatralische Verwirklichung behält dieses Werk für G. nach wie vor sein Geheimnis: »wir erfahren die Wahrheit des Lebens und wissen nicht wie« (WA I, 41.1, S. 54f.).

Durch Shakespeares Beispiel war also für den jungen G. die Kluft zwischen Natur und Kunst schmaler, oder doch das zum Sprung hinüber notwendige Selbstvertrauen stärker gemacht worden. Dieses wurde freilich durch Herders bissigen Kommentar zum Ur-*Götz*, »daß Euch [=G.; d. Vf.] Shakespeare ganz verdorben« habe (überliefert in G., Brief an Herder, Mitte Juli 1772), in Grenzen gehalten. Die Mahnung Herders klingt wohl in G.s später Äußerung noch nach, Shakespeare sei »gar zu reich und zu gewaltig«, eine »produktive Natur« dürfe »alle Jahre nur e i n Stück von ihm lesen, wenn sie nicht an ihm zu Grunde gehen« wolle (Eckermann, 25. 12. 1825; vgl. MuR, 516). Tatsächlich wirkt die Shakespeare-Lektüre auf den frühen Wilhelm Meister gleich so stark, »daß er darinne fortzufahren nicht im Stande war« (WA I, 52, S. 160). Auch für ihn scheint es sich weniger um Kunst zu handeln als um eine Wirklichkeitsoffenbarung: Dies seien »keine Gedichte, man glaubt vor den aufgeschlagnen ungeheuern Büchern des Schicksals zu stehen, in denen der Sturmwind des bewegtesten Lebens saus't und sie mit Gewalt rasch hin und wieder blättert« (ebd., S. 160f.). Das wird für ihn entsprechend zum Anreiz, »in der würklichen Welt schnellere Schritte vorwärts zu thun, [sich] in die Fluth der Schicksale zu mischen« (ebd., S. 162). Allerdings sieht er ein, daß Shakespeares Figuren nur natürlich zu sein *scheinen*, denn wir sehen »diese geheimnißvollsten und zusammengesetztesten Geschöpfe der Natur« handeln, als wären sie Uhren mit kristallenem Gehäuse (ebd., S. 161). Das nimmt aber der Hingerissenheit Wilhelms durch Shakespeare nichts, die ja zu seiner in dieser Phase ungebrochenen, von G. noch nicht als Irrweg verworfenen theatralischen Sendung paßt. In der ersten Konzeption ist der *Meister* nämlich noch kein Bildungs-, sondern eindeutig ein pikaresker Roman, der um den historisch authentischen Kern des Nationaltheatergedankens der 70er und 80er Jahre kreist und davon zusammengehalten wird. Das macht ihn zu einem Projekt in der Manier Fieldings, der durch seinen robust-humoristischen Realismus (*Geschichte des Tom Jones*) mit dem sentimentalen Moralisieren Samuel Richardsons als »natürlich« kontrastierte und Kritikern wie Wieland, Lessing und Christian Friedrich von Blankenburg bereits als Klassiker der aufkommenden Romangattung galt. Insofern führte der bei Shakespeare angeknüpfte Faden einer lebensnahen, nicht künstlichen englischen Kunst weiter. Allerdings nicht sehr viel weiter, weil die *Theatralische Sendung* bald abgebrochen wurde. Sieht man die *Sendung* als Nachfolge Fieldings an, statt als bloße Vorform der in Konzeption und Ausführung völlig verwandelten *Lehrjahre*, so wird klar, daß an ihr ein wichtiger sozialrealistischer Ansatz in der deutschen Literatur zu nichts wurde.

Der Realismus verlangt aber Realitäten, die der Darstellung wert sind. Im Rückblick bedeuteten für G. »herumziehendes Komödiantenvolk und armselige Landedelleute den elendesten Stoff, der sich nur denken lasse«, und zwar wiederum im Kontrast zur englischen Literatur. Der »Zauber« Walter Scotts ruhe »auch auf der Herrlichkeit der drei britischen Königreiche und der unerschöpflichen Mannigfaltigkeit ihrer Geschichte« (von Müller, 17.9. 1823). Das ist für G. kein Einzelfall. Auch das schottische Armeleutekind Robert Burns hat nach G.s Würdigung immerhin den Vorteil genossen, in eine rege Volksliedtradition hineingeboren worden zu sein und für die eigenen Lieder »sogleich empfängliche Ohren« gefunden zu haben (Eckermann, 3.5. 1827). Auch Goldsmith möge »dankbar anerkennen, daß er ein Engländer ist, und die Vortheile, die ihm sein Land, seine Nation darbietet, hoch anrechnen« (WA I, 27, S. 343). Der unentbehrliche gesellschaftliche Stoff, der diesem – übrigens irischen – Romancier zur Verfügung stand, wird diesmal in einer zum Inselreich genau passenden Metapher evoziert. Von der Familie des *Landpriester von Wakefield* heißt es nämlich: »auf der reichen bewegten Woge des englischen Lebens schwimmt dieser kleine Kahn, und in Wohl und Weh hat er Schaden oder Hülfe von der ungeheuern Flotte zu erwarten, die um ihn hersegelt« (ebd., S. 344). Selbst Shakespeare, der sich »zum Weltgeist gesellt«, war darum nicht weniger auf »die civilisirte Welt [und] ihre Schätze« angewiesen: »Künste und Wis-

senschaften, Handwerke und Gewerbe, alles reicht seine Gaben dar. Shakespeare's Dichtungen sind ein großer belebter Jahrmarkt, und diesen Reichthum hat er seinem Vaterlande zu danken« (WA I, 41.1, S. 55f.). Auch bei anderen englischen Autoren glaubt G. bis in einzelne Motive und Effekte hinein die prägende gesellschaftlich-geschichtliche Wirklichkeit zu spüren. Am *Verlorenen Paradies* etwa des Puritaners und Cromwell-Sekretärs John Milton hebt G. hervor, der Dichter wisse sich gerade »als verunglückter Revolutionair besser in die Rolle des Teufels als des Engels zu schicken« (an Schiller, 31.7. 1799). Ähnlich sei das G. verhängnisvoll erscheinende Polemisch-Oppositionelle an Byrons Werken eine Auswirkung des Parteigeists gewesen, den sich der Dichter-Lord im Oberhaus nicht zur Genüge habe vom Herzen reden können (vgl. Eckermann, 25.12. 1825).

G.s Anerkennung fremden Reichtums und fremder Vorteile ist die Kehrseite seiner wiederholten Klage über die deutsche Situation. Der Aufsatz *Literarischer Sansculottismus* (1795) enthält im Keim eine Literatursoziologie, die in *Dichtung und Wahrheit* verschiedentlich (z.B. am Anfang des 10. Buchs) weiter ausgebaut werden sollte. Wo auch immer dann der späte G. in Europa hinschaut, glaubt er Gesellschaften zu sehen – das Italien Tassos etwa, oder das Frankreich des Zeitgenossen Pierre Jean Béranger (vgl. Eckermann, 3.5. 1827) –, die dem Dichter Stoff und Anregung boten und dem vollendeten Werk eine freundliche Aufnahme bereiteten. Selbst bei den griechischen Tragödien solle man »mehr die Zeit und die Nation bewundern, in der sie möglich waren, als die einzelnen Verfasser« (ebd.). Anders als bei den Romantikern handelt es sich bei G. nicht um ein Verlangen nach möglichst reinem oder vollständigem Ausdruck der Volkssubstanz im Gedicht, sondern um eine Praxis öffentlicher Kommunikation, wie sie sich in reifen Kulturen längst eingebürgert hatte, bei einer verspäteten Kulturnation aber erst mühsam erarbeitet werden mußte. So hängt die Literatur für G. nicht nur eng mit der Nation zusammen, sie hängt letztlich von ihr ab. Auch hier handelt es sich also, freilich in viel breiterem Sinn als beim realistischen Impuls der Engländer, um die Lebensnähe literarischer Kunst.

Bei allem Interesse für England und den englischen Charakter (vgl. etwa *Zur Farbenlehre. Historischer Theil*, Abschnitt *Anglomanie*; WA II, 4, S. 141 f.), die für G. immer eine praktisch erfolgreiche Folie zum deutschen Wesen dargestellt haben – es kann freilich auch heißen, Engländer seien »als solche ohne eigentliche Reflexion« (Eckermann, 24.2. 1825) –, hat er das Land nie besucht. Dabei hat er doch gemeint, »wer einmal fremde Literaturen genießen« wolle, solle die betreffenden Länder bereisen. Er weiß aus Erfahrung, ein italienischer Schriftsteller kann »gleichsam durch alle Sinne« zu ihm sprechen, ein englischer hingegen »bleibt immer der Gewalt der Einbildungskraft mehr ausgesetzt, und ich bin nie ganz gewiß, ob ich das Gehörige dabei denke und empfinde« (an W. von Humboldt, 26.5. 1799). Hier stellt überraschenderweise der große Fürsprecher der Weltliteratur diese ihren Wechselwirkungen zugrundeliegende »Gewalt«, die ihm früh den fruchtbaren Zugang zu Shakespeares Schöpfung verschafft hatte, als ein unzuverlässiges Mittel dar: ein eigentümliches »Unvertrauen gegenüber sich selbst« als Leser einer Literatur, die ihn vor allen anderen neuzeitlichen Literaturen angesprochen zu haben scheint.

Gleichwohl bleibt sie in der Person ihres größten Dichters der Maßstab, an dem sich G. zeitlebens gemessen haben dürfte. Insofern bezieht sich die Formel »und kein Ende« auf seine eigene nie aussetzende Beschäftigung mit Shakespeare. Dieser spukt im ganzen G.schen Werk so hin und wieder, bald ostentativ, bald heimlich, in Stoff, Motiv und Anspielung. In *Ilmenau* verkörpert für G. das »nächtliche Gelag« (WA I, 2, S. 142) im finsteren Wald gleich den vertriebenen Hof aus *Wie's Euch gefällt* wieder. In *Wilhelm Meisters Lehrjahren* sind Charakter und Schicksal Hamlets zunächst Gegenstand ausführlicher Debatten, verflechten sich aber allmählich mit der eigentlichen Bildung Wilhelms. Bereits der junge G. sieht sich in ferner Zukunft als »Greisen im Moore« (*An Schwager Kronos*; FA

I, 1, S. 202), ein halbes Jahrhundert später bittet der Greis gewordene seine »getreuen Weggenossen«, ihn im letzten Liebesgram »allein am Fels, in Moor und Moos« zu lassen (Marienbader *Elegie*; WA I, 3, S. 25), beides ein Echo Shakespearescher Tragik: »Ein alter Mann ist stets ein König Lear« (FA I, 2, S. 623). Im Sehnen Fausts, der »die Zaubersprüche ganz und gar verlernen« möchte, um »Natur! vor dir ein Mann allein« (*Faust*; V. 11405 f.; WA I, 15.1, S. 307) zu stehen, hallt Prosperos Schlußrede im *Sturm* nach, »Hin sind meine Zauberein: / Was von Kraft mir bleibt, ist mein«. Bei solchen Parallelen handelt es sich allerdings längst nicht mehr um Nachahmung, man rührt an Archetypisches, das weltliterarisch variiert wird. Vollends als der alte Lyriker Hamlets Anrede an Yoricks Schädel in hohem Ernst nachspielt, geschieht es eindeutig, um »umzuschaffen das Geschaffne« (*Eins und Alles*; FA I, 2, S. 494), indem die über Schillers Schädel angestimmten Gedanken und Gefühle so ganz un-, ja gegen-Hamletische, lebensbejahende sind (*Im ernsten Beinhaus*; WA I, 3, S. 93). Hier kann von einem Selbstvertrauen die Rede sein, das es ruhig mit Shakespeare aufnimmt und mit dem »Einzigen« (*Zwischen beiden Welten*; WA I, 3, S. 45) am Ende doch einen Umgang von gleich zu gleich pflegt.

Literatur:

Boyd, James: Goethe's Knowledge of English Literature. Oxford 1932. – Friedrich II.: De la littérature allemande. In: Oeuvres philosophiques. Paris 1985. – Gundolf, Friedrich: Shakespeare und der deutsche Geist. Berlin 1911. – Hennig, John: Goethes Europakunde. Goethes Kenntnisse des nichtdeutschsprachigen Europas. Amsterdam 1987. – Ders.: Goethe and the English-Speaking World. Bern 1988. – Michelsen, Peter: Entgrenzung. Die englische Literatur im Spiegel der Deutschen im 18. Jahrhundert. In: ders.: Der unruhige Bürger. Würzburg 1990. – Needler, George Henry: Goethe and Scott. Toronto 1950. – Oppel, Horst: Deutsch-englische Literaturbeziehungen. Berlin 1971. – Price, Lawrence Marsden: English Literature in Germany. Berkeley, Los Angeles 1953. – Schmidt, Erich: Richardson, Rousseau, Goethe. Jena 1924. – Willoughby, Leonard Ashley:

Goethe looks at the English. In: MLR. 50 (1955), S. 464–484.

Terence James Reed

Entelechie

Der Begriff der Entelechie kennzeichnet im 18. Jh. eine Natur- und Weltauffassung, die mit der kausalen Erklärungsweise der mechanistischen Naturwissenschaft konkurriert. Er steht für die teleologische Auffassung, derzufolge sich jedes einzelne Wesen durch ein inneres Kraftzentrum, die Entelechie, nach einer vorgegebenen Gesetzmäßigkeit (Präformation) organisiert und auf ein bestimmtes Ziel hin entwickelt. Der Hintergrund hierfür sind die mikrobiologischen Entdeckungen von Jan Swammerdam und Antonie van Leeuwenhoek 1675 bei der Untersuchung menschlichen Spermas. Alternativ zum Begriff der Entelechie ist dabei auch der der Monade oder der inneren Form gebräuchlich. Bei G. besitzt der Begriff eine zentrale Bedeutung für die Auffassung vom Menschen und seinem unvergänglichen »Kern«. Die Forschung hat auf verschiedene mögliche Vermittlungsinstanzen für G.s Entelechievorstellung hingewiesen, darunter vor allem auf den Monadenbegriff bei Giordano Bruno und Schelling, den Begriff der inneren Form bei Johann Arndt und Shaftesbury sowie den Genius-Gedanken bei Hamann und Herder. G. selbst war sich zwar des antiken Ursprungs des Entelechiegedankens bewußt, auf den er sich vereinzelt recht allgemein beruft (z.B. MuR, 1365), doch hatte er offensichtlich keine genauere Kenntnis des ursprünglichen Konzepts bei Aristoteles. Es ist zu vermuten, daß er sein Wissen über den antiken Entelechiegedanken u.a. aus den zeitgenössischen Philosophiegeschichten von Anton Friedrich Büsching und Johann Jakob Brucker bezog. Er greift allerdings dessen Umformungen in der Monadenlehre von Leibniz (Eckermann, 3.3. 1830) oder – wie im Gespräch mit Johannes Daniel Falk am 25.1. 1813 – bei Emanuel Swedenborg (Gespräche, 2, S. 771 ff.) auf. Allerdings war G. in seinen Äußerungen zu diesem Thema stets sehr zurückhaltend (an Riemer, 28.10. 1821; von Müller, 29.4. 1818 u.ö.). Überdies ist die Authentizität der zumeist mündlichen Äußerungen G.s zu diesem Thema, besonders im Falle des Gesprächs mit Falk vom 25.1. 1813, in der Forschung umstritten.

Für die inneren Kraftzentren, die die Natur nicht entbehren kann (Eckermann, 1.9. 1829), verwendet G. fast synonym die Begriffe der Entelechie und der Monade: »Jede Monas ist eine Entelechie, die unter gewissen Bedingungen zur Erscheinung kommt« (MuR, 1397). Obwohl G. Entelechien als »Wesen« (MuR, 1365), auch als »selbstständige Wesen« (Eckermann, 3.3. 1830) bezeichnet, sind sie eher im ursprünglichen aristotelischen Sinne als ἐνέργεια, als ein Kraftzentrum zu verstehen, »das immer in Function ist« (MuR, 1365) und sich »in rastloser Tätigkeit erhalten« muß (an Zelter, 19.3. 1827). Diese strebende Bewegung ist kein hermetisches Kreisen in sich selbst, sondern – im Wortsinne – zielgerichtet: das antreibende, Gestalt verleihende Movens in der Metamorphose eines Lebewesens. G. kann dabei von der »Intention einer Weltmonade« und von ihrem »Gedächtnis« sprechen (Gespräche, 2, S. 774), die neue Entwicklungen bedingen. Grundzug der Entelechien ist, daß sie unzerstörbar (*Urworte. Orphisch*, V. 7f.; Gespräche, 2, S. 773 f.), »ein Stück Ewigkeit« (Eckermann, 11.3. 1828) sind und »ihre Tätigkeit im Moment der Auflösung selbst nicht einstellen oder verlieren, sondern noch in demselben Augenblicke wieder fortsetzen. So scheiden sie nur aus den alten Verhältnissen, um auf der Stelle wieder neue einzugehen« (Gespräche, 2, S. 773).

Entsprechend ist an den Entelechiegedanken G.s Unsterblichkeits- und Palingenesievorstellung geknüpft. Die Entelechien sind »nicht auf gleiche Weise unsterblich, und um sich künftig als große Entelechie zu manifestieren, muß man auch eine sein« (Eckermann, 1.9. 1829). Was hier im Hinblick auf Menschen gesagt wird, gilt für die ganze und besonders für die belebte Natur, für die G. eine »Rangordnung der Seelen« annahm (Gespräche, 2, S. 771). Die Hierarchie der Entelechien hängt von ihrer Größe und der Stärke ab, »alles, was sich ihnen naht, in ihren Kreis zu reißen und in ein ihnen Angehöriges [...] zu verwandeln« (ebd.), wobei G. von »herrschen« und »dienen« spricht. Dies betrifft nicht nur die natürliche Rangordnung von Lebewesen, sondern ist auch auf das Individuum als Kollektivwesen bezogen, so daß beim Menschen z.B. die Monas der Hand der Hauptmonas zu dienen hat. Beim Ableben des irdischen Körpers geht »jede Monade« in das Element, »wo sie hingehört«, ein, und der »geheime Zug«, der dies lenkt, »enthält zugleich das Geheimnis ihrer zukünftigen Bestimmung« (ebd., S. 773f.). G. kann ebenso das organisierende Prinzip der Musik als »Tonmonade« bezeichnen (an Schlosser, 5.5. 1815, Beilage).

Die Hauptmonas, die ihre »Intention« auch »nach außen« leiblich zur Erscheinung werden läßt und die G. dann bereit ist, als »Seele« zu bezeichnen (Gespräche, 2, S. 771), nennt er beim Menschen Daimon (*Urworte. Orphisch:* ΔAIMΩN). Während das Leben, formal betrachtet, »die rotirende Bewegung der Monas um sich selbst« ist, »welche weder Rast noch Ruhe kennt«, ist »die Eigenthümlichkeit« des Lebens (WA II, 6, S. 216), das individuelle Gesetz, nach dem der einzelne »angetreten« ist (*Urworte. Orphisch*, V. 4), dem Menschen ein »Geheimniß« (WA II, 6, S. 216; vgl. MuR, 391). Der Daimon ist für G. die »nothwendige, bei der Geburt unmittelbar ausgesprochene, begränzte Individualität der Person, das Charakteristische, wodurch sich der Einzelne von jedem andern bei noch so großer Ähnlichkeit unterscheidet« (WA I, 41.1, S. 216). Nach dem Eintreten in die Wirklichkeit erlebt das Individuum als »zweite Gunst [...] von oben [...] das Gewahrwerden, das Eingreifen der lebendig-beweglichen Monas in die Umgebungen der Außenwelt, wodurch sie sich erst selbst als innerlich Gränzenloses, als äußerlich Begränztes gewahr wird« (WA II, 6, S. 216). Im Unterschied zu den Entelechien »geringer Art« wird die Entelechie von »genialer Natur« »während ihrer körperlichen

Verdüsterung« nicht durch den Körper beherrscht, sondern »kräftigend und veredelnd« gelingt ihr seine »belebende Durchdringung«, wodurch sie »ihr Vorrecht einer ewigen Jugend fortwährend geltend zu machen« versucht (Eckermann, 11.3. 1828). Die große menschliche Entelechie nimmt nichts auf, »ohne sich's durch eigene Zuthat anzueignen« (MuR, 273). Auch gegen äußere Einflüsse, Milieu u.a. (vgl. *Urworte. Orphisch*: »Tyche«, »Ananke«) muß sie ihre ursprüngliche Bestimmung bewahren. Die »Hartnäckigkeit des Individuums« ist für G. ein Beweis für die Existenz von Entelechien (Eckermann, 3.3. 1830).

Das Hervortreten des Daimon bei der Geburt wird von G. gern durch die astrologische Konstellation symbolisiert (*Urworte. Orphisch*, V. 1; Beginn von *Dichtung und Wahrheit*; Gespräche, 2, S. 772) und der Tod, das Wiedereintreten in die Ewigkeit der Natur, durch das Verstirnungsmotiv (WA I, 28, S. 45; WA I, 36, S. 309; WA I, 49.1, S. 94; Gespräche, 2, S. 774 u.ö.). Die Vorstellung einer göttlichen Prägung des individuellen Schicksals findet sich schon beim jungen G. (*Harzreise im Winter*, V. 6–18), die Entelechie-Terminologie jedoch scheint erst dem Naturforscher geläufig zu werden. Wie sehr die Entelechie-Vorstellung in G.s Dichtung wirksam ist, zeigt die *Bergschluchten*-Szene des *Faust*, wo die Engel Fausts »Unsterbliches« (WA I, 15.1, S. 330), den Ursprung seines unaufhörlichen Strebens, den »Erdenrest« (ebd., S. 331), als erlösungswürdig zur Mater gloriosa emportragen.

Literatur:

Baumann, Gerhart: Goethe. Dauer im Wechsel. München 1977. – Koch, Franz: Goethes Stellung zu Tod und Unsterblichkeit. Weimar 1932. – Saenger, Werner: Die Monade. In: ders.: Goethe und Giordano Bruno. Berlin 1930, S. 222–241. – Schöndorfer, Ulrich: Die Monadenlehre Goethes. In: GoetheJb. Wien. 65 (1961), S. 38–45. – Scholz, Heinrich: Goethe, Aristoteles, Leibniz. In: ders.: Goethes Stellung zur Unsterblichkeitsfrage. Tübingen 1934, S. 44–47.

Andreas Anglet

Enthusiasmus

»Enthusiasmus« ist im 18. Jh. ein sowohl in
seiner Bedeutung als auch in seiner Wertigkeit
umstrittener Ausdruck. Seiner Etymologie
nach bezeichnet er einen Zustand, in dem der
Mensch von Gott erfüllt ist. Der Begriff ist in
der Tradition des Dionysos-Kults beheimatet,
wo er sich auf die ekstatische Entrücktheit des
göttliche Weisheit verkündenden Propheten
bezieht. In der antiken Philosophie und in mythologischen Traditionen wird die als »Enthusiasmus« gefaßte Gottbeseeltheit des Menschen als Grundlage der künstlerischen Schaffenskraft angesehen. Neben seiner religiösen
Bedeutung, die sich – vermittelt durch die
christliche Inspirationslehre – erhält, ist der
Begriff somit auch in ästhetische Konzeptionen eingebunden. An diese wird im Rahmen
der Empfindsamkeit, des Sturm und Drang
und der Romantik angeknüpft.

Zunächst überwiegt jedoch im 18. Jh. eine
eher negative Wortbedeutung. Zusammen mit
den Wörtern »Schwärmerei« und »Fanatismus« wird »Enthusiasmus« nämlich von der
kirchlichen Orthodoxie und von der rationalistischen Aufklärung als polemischer Begriff
verwendet, mit dem abweichende Formen der
Frömmigkeit ebenso diffamiert werden wie
überschwengliche Phantasie (»Einbildungskraft«), Sensibilität und Leidenschaft, sofern
diese angeblich in Opposition zur Vernunft treten. Beeinflußt von Anthony Ashley Cooper
Graf von Shaftesbury, der an die platonische
Tradition anknüpft, erfährt der Begriff dann
u. a. bei Christoph Martin Wieland eine Rehabilitierung und wird positiv von »Schwärmerei« und »Fanatismus« unterschieden. Im Umfeld der Genieästhetik wird der Ausdruck, z. T.
synonym zu »Begeisterung«, auf den Gemüts-
zustand bezogen, aus dem das künstlerische
Schaffen erwächst, und in diesem Zusammenhang emphatisch aufgewertet (vgl. hierzu
Schings, S. 143–292; Karoli).

Indem der junge G. in Abwendung von älteren Regelpoetiken und einer auf moralischen Nutzen abzielenden Kunstauffassung

die selbsttätig-schaffende Kraft des genialischen Künstlers betont, ordnet er sich der ge-
nieästhetischen Bewegung zu, die den Ausdruck »Enthusiasmus« gegen Ende des 18. Jhs.
zum positiv besetzten Schlagwort werden läßt.
Allerdings gebraucht G. den Begriff selbst in
seinen frühen Schriften nur selten und ohne
erkennbaren Bezug zu bestimmten literaturtheoretischen Positionen. Andererseits beschreibt er 1781 die das Innere eines Gegenstands fassende und ihn verklärende »Begeisterung« des Künstlers als Voraussetzung großer Kunst: »Es kommt nicht darauf an, was für
Gegenstände der Künstler bearbeitet [...]
Sieht er durch die äußere Schale ihr innerstes
Wesen, rühren sie seine Seele auf den Grad,
daß er in dem Glanze der Begeisterung ihre
Gestalten verklärt sieht, hat er Übung des Pin-
sels und Mechanisches der Farben genug, um
sie auch so hinzustellen, so ist er ein großer
Künstler« (an Müller, 21. 6. 1781).

Die ursprüngliche religiöse Bedeutung ist
bei G. durchaus noch lebendig. »Enthusiasmus« wird von ihm zur Bezeichnung leidenschaftlicher Frömmigkeit gebraucht, vereinzelt auch auf einen Zustand der ekstatischen
Entrücktheit bezogen, der durch entsprechende Attribute meist in negativer Weise charakterisiert wird.

Vorrangig steht der Ausdruck bei G. aber für
die leidenschaftliche Verehrung und Bewunderung einer Person oder einer Sache, für das
unbedingte Eingenommensein von ihr, das
sich in emphatischem Beifall, in Anerkennung
und freudiger Teilnahme an ihr äußert: »der
[die Religion; d. Vf.] statt des Heiligen ein
großer Mensch erscheint, den ich nur mit
Liebenthusiasmus an meine Brust drücke, und
rufe: Mein Freund und mein Bruder!« (an Herder, Ende 1771); »Ihrer und der Ihrigen erinnert man sich mit viel Liebe und Freude ja, ich
darf wohl sagen, mit Enthusiasmus« (an Schiller, 31. 8. 1797). Erst ab Mitte der 90er Jahre
findet sich der Ausdruck »Enthusiasmus« häufiger in den Schriften G.s, auf ein breites Bedeutungsfeld bezogen.

Insbesondere bezieht er sich auf die leiden-
schaftlich-begeisterte Reaktion, die Kunstwerke oder künstlerische Darbietungen aus-

lösen. Überhaupt kommt dem Ausdruck »Enthusiasmus« bei G. ein besonderer Stellenwert in rezeptionsästhetischen Zusammenhängen zu. Der Begriff bezeichnet dabei eine gefühlsmäßige, zum Teil bis zur Anbetung gesteigerte Hochschätzung von Kunstwerken. In diesem Sinne gebraucht G. den Ausdruck vorrangig im Rückblick auf die eigenen frühen Kunsterfahrungen: »Hiezu trug nicht wenig bei, daß ich ihn [Shakespeare; d. Vf.] vor allen mit großem Enthusiasmus ergriffen hatte. Ein freudiges Bekennen, daß etwas Höheres über mir schwebe, war ansteckend für meine Freunde« (WA I, 28, S. 75). Mit dem Ausdruck »Enthusiasmus« ist also beim nun einer klassizistischen Kunstauffassung verpflichteten G. eine zunächst nur gefühlsmäßige Verehrung beschrieben, die einer reflektierenden Auseinandersetzung vorangeht und durch diese vertieft, aber auch korrigiert werden kann: »Indem ich dieses niederschreibe, werden meine Gedanken in die frühsten Zeiten hingeführt und die Gelegenheiten hervorgerufen, die mich anfänglich mit solchen Gegenständen bekannt machten, meinen Antheil erregten, bei einem völlig ungenügenden Denken einen überschwenglichen Enthusiasmus hervorriefen« (WA I, 32, S. 323 f.).

Zugleich beschreibt G. Enthusiasmus aber als Voraussetzung für die verstehende Aufnahme religiöser Schriften oder antiker Kunst: »So hätte ich doch nicht recht gewußt, mich ohne Gefühl und Enthusiasmus mit dem Neuen Testament zu beschäftigen« (WA I, 27, S. 194); »denn die Kunst überhaupt, besonders aber die der Alten, läßt sich ohne Enthusiasmus weder fassen noch begreifen. Wer nicht mit Erstaunen und Bewunderung anfangen will, der findet nicht den Zugang in das innere Heiligthum« (WA I, 36, S. 328). Als gefühlsmäßige Anteilnahme und leidenschaftliche Parteilichkeit fordert G. Enthusiasmus vor allem in der Kunstkritik: »Es kann auch an meiner augenblicklichen Stimmung liegen, mir kommt aber immer vor, wenn man von Schrifften, wie von Handlungen, nicht mit einer liebevollen Theilnahme, nicht mit einem gewissen partheiischen Enthusiasmus spricht, so bleibt so wenig daran das der Rede gar nicht

werth ist. Lust, Freude, Theilnahme an den Dingen ist das einzige reelle, und was wieder Realität hervorbringt, alles andere ist eitel und vereitelt nur« (an Schiller, 14. 6. 1796).

Im Zusammenhang mit G.s Äußerungen zur rezeptionsästhetischen Bedeutung des Enthusiasmus ist auch seine Wertschätzung einer enthusiastischen Naturbetrachtung zu sehen: »Die unzulänglichen Urtheile der Menschen entspringen nur aus Mangel an Liebe [...] Mir ist daher ein enthusiastischer Liebhaber der Natur unendlich schätzbarer, als ein sogenannter Kenner ohne wahre Neigung; jener wird sein Urtheil nach und nach bilden, schärfen, und es wird zugleich immer reiner und affirmativer werden« (WA IV, 23, S. 439). In kunsttheoretischen Ausführungen, die platonisches Gedankengut aufgreifen, beschreibt G. eine in diesem Sinne enthusiastische Haltung zum Gegenstand auch als Grundlage der künstlerischen Gestaltung. G. charakterisiert diese als den Versuch, die Erhöhung, die der Gegenstand in der enthusiastischen Betrachtung erhält, in der künstlerischen Darstellung festzuhalten: »Der menschliche Geist befindet sich in einer herrlichen Lage wenn er verehrt, wenn er anbetet, wenn er einen Gegenstand erhebt und von ihm erhoben wird; allein er mag in diesem Zustand nicht lange verharren [...] nun aber möchte er in sich selbst wieder zurückkehren, er möchte jene frühere Neigung, die er zum Individuo gehegt, wieder genießen, ohne in jene Beschränktheit zurückzukehren, und will auch das Bedeutende, das Geisterhebende nicht fahren lassen« (WA I, 47, S. 173). Die enthusiastische Gestimmtheit wird dabei zugleich als Antriebskraft für die künstlerische Produktivität beschrieben: »Wer fühlt lebhaft ohne den Wunsch das Gefühlte darzustellen? [...] Das ist ja eben die göttliche Kraft der Liebe, von der man nicht aufhört zu singen und zu sagen, daß sie in jedem Augenblick die herrlichen Eigenschaften des geliebten Gegenstands neu hervorbringt« (ebd., S. 177).

Darüber hinaus bezeichnet »Enthusiasmus« bei G. auch das engagierte Eintreten und Tätigsein für bestimmte Ideen, Werte und Bewegungen sowie ein auf spezifische Ideale ge-

richtetes Streben. In diesem Sinne bezieht G.
den Ausdruck auf die Bereiche Kunst, Politik,
Religion und Sittlichkeit: »Aus eben diesem
Gemüth entsprang ein Enthusiasmus für das
Gute, Wahre, Rechte in möglichster Reinheit«
(WA I, 27, S. 251); »Dieser Enthusiasmus für
die Kunst, dieser Wunsch das Wünschenswer-
the gebildet zu sehen erhält meinen spätern
Tagen Licht und Wärme« (an Beuth, [13. 6.
1827]).

Vor allem im Spätwerk G.s ist Enthusiasmus
als ein aufs Ideelle gerichtetes Streben beschrieben, das sich nicht aus dem Erfahrungs-
gehalt einer Sache ergibt, sondern daraus, daß
dieser als Verweis auf höhere Möglichkeiten
der eigenen Person oder des Daseins überhaupt begriffen wird: »Dagegen finden wir,
daß neue Gegenstände in auffallender Mannichfaltigkeit, indem sie den Geist erregen,
uns erfahren lassen daß wir eines reinen Enthusiasmus fähig sind; sie deuten auf ein Höheres, welches zu erlangen uns wohl gegönnt
sein dürfte« (WA II, 6, S. 118f.).

Bezogen auf die künstlerische Darstellung
gebraucht G. den Begriff in seinen späten Werken zur Charakterisierung der in ihr enthaltenen poetischen Verklärung des Gegenstands,
die er insbesondere in lyrischer Darstellung
verwirklicht sieht (vgl. WA I, 7, S. 118 u.
S. 235).

Literatur:

Karoli, Christa: Ideal und Krise enthusiastischen
Künstlertums in der deutschen Romantik. Bonn
1968. – Schings, Hans-Jürgen: Melancholie und Aufklärung. Melancholiker und ihre Kritiker in Erfahrungsseelenkunde und Literatur des 18. Jahrhunderts. Stuttgart 1977.

Sabine Plum

Entsagung

Den Begriff Entsagung gebraucht G. schwer-
punktmäßig im Sinn der Differenzierung,
eventuell auch der Klärung und Lösung von

Verhältnissen. Er legt sich entschiedenen Verzicht, sogar Opfer auf, wenn deren Notwendigkeit erkannt ist. Entsagung meint den
Rückzug aus Beziehungen, die er oft zugleich
leidenschaftlich fortzuführen wünschte. Ein
wesentlicher Teil von G.s Lebensphilosophie
äußerte sich darin und stärkte die verborgene
Entelechie seines Daseins. Mit dem Begriff
Entsagung wird demnach eine Gestaltungskraft bei G. angesprochen; sie berührt auch die
Zerbrechlichkeit zwischenmenschlicher Verhältnisse. Zweifellos scheint im Verlauf dieses
mannigfach abgehobenen Lebens eine gewisse
Schnödigkeit zu obwalten, wenn G. sich von
Nahestehenden, auf seine Anerkennung oder
Förderung Angewiesenen, unvermittelt zurückzieht, Erklärungen vermeidet und die Erinnerung zu tilgen scheint. Ob er seinerseits
zuvor an den Personen litt, welche Anstrengung es ihn kostete, Distanz herzustellen und
unwiderruflich einzuhalten, bleibt verschwie-
gen und in sein Dasein verwoben. Doch ist zu
betonen, daß G. nicht mit Menschen spielte,
nicht zynisch mit ihnen verfuhr, nicht auf ihre
Katastrophe hin wirkte, obwohl für manche
die Begegnung mit ihm dazu geriet. In welcher
Weise sich diese Erfahrung für G. selbst wiederum als Schuldbewußtsein anließ, können
wir autobiographischen Zeugnissen nicht mit
Gewißheit entnehmen, weil er sich in dieser
Hinsicht ausschwieg. Die psychoanalytische
Betrachtung bleibt hier unberücksichtigt, wir
sind ausschließlich auf das objektivierte Werk
angewiesen, um an den von ihm geschaffenen
Gestalten, Verhältnissen und Ereignissen
Nachlese zu halten.

In *Dichtung und Wahrheit* (16. Buch) findet
sich ein Abschnitt, der G.s Auffassung von Entsagung erläutert. Bei erneuter Beschäftigung
mit Spinoza vermittelte ihm dessen Werk eine
eigentümliche Besinnung; er spricht von der
»Friedensluft« (WA I, 29, S. 9), die ihn daraus
anwehte und ihn beruhigte. Aus dieser Stimmung heraus schließt er einen Exkurs zu Spinozas Philosophie an, der als zentraler Teil
seines Alterswerks Aufmerksamkeit verdient:
Entsagung ist vornehmlich die Anerkennung
der Bedingtheit des Lebens. Dieses Einge-
ständnis ist sowohl persönliche Leistung als

auch schmerzliches Erfordernis. G. charakterisiert eine Botschaft, die überall vernehmlich sei: der Mensch müsse entsagen. Was dem Inneren angehöre, »sollen wir nicht nach außen hervorbilden« (ebd.); was dagegen von außen erwünscht sei, werde dem Subjekt entzogen und dafür Lästiges zugemutet; unabsehbare Verzichtleistungen seien gefordert. Wenn dafür die Natur den Menschen mit Kraft, Zähigkeit und einem Quantum Leichtsinn ausgestattet habe, so bleibe es indessen nur oberflächliche Kompensation. Entsagung werde durch die Bildung fester Begriffe gefördert, mit deren Hilfe das Ewige und Notwendige einsehbar sei. Freiwillige Entsagung stärke die Identität und schaffe Möglichkeiten, tragischer Verstrickung zu entgehen.

Im *Tasso* setzt der subtile Prozeß ein. Er reicht über die schmerzlichen Irritationen des *Werther* und dessen Provinzialität weit hinaus; Tasso befindet sich im gesellschaftlichen Zentrum, wo die Macht ihre Facetten in Gestalt von herrschaftlichem Handeln und ornamentalem Zuschnitt präsentiert. Die Künste sind dienlich, den Glanz der Hofhaltung zu vermehren. Hier nun wird der Kernbereich aller Entsagung bloßgelegt. Nicht mehr Friktionen in intersubjektiven Verhältnissen, periodische Ermüdung oder soziale Konflikte verlangen die Bescheidung der Person, sondern diese selbst begründet als gesellschaftliches Wesen ihr eigenes Dilemma. Entsagung wird als aktive psychische Leistung faßlich, sich nicht als Spielball objektiver Mächte gebrauchen, vor allem nicht mißbrauchen zu lassen, sondern seine Bestimmung als Subjekt aufrechtzuerhalten.

Die *Iphigenie*, der *Wilhelm Meister* und die *Wahlverwandtschaften* bieten neben einigen Partien in *Dichtung und Wahrheit* die wichtigste Folie, auf der sich Entsagung in künstlerischer Fassung reformulieren läßt. Sie bezieht sich zuerst auf die menschlichen Leidenschaften und ihren ungestümen Charakter, die auf unverzügliche Wunscherfüllung drängen, darum aber nicht lediglich infantil sind, sondern die Triebkräfte des Lebens ausmachen. Wo sie sich nicht überschüssig entwickeln, kann sich keine Persönlichkeit ausbilden. Zum

anderen aber bleibt aller individuellen Entwicklung die bestehende Gesellschaft in ihren vielfältigen Stufen vorgeordnet, auf die das neue Mitglied stößt. In diesem Koordinatensystem nun soll das Subjekt sich einrichten und die ihm gemäße Lebensform finden. Flucht bleibt untauglich oder unmöglich. Entsagung gelingt kaum als einmaliger Akt; sie hat mit der Beharrlichkeit der Person zu tun.

G.s literarischen Figuren fällt der Verzicht schwer, in jeder Hinsicht muß er durchlitten werden. Ottilie in den *Wahlverwandtschaften* bietet dafür die eindrucksvolle Gestalt; ihre Auszehrung in seelischer wie körperlicher Hinsicht ist die tragische Konsequenz, wenn ein Wesen sämtliche Empfindungen gleichsam stillegen, die ihm verheißene Erfüllung von sich ablösen muß. Was die Erde an Schönheit verheißt, stürzt mithin ein. G.s größte Alterserschütterung, die Liebe des 74jährigen zur 19jährigen Ulrike von Levetzow trieb ihn an den Rand der Verzweiflung. Die Marienbader *Elegie* von 1823 bezeugt, daß die Entsagung nach dem endgültigen Abschied von Ulrike den Greis, dem nun auch die vertraute Tröstung der Natur entglitt, fast das Leben kostete.

In den *Lehrjahren* gab Jarno zu bedenken: »Nicht entschlossen, sondern verzweifelt entsagen wir dem, was wir besitzen« (WA I, 23, S. 21). In den *Wanderjahren* aber ist der Schritt zur humanen Bündnisfähigkeit vollzogen. Die Mitglieder und Anhänger der Gesellschaft vom Turm vermögen dem zu entsagen, was üblicherweise als existentielle Sicherung gilt. Sie bringen sich ganzheitlich in eine selbstgewählte Ordnung ein, bilden Gemeinschaft und bauen an einer Organisation, die künftigen Geschlechtern erst volle Sinnhaftigkeit vermitteln kann. In *Dichtung und Wahrheit* heißt es: »Es ist immer ein Unglück in neue Verhältnisse zu treten, in denen man nicht hergekommen ist; wir werden oft wider unsern Willen zu einer falschen Theilnahme gelockt, uns peinigt die Halbheit solcher Zustände, und doch sehen wir weder ein Mittel sie zu ergänzen noch ihnen zu entsagen« (WA I, 28, S. 221). Was G. hier auf eine subjektive Situation bezog, kennzeichnet zugleich die bleibende Schwierigkeit jeder aktiven Verzichtleistung. Das Subjekt ist nicht endgültig zu festigen, seine eigene Geschichte und die der Gesellschaft bewirken Diffusion.

Entsagung fällt darum nach der Ausweitung in vernunftbestimmte Gruppenverhältnisse und gesellschaftliche Strukturen zuletzt wieder in das Phänomen G. zurück. Ihm ging es um die volle Entfaltung seiner Persönlichkeit, wie Wilhelm Meister es im Brief an den Schwager Werner formulierte: »Mich selbst, ganz wie ich da bin, auszubilden, das war dunkel von Jugend auf mein Wunsch und meine Absicht« (WA I, 22, S. 149). G. umreißt eine psychische Diätetik, um die Tendenzen zur Zerstreuung kenntlich zu machen. Daher wird in zum Teil scharfen Formulierungen der Beschränkung das Wort geredet, das Konkrete gegen das Allgemeine und Universelle bevorzugt, gerade weil er angesichts zahlreicher Möglichkeiten sehr wohl seine Versuchbarkeit und drohende Zersplitterung erkannte. Daraus wiederum leitet sich die rigoros anmutende Praxis her, gleichsam einen Zaun um die Emotionen zu legen und sich, wo immer es anging, Erschütterungen fernzuhalten, was sich etwa beim Tod ihm nahe verbundener Menschen auswirkte und ihm bis heute Tadel einträgt. Diese Form der Entsagung schuf eine Grundlage, die großen literarischen Arbeiten der Altersphase zu vollenden. Doch faßte G. Entsagung nicht als einen lediglich für Auserwählte möglichen heroischen Akt, sondern auch als pragmatische Dimension. In den *Unterhaltungen deutscher Ausgewanderten* heißt es von Ferdinand: »Selbst als Mann und Hausvater pflegte er sich manchmal etwas, das ihm Freude würde gemacht haben, zu versagen, um nur nicht aus der Übung einer so schönen Tugend zu kommen, und seine ganze Erziehung bestand gewissermaßen darin, daß seine Kinder sich gleichsam aus dem Stegreife etwas mußten versagen können« (WA I, 18, S. 221).

Literatur:

Bertaux, Pierre: ›Gar schöne Spiele spiel' ich mit dir!‹ Zu Goethes Spieltrieb. Frankfurt/M. 1986. – Boyle, Nicholas: *Die natürliche Tochter* and the origins of ›Entsagung‹. In: LGS. 4 (1992), S. 89–146. – Fischer, Ernst: Goethe, der große Humanist. Wien 1949. – Gamm, Hans-Jochen: Zur schöpferischen Potenz bei Goethe. Annäherung an ein widersprüchliches Persönlichkeitsprofil. In: ders.: Pädagogik und Poesie. Weinheim 1991, S. 107–117. – Günzler, Claus: Bildung und Erziehung im Denken Goethes. Philosophische Grundlagen und aktuelle Perspektiven einer Pädagogik der Selbstbeschränkung. Köln 1981. – Henkel, Arthur: Entsagung. Eine Studie über Goethes Altersroman. Tübingen 1954. – Klingenberg, Anneliese: Goethes Roman *Wilhelm Meisters Wanderjahre oder die Entsagenden*. Berlin, Weimar 1972. – Klünker, Wolf-Ulrich: Goethes Idee der Erziehung zur Ehrfurcht. Die Pädagogische Provinz in dem Roman *Wilhelm Meisters Wanderjahre oder die Entsagenden*. Diss. Göttingen 1987. – Mayer, Hans: Von Lessing bis Thomas Mann. Wandlungen der bürgerlichen Literatur in Deutschland. Pfullingen 1959.

Hans-Jochen Gamm

Epoche

G.s Gebrauch des Begriffs fällt in eine Zeit sprachgeschichtlichen Bedeutungswandels. Etwa 10% der nahezu 900 überlieferten Belege geben die ältere Bedeutung »Zeitpunkt eines bedeutsamen Ereignisses« wieder, die zugleich (teilweise anknüpfend an die astronomische Bedeutung von »Epoche« als Zeitpunkt des Zusammentreffens zweier Ereignisse) verschiedene Nuancierungen umfassen kann: Häufig steht »Epoche« für das Ereignis selbst, auch für den Beginn eines Zeitraums oder einen periodisch wiederkehrenden Zeitpunkt (vgl. an Schiller, 13.7. 1796).

Dieser älteren Bedeutung benachbart und wohl auch aus ihr erwachsen ist der Gebrauch von »Epoche« als naturgegebener oder von gesellschaftlichen Konventionen geprägter Zeitraum oder Entwicklungsabschnitt. »Epoche« kann dabei auf Stufen pflanzlicher oder tierischer Entwicklung, auf Stadien individueller menschlicher Entwicklung oder auf die Entwicklung von Gruppen und Völkern, aber auch – und dies am häufigsten – auf Lebensabschnitte des Dichters selbst bezogen werden. In seinem Brief an Schiller vom 3.1. 1798 spricht G. von einer »gewissen Epoche« seines »Denkens und Dichtens«. Reichliche Belege bieten die historisch-biographischen Reflexionen in *Dichtung und Wahrheit* und anderen autobiographischen Schriften und Lebenszeugnissen. G. spricht in diesem Sinne auch des öfteren von einer »neuen Epoche« seines Lebens und gebraucht in diesem Kontext auch Wendungen wie »Epoche machen« im Sinne von: einen qualitativ neuen Abschnitt in der geschichtlichen Entwicklung allgemein oder im Leben eines Individuums bewirken, »Epoche sein«: besondere Bedeutung beanspruchen, »Epoche haben«: Konjunktur haben.

Dieser zumeist auf individuelle geschichtliche Existenz zu beziehenden Bedeutung korrespondiert die Entwicklung von G.s Geschichtsdenken generell, das Einflüsse der Aufklärung (Herder, Rousseau) aufnimmt und besonders von Winckelmanns Darstellung der Geschichte der Kunst geprägt ist, ohne dessen Vorstellung von Aufstieg, Blüte und Verfall historischer Epochen zu übernehmen. Hegels Einfluß auf G.s Epochenbegriff ist wahrscheinlich, indes nicht durch direkte Belege zu verifizieren. G.s geschichtliches Denken, wie es sich im wesentlichen nach der Rückkehr aus Italien konstituierte, begreift Natur und Gesellschaft als Teile eines einheitlichen, einem Auf und Ab unterworfenen Wandlungs- und Entwicklungsprozesses. Für unseren Zusammenhang wichtig ist der vor allem nach 1800 sich vollziehende Bewußtseinswandel G.s, sich selbst historisch zu werden und die eigene Existenz stärker in den historischen Kontext der Epoche einzubeziehen. Der reich facettierte Gebrauch von »Epoche« spiegelt diesen Prozeß wider, zahlenmäßig schon dadurch, daß die einschlägigen Wortbelege in den 90er Jahren des 18. Jhs. häufiger aufzutreten beginnen, die umfangreichste Belegmenge aber auf die Zeit nach der Jahrhundertwende entfällt.

In dem Maße, wie G. dem Entwicklungsprozeß in Natur und Gesellschaft größere Aufmerksamkeit zuwendet, differenziert sich sein Gebrauch von »Epoche« in der Grundbedeutung »durch bestimmte Kriterien charakterisierter, relativ homogener Zeitraum«. Im Bereich der Naturwissenschaften findet »Epoche« vornehmlich für die Bezeichnung in stetiger Folge ablaufender erdgeschichtlicher Entwicklungsabschnitte Anwendung. G.s teils historisierende, teils typologisierende Betrachtung der Gesellschaftsgeschichte spiegelt sich auch im Gebrauch von »Epoche« wider. Der Begriff steht zum einen für aufeinanderfolgende Zeitabschnitte unterschiedlicher Länge oder prägnante, neuartige Entwicklungsstufen in einem Geschichtskontinuum (»eine neue Epoche der Weltgeschichte«; WA I, 33, S. 275), jedoch auch für charakteristische, teilweise periodisch wiederkehrende Geschichtsphasen ohne direkten Bezug auf ein solches Kontinuum. Zum anderen erscheint »Epoche« unter typologischem Aspekt als Bezeichnung für analoge historische Phänomene; G. spricht im Brief an Barthold Georg Niebuhr vom 23.11. 1812 z.B. von »stationairen und retrograden Epochen« der römischen Geschichte.

Parallel dazu wird »Epoche« in seinem allgemeingeschichtlichen Gehalt auf die Spezifik der Entwicklung in Kunst-, Kultur- und Wissenschaftsgeschichte übertragen. Besondere Bedeutung erlangt der Begriff in der Nachfolge Winckelmanns für die Geschichte von bildender Kunst und Architektur, wo er charakteristische, zumeist auch terminologisch fixierte Entwicklungsabschnitte der Kunstentwicklung bezeichnet und der historischen Charakterisierung und Zuordnung von Einzelwerken dienen kann. Allgemeiner und unspezifischer wird der Begriff für die literaturgeschichtliche (kaum für die theater- und musikgeschichtliche) Entwicklung verwendet; hier bezeichnet er zumeist einzelne Phasen ohne direkte Bindung an den Geschichtsprozeß oder zielt auf Phänomenologisches in den Werken. Für die Geschichte der Naturwissenschaften bezeichnet »Epoche« einen teils historisch konkreten, teils typologisch zu verstehenden Zeitraum, in dem sich Erfahrung und Erkenntnis jeweils wechselseitig ergänzen und produktiv beeinflussen; »neue Epoche« rückt in die Nähe dessen, was heute mit dem Begriff »Paradigmenwechsel« gekennzeichnet wird.

Überwölbt werden solche begrifflichen Spezifika von einem geschichtsphilosophischen Verständnis von »Epoche«, das sich auf menschheitsgeschichtliche Verläufe allgemein, aber auch auf religions- und geistesgeschichtliche Phänomene oder geschichtliche Strömungen bezieht. Auch hier ist eine doppelte Optik zu beobachten: »Epoche« als isoliertes typologisches Phänomen und/oder als sehr abstrakt gefaßter, auf nahezu reine Begrifflichkeit reduzierter historischer Entwicklungsabschnitt (*Epochen geselliger Bildung*; WA I, 41.2, S. 361f.). Auch in der Verwendung von »Epoche« manifestiert sich ein Geschichtsdenken, das ein teleologisches Geschichtsbild aus dem Geiste der frühen Aufklärung verabschiedet und Momente einer zyklischen Geschichtsvorstellung aufweist, ohne einem Entwicklungsdenken und dem damit verbundenen Bemühen um historisch-chronologische Periodisierung und Differenzierung abzusagen.

Literatur:

Epoche. In: GWb, Bd. 3, 2. Lieferung, Sp. 222–226.

Jochen Golz

Erfahrung

Die Erfahrung als Modus der Weltbegegnung spielte in G.s Denken und Lebensverständnis eine wichtige Rolle. Grundsätzlich ist mit dem Begriff »Erfahrung« bei G. die Teilnahme des Menschen an der Vielfalt all dessen gemeint, was ihm sinnlich, geistig und handelnd zugänglich ist. G. maß der Erfahrung je nach Zusammenhang unterschiedliches Gewicht bei. Mit zunehmender Konzentration auf seine naturwissenschaftlichen Arbeiten unterschied G. auch unterschiedliche Stufen der Erfahrung.

Jede Erfahrung ist Anlaß, den Menschen etwas zu lehren, sowohl über die Dinge außerhalb seiner selbst als auch über sich selbst. Der junge G. war zwar lebenshungrig und neugierig, aber sowohl gegenüber Erfahrungen als auch – mehr noch – gegenüber Theorien schwankend. Einerseits proklamierte er reichlich altklug, er »halte die Erfahrung für die einzige ächte Wissenschaft« (an Friederike Oeser, 8.4. 1769; vgl. auch WA I, 37, S. 291), und verwahrte sich – in einer Kritik an Johann Georg Sulzer – gegen Theorie ohne Erfahrungsgrundlage (vgl. WA I, 37, S. 207 u. S. 213). Andererseits kompensierte er die Überfülle der kontingenten Erfahrungen programmatisch durch die subjektiv ordnende Kraft des Genies (vgl. ebd., S. 129–135). In *Dichtung und Wahrheit* notierte G. sein damaliges Interesse an dem, was Erfahrung sei; er erhielt von Behrisch die vertrackt spielerische Antwort, daß Erfahrung derjenige Akt sei, »wie ein Erfahrner die Erfahrung erfahrend erfahren müsse« (WA I, 27, S. 146). Ein Veteran des Siebenjährigen Krieges, von G. daraufhin um Aufklärung gebeten, deutete den Erfahrungsbegriff so, »daß die Erfahrung nichts anderes sei, als daß man erfährt, was man nicht zu erfahren wünscht, worauf es wenigstens in dieser Welt meistens hinausläuft« (ebd., S. 149). Diese anekdotische Bemerkung, mit der das siebente Buch von *Dichtung und Wahrheit* schließt, bezeichnet, dem halbernsten Kontext zum Trotz, einen grundlegenden Aspekt von G.s Erfahrungsbegriff. Erfahrungen sind unvorhersehbar, kontingent und potentiell unendlich zahlreich. Als Form der primären Begegnung mit der Welt sind sie Begegnung des Individuums mit dem je Individuellen in der Erscheinung. Deshalb ist die Welt der Erfahrungen unerschöpflich und, für sich genommen, scheinbar ungeordnet. Diese Art von Primär-Erfahrungen hatte in G.s Sicht einerseits den Vorzug, unverhofft Entdeckungen machen zu können. Andererseits aber hatte sie den Nachteil, daß sie aus sich heraus als jeweils isolierte Begegnung mit der Welt keine Grundlage zur Erkenntnis einer Ordnung der Erfahrungsquelle bietet. Die Lösung des Problems, wie Ordnung in der Kontingenz der Erfahrungswelt erkannt oder hergestellt werden könne, beschäftigte G. sein Leben lang. Brisant wurde das Problem für ihn deshalb, weil er die individuelle Erfahrung als erkenntnisnotwendig voraussetzte, gleichzeitig aber, um Ordnung erkennen zu können oder herzustellen, die unendliche Vielfalt der individuellen Erscheinungen zu den anthropologischen Gegebenheiten in Beziehung setzen mußte, ohne die Welt der Erfahrungen subjektivistisch zu beschränken.

Angeregt durch seine Italienreise, die Zusammenarbeit vor allem mit Moritz, Herder und Schiller und durch seine naturwissenschaftlichen Arbeiten, gelangte G. zu einem Erfahrungsbegriff, der in engem Zusammenhang mit den ordnungsstiftenden Konzepten des Typus und der Idee stand. G. unterschied die individuelle, bloß empirische Erfahrung von der kontrollierten Erfahrung, die immer schon der Idee eines Ganzen, dem sie zugeordnet ist, unterworfen wird. Das Erkenntnissubjekt steht demzufolge dem »Gränzenlosen der Erfahrung« (an Sternberg, 12.1. 1823), einer »Sündfluth der Erfahrung« (WA I, 42.2, S. 327) gegenüber, an die vom Erkenntnissuchenden ein Ordnungsprinzip herangetragen wird, das dem Gegenstand der Erfahrung angemessen sein muß. Es ist diese Gegenstandsadäquatheit, die G. als Erkenntnis- und Wahrheitskriterium besonders hervorhob und der im künstlerischen Bereich das materialgerechte Arbeiten entspricht. Mit Bezug auf *Faust* hieß es in den Gesprächen mit Eckermann: »Hätte ich nicht die Welt durch Antizipation bereits in mir getragen, ich wäre mit sehenden Augen blind geblieben und alle Erforschung und Erfahrung wäre nichts gewesen als ein ganz totes vergebliches Bemühen. Das Licht ist da und die Farben umgeben uns; allein trügen wir kein Licht und keine Farben im eigenen Auge, so würden wir auch außer uns dergleichen nicht wahrnehmen« (26.2. 1824). In dieser Hinsicht ist die Erfahrung also zunächst notwendige, aber nicht zureichende Bedingung der Erkenntnis. Hierin stimmte G., von Schiller unterwiesen, mit Kants transzendentalphilosophischem Ausgangspunkt überein, daß, »wenn gleich alle unsere Erkenntniß

mit der Erfahrung angehe, so entspringe sie darum doch nicht eben alle aus der Erfahrung« (WA II, 11, S. 49; vgl. Kant, S. 1). Dem ist laut G. aber nicht nur deshalb so, weil der Mensch die Bedingungen seiner Erkenntnis in sich trägt und der Welt notgedrungen aufzwingt, sondern auch deshalb, weil die menschliche sinnliche und geistige Ausstattung in sympathetischem Verhältnis zu den Dingen steht. Insofern ist jede Erfahrung nicht passives Erleben, sondern aktives Hervortreiben des in Subjekt und Objekt sympathetisch Vorhandenen. »Es gibt keine Erfahrung die nicht producirt, hervorgebracht, erschaffen wird« (WA I, 47, S. 175). Diese Produktion besteht in der Profilierung des Beständigen in der flüchtigen Erscheinung, anders gesagt, in der Erfahrung der ordnungstiftenden Idee. Das spezifisch Künstlerische beruht in der Darstellung des Allgemeinen im Individuellen, d.h. in der dargestellten bloßen Erfahrung, die auf ihr eigenes Ordnungssystem verweist. G.s Form dieser Darstellung ist das Symbol.

Auch in seinen naturwissenschaftlichen Arbeiten insistierte G. auf der Erfahrung als Grundlage der Erkenntnis. Um der »millionfachen Hydra der Empirie« zu entgehen (an Schiller, 17.8. 1797) und um vergleichenden Untersuchungen eine Perspektive zu verleihen (vgl. WA II, 8, S. 10; WA II, 7, S. 184 u. S. 235), stellte G. für die vergleichende Anatomie, aber nicht nur für diese, folgende Regel auf: »Die Erfahrung muß uns vorerst die Theile lehren [...], und worin diese Theile verschieden sind. Die Idee muß über dem Ganzen walten und auf eine genetische Weise das allgemeine Bild abziehen« (WA II, 8, S. 11). Die »Idee« verstand G. nicht als etwas an das Phänomen herangetragenes Fremdes, sondern als das dem Phänomen wesentlich Inhärente. Sein anekdotischer Bericht *Glückliches Ereignis* von 1817 über seinen fruchtbaren Streit mit Schiller im Jahre 1794 will, daß Schiller G.s Ausführungen zur Metamorphose der Pflanzen mit dem Entwurf einer »symbolischen Pflanze« im Zentrum brüsk konterte mit dem Satz: »›Das ist keine Erfahrung, das ist eine Idee‹« (WA II, 11, S. 17) – und, so G., mit dem Hinweis, daß Idee und Erfahrung »niemals

[...] congruiren können« (ebd., S. 18; vgl. Kant, S. 649; KdU § 49), die grundlegende Differenz zwischen beiden »auf's strengste bezeichnete« (WA II, 11, S. 17). Was dem Menschen in der Erfahrung begegnet, ist der Hinweis auf das Konstante, welches nur als Hinweis – Deixis – erfahrbar ist. Idee und Erfahrung waren für G. nun nicht mehr durch eine »Kluft« getrennt (ebd., S. 56), und er sah sich nicht länger genötigt, »bei Behandlung der Naturwissenschaften die Erfahrung der Idee entgegen zu setzen, wir gewöhnen uns vielmehr die Idee in der Erfahrung aufzusuchen, überzeugt daß die Natur nach Ideen verfahre, ingleichen daß der Mensch in allem, was er beginnt, eine Idee verfolge« (WA II, 6, S. 348). In einem Paralipomenon zu den *Maximen und Reflexionen* heißt es: »Wissen[:] Das Bedeutende der Erfahrung, das immer in's Allgemeine hinweist« (WA I, 42.2, S. 392).

Bei aller Wertschätzung der Idee, des Bedeutenden usw. darf nicht vergessen werden, daß G. der bloßen Erfahrung einen hohen Stellenwert zuwies. Nicht nur ist die unvermittelte Begegnung mit dem individuellen Objektiven die Grundlage dessen, was G. im naturwissenschaftlichen Versuch – der kontrollierten Erfahrung (vgl. WA II, 11, S. 26f.) – »Erfahrungen der höheren Art« nannte (ebd., S. 35). Diese verschmelzen die unmittelbare Begegnung mit dem Phänomen (bloße Erfahrung) und Erkenntnis miteinander. Erfahrungen der kontingenten Art sind in ihrer Grenzenlosigkeit auch immer potentielle Bereicherung und Korrektiv für vorgefaßte Ordnungssysteme oder für in sich widersprüchliche Produktionen der Einbildungskraft. Die kontingenten Erfahrungen halten, so G., den Menschen sinnlich und geistig geschmeidig und offen für das grundlegende, prädiskursive Staunen. Freilich sah G. auch, daß die Angebotsfülle der Erfahrungs-Gegenstände der Sklerotisierung des Menschen im Alter nicht unbegrenzt entgegenwirken könne. An Böttiger schrieb er 1797: »Wenn man mehrere Jahre einer stillen gleichen Wirkung, einer poetischen und wissenschaftlichen Existenz gewohnt ist, so hat man fast kein Organ, um in diese lebhafte, sinnliche Welt einzugreifen, und in einem gewis-

sen Alter, da uns die Erfahrung nicht mehr bildet, wissen wir, wenigstens in dem ersten Augenblicke, nicht was man mit den neuen Schätzen anfangen soll« (16.8. 1797).

Literatur:

Bräuning-Oktavio, Hermann: Vom Zwischenkieferknochen zur Idee des Typus. Goethe als Naturforscher in den Jahren 1780–1786. Leipzig 1956. – Eichhorn, Peter: Idee und Erfahrung im Spätwerk Goethes. Freiburg, München 1971. – »erfahren«, »Erfahrung«. In: GWb. Bd. 3, 3. Lieferung. Stuttgart u.a. 1992, Sp. 265–274. – Kant, Immanuel: Kritik der reinen Vernunft [[1]1781, [2]1787]. Nach der ersten und zweiten Original-Ausgabe hg. von Raymund Schmidt. Mit einer Bibliographie von Heiner Klemme. Hamburg 1990 [zit. nach [2]1787]. – Ders.: Kritik der Urteilskraft [[1]1790, [2]1793, [3]1799]. Hg. von Karl Vorländer. Mit einer Bibliographie von Heiner Klemme. Hamburg 1990 [zit. als KdU nach [3]1799].

Hans Adler

Erfurt

Die Stadt, westlich von Weimar gelegen, gehörte seit dem frühen Mittelalter zu dem Kirchensprengel und der weltlichen Gerichtsbarkeit von Mainz; ein Statthalter (Koadjutor) des Mainzer Kurfürsten verwaltete Erfurt mit dem dazugehörigen Gebiet bis zum Jahre 1803, als die Stadt in preußischen Besitz gelangte. Mainzer Statthalter zu G.s Zeit war Carl Theodor von Dalberg, in dessen Gesellschaft die Angehörigen des Weimarer Hofes und die Mitglieder des Weimarer Dichterkreises oft anzutreffen waren. Das Erfurter Absteigequartier des Weimarer Herzogs benutzte auch G. bei seinen Aufenthalten (vgl. G. an Charlotte von Stein, 7.12. 1781) in der Stadt, welche er im Laufe seines Lebens über sechzigmal durchfuhr oder aufsuchte.

Die Gründe für die zahlreichen Besuche waren gesellschaftliche wie amtliche Veranlassungen, so u.a. die Aufgaben in der Wegebaukommission (Tagebuch, 2.5. 1780) oder die

Teilnahme an den Assembleen des Koadjutors Dalberg, zu denen G. Carl August begleitete (vgl. Petschat, Sp. 2214). In Erfurt befand sich – wie in Lauchstädt und Rudolstadt – eine Abstecherbühne des Weimarer Hoftheaters, die auch in den ersten Jahren von G.s Theaterleitung bespielt wurde. Von 1791 bis 1795 war das Weimarer Theater dort präsent und nach langer Pause dann wieder im Jahre 1815 (vgl. ebd.).

Erfurt bot auch den Ort, an welchem G. die politischen Handlungsträger und Ereignisse im Herbst 1808 unmittelbar erlebte, die Europas Entwicklung für die nächsten Jahre bestimmen sollten. Am 2.10. 1808 fand in der früheren Residenz des Mainzer Statthalters die Unterredung zwischen G. und Napoleon Bonaparte statt, der aus Anlaß des von ihm initiierten Fürstentages in Erfurt weilte. Doch galt bei dem Gespräch die Wertschätzung des französischen Kaisers mehr dem Dichter des *Werther*-Romans als der Person des weimarischen Ministers. Die Fürstenversammlung, die Napoleon vom 27.9. bis zum 14.10. 1808 abhielt, bot G. auch Gelegenheit, einer Vorstellung des Théâtre français beizuwohnen (Tagebuch, 4. u. 5.10. 1808), das im Gefolge des Kaisers in die Stadt gekommen war und dort gastierte.

Besondere Aufmerksamkeit brachte G. der Königlichen Akademie nützlicher Wissenschaften an der Universität Erfurt entgegen, deren Mitglied er von 1811 bis zur Auflösung der Universität 1816 war. Flüchtigeres Interesse schenkte G. herausragenden Erfurter Bauwerken, dem Dom und der Barfüßerkirche der Franziskaner.

Der stets freundlichen Aufnahme in Erfurt gedachte der alte Dichter anläßlich einer Durchreise im Sommer 1814 mit Versen, in denen vergangene Tage mit gegenwärtigen Eindrücken verklärt eine poetische Verschmelzung erfahren: »Sollt einmal durch Erfurt fahren, / Das ich sonst so oft durchschritten, / Und ich schien, nach vielen Jahren, / Wohlempfangen, wohlgelitten« (FA I, 3.1, S. 585).

Literatur:

Biereye, Johannes: Erfurts Bedeutung für Goethe. In: Thüringen. 6 (1931), S. 87. – Petschat, Johanna: Erfurt. In: Zastrau. Bd. 1. Stuttgart 1961, Sp. 2212–2216. – Vulpius, Wolfgang: Goethe und Karl Theodor von Dalberg. In: N.F. JbGG. 90 (1973), S. 212–232. – Fink, Gonthier-Louis: Goethe und Napoleon. In: N.F. JbGG. 107 (1990), S. 81–101.

Gert Theile

Erfurter Fürstentag

G.s Aktivitäten und Gespräche während des Erfurter Kongresses sind gut belegt. Der Dichter selbst hat zwar nur eine knappe Skizze über seine Unterhaltungen mit Napoleon hinterlassen; Kanzler von Müller, der zum Teil Zeuge der Unterredungen gewesen ist, hat aber ausführlich darüber berichtet. Charles Maurice Talleyrand-Périgord erwähnt ebenfalls diese Gespräche in seinen Memoiren, und mehrere Freunde und Bekannte des Dichters referieren in ihrer Korrespondenz darüber, was sie bei diesem Anlaß gesehen oder gehört haben. Es ist also möglich, mit einiger Sicherheit den Inhalt der kaiserlichen Audienzen zu rekonstruieren.

Um sein Bündnis mit Rußland zu erneuern und damit freie Hand in Spanien zu erhalten, empfing Napoleon 1808 den Zaren Alexander in Erfurt mitten unter den Königen und Fürsten, die er gezwungen hatte, sich unter seinen Schutz zu stellen. Die Zusammenkunft dauerte vom 26. September bis zum 18. Oktober. Festempfänge, Paraden und Theatervorstellungen folgten aufeinander; eigens zu diesem Anlaß war die Comédie française aus Paris angereist.

Als Mitglied des Rheinbundes mußte auch der Herzog von Sachsen-Weimar zugegen sein. Dieser wiederum berief am 29. September G. nach Erfurt. Der Dichter blieb einige Tage dort. Er fand ein besonderes Vergnügen am französischen Theater, das er jeden Abend besuchte. An einem Abend bei Charlotte Elisa-

Begegnung Wielands mit Napoleon am 6. Oktober 1808 im Schloß zu Weimar. Kupferstich von J. B. Hössel

beth Constantia Freifrau von der Recke, bei der Staatssekretär Hugues Bernard Maret einquartiert war, lernte er diesen kennen und machte einen außerordentlichen Eindruck auf den Staatsmann. Maret berichtete dem Kaiser davon, und das bewog Napoleon, G. am 2. Oktober zu sich zu bestellen. Die Unterhaltung, die mehrmals von Staatsgeschäften unterbrochen wurde, drehte sich um G.s *Werther*, den Napoleon, wie er behauptete, siebenmal gelesen hatte, um den Herzog von Weimar und vor allem um die Tragödie, der Napoleon größte Bedeutung beimaß. Am Anfang der Audienz soll der Kaiser sein berühmtes Wort über G. gesprochen haben: »[Monsieur Goethe; d. Vf.] vous êtes un homme« (WA I, 36, S. 271). Am Ende lud er ihn sogar ein, nach Paris zu kommen, da die Hauptstadt des Kaiserreiches

seinem Genie besser entspreche und er bessere Stoffe für seine Dichtungen finde. In Napoleons Umgebung begegnete G. auch dem Marschall Jean Lannes wieder, der 1806 bei ihm in Weimar einquartiert war. Zwischen den beiden Männern, die füreinander Achtung und Sympathie empfanden, wurden auch politische Fragen, unter anderem territoriale Ansprüche des Herzogtums Sachsen-Weimar besprochen.

Einem Wunsch Napoleons folgend, lud der Herzog von Weimar die hohen Erfurter Gäste am 6. und 7. Oktober zu verschiedenen Festlichkeiten nach Weimar ein. Um sich der Herzogin Luise gegenüber besonders liebenswürdig zu erweisen, die er nach der Schlacht bei Jena kennengelernt hatte und die er seitdem sehr schätzte, ließ Napoleon die Comédie française nach Weimar kommen und auf dem dortigen Theater Voltaires Tragödie *La mort de César* aufführen. G., dessen Aufgabe es war, die nötigen Vorbereitungen dafür zu treffen, eilte schon am 4. Oktober nach Weimar zurück. Während die hohen Herrschaften auf dem Ettersberg Hirsche jagten, empfing er am Nachmittag des 6. Oktober die französischen Schauspieler und machte sie mit dem Weimarer Theater bekannt. Am Abend wurde Voltaires Tragödie mit François Joseph Talma in der Rolle des Brutus aufgeführt. Im Verlauf des anschließenden Balls unterhielt sich Napoleon wieder zweimal mit G. und führte auch ein langes Gespräch mit Wieland, den Carl August auf Wunsch des Kaisers hinzugebeten hatte. Erneut sprach Napoleon von seiner Wertschätzung für die tragische Kunst: Sie sei nicht nur die würdigste Schule der Fürsten und Staatsmänner, sondern stehe auch in gewisser Hinsicht weit über der Geschichte. Er forderte G. auf, einen neuen *Tod Cäsars* zu verfassen, um die Größe dieser historischen Gestalt würdiger als Voltaire zu behandeln.

Während der Festtage in Weimar wohnten Staatssekretär Maret und sein Gefolge bei G. Am 7. Oktober gab der Dichter für Maret und Marschall Lannes ein großes Frühstück, im Laufe dessen die beiden Franzosen nicht verbargen, daß sie mit Napoleons Politik in Spanien nicht einverstanden waren.

In den folgenden Tagen, als alle nach Erfurt zurückgekehrt waren, wurden G. und Wieland noch einmal zu Napoleon gerufen, der sie wiederum mit Auszeichnung behandelte. Am 13. Oktober übergab Maret dem Weimarer Kanzler von Müller die Insignien der Ehrenlegion, die Napoleon G. und Wieland verliehen hatte. Während Napoleon am 14. Oktober Erfurt verließ, verweilte Zar Alexander noch einen Tag in Weimar und zeichnete G. mit dem Band des Annaordens aus. Am Abend des 15. wohnte G. einem großen Empfang bei, den Carl August und seine Gemahlin zu Ehren des Zaren und anderer anwesender Fürsten gaben. François Joseph Talma und seine Gattin Charlotte führten auf Wunsch des Zaren einige Szenen aus *Othello* und *Macbeth* auf; anschließend fuhr die Gesellschaft ins Hoftheater, wo die Weimarer Truppe Schillers *Don Carlos* spielte.

G. bewunderte schon früher am französischen Imperator die »höchste Erscheinung, die in der Geschichte möglich war« (an Knebel, 3.1. 1807), aber er hätte nie geglaubt, daß der große Mann in »dieser Flut von Mächtigen und Großen« (an Zelter, 30.10. 1808) in Erfurt an einen deutschen Dichter denken würde und Zeit finden könnte, um sich mit ihm über Literatur zu unterhalten. Damit hatte Napoleon sein Herz erobert. Der Brief, den G. am 2.12. 1808 an Cotta schrieb, zeugt von seiner tiefen Emotion: »Ich will gerne gestehen, daß mir in meinem Leben nichts Höheres und Erfreulicheres begegnen konnte, als vor dem französischen Kaiser [...] zu stehen«.

Literatur:

Fink, Gonthier-Louis: Goethe und Napoleon. In: GoetheJb. 107 (1990), S. 81–101. – Goethe, Johann Wolfgang: *Unterredung mit Napoleon.* In: WA I, 36, S. 269–276. – Grappin, Pierre: Goethe und Napoleon. In: GoetheJb. 107 (1990), S. 71–80. – Mémoires du Price de Talleyrand [...] publiés par le Duc de Broglie Paris 1891. – Müller, Friedrich von: Erinnerungen aus den Kriegszeiten von 1809 bis 1813. Leipzig 1911. – Redslob, Edwin: Goethes Begegnung mit Napoleon. Weimar 1944. – Suphan, Bernhard: Napoleons Unterhaltungen mit Goethe und Wieland und Friedrich von Müllers Mémoire darüber für Talleyrand. In: GoetheJb. 15 (1894), S. 20f.

Jean Delinière

Erkenntnis

G.s Begriff der Erkenntnis ist komplex und machte eine Wandlung in der Gewichtung seiner bestimmenden Merkmale durch, die grosso modo als Weg von einem naiven zu einem reflektierten Anthropozentrismus beschrieben werden kann. Grundsätzlich bezeichnet der Begriff sowohl den Prozeß der sinnlichen und geistigen Verarbeitung von Erfahrungen des Menschen in der ihm zugänglichen Welt als auch das Produkt dieses Prozesses. Die Komplexität des G.schen Erkenntnisbegriffs ergibt sich aus der Tatsache, daß er zunehmend das Erkenntnissubjekt selbst zum Erkenntnisobjekt machte, um der subjektiven und anthropologischen Bedingtheit menschlicher Erkenntnis Rechnung zu tragen. Der Wandel in G.s Erkenntnisbegriff bestand in der unterschiedlichen Gewichtung der Rolle des Subjektiven im Erkenntnisprozeß. Der Begriff »Erkenntnis« war zwar nach G.s Ansicht für alle Bereiche menschlicher Praxis relevant, gewann aber sein präzises Profil insbesondere in G.s Überlegungen zu Kunst, Dichtung und Naturwissenschaft bzw. -philosophie.

G.s Erkenntnisbegriff war historisch-genetisch begründet, daher sein starkes wissenschaftsgeschichtliches Interesse, das auch die Biographien der Wissenschaftler einschloß, wie er z.B. in den *Principes de Philosophie Zoologique* von 1830 vorgeführt hat (»ethischer Standpunct«; WA II, 7, S. 175). Allgemeiner formulierte er, »daß die Geschichte des Menschen den Menschen darstelle« und »daß die Geschichte der Wissenschaft die Wissenschaft selbst sei« (WA II, 1, S. XV).

Zu berücksichtigen ist, daß G. im Verlauf seines Lebens Zeuge lebhafter und historisch signifikanter und folgenreicher Debatten um den Erkenntnisbegriff gewesen ist. Er lernte noch die Metaphysik der deutschen Schulphilosophie kennen, der er insgesamt kritisch gegenüberstand (vgl. WA II, 11, S. 74). In Herder lernte er einen Kritiker dieser Metaphysik kennen, der mit seiner Aufwertung der Sinne und der Subjektivität als Kernpunkten seiner anthropozentrischen Erkenntnislehre schon 1765 eine Kopernikanische Wende reklamiert hatte (vgl. HSW 32, S. 61), mit der die Philosophie als antimetaphysische Anthropologie konkretisiert werden sollte. In Kants Kritiken begegnete G. der transzendentalphilosophischen, propädeutischen Grundlegung einer zukünftigen Philosophie, die gleichfalls die Qualität einer Kopernikanischen Wende – freilich in einer Herder entgegengesetzten Richtung – für sich beanspruchte (vgl. Kant, S. XVI). Von beiden Richtungen nahm G. Elemente auf, von Herder mehr, von Kant weniger. Fichtes Radikalisierung der Kantischen Philosophie bzw. deren romantische Umsetzung, die die Erkenntnis in G.s Sicht zur subjektivistischen Manipulation ohne Verankerung in der und ohne Kontrolle durch die Erfahrung einseitig verengten, lehnte G. weitgehend ab, während er von Schelling wiederum etliches assimilierte. Jedenfalls nahm G. an der Entwicklung dieser Stadien des Erkenntnisbegriffs teil, zu denen er jeweils Stellung bezog und in deren Konstellationen er seine eigene Position profilierte.

Weder ist laut G. eine rein objektive Erkenntnis möglich, noch eine rein subjektive. Beides aber war für ihn eng miteinander verknüpft. Entscheidend war dabei das Innesein, d.h. das subjektive Haben und Halten von verarbeiteten Erfahrungen. Emphatisch betonte der G. der Straßburger Zeit 1771 das fühlende Subjekt, das sich selbst der Erkenntnis und Selbsterkenntnis verdanke: »Ich! Da ich mir alles binn, da ich alles nur durch mich kenne!« (WA I, 37, S. 129). Dieser Subjektivismus wurde 1813 im zwar gleichen Zusammenhang – Shakespeare –, nun aber aus anderer Perspektive, nach Italienaufenthalt und nach Kantstudien, vom Motor zur Grenze der menschlichen Erkenntnis umgedeutet. »Erkennen seiner selbst« sei das höchste dem Menschen Zugängliche als Voraussetzung für jede zuverlässige Erkenntnis »fremder Gemüthsarten« (WA I, 41.1, S. 52f.). Ästhetiktheoretisch wurde dieser Perspektivenwechsel 1789 präzise formuliert als aufeinander aufbauende Stufen künstlerischer Tätigkeit und Qualität. Die »einfache Nachahmung der Natur« ist objektzentrierte Reproduktion, die »Manier« ist subjektzentrierte Wiedergabe des Eindrucks von der Sache, und »Stil« schließlich ist »der höchste Grad« der Kunst, der aufruht »auf den tiefsten Grundfesten der Erkenntniß, auf dem Wesen der Dinge, in so fern uns erlaubt ist es in sichtbaren und greiflichen Gestalten zu erkennen« (WA I, 47, S. 80). Positives, rationales Wissen wurde aus dieser Sicht zu einer notwendigen Voraussetzung für Kunst, ohne freilich die Eigenart des künstlerischen Diskurses selbst in Philosophie oder Wissenschaft aufzulösen, im Gegenteil. Eher zutreffend ist, daß als Antwort auf die Erfahrung politischen und sozialen Umbruchs (Französische Revolution) und der beschleunigten Ausdifferenzierung der Wissensbereiche und der Alltagserfahrung der ästhetischen Praxis des Menschen eine erkenntnisäquivalente Integrationsfunktion zugeschrieben wurde. Der ästhetische Ausdruck, d.h. die mediale Manifestation und Formung selbst, wurde, bei aller Einschränkung des Genie-Begriffs, zu einer irreduzibel eigentümlichen Praxis aufgewertet. Jetzt aber mußte der bildende Künstler etwa »sich theoretisch belehren«, sich mit der Natur seines Darstellungsobjekts vertraut machen, er sollte Wissen erwerben, um die bloß optische Registrierung in ein Sehen, d.h. bewußtes Wahrnehmen des im Geformten anschaubaren Wesentlichen, zu verwandeln: »Was man weiß, sieht man erst!« (WA I, 47, S. 12f.). Die »Vollendung des Anschauens« eines Kunstwerks ist demnach erst dann gegeben, wenn »Kenntniß« dessen, was die sinnlich wahrnehmbare Oberfläche in ihrer Form und Gestalt bestimmt, vorhanden ist (vgl. ebd., S. 14). Wahrnehmen und Erkennen stehen somit im gleichen Verhältnis wie Oberfläche und Tiefe. Beides, in einem Ganzen vereint, macht »anschauende Erkenntniß« (WA II, 5.1, S. 286) aus, die das Objekt sowohl in seiner individuellen Erscheinung als auch in seiner Wesenhaftigkeit oder in seinen Konstitutionsprinzipien gleichermaßen erfaßt. Nicht *die* Natur, d.h., *was* sie hervorbringt, sondern *der* Natur, d.h., *wie* sie produziert, soll nachgeahmt werden. Erkenntnis dessen, was Natur sei und welcher Art die Erkenntnis des Menschen als Teil dieser Natur sei, waren gleichermaßen grundlegend für G.s Kunstbegriff.

Es ist offensichtlich, daß Kunst, Wissenschaft und Philosophie für G. im Erkenntnisbegriff ein Gemeinsames hatten, da sie zum einen alle von einem »Grundwahren«, das in seiner Prägnanz »immer fruchtbar« wirkt (WA II, 11, S. 264), ausgehen. Zum anderen faßte G. das Wechselverhältnis zwischen Erkenntnissubjekt und Erkenntnisobjekt diskursindifferent als anthropologisches Datum auf, am treffendsten wohl in folgendem Satz ausgedrückt: »Der Mensch kennt nur sich selbst, in sofern er die Welt kennt, die er nur in sich und sich nur in ihr gewahr wird. Jeder neue Gegenstand, wohl beschaut, schließt ein neues Organ in uns auf« (ebd., S. 59).

Gern nahm G. die Charakterisierung seines eigenen Denkens als »g e g e n s t ä n d l i c h e s D e n k e n« an (ebd., S. 62), das, nah am Objekt verbleibend, Denken und Anschauung in Wechselwirkung zu gesteigerter Erkenntnis treibe, um schließlich an einen »prägnanten Punct« (ebd., S. 63) der Erscheinung zu gelangen, aus dem heraus sich ein Vielfältiges an Erkenntnis mühelos ableiten lasse. Erkenntnis wird nicht gewaltsam durch zwangsweise Unterwerfung der Objekte unter vorab gefaßte, erfahrungsunabhängige Axiome für den Aufbau wissenschaftlicher Versuche erreicht, sondern durch aufmerksam beobachtende Begleitung der sich ständig wandelnden Phänomene, die als solche in ihrer Eigenart belassen und in ihrem Eigenwert anerkannt werden. Wissenschaftliche Erkenntnis setzt laut G. ein hohes Maß an »Entäußerung« des Erkenntnissuchenden voraus. Selbstbeschränkung aus Einsicht war G.s Voraussetzung für wissenschaftlich verläßliche Erkenntnis. G.s Erkenntnisbestreben richtete sich auf die »Bedingungen, unter welchen die Phänomene erscheinen« (WA II, 11, S. 40), nicht auf die Ursachen. Methodologisch beschrieb G. diesen Erkenntnisprozeß als Dreischritt. Das »e m p i r i s c h e P h ä n o - m e n«, welches jeder Mensch wahrnehmen kann, wird zum »w i s s e n s c h a f t l i c h e n P h ä n o m e n« durch Versuchsserien, im Verlauf derer die Wahrnehmungsbedingungen

verändert werden. Das »Resultat aller Erfahrungen« schließlich stellt das »r e i n e P h ä - n o m e n« dar, d.h. die Summe der konstanten Merkmale. Da alles Lebendige sich aber ständig umbildet, ist die Erkenntnis des Gleichbleibenden (»Idee«, »Typus«) nur über die Beobachtung der jeweiligen, flüchtigen »Erscheinung« zugänglich (ebd.). Erkenntnis des Lebendigen geht demnach von der »Hülle« der »Lebensthätigkeit« zu dem, »was ihrem Innern specifisch obliegt« vor (WA II, 6, S. 14). Die Beobachtung der vollständigen Geschichte der Wirkungen, d.h. der Erscheinungen, kommt dem Wesen des Beobachteten nahe (WA II, 1, S. IX). Jeder gerichteten Wahrnehmung ist also bereits ein gewisses Maß an Erkenntnis inhärent, »und so kann man sagen, daß wir schon bei jedem aufmerksamen Blick in die Welt theoretisiren« (ebd., S. XII). G. spricht in anderem Zusammenhang davon, daß wir »mit Augen des Geistes sehen« (LA I, 9, S. 138). Damit war eine erkenntnistheoretische Grundannahme gemeint.

Da die menschliche Erkenntnis der Natur im Mittelbereich zwischen Lebensursprung »aus einem unbekannten Centrum« auf der einen und »einer nicht erkennbaren Gränze« auf der anderen Seite angesiedelt (WA II, 7, S. 75; vgl. WA II, 9, S. 224) und das menschliche Erkenntnisvermögen nicht mikro- oder makro-, sondern mesokosmisch dimensioniert sei (vgl. MuR, 266), bestehe menschliche Erkenntnis in exemplarischer und symbolischer Erkenntnis. Gemessen an Gottes Erkenntnis sei die des Menschen »bloßes Stottern« (WA I, 37, S. 337). »Das Wahre, mit dem Göttlichen identisch, läßt sich niemals von uns direct erkennen, wir schauen es nur im Abglanz, im Beispiel, Symbol, in einzelnen und verwandten Erscheinungen; wir werden es gewahr als unbegreifliches Leben und können dem Wunsch nicht entsagen, es dennoch zu begreifen« (WA II, 12, S. 74). Eine erkenntnistheoretische Grundannahme faßte G. 1815 folgendermaßen in ein »allgemeines Glaubensbekenntniß«:

»a. In der Natur ist alles was im Subject ist.

y. und etwas drüber.

b. Im Subject ist alles was in der Natur ist.

z. und etwas drüber.

b kann a erkennen, aber y nur durch z ge-
ahndet werden. Hieraus entsteht das Gleichgewicht der Welt und unser Lebenskreis in
den wir gewiesen sind. Das Wesen, das in
höchster Klarheit alle viere zusammenfaßte,
haben alle Völker von jeher G o t t genannt«
(an C.H. Schlosser, 19.2. 1815).

Zwar machte G., von Schiller dazu angeregt,
Anleihen aus Kants Transzendentalphilosophie, identifizierte sich aber nicht mit dieser
Position. Kants Ansatz, daß »alle unsere Erkenntniß mit der Erfahrung angehe«, aber
»darum doch nicht eben alle aus der Erfahrung« entspringe, teilte G. vage (WA II, 11,
S. 49; vgl. Kant, S. 1). Kants Feststellung aber,
daß der Idee »niemals irgendeine Erfahrung
kongruieren könne« (Kant, S. 649) und die
Idee nicht realiter, sondern nur in Analogie zu
menschlichen Verstandesbegriffen ordnende
Funktion übernehme, modifizierte G. entscheidend, denn er ging von einer Überschnei-
dung beider Bereiche aus, was er so formulierte, daß »keine Idee der Erfahrung völlig
congruire« (WA II, 11, S. 57). G. schrieb Kunst
und Dichtung diejenige Leistung zu, welche
dem wissenschaftlichen Diskurs nicht mehr
oder noch nicht möglich sei: anschauende Erkenntnis in der prägnanten Abbreviatur des
Symbolischen. Diese »Erkenntnis« nannte G.
freilich in enger Anlehnung an Karl Philipp
Moritz nicht mehr so: »Ein echtes Kunstwerk
bleibt, wie ein Naturwerk, für unsern Verstand
immer unendlich; es wird angeschaut, empfunden; es wirkt, es kann aber nicht eigentlich
erkannt, viel weniger sein Wesen, sein Verdienst mit Worten ausgesprochen werden«
(WA I, 47, S. 101).

Literatur:

Amrine, Frederick/Zucker, Francis J./Wheeler, Harvey (Hg.): Goethe and the Sciences: A Reappraisal.
Dordrecht u.a. 1987. – Böhme, Hartmut: Lebendige
Natur. Wissenschaftskritik, Naturforschung und allegorische Hermetik bei Goethe. In: ders.: Natur
und Subjekt. Frankfurt/M. 1988, S. 145–178. – Cassirer, Ernst: Freiheit und Form. Studien zur deut-
schen Geistesgeschichte. Darmstadt ⁴1975. – »erken-
nen«, »Erkenntnis«. In: GWb., Bd. 3, 3. Lieferung.
Stuttgart u.a. 1992, Sp. 329–334, 335f. – Herder,
Johann Gottfried: Problem: wie die Philosophie zum
Besten des Volkes allgemeiner und nützlicher werden kann. In: HSW 32, S. 31–61. – Kant, Immanuel:
Kritik der reinen Vernunft. Nach der ersten und
zweiten Original-Ausgabe hg. von Raymund
Schmidt. Mit einer Bibliographie von Heiner
Klemme. Hamburg 1990 [zit. nach ²1787]. – Moritz,
Karl Philipp: Über die bildende Nachahmung des
Schönen [1788]. In: ders.: Beiträge zur Ästhetik. Hg.
von Hans Joachim Schrimpf und Hans Adler. Mainz
1989, S. 27–78.

Hans Adler

Ethik

Fragen der Ethik haben G. sein Leben lang
interessiert. Er meinte, daß alles, was »sich
unter Menschen im höheren Sinne ereignet,
aus dem ethischen Standpuncte betrachtet, beschaut und beurtheilt werden muß« (WA II, 7,
S. 175). Selbst »wissenschaftliche Räthsel«
glaubte er gelegentlich durch »eine ethische
Auflösung« begreiflich machen zu können
(WA II, 4, S. 95), und er war überzeugt, daß
sich auch in den Wissenschaften mehr »ethische Beweggründe« fänden, als man glaube
(ebd., S. 83). In »ethisch-ästhetischen Bestrebungen« sah er »einen besondern Charakter-
zug der Deutschen« und notierte befriedigt die
»reine einfache Theilnahme« des Engländers
Thomas Carlyle daran (WA I, 42.1, S. 196).

G. hat zwar nicht eine eigene Ethik entwickelt; Ethisches aber wurde für ihn im Handeln sichtbar, im praktischen Beispiel, in dem
sich eine Haltung ausdrückt, die den Menschen erst zum Menschen macht. Dabei war
Ethik für ihn kein abgegrenzter philosophischer Bereich; Ethisches und ethisches Handeln fand er in allem, was mit dem Menschen
zu tun hat. Darin zeigt sich noch die Nachwirkung von Humanitätsideen des 18. Jhs., in denen Ethisches – wie bei Lessing – eine zentrale
Rolle gespielt hatte und in denen Grundwerte
der Humanität, also Toleranz, Nächstenliebe,
Verantwortungsbewußtsein ein ethisches Verhalten dokumentierten, das eine wirklich

menschliche Gesellschaft begründen sollte. Ethisches: das ist in Einsichten und Erkenntnissen zu finden, in allgemeinen Verhaltensempfehlungen und Umgangsformen. Im ethischen Verhalten des Menschen realisiert sich eine Haltung, die ein großes kulturelles Erbe hinter sich weiß und einer moralischen Gesetzgebung gar nicht bedarf, weil ethisches Handeln dem gebildeten Menschen eigentlich selbstverständlich ist. Das, was G. zu ethischen Fragen zu sagen hatte, findet sich denn auch oft wie nebenbei gesagt.

Wie wichtig G. Vorstellungen und Aussagen zur Ethik waren, läßt sich an der ursprünglich geplanten Zusammenstellung der Maximen und Reflexionen erkennen. Eine Notiz Johann Peter Eckermanns vom 15.5.1831 zeigt, daß G. die große Masse seiner Sprüche in Prosa in drei Gruppen gegliedert haben wollte, und eine dieser Gruppen sollte »Literatur und Ethik« umfassen (WA I, 42.2, S. 312). Die Weimarer Ausgabe schließt sich dieser Ordnung an. Es muß allerdings beachtet werden, daß die von Eckermann überlieferte G.sche Klassifikation erst nachträglich zustandegekommen ist – die entsprechenden »Sprüche in Prosa« sind also nicht von vornherein als solche durchkomponiert, sondern gesammelt. Eigentliche Grenzlinien zwischen dem »Ethischen« und dem »Literarischen« gibt es nicht – aber sie lassen sich auch bei den Gruppen »Natur« und »Kunst« (ebd.) nicht ziehen. Ethische Probleme sind in gewissem Sinne universelle Probleme, und so durchtränken sie alle Bereiche des menschlichen Daseins.

G.s Maximen und Reflexionen über Literatur und Ethik enthalten, was das rechte Handeln angeht, G.s eigentliche Lebensregeln. Viele dieser Sprüche stammen aus *Ueber Kunst und Alterthum*, andere wurden zuerst in der Sammlung *Aus Makariens Archiv* in den *Wanderjahren* gedruckt; Eckermann und Friedrich Wilhelm Riemer haben weitere Aphorismen aus dem Nachlaß hinzugefügt. Die Quellen der Sprüche in Prosa lassen erkennen, daß es sich um Lehren und Einsichten des G.schen Alters handelt. Die den Maximen und Reflexionen vorangesetzte Einführung *Bedenklichstes* enthält bereits wesentliche jener Kategorien, die in den folgenden Betrachtungen eine Rolle spielen. Da ist von Irrtum und von dem Wahren die Rede, auch davon, daß die »That« überall entscheidend ist; »immer das Beste« sei »das Hervorbringen«, »aber auch das Zerstören ist nicht ohne glückliche Folge«. G. reflektiert also über die Widersprüche und Niederlagen, denen menschliches Handeln ausgesetzt ist. Ihm kommt es dabei darauf an, der »daraus entspringenden Tantalisch-Sysiphischen Qual« entgegenzuwirken und ein Positives abzugewinnen. Auch in der Bitterkeit des Vergeblichen ist dies noch »sehr oft« zu finden, nämlich »etwas uns Gemäßes, mit dem uns zu begnügen wir eigentlich geboren sind« (WA I, 42.2, S. 113f.).

Die Maximen und Reflexionen über Literatur und Ethik sind Aphorismen zur Lebensweisheit. Sie verdeutlichen, daß G.s Ethik vor allem eine Handlungsethik ist, so wenn es heißt: »Dem thätigen Menschen kommt es darauf an, daß er das Rechte thue; ob das Rechte geschehe, soll ihn nicht kümmern« (MuR, 100). Zusammengenommen ergibt sich eine spezifisch bürgerliche Ethik, in der Selbstbescheidung – »Wer sich nicht zu viel dünkt, ist viel mehr, als er glaubt« (MuR, 152) –, Tüchtigkeit, Pflichtbewußtsein und Dankbarkeit eine zentrale Stellung innehaben. Gefordert werden Kenntnis und Wissen, Arbeit und sparsamer Umgang mit Zeit, Mut und Bescheidenheit, Geduld und Selbstkritik. Diese im Kern bürgerliche Ethik summiert sich in Aussagen wie: »Wer thätig sein will und muß, hat nur das Gehörige des Augenblicks zu bedenken, und so kommt er ohne Weitläufigkeit durch« (MuR, 908). Haß und Neid werden verworfen, der Zweifel an sich selbst wird als Ausdruck wirklichen Wissens verstanden – Ideen, die deutlich in die Zeit des mittleren 18. Jhs. zurückreichen. »Wohlwollen und Liebe« (MuR, 286) werden gerühmt – auch die christlichen Wurzeln werden hier und da deutlich sichtbar. Wie sehr G.s Ethik sich im übrigen an der Wirklichkeit orientiert, zeigt ein Aphorismus wie: »Was aber ist deine Pflicht? Die Forderung des Tages« (MuR, 443). Das Anerkennen des Maßes und das Bewußtsein der eigenen Grenzen rangieren hoch. Immer wieder tritt die soziale Orientierung hervor, gerade auch in Hinsicht auf das Individuum: »Erkenne dich selbst [...]: Gib einigermaßen Acht auf dich selbst, nimm Notiz von dir selbst, damit du gewahr werdest, wie du zu deines Gleichen und der Welt zu stehen kommst. Hiezu bedarf es keiner psychologischen Quälereien; jeder tüchtige Mensch weiß und erfährt, was es heißen soll; es ist ein guter Rath, der einem jeden praktisch zum größten Vortheil gedeiht« (MuR, 657). Dabei ist der Glaube an die positiven Kräfte im Menschen so ungebrochen wie der aufklärerische Impuls, das Vermögen zum Guten im Menschen freizusetzen: »Verharren wir aber in dem Bestreben, das Falsche, Ungehörige, Unzulängliche, was sich in uns und andern entwickeln oder einschleichen könnte, durch Klarheit und Redlichkeit auf das möglichste zu beseitigen!« (MuR, 676). Dahinter sind noch deutlich die Umrisse des Perfektibilitätsglaubens des 18. Jhs. zu erkennen.

In solchen Sprüchen konzentrieren sich die Lebensansichten G.s, zwar immer nur fragmentarisch-thesenhaft, aber doch einander nicht widersprechend, vielmehr kumulativ sich ergänzend, zu einer Verhaltenslehre, die an das Bewußtsein, an die Vernunftfähigkeit und moralische Kraft des Menschen appelliert. Diese Ethik als eine Morallehre in Sprüchen prägt sich nicht zufällig am deutlichsten und sinnfälligsten in den Maximen und Reflexionen aus. Von ihr ist sonst im Gesamtwerk relativ selten die Rede, aber in den Romanen wird sie in Beziehung zu dem dort dargestellten Leben greifbar. Ihr diesseitsbezogener Charakter mag auch erklären, warum es bei G. praktisch keine Beziehung auf religiöse Vorstellungen gibt. G.s Ethik ist die Morallehre eines Bürgertums, das sich von religiösen Vorstellungen weitgehend emanzipiert hatte; sofern man sie einer Konfession zuordnen wollte, wäre sie protestantischer Herkunft. Daß sie außerordentlich wirkungsvoll blieb, zeigt sich an der Übernahme vieler Maximen bis in die Geisteswelt des 20. Jhs. hinein. Kein Geringerer als Thomas Mann hat diese bürgerliche Ethik auch für seine Zeit als »Forderung des Tages« verstanden – so jedenfalls hat er einen seiner Essaybände betitelt.

Literatur:

Göres, Jörn: Polarität und Harmonie bei Goethe. In: Conrady, Karl Otto (Hg.): Deutsche Literatur zur Zeit der Klassik. Stuttgart 1977, S. 93–113. – Hamm, Heinz: Der Theoretiker Goethe. Grundpositionen seiner Weltanschauung, Philosophie und Kunsttheorie. Kronberg/Ts. 1976. – Jauß, Hans Robert: Religiöser Ursprung und ästhetische Emanzipation der Individualität. Augustin, Rousseau, Goethe. In: Literaturgeschichte als geschichtlicher Auftrag. In memoriam Werner Krauss. Sitzungsberichte der Akademie der Wissenschaften der DDR. Berlin 1978, S. 111–122. – Zimmermann.

Helmut Koopmann

Europa

Der Terminus Europa spielt in G.s Denken eine untergeordnete Rolle. Dennoch ist bei der Verwendung auch dieses Begriffs eine gewisse Entwicklung festzustellen, die die tiefliegenden Spannungen in G.s Geist und Erleben widerspiegelt.

G.s Verständnis von Europa war zunächst, wurzelnd in den Denkweisen und Erfahrungen seiner ersten Lebensjahrzehnte, durch die Bindung an den von der Aufklärung geschaffenen gültigen Zusammenhang bestimmt. Schon in der Jugendzeit – etwa in den Beiträgen zu den *Frankfurter Gelehrten Anzeigen* – begegnen wir dem hergebrachten Topos »ganz Europa«, der wie »das gelehrte (später: »gebildete«) Europa«, schon seit dem 17. Jh. dem kollektiven Bewußtsein der europäischen Intelligenz Ausdruck verlieh. Diese Redewendungen kehren in G.s Schriften und Gesprächen bis zu seinem Tod immer wieder (WA I, 37, S. 276; WA I, 34.1, S. 140 u. WA I, 41.2, S. 465). Dieses Europa erschien ihm etwa als Schauplatz für die Taten Friedrichs II. von Preußen, es bildete das Publikum, das durch den aufgeklärten König in Staunen versetzt, zum Teil aber auch zur Opposition herausgefordert wurde (vgl. WA I, 41.1, S. 5–20).

Nach dem Ausbruch der Französischen Revolution trat eine erste Neuakzentuierung ein (Gespräche, 1, S. 529). Vor allem nach den durch Napoleon herbeigeführten politischen Umwälzungen wurde der Europa-Begriff problematischer. Aus dem Kontinent – so könnte man G.s Gedankengang deuten – war infolge des jahrtausendlangen Ineinanderwirkens der nur teilweise unabhängigen geistlichen und weltlichen Staatsmächte, die das Römerreich abgelöst hatten, und dank dem damit verbundenen Austausch von geistigem Gut, eine Pluralität geworden, die durch die Vereinheitlichung der napoleonischen Alleinherrschaft bedroht schien. Denn 1806 »brannte die Welt in allen Ecken und Enden, Europa hatte eine andere Gestalt genommen« (*Tag- und Jahreshefte 1806*). »Europa [...] war sonst eine der seltensten Republiken, die jemals existiert, und ging dadurch zugrunde, daß ein Teil das sein wollte, was das Ganze war, nämlich Frankreich wollte Republik werden. – Jetzt nirgends Schutz und Hilfe. Omnia in propatulo. Sonst, der Mensch auf sich allein gestellt, suchte er Hilfe bei anderen: in Burgen, Schlössern, bei Freunden. Jetzt, in der öffentlichsten Kommunikation hilflos, und nur durch sein Inneres zu trösten und zu helfen« (Gespräche, 2, S. 317).

Fand sich G. nach dem Erfurter Gespräch mit dem französischen Kaiser im Oktober 1808 mit dem napoleonischen Imperium als einigermaßen legitimem Nachfolger des alten Reichs ab, so ging er nach dem Zusammenbruch des Empire 1813–1815 zu einer fast antieuropäisch zu nennenden Phase über. Im *West-östlichen Divan* suchte er sich einen Themenkreis aus »that had no connexion with Europe« (ebd., S. 1169); insbesondere hatte der »reine Osten« (FA I, 3.1, S. 12) vor dem – in den *Noten und Abhandlungen* öfters so benannten – »Westland« (z.B. ebd., S. 156) den Vorzug, daß dort dem im restaurativen Europa ebenfalls restaurierten Christentum keine Sonderstellung zukam. Dem mittelalterlichen Europa halten die *Noten und Abhandlungen* das Bild einer höchst kultivierten islamischen Welt entgegen; eine gewisse Ironie schwingt wohl mit, wenn es in dem »Wallfahrten und Kreuzzüge« überschriebenen Abschnitt dennoch heißt, daß

wir »allen aufgeregten Wall- und Kreuzfahrern zu Dank verpflichtet« seien, »da wir ihrem religiosen Enthusiasmus [...] Beschützung und Erhaltung der gebildeten europäischen Zustände schuldig geworden« (ebd., S. 249).

Von etwa 1818 an entstand dann bei G. ein anderes, komplementäres Gegenbild zu Europa, das schließlich in der zweiten Fassung der *Wanderjahre* festgehalten ist: Das Ziel der Auswanderer in Amerika, schon in einer geologischen Notiz aus dem Jahre 1819 als der Erdteil bezeichnet, als der es nun Jahre später in dem berühmten *Zahmen Xenion* »Amerika, du hast es besser« (WA I, 5.1, S. 137) erscheint, ohne »Basalte [...] Ahnen [...] und [...] klassischen Boden« (WA II, 13, S. 314), also ein Kontinent der reinen Gegenwart ohne die Last der Geschichte, wo »man eigentlich von vorn beginnen« kann (WA I, 25.1, S. 264). Gerade die Ausarbeitung dieser außereuropäischen Utopie scheint bei G. einen gewissen Ausgleich in seiner Beziehung zur Alten Welt bewirkt zu haben. Neu in der zweiten Fassung der *Wanderjahre* waren nicht nur die namentlichen Hinweise auf freiere amerikanische Verhältnisse, sondern auch die durch Odoardo bekundeten Absichten, ähnliche Reformen innerhalb der strengen und teilweise noch feudal geordneten europäischen Gesellschaft mit Hilfe der nicht auswandernden Mitglieder des weltweiten Bunds zu betreiben. Vom Oheim erfahren wir, daß er, in Amerika erzogen, eine Rückwanderung nach Europa antritt: »diese unschätzbare Cultur seit mehreren tausend Jahren entsprungen, gewachsen, ausgebreitet, gedämpft, gedrückt, nie ganz erdrückt, wieder aufathmend, sich neu belebend und nach wie vor in unendlichen Thätigkeiten hervortretend gab ihm ganz andere Begriffe, wohin die Menschheit gelangen kann« (WA I, 24, S. 121). In Europa – so der Kerngedanke – könnte die Gesellschaft durch die Notwendigkeit des Kompromisses und der Anpassung auf eine höhere Entwicklungsstufe geführt werden, als sie in der unbegrenzten Freiheit des menschlichen Naturzustands erreichbar ist – eine Anknüpfung an Hegelsche Gedankengänge, in der Rechts- wie in der Geschichtsphilosophie, wäre hier möglich.

G. gehörte nicht zu den Auswanderern, sondern zu den Bleibenden: Wenn er sich in seinem letzten Lebensjahrzehnt auf Weimar festgelegt hatte, so kam das in gewissem Sinne einem Bekenntnis zu Europa gleich. Hier erhielt er »stets das Neueste und Wichtigste aus allen Fächern der Literatur, das in Europa erscheint« (Gespräche, 3.1, S. 709); hier empfing er täglich Besuch aus aller Welt, »ce qui est encore une étude pour moi qui ne peux voyager; je me mets au courant de l'Europe« (Gespräche, 3.2, S. 503). Auch wenn der Begriff der »Weltliteratur« weiter gefaßt und tatsächlich interkontinental gedacht war, ging es G. dabei in erster Linie um das wechselseitige Verständnis der europäischen Literaturen untereinander – vgl. Willibald Alexis' Hinweis auf »eine allgemeine europäische oder Weltliteratur« in seinem Bericht über ein Gespräch mit G. am 12.8.1829 (ebd., S. 444).

Zur politischen Ordnung unter den Nationen Europas hat sich G. kaum geäußert (Fuchs, S. 3), aber eine gewisse Kontinuität der Einstellung ist auch hier zu spüren, die sich leicht mit den Voraussetzungen des »Weltliteratur«-Gedankens vereinigen läßt. Wer sich in der vorrevolutionären Zeit und bis zur endgültigen Auflösung des Reichs als Reichsdeutscher empfunden und bezeichnet hatte, dann sich zum napoleonischen Empire bekannte, und schließlich wohl der Europapolitik Clemens Lothar Fürst von Metternichs am nächsten stand (Mommsen, S. 167 f.), sah sowohl Einheit als auch Vielheit jenes Europa ein, in dem vor 1806 eine einzige res publica zu erkennen war. In einem »Europe des patries« hätte sich G. wahrscheinlich wohlgefühlt, aber dem engstirnigen Nationalismus des späteren 19., geschweige denn des 20. Jhs. stand er fern. »›Goethe, der Europäer‹ ein zu vermeidender Ausdruck«, lautete am 13.6.1939 ein Erlaß im *Zeitschriften-Dienst* des Reichsministeriums für Volksaufklärung und Propaganda in bezug auf den 190. Geburtstag des Dichters (Mathieu, S. 131).

Literatur:

Fuchs, Albert: Goethe und Europa. Wiesbaden 1956. – Mathieu, Gustave: A Nazi propaganda directive on Goethe. In: PEGS. 22 (1953), S. 129–137. – Mommsen, Wilhelm: Die politischen Anschauungen Goethes. Stuttgart 1948.

Nicholas Boyle

Evolution

G. deutete Gestaltungsprozesse in der Natur im Sinne eines evolutiven, d.h. langsam und kontinuierlich verlaufenden Geschehens, das gewaltsame Ursachen, eruptive Vorgänge und plötzliche Veränderungen weitgehend ausschloß. Gleichwohl hat weder eine solche, am heutigen Sprachverständnis orientierte Auffassung, noch gar die von Charles Darwin im 19. Jh. entwickelte Theorie der Evolution zur Erklärung der Gesetze der Stammesgeschichte etwas mit dem vorwiegend ontogenetisch ausgerichteten Evolutionsbegriff des 18. Jhs. zu tun, wie er in der G.-Zeit und von G. selbst – meist mit kritischer Distanz – verwendet wurde.

Läßt man die Möglichkeit einer Urzeugung (der spontanen Entstehung von Einzellern, Würmern usw. aus Erde oder Luft), die noch bis weit ins 19. Jh. hinein Befürworter fand, außer Betracht, so gab es in der G.-Zeit zwei grundlegende Vorstellungen über die Entstehung von Lebewesen. Die beherrschende Theorie war die Lehre der Evolution; sie besagte, daß im Keim bereits alle Teile des künftigen Organismus vorgebildet seien und der Embryo schon zu Beginn seiner Entwicklung in der Keimzelle die gleiche Gestalt wie das ausgewachsene Lebewesen habe, freilich in Miniaturform. Entwicklung war in diesem Sinne weitgehend ein reiner Wachstumsprozeß. Diese Vorstellung, vertreten von führenden Naturforschern des 18. Jhs. wie Albrecht von Haller, Charles Bonnet, Carl von Linné oder Lazzaro Spallanzani, stand im Einklang mit dem für die zeitgenössische Biologie dominierenden Dogma der Artenkonstanz. Indem man annahm, daß auch im Keimling bereits wieder die Miniaturgestalt des Lebewesens der Folgegeneration angelegt sei, ließ sich die Evolution auch über die Individualentwicklung (Ontogenese) hinweg für die Stammesgeschichte (Phylogenese) postulieren, ohne Veränderungen in den Gestalten dieser Individuenkette zuzulassen. Statt Evolution nannte man diese Anschauung auch Präformation oder Prädelineation, nach ihrem Wirkungsprinzip über Generationen hinweg Einschachtelungslehre.

Die Gegenposition ist durch die bereits bei John Turberville Needham anklingende, schließlich 1759 von Caspar Friedrich Wolff in seiner *Theoria generationis* begründete Theorie der Epigenese bezeichnet (deutsche, erweiterte Ausgabe: *Theorie von der Generation*, 1764). Danach besteht der Prozeß der Entwicklung aus der Differenzierung einer zunächst amorphen Masse unter Zuführung von Nährstoffen von außen, wobei das bestimmende Agens ein Bildungstrieb ist, der von verschiedenen Autoren unterschiedlich benannt und definiert wird (Wolff: Vis essentialis; Johann Friedrich Blumenbach: Nisus formativus). Obwohl die Theorie der Epigenese Phänomene wie Regenerationserscheinungen, Mißbildungen oder artuntypische Merkmale besser erklären konnte als die der Evolution, blieb letztere jedoch dominierend, vor allem weil sie besser mit dem christlichen Schöpfungsglauben in Einklang zu bringen war. »Die Einschachtelungs-Lehre schien so plausibel und die Natur mit Bonnet zu kontemplieren höchst erbaulich«, berichtete G. in der *Campagne in Frankreich* über ein Gespräch bei Friedrich Heinrich Jacobi vom November 1792 in Pempelfort (FA I, 16, S. 520). Als er 1816/17 seine Hefte *Zur Morphologie* einleitete (*Der Inhalt bevorwortet*), stellte er fest, daß sich die Einschachtelungslehre, »selbst der besten Köpfe im allgemeinen bemächtigt« hatte (FA I, 24, S. 402). Während G. diese Theorie der Evolution seit seiner Jugend geläufig war, lernte er Wolffs epigenetische Vorstellungen vermutlich erst 1784/85 durch

Herder im Kontext der stellenweise gemeinsamen Arbeit an den *Ideen* kennen.

G. hatte sich Anfang 1785 mit mikroskopischen Arbeiten beschäftigt und sich im Spätsommer und Herbst dieses Jahres den Infusionstieren, meist Einzellern aus einem Heuaufguß, zugewandt. Im April und Mai 1786 fertigte er zu diesen Studien mehrere Protokolle an und legte genaue Beobachtungen nieder, ohne jedoch zu diesem Zeitpunkt bereits auf das Problem der Entwicklung und seine Erklärung durch die Theorien von Evolution oder Epigenese einzugehen. Diese Frage eröffnete sich ihm erst im Frühjahr 1788 auf der Rückreise von Italien, als ihm das anonym erschienene, von Louis Patrin verfaßte Werk *Zweifel gegen die Entwicklungstheorie. Ein Brief an Herrn Senebier* (übersetzt von Georg Forster, 1788) in die Hand fiel. Patrin postulierte, daß Materie, die schon einmal organisiert war, einen Trieb besitze, sich zu neuer Organisation auszubilden. So sei auch der Keim schon ein organisiertes Gebilde; das Huhn stecke im Ei wie die Eiche in der Eichel. G. notierte dazu: »Wie ein Wesen so determiniert ist daß es indem es wächst durch eine Rückwendung in sein eigen Selbst seines gleichen hervorbringen muß so brauchts aller praeformation und praeexistenz nicht. [...] freilich steckt das Huhn im befruchteten Ei. Aber nicht die Eiche in der Eichel, auch nicht das künftig abermals gebärende Huhn im Ei. Praeformation ein Wort das nichts sagt. Wie kann etwas geformt sein eh es ist« (FA I, 24, S. 89f.). Andererseits äußerte G. auch Verständnis für die große Verbreitung von Präformations- oder Evolutionsvorstellungen: »Der Begriff vom Entstehen ist uns ganz und gar versagt; daher wir, wenn wir etwas werden sehen, denken, daß es schon dagewesen sei. Deshalb kommt das System der Einschachtelung uns begreiflich vor« (FA I, 25, S. 108).

Mögen einzelne Äußerungen auch mehr zur einen oder anderen Theorie hinneigen, so hat G. sich doch nie für eine der beiden Vorstellungen entschieden und eine Festlegung bewußt vermieden, zumal ihn Lebewesen vor allem durch ihre Gestalt faszinierten, die in den frühen Phasen der Entwicklung noch nicht anschaulich erscheint. Er beschritt schon in Italien den Weg zu dem Metamorphose-Konzept, das er 1790 in der Abhandlung *Versuch die Metamorphose der Pflanzen zu erklären* vorlegte. Damit verloren Evolution und Epigenese den Anspruch alleingültiger Theorien und wurden für ihn untergeordnete Gesichtspunkte, die sich zunächst der mit Hilfe der Leitbegriffe Metamorphose und Typus gewonnenen Ordnung der Natur, später dann der Morphologie als Wissenschaft der organischen Gestalten einfügen mußten.

Kurz nach seiner Rückkehr aus Italien, wohl noch im Sommer 1788, schrieb G. Entwürfe zur Botanik nieder, in denen er erneut auf Evolution und Epigenese einging. »Hier wird nötig werden der Einschachtlungs-Hypothese zu schmeicheln weil wirklich der menschliche Verstand gewisse Phänomene auf eine andere Weise zu begreifen kaum fähig ist ob ihm gleich eben auch diese Einschachtlung unbegreiflich bleibt. Es ist ein Beispiel besonders von einem Rohrkeime zu geben und dabei wieder auf alle Weise der Epigenese Gerechtigkeit widerfahren zu lassen, um zu zeigen wie am Ende immer der Begriff zwischen beiden Hypothesen hineinfallen muß. Im Grunde haben auch beide Hypothesen keinen Einfluß auf unsere Ausführung indem wir nur die Teile nehmen wie wir sie gewahr werden und sie also immer entweder entwickelt oder ausgebildet sind« (FA I, 24, S. 94f.).

Um 1798, in einer Zeit also, in der die Grundlagen der Morphologie als fundamentale Wissenschaft der organischen Gestalten geklärt waren, kam G. erneut auf Evolution und Epigenese zurück, auch hier relativierend und den untergeordneten Charakter dieser Theorien betonend: »Das Neue, Gleiche ist anfangs immer ein Teil desselbigen [des organischen Wesens; d. Vf.] und kommt in diesem Sinne aus ihm hervor. Dieses begünstigt die Idee von Evolution; das Neue kann sich aber nicht aus dem Alten entwickeln, ohne daß das Alte durch eine gewisse Aufnahme äußerer Nahrung zu einer Art von Vollkommenheit gelangt sei. Dieses begünstigt den Begriff der Epigenese, beide Vorstellungsarten sind aber roh und grob gegen die Zartheit des unergründlichen Gegenstandes« (ebd., S. 361).

Zwischen Oktober 1816 und Mai 1817 beschäftigte sich G. mit den Werken von Wolff, dem in seiner Zeit – neben Blumenbach – wichtigsten Vertreter der Epigenese. Er bezeichnete ihn zwar als »trefflichen Vorarbeiter« (ebd., S. 426), doch schloß er sich Wolffs Position nicht vorbehaltlos an: »Weil nämlich die Präformations- und Einschachtelungslehre, die er bekämpft, auf einer bloßen außersinnlichen Einbildung beruht, auf einer Annahme die man zu denken glaubt, aber in der Sinnenwelt niemals darstellen kann« (ebd., S. 432). Wolff mache den Fehler, nur das tatsächlich Sichtbare als gegeben anzunehmen. G. unterschied nun zwischen dem Sehen mit »Geistes-Augen« und »den Augen des Leibes« und verwies damit auf seine Methode, hinter dem real in der Erscheinung zu Schauenden den morphologischen Typus zu entdecken (ebd.).

Als G. am 27.6. 1817 durch eine Stelle in Kants *Kritik der Urteilskraft* (§ 81) erneut auf Blumenbachs Werk *Über den Bildungstrieb und das Zeugungsgeschäfte* (1781) stieß, erwuchs daraus der Aufsatz *Bildungstrieb*, der die epigenetischen Vorstellungen Blumenbachs zu denen von Wolff in Beziehung setzt. Auch hier zeigte sich G.s Unbehagen gegenüber Evolution und Epigenese: »Kehren wir in das Feld der Philosophie zurück und betrachten Evolution und Epigenese nochmals, so scheinen dies Worte zu sein, mit denen wir uns nur hinhalten. Die Einschachtelungslehre wird freilich einem Höhergebildeten gar bald widerlich, aber bei der Lehre eines Auf- und Annehmens [der Epigenese; d. Vf.] wird doch immer ein Aufnehmendes und Aufzunehmendes vorausgesetzt, und wenn wir keine Präformation denken mögen, so kommen wir auf eine Prädelineation, Prädetermination, auf ein Prästabilieren, und wie das alles heißen mag was vorausgehen müßte bis wir etwas gewahr werden könnten« (FA I, 24, S. 452).

Mit Darwin wurde ab 1859 der Evolutionsbegriff gegenüber der G.-Zeit völlig neu besetzt; er bezeichnete nun den Ablauf der Stammesgeschichte und dessen Erklärung durch Variabilität der Populationen und Selektion durch die Umwelt, wobei der genealogische

Zusammenhang aller Arten und ihre Veränderung im Zentrum standen. Wie ist es zu erklären, daß G. – vor allem im ausgehenden 19. Jh. – als möglicher Vorläufer dieses neuen Evolutionsdenkens erschien? Ohne Zweifel sind in seinem Werk, insbesondere um 1784 bis 1786, zahlreiche Wendungen zu finden, die aus rückschauender Sicht wie Vorahnungen oder Andeutungen der Evolutionstheorie des 19. Jhs. klingen. Dies betrifft ebenso Äußerungen in G.s Umfeld, beispielsweise von Herder in seinen *Ideen*. Bei kritischer Prüfung jedoch ist G.s Einordnung als Vorausahner der Darwinschen Theorie Ergebnis mehrerer krasser Mißdeutungen, wie sie vor allem von Ernst Haeckel und seinen Anhängern vorgetragen wurden, wobei auch der Aspekt eine wichtige Rolle spielte, G.s geistesgeschichtliche Größe zur Legitimierung der modernen Wissenschaften heranzuziehen. Speziell wurden vier Themenbereiche aus G.s morphologischem Werk vor dem Hintergrund der Evolutionsproblematik diskutiert: die Zwischenkieferentdeckung beim Menschen (1784), das in Italien entwickelte Konzept der Urpflanze (1787), die Leitbegriffe von G.s Naturanschauung, Metamorphose und Typus (1790–1795), sowie G.s Stellungnahme zum Pariser Akademiestreit zwischen Étienne Geoffroy Saint-Hilaire und Georges Cuvier (1832).

Die gegen führende Anatomen der Zeit vertretene Ansicht, der Mensch besitze wie alle anderen Wirbeltiere einen Zwischenkieferknochen, wollte G. in erster Linie als Nachweis für die Harmonie der Natur verstanden wissen (an Knebel, 17.11. 1784), die sich hier in der Konsequenz des osteologischen Bauplanes – im Einklang mit der Gedankenwelt Spinozas, dem Typusbegriff Georges Louis Leclerc de Buffons und den von Herder vermittelten Ansichten über die Natur – offenbare. G. ging es darüber hinaus gerade nicht darum, den Menschen seiner Sonderstellung zu berauben, ihn also im Darwinschen Sinne in den genealogischen Zusammenhang aller biologischen Arten einzuordnen. Vielmehr betonte G. die qualitative Einmaligkeit jedes Lebewesens in allen Teilen seines biologischen Bauplanes, die es absurd erscheinen ließ, die Sonderstellung des Menschen an einem einzelnen Knochen festmachen zu wollen.

Mit dem Terminus »Urpflanze« bezeichnete G. eine zunächst als real gedachte, dann nur noch theoretisch postulierte morphologische Zentralform für Blütenpflanzen, aus der alle tatsächlich existierenden Pflanzen gedanklich durch Metamorphosen abzuleiten sein sollten. Eine stammesgeschichtliche Urform – wie der Begriff unter der Perspektive des Darwinschen Evolutionsdenkens offenbar stark suggerierte – lag völlig außerhalb seines Horizontes.

Typus und Metamorphose nannte G. seine beiden zwischen 1790 und 1795 zunehmend geklärten Leitbegriffe, die der Erscheinungsvielfalt in der Natur zugrunde lagen.

Der Typus sollte dabei ein Grundmuster vorgeben, dem enge Grenzen gesetzt seien, beispielsweise im Wirbeltierskelett, in dem die einzelnen Knochen zwar in verschiedener Größe und Form, aber doch in konstanter Lage und Beziehung zueinander vorkommen. Die Metamorphose dagegen sollte das bewegliche Element darstellen, den Typus in der konkreten Ausgestaltung der Lebewesen in vielfacher Weise abwandeln und so die unerschöpfliche Fülle der verschieden gestalteten Arten erklären. G. schwankte dabei zwischen einem rein empirischen Vorgehen, das auf Erkenntnisse am konkreten Material bedacht ist, und einer ideellen Sichtweise, die über das sinnlich Faßbare hinaus eine verallgemeinernde Vorstellung anstrebt. Dieses Schwanken zwischen Erscheinung und Idee stand einer exakten Definition von G.s Typusbegriff im Wege. Möglicherweise verführte das im Kontext der Darwinismus-Diskussion um G. dazu, in kaum nachvollziehbarer, plumper Weise den Typus mit einer Darwinschen Stammform und die Metamorphose mit den Kräften der Selektion gleichzusetzen.

Der Pariser Akademiestreit schließlich handelte zentral über die Berechtigung verschiedener Typenlehren, die von einem Grundtypus (Geoffroy Saint-Hilaire) bzw. vier Grundtypen (Cuvier) in der Ordnung des Tierreichs ausgingen. Man darf ihn daher kaum als einen vorweggenommenen Kampf um eine darwinistisch geartete Evolutionstheorie ansehen.

Darüber hinaus nahm G. eine vermittelnde Position ein und hegte keineswegs – wie immer wieder unterstellt worden ist – ausschließlich Sympathie für Geoffroy und seinen Vorschlag eines einzigen Grundmusters.

Aus der Fülle der Titel und Autoren, die die Rezeptionsgeschichte von G.s morphologischen Schriften im Hinblick auf die Evolutionstheorie bestimmen, können hier nur wenige genannt werden (ausführlich bei Wenzel 1982; zusammengefaßt bei Wenzel 1983). Nachdem Karl Meding 1861 in seiner Schrift *Goethe als Naturforscher in Beziehung zur Gegenwart* erstmals die Namen G. und Darwin zusammen genannt hatte, feierte Haeckel in seiner *Generellen Morphologie der Organismen* von 1866, deren zweiter Band den Naturforschern Darwin, G. und Jean Baptiste de Lamarck gewidmet ist, sowie in weiteren Schriften G. als den großen Vorläufer Darwins und versuchte in teilweise absurder Weise, G.s Vorstellungen explizit als Belege für dessen enge Gedankenverwandtschaft mit Darwin zu deuten. Haeckel erfuhr zwar auch viel Widerspruch, wofür Streitschriften und eine extrem polarisierte Diskussion zeugen, doch schlossen sich ihm vielgelesene Autoren wie der Neukantianer Friedrich Albert Lange in seiner *Geschichte des Materialismus* (1866) oder der Philosoph und Theologe David Friedrich Strauß in seinem Werk *Der alte und der neue Glaube* (1872) in der Tendenz an und priesen G. als frühen Verkünder eines neuen, auf die Naturwissenschaften gegründeten Glaubensbekenntnisses. In der G.-Philologie wurde Haeckels Position durch Salomon Kalischer gestärkt, der als Herausgeber der naturwissenschaftlichen Schriften an der Hempelschen und Weimarer Ausgabe sowie an weiteren Editionen mitwirkte. Gegenströmungen sind durch Emil Du Bois-Reymonds Berliner Rektoratsrede von 1882 (*Goethe und kein Ende*), vor allem aber durch Rudolf Steiners Edition von G.s naturwissenschaftlichen Schriften innerhalb der Kürschnerschen G.-Ausgabe (1883–1897) bezeichnet. Steiner sah G. und Darwin als Vertreter verschiedener, in ihrer Synthese äußerst gewinnbringender Arbeitsweisen und betonte auch erstmals eine prinzi-

pielle Unvergleichbarkeit von G.s Naturforschung mit der sogenannten exakten Wissenschaft, eine Einschätzung, die im 20. Jh. vor allem durch Hans Joachim Schrimpf und Werner Heisenberg vertreten worden ist.

Nachdem die Mendelschen Gesetze (1865, wiederentdeckt 1900) und die Lehre von den Mutationen (1904) sich mit der Evolutionstheorie als vereinbar erwiesen hatten, nachdem letztere schließlich um 1942 in der Synthetischen Theorie der Evolution aufgegangen war und so eine unumstrittene Stellung erreicht hatte, war die Brisanz des Themas endgültig dahin, und die Frage nach der Position G.s wurde immer seltener gestellt. G. wurde kaum noch in Relation zur Evolutionstheorie gesehen, wohl aber zur jeweils aktuellen Lage der Naturwissenschaften. Als man in den ersten Jahrzehnten des 20. Jhs. die Evolutionstheorie mit dafür verantwortlich machte, daß die sogenannte exakte Forschung zur Isolierung der Wissenschaften und zum Verlust eines geistesbildenden Wertes geführt habe, entdeckte man G. als Warn- und Mahninstanz, die allein den Weg zur wahren Kultur weisen könne (Chamberlain, Wohlbold). G.s Anschauungen als Ausdruck einer mahnenden Gegenposition zu einem rein naturwissenschaftlichen exakten Denken standen schließlich auch in den Wortmeldungen großer Gelehrter wie Adolf Portmann, Carl Friedrich von Weizsäcker oder Heisenberg im Mittelpunkt.

Literatur:

Chamberlain, Houston Stewart: Goethe, Linné und die exakte Wissenschaft der Natur. In: Wiesner-Fs. Wien 1908, S. 225–238. – Erhard, Hubert: Goethe und die Urzeugung. In: Gesnerus. 7 (1950), S. 76–79. – Heisenberg, Werner: Das Naturbild Goethes und die technisch-wissenschaftliche Welt. In: N.F. JbGG. 29 (1967), S. 27–42. – Portmann, Adolf: Goethes Naturforschung. In: N.F. Neue Schweizer Rundschau. 21 (1953/54), S. 406–422. – Schrimpf, Hans Joachim: Über die geschichtliche Bedeutung von Goethes Newton-Polemik und Romantik-Kritik. In: ders.: Der Schriftsteller als öffentliche Person. Von Lessing bis Hochhuth. Berlin 1977, S. 126–143. – Weizsäcker, Komm. in HA 13, S. 539–555. – Wenzel, Manfred: Goethe und Darwin. Goethes morphologische Schriften in ihrem naturwissenschaftshistorischen Kontext. Diss. Bochum 1982. – Ders.: Goethe und Darwin. Der Streit um Goethes Stellung zum Darwinismus in der Rezeptionsgeschichte der morphologischen Schriften. In: GoetheJb. 100 (1983), S. 145–158. – Ders.: Goethes Naturforschung und die Evolutionstheorie Darwins. In: Oldenburger Jb. 87 (1987), S. 317–355. – Wohlbold, Hans: Goethe und die Deszendenztheorie. In: Das Reich. 3 (1918), S. 195–218.

Manfred Wenzel

Falk, Johannes Daniel

(1768–1826)

Falk wurde am 26. 10. 1768 in Danzig geboren. Da er schon früh einen leidenschaftlichen Hang zur Literatur verspürte, litt er unsäglich, als er als Zehnjähriger aus der Schule genommen wurde und sich wegen einer streng pietistischen Erziehung nur heimlich fortbilden konnte. Durch Vermittlung seines Pastors Samuel Ludwig Majewski durfte er ab 1784 wieder die Schule besuchen und ab 1791 in Halle Theologie studieren. Durch viele persönliche Gespräche übte der vom Geist der Aufklärung erfaßte Majewski den stärksten Einfluß auf Falk aus. In der Absicht, Dichter zu werden, wandte sich Falk schon bald dem Studium der Altertumswissenschaften zu. Im Jahre 1792 unternahm er seine erste Reise nach Weimar, wo er mit G. zusammentraf. Falks Versuche als Satiriker weckten das Interesse Gleims, vor allem aber Wielands, der dem schriftstellerischen Talent Falks großes Lob zollte und ihn veranlaßte, im Herbst 1797 nach Weimar überzusiedeln.

Durch den engen Kontakt mit Wieland kam Falk auch in die Nähe Herders und in den Kreis derer, die G. kritisch gegenüberstanden. Von

1797 bis 1803 publizierte Falk jährlich ein *Taschenbuch für Freunde des Scherzes und der Satire*, in welchem er teils geistreiche und treffsichere, teils mittelmäßige und kleinliche Beiträge zum Zeitgeschehen, mitunter auch polemische Stellungnahmen gegen die von G. geförderten Romantiker veröffentlichte. Diese Polemiken fanden u. a. den Beifall Herders (Herder an Gleim, 6. 10. 1800). Erst in den Jahren 1801/1802 traf Falk häufiger mit G. zusammen. »Ich lerne Goethen sowohl in größerem Kreise wie vor allem im traulichen tête-à-tête immer mehr verehren und bewundern«, schrieb er am 16. 3. 1801 an Körte. Im selben Brief heißt es jedoch auch: »Allerdings gehöre ich nicht zu den jungen Leuten, die mit eingezogenem Atem den Worten des Meisters lauschen [...] ich [...] widerspreche offen, falls ich anderer Meinung bin. Auch einem Goethe«. Dies scheint den Kontakt nicht beeinträchtigt zu haben, denn am 11. 2. 1802 schrieb Friedrich Justin Bertuch an Knebel: »Falk ist jetzt Göthes Liebling«. In der Tat erfreute sich Falk nun einer Zuneigung G.s, die in der Folge zwar ernsthaft getrübt wurde, jedoch bis zu seinem Lebensende Bestand hatte. 1804 lobte G. Falks Puppenspiel *Die Prinzessin mit dem Schweinerüssel*, rügte jedoch nach dessen erfolgreicher Aufführung den Epilog, der die Schauspieler aufs Korn genommen und dadurch deren Zorn hervorgerufen hatte (GRUMACH, Bd. 5, S. 490–492). Als Falk im politisch brisanten Herbst 1806 in seiner Zeitschrift *Elysium und Tartarus* zunehmend franzosenfeindliche Töne anschlug, erwirkte G. am 13. Oktober das Verbot. Nach dem Sieg Napoleons bei Jena und Auerstedt blieb der im höchsten Maße gefährdete Falk in Weimar und trug als geschickt agierender Diplomat dazu bei, daß die völlige Ausplünderung der Stadt verhindert werden konnte. G. würdigte das, und der Herzog dankte ihm durch die Ernennung zum besoldeten Legationsrat.

Die engste Beziehung zwischen G. und Falk bestand in den Jahren 1806 bis 1813. Für sie gilt besonders, was Achim von Arnim später in treffender Beschreibung von G.s Einfluß auf Falk wiedergibt: »Er rühmt Goethe, daß ihn dieser durch seine stete Anmahnung an das

Objektive von den kleinlichen Zeitforderungen, die ihn längere Zeit beherrscht, allmählich abgelöst, bis er sein Heil in etwas Ewigem gefunden« (Leitzmann, S. 345).

Falks innerer Wandel führte ihn im Kriegsjahr 1813, in dem er vier Kinder verlor, zu einer völlig neuen Aufgabe: Aus christlichem Glauben heraus begann er mit seiner Frau Caroline, verwahrloste Kinder bei sich aufzunehmen und zu erziehen und gründete die »Gesellschaft der Freunde in Not«. Ab 1822 baute er mit seinen Zöglingen das halbverfallene Söllnersche Freihaus zu einem Waisenhaus (»Lutherhof«, später »Falksches Institut«) um. Für die Zöglinge dichtete er das Weihnachtslied *O du fröhliche*. Nach Falks Tod am 14.2. 1826 wurde Johann Michael Heinrich Döring von G. ermutigt, »die Biographie unseres guten Falk zu schreiben«, er wolle gerne dazu beitragen, »daß einem so vorzüglichen Manne ein würdiges Denkmal gesetzt werde« (WA IV, 41, S. 272).

Unmittelbar nach G.s Tod erschien Falks Buch: *Göthe aus näherm persönlichen Umgange dargestellt*. Es wurde in literarischen Zeitungen, auch von Wilhelm von Humboldt und Heine wegen seiner lebensnahen und unparteiischen Darstellungsweise gerühmt. Riemer dagegen unterzog es scharfer Kritik, indem er Falk Fälschungen vorwarf (Riemer, S. 18–31; Leitzmann, S. 336–342). Erst durch die Arbeiten von Siegmar Schultze, Ernst Witte und Albert Leitzmann wurden die Riemerschen Vorwürfe als im wesentlichen unhaltbar entkräftet. Falks Buch wollte keine Gesprächsprotokolle liefern. Zwar fügte er Teilstücke aus Gesprächen zu einem Ganzen zusammen und übernahm unkritisch Aussagen Dritter, dennoch zeichnete er insgesamt ein wirklichkeitsnahes G.-Bild. In Falks Motivation verbanden sich seine tiefe Verehrung gegenüber G. und sein Anliegen, G. auch mit Anfragen zu konfrontieren, die aus dem eigenen christlichen Glauben erwuchsen. So schrieb er: »Die goethe'sche Mystik nimmt freilich ein Letztes, ein Unerklärliches in allen Dingen an. Sie ehrt demnach, wie den Glauben, so auch die Vernunft« (Falk, S. 216). Für Falk selbst galt jedoch: »In dem heißen Andrange menschlicher Leidenschaft den Pflichtbefehlen höherer Liebe mit einem Herzen voll Demut überall ein bescheidentlich Gehör geben, unserm Glauben leben und sterben, und [...] sich fest an den Himmel halten« (ebd., S. 72).

Literatur:

Allen, Richard John: J. D. Falk and the Traditions of German Satire. Diss. Baltimore 1969. – Falk, Johannes, Daniel: Göthe aus näherm persönlichen Umgange dargestellt. Leipzig 1832. Repr. Hildesheim 1977. – Leitzmann, Albert: Goethes Gespräche mit Falk. Zs. für deutsche Philologie. 57 (1932), S. 332–366. – Riemer, Friedrich Wilhelm: Mittheilungen über Goethe. Bd. 1. Berlin 1841. – Schering, Ernst/Mlynek, Georg (Hg.): Johannes Falk – Geheimes Tagebuch 1818–1826. Stuttgart 1964. – Schultze, Siegmar: Falk und Goethe. Halle a. S. 1900. – Witte, Ernst: Falk und Goethe. Diss. Rostock 1912.

Johannes Demandt

Fichte, Johann Gottlieb
(1762–1814)

Aus dem unbefriedigenden Dasein eines Hauslehrers wurde Johann Gottlieb Fichte befreit, als ihm Ende 1793 durch G.s Freund Christian Gottlob von Voigt eine »ordent. Honorarprofessur, 200 Thlr. Besoldung und Rathscharakter« an Jenas Universität angeboten wurde (Fuchs, S. 78). Voigts Absicht war, nach dem Weggang von Karl Leonhard Reinhold, der Kants Philosophie in Jena vertreten und bekannt gemacht hatte, durch Fichte das »Kantische Evangelium« fortsetzen zu lassen (Voigt an G., 17.7. 1793). G. hielt Fichte derzeit ebenfalls für einen schulmäßigen Kantianer und unterstützte das Vorhaben nachdrücklich. Da Fichte 1793 zwei anonyme Flugschriften zur Verteidigung der Französischen Revolution publiziert hatte, deren Autorschaft auch in Weimar nicht verborgen geblieben war, bestand für Voigt Grund, über seinen »Democratismus« persönlich mit ihm zu reden (Fuchs, S. 78). Doch sowohl er als auch G. hofften auf Fichtes Zurückhaltung in politischen Angelegenheiten. Rückblickend sprach G. allerdings von »Kühnheit, ja Verwegenheit«, mit der Fichte berufen worden sei (*Tag- und Jahreshefte 1794*).

Fichte kam im Mai 1794 nach Jena und machte bald Visite bei G., der ihn »höchst freundschaftlich« (Fichte an seine Frau, 20.5. 1794) empfing und seinerseits die »Nachbarschaft« als »sehr angenehm« bezeichnete (an Charlotte von Kalb, 28.6. 1794). Zwar schrieb er am 24. Juni an Fichte über die *Wissenschaftslehre*, daß sich der Inhalt an seine »gewohnte Denkweise willig anschlösse«, doch äußerte er sich gegenüber Friedrich Heinrich Jacobi ironisch über Fichtes Begriffe »Ich« und » N i c h t i c h « (23.5. 1794) und bezeichnete die *Grundlage der gesammten Wissenschaftslehre* als »sonderbare Produktion« (8.9. 1794); auch nannte er den Philosophen einen »wunderlichen Kauz« und vermerkte dessen »rigiden Sinn« (2.2. 1795). Bestärkt wurde seine Aversion durch Schiller, der in Fichte nach dem Abflauen der ersten Sympathie »die reichste Quelle von Absurditäten« sah (an G., 15.5. 1795). Schiller hatte dank seines intensiven Kantstudiums die Differenz zwischen Kant und Fichte recht bald erkannt; er sprach von dessen »subjektivem Spinozismus« und davon, daß Fichte wie eine »Gottheit« die Welt durch seine Vorstellungen erschaffe »und alle Realität [...] nur in dem Ich« sein lasse (an G., 28.10. 1794). Nach der Auseinandersetzung über den von Fichte für die *Horen* vorgesehenen Aufsatz *Ueber Geist und Buchstab in der Philosophie* Mitte 1795 kühlte Schillers Haltung zu Fichte weiter ab. Er dehnte den Adressatenkreis der *Xenien*, der ursprünglich nur die *Horen*-Kritiker umfassen sollte, auf die »metaphysische Welt, mit ihren Ichs und NichtIchs« aus (an G., 29.12. 1795) und steuerte das gegen Fichte gerichtete Xenion bei: »Ich bin ich, und setze mich selbst; und setz' ich mich selber / Als nicht gesetzt, nun gut! setz' ich ein Nicht-Ich dazu« (WA I, 5.1, S. 260). Doch wurde in der Gesamttendenz der *Xenien* der Bedeutung von Fichtes Denken

nicht zuletzt mit dessen deutlicher Aufwertung gegenüber seinem popularphilosophischen Hauptfeind Christoph Friedrich Nicolai Rechnung getragen: »Freilich tauchet der Mann kühn in die Tiefe des Meeres, / Wenn du, auf leichtem Kahn, schwankest und Heringe fängst« (ebd., S. 233).

G.s Distanz gegenüber Fichtes Philosophie gründete in der Ablehnung von dessen Subjektivismus und des damit verbundenen Anspruchs auf Unbedingtheit des freien Willens. Der Verabsolutierung des Subjekts widersprach G.s Anerkennung der Eigengesetzlichkeit des Objekts: »So mag sich der Idealist gegen die D i n g e a n s i c h wehren wie er will, er stößt doch ehe er sichs versieht an die D i n g e a u ß e r i h m « (an Schiller, 6.1. 1798). Für ihn war »nichts trauriger anzusehn als das unvermittelte Streben in's Unbedingte in dieser durchaus bedingten Welt« (MuR, 961). Fichtes Postulat: »Wähle dich selbst zu deinem vertrautesten Gesellschafter, folge Dir in die geheimsten Winkel deines Herzens, und [...] lerne dich selbst kennen« (Fichte I, 1, S. 223) war mit seiner Weltoffenheit unvereinbar: »Hiebei bekenn' ich, daß mir von jeher die große und so bedeutend klingende Aufgabe: e r k e n n e d i c h s e l b s t , immer verdächtig vorkam, als eine List geheim verbündeter Priester, die den Menschen [...] von der Thätigkeit gegen die Außenwelt zu einer innern falschen Beschaulichkeit verleiten wollten« (WA II, 11, S. 59). Andrerseits wurde G. nicht nur von Kant, sondern auch von Fichte dazu angeregt, die Aktivität des Subjekts und dessen Sonderstatus innerhalb des Naturzusammenhangs ernster zu nehmen als es etwa Spinoza tat. Wenn G. also kurz vor seinem Tod sagte: »Ich danke der kritischen und idealistischen Philosophie, daß sie mich auf mich selbst aufmerksam gemacht hat« (an Schultz, 18.9. 1831), so war damit bis zu einem gewissen Grad auch Fichte gemeint.

Fichtes Lehrtätigkeit in Jena, für die G. mitverantwortlich zeichnete, erregte Aufsehen. Er weckte Begeisterung auf Seiten der Frühromantiker. Anderen erschien seine Lehre als Vernunft-Götzendienst und Jakobinismus. Sie provozierte Anfeindungen durch kirchliche

Behörden und reaktionäre Studenten; 1795 sah sich Fichte, nachdem sein Haus mit Steinen beworfen worden war, zu einer vorübergehenden Umsiedelung nach Oßmannstedt genötigt. Während der verschiedenen Querelen stand G. trotz seiner Spötteleien über das »Osmanstädter Ich« (an Schiller, 19.7. 1795) und die »Nicht Ichs«, die durch die Scheiben » f l i e g e n «, obwohl man sie »doch g e s e t z t hat« (an Voigt, 10.4. 1795), lange Zeit zusammen mit Voigt auf Fichtes Seite. Noch als Ende 1798 Fichte gemeinsam mit Friedrich Karl Forberg des Atheismus beschuldigt wurde und der sächsische Kurfüst dem Weimarer Herzog eine ernstliche Bestrafung abforderte, empfahl er, »in dieser Sache gelassen« und diplomatisch zu verfahren (AS, Bd. 2.2, S. 583). Carl August hingegen war sehr erregt über G.s vermeintlichen »Leichtsinn« (ebd., S. 581) in akademischen Angelegenheiten und mißbilligte dessen duldsame Haltung gegenüber der ihm persönlich höchst albern erscheinenden kritischen Philosophie. Fichtes Rigorismus in dieser Affäre und der Druck der politischen Konstellationen bewogen jedoch G., der von Fichte selbst provozierten Entlassung nolens volens zuzustimmen. »Was Fichten betrifft«, schrieb er am 30.8. 1799 an Johann Georg Schlosser, »so thut mirs immer leid, daß wir ihn verlieren mußten«; aber er bekannte auch, daß er gegen seinen »eignen Sohn votiren würde, wenn er sich gegen ein Gouvernement eine solche Sprache erlaubte«. Dagegen erklärten sich die Jenaer Frühromantiker, Caroline, August Wilhelm und Friedrich Schlegel, Novalis und Schelling mit Fichte solidarisch. Sie sahen aus seinem Weggang von Jena großen Nachteil für die Universität erwachsen und bewerteten die Maßnahmen gegen ihn als Zeichen einer reaktionären, dem freien Denken feindlichen Haltung. Retrospektiv brachte auch G. die 1803 ausgebrochene Krise der Universität mit Fichtes Entlassung in Verbindung (*Tag- und Jahreshefte 1803*); daß er seine im Zusammenhang des Atheismusstreits an Voigt gerichteten Briefe beseitigt hat, läßt sich als Versuch nachträglicher Verschleierung seiner Rolle interpretieren.

Literatur:

Bergmann, Ernst: Fichte und Goethe. In: Kantstudien. 20 (1915), S. 139–145 u. S. 347–356. – Beyer, Waltraud: Der Atheismusstreit um Fichte. In: Dahnke, Hans-Dietrich/Leistner, Bernd (Hg.): Debatten und Kontroversen. Literarische Auseindersetzungen in Deutschland am Ende des 18. Jahrhunderts. Bd. 2. Berlin, Weimar 1989, S. 154–245. – Fallbacher, Karl-Heinz: Fichtes Entlassung. Ein Beitrag zur Weimar-Jenaischen Institutionengeschichte. In: Archiv für Kulturgeschichte. 7 (1985), H. 1, S. 111–135. – Fichte, Johann Gottlieb: Gesamtausgabe der Bayerischen Akademie der Wissenschaften. Hg. von Reinhard Lauth u. Hans Jacob. Abt. I: Werke. Abt. III: Briefwechsel. Stuttgart-Bad Cannstatt 1962ff. – Fuchs, Erich (Hg.): J. G. Fichte im Gespräch. Bd. 1. Stuttgart-Bad Cannstatt 1978. – Goethes amtliche Schriften. Veröffentlichung des Staatsarchivs Weimar. Bearb. von Helma Dahl. Bd. 2.2. Weimar 1970 [=AS]. – Neumann, Robert: Goethe und Fichte. Diss. Berlin 1904. – Tümmler, Hans (Hg.): Goethes Briefwechsel mit Christian Gottlieb Voigt. Bd 1. Weimar 1949. – Ders.: Goethes Anteil an der Entlassung Fichtes von seinem Jenaer Lehramt 1799. In: ders.: Goethe in Staat und Politik. Köln, Graz 1964, S. 132–166. – Wundt, Max: Die Philosophie an der Universität Jena, in ihrem geschichtlichen Verlaufe dargestellt. Beiträge zur Geschichte der Universität Jena. 4 (1932).

Waltraud Naumann-Beyer

Form

G. hat die Form als das eigentliche ästhetische Vermögen in deutlicher Absetzung gegen den spontan erzeugten Gehalt und den vorgegebenen Weltstoff charakterisiert. Die Formreflexion bändigt das, was Innenwelt und Außenwelt »allzufreygebig« darbieten. »Die Besonnenheit des Dichters bezieht sich eigentlich auf die Form, den Stoff giebt ihm die Welt nur allzufreygebig, der Gehalt entspringt freywillig aus der Fülle seines Innern« (FA I, 3.1, S. 196).

Die Formreflexion leistet bei G. also etwas Ähnliches wie Kants Urteilskraft: sie funktioniert als Disziplin des Genies. Die Besonnenheit des Dichters bewährt genau die Sensibilität, die Kant als Geschmack bestimmt hat. Ihr Resultat ist die »wohltätig beschränkende Form« (Eckermann, 6.6. 1831). Die Pointe dieser Bestimmung liegt natürlich darin, daß die ästhetische Wohltat gerade in der Beschränkung einer Freiheit liegt, die als gesetzlose sinnlos wäre.

Die Form verzehrt den Stoff und individuiert den Gehalt. So heißt es im Festspiel *Pandora*: »Und einzig veredelt die Form den Gehalt, / Verleiht ihm, verleiht sich die höchste Gewalt« (GA 6, S. 430). Doch diese Konzeption einer den Gehalt veredelnden, sich selbst ermächtigenden Form ist von trügerischer Einfachheit; sie verbirgt eine Paradoxie. Die Funktion der Form steht in Dissonanz zur Bedeutsamkeit ihrer Gegenstände. Ihre veredelnde Gewalt schafft letztlich aus sich selbst das Leben des Kunstwerks und kann deshalb die Würde ihres gegenständlichen Vorwurfs nicht mehr achten. Die Bedeutsamkeit ihres Gegenstandes kann der Kunst im Formprozeß nur störend dazwischenkommen. G. hat das in einem Brief an Carl Friedrich Zelter vom 15.1. 1813 in aller Klarheit ausgesprochen: »Die Kunst, wie sie sich im höchsten Künstler darstellt, [erschafft; d. Vf.] eine so gewaltsam lebendige Form, daß sie jeden Stoff veredelt und verwandelt. Ja es ist daher dem vortrefflichen Künstler ein würdiges Substrat gewissermaßen im Wege, weil es ihm die Hände bindet und ihm die Freiheit verkümmert, in der er sich als Bildner und als Individuum zu ergehen Lust hat«. Diese Gewaltsamkeit der lebendigen Kunstform darf jedoch nicht mit der zurüstenden Gewalt technischer Formen verwechselt werden. Veredelung des Stoffs setzt eine Angemessenheit von Form und Inhalt voraus. Gerade das vermißt G. aber an den Formen der technischen Welt: »In dem, was der Mensch technizieren, [...] ist die Form nicht wesentlich mit dem Inhalt verbunden, die Form ist dem Stoff nur auf- oder abgedrungen« (GA 22, S. 444).

Wohltätig beschränkende und gewaltsam lebendige Form – eine dritte, die berühmteste Formbestimmung G.s schließt sich hier nahtlos an: »Und keine Zeit und keine Macht zerstückelt / Geprägte Form, die lebend sich ent-

wickelt« (GA 1, S. 523). G. entparadoxiert hier eine Paradoxie durch eine zweite, denn Form lebt nicht, und Geprägtes kann sich nicht entwickeln. Eben diese Unmöglichkeiten als spezifisch ästhetische Formleistung zu beschwören, ist G. unermüdlich. G.s Konzeption läßt sich vielleicht am besten von späten Betrachtungen aus verstehen, die er anläßlich Luke Howards *The Climate of London* angestellt hat. Was ihn an Howards Studie fasziniert, ist die Beschreibung von Wolkenerscheinungen als Formung des Formlosen; daß auch Unbegrenztes eine Gestalt hat, die nach Gesetzen wechselt. Metamorphosen vollziehen also jene Entparadoxierung: Form lebt und Geprägtes entwickelt sich.

Wolkenerscheinungen sind Naturphänomene des metamorphotisch Unbegrenzten. Und es entspricht ganz G.s Grundauffassung einer Einen Natur, daß er die Formung des geistig Unbegrenzten unter die nämlichen Begriffe bringt. So heißt es in einer der Maximen und Reflexionen über Religion und Christentum: »Es gibt nur zwei wahre Religionen, die eine, die das Heilige, das in und um uns wohnt, ganz formlos, die andere, die es in der schönsten Form anerkennt und anbetet. Alles, was dazwischen liegt, ist Götzendienst« (MuR, 667). Demnach sind der Mystiker und der Künstler die wahrhaft religiösen Menschen. Indem G. aber die schönste Form als darstellungsäquivalent zum formlosen Gebet begreift, anerkennt er das Provisorische der ästhetischen Form. Das Heilige, Unbegrenzte geht nicht in ihr auf.

Schon 1776 in den Notizen *Aus Goethes Brieftasche* unterscheidet er die Formbestimmungen poetologischer Regelwerke kritisch von der zu erfühlenden »innern Form [...], die alle Formen in sich begreift«; wie ein Brennglas sammle sie die Strahlen des Heiligen in der Natur. Doch auch diese antiakademisch so genannte innere Form unterliegt der Kritik. Sie ist für G. nicht der Wert ästhetischer Vollkommenheit, denn: »Jede Form, auch die gefühlteste, hat etwas Unwahres« (WA I, 37, S. 314). Schon diese frühen Überlegungen sprechen aus, was dann das Spätwerk G.s immer wieder manifestieren wird:

Zwar ist Form die Arkandisziplin des ästhetischen Menschen, zwar veredelt sie allen Gehalt und ist die eigentliche Dimension künstlerischer Selbstermächtigung; doch die Form ist nicht der Gott des Dichters. Ihr Prinzip wird schließlich gesprengt. Großartig heißt es bei Friedrich Gundolf über die Alterskunst G.s: »Was sie im letzten Grunde will, entzieht sich nicht nur dieser und jener Form, sondern vielleicht dem Ausdruck, sozusagen, in der Form der F o r m« (Gundolf, S. 251).

An die Stelle des Ausdrucks in der Form der Form tritt im Spätwerk zunehmend die Formel. Immer wichtiger werden ihm Schematismen, immer entschlossener nutzt er Kants Begriff der formalen Zweckmäßigkeit zur Weltdeutung. G.s Verehrung der Form verfestigt sich willig, sehenden Auges zur Formalistik. Gundolf spricht in diesem Zusammenhang von einer »Hypertrophie des Formungssinnes« (ebd., S. 249). Dem späten G. zerfällt die Welt in hochbedeutsame Sachverhalte, deren Eigenformel er sucht. Der abstraktive Oberbegriff soll mit der individuierenden Form zusammenfallen. Dem Kanzler von Müller gegenüber formulierte G., jedes Ding »verlange eine eigene Form, eine F o r m e l, die, das Unwesentliche ausschließend, den Haupt-Begriff scharf umgrenze« (19.4. 1819).

Die Eigenformel ist das Zauberwort, das den Detailbefund auf das integrale Wissen der Einen Natur hin ausrichtet. So heißt es in einem Brief an Georg Friedrich Christoph Sartorius vom 19.7. 1810 über den Zusammenhang seiner vielfältigen naturwissenschaftlichen Studien: »Wenn ein paar große Formeln glükken, so muß das alles Eins werden, alles aus Einem entspringen und zu Einem zurückkehren«. Und in einem Brief an Sulpiz Boisserée vom 3.11. 1826 entschuldigt G. seine Altersneigung, stets im Allgemeinen zu formulieren, so: »Als ethisch-ästhetischer Mathematiker muß ich in meinen hohen Jahren immer auf die letzten Formeln hindringen, durch welche ganz allein mir die Welt noch faßlich und erträglich wird«. Doch nicht nur der greise Weltbeobachter bedient sich der theoretischen Apparatur großer Eigenformeln – der Weltlauf selbst scheint durch die ewige Wiederkehr

großer Formeln (wie etwa Mythen und religiöse Urformen) bestimmt. In einem Gespräch mit Kanzler von Müller am 29.4. 1818 bemerkt G.: »Wenn man das Tun und Treiben der Menschen seit Jahrtausenden überblickt, so lassen sich einige wenige allgemeine Formeln erkennen, die je und immer eine Zauberkraft über ganze Nationen wie über die Einzelnen ausgeübt haben, und diese Formeln, ewig wiederkehrend, ewig unter tausend bunten Verbrämungen d i e s e l b e n, sind die geheimnisvolle Mitgabe einer höhern Macht«.

Literatur:

Baumann, Gerhart: Goethe. Dauer im Wechsel. München 1977. – Benjamin, Walter: Der Begriff der Kunstkritik in der deutschen Romantik. In: Gesammelte Schriften. Hg. von Rolf Tiedemann und Hermann Schweppenhäuser. Bd. 1.1. Frankfurt/M. 1978, S. 7–122. – GUNDOLF. – Lentz, Wolfgang: Original types of literary composition as described by Goethe. In: Yearbook of Comparative and General Literature. 10 (1961), S. 59–62. – Strich, Fritz: Dichtung und Zivilisation. München 1928. – Wertheim, Ursula: Von der ›herrlichen Musengabe‹ der ›Naturpoeten‹ und ›Naturprosaisten‹. In: dies.: Goethe-Studien. Berlin 1968, S. 64–88.

Norbert Bolz

Forster, Johann Georg Adam
(1754–1794)

Viermal begegneten sich G. und Forster, der nach der Weltumseglung mit James Cook durch seine *Reise um die Welt* (engl. 1777, dt. 1778–80) auch als Schriftsteller Ruhm erworben hatte und danach als Professor der Naturgeschichte in Wilna und Kassel, als Kurfürstlicher Bibliothekar in Mainz sowie als Essayist und Übersetzer in engen Beziehungen zu einflußreichen Intellektuellen seiner Zeit stand: 1779 und 1783 in Kassel, 1785 in Weimar, 1792 in Mainz. Über Jahre hinweg wechselten sie Briefe, die jedoch größtenteils verschollen sind. Das gegenseitige Interesse begründete sich vor allem in einer pantheistischen Konzeption von Natur und – zunehmend – in einer an antiker Klassizität orientierten Auffassung von Kunst und Literatur; auch Aspekte einer spezifisch modernen Literatur, insbesondere die Entwicklung einer öffentlich wirkenden Prosa spielten dabei eine Rolle.

G. hat am meisten der Naturforscher Forster interessiert. Im Abschnitt *Konfession des Verfassers* im Historischen Teil der *Farbenlehre* führte er ihn als einen jener »Gelehrten« an, die ihm »von ihrer Seite Beistand« geleistet hätten (WA II, 4, S. 301). Er wußte aber auch den Übersetzer und Schriftsteller zu schätzen: Mit einem Gedicht bedankte er sich 1791 auch öffentlich für die *Sakontala*, die Forster aus dem Englischen übersetzt hatte, und pries das historische Kunstprodukt im Bild der Pflanze – »Blüthen«, »Früchte« – als gleichsam begriffene »Einheit« von »Himmel« und »Erde« (WA I, 4, S. 122). Die Übersendung des zweiten Teils der *Ansichten vom Niederrhein* beantwortete G. mit dem Lob für einen »so guten, so unterrichteten Beobachter« und fand die »Geschichte der brabantischen Unruhen [...] fürtrefflich geschrieben« (an Forster, 25.6. 1792).

Für Forster war G. allerdings in einem weit stärkeren Maß ein Muster schriftstellerischen, dichterischen Schaffens. Seine Bewunderung für den »Genius« (Forster an J.R. Forster, 24.10. 1779), die auch durch die politische Entzweiung im Gefolge der Französischen Revolution nicht eingeschränkt wurde, datierte seit der Lektüre des *Werther* und des *Götz*, und bis in Forsters letzte Briefe blieb G. der meistzitierte Autor. Forsters Lieblingszitate stammen aus dem *Prometheus* (V. 31, 32, V. 40, 41 u. V. 53, 54), mit dem er 1778 durch Friedrich Heinrich Jacobi bekannt gemacht worden war. Diese Zitate dienten ihm zur Selbstdeutung auf verschiedenen Ebenen: auf einer religiös-moralischen, wo es um die Problematik von

Demut und Stolz ging, auf einer psychologischen, für die Selbstvertrauen sowie das Verhältnis von Innerlichkeit zu Erfahrung und Wirksamkeit zentral waren, sowie auf einer philosophischen, wo die Abhängigkeit von einer schicksalhaft determinierenden Natur und der Anspruch des Menschen, Schöpfer seiner selbst zu sein, diskutiert wurden; letztere Ebene hat Forster schließlich politisiert in der Kritik an der »leimernen Allmacht« der »Erdengötter« (an Heyne, 30.6. 1792) als »selbstgemachten« »Popanzen« (an Therese Forster, 19.7. 1793). In dem Aufsatz *Ueber lokale und allgemeine Bildung* von 1791 ist G. als einziger deutscher unter den neun größten Dichtern der Menschheit genannt (Forster, Bd. 7, S. 56).

Lektüre G.scher Schriften beeinflußte insbesondere auch Forsters Literaturbegriff in der Orientierung auf eine »belletristische« (an C.F. Voß, 14.11. 1790) Prosa, deren »ästhetischer Wert« (an Voß, 20.3. 1792) sie von der bloßen Gelehrsamkeit abhob und für Öffentlichkeit qualifizierte. G.sche Werke – gemeinsam mit denen Wielands, Schillers und Christian Garves – galten Forster als »große Muster« einer »Schreibart«, die »zum eigenen Denken veranlaßt«, wenngleich er das Fehlen des Essays als Genre in Deutschland aus dem »isolirten Daseyn« der »schönen Blüthen« und »edlen, reifen Früchte der deutschen Litteratur« – eine Anspielung auf G.s *Sakontala*-Gedicht – erklärte (Forster, Bd. 7, S. 233, S. 253, u. S. 262).

Die politischen Gegensätze freilich hatten Folgen für das Verhältnis beider Autoren zueinander. Während Forsters vernichtendes Urteil über den »platten« *Groß-Cophta* den von G. gesetzten Maßstab von »Geist, Einbildungskraft, ästhetischem Gefühl« (Forster an Heyne, 7.4. 1792) anlegte und die mögliche Rechtfertigung mit dem »Modell« »altgriechischer, aristophanischer Deutlichkeit« (Forster an F.H. Jacobi, 18.5. 1792) zumindest erwog, zeigt sich in G.s lobender Äußerung zu den *Ansichten vom Niederrhein* bereits Distanzierung. Vollends belegt die Differenz der Beschreibung des Mainzer Besuchs bei Forster in der *Campagne in Frankreich 1792* zu den Paralipomena, daß Forster für G. den gemeinsamen »Boden der Wissenschaft und Einsicht« (WA I, 33, S. 5) in der Realität verlassen hatte: »Große republikanische Spannung der Gemüter. Mir ward unwohl in der Gesellschaft« (MA 14, S. 590). Forster hatte schon früh die sozial-politische, höfische Einbindung des Genies, die »Freimütigkeit« begrenzen mußte (an F. H. Jacobi, 10. 10. 1779), wahrgenommen; ihm zeigte sich dann G.s »Aristokratismus« (an Heyne, 27. 10. 1792) nicht zuletzt in dessen »Verachtung« für das Publikum und die Volksmassen insgesamt (an Heyne, 7. 4. 1792). Forsters Demokratismus dagegen stellte sich G. als die Geselligkeit gefährdende Politisierung dar.

Dieser Auffassung entsprachen dann G.s moralisch wertende Kommentierung von Forsters Tod als Buße für »Irrthümer« (an Soemmerring, 17. 2. 1794) und die Invektiven gegen den toten revolutionären Demokraten in den *Xenien*. Einige der von G. zumindest mitverantworteten Epigramme wurden früh schon auf Forster bezogen. Nr. 336 (*Elpenor*), 337 (*Unglückliche Eilfertigkeit*), 347 (*Phlegyasque Miserrimus Omnes Admonet*) und 348 (*Die dreifarbige Kokarde*) deuten den Tod als selbstverschuldet: eine Folge des Rausches oder der Raserei. Die Metaphern bezeichnen die Abhängigkeit von den Massen, die nach Freiheit und Gleichheit »schreien«, oder von Frauen, die in die Revolution treiben – diese Schuld »des Weibes« (MA 4.1, S. 817), das zum Pflanzen von Freiheitsbäumen rät, akzentuiert auch *Agamemnon* (Nr. 349).

Für die unterschiedliche Denkweise und Zielrichtung beider Autoren ist kennzeichnend, in welcher Weise sie die Metaphern der »gotischen Ruine« benutzten. »Kein Vulkan«, so ironisierte Forster in seinen *Erinnerungen aus dem Jahr 1790* die deutsche Unreife zur Revolution, »wird sich unter dem ehrwürdigen Gothischen Denkmal unserer Reichsverfassung entzünden, seine zierlich geschnörkelten Thürmchen, seine schlanken Säulenbüschel und schaurigen Spitzgewölbe in die Luft zu sprengen, und uns mit dem Feuer und Schwefel der politischen Wiedergeburt taufen« (Forster, Bd. 8, S. 280 f.). G., der nicht zuletzt mit

Hilfe der Beziehung auf Natur das Revolutionäre als künstliche Gewaltsamkeit und Unordnung auszuschließen bestrebt war, gebrauchte die Metapher 1808 im Vorwort zur *Farbenlehre* zur Erläuterung des von ihm veranstalteten Umsturzversuches in der Wissenschaft, zur Kennzeichnung der »Newtonischen Farbentheorie« als einer »alten Burg«, die »unbewohnbar geworden« sei: »Wir [...] beginnen sogleich von Giebel und Dach herab es [das alte Bauwerk; d. Vf.] ohne weitere Umstände abzutragen, damit die Sonne doch endlich einmal in das alte Ratten- und Eulennest hineinscheine und dem Auge des verwunderten Wanderers offenbare jene labyrinthisch unzusammenhängende Bauart, das enge Nothdürftige, das zufällig Aufgedrungene, das absichtlich Gekünstelte, das kümmerlich Geflickte. Ein solcher Einblick ist aber alsdann nur möglich, wenn eine Mauer nach der andern, ein Gewölbe nach dem andern fällt und der Schutt, soviel sich thun läßt, auf der Stelle hinweggeräumt wird« (WA II, 1, S. XIII ff.).

Die Geschichte der Forster-Rezeption ist in bemerkenswerter Weise an die G.sche gekoppelt. Schon der Gründungstext der Forster-Rezeption war eine Entgegnung auf G., insofern Friedrich Schlegel mit seinem Forster-Essay als »Fragment einer Charakteristik der deutschen Klassiker« (KA I, 2, S. 78) G.s *Literarischen Sansculottismus* zu widerlegen suchte. Während Karl August Varnhagen von Ense Forster engstens mit G. – sowie mit Schiller und den Humboldts – verband, um ihn zu einer »festen Stätte [...] in der deutschen Litteratur [...] dauernd zu erheben« (S. 214 f.), führte Georg Gottfried Gervinus – der an G.s *Literarischen Sansculottismus* umdeutend anknüpfte, indem er die klassische Literatur zur Vorbereitung einer klassischen Politik in Deutschland erklärte – die strikte Polarisierung zwischen G. und Forster in die Literaturgeschichtsschreibung ein. Sein Lob für Forsters »schneidendes aber vortreffliches Urtheil« über den *Groß-Cophta* ergab sich aus der Voraussetzung, daß der naturwissenschaftlich interessierte G. »für alle Historie völlig blind« gewesen sei, während Forster »inner-

halb der werdenden Geschichte ein historisches Urtheil gefällt« habe, »das der spätere
Geschichtsschreiber nur erweitern, nicht bessern kann« (S. 391ff.). In der die nationallibe-
rale Literaturgeschichtsschreibung ablösen-
den positivistischen Biographik der als Natio-
nalwissenschaft institutionalisierten Neugermanistik gewannen die *Xenien*-Urteile
autoritative Geltung: Politisches Engagement
konnte nur aus privater Schwäche, revolutionärer Demokratismus nur als Mangel an
Männlichkeit erklärt werden – so schon Wilhelm Dilthey 1862. Die Beschäftigung mit dem
Schriftsteller Forster – nicht mit dem Naturwissenschaftler oder Politiker – durch seine
Beziehung zu G. zu legitimieren, bildete die
Strategie der eher liberalen als chauvinisti-
schen Positivisten Franz Muncker und Albert
Leitzmann. In Leitzmanns Bemühungen um
die Kanonisierung Forsters – und insbesondere der *Ansichten vom Niederrhein* – ging
jedoch das von den *Xenien* gestützte Bild von
Forster als dem Opfer weiblicher sexueller –
und eigener nationaler – Untreue ein. Die
Macht dieser Fixierung zeigt sich auch in der
marxistischen Tradition, seit Franz Mehring
Forster stereotyp als Schwärmer bezeichnete.
Georg Lukács modifizierte diese negative Charakteristik, insofern er Forster zur Episoden-
figur abseits der von G. – und Hegel – zu Marx
führenden »Hauptlinie« erklärte (S. 80). Die
Gervinussche Polarisierung von G. und Forster
wurde immer dann wieder aufgenommen,
wenn G.s Unverständnis für die Französische
Revolution den leitenden Aspekt auch der aktuellen Bewertung seines literarischen Werkes
abgab: im expressionistischen Aktivismus
(vgl. Kersten), in der antifaschistischen Exil-
literatur (vgl. Seghers) und in der ideologie-
kritisch-rezeptionsgeschichtlich orientierten
Literaturgeschichte als Sozialgeschichte der
1970er Jahre. Auf das provokante Zitat aus
Schlegels Forster-Essay – »der Himmel behüte
uns vor ewigen Werken« (KA I, 2, S. 79) – in
Grimm/Hermands »Klassik-Legende« erfolgte
in der DDR die offizielle Bekräftigung der Absage an jede Polarisierung von G. und Forster,
die Alfred Kurella bereits 1961 formuliert
hatte; dem widersprachen jedoch einerseits

Literaturhistoriker wie Claus Träger – seitdem
das von Werner Krauss und Hans Mayer veranstaltete Leipziger Romantik-Kolloquium
1962 die Linie von Forster zu Schlegel (in die
Moderne) betont hatte –, andererseits die ge-
schichtswissenschaftliche Jakobinismusfor-
schung (vgl. Scheel). Die in der BRD in den
1960ern neu einsetzende wissenschaftliche
Forster-Rezeption beeinflußte einerseits, insofern Jakobinismus/Spätaufklärung neben
Klassik und Romantik traten, die Periodisie-
rungsdiskussion, die mit dem geistesgeschichtlichen Konzept der »Goethezeit« als an-
tiwestlicher »deutscher Bewegung« brach, aus
dem Forster seit Dilthey systematisch ausgeschlossen gewesen war; andererseits förderte
die Forster-Forschung die gattungsgeschicht-
liche Erkundung der Reisebeschreibung,
durch die die verabsolutierte Kanonizität von
G.s *Italienischer Reise* nachhaltig erschüttert
wurde. Diese Veränderungen sind auch in der
G.-Biographik sichtbar (vgl. Friedenthal,
Mayer, CONRADY).

Literatur:

CONRADY, Bd. 2. – Dilthey, Wilhelm: Deutsche Ge-
schichte um 1800. In: ders.: Gesammelte Schriften.
Bd. 16. Göttingen 1972, S. 113–127. – Friedenthal,
Richard: Goethe. Sein Leben und seine Zeit. Mün-
chen 1963. – Gervinus, Georg Gottfried: Neuere Ge-
schichte der poetischen National-Literatur der Deut-
schen. Bd. 6. Leipzig 1842. – Grimm, Reinhold/
Hermand, Joost (Hg.): Die Klassik-Legende. Second
Wisconsin Workshop. Frankfurt/M. 1971. – Kersten,
Kurt: Georg Forster. In: Die weißen Blätter. 6 (1919),
S. 547–553. – Kurella, Alfred: Der Sozialismus und
die bürgerliche Kultur. Gedanken zu einer Aussprache. In: Einheit. 16 (1961), S. 77–91 u. S. 619–636. –
Leitzmann, Albert: Georg Forsters Beziehungen zu
Goethe und Schiller und seine Verteidigung Schillers. In: Archiv für das Studium der neueren Sprachen. 88 (1892), S. 129–156. – Lukács, Georg: Wie
ist Deutschland zum Zentrum der reaktionären Ideologie geworden? Hg. von Laszlo Sziklai. Budapest
1982. – Mayer, Hans: Goethe. Ein Versuch über den
Erfolg. Frankfurt/M. 1973. – Mehring, Franz: Pour
le roi de Prusse. In: Gesammelte Schriften. Hg. von
Thomas Höhle u. a. Bd. 9. Berlin 1963, S. 386–400. –
Muncker, Franz: Die Begründung des Freund-
schaftsbundes zwischen Goethe und Schiller im Hinblick auf die gleichzeitige deutsche Literatur. In:

Berichte des Freien Deutschen Hochstiftes zu Frankfurt a. M. N.F. 11 (1895), S. 23–38. – Scheel, Heinrich: Der Revolutionär Forster und das klassische Weimar. In: Impulse. 2 (1979), S. 63–86. – Schlegel, Friedrich: Georg Forster. Fragment einer Charakteristik der deutschen Klassiker. In: KA I, 2, S. 78–99. – Schmidt, Peter: Die gotische Ruine der Reichsverfassung. In: WB. 35 (1989), S. 745–758. – Seghers, Anna: Freies Deutschland 1792. In: Über Kunstwerk und Wirklichkeit. Hg. von Sigrid Bock. Bd. 3. Berlin 1971, S. 204–212. – Steiner, Gerhard: ›Uns hat zu Männern geschmiedet die allmächtige Zeit‹. Die Biographie der Beziehungen zwischen Goethe und Georg Forster. In: Rasmussen, Detlef (Hg.): Goethe und Forster. Studien zum gegenständlichen Dichten. Bonn 1985, S. 7–19. – Träger, Claus: Georg Forster und die Verwirklichung der Philosophie. In: SuF. 14 (1962), S. 625–649. – Varnhagen von Ense, Karl August: Zur Geschichtsschreibung und Litteratur. Berichte und Beurtheilungen. Aus den Jahrbüchern für wissenschaftliche Kritik und andern Zeitschriften gesammelt. Hamburg 1833.

Helmut Peitsch

Frankfurt am Main

Die Stadt Frankfurt war um die Mitte des 18. Jhs. noch eine mittelalterliche Stadt. Innerhalb der Festungswerke umfaßte die Wohnfläche 128 Hektar, auf denen knapp 3000 Gebäude standen. Ca. 36000 Einwohner bevölkerten die Stadt, die zwar stadtwirtschaftlich in sich abgeschlossen war, aber als Handels- und Messestadt über rege Beziehungen in alle Richtungen verfügte. Von den rund 3000 Gebäuden waren 26 Kirchen und Kapellen, in die sich im wesentlichen die Lutheraner und die Katholiken teilten; die Reformierten mußten um diese Zeit noch in das zu Hessen-Kassel gehörige Bockenheim zum Gottesdienst fahren, erst im letzten Viertel des Jhs. wurden auch in Frankfurt eine deutsch- und eine französisch-reformierte Kirche zugelassen. Der Besitz der Stadt war zwar weit gestreut, aber die Stadt selbst drangvoll eng, die Häuser oft nur mit 5 bis 6 Metern Frontbreite; besonders eng war es in der Judengasse, in der etwa 2000 Einwohner wohnten. Die Folge dieser Übervölkerung waren ständige Verstöße gegen die Bauordnung, wie sie sich ja auch G.s Vater beim Neubau seines Hauses am Großen Hirschgraben erlaubte. Natürlicherweise war in einer Messestadt die Zahl der Gasthöfe groß. Zu Ende des Jhs. gab es nicht weniger als 106 Häuser mit »Gastgerechtigkeit«. Die einzige Mainbrücke, die sog. Alte Brücke, führte nach Sachsenhausen, das noch heute ein eigener Stadtteil ist. Das gesamte der Stadt gehörende Areal, also auch die Gebiete außerhalb der Befestigung, umfaßte 12 117 Hektar, davon waren 3237 Hektar Stadtwald. Besiedelt waren diese Außengebiete mit einer Reihe von Dörfern. Die Finanzsituation der Stadt war trotz nur mäßiger Abgaben geordnet, der Wohlstand allgemein.

Politisch war Frankfurt eine Freie Reichsstadt, unterstand also direkt dem Kaiser in Wien. Der Stadtschultheiß als Leiter der Stadtverwaltung war mit 1800 Gulden der höchstbezahlte kaiserliche Beamte der Stadt. Über lange Jahre bekleidete G.s Großvater Johann Wolfgang Textor dieses Amt. Die hierarchische Gliederung der Bevölkerung wurde streng gewahrt. Adel, Gelehrte und reiche Kaufmannschaft waren mit der lutherischen Geistlichkeit die Inhaber der politischen Macht. Wie stark diese Stände auf den Erhalt ihrer Macht bedacht waren, zeigt sich in der Tatsache, daß die Mitglieder der herrschenden Bürgerkollegien, vor allem natürlich der Rat, nicht etwa von den Bürgern der Stadt gewählt wurden, sondern sich ihrerseits jeweils durch Zuwahlen ergänzten und auf diese Weise unliebsame Personen fernhalten konnten.

Der Rat verfügte über alle drei Gewalten, mußte sich aber zum Teil starke Eingriffe des Kaisers bzw. der kaiserlichen Gremien gefallen lassen. Erst die Auflösung des Heiligen Römischen Reichs deutscher Nation im Jahre 1805 gab der Stadt die volle politische Unabhängigkeit. Im 18. Jh. hat Frankfurt noch sechs Kaiser- oder Königskrönungen erlebt. Diese Krönungen fanden im Dom statt, dessen unvollendeter Turm – G. nannte ihn im Brief vom 3.8. 1775 an Auguste Gräfin Stolberg den »ungeschickten Turm« – als Wahrzeichen der Stadt

Goethes Geburtshaus am Großen Hirschgraben

galt. Vollendet wurde er erst 1867 nach einem großen Brand des Doms. In der Stadt waren alle drei christlichen Konfessionen und die jüdische Religion vertreten. Dabei war die politische Macht den Lutheranern vorbehalten. Ein zeitgenössisches Wort besagte, die Lutheraner besäßen die Macht, die Katholiken die Kirchen – darunter eben den Dom – und die Reformierten das Geld. Die Juden waren auf die Judengasse verwiesen, den Katholiken war die öffentliche Religionsausübung, also Prozessionen, verboten. Diese völlig verkrusteten Strukturen der Stadt, deren Ende erst die Napoleonischen Kriege brachten, dürften für G. der Grund gewesen sein, Frankfurt zu verlassen. Später, am 11. 8. 1781, schrieb er der Mutter, er wäre »unter solchen fortwährenden Umständen [...] gewiß zu Grunde gegangen«: »Das Unverhältniß des engen und langsam bewegten bürgerlichen Kreyses, zu der Weite und Geschwindigkeit meines Wesens hätte mich rasend gemacht«. So verkrustet die Strukturen waren, wurden sie doch immer wieder, wenigstens zeitweise, im Zusammen-

hang mit den wirtschaftlichen Notwendigkeiten durchbrochen oder umgangen, denn die Messen und der Handel waren die ökonomische Basis der Stadt, in der sich 26 große Handelsstraßen kreuzten. Über die volle politische Macht verfügten nur die Bürger der Stadt in den verschiedenen Ständen; die Beisassen hatten nur noch wenige Rechte, und die Landwohner waren ohne alle eigenen Rechte Untertanen der Stadt. Die auf das Ghetto verwiesenen Juden waren »unablöslich angehörige Hintersassen« mit besonderen finanziellen Lasten. Ende des 18. Jhs. existierten in Frankfurt 110 große Handelshäuser mit zum Teil europaweiten Verbindungen. Neben dem Patriziat, den großen und alten Familien, gab es die Kaufherren als privilegierten Stand sowie Graduierte, vorwiegend Mediziner und Juristen, dazu die Handwerker und kleinen Kaufleute. Die lutherische Geistlichkeit fungierte als Vermittlerin zwischen allen Ständen. Die Handwerker waren in 34 Innungen zusammengefaßt, ohne daß alle in der Stadt lebenden Handwerker darin eingeschlossen gewesen wären. Die Zahl der Beamten war mit 500 relativ hoch. Das Militär, dessen Zweck rein defensiv war, umfaßte 34 Offiziere und 650 bis 800 Mann. Der Reichtum lag natürlich vor allem bei der Kaufmannschaft. In der zweiten Hälfte des 18. Jhs. gab es acht Millionäre. Daß auch Handwerksfamilien sehr reich werden konnten, zeigt das Beispiel von G.s Großvater väterlicherseits, Friedrich Goethé – wie er sich schrieb –, der immerhin, abgesehen von Immobilien, 90000 Gulden hinterließ. Zu diesen Immobilien gehörten die beiden Fachwerkhäuser am Großen Hirschgraben, in deren einem 1749 G. geboren wurde. Im Laufe der 50er Jahre errichtete G.s Vater dann jenes stattliche Bürgerhaus, das später als G.-Haus berühmt wurde. Als glänzendstes Bankhaus unter zahlreichen Frankfurter Banken galt das Haus Bethmann. Seit 1778 wirkte Amschel Mayer Rothschild als Händler mit »Münzen, Medaillen und Antiquen«; das war die Zelle, aus der dann das europäische Bankenimperium erwuchs.

Aufgrund des Westfälischen Friedens von 1648 gab es nur eine Landeskirche, nämlich die lutherische. Neben den Lutheranern wirkten viele reformierte Einwanderer und eine große Anzahl von Katholiken. Das urspünglich ganz orthodoxe Luthertum erfuhr durch den Pietismus eine gewisse Aufweichung: Johann Karl Philipp Spener hatte von 1666 bis 1688 in Frankfurt gewirkt, und der Gründer der Herrnhuter, Nikolaus Ludwig Graf von Zinzendorf, hatte die Stadt in den 1730er Jahren dreimal besucht – die herrnhutische Susanna Katharina von Klettenberg spielt in G.s Biographie durchaus eine Rolle. Zwar war das »Kirchenministerium« diesen »Erweckten« nicht freundlich gesonnen, doch konnte es ihr Wirken nicht verhindern. Wiederholt wird deutlich, daß die Stadt in einer seltsamen Spannung zwischen noch mittelalterlichen Strukturen und immer wieder notwendigen Eingriffen in diese existieren mußte. Das zeigt sich auch beim Theater, welches die Orthodoxen wohl am liebsten geschlossen hätten (Schauspieler waren vom Abendmahl ausgeschlossen), das aber während der Messezeit doch zugelassen werden mußte, bis schließlich 1782 sogar ein eigenes Komödienhaus entstand. Seit 1520 existierte eine staatliche höhere Lateinschule, in der auch etwas Griechisch unterrichtet wurde, Hebräisch aber Pflichtfach war. Die Rolle der Kirchenmusik war nicht eben gering: Georg Philipp Telemann hatte von 1712 bis 1721 in der Stadt gewirkt, andererseits hatte man Chöre in moralischem Verdacht. Seit 1748 war Johann Georg Albrecht Rektor der Lateinschule – seine Rolle für G.s Entwicklung ist in *Dichtung und Wahrheit* geschildert. Erst 1784 fanden das Französische und erst 1789 das Englische Eingang in den öffentlichen Unterricht. Ein wirklich differenziertes Schulwesen bildete sich in Frankfurt erst im 19. Jh. heraus; auch das jüdische Erziehungswesen blühte erst nach 1800 auf. Wenn Frankfurter Söhne studierten, ging es fast immer um Jura und Medizin. Immerhin veröffentlichte der Mediziner Lorenz Heister in der ersten Hälfte des 18. Jhs. ein Handbuch der Chirurgie und der Anatomie. Wissenschaftliche Interessen und Tätigkeiten finden wir allerdings bei vielen Frankfurter Familien. Die Zahl der Sammlungen in privaten Händen

war sehr groß; erst das 19. Jh. brachte die Entwicklung öffentlicher Museen. Wohl über die größte Bibliothek verfügten die Brüder Uffenbach, vor allem Zacharias Konrad. Sein Bruder Johann Friedrich war vielseitiger als Sammler und geselliger im Umgang, er war auch Berater für die neue Kaisertreppe am Römer, die im Zweiten Weltkrieg unterging. Am bekanntesten unter den großen Sammlern und Stiftern Frankfurts ist zweifellos Johann Christian Senckenberg. Er gründete die gleichnamige Stiftung für Naturwissenschaft und Krankenpflege, an der sich seine Brüder beteiligten und die der Rat 1763 anerkannte. Daß wissenschaftliche und musische Interessen in der Frankfurter Bevölkerung eine Rolle spielten, zeigt sich auch in den vielen Zeitungen und Zeitschriften, vielfach Nachdrucken ausländischer Zeitungen, die allerdings meist von kurzer Lebensdauer waren. Am wichtigsten sind die *Frankfurter Gelehrten Anzeigen* geworden, die von 1736 bis 1790 existierten – der Jahrgang 1772 war der berühmte, an dem G. mitarbeitete. Daneben gab es zahlreiche Kalender, Theaterzeitungen und im letzten Viertel des Jhs. Musenalmanache. Die Stadtbibliothek war zwar klein, besaß aber eine Gutenberg-Bibel von 1462. Bücher-Auktionen waren häufig, die Zahl bedeutender Privatbibliotheken war groß, die Bibliothek von G.s Vater durchaus beachtlich; Leihbüchereien waren beliebt.

Am stärksten zeigt sich die Widersprüchlichkeit der Stadt im Theaterwesen. Zu Zeiten der Messen und Krönungen mußte man Theatertruppen auftreten lassen, so daß alle bedeutenden Schauspieler und Schauspielerinnen der Zeit in Frankfurt aufgetreten sind. 1784 wurde Frankfurt, vermutlich das neue Komödienhaus von 1782, zum Ort der Uraufführung von Schillers Drama *Kabale und Liebe*, das in jener Zeit natürlich ein Politikum war. G.sche Werke wurden erst in den 80er und 90er Jahren des Jhs. aufgeführt. Seit 1792 gab es in Frankfurt ein stehendes Theater. Auch der Kunsthandel, vielfach in Form von Auktionen, blühte im 18. Jh. auf. Seit 1767 gab es eine Kunstakademie außer dem privaten Kunstunterricht. Die Zahl privater Gemäldesammlungen belief sich auf über 50 – auch hier gilt es zu berücksichtigen, daß sich ein öffentliches Museumswesen erst im 19. Jh. bildete. Schon im 18. Jh. hatte die Privatsammlung des Kaufmanns Johann Friedrich Städel, die im folgenden Jh. die Basis für das Städelsche Kunstinstitut bildete, einen großen Ruf. Erstaunlich ist, daß im 18. Jh. in Frankfurt relativ wenig gebaut wurde. Das gilt nicht nur für Kirchen, sondern auch für Bürgerhäuser – deren berühmtestes wurde dann G.s Elternhaus. Der bedeutendste Bau des Jhs. war wohl das Palais Thurn und Taxis, das im 19. Jh. als Sitz des Bundesrats eine Rolle spielte.

Auch das Musikleben der Zeit verdient Beachtung. Während der Messen war eine rege Tätigkeit reisender Virtuosen zu verzeichnen; seit 1759 existierte ein Collegium Musicum, das im Winter Mittwoch abends stattfand und in dem auch der junge Wolfgang Amadeus Mozart auftrat. Wenn auch in der zweiten Hälfte des Jhs. die Kirchenmusik zurückging, blieben doch Konzert und Oper.

Für G.s geistige Entwicklung war, was er in Frankfurt erlebt und erfahren hatte, lebenslang prägend, die ständische Gliederung ebenso wie die wissenschaftlichen und Kunst-Sammlungen, wenn auch die Anregungen im einzelnen nicht nachweisbar sind. Am sichersten faßbar ist der Einfluß der Kunstsammlungen, vor allem natürlich der des Kaufmanns Städel, ohne die G.s späteres großes Interesse für Kunst kaum verständlich wäre. Welche Bedeutung die Frankfurter Sammlungen hatten, zeigt sich an seiner eigenen Sammeltätigkeit. Denn auch zu seinen eigenen Lebzeiten steckte das öffentliche Museumswesen noch in den Kinderschuhen, so daß das private Sammeln keineswegs nur Liebhaberei war, sondern für die geistige Bildung eine zentrale Bedeutung hatte. Auf diesem Gebiet des Sammelns dürfte für G. die Hauptbedeutung Frankfurts zu suchen sein. Immerhin ist in diesem Zusammenhang wichtig, daß er, als er 1816 in *Kunst und Alterthum am Rhein und Main* zukunftsträchtige Anregungen für die Entwicklung öffentlicher Museen – in enger Wechselwirkung mit privaten Sammlungen – entwickelte und publizierte, gerade für seine Vaterstadt wichtige Ratschläge einbrachte.

Für die dichterische Entwicklung G.s hat Frankfurt wohl nur eine untergeordnete Rolle gespielt, sosehr die Tatsache, daß die Stadt als Freie Reichsstadt nur dem Kaiser unterstand, Einfluß auf *Götz von Berlichingen*, das Drama um den reichsunmittelbaren Ritter, gewonnen haben mag und die Geschichte der Kindsmörderin Susanna Margaretha Brandt zu einer Keimzelle des *Faust* geworden ist. G.s spätere Besuche in seiner Vaterstadt waren menschlich wichtig; das gilt insbesondere für die letzten Besuche in den Jahren 1814 und 1815 und die damit verbundene Begegnung mit Marianne von Willemer. Daß Marianne in Frankfurt lebte, spielte indessen für die Entstehung des *West-östlichen Divan* keine Rolle mehr. Längst hatte sich G.s dichterische Produktion vollkommen von der Vaterstadt gelöst. Daß für ihn das kleinere, aber doch wesentlich liberalere Weimar als Lebensraum wichtig wurde, ergibt sich schlüssig aus den Zuständen in Frankfurt, die sich erst im Laufe des 19. Jhs. nachhaltig änderten.

Literatur:

Heckmann, Herbert: Frankfurt mit den Augen Goethes. Frankfurt/M. 1982. – Kleinstück, Erwin: Geist und Kirchen in Frankfurt 1750–1850. Frankfurt/M. 1961. – Klötzer, Wolfgang (Hg.): Frankfurter Biographie. Personengeschichtliches Lexikon. Bd. 1: A–L. Frankfurt/M. 1994. – Kriegk, Georg Ludwig: Geschichte von Frankfurt. Frankfurt/M. 1871. – Stricker, Wilhelm: Goethes Beziehung zu seiner Vaterstadt. Frankfurt/M. 1857. – Voelcker, Heinrich (Hg.): Die Stadt Goethes. Frankfurt/M. 1932.

Jürgen Behrens

Frankfurter Gelehrte Anzeigen 1772

Mit Beginn des Jahres 1772 erschienen die *Frankfurter Gelehrten Zeitungen*, ein 1736 gegründetes Rezensionsorgan, unter dem Titel

Frankfurter Gelehrte Anzeigen. Dieser neue Jahrgang 1772, allgemein als erstes Auftreten der Kerngruppe des Sturm und Drang in der Öffentlichkeit angesehen, verdankte sich einem Kreis überwiegend junger, noch weitgehend unbekannter Autoren: Verantwortliche Redakteure waren im ersten Halbjahr Johann Heinrich Merck, im zweiten Johann Georg Schlosser, wichtige Mitarbeiter neben anderen G. und Herder. Sie alle verband nicht nur das Ziel, »unsere Gegenden der Barbarey zu entreißen, worin sie, nach Aussage der Obersachsen, noch liegen«, wie der neue Verleger Johann Conrad Deinet am 18.1. 1772 an einen Briefpartner schrieb (von Fallersleben/Schade, S. 78), sondern auch und vor allem die Unzufriedenheit mit den das geistige Leben der Zeit beherrschenden Tendenzen und die Absicht, die diesen entgegengesetzten eigenen Positionen öffentlich zur Geltung zu bringen. Der Konsens beruhte im Kritischen auf der Ablehnung überholter weltanschaulicher und ästhetischer Standpunkte sowie der verbreiteten Streitsucht und Intoleranz, im Positiven auf dem dezidierten Streben nach einem unverstellten, nüchternen Verhältnis zur Wirklichkeit, auf dem Bekenntnis zum individuellen, ganzen Menschen in seiner geschichtlichen Einmaligkeit und Widersprüchlichkeit. Charakteristisch war die gemeinschaftliche Arbeitsweise: der Verzicht auf strenge Ressortabgrenzung, die Nutzung intensiver Diskussionen, die Gleichgültigkeit gegenüber literarischen Eigentumsansprüchen.

Das Profil der Zeitschrift bezeugt eindeutig die aufklärerische Grundhaltung des Unternehmens. Zugleich spiegelt sich in ihr durchgehend eine Tendenz der kritischen Distanzierung, der Differenzierung und Neuorientierung gegenüber den vorherrschenden Richtungen auch der zeitgenössischen Aufklärung. Auffallend sind die deutliche Zurückweisung der radikal kritischen und materialistischen Züge der französischen und die entschiedene Hinneigung zur englischen Aufklärung, einschließlich deren sensualistischen Elementen. Energisch wurden aber vor allem die abstrakt theoretisierenden, von den Gegebenheiten und Verhältnissen des wirklichen Lebens ab-

sehenden Tendenzen in der deutschen Aufklärung abgelehnt. In dem Maße, wie diese Positionen sich in den Rezensionen niederschlugen, rief die Arbeit der Autoren nicht nur positives Interesse, sondern auch scharfe Gegenwirkungen hervor. Insbesondere die Querelen, die von der geistlichen und politischen Obrigkeit in Frankfurt angezettelt wurden und in dem Verbot theologischer Rezensionen gipfelten, trugen dazu bei, daß die wichtigsten Rezensenten sich am Ende des Jahrgangs 1772 von der Zeitschrift zurückzogen.

G. hat sich im Zuge seiner autobiographischen und nachlaßsichernden Arbeiten intensiv mit der Zeitschrift beschäftigt. Im 12. Buch von *Dichtung und Wahrheit* steht eine eindrucksvolle Schilderung des Kreises von Autoren, seiner Arbeitsweise und G.s Anteil daran. In den *Tag- und Jahresheften 1769–1775* findet man die lapidaren Sätze: »Die Recensionen in den Frankfurter Gelehrten Anzeigen von 1772 und 1773 [hier trog G. die Erinnerung: am Jahrgang 1773 war er nicht beteiligt; d. Vf.] geben einen vollständigen Begriff von dem damaligen Zustand unserer Gesellschaft und Persönlichkeit. Ein unbedingtes Bestreben, alle Begränzungen zu durchbrechen, ist bemerkbar«. Diese hohe Wertschätzung erklärt auch die Aufmerksamkeit, die er der Ermittlung und neuen Publikation der eigenen Rezensionen widmete. 1823 beauftragte er Johann Peter Eckermann mit dieser Arbeit. 1826 veröffentlichte er in *Kunst und Alterthum* dessen Abhandlung zu dem Thema mit einem eigenen kleinen Vorwort (WA I, 41.2, S. 199f.). Der 33. Band der Ausgabe letzter Hand enthielt schließlich als Ergebnis der Eckermannschen Recherchen den ersten Neudruck einer Sammlung von Rezensionen, die G. für sich beanspruchte. Allerdings ist diese Edition nicht verläßlich: Einerseits ist sie unvollständig, andererseits enthält sie Texte, die mit Sicherheit von anderen Beiträgern stammen. Obwohl seitdem vielfache Anstrengungen zur Klärung der Autorenfrage unternommen worden sind – als eingehendste und differenzierteste die von Hermann Bräuning-Oktavio (1966), Fazit einer lebenslangen Forscherarbeit –, ist das Ziel nicht erreicht worden, und es ist nach Lage der Dinge auch nicht erreichbar. Entsprechend G.s eigenem Zeugnis muß für viele Rezensionen angenommen werden, daß sie das Ergebnis kollektiver Denk-, oft auch gemeinsamer Schreibarbeit darstellen. Es gibt mit Gewißheit neben Texten, die G. allein zugehören – und bei denen wiederum zwischen einer alleinigen Urheberschaft und einer nur das Resultat gemeinsamer Diskussion zusammenfassenden unterschieden werden müßte –, solche von anderen, an denen er mitgewirkt hat, wie solche von ihm selbst, in die Anteile anderer eingeflossen sind. Freilich gehört das zu den Konsequenzen von Konzept und Methode, die der Arbeit zugrunde lagen.

Einem solchen Sachverhalt gemäß ist die Textlage in den verschiedenen Werkausgaben so unterschiedlich wie in kaum einem anderen Fall. Eckermann hatte, durch G. legitimiert, 38 Rezensionen für die Ausgabe letzter Hand ausgewählt. Die Weimarer Ausgabe, die in Band 37 dieses Textkorpus abdruckte, erklärte davon fünfzehn Rezensionen als G. nicht zugehörig, fügte aber insgesamt 71 als Paralipomena hinzu, »die mit einem höheren Grad von Wahrscheinlichkeit Goethe zugesprochen werden können« (WA I, 38, S. 313). Spätere Ausgaben haben sich auf die jeweils neuen faktischen und hypothetischen Ergebnisse der Forschung gestützt. Da aber nur wenige Beiträge zweifelsfrei als Arbeiten G.s anzusehen sind, die meisten dagegen nur zugeschrieben werden können, ist Übereinstimmung nur für eine begrenzte Anzahl von Texten gegeben. Bräuning-Oktavio hält die Zuerkennung von etwa 60 Beiträgen für gerechtfertigt, in etwa 30 Fällen sieht er G.s Autorschaft als denkbar an, bei weiteren 30 glaubt er wenigstens einen Anteil G.s behaupten oder vermuten zu können.

Eckermann fand in den Rezensionen von 1772 den »Schlüssel zu Goethes ganzer Natur«: »Hier liegt Alles im Keim vor uns« (Über Kunst und Alterthum. Fünften Bandes drittes Heft. Stuttgart 1826, S. 168), und G. selbst sah in ihnen »die anfänglichen Richtungen meiner Natur [...] offen vor Augen« liegen (WA I, 41.2, S. 90). Kontinuität und Diskontinuität eines gewaltigen Lebenswerkes sind dadurch

gleichermaßen bezeichnet. Konstitutive Elemente von G.s Dichten und Denken sind hier bereits voll entwickelt: Einerseits die Orientierung auf die unverstellte und ganze Wirklichkeit, auf die Unermeßlichkeit widerspruchsvoll-schöpferischer Natur, auf ein Bild des Menschen in seiner Fülle von Individualität wie in seiner geschichtlichen Bedingtheit, auf Kunst als historische Ausprägung menschlichen Schöpfertums in der Auseinandersetzung mit Natur und Gesellschaft – andererseits die unbedingte Ablehnung aller ahistorischen und abstrakten Theorie, aller falschen Idealität, aller konventionellen oder modischen Einengungen und Entstellungen von Individualität. In welcher Reife diese Auffassungen bereits entwickelt sind, die G.s Leben und Schaffen bei allen Wandlungen und Neuansätzen bis ins höchste Alter hinein bestimmt haben, machen die Rezensionen deutlich erkennbar. Obwohl es überwiegend Besprechungen von poetischen Werken sind – so der *Idyllen* von Salomon Gessner und der *Gedichte von einem polnischen Juden* –, gibt es eine Reihe von Beiträgen, denen grundsätzliche geschichtlich-konzeptionelle und ästhetisch-theoretische Bedeutung zuzusprechen ist – am entschiedensten im Fall der von Christian Heinrich Schmid aus dem Englischen übersetzten *Charakteristik der vornehmsten europäischen Nationen* und von Johann Georg Sulzers *Die schönen Künste*. Eindrucksvoll ist das Ineinanderwirken von konzeptioneller Entschiedenheit und historischer Sensibilität und Differenzierung, das sowohl in der sachlichen Genauigkeit und Zuspitzung als auch in der polemischen Schärfe der Kritik zum Ausdruck kommt. G. als Rezensent forderte von Kunst und Literatur, daß sie wirklichkeitsnah und individuell bezogen seien, daß sie ein wahres Bild von Welt und Mensch zeichneten und von jeder Art falscher Idealisierung und moralisch-didaktischer Tendenz absähen. Demgegenüber ist freilich auch festzustellen, daß G. selbst wie die deutsche Literatur insgesamt das hier entworfene Konzept in dieser Form nicht dauerhaft verwirklichen konnten. Ungeachtet dessen ist es für die Sturm-und-Drang-Bewegung, die »deutsche literarische Revolution« (WA I, 28, S. 68), eminent fruchtbar geworden und hat in der Entwicklung deutscher Nationalliteratur eine markante Zäsur gesetzt.

Literatur:

Bräuning-Oktavio, Hermann: Herausgeber und Mitarbeiter der *Frankfurter Gelehrten Anzeigen 1772*. Tübingen 1966. – Ders.: Wetterleuchten der literarischen Revolution. Darmstadt 1972. – Dahnke, Hans-Dietrich/Müller, Peter (Hg.): *Frankfurter Gelehrte Anzeigen 1772*. Leipzig 1969. – Dechent, Hermann: Die Streitigkeiten der Frankfurter Geistlichkeit mit den *Frankfurter Gelehrten Anzeigen* im Jahre 1772. In: GoetheJb. 10 (1889), S. 169–195. – Fallersleben, Hoffmann von/Schade, Oskar (Hg.): Weimarisches Jahrbuch für deutsche Sprache, Litteratur und Kunst. Bd. 6. Hannover 1857.

Hans-Dietrich Dahnke

Frankreich

G.s Interesse für Frankreich war sein ganzes Leben hindurch gleichbleibend intensiv. Freilich beherrschten zu verschiedenen Zeiten auch unterschiedliche Aspekte dieses Interesse; nicht nur G. wandelte sich, sondern auch Frankreich, das zwischen der Mitte des 18. Jhs. und 1832 mehrfach, überwiegend mit ungeheuren Konsequenzen, das Regime wechselte.

Nach der Jahrhundertmitte, zu dem Zeitpunkt, da bürgerliche Intellektuelle in Deutschland sich gerade von dem lange maßgeblichen Einfluß der französischen Kultur zu lösen begannen, geriet der junge G. zunächst in einen besonders engen Kontakt zu Frankreich und französischer Kultur. Ab 1757 von der Hugenottin Marie Magdeleine Gachet in der französischen Sprache unterrichtet, wurde er seit 1759, als Frankfurt infolge des Siebenjährigen Krieges von französischen Truppen besetzt und der Königsleutnant Graf François

de Thoranc im Haus des Rats G. einquartiert wurde, intensiver mit Sprache und Lebensweise des Nachbarvolks vertraut. Durch tägliche Begegnungen mit dem Grafen sowie dessen Bedienten und Soldaten, dazu durch den häufigen Besuch des französischen Theaters und den Verkehr mit dem Sohn der Schauspielerin Derones wurde ihm die französische Sprache zu einer »zweiten Muttersprache« (WA I, 28, S. 50); allerdings erhielt sein Französisch durch das unterschiedliche Sprachniveau, mit dem er es zu tun hatte, eine etwas »buntschäckige« Kolorierung (ebd., S. 52). In der Optik von *Dichtung und Wahrheit* entspricht der aufgeweckte, zungenfertige und intelligente junge Derones dem traditionellen, bisher vor allem vom Adel geprägten Bild von einem Franzosen, während der dem Knaben gegenüber aufgeschlossene, etwas melancholische Graf Thoranc der stereotypen Vorstellung entgegensteht.

Leipzig, das damalige »Klein-Paris«, bestätigte mit seiner Rokokokultur das Klischeebild vom Franzosentum. G. lernte viel kennen. Unter Anleitung des Kupferstechers Johann Michael Stock radierte er hier selbst »nach französischen Mustern« (WA I, 27, S. 181). Adam Friedrich Oeser machte ihn durch Kupferstiche mit Nicolas Poussin und Claude Lorrain vertraut. Es war nach den Leipziger Erlebnissen und Eindrücken nahezu folgerichtig, daß G. Ende 1768 den Wunsch hegte, nach Frankreich zu gehen, um sein Französisch zu vervollkommnen und die französischen Sitten näher kennen zu lernen.

Der Straßburg-Aufenthalt jedoch führte G. in eine nahezu entgegengesetzte Richtung. Seine französischen Kontakte waren weder zahlreich noch fruchtbar, denn er verkehrte vornehmlich in deutschsprachigen Kreisen. Die gelegentlichen Korrekturen von Franzosen an seinem Französisch empfand er als Demütigung, um so mehr als man ihm zu verstehen gab, daß »alle Bemühungen eines Fremden, Französisch zu reden« (WA I, 28, S. 53) zur Erfolglosigkeit verurteilt seien. Zusätzlich bestärkte ihn in dieser Distanz noch Herder mit seiner Gallophobie und Apologie der Muttersprache. Obwohl G. später durchaus wieder französisch sprach, vor allem mit Besuchern und mit Frédéric Jean Soret, behielt er ein gewisses Vorurteil gegen die französische Sprache bei – vielleicht klingt das nach, wenn Aurelie in den *Lehrjahren* sie als »perfide Sprache« bezeichnet, die sich besonders zu »Halbheiten und Lügen« eigne (WA I, 22, S. 234).

Veranlaßt wohl durch die Kritik, die G. »in dem elsassischen Halbfrankreich über König und Minister« (WA I, 27, S. 259) hörte, erschien Frankreich auch politisch in negativem Licht. Zugleich wurde G.s neuerwachter Nationalstolz durch das französische Vorurteil, daß es den Deutschen an Geschmack mangele, herausgefordert. Andere kritische Aspekte traten hinzu. G. distanzierte sich von der heftigen, verneinenden »französischen Kritik« (WA I, 28, S. 59), und er fühlte sich abgestoßen von der »tristen atheistischen Halbnacht« (ebd., S. 70), die er in Paul-Henri Thiry d'Holbachs Philosophie – als eine »rechte Quintessenz der Greisenheit« (ebd., S. 69) – vorfand. Überhaupt erschien ihm die Philosophie der französischen Aufklärung, mit Ausnahme von Rousseau und Diderot, als »abstrus« und »unzulänglich« (ebd., S. 71); auch die *Encyclopédie* verwirrte ihn anscheinend mehr als daß sie ihn informierte. Bestätigten Rousseaus Apologie der Natur und seine Kulturkritik noch die Vorbehalte Herders gegen Frankreich, war es nicht verwunderlich, daß G. seinerseits das Vorurteil von der französischen Dekadenz übernahm. In *Dichtung und Wahrheit* befand er schließlich, er sei »an der Gränze von Frankreich alles französischen Wesens auf einmal bar und ledig« geworden (ebd., S. 71). In dieser Bilanz dürften nicht nur die stilisierenden Tendenzen des Autobiographen wirksam sein.

Insgesamt also bestimmten Aspekte des Kulturellen die solchermaßen erwachsene Distanz. Politische Fragen scheinen G. dagegen wenig interessiert zu haben. Wenn Weislingen im *Götz* vor dem das Reich bedrohenden »Erbfeind« (WA I, 8, S. 31) warnt und Götz die Franzosen als »Füchse« (ebd., S. 115) bezeichnet, spiegeln sich darin verbreitete Vorurteile wider. Aber weder damals noch jemals später

teilte G. die Gallophobie und die Teutomanie, wie sie in jenen Jahren, am abschreckendsten bei den Hainbündlern, in Erscheinung traten.

In Weimar milderte sich auch wieder G.s kritische Einstellung zur französischen Kultur. Deren Entwicklung verfolgte er nun aus der Perspekte der *Correspondance littéraire* des den Enzyklopädisten nahestehenden Friedrich Melchior von Grimm. Für seine Naturstudien fand er in einschlägigen französischen Arbeiten wie etwa in George Louis Leclerc de Buffons *Epoques de la nature* Bereicherung und Förderung. Konfrontiert mit dem konkreten Elend der Bauern und der Strumpfwirker, wandte er sich den Wirtschaftstheorien der Physiokraten zu und interessierte sich für die praktischen Erfahrungen, die Anne Robert Jaques Turgot bei deren Anwendung gemacht hatte. Guillaume Thomas François Raynals *Histoire philosophique et politique des établissements et du commerce des européens dans les deux Indes* (1770) schien ihm wichtig genug, eine Gesellschaft zu gründen, »die wöchentlich dreymal zusammenkommt und es durchlesen will« (an Knebel, 5.5. 1782). Auch die französische Sprache benutzte er wieder aktiv, wenngleich nicht unbedingt aus eigenem Antrieb. Diente sie ihm in der Korrespondenz mit Charlotte von Stein 1784 mehrmals zur Verschleierung und Verfremdung – bis er am 28. September erklärte »Und nun auch kein Wort Französisch mehr« –, sah er sich durch seine politische Funktion im Zusammenhang mit Carl Augusts Aktivitäten für den Fürstenbund eher gezwungen, die Fremdsprache für diplomatische Briefe zu benutzen. So ergab sich im ersten Weimarer Jahrzehnt eine gleichsam die Seiten verkehrende Spaltung im Verhältnis zu Frankreich. Wissenschaftlich und kulturell stärker aufgeschlossen, hielt er jetzt politisch auf Distanz und klagte über die »Zweydeutigkeit Frankreichs« (an Carl August, 26. 11. 1784). Offenbar hat dann die Halsbandaffäre, die er von Anfang an als ein Menetekel empfunden haben will, die kritische Distanz auf politischem Gebiet noch verstärkt.

Unausweichlich löste die Französische Revolution eine neue Stufe der Auseinandersetzung mit der Entwicklung im Nachbarland aus. Wohl nicht nur rückblickend sah er darin die »Folge einer großen Notwendigkeit« (Eckermann, 4.1. 1824), aber auch einen Ausdruck des französischen Nationalcharakters, das Verhalten eines heftigen, unbeständigen und übermütigen Volkes. Gerne hätte er sie als ein rein französisches Ereignis angesehen, aber die Gefahr, die er von Frankreich ausgehen sah, trieb ihn, »Frankreichs traurig Geschick« unter einem allgemeineren Aspekt zu betrachten. Von den *Venezianischen Epigrammen* an teilte er die Schuld gleichermaßen den Großen, die »der Franzen Sprache gesprochen«, wie den »Freiheits-Aposteln« zu (WA I, 1, S. 320f.).

Die Kampagne in Frankreich von 1792 führte G. noch einmal nach Frankreich hinein, diesmal sogar tiefer als zwei Jahrzehnte zuvor in der Grenzstadt Straßburg. Erhielt er auf diese Weise auch neue Einblicke in die Realität französischen Lebens, bleibt doch immer zu berücksichtigen, in welcher einseitigen Konstellation das geschah. Sein Bild von der Mentalität der Franzosen ist voller Kontraste. Lobend erwähnt er die Arbeitsamkeit, Genügsamkeit und Ordnungsliebe, den »idyllisch Homerischen Zustand« der Landbevölkerung (WA I, 33, S. 108), ebenso schätzt er »Würde, Freundlichkeit und gutes Benehmen« der Bürger (ebd., S. 142) und bewundert das »Beispiel höchster patriotischer Aufopferung«, das einige Republikaner geben (ebd., S. 37); zugleich aber brandmarkt er die »Lust zum Morden und Rauben« im Revolutionsheer (ebd., S. 88f.), das »dem Beispiel des Pariser Greuelvolks« (ebd., S. 89) nacheifert, und rügt das unbedachte Verhalten der Emigranten, die er als mitschuldig an der Revolution erkannte und die doch gleichwohl nichts dazu gelernt hatten. In Weimar unterhielt er zwar gute Beziehungen zu Emigranten, die sich dort niederließen, fand aber mehrfach auch kritische Akzente ihnen gegenüber. Er sprach den Franzosen »Verstand und Geist« zu, betonte aber zugleich, daß sie »kein Fundament und keine Pietät« hätten, ja daß ihr Verstand sie daran hindere, das Übersinnliche zu verstehen (Eckermann, 24.11. 1824). Seine Haltung in

politischen Fragen war durch das Bestreben bestimmt, möglichen revolutionären Gefahren entgegenzuwirken und eine friedliche Entwicklung zu unterstützen. So begrüßte er erwartungsvoll die Friedensschlüsse von Basel und von Campo Formio und sah lange Zeit in Napoleon den Garanten des Friedens.

Im Zeichen solcher auf fruchtbare friedliche Arbeit gerichteten Intentionen – man weiß, welche Entwicklungschance der Baseler Frieden bei allen Widersprüchen der deutschen Kultur gewährte – stand eine vertiefte, von früheren emphatischen Positionen Abstand gewinnende Rezeption französischer Kultur um die Jahrhundertwende. G. verfolgte die Arbeiten des »Institut national«, las Memoiren über jüngste französische Geschichte sowie französische Reiseberichte. Mit großem Interesse nahm er alle Berichte über das Pariser Kulturleben auf, die ihm Freunde, voran Wilhelm von Humboldt, übermittelten. Angesichts dessen mochte ihm 1808 Napoleons Aufforderung, nach Paris zu kommen, nicht schlichtweg als abenteuerlich und widersinnig erscheinen; zumindest hat er sich erneut eingehend über die Weltstadt Paris informiert und eigene Möglichkeiten erwogen, dann allerdings den Gedanken abgetan.

Auch in den verbleibenden Lebensjahren nahm G. Anteil an der bewegten deutsch-französischen Zeitgeschichte; er nahm Nachrichten wie die über die Schicksale Napoleons, Jean Baptiste Jules Bernadottes und Jean Victor Moreaus ebenso wie über politische und kriegerische Verwicklungen auf und kommentierte sie. Hatte er noch 1808 vor den Zeitungen gewarnt, die »die Menge« hinhalten und verblenden (*Tag- und Jahreshefte 1808*), so griff er, als nach 1815 »der politische Himmel sich nach und nach aufzuklären« begann (*Tag- und Jahreshefte 1815*), gerne zu französischen Blättern. Zwischen 1826 und 1830 las er regelmäßig vor allem *Le Globe* und fand sich dadurch in gutem Sinne aufgeklärt und belehrt. Politisch reagierte er zwiespältig: Bald bewunderte er die Einmütigkeit und Liberalität der Journalisten, nicht zuletzt in dem Bewußtsein, daß »in Deutschland [...] ein solches Blatt rein ,unmöglich« wäre (Eckermann, 3.10.

1828), bald charakterisierte er die Position der Zeitung kritisch als »absoluten Liberalismus oder theoretischen Radicalismus« (Tagebuch, 14.2. 1826). In kultureller Hinsicht dagegen sah er überwiegend positive Aspekte. Die Bewunderung, die die Redakteure des *Globe* ihm entgegenbrachten, nahm er, an einer fruchtbaren Entfaltung internationaler Kulturkommunikation interessiert, als Beweis für einen grundlegenden Wechsel in der Einstellung der Pariser Intellektuellen zu dieser Entwicklung: Schienen sie bisher rein frankozentrisch orientiert, so öffneten sie sich nunmehr auch dem Einfluß Deutschlands. Davon zeugten auch die zahlreichen französischen Besucher in Weimar, von Madame de Staël und Benjamin Constant bis hin zu David d'Angers, Victor Cousin, Jean Jacques Ampère und Frédéric Albert Stapfer.

Obwohl G. auf das Ausbleiben von Anerkennung für seine naturwissenschaftlichen Arbeiten, besonders in der Farbenlehre, seitens französischer Gelehrter mehrfach enttäuscht reagierte, nahm er deren Unternehmungen und Auseinandersetzungen mit gespannter Aufmerksamkeit wahr. Er verfolgte den Streit der Physiker Dominique François Jean Arago und Jean Baptiste Biot, er veranschaulichte sich mit Hilfe von Kupferstichen »das Jussiuesche System« der Pflanzen (*Tag- und Jahreshefte 1800*), gestand froh die »Anregungen« ein, die er von Pierre Étienne Ventenats *Charte botanique* erhielt (*Tag- und Jahreshefte 1806*), studierte das Gehirn mit Hilfe der Kupfer von Felix Vicq d'Azyrs *Traité d'anatomie et physiologie* und anderes mehr. Bezeichnend für die Richtung seiner Interessen ist die von Johann Peter Eckermann überlieferte Anekdote vom 2.8. 1830: G.s aktuelle Bemerkung – »Der Vulkan ist zum Ausbruch gekommen; Alles steht in Flammen« – bezog sich nicht, wie Eckermann erwartete, auf das gerade bekanntgewordene Ereignis der Julirevolution, sondern auf den Streit, der zwischen Georges de Cuvier und Étienne Geoffroy de Saint-Hilaire in der Académie des Sciences ausgetragen wurde.

Ungeachtet einer solchen, mit Sicherheit bewußt kultivierten Gewichtung des Interesses verfolgte G. natürlich auch das politische Geschehen in Frankreich mit Interesse und gab seine Kommentare dazu. Glaubte er – im Gespräch mit dem Kanzler von Müller am 11.1. 1830 – noch, daß trotz der Krise zwischen Regierung und Liberalen »zu wenig Revolutionsmomente dermalen im Volke vorhanden« seien, als daß eine Revolution zu befürchten sei, bekannte er am 5. Oktober Carl Friedrich Zelter seine Besorgnis, daß sich »das Pariser Erdbeben« auf ganz Europa auswirken könnte.

G.s Informationen über Frankreich waren so breitgestreut wie seine Interessen. Lektüre französischer Quellen läßt sich nicht nur für fast alle Sparten der Naturwissenschaften und Künste, sondern auch für Ökonomie, Politik, Geschichte, Geographie, Philosophie, Numismatik und Ästhetik belegen. Sein Frankreichbild, nicht gänzlich frei von nationalen Stereotypen und Vorurteilen, war vor allem geprägt durch die Pariser Gesellschaft und die rationalistische Geisteswelt des 18. Jhs., sein Bild vom Franzosen stand überwiegend im Zeichen des Gegensatzes zwischen dem lebhaften und gewandten, aber zugleich oberflächlichen und unbeständigen Welschen und dem gemütvollen, aufrichtigen, für alles Fremde aufgeschlossenen, aber zugleich gesellschaftlich isolierten Deutschen. Dennoch war sein Verhältnis zu Frankreich letztlich positiv; was Wilhelm Meister an Stelle des Autors von der französischen Sprache sagt, gilt auch für G.s Sicht auf die französische Kultur: Wie könne man sie hassen, wenn man ihr »den größten Theil seiner Bildung schuldig ist«? (WA I, 22, S. 233).

Literatur:

Baldensperger, Fernand: Goethes Lieblingslektüre 1826–1839. Die Zeitschrift *Le Globe*. In: GRM. 20 (1932), S. 166–173. – Fuchs, Albert (Hg.): Goethe et l'Esprit Français. Actes du Colloque international de Strasbourg. Paris 1958. – Ders.: Goethe und die französische Sprache. In: ders.: Goethe-Studien. Berlin 1968, S. 135–155. – Hamm, Heinz: Goethes *Globe*-Lektüre. In: WB. 23 (1977), H. 5, S. 165–176. – Loiseau, Hippolyte: Goethe et la France, ce qu'il en a connu, pensé et dit. Paris 1930. – Strauss, Bettina: La culture française à Francfort au XVIIIe siècle.

Paris 1914. – Wais, Kurt: Goethe und Frankreich. In: DVjs. 23 (1949), S. 472–500.

Gonthier-Louis Fink

Französische Literatur

G.s Verhältnis zur französischen Literatur zeugt von einer erstaunlichen Belesenheit. Aus der Zeit zwischen dem 17. Jh. und der Romantik kannte er nahezu alle Werke, die uns heute als repräsentativ erscheinen, dazu viele, die vergessen sind. Zugleich zeichnen sich in den verschiedenen Phasen seines Lebens wechselnde Schwerpunkte ab. Französische Literatur wurde für sein Schaffen bedeutsam, und er selbst hat wiederum auf die französische Literatur zurückgewirkt.

Nachdem Marie Magdeleine Gachet G. in die französische Sprache eingeführt hatte, konnte er durch den täglichen Besuch des französischen Theaters in Frankfurt seine Kenntnisse erweitern. Dieses führte neben dem klassischen Repertoire Komödien von Marivaux, rührende Lustspiele von Pierre Claude Nivelle de La Chaussée und André Cardinal Destouches, bürgerliche Dramen wie Denis Diderots *Père de famille* und Singspiele von Charles Simon Favart sowie Rousseaus *Le Devin de village* auf. Die Vorliebe des jungen G. für bestimmte Autoren war mitgeprägt durch sein begrenztes Sprachverständnis. Da ihm die feierliche Alexandrinertragödie verständlicher war als die schneller gesprochene Komödie, zog er erstere vor. Er las aber gleichwohl alle Stücke Molières. Racine gefiel ihm, dem empfindsamen Zeitgeist entsprechend, besser als Corneille, von dem er nur einige Tragödien studierte. Manche Stelle aus Racines Tragödien lernte er auswendig, und für das Kinderliebhabertheater übernahm er die Rolle des Nero in *Britannicus*. Noch mehr beeindruckt zeigte er sich von Antoine Marin Lemierres Tragödie *Hypermnestre* und von Alexis Pirons

Lustspielen, die schon durch die satirischen Anspielungen damals viel Erfolg hatten. Erst in Leipzig allerdings sah er Voltaires *Zaïre* und *Mahomet*, doch weder der Dramatiker noch der Philosoph Voltaire scheint damals eine Rolle für ihn gespielt zu haben.

Auch Theoretiker las G. früh. Da der junge Derones, Sohn einer Schauspielerin, ihm ein halb allegorisches, halb mythologisches Stück in Pirons geistreichem Stil mit dem Hinweis, es entspreche nicht den klassischen Regeln, zusammengestrichen hatte, las er Corneilles *Discours des trois unités* und einige der *Examens*, in denen dieser seine Tragödien gegen die Angriffe der Kritik verteidigt hatte. Noch in Leipzig empfahl er seiner Schwester Cornelia als allein gültige Referenz für die Bildung des Geschmacks Nicolas Boileau mit seiner *L'Art poétique*, die auch ihm selber mit dem Prinzip der Nachahmung der schönen Natur, dem Ideal der Wahrheit und der Wahrscheinlichkeit Kriterien für die Wertung von Werken an die Hand gab.

Zweifellos spielte das französische Theater sowohl in Frankfurt, auch nach dem Wegzug der französischen Besatzung, als auch in Leipzig, wo G. französische bürgerliche Dramen in Übersetzung kennen lernte, eine besondere Rolle. Parallel dazu las er u.a. Antoine François Prévosts *Geschichte des Ritters de Grieux*, historische Romane Marguérite de Lussans und François de Salignac de La Mothe Fénélons *Télémaque*. In *Dichtung und Wahrheit* spricht er zwar von der »wohlthätigen Wirkung« (WA I, 26, S. 50) dieses politischen Erziehungsromans, sagt aber nicht, was er von dem Ideal des guten Fürsten und der indirekten Satire auf das absolutistische Frankreich hielt. Unter dem Einfluß der Leipziger Gesellschaft folgte er auch Vorbildern, die er in der *Elite des poésies fugitives* (1764) fand, einer Anthologie kleiner erotischer Gedichte, in der auch Claude Joseph Dorat, Jean-Baptiste Joseph Willart de Grécourt und Voltaire vertreten waren. Neben der klassischen Tragödie prägten sie sein Bild des französischen Geistes in dieser ersten Phase seines literarischen Lebens.

Wohl weil ihm schon früh alle Religionsstreitereien zuwider waren, die aus dem Absolutheitsanspruch der geoffenbarten Religionen entsprangen, kopierte er in Frankfurt Verse der Epistel *A l'auteur des trois imposteurs*, in der Voltaire entgegen dem Pamphlet *Traité des trois imposteurs* – gemeint waren Moses, Christus und Mahomet – die soziale Notwendigkeit der Religion betonte und die Reformatoren als Unruhestifter verurteilte. Zugleich beschuldigte G. jedoch Voltaire »parteiischer Unredlichkeit«, mit der er »die Religion und die heiligen Bücher« diffamiere, »um den sogenannten Pfaffen zu schaden« (WA I, 28, S. 60 f.).

Straßburg und die Begegnung mit Herder zeitigten eine Besinnung auf die »Deutschheit« und die Geschichte. Dies führte G. auch dazu, sich für die »naive«, noch nicht durch Akademie und Hof gegängelte Sprache des 16. Jhs. und für »jene herrliche Epoche« der französischen Literatur, in der Michel Montaigne, Jaques Amyot, François Rabelais und Clément Marot wirkten, zu begeistern (ebd., S. 52); diese stellte er den denaturierten folgenden Jahrhunderten gegenüber. Nun machte das Prinzip der Nachahmung der schönen Natur dem der Nachahmung der wahren Natur Platz.

Die negative Einstellung zu Voltaire und Paul-Henri Thiry d'Holbach ließ G. in Straßburg Herders Vorurteil in bezug auf die Greisenhaftigkeit der französischen Literatur übernehmen. Als Beweis für deren Dekadenz führte er später das Verschwinden der Tragödien aus dem Spielplan und die rasche Entwicklung im Bereich des Lustspiels an: Molières große Charakterkomödien hatten zuerst der ernsten, dann der rührenden Komödie weichen müssen, die beide »minder vollkommen« waren, obgleich sie versuchten, sich »dem Leben und den Sitten anzuschmiegen« (ebd., S. 58).

Während G. sich in Straßburg von den Enzyklopädisten distanzierte, fand er eine positive Beziehung zu Diderot, in dem er einen »wahren Deutschen« sah, nicht nur weil dieser die klassizistische Poetik verwarf. Da G. die deutsche Natur durch »Wahrheitsliebe« und »Red-

lichkeit« bestimmte (ebd., S. 60), dürfte er dabei auch an Diderots Wahrheitssuche und Apologie der Tugend gedacht haben. *Les deux amis de Bourbonne*, eine sozialkritische Erzählung, in der Diderot die »Naturkinder« rehabilitiert, die zur Selbsthilfe greifen, um sich gegen die ungerechte Gesellschaft zu wehren, fand – zudem in Entsprechung zu der von Rousseau und Herder betriebenen Rehabilitierung des Volkes – auch ein Echo im *Götz von Berlichingen* und im *Werther*.

Obwohl G. in Leipzig infolge harter Naturkuren, d. h. durch »mißverstandene Anregungen« aus dem *Discours sur les sciences et les arts* (WA I, 27, S. 186), die ihn vor der Sittenverderbnis der entarteten Zivilisation retten sollten, einen Blutsturz erlitten hatte, zog ihn bereits in Frankfurt und dann in Straßburg kein anderer Schriftsteller so in seinen Bann wie Rousseau. Durch die *Profession de foi du Vicaire savoyard* sowie durch *La Nouvelle Héloïse* und *Emile* empfing er vielfache Impulse: Das bezeugen die Idee der Toleranz im *Brief des Pastors* und das Echo von Rousseaus Leitideen – Aufwertung des Herzens und der Leidenschaft, neues Erleben im Refugium der Natur – sowie das Ausspielen von Erfahrung und Erleben gegen bloßes Buchwissen im *Werther*.

Im Anschluß an Diderots *Père de famille*, Beaumarchais' *Eugénie* und andere französische Dramen setzte sich G. in den frühen 70er Jahren mit dem bürgerlichen Drama auseinander, das den von Diderot angekündigten Paradigmenwechsel realisierte, indem es verkündete, daß Tugend allein den Wert des Menschen ausmache. Ähnlich argumentierte Louis Sébastien Mercier in *Du théâtre ou nouvel essai sur l'art dramatique* (1773), das G. von Heinrich Leopold Wagner übersetzen ließ und dem er statt des ursprünglich beabsichtigten Kommentars einen Anhang *Aus Goethes Brieftasche* beigab. Mittlerweile erschienen ihm Merciers Thesen und politische Forderungen als zu radikal, verlangte dieser doch vom Dichter, »alle Herzen mit einem tugendhaften Haß« (Mercier/Wagner, S. 59) gegen den Despotismus zu erfüllen und sein Werk in den Dienst moralischer und sozialer Reformen zu stellen, ließ dabei aber »die Form dramatischer

Stücke« außer acht, wie G. in dem kurzen Nachwort vermerkte (WA I, 37, S. 313).

Lessings Verurteilung der klassischen französischen Tragödie war Ausdruck der bürgerlichen wie der nationalen Emanzipation, hatte aber an den Höfen wenig Anklang gefunden, während auf den bürgerlichen Bühnen naturalistische Tendenzen zum Durchbruch kamen. Aufführungen von Lust- und Singspielen des zeitgenössischen französischen Theaters durch das Weimarer Liebhabertheater förderten neue Kontakte G.s mit französischer Literatur. Er überschätzte keineswegs die Bedeutung von dergleichen Modestücken, obwohl er in der Folge dem Wunsch des Publikums gemäß manche in Weimar aufführen ließ. Zwischen 1776 und 1796 las er u.a. auch mehrere von Beaumarchais' Schauspielen, aber nicht einmal *Figaros Hochzeit* hat ihm einen Kommentar abgelockt, wohl weil die scharfe, gesellschaftskritische Sitten- und Intrigenkomödie ihm mißfiel. Die Vorliebe, die Anna Amalia und Carl August für das französische Theater hegten, sowie Christoph Martin Wielands in den *Briefen an einen jungen Dichter* (1782–84) wiederholte Mahnung, nicht »die guten Werke der Franzosen zu verachten«, haben mit dazu beigetragen, daß G. sich erneut die »Meisterstücke eines Racine, Crébillon und Voltaire« (Hempel, Tl. 38, S. 112f.) vornahm. Aber das neue Verständnis von Racines »Gefühl, Geschmack und Talent«, das Wieland als Maßstab eines großen Trauerspiels anführte (ebd., S. 110), war erst möglich, nachdem G. sich die ihm durch Charlotte von Stein vermittelte Ethik der Gelassenheit und Entsagung sowie die »Delikatesse und Aisance«, die er an der Gräfin Jeanette-Louise von Werthern bewunderte, angeeignet hatte. Nun erst vermochte er die Analogie zwischen dem, was er als positiv in der »g r o s e n W e l t« betrachtete (an Charlotte von Stein, 11.3. 1781), und der »bienséance« der klassischen Tragödie in neuem Licht zu sehen. Ein erster Schritt in dieser Richtung war die Prosafassung der *Iphigenie*, von der Wieland sagte, sie sei »regelmäßiger als irgend ein französisches Trauerspiel«. Doch erst mit der *Iphigenie* in Blankversen

stellte G. die von Wieland verfochtene innere Beziehung zwischen den »Gesetzen des Schicklichen« und denen der klassischen Form her (Hempel, Tl. 38, S. 97). Ein Vergleich zwischen G.s Seelendrama und Racines Tragödie zeigt freilich, daß »die Goethische Klassik aus der Einsamkeit, die französische aus der Gesellschaft entstanden ist« (Merian-Genast, S. 40).

Zugleich versuchte G., sich Rechenschaft abzulegen über sein Verhältnis zum Theater, das er im Rückblick unter Ausschluß der Komödie weitgehend von der französischen Tragödie bestimmt sah, obwohl *Die Mitschuldigen* von dem »fleißigen Studium« des Molièreschen Frühwerks zeugen (*Tag- und Jahreshefte 1764 bis 1769*). Auch Voltaire wird in der *Theatralischen Sendung*, in der G. in Wilhelm Meisters Weg von Corneille über Racine zu Shakespeare seine eigene Entwicklung nachzeichnet, mit keinem Wort erwähnt. Der junge Wilhelm findet zwar die Beschränkung der klassischen Tragödientheorie auf drei Einheiten willkürlich, bejaht jedoch die Notwendigkeit der Regeln und hält die Einheit der Handlung für ebenso »indispensable« (WA I, 51, S. 108) wie die Beachtung von »Schicklichkeit und Wahrscheinlichkeit« (ebd.), der Prinzipien der klassischen Poetik. *Cinna*, worin Augustus schließlich großmütig den Verschwörern verzeiht, liest er »mit vielem Feuer und Erhebung der Seele« (ebd., S. 112). Begeistert blickt er zu Corneilles großen Charakteren auf und bewundert ihre Freiheit, ihre »Stärke des Geistes in allen Situationen« (ebd., S. 113). Nicht nur um dem Prinzen zu gefallen, distanziert er sich dann doch von Corneilles »großen« und rühmt Racines »vornehme« Menschen (WA I, 52, S. 145), denn nun versteht er die französische Tragödie als Ausdruck höfischer Kunst. Wenn Wilhelm durch seine Apologie Racines seinen guten Geschmack beweisen will, macht er dabei zugleich deutlich, daß ihm der nötige Takt abgeht. Voll Ironie verweist der Autor auf die Kluft zwischen der bürgerlichen und der »grosen Welt«, die Wilhelm nur aus Büchern kennt. In der Retrospektive betonte G. auch in den *Lehrjahren* die historische und höfische Bedingtheit der französischen Klassik; er hingegen wollte in der Tragödie alles Ständische, Provinzielle und Nationale abstreifen, um das Allgemein-Menschliche herauszustellen.

Darum ging es auch, als G. 1799 dem Wunsch Carl Augusts entsprechend *Mahomet* übersetzte. Während Voltaire den theokratischen Propheten als ehrgeizigen Tyrannen und Betrüger zeichnete, akzentuierte G. stärker die Kritik an einer Bekehrungsmethode, die irdische Macht und List in den Dienst des Geistigen stellt. *Mahomet* sollte den Auftakt zu einer Reihe von Übersetzungen französischer klassischer Tragödien bilden, doch wurde Carl Augusts Wunsch nach einem solchen Repertoire nur teilweise verwirklicht. Während Schiller Racines *Phèdre* übersetzte, sich aber für weiteres nicht erwärmen ließ, übertrug G. 1802 noch Voltaires Rittertragödie *Tancrède*, wobei er indirekt dem grausamen republikanischen Gesetz den Prozeß machte und Voltaires Leitbilder »Freiheit« und »Gleichheit« abschwächte, um unter seinen Landsleuten nicht republikanische Sympathien zu wecken. Schließlich begnügte er sich damit, 1806 Corneilles *Cid* und 1807 *Rodogune* in Friedrich Immanuel Niethammers bzw. Theodor Heinrich August Bodes Übersetzung aufzuführen. Dennoch spielte die französische Tragödie eine bedeutende Rolle im Kampf gegen die naturalistischen Bestrebungen in der zeitgenössischen deutschen Dramatik und Schauspielkunst. Mit ihrer Klarheit der Intrige, mit ihrer Beachtung der Gesetze des Anstandes und des guten Geschmacks, mit ihrer Stilisierung und poetischen Sprache trug die französische Klassik dazu bei, das Niveau der deutschen Bühne zu heben. Daß das Kriterium der Weimarer Klassiker nicht mehr die Natur war, sondern daß es in Abgrenzung von Natur um die Eigenständigkeit der Kunst als einer »zweiten Natur« ging, betonte G. im Gegensatz zu Diderot ausdrücklich in den Anmerkungen zu seiner Übersetzung von dessen *Essais sur la peinture*.

Ungeachtet aller Modifizierungen gegenüber früherer radikaler Negation blieb gleichwohl die Distanz zur französischen Klassik erhalten. Madame de Staël gegenüber äußerte

sich G. ziemlich kritisch über die Tragödie, deren »beschränkte Form« und »abgemessenes, aufgedunsenes Pathos« dem Deutschen fremd sei; sie habe zwar einen »hübschen, natürlichen Kern«, dieser sei jedoch verborgen unter »darum gehüllte Unnatur« (WA I, 36, S. 262). Dennoch war er 1808 begeistert, als er anläßlich des Erfurter Fürstenkongresses François Joseph Talma und das »Théâtre français« in Corneilles, Racines und Voltaires Tragödien erleben konnte.

Durch Friedrich Melchior von Grimms bzw. Jakob Heinrich Meisters *Correspondance littéraire* hatte G. auch Einblicke in die neuere französische Literatur empfangen. Diderots *Jacques le Fataliste* hatte er 1780 »mit unbeschreiblicher Wollust« (Tagebuch, 3.4. 1780) verschlungen. Auf der Suche nach geeigneten Beispielen für eine Poetik der kleinen Erzählgattungen nahm er sich u.a. den *Heptaméron* der Margaretha von Navarra und die *Cent Nouvelles Nouvelles*, für das Märchen einige *Contes philosophiques* von Voltaire vor. Voltaires Erzählweise, die die Aussage in immer neuen Schattierungen aufleuchten läßt oder in Frage stellt, zeigte ihm die Möglichkeit einer symbolisch-ironischen Erzählhaltung, und so war er entsprechend erfreut, zu hören, daß in seinem *Märchen* »Einer von den hundert Kobolden des Alten von Ferney« spuke (an Schiller, 7.9. 1795). Da ihn in Diderots *Neveu de Rameau* das brillante Spiel zwischem dem alter ego des Autors und einem zum Typ des Parasiten stilisierten Gesellen faszinierte, der zugleich sich und die Gesellschaft bloßstellt, übersetzte er den kritischen Dialog. Um die anspielungsreiche Abrechnung mit den Gegnern der Enzyklopädisten verständlich zu machen, gab er den deutschen Lesern in seinen *Anmerkungen* einen Schlüssel dazu in die Hand; dies war zugleich eine Gelegenheit, Voltaire als den seiner »Nation gemäßesten Schriftsteller« (WA I, 45, S. 215) zu charakterisieren und »manches frey über die französische Literatur [zu; d. Vf.] sagen, die wir bisher meistens zu steif, entweder als Muster, oder als Widersacher behandelt haben« (an Schiller, 28.2. 1805). Ausgehend von Diderots

Kritik an der französischen Selbstverherrlichung erläuterte G. auch das zentrale Problem des Geschmacks in historischer Perspektive, wobei die Mentalität der Franzosen mit der der Deutschen verglichen wird. Für diese Erläuterungen stützte sich G. auf verschiedene historische Werke über die französische Literatur.

Nach Schillers Tod begann für G. eine Periode der Vereinsamung, zumal die Bestrebungen der Weimarer nur wenig Echo fanden. Hinzu kam, daß die politische Lage sich für die Rezeption französischer Literatur ungünstig entwickelte. G. indessen führte die Beschäftigung mit ihr fort. Eine wichtige Rolle dabei spielten Benjamin Constant und insbesondere Madame de Staël, deren *Versuch über die Dichtungen* G. bereits 1795 übersetzt hatte und mit der er dann 1803/04 über den Unterschied zwischen französischer und deutscher Dichtung sprechen konnte. Immer wieder konstatierte er, daß Mentalität, Publikum und Gesellschaft in beiden Ländern grundverschieden seien. Gerade daraus aber leitete er die Notwendigkeit wechselseitiger Einflußnahme und Anregung ab. So nutzte er selbst alle Möglichkeiten, sich – etwa in persönlichen Gesprächen mit Frédéric Jean Soret, David d'Angers, Jean Jacques Ampère und Frédéric Albert Stapfer oder in der Lektüre französischer Quellen wie des *Globe* – über die »neuesten Produkte der schönen Literatur Frankreichs« zu informieren, und begrüßte zugleich alle Bestrebungen, »eine Annäherung zwischen Frankreich und Deutschland zu bewirken« (Eckermann, 17.10. 1828).

In diesem Sinne begrüßte G. auch den deutschen Einfluß auf die französische Romantik, mit der er sich in den 20er Jahren immer wieder auseinandersetzte. Da sie sich aber nicht nur von den Fesseln des Klassizismus befreite, sondern auch bisherige Themen und Sujets über Bord warf, erschien sie ihm als eine »poetische Revolution«, durch die »Teufel, Hexen und Vampyre« sowie das Schauerliche triumphierten, während »Gauner und Galeerensklaven« die »erhabenen Helden« ablösten. Für ein junges Talent, das nicht genug Eigenständig-

keit habe, wirke sich, so meinte er, dergleichen negativ aus; es laufe Gefahr, »sich dem Geschmack des Tages« zu unterwerfen und nur auf Wirkung bedacht zu sein (Eckermann, 14.3. 1830). Ein schlagendes Beispiel dafür schien ihm Victor Hugo zu bieten, der sich in *Notre Dame de Paris* in grausigen Bildern gefalle. Während G. Hugos *Odes et Ballades* als Erneuerung der französisches Poesie begrüßte, kritisierte er die »absurde Komposition« des *Hernani* (Gespräche, 3.2, S. 599). Er fürchtete, daß durch Hugos Schüler und Nachahmer »auch in der Literatur auf die Alleinherrschaft Boileaus die Ausgelassenheit und Sprengung aller Regeln folge« (ebd., S. 615).

Dergleichen Erfahrungen und Ansichten trugen erheblich dazu bei, daß G. 1829 das »Klassische« als das »Gesunde« und das »Romantische« als das »Kranke« bezeichnete (Eckermann, 2.4. 1829). Freilich glaubte er, daß das »Fieber« sich bald legen werde. In einer neuen Literatur werde das Schreckliche nur noch »als wohltätiges I n g r e d i e n z« dienen und das nun »verbannte [...] Reine und Edle« um so leuchtender hervortreten. Diese Hoffnung schien ihm neben Jules Janin vor allem Prosper Merimée zu bestätigen; in *Théâtre de Clara Gazul* fehle es zwar nicht an schauerlichen Motiven, allein Merimée behandle sie »gleichsam mit Ironie« (Eckermann, 14.3. 1830). Seinen Vorzug verdanke er – ähnlich wie Pierre de Béranger, der das Chanson erneuerte und den G. als ein großes, unabhängiges Talent schätzte – der »Weltstadt« Paris, wo »die vorzüglichsten Köpfe eines großen Reiches [...] in täglichem Verkehr [...] sich gegenseitig belehren und steigern«, im Unterschied zu dem »isolierten armseligen Leben« im »mittleren Deutschland«, wo jeder allein und mühsam seinen Weg suchen müsse (Eckermann, 3.5. 1827).

Das widersprüchliche Bild der französischen Romantik hat wohl auch dazu beigetragen, daß G. die Leistungen der französischen Klassik dauerhaft zu schätzen wußte. Statt der Verirrungen der Romantiker wünschte er sich 1830 einen »neuen Racine [...], wenn auch mit den alten Fehlern«. »Die Meisterwerke der französischen Bühne bleiben für immer Meisterwerke« (Gespräche, 3.2, S. 615).

Literatur:

Barnes, Bertram: Goethe's knowledge of French Literature. Oxford 1937. – Fuchs, Albert: Goethe und die französische Literatur. In: ders.: Goethe-Studien. Berlin 1968, S. 156–177. – Loiseau, Hippolyte: Goethe et la France, ce qu'il en a connu, pensé et dit. Paris, Neuchatel 1930. – Mercier, Louis Sébastien/ Wagner, Heinrich Leopold: Neuer Versuch über die Schauspielkunst. Hg. von Peter Pfaff. Heidelberg 1967 [Repr. d. Ausg. v. 1776]. – Merian-Genast, Ernst: Goethe und die französische Klassik. In: Fuchs, Albert (Hg.): Goethe et l'esprit francais. Strasbourg 1958, S. 35–54. – Strauss, Bettina: La culture francaise à Francfort au XVIIIe siècle. Paris 1914. – Strich, Fritz: Goethe und die Weltliteratur. Bern 1946. – Wieland, Christoph Martin: Werke. Hg. von Heinrich Düntzer. 40 Tle. in 16 Bdn. Berlin 1867–1879 [= Hempel].

Gonthier-Louis Fink

Französische Revolution

»Daß die Französche Revolution auch für mich eine Revolution war kannst du dencken« (G. an F. H. Jacobi, 3.3. 1790). Diese früheste, wegen ihres Lakonismus kaum weiter befragbare unter den uns bekannten direkten Äußerungen G.s zur Französischen Revolution bezeugt die Erschütterung, die das epochemachende Ereignis in dem Dichter bewirkte. Von nun an blieb die Auseinandersetzung mit Ursachen, Erscheinungsformen und Folgen der Revolution ein zentrales Thema seines Lebens und Schaffens. Als Lösung für politische und soziale Probleme lehnte er den Umsturz bestehender Verhältnisse allezeit grundsätzlich ab und war bestrebt, allen Tendenzen dazu zuvorzukommen und entgegenzuwirken. Aber er begriff zugleich das, was in Frankreich geschah und ganz Europa in die Krise stürzte, als geschichtliches Menetekel, auch als Infragestellung eigenen Denkens und Handelns, und

er suchte die darin wirkenden Kräfte zu verstehen und tragfähige Alternativen zu dieser Entwicklung aufzufinden. Auf die »vieljährige Richtung« seines Geistes »gegen die französische Revolution« führte er seine »gränzenlose Bemühung« zurück, »dieses schrecklichste aller Ereignisse in seinen Ursachen und Folgen dichterisch zu gewältigen«, und er meinte gar, daß »die Anhänglichkeit an diesen unübersehlichen Gegenstand so lange Zeit her [s]ein poetisches Vermögen fast unnützerweise aufgezehrt« habe (WA II, 11, S. 61). Diese späte Äußerung verrät, daß dieses Bemühen nicht befriedigend und schon gar nicht abschließend gelang. Den objektiven und subjektiven Voraussetzungen gemäß entwickelte sich G.s Beziehung zur Französischen Revolution sehr spannungs- und widerspruchsvoll.

Die Rekonstruktion dieser Beziehung begegnet einer schwierigen Quellenlage. Bedingt sowohl durch G.s Neigung, sich in kritischen Situationen in sich selbst zu verschließen und ostensiblen oder gar öffentlichen Verlautbarungen aus dem Wege zu gehen, als auch durch spätere, G.s eigenen Entscheidungen wie äußeren Bedingungen geschuldete Verluste, ist die Überlieferung unvollständig. Für die vorhandenen Zeugnisse ist die sorgfältige Berücksichtigung der jeweiligen konkreten Umstände der Entstehung, der Textsorte und des Kontextes unerläßlich. Unmittelbare und indirekte, biographisch-faktische und literarische, publizistische und poetische Äußerungen bedürfen genauer Prüfung. Diese gilt insbesondere für alle späteren, vor allem für die aus Gesprächen überlieferten, im Nachhinein und von anderen, oftmals Jahre post factum aufgezeichneten oder ausformulierten Reflexionen und Kommentare.

Bereits auf den jungen G. der Vorweimarer Zeit wirkten revolutionäre Umwälzungen aus der europäischen Geschichte faszinierend und herausfordernd. Im *Götz* und im *Egmont* wählte er poetische Helden, die, durch despotische Ansprüche zum Widerstand getrieben, in übergreifende gesellschaftliche Krisen hineingerissen und zu Protagonisten revolutionärer Bewegungen werden. In den dramatischen Vorgängen dieser Werke entfaltet sich ein komplexes Wechselspiel zwischen objektiven Bedingungen und subjektiven Bestrebungen, das ein intensives Bild geschichtlicher Konflikte und Kollisionen vermittelt. G. blieb indessen – bei aller Einsicht in den Determinationszusammenhang solcher Geschehnisse – fern von der Tendenz, mit seinen Geschichts- und Charakterbildern zu Rebellion oder Revolution aufzurufen. Vielmehr war sein politisches und soziales Denken und Streben auf die Herstellung harmonisch-friedlicher, sich der Naturform des Patriarchalisch-Familiären nähernder gesellschaftlicher Verhältnisse gerichtet. Dementsprechend war sein Wirken im ersten Weimarer Jahrzehnt – neben anderem sicherlich – vor allem auch der Versuch praktischen Erprobens reformerischer Veränderungsmöglichkeiten, auf die das Konzept des aufgeklärten Absolutismus zielte. Freilich schlug dieser Versuch, wie die »Flucht« nach Italien und die dort gezogenen Konsequenzen zeigen, fehl.

Gerade die tieferen Einsichten in die politische und soziale Wirklichkeit, die ihm in Weimar ermöglicht wurden, ließen G. lange vor dem Sturm auf die Bastille mit großer Sorge alle eine friedliche Entwicklung bedrohenden Tendenzen in der zeitgenössischen Gesellschaft, alle Erscheinungen von Krise, Instabilität, Erschütterung beobachten. 1781 schrieb er jenen hellsichtig-unheimlichen Brief, der davon spricht, daß »unsere moralische und politische Welt [...] mit unterirdischen Gängen, Kellern und Cloaken miniret« sei, so daß auch ein Einsturz des Erdbodens denkbar wäre (G. an Lavater, 22.6.1781). 1785 erschreckte ihn, wie er später in den Annalen bezeugte, wie aber auch die Entstehungsgeschichte des Lustspiels Der Groß-Cophta belegt, die Halsbandaffäre als signifikantes Zeugnis für den moralischen wie politischen Zerfall im französischen Königreich. In Italien begab er sich, als er auf Sizilien Nachforschungen nach jenem zeitgenössischen Abenteurer Joseph Balsamo alias Cagliostro anstellte, der in die Halsbandaffäre verwickelt gewesen war und zum Vorbild für den Groß-Cophta als Lustspielhelden wurde, mit gutem Instinkt, wenn auch erfolglos, auf die Spur dieser Probleme.

Im Römischen Karneval machte er sich die tiefe Widersprüchlichkeit gesellschaftlicher Verhältnisse deutlich. Zu diesem Zeitpunkt freilich meinte er auch – wie er später schrieb – die »menschliche Gesellschaft« zu verstehen (WA II, 6, S. 132).

Gelang ihm jenseits der Alpen eine Regeneration, eine existentielle »Wiedergeburt« (WA I, 30, S. 233) und die Entwicklung eines neuen Lebensplans, ausgerichtet auf Wirksamkeit in den Bereichen von Natur und Kunst, so schloß diese Wende indessen auch die Resignation in Hinsicht auf praktisch-veränderndes Wirken in der Gesellschaft ein, sofern dieses nicht in wissenschaftlichen und künstlerischen Aktivitäten, auf Langfristigkeit orientiert, in Erscheinung trat, und dieses Konzept stand eben in diametralem Gegensatz zu revolutionären Umwälzungen.

G. befand sich beim Ausbruch der Französischen Revolution 1789 in einer komplizierten Situation. Der drohenden Möglichkeit revolutionärer Erschütterungen und Umbrüche prinzipiell durchaus gewärtig, wurde er durch die Ereignisse in einem Augenblick überrascht, da er sie, aus Italien mit einem neuen Lebenskonzept heimgekehrt und in Weimar längst nicht wieder in die Balance gekommen, als gegenläufig zu seinen Entscheidungen und Bestrebungen empfand. Er reagierte auf die französischen Ereignisse zunächst sehr zurückhaltend; anders als bei vielen Zeitgenossen gibt es in den ersten Jahren nur wenige Äußerungen von ihm. In der 1791 veröffentlichten knappen Auswahl aus den Venezianischen Epigrammen attackierte er scharf die »Freiheits-Apostel« (WA I, 1, S. 320), aber immerhin meinte er mit Blick auf deren laute, »toll« scheinende Vertreter in Frankreich, daß »ein Toller in Freiheit / Weise Sprüche« rede, »wenn, ach! Weisheit im Sklaven verstummt« (ebd., S. 321). Das Lustspiel Der Groß-Cophta, 1791 geschrieben, veröffentlicht und auf die Bühne gebracht, wirft, wenn es das moralische und politische Versagen höchster Hofkreise und das destabilisierende Wirken politischer Abenteuer vorführt, einen äußerst kritischen Blick auf die unmittelbare Vorgeschichte, enthüllt den für G. wichtigsten Kausalaspekt der Revolution.

1792 nahm G. im Gefolge Carl Augusts an der Kampagne in Frankreich, 1793 an der Belagerung von Mainz teil. Er billigte die Intervention gegen das republikanische Frankreich nicht und plädierte insonderheit dafür, den weimarischen Staat herauszuhalten. Aber er folgte doch der Aufforderung zur Teilnahme und begleitete Carl August, ohne direkte Funktion, Distanz hervorkehrend, das Geschehen skeptisch beobachtend und kommentierend, aber doch insofern mit den militärischen Unternehmungen einverstanden, als er das gefährliche Revolutionsfeuer, zumal in Deutschland, erstickt wünschte. In Briefen von unterwegs übermittelte er – in offensichtlicher sachlicher Übereinstimmung – Anweisungen Carl Augusts für den Umgang mit aufmüpfigen Jenaer Studenten (G. an Voigt, 10.9. 1792) und bekundete der Herzoginmutter seine Meinung, »daß man die leidigen Franzen [...] wills Gott bald aus dem lieben Deutschen Vaterlande gänzlich ausschließt, wo sie doch ein vor alle mal nichts taugen weder ihr Wesen, noch ihre Waffen, noch ihre Gesinnungen« (G. an Anna Amalia, 22.6. 1793). Im gleichen Sinne schrieb er 1793 neue Theaterstücke: Das Lustspiel *Der Bürgergeneral*, noch im selben Jahr uraufgeführt, demonstriert die tatkräftige Entlarvung und Austreibung »jakobinischer« Tendenzen in einem deutschen Kleinstaat, und in dem Dramenfragment *Die Aufgeregten* ist in der Figur der Gräfin ein sichtbares positives Beispiel für die Herrschenden in Deutschland gegeben, wie man des überhitzten Zeitgeistes Herr zu werden suchen sollte.

Ungeachtet dieser entschiedenen antirevolutionären Position im politischen Handeln wie im literarischen Schaffen waren die Erfahrungen aus zwei Feldzügen aber auch geeignet, neue Erkenntnisse zu vermitteln. Spätestens seit dem Tag von Valmy im September 1792 beunruhigte G. die unbewältigte Problematik des zeitgenössischen Weltwesens noch unabweisbarer als zuvor. Immerhin begriff er, daß die geschichtliche Entwicklung einen Wendepunkt erreicht hatte, doch reflektiert der sarkastisch-ironische Kontext des berühmten Satzes, den er gemäß der autobiographischen

Darstellung in der *Campagne in Frankreich* am Abend der Kanonade einigen außer »Besinnung und Urteil« geratenen Offizieren in seiner Umgebung gesagt haben will und vielleicht auch so ähnlich gesagt hat – »Von hier und heute geht eine neue Epoche der Weltgeschichte aus, und ihr könnt sagen, ihr seid dabei gewesen« (WA I, 33, S. 75) –, eher das Moment von Hilflosigkeit als das klarer Erkenntnis. Im authentischen Wortlaut eines Briefes aus den Tagen nach Valmy lautet die Quintessenz wohl angemessener so: »In diesen vier Wochen habe ich manches erfahren und dieses Musterstück von Feldzug giebt mir auf viele Zeit zu dencken. Es ist mir sehr lieb daß ich das alles mit Augen gesehen habe und daß ich, wenn von dieser wichtigen Epoche die Rede ist sagen kann: et quorum pars minima fui« (G. an Knebel, 27.9. 1792).

Auch danach dominierten zunächst Unsicherheit und Erschütterung. Während der Belagerung von Mainz feilte G. an den Versen seines *Reineke Fuchs* und kommentierte das dann: »Ich unternahm die Arbeit um mich das vergangne Vierteljahr von der Betrachtung der Welthändel abzuziehen und es ist mir gelungen« (G. an F.H. Jacobi, 2.5. 1793). Tatsächlich bringt das Bild gesellschaftlicher Verhältnisse, das uns in dieser Adaption des mittelalterlichen Tierepos vermittelt wird, deutlich zum Ausdruck, in welchem Maße der Dichter von Skepsis und Hilflosigkeit erfüllt war. Schließlich ist in einem Brief zu lesen: »Mich wandelt in meiner jetzigen Lage eine Art Stupor an und ich finde den trivialen Ausdruck: d e r V e r - s t a n d s t e h t m i r s t i l l , trefflich um die Lage meines Geistes auszudrucken« (G. an Voigt, 3.7. 1793). G. machte, endlich und endgültig nach Weimar heimgekehrt, keinen Hehl daraus, wie froh er war, von der unmittelbaren Einbeziehung in die Welthändel frei zu sein und sich wieder der Arbeit auf den Feldern von Natur und Kunst, für die er sich ja bereits im Ergebnis seines Italien-Aufenthalts entschieden hatte, zuwenden zu können.

An seiner grundsätzlich ablehnenden Haltung zu revolutionären Vorgängen und Bestrebungen änderte sich nichts, sah er sich doch durch die Entwicklung in Frankreich eindeutig bestätigt. Seine Position vertrat er in den literarischen und publizistischen Arbeiten aus den mittneunziger Jahren ohne Zugeständnisse; nachdrücklich plädierte er für ein Konzept innergesellschaftlicher Befriedigung und Entspannung. In der Rahmenerzählung der *Unterhaltungen deutscher Ausgewanderten* läßt er in einem Kreis von Menschen, die auf der Flucht vor den auf die westlichen Teile Deutschlands übergreifenden revolutionären Ereignissen sind, kontroverse Meinungen und Haltungen aufeinanderprallen und den inneren Frieden dann durch Toleranz und Besonnenheit, durch gesellige Kommunikation und gemeinsame, die Möglichkeiten von Kunst und Literatur nutzende Reflexion gefördert erscheinen. Der 1795 abgeschlossene Roman *Wilhelm Meisters Lehrjahre* ist, wiewohl revolutionäre Entwicklungen und Bestrebungen nicht unmittelbar verarbeitend, ganz besonders in den Schlußteilen, im 7. und 8. Buch, durch die Herausstellung einer nicht-revolutionären Alternative zur Grundtendenz des Zeitalters gekennzeichnet. In dem Aufsatz *Literarischer Sansculottismus*, der das »sansculottische« Urteil eines Kritikers über die der Klassizität ermangelnde Prosa in der zeitgenössischen deutschen Literatur auf das schärfste zurückweist, beendet G. die Überlegungen zur Problematik einer klassischen Nationalliteratur in Deutschland mit dem kategorischen Satz: »Wir wollen die Umwälzungen nicht wünschen, die in Deutschland klassische Werke vorbereiten könnten« (WA I, 40, S. 199). Und er hatte auch keine Bedenken, in den *Xenien*, gemeinsam mit Schiller, nicht nur die deutschen Revolutionsanhänger sarkastisch abzukanzeln, sondern auch dem toten Georg Forster eine unnachsichtige Aburteilung ins Grab nachzusenden.

So stand G.s Haltung zur Französischen Revolution in den Jahren unmittelbarer Konfrontation im Zeichen unmißverständlicher Ablehnung und des Bestrebens zur Stabilisierung der bestehenden staatlich-gesellschaftlichen Ordnung. Gleichwohl unterscheidet sie sich ebenso eindeutig von der zeitgenössischen Konterrevolution. Niemals ließ G. Zweifel daran, daß die Revolution vor allem dem politischen und moralischen Versagen des Ancien régime anzulasten sei. Ebenso wenig ließ er sich dazu hinreißen, statt dessen die Aufklärung schuldig zu sprechen und anzugreifen. Er war tatsächlich kein »Freund des Bestehenden« (Eckermann, 4. 1. 1824) und hielt an den Prinzipien und Zielen der antifeudalen, bürgerlichen Emanzipationsbewegung unbeirrt fest. Im Gegensatz zu allen Unterstellungen und falschen Identifizierungen und ungeachtet seiner Abneigung gegen geschichtsfremde Weltverbesserungsideen und Systemkonstruktionen stand er den Akteuren wie den Ideologen der Konterrevolution, den Traditionalisten und Legitimisten, innerlich fern. Seine Wirklichkeitsnähe und sein historischer Sinn ließen ihn immer für unerwartete reale wie für denkbare und wünschenswerte Entwicklungen offenbleiben. Seine genuine aufklärerische Auffassung war und blieb jedoch, daß revolutionärer Umsturz letztlich, über den Willen der geschichtlichen Protagonisten und Akteure hinweg, die Auslieferung der Gesellschaft an das blinde Walten undurchschaubarer und unbeherrschbarer Mächte, an das Chaos zur Folge habe und solcherart nicht nur bereits errungene Stufen von Humanität und Kultur gefährde, sondern überhaupt die Chancen bewußten, vernunftgerechten und selbstbestimmten menschlichen Handelns und Gestaltens ausschlage. Die Emanzipation der Menschheit galt es seiner Überzeugung nach mit Tatkraft und Besonnenheit auf dem Wege allmählicher Humanisierung und Kultivierung, auf dem Wege einer umfassenden evolutionären Wandlung voranzubringen. Eben dieses Konzept schloß auch die Konsequenz ein, einer solchermaßen orientierten Wirksamkeit durch die Zurückdrängung und Ausschaltung aller dem Chaotisch-Unlenkbaren zuarbeitenden Tendenzen die Bahn freizuhalten.

In den kritischen Momenten seiner politischen Praxis vor Italien hatte G. sich der Natur zugewandt und in seinen naturwissenschaftlichen Bemühungen nicht nur Ablenkung und Trost, sondern auch die Gewißheit einer Gesetzmäßigkeit gefunden, auf die sich bauen ließ. Die Zugehörigkeit des Menschen zum großen Naturganzen verbürgte eine evolutionäre Perspektive, wie immer auch das chaotisch-unberechenbare Moment unmittelbarer Gesellschaftsgeschichte dieser widersprechen und entgegenwirken mochte. Angesichts seiner Erfahrungen vertraute G. immer weniger einem fortschrittschaffenden Selbstvollzug von Geschichte, aber der unaufhaltsamen Realität ihrer Bewegung gegenüber orientierte er sich auf die verbleibenden Möglichkeiten menschlicher Selbstbestimmung und Selbstgestaltung, die er in den Bereichen wissenschaftlicher und künstlerischer Arbeit offenstehen sah. Korrespondierend mit Schillers der Französischen Revolution entgegengesetztem geschichtsphilosophischen Ansatz ästhetischer Erziehung sah er in der Bildung des Individuums das entscheidende Kettenglied, die zentrale Voraussetzung für die Förderung der eigenen Zukunftsvorstellungen.

Als mit den Thermidorereignissen des Jahres 1794 die unmittelbare Anspannung nachzulassen begann und 1795 der Baseler Friedenschluß zwischen Preußen und Frankreich eine Phase ruhigerer Entwicklung und damit wieder Entfaltungsmöglichkeiten für das geistig-kulturelle Leben im nördlichen und mittleren Deutschland einleitete, ergab sich auch die Chance, die geschichtlichen Vorgänge, die bislang gleichsam atemlos gemacht hatten, tiefer auf ihre Ursachen und Folgen zu prüfen und sowohl den subjektiven Intentionen, die sie getragen hatten, als auch dem objektiven Gehalt, der ihnen zugrunde lag, unbelasteter nachzufragen. Ein beredtes Zeugnis dafür ist das 1797 erschienene Versepos *Herrmann und Dorothea*. Hier findet sich ein differenzierteres Bild der revolutionären Ereignisse als zuvor. In dem im Zeichen der Klio, der Muse der Geschichtsschreibung, stehenden und *Das Zeitalter* betitelten Gesang spricht ein »fremder Richter« (WA I, 50, S. 232), selbst ein Flüchtling, über die ungerechten Zustände, die den Aufruhr hervorriefen, und über die großen Hoffnungen, mit denen die Menschen die Umwälzungen begleiteten und förderten – danach natürlich auch von den Enttäuschungen und den tragischen Konsequenzen, die die weitere Entwicklung brachte. Der Bedrohung,

die aus dieser Konstellation für Deutschland erwuchs, setzt G. ein politisch-ethisches Konzept entgegen, das revolutionäre Bestrebungen ausschließt und den Status quo befürwortet, zugleich aber zur Bildung der Welt durch den »fest auf dem Sinne« beharrenden Menschen aufruft und somit geschichtliche Entwicklung voranzutreiben bestimmt ist. Hermann spricht dieses Konzept am Schluß der Dichtung aus: »Desto fester sei, bei der allgemeinen Erschütterung, / Dorothea, der Bund! Wir wollen halten und dauern, / Fest uns halten und fest der schönen Güter Besitzthum. / Denn der Mensch, der zur schwankenden Zeit auch schwankend gesinnt ist, / Der vermehrt das Übel, und breitet es weiter und weiter; / Aber wer fest auf dem Sinne beharrt, der bildet die Welt sich. / Nicht dem Deutschen geziemt es, die fürchterliche Bewegung / Fortzuleiten, und auch zu wanken hierhin und dorthin. / Dieß ist unser! so laß uns sagen und so es behaupten!« (WA I, 50, S. 267).

Die stärkere Öffnung G.s für Einsichten in die Qualität des Geschichtlichen und für das Bedenken produktiver Wirkungen von Bestrebungen und Kräften, die durch Negation vorantreiben, kam zum Ende des Jhs. in vermittelter Weise auch dem Wachstum eines Werkes wie *Faust* zugute. Wenn es G. gelang, in Hinsicht auf das Gesamtkonzept dieser Dichtung entscheidend voranzukommen, so war die Aufschließung der Dialektik von »Gutem« und »Bösem«, die für die Gestaltung der Mephisto-Figur und der Wettbeziehung zwischen Faust und Mephisto grundlegend ist, eine unerläßliche Voraussetzung dafür.

Noch einmal unternahm G., als sich an der Schwelle des neuen Jhs. die nunmehr mit dem Namen Napoleons verbundenen militärischen Verwicklungen bedrohlich zusammenballten und anzeigten, daß die durch die Revolution gegebenen heftigen Anstöße weit über das Ende ihrer akuten Phase hinausreichten, den anspruchsvollen Versuch, in einer Dramentrilogie den Ursachen und Folgen, den Tragödien und Zukunftsperspektiven der Revolution nachzufragen. Doch nur den ersten Teil, das Trauerspiel *Die natürliche Tochter*, 1803 uraufgeführt und gedruckt, vermochte er dem

Thema abzuringen; es ist ein Stück, das vielfach geschmäht und überwiegend unterschätzt und verkannt worden ist, dessen tiefer Grund, den Eigenheiten und Schwächen partiell überdecken, aber nach wie vor ernsthafter Prüfung wert ist.

In den folgenden Jahren, als Napoleon die Welt sich gänzlich zu unterwerfen schien, als das alte deutsche Reich unterging und schließlich auf der Grundlage einer nationalen Regeneration die Befreiung vom napoleonischen Joch vollzogen werden konnte, schwieg G. sich über die Revolution in Frankreich aus. In der ungeheuren Bedrängnis durch die eine andere als die von ihm gewünschte Richtung einschlagende Entwicklung scheinbar vor der Gegenwart in die Vergangenheit flüchtend, in Wahrheit aber mehr Ursprünge und Zusammenhänge, Genesis und Perspektiven der eigenen Existenz und Wirksamkeit erkundend und objektivierend, widmete er sich historischen Arbeiten, der Geschichte der Farbenlehre und der des eigenen Lebens. Im Zusammenhang mit seiner Autobiographie wurde ihm schließlich auch die Französische Revolution wieder zum unmittelbaren Thema. Zwischen 1819 und 1822 erarbeitete er als selbständige Teile des autobiographischen Oeuvres die *Campagne in Frankreich* und die *Belagerung von Mainz*, gewiß aus der Sicht der eigenen Erlebnisse und Erfahrungen, zweifellos auch aus der geschichtlichen Distanz heraus die Darstellung stilisierend und überhöhend und somit die Authentizität schmälernd, zugleich aber den objektiven Gehalt jener Begebenheit wie die subjektiven Intentionen angemessen wiedergebend. Danach war es ihm offenbar leichter, zusammenfassend und übergreifend über seine Stellung zur Revolution zu sprechen, wie er es in den Gesprächen, vor allem mit Eckermann, tat. Sicher ist die Authentizitätsfrage hier ganz besonders kritisch zu stellen und zentralen Aussagen mit Vorsicht zu begegnen. Dennoch dürften die ihm zugeschriebenen Äußerungen aus dieser Zeit – unter Einrechnung der jeweils unterschiedlichen Veranlassungen und Stimmungslagen, auch der Tendenz zu einer gewissen Rechtfertigung und bewußten Stilisierung – insgesamt dem

entsprechen, was G. in diesen Jahren über die Französische Revolution, gleichsam als Summe seiner Alterssicht, dachte. Nicht nur hob er jetzt den großen Epochenzusammenhang hervor, in den er sein eigenes Leben und Schaffen eingebunden sah; er begriff auch die objektive Notwendigkeit und Produktivität der Ereignisse, so wenig er sie auch jetzt, im Nachhinein, gefördert zu haben wünschte, entschieden tiefer. Schließlich durchzieht und prägt die Auseinandersetzung mit der Revolution, zumindest latent, auch die großen Alterswerke, insbesondere den zweiten Teil des *Faust*.

In der Geschichte der G.-Rezeption war die Haltung zur Revolution von Anfang an ein zentraler Punkt des Streites um die Beurteilung und Einordnung des Dichters und seines Schaffens. Dabei zeigt sich folgendes Problem: Unstreitig sind auch Versuche zu verzeichnen, G.s antirevolutionäre Grundposition, die natürlich am deutlichsten in seiner Beziehung zur Französischen Revolution in Erscheinung trat, im Sinne konservativer und regressiver Bestrebungen zu instrumentalisieren. Gleichwohl sind diese Versuche niemals durchschlagend wirksam geworden, sondern eher vereinzelt und im Ansatz steckengeblieben. Dagegen gibt es häufige und massive, im öffentlichen Bewußtsein stark prägende Abgrenzungen von G.s Persönlichkeit und Werk auf Seiten fortschrittsorientierter, mit revolutionärer Ideologie sympathisierender oder verbundener Kräfte. Fast immer wenn in der deutschen Nationalgeschichte im Vorfeld revolutionärer Auf- und Ausbrüche zum Sammeln und zum Sturm gegen die bestehende Ordnung geblasen wurde, artikulierte sich im ideologischen und literarischen Umfeld solcher Bewegungen auch heftige, oftmals radikal ablehnende Kritik an G. Zu verweisen ist in diesem Zusammenhang vor allem auf den Vormärz, auf den Expressionismus, auf die proletarisch-revolutionäre Richtung um 1930, auf die linke Studenten- und Intellektuellenrevolte vom Ende der 60er Jahre. Hier eskalierten und kumulierten die Tendenzen zu einer kritischen Distanzierung und Negation gegenüber G., die niemals ganz fehlten, nun aber jeweils in gesellschaftlichen Spannungs- und Krisensituationen Übergewicht erlangten. Bei aller Begreifbarkeit und auch partiellen Berechtigung dieser politisch und sozial motivierten Kritik darf sie doch als im Kern fehlgehend charakterisiert werden. Aus der Ablehnung der Revolution abgeleitete und darauf gegründete Unterstellungen, G. habe sich kompromißlerisch oder verräterisch von dem Rebellentum seiner Frühzeit losgesagt, verkennen, daß G. niemals ein Anhänger und Befürworter des gesellschaftlichen Umsturzes war. G. hat kontinuierlich, ständig weiterdenkend und modifizierend, aber zugleich unbeirrt an dem Grundsatz festhaltend, ein umfassendes Evolutionskonzept verfolgt, das Revolutionen zwar im Nachhinein anzuerkennen und zu nutzen bereit war, sie aber gleichwohl aus dem Instrumentarium bewußten und vernünftigen menschlichen Handelns auszuschließen bestrebt war. Diesem übergreifenden, universellen Evolutionskonzept ist die Revolutionsfrage untergeordnet.

Literatur:

Cape, Ruth J.: Das französische Ungewitter. Goethes Bildersprache zur Französischen Revolution. Heidelberg 1991. – David, Claude: Goethe und die Französische Revolution. In: Brinkmann, Richard (Hg.): Deutsche Literatur und Französische Revolution. Göttingen 1974. – GoetheJb. 107 (1990): Referate der Hauptversammlung der Goethe-Gesellschaft 1989 zum Thema ›Goethe und die Französische Revolution‹. – Goethe und die Französische Revolution. Hg. und erläutert von Karl Otto Conrady. Frankfurt/M. 1988. – Griewank, Karl: Goethe, die Französische Revolution und Napoleon. In: ›Dem Tüchtigen ist diese Welt nicht stumm‹. Beiträge zum Goethe-Bild. Jena 1949, S. 142–156. – Mommsen, Wilhelm: Die politischen Anschauungen Goethes. Stuttgart 1948. – Roe, Ian W.: Ästhetik und Politik. Goethe und die Französische Revolution. In: GoetheJb. 104 (1987), S. 31–46. – Schröder, Winfried: Goethes Groß-Cophta – Cagliostro und die Vorgeschichte der Französischen Revolution. In: GoetheJb. 105 (1988), S. 181–211. – Stammen, Theo: Johann Wolfgang Goethe. In: Gebhardt, Jürgen (Hg.): Die Revolution des Geistes. Politisches Denken in Deutschland 1770–1830. München 1968, S. 17–42.

Hans-Dietrich Dahnke

Freiheit/Notwendigkeit

G.s lebenslanges Nachdenken über Notwendigkeit (Gesetz) und Freiheit läßt sich drei unterscheidbaren, in seinem Werk jedoch eng miteinander verflochtenen Themenkreisen zuordnen. Zum einen: wie sind die komplexen Beziehungen zwischen Natur, Gesetz und Freiheit beschaffen; zum anderen: welche Freiheitsräume besitzt das konkrete Individuum, was meint individuelle Freiheit psychologisch und philosophisch; schließlich: wie steht es um gesellschaftliche Freiheit, um den Zusammenhang von individuellen und sozialen Antrieben, Entscheidungsmöglichkeiten und Kreativitätsräumen? In G.s Werk werden die letzten beiden Themenkreise von dem ersten dominiert. G. benannte diese Relation sehr klar, als er über die Gespräche mit Schiller schrieb: »Unsere Gespräche waren durchaus produktiv oder theoretisch, gewöhnlich beides zugleich: er predigte das Evangelium der Freiheit, ich wollte die Rechte der Natur nicht verkürzt wissen« (WA II, 11, S. 52). Schillers Kant-Rezeption mißbilligte er unter diesem Gesichtspunkt ausdrücklich: »Die Kantische Philosophie, welche das Subject so hoch erhebt, indem sie es einzuengen scheint, hatte er mit Freuden in sich aufgenommen; sie entwickelte das Außerordentliche, was die Natur in sein Wesen gelegt, und er, im höchsten Gefühl der Freiheit und Selbstbestimmung, war undankbar gegen die große Mutter, die ihn gewiß nicht stiefmütterlich behandelte. Anstatt sie selbständig, lebendig vom Tiefsten bis zum Höchsten, gesetzlich hervorbringend zu betrachten, nahm er sie von der Seite einiger empirischen menschlichen Natürlichkeiten« (ebd., S. 15f.). Wenn er mit Blick auf Gesetzmäßigkeiten, die das Sonett als künstlerische Form beherrschen, formulierte: »Wer Großes will muß sich zusammenraffen; / In der Beschränkung zeigt sich erst der Meister, / Und das Gesetz nur kann uns Freiheit geben« (WA I, 4, S. 129), so faßt der letzte Vers nicht nur eine künstlerische, sondern eine Lebensmaxime zusammen, die G.s Denken über Freiheit und Notwendigkeit voll zum Ausdruck bringt. Wie früh – mit 22 Jahren – G. bereits diese Problematik reflektierte und eine tendenziell gleiche Antwort gab wie später, wird deutlich, wenn er 1771 in der Rede *Zum Schäkspears Tag* von den Stücken des englischen Dramatikers sagte, sie »drehen sich alle um den geheimen Punckt, |: den noch kein Philosoph gesehen und bestimmt hat :| in dem das Eigenthümliche unsres Ich's, die prätendirte Freyheit unsres Willens, mit dem nothwendigen Gang des Ganzen zusammenstösst« (WA I, 37, S. 133). Willensfreiheit erscheint ihm hier nicht anders denn als »prätendirt« und damit bezweifelbar.

Die »Verflochtenheit von Notwendigkeit und Vernunftfreiheit« (GRÄF, S. 389) ist eine zentrale Fragestellung der G.-Zeit, die sich in dichterischen Werken ebenso wie in naturwissenschaftlichen oder philosophischen findet. G. war durch Spinozas – eine lückenlose Determiniertheit in Natur und Geist zugrundelegende – Ablehnung der Willensfreiheit beeinflußt. Noch als er in *Dichtung und Wahrheit* seinen jugendlichen Standpunkt zu dieser Problematik erläuterte, war ihm weitgehend unklar, ob man Freiheit als real existierend oder nur als für moralische Belange unverzichtbares gedankliches Konstrukt ansehen sollte: »Das Wort Freiheit klingt so schön, daß man es nicht entbehren könnte, und wenn es einen Irrthum bezeichnete« (WA I, 28, S. 69). Mit diesen Worten bestand er gegenüber dem französischen mechanischen Materialismus des *Systems der Natur* auf Freiheit und stellte zugleich mit Spinoza Naturgesetze höher als selbst eine göttliche Freiheit, deren Abglanz dann menschliche Freiheit und Kreativität wären: »Die Natur wirkt nach ewigen, nothwendigen, dergestalt göttlichen Gesetzen, daß die Gottheit selbst daran nichts ändern könnte. Alle Menschen sind hierin unbewußt vollkommen einig« (WA I, 29, S. 12). Im Gegenzug zur Problematisierung menschlicher Vernunft- und Willensfreiheit sah er dagegen Freiheit als der Natur und dem Naturgesetz selbst innewohnend an: »Die Natur hat sich soviel Freiheit vorbehalten, daß wir mit Wissen und Wissenschaft ihr nicht durchgängig beikommen

oder sie in die Enge treiben können« (MuR, 439). Auch diese Auffassung ist in Spinozas Philosophie, besonders in dem Gedanken von der selbst schöpferischen Gott-Natur angelegt. Der Widerspruch zwischen dem Versuch, Pflanzen und Tiere als »maschinenmäßig«, »durch eine unendliche Kluft von uns getrennt und in das Reich der Nothwendigkeit verwiesen« (WA I, 29, S. 12f.) zu erfassen, und jener Überzeugung von den kreativen Potenzen der Natur findet sich vielfältig in G.s Werk und in seiner Rezeption früherer und zeitgenössischer Philosophien wieder.

Wo G. über Gesetze der organischen Natur nachdachte, antizipierte er auf eigenständige Weise das Entwicklungs- und Selbstorganisationsdenken einer späteren Zeit. Dementsprechend rezipierte er jene Philosophen, welche auch die moderne Selbstorganisationstheorie als Ahnen in Anspruch nimmt: Gottfried Wilhelm von Leibniz mit seiner Monadologie, welche jeder Monade – so auch der von G. aufgenommenen »Menschenmonade« – Abgeschlossenheit und kreative Selbstentwicklung als inneres Gesetz zuschreibt; Herder, der eine Synthese aus Naturnotwendigkeit und Freiheit verfocht; Kant, insofern dieser die Unvergleichlichkeit von mechanischen und organischen Gesetzen betonte und sogar direkt von Selbstorganisation sprach; vor allem aber Schelling, der über das Wesen menschlicher Freiheit bejahend und tiefgründig nachgedacht hatte und mit seinem naturphilosophischen Konzept einer Stufenfolge natürlicher und geistiger Potenzen, entstanden im Prozeß einer Selbstanziehung des unendlichen Subjekts, modernen Selbstorganisationsideen am nächsten gelangte. Hinzu kam die Rezeption weiterer, nicht unmittelbar auf die Natur bezogener Konzepte zur menschlich-gesellschaftlichen Freiheit: Johann Joachim Winckelmanns Menschenbild, Wilhelm von Humboldts Idee von der menschlichen Bildung als Selbstbildung und den Freiheitsmöglichkeiten des sich selbst setzenden Individuums, vor allem aber Schillers Gedanken zur Wechselwirkung von empirischer Wirklichkeit und geistiger Freiheit des Menschen, seine das gesamte Werk durchziehende Idee von Freiheit sind hier zu nennen.

Die Anerkennung natürlicher und geistiger Selbstorganisation ist die entscheidende Voraussetzung zur Anerkennung real existierender Willensfreiheit. G.s »Sein und Werden miteinander verbindende Erkenntnis« (Hielscher, S. 32) nimmt nicht nur den Forschungsschritt »vom Sein zum Werden« im Sinne moderner Selbstorganisationstheorie (vgl. Prigogine) voraus, sondern stellt, im Gegensatz zu den angeführten, eher skeptischen Äußerungen zur Existenz von Willensfreiheit, eine Grundlage dar, diese Existenz zu bejahen. Zu erinnern ist an G.s Behauptung von der »Einheit und Freiheit des Bildungstriebes«, die »ohne den Begriff der Metamorphose nicht zu fassen sei« (WA II, 7, S. 73), oder an seinen Versuch, »die Idee: Schönheit sei Vollkommenheit mit Freiheit« auf organische Naturen anzuwenden (N.F. JbGG. 14/15 (1952/53), S. 143). Sobald es jedoch um die Übertragung dieser selbstorganisativen Naturfreiheit auf die menschliche Willensfreiheit ging, differenzierte G. sehr genau: »Im Reich der Natur waltet B e w e g u n g und T h a t, im Reiche der Freiheit A n l a g e und W i l l e n. Bewegung ist ewig und tritt bei jeder günstigen Bedingung unwiderstehlich in die Erscheinung. Anlagen entwickeln sich zwar auch naturgemäß, müssen aber erst durch den Willen geübt und nach und nach gesteigert werden. Deßwegen ist man des freiwilligen Willens so gewiß nicht als der selbstständigen That« (MuR, 423). Die sich hier andeutende Differenzierung zwischen Willens- und Handlungsfreiheit ist in Überlegungen vertieft, die genauer zwischen Willen und Wollen unterscheiden: »Der Wille gehört der Freiheit, er bezieht sich auf den innern Menschen, auf den Zweck; das Wollen gehört der Natur und bezieht sich auf die äußere Welt, auf die That« (WA II, 4, S. 100). Diese Unterscheidung ist eine bedeutende theoretische Leistung. Dennoch blieb für G. die Ungewißheit bestehen, ob es Willensfreiheit überhaupt gebe. Trotz des gegenteiligen Anscheins schien ihm das »Reich der Freiheit« mit dem Willen, nicht mit Handlung und selbständiger Tat verbunden. Statt dessen nahm er für den »inneren Menschen« eine selbstorganisative geistige Potenz an – analog zu jener in

natürlicher Entwicklung wirkenden, auf »organische Naturen« anzuwendenden Freiheit.

Solche bejahenden wie skeptischen Gedanken zum Freiheitsproblem, nun bezogen auf das psychische Freiheitsgefühl und die soziale Freiheitswirklichkeit des konkreten Individuums, liegen G.s theoretischen Erörterungen und poetischen Werken zugrunde. »Unser Leben ist, wie das Ganze in dem wir enthalten sind, auf eine unbegreifliche Weise aus Freiheit und Nothwendigkeit zusammengesetzt. Unser Wollen ist ein Vorausverkünden dessen, was wir unter allen Umständen thun werden. Diese Umstände aber ergreifen uns auf ihre eigne Weise. Das Was liegt in uns, das Wie hängt selten von uns ab, nach dem Warum dürfen wir nicht fragen« (WA I, 28, S. 50), heißt es in *Dichtung und Wahrheit*. Psychologisch betonte G. auf sehr moderne Weise den vom Existentialismus des 20. Jhs. vertieft diskutierten Zusammenhang von Furcht und Freiheit. Der natürliche Mensch, so ist in den *Wanderjahren* dargelegt, finde sich in einem millionenfachen Wechsel von Furcht und Freiheit, »von der Furcht strebt er zur Freiheit, aus der Freiheit wird er in die Furcht getrieben und kommt um nichts weiter« (WA I, 24, S. 242). Als Mittel, um aus diesem Kreislauf auszubrechen, wird eine – schwer zu realisierende – Ehrfurcht oder eine der – leichter zu praktizierenden – drei Weltreligionen (ebd.) empfohlen. Auch in den *Wahlverwandtschaften* bildet das Nachdenken über die Natur, über die äußere und innere Natur des Menschen und über die menschliche Furcht, Sittlichkeit und Freiheit ein Schlüsselmotiv.

In bezug auf die gesellschaftliche Antriebs-, Entscheidungs- und Schöpfungsfreiheit benutzte G. den Freiheitsbegriff meist unbefangener und dem Freunde Schiller näher als in den vorgenannten Bereichen. So charakterisierte er den Gegensatz von Antike und Moderne unter anderem durch die entgegengesetzten Begriffe Notwendigkeit und Freiheit, Sollen und Wollen (WA I, 41.1, S. 58f.) und konstatierte: »Eine Nothwendigkeit, die mehr oder weniger oder völlig alle Freiheit ausschließt, verträgt sich nicht mehr mit unsern Gesinnungen« (ebd., S. 63). Im *Historischen Theil* der *Farbenlehre* kennzeichnete er das 16. Jh. und mit ihm den Anbruch der Moderne durch den Übergang von hoher Bildung, »die aus Gründlichkeit, [...] Gebundenheit und Ernst hervortritt«, zu neuzeitlichem Freiheitsstreben: »In der zweiten Hälfte [des Jhs.; d. Vf.] wird das Streben der Individuen nach Freiheit schon viel stärker. Schon ist es jedem bequem, sich an dem Entstandenen zu bilden, das Gewonnene zu genießen, die freigemachten Räume zu durchlaufen; die Abneigung vor Autorität wird immer stärker, und wie einmal in der Religion protestirt worden, so wird durchaus und auch in den Wissenschaften protestirt, so daß Baco von Verulam zuletzt wagen darf, mit dem Schwamm über alles hinzufahren, was bisher auf die Tafel der Menschheit verzeichnet worden war« (WA II, 3, S. 241f.). Diese Entwicklung sah er im 17. Jh. sich vollenden: »Die Scheidung zwischen Geist und Körper, Seele und Leib, Gott und Welt war zustande gekommen. Sittenlehre und Religion fanden ihren Vortheil dabei: denn indem der Mensch seine Freiheit behaupten will, muß er sich der Natur entgegensetzen; indem er sich zu Gott zu erheben strebt, muß er sie hinter sich lassen, und in beiden Fällen kann man ihm nicht verdenken, wenn er ihr so wenig als möglich zuschreibt, ja wenn er sie als etwas Feindseliges und Lästiges ansieht. Verfolgt wurden daher solche Männer, die an eine Wiedervereinigung des Getrennten dachten« (ebd., S. 314). Zwar ist die Moderne durch ihren Freiheitsgewinn charakterisiert, zugleich aber wird die strikte Trennung von Geist und Materie bedauert und die Mechanisierung des Weltbildes beklagt.

Hatte der junge G. noch seinen dramatischen Helden Prometheus seinen Eigentumsqua Freiheitsanspruch definieren lassen durch den »Kreis den meine Wirksamkeit erfüllt« (WA I, 39, S. 198), so fand bereits der G. des ersten Weimarer Jahrzehnts, als er 1783 im *Ilmenau*-Gedicht nach einem Vergleich mit Prometheus das eigene Tun in seiner Begrenzung und Widersprüchlichkeit reflektierte, zu elegisch distanzierenden Tönen: »Ich brachte

reines Feuer vom Altar; / Was ich entzündet, ist nicht reine Flamme. / Der Sturm vermehrt die Gluth und die Gefahr, / Ich schwanke nicht, indem ich mich verdamme. // Und wenn ich unklug Muth und Freiheit sang / Und Redlichkeit und Freiheit sonder Zwang, / Stolz auf sich selbst und herzliches Behagen, / Erwarb ich mir der Menschen schöne Gunst: / Doch ach! ein Gott versagte mir die Kunst, / Die arme Kunst, mich künstlich zu betragen. / Nun sitz' ich hier zugleich erhoben und gedrückt, / Unschuldig und gestraft, und schuldig und beglückt« (WA I, 2, S. 145). Im *Xenien*-Epigramm *Freiheit* klingt es ob der problematischen Erfahrungen des Jahrhundertendes nicht frohgemuter: »Freiheit ist ein herrlicher Schmuck, der schönste von allen, / Und doch steht er, wir sehn's, wahrlich nicht jeglichem an« (WA I, 5.1, S. 296).

Beide Aspekte – unbändiges Freiheitsstreben und Kritik an unreflektierter Freiheitsrhetorik – bilden auch einen wesentlichen Gedankenstrang im *Faust*. Wenn die Studenten in Auerbachs Keller die Freiheit hochleben lassen, spottet Mephisto – so bereits im Fragment von 1790 – »Ich tränke gern ein Glas, die Freiheit hoch zu ehren, / Wenn eure Weine nur ein bißchen besser wären« (WA I, 14, S. 107), und die Studenten demonstrieren, daß ihnen der »herrliche Schmuck« Freiheit wahrlich nicht ansteht. Andererseits gilt der Freiheit das letzte, bedeutendste Wort des sterbenden Faust: »Ja! diesem Sinne bin ich ganz ergeben, / Das ist der Weisheit letzter Schluß: / Nur der verdient sich Freiheit wie das Leben, / Der täglich sie erobern muß« (WA I, 15.1, S. 315f.).

Aus seinen Reflexionen über Freiheit zog G. schließlich auch praktisch-politische Schlußfolgerungen. Die wichtigste ist wohl die einen Grundsatz des modernen politischen Liberalismus vorwegnehmende Feststellung, daß Freiheit und Gleichheit nicht zugleich realisiert werden: »Gesetzgeber oder Revolutionärs, die Gleichsein und Freiheit zugleich versprechen, sind Phantasten oder Charlatans« (MuR, 953). Gleichheit – eine regulative Idee aller modernen Gesellschaften – kann mit Freiheit nur koexistieren, wenn sich die Mitglieder der Gesellschaft »mit Überzeugung, aus freiem vernünftigem Willen« ihrer Privilegien begeben (MuR, 952). So hat G. die Freiheitsrhetorik nicht nur mit grundsätzlichen philosophischen, sondern auch mit politisch-praktischen Argumenten relativiert: »Ueberhaupt pflegt man bey Beurtheilung der verschiedenen Regierungsformen nicht genug zu beachten, daß in allen, wie sie auch heißen, Freyheit und Knechtschaft zugleich polarisch existire. Steht die Gewalt bey Einem, so ist die Menge unterwürfig, ist die Gewalt bey der Menge, so steht der einzelne im Nachtheil; dieses geht denn durch alle Stufen durch, bis sich vielleicht irgendwo ein Gleichgewicht, jedoch nur auf kurze Zeit, finden kann. Dem Geschichtsforscher ist es kein Geheimniß; in bewegten Augenblicken des Lebens jedoch kann man darüber nicht ins Klare kommen. Wie man denn niemals mehr von Freyheit reden hört als wenn eine Parthey die andere unterjochen will und es auf weiter nichts angesehen ist, als daß Gewalt, Einfluß und Vermögen aus einer Hand in die andere gehen sollen. Freyheit ist die leise Parole heimlich Verschworner, das laute Feldgeschrey der öffentlich Umwälzenden, ja das Losungswort des Despotie selbst, wenn sie ihre unterjochte Masse gegen den Feind anführt, und ihr von auswärtigem Druck Erlösung auf alle Zeiten verspricht« (FA I, 3.1, S. 192 f.).

Literatur:

Dijksterhuis, Eduard Jan: The Mechanization of the World Picture. Oxford 1961. – Erpenbeck, John: Wollen und Werden. Ein psychologisch-philosophischer Essay über Willensfreiheit, Freiheitswillen und Selbstorganisation. Konstanz 1993. – Fife, Robert: The Problem of Individual Freedom in the Humanists and in Goethe. In: The Germanic Review. 7 (1932), S. 291–319. – GRÄF, Bd. 1. – Hielscher, Monika: Natur und Freiheit in Goethes *Die Wahlverwandtschaften*. Frankfurt/M. u. a. 1985. – Korff, Hans: Drei Betrachtungen über Goethes Verhältnis zu Freiheit und Gesetz. In: Zs. für Deutschkunde. 46 (1932), S. 129–167. – Molnar, Géza von: Goethes Studium der *Kritik der Urteilskraft*. Eine Zusammenstellung nach den Eintragungen in seinem Handexemplar. In: GoetheYb. 2 (1984), S. 193. – Prigogine, Ilya: From Being to Becoming. Time and Complexity in the Physical Sciences. San Francisco 1980. – Reed, Terence J.: Talking to Tyrants. Dialogues with Power in the Eighteenth Century. In: Historical Journal. 24 (1990), S. 63–79. – Schelling, Friedrich Wilhelm Joseph: Das Wesen der menschlichen Freiheit. Hg. von Christian Herrmann. Leipzig 1925. – Varela, Francisco: Kognitionswissenschaften und Kognitionstechnik. Frankfurt/M. 1990. – Wilkens, Heten: *Faust*. Freiheit auf dem Weg. Stuttgart 1984.

John Erpenbeck

Freitagsgesellschaft

Die Freitagsgesellschaft, ins Leben gerufen 1791 und nachweisbar bis Anfang 1797, war ein Kreis geistig Interessierter aus Weimar und den wichtigsten Nachbarstädten, in dem vornehmlich wissenschaftliche und künstlerische Themen behandelt wurden, der zugleich geselligen Bedürfnissen diente, aber auch in vermittelter Weise praktischen Nutzen haben sollte. Auf diese Motivation verweist eine Passage aus einem Brief G.s an Carl August vom 1.7. 1791. Beeindruckt durch eine wissenschaftlich-technische Demonstration des Jenaer Chemie- und Pharmazieprofessors Johann August Göttling, fügte G. dem Bericht darüber die Sätze hinzu: »Bey dieser Gelegenheit hat sich eine alte Idee: hier eine gelehrte Gesellschaft zu errichten und zwar den Anfang ganz prätentionslos zu machen, in mir wieder erneuert. Wir könnten wircklich mit unsern eignen Kräften, verbunden mit Jena viel thun wenn nur manchmal ein Reunionspunckt wäre«.

Der »Reunionspunckt« wurde die Freitagsgesellschaft. Am 5.7. 1791 unterzeichneten G., Christian Gottlob Voigt, Christoph Martin Wieland, Friedrich Justin Bertuch, Johann Gottfried Herder, Johann Joachim Christoph Bode, Karl Ludwig von Knebel und Wilhelm Heinrich Sebastian Bucholz, der Hofapotheker, das Gründungsdokument und die Statuten. Man wollte einmal monatlich zusammenkommen »und Drey Stunden einer gemeinsamen Unterhaltung durch Vorlesungen und andere Mitteilungen [...] widmen« (AS 2.1, S. 193). Jedes Mitglied konnte in der Wahl eigener Beiträge frei verfahren: »Es mögen Aufsätze seyn aus dem Feld der Wissenschaften, Künste, Geschichte oder Auszüge aus literarischen Privat Correspondenzen und interessanten neuen Schriften, oder kleinere Gedichte und Erzählungen, oder Demonstrationen physikalischer und chemischer Experimente, u.s.w.« (ebd., S. 194). Gäste – »besonders aus Jena« – durften nach Anmeldung beim Präsidenten der Gesellschaft mitgebracht werden und selbst »zur Unterhaltung der Versammlung beytragen« (ebd.).

Die erste Zusammenkunft fand am 9.9. 1791 im Wittumspalais im Beisein des herzoglichen Paares und Anna Amalias statt; später tagte man auch im G.schen Haus am Frauenplan. G., der Initiator des Unternehmens, alsbald auch zum Präsidenten gewählt, betonte in seiner Eröffnungsansprache die Bedeutung von Geselligkeit und Anteilnahme des Publikums und hob ausdrücklich die Produktivität des Streites hervor: »Auch der Streit ist Gemeinschaft, nicht Einsamkeit, und so werden wir selbst durch den Gegensatz hier auf den rechten Weg geführt« (ebd., S. 199). Sein Protokoll der ersten Sitzung verdeutlicht die Vielfalt der Themen: »Herr Bergrath Bucholz zeigte die merkwürdige Würkung gepülverter Kohle auf faulendes Wasser in einigen Versuchen. – Herr Geheimer-Rath Bode theilte einen Aufsatz über Tendenz der menschlichen Kräfte mit. – Herr Geheimer Regierungs-Rath Voigt las einen Aufsatz über die neusten Entdeckungen an der westlichen Küste von Nord-Amerika. – Endesunterzeichneter las eine Einleitung in die Lehre des Lichts und der Farben. – Zum Schluß behandelte Herr Major von Knebel die Frage: Warum sich Minerva wohl eine Eule zugesellt habe?« (ebd., S. 197f.).

Bald erweiterte sich der Kreis der Mitglieder: Friedrich Hildebrand von Einsiedel, Karl Siegmund Freiherr von Seckendorf, Karl August Böttiger, Johann Friedrich Kästner, Christoph Wilhelm Hufeland, Karl Wilhelm Freiherr von Fritsch, Johann Heinrich Meyer und Georg Melchior Kraus traten bei. Aus Jena kamen als Gäste die Professoren August Johann Georg Karl Batsch, Johann Georg Kurz, Johann Jakob Griesbach, Justus Christian Loder und Gottlieb Hufeland – auch Wilhelm von Humboldt, dagegen Schiller offenbar nicht –, aus Gotha Prinz August, Graf Benst und August Friedrich von Ziegesar, aus Ilmenau Bergrat Johann Karl Wilhelm Voigt.

G. hat in starkem Maße zum Programm der Gesellschaft beigetragen. Er hielt Vorträge über das Farbenprisma, über Karl Philipp Moritz' *Grundlinien zu meinen Vorlesungen über den Stil* sowie über den sizilianischen Abenteurer Balsamo alias Graf Cagliostro und las Passagen aus einem Lehrgedicht über Pflanzen, *Hymnus an Flora* von Karl Emil Freiherr von der Lühe, einem Linné-Schüler, vor. Für die Zeit zwischen März 1792 und Oktober 1794 finden sich, bedingt wohl durch häufige und auch längere Abwesenheit G.s von Weimar, keine Einträge über die Freitagsgesellschaft im Tagebuch. Im Bemühen um eine offensichtlich notwendige Neubelebung der Gesellschaft wurde für den Winter 1794/95 verabredet, daß G. in einem sich wöchentlich versammelnden Abendzirkel jeweils einen Gesang aus der *Ilias* in der Übersetzung von Johann Heinrich Voß vorlesen sollte. Daß die Freitagsgesellschaft auf diese Weise stärker als zunächst beabsichtigt auch von der unmittelbaren Lebenswirklichkeit weggelenkt wurde, zeigt G.s Brief an Friedrich Heinrich Jacobi vom 31.10. 1794: »Wir suchen uns zusammen, soviel als möglich, im ästhetischen Leben zu erhalten und alles ausser uns zu vergessen«.

Im Frühjahr und Sommer 1795 waren die Zusammenkünfte, bedingt durch G.s Abwesenheit – obwohl sich Voigt um die Fortführung bemühte –, unregelmäßig. Im Herbst dieses Jahres versuchte sich G. an einer Reaktivierung, er trug am 27. November ein »Schema der hießigen Thätigkeit, in Künsten, Wissenschaften und anderen Anstalten« (AS 2.2, S. 452) vor und animierte die Mitglieder, »die einzelnen Notizen auszuarbeiten« (an W. von Humboldt, 3.12. 1795); Stichworte wie Zeicheninstitut, Sammlungen, Baukunst, Musik, Theater, Mathematik, Mechanik, Erdbeschreibung, Wasserbau, Landesökonomie,

Viehzucht, Fabriken und Handwerk machen die komplexe thematische Orientierung deutlich.

Ein letzter Ansatz zu einem Neubeginn ist dem Brief G.s an Schiller vom 15. 10. 1796 zu entnehmen: »Gestern ist meine Freytagsgesellschafft wieder angegangen, ich werde sie aber wohl nur alle 14 Tage halten und dazu einladen lassen«. Aber die Interessen nahmen offenbar eine andere Richtung, und die erhoffte Kontinuität kam nicht mehr zustande. Andere Formen der Geselligkeit, G.s häufige Abwesenheit von Weimar, schließlich seine Vorbereitungen auf eine geplante neue Italienreise führten zu Beginn des Jahres 1797 zum Ende der Freitagsgesellschaft.

Literatur:

Böttiger, Karl August (Hg.): Literarische Zustände und Zeitgenossen. In Schilderungen aus Karl August Böttiger's handschriftlichem Nachlaße. 2 Bde. Leipzig 1838. – Goethes Amtliche Schriften. Veröffentlichung des Staatsarchivs Weimar. Bde. 2.1 u. 2.2. Bearb. von Helma Dahl. Weimar 1968 u. 1970 [=AS]. – Goethe in vertraulichen Briefen seiner Zeitgenossen. Zusammengestellt von Wilhelm Bode, neu hg. von Regine Otto und Paul Gerhard Wenzlaff. 3 Bde. Berlin, Weimar 1979. – Hellen, Eduard von der: Über die verschiedenen Zweige der hiesigen Thätigkeit. Ein Vortrag von Goethe. In: GoetheJb. 14 (1893), S. 3–26.

Margarete Marthaus

Freundschaft

In der Antike und der Renaissance war Freundschaft ein zentrales Thema; in der Aufklärung erfuhr es noch einmal ungewöhnliche Beachtung. Die Frühaufklärer entwarfen ein Konzept »vernünftiger Freundschaft«, das durch Wahrheitsliebe, Aufrichtigkeit und Wohlwollen charakterisiert sein sollte. Die »vernünftige Liebe« im Sinne von Christian Thomasius war dabei eine wichtige Argumentationshilfe. Noch vor der Jahrhundertmitte führt die frühe Empfindsamkeit zu einer Emotionalisierung der Freundschaft. Zärtlichkeit und Freundschaft verbinden sich zu einer neuen Norm bürgerlicher Geselligkeit. Dabei spielt die Literatur von den Moralischen Wochenschriften bis zur Lyrik der ersten Almanache eine wesentliche Rolle. Die Ausdifferenzierung von Individualität ereignet sich im Bereich von Kunst und Literatur besonders intensiv. Freundschaft (und Liebe) werden als Steigerung freier Geselligkeit verstanden, als »kommunikative Muster ästhetisch vermittelter Identifikation« (Jauß, S. 214). Dabei ist nicht allein der persönliche Umgang der Freunde bedeutsam. Vielmehr wird eine Kommunikationskultur entwickelt, die sich besonders im Brief artikuliert. Zwischen 1740 und 1775 wird das Ideal tugendempfindsamer Freundschaft voll entfaltet. Es verbindet aufklärerische Sozialethik mit empfindsamer Gefühlssteigerung. So entsteht ein »Miteinander von subjektiver und gemeinschaftlicher ›Glückseligkeit‹« (Meyer-Krentler, S. 194). Freundschaft wird zur Losung einer bürgerlichen Utopie von Gemeinschaft in der Geselligkeit, die es dem einzelnen erlaubt, sich sozial und emotional zu verwirklichen. Die Entstehung von Freundschafts-Bünden und die Aufhebung von Zweierbeziehungen in größeren Gruppen (vgl. Göttinger Hainbund) stellen neben den Freimaurer-Logen und den Lesegesellschaften frühe Formen informeller Sozietäts-Bildung dar, die allerdings wegen des meist kurzlebigen Miteinanders junger Menschen zeitlich begrenzt bleibt.

G. verwendet den Terminus »Freundschaft« in seiner semantischen Mehrdeutigkeit zeit seines Lebens. Von den etwa 500 Belegen beziehen sich mehr als 90% auf die Bedeutung »wechselseitiges Verhältnis zwischen Personen oder Gruppen oder Beziehung einer Person oder Gruppe zu einer anderen«. Dabei kann die emotionale Bedeutung überwiegen, wie etwa in den eigenen Freundschaftsverhältnissen bei den Darmstädter Empfindsamen oder in den Zirkeln des Sturm und Drang in Straßburg, Frankfurt und Darmstadt. Meist ist die Freundschaft zwischen Männern oder Jünglingen gemeint, doch wird auch die Beziehung zwischen Männern und Frauen im Gegensatz zur erotischen Empfindung oder Beziehung damit bezeichnet. Die Formel »Freundschaft, Liebe, Brüderschaft, / Trägt die sich nicht von selber vor?« nannte G. »Losung und Feldgeschrei« der Straßburger Tischgesellschaft (MA 16, S. 516). Früh hat sich G. allerdings auch schon von den übertriebenen Freundschaftsbekundungen der Brüder Stolberg und des Göttinger Hainbundes distanziert; er habe sich zunächst damit »so gut wie die andern« betrogen (ebd., S. 763). In wenigen Verwendungen des Begriffs gibt es auch die Bedeutung des Verhältnisses zu einer Person des anderen Geschlechts oder einer homoerotischen Beziehung. Hinzu kommt – vor allem im Briefwechsel mit Schiller – die Bedeutung der auf gemeinsamen und komplementären literarischen, ästhetischen oder wissenschaftlichen Interessen und Bestrebungen beruhenden Anschauung. In wenigen Fällen bedeutet Freundschaft auch eine eher konventionelle nähere Beziehung. In Briefformeln hat G. oft seine Freundschaft bekundet.

In der biographischen Literatur über G. ist zumindest in den letzten Jahrzehnten geradezu formelhaft wiederholt worden, G.s Freundschaften seien immer distanziert geblieben. Das sprachliche Zeichen dafür sieht man in seiner Zurückhaltung, das »Du« anzubieten. Matthijs Jolles hat gezeigt, daß G. häufig das Bild des Spiegels nutzte, um Freundschaft zu charakterisieren. Der wahre Freund ist wie ein Spiegel, in dem sich das Ich erkennt. Der Mangel an Intimität, die nicht aufgehobene Polarität und Spannung zwischen G. und Schiller sind für diese Konzeption von Freundschaft charakteristisch. Sie verzichtet nicht völlig auf die Emotion, drängt sie aber weitgehend zurück. Freundschaft ist – als Spiegel – der Weg zur Selbsterkenntnis. Nur im anderen Menschen könne sich der Mensch erkennen. In dem späten Aufsatz *Bedeutende Fördernis durch ein einziges geistreiches Wort* findet sich eine Zusammenfassung dieser Konzeption. Die delphische Aufforderung »erkenne dich selbst« ist G. immer fragwürdig vorgekommen. »Der Mensch kennt nur sich

selbst, insofern er die Welt kennt, die er nur in sich und sich nur in ihr gewahr wird«. Am hilfreichsten seien dabei die »Nebenmenschen«, die »uns mit der Welt aus ihrem Standpunkt zu vergleichen« vermögen. »Ich habe daher in reiferen Jahren große Aufmerksamkeit gehegt, in wiefern andere mich wohl erkennen möchten, damit ich in und an ihnen, wie an so viel Spiegeln, über mich selbst und über mein Inneres deutlicher werden könnte« (MA 12, S. 306f.). Die Funktion der Freundschaft läßt sich leichter in einer Gruppe mehrerer Freunde als durch einen einzelnen erfüllen. Dies zeigt sich besonders in der freien Gesellschaft der *Wanderjahre*.

In der älteren G.-Biographik war man mit dem Titel »Freund« recht großzügig. So variiert die Zahl der Freunde G.s je nach Maßgabe der erkennbaren Intensität. Zur engsten Freundesgruppe werden Herder, Knebel, Jacobi, Schiller und Zelter gerechnet, zum Freundeskreis im weiteren Sinne Behrisch, Merck, Heinrich Meyer, Riemer, Soret, Eckermann, Herzog Carl August, Wieland. Außerhalb der duzbrüderlichen Kreise der Jugendjahre hat er nur Knebel, Jacobi, Carl August und – sehr spät – Zelter das »Du« angeboten. Im Umgang mit Schiller blieb es beim »Sie«.

Die schwierigste Freundschaft seines Lebens verband G. mit Herder, dessen kritischer Energie er sich nicht entziehen konnte. In Anziehung und Abstoßung waren sie bis zu Herders Tod (1803) miteinander verbunden. 1783 bis 1793 war ein Jahrzehnt enger Zusammenarbeit, wobei die Morphologie und Spinozas Philosophie von verbindender Kraft waren. 1793 setzte wegen persönlicher Unstimmigkeiten und Herders Distanz zur Konzeption ästhetischer Autonomie eine nicht mehr zu behebende Entfremdung ein, bei der auf Herders Seite auch soziale und politische Gründe eine Rolle spielten.

Die Beziehung zwischen G. und Friedrich Heinrich Jacobi ist als »Geschichte einer Freundschaft« (vgl. Nicolai) gedeutet worden. Beide wurden sich früh der tiefen Wirkungen ihrer Begegnung bewußt. G. erhoffte sich eine glückliche Zukunft im Zeichen von Zusammenarbeit; Jacobi sah im Beginn der Freundschaft den Anfang einer neuen inneren Epoche. Von diesen Erfahrungen künden gefühlsbetonte und leidenschaftliche Briefe. Spinoza und der Spinozismus bilden das Zentrum der Beziehungen zwischen den Freunden. Im Laufe der Jahre hat allerdings die Verschiedenheit der Denkwege zum Ende der Freundschaft geführt. G. hat die Geschichte dieser Entzweiung auf die Formel gebracht: »Wir liebten uns, ohne uns zu verstehen. Nicht mehr begriff ich die Sprache seiner Philosophie. Er konnte sich in der Welt meiner Dichtung nicht behagen« (MA 14, S. 328). G. lehnte Jacobis Gottesverständnis und dessen Gleichsetzung von Spinozismus mit Atheismus ab. Die Distanz der philosophischen Positionen ließ die Freundschaft zerbrechen.

G. selbst hat die Freundschaft mit Schiller als eine der größten Gaben seines Lebens gedeutet. In Schiller sah er den treusten von »so viel Spiegeln« (MA 12, S. 307). Er wußte, daß sie sich beide ein Bild voneinander gemacht hatten und mit diesem Bilde lebten. Das Idealbild vom andern ermöglichte den Freunden Orientierung in ihrer jeweiligen Rolle, die Stabilisierung des Lebens in einer sozial heterogenen Welt.

G. wurde 1799 mit Carl Friedrich Zelter als dem Komponisten seiner Lieder bekannt. Durch den Berliner Freund wurde G.s Interesse an Musik wieder erweckt. Die Freundschaftsbeziehung bestand nahezu ausschließlich in einem intensiven Briefwechsel, der als G.s menschlich anrührendster gelten darf. Er liebte in Zelter die merkwürdige Mischung aus meisterlich geübtem Handwerk – Zelter war Maurermeister – und einem geradezu elementaren Kunsttrieb und -verständnis. Der Briefschreiber Zelter erwies sich als literarisches Talent. Es wirkt wie eine Bestätigung der Charakteristik von G.s Freundschaftskonzept der Distanz, daß sich die Freundschaft mit Schiller und mit Zelter hauptsächlich in einem umfangreichen Briefwechsel dokumentiert.

Für G. ist »Freundschaft« kein bedeutendes literarisches Motiv. Gewiß taucht es in der frühen Lyrik gelegentlich auf (vgl. *Oden an meinen Freund*), und im *Werther* wird mit Albert die Umdeutung des zärtlichen Freundes in den unempfindsam-vernünftigen vollzogen. Die Turmgesellschaft in *Wilhelm Meisters Lehrjahre*, die freie Gesellschaft der *Wanderjahre*, die komische Randfigur der *Wahlverwandtschaften*, Mittler, der als Hausfreund neben dem Freundespaar Eduard/Hauptmann agiert, zeigen Spielarten des Freundes in G.s Werk. Daneben wären *Die Geschwister* zu nennen: Darin wird eine Dreiecksgeschichte entwickelt, in der zwei Freunde um eine Frau werben. Orest und Pylades stellen ein klassisches Freundespaar dar (*Iphigenie auf Tauris*). In *Torquato Tasso* spielt die Freundschaft eine nicht unproblematische Rolle. In der späteren Lyrik wird das Freundschaftsmotiv gelegentlich wieder aufgegriffen. Aus der Erinnerung an den Bund mit Schiller – 1826 sollte die Drucklegung des Briefwechsels beginnen – und Heinrich Meyer entstand das Gedicht *Am acht und zwanzigsten August 1826*. Darin heißt es: »Wenn Freundes Antlitz dir begegnet, / So bist du gleich befreit, gesegnet, / Gemeinsam freust du dich der Tat. / [...] // Von äußerm Drang unangefochten / Bleibt Freunde so in Eins verflochten, / Dem Tage gönnet heitern Blick!« (MA 13.1, S. 186).

Literatur:

Anton, Herbert: Goethe und Jacobi. In: ders.: Heilungskraft. Motiv und Struktur der Dichtungen Goethes. München 1987, S. 17–29. – Böhler, Michael: Die Freundschaft von Schiller und Goethe als literatursoziologisches Paradigma. In: Internationales Archiv für Sozialgeschichte der deutschen Literatur. 5 (1980), S. 33–67. – Irmscher, Hans Dietrich: Goethe und Herder im Wechselspiel von Attraktion und Repulsion. In: GoetheJb. 106 (1989), S. 22–52. – Jäger, Georg: Freundschaft, Liebe und Literatur von der Empfindsamkeit bis zur Romantik: Produktion, Kommunikation und Vergesellschaftung von Individualität durch ›kommunikative Muster ästhetisch vermittelter Identifikation‹. In: SPIEL. 9 (1990), S. 69–87. – Jauß, Hans Robert: Ästhetische Erfahrung und literarische Hermeneutik. Bd. 1: Versuche im Feld der ästhetischen Erfahrung. München 1977. – Jolles, Matthijs: Goethe's Conception of Friendship. In: PEGS. N.S. 23 (1954), S. 53–73. – Mauser, Wolfram/Becker-Cantarino, Barbara (Hg.): Frauenfreundschaft – Männerfreundschaft. Literarische Diskurse im 18. Jahrhundert. Tübingen 1991. – Meyer-Krentler, Eckhardt: Der Bürger als Freund.

Ein sozialethisches Programm und seine Kritik in der neueren deutschen Erzählliteratur. München 1984. – Mommsen, Katharina: Freundschaftsglück [Am 28. August 1826]. In: Frankfurter Anthologie. Bd. 8. Frankfurt/M. 1984, S. 47–51. – Nicolai, Heinz: Goethe und Jacobi. Studien zur Geschichte ihrer Freundschaft. Stuttgart 1965. – Quabbe, Georg: Goethes Freunde. Drei Essays. Stuttgart 1949. – Sengle, Friedrich: Das Genie und sein Fürst. Die Geschichte der Lebensgemeinschaft Goethes mit dem Herzog Carl August von Sachsen-Weimar-Eisenach. Ein Beitrag zum Spätfeudalismus und zu einem vernachlässigten Thema der Goetheforschung. Stuttgart, Weimar 1993.

Gerhard Sauder

→ **Frieden s. Krieg**

Friedrich II., König von Preußen

G.s Verhältnis zu Friedrich II. war von Anfang an widerspruchsvoll: Immer wieder ließ G. sich von der Persönlichkeit des Preußenkönigs faszinieren. Der Knabe, sieben Jahre alt zu Beginn des Siebenjährigen Krieges, dessen Auswirkungen auch die Freie Reichsstadt Frankfurt und ihre Bürger trafen, stellte sich angesichts des politischen Schismas in der eigenen Familie auf die Seite der »Fritzisch« Gesinnten (WA I, 26, S. 71). Als Autobiograph machte G. die Differenz zwischen dieser Gesinnung und einer propreußischen Position mit dem Hinweis deutlich: »denn was ging uns Preußen an. Es war die Persönlichkeit des großen Königs die auf alle Gemüther wirkte« (ebd.). Im hohen Alter rückte er Friedrich schließlich in den Kreis bedeutender Persönlichkeiten, in denen das »Dämonische« seine ungewöhnliche, ins Irrationale reichende Triebkraft ausübte (Ekkermann, 8.3. 1831). Aber ungeachtet dieser nie nachlassenden Faszination hat G. immer dann, wenn es um konkrete Fragen ging, eine kritische und objektive Haltung zu Friedrich II. eingenommen, die sich in das komplexe Ganze seiner Weltanschauung und Lebensauffassung einfügte.

Die ersten Schatten fielen auf das strahlende Bild Friedrichs, das – laut *Dichtung und Wahrheit* – die Kinderjahre beherrschte, als G. nach Leipzig kam. Als ein Hauptort des von Friedrich sofort zu Beginn des Siebenjährigen Krieges angegriffenen und eroberten Kurfürstentums Sachsen hatte die Stadt die harte Hand des preußischen Herrschers zu spüren bekommen. Die bösen Worte der Leipziger gegen Friedrich dürften jedoch den jungen Studenten bestenfalls auf die andere Seite der Medaille verwiesen und nachdenklich gemacht haben.

Zwiespältigere Empfindungen erfaßten G., als er, nun schon in Weimar politisch tätig und mit einschlägigen Erfahrungen versehen, bei einem Besuch in Berlin und Potsdam die unmittelbare Umwelt des Preußenkönigs kennenlernte und in den Folgejahren mit preußischer Politik gegenüber Sachsen-Weimar verantwortlich konfrontiert war. Vor Ort erlebte er 1778 das absolutistische Staatswesen als ein großes mechanisches, eher abstoßendes »Uhrwerck«: »Von der Bewegung der Puppen kann man auf die verborgnen Räder besonders auf die grose alte Walze FR [Fridericus Rex; d. Vf.] gezeichnet mit tausend Stiften schliesen die diese Melodieen eine nach der andern hervorbringt« (an Charlotte von Stein, 17.–24.5. 1778). Friedrich verlor dadurch zwar für G. nichts von seiner Größe, aber es ergab sich ein im ganzen überaus befremdendes Bild, als der König dem Reisenden »recht nah worden« war, als dieser »sein Wesen gesehn« – nämlich »sein Gold, Silber, Marmor, Affen, Papageien und zerrissene Vorhänge« – und »über den großen Menschen seine eignen Lumpenhunde räsonniren hören« hatte (an Merck, 5.8. 1778). Wenige Monate später galt es, gegenüber dem diktatorischen preußischen Anspruch auf Rekrutenwerbung in weimarischen Landen eigene Interessen zu verteidigen, doch fand die Erpressung den Weimarer Herzog und seine Regierung – G. hatte gerade auch die Kriegskommission übernommen – in unleidlichster Lage, laut Tagebuch nämlich: »Zwischen zwey übeln in wehrlosem zustand. Wir haben noch einige Steine zu ziehen, dann sind wir m a t t« (14.–25. 1. 1779). Ähnlich ging es auch in den folgenden Jahren zu. Eine Frucht solcher Erfahrungen dürfte auch darin zu sehen sein, daß G. im Gegensatz zu seinem Herzog das unter preußischer Ägide betriebene Fürstenbund-Projekt nicht unterstützte.

Wie G. den Preußenkönig und damit den zeitgenössischen Absolutismus – wenngleich in seiner aufgeklärten Spielart – sah, trat unverstellt zutage, als er 1784 in Gotha die *Mémoires pour servir à l'Histoire de Mr. de Voltaire écrits par lui-mème* kennenlernte. An Charlotte von Stein berichtete er, offensichtlich entzückt durch die Lektüre, über dieses »Muster aller Schandschrifften« (an das Ehepaar Herder, 20. 6. 1784) und gab im Kommentar dazu seine innerste Sicht auf die politische Welt preis, in der er lebte: Voltaire schreibe »vom König in Preusen wie Sueton die Scandala der Weltherrscher, und wenn der Welt über Könige und Fürsten die Augen aufgehen könnten und sollten so wären diese Blätter wieder eine köstliche Salbe. Allein man wird sie lesen, wie eine Satyre auf die Weiber, sie bey Seite legen und ihnen wieder zu Füßen fallen« (an Charlotte von Stein, 5. 6. 1784). Inzwischen war G. mit dem König auf einem anderen Felde, dem der Literatur, in Konflikt geraten. 1780 hatte Friedrich in seiner Schrift *De la Littérature allemande* ein kategorisches Verdikt über die deutsche Literatur, insbesondere die zeitgenössische, gefällt und seine von der eindeutigen Ausrichtung auf den französischen Klassizismus bestimmte Abneigung gegen einen shakespearisierenden Dramenstil an G.s *Götz von Berlichingen* exemplifiziert. Anfang 1781 arbeitete G. an einer Replik, einem *Gespräch über die deutsche Literatur*; die – nicht überlieferten – ausgeführten Partien ließ er in seinem engeren Freundeskreis zirkulieren, brach dann aber die Arbeit ab, nicht zuletzt, weil Justus Möser mit seiner Abhand-

lung *Über die deutsche Sprache und Literatur* die Verteidigung deutscher Dichtung übernommen hatte. G. rückte die Kritik Friedrichs an seinem Stück in einen übergreifenden Zusammenhang und begriff sie gewissermaßen als das von einem absoluten Herrscher zu Erwartende: »Ein Vielgewaltiger«, schrieb er am 21. 6. 1781 an Mösers Tochter, Jenny von Voigts, »der Menschen zu Tausenden mit einem eisernen Scepter führt, muß die Production eines freien und ungezogenen Knaben unerträglich finden. Überdies möchte ein billiger und toleranter Geschmack wohl keine auszeichnende Eigenschaft eines Königs seyn, so wenig sie ihm, wenn er sie auch hätte, einen großen Nahmen erwerben würde, vielmehr, dünkt mich, das Ausschließende zieme sich für das Große und Vornehme«. Immerhin klingt die Distanz zu dem königlichen Fehlurteil noch deutlich in den *Venezianischen Epigrammen* nach, wenn der Dichter dort stolz darauf verweist, daß sich kein König um ihn gekümmert habe, er also das, was er darstelle, auch ohne das geworden sei (Nr. 34).

All dessen ungeachtet, blieb Friedrich für G. eine große geschichtliche Erscheinung, und auch im Bereich politischer Praxis behielt er – selbst nach der Französischen Revolution – eine gewisse Vorbildlichkeit. Im Dramenfragment *Die Aufgeregten* von 1793 läßt G. den Preußenkönig immerhin durch den ansonsten fragwürdigen Revoluzzer Breme neben Josef II. als einen der »beiden Monarchen« benennen, »welche alle wahre Demokraten als ihre Heiligen anbeten sollten« (WA I, 18, S. 57). Daß eine solche Einschätzung G.s historischen Sinn nicht zu bestechen vermochte, wurde deutlich, als der Dichter dem Historiker Johannes von Müller 1807 in einer bedrängten Lage seinen Beistand angedeihen ließ: Müller hatte am 29. 1. 1807, also wenige Wochen nach der Schlacht bei Jena und Auerstedt, die gleichsam den Untergang des friderizianischen Preußens besiegelt hatte, in einer öffentlichen Sitzung der Akademie der Wissenschaften zu Berlin über *La gloire de Frédéric* gesprochen und damit eine heikle ideologische Gratwanderung unternommen. G. übersetzte diese Vorlesung ins Deutsche und schrieb obendrein eine kurze Rezension dazu. Er hob die dem gegebenen geschichtlichen Moment anzulastende Schwierigkeit des Unternehmens hervor und bekannte, bevor er würdigte, was Müller dieser Lage abgerungen hatte, seine Zufriedenheit, »daß ein solches Geschäft ihm nicht obliege« (WA I, 40, S. 385). Offenbar erahnte er zu diesem Zeitpunkt bereits, was er einige Jahre später Carl Friedrich Zelter anvertraute: »Er [Friedrich; d. Vf.] ist noch nicht vierzig Jahre tot, doch ist sein Tun und Lassen schon veraltet« (20. 1. 1818).

Historische Wertschätzung und historische Distanz konnten sich auf dieser Grundlage in souveräner Ironie vereinigen, als G. im November 1829 Zelter von einem Ereignis berichtete, das ihn veranlaßte, auf Friedrich zurückzukommen. Nahe dem seit 1815 preußischen Erfurt, bei Stotternheim, war unerwartet bei einer Bohrung Steinsalz entdeckt worden. G. erzählte dem Freund davon, daß der »wohl mit Recht groß genannte« Friedrich als ein »recht eingefleischter König« von seinem Bergdepartement verlangt habe, »man solle ihm S t e i n s a l z in seinen Landen verschaffen«, weil er meinte, »daß alles was die weite Erde hervorbringt, auch in seinem Reiche gefunden werden solle«. »Es ist bekannt,« kommentiert der Briefschreiber sarkastisch, »daß hiernach die brotessenden Menschen, durch patriotische Mühlsteine bedient, lange Zeit eine gute Portion Ton- und Kieselerde mit einschlucken mußten«. Nun also war, Jahrzehnte nach Friedrichs Tod, mit fortgeschrittenen technischen Mitteln und Methoden doch noch Steinsalz auf derzeit preußischem Boden gefunden worden. »Die neuere Zeit gab Einsicht und Mut«, heißt es zum Schluß, »und so erleben wir was Friedrich der Herrliche wünschte und befahl« (13. 11. 1829). Am 16. Dezember übersandte G. »eine gute Messerspitze Steinsalz, mit dem freundlichen Ersuchen«, Zelter solle dabei »bedenken: daß Friedrich der Zweite nicht leicht eine angenehmere Mittagstafel genossen hätte, als wenn man ihm seine Speisen mit solchem Erzeugnis seines eigenen Reiches gewürzt, und er seine goldnen Salzfässer damit reichlich angefüllt gesehen hätte«.

Literatur:

Herre, Paul: Goethe und Friedrich der Große. In: JbGG. 21 (1935), S. 26–62. – Mommsen, Wilhelm: Die politischen Anschauungen Goethes. Stuttgart 1948. – Pniower, Otto: Goethe in Berlin und Potsdam. Berlin 1925.

Hans-Dietrich Dahnke

Fromm/Frömmigkeit

Die ältere Bedeutung des Wortes »fromm« – tüchtig, frisch, tapfer – blieb in einigen festen Verbindungen erhalten und wurde im 18. Jh. archaisierend wiederbelebt. Für die weitere semantische Entwicklung wurden die Bibelübersetzung Luthers und der Pietismus besonders wichtig, die das Wort restlos in die religiöse Sphäre transponierten. Seit Luther umfaßt es in der Sprache der protestantischen Kirche das Bedeutungsfeld von gerecht, rechtschaffen, gut und gottesfürchtig. Schon bei Luther wird in der Vokabel gelegentlich eine Verinnerlichung spürbar, die im 16. und 17. Jh. und verstärkt im Pietismus den Übergang zur heute vorherrschenden Bedeutung bewirkte. Starke gefühlsmäßige Bindung war das Kennzeichen der sich in Versammlungen mit elitärer Tendenz zusammenfindenden Pietisten, der »abgesonderten Frommen« (*Dichtung und Wahrheit*, 4. Buch; WA I, 26, S. 226). Die pietistische Selbstbezeichnung wurde rasch auch von Gegnern aufgenommen, oft ironisch konnotiert und als Synonym für Heuchler verwendet; zugleich entstanden pejorative Abwandlungen wie Frömmler, Frömmelei usw. Erst in dieser Periode wurde allmählich die im Widerspruch zum ursprünglichen dynamischen Sinn stehende Konnotation der Passivität auch im religiösen Bereich stärker, wenngleich nicht alleinherrschend. Sie lehnt sich an den alltäglichen Gebrauch der Vokabel im Sinne von gefügig an (frommes Pferd, frommes Kind, lammfromm), bis hin zu G.s ironisch übersteigernder »Frömmlammsfreundlichkeit« (an Johanna Fahlmer, 29. 11. 1773).

G. verwendet die Vokabel im Spätwerk häufiger als in den Jugendjahren und überwiegend im positiven Sinn. Dabei ist charakteristisch, daß er den vorhandenen Bedeutungsgehalt aufnimmt, ausschöpft und erweitert (vgl. Niggl) und ihn zum Ausdruck für seine eigene Religiosität umwandelt.

Im Sinne von bieder und rechtschaffen erscheint das Wort in *Hans Sachsens poetischer Sendung* (Frummkeit), in *Künstlers Fug und Recht* und *Der getreue Eckart* sowie in der Übersetzung *Das Hohelied Salomonis* im Sinne von rein, makellos. Leicht archaisierend in Anlehnung an die Vorlage ist auch die Verwendung im Tierepos *Reineke Fuchs*, worin der Hase Lampe fromm im Sinne von unschuldig und gut genannt wird. Eine semantische Erweiterung in Richtung wohltuend bildet »der Lampe fromm Geleuchte« (WA I, 2, S. 96) in *Die Musageten*. G. sucht die alltäglich-profane Bedeutungsbreite lebendig zu erhalten, was sich auch in seiner Vorliebe für den vielfach variierten Briefabschluß: »Mit den treuesten Wünschen und frömmsten Hoffnungen« äußert. Er hält auch in der Redewendung »frommer Wunsch« fast durchgängig an dem Sinn »aufrichtig, gut, treu(herzig)« gegenüber der sich ausbildenden ironischen Verwendung der Formel fest. Unproblematisch ist auch die deskriptive, eher positive Verwendung der Vokabel zur Bezeichnung der Pietisten in *Dichtung und Wahrheit*, in manchen Briefen der Jugendjahre und in *Wilhelm Meisters Lehrjahre*, wobei besonders die *Bekenntnisse einer schönen Seele* für die Bedeutung rein, heiligmäßig, ehrfürchtig (purus, sanctus, pius) viele Belege bieten. Die positive Konnotation mußte natürlich in der Selbstcharakteristik dieser Romanfigur vorherrschend sein, während »Frömmigkeit« (= Brüdergemeine) an anderer Stelle von Jarno deutlich negativ betont wird (vgl. 7. Buch , Kap. 3).

Bei näherem Hinsehen läßt sich mancherorts eine gewisse Distanz feststellen, die sich allmählich in den Auseinandersetzungen mit Lavater zur spöttischen Ablehnung der »Frommen« in den auf Römer 8, 28 anspielenden Versen des »Weltkindes« steigert: »Ja für die Frommen, glaubet mir, / Ist alles ein Vehikel; /

Sie bilden auf dem Blocksberg hier / Gar manches Conventikel« (*Faust I*, V. 4327f.; WA I, 14, S. 219f.). In den *Zahmen Xenien* (V) und den Maximen und Reflexionen (519) greift G. allgemeiner die christliche Frömmigkeit als geistig bequeme Gruppenbildung an, ohne dabei die Gruppe der Gottlosen zu vergessen.

In den Schriften nach der Italienreise und in den Aufsätzen zur romantischen Kunst begegnet »fromm« als Bezeichnung südlicher Andacht und katholischer Volksreligiosität; »fromm« wird hier durchgehend positiv konnotiert und beschreibt – oft mit froh, heiter, redlich usw. verbunden – eine einfache, naive und gesund-gläubige Lebenshaltung. Eine solche wird ebenfalls mit Sympathie im *Sankt-Rochus-Fest zu Bingen* geschildert, und G. entdeckt sie auch in den von den Brüdern Boisserée gesammelten »altdeutschen« Kunstwerken. Für die von G. abgelehnte, nach seiner Ansicht gekünstelte und unredliche Naivität der modernen romantischen Kunst verwendet er dagegen fast durchgängig pejorative Abwandlungen (frömmelnd, Frömmelei; vgl. an Ludwig Tieck, 2.1. 1824) oder Komposita wie deutschfromm (*Tag- und Jahreshefte 1819*). Nur die Arbeiten von Philipp Otto Runge und Kaspar David Friedrich kann er fromm und zart im positiven Sinne nennen.

Den reinen, im eigentlichen Verstand religiösen Sinn der Vokabel findet G. in den Idealausprägungen aller Religionen. Iphigenie (I, 3), die Frau des Brahmen in *Paria. Legende* und »der humoristische Heilige« Philipp Neri in der *Italienischen Reise* können alle von G. als fromm bezeichnet werden. Ihre verschiedenartige Frömmigkeit wird verbunden durch die Elemente des reinen Vertrauens, der selbstlosen Hingabe, der Offenheit. Solche Frömmigkeit läßt den Knaben in der *Novelle* den Löwen bändigen, läßt Ottilie in den *Wahlverwandtschaften* die Wirren auflösen, kennzeichnet Makarie in den *Wanderjahren*. In der *Campagne in Frankreich* nimmt G. auch für seine Person diese »fromme« Offenheit in Anspruch, indem er dem katholischen Kreis um Fürstin Gallitzin, der ihn der Heuchelei verdächtigt, versichert: »Ich stelle mich nicht fromm, ich bin es am rechten Orte, mir fällt nicht schwer mit einem klaren unschuldigen Blick alle Zustände zu beachten, und sie wieder auch eben so rein darzustellen« (WA I, 33, S. 242). Am tiefsten gefaßt ist die mit dieser Frömmigkeit gemeinte Hingabe an ein Höheres, das den einzelnen umfaßt und trägt, in Strophe 14 der Marienbader *Elegie*: »In unsers Busens Reine wogt ein Streben, / Sich einem Höhern, Reinern, Unbekannten / Aus Dankbarkeit freiwillig hinzugeben, / Enträthselnd sich den ewig Ungenannten; / Wir heißen's: fromm sein! – Solcher seligen Höhe / Fühl' ich mich theilhaft, wenn ich vor ihr stehe« (WA I, 3, S. 24).

Die Literatur- und Geistesgeschichte hat später von einer »Seins-« oder »Weltfrömmigkeit« G.s gesprochen – letztere Vokabel findet sich in *Wilhelm Meisters Wanderjahren* (2. Buch, Kap. 7; WA I, 24, S. 378), aber in einem eingeschränkteren, praktischen Sinn. Das Frommsein besonders des späten G. muß als Ergebnis des neuzeitlichen Säkularisierungprozesses verstanden werden, in welchem Haltungen, die früher eindeutig einer sakralen, transzendent-religiösen Sphäre zugeordnet waren, nunmehr auf Innerweltliches bezogen werden, das wiederum dadurch sakralisiert wird.

Literatur:

Langen, August: Der Wortschatz des deutschen Pietismus. Tübingen 1954. – Ders.: Zum Problem der sprachlichen Säkularisation in der deutschen Dichtung des 18. und 19. Jahrhunderts. In: ZfdPh. 83 (1964), Sonderheft, S. 24–42. – Niggl, Günter: ›Fromm‹ bei Goethe. Eine Wortmonographie. Tübingen 1969. – Schöne, Albrecht: Säkularisation als sprachbildende Kraft. Studien zur Dichtung deutscher Pfarrersöhne. Göttingen 1958.

Sven-Aage Jørgensen

Fürstenbund

Am 8.7. 1785 schlossen Preußen, Hannover und Sachsen den sog. Dreikurfürstenbund, der durch den Beitritt mehrerer deutscher Klein- und Mittelstaaten rasch zum Fürstenbund erweitert wurde. Die Union sollte der drohenden Machterweiterung Österreichs – Joseph II. versuchte, die österreichischen Niederlande gegen Bayern einzutauschen – und dem dadurch zu erwartenden weiteren Verfall der Reichsverfassung entgegenwirken. Preußen strebte die Vorherrschaft gegenüber den übrigen Verbündeten an, die ihrerseits zugleich oder hauptsächlich Territorialinteressen vertraten. Carl August von Sachsen-Weimar widmete seine politische Tätigkeit in den 80er Jahren weitestgehend dem Fürstenbund, durch Friedrich Wilhelm II. von Preußen zeitweilig mit Sondervollmachten ausgestattet. Das Bündnis scheiterte an Veränderungen der europäischen Machtverhältnisse und am Partikularismus der Verbündeten. Der preußisch-österreichische Vertrag von Reichenbach vom 27.7. 1790 hob den Fürstenbund de facto auf.

G. beurteilte das Unternehmen sehr kritisch, zumal er den Territorialstaat als die beste zeitgenössische Staatsform zumindest für Deutschland ansah. Für das europäische politische System insgesamt befürchtete er ohnehin seit der Halsbandaffäre von 1785 die »greulichsten Folgen« (*Tag- und Jahreshefte 1789*). Seine prinzipielle Skepsis hinsichtlich der reichspolitischen Erfolgschancen eines Bündnisses, das auf die Kooperationsfähigkeit deutscher Fürsten angewiesen war, verband sich zudem mit der begründeten Sorge, daß Carl Augusts außenpolitische Aktivitäten eine längerfristige Vernachlässigung des Herzogtums mit sich brächten. Das Scheitern der meisten innenpolitischen Reformen, die G. in seinem ersten Weimarer Jahrzehnt durchzusetzen versucht hatte, war durch jene Aktivitäten wie durch die militärischen Interessen des Herzogs mindestens begünstigt worden.

Ein Zweckbündnis mit anderen Fürsten hatte man in Weimar bereits erwogen, als

Friedrich II. während des Bayrischen Erbfolgekrieges unter Berufung auf Reichsinteressen Zustimmung zu Werbungen außerhalb Preußens verlangt hatte. Vorschläge des Geheimen Conseils zusammenfassend, hatte G. 1779 empfohlen, man solle sich zunächst an Hannover, Mainz, Gotha und »die übrigen Sächsischen Höfe« wenden, um solche Forderungen gemeinsam abzuwehren. »Zu wünschen wär es, dass andre glückliche Umstände zusammen träfen die Fürsten des Reichs aus ihrer Untätigkeit zu wecken, und sehr glücklich wär es wenn man durch die Noth gedrungen von hier aus zu einer geschwinderen Vereinigung beygetragen hätte« (G. an Carl August, [Ende Januar] 1779). Diese Erwägungen waren folgenlos geblieben.

Zu Beginn der 80er Jahre arbeitete Preußen seinerseits auf Bündnisse hin, da Österreichs Expansionsabsichten immer bedrohlicher erschienen. Umfangreiche geheime Verhandlungen und Korrespondenzen begannen, zu denen insbesondere Leopold Friedrich Franz Fürst von Anhalt-Dessau beitrug, wobei antipreußische Tendenzen zunächst abermals mitspielten (Mommsen, S. 38f.). Im Sommer 1784 forderte Carl August G. dringend auf, ihn auf einer Reise zu begleiten, die er als Kurier des preußischen Thronfolgers unternahm (an G., 20.7. 1784). G. nahm nur an der ersten Etappe der Reise teil, während mit Carl Wilhelm Ferdinand Herzog von Braunschweig über die Bündnispläne verhandelt wurde (16.–31.8. 1784). Danach zunächst nur vorübergehend von »den Fesseln des Hofs entbunden«, konnte er sich der Fortsetzung der Reise entziehen (an Charlotte von Stein, 6.9. 1784).

Im folgenden Jahr trat Weimar dem soeben gegründeten Fürstenbund bei (29.8. 1785). Die überlieferten Dokumente enthalten nur wenige Belege für G.s unmittelbare Beteiligung. Sie bezeugen teils andeutungsweise, teils konkret seine beratende und redaktionelle Mitarbeit an der Sachsen-Weimarischen Beitrittserklärung (Politischer Briefwechsel, Nr. 114–117). An Sylvius Friedrich Ludwig Freiherrn von Franckenberg, Minister im gleichfalls verbündeten Herzogtum Sachsen-Gotha, schrieb G. kurz darauf: »Es ist gut daß es so weit ist. Es macht diese Verbindung gewiß Effect und Epoche in dem deutschen System, alles wird Ernst machen da man sieht daß es Ernst ist« (2.9. 1785). Dies blieb die einzige positive Äußerung G.s über das Unternehmen. Gleichzeitig beschrieb G. die allgemeine Situation pessimistisch: »Hier gehts übrigens im Alten. schade für das schöne Gebäude das stehen könnte, erhöht und erweitert werden könnte und leider keinen Grund hat. Doch was hat Grund auf der beweglichen Erde« (an Knebel, 1.9. 1785). Carl Augusts in der Folgezeit nochmals verstärkte Bestrebungen, den Fürstenbund, bei gleichzeitiger Beförderung dynastischer Interessen, zur Basis einer Reichsreform zu machen, begleitete G. nur mit wenigen, meist zurückhaltenden Stellungnahmen (z.B. an Carl August, 2.9. 1786 u. 25.1. 1788). Daß G. den Herzog nunmehr »mit Leib und Seele in Norden gefesselt« wußte, spielte auch für seinen Entschluß zur Italienreise eine Rolle (an Carl August, 3.11. 1786). Die auf den Fürstenbund gerichteten Wunschvorstellungen erschienen ihm als »unglückliche Ideen«, von denen er den Herzog zugunsten Weimars befreit zu sehen wünschte (an Charlotte von Stein, 6.1. 1787). Den Herzog selbst suchte er immer wieder daran zu erinnern, daß Innen- und Außenpolitik als mindestens gleichberechtigte Aufgabenbereiche anzusehen seien: »Möge indeß alles was Sie bey Sich einrichten, Ihren Absichten völlig entsprechen und auch mir wenn ich wiederkomme Freude bereiten! Mögen Ihre großen auswärtigen Verhältniße Ihre Existenz ganz ausfüllen, und Sie für Mühe, Aufopferung und Gefahren die schönsten Früchte einerndten«; für sich selbst gab G. nach wie vor, auch an die Intentionen des *Ilmenau*-Gedichts anknüpfend, der »Landes Administration« den Vorrang, der er sich nach der Rückkehr aus Italien wenigstens für »einige Zeit ausschließlich wiedmen« wollte (an Carl August, 11.8. 1787). Als er Ende 1787 die europäischen Machtfaktoren brieflich in einer »politischen Poesie« überschaute (an Carl August, 17.11. u. 8.12. 1787), erwähnte er den Fürstenbund ebensowenig wie in den später zusammengestellten *Tag- und Jahresheften* für diesen Zeitraum.

Carl August zog während G.s Abwesenheit Knebel zu Beratung und Mitarbeit heran, speziell für die Vorbereitung der Koadjutorwahl in Mainz, die der Festigung des Bundes dienen sollte.

Knapp drei Jahrzehnte danach faßte G. sein Urteil nochmals zusammen, als Christian Wilhelm von Dohm Ende 1814 für die Fortsetzung seiner *Denkwürdigkeiten aus meinem Leben* um Einsichtnahme in die Weimarer Fürstenbundsakten nachsuchte. G. antwortete: »Jene Acten enthalten freylich wunderbare Dinge, und so mancherley einzelne seltsame Verhältnisse und Beziehungen, welche vielleicht besser noch geheim bleiben. Denn in seinen ersten Anfängen hatte dieses Unternehmen mehr die Gestalt einer Verschwörung als eines Bundes, deswegen es auch gleich mißlang, sobald es öffentlich die letztere Form annehmen sollte« (16.11.1814). Da Carl August dem Gesuch Dohms zustimmte, erbat sich G. die Akten aus dem herzoglichen Archiv, damit er sie »durchlaufen und alsdann daraus referiren« könne: »Ich kann solches um so leichter, als ich in der Sache complicirt und implicirt war; das worauf alles ankam, steht gewiß nicht in den Acten« (an Voigt 26.1.1815; vgl. Gespräch mit Boisserée, 7.10.1815). Ob und in welcher Form Dohm die gewünschten Informationen erhielt, ist nicht bekannt. Der Zeitpunkt – seit September 1814 tagte der Wiener Kongreß – dürfte der Publikation derartiger »Verschwörungs«-Dokumente nicht günstig gewesen sein.

Literatur:

Politischer Briefwechsel des Herzogs und Großherzogs Carl August von Weimar. Hg. von Willy Andreas. Bearb. von Hans Tümmler. Bd. 1. Von den Anfängen der Regierung bis zum Ende des Fürstenbundes 1778–1790. Stuttgart 1954. – Tümmler, Hans: Carl August in der deutschen Politik der Fürstenbundzeit. In: Goethe. Viermonatsschrift der Goethe-Gesellschaft. Bd. 7, H. 3. Weimar 1942, S. 256–281. – Mommsen, Katharina: Der politische Kern von Goethes *Elpenor*. In: JbFDtHochst. 1991. Tübingen 1991, S. 21–56.

Regine Otto

Gärten

»Hab ein liebes Gärtgen vorm Thore an der Ilm schönen Wiesen in einem Thale. ist ein altes Hausgen drinne, das ich mir repariren lasse« – so beschrieb G. der Brieffreundin Auguste Gräfin zu Stolberg am 17.5.1776 sein erstes eigenes Besitztum in Weimar. Zugleich mit dem Kauf des vormaligen Börnerschen Gartens am 26. April des Jahres hatte er die Bürgerrechte der Stadt erworben. Für die folgenden sechs Jahre wurde das Gartenhaus sein ständiger Wohnsitz. Angeregt durch das unmittelbare Naturerlebnis entstanden zahlreiche poetische Werke und Zeichnungen an diesem Ort.

Sofort nach der Übernahme des Anwesens begannen umfangreiche Bau- und Umgestaltungsarbeiten, die G., wenn es seine Amtsgeschäfte erlaubten, selbst beaufsichtigte bzw. bei denen er eigenhändig mitwirkte. »Musste aber bauen und pflanzen«, entschuldigte er sich im April 1777 bei Charlotte von Stein. Zwei Monate später schrieb er an sie mit »beschmierten Baumwachsfingern« (12.6.1777). Es wurde planiert, gerodet, gegraben, gepflanzt, bis der Garten das Aussehen gewann, das er im wesentlichen noch heute besitzt. Vor dem Hause, vom Malvengang hangabwärts, befand sich der regelmäßig gestaltete Nutzgartenteil mit den von Blumenrabatten umgebenen Obst- und Gemüsebeeten; heute befinden sich dort Rasenflächen. Spargel, Salat, Erbsen, Bohnen, Kartoffeln, Erdbeeren u.a. wurden angebaut. Zeitgenossen rühmten immer wieder den Rosen- und Malvenflor im Sommer.

Hinter dem Gartenhaus, hangaufwärts, erstreckte sich der »englische« Garten. Eine große Obstwiese, geschlängelte Wege und parkartig mit Laub- und Nadelgehölzen bepflanzte Partien prägten hier das Bild. Sparsam waren Sitzplätze und Architekturen eingefügt. Am 5.4.1777 wurde – laut G.s Tagebuch – auf dem Rondell am Ende des Hauptweges »αγαθη τυχη gegründet!«, jener Sandsteinkubus mit Kugel, der bis heute zu verschiedenen

Goethes Gartenhaus

Deutungen Anlaß gibt. Im Herbst 1782 versah G. den oberen Ruheplatz am Hang mit der auf Charlotte von Stein bezogenen Inschrift: »Hier gedachte still ein Liebender seiner Geliebten«. Auch nach dem Umzug in die Stadtwohnung im Sommer 1782 hielt G. diesem Garten die Treue. Noch 1830 ließ er die klassizistischen weißen Gartentore anfertigen und das Kieselpflaster an den Haus- und Garteneingang legen.

Das Haus am Frauenplan, in dem er zuvor zur Miete gewohnt hatte, wurde 1792 mit Nebengebäuden und Garten G.s Eigentum. Nun zogen auch Christiane Vulpius und der Sohn August mit ein. Damals war der Hausgarten kleiner als heute. Der östliche, Treutersche Teil mit dem Pavillon, der später G.s Gesteinssammlung aufnahm, wurde erst 1817 hinzuerworben. Die Zusammenlegung beider Gärten bedingte einige gestalterische Veränderungen. Die traditionelle Form des Hausgartens mit den sich kreuzenden geraden Wegen wurde beibehalten.

Anfangs nutzte G. die Gartenfläche als botanisches Versuchs- und Beobachtungsfeld. Durch seinen Hausgärtner, den späteren Botaniker Friedrich Gottlieb Dietrich, ließ er z.B. 1794 die Pflanzenfamilien nach »Jussieus natürlichem System« auf den Beeten zusammenpflanzen und bot damit »den gelehrten Herren von Knebel, Herder, Einsiedel [...], auch wohl Frauen, [...] sehr angenehme und belehrende Unterhaltung« (Gespräche, 1, S. 557). Später, als G. seine botanischen Studien vor allem in Jena betrieb, wurde der Hausgarten Christianes Betätigungsfeld. Ihr wirtschaftlicher Sinn sowie die größer werdende Haushaltung bewirkten, daß der Aspekt des Nützlichen zunehmend in den Vordergrund trat. Auf den Beeten wurde Gemüse angebaut; Obstbäume, Beerensträucher und Weinstöcke versorgten die Familie mit Früchten. Am 18.5. 1816 schrieb Christiane an G., der sich für einige Zeit in Jena aufhielt: »Dein Garten steht gegenwärtig in seiner größten Pracht, [...] die Rabatten vor Deinen Fenstern schmücken die schönsten gefüllten Tulipanen, deren schöne Farben die stolzen Kaiserkronen verdunkeln«. Außer den beiden genannten Gärten besaß G. noch ein Krautland am Lottebach vor den Toren der Stadt, das Christiane 1796 erworben hatte. Nach Christianes Tod übernahm August von Goethe für etliche Jahre die Regie über die Bewirtschaftung der Gärten.

Auch zu dem Gutshof in Oberroßla, den G. von 1798 bis 1803 besaß, gehörte Gartenland. Ein »angenehmer Thalgrund von dem fruchtbarsten Boden« erlaubte die »Baumzucht«, und die »eine buschige Seite des Abhangs« belebte G.s »alte Parkspielerei zu geschlängelten Wegen und geselligen Räumen« wieder (WA I, 35, S. 93). Dies alles blieb jedoch im Ansatz stecken, da G. das Gut bald wieder aufgab.

Literatur:

Aepfler, Gertraut/Ahrendt, Dorothee: Goethes Gärten in Weimar. Leipzig 1994. – Balzer, Georg: Goethe als Gartenfreund. München 1966. – Bode, Wilhelm: Goethes Leben im Garten am Stern. Berlin 1920.

Dorothee Ahrendt

Gartenkunst

Die tiefgreifenden kulturellen Veränderungen im Europa des 18. Jhs. bewirkten auch auf dem Gebiet der Gartenkunst einen radikalen Umbruch. Die »Gartenrevolution« (vgl. Hennebo, Niedermeier u. a.) erfaßte, von England ausgehend, nach 1750 den gesamten europäischen Kontinent und führte zur Ablehnung des bis dahin vorherrschenden architektonischen Gartens als des Sinn- und Abbilds einer »hierarchischen subordinativen Welt- und Gesellschaftsordnung« (Hennebo, S. 91). Die Natur, als Ausdruck eines »höheren«, vernünftigen Ordnungsprinzips verstanden, erhielt eine neue, bis dahin nie dagewesene Bedeutung. Die Schranke zwischen Natur- und Kunstschönheit, zwischen Landschaft und Garten, sollte fallen. Der sogenannte englische oder Landschaftsgarten trat seinen Siegeszug an.

Gartenkunst interessierte G. zeit seines Lebens. Sie spielt in seinen Dichtungen eine Rolle, ist als eine der »schönen Künste« in seinen ästhetischen Reflexionen präsent, und an ihrer Entwicklung hat er, wie insbesondere der Weimarer Park im Ilmtal bezeugt, praktischen Anteil genommen.

In seinen Kindertagen hatte G. die schönen Nutzgärten der Frankfurter Bürger kennengelernt, als Student in Leipzig die prachtvollen Rokokogärten der dortigen Patrizier. Seine Neigungen gingen aber bald in die andere, aus England kommende und mit der neuen Naturauffassung im Sinne Shaftesburys und Rousseaus verbundenen Richtung. Aufgeschlossen für die natürliche Gartenkunst, ließ er sich durch die Schriften von Christian Cajus Laurenz Hirschfeld unmittelbar anregen. Die Lust an der freien Natur, Ausdruck der Abkehr von den Zwängen und Konventionen der ständisch geordneten Gesellschaft, war freilich mit empfindsamer Naturschwärmerei gepaart. Auch der junge G. zollte dieser Tendenz Tribut. Das wird z. B. deutlich, wenn im *Werther* von einem Garten die Rede ist, dessen Plan »nicht ein wissenschaftlicher Gärtner, sondern ein fühlendes Herz« gezeichnet habe (WA I, 19, S. 7). In ähnlichem Sinne wirkte G. in Weimar, als er 1776 im Belvederer Schloßgarten eine »Einsiedeley« mit »allerley Pläzgen drinn für arme Krancke und bekümmerte Herzen« anlegte (an Auguste Gräfin zu Stolberg, 17.–28.5. 1776). Der Freitod des Hoffräuleins Christiane von Laßberg in der Ilm im Januar 1778 veranlaßte G. zur Gestaltung der Felsentreppe im Park, eines »seltsam Pläzgen wo das Andencken der armen Christel verborgen stehn wird« (an Charlotte von Stein, 19.1. 1778). Für den Namenstag der Herzogin Louise am 9.7. 1778 entwarf G. im Ilmtal das Louisenkloster und arrangierte ein dazu passendes Verkleidungsspiel. Die Hofgesellschaft, schrieb er später, »liebte an den Ort wiederzukehren«, so daß man »die Epoche der übrigen Parkanlagen [...] von diesem glücklich bestandenen Feste an zu rechnen billig befugt ist« (WA I, 36, S. 242).

Danach indessen zog G. sich von der weiteren Ausgestaltung des Ilmtals zurück und beschränkte in späteren Jahren seine Mitwirkung auf die architektonischen Bestandteile. Das hing auch damit zusammen, daß er schon bald Distanz gegenüber der zur allgemeinen Mode gewordenen sentimentalen Naturschwärmerei gewann. Davon zeugt die bereits 1777 entstandene »dramatische Grille« (WA I, 17, S. 1) *Der Triumph der Empfindsamkeit*, die mit scharfer Satire die aufgesetzten Gefühle und die Scheinwelt bloßer Staffagen verspottet.

Die ernsthafte Beschäftigung mit den Naturwissenschaften, nicht zuletzt mit der Botanik, sowie die Erlebnisse der Reisen in die Schweiz und nach Italien verstärkten G.s Abneigung gegenüber der »neumodischen Parksucht« (WA I, 34.1, S. 358), bei der »viele kleine Dinge zusammen leider kein großes« machten (Tagebuch, 1.9. 1797). In dem 1799 gemeinsam mit Schiller und Johann Heinrich Meyer verfaßten Schema *Über den Dilettantismus* wurde die Kritik am zeitgenössischen Gartenstil grundsätzlich formuliert. Es heißt dort u.a., die neue Gartenkunst verkleinere »das erhabene der Natur«, nehme mit dem Schein vorlieb und befördere »die sentimentale und phantastische Nullität«. Als »Schaden« des Dilettantismus »fürs Subjekt« wird notiert: »Die Gartenliebhaberey geht auf etwas endloses hinaus«, sie »läßt sich die edlern Künste auf eine unwürdige Art dienen und macht ein Spielwerk aus ihrer soliden Bestimmung. [...] Sie verewigt die herrschende Unart der Zeit, im ästhetischen unbedingt und gesetzlos seyn zu wollen und willkührlich zu phantasieren, indem sie sich nicht, wie wohl andere Künste corrigieren und in der Zucht halten läßt« (WA I, 47, S. 310).

Als endgültige Abkehr G.s vom englischen Garten ist dieses Urteil zwar nicht zu verstehen. G. hatte aber erkannt, daß der Landschaftsgarten nicht für alle Zweckbestimmungen geeignet ist. Für »eine zahlreiche Gesellschaft« z.B. erschienen ihm die »geräumigen Laubdächer, Berceaux, Quinconces« der alten Schloßgärten im französischen Stil als günstiger, da man »in unseren englischen Anlagen, die ich n a t u r s p ä ß i g e nennen möchte, allerwärts aneinander stößt, sich hemmt oder verliert« (von Müller, 15.6. 1825). Bürgerliche Nutzgärten sollten G.s Ansicht zufolge ebenfalls nach regelmäßigen Ordnungsprinzipien angelegt werden. Sein eigener Garten am Frauenplan und die Gartenschilderungen in einigen seiner Werke, so in *Die Aufgeregten*, *Wilhelm Meister* und vor allem in den *Wahlverwandtschaften*, bezeugen dies. In späteren Äußerungen trat neben den Nützlichkeitsaspekt öfter der historische Rückblick. So sagt in den *Wahlverwandtschaften* der Gehilfe zu Charlotte: »Menschen, die ihren Grund und Boden zu nutzen genöthigt sind, führen schon wieder Mauern um ihre Gärten auf, damit sie ihrer Erzeugnisse sicher seien. Daraus entsteht nach und nach eine neue Ansicht der Dinge. Das Nützliche erhält wieder die Oberhand, [...] es ist möglich, daß Ihr Sohn die sämmtlichen Parkanlagen vernachlässigt und sich wieder hinter die ernsten Mauern und unter die hohen Linden seines Großvaters zurückzieht« (WA I, 20, S. 296). In diesem Roman spielt das Gartenmotiv nicht nur als Handlungsrahmen, sondern zugleich als »Symbol des Zeitgeistes« (Niedermeier, S. 85) eine bedeutende Rolle.

Unter dem 14.1. 1831 heißt es in G.s Tagebuch: »Ich besah für mich Menzels architektonische Hefte und bedauerte, daß er nicht in die friedliche Zeit von Hirschfeld und anderen Gartenfreunden gekommen sey, wo ein tiefer Friede den Menschen Mittel und Muße gab, mit ihrer Umgebung zu spielen«.

Literatur:

Gerndt, Siegmar: Idealisierte Natur. Stuttgart 1981. – Hennebo, Dieter: Goethes Beziehungen zur Gartenkunst seiner Zeit. In: JbFDtHochst. 1979, S. 90–119. – Huschke, Wolfgang: Die Geschichte des Parkes von Weimar. Weimar 1951. – Niedermeier, Michael: Das Ende der Idylle. Symbolik, Zeitbezug, ›Gartenrevolution‹ in Goethes Roman *Die Wahlverwandtschaften*. Berlin u.a. 1992. – Redslob, Edwin:

Goethes Beziehung zur Gartenkunst. Veröffentlichungsreihe des Instituts und Lehrstuhls für Landschaftsbau und Gartenkunst der TU Berlin. 23 (1968), S. 3–19.

Dorothee Ahrendt

Gegnerschaften

Nahezu in allen Phasen seines Lebens und Schaffens war G. zugleich Gegenstand begeisterten oder ehrfurchtsvollen Lobs und nicht minder scharfer, oftmals verbissener und unversöhnlicher Kritik. Gegnerschaften nahm er hin und reagierte darauf, manchmal verärgert, gelegentlich polemisch, zumeist jedoch schweigend und den Schritt in die Öffentlichkeit meidend, weil ihm Produktivität wichtiger war als Auseinandersetzung und Streit. Er ging überwiegend unbekümmert seinen Weg und ließ sich als Autor durch zu erwartende kritische Reaktionen nicht beirren. Besonders in jungen Jahren legte er sich keinen Zaum an; er brachte seine das Maß des Gewohnten oftmals durchbrechenden und verletzenden Werke nach eigenem Belieben vor das Publikum und hatte dabei auch keine Scheu, Personen und Werke, die ihm mißfielen, anzugreifen und bloßzustellen. Erst allmählich wurde er zurückhaltender, doch finden sich nicht viele Beispiele dafür, daß er Rücksicht auf die Mitwelt genommen hätte.

So wuchsen ihm von Anfang an Gegnerschaften zu: Positionen grundsätzlicher, anhaltender, radikaler Kritik, die sich zu durchgehenden, Perioden und Generationen übergreifenden Linien der Ablehnung und Verdammung verfestigten und dabei das Maß normaler Differenz und kritischer Auseinandersetzung entschieden überschritten. Solche Linien bildeten sich, gebunden natürlich an spezifische Zeitverhältnisse und Entwicklungstendenzen ebenso wie auch abhängig von dem persönlichen Profil der Gegner, bereits zu seinen Lebzeiten deutlich wahrnehmbar aus. Als Generalnenner läßt sich dabei das Moment moralischer Kritik ausmachen, doch zeigt sich bei genauerer Betrachtung, daß die Gegnerschaften sehr unterschiedliche Ursprünge und Veranlassungen hatten und von unterschiedlichen Zielvorstellungen geleitet waren. Schon die Debatte um den *Werther* wurde sowohl von religiös motivierten, in Kirchenkreisen beheimateten als auch von moraldidaktisch orientierten, der Aufklärungsbewegung verbundenen Gruppierungen entfacht. Diese Kritiker und Gegner blieben auch in den folgenden Jahrzehnten am Zuge. In den 20er Jahren waren die Grundvarianten von Gegnerschaft, die sich in der Folgezeit zeigten, im wesentlichen bereits ausgeprägt. Zwischen den verschiedenen Richtungen gab und gibt es mancherlei Berührungspunkte und Überschneidungen.

Bis ins 20. Jh. hinein hat sich die bereits sehr früh in Erscheinung getretene *weltanschaulich-religiöse* Kritik lebendig erhalten. Hatte schon das Plädoyer der im Jahrgang 1772 der *Frankfurter Gelehrten Anzeigen* tätigen Rezensenten gegen orthodoxe Intoleranz und andere kirchliche Fehlentwicklungen die Frankfurter Geistlichkeit zum Einschreiten, bald darauf die Darstellung des Selbstmords im *Werther* amtierende und lehrende Theologen zu wütenden Rufen nach Unterdrückung des Romans veranlaßt, so forderte das dezidierte Nicht-Christentum G.s – so jedenfalls formulierte er am 29. 7. 1782 im Brief an Johann Kaspar Lavater seine Position – in den folgenden Jahrzehnten, so unaggressiv er es zumeist, zumindest in der Öffentlichkeit, vortrug, immer stärker zur Kritik heraus. Die Wendung romantischer Dichter, Philosophen und Wissenschaftler zur Religion, insbesondere auch die vielfach nachfolgenden Konversionen zum Katholizismus waren durchweg mit einer grundsätzlichen Distanzierung von G. verbunden. Ein getreuer Feind des Dichters blieb allezeit die protestantische Orthodoxie, die in der von dem Theologen Ernst Wilhelm Hengstenberg 1827 begründeten und fortan geleiteten *Evangelischen Kirchenzeitung* über Jahrzehnte hinweg ihr anti-g.sches Publikationsorgan besaß. War die G.-Gegnerschaft katholischer Kreise lange Zeit – wohl weil die katholischen Regionen in Deutschland weniger als die protestantischen mit der großen Nationalliteratur in Berührung gekommen waren – vergleichsweise latent geblieben, so erreichte sie in der Zeit des durch Bismarck provozierten Kulturkampfes einen steilen Aufschwung und in der umfangreichen G.-Biographie des Jesuiten Alexander Baumgartner ihren Höhepunkt. Erst zum Ende des Jahrhunderts, als G. mehr und mehr zur geistig-kulturellen Identifikationsfigur des wilhelminisch-preußischen Deutschlands erhoben wurde, also auf der Basis einer rücksichtslosen Vereinnahmung des Dichters, milderte sich die religiös-kirchliche Ablehnung, und es dominierten Tendenzen, Übereinstimmungen zu suchen, über das Bestreben, Abgrenzungen zu vollziehen. Erneut jedoch wurde die grundsätzliche Unvereinbarkeit G.s mit einer dezidiert christlichen Weltanschauung und Ethik durch die von Karl Barth begründete dialektische Theologie des Protestantismus herausgearbeitet und betont.

Eine erste Spielart *politisch* motivierter Gegnerschaft kam auf, als G. die zu Anfang des 19. Jhs. in Gegenwehr zu Napoleons Eroberungspolitik sich entwickelnden nationalen und nationalistischen Tendenzen nicht teilte, sich für Napoleon als Garanten einer bürgerlich-progressiven Ordnung in Europa aussprach und erst im Zuge der Befreiungskriege zu einer gewissen Korrektur und Selbstkritik fand, ohne sich damit auf die Position der Deutschtümler zu begeben. Der Enttäuschung darüber gab Wolfgang Menzel – in seiner 1828 erschienenen *Deutschen Literatur* – am intensivsten Ausdruck, wobei die Kritik an G.s Versagen im Sinne der patriotischen Bewegung sich stark mit moralischen und ästhetischen Argumenten, mit der Unterstellung von Kaltherzigkeit und Marmorglätte, von Egoismus und Hedonismus wappnete. Auch wenn diese Sicht auf den Dichter im weiteren Verlauf der Entwicklung nicht zu markanten Höhepunkten gelangte, blieb die in ihr gebündelte Abwehr über viele Jahrzehnte hinweg unterschwellig virulent. Erst als G. zum Ende des 19. Jhs. in das neue Reich integriert wurde, dürften die Nachwirkungen dieser Gegnerschaft allmählich erloschen sein. Sie sind aber zu neuem Leben erwacht, als nach dem Ersten Weltkrieg nationalistische und chauvinistische Kräfte sich aufs neue von Mißtrauen gegen G. leiten ließen. Allumfassend setzte sich diese Tendenz nicht durch, doch gab es im präfaschistischen und nationalsozialistischen Lager nicht nur eine beträchtliche generelle Fremdheit gegenüber dem Dichter, sondern auch eine spezifische Richtung von Gegnerschaft, die in dem Kreis um Mathilde Ludendorff deutlich artikuliert wurde: G., der Freimaurer und Kosmopolit, galt diesen Leuten als Helfershelfer deutschfeindlicher Kräfte, und Mathilde Ludendorff behauptete lauthals, G. habe im Auftrag der Freimaurer Schiller, den großen Nationaldichter, vergiften lassen.

Eine zweite Spielart politischer Gegnerschaft entwickelte sich aus der Gegenrichtung: Sie kam aus dem Lager der Liberalen und Demokraten, der Freiheitskämpfer und Revolutionsanhänger. Wie Menzel der Wortführer der ersten, so war Ludwig Börne der entschiedenste Exponent der zweiten Richtung. Allerdings gab es in der ersten Hälfte des 19. Jhs. noch mancherlei Überschneidungen zwischen diesen Varianten politischer Gegnerschaft. Unterschiedlichste Motive der Kritik schlugen sich oftmals in den gleichen Anschuldigungen nieder. Beide Male war das politische Verdikt eng mit moralischer Disqualifizierung verknüpft. Mit dem Zurücktreten demokratischer Bewegungen und dem Übergang der Oppositionsrolle im politischen und sozialen Bereich an die Arbeiterbewegung verschwand im letzten Drittel des 19. Jhs. auch die politische Gegnerschaft gegen G. für einige Jahrzehnte nahezu ganz. Erst als das neue deutsche Reich beträchtliche Spannungen im Inneren erlebte und mit seiner aggressiven Politik eine akute Kriegsgefahr heraufbeschwor, erstarkten auch wieder oppositionelle Kräfte, und es blieb nicht aus, daß von diesen zugleich eine neue Welle politisch und sozial motivierter Polemik gegen G. initiiert wurde. Freilich spielte diese keine vorrangige Rolle mehr. Während kulturelle Exponenten der Arbeiterbewegung vor dem Ersten Weltkrieg – etwa Franz Mehring – weit mehr noch auf die Ideale der deutschen Klassik orientiert waren und allenfalls den

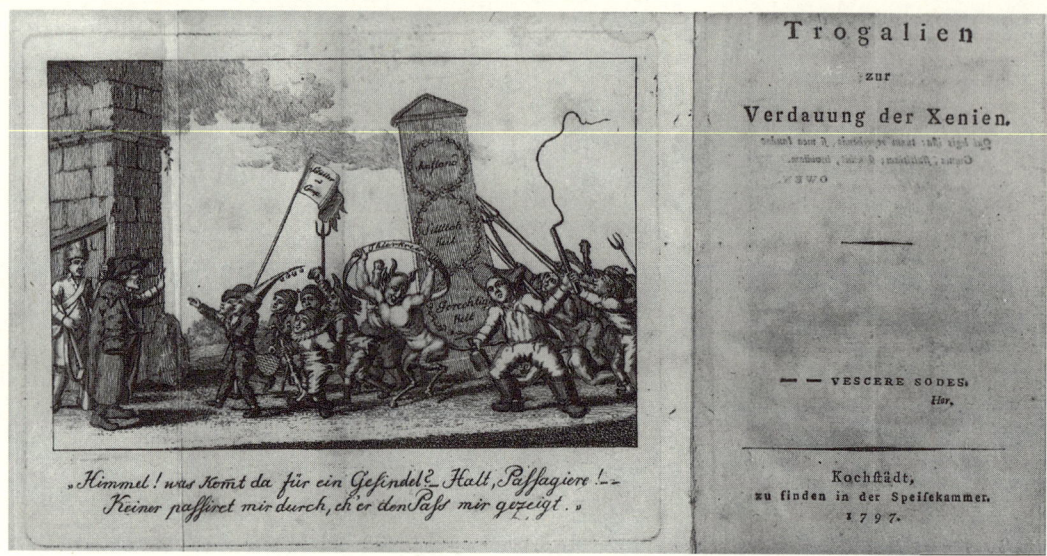

Titelkupfer zu C. F. Fulda: Trogalien zur Verdauung der Xenien, anonym

bürgerlich-apologetischen Interpretationen und Besitzansprüchen den Kampf ansagten, formulierte mit Heinrich Mann ein radikaler Kulturkritiker aus dem bürgerlichen Lager die entschiedene politische und soziale Absage an G. aus der Sicht der antiwilhelminischen bürgerlichen Intelligenz. Nicht G., sondern Zola wurde – als politisch handelnder Schriftsteller – zum Vorbild erhoben. Mit ähnlichen Argumenten arbeitete die radikale politische Kritik von links auch im weiteren Verlauf des 20. Jhs.: Zur Zeit des Ersten Weltkrieges und danach wurde sie artikuliert von expressionistischen, dadaistischen und anderen Autoren, in den Jahren vor der Herrschaft des Nationalsozialismus übten sich die auf dem revolutionären Flügel der Arbeiterbewegung stehenden Autoren und Kulturpolitiker in scharfer Negation des klassischen Autors. Durchaus folgerichtig erneuerten die oppositionellen Kräfte, die um 1970 in Westdeutschland agierten, auch das politische und soziale Verdammungsurteil über G.

In erheblichem Maße mit der von kulturkritischen und emanzipatorischen Positionen vorgetragenen Kritik verbunden ist die *ästhetisch-poetologische* Gegnerschaft. Insofern es

gerade Autoren, Kritiker und Theoretiker waren, die das Vermächtnis der deutschen Klassik für geschichtlich überholt erklärten und rigoros ausschlugen, lag es nahe, daß auch ihre literarischen Programme in scharfer Opposition gegen die klassischen Konzepte, insbesondere diejenigen G.s standen. Hatte G. gegenüber den aufklärerischen Literaturbestrebungen noch eine avantgardistische Programmatik repräsentiert, so traten ihm alsbald mit den Autoren der deutschen Romantik, danach mit Heinrich Heine und Ludwig Börne sowie mit den Vertretern des Jungen Deutschland literarische Protagonisten gegenüber, die sich als fortgeschritten und innovativ, als modern verstanden und G. bestenfalls Verdienste in einer überholten vergangenen Zeit zubilligten. Diese Intentionen wurden im 19. Jh. von Realisten und Naturalisten, im 20. Jh. von Expressionisten und Vertretern anderer avantgardistischer Gruppierungen fortgeführt. Bezeichnenderweise formierte sich die nach dem Zweiten Weltkrieg in Westdeutschland erscheinende literarische Moderne nahezu ohne jede Beziehung zu G., dessen Vorbildrolle sonst doch zu gleicher Zeit im Osten wie im Westen Deutschlands außerordentlich hoch bewertet wurde. Und selbst, als sich im Zuge von Spannungen und Wandlungen in der DDR-Literatur um 1970 neue Tendenzen der Traditionssuche zeigten, beriefen deren Repräsentanten sich auf Dichter aus der Lebenszeit G.s, so auf Heinrich von Kleist und E. T. A. Hoffmann, immer in mehr oder minder expliziter Distanz zu G.

Unabhängig von den bislang charakterisierten Frontbildungen gegen G. gab es schließlich eine Gegnerschaft auf *naturwissenschaftlichem* Gebiet. Standen sonst Weltanschauung und Ideologie, Ethik und Ästhetik im Zentrum, so ging es bei der naturwissenschaftlichen Oppositionsrichtung um Probleme objektiver, erweisbarer oder falsifizierbarer Erkenntnis. Sicher ist, daß G. gerade mit der *Farbenlehre*, die er gelegentlich als seine bedeutendste Leistung anzusehen geneigt war, einerseits dem größten Irrtum seines Lebens erlegen war, andrerseits aber zugleich den entschiedensten Geltungsanspruch verbunden hatte. Indessen schlug die Entwicklung der Naturwissenschaften im Verlauf des 19. Jhs. einen Weg ein, der konträr zu den G.schen Intentionen verlief. So blieben rigorose Beurteilungen seiner Leistungen als Naturwissenschaftler nicht aus; dafür stehen Namen wie die von Hermann von Helmholtz und Emil Du Bois-Reymond. Immerhin hat diese Linie der Gegnerschaft – so wenig es in einigen prinzipiellen Fragen zu revidieren gab – neuerdings eher einer Bereitschaft Platz gemacht, darüber nachzudenken, welche fruchtbaren Impulse auch im naturwissenschaftlichen Werk G.s angesichts der Defizite und Fehlentwicklungen im Verhältnis der modernen Menschheit zur Natur zu finden sind. Werner Heisenberg hat dieser Tendenz wichtige Anstöße gegeben.

Deutlich sichtbar zieht sich ein erstaunlich dichtes Netz von Gegnerschaften durch die Wirkungs- und Rezeptionsgeschichte G.s. Das Ausmaß solcher Opposition und Negation hat freilich der Lebendigkeit des G.schen Vermächtnisses keinen entscheidenden Abbruch getan, sondern ist seinerseits ein Zeichen, daß G. in unterschiedlichen historischen Konstellationen bedeutungsvoll und aktuell geblieben ist.

Literatur:

Dietze, Walter: Junges Deutschland und deutsche Klassik. Berlin 1958. – Goethe in Deutschland 1945–1982. Eine Ausstellung der deutschen Bibliothek Frankfurt am Main. Frankfurt/M. 1982. – Hehn, Victor: Goethe und das Publikum. In: ders.: Gedanken über Goethe. Berlin 1887, S. 49–185. – Kindermann, Heinz: Das Goethebild des 20. Jahrhunderts. Wien, Stuttgart 1952. – Leppmann, Wolfgang: Goethe und die Deutschen. Stuttgart 1962. – Mandelkow, Karl Robert: Goethe im Urteil seiner Kritiker. Dokumente zur Wirkungsgeschichte Goethes in Deutschland. 4 Bde. München 1975–1984. – Ders.: Wandlungen des Klassikbildes in Deutschland im Lichte gegenwärtiger Klassikkritik. In: Conrady, Karl Otto (Hg.): Literatur zur Zeit der Klassik. München 1977. – Ders.: Goethe in Deutschland. Rezeptionsgeschichte eines Klassikers. 2 Bde. München 1980/1989. – Weimar, Klaus: Geschichte der deutschen Literaturwissenschaft bis zum Ende des 19. Jahrhunderts. München 1989.

Hans-Dietrich Dahnke

Gehalt

G.s Begriff des Gehalts läßt sich nur im Bezug auf andere zentrale Begriffe näher bestimmen; hier sind vor allem »Form«, »Urbild« und »Erlebtes« zu nennen. Das Verhältnis des Gehalts zum Erlebten faßt G. dialektisch: Jeder Künstler müsse »von innen heraus wirken«, so daß er »immer nur sein Individuum zutage fördern wird«. Und daraus folgt: »Poetischer Gehalt ist Gehalt des eigenen Lebens« (zit. nach Cassirer, S. 171). Zugleich aber hat der Künstler seinen Gehalt erst in der Reflexion des Gebildes inne; erst im Gestalteten hat er sein Erlebnis. Wenn es also in den Maximen und Reflexionen von 1824 heißt: »Auch Bücher haben ihr E r l e b t e s, das ihnen nicht entzogen werden kann« (MuR, 231), so macht das Erlebnis doch nicht als solches den Gehalt aus. Johann Peter Eckermann überliefert aus einem Gespräch mit G. vom 17.2. 1830 über die *Wahlverwandtschaften* die schöne, keineswegs nur auf G.s übliche Technik der Verrätselung reduzierbare Formel, »daß darin kein Strich enthalten, der nicht erlebt, aber kein Strich so, w i e er erlebt worden«.

Walter Benjamin hat G.s Kunstphilosophie überzeugend von einem »Apriori des Gehalts« aus konstruiert. Sie fragt nach dem Ideal der Kunst als der Einheit des Gehalts, die sich »in einer begrenzten Vielheit reiner Inhalte« (Benjamin, S. 111) darstellt. Diese reinen Inhalte nennt G. »Urbilder« (ebd.). In ihrer abzählbaren Vielheit bilden sie die diskontinuierliche Struktur des Ideals, das sich durchaus mit der griechischen Idee der Musen harmonisieren läßt.

G.s Begriff des Gehalts läßt sich kaum unabhängig von seinem Komplementärbegriff der Form verstehen. Charakteristisch für dieses strenge Aufeinanderbezogensein ist das Diktum: »Gehalt bringt die Form mit; Form ist nie ohne Gehalt« (GA 5, S. 541).

Nur scheinbar widerspricht dem eine Bemerkung der Maximen und Reflexionen des Jahres 1821: »Es werden jetzt Productionen möglich, die Null sind, ohne schlecht zu sein, Null, weil sie keinen Gehalt haben, nicht schlecht, weil eine allgemeine Form guter Muster den Verfassern vorschwebt« (MuR, 126). Hier handelt es sich um Grenz-Formen des Literarischen, die als Präparate isoliert vor Augen führen, was in Dichtung stets nur verschränkt erscheint. In ähnlicher Absicht vergleicht eine Bemerkung aus dem Umkreis der *Wanderjahre* Mathematik und Rhetorik: »Für beide hat nichts Werth als die Form; der Gehalt ist ihnen gleichgültig« (MuR, 605).

Die eigentliche literarische Komposition stellt G. als Zusammenspiel dreier Grundelemente dar: des Weltstoffs, des aus der ästhetischen Innerlichkeit entspringenden Gehalts und der Formreflexion. Und wie der Stoff so steht auch der Gehalt nicht eigentlich in der Disposition des Künstlers. »Die Besonnenheit des Dichters bezieht sich eigentlich auf die Form, den Stoff giebt ihm die Welt nur allzufreygebig, der Gehalt entspringt freywillig aus der Fülle seines Innern« (FA I, 3.1, S. 196). Entsprechend heißt es in den Maximen und Reflexionen des Jahres 1826: »Den Stoff sieht jedermann vor sich, den Gehalt findet nur der, der etwas dazu zu thun hat, und die Form ist

ein Geheimniß den meisten« (MuR, 289). Die Formreflexion bändigt also das, was sich aus Innenwelt und Außenwelt »freywillig«, ja »allzufreygebig« darbietet. Jede ästhetische Produktion stützt sich für G. auf »Den Gehalt in deinem Busen / Und die Form in deinem Geist« (GA 1, S. 513).

In seinen Maximen und Reflexionen über Kunst und Künstler, aber auch in methodologischen Überlegungen zu seinen naturwissenschaftlichen Studien sucht G. immer wieder nach einer definitorischen Fassung dieses Verhältnisses von Gehalt und Form, Stoff und Methode. Gehalt erweist sich dabei gegenüber dem Stoff als Begriff stärkerer Selektion und Spontaneität. So deutlich nun G. die Form als das eigentlich ästhetische Vermögen gegenüber Gehalt und Stoff profiliert, so entschieden hält er doch an der Interdependenz der Elemente fest. So heißt es im *Historischen Theil* der *Farbenlehre*: »Gehalt ohne Methode führt zur Schwärmerei; Methode ohne Gehalt zum leeren Klügeln; Stoff ohne Form zum beschwerlichen Wissen, Form ohne Stoff zu einem hohlen Wähnen« (GA 16, S. 343).

Daß der Gehalt ein Produkt spontaner Innerlichkeit sei, heißt für G. nicht, daß er sich einem Individuum verdanke. Vor allem im Alter hat G. immer wieder darauf hingewiesen, daß sich sein Werk aus tausend verschiedenen Individuen genährt hat: G. sei nur der Name, den das Werk eines »Kollektivwesens« trage. Individuiert wird der Gehalt durch die Form. So heißt es im Festspiel *Pandora*: »Und einzig veredelt die Form den Gehalt, / Verleiht ihm, verleiht sich die höchste Gewalt« (GA 6, S. 430). Doch dieser einfache Gedanke einer Veredelung des Gehalts durch die Gewalt der Form versteckt eine Paradoxie, die G. in einem Brief an Carl Friedrich Zelter vom 15. 1. 1813 klar ausgesprochen hat. Es scheint selbstverständlich, daß die wahre Kunst »würdige und bedeutende Gegenstände behandle: denn nach der letzten künstlerischen Vollendung tritt uns, sittlich genommen, der Gehalt immer als höchste Einheit wieder entgegen«. Doch ein entsprechendes ästhetisches Programm, das Kunst an bedeutenden Gegenständen orientierte und aufs Publikum »genetisch« einwirken wollte, ist gescheitert. G. mußte erkennen, daß »dem vortrefflichen Künstler ein würdiges Substrat gewissermaßen im Wege [steht; d. Vf.], weil es ihm die Hände bindet und ihm die Freiheit verkümmert« (ebd.). Die Veredelung des Gehalts und die Wirkung aufs Publikum müssen deshalb komplexer konzipiert werden. G.s Technik der Entparadoxierung ist die Verrätselung. In dem Gedicht *Alexis und Dora* heißt es: »So legt der Dichter ein Räthsel, / Künstlich mit Worten verschränkt, oft der Versammlung in's Ohr. / Jeden freuet die seltne, der zierlichen Bilder Verknüpfung« (WA I, 1, S. 266). Zu diesem letzten Vers existiert nun eine bedeutsame, handschriftliche Variante, die G. in die vom Schreiber Johann Jakob Ludwig Geist angefertigte Abschrift des Gedichts eintrug: »Jeder ahndet besondern Gehalt im verschränkten Geheimniß«.

Literatur:

Benjamin, Walter: Der Begriff der Kunstkritik in der deutschen Romantik. In: Gesammelte Schriften. Hg. von Rolf Tiedemann und Hermann Schweppenhäuser. Bd. 1.1. Frankfurt/M. 1978, S. 7–122, insbes. S. 110ff. – Ders.: Goethes *Wahlverwandtschaften*. In: Gesammelte Schriften. Hg. von Rolf Tiedemann und Hermann Schweppenhäuser. Bd. 1.1. Frankfurt/ M. 1978, S. 123–201. – Cassirer, Ernst: Freiheit und Form. Darmstadt ⁵1961. – Schöne, Albrecht: Götterzeichen, Liebeszauber, Satanskult. München 1982.

Norbert Bolz

Geheimgesellschaften

In zwei der wichtigsten Geheimgesellschaften seiner Zeit war G. zeitweilig Mitglied: zunächst 1780–1782 in der Freimaurerei nach dem System der »Strikten Observanz«, dann 1783–1785 im Illuminatenorden. Von 1808 bis 1832 gehörte er der wiederbelebten und reformierten Weimarer Freimaurerloge an. Seine Haltung diesen Geheimgesellschaften gegenüber war freilich kritisch, vor allem in den 80er Jahren.

In der Aufklärungsbewegung hielten sich zwei konträre Tendenzen die Waage: zum einen das Bestreben nach Erweiterung von Öffentlichkeit als Medium bürgerlicher Entwicklung und als Gegensphäre zur Abkapselung und Verschlossenheit feudalabsolutistischer Lebens- und Herrschaftsformen, zum anderen das Bestreben nach Einschließung in geheime Gesellschaften und Bünde, die zugleich unterschiedlichen Bedürfnissen und Zielen dienten und so auch durchaus verschiedenartige Erscheinungsformen annahmen, sei es als Ausdruck der Suche nach einem Bereich, in dem die ständischen Schranken wegfielen, sei es als Ausdruck des Nachwirkens mystifizierender, irrationaler Denk- und Lebensvorstellungen oder aber als Ausdruck des Bestrebens, erhoffte künftige Formen von Öffentlichkeit im kleinen geschlossenen Kreis zu entwickeln und vorwegzunehmen.

So überrascht es nicht, daß fast alle Angehörigen der geistigen und politischen Elite in Deutschland in den letzten Jahrzehnten des Jahrhunderts Freimaurer waren. Durch Johann Joachim Christoph Bode, einen der führenden Köpfe der Freimaurerei in Weimar, wurde G. am 23.6. 1780 in die seit 1764 bestehende Loge Anna Amalia aufgenommen. Die Weimarer Loge war im Sinne der »Strikten Observanz« streng hierarchisch gegliedert; sie enthielt ein Hochkapitel bzw. einen Inneren Orden, dem nur ein kleiner Kreis von Führenden angehörte, die in die geheimsten Ziele, die von den Machthabenden politisch ausgelegt wurden, eingeweiht waren und in diesem Sinne wirkten. Da gerade in der Zeit der heftigsten Kontroverse um die »Strikte Observanz« (1781) deren Ordensleitung von Braunschweig nach Weimar verlegt werden sollte, galt es, sich über die politischen Implikationen Klarheit zu verschaffen. So läßt sich G.s Bestreben begreifen, schnell in der Hierarchie hinaufzurücken. Am 31.3. 1781 verlangte er die Verleihung des Dritten, des Meister-Grades, um sich »dem Wesentlichen mehr zu nähern« (an Fritsch), mußte sich indessen vorläufig mit dem Zweiten, dem Gesellen-Grad begnügen, in den er am 23.6. 1781 eingeführt wurde.

G.s Motive, Freimaurer zu werden und schnell in der Hierarchie aufzusteigen, hängen vor allem mit seiner politischen Tätigkeit zusammen. In der Loge war die politische Elite versammelt – selbst Carl August trat dem Orden Anfang 1782 bei –, hier fanden sich bevorzugt Anhänger jener politischen Bewegung zusammen, die mit dem Begriff des aufgeklärten Absolutismus bezeichnet wird und in diesen Jahren in der deutschen Politik weitverbreitet und bestimmend war. Es ging um das von Wissenden und Leitenden getragene Bemühen, von »oben«, im Bündnis mit dem absolutistischen Herrschertum, ohne Gewaltanwendung und revolutionären Umsturz, reformerisch Wandlungen im Sinne aufgeklärten Denkens zu bewirken. G. stand, wie seine politische Tätigkeit in Weimar bezeugt, diesem Konzept nicht fern und sah gewiß in der über die Freimaurerei erreichbaren engeren Verbindung mit Gesinnungsgenossen eine Möglichkeit, solchen politischen Zielen zu dienen. Gleichwohl hielt er wenig vom Treiben geheimer Gesellschaften und sah darin, ähnlich wie Carl August, eher Gefahren des Mißbrauchs, der Unterminierung gesellschaftlicher Ordnung. »Wenn man wohlthätig sein will und weiter nichts«, schrieb er am 15.3. 1783 an Philipp Christoph Kayser, »so kann das jeder am hellen Tage und in seinem Hauskleid«. Es war wohl kein Zufall, daß er just am 22.6. 1781 um beschleunigte Beförderung in den Meister-Grad ersuchte, an jenem Tage also, an dem er in einem Brief an Johann Caspar Lavater ein geradezu desperates Bild von dem Zustand der zeitgenössischen Gesellschaft zeichnete und, schon unter Bezug auf Aktivitäten wie die des Scharlatans Cagliostro, stärkste Vorbehalte gegen geheime Umtriebe äußerte: »Ich habe Spuren, um nicht zu sagen Nachrichten, von einer großen Masse Lügen, die im Finstern schleicht, von der du noch keine Ahndung zu haben scheinst. Glaube mir, unsere moralische und politische Welt ist mit unterirdischen Gängen, Kellern und Cloaken miniret, wie eine große Stadt zu seyn pflegt, an deren Zusammenhang, und ihrer Bewohnenden Verhältniße wohl niemand denkt und sinnt; nur wird es dem, der davon einige

Kundschaft hat, viel begreiflicher, wenn da einmal der Erdboden einstürzt«. Nachdem G. am 2.3. 1782, zusammen mit Carl August, in den Meistergrad erhoben worden war, erwirkte Bode auf Verlangen der beiden nunmehrigen Meister »von der hohen Behörde« des Ordens »die Erlaubnis«, sie »mit dem inneren Orden ohne weitere Umstände bekannt zu machen«; dieses Vorhaben wurde am 10.12. 1782 ausgeführt und von beiden mit einer Schweigeverpflichtung quittiert (Wernekke, S. 23).

Zu diesem Zeitpunkt hatte freilich die Freimaurerei von der »Strikten Observanz« in Weimar im Zusammenhang mit der Krise, die, gipfelnd im ergebnislosen Wilhelmsbader Konvent vom Sommer 1782, die gesamte deutsche Mauererbewegung erfaßt hatte, bereits ihr Ende erreicht. Die mit den traditionellen Inhalten und Formen unzufriedenen Mitglieder wandten sich zunehmend dem Illuminatenorden zu, in den Bode im Sommer 1782, Carl August am 10.2. 1783 und G. einen Tag später aufgenommen wurden.

Der Illuminatenorden, 1776 durch den Ingolstädter Professor Adam Weishaupt begründet, hatte zum Ziel, durch ein allgemeines »Sittenregiment« (van Dülmen, S. 212), zu dem sich vor allem auch Fürsten und hohe Beamte bekehren sollten, die Gesellschaft »von oben« zu reformieren. Zwar spielte unter den Fernzielen auch die Abschaffung von Fürsten und Staaten eine Rolle, doch war das Handeln der Illuminaten keineswegs radikal orientiert: Jede Gewaltanwendung wurde verworfen; vielmehr sollte durch Ämterpatronage und Fürstenerziehung im Sinne des aufgeklärten Absolutismus eine grundlegende Reform der bestehenden Verhältnisse bewirkt werden, und so wurden – gegen die Bedenken mancher Mitglieder – auch Fürsten, selbst regierende, in den Orden aufgenommen und keineswegs nur aus taktischen Erwägungen zu Legitimation und Abschirmung.

G.s Eintritt in den Illuminatenorden stand mit Gewißheit nicht allein im Zeichen seiner Bevorzugung von öffentlichem Tun, wie es der zitierte Brief an Kayser bezeugt. Vielmehr dürfte sich G. mit Carl August im Mißtrauen gegen die politischen Ziele und Mittel des Ordens und in der Entschlossenheit, die Ordnung im Staate nicht gefährden zu lassen, einig gewesen sein. So beschwerten sich wohl die regionalen Ordensoberen Bode und Herzog Ernst II. von Sachsen-Gotha und Altenburg zu recht über den fehlenden Eifer ihrer beiden Ordensbrüder in der Regierung. Obwohl G. und Carl August beauftragt waren, eine »Minervalkirche« (Wilson 1991, S. 324) für die Novizen des Ordens einzurichten, kam die Sache nicht zustande. Auch bei anderen Gelegenheiten zeigte sich das wechselseitige Mißtrauen: Als die Weimarer Illuminaten 1784 im Streit zwischen den beiden wichtigsten Ordensoberen, Weishaupt und Adolph Freiherrn von Knigge, vermitteln sollten, wurden G. und Carl August allem Anschein nach von den Beratungen ferngehalten, worüber sich G. beschwerte. Und als Weishaupt im Frühjahr 1785 nach der Entlassung aus seiner Professur in Ingolstadt an die Universität Jena berufen werden sollte, für welche die Weimarer Regierung die Hauptverantwortung trug, ließen G. und Carl August – wohl die Reaktion auf die Denunziationen, denen Weishaupt nach der offiziellen Aufhebung des Ordens ausgesetzt war – das Vorhaben scheitern, obwohl sie es bis zum letzten Augenblick zu begünstigen schienen.

Auch in Italien, wo er den großen, durch Publikation zahlreicher beschlagnahmter Ordensschriften verursachten Skandal 1787 nur aus der Ferne erlebte, verlor G. nicht das kritische Interesse an geheimbündlerischen Aktivitäten. Im April 1787 besuchte er die Familie Cagliostros in Palermo, um sich über die wahre Identität des Hochstaplers zu versichern – die Ergebnisse publizierte er 1792 unter dem Titel: *Des Joseph Balsamo, genannt Cagliostro, Stammbaum.* Auch nach der Rückkehr aus Italien und der Wiederaufnahme seiner – nunmehr begrenzten – amtlichen Tätigkeit trug seine Abneigung gegen Geheimgesellschaften weitere Früchte: So unterband er im April 1789 zusammen mit dem Herzog den Versuch einiger Jenaer Maurer, eine neue Loge zu gründen. Es sei gut, meinte er, »daß man öffentlich Feindschaft setze zwischen sich und

den Narren und Schelmen« (an Carl August, 6.4. 1789), und, wie Friedrich Johann Justin Bertuch berichtet, wollte er, daß »das Hencker Schwerd über alle Geheimniß Krämer öffentlich aufgehängt werde« (an Hufeland, 12.4. 1789). Der »Feldzug«, der »Krieg« (ebd.) sollte öffentlich geführt werden – und er wurde es durch eine von G. verfaßte Annonce in der *Allgemeinen Literatur-Zeitung* sowie durch Vorlesungen in Jena gegen Geheimgesellschaften –, um der Kritik an Weimar und seinen Regierenden als einem Zentrum des Ordens entgegenzuwirken, zumal im Gefolge der Veröffentlichung der Ordenspapiere und dann in Gegenwehr gegen die Verschwörungstheorie, die insbesondere die Illuminaten beschuldigte, die Revolution in Frankreich angestiftet zu haben.

In diesem Zusammenhang ist auch die Unterdrückung der Jenaer Studentenunruhen im Sommer 1792 zu sehen. In den Studentenorden, von denen die Unruhen ausgingen, sah man dieselbe Gefahr wie in Geheimbünden. Auch in diesem Zusammenhang äußerte G. seine entschiedenste Ablehnung des Geheimwesens: »Jede Geheime Gesellschaft wird in unsern Tagen gefehrlicher weil der Allgemeingeist des Augenblicks mit Tausend Zungen aus spricht daß man kein Gesez zu halten brauche in das man nicht ganz freiwillig consentirt habe. Kein Staat soll keine geheime Verbindung dulten, alle öffentliche beginstigen« (AS 2.1, S. 205). Selbst in ruhigeren, postilluminatischen oder nachrevolutionären Zeiten behielt G. seine Position bei. Als die Jenaer Freimaurer 1807 erneut um staatliche Genehmigungen für die Gründung einer Loge einkamen, riet er in einer Denkschrift zur Ablehnung (AS 2.2, S. 776–779) und meinte, der Staat solle bestehende Logen »beherrschen« und die Gründung neuer untersagen. Da sich jedoch die Jenaer Brüder nicht zufrieden gaben und vielleicht auch ohne Genehmigung eine Loge gegründet hätten, griff G. den Vorschlag des Herzogs auf, die Weimarer Loge Anna Amalia wieder zu beleben. Man richtete die Loge nach der »sehr vernünftigen« – so G. (ebd., S. 776) – Schröderschen Reform ein, die auf »die Trennung von Freimaurerei und kritischer Aufklärung« zielte (Voges, S. 222). Die 1808 erfolgte Neugründung der Weimarer Loge war also kein Akt freimaurerischen Engagements, sondern eher ein politisch motivierter Versuch, das Maurerwesen im eigenen Staat unter »Aufsicht« (AS 2.2, S. 777) – so G.s Ausdruck – zu halten.

In den folgenden Jahren lernte G. die Freimaurerei vor allem unter dem Aspekt des Geselligen und Sittlichen schätzen, wie dies insbesondere auch in der Gedächtnisrede auf Christoph Martin Wieland 1813 zum Ausdruck kommt, die unter dem Titel *Zu brüderlichem Andenken Wielands* als eine der bedeutendsten Würdigungen des Dichters zu gelten hat. Indessen besuchte G. nur noch selten die Loge und ließ, nachdem im Dezember 1815 sein Sohn August aufgenommen worden war, diesen zumeist den Kontakt halten; auch Kanzler von Müller unterrichtete ihn über das Logenleben.

Verschiedene Werke G.s nehmen Bezug auf das Geheimbundwesen bzw. auf die Freimaurerei (vgl. Wernekke, S. 118–163). Freilich ist ihnen das höchst widersprüchliche Verhältnis ihres Schöpfers dazu kaum abzulesen. Gelegenheitsdichtungen wie *Symbolum* oder die Logengedichte zum 50jährigen Regierungsjubiläum Carl Augusts bleiben im Allgemeinen und geben keinen Aufschluß über die aktuelle politische Problematik. Das Fragment gebliebene Versepos *Die Geheimnisse* überhöht die Darstellung eines religiösen Ordens zu einem Symbol für einen umfassenden menschheitsgeschichtlichen Entwicklungsgang. Ambivalente, kritisch-hintergründige Aspekte in der Sicht auf geheime Gesellschaften offenbart am ehesten noch die Darstellung der Turmgesellschaft in dem Roman *Wilhelm Meisters Lehrjahre*.

Literatur:

Deile, Gotthold: Goethe als Freimaurer. Berlin 1908. – Dülmen, Richard van: Der Geheimbund der Illuminaten. Darstellung – Analyse – Dokumentation. Stuttgart 1977. – Fehn, Ernst-Otto: Die Wiederentdeckung des Illuminatenordens. Ergänzende Bemerkungen zu Richard van Dülmens Buch. In: Ludz, Peter Christian (Hg.): Geheime Gesellschaften. Heidelberg 1979, S. 231–264. – Goethe, Johann Wolfgang von: Amtliche Schriften. Bde. 1–3. Hg. von Willy Flach und Helma Dahl. Weimar 1950–1972. (= AS). – Guy, Roland: Goethe franc-maçon. La Pensée et l'œuvre maçonnique de J.W. von Goethe. Paris 1974. – Kemper, Dirk: Ideologie der Ideologiekritik. W. Daniel Wilsons Vorwurf der Spitzelei gegenüber Goethe. In: GoetheJb. 112 (1995), S. 383–397. – Koch, Herbert: Der Auszug der Jenaischen Studenten nach Nohra am 19. Juli 1792. Nach bisher unbenutzten Akten mit einer unbekannten Goethe-Niederschrift. In: WZUJ. 5 (1955/56), S. 445–457. – Schüttler, Hermann: Geschichte, Organisation und Ideologie der Strikten Observanz. Vortrag, gehalten am 14. November 1987 im Münchener Logenhaus. In: Quatuor Coronati Jb. 25 (1988), S. 159–175. – Voges, Michael: Aufklärung und Geheimnis. Untersuchungen zur Vermittlung von Literatur- und Sozialgeschichte am Beispiel der Aneignung des Geheimbundmaterials im Roman des späten 18. Jahrhunderts. Tübingen 1987. – Wernekke, Hugo: Goethe und die königliche Kunst. Leipzig 1905. – Wilson, W. Daniel: Geheimräte gegen Geheimbünde. Ein unbekanntes Kapitel der klassisch-romantischen Geschichte Weimars. Stuttgart 1991. – Ders.: Fürstenbund oder Überwachung? Noch einmal zu Goethes Beitritt in den Illuminatenorden. Eine Replik. In: GoetheJb. 113 (1996), S. 233–251.

W. Daniel Wilson

Geist

Es gibt sehr verschiedenartige Bedeutungen des Begriffes »Geist« bei G.; sie ergeben sich im wesentlichen aus der Entgegensetzung zu anderen Begriffen: Geist und Leben, Geist und Natur, Geist und Materie, Geist und Körper. G. mag etwa auf den Gegensatz von Natur und Geist aufmerksam geworden sein, als er Johann Georg Hamann kennenlernte und sich mit dessen Werk beschäftigte. Hamanns spekulative Philosophie, in der sich Natur und Geist am Ende »im Verborgenen begegnen«, dürfte ihn nicht zuletzt dieser Versöhnung wegen interessiert haben; er hat darüber in *Dichtung und Wahrheit* berichtet (WA I, 28, S. 109).

G. hat eine solche Symbiose später selbst zu erreichen versucht, war sich aber bewußt, daß Geist und Natur in unterschiedlichen Sphären beheimatet sind. Er wußte sich im Zweifelsfalle auf der Seite der Natur, nicht auf der des Geistes. Im Gegensatz zu Friedrich Heinrich Jacobi charakterisierte er so, daß dieser »den Geist im Sinne«, er hingegen »die Natur« vor Augen gehabt habe. Im eigentlichen ging es ihm jedoch um die Vereinigung der Gegensätze: »Wer das Höchste will, muß das Ganze wollen; wer vom Geiste handelt, muß die Natur, wer von der Natur spricht, muß den Geist voraussetzen, oder im Stillen mit verstehn« (WA I, 36, S. 268f.).

Geist hat bei G. freilich nichts zu tun mit Vernunft und Vernünftigem, sondern bezeichnet eine transsubstantielle Sphäre; seinem pantheistischen Denken entsprechend ist Geist gerade dadurch definiert, daß er unanschaulich, allgegenwärtig und nicht konkretisierbar oder definierbar ist. Doch auch der Begriff des Idealen ist nicht synonym mit »Geist«. Zur Sphäre des Geistigen gehört andererseits die »Idee« – Idee und Anschauung sind aber nur Partialbegriffe für den Gegensatz von Geist und Natur. Der Geist kann sich in Ideen auskristallisieren, die Natur in Empirie und empirischen Erfahrungen. Diese Grundanschauung liegt auch dem ersten großen Gespräch zwischen G. und Schiller zugrunde, das die Urpflanze behandelte und in dem Schiller diese als Idee, G. hingegen als Erfahrung beschrieb. Dabei wußte G. immer um das Einseitig-Ergänzungsbedürftige jedes Bereichs und notierte einmal in seinen Maximen und Reflexionen: »Alle Empiriker streben nach der Idee und können sie in der Mannichfaltigkeit nicht entdecken; alle Theoretiker suchen sie im Mannichfaltigen und können sie darinne nicht auffinden« (MuR, 803). Der Gegensatz von Natur und Geist wird noch ergänzt durch jenen von Natur und Vernunft – wobei Vernunft nicht mit Geist identisch ist, sondern allenfalls einen Teilbereich repräsentiert (vgl. JA 4, S. 252). Geist umfaßt letztlich aber beides.

Näheren Aufschluß über das, was bei G. unter »Geist« zu verstehen ist, geben seine Dichtungen. Der Gegensatz von Geist und »stumpfer Sinne Schranken« begegnet im *Faust* (2. Teil, 5. Akt); hier erscheint der Geist nicht in seiner Omnipräsenz, sondern in Antinomie zur Welt der Sinnlichkeit (WA I, 15.1, S. 328). Bei den verschiedenen Gradationen des »Geistes« bleibt der Gegensatz von Geist und Stoff immer bestehen. Im ersten Teil des *Faust* meditiert Faust: »Dem Herrlichsten, was auch der Geist empfangen, / Drängt immer fremd und fremder Stoff sich an« (WA I, 14, S. 37). In seiner Totalität und Ubiquität erscheint der Geist – über das Individuelle hinaus – in der Vorstellung von einem »Weltgeist«, wie ihn Faust bereits früh als »Erdgeist« heraufgerufen hatte. An Carl Friedrich Zelter schrieb G. am 19.3. 1827: »Wirken wir fort bis wir, vor oder nacheinander, vom Weltgeist berufen in den Äther zurückkehren! Möge dann der ewig Lebendige uns neue Tätigkeiten, denen analog in welchen wir uns schon erprobt, nicht versagen!« »Weltgeist« ist hier quasi eine religiöse Instanz; nicht eine impersonale Sphäre, sondern der unzerstörbare Teil des Daseins, das sich im Individuum nur temporär konkretisiert hat. Die Idee des Weltgeistes, der in den Äther zurückführt, steht in gewisser Nähe zu Arthur Schopenhauers Gedanken über Leben und Unsterblichkeit, wie er sie in *Die Welt als Wille und Vorstellung* geäußert hat. G. zufolge ist der Geist das Immaterielle – auch in uns –, das der Zeitlichkeit nicht unterworfen ist. Laut Eckermann äußerte er beim Gedanken an den Tod: »Mich läßt dieser Gedanke in völliger Ruhe, denn ich habe die feste Überzeugung, daß unser Geist ein Wesen ist ganz unzerstörbarer Natur; es ist ein fortwirkendes von Ewigkeit zu Ewigkeit. Es ist der Sonne ähnlich, die bloß unsern irdischen Augen unterzugehen scheint, die aber eigentlich nie untergeht, sondern unaufhörlich fortleuchtet« (2.5. 1824). Die deutlichste Erklärung zum Begriff »Geist« findet sich wohl in den *Noten und Abhandlungen* zum *Divan*, wo G. mit Hilfe des Begriffes Geist das Wesen orientalischer Dichtkunst definiert: »Der höchste Charakter orientalischer Dichtkunst ist, was wir Deutsche G e i s t nennen, das Vorwaltende des oberen Leitenden; hier sind alle übrige Eigenschaften vereinigt, ohne daß irgend eine, das eigenthümliche Recht behauptend, hervorträte. Der Geist gehört vorzüglich dem Alter, oder einer alternden Weltepoche. Uebersicht des Weltwesens, Ironie, freyen Gebrauch der Talente finden wir in allen Dichtern des Orients. [...] Jene Dichter haben alle Gegenstände gegenwärtig und beziehen die entferntesten Dinge leicht auf einander, daher nähern sie sich auch dem was wir Witz nennen; doch steht der Witz nicht so hoch, denn dieser ist selbstsüchtig, selbstgefällig, wovon der Geist ganz frey bleibt, deßhalb er auch überall genialisch genannt werden kann und muß« (FA I, 3.1, S. 181 f.). Dem entspricht Suleikas Lob auf den Dichter in dem Gedicht *Nimmer will ich dich verlieren!*: »Ach! wie schmeichelt's meinem Triebe, / Wenn man meinen Dichter preist: / Denn das Leben ist die Liebe, / Und des Lebens Leben Geist« (ebd., S. 88).

Geist ist immer mehr als Bewußtsein, nämlich, wie die Definition durch das »obere Leitende« zeigt, etwas Grundsätzliches, das Reflexion, Bewußtsein, Intellektualität mit einschließt, ohne daß die Addition dieser Elemente und Fähigkeiten als Ganzes den »Geist« ausmachte. So sind auch alle Antinomien, die sich mit dem Begriff des »Geistes« fast automatisch herstellen, nicht so zu verstehen, daß der »Geist« dadurch eingeschränkt würde. Letztlich ist »Geist« etwas Allumfassendes und steht mit Natur auch nicht im Gegensatz; im Grunde genommen bilden Natur und Geist im idealen Sinn eine Einheit. Daß »Geist« allerdings auch mißverstanden werden oder sich der Kenntnis entziehen kann, zeigt die Zurückweisung Fausts durch den Erdgeist: »Du gleichst dem Geist den du begreiffst, / Nicht mir!« (WA I, 14, S. 33).

Literatur:

Bollacher, Martin: Der junge Goethe und Spinoza. Studien zur Geschichte des Spinozismus in der Epoche des Sturms und Drangs. Tübingen 1969. – Cassirer, Ernst: Rousseau, Kant, Goethe. Hg. von Rainer A. Bast. Hamburg 1991. – Hamm, Heinz: Der Theoretiker Goethe. Grundpositionen seiner Weltanschauung, Philosophie und Kunsttheorie. Kronberg/Ts. 1976. – Kaufmann, Walter: Goethe and the Discovery of the Mind. In: ders.: Discovering the Mind. Bd. 1: Goethe, Kant, and Hegel. New Brunswick, London ²1993, S. 13–56. – Rintelen, Fritz-Joachim: Der Rang des Geistes. Goethes Weltverständnis. Tübingen 1955.

Helmut Koopmann

Geoffroy Saint-Hilaire, Etienne

(1772–1844)

Während G. mit Frédéric Soret Anfang 1830 an der Endfassung der französischen Übersetzung seiner *Metamorphose der Pflanzen* arbeitete und sich erneut mit methodischen Fragen der Morphologie auseinandersetzte (Kuhn, S. 48–53), erregte die Thematik des Pariser Akademiestreites zwischen Geoffroy und Cuvier seine Aufmerksamkeit (LA I, 10, S. 373–403). In seinem Gespräch mit Soret vom 2.8. 1830 spiegelt sich die große Bedeutung wieder, die G. der Akademiedebatte vom 19.7. 1830 beimaß und die ihn stärker bewegte als die politischen Ereignisse der Julirevolution. Die »von Geoffroy in Frankreich eingeführte synthetische Behandlungsweise der Natur« eröffnete ihm die Aussicht, daß »nun [...] auch in Frankreich bei der Naturforschung der Geist herrschen und über die Materie Herr sein« werde. In Erinnerung an seine eigenen früheren Bemühungen »in dieser großen Angelegenheit« würdigte G., daß Geoffroy und mit ihm alle bedeutenden Schüler Frankreichs nun entschieden auf seiner Seite seien. Deshalb war dieses Ereignis für G. »von ganz unglaublichem Wert« und ließ ihn »jubeln« über den Sieg einer Sache, der er selbst sein Leben gewidmet habe (Eckermann, 2.8. 1830). Nach der Lektüre von Geoffroys Schrift *Principes de Philosophie zoologique* (Paris 1830), in der neben gleichgesinnten deutschen Naturforschern auch G. genannt wurde, nahm G. in einer Rezension zu den Pariser Streitigkeiten Stellung und äußerte Grundsätzliches über die »zwei verschiedenen Denkweisen« (LA I, 10,

S. 374), um diese Angelegenheit »in's Klare zu setzen und darin zu erhalten« (an Boisserée, 27.7. 1830). Dieses Bemühen veranlaßte ihn zu historischen und biographischen Studien über die französischen Naturforscher, besonders über Geoffroy und dessen Lehrer.

Geoffroy Saint-Hilaire, am 15.4. 1772 in Étampes geboren und zunächst für den Priesterberuf bestimmt, wechselte 1789 zur Medizin und studierte u.a. vergleichende Anatomie bei Louis Jean Marie Daubenton, der ihn als Demonstrator für Zoologie am Jardin des Plantes anstellte und 1793 zum Professor für Wirbeltiere am Muséum nationale d'Histoire Naturelle vorschlug. Geoffroy veranlaßte 1795 George Cuvier, nach Paris zu kommen, und arbeitete zunächst gemeinsam mit ihm über den Zusammenhang aller Tierformen in der Kette der Lebewesen und die systematische Stellung der eierlegenden Säugetiere (vgl. Cahn 1962). Während sich Cuvier aber stärker der analytischen Methode zuwandte, suchte Geoffroy weiterhin nach einem einheitlichen Gestaltprinzip der Tiere. Dieser Vorgang wird in G.s biographischen Betrachtungen als Konsequenz zweier unterschiedlicher Charaktere reflektiert, als »der immerfortwährende Konflict zwischen den zwei Denkweisen, in die sich die wissenschaftliche Welt schon lange trennt« (LA I, 10, S. 373). Während Cuvier durch kontinuierliche Lehrtätigkeit seine Stellung in Paris festigte, wurde Geoffroy durch die Teilnahme an der napoleonischen »ungeheuer-problematischen Expedition nach Ägypten [...] seinem Lehrgeschäft gewissermaßen entfremdet« (ebd., S. 379). Zwar erwarb Geoffroy in Ägypten von 1798 bis 1804 und in Portugal von 1808 bis 1810 bedeutende Sammlungen für das Museum, widmete sich nach der Rückkehr klassifikatorischen Aufgaben und wurde 1807 Mitglied der Pariser Akademie der Wissenschaften, weckte aber zunächst nicht G.s Aufmerksamkeit durch Publikationen. Dieser bestellte erstmals am 10.12. 1819 in der Weimarer Bibliothek unter Geoffroys Namen die mit Cuvier gemeinsam veröffentlichte *Histoire naturelle des Mammifère* (Paris 1819; Keudell, Nr. 1287). Seine Methoden und Prinzipien publizierte Geoffroy bereits in der *Phi-*

losophie anatomique (Paris 1818) und in dem *Essay de classification des monstres* (Paris 1821), als er Embryologie und Teratologie zum Organvergleich heranzog (vgl. Salf 1985). Seine Arbeit über die Mißbildung eines Pferdeschädels erregte 1826 G.s Interesse (an Stark, 23.2. 1826; Kuhn, S. 55). Geoffroys »Theorie von den Analogien« besagte, daß gleiche Organe im Körper die gleiche Lage haben und aus gleichen Bauelementen bestehen, aber bei verschiedenen Tierarten ihren unterschiedlichen Funktionen gemäß abgewandelt sind (*Sur le principe de l'unité de composition organique*, 1822). Als Geoffroy die an Wirbeltieren gewonnene Theorie von der Einheit des Bauplans (»unité de plan«) spekulativ für das gesamte Tierreich verallgemeinerte und anhand von Arbeiten seiner Schüler über Kopffüßer zu beweisen suchte, kam es zu den Kontroversen mit Cuvier.

In direkten Briefkontakt traten G. und Geoffroy erst, als sich Geoffroy am 27.12. 1830 für G.s verständnisvolle Rezension bedankte und ihm ein Exemplar seiner Schrift zusandte (Kuhn, S. 284, Anm. 12). Nach Empfang eines Widmungsexemplars von G.s französischer Ausgabe der *Metamorphose der Pflanzen* (1831) teilte ihm Geoffroy im Juli 1831 mit, daß er G.s Arbeit der Pariser Akademie der Wissenschaften vorgestellt habe (vgl. G. an Soret, 10.8. 1831, u. WA IV, 49, S. 308ff.).

Den zweiten Teil der Rezension, in dem sich G. gegen den »traurigen Behelf« teleologischer Erklärungen aussprach, statt dessen die Wechselwirkungen von Gestalt und Funktion darlegte und vorschlug, den Ausdruck »Plan« durch »Type« zu ersetzen (LA I, 10, S. 397ff.), erhielt Geoffroy erst nach G.s Tod durch Alexander von Humboldt in Paris. In seiner Antwort vom 10.5. 1832 äußerte er sich dankbar über »l'homme de génie, qui m'a toujours donné les marques, les plus touchantes de son intérêt et de son bienveillant encouragement« (Jahn, S. 62). G.s »neue Ideen« über die aktive Rolle der Funktion bei der Gestaltbildung hätten ihn »frappiert«. Er setzte sich auch »nach Goethes Tod [...] für dessen naturwissenschaftliche Arbeiten ein« (Kuhn, S. 298). Es handelte sich weder bei Geoffroys Prinzipien noch bei G.s Interesse zunächst um Fragen der »Enstehung der Arten« (CONRADY, S. 561), sondern um Methoden der Morphologie und natürlichen Klassifikation (vgl. Uschmann u. Kuhn). Erst als Geoffroy Ende 1832 die Theorie von der »Einheit des Bauplans« auf fossile Wirbeltiere ausdehnte, erörterte er den Artenwandel in der Erdgeschichte (*Sur les Téléosauriens*, Mém. Acad. Sc. 12; 1833). Als Faktoren der »Transformation« nahm er funktionelle Ursachen an, die durch »direkte Bewirkung« physikalischer Umweltbedingungen hervorgerufen worden sind (»Geoffroyismus«).

1840 erblindet, starb Geoffroy am 19. 6. 1844 (vgl. Théodoridès).

Literatur:

Cahn, Théophile: Goethes und Geoffroy Saint-Hilaires anatomische Studien und deren Bedeutung für die Entwicklung eines naturwissenschaftlichen Denkens. In: N.F. JbGG. 22 (1960), S. 215–236. – Ders.: La vie et l'oeuvre d'Étienne Geoffroy Saint-Hilaire. Paris 1962. – CONRADY, Bd. 2, S. 560–562. – Goethe, Johann Wolfgang: Principes de Philosophie Zoologique. In: LA I, 10, S. 373–403. – Jahn, Ilse: Etienne Geoffroy Saint-Hilaire an Alexander von Humboldt über Goethes Stellungnahme zum Pariser Akademiestreit. In: Geschichte Naturwiss., Techn. u. Med. 10 (1973) 2, S. 59–67. – Keudell, Elise von: Goethe als Benutzer der Weimarer Bibliothek. Weimar 1931. – Kuhn, Dorothea: Empirische und ideelle Wirklichkeit. Graz u.a. 1967. – Salf, Eric: Un anatomiste et philosophe français, Etienne Geoffroy Saint Hilaire (1772–1844): Père de la Tératologie morphologique et de l'embryologie expérimental. 2 Bde. Lyon 1986. – Théodoridès, Jean: Une lettre inédite de A. de Humboldt concernant Etienne Geoffroy Saint-Hilaire. In: Histoire et Nature, cahiers de l'Assoc. pour l'Histoires des Sciences de la Nature, No 3, Nouvelle série, fasc. I. Paris (1973) Sept., S. 67–69. – Uschmann, Georg: Goethe und der Pariser Akademiestreit. In: Geschichte Naturwiss., Techn. u. Med. (1964), Beiheft, S. 186–187.

Ilse Jahn

Gelegenheitsdichtung

In der Gelegenheitsdichtung (Kasualpoesie) wird ein herausragender, oft institutionalisierter Anlaß im Leben eines einzelnen oder einer Gemeinschaft – wie Geburtstag, Hochzeit, Amtsantritt, Besuch einer hochgestellten Persönlichkeit usw. – dargestellt und einem bestimmten Adressaten zugeordnet. Sie umfaßt dramatische wie epische Werke, z.B. Festspiele und Prosaeklogen, vor allem aber wird sie in den verschiedensten lyrischen Genres realisiert. Deshalb kann es nicht verwundern, daß G.s Reflexionen über die Gelegenheitsdichtung vornehmlich der Kasuallyrik galten.

Die zu Beginn des 18. Jhs. nach rhetorischen Regeln und vorgegebenen Schemata in Massen produzierten und die Interessen der zahlenden Auftraggeber bedienenden Gelegenheitsgedichte mußten einer Literaturtheorie, die auf den subjektiven Gefühlsausdruck der Lyrik abhob und die Autonomie des Kunstwerks betonte, in hohem Maße als gekünstelt, unecht und opportunistisch erscheinen. G.s Apologie ging von der literaturgeschichtlich durchaus richtigen Einschätzung im 10. Buch von *Dichtung und Wahrheit* aus: »Das Gelegenheitsgedicht, die erste und echteste aller Dichtarten, ward verächtlich auf einen Grad, daß die Nation noch jetzt [d.h. um 1810; d. Vf.] nicht zu einem Begriff des hohen Werthes desselben gelangen kann« (WA I, 27, S. 295), und gipfelte in der apodiktischen Feststellung, die Eckermann unter dem 18.9. 1823 mitteilt: »Alle meine Gedichte sind Gelegenheitsgedichte, sie sind durch die Wirklichkeit angeregt und haben darin Grund und Boden«. Diese Aussage ist für die Geschichte der Lyrik in zweierlei Hinsicht bedeutsam. Da »ein spezieller Fall«, der der Wirklichkeit entnommen sein muß, durch die Behandlung des Dichters »allgemein und poetisch« (ebd.) wird, sich also im Besonderen das Allgemeine darstellt, wird zum einen das Gelegenheitsgedicht ein gattungspoetisches Muster für G.s Symboltheorie (vgl. MuR, 279, 314, 1112 u. 1113) und damit ins Zentrum seiner ästhetischen Anschauungen gerückt; zum anderen erhält der Begriff eine größere Bedeutungsweite, insofern ihm sowohl das institutionalisierte Kasualpoem als auch das individuelle Erlebnisgedicht subsumiert wird. Als exemplarisch für diese Auffassung kann das Gedicht *Ilmenau* gelten; verfaßt zum Geburtstag von Herzog Carl August am 3.9. 1783, greift es auf gemeinsame Erlebnisse der ersten Weimarer Jahre zurück und gelangt darüber zu einer Besinnung auf die rechte Haltung des Herrschers. Aber selbst in der Gedichtgruppe *Im Namen der Bürgerschaft von Carlsbad* suchte G., in der komplizierten Form der Stanze, über die panegyrische Topik hinaus das konkrete höfische Ereignis zu einem geschichtsmächtigen Vorgang von nationaler Bedeutung zu stilisieren. Die Beispiele zeigen, daß G.s Verteidigung des Gelegenheitsgedichtes wohl doppelt motiviert sein dürfte: Wie Wulf Segebrecht annimmt, wollte G. der Gefahr begegnen, daß sich die Lyrik »aufgrund der Konzentrierung auf die Schöpferpersönlichkeit des Dichters und des Rückzugs aus den öffentlichen Angelegenheiten gesellschaftlich zu isolieren und ihre Verbindlichkeit zu verlieren« drohte (Segebrecht 1977, S. 29). Daneben konnte G., wenn er dem Gelegenheitsgedicht Ursprünglichkeit, Nähe »zur wirklichen wahrhaften Natur« (WA I, 35, S. 3) und Echtheit bescheinigte, seine eigene kasualpoetische Produktion aufwerten und damit absehbaren ästhetischen und moralischen Vorhaltungen von vornherein den Boden entziehen.

Die dramatische Gelegenheitsdichtung, die, vom Vorwurf mangelnder Subjektivität ja nicht getroffen, keinen solchen poetologischen Argumentationsaufwand benötigte, hing eng mit G.s Tätigkeit in Weimar zusammen. So bereicherte er das Gesellschaftsleben des Hofes mit allegorischen Maskenzügen, griff in Vorspielen und Pro- bzw. Epilogen Fragen der Kunst im allgemeinen und des Weimarer Theaterbetriebs im besonderen auf, schrieb zum Geburtstag der Herzogin Anna Amalia 1800 das Stück *Paläophron und Neoterpe* und, den regionalen Raum verlassend, auf August Wilhelm Ifflands Wunsch zum Sieg der Alliierten über Napoleon das symbolträchtige

Festspiel *Des Epimenídes Erwachen*. Auch im Fall der dramatisierten Kasualpoesie begnügte sich G. nicht damit, das veranlassende öffentliche Ereignis im jeweiligen Werk zu exponieren; vielmehr versuchte er, bei einer solchen Gelegenheit dem Publikum komplexere Themen wie das Verhältnis des Individuums zur Gesellschaft, der Kunst zur Wirklichkeit oder der Geschichte zur Gegenwart in poetischer Gestalt nahezubringen.

Literatur:

Drux, Rudolf: Gelegenheitsgedicht. In: Historisches Wörterbuch der Rhetorik. Hg. von Gert Ueding. Bd. 3. Tübingen 1996, S. 653–667. – Rüdiger, Horst: Göttin Gelegenheit. Gestaltwandel einer Allegorie. In: arcadia. 1 (1966), S. 121–166. – Segebrecht, Wulf: Das Gelegenheitsgedicht. Ein Beitrag zur Geschichte und Poetik der deutschen Lyrik. Stuttgart 1977. – Ders.: Goethes Erneuerung des Gelegenheitsgedichts. In: GoetheJb. 108 (1991), S. 129–136. – Siegrist, Christoph: Dramatische Gelegenheitsdichtungen: Maskenzüge, Prologe, Festspiele. In: Hinderer, Walter (Hg.): Goethes Dramen. Neue Interpretationen. Stuttgart 1980, S. 226–243.

Rudolf Drux

Genie

In seiner *Kritik der Urteilskraft* liefert Kant eine mindestens doppelte Definition des Genies: »Genie ist die angeborne Gemütsanlage (ingenium), durch welche die Natur der Kunst die Regel gibt« – »Daher denn auch vermutlich das Wort Genie von genius, dem eigentümlichen, einem Menschen bei der Geburt mitgegebenen schützenden und leitenden Geist, von dessen Eingebung jene originalen Ideen herrührten, abgeleitet ist« (§ 46). Kant ergänzt die etymologische Doppelherkunft von genius und ingenium durch die Andeutung der wesentlichen Bezugsgrößen der langen Begriffsgeschichte sowie der sog. Geniezeit, auf die er 1790 schon zurückblickt: Originalität, Natur und Kunst.

Sensualismus und Empirismus hatten in der ersten Hälfte des 18. Jhs. zunächst in England mit der Aufwertung psychologischer Kategorien die Grundlagen geschaffen für die Neubestimmung künstlerischer Identität, wie sie Joseph Addison und Edward Young vollzogen. Youngs *Conjectures On Original Composition* (1759) verzichteten bei der Konzeption des Künstlers als Genie völlig auf eine pädagogisch-aufklärerische Instrumentalisierung, die Originalität des Genies wurde organologisch im Bilde des natürlichen Wachstumsprozesses einer Pflanze erfaßt. Damit wurde implizit der aristotelische Begriff der Mimesis entscheidend neu akzentuiert: Tatsächliche oder mögliche Natur sollte nicht mehr gegenständlich nachgeahmt werden, sondern prozessual; der naturhafte Schöpfungs- und Selbsterzeugungsvorgang war es, den der Künstler nachahmen sollte – eine Gedankenfigur, die Anthony Ashley Cooper Shaftesburys Vorstellung vom Künstler als einem zweiten Schöpfer aufnahm und von Herder und G. aufgegriffen wurde.

Johann Christoph Gottsched setzte dem Geniebegriff Youngs zwar noch kritisch seine moralisch-erzieherische wie gelehrte Konzeption von Einbildungskraft und Witz entgegen. Die Schweizer Johann Jakob Bodmer und Johann Jakob Breitinger deuteten jedoch bereits die Einbildungskraft um zur freien Phantasie; Genie implizierte einerseits inhaltlich die Darstellung des Wunderbaren als des Pathetisch-Erhabenen und andererseits stilistisch die auf emotionale Wirkung abzielende Kategorie der »hertzrührenden Schreibart«, mit der Breitinger den 8. Abschnitt seiner *Critischen Dichtkunst* übertitelt (Teil 2, S. 352ff.). Friedrich Gottlieb Klopstocks sakralisierende Selbstbestimmung des Dichters als Prophet, als eigengesetzlich sprechender und sprachschöpfender Künder der göttlichen Wahrheit – die die Wahrheit der eigenen Seele sei – entspricht deutlich diesen Positionen.

In enger Anlehnung an Young entwickelte Herder seine für G. bedeutsame Genie-Vorstellung, die sowohl die Denkfigur des schöpfergleichen Künstlers als Originalschriftsteller wiederholte als auch Youngs höchste Wert-

schätzung für Shakespeare nach Deutschland importierte. Darüber hinaus faßte Herder das im Begriff des Genies im Sinne traditioneller Inspirationstheorien inbegriffene Religiöse radikal psychologisch auf – das Unbewußte spricht sich nunmehr genialisch aus; die individuellen Vermögen des Einzelnen sind Voraussetzung der Genialität. Zudem überschritt die Konzeption hier die Grenze des Einzelnen: Das naturhafte Material des Dichters ist die Muttersprache, das in ihr repräsentierte Individuelle eines Volkes ist genialisch: Das Originalgenie wird zum Nationalschriftsteller.

G., der in Straßburg mit Herder zusammentraf, teilte schnell dessen emphatische Einschätzung, und nahm begeistert teil an der Suche nach Volksliedern als ursprünglichen Schöpfungen des genialen Volksgeistes. Nochmals radikalisiert erscheint Herders Geniebegriff in G.s Aufsatz *Von Deutscher Baukunst*, in dem der Baumeister des Straßburger Münsters endgültig mit der Aura des Heiligmäßigen versehen wird: Er ist der »heilige E r w i n«, der Betrachter tritt »anbetend vor das Werk des Meisters« (WA I, 37, S. 147), um von der »Herrlichkeit des Herrn, seines Meisters« sprechen zu können (ebd., S. 144). Wesentlich für das Genie wird die Autonomie des genialischen Schöpfungsaktes, die G. gegen die äußere Regelhaftigkeit der Gelehrsamkeitskunst der Aufklärungskonzepte, gegen deren Heteronomie, setzt: Die Kunst gibt sich ausschließlich ihre Regeln selbst.

Schärfer noch als im *Baukunst*-Aufsatz wird die Konzeption des Genies in den Frankfurter Hymnen profiliert. In *Wandrers Sturmlied* setzt G. explizit die pindarische Lyriktradition – neben Shakespeare galt Pindar schon bei Young als Genie-Paradigma – von der anakreontischen und theokritischen ab und tritt damit in scharfe Opposition zur zeitgenössischen Gelegenheits- und Idyllendichtung; die Glut des Herzens, die ekstatische Unmittelbarkeit des drängenden Subjekts, die in der letzten Strophe gerade Pindar zugeschrieben werden, zeichnen dort das Genie als krafterfüllt und autonom aus. Die produktive, gottgleich-schöpferische Seite des Genies wird in der *Prometheus*-Hymne betont: Gegen die traditionellen familialen, politischen wie auch religiösen Autoritäten setzt sich im Bild des Prometheus das sprechende Subjekt absolut: »Hier sitz' ich, forme Menschen / Nach meinem Bilde« (WA I, 2, S. 78) – die zitierende Anlehnung an den biblischen Schöpfungsmythos stilisiert gerade den Künstler zum autonomen Subjekt, das, sich selbst genug, nach eigenen Gesetzen die eigene Schöpfung vollzieht und sie gegen den Zugriff aller Autoritäten verteidigt. Zusätzlich zum genialen Gestus des eigenen Schöpferseins wird v. a. im *Ganymed* schließlich im Bild des expansiven Verströmens in der Natur die volle Teilhabe des dichterischen Subjekts am ewig schaffenden Naturzusammenhang gefeiert – eine Gedankenfigur, die mit Herders Spinoza-Rezeption korrespondiert und die auch das *Mayfest* strukturiert.

Alle diese Momente des Genialischen in den Hymnen des jungen G. sind in unterschiedlicher Nuancierung auch Kennzeichen seiner Helden: Götz ist die starke, sich selbst genügende, vor allem sich selbst Gesetze gebende Natur, Werther der sich – imaginativ – im Naturganzen verströmende Enthusiast: »O meine Freunde! warum der Strom des Genies so selten ausbricht, so selten in hohen Fluthen hereinbraus't, und eure staunende Seele erschüttert?« (WA I, 19, S. 18). Gerade das Scheitern aber dieser beiden Helden zeigt die Grenzen der Geniekonzeption deutlich auf: der historische Gang des Ganzen auf der einen Seite, die anthropologische Notwendigkeit der Selbstbeschränkung auf der anderen.

Die Abwendung vom emphatischen Geniebegriff der frühen 70er Jahre umreißt die rückblickend formulierte Polemik aus *Dichtung und Wahrheit*, mit der G. den zunehmend inflationären Gebrauch des Wortes kritisiert: »Wenn einer zu Fuße, ohne recht zu wissen warum und wohin, in die Welt lief, so hieß dieß eine Geniereise, und wenn einer etwas Verkehrtes ohne Zweck und Nutzen unternahm, ein Geniestreich. [...] Worte, Beiworte, Phrasen zu Ungunsten der höchsten Geistesgaben verbreiteten sich unter der geistlos nachsprechenden Menge dergestalt, daß [...] das Wort Genie eine solche Mißdeutung erlitt, aus der man die Nothwendigkeit ableiten wollte, es gänzlich aus der deutschen Sprache zu verbannen« (WA I, 29, S. 147). Der Angriff gilt aber nicht so sehr dem Begriff selbst, sondern seiner sinnentstellenden Verwendung in der Alltagssprache. Noch in den voritalienischen Versuchen G.s beginnt eine Umdeutung des Genie-Begriffs hin zu einer begrifflich genaueren Bestimmung des Genies im Verhältnis zu Talent, künstlerischem Vermögen und Handwerk. Das Genie-Konzept wird vermittelt mit der lernenden Hinwendung zur und Nachahmung der Natur(-gesetze) wie der antiken Kunst; Talent, als angeborenes künstlerisches Vermögen, wird in eine produktive Beziehung zum Genie gestellt (vgl. an F. Müller, 21. 6. 1781).

Diese Umdeutung des Genie-Begriffs läßt allerdings keinen Zweifel an der Exzeptionalität des Genialischen: »Dem Genie ist nichts vorzuschreiben, es läuft glücklich wie ein Nachtwandler über die scharfen Gipfelrücken weg, von denen die wache Mittelmäßigkeit bei'm ersten Versuche herunterplumpt« (WA I, 45, S. 188). In der von G. mitverantworteten Karl Philipp Moritzschen Schrift *Über die bildende Nachahmung des Schönen* (1788), seinem ästhetischen Credo jener Zeit, hat das Genie immer noch die Zentralposition inne. Hier wird der Versuch gemacht, im Lichte klassischer Kunstanschauung den Vorgang der genialischen Kunstproduktion genauer zu fassen. Gleichzeitig bleiben dem Geniebegriff G.s die Anteile des dem Verstande Inkommensurablen, der intuitiven Schöpfung wie auch ihrer empfindsamen Rezeption und vor allem des aus sich heraus und in sich Autonomen eingeschrieben.

Die spätere Erweiterung des Geniebegriffs bei G. darf also nicht mißverstanden werden als Absetzung aus der Spitzenposition ästhetischer Kategorien – wie Jochen Schmidt mit einer zu groben Textdeutung v. a. des *Tasso* und der *Wanderjahre* belegen zu können meint. Vielmehr vollzieht G. schon im ersten Weimarer Jahrzehnt wie auch in der Zusammenarbeit mit Moritz und Schiller eine Umdeutung des Geniebegriffs, die versucht, die irrationalen Anteile des Begriffs zumindest methodischer zu fassen – ein Versuch, der erstens tatsächlich den Vorgang der genialen Schöpfung differenzierter beschreibt, der allerdings zweitens die wesentlichen Anteile des Inkommensurablen ebenso festschreibt wie die dem Begriff zugehörende Bestimmung der künstlerischen Autonomie, deren Sturm-und-Drang-Radikalität allenfalls durch die historische Einbindung des Individuums leicht relativiert wird. Genie, mit all seinen Koordinaten – Angeborenes und Talent, Regelbewußtsein der Natur und natürliches Unbewußtes, intuitives Kunsthandeln und Handwerklichkeit –, prägt als wesentliche anthropologische Bestimmung das G.sche Denken bis in die späteste Zeit, wie es noch der letzte Brief G.s an Wilhelm von Humboldt vom 17.3. 1832 zeigt.

Literatur:

Bürger, Peter: Überlegungen zur historisch-soziologischen Erklärung der Genie-Ästhetik im 18. Jahrhundert. In: Romanistische Zs. für Literaturgeschichte. 8 (1984), S. 60–72. – Hildebrand, Rudolf: Genie. In: DWb. Bd. 4, Sp. 3396ff. – Hubig, Christoph: ›Genie‹, Typus oder Original? Vom Paradigma der Kreativität zum Kult des Individuums. In: Propyläen Geschichte der Literatur. Bd. 4. Berlin 1983, S. 187–210. – Schmidt, Jochen: Die Geschichte des Genie-Gedankens in der deutschen Literatur, Philosophie und Politik 1750–1945. 2 Bde. Darmstadt 1985.

Benedikt Jeßing

Geschichte

Äußerungen G.s zum Thema Geschichte gibt es in nahezu überwältigender Fülle, nicht zuletzt bedingt durch sein langes Leben in einer an Krisen und Konflikten, an Wandlungen und Umbrüchen reichen Zeit. Sie finden sich in allen Phasen und Bereichen seines Wirkens, sowohl als direkte wie auch als indirekte Aus-

sagen, sowohl auf konkrete Vorgänge und Sachverhalte bezogen wie auch verallgemeinernd.

Gründete G. seine naturwissenschaftlichen Bemühungen auf die Überzeugung, mit verläßlichen und durch den Menschen erkennbaren gesetzmäßigen Gegebenheiten rechnen zu können, so beherrschte seinen Umgang mit der Geschichte als Gesellschaftsgeschichte ein skeptischer Agnostizismus. Dieser Unterschied ist grundsätzlicher, durchgehend bestimmender Natur und entsprechend folgenreich. So hielt sich G. gegenüber Philosophie und Historiographie auf Distanz, sind seine Äußerungen zum Thema Geschichte vor allem situationsbezogen und subjektiv geprägt. Demgemäß müssen sie in ihrer Relativität gesehen und auf ihre Veranlassungen und Kontexte befragt werden. Auf diese Weise wird auch ihre Widersprüchlichkeit besser begreifbar. Denn eine eindeutige, schlüssig auf einen Gesamtnenner zu bringende und auf das Denken und Dichten anwendbare Position G.s gibt es nicht, kaum weil er dazu unfähig gewesen wäre, sondern weil er »immer mehr [wußte; d. Vf.], als er sagte« (Koselleck 1993, S. 30). Bei den direkten Äußerungen gilt es im übrigen, nicht nur das Situative und Subjektive in Rechnung zu stellen, sondern auch auf die Verläßlichkeit der Überlieferung zu achten. Sehr viele – bekannte und beliebte – Belege sind in Aufzeichnungen zu finden, die von Gesprächspartnern G.s und oftmals aus zeitlicher Distanz stammen. Ihre Authentizität ist demgemäß unsicher.

Um so nachdrücklicher ist auf die indirekten Aussagen zum Thema Geschichte zu verweisen, die das schriftstellerische Werk enthält und die in einer sehr vermittelten und zugleich komplexen Weise G.s Verständnis von Geschichte und seine Haltung zu ihr erkennbar machen. Während die Vielschichtigkeit und Widersprüchlichkeit der theoretisch-konzeptionellen Aussagen den Umgang mit diesen schwierig und möglicherweise unbefriedigend macht, erreichte G.s Beziehung zur Geschichte im poetischen Oeuvre und auch in dem Teil seines Werkes, der sich der Historiographie zumindest partiell zuordnen läßt, eine Qualität, die anzeigt, daß hier ein Geist am Werke war, der die Probleme geschichtlicher Entwicklung auch intuitiv und bildhaft erfaßte und noch in der Offenheit der Gestaltung der Realität oftmals näher kam, als es vielen Philosophen und Historikern seiner Zeit gelang – gleichsam eine Bestätigung jener kühnen These aus der frühen *Shakespeare*-Rede, daß die Stücke des britischen Dramatikers »sich alle um den geheimen Punct [drehen; d. Vf.], den noch kein Philosoph gesehen und bestimmt hat« (WA I, 37, S. 133). Von den großen Geschichtsdramen der frühen Jahre, *Götz* und *Egmont*, bis zu den allegorisch und symbolisch verschlüsselten einschlägigen Passagen des zweiten *Faust*-Teils zieht sich die Thematik über vielfache Modifikationen und Wandlungen hinweg durch G.s Schaffen. In welchem Ausmaß der Aspekt des Poetischen im thematischen Zusammenhang relevant ist, zeigt sich schließlich daran, daß auch die direkten Äußerungen in theoretischen Werken wie in Lebenszeugnissen auffällig durch die Verwendung poetisch-metaphorischer Mittel bestimmt sind. Daraus rührt ihre Ambivalenz wie ihre Komplexität und Suggestivkraft.

Über die Bezeichnung für Vorfall, Ereignis, Begebenheit wie auch für Bericht, Erzählung hinaus benutzte G. den Begriff gemäß einer sich im 18. Jh. durchsetzenden Tendenz als Kollektivsingular, das sowohl einen umfassenden und ganzheitlichen Geschehens- und Entwicklungszusammenhang – bis hin zur Totale von Welt- und Menschheitsgeschichte – als auch eine jeweils darauf gerichtete Gesamtdarstellung erfaßt. Geschichte bezog sich für ihn also auf das Objektive wie auf das subjektive Abbild davon. In diesem Sinne wandte er den Begriff auf die gesamte Skala von Erscheinungen an, die eine Geschichte haben und in Gestalt einer Geschichte darstellbar sind. Während er mit dem einfachen Begriff überwiegend Menschen- und Gesellschaftsgeschichte bezeichnete, sprach er dann präzisierend von Naturgeschichte, wenn es um den Naturbereich im Sinne des Außermenschlichen ging – wiewohl Natur ja auch das Ganze bildete, innerhalb dessen ihm überhaupt nur menschliche Existenz denkbar war. Das verweist darauf, daß seiner Weltsicht Geschichtlichkeit als beständig wirkende Lebensform wie als beständig angewandtes Denk- und Erkenntnisprinzip zugrundelag, dem alles Seiende in Vergangenheit, Gegenwart und Zukunft unterworfen war.

Die Auseinandersetzung mit dem Thema Geschichte zieht sich durch das gesamte Leben und Schaffen G.s hindurch. Dabei sind zwei Gruppen von Faktoren, die sein Denken und Handeln beeinflußten, zu beachten: Erstens das Gedankenmaterial und die Denkformen, die er bei Vorlebenden und Zeitgenossen vorfand und die direkt oder indirekt auf sein Verständnis von Geschichte einwirkten, zweitens die Erfahrungen, die er in seiner eigenen Lebenspraxis aus dem Miterleben und dem Durchleben davontrug und die seine Denkweise und Haltung entschieden prägten.

G. war Zeitgenosse einschneidender Wandlungen auch in Hinsicht auf das Verhältnis der Menschen zur Geschichte und dessen bewußte Reflexion. Seine ersten Lebensjahrzehnte fielen in die Zeit, da die Aufklärung ihr Geschichtsbild entwickelte und vorherrschend machte. Früh aber gelangte er auch zu dessen kritischer Hinterfragung. In der Mitte seines Lebens trat die idealistische Geschichtsphilosophie in Deutschland ihren Siegeszug an. Er ließ sich von ihr anregen, ohne sich mit ihr zu identifizieren. Seine letzten Lebensjahrzehnte gehörten einer Epoche an, in der das geschichtliche Denken durch die Romantik neue Intentionen und Wesenszüge empfing und in der Historischen Schule, im frühen Historismus eine sehr langfristig wirksame Ausprägung erhielt. Auch mit diesen Positionen läßt er sich nicht gleichsetzen. Zugleich entwickelte sich über die Jahrzehnte seines Lebens hinweg auch die Geschichtswissenschaft selbst zu einer fest institutionalisierten, eigenständigen Disziplin. Nach Maßgabe seiner Bedürfnisse und Interessen setzte er sich mit allen diesen Entwicklungen und ihren Resultaten auseinander, wobei persönliche Beziehungen, so insbesondere zu Herder, indessen auch zu anderen Philosophen und zu Fachhistorikern seiner Zeit dazu beitrugen, ihn in lebendigem Kontakt mit den verschiedenen Denkrichtungen zu erhalten.

Der eigene Lebensgang bot Gelegenheit zu vielfachen, sehr kontroversen Erfahrungen, die seine Auffassung von Geschichte bereicherten und modifizierten wie zugleich widersprüchlich machten. Mit wachsendem Alter sah er oftmals das ihm verhaßte Chaotische und Unbeherrschbare überwiegen und reagierte darauf mit entsprechender Distanz und Abneigung. Nichtsdestoweniger ließen seine Anteilnahme an den Ereignissen und Entwicklungen und seine Auseinandersetzung mit ihnen niemals nach. Es gilt, was er – laut Johann Peter Eckermann – am 25.2. 1824 sagte: »Ich habe den großen Vorteil [...], daß ich zu einer Zeit geboren wurde, wo die größten Weltbegebenheiten an die Tagesordnung kamen und sich durch mein langes Leben fortsetzten, so daß ich vom siebenjährigen Krieg, sodann von der Trennung Amerikas von England, ferner von der französischen Revolution, und endlich von der ganzen Napoleonischen Zeit bis zum Untergange des Helden und den folgenden Ereignissen lebendiger Zeuge war. Hiedurch bin ich zu ganz anderen Resultaten und Einsichten gekommen, als allen denen möglich sein wird, die jetzt geboren werden und die sich jene großen Begebenheiten durch Bücher aneignen müssen, die sie nicht verstehen«. Mochte seine Auseinandersetzung mit einer Lebenswirklichkeit, die er bei aller Widerständigkeit und Bedrohlichkeit zugleich als die unauswechselbare und unwiederbringliche Voraussetzung seines Daseins annahm, konfliktträchtig und wechselvoll sein, er hielt doch bei aller Skepsis nie in dem Bestreben inne, dieser Realität die Möglichkeiten für ein produktives, sinnvolles und erfülltes Leben abzugewinnen.

Bis zur Straßburger Zeit läßt sich kein spezifisches Interesse G.s für Geschichte ausmachen. In *Dichtung und Wahrheit* berichtet er, wie er sich dem Werben Straßburger Professoren für geschichtliche Studien entzogen habe. Er sah in der zeitgenössischen Geschichtswissenschaft das Empirisch-Faktische in erdrückender Quantität und lähmender Zusammenhanglosigkeit vorherrschen. Auch der aufklä-

rerischen Überzeugung, aus der Geschichte Nutzen ziehen zu können und sie deshalb lernen zu sollen, wußte er nichts abzugewinnen.

Im Herbst 1771 indessen trat in zwei aufschlußreichen Werken, in der Rede *Zum Schäkespears Tag* und im Drama *Geschichte Gottfriedens von Berlichingen mit der eisernen Hand*, ein neues Interesse an Geschichte zutage. Diese Wende, die ein in hohem Maße faszinierendes und eigenständiges Verhältnis des jungen Autors zur Geschichte offenbart, ist nicht denkbar ohne die Ergebnisse der weltanschaulichen Neubestimmung in der Frankfurter Zwischenzeit 1769/70, in der er unter dem Einfluß neuplatonisch-hermetischer Konzepte ein dialektisches Grundverständnis für das Verhältnis von Makrokosmos und Mikrokosmos, Natur und Geist, Ganzem und Teil erworben hatte. Von da her war er auch für neue Impulse im Bereich der Geschichte vorzüglich aufgeschlossen. Sie bestanden vor allem aus den von Herders Denkweise über Geschichte und Kunst ausgehenden Anregungen. Herder vermittelte einen Blick auf Geschichte, der von der Überzeugung eines universellen Zusammenhangs und von der Akzeptierung einer dynamischen, auch widerspruchsvollen und konfliktreichen Lebenswirklichkeit geleitet war. Die Geschichte der Menschheit bot sich als Prozeß der Entwicklung von Humanität dar, der bei aller aus seiner Unendlichkeit erwachsenden Schwierigkeit erkannt und zur Grundlage eigenen aktiven Handelns gemacht werden konnte. Nicht zufällig fand dieses Verständnis in der Dramatik Shakespeares, der wiederum Herder völlig neue Seiten abzugewinnen vermochte – Shakespeares Drama als »History im weitesten Verstande« (HSW 5, S. 230) –, Bestätigung und Festigung. Das Shakespeare-Erlebnis übte auf G. in dieser Zeit eine kaum hoch genug zu bewertende Faszination aus.

Bereits den jungen G. trennte eine tiefe Kluft von den derzeit weit verbreiteten monolinearen und mechanischen, teleologischen und spekulativen Auffassungen über Geschichte. Konsequenterweise verfiel der Umgang der Zeitgenossen mit Geschichte einer sarkastischen, auf den konzeptionellen Grund gehenden Kritik, wenn etwa im *Urfaust* ein flacher Erkenntnis- und Fortschrittsoptimismus zurückgewiesen wird. Wagner liest aus seinen Geschichtsstudien vor allem heraus, wie die gegenwärtige Menschheit es doch »zulezt so herrlich weit gebracht« habe. Faust dagegen verweist mit bitterem Hohn darauf, daß »die Zeiten der Vergangenheit / [...] uns ein Buch mit sieben Siegeln« seien, und setzt dann fort: »Was ihr den Geist der Zeiten heisst, / Das ist im Grund der Herren eigner Geist, / In dem die Zeiten sich bespiegeln« (WA I, 39, S. 227f.). Dabei schloß das sich im Gegensatz zu dieser Position entwickelnde Konzept des jungen G. ein subjektives, auch individuelles Interesse überhaupt nicht aus. Das belegen gerade die beiden schon genannten wichtigen Werke aus dem Herbst 1771.

Die Rede *Zum Schäkespears Tag* macht deutlich, in welchem Zusammenhang der junge G. Geschichte als Reflexionsgegenstand und poetisches Gestaltungsobjekt aufnahm. Nicht ästhetische und dramaturgische Fragen bilden den unmittelbaren Ausgangspunkt, sondern das bedrängende existentielle Problem, wie sich der Anspruch des seiner selbst bewußten Individuums auf Selbstverwirklichung und Dauer mit der Erfahrung der alles Individuelle mit Auslöschung bedrohenden Vergänglichkeit vermitteln lasse. Shakespeare habe als universellen Drehpunkt menschlicher Existenz enthüllt, daß »das Eigenthümliche unsres Ich's, die prätendirte Freyheit unsres Willens, mit dem nothwendigen Gang des Ganzen zusammenstösst« (WA I, 37, S. 133), und zugleich, indem er diesen Grundkonflikt dramatisch gestaltete, das Beispiel für die reale Verwirklichung und Verewigung eines schöpferischen Menschen gegeben. G. sah den Bestrebungen der Individualität Bedingungen und Grenzen gesetzt. Shakespeares »Theater« – als ein »schöner Raritäten Kasten, in dem die Geschichte der Welt vor unsern Augen an dem unsichtbaaren Faden der Zeit vorbeywallt« (ebd.) – offenbarte ihm, daß unter dem Walten eines überwiegend anarchisch-chaotischen Weltlaufes die »Freyheit unsres Willens« letztlich nur »prätendirt« ist und dem »nothwendigen Gang des Ganzen« im Kollisionsfall unter-

liegen muß. Wenn er dessenungeachtet und zugleich gerade deshalb in der Lebenswirklichkeit den Raum für ein lebenserhaltendes und -gestaltendes Wirken beanspruchte und suchte, das sich zwischen den Polen von glückhaftem Ringen und tragischem Scheitern positiv zu entfalten vermöge, so richtete er dabei, gestärkt durch das Vorbild des großen Briten, nicht zufällig sein besonderes Augenmerk auf die Produktivität eines poetischen, dramatischen Schöpfers.

Folgerichtig wurden Shakespeares Historienstücke – erstmals in der *Geschichte Gottfriedens* – zum Modell für die eigene Geschichtsdramatik. Nach dem Strukturmuster des »Raritäten Kastens« ist der Konflikt geschichtlicher Akteure und Protagonisten, starker und selbstgewisser Individualitäten mit dem »nothwendigen Gang des Ganzen« vorgeführt. Charakteristisch für diesen Ansatz ist, daß die *Geschichte Gottfriedens* die Dramatisierung einer Autobiographie, einer aus individueller, subjektiver Sicht erzählten Lebensgeschichte ist und die Sympathie des Dichters uneingeschränkt seinem Helden gilt. Zugleich wird aber dessen tragisches Scheitern in einen geschichtlichen Zusammenhang gestellt, der bei aller Kritik an der sich darin durchsetzenden Entwicklungsrichtung dessen »Notwendigkeit«, dessen unaufhebbare Prädominanz zur Geltung bringt. Mit hoher intuitiver Sicherheit gestaltete der junge G. auch in den folgenden historischen Dramen, *Götz von Berlichingen* und *Egmont*, das Bild einer geschichtlichen Schwellensituation, einer auch für das Verständnis der eigenen gegenwärtigen Lebenslage wichtigen und aufschlußreichen Übergangs- und Wendeepoche in ihrer realen Vielschichtigkeit und Widerspruchsfülle. Rückblickend sah er im *Götz* »das Symbol einer bedeutenden Weltepoche [...] abgespiegelt« und im *Egmont* »einen ähnlichen Wendepunct der Staatengeschichte« (WA I, 29, S. 162) dargestellt. In beiden Werken geht es um Zeitenwenden, in denen sich der »nothwendige Gang des Ganzen« letztlich gegen die »prätendirte Freyheit unsres Willens« durchsetzt. Ungeachtet aller Sympathien für die dramatischen Helden ist im Zeichen dieser objektivierenden Konfliktkonstellation immer auch die Frage nach der Fähigkeit des Subjekts aufgeworfen, im geschichtlichen Kräftefeld angemessen zu agieren. Hier wird ein kritisch-selbstkritischer Akzent sichtbar, der auch die Richtung für die eigene künftige Lebensgestaltung andeutet.

Aus der Distanz des Rückblicks charakterisierte G. die Bestrebungen und Konflikte seiner frühen Jahre mit dem Stichwort »titanische Ideen« (WA I, 32, S. 212). Ihr unvermeidliches Scheitern stand ihm wohl bereits vor Augen, als sie ihn noch erfüllten und antrieben. Die umfassende Beziehung zu einer gesellschaftlichen Praxis und Wirkungssphäre, wie er sie in Weimar entwickeln konnte, war das angemessenste Mittel, den letztlich unbezwingbaren Gegensatz zu der den eigenen Bestrebungen entgegenstehenden Wirklichkeit wenn nicht zu bewältigen, so doch zu mildern. G. fand in Weimar einen Lebensraum, der ihn ungeachtet aller tatsächlichen Kleinheit und Kümmerlichkeit sehr schnell bis in die Position eines am »Regiment« maßgeblich Beteiligten, eines in der »großen Welt« politischer Entscheidungen Handelnden und Mitwirkenden führte. Damit waren auch neue, tiefere Erkenntnismöglichkeiten hinsichtlich der Geschichte und ihrem tatsächlichen Gang eröffnet.

Schon daß die erste Begegnung mit Carl August, dem jungen Weimarer Herzog, 1774 in Frankfurt im Zeichen von Justus Mösers *Patriotischen Phantasien* gestanden hatte, deutet die Richtung an. Mösers aus der Praxis der osnabrückischen Verhältnisse entwickelte Geschichtssicht, der sich G. offenbar in entscheidenden Punkten nahe fühlte, beanspruchte Geltung für gewachsene Naturformen menschlichen Zusammenlebens, für das historisch Gewordene eines überschaubaren patriarchalischen Staatswesens, für ein individueller Kulturentfaltung günstiges Verhältnis von Regionalem und Nationalem. In dem Interesse für Möser meldete sich G.s Bedürfnis nach eigenem praktischen Handeln wie nach einem Konzept an, das unter den gegebenen Bedingungen ein solches Handeln überhaupt möglich machte.

G. konnte in seinem ersten Weimarer Jahrzehnt tatsächlich tiefreichende politische und soziale Erfahrungen und Erkenntnisse gewinnen. Indessen lief das Unternehmen, in seiner Summe und auf Dauer gesehen, dennoch auf Frustration und Scheitern hinaus. Gewiß ließ sich jetzt das abstoßende Durcheinander im »Wesen der Grosen Mittlern und Kleinen« (an Charlotte von Stein, 19.5. 1778) und die »Schwierigkeit irdische Maschinen in Gang zu sezzen, auch zu erhalten« (Tagebuch, 13.1. 1779) aus nächster Nähe studieren. Hier erfuhr er auch konkret die Unvereinbarkeit des Erlebten und Erkannten mit »Lehrbuch und Geschichte« (ebd.), also mit den Angeboten von Staatslehre und Historiographie. Das Problem aber war – und es wurde ihm immer stärker bewußt –, daß sein rastloser Einsatz im Ganzen kaum etwas änderte und den Rahmen des Status quo mit seinen zwar mildgearteten, nichtsdestoweniger aber feudalen und absolutistischen Verhältnissen nicht verließ. Wenn er, den *Egmont* in Italien vollendend, der Regentin Margarete von Parma die Einsicht in den Mund legte: »O was sind wir Großen auf der Woge der Menschheit? Wir glauben sie zu beherrschen, und sie treibt uns auf und nieder, hin und her« (WA I, 8, S. 184), so spiegelten sich darin gerade auch die Erfahrungen des ersten Weimarer Jahrzehnts.

G. suchte seine Enttäuschung mit angestrengter und produktiver Arbeit an sich selbst, mit Läuterung durch Selbsterziehung zu bewältigen. Wichtiger für die Entwicklung seiner Geschichtssicht waren aber seine Bemühungen, angesichts einer schwankenden und unberechenbaren Verfassung menschlich-gesellschaftlicher Zustände in der Natur als der Quelle und dem Nährboden alles Lebendigen eine feste, auf verläßliche Gesetze gegründete und praktisch fruchtbare Basis für das eigene Denken und Tun zu gewinnen. Tatsächlich festigten ihn die Naturstudien in seiner Auffasung vom Historisch-Genetischen als grundlegendem Lebensprinzip. Durch Spinoza in einer dezidiert monistischen Sicht des Lebensganzen bestärkt, richtete er immer bewußter und intensiver sein Bestreben darauf, der Gesetzmäßigkeit des Seins inne zu werden und im Begreifen von Natur auch verläßliche geschichtliche Einsichten zu erlangen.

So wird verständlich, daß er gerade in diesen Jahren in einen erneuten intensiven Gedankenaustausch mit Herder trat, der an seinen *Ideen zur Philosophie der Geschichte der Menschheit* arbeitete. Herder interpretierte darin die Geschichte von Natur und Menschheit als ein sinnvolles Ganzes mit einer über alle Widersprüche und Untergänge aufsteigenden Entwicklung, in der sich der »Gang Gottes in der Natur« (HSW 13, S. 9) vollzog. G. konnte offensichtlich seine Naturstudien als mit Herders Intentionen übereinstimmend und sie flankierend betrachten, obwohl ihm die bei Herder wirksamen Tendenzen zu einer teleologischen und harmonisierenden Sinngebung nicht nachvollziehbar waren. Er ließ sich vielmehr, wie es im Aufsatz *Über den Granit* von 1784 heißt, durch einen »Geist des Widerspruches [...] von Betrachtung und Schilderung des menschlichen Herzens, des jüngsten, mannichfaltigsten, beweglichsten, veränderlichsten, erschütterlichsten Theiles der Schöpfung zu der Beobachtung des ältesten, festesten, tieffsten, unerschütterlichsten Sohnes der Natur« (WA II, 9, S. 173) führen. Und auf die kürzeste Formel brachte er seine eigene Erfahrung in einem am 2.4. 1785 an Karl Ludwig von Knebel gesandten Brief mit dem Satz: »Die Consequenz der Natur tröstet schön über die Inconsequenz der Menschen«. Gerade diese Erkenntnis der Gegensätzlichkeit von Natur und Gesellschaftsgeschichte bewahrte ihn wohl auch davor, seine naturwissenschaftlichen, vor allem seine morphologischen Erkenntnisse auf Geschichte zu übertragen. Dieser Verzicht wirkte auf Dauer eher gewinn- als verlustbringend, weil er vor der Unterwerfung der Realität unter subjektive Konstrukte schützte.

Kurzfristig freilich führte diese Konstellation G. zu einer direkten Abwendung von der Geschichte. Diente der Aufenthalt in Italien der Heilung von Wunden, die er sich in seiner Weimarer Existenz zugezogen hatte, so geschah das eben in Abkehr von der unmittelbaren Verwicklung in Geschichte, in der Orientierung auf Lebensbereiche nämlich, die der Vergänglichkeit und Vergeblichkeit des Geschichtlichen am ehesten entzogen waren: Natur und Kunst. Vor den Zeugnissen großer, wenngleich längst vergangener Geschichte mochten in ihm immerhin noch ehrfürchtige Empfindungen wachwerden. Von dem Gegenwärtig-Geschichtlichen hingegen begehrte er weiten Abstand zu halten: »So entfernt bin ich jetzt [im August 1787; d. Vf.] von der Welt und allen weltlichen Dingen, es kommt mir recht wunderbar vor, wenn ich eine Zeitung lese. Die Gestalt dieser Welt vergeht, ich möchte mich nur mit dem beschäftigen, was bleibende Verhältnisse sind, und so nach der Lehre des *** [Spinoza; d. Vf.] meinem Geiste erst die Ewigkeit verschaffen« (WA I, 32, S. 62f.). Menschheitsgeschichte insgesamt erschien ihm gelegentlich sogar als Beleg für ein letztlich vergebliches Ringen: »Wir hatten doch eigentlich« – so im Mai 1787 – »nichts gesehen, als durchaus eitle Bemühungen des Menschengeschlechts sich gegen die Gewaltsamkeiten der Natur, gegen die hämische Tücke der Zeit und gegen den Groll ihrer eigenen feindseligen Spaltungen zu erhalten« (WA I, 31, S. 223). Gewiß ließ er »diese wahrhaft seekranken Betrachtungen eines auf der Woge des Lebens hin und her Geschaukelten [...] nicht Herrschaft« (ebd., S. 224) über sich gewinnen. Aber die Überwindung solcher Anwandlungen gelang ihm eben nur, weil er in Natur und Kunst etwas Dauerhaftes und Zuverlässigeres gefunden zu haben glaubte und hierauf seine individuelle Erneuerung gründen konnte. In einer späteren Darstellung (1817) schrieb er gleichwohl, er habe in Italien die »Sitten der Völker« wahrgenommen und an ihnen gelernt, »wie aus dem Zusammentreffen von Nothwendigkeit und Willkür, von Antrieb und Wollen, von Bewegung und Widerstand ein drittes hervorgehe, was weder Kunst noch Natur, sondern beides zugleich ist, nothwendig und zufällig, absichtlich und blind«. Wenn er allerdings daraus die Schlußfolgerung zog, er »verstehe die menschliche Gesellschaft« (WA II, 6, S. 132), so dürfte das Resultat spätestens durch die unmittelbar danach eintretenden zeitgeschichtlichen Ereignisse wieder zweifelhaft geworden sein.

Bald schon nach der Rückkehr aus Italien stand G. angesichts des Ausbruchs der Französischen Revolution vor großen neuen Herausforderungen. Der Status quo alter feudaler und absolutistischer Zustände, deren Milderung und Reformierung er zuvor vergeblich voranzubringen versucht hatte, wurde nunmehr durch außerdeutsche Ereignisse in Frage gestellt und aufgebrochen. Geschichtliche Bewegung gewann eine enorme Beschleunigung, die sich – welche Gewinne damit auch verbunden sein mochten – zunächst vor allem als Gefährdung des Ganzen wie jedes Einzelnen auswirkte. Die Bewältigung dieser neuen Sachlage war schwierig und mühselig, wenn nicht gar weithin unmöglich. Nicht nur bot sich G. keinerlei Raum für eigenes Handeln, vielmehr erwies sich selbst die Position eines Betrachters und Analytikers als permanent bedroht und unhaltbar, weil die Ereignisse auch den Betrachter und Analytiker immer wieder in ihren Sog zogen. G. konnte zwar an dem in Italien entwickelten Konzept, sich auf Natur und Kunst zu konzentrieren, festhalten und entsprechende Bemühungen intensivieren, doch waren diese Bereiche nurmehr sturmumtoste Inseln, die durch die aufgewühlten Fluten der Zeitgeschichte oft genug in Mitleidenschaft gezogen wurden. G. sah sich in einen Geschichtsverlauf gestellt, den er als chaotisch empfand und dem er ohnmächtig und hilflos gegenüberstand. Sein Streben nach Stabilität machte ihn in politischer und sozialer Hinsicht sogar zunächst weitgehend zu einem Konservativen, der – so zeigt es sich etwa in der *Belagerung von Mainz* – gegebenenfalls die Gerechtigkeit der Ordnung aufzuopfern und sich den Großen und Herrschenden, manchmal bis zur Unterwürfigkeit, unterzuordnen bereit war.

G. entwickelte angesichts der geschichtlichen Wende und ihrer akuten Turbulenzen als für ihn einzig adäquate Haltung einen »Realismus« (WA I, 33, S. 191), der ihm ermöglichte, nach den ersten Schockerlebnissen Unumstößliches zu akzeptieren und Epochemachendes zu erkennen. Auf Dauer war dieser Realismus ein produktiver Ausgangspunkt dafür, die erfahrenen Brüche und Untergänge,

Umwälzungen und Neuwerdungen – ungeachtet der dezidierten Neigung zu einem ruhigen und stetigen Voranschreiten im Sinne des Linnéschen »Natura non facit saltus« – auf ihre Folgen, eingeschlossen natürlich die positiven, zu bedenken; dabei kam ihm zweifellos das Resultat des Baseler Friedens von 1795 zugute, das dem nördlichen und mittleren Deutschland für ein Jahrzehnt etwa einen relativen Friedenszustand bescherte. Aufs nächste indessen beherrschten ihn Empfindungen ratloser Betroffenheit und Ohnmacht. Und sie kamen – nach einer verhältnismäßig friedlichen und glücklichen Zwischenzeit in der zweiten Hälfte der neunziger Jahre – wieder hervor, sobald die weltgeschichtliche Entwicklung daran erinnerte, daß Ruhe und Frieden nur zeitweilig waren. Die Folgerungen in einem grundsätzlichen Sinne zog G., wenn er nach der Lektüre von Memoiren eines französischen Zeitgenossen am 9. 3. 1802 an Schiller schrieb: »Im Ganzen ist es [das zeitgeschichtliche Geschehen; d. Vf.] der ungeheure Anblick von Bächen und Strömen, die sich, nach Naturnothwendigkeit, von vielen Höhen und aus vielen Thälern, gegen einander stürzen und endlich das Uebersteigen eines großen Flusses und eine Ueberschwem*m*ung veranlassen, in der zu Grunde geht wer sie vorgesehen [vorhergesehen; d. Vf.] hat, so gut als der sie nicht ahndete. Man sieht in dieser ungeheuern Empirie nichts als Natur und nichts von dem was wir Philosophen so gern Freyheit nennen möchten.« Die Willkürlichkeit und Unberechenbarkeit der Geschichte, die hier im Gleichnis der Naturkatastrophe erscheint, macht Wissende und Ahnungslose gleichermaßen hilflos und verloren, und nichts bleibt von der Forderung der Philosophie nach Freiheit übrig – es ist die gleiche Akzentuierung wie in der Shakespeare-Rede von 1771. 1804 grenzte sich G. im Gespräch mit Friedrich Wilhelm Riemer rigoros von Philosophie und Geschichte ab und auf Naturwissenschaften ein: »Bloß die Naturwissenschaften lassen sich praktisch machen und dadurch wohlthätig für die Menschheit. Die abstrakten, der Philosophie und Philologie (Geschichte), führen, wenn sie m e t a p h y s i s c h sind, ins Absurde

der Möncherei und Scholastik; sind sie h i -
s t o r i s c h, in das Revolutionäre der Welt-
und Staatenverbesserung« (Gespräche, 1,
S. 908 f.).

Abwendung und Negation waren allerdings
für einen auf produktives Tätigsein ausgerichteten Menschen wie G. auf Dauer undenkbar.
Auf vielfältigste und unterschiedlichste Weise
arbeitete er daran, den destruktiven Tendenzen der Epoche gegenüber Kräfte zu mobili-
sieren und Gegenentwürfe zu entwickeln, die,
ohne die Realität zu verleugnen, in einem evo-
lutionär orientierten Sinne Humanität zu fördern geeignet schienen. Das bestimmte auch
seine Sicht auf die Haltungen und Konzepte
der Zeitgenossen und brachte ihn in eine
ziemlich isolierte Position. Politisch wandte er
sich gegen bloße »OppositionsMänner« wie
gegen »Bewegungsleugner« (an Schiller, 19.
10. 1796). Er hatte nichts im Sinn mit Ideologen, die in ihrem eigenen Kopf erzeugte philosophische Konstrukte und Idealvorstellungen in die Wirklichkeit zu überführen trachte-
ten. Revolutionären Bestrebungen stand er
kritisch gegenüber und sah in ihnen vor allem
die Förderung des ihm verhaßten Anarchisch-
Zerstörerischen. Aber auch jenen, die, wie
etwa Edmund Burke und in seinem Gefolge
deutsche Intellektuelle, das Bestehende als historisch Gewordenes um jeden Preis rechtfer-
tigten und verteidigten, folgte er nicht. Konterrevolution war nicht seine Sache. Einseitigen, ihm geschichtsblind erscheinenden aktuellen Ideologemen gegenüber machte er den
Menschen als Subjekt der Kultur zum Gegenstand seiner denkerischen und poetischen Arbeit. Auch in dieser Hinsicht hielt er sich von
illusionären Träumen fern. Während Hölderlin, Novalis, Hegel an der Schwelle zum 19. Jh.
aus dem großen Aufschwung von Philosophie
und Literatur in Deutschland einen unter
deutscher Führerschaft und Prädominanz sich
vollziehenden Höhenflug humaner Kultur ab-
leiteten und weissagten, hütete er sich vor
ähnlich euphorischen Ideen. Ungeachtet dessen setzte auch er auf das kulturschöpferische
Vermögen des Menschen, dabei immer der
Schwierigkeiten und Widersprüche eingedenk, mit denen diese humane Potenz zu rech-

nen hat. Sein Credo hielt er in einem vielfachen Konjunktiv auf das menschliche Individuum beschränkt, wenn er im Abschnitt *Antikes* der *Winckelmann*-Schrift von 1805
schrieb: »Wenn die gesunde Natur des Menschen als ein Ganzes wirkt, wenn er sich in der
Welt als in einem großen, schönen, würdigen
und werthen Ganzen fühlt, wenn das harmonische Behagen ihm ein reines freies Entzücken
gewährt; dann würde das Weltall, wenn es sich
selbst empfinden könnte, als an sein Ziel gelangt aufjauchzen und den Gipfel des eigenen
Werdens und Wesens bewundern. Denn wozu
dient alle der Aufwand von Sonnen und Planeten und Monden, von Sternen und Milchstraßen, von Kometen und Nebelflecken, von gewordenen und werdenden Welten, wenn sich
nicht zuletzt ein glücklicher Mensch unbewußt
seines Daseins erfreut?« (WA I, 46, S. 22).

Als 1805/06 das alte Deutschland zusammenbrach, begriff G. bald, daß damit der Zustand
relativer Unbetroffenheit und Ruhe nach dem
Baseler Frieden zu Ende gegangen war, der
wenigstens dem »Einzelnen« erlaubt hatte,
»sich so weit auszubilden als möglich und [...]
nach seiner Art beliebig das Rechte zu tun«
(an Zelter, 27.7. 1807). Selbst unmittelbar in
Mitleidenschaft gezogen, suchte er sich – ähnlich wie schon 1792/93 – in »Realismus« zu
retten. Immer weniger in Übereinstimmung
mit den allgemeinen Zeittendenzen und der
überwiegenden Mehrheit der Zeitgenossen,
bewahrte er sich einen nüchternen und kritischen Blick und präsentierte sich denen gegenüber, die seine Sichtweise nicht zu teilen
vermochten, gern mit mephistophelischer Ironie. Vielleicht waren dies die Jahre, in denen
er seinen »Walpurgissack« (Gespräche, 5,
S. 92) in Gebrauch nahm; darin barg er seine
schwärzesten Gedanken und grimmigsten
Stimmungen, für die er bei anderen kein Verständnis erwartete oder mit denen er die Mitlebenden allzusehr zu provozieren fürchtete.
Gelegentlich finden sich in brieflichen oder
Gesprächsäußerungen sogar verstörende zyni-
sche Töne – wie etwa im Brief an Karl Friedrich Reinhard vom 14.11. 1812: »Daß Moskau
verbrannt ist, thut mir gar nichts. Die Welt-

geschichte will künftig auch was zu erzählen haben.« Lamentieren war ihm zuwider. Es kam darauf an, sich fest zu erhalten und zu tun, was möglich war.

Was G. tat, führte eine deutliche Wendung in seiner Auseinandersetzung mit dem Thema Geschichte herbei. Im chaotischen Ablauf der Ereignisse besann er sich auf Kontinuitäten, auf Quellen und Fundamente der eigenen Existenz. Schon zuvor – 1795 im Aufsatz *Literarischer Sansculottismus*, 1796/97 in der Übersetzung der Autobiographie des Benvenuto Cellini, 1805 in der *Winckelmann*-Schrift – sichtbar gewordene kulturgeschichtliche Interessen und Bestrebungen verstärkten sich und wurden zu einem Ankerpunkt. In der Hinwendung zur Aufarbeitung vergangener Phänomene distanzierte er sich von der Gegenwart und gewann zugleich ein diese Gegenwart einschließendes tieferes Verständnis für den Gang der menschlichen Dinge. Wie weit das reichte, wird aus der in den *Materialien zur Geschichte der Farbenlehre* formulierten These deutlich, »daß die Weltgeschichte von Zeit zu Zeit umgeschrieben werden müsse, [...] weil der Genosse einer fortschreitenden Zeit auf Standpuncte geführt wird, von welchen sich das Vergangene auf eine neue Weise überschauen und beurtheilen läßt«; darüber sei »in unsern Tagen wohl kein Zweifel übrig geblieben« (WA II, 3, S. 239). In einer Situation äußerster Bedrängnis und Anspannung gewann G. in der Arbeit auf kulturgeschichtlichem Feld die Gewißheit des Kontinuums von Humanitätsentwicklung. So schrieb er am 7. 3. 1808 an Friedrich Heinrich Jacobi, ihm komme es denn doch so vor, »daß immer noch in denen Zeiten, die uns stumm und dumm scheinen, ein lauter Chorgesang der Menschheit erscholl, dem die Götter gern zuhören durften. Und für mich ist es immer ein herrlicher Anblick in das dunkle tiefe energische Wirken hineinzuschauen. Wie schön nehmen sich alsdann die einzelnen Völker und Geschlechter aus, die das heilige Flämmchen des Bewußtseyns bewahren und fortpflanzen! wie vortrefflich diejenigen Menschen, in denen die Flamme wieder einmal aufschlägt«.

Große Darstellungen mit kultur-, wissen-schafts-, literatur-, individualitätsgeschichtlicher Thematik waren G.s Beitrag dazu, »das heilige Feuer, welches die nächste Generation so nöthig haben wird, und wäre es auch nur unter der Asche, [zu; d. Vf.] erhalten« (an Knebel, 24. 11. 1813). 1808/09 erarbeitete er die *Materialien zur Geschichte der Farbenlehre*. Zunächst zur historischen Begründung der eigenen Auffassung von den Farben begonnen und demzufolge unsystematisch und fragmentarisch nur als Sammlung von »Materialien« konzipiert, erweisen sie sich als faszinierender Ansatz zu einer Geschichte der Wissenschaft, als Teil von Kulturgeschichte der Menschheit, den Thomas Mann als einen »Roman des europäischen Gedankens« (Mann, S. 694) bezeichnete. Vor allem in den zwischen die referierenden Teile eingelagerten allgemeinen Betrachtungen ist eine Fülle von theoretischen und methodischen Einsichten zur Geistesgeschichte, zum Verhältnis von Individuum und Sozietät, Tradition und Erneuerung, Wissen und Glauben ausgebreitet. Um 1809 begann G. mit der Niederschrift seiner Autobiographie *Dichtung und Wahrheit*, in der die Geschichte seines Lebens in vollem Bewußtsein dessen erzählt wird, daß es die »Hauptaufgabe der Biographie« sei, »den Menschen in seinen Zeitverhältnissen darzustellen, und zu zeigen, in wiefern ihm das Ganze widerstrebt, in wiefern es ihn begünstigt, wie er sich eine Welt- und Menschenansicht daraus gebildet, und wie er sie, wenn er Künstler, Dichter, Schriftsteller ist, wieder nach außen abgespiegelt« (WA I, 26, S. 7). Was gegenüber einer Gegenwart, die er als chaotisch empfand, sowohl der Ablenkung dienen als auch Bestätigung bringen sollte, gedieh zur bedeutenden Spiegelung ganzer Kultur- und Geistesepochen in der Entwicklung des eigenen Lebens und Schaffens und stellte diese zugleich in den Kontext europäischer Geschichte und ihrer Umwälzungen. Schließlich entwarf G. 1816–1818 in den *Noten und Abhandlungen zu besserem Verständniß des West-östlichen Divans* Grundlinien für die Erschließung einer ganz und gar anderen, fremden Kultur und Literatur, für das Begreifen jenes morgenländischen Kulturkreises, den er gerade erst für sich selbst umfassend entdeckt und in die eigene Lebenssphäre und Kulturwelt hineingeholt hatte.

Im *Historischen Theil* der *Farbenlehre* hatte G. für die Erfüllung des Bestrebens, sich »von vergangenen Dingen eine rechte Vorstellung [zu; d. Vf.] machen«, vorausgesetzt, »die Zeit zu bedenken in welcher etwas geschehen, und nicht etwa die unsrige [...] an jene Stelle zu setzen« (WA II, 4, S. 45). Dieses grundlegende historische Prinzip bewährte sich in den genannten großen Werken wie in vielen anderen, kleineren Arbeiten. Es sicherte G. die angemessene Distanz gegenüber geschichtsphilosophischen Spekulationen, die teleologisch und finalistisch von einer kommenden großen Harmonie träumten und dabei die konkrete Wirklichkeit der Geschichte übersprangen. Gleichermaßen trennte es ihn von den rückwärtsgewandten, mehr oder minder religiös gegründeten Vergangenheitsverklärungen der Romantiker, die, erschauernd vor den Krisen und Katastrophen der Zeitgeschichte, von einem Trotz-allem-Fortschreiten der Menschheit nichts mehr wissen wollten. G. hielt solchermaßen – mit den gebotenen Modifikationen – an der Perspektive der Aufklärung auf die Geschichte fest. Das bedeutete vor allem auch, daß er den Fortschrittsgedanken nicht aufgab, sondern in hochdifferenzierter, freilich auch fragiler Weise modifizierte. Normative Entwürfe als Denk- und Handlungsvorgaben lehnte er ab. Wenn er ein Fortschreiten für möglich hielt, so bezog sich das nie auf ein systematisches Ganzes, und niemals war die Möglichkeit von – ebenso partiellen – Rückschritten ausgeschlossen. Ruhiges Vertrauen auf eine Weltordnung, auf eine Nemesis, wie sie etwa Herder und Christoph Martin Wieland in ihren späten Jahren proklamierten, war seine Sache ebensowenig wie Hegels philosophische Rechtfertigung der gegenwärtigen Realität. Wenn er sich zu aktuellen Ordnungsmächten bekannte, sei es zu Napoleon, sei es zur Heiligen Allianz, so äußerte sich darin die pragmatische Anwendung seiner grundsätzlichen Aversion gegen Anarchie und Chaos als Zuständen, die die kulturschöpferischen Leistungen und Potenzen des Menschen, also die

eigentlich ein Voranschreiten der Menschheit ermöglichenden Kräfte, einschränkten oder gar zu vernichten drohten.

In den letzten Lebensjahren lassen sich kaum noch wesentliche Veränderungen in G.s Sicht auf Geschichte finden. Es sei denn, man konstatiert ein noch stärkeres Auseinandertreten der Pole von kritischer Ablehnung und verzweifelter Beschwörung. Das politische Einlenken von 1814/15, bezeugt etwa in *Des Epimenides Erwachen*, schloß zugleich einen deutlichen Schub skeptischer Distanzierung ein – der im *West-östlichen Divan* wiederum seine produktive Aufhebung erfuhr. Schon 1816 fragte G. rhetorisch, wie er es denn, nachdem er den *Werther* geschrieben, noch auszuhalten vermocht habe (an Zelter, 26.3. 1816), und zu Kanzler von Müller sagte er am 6.3. 1828: »Ich bin nicht so alt geworden, um mich um die Weltgeschichte zu kümmern, die das Absurdeste ist, was es gibt; ob dieser oder jener stirbt, dieses oder jenes Volk untergeht, ist mir einerlei, ich wäre ein Tor, mich darum zu kümmern«. »Konfus«, »trostlos«, »elend«, »unheilvoll«, kaum ein abschätziges Attribut, das sich nicht finden ließe. Demgegenüber stehen dann die Widerreden und Gegenaufrufe, die Appelle, Vernunft gegen Unvernunft zu verteidigen, die Versuche, im Chaos der Gegenwart an alten aufklärerischen Gesinnungen festzuhalten und die Hoffnung auf einen »ewigen Weltgeist« (an Zelter, 24.10. 1827) nicht aufzugeben.

Die Sicht dieser letzten Lebensjahre findet komprimierten Ausdruck in zentralen Passagen des *Faust II*. Die *Klassische Walpurgisnacht*, die den Rückblick auf dreitausend Jahre Menschheitsgeschichte eröffnet, wird durch den Monolog der Erichtho eingeleitet. Auf den Pharsalischen Feldern, dem Ort der großen Schlacht zwischen Pompeius und Cäsar, gibt sie die späte Antwort über den Ausgang des Gemetzels. Nach drei Jahrtausenden sieht sie nur die ewige Wiederholung des Sorg- und Grauenvollen; Gewalt steht immer wieder gegen Gewalt, Macht- und Herrschaftsstreben sind die bestimmenden Motive. Schon kurz zuvor gab Mephisto sein Urteil zum Thema mit der Bemerkung ab, wie sehr ihn »jene Streite /

Von Tyrannei und Sklaverei« (WA I, 15.1, S. 107) langweilten. Was im weiteren Verlauf des *Faust II* folgt, seien es die Kämpfe des Altertums und Mittelalters im *Helena*-Akt oder die Auseinandersetzungen zwischen Kaiser- und Gegenkaiserpartei im vierten oder schließlich die Gewaltakte des Gespanns Faust und Mephisto im fünften Akt, bestätigt nur den im Sinne wahrhafter Humanitätsentwicklung negativen Befund.

G.s letzter Brief, am 17.3. 1832 an Wilhelm von Humboldt gerichtet, faßt das alles in ergreifender Weise zusammen: »Verwirrende Lehre zu verwirrtem Handel«, heißt es da, »waltet über die Welt, und ich habe nichts angelegentlicher zu thun als dasjenige was an mir ist und geblieben ist wo möglich zu steigern und meine Eigenthümlichkeiten zu cohobiren«.

Der alte G. hat seine Sicht auf die Geschichte in wachsendem Maße als mit den unter den Zeitgenossen verbreiteten Denkweisen in Gegensatz befindlich empfunden. Schon zu Lebzeiten war er Gegenstand einer heftigen, von verschiedenen, ja diametral einander entgegengesetzten Seiten kommenden Kritik. Diese Konstellation hat die G.-Rezeption über lange Zeit hinweg spannungsvoll und gegensätzlich gemacht. Das Disparate und Kontroverse erklärt sich nicht zuletzt daraus, daß das G.-sche Geschichtsverständnis viele Berührungspunkte mit anderen Auffassungen aufweist, sich aber diesen im Kern auch immer wieder entzieht. G. selbst hat sich ständig eindeutig gegen weit verbreitete, vorherrschende Tendenzen abgegrenzt, insbesondere gegen alle teleologischen, subjektiv- oder objektiv-idealistischen Sinngebungen und Konstruktionen. Ihm war immer bewußt, daß nicht die eigenen Neigungen und Wünsche den Gang der Geschichte bestimmen. Seinen immer wieder neu angesetzten Versuchen, Geschehendes zu begreifen und produktiv darauf zu reagieren, gesellte sich oft genug die Erfahrung hinzu, daß mit dem Alten auch Vernünftiges und Liebgewordenes unterging und mit dem Neuen zugleich Unwillkommenes und Widerwärtiges aufstieg. Das vergrößerte die generell

aus der Unberechenbarkeit geschichtlicher Abläufe resultierende Neigung zu Mißtrauen und Distanz. Wie Faust sich zu Anfang des Zweiten Teils dazu bekennt, nur am »farbigen Abglanz [...] das Leben« (WA I, 15.1, S. 7) zu haben, so hielt auch G. sich an die Phänomene, obwohl ihn das konsequenterweise der »ungeheuern Empirie« (an Schiller, 9.3. 1802) auslieferte. Irrtümer waren unvermeidbar, aber auch Fortschritte sah er im Bereich des Möglichen. Immerhin gewährte ihm seine Denk- und Verhaltensweise, wie unverläßlich alles Empirische und wie verschlossen die Erkenntnis des Ganzen bleiben mochten, sinnvolle partiale Resultate und zugleich den offenen Blick auf das Ganze in seiner Einheit.

Der Respekt vor der Realität, die Annahme auch ihrer Dissonanzen und Antinomien und die Entscheidung für ein oftmals pragmatisches Verhalten ihr gegenüber hatten durchaus problematische Konsequenzen für die Nachwirkung des G.schen Schaffens. Gerade die Beziehung zur Geschichte war eine der wesentlichsten Veranlassungen für die Disparatheit der Wirkungsgeschichte. Obwohl er der zum Ende seines Lebens immer lauter werdenden Kritik an ihm als dem großen Zeitablehnungsgenie oder Rückschrittsgeist die Überzeugung entgegensetzen konnte, mit seiner Zeit immer Verbindung gehalten und dabei nicht nur eine entscheidende Prägung und Förderung empfangen, sondern selbst der Mitwelt vielfache produktive Impulse gegeben zu haben, fanden seine Auffassungen immer weniger Zustimmung. Insbesondere die ersten Jahrzehnte nach seinem Tod standen im Zeichen einer weitgehenden grundsätzlichen Negation seiner Auffassungen und Haltungen. Politische Aktivisten und Fortschrittsanhänger im 19. Jh. – wie später durchaus auch noch im 20. – fühlten sich legitimiert, ihn des Kompromißlertums, des Indifferentismus, der Charakter- und Prinzipienlosigkeit zu beschuldigen. Andererseits fanden auch konservative Ideologen keinen verläßlichen und brauchbaren Bundesgenossen in ihm. Daß er sich jeder Tendenz zum Umstürzlerischen, zum Anarchisch-Chaotischen verweigerte, machte ihn nicht zum Gegner von Entwicklung und Fortschritt. Wenn er den Augenblick aufs höchste zu preisen wußte und im poetischen Werk unvergänglich machte, hatte das nichts mit der Apologie des Bestehenden zu tun.

Immerhin hatte die kritische Abwendung der Fortschrittsanhänger im 19. Jh., insbesondere im Vormärz, die Konsequenz, daß G.s geschichtliches Denken zunächst im Historismus, der über viele Jahrzehnte vorherrschenden Richtung der deutschen Geschichtswissenschaft, positive Aufnahme fand. G. hatte im Endeffekt bei aller kritischen Distanz zur Historie doch den Historikern größere und fruchtbarere Aufschlüsse über die Geschichte zugetraut als den Philosophen: Sie waren eben näher an der empirischen Wirklichkeit. So war es nicht abwegig, daß der Historismus sich stark auf ihn berief, und kein Zufall, daß Friedrich Meinecke schließlich in seiner Darstellung der *Entstehung des Historismus* in G. den Gipfelpunkt der Entwicklung zum Historismus hin erblickte. Wenn aber G.s intuitives Begreifen von Komplexität und sein Sinn für das Einmalige und Unwiederbringliche den Anhängern des Historismus zuzuarbeiten schienen, fanden wiederum deren Tendenzen zu einer idealistischen Sinngebung ebenso wie ihre Optionen für Nation und Staat kaum Anknüpfungspunkte und Förderungsansätze bei ihm. Am ehesten kam ihm vielleicht ein Mann wie Jakob Burckhardt nahe, und auch Nietzsche nahm ihn als Gewährsmann für seine Kritik an dem apologetisch harmonisierenden Historismus nicht zu Unrecht in Anspruch.

In den letzten Jahrzehnten hat G.s Geschichtsdenken – möglicherweise noch im Ergebnis der starken Tendenzen zur Vereinnahmung durch den inzwischen zunehmend der Kritik verfallenen Historismus – keine herausragende Rolle in der Selbstverständigung der Geisteswissenschaften über Geschichte gespielt. Obwohl es bemerkenswerte Aufsätze von Ernst Cassirer und von Klaus Ziegler gibt – 1993 machte die G.-Gesellschaft das Thema auf ihrer Hauptversammlung in Weimar erneut zum zentralen Gegenstand ihrer wissenschaftlichen Beratungen –, ist charakteristisch, daß G. in den großen lexikalischen Darstellungen des geschichtlichen Denkens bei Gunter Scholtz (*Historisches Wörterbuch der Philosophie*) und bei Reinhart Koselleck (*Geschichtliche Grundbegriffe*) kaum erwähnt ist. Zugleich zeichnen sich freilich Annäherungen und Fortschritte in Hinsicht auf ein komplexes und differenziertes Bild von G.s Geschichtsbeziehung ab, insofern sich dem Denken der Gegenwart auf der Grundlage von deren Erfahrung mit dem Widersprüchlichen, ja mit dem Chaotischen der Sinn für die skeptische Ambivalenz der G.schen Positionen geweitet hat. Die oft gestellte und sehr unterschiedlich beantwortete Frage, ob G.s Verhältnis zur Geschichte produktiv gewesen sei – eine Frage, die offenbar immer noch mehr auf Eindeutigkeit und Kompatibilität zielt und bislang überwiegend einschränkend und zwiespältig beantwortet wurde –, könnte bei aller unerläßlichen Differenzierung eine zunehmend positive Antwort finden.

Literatur:

Bubner, Rüdiger: Die Gesetzlichkeit der Natur und die Willkür der Menschheitsgeschichte. Goethe vor dem Historismus. In: GoetheJb. 110 (1993), S. 135–145. – Buchwald, Reinhard: Goethe und das deutsche Schicksal. Grundlinien einer Lebensgeschichte. München 1948. – Cassirer, Ernst: Goethe und die geschichtliche Welt. Berlin 1932. – Koselleck, Reinhart: Geschichte, Historie. In: Brunner, Otto u.a. (Hg.): Geschichtliche Grundbegriffe. Bd. 2. Stuttgart 1975, S. 593–717. – Ders.: Goethes unzeitgemäße Geschichte. In: GoetheJb. 110 (1993), S. 27–39. – Lukács, Georg: Goethe und seine Zeit. Berlin 1950. – Mandelkow, Karl Robert: Goethe im Urteil seiner Kritiker. Dokumente zur Wirkungsgeschichte Goethes in Deutschland. 4 Bde. München 1975–1984. – Mann, Thomas: Phantasie über Goethe. In: ders.: Gesammelte Werke. Bd. 10. Berlin 1955, S. 674–716. – Meinecke, Friedrich: Die Entstehung des Historismus. Bd. 2. München, Berlin 1936. – Nisbet, Hugh Barr: Goethes und Herders Geschichtsdenken. In: GoetheJb. 110 (1993), S. 115–133. – Scholtz, Gunter: Geschichte, Historie. In: Ritter, Joachim (Hg.): Historisches Wörterbuch der Philosophie. Bd. 3. Basel, Stuttgart 1974, Sp. 344–398. – Vierhaus, Rudolf: Goethe und der Historismus. In: GoetheJb. 110 (1993), S. 105–114. – Ziegler, Klaus: Zu Goethes Deutung der Geschichte. In: DVjs. 30 (1956), S. 232–267.

Hans-Dietrich Dahnke

Geschichtsschreibung

Wenn G. von Geschichte sprach, meinte er oftmals gar nicht die Begebenheiten und Vorgänge selbst, sondern deren Darstellung durch Geschichtsschreibung. Spannungsvoll und skeptisch wie sein Verhältnis zur Geschichte war auch das zur Geschichtsschreibung: »Wie soll es bei der Geschichtsschreiberei immer richtig sein [...], die Welt selber ist es ja oft nicht«, so zu Karl August Varnhagen von Ense am 8.7. 1825 (Gespräche, 3.1, S. 798). Dennoch entwickelte sich seine Sicht auf beide Bereiche nicht parallel, sondern eher gegenläufig. Während im Hinblick auf Geschichte die Zweifel an einer objektiven Sinngebung wie an den subjektiven Handlungsmöglichkeiten im Verlauf seines Lebens stärker wurden, kam er mit der Zeit zu einer ausgeglicheneren Beziehung zur Geschichtsschreibung. War die Verschärfung des Mißtrauens gegenüber der Geschichte die Folge der Konfrontation mit einem tiefgreifenden Epochenumbruch, der kaum angemessen zu perspektivieren war, so ergab sich größere Aufgeschlossenheit gegenüber der Geschichtsschreibung daraus, daß über die Reifung des eigenen historischen Bewußtseins hinaus im Zuge der Konstituierung von Geschichtswissenschaft als eigenständiger Disziplin achtungsgebietende Leistungen ihrer besten Vertreter sichtbar und rezipierbar wurden.

Wie an der Geschichte selbst war und blieb G. indessen an den Bemühungen interessiert, sich der Vergangenheit zu bemächtigen und über ihre Reflexion Zugang zur Erkenntnis des Gegenwart und Zukunft einbeziehenden Geschichtsprozesses zu gewinnen. Ungeachtet vieler negativer Erfahrungen suchte er immer wieder Förderung durch Werke der Historiographie und hielt dabei kontinuierlich Kontakt mit der Entwicklung des Fachs. Schätzte er die Chance, daraus überzeugende und tragfähige Gewinne zu erlangen, für die Erkenntnis des Ganzen gering ein, so verfolgte er doch das Wachstum und die Festigung der Geschichtswissenschaft mit Anteilnahme und Sympathie,

insbesondere im Hinblick auf Faktisch-Konkretes.

Die Kindheits- und Jugenderfahrungen mit Historiographie waren offenbar wenig geeignet, Respekt oder gar Neigung für das Fach zu wecken. Zwar benutzte der junge G. die Standardwerke antiker und neuzeitlicher Geschichtsschreiber als obligate Bildungsmittel der Zeit, doch brachten sie ihm zumeist wenig Gewinn und verwirrten mehr als daß sie klärten. Kompendien und Tabellenwerke boten toten Lernstoff dar, ausgreifendere Darstellungen wirkten mit ihrer sehr oft auf Moraldidaktik ausgerichteten Tendenz abstoßend. Noch in den *Zahmen Xenien* heißt es in Sachen »Welt-Historia«, daß die »Herrn Bredows künft'ger Zeiten« – Gabriel Gottfried Bredow, Professor der Geschichte in Helmstedt, Frankfurt an der Oder und Breslau, war einer der Verfasser solcher Werke – »daraus Tabellen bereiten« würden: »Darin studirt die Jugend mit Fleiß / Was sie nicht zu begreifen weiß« (WA I, 3, S. 296). In seinen Universitätsjahren ließ G. sich nicht auf das Studium der Geschichte ein. Im *Urfaust* ist sein Urteil über die Vertreter des Fachs, ihre Methoden und ihre Ergebnisse auf den Punkt gebracht: »Was ihr den Geist der Zeiten heisst, / Das ist im Grund der Herren eigner Geist, / In dem die Zeiten sich bespiegeln« (WA I, 39, S. 227 f.). Während das intensive Interesse für Kunst G. auf weitaus unbefangenere Weise mit den – abgesehen von Johann Joachim Winckelmanns Arbeiten methodisch kaum anders angelegten – Sammelwerken und Gesamtdarstellungen zur Kunstgeschichte umgehen ließ, sprang in Hinsicht auf allgemeine Historiographie kein Funke über. Was an Geschichtsschreibung dagegen positiv wirkte, das waren die großen Erzählungen, die Biographien herausragender oder exemplarischer Persönlichkeiten nach dem Beispiel des Plutarch.

An dieser Konstellation änderte sich in den folgenden Jahren, die im Zeichen der Wendung zu Natur und Kunst sowie des revolutionären Epochenumbruchs standen, nichts Grundsätzliches. Vielsagend das Bekenntnis, das G. im Lager von Marienborn, anläßlich der Belagerung von Mainz, formulierte: »Ich arbeite fleißig in aestheticis, moralibus und physicis und würde auch in historicis etwas thun, wenn dieß nicht das undanckbarste und gefährlichste Fach wäre« (an F.H. Jacobi, 7.7. 1793). Ohne der Authentizität der Wiedergabe allzuviel Vertrauen zu schenken, hat man auch das Gespräch, das G. am 19.8. 1806 mit Heinrich Luden, dem frischberufenen Professor der Geschichte in Jena, führte und das Luden in seinen 1847 erschienenen Memoiren rekonstruierte, in seiner Grundrichtung zu berücksichtigen. Ganz im Sinne der Äußerung zu Jacobi scheint G. hier alle offenen Probleme der Geschichtswissenschaft und der Historiographie berührt zu haben. Die Rede ist von ewiger Wiederholung des Gleichen in der Geschichte, von der Schwierigkeit, Wahrheit aufzufinden, und das Gespräch lief gar auf die Frage hinaus, ob es nicht besser wäre, sich unter solchen Umständen gar nicht um das Vergangene zu kümmern, statt daraus falsche Schlußfolgerungen zu ziehen oder sich zur Handlungsunfähigkeit im Gegenwärtigen treiben zu lassen (Gespräche, 2, S. 111 ff.).

Über sein langes Leben hinweg hatte G. zahlreiche Begegnungen mit zeitgenössischer deutscher Geschichtsschreibung, ließ sich dadurch inspirieren und versagte herausragenden Leistungen die gebührende Würdigung nicht. Justus Mösers historiographische und Herders geschichtsphilosophische Arbeiten wirkten grundlegend und dauerhaft auf seine Denkart und sein Geschichtsbild ein, sie lehrten ihn Prägung und Eigenart historischer Erscheinungen sehen und schätzen, sie ließen ihn das Langwierige und Widersprüchliche geschichtlicher Entwicklungen besser begreifen. In späteren Jahren schloß er sich neuen Anregungen aus dem Bereich der Geschichtswissenschaft auf, als er im Gefolge der Katastrophe, die das Deutsche Reich mit allen seinen Gliedern durch Napoleon zu erleiden hatte, und angesichts des Untergangs der alten Weltverhältnisse durch die Erforschung von Geschichte Hilfe bei der Krisenbewältigung zu gewinnen hoffte. In einem solchen noch enggefaßen Sinn aktuellen Haltgebens und Anspornens übersetzte er gemeinsam mit Friedrich Wilhelm Riemer unverzüglich die Rede,

in der Johannes von Müller, der berühmte Historiker der schweizerischen Eidgenossenschaft, Anfang 1807 in Berlin Friedrich II. von Preußen als Beispiel heroischer Selbstbehauptung vor den niedergeschmetterten Preußen aufgestellt hatte.

Das im Zuge eigener historiographischer Arbeiten gewachsene Interesse für neue Tendenzen und herausragende Leistungen der Geschichtswissenschaft und Historiographie ließ G. Gefallen an solchen Werken finden, die ihm, wie im Falle der *Universalhistorischen Übersicht der Geschichte der alten Welt und ihrer Cultur* (1826) von Friedrich Christoph Schlosser ermöglichten, »das Gränzenlose für den Geist begränzt und die höchst bedeutende Summe, in so fern das Einzelne nur einigermaßen sicher ist, klar und vernünftig gezogen zu sehen« (WA I, 41.2, S. 209). Charakteristisch für seine Intentionen und sein Urteilsvermögen ist seine Beziehung zu Barthold Georg Niebuhr, neben Leopold von Ranke einer der Protagonisten der Frühphase des Historismus. Niebuhrs *Römische Geschichte* (1811–1832) befand er »in allen Hauptpuncten, was Welt und Völker betrifft«, als dem eigenen Denken gemäß; der Autor habe ihm »die römische Geschichte wieder genießbar gemacht«, nämlich indem er sich zur Pflicht gemacht habe, »die stationairen und retrograden Epochen derselben in's vollste Licht zu setzen« (an Niebuhr, 23.11. 1812). Demgegenüber gibt es eine Äußerung aus einer sehr späten Lebensphase, die G.s eigenwillige, letztlich sich doch wieder gegen die eigentliche Intention der Geschichtsschreibung sperrende Haltung beleuchtet. Nach dem Empfang der Nachricht von Niebuhrs Tod – nur wenige Wochen zuvor hatte er den zweiten Teil von dessen Werk zusammen mit einem »schönen Brief« empfangen und bei der Lektüre mit dem Autor innere Zwiesprache gehalten – schrieb er am 17.1. 1831 an Carl Friedrich Zelter: »Eigentlich ist es nicht mein Bestreben in den düstern Regionen der Geschichte bis auf einen gewissen Grad deutlicher und klarer zu sehen; aber um des Mannes willen, nachdem ich sein Verfahren, seine Absichten, seine Studien erkannte, wurden seine Interessen auch die Meinigen. Niebuhr, war es eigentlich und nicht die römische Geschichte, was mich beschäftigte. So eines Mannes tiefer Sinn und emsige Weise, ist eigentlich das was uns auferbaut. Die sämmtlichen A c k e r g e s e t z e gehen mich eigentlich gar nichts an, aber die Art, wie er sie aufklärt, wie er mir die komplizierten Verhältnisse deutlich macht, das ists, was mich fördert, was mir die Pflicht auferlegt, in denen Geschäften die ich übernehme, auf gleiche gewissenhafte Weise zu handeln«.

In diesem Sinne vor allem war der alte G. für Geschichtsschreibung aufgeschlossen, äußerte er sich zustimmend über Friedrich von Raumers *Geschichte der Hohenstaufen* (1823ff.) und enthusiastisch über Sir Walter Scotts Napoleon-Biographie (1828), erkundigte er sich auch nach Person und Werk von damals noch jungen Historikern wie Heinrich Leo und Ranke, über die er Positives gehört öder gelesen hatte. Zu den konzeptionellen und methodischen Streitfragen allerdings nahm er nicht Stellung, und die Auseinandersetzung um sie scheint ihm nicht einmal wichtig vorgekommen zu sein. Hegels Geschichtsphilosophie spielte in G.s Beziehung zu dem Philosophen keine Rolle; keine Rede ist im Briefwechsel mit Wilhelm von Humboldt von dessen grundlegenden Ideen über die Geschichtswissenschaft; keinerlei Beachtung fand der Methodenstreit zwischen der Geschichtsphilosophie und dem Historismus, zwischen Hegel und Ranke, der in den zwanziger Jahren ausgetragen wurde.

G.s Verhältnis zur Geschichtsschreibung ist nicht vollständig erfaßt, solange seine eigenen historiographischen Arbeiten nicht in ihrer spezifischen Tendenz berücksichtigt sind. Diese haben im Zusammenhang mit dem Schub historischen Interesses und Denkens, der sich aus den Ereignissen im ersten Jahrzehnt des neuen Jahrhunderts ergab, ihren Höhepunkt erreicht und zu bedeutenden, in ihrer Fruchtbarkeit kaum zu überschätzenden Leistungen geführt. Disponiert freilich waren solche Unternehmungen schon früh, nahezu von Anfang an, und zwar in Gestalt biographischer Geschichtsdarstellung. Wenn G. 1810 der Biographie die Aufgabe zusprach, daß sie

»das Individuum lebendig darstellt und zugleich das Jahrhundert wie auch dieses lebendig auf jenes einwirkt« (WA I, 28, S. 358), so schöpfte das aus eigenen älteren Erfahrungen. Die von dem Interesse an der Kollision herausragender Individualitäten mit dem Gang der Geschichte her inspirierten und strukturierten Geschichtsdramen wie *Götz* und *Egmont*, nicht minder die Fragment gebliebenen Werke der Frühzeit, zeigen die Einzelnen, getragen von ihrem »Jahrhundert« und zugleich mit diesem, insofern es große geschichtliche Krisen und Wendepunkte in sich schloß, in unbedingter Konfrontation. Das eindeutige Scheitern des Versuchs, in den achtziger Jahren eine Biographie des Herzogs Bernhard von Sachsen-Weimar, eines berühmten Condottiere aus dem Dreißigjährigen Krieg, zu schreiben, dürfte seine Erklärung in der wechselseitigen Begrenzung von Individuum und Jahrhundert finden; G. wurde bewußt, daß »die Ereignisse des Helden kein Bild machen« und daß sich die »würdige Rolle«, die er ihm zudachte, »von jener Gesellschaft nicht absondern« lasse (*Tag- und Jahreshefte bis 1780*).

Auch als G. sich in deutlicher Abneigung gegen das Allgemein-Historische den Bereichen von Natur und Kunst zuwandte, blieb das Interesse am Biographisch-Historischen ungetrübt. Es erreichte in *Winckelmann und sein Jahrhundert* 1805 einen Höhepunkt, der zugleich schon auf die eigene Autobiographie wies, insofern das Gewebe von Subjektivem und Objektivem, von Lebensumständen und Kunstbeziehung prägnant dargestellt wurde. Nicht zufällig hatte G. bereits 1796/97 seine Übersetzung der Autobiographie des Renaissancekünstlers Benvenuto Cellini mit aufschlußreichen Kommentaren zum Thema Biographie und Geschichtsschreibung begleitet. Cellinis Lebensbeschreibung interessierte ihn vor allem als Spiegelung einer Epoche im Medium einer bemerkenswerten, wenn auch problematischen Individualität: »Ich sehe das ganze Jahrhundert viel deutlicher durch die Augen dieses confusen Individui als im Vortrage des klärsten Geschichtsschreibers« (Meyer, 18.4. 1796). Im Entwurf der Vorrede zum dritten Teil von *Dichtung und Wahrheit* wies G. der Biographie eine geradezu konstitutive Funktion für die Geschichtsschreibung zu: »Soll aber und muß Geschichte seyn, so kann der Biograph sich um sie ein großes Verdienst erwerben, daß er ihr das Lebendige, das sich ihren Augen entzieht, aufbewahren und mittheilen mag« (WA I, 28, S. 358).

Im Zusammenhang mit solchen Erprobungen und Reflexionen rücken dann erst Entstehung und Eigentümlichkeit der eigenen historiographischen Werke G.s in das rechte Licht. Hier ist in erster Linie auf *Dichtung und Wahrheit* und die anderen autobiographischen Schriften zu verweisen. Auf sie hin führte gewiß eine schon zuvor sichtbare Entwicklungslinie, aber das Ergebnis war dann unvergleichbar: ein Bild des Werdens und Wirkens der eigenen Individualität inmitten einer geschichtlichen Welt, deren Darstellung weit über den Rahmen einer Lebensbeschreibung hinaus zu einem Panorama der Epoche wurde. Andere Wege wiederum schlug G. in seinen bedeutenden kultur-, wissenschafts- und literaturgeschichtlichen Arbeiten ein, vor allem im *Historischen Theil* der *Farbenlehre* und in den *Noten und Abhandlungen zu besserem Verständnis des West-östlichen Divans*. Diese Werke, locker strukturiert und dem Zwang zur Systematik weitgehend entzogen, aber konzeptionell auf die Erfassung weitgespannter geistiger Zusammenhänge und Entwicklungen gerichtet, entfalten einen gedanklichen Reichtum, der ihnen gerade in methodischer Hinsicht eine anhaltende Lebenskraft verleiht.

Mochten, aufs Ganze gesehen, die Ergebnisse der Disziplin G. wenig befriedigen, so hat er doch niemals den Wirkungsbereich des Historikers einzuschränken oder gar zu bestreiten gesucht. Nicht minderes Recht zur Geschichtsschreibung in einem allgemeineren Sinn hat er freilich dem Dichter zugesprochen. Die Entwicklung seines Denkens verlief insgesamt so, daß die anfängliche Höherbewertung der Poesie in Hinsicht auf den Gehalt an historischer Erkenntnis allmählich durch eine auf Arbeitsteilung und Gleichberechtigung orientierte Sicht abgelöst wurde. Für den jungen G. bot Shakespeares Dramenwerk ein Höchstmaß an essentieller Durchleuchtung

und Vermittlung von Geschichte. Der späte G., der die Sphären des Faktischen und des Poetischen, der Wissenschaft und der Kunst sorgfältig zu scheiden gelernt hatte, sah das Verhältnis nicht mehr so sehr unter dem Aspekt der Konkurrenz. Er hatte schließlich in beiden Bereichen Bedeutendes geschaffen. Wie ihm im Historiographischen seine künstlerische Sehweise und Gestaltungskraft zustatten gekommen war, so hatte er im Poetischen das geschichtliche Tatsachenmaterial genutzt, beides jeweils mit Souveränität und im klaren Bewußtsein dessen, was das jeweilige Genre verlangte. Exemplarisch für seine Problemsicht stehen die von Johann Peter Eckermann überlieferten Bemerkungen über Alessandro Manzoni. Las er dessen historischen Roman *Die Verlobten* mit überwiegender Zustimmung, so äußerte er sich doch kritisch darüber, daß der italienische Dichter »gar zuviel Respekt vor der Geschichte« – will sagen: vor der Faktizität des Historischen und vor dessen wissenschaftlicher Behandlung – gehabt und deshalb »seinen Stücken immer gern einige Auseinandersetzungen« hinzugefügt habe, »in denen er nachweise, wie treu er den Einzelnheiten der Geschichte geblieben« (31.1.1827). Zwar sei dem Dichter in der Arbeit am Roman der Historiker zugute gekommen, aber dieser habe jenem zugleich einen bösen Streich gespielt: Das Agieren des Autors »als nackter Historiker« habe zu einer streckenweise »trockenen chronikenhaften Schilderung« geführt, die G. dem deutschen Übersetzer schlicht und einfach entschieden zu kürzen anriet, um der Poesie wieder zu ihrem Recht zu verhelfen (23.7.1827). »Und wozu wären denn die Poeten, wenn sie bloß die Geschichte eines Historikers wiederholen wollten! Der Dichter muß weiter gehen und uns wo möglich etwas Höheres und Besseres geben« (31.8.1827). Ganz also war der alte Anspruch der Poesie auf Überlegenheit gegenüber der Geschichte doch nicht aufgegeben worden.

Literatur:

Blanke, Horst Walter/Rüsen, Jörg (Hg.): Von der Aufklärung zum Historismus. Zum Strukturwandel des historischen Denkens. Paderborn 1984. – Bödeker, Hans Erich u.a. (Hg.): Aufklärung und Geschichte. Göttingen 1986. – Iggers, Georg: Deutsche Geschichtswissenschaft. München 1976. – Jaeger, Friedrich/Rüsen, Jörg (Hg.): Geschichte des Historismus. Eine Einführung. München 1992. – Koselleck, Reinhart: Geschichte, Historie. In: Brunner, Otto u.a. (Hg.): Geschichtliche Grundbegriffe. Bd. 2. Stuttgart 1975, S. 593–717. – Scholtz, Gunter: Geschichte, Historie. In: Ritter, Joachim (Hg.): Historisches Wörterbuch der Philosophie. Bd. 3. Basel, Stuttgart 1974, Sp. 344–398.

Hans-Dietrich Dahnke

Geschmack

»Als ich das erstemal nach dem Münster ging, hatt' ich den Kopf voll allgemeiner Erkenntniß guten Geschmacks«, schrieb G. in seinem Hymnus auf Erwin von Steinbach *Von Deutscher Baukunst* (WA I, 37, S. 144). Der Kontext, in dem der Begriff verwendet ist, macht klar, daß der junge G. vor dem Straßburger Münster eines Erlebnisses teilhaftig wurde, das ihn in Gegensatz zur allgemeinen Norm zeitgenössischen Kunsturteils brachte und kritisch auf den sog. guten Geschmack sowie auf die Ausrichtung des eigenen Empfindens und Urteilens darauf zurückblicken ließ. Konkret ging es darum, daß er, bislang rational-abstrakt auf den vorherrschenden klassizistischen Geschmack orientiert, durch den gewaltigen Eindruck eines Meisterwerkes gotischer Baukunst überwältigt worden war. Jahre später sah G. wieder in klassischer Kunst die höchste Form eines nun positiv neu definierten »guten Geschmacks« im Kunstschaffen und grenzte sich abermals kritisch gegen neue Erscheinungsweisen eines schlechten Geschmacks ab.

Diese Sachlage verweist darauf, daß Geschmack ein Begriff ist, der den ästhetischen Wertungsstandard des individuellen oder kollektiven Subjekts für Kunstrezeption wie -produktion bezeichnet: eine sinnlich-geistige Erkenntnisweise, eine Fähigkeit, unmittelbar und differenzierend sowie im Hinblick auf ein Ganzes ästhetisch zu urteilen. Der Begriff, seit der zweiten Hälfte des 17. Jhs. in Spanien, Italien, Frankreich und England als Kategorie gebraucht, spielte in der ästhetischen Theorie wie in der künstlerischen Praxis des 18. Jhs. eine wichtige Rolle. Rationalistischen Positionen gegenüber, die das Geschmacksurteil als ein durch objektive Regeln überprüfbares Verstandesurteil betrachteten, setzte sich mehr und mehr die Tendenz durch, Geschmack als sinnliches Erkenntnisvermögen und als einen aus der menschlichen Natur abgeleiteten, allgemein verbindlichen Maßstab ästhetischen Urteilens zu bestimmen. Am Ende des Jhs. definierte Kant Geschmack als das Vermögen der ästhetischen Urteilskraft, ohne Begriff allgemeingültig und notwendig zu urteilen, und sah darin einen in allen Subjekten angelegten Gemeinsinn wirken.

Eine gerade für G. höchst bedeutsame neue Qualität – vor allem auch in Hinsicht auf künstlerisches Schaffen – erhielt die Auffassung von Geschmack durch Herder, der auch hierfür das Moment der Geschichtlichkeit in Anschlag brachte. Entsprechend forderte der junge G. in Opposition zu ahistorischen ästhetischen Konventionen und Normen das Recht auf ein eigenes Geschmacksurteil ein und steckte damit zugleich den Raum für das eigene poetische Schaffen ab, das sich auf Natur berief und dem Impuls der dem Genie innewohnenden schöpferischen Kraft folgte. In seiner Shakespeare-Rede von 1771 rief er die Freunde auf, »alle edlen Seelen, aus dem Elysium, des sogenanndten guten Geschmacks« zu trompeten, der in Wirklichkeit »verdorbner« Geschmack sei, solange er dem klassizistischen regelmäßigen Theater der Franzosen folge (WA I, 37, S. 133–135). Der neue, wahrhaft gute Geschmack, dem G., ohne ihn so zu nennen, Ausdruck gab, bewährte sich angesichts des Straßburger Münsters in der Bereitschaft, sich einem ganzen, großen Eindruck hinzugeben, »den, weil er aus tausend harmonirenden Einzelheiten bestand, ich wohl schmecken und genießen, keineswegs aber erkennen und erklären konnte«. Wenn der Schöpfer dieses Kunstwerkes aus »Einer Empfindung« heraus die vielen Teile »zum charakteristischen Ganzen« zusammengefügt hatte, vermochte auch der empfindungsfähige Betrachter dieses Ganze als ein solches nachzuvollziehen (ebd., S. 145 u. S. 149).

Als sich G. nach der Sturm-und-Drang-Phase in seiner Entwicklung wieder stärker den von der Antike überlieferten oder abgeleiteten Formen zuwandte, betonte er die Vorbildwirkung der antiken Kunst und damit auch die Lehr- und Lernbarkeit des daran geschulten Geschmacks, dem er nun anhing. In dem Aufsatz *Literarischer Sansculottismus* (1795) bedauerte er, daß die Verhältnisse gegen die Möglichkeit stünden, daß »sich Schriftsteller zusammen fänden und nach Einer Art, in Einem Sinne, jeder in seinem Fache sich ausbilden könnten«, und nannte Christoph Martin Wielands Entwicklung als Beispielfall, »die ganze Lehre des Geschmacks« zu entwickeln (WA I, 40, S. 199 u. S. 201). In einem Brief an Johann Heinrich Meyer vom 20.5. 1796 klagte er, daß »kein Mensch die gesetzgebende Gewalt des guten Geschmacks anerkennen« wolle.

Während seiner Italienreise erhob G. den Stil, der »auf den tiefsten Grundfesten der Erkenntniß, auf dem Wesen der Dinge [ruht; d. Vf.], in so fern uns erlaubt ist es in sichtbaren und greiflichen Gestalten zu erkennen« (WA I, 47, S. 80), zum höchsten Grad des Geschmacks. Auch in der *Einleitung in die Propyläen* (1798) ist guter und wahrer Geschmack zusammen mit Instinkt, Übung und Versuch als Voraussetzung dafür benannt, daß es dem Künstler wenigstens gelinge, »den Dingen ihre äußere schöne Seite abzugewinnen, aus dem vorhandenen Guten das Beste auszuwählen, und wenigstens einen gefälligen Schein hervorzubringen«; freilich könne die höchste Stufe der Kunst erst erreicht werden, wenn »ein Künstler sowohl in die Tiefe der Gegenstände, als in die Tiefe seines eignen Gemüths zu dringen vermag, um [...] etwas geistig Organisches hervorzubringen, und seinem Kunstwerk einen solchen Gehalt, eine solche

Form zu geben, wodurch es natürlich zugleich und übernatürlich erscheint« (ebd., S. 12).

Zu diesem Zeitpunkt reagierte G. auf die sich qualitativ stark differenzierende literarische und künstlerische Produktion in Deutschland, in der sich eine ständig wachsende Fülle des Trivialen breitmachte. Diese gerade machte G. mißtrauisch gegenüber dem urteilenden Geschmack des zeitgenössischen Publikums. Auch die kritische Sicht auf die Tendenzen der romantischen Poesie und Kunst bestärkten G. in seiner eher normativen Haltung. So hat er auch bis ans Lebensende Erscheinungen dessen, was ihn schlechter Geschmack dünkte, abgelehnt und für die Reinigung und Bildung des Geschmacks plädiert. Große Fortschritte in diesem Sinne erreichen zu können, war er nicht überzeugt, und er glaubte auch nicht, daß schon der Geschmack eigentliche Kunst garantiere. Gleichwohl war, sich »am Allervorzüglichsten« zu orientieren (Eckermann, 26.2. 1824), eine unverzichtbare Voraussetzung.

Literatur:

Bourdieau, Pierre: Die feinen Unterschiede. Kritik der gesellschaftlichen Urteilskraft. Frankfurt/M. 1987. – Fontius, Martin: Produktivkraftentfaltung und Autonomie der Kunst. In: Klotz, Günther u.a. (Hg.): Literatur im Epochenumbruch. Berlin, Weimar 1977. – Ders.: Geschmack. In: Träger, Claus (Hg.): Wörterbuch der Literaturwissenschaft. Leipzig 1986. – Gadamer, Hans-Georg: Hermeneutik I. Wahrheit und Methode. Grundzüge einer philosophischen Hermeneutik. In: ders.: Gesammelte Werke. Bd. 1. Tübingen 1990. – Klein, Hannelore: There is No Disputing About Taste. Untersuchungen zum englischen Geschmackbegriff im 18. Jahrhundert. Münster 1967. – Knabe, Peter-Eckhard: Schlüsselbegriffe des kunsttheoretischen Denkens in Frankreich von der Spätklassik bis zum Ende der Aufklärung. Düsseldorf 1972. – Schümmer, Franz: Die Entwicklung des Geschmacksbegriffs in der Philosophie des 17. und 18. Jahrhunderts. In: Archiv für Begriffsgeschichte. 1 (1955).

Ingeborg Schmidt

Geselligkeit

Eine fast unüberschaubare Fülle von Quellen zeigt an, welche zentrale Bedeutung für G.s Leben das Gesellige hatte. Mannigfaltigste Zeugnisse machen mit Inhalten und Formen einer Geselligkeit bekannt, die bei allen naturgemäßen Wandlungen immer existentielles Bedürfnis und gelebte Wirklichkeit war und nahezu alle Lebensbereiche betraf. Die autobiographischen Arbeiten belegen den hohen Grad von Bewußtheit und Reflexion, die G. diesem Aspekt seines Lebens zuwandte. Im lyrischen Oeuvre ist an repräsentativer Stelle den so betitelten *Geselligen Liedern* (WA I, 1, S. 105–157) stattlicher Raum gegeben, deren inhaltliche Spannweite gerade im gegebenen thematischen Zusammenhang einen genauen Blick wert ist. Im *Historischen Theil* der *Farbenlehre*, der faszinierenden, weit über das engere Fachgebiet hinausgreifenden Geschichte wissenschaftlichen Denkens und Arbeitens in Europa, bilden Vereinigung und Gemeinsamkeit – eingeschlossen Konflikte und Gegnerschaften – ein zentrales Motiv der Darstellung. Das alles hängt nicht zuletzt mit jener tiefen, die eigene exzeptionelle Stellung und Leistung voraussetzenden Einsicht zusammen, die Johann Peter Eckermann festgehalten hat: »Im Grunde aber sind wir Alle kollektive Wesen, wir mögen uns stellen, wie wir wollen. Denn wie Weniges haben und sind wir, das wir im reinsten Sinne unser Eigentum nennen!« (17.2. 1832).

G. sah dem Menschen durch die Natur »in der menschlichen Gesellschaft, im Zusammenleben und in der Gewalt des Verstandes eine Stärke zubereitet, die alle Stärke der wildesten Tiere übertrifft« (Gespräche, 2, S. 32); er hielt den Menschen für ein »gesellig gebornes« Wesen und sprach sich ironisch über den »süßen Trug« aus, es lebe sich »besser, bequemer, froher in der Abgesondertheit« (WA I, 36, S. 336). »Gesellschaft bleibt eines wackern Mannes höchstes Bedürfniß« – diese Maxime gibt Lenardo in den *Wanderjahren* den Mitgliedern des Auswandererbundes auf den Weg (WA I, 25.1, S. 189). Geselligkeit und Gesellschaft gelten dabei als elementare Bedingungen für die Sozialisierung des Individuums und als Voraussetzung seiner Entwicklung als humanes Wesen.

Diese generalisierenden Erkenntnisse machten nicht alles gleich. Es gab für G. verschiedenartigste Erscheinungen von Gesellschaft und Geselligkeit, gute und schlechte, fördernde und hemmende, weite und enge, reiche und armselige, und es gab anmaßende Formen, die er der Kritik überantwortete – etwa die »gute« Gesellschaft, von der es in den *Venezianischen Epigrammen* – einem Büchlein, das »fast nur Gaukler und Volk, ja was noch niedriger ist« enthält – heißt, daß »sie zum kleinsten Gedicht keine Gelegenheit gibt« (WA I, 1, S. 325), oder die »große« Gesellschaft, aus der ein »stiller Gelehrter« heimkehrt und auf die Frage »›Wie seid ihr zufrieden gewesen?‹« antwortet: »›Wären's Bücher [...], ich würd‹ sie nicht lesen'« (WA I, 2, S. 273). Als unterschiedlich, ja gegensätzlich in Hinsicht auf gesellige Fähigkeiten und Formen erwiesen sich für G. auch die Angehörigen verschiedener Völker und Nationen. G. war auch in dieser Hinsicht kritisch gegenüber seinen Landsleuten und bewunderte andererseits besonders die Franzosen; so notierte er im November 1827 in einem Briefentwurf für Karl August Varnhagen von Ense: »Dem Deutschen fehlt, woran seine Lage Ursache seyn mag, durchaus der Trieb, die Lust, das Bedürfniß, sich im geselligen Leben zu bilden, wogegen der Franzos ganz allein von und für die Gesellschaft existirt, daher denn auch was er schriftlich äußert gewiß immer von dem größten Einflusse gekrönt wird« (WA IV, 43, S. 367).

Auch in einem engeren Sinne hat G. Geselligkeit als Existenzbasis und humanes Grundbedürfnis verstanden. In den einzelnen Phasen seines Leben bildeten sich spezifische Formen dafür heraus. Es gab, gegründet auf weitgefächerte Interessenlagen, wechselnde gesellige Vereinigungen und relativ feste Zirkel, weitere und engere Kreise. Die Spannweite reicht von Tischgesellschaften, Bällen und Redouten über gemeinsame Lektüre, gesellige

Lesegesellschaft bei Carl August. Zeichnung von G. M. Kraus

Beschäftigung mit Künsten und Wissenschaften bis zum gemeinsamen Theaterspielen und Musizieren; hier wären beispielsweise die Freitags- und die Mittwochsgesellschaft anzuführen. Gegenseitiges Wohlwollen und Achtung voreinander waren ihm ebenso wie eine offene, unverstellte Atmosphäre eine wichtige Basis der Geselligkeit. Er selbst brachte offenbar beste Voraussetzungen mit. Viele Quellen bezeugen die Anziehungskraft seiner Erscheinung, die kommunikative Grundanlage seines Wesens. Erst im späteren Alter, als er im Interesse der Sicherung des Lebenswerkes den eigenen Bezirk gegen sich häufende Anforderungen von außen abgrenzen mußte, zeigten

sich auch gewisse, von Mit- und Nachwelt mißtrauisch beäugte und mit Kritik bedachte, gleichwohl zumeist gut begreifliche Tendenzen der Verschlossenheit.

Im Elternhaus erlebte G., daß Geselligkeit zum bürgerlichen Leben gehört, etwa in Gestalt von Hauskonzerten, Bällen oder Theaterbesuchen. An seinen Studienorten nahm er am geselligen Leben teil: In Leipzig sowohl im Freundeskreis als auch in gutbürgerlichen Familien wie denen des Verlegers Philipp Erasmus Reich und des Kupferstechers Johann Michael Stock, in Straßburg vor allem in der »Deutschen Gesellschaft« um den Aktuarius Johann Daniel Salzmann sowie in kleineren studentischen Freundschaftszirkeln. In *Dichtung und Wahrheit* ist der Darstellung dieser Erlebnisse viel Raum gegeben, beispielsweise, wie die Liebesbeziehung zu Friederike Brion den jungen Mann in das Leben der Pfarrersfamilie und überhaupt des Dorfes Sesenheim hineinzog.

In den folgenden Frankfurter Jahren entfalteten sich gesellige Beziehungen in erweitertem und verstärktem Maße: Da gab es den Kreis der Sturm-und-Drang-Freunde, dessen geistige Orientierung in der Feier zum Shakespearetag 1771 und in G.s Rede deutlich wird. Zunehmend empfing der junge Dichter gleichstrebende, zum Teil schon berühmte Besucher aus näheren und ferneren Gegenden. Er selbst pflegte Kontakte mit geselligen Zirkeln in anderen Städten, etwa in Darmstadt und dann in Wetzlar; zu denken ist vor allem aber auch an die spezielle Form geselligen Zusammenwirkens, die sich mit der Arbeit am Jahrgang 1772 der *Frankfurter Gelehrten Anzeigen* verband. Nicht zuletzt gab es daneben das gesellige Leben innerhalb der Frankfurter Bürgergesellschaft, die für G. in der Beziehung zu Lili Schönemann ihren Kulminations- und kritischen Wendepunkt fanden.

Weimar brachte wiederum neue Inhalte und Formen. Der Blick auf die spezifische Weimarer Umgebung mit dem Wechsel zwischen dem zunächst rauhen Treiben im Kreis um Carl August und dem intimen Zusammensein mit Charlotte von Stein, der Teilnahme an den Tafelrunden Anna Amalias im Wittumspalais wie in Tiefurt und den Aktivitäten des Liebhabertheaters zeigt die Vielfalt an; deutlich wird dabei auch, wie wenig hier ältere Beziehungsformen aufrechtzuerhalten waren. Ganz ungebunden und gleichsam jugendlich frei entfaltete G. dann Geselligkeit nochmals in Rom, insbesondere im Kreis der deutschen Künstler.

Die Reduzierung der amtlichen Verpflichtungen und die verstärkte, systematisch betriebene Orientierung auf künstlerische und wissenschaftliche Arbeit, auch die Gründung einer Familie und das Wohnen im eigenen, repräsentativen Haus waren wesentliche Impulse, die die Geselligkeit in G.s Leben nach Italien prägten. Nun bildete sich der spezifische Lebensstil der reifen und späten Jahrzehnte heraus, wiederum in großer Vielfältigkeit, strukturiert vor allem auch durch die Gegebenheiten und Möglichkeiten des Hauses am Frauenplan, stärker auf eine häusliche und private Sphäre konzentriert und doch zugleich insofern nach wie vor weit aufgeschlossen für Öffentlichkeit, als das G.-Haus Stätte einer sehr intensiven und gastfreundlichen Lebensführung wurde. Die Verse »Warum stehen sie davor? / Ist nicht Thüre da und Thor? / Kämen sie getrost herein, / Würden wohl empfangen sein« von 1816 (WA I, 4, S. 141) waren nicht leere Floskel. Gesellschaften zum Großen Tee, zur Mittagstafel oder zum Abend gab es, wenn auch in wechselnder, den jahres- und lebenszeitlichen wie den jeweils aktuellen zeitgeschichtlichen Gegebenheiten angepaßter Intensität, im gesamten weiteren Leben des Dichters. So waren in seiner Zeit als Theaterdirektor häufig Schauspieler und Schauspielerinnen zu Gast, mit denen vor oder nach der Mahlzeit in ausgedehnten Leseproben die nächste Aufführung vorbereitet wurde. Sowohl G. als auch Christiane hatten besondere Freude an der Singschule oder an den Sonntagsmatineen, die zwischen 1807 und 1811 ziemlich regelmäßig stattfanden; in der Regel wurde donnerstags geprobt, und sonntags fand das eigentliche Konzert, auch »musikalische Gesellschaft« genannt, statt. Auch hier waren Proben und Konzerte häufig mit einem Essen verbunden; den Tagebucheintragungen läßt sich entnehmen, daß mitunter 50 bis 60 Personen anwesend waren. Ab 1806 war G. auch gern bei den Teegesellschaften der Johanna Schopenhauer zu Gast, bei der sich, da die Gastgeberin nicht zur Hofgesellschaft gehörte, andere Gäste als sonst üblich einfanden; hier wurde auch erstmals nach der Eheschließung die Frau Geheimrätin von G. zu Gast geladen. Eckermanns Resümee über einen Empfang für August Wilhelm Schlegel dürfte auch zahlreiche ähnliche Ereignisse charakterisieren: »Alles in Weimar, was irgend Namen und Rang hatte, war dazu eingeladen, so daß das Getriebe in Goethes Zimmern groß war« (24.4. 1827).

In Jena, wo sich G. oft wochen- und monatelang aufhielt, pflegte er die Geselligkeit im
engeren Kreise: mit Schiller und dem »Urfreund« Karl Ludwig von Knebel, mit der Familie des Verlegers Karl Friedrich Ernst Frommann, mit Professoren und durchreisenden
interessanten Leuten. Dabei standen zumeist
Lesungen und wissenschaftliche, philosophische und ästhetische Debatten im Mittelpunkt.

Nicht zuletzt haben die Badereisen G.s neben der medizinischen Bestimmung eine
wichtige gesellige Komponente gehabt; sie boten Gelegenheit, neue Bekanntschaften und
Verhältnisse anzuknüpfen und verbanden Pri-
vates in einer spezifischen Weise mit Öffentlichem.

1831 hat G. in einem kleinen Text die Entwicklung der von ihm während seiner langen
Lebenszeit erfahrenen Formen und Inhalte der
Geselligkeit – zumindest für Deutschland – zu
einem Schema zusammengefaßt, das, unter
dem Titel *Epochen geselliger Bildung* aus dem
Nachlaß veröffentlicht (WA I, 41.2, S. 361f.),
den Grundriß zu einer deutschen Kulturgeschichte unter spezieller Betonung der Formen
und Funktionen gesellig-gesellschaftlicher
Vereinigungen liefert. In der Steigerung von
der »idyllischen« über die »sociale oder civi-
sche« und die »allgemeinere« bis hin zu einer
»universellen« Entfaltungsstufe zeigt sich hier,
aufs äußerste komprimiert, ein Entwicklungs-
ablauf, der nicht nur wichtige Impulse für ein
tieferes Verständnis der deutschen Kulturgeschichte jener Zeit gibt, sondern auch metho-
disch-theoretisch interessante Aspekte eröffnet.

Hans-Dietrich Dahnke/Margarete Marthaus

Gesetz

Für G.s Weltsicht und Lebensorientierung war
Gesetz ein zentraler Begriff. Er verwendete
ihn in zumindest fünf deutlich unterscheidbaren Zusammenhängen:

Erstens in einem zivil-, manchmal staats-
rechtlichen Sinne, z.T. in klarer Abhebung von
Naturgesetzen: »Denn das Gesetz haben die
Menschen sich selbst auferlegt, ohne zu wissen, über was sie Gesetze gaben; aber die Natur haben alle Götter geordnet« (MuR, 624).
Im *Götz* steht deutlich ein Gesetzeskonflikt im
Mittelpunkt; er habe, so G., einen »Ritter dargestellt, der im allgemein gesetzlosen Zustande als einzelner Privatmann, wo nicht gesetzlich, doch rechtlich zu handeln dachte und
dadurch in sehr schlimme Lagen geräth«
(WA I, 29, S. 72). Ausdrücklich dehnte G. die
regulative Funktion von Gesetzen in den Bereich sittlicher, religiöser, politischer u.a. sozialer Normen und Werte aus: »Der Mensch,
wo er bedeutend auftritt, verhält sich gesetz-
gebend, vorerst im Sittlichen durch Anerkennung der Pflicht, ferner im Religiosen, sich zu
einer besondern i n n e r n Überzeugung von
Gott und göttlichen Dingen bekennend, sodann auf derselben analoge bestimmte ä u -
ß e r e Ceremonien beschränkend« (WA II, 7,
S. 77). Dabei belegte er auch allgemeine Um-
gangsregeln, überlieferte Bräuche, mehr oder
minder verbindliche Konventionen mit dem
Gesetzesbegriff.

Zweitens benützte G. den Begriff, um ästhetische Normen, Regeln und Konventionen zu
kennzeichnen; das geschah vor allem im Bereich der bildenden und der Dichtkunst. Während der Italienreise betrachtete er Kunstwerke »zugleich als die höchsten Naturwerke
von Menschen nach wahren und natürlichen
Gesetzen hervorgebracht« (WA I, 32, S. 77f.).
Suchte er auf diesem Wege die Bereiche von
Natur und Kunst miteinander zu verbinden,
schloß das zugleich nicht aus, daß er in dem
echten, nach Kunstwahrheit strebenden
Künstler selbst einen Gesetzgeber am Werk
sah. Im Schönen sah er das »gesetzmäßig Lebendige in seiner größten Thätigkeit und Vollkommenheit« (WA I, 33, S. 234).

Drittens verwendete er den Gesetzesbegriff
in etwa demselben Sinne, wie ihn Physiker
und andere Naturwissenschaftler seiner Zeit
benutzten. Je nachdem, ob man seine physikalischen, insbesondere farbentheoretischen
Arbeiten für Wissenschaft hält – als metho-

dengeleitete, objektiv Reales systematisch ordnende und Phänomene aus Prinzipien ableitende, gesetzlich vorgehende Wissensgewinnung – bei aller Kritik an fehlenden intersubjektiven und instrumentellen Verifikationsmöglichkeiten, einem teils fragwürdigen, teils fehlenden Kausalitätsverständnis und mangelnder Fortsetzbarkeit (vgl. Böhme, Sepper) – oder eher als eine Farbentheologie (vgl. Schöne) begreift, wird man die von ihm in diesem Bereich formulierten Gesetze als solche akzeptieren oder verwerfen. Selbst im Falle der Zustimmung muß man allerdings deutlich zwischen solchen unterscheiden, die außersubjektive Sachverhalte richtig oder falsch erfassen, und solchen, die heute eher den Kognitionswissenschaften zuzuordnen wären. G. beschrieb seine Untersuchungen – etwa der Refraktion – als »Verbindung objectiver und subjectiver Versuche« und versuchte, die Farbentstehung am Prisma »nach objectiven und subjectiven Gesetzen« zu erklären (WA II, 1, S. 147f.). Was wie eine Beschreibung herkömmlicher Naturwissenschaftsmethodologien klingt, ist aufgrund der subjektiven wie objektiven Deutbarkeit des Begriffs Phänomen doppeldeutig, folglich nicht operationalisierbar (vgl. Gögelein, Käfer). Dieser Schwebezustand von Subjekt und Objekt (Schmidt, S. 50) ist es vor allem, der G.s Wissenschaftsverständnis von der Moderne trennt – und mit der sog. Postmoderne verbindet. In keinem Falle fügte er dem Gesetzeswissen seiner Zeit in Physik, Chemie, Geologie, Meteorologie Bedeutendes hinzu.

Viertens: Ganz anders verhält es sich überall da, wo G. Entwicklungsgesetze formulierte oder antizipierte. Eine wirklich bedeutende naturwissenschaftliche Entdeckung gelang ihm auf diesem Gebiet mit der evolutionistisch begründeten Entdeckung des Zwischenkieferknochens. Vor Darwin nahm er Züge einer auf fossile und rezente biologische Entwicklungsprodukte gestützten Evolutionstheorie vorweg, obwohl er nicht bis zu den am weitesten gehenden phylogenetischen Denkansätzen seiner Zeitgenossen vordrang. Hierbei benutzte er – z.T. naturalistisch umgedeutete – philosophische Erkenntnisse Spinozas, Schel-

lings und anderer. In gleichem Sinne wie Schelling kann man ihn zu den Vorvätern der Selbstorganisationstheorie rechnen. In Übereinstimmung mit Kant formulierte er: »Die Anwendung mechanischer Principien auf organische Naturen hat uns auf die Vollkommenheit der lebendigen Wesen nur desto aufmerksamer gemacht, und man dürfte beinah sagen, daß die organischen Naturen nur desto vollkommner werden, ja weniger die mechanischen Principien bei denselben anwendbar sind« (WA II, 6, S. 295). Setzt man für »Prinzipien« »Gesetze«, wird deutlich, daß damit für den Bereich des Organischen ein neuer Gesetzestyp gefordert ist. G.s Morphologiekonzept weist in seiner Idee einer gesetzlichen Selbstbestimmtheit des Organismus deutliche Verwandtschaft mit den Begriffen »Ganzheit«, »Autonomie« und »Selbstreferentialität« moderner Theorien der Selbstorganisation (Synergetik, Autopoiese) auf: »Für Goethe gilt: Entwicklung ist immer Entwicklung von Organisiertem aus Organisiertem, er denkt sich das Organisierte und das Organisierende in eins« (Schweitzer, S. 181). Allerdings handelt es sich um Analogien der heuristischen Prinzipien bei der Beschreibung organischer Entwicklung und nicht schon um einzelwissenschaftliche Einsichten.

Fünftens verwendete G. den Gesetzesbegriff, wesentlich auf Spinoza bauend – dessen Begriffe von Notwendigkeit, Ewigkeit und Gesetzlichkeit er als selbst unvergänglich und unverwüstbar ansah –, in einem fundamental philosophischen Sinne: »Die Natur wirkt nach ewigen, nothwendigen, dergestalt göttlichen Gesetzen, daß die Gottheit selbst daran nichts ändern könnte« (WA I, 29, S. 12). An dieser Grundansicht hielt er zeitlebens unverrückbar fest. In diesem Zusammenhang erlangten sowohl die Dialektik von Gesetz und Zufall (WA II, 3, S. 134) als auch die von Gesetz und Freiheit (WA I, 4, S. 129) Bedeutung.

Festzuhalten ist: Auch wenn G. sich – wie auf physikalischem Gebiet – in Opposition zu gültigen Gesetzen stellte, berechtigt das nicht dazu, sein Gesetzesverständnis generell zu diskreditieren – wie es zeitweilig von naturwissenschaftlicher Seite geschah. Ebenso problematisch ist es jedoch, ein holistisch gedeutetes Gesetzesverständnis bei G. zur Herabsetzung oder Rechtfertigung seiner Irrtümer zu nutzen.

Literatur:

Altner, Günter: Goethe as a Forerunner of Alternative Science. In: Amrine, Frederick u.a. (Hg.): Goethe and the Sciences. A Reappraisal. Dordrecht u.a. 1987, S. 341–350. – Böhme, Gernot: Ist Goethes Farbenlehre Wissenschaft? In: ders.: Alternativen der Wissenschaft. Frankfurt/M. 1980, S. 123–153. – Cassirer, Ernst: Goethe und die mathematische Physik. Eine erkenntnistheoretische Betrachtung. In: ders.: Idee und Gestalt. Darmstadt 1975, S. 45–80. – Gerhard, Melitta: Leben im Gesetz. Fünf Goethe-Aufsätze. Bern 1966. – Gögelein, Christoph: Zu Goethes Begriff von Wissenschaft. Auf dem Wege der Methodik seiner Farbstudien. München 1972. – Hegge, Hjalmar: Theory of Science in the Light of Goethe's Science. In: Amrine u.a. (Hg.), S. 195–218. – Höpfner, Felix: Wissenschaft wider die Zeit. Goethes Farbenlehre aus rezeptionsgeschichtlicher Sicht. Heidelberg 1990. – Jungmann, Albert: Goethes Naturphilosophie zwischen Spinoza und Nietzsche. Studien zur Entwicklung von Goethes Naturphilosophie bis zur Aufnahme von Kants *Kritik der Urteilskraft*. Frankfurt/M. u.a. 1989. – Käfer, Dieter: Methodenprobleme und ihre Behandlung in Goethes Schriften zur Naturwissenschaft. Köln 1982. – Kuhn, Dorothea: Typus und Metamorphose. Goethe-Studien. Marbach/N. 1988. – Muschg, Adolf: Goethe als Emigrant. Auf der Suche nach dem Grünen bei einem alten Dichter. Frankfurt/M. 1986. – Schmidt, Alfred: Goethes herrlich leuchtende Natur. Philosophische Studien zur deutschen Spätaufklärung. München 1984. – Schöne, Albrecht: Goethes Farbentheologie. München 1987. – Schweitzer, Frank: Goethes Morphologie-Konzept und die heutige Selbstorganisationstheorie. In: Selbstorganisation. Jb. für Komplexität in den Natur-, Sozial- und Geisteswissenschaften. 3 (1992), S. 167–194. – Sepper, Dennis: Goethe contra Newton. Polemics and the Project for a new Science of Color. Cambridge u.a. 1988. – Weizsäcker, Komm. in HA 13, S. 539–555. – Wenzel, Manfred: Goethe und Darwin. Goethes Morphologische Schriften in ihrem naturwissenschaftshistorischen Kontext. Diss. Bochum 1993.

John Erpenbeck

Gespräche

Seit G.s Gespräche durch Woldemar von Biedermann als selbständiger Komplex neben die Werke, Briefe und Tagebücher gestellt worden sind, hat es nicht an Versuchen gefehlt, Wesen und Bedeutung des G.schen Gesprächs zu bestimmen. Sah Gustav von Loeper in ihnen nur »die schönste Goethe-Biographie« (Biedermann, Bd. 1, S. VIII), so mußte Flodoard von Biedermann feststellen, daß sich »über Erwarten [...] aus der Zusammenstellung der Zeugnisse der Mitlebenden ein Werk gebildet [hat...,] das, als Ganzes erfaßt, einen selbständigen Wert für die Auffassung seines Wesens beansprucht« (Biedermann, Bd. 5, S. XII). Der Werkcharakter des G.schen Gesprächscorpus wird dann zunehmend erkannt, so wenn Richard M. Meyer den »Goethe im Gespräch [für] eine so einzige Erscheinung« hält »wie Goethe im Briefwechsel« (S. 370) oder Paul Stöcklein den geistigen »Ort« des G.schen Gesprächs zwischen Leben und Werk sieht (*Deutscher Almanach* 1922, S. 114); für Robert Petsch erweist sich »das lebendige gesprochene Wort [...] für bestimmte Schichten seines inneren Lebens als fruchtbarer denn alles Geschriebene« (S. 114). Eine entgegengesetzte Auffassung hatte der Georgekreis in seinem Bemühen um die zeitlose Gestalt G.s entwickelt. Für Friedrich Gundolf zeigen die Gespräche »am wenigsten Formkraft, am meisten bloßen Lebensstoff, bloße Vitalität« (GUNDOLF, S. 9). Für G. selbst, für den »die Gegenwart [...] die einzige Göttin« ist, »die ich anbete« (Gespräche, 1, S. 606f.), muß sich das Verhältnis von Gespräch und Werk anders darstellen; er ist »von der Wichtigkeit des augenblicklichen Gesprächs höchlich überzeugt; dabei gehe vorüber, [...] was kein Buch enthält und doch wieder das Beste, was Bücher jemals enthalten haben«; er macht es sich »zur Pflicht einzelne gute Gedanken aufzubewahren, die aus einem geistreichen Gespräch, wie Samenkörner aus einer vielästigen Pflanze, hervorspringen« (WA I, 24, S. 187f.). Alles Geschriebene wird notwendig einästig und einsinnig:

»Wenn es bei einem mündlichen Vortrage möglich wird die Phänomene sogleich vor Augen zu bringen, manches in verschiedenen Rücksichten wiederkehrend darzustellen; so ist dieses freilich ein großer Vorteil, welchen das geschriebene, das gedruckte Blatt vermißt« (LA I, 4, S. 1). »Denn eigentlich sollte der Schreibende sprechen« (ebd., S. 9), und »über die wichtigsten Angelegenheiten des Gefühls wie der Vernunft, der Erfahrung wie des Nachdenkens« sollte »man nur mündlich verhandeln« (MuR, 891). Wenn es in der *Campagne in Frankreich* heißt, »ich hielt niemals einen Vortrag ohne daß ich dabei gewonnen hätte; gewöhnlich gingen mir unter'm Sprechen neue Lichter auf, und ich erfand im Fluß der Rede am gewissesten« (WA I, 33, S. 197), dann wird die eigentliche, die produktive Funktion des Gesprächs für G. deutlich. Auch seine Gewohnheit zu diktieren ist nach Paula de Weldige, die auf den »heimlichen Gesprächscharakter von Goethes Werk und Brief« hinwies, aus demselben Bedürfnis erwachsen: »Sein Diktat ist Gespräch mit einem imaginierten Gegenüber, das die Gedanken aus ihm herauslockt und zugleich seinen diktierten Worten jenen eigentümlichen Reiz gibt, der nur dem lebendigen Worte eigen ist« (S. 289f.). G.s Sekretär Johann Christian Schuchardt hat uns einen anschaulichen Bericht über solche Gespräche mit imaginierten Gestalten hinterlassen (Gespräche, 3.2, S. 302). Bei dieser dialogischen Anlage seines Geistes, bei dieser »Gier nach Kommunikation«, wie sie ihm Anita und Walter Dietze (S. 301) attestieren, ist es nicht zu verwundern, daß das Gespräch für ihn ein vitales Bedürfnis ist; auch in den produktivsten Zeiten pflegt G., wenigstens bei den Mahlzeiten oder abends, Menschen um sich zu sehen, und es vergeht kaum ein Tag, an dem er sich nicht mit einem der Hausfreunde unterhält, die nicht zufällig »mehr empfänglicher als ausgebender Natur« (WA I, 28, S. 208) sind. »Was ist herrlicher als Gold? [...] Das Licht [...] Was ist erquicklicher als Licht? [...] Das Gespräch«, heißt es im *Mährchen* (WA I, 18, S. 233).

Das G.sche Gespräch ist deshalb in einem höheren Sinne Gelegenheitsgespräch, ebenso wie seine Dichtung nach dem bekannten Ausspruch Gelegenheitsdichtung ist (Eckermann, 18.9. 1823). Von der ungeheuren Weite dieses Gesprächs, seinem inneren Reichtum und seiner Abundanz geben zahlreiche Berichte Zeugnis. »Das Merkwürdigste war, ihn fast jedesmal in einer anderen Stimmung zu sehen, so daß, wer ihn mit einem Male zu fassen glaubte, sich das nächste Mal gewiß gestehen mußte, daß er ihm wieder entschlüpft sei. Man hatte bald einen sanft-ruhigen, bald einen verdrießlich-abschreckenden [...], bald einen sich absondernden, schweigsamen, bald einen beredten, ja redseligen, bald einen episch-ruhigen, bald [...] einen feurig-aufgeregten, begeisterten, bald einen ironisch-scheiternden, schalkhaft-neckenden, bald einen zornig-scheltenden, bald sogar einen übermütigen Goethe vor sich« (Gespräche, 5, S. 104f.). Viele Berichte betonen dabei das Beherrschende, Strahlende, Jupiterhafte und die mühelose Sicherheit und Leichtigkeit des Ausdrucks: »Es war der reinste ununterbrochenste Fluß der Rede, die höchste Mannigfaltigkeit und Gewandtheit des Ausdrucks, über welchen Gegenstand er auch sprechen mochte. Da wo sich's um tiefere Dinge handelte und wo selbst die Gebildeten, selbst die geübten Denker in der Regel die Worte suchen müssen, da bewegte er sich mit derselben Leichtigkeit, als wenn er über das Wetter oder eine Stadtneuigkeit spräche« (Gespräche, 3.2, S. 531). »Goethe spricht leise und sehr gemessen, aber mit einer unglaublichen Sicherheit und funkelnden Augen, die seltsam genug mit der Ruhe und mit dem Maße in seinen Worten abstechen« (Gespräche, 2, S. 560). Immer wieder beschreiben Besucher sein angenehmes Organ, »le son métallique de sa voix« (Gespräche, 3.2, S. 737), seine lebhafte Mimik und die Gewohnheit, die Rede mit ausdrucksvollen Gesten zu begleiten. Seinem im guten Sinne belehrenden Gespräch sind »schnelle Kreuz- und Quersprünge« lästig: »Ich hatte dann immer zu bemerken, daß er sich mit der Hand über das Gesicht fuhr«, erinnerte sich Schütze, dem G. »umso liebenswürdiger war [...] wenn er gesellig-aufgelegt

in einem kleinen Kreise ein leichtes Wechselgespräch unterhielt« (Gespräche, 5, S. 106).
Charakteristisch sind immer wiederkehrende
Lieblingswendungen und Bekräftigungsfor-
meln: »›Nun nun! ja ja!‹ Mit diesen, auf eigentümlich gutmütige Weise betonten Worten
pflegte er überhaupt alle Pausen des Gesprächs zu beleben« (Gespräche, 3.1, S. 262).
Die Rede selbst zielt, auch im Scherz und Bon-
mot, immer auf das Allgemeine, arbeitet das
Generelle, das Typische des gerade vorliegenden Besonderen heraus: »Was Göthe's Gespräche so lehrreich und interessant macht, [...]
ist das allgemeine, was allem auch dem spe-
ciellsten seiner Rede zu Grunde liegt [...] Ich
möchte Göthen den popularsten Philosophen
nennen, der uns auch bei den geringfügigsten
Gegenständen wahre Weisheit in die Seele redet« (GRUMACH, Bd. 5, S. 486 f.). Mit dieser
aufs Allgemeine zielenden Tendenz hängt
seine Vorliebe für das Sprichwörtliche und
Gnomische zusammen: »Goethe brauchte im
gewöhnlichen Gespräch und unter Freunden
viele aus fremden Sprachen entlehnte und an-
gewöhnte Worte und Wendungen [...] Die lateinische Sprache gewährte ihm besonders
ausdrucksvolle und bezügliche Spruchfor-
meln« (Gespräche, 5, S. 47). Die von Besuchern oft bemerkte und beklagte Ironie, die
Friedrich von Müller als »seine Lieblingsform« bezeichnet (Gespräche, 3.2, S. 831), und
die dem von Riemer beschriebenen »Sachwitz«
(Riemer 1921, S. 272) nahekommt, ist eine
eher »heitere Ironie« (Gespräche, 5, S. 106).
Nur in Augenblicken tiefer Resignation und
Erschöpfung entwickelt sich das, was Müller
G.s »Negations-Neigung und ungläubige Neutralität« (Gespräche, 3.1, S. 671) nennt. Auch
beklagt sich mancher, der wohl zu ungelegener
Stunde kam, über den »steifen Minister [...],
der seinen Gästen den Tee gesegnete« (Gespräche, 3.2, S. 79). Ernsthaften politischen
Diskursen weicht er eher aus; auch vermeidet
er Gespräche über »letzte Fragen«, oder beendet sie doch mit einer abrupten Wendung:
»Laßt mich, Kinder [...], einsam zu meinen
S t e i n e n dort unten eilen, denn nach solchem Gespräch geziemt dem alten Merlin,
sich mit den Urelementen wieder zu befreun-

den« (Gespräche, 3.1, S. 63). Je älter er wird
und je mehr das Bedürfnis, sich selbst auszusprechen, bei ihm schwindet, desto mehr dient
ihm das Gespräch dazu, sich zu unterrichten
und in fremde Menschen, Städte, Länder, Gewerbe und Wissenschaften hineinzusehen,
und in gleichem Maße wächst seine Unduld-
samkeit gegenüber Freunden, die ihm nichts
Neues mehr zu sagen haben. Ein immer größerer Teil der Gespräche wird zu dem, was
Robert Petsch Audienzgespräche nennt.

Der Quellenwert der uns erhaltenen Gespräche richtet sich naturgemäß nach der Art ihrer
Überlieferung. Wiederholt finden wir Aufzeichnungen von zweiter oder dritter Hand,
also mit indirekter Überlieferung und vermutlich minderer Qualität. Aber auch bei direkter
Überlieferung durch den Gesprächspartner ist
zu bedenken, daß es sich nur selten um eigene
Worte G.s handeln kann, sondern vielmehr um
Worte, die durch ein fremdes Medium hin-
durchgegangen sind. Der Überlieferungswert
der aufgezeichneten Gespräche ist vom geistigen Niveau des Berichtenden, von seinem
Gedächtnis, seinem Takt, auch seiner Phantasie abhängig. Nur vereinzelt wird es sich also
um wortgetreue Wiedergaben handeln, die
Regel sind Darstellungen von Gesprächen, die
bestenfalls unmittelbar nach der Unterhaltung
niedergeschrieben wurden. Der Arzt Dietrich
Georg Kieser bemerkt einmal, »daß es sonder-
bar ist, warum man so leicht, was Goethe sagt,
ausführt und beweist, – wieder vergißt«, und
er sucht dies auf eine zweifache Weise zu erklären: »daß man sich durch die Art seiner
Darstellung überreden läßt, mit ihm ganz
gleichdenkend zu sein, da man doch in den
Grundansichten in manchen Stücken ab-
weicht«, oder »daß man im Gespräch mit ihm
nie Ruhe genug hat, um das sich im Gespräch
Entwickelnde sich einzuprägen, da der Strom
der Entwicklung unaufhaltbar forteilt und das
Frühere vom Nachfolgenden verschlungen
wird« (Gespräche, 2, S. 862). Diesen Einschränkungen, die mehr oder weniger für alle
Gesprächsberichte gelten, stehen gegenüber:
die hohe Gesprächs- und Schreibkultur der
Zeit, eine heute verlorengegangene Kunst des

Zuhörens und die Tatsache, daß die Mehrzahl der Gesprächspartner höheren Bildungsschichten angehört. Von diesen Momentaufnahmen, die sich in Tagebüchern, Briefen, amtlichen Berichten, Lebenserinnerungen aufbewahrt finden, sind die großen Gesprächsbücher gesondert zu sehen, die Aufzeichnungen aus langjährigem Umgang mit G. zu danken sind und in denen nicht nur berichtet, sondern zugleich schon ein bestimmtes G.-Bild geformt wird. Dies gilt in höchstem Maße für Eckermanns *Gespräche mit Goethe in den letzten Jahren seines Lebens* (1836ff.). Eckermann formuliert sein Programm in einem Brief an Heinrich Rudolf Laube so: Da war »Großes und Kleines, Zulängliches und Unzulängliches, Gehöriges und Ungehöriges, alles durcheinander, zufällig, wie der gewöhnliche Tag es giebt. Ich hatte aber höhere Zwecke im Auge, und wenn auch meinerseits nichts erfunden worden und alles vollkommen wahr ist, so ist es doch gewählt. Deßhalb hütete ich mich auch, die empfangenen Eindrücke sogleich niederzuschreiben, vielmehr wartete ich damit Tage und Wochen lang, damit das Kleinliche sich verliere und nur das Bedeutendere zurückbleibe. Ja das Bessere ist erst nach Jahr und Tag niedergeschrieben und manches noch später [...] Ich hatte es mit einem Helden zu thun, den ich nicht durfte sinken lassen« (Houben, 2, S. 660f.). Dieser von Eckermann geschaffene Mythos hat das G.-Bild des 19. Jhs. nachhaltig geprägt; für Nietzsche ist das Eckermannsche Werk »das beste deutsche Buch«. Die Frage seiner Glaubwürdigkeit stellte Julius Petersen in einer Akademie-Abhandlung von 1924 sehr präzise, ohne daß sie bis heute zu einer befriedigenden Klärung geführt hätte. Daß gegenüber dem dritten Teil »besonderes Mißtrauen [...] angebracht« sei, wie unlängst wieder Heinz Schlaffer betonte, ist unbestritten. Schon vor Eckermann, in G.s Todesjahr, hatte Johannes Falk seinen *Goethe aus näherm persönlichen Umgange dargestellt* erscheinen lassen. Von den Zeitgenossen zwiespältig aufgenommen, erkennt man heute Falk aufgrund des handschriftlichen Nachlasses eine größere Glaubwürdigkeit zu. Seine »Gewohnheit solche Gespräche, wenn ich nach Hause komme, von Wort zu Wort nachzuschreiben« (GSA, 15/VI 4, 28), scheinen die erhalten gebliebenen Gedächtnisprotokolle zu bestätigen, wenn auch mit ausschmückenden Zusätzen sehr zu rechnen ist. 1841 erscheinen Friedrich Wilhelm Riemers *Mittheilungen über Goethe* und 1846 die *Aphorismen und Brocardica* in seiner Ausgabe der *Briefe von und an Goethe* – umfangreiche Tagebücher und reiche Sammlungen von Notizblättern dienten ihm als Quelle für seine Dokumentationen. Riemers eigene, auch praktisch fast täglich geübte, Vorliebe für den Aphorismus spiegelt sich in dem Gesprächsstil wider, den er überliefert. 1870 werden aus dem Nachlaß *Goethes Unterhaltungen mit dem Kanzler Friedrich von Müller* herausgegeben, deren Eigenart und Bedeutung erst in der kritischen Ausgabe von 1956 ganz erkennbar wurden. In seiner gesellschaftlichen Stellung G. etwa gleichrangig, erlebt und vermittelt Müller die »Proteusnatur«, das Mephistophelische unmittelbarer als die anderen Hausfreunde. Frédéric Sorets *Conversations avec Goethe* schließlich, die teilweise schon durch die Publikation im 3. Teil des Eckermannschen Werkes bekannt waren, wurden erst 1932 im Originaltext vorgelegt. Nüchtern, doch nicht ohne freundliche Ironie, berichtet er vor allem von seinen Gesprächen mit dem Naturforscher G. Einen zuverlässigen Beobachter sehen in Soret sowohl Heinrich Hubert Houben wie Ernst Gallati. Aus diesen sechs Werken stammt die Mehrzahl der erhaltenen Gespräche. Aufschlußreich ist, Gesprächsberichte vom gleichen Tage bei Müller, Soret und Eckermann aneinander zu messen und zu sehen, wie individuell die Darstellungen in Diktion und Themenauswahl sind. Und doch ist Robert Petsch zuzustimmen, wenn er sagt, daß Gesprächssammlungen anderer deutscher Dichter »nur ganz selten [...] eine so starke durchgehende persönliche Note und bei aller Verschiedenheit eine solche Einheitlichkeit wie die ›Gespräche‹ Goethes« zeigen (S. 114).

Literatur:

1. Gesprächsbücher:
Burkhardt, Carl August (Hg.): Goethes Unterhaltungen mit dem Kanzler Friedrich von Müller. Stuttgart 1870, ³1904. – Falk, Johannes: Goethe aus näherm persönlichen Umgange dargestellt. Leipzig 1832. – Eckermann, Johann Peter: Gespräche mit Goethe in den letzten Jahren seines Lebens. 3 Theile. Leipzig 1836, Magdeburg 1848. 23. Aufl. hg. von Heinrich Hubert Houben. Leipzig 1948. Dass. hg. von Regine Otto unter Mitarb. von Peter Wersig. Berlin u.a. 1982. Dass. hg. von Heinz Schlaffer. MA 19. München 1986. – Gallati, Ernst: Frédéric Soret und Goethe. Nach Sorets unveröffentlichten Korrespondenzen mit seinen Angehörigen in Genf. Bern, München 1980. – Grumach, Ernst (Hg.): Kanzler von Müller: Unterhaltungen mit Goethe. Krit. Ausgabe bes. von Ernst Grumach. Weimar 1956. – Grumach, Renate (Hg.): Kanzler Friedrich von Müller: Unterhaltungen mit Goethe. Mit Anm. vers. u. hg. von Renate Grumach. 2. durchges. Aufl. Weimar, München 1982. – Riemer, Friedrich Wilhelm: Mittheilungen über Goethe. Aus mündlichen u. schriftlichen, gedr. u. ungedr. Quellen. 2 Bde. Berlin 1841. – Ders.: Briefe von und an Goethe. Desgleichen Aphorismen und Brocardica. Leipzig 1846. – Ders.: Mitteilungen über Goethe. Auf Grund der Ausgabe von 1841 u. des hs. Nachlasses hg. von Arthur Pollmer. Leipzig 1921. – Soret, Frédéric: Zehn Jahre bei Goethe. Erinnerungen an Weimars klassische Zeit 1822–1832. Aus Sorets hs. Nachl. zus.gest., übers. u. erläutert von Heinrich Hubert Houben. Leipzig 1929. – Ders.: Conversations avec Goethe. Documents présentés par Adrien Robinet de Cléry. Paris 1932.

2. Gesamtausgaben:
Goethes Gespräche. Gesamtausgabe. Neu hg. von Flodoard Frhr. von Biedermann. 5 Bde. Leipzig 1909–1911. – Goethes Gespräche. Einf. u. Textüberwachung von Wolfgang Pfeiffer-Belli. In: GA 22 u. 23. Zürich 1949 u. 1950. Dazu in Bd. 24: Eckermann, Gespräche mit Goethe. Einf. u. Textüberwachung von Ernst Beutler. Zürich 1948. – Goethe. Begegnungen und Gespräche. Hg. von Ernst Grumach u. Renate Grumach. Bisher 5 Bde. Berlin 1965 ff. [=GRUMACH]. – Goethes Gespräche. Eine Sammlung zeitgenössischer Berichte aus seinem Umgang. Auf Grund der Ausgabe und des Nachlasses von Flodoard Frhn. von Biedermann erg. u. hg. von Wolfgang Herwig. 5 Bde. Zürich, Stuttgart 1965–1987 [=Gespräche].

3. Teilausgaben:
Deibel, Franz/Gundelfinger, Friedrich (Hg.): Goethe im Gespräch. 2 Bde. Leipzig 1906, ³1907. – Dietze, Anita/Dietze, Walter (Hg.): Treffliche Wirkungen. Anekdoten von und über Goethe. 2 Bde.

Berlin u.a. 1987. – Fahrten nach Weimar. Slawische Gäste bei Goethe. Ausw. aus Briefen, Berichten u. Aufzeichnungen mit einem Vorwort von Rudolf Fischer u. mit Anm. von Peter Kirchner u. Rüdiger Ziemann. Weimar 1958. – Hederer, Edgar (Hg.): Gespräche mit Goethe. Hg. von Edgar Hederer, Ausw. und Nachwort von Paul Stöcklein. Bergen 1950. – Korrodi, Eduard: Goethe im Gespräch. Ausw. u. Nachwort von Eduard Korrodi. Zürich 1944.

4. Sekundärliteratur:
Meyer, Richard M.: Goethe im Gespräch. In: Deutsche Rundschau. 149 (1911), S. 369–390. – Petersen, Julius: Die Entstehung der Eckermannschen Gespräche und ihre Glaubwürdigkeit. In: Abh. d. Preuß. Akad. d. Wiss. Phil.-hist. Klasse. 2 (1924). – Petsch, Robert: Goethe im Gespräch. In: Deutscher Almanach für das Jahr 1932, S. 111–122. – Weldige, Paula de: Probleme und Sinn des Goethe-Gesprächs. In: JbFDtHochst. 1929, S. 277–308.

Renate Grumach

Gestalt

»Nicht allein der freie Stoff, sondern auch das Derbe und Dichte drängt sich zur Gestalt« (MuR, 1258) – dieser Satz gehört zu den Grundüberzeugungen des Naturforschers G. Die Natur setzt dem »Gestaltlosen«, der »Willkür« der Elemente, »ein gestaltetes Leben« entgegen, indem sie nach »Gesetz und Regel« verfährt (WA II, 12, S. 102 f.; vgl. *Faust*, V. 7861 ff.). Ihre Gliederung erfolgt entsprechend nach dem Grad der Regelhaftigkeit, gemäß der ihre Phänomene organisiert sind.

Einen wesentlichen Einfluß auf G.s Begriff der Gestalt übte die weitverbreitete Präformationslehre aus, die, nach den mikroskopischen Entdeckungen von Antonie van Leeuwenhoek und Jan Swammerdam (1675), ausgehend von Gottfried Wilhelm Leibniz und vermittelt durch Charles Bonnet die Auffassung vertrat, daß sich Lebewesen, dem Gesetz der Stetigkeit folgend, aus kleinsten »Keimen« heraus entwickeln. In diesem »Keim« ist die Gestalt des Wesens bereits vorgeprägt, so daß die Entwicklung als Ausfaltung der äußeren Erscheinung aus dem urbildlichen Kern gemäß einer genau bestimmbaren Stufenleiter verläuft (Einschachtelungstheorie). Schon früh begegnete G. in der Physiognomik Johann Kaspar Lavaters eine Theorie, die sich die Präformationstheorie ausdrücklich zunutze machte.

Gestalt besitzen für G. nicht nur die organischen Lebensformen, sondern auch die Erscheinungen des Anorganischen und selbst übergängliche Naturphänomene wie Wolken, was ihm Luke Howards Wolkenlehre bestätigte. Die Gestalt ist dabei jeweils die Erscheinung, die in einem Augenblick der fortlaufenden Metamorphose am Phänomen oder Lebewesen sichtbar wird. Das Wort selbst bezeichnet nach G. eine Abstraktion, bei der »von dem Beweglichen« abgesehen wird: Es wird nämlich angenommen, »daß ein Zusammengehöriges festgestellt, abgeschlossen und in seinem Charakter fixirt sei« (WA II, 6, S. 9), was in der Natur nie geschieht. Der Kerngedanke lautet, daß die äußere Gestalt durch ein Inneres, ein Ideelles, hervorgebracht und permanent umgestaltet wird.

G.s Gestaltbegriff umfaßt dabei auch die individuellen Züge des Phänomens oder Lebewesens. Vom einzelnen Menschen etwa fordert G., daß er seinem Leben »Gestalt« verleihe und nicht »formlos« bleibe oder gar werde (WA I, 23, S. 251). Vor allem an den Künstler ergeht der Auftrag, daß sein »Leben Gestalt«, sein »Gedanke Leben gewinne«, damit er selbst aus dieser inneren Kraft zur Gestaltung in der Lage sei (WA I, 5.1, S. 310). Dabei besitzt »das wirkliche Talent« »einen angeborenen Sinn für die Gestalt« (Eckermann, 10. 4. 1829). Zwei Welten stehen hier zueinander in einem spannungsvollen Verhältnis: die widerständige »Welt des Stoffes« und die »geistige« Welt; sie »gegen einander zu bewegen, ihre beiderseitigen Eigenschaften in der vorübergehenden Lebenserscheinung zu manifestiren, das ist die höchste Gestalt wozu sich der Mensch auszubilden hat« (WA I, 25.1, S. 272f.). So rücken Kunst und Natur dadurch zusammen, daß in ihnen »Gestaltung« die »höchste und einzige Operation« sei und darin am wirksamsten »die Spezifikation, damit jedes [individuelle Objekt; d. Vf.] ein besonde-

res bedeutendes werde sei und bleibe« (an Zelter, 30.10. 1808). Wie sich in der natürlichen Gestalt die Naturgesetzmäßigkeit offenbart, so zeigt sich in der ästhetischen Gestalt die Gesetzmäßigkeit des Schönen. Nur der junge G. gestand einmal dem »Wilden« zu, daß dieser auch »ohne Gestaltsverhältniß« aus »Einer Empfindung« ein »charakteristisches Ganzes« unter Mißachtung ästhetischer Regeln »modelt« (WA I, 37, S. 149). Der ästhetische Gestaltbegriff des »klassischen« G. korrespondiert auf diese Weise seinem Begriff der Form.

G.s Gestaltbegriff hatte in der Naturforschung seinen Ausgangspunkt. Zu Beginn seiner naturwissenschaftlichen Studien untersuchte G. die Gestalt der Gebirgsformationen, weitete seine Betrachtungen jedoch bald – Anfang der 80er Jahre – auf den organischen Bereich aus. Ziel seiner Forschungen war damals das »Gewahrwerden der wesentlichen Form« (an Charlotte von Stein, 9. u. 10.7. 1786), was ihn bei seinen botanischen Studien nach der Urpflanze suchen ließ. Im Zuge der Reorganisation seiner Terminologie Mitte der 90er Jahre wird der Typus zum »Leitfaden durch das Labyrinth der Gestalten« in der Natur (WA II, 8, S. 266). Die Gestalt ist dabei jeweils das individuelle Ganze, wie es bei der Betrachtung der »äußern sichtbaren, greiflichen Theile im Zusammenhange« als »Andeutungen des Innern« wahrgenommen werden kann (WA II, 6, S. 9). Diese »Gestalt« wird »eigentlich durch den Sinn des Auges gefaßt« und in der Naturforschung durch den »Semiotiker«, den »Physiognomen« und den »Morphologen« untersucht (WA II, 12, S. 243).

Literatur:

Wachsmuth, Andreas Bruno: Goethes naturwissenschaftliche Lehre von der Gestalt. In: ders.: Geeinte Zwienatur. Berlin, Weimar 1966, S. 57–85. – Weinhandl, Ferdinand: Gestalt und Charakter. In: ders.: Goethes Metaphysik. Berlin 1932, S. 292–314. – Ders.: Der Gestaltgedanke in Goethes Lebenswerk. In: GoetheJbWien. 65 (1961), S. 12–38. – Weizsäker, Komm. in HA 13, S. 539–555. – Wilkinson, Elizabeth M.: Goethe's conception of form. In: Pro-

ceedings of the British Academy. 37 (1951),
S. 175–197.

Andreas Anglet

Gesundheit/Krankheit

Krankheiten im unmittelbar physischen Sinne
haben G.s Leben wiederholt in höchste Gefahr
gebracht. Markante Ereignisse dieser Art fielen in die zweite Jahreshälfte 1768, in den
Januar 1801, in die erste Jahreshälfte 1805, in
den Februar 1823 und November 1830; zu diesen Zeitpunkten ging es um Leben und Tod.
Jedesmal handelte es sich um Herausforderungen der Natur, die den Menschen über-
fielen und nur in geringem Maße aktiv abzuwehren waren – Heutige tun gut, sich die
damalige niedrige durchschnittliche Lebens-
erwartung und den Entwicklungsstand von
medizinischer Erkenntnis und Praxis vor Augen zu führen. Der Kanzler von Müller hat für
den 21. 4. 1824 notiert, wie G. sich angesichts
dieser Sachlage auf das Problem der Krankheit
einzustellen suchte: »Die K r a n k h e i t gehe
den Menschen nichts an, er müsse sie ignorieren, nur die Gesundheit verdiene remar-
quiert zu werden«. Das bedeutete nicht, daß G.
nicht willens gewesen wäre, aktiv für seine
Gesundheit zu sorgen. Ihm war früh, durch die
große Krise des Jahres 1768, bewußt geworden, was Gesundheit bedeutete: »Was nützte
mir der ganzen Erde Geld?«, schrieb er am
6. 11. 1768 in einem Briefgedicht an Friederike
Oeser, »kein krancker Mensch geniesst die
Welt«. Und wie er nicht nur die Genußfähig-
keit des Menschen durch Krankheit eingeschränkt, aufgehoben, zerstört fand, sondern
Gesundheit als Basis menschlichen Gesamt-
befindens – in enger Wechselwirkung des Physischen und Psychischen – anzusehen gelernt
hatte, läßt sich dem Brief vom 28. 7. 1770 an
Augustin Trapp entnehmen. Auf die Frage
»Wie steht's mit Ihrer Gesundheit?« wird geantwortet: »Ich bitte Sie sorgen Sie doch für

diesen Leib mit anhaltender Treue. Die Seele
muß nun einmal durch diese Augen sehen, und
wenn sie trüb sind, so ist's in der ganzen Welt
Regenwetter«. Der junge G. – Briefe und Tagebücher geben vielmals davon Kenntnis –
suchte sich physisch stark zu machen, indem er
dem Körper kräftige Herausforderungen zumutete. In der späteren Lebenszeit unterstützte und förderte er seine Physis durch oft-
malige und lange Aufenthalte in Badeorten:
neben den böhmischen Bädern Karlsbad, Teplitz und Marienbad, die er am häufigsten aufsuchte, etwa Pyrmont und Wiesbaden, Tenn-
stedt und Berka.

Das Erlebnis der lebensbedrohenden
Krankheit von 1768 hat für G. das Thema Ge-
sundheit/Krankheit über den unmittelbar physischen Aspekt hinaus in einen komplexen und
universellen Zusammenhang gestellt. Der
tiefe Einschnitt in seiner weltanschaulichen
Entwicklung, der diesem Erlebnis folgte, leitete eine qualitativ neue Beziehung zum Naturganzen als dem umfassenden Lebenszusam-
menhang ein und öffnete den Blick auch für
ein neuartiges ganzheitliches Verständnis des
Menschen als Gattungswesen wie als Individuum. Hier wurde eine Sicht initiiert, die,
beeinflußt und fortschreitend angereichert
durch die zeitgenössischen Bemühungen um
dieses Thema mit ihren vielfachen, oftmals in
neue Erkenntnisse sich vortastenden, häufig
aber auch ins Spekulative auslaufenden An-
sätzen und Vorstößen, dem Wechselverhältnis
von Gesundheit und Krankheit, Körper und
Geist oder Seele, Äußerem und Innerem, Ganzem und Teil gerecht zu werden bemüht war.
Was in späteren Jahren, insbesondere in den
letzten Lebensjahrzehnten, eine schlüssige
Formulierung fand, erhielt in dieser frühen
Zeit den entscheidenden Richtungsimpuls.
Das gilt etwa für das Wechselverhältnis zwischen dem Ganzen und dem Teil: »Gesunde
Menschen«, definierte G. in den *Aphorismen
und Fragmenten zur Natur*, »sind die, in deren
Leibes- und Geistesorganisation jeder Teil
eine vita propria hat« (GA 17, S. 714), während
er bei anderer Gelegenheit, in den Betrachtungen *Zur Zoologie*, »den vollkommensten Zustand der Gesundheit« darin gegeben sah,

»daß wir die Teile unseres Ganzen nicht, sondern nur das Ganze empfinden« (JA 39, S. 135). Ähnlich steht es in Hinsicht auf das Begreifen von Gesundheit als einem Gleichgewichts- und Harmoniezustand. Heißt es in der *Metamorphose der Tiere*, daß »jedem der [Tier-]Kinder die volle reine Gesundheit / Von der Mutter bestimmt« sei – »denn alle lebendigen Glieder / Widersprechen sich nie und wirken alle zum Leben« (WA I, 3, S. 90) –, so äußerte sich G. am 6. 12. 1807 gegenüber Riemer wie folgt: »Die sogenannte Gesundheit kann nur im Gleichgewicht entgegengesetzter Kräfte bestehen, wie das Aufheben derselben entsteht und besteht nur aus einem Vorwalten der einen über die andern« (Gespräche, 2, S. 273).

Die neue ganzheitliche und dialektische Disposition des G.schen Denkens, die bald nach den krisenhaften Frankfurter Zwischenjahren durch die Anregungen Herders eine entscheidende philosophische und geschichtliche Ausrichtung erhielt, hatte zur Konsequenz, daß G. das Verhältnis von Gesundheit und Krankheit über den biologischen Aspekt hinaus als gesellschaftlich-historisch mitbedingt erkannte und thematisierte. Das Drängen nach Natur und das Streben nach Gesundheit in dem umfassenden Sinne, wie G. es in den frühen 70er Jahren entwickelte, waren untrennbar verbunden mit der Erfahrung von Unnatur in der gesellschaftlichen Welt, wie sie G., übereinstimmend mit vielen seiner Generationsgenossen, kritisch reflektierte. Wenn Faust sich selbst aufruft, »hinaus in's weite Land« zu fliehen, und den dringenden Wunsch hegt, sich in der freien Natur, im »Thau« des Mondlichts »gesund [zu] baden« (WA I, 14, S. 28 f.), dann ist das begreifbar nur als Reaktion auf die Gesamterfahrung gesellschaftlich verursachter individueller Krisensituationen, die in der Eingangsszene des Dramenfragments ihren Niederschlag gefunden hat. In gleicher Weise ist die Lebens- und Todesgeschichte, das radikale Scheitern des jungen Werther unauflöslich verwoben mit dem Stand gesellschaftlicher Verhältnisse und individueller Entfaltungsmöglichkeiten, mit der Reaktion auf nicht-naturgemäße Normen und Konventionen wie mit der Unfähigkeit des Subjekts, die ihm zugemuteten Entsagungen und Leiden zu ertragen. Der *Werther*-Roman gewann daraus seine fulminante und sensationelle Wirkung, daß er die Geschichte eines hochsensiblen jungen Menschen vorführte, die sich als explizite künstlerische Gestaltung einer offenbar allgemeingültigen, von vielen, besonders jüngeren Menschen erfahrenen negativen Lebenskonstellation erwies. Werther bestimmt die »Krankheit zum Tode«, der er später selbst erliegen wird, als einen solchen Zustand der individuellen Natur, »daß theils ihre Kräfte verzehrt, theils so außer Wirkung gesetzt werden, daß sie sich nicht wieder aufzuhelfen, durch keine glückliche Revolution den gewöhnlichen Umlauf des Lebens wieder herzustellen fähig ist« (WA I, 19, S. 69). »Die Natur findet keinen Ausweg aus dem Labyrinthe der verworrenen und widersprechenden Kräfte, und der Mensch muß sterben« (ebd., S. 71).

G. hat in der poetischen Gestaltung dieser Problematik nach eigenem Zeugnis das Mittel gefunden, sich von den ihn selbst bedrohenden Konsequenzen einer solchen »Krankheit zum Tode« zu befreien. Ihm wurde gerade in Anbetracht der im *Werther*-Fieber sich niederschlagenden Wirkung seines Romans das Problem der Krise der Subjektivität, des Mißverhältnisses zwischen Wollen und Können, Anspruch und Vermögen, Ideal und Wirklichkeit nachhaltig bewußt. Er wies – als er das Thema in Erinnerung an die Begegnung mit Johann Friedrich Plessing während der ersten Harzreise 1777 in der *Campagne in Frankreich* wieder aufgriff – eine einseitig monokausale medizinisch-biologische Erklärung für diese Wirkung ausdrücklich ab und stellte die wahre Relation von poetischem Werk und Lebenswirklichkeit heraus, wenn er schrieb: »Werther bei seinem Erscheinen in Deutschland hatte keineswegs, wie man ihm vorwarf, eine Krankheit, ein Fieber erregt, sondern nur das Übel aufgedeckt, das in jungen Gemüthern verborgen lag« (WA I, 33, S. 208). Die im *Werther* vorgeführte Pathologie der modernen Individualität stellt sich als Teilerscheinung, als Reflex der Pathologie der modernen Gesellschaft heraus.

G.s erstes Weimarer Jahrzehnt ist nicht zuletzt als ein Versuch zu begreifen, in einer Position, die Handeln in der großen Welt ermöglichte, den krankmachenden Folgen bürgerlicher Enge und Ohnmacht, die er in Frankfurt intensiv erfahren hatte, zu entgehen. Daß das Unternehmen ungeachtet relativ günstiger äußerer Bedingungen und immenser subjektiver Anstrengungen am Ende in eine neue Krise führte, die nur mit einer Flucht und mit einer gründlichen Erneuerung zu bewältigen war, zeigte die Macht der Umstände an. G. hat seinen Italienaufenthalt unter dem Aspekt von Krankheit und Gesundheit als Genesung und Regeneration angesehen und zugleich eine Lebensanschauung und -haltung entwickelt, in der das Gesunde als das Naturgemäße und Lebenstüchtige eine immer größere Rolle spielte. In diesem Sinne konnte er dann mit den *Lehrjahren* einen Roman schreiben, in dessen Zentrum die erfolgreiche Bildung und Entwicklung eines geistig aktiven, begabten und strebsamen jungen Bürgers steht. Zugleich jedoch zeigt sich an der Gestaltung und Placierung solcher Romanfiguren wie Mignon und dem Harfner, daß die Krankheitsproblematik virulent blieb, nur eben in der Romanwelt in kritische Distanz gerückt und bei aller Sympathie als pathologisch diagnostiziert.

Im Zuge der in Verbindung mit Schiller betriebenen klassischen, im künstlerischen Bereich weithin klassizistischen Tendenzen verpflichteten Bestrebungen erreichte G.s Verklärung der Antike als »gesunde Natur« (WA I, 46, S. 22), die in der Kritik an einer als denaturiert angesehenen Gegenwart ihre Kehrseite und mehr noch ihre ursprüngliche Veranlassung hatte, in seiner *Winckelmann*-Schrift einen Höhepunkt. G. war nicht blind gegen die widersprüchlichen Resultate neuzeitlicher Kulturentwicklung und gegen die zwiespältigen Implikationen klassischer Humanität; zumindest will er in der *Italienischen Reise* von Neapel aus am 27.5. 1787 auf den dritten Teil von Herders *Ideen* und den darin enthaltenen »schönen Traumwunsch der Menschlichkeit« geantwortet haben: »Auch muß ich selbst sagen, halt' ich es für wahr, daß die Humanität endlich siegen wird, nur fürcht' ich, daß zu

gleicher Zeit die Welt ein großes Hospital und einer des andern humaner Krankenwärter sein werde« (WA I, 31, S. 253). Diese stark problematisierende Sicht auf das klassische Humanitätskonzept liegt – durch die positiv-utopische Sichtweise nahezu ganz verdeckt – der Apotheose der Antike in den Abschnitten *Antikes* und *Heidnisches* der *Winckelmann*-Schrift zugrunde. Hier ist die Zielvorstellung eines in einem umfassenden Sinne »gesunden« Menschen zum entscheidenden Bezugspunkt gemacht, und es sind auch die Kriterien dieser »Gesundheit« auf das deutlichste bezeichnet: »Wenn die gesunde Natur des Menschen als ein Ganzes wirkt, wenn er sich in der Welt als in einem großen, schönen, würdigen und werthen Ganzen fühlt, wenn das harmonische Behagen ihm ein reines freies Entzücken gewährt; dann würde das Weltall, wenn es sich selbst empfinden könnte, als an sein Ziel gelangt aufjauchzen und den Gipfel des eigenen Werdens und Wesens bewundern« (WA I, 46, S. 22). Dieser Gipfelpunkt war freilich nach G.s dezidierter Meinung, wenn überhaupt je, nur in der heidnischen Antike erreicht worden, während das Bild des neuzeitlichen Menschen von Zerstückelung bestimmt ist: »Noch war jene kaum heilbare Trennung in der gesunden Menschenkraft nicht vorgegangen« (ebd., S. 23). Nur in der Antike hatte es »in dem höchsten Augenblicke des Genusses, wie in dem tiefsten der Aufopferung, ja des Untergangs eine unverwüstliche Gesundheit« (ebd., S. 25f.) gegeben – darin gab G. zugleich auch eine Erklärung und Rechtfertigung für Winckelmanns Antike-Verehrung.

Indessen war die *Winckelmann*-Schrift bereits auch ein Reflex auf eine Entwicklung, die sich eben von jenem an der Antike festgemachten Idealbild gesunden, ganzheitlichen und harmonischen Menschentums offensichtlich entfernte oder sogar bewußt lossagte. Eine jüngere Generation, die G.s *Werther* gelesen und ihre eigenen Werther-Krisen durchlitten hatte, sah sich angesichts der eigenen Lebenserfahrungen nicht mehr in der Lage, sich auf ein solches Ideal einzuschwören. Die auch von G. schon im *Tasso* formulierte, als definitive Programmatik nicht festgehaltene, sondern abgelehnte Alternative, daß der Dichter sage, »wie [er] leide« und »was er duldet« (WA I, 10, S. 243 u. WA I, 3, S. 20), wurde mehr und mehr zur Leitinstanz im Poetischen erhoben und zugleich im Weltanschaulichen aufzuheben gesucht durch die Überantwortung an eine transzendente Orientierung, gar an eine kirchlich-konfessionelle Bindung. G. setzte sich dieser subjektiv leidenden oder in eine phantastische Gegenwelt entfliehenden Reaktion auf die moderne Wirklichkeit, wie sehr er sie aufgrund eigener Anfechtungen nachfühlen konnte, mit vollem Bewußtsein und aller Kraft entgegen, keineswegs aus moralisch-borniertem Anmaßung von Besserwisserei und Lehrhaftigkeit, sondern aus Gründen des Selbstschutzes. Mit Sicherheit eignet dieser Haltung, die ihren problematischsten Ausdruck in der Bestimmung des »Klassischen« als des »Gesunden« und des »Romantischen« als des »Kranken« (Eckermann, 2.4. 1829 u. MuR, 1031) fand, ein starker voluntativer Einschlag. Zugleich liegt darin ein bemerkenswertes Moment energischer Verteidigung einer anthropozentrischen, humanistischen Weltanschauung und Lebensethik sowie nicht minder einer hellsichtigen Kulturkritik. Nicht zuletzt im Blick auf die zeitgenössische Literatur – und keineswegs nur die deutsche – fand er in der von ihm bekämpften Entwicklung eine Tendenz wirksam, die seiner Überzeugung nach beim »hervorbringenden Talent [...]« den Baum seiner Schöpfungskraft« zerstören mußte (Eckermann, 2.1. 1824).

Literatur:

Hager, Gertrud: ›Gesund‹ bei Goethe. Eine Wortmonographie. Berlin 1955. – Jenisch, Erich: ›Das Klassische nenne ich das Gesunde, und das Romantische das Kranke‹. Goethes Kritik der Romantik. In: GoetheJb. 19 (1957), S. 50–79. – Möbius, Paul Julius: Über das Pathologische bei Goethe (1898). München 1982. – Nager, Frank: Der heilkundige Dichter. Goethe und die Medizin. München 1990. – Schings, Hans-Jürgen: Melancholie und Aufklärung. Melancholiker und ihre Kritiker in der Erfahrungsseelenkunde und Literatur des 18. Jahrhunderts. Stuttgart 1977. – Ders.: Agathon, Anton Reiser, Wilhelm Meister. Zur Pathologie des modernen Subjekts im Roman. In: Wittkowski, Wolfgang (Hg.): Goethe im Kontext. Ein Symposium. Tübingen 1984, S. 42–68. – Wolf, Eugen: Heilende Kräfte in Goethes Dichtung. In: GoetheJb. 28 (1966), S. 154–178.

Hans-Dietrich Dahnke

Gleichheit

Von allen Konnotationen, die der Begriff »Gleichheit« in G.s Sprache beinhaltet, sind für das Verständnis seines Lebens und Werks die folgenden als wichtig zu nennen:

1. Charaktermerkmale einer Person bzw. Eigenschaften einer Sache (gleichmäßig, unveränderlich bzw. deren Gegenteil). In bezug auf das Menschenleben und die Konzeption literarischer Gestalten geht es dabei vornehmlich um die spezifische Auffassung des Terminus »Gleichheit« als Gleichgewicht zwischen dem Ich und der Außenwelt. Als mögliche Regulative für das Dasein des einzelnen bieten sich entweder die Bejahung der so verstandenen Gleichheit oder deren Infragestellung (Ablehnung der Harmonie) an.

2. Soziopolitische Stellung von Personen und Ständen in der Öffentlichkeit, ihr Rang und Ansehen. Reflektiert wird vornehmlich die Gleichrangigkeit und Gleichberechtigung der Menschen bzw. die Akzeptanz der Ungleichheit im sozialen Leben; hinzu kommt aber auch in der Zeit des Sturm und Drang die Frage nach dem Standort des einzelnen im Kosmos.

Die subjektiv-persönliche und die gesellschaftliche Komponente der Kategorie »Gleichheit« müssen als komplementäre Erscheinungen betrachtet werden. Es bleibt auch festzuhalten, daß die dem Prinzip der Gleichheit entgegengesetzten Sichtweisen (»Verschiedenheit«) für G. oft eine wichtigere Bedeutung erlangen.

Bereits in den 1770er Jahren legte G. eine Haltung an den Tag, die von Spannung zwischen Gleichheit (verstanden als geistige

Übereinstimmung zwischen gleichgesinnten Menschen) und Verschiedenheit (Gefühl der Exzeptionalität) geprägt ist. In den Texten der Sturm-und-Drang-Jahre überwiegen Figuren, die durch inneres Gleichgewicht charakterisiert sind (Ausnahmen eher sporadisch: am stärksten Werther). Sie sind, so sehr sie auch Rebellen sein mögen, im wesentlichen keine innerlich zerrissenen, fragwürdigen Existenzen, sondern ganzheitliche Persönlichkeiten in einer spannungsgeladenen neuen Welt. Am deutlichsten gelangt diese Auffassung in der Konzeption des Genies zum Ausdruck (z.B. Erwin von Steinbach oder Prometheus). Sie ist verankert in der Empfindung des exzeptionellen Selbstwertes und der eigenen Kreativität, die sich aus der Verschiedenheit menschlicher Charaktere und Fähigkeiten ergeben. Hinzu kommt später als komplementäre Kategorie das Dämonische (z.B. Egmont) und die Konzeption der über andere Menschen hinausragenden Persönlichkeit (z.B. Faust). Für die genannten Gestalten gewinnt allerdings das soziopolitische Moment keine Relevanz. Das Genie erfährt jedoch bald die Grenze seiner Exzeptionalität: in der Erdgeist-Szene im *Urfaust* und im Gedicht *Grenzen der Menschheit* (1781).

Im soziopolitischen Bereich wird die Ungleichheit der Menschen nicht in Frage gestellt (Werther: »Ich weiß wohl, daß wir nicht gleich sind, noch sein können«; WA I, 19, S. 11), auch wenn sie innerlich nicht akzeptiert wird.

Nach der Italienreise artikulierte G. in zunehmendem Maße das Streben nach Gleichgewicht zwischen der Außen- und der Innenwelt. Oft meinte er damit nur eine ruhige und geregelte Lebensweise (an Zelter, 21.5. 1816), im wesentlichen ging es um eine Daseinsform, aus der radikale Wandlungen ausgegrenzt bleiben. Das Streben nach Gleichheit im Sinne einer harmonischen Gestaltung des Lebens eignet als hervorstechendes Merkmal vielen literarischen Figuren aus der klassischen und spätklassischen Phase. So sagt Wilhelm zu Natalie voller Bewunderung: »Der Gang Ihres Lebens [...] ist wohl immer sehr gleich gewesen« (*Wilhelm Meisters Wanderjahre*; WA I, 23, S. 175), denn auch er ist bemüht, eine ebenmäßige, harmonische Lebensführung zu erreichen.

Mit dem Problem der Gleichheit setzte sich G. intensiv auseinander im Zusammenhang mit der Französischen Revolution, für die Égalité eines der wichtigsten Ideologeme war. Bei aller Kritik an den Ereignissen in Frankreich und der Skepsis gegenüber dem Postulat der Gleichheit aller Menschen rang er sich zu einer teilweisen Modifizierung seiner Ansichten durch. Auch wenn er wie in *Herrmann und Dorothea* den revolutionären Parolen von Freiheit und Gleichheit mit Mißtrauen begegnet (WA I, 50, S. 232), reflektiert er doch über die Aporien der Gleichheit. Diese erscheint ihm unter gewissen Voraussetzungen als möglich und erstrebenswert. Im Sinne der Naturrechtslehre ist sie das Fundament für eine in allgemeiner Gleichberechtigung sich gründende Sozietät: In der Beschreibung der Stadt Heilbronn vom August 1797, deren Einrichtungen ihm als vorbildlich erschienen, vermerkt er, daß »die Stadt [...] auf gemeine bürgerliche Gleichheit fundirt ist« (Tagebuch, 28.8. 1797). Er verweist darauf, daß in Heilbronn weder die Geistlichkeit noch die Edelleute besondere Vorrechte genießen. Folgerichtig findet sich im letzten Buch der *Lehrjahre* das Thema im unmittelbar politischen Sinne: Lothario plädiert für den Verzicht des Adels auf seine feudalen Privilegien, nicht zuletzt unter dem Aspekt der Vermeidung revolutionärer Erschütterungen. Erkannte G. Gleichheit als allgemeines Prinzip jeder Gesellschaft an, so hielt er sie nur dann für sinnvoll und realisierbar, wenn sie nicht von außen herangetragen wird, sondern in der sittlichen Freiheit des einzelnen verankert bleibt. Das bedeutet, daß für den Verzicht auf – aristokratische, feudale – Privilegien, ein gewisser – innerer, geistiger – Adel erforderlich ist. G. wußte aber auch um das Problematische dieser Konzeption, denn sie läßt sich nicht in gleichem Maße von allen nachvollziehen. Sinnhaftes Verständnis für Gleichheit haben die nicht, denen Adel des Geistes fehlt: »Das Größte will man nicht erreichen, / Man beneidet nur Seines Gleichen, / Der schlimmste

Neidhart ist in der Welt, / Der jeden für Seines Gleichen hält« (*Egalité*; WA I, 2, S. 292). In *Dichtung und Wahrheit*, wo G. die Ergebnisse einer jahrzehntelangen Reflexion über seine Zeit zusammenfaßte, ist punktuell, im Hinblick auf die eigene Jugendzeit, auf die Notwendigkeit einer Auseinandersetzung mit diesem Problem verwiesen: »und so entwickelte, so bestärkte sich in mir das Gefühl der Gleichheit wo nicht aller Menschen, doch aller menschlichen Zustände, indem mir das nackte Dasein als die Hauptbedingung, das Übrige alles aber als gleichgültig und zufällig erschien« (WA I, 26, S. 239). Eine besondere Note erhält dieses Postulat in den Worten von Charlotte in *Die Wahlverwandtschaften*: »Das reine Gefühl einer endlichen allgemeinen Gleichheit, wenigstens nach dem Tode, scheint mir beruhigender als dieses eigensinnige starre Fortsetzen unserer Persönlichkeiten, Anhänglichkeiten und Lebensverhältnisse« (WA I, 20, S. 203). Der Weg zu einer Gleichheit, die die Verschiedenheit der Menschen keinesfalls aufhebt, soll nicht im Bereich der Politik gesucht werden, sondern in der sittlichen und sozialen Vervollkommnung des einzelnen, wie es in der der Theorie der Metamorphose nachempfundenen Formel aus den *Vier Jahreszeiten* seinen Ausdruck findet: »Gleich sei keiner dem andern; doch gleich sei jeder dem Höchsten. / Wie das zu machen? Es sei jeder vollendet in sich« (WA I, 1, S. 353).

Mit dem Hinweis auf die Möglichkeit der Gleichheit im sozialen Bereich verband sich der Verzicht auf die im Sturm und Drang evozierte Exzeptionalität des Genies. Zu Frédéric Jean Soret sagte G. am 17.2.1832: »Mais ils [die Franzosen; d. Vf.] oublient qu'un colosse est composé de pièces, qu'Hercule est lui-même un être collectif. Le plus grand génie ne saurait aller bien loin s'il prétendait tout tirer de son propre fonds seulement« (Gespräche, 3.2, S. 839).

Die angedeutete Ambivalenz von gleich/verschieden prägte auch G.s Sicht auf das Verhältnis der Geschlechter zueinander. Die Frau erscheint nie als gleichwertige Partnerin des Mannes, sie tritt vielmehr in komplementären bzw. begleitenden Funktionen auf: sie ist die Dienerin (in ihrer sozialen Rolle stets unterlegen, sporadisch auch in ihrem moralischen Habitus), gleichzeitig kann sie durch ihre Haltung dazu beitragen, das Chaos im Herzen des Mannes und in den zwischenmenschlichen Beziehungen zu überwinden. Selten wird ihr eine autonome Welt zugebilligt (z.B. tiefe Religiosität bzw. die Rolle der femme fatale). Sowohl in den Werken der Sturm-und-Drang-Zeit als auch in denen der klassischen und der spätklassischen Periode ist sie oft nur Objekt, die duldende Begleiterin des Mannes. Sie kann zwar viel bewirken, die langfristig entscheidenden Handlungen sind jedoch die Domäne des Mannes (*Götz von Berlichingen, Die Leiden des jungen Werthers, Iphigenie auf Tauris, Herrmann und Dorothea, Die natürliche Tochter, Die Wahlverwandtschaften, Faust*).

Literatur:

Badelt, Otto: Das Rechts- und Staatsdenken Goethes. Bonn 1966. – Ladendorf, Ingrid: Zwischen Tradition und Revolution. Frankfurt/M. 1990.

Tadeusz Namowicz

Gleichnis

Das bei G. vor 1808 recht spärlich belegte Wort »Gleichnis« nimmt in seinem Spätwerk eine zentrale Rolle ein. Es vereint zwei sehr verschiedene Bedeutungen: die sprachliche Operation der Gleichnisrede und die Annahme einer gleichnishaft verfaßten Welt.

Quintilians wirkungsmächtige Definition der Metapher als eines verkürzten Gleichnisses (*Institutio Oratoria*, 8, 6, 8) kehrt die aristotelische Begriffshierarchie um, derzufolge auch das Gleichnis eine Art der Metapher sei (*Rhetorik*, 3, 4, 1). Aristoteles hatte damit die Einsicht ausgesprochen, daß der entscheidende bedeutungskonstituierende Akt hier wie dort in der Übertragung eines Wortes von seinem angestammten Bereich in einen anderen liegt. Rhetorische und poetologische Theorien des Gleichnisses gelten daher nicht so sehr dem Auffinden vorsprachlich vorhandener Ähnlichkeiten als vielmehr ihrer sprachlichen Herausarbeitung (vgl. Ricoeur). Noch das von G. viel benutzte Rhetorik-Handbuch Johann Christian Gottlieb Ernestis bestimmt »similitudo« als »oratio traducens« (Ernesti, S. 360).

Die rhetorische Herkunft des Begriffs wird bei G. in den auffallend wenigen Passagen deutlich, in denen er Fragen der elocutio, der sprachlichen Darstellung, diskutiert. Daß »poetische Technik den größten Einfluß auf jede Dichtungsweise nothwendig ausübe« (FA I, 3.1, S. 200), wird in den *Noten und Abhandlungen zu besserem Verständniß des Westöstlichen Divans* am ausführlichsten berücksichtigt. Die Beschreibung einer Poesie, in der »die Sprache als Sprache die erste Rolle spielt« (ebd.), wendet eine Einsicht der Rhetorik gegen ihre trivialisierte Anwendung: Gegen die Vorstellung, Tropen seien bloßer poetischer Schmuck für ein auch anderweitig Sagbares, insistiert G. auf der Unhintergehbarkeit der sprachlichen Operation. Da hier »die Sprache schon an und für sich productiv ist« (ebd., S. 197), geht seine Beschreibung von einem Präzedenzfall schon der antiken Reflexion auf Tropen aus: der Katachrese, einer ursprünglichen Metapher, die das fehlende eigentliche Wort ersetzt. Das Arabische zeige sich besonders stark geprägt von »ersten nothwendigen Ur-Tropen« (ebd.) – die Wendung paraphrasiert die Quintiliansche Bestimmung der unvermeidbaren Metapher (*Institutio Oratoria*, 8, 6, 5f.), die sich bei Ernesti zitiert findet (Ernesti, S. 405f.). »Weil nun alles Vorgesagte auch von den nahe verwandten Gleichnissen gilt«, ist der im Titel des folgenden Abschnitts angekündigte »Uebergang von Tropen zu Gleichnissen« nicht eben leicht zu bestimmen – und das erste Beispiel für Gleichnisse ist bezeichnenderweise eine Metapher (FA I, 3.1, S. 198).

In welchem Umfang G.s Ausführungen auch als Poetik seiner eigenen Dichtung gelesen werden wollen, ist wohl schwer einzuschätzen. Die naheliegende Annahme, daß G.s späteres Werk in einem stärkeren Maße von Gleichnissen geprägt ist als das frühere, müßte überprüft werden. Mit größerer Sicherheit kann man sagen, daß der Einsatz von Gleichnissen mit zunehmender Bewußtheit und in wachsendem Einklang mit dem eigenen poetologischen Selbstverständnis erfolgte. Noch Werther scheint sich in einem Brief für ein Gleichnis entschuldigen zu müssen, das er im Brief zuvor aufgestellt hat; obwohl dieses Gleichnis als Antizipation des Kommenden für die Struktur des Romans – und damit für seine implizite Poetik – unverzichtbar ist, regiert hier als explizite Poetik die Verpflichtung, konkrete Erlebnisse »auszuerzählen« (WA I, 19, S. 19). Ähnlich werden etwa noch im *Tasso* (WA I, 10, S. 186) oder in den *Lehrjahren* (WA I, 22, S. 156) Gleichnisse aufgestellt, deren Leistung sogleich ausdrücklich in Frage gestellt wird. Später verlor sich die poetologische Frontstellung gegen eine Literatur des mittleren 18. Jhs., die G. selbst als von unmäßigen Gleichnisreden geprägte charakterisiert (WA I, 27, S. 72). Besonders *Die Wahlverwandtschaften* sind ja nicht nur auf ein Gleichnis gegründet; in dem Roman zeigt sich eine nachgerade barocke Lust am Gleichnis, etwa in der umständlichen Erklärung der Rede vom »rothen Faden« (WA I, 20, S. 212). Gleichwohl stellte G. noch spät eine hohe Frequenz tropischer und gleichnishafter Rede bei Autoren und in Epochen fest, von denen er sich abgrenzt, so bei Jean Paul (FA I, 3.1, S. 202ff.), bei Shakespeare (MuR, 252) sowie in der italienischen Literatur des 17. Jhs. (WA I, 32, S. 215f.). Dem Lyriker billigt G. einen häufigeren Gebrauch von Metaphern zu als dem Prosaisten (FA I, 3.1, S. 204).

Zu den Problemen der eigenen sprachlichen Darstellung hat G. sich fast nur als Naturwissenschaftler geäußert. Ist es die »Hauptabsicht« der *Farbenlehre*, eine Sprache der Wirkungen »auf ähnliche Fälle als Gleichniß, als nahverwandten Ausdruck, als unmittelbar passendes Wort an[zu]wenden« (WA II, 1, S. XI), so warnt sie doch auch vor »bloßen Gleichnissen« durch die Übertragung von »moralischen Formeln« (ebd., S. 303). Auch hier artikuliert sich also – bei terminologischen

Schwankungen – eine Einsicht in die unabdingbare Metaphorizität der Sprache bei gleichzeitigem Mißtrauen gegenüber dem willkürlichen Gebrauch übertragener Rede. Das wird auch in Reflexionen auf das Verhältnis von naturwissenschaftlicher und poetischer Sprache immer wieder deutlich (z.B. WA II, 3, S. 269).

Nennt G. in den von Gleichnissen besonders stark geprägten *Wanderjahren* diese »eine zweite Art von Wunder« (WA I, 24, S. 252), so evoziert er die religiöse Autorität der Gleichnisrede par excellence: diejenige Jesu. Doch exemplifiziert er die besondere Macht der Gleichnisse an Bildern, die als zwar artifizielle, aber doch nonverbale, sichtbare Gegenstände eine Mittelstellung zwischen den hier unterschiedenen Gleichnisbegriffen einnehmen.

Auch G.s Vorstellung einer gleichnishaft verfaßten Welt hat ihr biblisches Vorbild: »Da Gott den Menschen schuff / machte er jn nach dem gleichnis Gottes« (1. Mos. 5, 1; Luther, S. 32). Der Tagebuchschreiberin Ottilie erscheint dies als eine Wahrheit, die man jedenfalls nicht mehr neu erweisen müsse (WA I, 20, S. 293); »der Knabe« Johann Wolfgang hingegen gestaltet sie »auf gut alttestamentliche Weise« durch einen Altar, auf welchem »Naturproducte [...] die Welt im Gleichniß vorstellen« sollten (WA I, 26, S. 64). Im Verhältnis zum biblischen Vorbild wird also nicht nur die Sphäre erweitert, die etwas anderes vorstellen soll, sondern auch diejenige, die im Gleichnis vorgestellt sein soll: Nicht allein der Mensch dient als Gleichnis, nicht allein Gott wird im Gleichnis begriffen. Ein System universaler Analogien bildet sich heraus, in dem »Alles Vergängliche / [...] nur ein Gleichniß« (WA I, 15.1, S. 337) ist. Bemerkenswerterweise fehlt in diesen berühmten Versen die Angabe dessen, wofür es ein Gleichnis sein soll. Fährt der Text vielmehr in einer syntaktischen Parallelkonstruktion fort – »Das Unzulängliche / Hier wird's Ereigniß« –, so bringt er mit poetischen Mitteln zur Darstellung, was man als G.s Weltbild nur unzureichend umschreiben kann. Es hieße das im Gleichnis Vorgestellte unzulässig zu vereindeutigen, wollte man es einfach als

das »Unvergängliche« bestimmen. Zwar geht hier das »Ereignis« aus dem »Gleichnis« hervor – auf das es sich im hessischen Dialekt bekanntlich reimt – und transzendiert es zugleich; damit ist aber nicht entschieden, ob die gleichnishafte Erkenntnis selbst einem Transzendenten gilt. Parallele Formulierungen wie die aus dem *Prooemion* – »Und deines Geistes höchster Feuerflug / Hat schon am Gleichniß, hat am Bild genug« (WA I, 3, S. 73) – legen dies zwar nahe, andere setzen jedoch Vergängliches nicht nur zu Unvergänglichem, sondern auch zu anderem Vergänglichen in eine gleichnishafte Beziehung: »Jedes Existirende ist ein Analogon alles Existirenden« (MuR, 554).

Während G. zur Beschreibung des Verhältnisses von Idee und Erscheinung auf das Wort »Gleichnis« verzichtet (MuR, 375, 1136 u. 1137), bestimmt er häufig dasjenige des Besonderen zum Allgemeinen als gleichnishaftes (MuR, 571); daraus folgt auch die Maxime praktischer Philosophie: »In dem Einen, was er recht thut, sieht er das Gleichniß von allem, was recht gethan wird« (WA I, 24, S. 51). Ein dynamischer Umgang mit dem System universaler Analogien entscheidet darüber, ob ihre Betrachtung erkenntnisfördernd ist: »Folgt man der Analogie zu sehr, so fällt alles identisch zusammen; meidet man sie, so zerstreut sich alles in's Unendliche« (MuR, 554).

Nach der Unterscheidung der beiden Bedeutungen von »Gleichnis« ist freilich zu der Tatsache zurückzukehren, daß G. sie gerade in ein Wort zusammenfaßt. G. motiviert dies mit einer Homologie von gleichnishafter Struktur der Welt und poetischer Technik: »Sollt ich nicht ein Gleichniss brauchen / Wie es mir beliebt / Da uns Gott des Lebens Gleichnis / In der Mucke giebt« (FA I, 3.1, S. 589); hier wird das Gleichnis zum Gleichnis für das Gleichnis. Das Wort »Natursprache« (WA II, 1, S. XI) in der *Farbenlehre* ist der kürzeste Ausdruck für dieses Verhältnis, insofern es der Rede von der Natur eine ihrerseits natürliche Herkunft unterstellt. In anderen Zusammenhängen wird jedoch die Nicht-Natürlichkeit der Gleichnisrede deutlich. Eduard kommentiert die zentrale Gleichnisrede der *Wahlverwandtschaften*: »Hier wird freilich nur von Erden und

Mineralien gehandelt, aber der Mensch ist ein wahrer Narciß; er bespiegelt sich überall gern selbst; er legt sich als Folie der ganzen Welt unter« (WA I, 20, S. 47). Wenn nun, nach Charlottes Einsicht, die »Verwandtschaft« der im chemischen Experiment beteiligten Elemente nicht auf deren »Wahl« beruht, sondern »bloß in den Händen des Chemikers [liegt], der diese Wesen zusammenbringt« (ebd., S. 53), so gilt Analoges für die Konstruktion des Romans *Die Wahlverwandtschaften*. Dieses Gespräch über Gleichnisse markiert also nicht nur den Anthropomorphismus des Naturforschers, sondern implizit auch den Willkürakt der Autorinstanz, die das Gleichnis wählt.

Literatur:

Ernesti, Io[hann] Christ[ian] Theoph. [d.i. Gottlieb]: Lexicon Technologiae Latinorum Rhetoricae. Leipzig 1797 [Reprint Hildesheim 1962]. – Luther, Martin: Biblia: das ist: Die gantze Heilige Schrift: Deutsch/Auffs new zugericht. [Wittenberg 1545]. Hg. von Hans Volz u.a. Bd. 1. München 1974. – Ricoeur, Paul: Stellung und Funktion der Metapher in der biblischen Sprache. In: ders./Jüngel, Eberhard (Hg.): Metapher. Zur Hermeneutik religiöser Sprache. München 1974, S. 45–70. – Trunz, Erich: Das Vergängliche als Gleichnis in Goethes Dichtung. In: N.F. JbGG. 16 (1954), S. 36–56.

Robert Stockhammer

Goethe, August von
(1789–1830)

August von Goethe, der Sohn G.s und seiner Lebensgefährtin Christiane Vulpius, wurde am 25. 12. 1789 in Weimar geboren und auf den Namen August Walther Vulpius getauft. Die Äußerung Karoline von Dacherödens: »Was für ein Lärm über das Kind ist, ist unglaublich« (an W. von Humboldt, 19. 12. 1790) läßt die Turbulenzen vermuten, die die Geburt des unehelichen Sohnes eines der höchsten Beamten des Herzogtums in der tonangebenden Weimarer Gesellschaft hervorrief. Von Anfang an erwies sich Augusts Persönlichkeit für Mit- und Nachwelt meist nur insoweit von Interesse, wie man sie der Rolle zuzuordnen vermochte, die er als Sohn im Leben des bedeutenden Vaters spielte. Selbst die Inschrift seines Grabsteins – »Goethe filius patre ante vertens« (Goethe, der Sohn, dem Vater vorausgehend) – verweist auf diese Sicht und damit auf die zentrale Lebensproblematik des einzigen Sohnes des Dichters.

August verlebte glückliche Kinderjahre. Er war ein aufgeweckter Knabe, »so possierlich und gescheit« (Charlotte von Stein an ihren Sohn Friedrich, 2. 1. 1797), der geliebt und behütet im weitläufigen Besitz des Vaters heranwuchs. G. wandte dem Jungen besondere Aufmerksamkeit zu und leitete dessen Erziehung selbst. So schreibt er an Karl Ludwig von Knebel: »Mein August wächst und hat zu gewissen Dingen viel Geschick [...]. Meine einzige Sorge ist blos das zu cultiviren was wirklich in ihm liegt und alles was er lernt ihn gründlich erlernen zu lassen« (17. 9. 1799). Bewußt den Neigungen des Sohnes freien Lauf lassend, verlor er freilich das eigentliche Ziel der Bildung nicht aus den Augen: Vorbereitung auf eine Laufbahn im Staatsdienst des Herzogtums Sachsen-Weimar-Eisenach sowie Heranbildung des Sohnes als zukünftigen Helfer für den Vater. Sorgfältig zog G. den Heranwachsenden in seinen Lebenskreis, vor allem in seine naturwissenschaftlichen Beschäftigungen, und beförderte nebenhergehend den Abbau der Barrieren, die der standesgemäßen gesellschaftlichen Existenz des Jungen im Wege standen. Auch vor diesem Hintergrund war G.s Eheschließung (Oktober 1806) von Bedeutung; die Einsetzung Augusts als Erbe (Juli 1797) und seine Legitimierung (Mai 1802) waren bereits vorausgegangen. Die Ausbildung des G.-Sohnes war praktisch-naturwissenschaftlich angelegt, musische Fächer und moderne Sprachen wurden weniger berücksichtigt, Reiten, Fechten und Tanzen indessen gehörten dazu. Den Unterricht übernahmen zunächst Hauslehrer (1797–1805). Es folgten der Besuch des Gymnasiums (1805–1808), ein Jurastudium (1808–1811) in Heidelberg und Jena sowie eine halbjährige praktisch-ökonomische Ausbildung im herzoglichen Kammergut Kapellendorf (1811).

Bereits während des Studiums erwarb August als Assessor die Anwartschaft auf eine Anstellung bei der herzoglichen Kammer. Im Dezember 1811 begann er seine Beamtenlaufbahn als Wirklicher Assessor (Gehalt ab 1813, 1815 Kammerrat, 1822 Geheimer Kammerrat). Sein Aufgabengebiet war praktische Verwaltungsarbeit. Er galt als fleißig, zuverlässig und für diese Tätigkeit gründlich vorgebildet. Ab 1812 gehörte der Hofdienst, bei dem zeitaufwendige Repräsentationsaufgaben zu erledigen waren, zu seinen Verpflichtungen. Gut aussehend, gewandt und von tadellosen Manieren, erfüllte er auch diese zur Zufriedenheit seiner Vorgesetzten. Gleichzeitig übernahm er Aufgaben von seinem Vater. War es zunächst die Aufsicht über Finanzen und Personal des elterlichen Haushaltes, kamen bald Verhandlungen mit Verlegern, Handwerkern und Geschäftsleuten, die Verwaltung des Archivs und der Familienakten sowie die Betreuung der Sammlungen hinzu. 1815 wurde August offiziell Mitarbeiter G.s bei der »Oberaufsicht über die unmittelbaren Anstalten für Wissenschaft und Kunst«, Mitglied der Freimaurerloge und 1817 Mitglied der Hoftheaterkommission. Der Sohn wurde dem Alternden im dienstlich-geschäftlichen Bereich unverzichtbar, immer häufiger dessen Vertreter in der Öffentlichkeit und nach dem Tod Christiane von Goethes verstärkt auch im privaten Bereich zur Vertrauensperson.

1817 heiratete August Ottilie von Pogwisch. Die jungen Goethes bezogen die Mansarde des Hauses am Frauenplan. Beide sorgten dafür, daß G. auf seine Weise leben und arbeiten konnte. Ottilie wurde als Organisatorin der Geselligkeit für den Vater unentbehrlich, jedoch für ihren Mann keine Entlastung bei der Führung des komplizierten Haushaltes. Die anfangs glückliche Ehe, in der drei Kinder –

Walther (1818), Wolfgang (1820) und Alma (1827) – geboren wurden, erwies sich aufgrund unterschiedlicher Lebensauffassungen für beide Partner bald als belastend. Obwohl eine Trennung nicht ernsthaft erwogen werden konnte und August anläßlich des Hochzeitstages 1828 seiner Frau beteuerte, daß er »mit Freude und ohne Reue auf die verlebten Tage und Jahre zurückgeblickt« habe (an Ottilie, 1. 7. 1828), konnte von Harmonie und häuslichem Glück keine Rede sein.

Die Freiräume August von Goethes, seinen Fähigkeiten, Charaktereigenschaften und Bedürfnissen entsprechend ein eigenes Leben zu führen, waren karg bemessen. Briefe und Tagebücher belegen die Fülle dienstlicher und privater Verpflichtungen, denen er zu genügen hatte. Das Zusammenleben in enger Vertrautheit mit dem Vater, das Eingebundensein in dessen Lebenssphäre, die Stellung in der Öffentlichkeit als G.s Sohn, der am Vater gemessen wurde, sowie die Beziehung zu Ottilie verursachten Zwänge, denen er auf die Dauer nicht gewachsen war. Hinzu kamen ab Mitte der 20er Jahre schwere Krankheitsanfälle und – wie bis heute angenommen, indessen nicht zu belegen – auch Alkoholprobleme. Psychisch und physisch am Ende, reiste der Vierzigjährige im April 1830 nach Italien. G., der den Sohn nicht entbehren zu können glaubte, hatte der Reise letztlich aus Einsicht in deren Notwendigkeit zugestimmt und Johann Peter Eckermann zum Begleiter des Kranken bestellt. Am 13. Mai schrieb August an Ottilie: »Die äußerste Noth trieb mich, um den letzten Versuch zu meiner Erhaltung zu machen«. Berichte aus Italien schildern den Verlauf der Reise und die fortschreitende Genesung. Die Hoffnung G.s – »Fahre in allem und jeden so fort und es wird ein freudiges Wiedersehen und Zusammenleben erfolgen« (an August, 5.7. 1830) – erfüllte sich jedoch nicht. August starb am 27. 10. 1830 in Rom. Die Todesnachricht traf am 10. November in Weimar ein. Zwei Wochen später erlitt G., der versucht hatte, den Schmerz über den Verlust des Sohnes durch ein übermäßiges Arbeitspensum zu verdrängen, einen Blutsturz und geriet selbst in Lebensgefahr. Genesend, schrieb der über achtzigjährige, intensiv an der Vollendung seines Lebenswerkes arbeitende Dichter an Sulpiz Boisserée: »Wenn ich auch innerlich mir gleich blieb, so war es doch eine schwere Aufgabe, in Bezügen zu wirken, die ich längst andern übertragen hatte« (20.3.1831), damit auch auf die Lücke verweisend, die der Tod des Sohnes hinterlassen hatte.

Literatur:

Bluhm, Heinz (Hg.): August von Goethe und Ottilie von Goethe. Briefe aus der Verlobungszeit. Weimar 1962. – Bode, Ludwig: Goethe und die Seinen. Leipzig 1908. – Ders.: Goethes Sohn. Berlin 1918. – Gräf, Hans Gerhard (Hg.): Goethes Briefwechsel mit seiner Frau. 2 Bde. Frankfurt/M. 1916. – Köster, Albert (Hg.): Die Briefe der Frau Rath Goethe. Leipzig 1904. – Oettingen, Wolfgang von (Hg.): Aus Ottilie von Goethes Nachlaß. Weimar 1912/13. – Rahmeyer, Ruth: Ottilie von Goethe. Stuttgart 1988. – Völker, Werner: Der Sohn August von Goethe. Frankfurt, Leipzig 1992.

Carola Sedlacek

Goethe, Christiane von
(1765–1816)

Wie weit es in Weimar bereits als Skandal betrachtet wurde, daß der eben aus Italien zurückgekehrte Dichter und hohe Staatsbeamte G. 1788 mit der 23jährigen, aus einfachen Verhältnissen stammenden Christiane Vulpius eine Beziehung einging, in der der sinnlich-erotische Bereich zweifelsfrei eine wesentliche Rolle spielte, dürfte fraglich sein. Erst in dem Maße, wie er sich dauerhaft zeigte, wurde der unstandesgemäße Liebesbund zum Skandal. Die Reaktionen der Öffentlichkeit, vor allem in bedeutenden Kreisen der Weimarer Gesellschaft, reichten von schweigend von dem Ärgernis übergehender Duldung bis zu hemmungsloser Verurteilung. Christiane ist – wie Karl Ludwig von Knebels Frau 1820 rückblickend bemerkt – »sehr beneidet worden und deshalb viel angefeindet und verleumdet« (Bode, S. 268f.).

Auch nach der Eheschließung 1806 wurde die nunmehrige Frau Geheimrätin nur so weit akzeptiert, wie es sich mit Rücksicht auf G. nicht vermeiden ließ. Die von Standesnormen geprägten Urteile über Christiane – sie lassen sich u.a. in Briefen Charlotte von Steins, Charlotte von Schillers und aus beider Bekanntenkreis finden – haben sehr lange auch das Bild der Lebensgefährtin G.s in der Nachwelt bestimmt. Ein Wandel setzte erst ein, als die originären Quellen erschlossen und zugänglich gemacht wurden, Briefe vor allem: etwa die von G.s Mutter, hauptsächlich jedoch die zwischen G. und Christiane selbst gewechselten. Von dieser Korrespondenz sind 354 Briefe G.s und 247 Christianes erhalten, die in Inhalt und Sprache eine von Zuneigung, Sehnsucht, Dankbarkeit und Gewohnheit getragene alltägliche Vertrautheit dokumentieren. Der immer wieder auftauchende Vorwurf, Christiane habe auf G. geisteshemmend und apoetisierend gewirkt, kann angesichts des G.schen Schaffens in den Jahren seiner Lebensgemeinschaft mit ihr nicht ernst genommen werden. Nicht zuletzt bezeugen Christiane zugeeignete und durch die Beziehung zu ihr inspirierte Gedichte, wie stark G. sich mit dieser Frau verbunden fühlte: zu denken ist an Gedichte wie *Morgenklagen*, *Der Besuch*, *Frech und froh*, *Gefunden*, vor allem auch an die *Römischen Elegien*, die *Venezianischen Epigramme* und *Die Metamorphose der Pflanzen*.

Johanna Christiana Sophia Vulpius wurde am 1.6.1765 in Weimar geboren. Sie war das dritte Kind aus der ersten Ehe des Amtskopisten Johann Friedrich Vulpius. Über ihre Kindheit und Jugend bis 1788 ist wenig mehr bekannt, als daß die geringe Besoldung des Vaters nicht ausreichte, die Familie zu ernähren, daß sich nach dem Tod der Mutter die Tante Juliane Auguste Vulpius (1734–1806) um Christiane kümmerte und daß sie eine Zeitlang im Friedrich Justin Bertuchschen Unternehmen beschäftigt war. Ihr Elternhaus steht in der Luthergasse 5, hinter dem heutigen Kirms-Krackow-Haus. Die Schauspielerin Caroline Jagemann, die im Nachbarhaus aufwuchs, schilderte Christiane als ein »hübsches freundliches fleißiges Mädchen; aus ihrem apfelrunden frischen Gesicht blickten ein paar brennend schwarze Augen, ihr etwas aufgeworfener kirschroter Mund zeigte, da sie gern lachte, eine Reihe schöner weißer Zähne und dunkelbraune volle Locken fielen ihr um Stirn und Nacken« (Bamberg, S. 97).

Am 12.7. 1788, als das junge Mädchen dem einflußreichen Mann im Weimarer Park einen Brief ihres Bruders Christian August Vulpius (1762–1827) überreichte, nahm die Beziehung zwischen G. und Christiane ihren Anfang. Der Beginn ihrer Liebe fiel in eine Zeit, da G. nach seinem Italienaufenthalt eine schwierige Wiedereingewöhnung in Weimar zu bestehen hatte und die Beziehung zu Charlotte von Stein, die über Jahre ein bestimmendes Zentrum seiner Existenz gebildet hatte, sich nunmehr endgültig löste. Deutet es zunächst auf ein noch ohne dauerhafte Orientierung eingegangenes Liebesverhältnis, wenn G. sich am 8.6. 1789 an Charlotte von Stein mit der seltsamen Bitte wandte: »Hilf mir selbst, daß das Verhältniß das dir zuwider ist, nicht ausarte, sondern stehen bleibe wie es steht«, so gab es schon bald Äußerungen, die anzeigten, daß er nicht daran dachte, sich von Christiane zu trennen. Von Bedeutung dürfte dabei die Geburt seines Sohnes gewesen sein, des einzigen lebensfähigen der fünf Kinder des Paares, die zwischen 1789 und 1802 zur Welt kamen. Als G. 1790, diesmal nicht aus eigenem Willen, nach Italien reiste, bekannte er dem Herzog Carl August am 3. April seine »Neigung zu dem zurückgelaßnen Erotio und zu dem kleinen Geschöpf in den Windeln, die ich Ihnen beyde, wie alles das meinige, bestens empfehle«. Am 28.5. 1790 schrieb er aus Mantua an die Herders: »Für die Gesinnungen gegen meine Zurückgelaßnen danke ich Euch von Herzen; sie liegen mir sehr nahe und ich gestehe gern, daß ich das Mädchen leidenschaftlich liebe. Wie sehr ich an sie geknüpft bin, habe ich erst auf dieser Reise gefühlt«. In einem Brief an

Schiller vom 13.7. 1796 findet man dann eine Formulierung, die rückwirkend bis zum Anfang die Beziehung als »Ehe« benennt: »Heute erlebe ich auch eine eigne Epoche, mein Ehstand ist eben 8 Jahre und die französische Revolution 7 Jahre alt«. Als er ein Jahr später eine Reise in die Schweiz antrat, errichtete G. ein Testament zugunsten Augusts und Christianes. Beide stellte er seiner Mutter in Frankfurt vor. Frau Rat entwickelte sofort ein ausgesprochen herzliches Verhältnis zu der Freundin des Sohnes. Am 17.4. 1807 schrieb sie dann: »Du kanst Gott dancken! So ein Liebes – herrliches unverdorbenes Gottes Geschöpf findet mann sehr selten«.

Dem Dichter selbst war Christiane offensichtlich unentbehrlich: als Geliebte, als Mutter seines Sohnes und Organisatorin seines Alltags gleichermaßen. »Sey ja ein guter Hausschatz und bereite mir eine hübsche Wohnung. Sorge für das Bübchen und behalte mich lieb«, schrieb er ihr bereits am 10.9. 1792 aus dem Lager bei Verdun.

War G.s Gewissensehe mit Christiane aus Rücksicht auf seine Stellung im Herzogtum und auf die Geliebte auch über Jahre auf eine bloß private Sphäre begrenzt, dürfte sie – zumindest für G. – moralisch der bürgerlichen Ehe gleich gewesen sein. So war es nur noch eine letzte Konsequenz, daß er die Gefährtin in den unsicheren Kriegszeiten des Jahres 1806 auch nach Recht und Gesetz zur Frau nahm: Am 17. Oktober wandte er sich an den Oberkonsistorialrat Wilhelm Christian Günther mit der Bitte, die Ehe zu schließen: »Dieser Tage und Nächte ist ein alter Vorsatz bey mir zur Reife gekommen; ich will meine kleine Freundinn, die so viel an mir gethan [...] völlig und bürgerlich anerkennen, als die Meine«. Zwei Tage später verzeichnet das Tagebuch in aller Kürze: »Trauung«.

Vermutlich besaß Christiane natürlichen Charme, war sie unverbildet und unkompliziert. Wichtig dafür, daß G. mit ihr zusammensein und zugleich auf seine Weise leben und tätig sein konnte, waren zweifellos ihr praktischer Lebenssinn sowie ihr stetes Mühen, ihm das Leben so bequem wie möglich zu machen und sich seiner Art zu leben mit Freude unter-

Christiane Vulpius. Zeichnung von J. H. Lips

zuordnen: »Wenn Du vergnügt bist, ist mir das lieber als alles«, schrieb sie ihm am 5.10.1799. Ebenso wichtig dürften jedoch ihr herzlich liebevolles Wesen, ihr – wie Elisa von der Recke 1816 an Johanna Schopenhauer schrieb – »anspruchsloser heller, ganz natürlicher Verstand« und vor allem ihr unverwüstlich erfrischender Frohsinn gewesen sein. Dem Grafen Carl Friedrich von Reinhard soll G. 1807 seine Frau mit den Worten empfohlen haben: »Das Reich des Geistes hat kein Dasein für sie, für die Haushaltung ist sie geschaffen. Hier überhebt sie mich aller Sorgen« (Gespräche, 2, S.235). Daß sie dabei »keinesweges eine Magd im Hause war«, berichtete August Ludwig Hülsen an Schleiermacher am 13.4.1800 (Gespräche, 1, S. 779).

Christiane führte das weitläufige, ganz auf G.s Lebensweise abgestimmte Hauswesen. Ihr oblag die Betreuung der Häuser am Frauenplan und am Stern, die Bewirtschaftung der Gärten und eines Krautlandes, die Besorgung von Küche und Keller, die Anleitung der Bedienten sowie die Versorgung der zahlreichen Gäste. Während der oft monatelangen Abwesenheit G.s von Weimar (1810 z.B. sechs, 1815 fünf Monate) übernahm Christiane vielfältige Aufträge des Hausherren. Arbeitete er in Jena, versorgte sie von Weimar aus seinen Jenaer Haushalt. Aufopferungsvoll pflegte sie G. während seiner Krankheiten, hielt ihm störende Einflüsse fern, »verstand es, ihn aufzumuntern und kannte ihn so genau, daß sie immer wußte, welchen Ton sie anschlagen mußte, um wohltuend auf ihn zu wirken« (Bode, S. 268f.). G. wiederum sorgte liebevoll für Christiane und den Sohn. Er forderte seine liebe Kleine, die unter der Verfemung in der Weimarer Gesellschaft litt, auf, sich das Leben nicht verbittern zu lassen und ermunterte sie, ihren Vergnügungen nachzugehen. Diese – von G. großzügig finanziert – waren hauptsächlich, wie 1813 in *Die Lustigen von Weimar* geschildert, Theaterbesuche, Bälle, Jahrmärkte, Landpartien, Kartenspiele, daneben Gesellschaften im Freundes- und Familienkreis, ab 1802 Badereisen. Zu Christianes Bekannten gehörten stets Weimarer Schauspielerinnen. Dem Theater, das sie regelmäßig besuchte, galt ihre besondere Neigung. Wenn G. seiner

Frau am 7.8. 1808 schrieb: »Denn ohne dich weißt du wohl könnte und möchte ich das Theaterwesen nicht weiter führen«, so bezog er sich dabei wohl in erster Linie auf Christianes Fähigkeit, mit gesundem Menschenverstand die Theaterangelegenheiten zu beurteilen sowie vermittelnd und ausgleichend zwischen ihm und dem »Theatervolk« zu wirken. Nach der Eheschließung führte G. seine Frau in die Gesellschaft ein. Als Symbol dafür gelten bis heute Johanna Schopenhauers Worte: »Ich denke, wenn Goethe ihr seinen Namen gibt, können wir ihr wohl eine Tasse Tee geben« (an A. Schopenhauer, 24.10. 1806). Christiane hatte nunmehr auch offiziell Geselligkeiten vorzustehen, Besuche zu empfangen und zu erwidern. Trotzdem blieb sie ihrem vorherigen Lebenskreis treu. Der Verkehr mit den meisten Damen der Weimarer Gesellschaft beschränkte sich auf das notwendige Maß, obwohl, wie sie ihrem Sohn am Jahresende 1808 schrieb, »meine jetzige Existenz ganz anders als sonst ist« (30. oder 31.12. 1808). Der Dichter ließ seiner Frau die Freiheit, auf ihre Art in ihrer Welt zu leben und damit die Chance, ihre Wesensart zu bewahren, die ihm für ein glückliches häusliches Verhältnis unentbehrlich war. Dem Kern der Beziehung G.s zu Christiane nahe kommen dürften die ihrem Andenken gewidmeten Verse: »Ich wünsche mir eine hübsche Frau, / Die nicht alles nähme gar zu genau, / Doch aber zugleich am besten verstände / Wie ich mich selbst am besten befände« (*Zahme Xenien*; WA I, 3, S. 302).

Etwa seit 1808 deuten wiederholte Äußerungen G.s auf ernste Besorgnis um die sich verschlechternde Gesundheit seiner Frau. Sie starb, gerade 51 Jahre alt, am 6.6. 1816. »Leere und Todtenstille in und außer mir«, verzeichnete des Dichters Tagebuch am Todestag. Der Prosaentwurf eines zugleich entstandenen Gedichtes, das heute auf Christianes Grabstein auf dem Weimarer Jakobsfriedhof zu lesen ist, lautet: »Ich kann weiter keinen Gewinn des Lebens haben, als ihren Verlust zu bedauern« (BA 1, S. 1010). Der Seelenzustand des im 67. Lebensjahr stehenden Dichters nach dem Tod seiner Lebensgefährtin offen-

bart sich in Mitteilungen an Freunde und Bekannte, so in einem Brief an Sulpiz Boisserée vom 24.6. 1816: »Leugnen will ich Ihnen nicht, warum sollte man großtun, daß mein Zustand an die Verzweiflung gränzt«.

Literatur:

Bamberg, Eduard: Die Erinnerungen der Karoline Jagemann. Dresden 1926. – Bode, Wilhelm: Stunden mit Goethe. Bd. 3. Berlin 1907. – Goethe in vertraulichen Briefen seiner Zeitgenossen. Zusammengestellt von Wilhelm Bode. Neu hg. von Regine Otto u. Paul-Gerhard Wenzlaff. 3 Bde. Berlin, Weimar 1982. – Geiger, Ludwig: Goethe und die Seinen. Leipzig 1908. – Gräf, Hans Gerhard (Hg.): Goethes Ehe in Briefen. Frankfurt 1916. – Kasten, Hansen (Hg.): Goethes Bremer Freund Dr. Nicolaus Meyer. Bremen 1926. – Köster, Albert (Hg.): Die Briefe der Frau Rath Goethe. Leipzig 1904. – Morris, Max: Goethe-Studien. Bd. 2. Berlin 1898. – Ulrichs, Ludwig (Hg.): Charlotte von Schiller und ihre Freunde. Bd. 3. Stuttgart 1860–1865. – Vulpius, Wolfgang: Christiane. Weimar 1949.

Carola Sedlacek

Goethe, Cornelia
(1750–1777)

Cornelia Friederika Christiana Goethe wurde am 7.12. 1750 als zweites Kind von Katharina Elisabeth geb. Textor und Johann Kaspar Goethe im Frankfurter Haus am Großen Hirschgraben geboren. Wie der ältere Bruder erlebte sie die schnell aufeinanderfolgenden Geburten und Tode der vier nachgeborenen Geschwister, mit ihm gemeinsam auch den Hausumbau und die französische Einquartierung im Siebenjährigen Krieg. Schon im Mai 1753 schickte der Vater Cornelia in die Spielschule der Ludimagistrae Hoffin (d.i. Maria Magdalena Hoff), eine Früherziehungsanstalt für Kinder angesehener Familien, 1756 dann für ein Jahr in das Johann Nicolaus Rolandsche Erziehungsinstitut. Wie ihr Bruder aber erlitt auch Cornelia die Strenge der väterlichen Ausbildung, die ab 1757 ganz an die Stelle der privaten Institute trat, eine Ausbildung, später durch verschiedene Hauslehrer unterstützt, in Kalligraphie, Naturwissenschaften, Geschichte, Italienisch, Französisch, Handarbeit, Zeichnen, Klavierspiel u.a.m. Gemeinsam mit dem Bruder las sie Friedrich Gottlieb Klopstocks *Messias*, besuchte Theater und Konzerte – nicht zuletzt ein Auftritt des Geschwisterpaares Mozart hinterließ bleibende Eindrücke.

G.s äußere Charakteristik der Schwester in *Dichtung und Wahrheit* erscheint nicht eben freundlich: »Die Züge ihres Gesichts, weder bedeutend noch schön, sprachen von einem Wesen, das weder mit sich einig war, noch werden konnte«, die leicht vorstehenden Augen und die durch die Haarmode unvorteilhaft betonte hochgewölbte Stirn erweckten einen Eindruck, »der einen jeden Fremden für den ersten Augenblick, wo nicht abstieß, doch wenigstens nicht anzog« (WA I, 27, S. 23f.). Diese Schilderung scheint aber auch Cornelias Selbsteinschätzung zu entsprechen: Sie habe sich früh, stärker mit eintretender Pubertät, den Freundinnen der Jugend gegenüber im Nachteil empfunden, was ihr Aussehen anging, »ohne zu ihrem Troste zu fühlen, daß sie ihnen an inneren Vorzügen unendlich überlegen sei« (ebd., S. 25).

Die Hoffnung auf eine gemeinsame geschwisterliche Zukunft wurde mit dem Weggang G.s nach Leipzig enttäuscht; zudem war sie nun allein der väterlichen Erziehungsgewalt ganz unterworfen. Briefe gingen zwischen Frankfurt und Leipzig hin und her; die G.s sind erhalten, die seiner Schwester hat er vernichtet. Cornelia bekam, anders als der Vater, das Ungenügen am juristischen Studium erzählt. In seinen Briefen spielte G. sich als Erzieher der Schwester auf: Er empfahl Lektüre, verbot alle Romane, kritisierte ihren Briefstil und reagierte auf möglicherweise persönlichere Bittschreiben mit pädagogi-

schen Ratschlägen zur weiblich-häuslichen Selbstausbildung (vgl. an Cornelia, 12.12. 1767). Ein umfangreiches Brieftagebuch, das Cornelia zwischen Oktober 1767 und August 1769 heimlich an die Freundin Katharina Fabricius in Worms schrieb, enthält einerseits ausführliche Berichte über Begebenheiten des Frankfurter gesellschaftlichen Lebens, dokumentiert andererseits aber als geheimes Protokoll dieser Zeit die Erfahrung der grundsätzlichen Differenz der Geschlechter: die eigene Bindung ans väterliche Haus im Gegensatz zur beredten Weltläufigkeit des Bruders.

Nach Abweisung einiger Bewerber lernte Cornelia 1769 oder 1770 den elf Jahre älteren Johann Georg Schlosser kennen, erfolgreichen Juristen und kaiserlichen Rat, zuweilen Berater G.s in Prozeßdingen. Nach der Rückkunft G.s aus Straßburg schloß man sich mit Herder und Karoline Flachsland, Johann Heinrich Merck und anderen zum empfindsamen Darmstädter Kreis zusammen. Im Juli oder August 1772 machte Schlosser einen Heiratsantrag – Verlobungs- und Heiratspläne wurden von G. scharf abgelehnt. Am 13.10. 1773 feierte man Verlobung, schon am folgenden 1. November die Hochzeit.

Schlossers Anstellung in Karlsruhe bedingte den Wegzug aus der Vaterstadt. Nach überschwenglichem Eheglück in den ersten Monaten setzten auf Seiten Cornelias schnell Resignation und Enttäuschung ein. Im Juni 1774 zog das Ehepaar nach Emmendingen am Oberrhein. Nach der sehr schwierigen Geburt der Tochter Maria Anna Louise am 28. Oktober fiel Cornelia in Melancholie zurück. Bei einem Besuch G.s in Emmendingen widerriet sie der Heirat mit Lili Schönemann. Der mit G. eingetroffene Jakob Michael Reinhold Lenz wurde schnell ein enger Vertrauter, das psychische Befinden Cornelias aber verschlechterte sich zusehends.

Die Bekanntschaft mit dem Arzt und Philosophen Johann Georg Zimmermann, der ihr im Frühjahr 1776 eine erfolgreiche Behandlung angedeihen ließ, ermöglichte einen glücklichen Sommer 1776. Mit Lenz und Johann Gottfried Röderer waren zwei Freunde des Bruders in Emmendingen, das Schlossersche Haus wurde fast zu einem literarischen Zentrum. Im Gegensatz dazu standen die frustrierenden Verpflichtungen, die Cornelia als Gattin eines Emmendinger Honoratioren auferlegt waren. In dringenden Briefen nach Weimar bat sie um engeren Kontakt, den G. an Charlotte von Stein und Auguste Louise Gräfin zu Stolberg delegierte.

Die Isolation in Emmendingen und eine erneute Schwangerschaft versetzten Cornelia schon Ende 1776 wiederum in tiefe Depression und Melancholie: »Wir sind hier ganz allein, auf 30–40 Meilen weit ist kein Mensch zu finden; – meines Manns Geschäffte erlauben ihm nur sehr wenige Zeit bey mir zuzubringen, und da schleiche ich denn ziemlich langsam durch die Welt, mit einem Körper der nirgend hin als ins Grab taugt« (an Auguste zu Stolberg, 10. 12. 1776). Lenz, der im Dezember nach Emmendingen kam und bis April blieb, war aus Weimar ausgewiesen worden; er bildete zwar einen wichtigen Gesprächspartner, doch er stilisierte Cornelia in seiner ihr zugeschriebenen *Moralischen Bekehrung*: »Engel, Trost, Beglückung meines Lebens, Kleinod das der Himmel meinem Herzen zuwarf [...] Beruhigung und Ziel aller meiner Wünsche, Cornelia! Cornelia!!!« (Lenz, S. 339); die tief verwurzelte Melancholie konnte aber gerade durch Lenz nicht behoben werden. Kurz nach Lenzens Abreise, am 16. 5. 1777, gebar Cornelia eine zweite Tochter, Elisabeth Katharina Julia; drei Wochen später, am 8. Juni, starb sie im Kindbett.

Die Sprachlosigkeit G.s angesichts des frühen Todes der Schwester erscheint als authentische Trauer: »Um neune kriegt ich Briefe dass meine Schwester todt sey. – Ich kann nun weiter nichts sagen« (an Charlotte von Stein, 16. 6. 1777). Ganz elementar gesteht er der Mutter gegenüber die identitätsversichernde Rolle ein, die Cornelia für ihn gehabt habe: »Mit meiner Schwester ist mir so eine starcke Wurzel die mich an der Erde hielt abgehauen worden, dass die Äste, von oben, die davon Nahrung hatten auch absterben müssen« (16. 11. 1777). *Ausdrücklich* trauern kann nur der *Dichter* G., der in einem Brief an Auguste zu Stolberg schreibt: »Alles geben Götter die unendlichen / Ihren Lieblingen ganz / Alle Freuden die unendlichen / Alle Schmerzen die unendlichen ganz« (17. 7. 1777) – die Trauer wird damit tendenziell in der poetischen Distanzierung und Abstraktion aufgehoben, G. selber aber stilisiert sich, als einer, der äußerstes Glück und stärkstes Leid zeitgleich erfährt, zum Götter-Liebling.

Natürlich spielt Cornelia Goethe in den meisten G.-Biographien eine entscheidende Rolle, entsprechend der Position, die ihr *Dichtung und Wahrheit* zuschreibt – und die die meisten Biographen paraphrasierend wiederholen. Damit aber bleibt ihre Darstellung auf die Wahrnehmung durch den Bruder beschränkt. Dieses Cornelia-Bild bestimmt auch die früheren biographischen Arbeiten über G.s Schwester. Der von Georg Witkowski 1903 vorgelegte Band *Cornelia, die Schwester Goethes* beschränkt sich tatsächlich auf eine Paraphrase von *Dichtung und Wahrheit* - mitsamt knappen Angaben zu den letzten beiden Jahren Cornelias; das Verdienst des Bandes liegt vor allem in der textkritischen Edition der erhaltenen Briefe und Tagebuchblätter.

Die Entstellungen, die G. beim rückschauend-autobiographischen Blick auf seine Schwester unterlaufen, sind Gegenstand der Cornelia-Passagen der psychoanalytischen G.-Studie von K. R. Eissler (1963). Er versteht den *Werther* als den literarischen Versuch G.s, seine ihn bedrängende Bindung an die Schwester aufzuarbeiten. Eissler unterstellt, daß Albert in nicht zu unterschätzendem Maße Schlosser nachgebildet sei. Auch sei der Tag, an dem Werther endgültig seine Besinnung verliere, der 7. Dezember, der Geburtstag Cornelias. Eissler deutet den Roman insgesamt als literarische Aufarbeitung einer Rivalitätsbeziehung zwischen G. und der Schwester, deren Geburt eine Kränkung des narzißtischen Selbstgefühls bedeutet habe (EISSLER, Bd. 1, S. 143 u. ö.).

In Eisslers Deutungstradition steht auch der jüngste biographische Versuch, Sigrid Damms *Cornelia Goethe* (1987). Anders als dort geht es aber hier um die seelischen Leiden Cornelias selbst, die, grundgelegt schon durch den dominanten Vater-Lehrer, aus der Erfahrung

der Inkongruenz zwischen scheinbar gleich-
berechtigter häuslicher Ausbildung und den
geschlechtsspezifisch radikal unterschiedlichen Möglichkeiten, Lebensentwürfe zu realisieren, resultierten; die Wunschidentität
Cornelias sei am ehesten die einer Dichterin –
Hoffnungen, die der pädagogisierend dominante Bruder zunichte gemacht habe. Die Darstellung Damms wirft, in Verfolg der Eissler-
schen Linie, durchaus ein neues, interessantes
Licht auf die tatsächlich unglückliche Frau
Cornelia Goethe/Schlosser, beruht aber ande-
renteils so sehr auf Spekulationen und vagen
hypothetischen Annahmen (vgl. etwa S.
211 ff.), daß eher der subjektive Weg der Au-
torin zu ihrem Gegenstand nachvollziehbar als
dieser sichtbar wird.

Literatur:

Damm, Sigrid: Cornelia Goethe. Frankfurt am Main
⁵1989. – Eissler. – Geiger, Ludwig: Goethe's
Schwester. In: Westermanns Monatshefte. 69 (1890),
S. 41–53. – Lenz, Jakob Michael Reinhold: Werke
und Briefe. Bd. 2. Hg. von Sigrid Damm. München
1987. – Linden, Walfried: Marie, Gretchen, Helena.
Goethe und seine Schwester im Spiegel seiner Frau-
engestalten. In: Jb. der Psychoanalyse. 27 (1991),
S. 57–67. – Prokop, Ulrike: Cornelia Goethe
1750–1777. Die Melancholie der Cornelia G. In:
Pusch, Luise F. (Hg.): Schwestern berühmter Männer. Frankfurt/M. 1985, S. 49–122. – Witkowski, Ge-
org: Cornelia die Schwester Goethes. Mit ihren zum
Teil ungedruckten Briefen und Tagebuchblättern.
Frankfurt/M. 1903.

Benedikt Jeßing

Goethe, Johann Kaspar

(1710–1782)

und Katharina Elisabeth, geb. Textor

(1731–1808)

Das in der Nachwelt lebende Bild von G.s
Eltern ist vor allem durch die einschlägigen
literarischen Werke des Dichtersohns geprägt,
doch ist die Stimmigkeit dieses Bildes differenziert zu sehen. Die oft zitierten Verse des
kleinen Gedichts aus den *Zahmen Xenien* –
»Vom Vater hab' ich die Statur, / Des Lebens
ernstes Führen, / Von Mütterchen die Frohnatur / Und Lust zu fabulieren« (WA I, 3, S. 368)
– heben zu Recht die unterschiedliche wesens-
mäßige Mitgift hervor, die der Sohn von den
Eltern erhielt, erweisen sich aber als poetische
Metapher und hinsichtlich der Realität stark
vereinfacht, wenn nicht irreführend. Genauere, detaillierte Auskunft über die Eltern
vermittelt *Dichtung und Wahrheit*, doch ist
auch in diesem Fall der erste Teil des Titels
gebührend ernst zu nehmen: Poetische Selbst-
stilisierung und Urteilslenkung haben dabei
ihre Rolle gespielt. Darüber hinaus gibt es authentische Lebenszeugnisse von den Eltern,
vor allem Briefe, doch ist der Stand der Überlieferung prekär. Vom Vater sind aus 50 Jahren
lediglich zwölf Briefe überkommen. Von den
Briefen der Mutter hat G. bis zum Tod des
Vaters nur vier von der Vernichtung ausgenom-
men; erst danach hat er keine »Zensur« mehr
walten lassen, und so sind immerhin 159
Briefe bewahrt geblieben. Hinzu kommt, daß
es eine beachtliche Anzahl von Briefen der
Mutter an andere Adressaten gibt; insgesamt
sind von ihr seit 1774 über 400 Briefe erhalten.

Die unterschiedliche, ja gegensätzliche Wesensart der Eltern findet in der einen Genera-
tionsunterschied signalisierenden Altersdiffe-
renz eine partielle Erklärung: Die 21 Jahre,
die Johann Kaspar und Katharina Elisabeth
Goethe voneinander trennten, erweisen sich
über alle anderen Aspekte hinaus auch aus
kulturgeschichtlichem Blickwinkel als gravie-

rend. Der Vater war in Typus, Interessen und Anschauungen barocker Universalist, die Mutter Individualistin im Sinne der Empfindsamkeit und des Sturm und Drang. Dem Vater war die traditionelle Formensprache der ersten Hälfte des 18. Jhs. eigen, der Mutter die individuelle der zweiten Hälfte. Der Vater war der planvoll Sammelnde, der geordnet und nach präzisem Kalkül an die Kinder und Freunde weitergab, was er »ererbt« hatte, die Mutter war die ohne Plan, aber nicht planlos Schenkende, die aus der Fülle dessen, was ihr zur Verfügung stand, an Kinder und Freunde Verschwendende. Der Vater war ein Souverän der Vernunft, die Mutter eine Souveränin des Gefühls. Beide waren fromm, der Vater ein lutherischer Orthodoxer, die Mutter indessen eine pietistisch geprägte Lutheranerin. Der Vater hatte sich als der erste Akademiker aus einer alten Handwerkerfamilie auf einem nicht leichten Lebensweg hochgearbeitet, die Mutter kam als Tochter des höchsten kaiserlichen Beamten der Stadt aus dem Frankfurter Patriziat. Unter solchen Auspizien verliefen Kindheit und Jugend G.s keineswegs spannungslos.

Johann Kaspar Goethe war mit vierzehn Jahren nach Coburg auf das lutherische Gymnasium Casimirianum geschickt worden und schlug dann die juristische Laufbahn ein. Nach einem Jahr praktischer Anleitung in der Senkkenbergischen Kanzlei ging er 1730 an die Universität Gießen, die unter den für ihre rüden Sitten bekannten Universitäten jener Zeit einen besonders schlechten Ruf hatte. Vielleicht deshalb wechselte er bereits ein Jahr später in das »elegante« Leipzig, das er später dem Sohn aufzwang. Es folgte eine Zeit am Reichskammergericht in Wetzlar, einer der bedeutendsten Institutionen des alten Reichs. 1738 disputierte, 1739 promovierte er in Gießen – letzteres, da es sehr teuer war, gemeinsam mit einem Kommilitonen. Danach lernte er in Regensburg mit dem Ewigen Reichstag und in Wien mit dem Reichshofrat die – neben Wetzlar – beiden anderen zentralen Institutionen des Heiligen Römischen Reiches Deutscher Nation kennen – mitsamt ihrem kurialen Stil.

1740 trat er eine Reise nach Italien an, die zu seinem größten Bildungserlebnis wurde. Später, wieder in Frankfurt, hielt er die Eindrücke in seinem *Viaggio per l'Italia* fest, der zwar auch persönliche Erlebnisse verzeichnet, aber doch mehr ein barockes Reisewerk ist, ein Kompendium über das Gesehene. Venedig, die zeitlich ausgedehnteste Reisestation, empfand und genoß er als Mittelpunkt europäischer Zivilisation, nicht als Erfüllung romantischer Sehnsucht. Am Schluß steht die seltsame Episode mit der »schönen Mailänderin«, der er am Fenster schriftliche Grüße schickt, auf die sie ebenfalls schriftlich antwortet. Eine persönliche Begegnung fand jedoch nicht statt, das wäre gegen die Etikette gewesen. Noch siegte die Konvention, und barockes Spiel überwog subjektive Wünsche, verdeckte vielleicht Verzicht und Leid.

Ende 1741 kehrte Johann Kaspar Goethe nach Frankfurt zurück. Im folgenden Jahr erwarb er für etwas über 300 Gulden – unglücklicherweise von dem nur drei Jahre regierenden Wittelsbacher Karl VII. – den Titel eines Kaiserlichen Rates. Ein Amt im Rat der Stadt kam nicht in Frage, da ein Halbbruder dort schon saß und Verwandtschaft Ausschließungsgrund war. So blieb G.s Vater Privatier – das ererbte Vermögen erlaubte es. Damit endete der bewegte Teil seiner äußeren Biographie.

Die Familiengründung leitete den ganz auf Frankfurt und die private Existenz beschränkten Teil ein. Am 20.8. 1748 schloß er die Ehe mit Katharina Elisabeth Textor. Die Trauung vollzog der Hauptpfarrer der St. Katharinenkirche, Johann Philipp Fresenius, der auch der »Familien-Pfarrer« blieb. Johann Kaspar Goethe war zu diesem Zeitpunkt 38 Jahre, seine Frau 17 Jahre alt. Am 28.8. 1749 wurde der Sohn Johann Wolfgang, am 7.12. 1750 die Tochter Cornelia geboren, vier weitere Kinder starben früh. Auf welchem Wege die Heirat zustande kam, ist unbekannt, wie man auch aus den früheren Jahren der jungen Frau, von einigen wenigen Daten abgesehen, so gut wie nichts weiß. Wie G.s Mutter aufwuchs und erzogen wurde, kann man nur erschließen. Sehr sorgfältig scheint die Erziehung nicht gewesen zu sein. Mit Hauswirtschaft und religiöser Unterweisung hatte es offenbar im wesentlichen sein Bewenden. Die Orthographie blieb abenteuerlich, aber sie schrieb immer in einem zupackenden, unmittelbar ihr Inneres aussprechenden Stil, der ganz ihr selbst gehörte.

Seit 1733 hatte Johann Kaspar Goethe mit seiner verwitweten Mutter zwei Fachwerkhäuser am Frankfurter Großen Hirschgraben bewohnt. Als die Mutter 1754 starb, konnte er, nachdem die junge Familie in den ersten Jahren in den beiden notdürftig miteinander verbundenen Häusern mitgewohnt hatte, einen Neubau in Auftrag geben, der aus taktischen Gründen gegenüber der Bauaufsicht als Umbau bezeichnet wurde. Das neue Gebäude entstand in den Jahren 1755 und 1756: Ein lichtes und übersichtliches Haus des Rokoko mit 20 Räumen und einem großzügigen, der Kaisertreppe im Römer nachempfundenen Treppenhaus. Über der Eingangstür war ein neues Wappen angebracht, das zusammen mit dem Textorschen Wappen, einem Mann mit dem Schwert, drei Leiern aufwies – das alte G.sche Wappen hatte das Lamm mit der Fahne gezeigt. Diese Umwandlung läßt einen Rückschluß auf die nun sich ausbreitenden Interessen Johann Kaspar Goethes zu.

Zweierlei bestimmte fortan das Leben des Vaters: seine Sammlungen und die Erziehung der Kinder. Für die schon früher begonnenen Sammlungen war im neuen Haus nun Platz. Da war zuerst die Bibliothek, über die man am genauesten Bescheid weiß, weil sich der Katalog zu ihrer Versteigerung 1795 erhalten hat. Sie umfaßte weite Gebiete des damaligen Wissens: Jurisprudenz, Geschichte, antike und europäische Literatur bis zur Gegenwart, oft in mehreren Ausgaben, außerdeutsche Literatur vielfach in der Originalsprache und in deutscher Übersetzung. Auf dem letzteren Gebiet freilich war die Bibliothek, zumal sie auch neueste Werke enthielt, bald eine solche der ganzen Familie – die in *Dichtung und Wahrheit* berichtete strenge Ausschließung Klopstocks durch den Vater ist wohl vorwiegend eine spätere Stilisierung, denn natürlich standen auch Klopstocksche Werke in den Regalen, und auch die Theaterleidenschaft von Katharina

Elisabeth fand angemessene Berücksichtigung. Reiseliteratur war in einer Bibliothek des 18. Jhs. selbstverständlich, denn das Reisen war es nicht. Nach seiner großen Italienreise blieb Johann Kaspar Goethe in Frankfurt und der näheren Umgebung, seine Frau ist nie darüber hinausgekommen und scheint auch gar kein Bedürfnis danach gehabt zu haben. Nicht fehlen durfte in jener Zeit geistliche Literatur. Neben zahlreichen Bibelausgaben – die Vulgata steht noch heute in G.s Weimarer Bibliothek – gab es Theologisches, Kirchengeschichtliches und Erbauliches. Rund 2000 Bände umfaßte diese Sammlung, für jene Zeit eine stattliche, wenn auch keineswegs exorbitante Zahl. Für die Entwicklung des jungen G. war sie allemal unschätzbar.

Von der Gemäldesammlung ist kein Verzeichnis überliefert. Bekannt ist jedoch eine Besonderheit: Johann Kaspar Goethe sammelte nur Frankfurter Maler und nur zeitgenössische Kunst. Das wird auch ökonomische Gründe gehabt haben, denn für Frankfurter Verhältnisse war er zwar vermögend, aber nicht reich. Eben angesichts dessen wird das planvolle Vorgehen eines wirklichen Sammlers ersichtlich, der das Sammelgebiet nach seinen Möglichkeiten absteckt, um nicht ins Beliebige zu geraten. Auch diese Sammlung war prägend für den Sohn, der zudem dank der gesellschaftlichen Stellung der Familie Zugang zu den anderen über 50 Privatsammlungen der Stadt hatte.

Nahezu nichts wissen wir über zwei weitere Sammelgebiete des Hausherrn, über seine Plastiken und über seine mineralogische Sammlung. Die erstere geht vielleicht auf die Italienreise zurück, vermutlich werden Gipsabgüsse überwogen haben. Daß er, wie später der Sohn, selbst Mineralien gesammelt hat, ist schwer vorstellbar; er wird sie wohl eher gekauft haben. Wichtig ist jedenfalls, daß der Sohn später auf allen vier Gebieten ebenfalls gesammelt hat; das läßt die Fülle der Anregungen erahnen, die er im Elternhaus erhielt.

Wichtigste Quelle für das Leben im Haus ist neben *Dichtung und Wahrheit* und den Briefen das Ausgabenbuch des Vaters. Er begann es 1753 und brach es 1779 nach seinem ersten

Schlaganfall ab. Bis 1773 führte er es lateinisch, dann deutsch: Die neue Zeit wirkte auch auf ihn. Wenngleich dieser Spiegel des alltäglichen Ablaufs nur Einzelheiten registriert, ergibt sich, nimmt man diese zusammen, etwas Wichtiges: Das Leben war alles andere als einsiedlerisch, das Haus der Goethes war ein offenes, geselliges Haus, und es war keineswegs nur das Haus des Vaters. Neben den regelmäßigen »convivia amicorum«, die die zahlreichen sammelnden und gelehrten Freunde des Vaters zusammenführten, stehen die herrnhutisch bestimmten Zusammenkünfte der Mutter, bei denen Bibelstellen gelesen und besprochen sowie geistliche Lieder gesungen wurden. Zugleich aber wurde auch, wie bei den »convivia«, kräftig gegessen und getrunken. Hiernach wird deutlich, wie das offenbar harmonische Zusammenleben des überdies früh alternden Mannes und seiner so viel jüngeren, dazu höchst temperamentvollen Frau möglich war: Es beruhte auf dem gegenseitigen Gewährenlassen, und das bedeutete unter den Bedingungen jener Zeit vor allem Toleranz seitens des Mannes. Daß Johann Kaspar Goethe sich in lutherischer Tradition als Herrn des Hauses sah, steht außer Zweifel – die Erziehung der Kinder zeigt es. Der Vater bestimmte, er zwang schließlich den Sohn, statt im gewünschten und damals in hohem Ansehen stehenden Göttingen in Leipzig mit dem Studium zu beginnen. Daß dem orthodoxen Lutheraner die pietistischen Zusammenkünfte seiner Frau nicht eben sympathisch waren, kann man annehmen, aber er hinderte sie nicht. Die enge Freundschaft Elisabeth Katharina Goethes mit der ganz und gar pietistisch geprägten Susanna Katharina von Klettenberg, die noch dazu zeitweilig bedeutenden Einfluß auf den Sohn des Hauses gewann, war sogar Bestandteil des Familienlebens. Gerade die herrnhutische Episode im Leben des Sohnes nach der desaströsen Rückkehr aus Leipzig ist ein wichtiges Indiz dafür, daß der Vater von nun an auch dem Sohn freiere Hand ließ. Bestätigung findet diese Annahme in der Freizügigkeit, mit der Johann Wolfgang nach der Rückkehr aus Straßburg, beginnend mit der vom Vater exakt im Ausgabenbuch dokumentierten Feier des Shakespearetages im Oktober 1771, seine etwas outrierten Sturm-und-Drang-Freunde im Elternhaus empfing.

Während der früheren Jahre hatte es mit Gewißheit Spannungen zwischen Vater und Sohn gegeben. Johann Kaspar Goethe verlangte eiserne Disziplin im Einhalten seines Erziehungsplans, in dessen Realisierung er seine Hauptaufgabe im Leben der Familie sah. Die Fülle dessen, was er seinen Kindern abforderte, war enorm, manchmal wohl einfach zuviel. Aber die überdurchschnittliche Begabung des Sohnes muß er früh erkannt haben; er förderte sie auf alle mögliche Weise. Der Tochter gegenüber hatte er freilich eine unglückliche Hand, und da auch die Mutter offensichtlich früh auf den Sohn fixiert war, nahm Cornelias Tragödie ihren Lauf. Ohnehin scheint die Mutter in den früheren Jahren vor allem damit beschäftigt gewesen zu sein, zu vermitteln und Spannungen auszugleichen. Das gilt für das Verhältnis des Mannes zu den Kindern, aber offenbar nicht weniger für das zur Außenwelt. Das evidenteste Zeugnis dafür sind die Geschehnisse im Zusammenhang mit der französischen Besetzung Frankfurts während des Siebenjährigen Krieges. Johann Kaspar Goethe – erst knapp vier Jahre Herr im eigenen neuen Haus – begriff nicht, daß er mit der Einquartierung des Stadtkommandanten, des Grafen Thoranc, eines noblen Mannes, der noch dazu sein Interesse für die Frankfurter Maler teilte, ausgesprochen gut davongekommen war. Als es im Gefolge der Schlacht bei Bergen am Karfreitag 1759, die für die Franzosen gut verlaufen war, zu dem in *Dichtung und Wahrheit* erzählten häßlichen Auftritt im Treppenhaus kam, der den Hausherrn beinahe ins Gefängnis brachte, wirkte wohl vor allem die Frau des Hauses ausgleichend. Hinter dem Vorfall politische Motive, etwa die Konsequenz einer pro-preußischen Gesinnung zu suchen, dürfte verfehlt sein. Johann Kaspar Goethe war offensichtlich unpolitisch: Er bewunderte lediglich, wie viele Zeitgenossen, die überragende Gestalt Friedrichs II. und interessierte sich vermutlich wenig für dessen politische Ziele. Er wollte wohl vor allem die lästige Besatzung loswerden, und das dürfte möglicherweise sogar die Spannungen zum kaiserlich, also anti-preußisch gesinnten Schwiegervater erklären.

Je älter Johann Kaspar Goethe wurde, desto mehr wuchs der Einfluß seiner Frau im Haus und in der Familie. Um 1770 übernahm sie wohl im eigentlichen allmählich die Herrschaft, zumal den Mann Krankheit überkam. Immerhin nahm er nach wie vor regen Anteil an der Entwicklung, an Leben und Schaffen des Sohns. Dessen Begabung faszinierte ihn; daß Johann Wolfgang ein Dichter war, akzeptierte er mit offensichtlichem Stolz, schrieb Gedichte ab und liebte vor allem den *Egmont*. Zugleich setzte er sich, wiewohl zunehmend erfolglos, wichtigen Entscheidungen des Sohnes entgegen: Die Verlobung mit Lili Schönemann, der »Staatsdame« aus reicher, zudem reformierter Bankierfamilie, gefiel ihm nicht, und heftig opponierte er vor allem gegen das Vorhaben, die Einladung nach Weimar anzunehmen und einen höchst problematischen »Fürstendienst« anzutreten – die Italienreise, die das verhindern sollte und die er zu finanzieren bereit war, endete bekanntlich in Heidelberg. Dem ersten Schlaganfall 1779 folgte im Oktober 1780 der zweite. Der Zustand seiner letzten Jahre dürfte in einem Brief seiner Frau an den Sohn vom 17.6. 1781 eine angemessene Beschreibung erhalten haben: »Der Vater ist ein armer Mann Cörpperliche Kräffte noch so zimmlich – aber am Geiste sehr schwach«.

Katharina Elisabeth Goethe überlebte ihren Mann um mehr als ein Vierteljahrhundert; dies sind die Lebensjahre, aus denen wir am meisten über sie wissen. Die Fülle und Vielfalt dessen spricht vehement gegen die Engführung ihres Bildes durch den Begriff der »Frohnatur«. Sie ruhte bei allem in ihrem religiösen Glauben, in sich selbst und in ihrer Fähigkeit, liebend zu schenken und zu leiden. Ausfluß ihrer das Evangelium ernstnehmenden Frömmigkeit wie ihrer Lebensoffenheit und Diesseitszugewandtheit waren ihre menschliche Souveränität und ihre Vorurteilslosigkeit, die sich bei vielen Gelegenheiten in nahezu atemberaubender Dimension zeigten, so etwa, wenn sie die Sturm-und-Drang-Freunde des

Sohnes, die fast alle am Hirschgraben erschienen, mit Gelassenheit bewirtete und in die Schar ihrer »nicht leiblichen Kinder« aufnahm oder wenn sie des öfteren mit dem Sohn oder ohne ihn anreisende fürstliche und adlige Einquartierung aus Weimar im Hause aufnahm, am frappierendsten, wenn sie des Sohnes Geliebte Christiane, die sie mit Gelassenheit und ohne Herabsetzung seinen »Bettschatz« nannte, als »Tochter« akzeptierte, als von Ehe noch keine Rede war. Eine ihrer besten Selbstcharakteristiken steht 1785 in einem Brief an Charlotte von Stein: »Ich habe die Menschen sehr lieb – und das fühlt alt und jung gehe ohne pretention durch diese Welt und das behagt allen Evens Söhnen und Töchtern – bemoralisire niemand – suche immer die gute Seite auszuspähen – überlaße die schlimme dem der den Menschen schufe und der es am besten versteht, die scharffen Ecken abzuschleifen, und bey diese Medote befinde ich mich wohl, glücklich und vergnügt«. Daß sie allezeit tätig und klug blieb und ihr eigenes Leben führte, hat mit Sicherheit dem Verhältnis zum Sohn, das gleichsam eines der Anbetung war, eine wohltuende, vielleicht lebensbewahrende Balance gegeben. Ohne in Abhängigkeit von ihm zu geraten, empfing sie mit uneingeschränkter Dankbarkeit und Freude seine Briefe und seine nicht eben häufigen Besuche, las mit höchster Anteilnahme und Beglückung seine Werke. Sie hat ihn ihrerseits in ihrer wunderbaren offenen Art an ihrem Leben, eingeschlossen Beunruhigungen, Belastungen und Gefährdungen, Anteil nehmen, vermutbare Enttäuschungen dagegen nicht fühlen lassen. Nicht zuletzt hat sie in der Beziehung zu Christiane und dem Enkel August einen gewissen Ausgleich für manchen Verzicht empfangen, den ihr der Sohn zumutete.

Noch über zehn Jahre nach dem Tod des Mannes blieb Katharina Elisabeth Goethe im Haus am Hirschgraben, dann verkaufte sie alles und zog in eine Wohnung an der Hauptwache. Da war sie etwa 55 Jahre alt und die Mutter eines der berühmtesten Dichter. Sie genoß ihren Ruhm und hatte des öfteren Gelegenheit dazu. 1803 etwa lud die Königin Luise von Preußen sie nach Wilhelmsbad ein, wor-

über sie am 24. Juni dem Sohn stolz berichtete.
Die Freundschaft mit Bettina Brentano, die in
deren Werken ihren Niederschlag fand, bereicherte ihre letzten Lebensjahre. »Liebstes
Vermächtnüß meiner Seele« nannte sie Bettina
im letzten erhaltenen Brief vom 28.10. 1808,
dem 49. Geburtstag ihres Sohnes.

G.s Verhältnis zur Mutter läßt sich naturgemäß für die Zeit nach dem Tod des Vaters,
aus der die Lebenszeugnisse in unvergleichlich reicherem Maße überliefert sind, besser
überschauen. Wie sehr er die Vitalität und
Realistik der Mutter schätzte, läßt sich mehrfach gerade aus vertrauten Briefen wie denen
an Charlotte von Stein ablesen – am 26.8. 1781
übersandte G. der Geliebten einen Brief der
Mutter, »um sich an dem Leben drinne zu er-
götzen«, am 2.10. 1782 schreibt er ihr: »Von
meiner Mutter hab ich einen Brief gefunden
der fürtrefflich ist. So lang ich euch beyde habe
kann mir's an nichts fehlen«. So zeigen auch
seine Briefe an die Mutter Offenheit und
Ernsthaftigkeit; zu lesen, wie er am 11.8. 1781
auf ihre vor allem durch Johann Heinrich
Merck inspirierten Bedenken hinsichtlich seines Bleibens in Weimar reagierte, ist in dieser
Hinsicht überzeugend. Verwöhnt hat er die
Mutter gerade nicht, am wenigsten mit Besuchen, aber er hat sie in nicht geringem Maße
an seinem äußeren wie inneren Leben Anteil
nehmen lassen, nicht nur als Vermittlungssta-
tion und -instanz in vielerlei Angelegenheiten,
sondern auch als Empfängerin und Leserin
noch ungedruckter wie bereits veröffentlichter
Werke.

Und so ist auch das Bild der Mutter in *Dichtung und Wahrheit*, obwohl es an etlichen Stellen dem Begriff der »Frohnatur« als Leitaspekt
zuzuarbeiten scheint, bei aller Differenziertheit durchgehend positiv geprägt. In der
Zeichnung des Vaters kommt dagegen nicht
nur die Distanz zur Erscheinung, die aufgrund
des realen kulturgeschichtlichen und psychologischen Gegensatzes der Generationen nicht
überraschen kann; es wird auch deutlich, daß
hier in vielem ein Konflikt abgearbeitet und
mit dem Verweis auf die Unfähigkeit und
Nichtbereitschaft des Vaters, sich mit – auch
problematischer – Realität zu arrangieren, ein

Gegenbild zum eigenen Wesen aufgerichtet
wurde. Die Häufigkeit, mit der vom Vater, der
immer »der Vater« ist, geredet wird, mag eine
einleuchtende Begründung in der tatsächlichen Dominanz finden, die dieser für G. in den
autobiographisch dargestellten Jahren im Vergleich zur Mutter – die wiederum immer
»meine Mutter« genannt wird – gehabt hat;
nichtsdestoweniger gibt es hier eine deutlich
wahrnehmbare und Relevanz verratende Dis-
proportion.

Literatur:

Burckhardt, Carl A.H. (Hg.): Briefe von Goethes
Mutter an die Herzogin Anna Amalia. Weimar 1885.
– Geiger, Ludwig: Frau Rat Goethe. Gesammelte
Briefe. Leipzig 1912. – Goethe, Johann Caspar, Cor-
nelia, Catharina Elisabeth: Briefe aus dem Eltern-
haus. Zürich, Stuttgart 1960. – Keil, Robert (Hg.):
Frau Rath. Briefwechsel von Katharina Elisabeth
Goethe. 1871. – Köster, Albert (Hg.): Die Briefe der
Frau Rath Goethe. Leipzig 1968. – Krueger-Westend,
Hermann: Goethe und seine Eltern. Weimar 1904. –
Muthesius, Karl: Goethe und seine Mutter. Dresden
1923. – Pfeiffer-Belli, Wolfgang (Hg.): Briefe aus
dem Elternhaus. 1960. – Suphan, Bernhard (Hg.):
Briefe von Goethes Mutter an ihren Sohn, Christiane
und August von Goethe. Weimar 1889. – Stein, Phil-
ipp/Köster, Albert (Hg.): Briefe der Frau Rat Goethe. 2 Bde. Leipzig 1891–1904.

Jürgen Behrens

Goethe, Ottilie von
(1796–1872)

Ein Gedicht, das G.
1821 »der unter mei-
nen Augen aufgewach-
senen lieben Gattin
meines Sohnes« (WA I,
4, S. 78) widmete, be-
zeichnet mit den Ver-
sen »Daß dem Vater in
dem Sohne / Tüchtig-
schöne Knaben bringst«
(ebd., S. 19) exakt den

Blickwinkel, der vor allem und bis heute das Interesse an Ottilie bestimmt: Sie war die Schwiegertochter des berühmten Dichters, die Mutter seiner Enkel. Dabei war sie, wie ihre Briefe und Tagebücher, literarischen Arbeiten und Übersetzungen, auch Berichte von Zeitgenossen belegen, eine bemerkenswerte Persönlichkeit und von unbekümmerter Unabhängigkeit. Die kontroversen Meinungen über sie, deren Spektrum von Bewunderung und Verehrung bis zur an Verleumdung grenzenden Verurteilung reicht, lassen vermuten, daß ihr Lebensstil, vor allem nach G.s Tod, mit den Erwartungen kollidierte, die an sie als Trägerin des großen Namens gestellt wurden.

Ottilie Wilhelmine Ernestine Henriette von Pogwisch wurde am 31.10. 1796 in Danzig geboren. Seit 1802 lebten die aus altem Adel stammenden Eltern, Major Wilhelm Julius von Pogwisch und Henriette, geborene Gräfin Henckel von Donnersmarck, getrennt, weshalb die Töchter Ottilie und Ulrike überwiegend bei Verwandten aufwuchsen. 1809 kamen beide nach Weimar, wo die Großmutter und – seit 1806 – auch die Mutter bei Hofe lebten. Der Besuch der Schwestern im G.schen Haus ist erstmals am 22.12. 1811 in G.s Tagebuch vermerkt. Spätestens seitdem dürfte Ottilie des öfteren zu Gast gewesen sein. Sie gehörte zu dem Kreis junger Damen, deren Literatur- und Kunstverständnis G. zu fördern suchte. Zu August von Goethe, der ihr den Hof machte, entwickelte sich eine widerspruchsvolle Beziehung, problematisch nicht zuletzt auf Grund einer schwärmerischen Liebe zu dem 1813/14 in Weimar weilenden jungen Offizier Ferdinand Heinke, den sie zum Ideal verklärte und daran auch August maß. »Herr von Göthe steht nicht hoch genug über mir, daß er [...] mich zu etwas erheben könnte«, glaubte Ottilie (an Henriette von Pogwisch, Ende Juli 1816). Gleichwohl heiratete sie ihn im Juni 1817. Nur Erfreuliches konnte G. ein Jahr später über seine jungen Leute melden; »die paßten zusammen und wenn sie sich auch nicht liebten« (an Schultz, 8.6. 1818). Drei Kinder gingen aus dieser Ehe hervor: 1818 wurde Walther, 1820 Wolfgang, 1827 Alma geboren. In einem Brief an G. vom 31.12. 1817 nennt sich Ottilie

»Ihre Tochter und August angehörend« und verweist damit auf ihre Doppelrolle in der ihr wichtigen Reihenfolge. Die Rolle der den Vater liebenden und verehrenden Tochter stellte sie niemals in Frage. Fortan in einer wohlgeordneten Häuslichkeit lebend, bemühte sich Ottilie, »Weltfrau mit Hausfrau auf das trefflichste vereint« zu sein (an G., 19.4. 1817). Bald zeigte sich, daß sie, geprägt durch Erziehung und Hofleben, zwar mit der Führung des aufwendigen Haushaltes überfordert, indessen gleichsam wie geschaffen war, der Geselligkeit des G.schen Hauses vorzustehen. Dadurch wurde sie dem Dichter, dem die Folgen seiner Berühmtheit in der geistigen Welt Europas oft genug das ungestörte Tätigsein einschränkten, unentbehrlich. Nahezu frei von mühseligen Hausgeschäften, organisierte sie die angenehm-geselligen Verhältnisse, repräsentierte gemeinsam mit August die Familie am Hof sowie in der Öffentlichkeit und übernahm den Empfang der zahlreichen Gäste. Ihre mit Ideenreichtum, Temperament und perfekten Umgangsformen gepaarte natürliche Liebenswürdigkeit, ihre musischen Talente sowie Literatur- und Sprachkenntnisse erwiesen sich dafür als vorteilhaft, so wie andererseits die intellektuell-anspruchsvolle Atmosphäre des G.-Hauses für sie das ideale Umfeld bot.

Ottilies Salon war gleichsam die Schwelle, über die man zu G. gelangen konnte. Einheimische Künstler und Wissenschaftler ebenso wie durchreisende Fremde, vor allem junge Engländer, verkehrten bei ihr und damit in G.s Haus – so auch der 1823 auf Empfehlung des von G. und Ottilie gleichermaßen verehrten Lord Byron erschienene Charles James Sterling, der – wie Tagebücher und Briefe belegen – über Jahre Herz und Verstand Ottilies bewegte.

Vom Sommer 1829 bis zum Februar 1832, unterbrochen durch eine Pause nach Augusts Tod 1830, gab Ottilie die bald über den engeren Freundeskreis hinaus bekannte literarische Wochenschrift *Chaos* heraus. Diese bot eine bunte Mischung von in mehreren Sprachen erscheinenden Beiträgen, deren – anonym bleibende – Autoren neben Ottilie und

ihren Freundinnen u.a. Johann Peter Eckermann, Frédéric Soret und August von Goethe,
bald auch auswärtige Freunde, unter ihnen
Carl Friedrich Zelter und Felix Mendelssohn-
Bartholdy, zeitweise Adelbert von Chamisso,
Friedrich de la Motte Fouqué, Thomas Carlyle
und William Makepeace Thackerey waren.
Autor war auch G. selbst, der Ottilies literarische Tätigkeit anregend förderte. Beider von
Zuneigung, Verständnis und Rücksichtnahme
getragenes Verhältnis zueinander hatte durch
die Enkelkinder an Vertrautheit gewonnen.
Selbst als die nach außen harmonisch erscheinende Ehe der jungen Leute sich für beide als
unglücklich erwies, änderte sich daran offensichtlich nichts. G. verwöhnte die ihm liebe
Tochter, unterstützte ihre Studien und Beschäftigungen, tolerierte ihre Eigenheiten und
Schwächen. Mit bewundernder Anerkennung
registrierten Freunde und Bekannte Ottilies
Mühen, dem alternden Dichter das ihm notwendige häusliche Klima zu schaffen. Sie war
dem Vater auf vielfältige Weise unentbehrlich:
als Vorleserin, Übersetzerin und anteilneh-
mende Zuhörerin, als Begleiterin auf Spazier-
fahrten, als Berichterstatterin in Hof- und Ge-
sellschaftsangelegenheiten, nicht zuletzt als
aufopferungsvolle Krankenpflegerin. Insbesondere nach Augusts Tod bewies sie ein
Höchstmaß an Einfühlungsvermögen.

Der Tod G.s veränderte das Leben der im
März 1832 35jährigen Ottilie von Grund auf.
Mit dem Schwiegervater verlor sie die ihr Orientierung gebende Autorität; mit den Aufgaben in G.s Haus endete ihre gesellschaftliche
Mittelpunktstellung. Trotz angemessener Versorgung war sie nicht mehr in der Lage, den
bisherigen Lebensstil fortzusetzen. Dabei
blieb sie stets im Blickfeld einer stark interessierten Öffentlichkeit. Die ihr zugedachte
Rolle einer für immer mit Weimar verbundenen Hüterin des G.schen Ruhmes widersprach
ihrem Anspruch auf eigene Lebensgestaltung
und bewog sie schließlich, die Stadt als Wohnort aufzugeben.

Ottilies Weg nach 1832 gleicht einer ruhelo-
sen Wanderung. Abwechselnd lebte sie mit
Mutter, Schwester und Kindern in Weimar,
Leipzig, Dresden und Jena, mehrmals – insge-

samt fünf Jahre – in Italien, auch sonst auf
Reisen, von 1842 bis 1866 hauptsächlich jedoch in Wien. »Familienherumzigeunern«
nannte Walther von G. diese Art zu leben (an
Ottilie von Goethe, 8.3. 1846). Einander liebend, litten die Goethes unter dem Getrennt-
sein und waren doch unfähig, längere Zeit miteinander zu leben. Ottilies temperamentvolle
Unruhe, ihr Bedürfnis nach Geselligkeit, wohl
auch ihre Unfähigkeit, das Alltägliche zu ertragen und ihre finanziellen Verhältnisse geordnet zu halten, standen einem ruhigen Familienleben, vor allem aber auch den Lebens-
bedürfnissen der Söhne entgegen. Durch Geburt und Namen geadelt, geistvoll, bei aller
Unangepaßtheit liebenswert und tolerant,
pflegte sie, wo immer sie sich aufhielt, gesellige Verhältnisse im Stil des weltoffenen
Weimarer Dichterhauses.

Das eigentliche Lebensglück indessen suchte Ottilie vergebens. Die Hoffnung, ihre Fähigkeiten in aufopferungsvoller Liebe für einen
Mann entfalten zu können, erfüllte sich ebensowenig wie die, ihre Kinder in eine ihren
Vorstellungen entsprechende standesgemäße
Existenz hineinwachsen zu sehen. Bereits
1836 verlor sie ihr viertes Kind, die 1835 geborene Tochter Anna Sybille, deren Vater vermutlich der Engländer Captain Story war. Der
Tod Almas, die 1844, erst sechzehnjährig, an
Typhus starb, stürzte sie in tiefe Verzweiflung.
Schließlich mußte sie erleben, wie sich die
beiden Söhne unter der Last des großen Namens leidend aus der Welt zurückzogen. Trotz
zuweilen geäußerter Selbstvorwürfe dürfte sie
dabei den verhängnisvollen Einfluß ihrer dominanten Persönlichkeit auf das Leben ihrer
Kinder verkannt haben.

1870 kehrte Ottilie in das Haus am Frauenplan zurück. Dort lebte sie bis zu ihrem Tod am
26.10. 1872 mit den Söhnen. Ihre Grabstätte
befindet sich auf dem Historischen Friedhof in
Weimar.

Literatur:

Bluhm, Heinz (Hg.): August von Goethe und Ottilie
von Pogwisch. Briefe aus der Verlobungszeit. Weimar 1962. – Ders. (Hg.): Ottilie von Goethe. Tage-

bücher und Briefe von und an Ottilie von Goethe. 1839–1856. 4 Bde. Wien 1962–1966. – Gerstenbergk, Jenny von: Ottilie von Goethe und ihre Söhne Walther und Wolf. Stuttgart 1901. – Goethe, Ottilie von (Hg.): Chaos. Bern 1968 [Repr. der Ausgabe Weimar 1829–1831]. – Janetzki, Ulrich (Hg.): Ottilie von Goethe. Goethes Schwiegertochter. Ein Porträt. Frankfurt/M. u.a. 1982. – Kahn-Wallenstein, Carmen: Die Frau vom anderen Stern. Goethes Schwiegertochter. Bern 1948. – Mangold, Elisabeth: Ottilie von Goethe. Köln, Graz. 1965. – Oettingen, Wolfgang von (Hg.): Aus Ottilie von Goethes Nachlaß. Briefe und Tagebücher von ihr und an sie. 1806–1832. In: SchrGG. 27 (1912) u. 28 (1913). – Rahmeyer, Ruth: Ottilie von Goethe. Das Leben einer ungewöhnlichen Frau. Stuttgart 1980. – Vulpius, Wolfgang: Walther Wolfgang von Goethe und der Nachlaß seines Großvaters. Weimar 1963.

Carola Sedlacek

Goethes Enkel im Juno-Zimmer des Hauses am Frauenplan. Zeichnung von B. von Arnswaldt

Goethe, Walther Wolfgang von

(1818–1885)

Mit einem *Wiegenlied dem jungen Mineralogen* (WA I, 4, S. 46) begrüßte G. sein am 9.4. 1818 in Weimar geborenes erstes Enkelkind Walther Wolfgang zur Taufe und hielt ihn bald »mit großväterlicher Affenliebe [...] für das allerliebste Geschöpf von der Welt« (an Mellish, 16.6. 1819). Ihm, wie später auch den Geschwistern Wolf und Alma, galt des »Apapas« besondere Zuneigung. Mit ihrer Munterkeit waren sie ein erfrischender Ausgleich für die angestrengte Arbeit, die sein Leben auch im hohen Alter bestimmte: »Das kleine Volk im zweiten Grade hat etwas eigen Anmutiges und Gefälliges«, schrieb G. an Carl Friedrich Zelter (30.10. 1828). Umsorgt und verwöhnt, ohne strenge Arbeitsordnung durch Privatlehrer unterrichtet, wuchsen die Enkel wie selbstverständlich in eine vom Üblichen weit abgehobene Lebenswelt hinein. Das Umfeld ihrer Kindertage war das mit zahlreicher Dienerschaft ausgestattete weltoffene Haus eines berühmten Dichters und Staatsministers, in dem sie früh eine höchst anspruchsvolle Geselligkeit erlebten, die ihnen eine Überfülle von Eindrücken bescherte. Nach dem Tod des Großvaters war die Enkelexistenz keineswegs ein Gewinn. Im Leben der Jungen blieb der berühmte Ahne unüberwindbar gegenwärtig: an sie als Erben seines geistigen Nachlasses richtete gleichsam alle Welt Erwartungen und Ansprüche, darüber hinaus wurden sie ständig an dem großen Namen gemessen.

Walther war bereits als Dreijähriger fast täglich beim Großvater. Seit 1822 war er häufiger Lern- und Spielgefährte des Erbprinzen Carl Alexander (1819–1901). Von zarter Statur, phantasievoll und geistig rege besuchte er schon mit sechs Jahren regelmäßig das Theater und erwies sich als musikalisch begabt. Bei Theateraufführungen der Kinder in G.s Haus agierte er als »Schauspieler, Dirigent, Dekorateur und Orchester in einer Person« (Buchner, S. 365). Er sang mühelos schwierige Melodien nach, erfand eigene, improvisierte am Klavier und musizierte häufig für den Großvater und dessen Gäste: »Walther [...], singend und tanzend, in seiner ganzen Possenhaftigkeit«, heißt es im Tagebuch G.s unter dem 15.10. 1829. Im März 1832 war Walther fast vierzehn Jahre alt, hatte keine öffentliche Schule besucht und wollte Musiker werden. Felix Mendelssohn-Bartholdy, der 1835 ein Gutachten über die Begabung des Jungen verfaßte und in Leipzig einer seiner Lehrer war, attestierte ihm eine angeborene Fähigkeit zur Musik, wies jedoch daraufhin, daß eine gründliche musikalische Ausbildung vonnöten sei. Diese begann Walther – als Student der Philosophie immatrikuliert – in Leipzig (1836–1838). Entmutigt durch die schroffe Ablehnung von seiten Mendelssohn-Bartholdys, verließ der junge Mann Leipzig und setzte seine Studien in Stettin (1838) und Wien (1839) fort. Obwohl die Urteile seiner dortigen Lehrer günstig ausfielen und er sich seiner Neigung entsprechend der Opern- und Liedkomposition widmete, wurde ihm bewußt, daß er keinen »musikalischen Mut, sondern nur noch musikalischen Fleiß« besaß (an Ottilie von G., 28.4. 1839). Ohne sich zum Beruf des Musikers bestimmt zu fühlen, indessen ständig gedrängt, musikalisch hervorzutreten, geriet Walther in eine zur Lebenswende führende Seelenkrise, als deren Folge er seine »Leyer zertrümmert« sah (an Schuchardt, 14.12. 1845). Ungeachtet dessen blieb er im Verständnis von Mit- und Nachwelt Musiker.

Sein Gesamtwerk – im G.- und Schiller-Archiv aufbewahrt – umfaßt drei Opern, zahlreiche Liederzyklen, einige Klavierkompositionen, dazu Fragmente und Entwürfe. Vieles blieb unveröffentlicht. Von den Opern kam nur *Anselmo Lancia* zweimal in Weimar zur Aufführung (1839). Lebenszeugnisse und der umfangreiche literarische Nachlaß belegen indessen die innere Distanz des G.-Enkels zu einer standesgemäßen Künstlerexistenz, mehr noch die zur Welt der Privilegierten, sowie ein außerordentliches Interesse an sozialen Problemen. »Die Vornehmigkeit, Geldbesitzigkeit kurz der ganze Trarara der Welt kommt mir miserabel vor«, schrieb er seiner Mutter am 19.1. 1842. Seine literarischen Arbeiten, in-

sonderheit die zur Golem-Thematik und solche sozialutopischen Inhaltes, waren aus Rücksicht auf seine Familie und den verpflichtenden Namen nie zur Veröffentlichung bestimmt, vermutlich selbst der Mutter nicht bekannt. Ausnahmen sind zwischen 1849 und 1852 in verschiedenen Zeitschriften erschienene Beiträge, die von der literarischen und musikalischen Bildung des Autors zeugen, sowie das 1848 in Berlin anonym erschienene, drei sozialkritische Erzählungen enthaltende Buch *Fährmann hol über!*.

Seit dem Ende der 40er Jahre betrachtete der älteste Enkel des Dichters die Verwaltung des großväterlichen Nachlasses als Lebensaufgabe. Bereits früher hatte die Familie die Schließung des G.-Hauses für die Öffentlichkeit erwirkt. 1842 unterbreitete der Deutsche Bund das Angebot, des Dichters Haus und Sammlungen zu erwerben, um eine Nationalstiftung zu errichten. Obwohl Walther vermutlich als einziger der Goethes »die schöne Idee« (an Wolfgang, 1.2. 1843) der Stiftung erfaßte und am Verkauf des Nachlasses interessiert war, fügte er sich dem Wunsch der Familie, das Angebot abzulehnen. 1845 wurde ihm und dem Bruder die alleinige Verfügung über das Archiv des Großvaters zugesprochen. Walther verstand sich als des Erbes »Wächter, Hüther, – und Stationsbeamter!« (an Carl Alexander, 16.10. 1881). Er vor allem trug die Last der Pflege von Sammlungen, Häusern und Grundstücken bei begrenzten Finanzmitteln. Unter seiner Aufsicht erfolgte die Herausgabe des von Johann Christian Schuchardt erstellten Kataloges der Kunstsammlungen G.s (1849).

Im November 1852 verlegte Walther von Goethe seinen Wohnsitz von Wien – wo er, unterbrochen von häufigen Reisen, ab 1839 zumeist lebte – endgültig nach Weimar. Nach dem Regierungsantritt Carl Alexanders (1853) wurde er zu dessen Kammerherren ernannt. Zu seiner Tätigkeit als Verwalter des Familienbesitzes kam die Aufgabe hinzu, den Großherzog in literarischen und Kunstfragen zu beraten, dazu eine Vielzahl anderer gesellschaftlicher Verpflichtungen. Der unbesoldete Dienst war seinem Bedürfnis nach Unabhängigkeit angepaßt. Für den Enkel des Großherzogs Carl August war der Enkel G.s indessen in erster Linie »ein Freund von seltener Art« (an Walther, 27. 10. 1858). Über dreißig Jahre verband die einstigen Kinderfreunde eine auf Geistes- und Wesensverwandschaft beruhende enge Freundschaft, unentbehrlicher Gewinn für beide. Carl Alexander dürfte zu den wenigen Menschen gehört haben, denen Walther von Goethes ansonsten sorgsam vor der Welt gehütete Gedanken vertraut waren. Die Krönung dieser Beziehung war das Testament Walthers vom 24.9. 1883, durch das dem Großherzogtum Sachsen-Weimar-Eisenach Immobilien und G.s Sammlungen übereignet wurden. Daß Walther von Goethe das Familienarchiv der Großherzogin Sophie persönlich zusprach, bezeugt das Bemühen, auch über seinen Tod hinaus diesen wichtigsten Teil des großväterlichen Nachlasses im Sinne der Familie genutzt zu wissen. Gleichwohl leitete diese testamentarische Verfügung eine neue Etappe der G.-Forschung ein.

Literatur:

Baerlocher, René Jaques: Nachsommer in Weimar. Walther von Goethe. Weimar 1997. – Bergmann, Alfred: Die Kompositionen Walther von Goethes. Eine Bibliographie. In: JbSK. 7 (1927/28), S. 173–190. – Braun, Lily: Im Schatten der Titanen. Stuttgart 1914. – Buchner, Wilhelm (Hg.): Ferdinand Freiligrath. Ein Dichterleben in Briefen. Bd. 1. Lahr 1881. – Geiger, Ludwig: Goethe und die Seinen. Leipzig 1908. – Gerstenbergk, Jenny von: Ottilie von Goethe und ihre Söhne Walther und Wolf. Stuttgart 1901. – Goethe, Walther Wolfgang von: Fährmann hol über!. Berlin 1911. – Jelinek, Oskar: Die Geistes- und Lebenstragödie der Enkel Goethes. Zürich 1938. – Soret, Frédéric: Zehn Jahre bei Goethe. 1822–1832. Leipzig 1929. – Vulpius, Wolfgang: Walther Wolfgang von Goethe und der Nachlaß seines Großvaters. Weimar 1962.

Carola Sedlacek

Goethe, Wolfgang Maximilian von

(1820–1883)

G.s zweiter Enkel Wolfgang Maximilian wurde am 18.9. 1820 in Weimar geboren. Wie seine Geschwister verlebte er sorglose Kinderjahre unter den Augen des Dichters. Aufgeweckt und zutraulich, galt Wölfchen als des Großvaters Liebling; vor allem als der ältere Bruder – wie G. am 25.12. 1825 dem Grafen Carl Friedrich von Reinhard schrieb – »durch Leben und Lernen aus dem Kreise großväterlicher Liebe hinausgeführt« wurde, war er es, »der mir immer liebenswürdiger erscheint, je mehr er sich in meiner Nähe gefällt«. Ist von den G.-Enkeln die Rede, gilt Wolfgang von jeher mehr Interesse, glaubt man doch bei ihm, dem Dichter und Gelehrten, am ehesten geistige Verwandtschaft mit dem großen Ahnen nachweisen zu können.

Auch der jüngere Enkel wurde zunächst von Privatlehrern unterrichtet, besuchte dann aber das Gymnasium (1835–1839) und studierte von 1839 bis 1845 in Bonn, Jena, Heidelberg und Berlin Jura und Philologie; 1845 promovierte er zum Doktor der Rechte. Schon G. hatte geglaubt, bei dem träumerisch-phantasievollen Jungen eine poetische Begabung wahrzunehmen, und früh in diesem den Wunsch geweckt, seinerseits als Dichter in die Welt zu treten. Bereits 1842 ließ Wolfgang von Goethe seine *Studentenbriefe. Briefe und Lieder eines alten Burschen und eines krassen Fuchses* drucken, 1845 folgte *Der Mensch und die elementarische Natur*. Enttäuscht über den ausbleibenden Erfolg, gab der G.-Enkel nach einem letzten Versuch – 1851 erschienen *Gedichte von Wolfgang von Goethe* – den Gedanken auf, eine aufs Literarische gegründete Existenz anzustreben. »Ein innerer geheimer Widerwille gegen alles Veröffentlichen« (an Mejer, 7.4. 1861) war entstanden. Indessen dichtete er weiterhin; seine ungedruckten literarischen Arbeiten werden im G.- und Schiller-Archiv bewahrt.

Schon in den 40er Jahren begannen immer

stärker werdende neuralgische und rheumatische Leiden Wolfgang von Goethes Leistungsvermögen dauerhaft einzuschränken. Die Krankheit erlebte bereits der 25jährige als einen Zustand »körperlicher Verzweiflung« (Mejer, S. 43). 1844 lehnte er deshalb ein Angebot ab, in den weimarischen Staatsdienst einzutreten. Stattdessen entschied er sich 1852 – soweit genesen – für eine Tätigkeit im diplomatischen Dienst Preußens, die er bis 1860 in Rom und Dresden ausübte. Gebildet, feinsinnig und gesellschaftlich gewandt, bewährte er sich und wurde 1860 Legationsrat. Indessen bestimmten die mit dem Amt verbundene Abhängigkeit sowie anhaltende Krankheit den Vierzigjährigen, den Dienst zu quittieren und sich fortan wissenschaftlichen Studien zu widmen, die vorwiegend im unermüdlichen Sammeln und Ordnen von Materialien für eine Geschichte der italienischen Bibliotheken bis 1500 bestanden. Die Resultate dieser Studien blieben weitestgehend unveröffentlicht. Lediglich das erste Heft der *Studien und Forschungen über das Leben und die Zeit des Cardinals Bessarion. 1395–1472* wurde bei Frommann in Jena gedruckt. Im gleichen Verlag erschien 1873 noch ein Handschriftenverzeichnis eines Paduaer Klosters von 1462, das Teil eines geplanten größeren Vorhabens war, an dem er bis an sein Lebensende arbeitete. Seinen umfangreichen wissenschaftlichen Nachlaß vermachte er testamentarisch der Jenaer Universität.

Die Privatgelehrtenexistenz entsprach Wolfgang von Goethes Neigungen, fühlte er sich doch seit frühester Jugend »durch die trockenste Arbeit in eine Art Begeisterung versetzt« (Mejer, S. 113). Zugleich erhoffte er sich davon geistige Unabhängigkeit und die Chance, seine gering bemessenen Kräfte sinnvoll verwenden zu können. Allerdings waren die materielle Grundlage dafür das vom Großvater hinterlassene Vermögen sowie Einkünfte aus dessen Werken bzw. Nachlaßveröffentlichungen. An die Nutzung des Nachlasses war zugleich die Verantwortung dafür gebunden. Als Jurist, Historiker und Philologe war Wolfgang von Goethe tonangebend in Fragen, die das Familienarchiv betrafen. Er vor allem entschied über

Veröffentlichungen und über die Auswahl der Herausgeber. Die Familie folgte seiner Ansicht, daß die freie Benutzung des Archivs für die wissenschaftliche Arbeit abzulehnen sei, was zu heftigen Auseinandersetzungen in der Öffentlichkeit führte. Indessen erschienen Mitteilungen aus dem G.-Archiv unter Aufsicht der Enkel: so die Briefwechsel G.s mit dem Grafen Reinhard (1850), Karl Ludwig von Knebel (1851), Carl August (1863), dem Grafen Kaspar Maria von Sternberg (1866) und den Brüdern von Humboldt (1876), 1861 eine Neuauflage der *Italienischen Reise* mit G.s Schriften zur bildenden Kunst, 1874 zwei Bände naturwissenschaftlicher Korrespondenz G.s.

Auch Wolfgang von Goethe gründete keine Familie. Über Jahrzehnte war sein Hauptwohnsitz Wien, wo er meist mit der Mutter, auf deren Pflege angewiesen, lebte. Häufig hielt er sich indessen seiner Gesundheit und Studien wegen in Italien auf und mußte jedes Jahr zur Linderung seiner Leiden mehrwöchige Badereisen unternehmen. In die alte Heimat führten ihn Verpflichtungen im Zusammenhang mit dem großväterlichen Nachlaß sowie mit seiner 1851 erfolgten Ernennung zum Kammerherrn. Erst ab 1870 lebte er wieder in der Mansarde des Hauses am Frauenplan. Die letzten Lebensjahre (1879–1883) verbrachte er, von einem Pfleger betreut, aber immer noch seinen Studien sich widmend, in Leipzig. Dort starb er am 20. 1. 1883. Seine letzte Ruhestätte fand er im Familiengrab auf dem Historischen Friedhof in Weimar. Die Lebenstragik des zweiten G.-Enkels faßte sein Freund und Biograph, Otto Mejer, in die Worte: »Er war ein großangelegter Mensch, von umfassender Bildung, von weitem Gesichtskreise, von eigenen Gedanken, von vornehmsten Charakter [...]. Wäre nicht die schmerzende Last seiner Krankheit und die glänzende seines Namens auf ihm gewesen, so würde er nach menschlichem Ermessen ein bedeutender Mann geworden sein« (Mejer, S. 112).

Literatur:

Braun, Lily: Im Schatten der Titanen. Stuttgart 1914. – Geiger, Ludwig: Goethe und die Seinen. Leipzig 1908. – Gerstenbergk, Jenny von: Ottilie von Goethe und ihre Söhne Walther und Wolf. Stuttgart 1901. – Hecker, Max: Goethe, Wolfgang Maximilian. In: Allgemeine Deutsche Biographie. Bd. 49. Berlin 1904, S. 479–490. – Mejer, Otto: Wolf Goethe. Weimar 1889. – Vulpius, Wolfgang: Walther Wolfgang von Goethe und der Nachlaß seines Großvaters. Weimar 1962.

Carola Sedlacek

Goethe-Biographien

Die im weiteren Sinne biographische Literatur über G. stellt ein großes und formal vielfältiges Textcorpus dar, in welchem die eigentlichen Biographien, also Lebensbeschreibungen mit einer spezifischen Individualitätsauffassung und einer je historisch besonderen Darstellungsintention gerade am Gegenstand G. nur einen Teil ausmachen. Die Grenzen dieses Genres werden vielfach in Gesamtdarstellungen von Leben und Werk, in *auch* biographisch aufgebauten Monographien, in Mythographien und Psychogrammen, darüber hinaus in biographischer Essayistik, biographisch angelehnten Werkdarstellungen und -interpretationen sowie in geistes- oder literaturgeschichtlich motivierten, biographisch aufgebauten Monographien in viele Richtungen überschritten. Gleichzeitig existieren knapp kommentierte tabellarische Darstellungen von G.s Lebenslauf wie Franz Göttings *Chronik von Goethes Leben* (1949), Heinz Nicolais *Zeittafel zu Goethes Leben und Werk* (1964), Peter Börners *Johann Wolfgang von Goethe in Selbstzeugnissen und Bilddokumenten* (1964), Hans-Heinrich Reuters 1979 vorgelegte *Bildbiographie Johann Wolfgang Goethe* und Dorothea Hölscher-Lohmeyers Autorenbuch *Johann Wolfgang Goethe* (1991) sowie die allein auf dokumentarisches Material zurückgreifende achtbändige Chronik *Goethes*

Leben von Tag zu Tag von Robert Steiger und Angelika Reimann (1982–1996).

Die frühe G.-Biographik des 19. Jhs. muß auf dem Hintergrund des noch höchst lückenhaft erfaßten dokumentarischen Materials über das Leben G.s gesehen werden. Heinrich Döring legte mit seinem Band *Göthe's Leben* (Weimar 1828) eine in vieler Hinsicht fragwürdige Darstellung vor, die sich in weiten Teilen entweder an *Dichtung und Wahrheit* anlehnte oder in Ermangelung biographischer Daten Entstehung und Inhalt einzelner Werke referierte. Ebenso lückenhaft war auch die Materialbasis von Heinrich Viehoffs vierbändigem Werk *Goethes Leben* (Stuttgart 1847–1854), und die mehrfach ins Deutsche übersetzte und vielfach wiederaufgelegte Darstellung des Engländers George Henry Lewes (*Life and Works of Goethe*, London 1855) konnte trotz einer erkennbaren Tendenz zur Darstellung der Gesamtpersönlichkeit G.s nicht das Bruchstückhafte der biographischen Information kompensieren.

Nachdem Herman Grimm in seinen *Vorlesungen über Goethe* (1874/75) G. in den Rang einer nationalen Stifterfigur erhoben und das energische Forttreiben einer akribischen G.-Philologie zur »unaufschiebbaren nationalen Aufgabe« (S. 489) erklärt hatte, waren es zunächst Michael Bernays und Heinrich Düntzer, die diese Impulse aufnahmen. Bernays' äußerst umfänglicher Beitrag für die *Allgemeine Deutsche Biographie* (Bd. 9, 1879) faßte in gebotener Knappheit alles positive Wissen zu G. zusammen, stilisierte aber schließlich G. zu einem »Heros« (vgl. S. 448 p) und »Schutzheiligen« (S. 448 q), zum Inbegriff deutscher Kultur und nationaler Identität – mit vielsagendem politischen Einschlag: »erst jetzt« – nach der Reichsgründung – trete »sein Geist die Weltherrschaft an« (S. 448 q). Hier zeichnen sich bereits deutlich die Konturen des G.-Bildes im Kaiserreich ab – das bürgerliche Wunschbild eines ganzheitlichen, starken Individuums sowie die historistische Ideologisierung des geschichtsmächtigen Einzelsubjektes. Düntzers *Goethes Leben* (1880) blieb trotz aller Ausführlichkeit, die bei der narrativen Aufarbeitung der mittlerweile reicher fließenden Quellen unausweichlich war, bei der Anhäufung der dokumentierten Tatsachen stehen.

Erst nach der Öffnung der Weimarer Archive 1885 ermöglichte die vollständigere philologische Erfassung des Nachlasses die allmähliche Schließung der Materiallücken – der Umgang der großen Biographien der folgenden Jahrzehnte mit diesem Material aber läßt sie in ihrem »Streben nach einer genau quellenmäßig belegten Goethe-Biographie« immer noch als »Mosaik-Biographik« erscheinen (Kindermann, S. 39). Die zahlreichen Einzelinformationen wurden mosaikartig zu einem Bild zusammengefügt, weniger waren kausale Zusammenhänge zwischen den Daten für die Konstitution des Gesamtbildes ausschlaggebend als vielmehr die verklärende Vorstellung des vollendeten Olympiers. Karl Heinemanns *Goethe* (1895), Richard M. Meyers *Goethe* (1895) und Albert Bielschowskys *Goethe. Sein Leben und seine Werke* (1895) gehören ebenso in diese große Textgruppe wie, mit jeweils leicht unterschiedlicher Akzentsetzung, Georg Witkowskis *Das Leben Goethes* (1899), Eduard Engels *Goethe. Der Mann und das Werk* (1909), Ludwig Geigers *Goethe. Sein Leben und Schaffen. Dem deutschen Volke erzählt* (1909) und das spätere, auch aufgrund seiner unglaublichen Ausführlichkeit nicht beendete biographische Projekt Wilhelm Bodes (*Goethes Leben*. 9 Bde. 1919–1927).

In Bielschowskys vielgelesener zweibändiger Biographie wird G. zum Paradigma des Menschlichen schlechthin, zum Zentrum einer zwar säkularen, doch von höchster Sakralität durchdrungenen Kunst- und Literatur-Religion. Bielschowsky liefert auf diesem Hintergrund eine großangelegte und identifikatorisch sich einfühlende Erzählung von G.s Leben, die am Schluß (der nach dem Tode des Autors aus dessen Notizen erstellt wurde) ins patriotische Pathos abhebt: »Ohne Goethe kein Bismarck! ohne Goethe kein Deutsches Reich!« (Bd. 2, S. 683). Gemeinsam mit Geigers »Volksbuch«, das die reichen Erträge der G.-Philologie dem nicht-spezialisierten Leser auf volkstümliche Weise näherbringen wollte, bildete Bielschowskys Buch die Grundlage für

das »weithin verbreitete Bild des leicht faßbaren, des weithin unproblematischen Schul- und Familien-Goethe« (Kindermann, S. 46).

Die Vorlesungen Herman Grimms aber hatten nicht nur die positivistische Quellenforschung und -auswertung angestoßen, sondern implizit auch auf ein G.-Bild abgezielt, das von der Mosaik-Biographik nicht geliefert werden konnte. Den frühen biographisch- und philosophisch-essayistischen Arbeiten von Carl Gustav Carus (*Goethe,* 1843) und Karl Rosenkranz (*Göthe und seine Werke,* 1847) folgend, forderte Grimm ein ganzheitliches G.-Bild, das jenseits aller Quellenarbeit die bestimmenden Linien der Persönlichkeits- und Werkentwicklung G.s in den Vordergrund stellte. Mit der Einlösung dieser Forderung begann im 20. Jh. eine neue Tradition der G.-Biographik, die mehr leisten wollte als die bloße Zusammenstellung von Details. Dabei wurden vielfach die Grenzen des biographischen Genres überschritten – in der geradezu »antibiographischen Reduktion« G.s auf sein »Wesen«, auf die »Gestalt seiner Werke«, die in der Tendenz eine radikale Enthistorisierung G.s bedeutete (Mandelkow, Bd. 1, S. 265 ff.). Houston Stewart Chamberlains *Goethe* (1912) ordnete das biographische Material radikal auf eine von G. idealtypisch repräsentierte naturhaft-genetische Schöpfervorstellung hin. Der Text folgte nicht der Chronologie des Lebenslaufs, sondern gruppierte Themenbereiche wie Liebe, Freundschaft, Charakter, Verstand um diesen Mittelpunkt und entwickelte die einmalige und exzeptionelle Sonderstellung und Universalität G.s als Dichter und als Denker.

An die Stelle biographischer Darstellungsabsichten setzte Georg Simmels *Goethe* (1913) die Frage nach dem »geistigen Sinn der Goetheschen Existenz überhaupt« (S. V). Die Suche nach dem leitenden Formgesetz in G.s Leben und Kunst ließ G. selbst zum »Urphänomen« (ebd.) werden, das in der Vermittlung von psychologischer Entwicklung und Werkgeschichte als »Idee Goethe« zum »zeitlos bedeutsamen Gedanken« erhoben wurde (ebd., S. VI). Gleichzeitig zielte diese Deutung auf die Einsetzung eines Idealbildes ganzheitlich aufgefaßter menschlicher Existenz. G. wird damit zum menschgewordenen Gattungsparadigma, dessen historische Existenz und literarische Präsenz Trost und Erhebung spendet (ebd., S. 264). Friedrich Gundolfs 1916 erstmals erschienenes epochemachendes Buch *Goethe* stand, ganz im Zeichen der Herkunft des Autors aus dem George-Kreis, in scharfer Opposition zu Historismus und positivistischer Mosaik-Biographik. Die harmonische Ganzheit der Gestalt G.s wurde als Identitätsideal des »klassischen Menschen« angeführt, das »Dämonische«, das »Genie« und das »Schicksalhafte« an und hinter der Dichtergestalt ermöglichten darüber hinaus, G. als das mythische Urbild des Künstler-Schöpfers einzusetzen. Die ohnehin eher werkgeschichtliche denn biographische Darstellung Gundolfs wird also tendenziell zur Mythographie.

Die Anregungen durch Simmels lebensphilosophisch-bekenntnishafte G.-Deutung und gleichzeitig durch die neue psychologische Wissenschaft nahm Emil Ludwigs *Goethe. Geschichte eines Menschen* (1920) auf, das bereits zehn Jahre später in hundertster Auflage vorlag. In subjektivem, oft auch psychologisch-einfühlendem Zugriff auf Leben und Werk G.s setzte Ludwig diesen als »Vorbild«, »Propheten« und »Führer durch die Welt« ein (S. 7). Explizit auf Ludwig nahm Julius Babs *Das Leben Goethes. Eine Botschaft* (1921) Bezug. Aus dem »Gefühl des Unermeßlichen«, dem »ganz erschütternden Gefühl« angesichts der seine literarischen Werke weit übersteigenden »Gesamterscheinung« G.s (S. 9) leitete Bab ausdrücklich die Möglichkeit ab, G. zum Gegenstand eines neuen, Europa zur kulturellen Einheit verbindenden Mythos zu machen, der an die Stelle der überlebten alten Religion trete. Die geformte Ganzheitlichkeit und Universalität G.s und seine mythische Überhöhung, die die G.-Biographik seit Chamberlain, Simmel und Gundolf bestimmt hatten, dominierten auch die Darstellung des Jesuiten Friedrich Muckermann (*Goethe*, 1931): G. wird, als Idealtypus der Verkörperung des Makrokosmos im Mikrokosmos, zum Heiligen ernannt.

Während Edwin Redslobs *Goethes Leben* (1931) den in weiten Teilen durchaus gelunge-

nen Versuch machte, die unterschiedlichen Aspekte des neuen G.-Bildes zu popularisieren, erscheint die ähnliche Absicht Philipp Witkops, *Goethe. Leben und Werden* (1931), von durchaus nationalsozialistisch klingenden Zuordnungen überlagert. Gegen die heranbrandende Menschheitsgefährdung des »Kollektivismus« sei niemand ein »besserer Führer« als G., der etwa in Faust bzw. Wilhelm Meister sowohl die Führerpersönlichkeit als auch das Vorbild des sozial verantwortlichen, in der Gemeinschaft sich verwirklichenden Individuums vorgestellt habe. Schärfer richtete Kurt Hildebrandts *Goethe. Seine Weltweisheit im Gesamtwerk* (1941) die Ergebnisse der G.-Forschung auf die nationalsozialistische Ideologie aus: Sowohl der Krieg im Osten als arischer Kampf des Guten gegen das Böse als auch G. als Vorreiter des »Strebens zur Verwirklichung der Reichsidee« (S. 14) wurden einbezogen. Lily Hohensteins *Goethe. Wuchs und Schöpfung* (1942) stellte schließlich die Reinform eines nationalsozialistischen G.-Bildes dar: Mit unzweifelhaft einem sozialdarwinistischen Weltbild entstammenden Metaphern des Kampfes wurden geistesgeschichtliche Situation und literarhistorische Leistung G.s umrissen, G. selber »ein Eroberer«, der »den Lebensraum der deutschen Seele aufgeschlossen« habe (S. 11).

Hinter die politischen Instrumentalisierungen G.s durch den deutschen Faschismus ging Günther Müllers *Kleine Goethebiographie* (1947), indem sie eine an den morphologischen Studien G.s orientierte organologische Lebens- oder Entwicklungsbeschreibung lieferte: Wie die Bildung des »organischen Leibes« könne die Ausprägung »der seelischen und geistigen Fähigkeiten in Verbindung und Auseinandersetzung mit den Widerständen der Umwelt« beschrieben werden (S. 10). G.s Leben wurde hier mit G.schen Kategorien gedeutet – als Naturding wie als Kunstwerk. Der hier unternommene Versuch, ein politisch korrumpiertes G.-Bild durch die Rückbesinnung auf eine G.-Auslegung im Lichte des von diesem entworfenen organologischen Entwicklungsgedankens zu ersetzen, wurde, ohne die spezifisch morphologische Pointe, auch von

Heinrich Meyers *Goethe. Das Leben im Werk* (1949) fortgeführt. Dessen Interesse lag aber gerade nicht im Biographischen; nicht ein G.-Bild, sondern ein besseres G.-Verständnis war das Ziel. In interessanter Perspektive las Meyer – auf der Basis der oft breit geschilderten Biographie – G.s Leben aus den literarischen Texten gegen den Strich der Heroisierung, gegen die traditionelle Einschätzung von G.s angeblich idealer menschlicher Ganzheitlichkeit: Es gelte vielmehr, G.s »unsäglich zerrissenes, unglückliches Schöpferdasein« (S. 10) zur Verständnisvoraussetzung der Texte zu machen – eine Position, die auch Hans Mayers biographische Essays in *Goethe. Ein Versuch über den Erfolg* (1973) wieder aufgriffen. Wie Mayers Buch überschritt auch Emil Staigers dreibändiger *Goethe* (1952– 1959) die Grenze zwischen Biographie und biographisch angelehnter Textdeutung. Staiger wollte in der ausschließlichen Hinwendung zu den Texten selbst »der würdelosen Despotie des Zeitgeists« entrinnen (Bd. 1, S. 7) – eine Reaktion auf die überbordende Politisierung der Germanistik im Nationalsozialismus. Staigers *Goethe* lieferte eine teils einfühlend-nacherlebende, teils v. a. stilistisch ungemein scharfsichtig beschreibende Textinterpretation, in deren Dienst *auch* die nacherlebte und -erzählte Biographie steht.

Neue Perspektiven eröffneten sich der G.-Biographik mit Richard Friedenthals 1963 in London publiziertem Buch *Goethe. Sein Leben und seine Zeit* und K. R. Eisslers im selben Jahr in Detroit erschienenem *Goethe. A Psychoanalytic Study* (dt. 1983–1985). Friedenthals beeindruckende und bis heute gut brauchbare Biographie beschränkte sich ganz auf einen erzählten Lebensbericht, der jedoch erste Einsprüche anmeldete gegen die intendierte Fortsetzung traditioneller G.-Forschung im Deutschland der Nachkriegszeit. Eisslers Studie dagegen war die eines Nicht-Germanisten, eines psychoanalytisch arbeitenden Arztes. Sie beschränkte sich auf G.s Leben zwischen der Leipziger Studenzeit und der Italienreise und war weniger Biographie als vielmehr biographisch-essayistisches Psychogramm, das versucht, die psychischen Kon-

flikte auf Seiten G.s auszumachen, zu deren autotherapeutischer Aufarbeitung das Schreiben gedient habe.

Nachdem Hans-Jürgen Geerdts in seinem Band *Johann Wolfgang Goethe* (Leipzig 1972) in sachlich-unprätentiöser, erzählerischer Manier sowohl die Korrektur bürgerlich-ideologischer Implikationen des G.-Bildes als auch die Zuordnung G.s zum »Erbe« vollzogen hatte, markierte Karl Otto Conradys zweibändiger *Goethe. Leben und Werk* (1982/85) den Eintritt in die kritische Wiederaneignung der in und nach der Studentenbewegung zunächst obsoleten »Klassiker« in Westdeutschland. Eine ausführliche Lebensschilderung, die nüchtern ohne jedes stilistische Pathos auskommt, wird in Abgrenzung von allen Heroisierungs- und Stilisierungsabsichten früherer Arbeiten kombiniert mit zwar knappen, aber aussagekräftigen Textinterpretationen; diese sind durch ein hohes methodisch-theoretisches Reflexionsniveau gekennzeichnet und liefern oft auch eine Deutungsgeschichte des jeweiligen Textes. Die prinzipiell nicht unproblematische Koppelung zwischen biographischer Darstellung und Textinterpretation führt gerade nicht zur biographistischen Deutung, sondern zu deren grundsätzlicher Reflexion.

Eine wie Conradys *Goethe* epochemachende Biographie liegt mit dem von Nicholas Boyle 1991 in englischer Sprache publizierten ersten Band seines *Goethe – The Poet and the Age* vor (dt.: *Goethe. Der Dichter in seiner Zeit*, 1995). Ohne Pathos und mit viel erzählerischem Geschick wird, auf der Basis einer Kritik der germanistischen und kulturpolitischen Hypostasierung G.s und der G.-Zeit, in breitester Weise ein Leben erzählt – eine Schilderung, die bei den real- und literaturgeschichtlichen Voraussetzungen beginnt und bis in die detaillierte Textarbeit hineinreicht. Viel stärker als Conrady betont Boyle ausdrücklich die Exzeptionalität G.s, da dieser erstens in einer langen und immer wieder krisenhaften Epoche deutscher und europäischer Geschichte gelebt habe, zweitens aber auch in einzigartiger Weise die individuellen Voraussetzungen mitgebracht habe, die jeweiligen Erfahrungen ästhetisch zu transformieren.

Literatur:

Benjamin, Walter: Hundert Jahre Schrifttum um Goethe. In: ders.: Gesammelte Schriften. Bd. 3. Frankfurt/M. 1972, S. 326–340. – Kindermann, Heinz: Das Goethebild des 20. Jahrhunderts. Darmstadt ²1966. – Leppmann, Wolfgang: Goethe und die Deutschen. Der Nachruhm des Dichters im Wandel der Zeit und der Weltanschauungen. Bern, München 1982. – Mandelkow, Karl Robert (Hg.): Goethe in Deutschland. Rezeptionsgeschichte eines Klassikers. 2 Bde. München 1980–1989. – Maync, Harry: Geschichte der deutschen Goethe-Biographie. Leipzig 1912. – Steiger, Robert/Reimann, Angelika (Hg.): Goethes Leben von Tag zu Tag. 8 Bde. Zürich, Düsseldorf 1982–1996.

Benedikt Jeßing

Goethe-Forschung (19. Jh.)

Die G.-Forschung mit der Öffnung des Weimarer Archivs einsetzen zu lassen und die gesamte vorangegangene Beschäftigung mit G. als vorwissenschaftlich auszuweisen (Mandelkow 1980, S. 86), erscheint wegen der damit verbundenen Privilegierung des positivistischen Wissenschaftsbegriffs als Verkürzung. Vielmehr hat die Darstellung da anzusetzen, wo sich das Erkenntnisinteresse aus dem wirkungsgeschichtlichen Diskurs durch Historisierung und Synthetisierung des Gegenstandes – Persönlichkeit und Werk G.s – ausgliedert und versucht, sich seiner aus distanzierter Perspektive möglichst umfassend und objektiv zu bemächtigen. Allerdings ist die begriffliche Trennung von Wirkungsgeschichte und Forschung nur eine heuristische Fiktion, weil auch die objektivste Forschung im Kontext wirkungs-, d.h. ideologiegeschichtlicher Problemfelder stattfindet. Auch ist eine Darstellung im vorgegebenen Rahmen notwendigerweise reduktionistisch: Sie kann nur wissenschaftsgeschichtlich innovatorische und aus heutiger Sicht noch relevante Autoren berücksichtigen.

Zwar gibt es synthetisierende Annäherungen an G. schon seit der Jahrhundertwende (z.B. Friedrich Schlegel 1800, Hotho 1829/30, Wilhelm von Humboldt 1830), doch stellte erst Georg Gottfried Gervinus ab 1835 mit seiner radikalen Kanonisierung der »letzten Blütezeit unserer Dichtkunst« (Gervinus, Bd. 1, S. 15) sowie mit deren Integration in ein geschichtsphilosophisches Konzept die Weichen bis hin zu Wilhelm Scherer und darüber hinaus. Gervinus' dezidiert historischer – und nicht Karl Rosenkranz' erklärtermaßen »universell philosophischer« Standpunkt (Rosenkranz, S. 2) ist für die weitere G.-Forschung entscheidend geworden. Sein »Synthesemodell der deutschen Klassik« (Mandelkow 1980, S. 120ff.) markierte das Betätigungsfeld der zukünftigen G.-Forschung: Seine signifikanten Verkürzungen, die Konzentration auf die Gemeinsamkeit G.s und Schillers, die Aussparung ästhetischer Aussagen, die Ablehnung des G.schen Alterswerkes, die Verständnislosigkeit für die außerdichterischen Betätigungsfelder G.s wirkten langfristig bestimmend und herausfordernd.

Um 1850 umriß der jungverstorbene Leipziger Privatdozent Theodor Wilhelm Danzel in zwei programmatischen Texten (*Über die Behandlung der Geschichte der neueren deutschen Literatur*, 1849; *Einleitung zu dem Commentar zu Goethe's Werken*, 1855) die Aufgaben einer künftigen neueren Literaturgeschichtsschreibung und die Umrisse einer künftigen G.-Forschung. Befürwortete er zunächst noch eine kritische, den Standpunkt des Forschungsgegenstandes transzendierende Fragestellung, so formulierte er bald danach das für die künftige G.-Forschung bedeutsame nachrevolutionäre Postulat einer affirmativen Arbeitshaltung in Gestalt eines einfühlenden »Verstehens« (Danzel 1855, S. 436). In kurzschlüssiger Berufung auf das G.sche Diktum vom »Gelegenheitsgedicht« (WA I, 27, S. 295) meinte er, G. habe »eigentlich nie etwas anderes dargestellt [...], als seine eigenen individuellen Schicksale«; *Wilhelm Meister* und *Faust* seien »wirkliche Biographien«. Die Aufgabe des Forschers bestimmte er als eine genetische: Ein Kunstwerk verstehen heiße, »den Entstehungsprozeß desselben auf eine gewisse Weise nachleben« (Danzel 1855,

S. 431 ff.). Hier wurde das für die folgende G.-Forschung konstitutive »entstehungsgeschichtliche und das autorzentrierte, autobiographische Betrachtungs- und Erklärungsmodell« (Mandelkow 1980, S. 214) begründet, das laut Danzel durch möglichst umfassende Quellen- und Kommentarbenutzung, durch die Heranziehung wirkungsgeschichtlicher Dokumente sowie durch die Aufarbeitung literarischer – auch außerdeutscher – Traditionen abgestützt werden sollte.

Danzels Programmatik war ihrer Zeit vorausgeeilt, denn in der Wirkungsgeschichte G.s in Deutschland markierte das G.-Jahr 1849 den tiefsten Stand. Zu diesem Zeitpunkt dominierten Tendenzen kritischer Abgrenzung von dem Dichter. Die frühen literarhistorischen Arbeiten von Julian Schmidt in der Zeitschrift *Die Grenzboten* (exemplarisch: J. Schmidt 1849), die als Vorarbeiten zu der 1853 erschienenen *Literaturgeschichte* anzusehen sind, und von Hermann Hettner artikulierten aus bürgerlich-realistischer Sicht die »Fundamentalkritik an der deutschen Klassik« (Mandelkow 1980, S. 147) und bestimmten Volksfremdheit und falschen Idealismus als deren entscheidende Defekte (J. Schmidt 1855, Bd. 1, S. 284; Hettner 1850, S. 61). Schmidt sah in der Klassik nur eine »krankhafte Übergangsphase« und in G.s Helden bloße individualistische Aussteiger, die für die aktuellen Anforderungen des bürgerlichen Lebens keine Vorbildfunktion mehr haben könnten (Schmidt 1849, S. 337 u. 340 f.).

Ein Aufschwung der G.-Forschung war in den Folgejahren nur denkbar in Verbindung mit einer Re-Integration G.s und der Klassik in ein bürgerliches Traditionsbewußtsein. Schon unmittelbar nach der Revolution begann die Entdeckung eines »bürgerlichen« G.; genuine Forschungsleistungen trugen dazu bei. Zu nennen sind hier Viktor Hehns Dorpater Vorlesung *Über Goethes Herrmann und Dorothea* (1851), Berthold Auerbachs Berliner Vortrag *Goethe und die Erzählungskunst* (1861) und Adolf Schölls Abhandlung *Goethe als Staats- und Geschäftsmann* (1862/63). Schöll zeichnete auf der Grundlage der Briefe an Frau von Stein ein differenziertes Bild von G.s vorita-

lienischer Existenz und wertete seine amtliche Tätigkeit mit der These auf, diese sei die Basis seiner »konkreten Poesie« (Schöll, S. 125). Hehn und Auerbach erschlossen die Literarizität G.scher Werke – anders als Gervinus verstanden sie diese als Entitäten sui generis. Aus einer unbefangenen und genießenden Rezeptionshaltung heraus wurden mit großer Sensibilität innerliterarische Fragestellungen behandelt, so etwa bei Hehn Quellen und Vorlagen, Handlungsführung, Diktion, Metrik, bei Auerbach die Erzählhaltung in den Romanen. Diese Ästhetisierung wurde allerdings mit erheblichen Verkürzungen erkauft: Sie war geprägt von der kritiklosen Affirmation ihrer Gegenstände, der Ausschaltung politischer Fragestellungen und der Ausgrenzung des G.schen Alterswerkes.

Im übrigen revidierten sowohl Julian Schmidt als auch Hettner in den 60er Jahren ihre rigide Klassik-Kritik. Insbesondere Hettners Darstellung (1869/70) erwies sich als eine bleibende Leistung auf dem Gebiet der Literaturgeschichtsschreibung. Sie steht in der Tradition der Methodologie Danzels und der Praxis von Gervinus, zeichnet sich indessen gegenüber Gervinus durch die Einbeziehung der ästhetischen Dimension, die in der ausführlichen Analyse und Kommentierung der literarischen Werke sichtbar wird, sowie durch eine sehr viel breitere Quellenbasis aus, mit deren Hilfe die enge G.-Schiller-Perspektive von Gervinus durchbrochen wurde. Die politischen Erfolge des Bismarckreichs wirkten zumindest als Unterstützung für diesen Prozeß einer positiven Neuerschließung G.s.

Auch die im neuen Reich dominierende Tendenz einer »monumentalen Philologisierung Goethes« (Mandelkow 1980, S. 204) meldete sich bereits vor 1870/71 an. Ihr Initiator war Michael Bernays mit seiner bahnbrechenden Schrift *Über Kritik und Geschichte des Goetheschen Textes* (1866). Bernays skizzierte das Fernziel einer historisch-kritischen G.-Ausgabe zu einem Zeitpunkt, da die Unzugänglichkeit des Weimarer Archivs den Weg dazu noch kategorisch versperrte. Das Gewicht von Bernays' Forderung wird durch seine zahlreichen Belege für korrupte Textstellen deutlich, wie sie sich durch die Ausgaben von Christian Friedrich Himburg und Georg Joachim Göschen beispielsweise bei den Jugendwerken (*Werther, Clavigo*) erhalten hatten. Maßstabsetzend war für Bernays die Lachmannsche Lessingausgabe (1838–1840), die »zum ersten Mal den philologisch gesicherten Text eines modernen deutschen Schriftstellers« (Rosenberg, S. 52) geboten hatte. Bernays forderte – auch wenn einstweilen die Arbeit »auf die uns zugänglichen Hilfsmittel beschränkt« bleiben müsse, »die kritische Bearbeitung der einzelnen Werke«, um dadurch »die Gesamtausgabe vorbereiten« zu können (Bernays, S. 84). Sein Plädoyer erhielt zusätzliche aktuelle Dringlichkeit durch die massenhafte Verbreitung von Klassikerschriften nach der Freigabe der vor 1837 verstorbenen Autoren 1867. Indiz für eine Vermittlung philologischer Tätigkeit zu einem breiten Publikum waren auch die zahlreichen inzwischen vorliegenden G.-Kommentare, von denen die bekanntesten – nicht immer gerecht beurteilten – die von Heinrich Viehoff und Heinrich Düntzer sind; Bedeutung gewann ferner als eine erste wissenschaftliche Edition die Hempelsche G.-Ausgabe (1868–1879), die zwar philologisch-kritischen Ansprüchen nur sehr bedingt gehorchte, aber durch ihre Kommentare – am bekanntesten sind Gustav von Loepers Erläuterungen zum *Faust* und zu *Dichtung und Wahrheit* geworden – nachhaltig wirksam wurde.

Mit der Reichsgründung nahm die G.-Forschung einen ungeheuren Aufschwung. Ihr Grundzug war die positivistische Aufarbeitung von Leben und Werk des Dichters. Daneben trat gleichgewichtig der Bereich der Textedition und -kritik. Der Motor, aber nicht der Auslöser dieser Entwicklung war die Öffnung des Weimarer Archivs nach dem Tode des letzten G.-Enkels 1885, die die Inangriffnahme der Weimarer Ausgabe möglich machte. Mit der Publikation des G.-Jahrbuchs durch Ludwig Geiger (1880) gewann die G.-Forschung ein eigenes Forum, mit der Gründung der G.-Gesellschaft und ihrer Verbindung mit dem G.-Jahrbuch (1885) die öffentliche und institutionalisierte Breitenwirkung. Einen guten Ein-

blick in die umfangreiche akademische und publizistische – auch popularisierende – Ausstrahlung der G.-Forschung in die Öffentlichkeit gibt die Rubrik *Chronik* des G.-Jahrbuchs, in der u.a. die auf G. bezüglichen akademischen Vorlesungen und Publikationen jahrgangsweise aufgelistet sind. Die hier sichtbar werdende Entfaltung der G.-Forschung ging einher mit der allmählichen Ausgliederung der neueren deutschen Literaturgeschichte aus der Philologie und vor allem mit der institutionellen Absicherung dieser Entwicklung durch die universitären Seminargründungen seit 1873. Dementsprechend gelangte die G.-Forschung in die Hände von professionellen Forschern, während die Rolle der fachlichen Außenseiter immer mehr abnahm.

Die wissenschaftsgeschichtliche Usance, in bezug auf diese Gründerjahre von der Scherer-Zeit zu sprechen, bedeutet trotz der unzweifelhaften, vor allem methodologischen Dominanz Scherers zumindest innerhalb der G.-Forschung eine Verengung des Blicks. So enthalten etwa die entsprechenden Jahrgänge des G.-Jahrbuchs, das »ein Organ aller G.-Forscher und nicht nur einer Partei« sein wollte (GoetheJb. 2. 1881, Einleitung), gewichtige Beiträge auch der vor- und außerschererschen G.-Forschung. Mit der Einbeziehung von kunst-, aufführungs- und wirkungsgeschichtlichen Themen reichen sie weit über die von der Scherer-Schule favorisierten Fragestellungen hinaus. Außerdem ist nicht zu übersehen, daß Scherers methodologische Prämissen in bezug auf G. bereits von Danzel und Bernays formuliert worden waren, freilich nun anders begründet wurden.

Die ideologischen Bedürfnisse des neuen Reichs, das nun in der Weimarer Klassik seine ideelle Vorgeschichte entdeckte und seinen Anschluß an die Weltliteratur feierte, förderten zugleich den Kult, der mit G. als der großen Persönlichkeit, als dem »Olympier« und dem Autor von höchster weltliterarischer Geltung getrieben wurde. Identifikationsmomente, die auch Forschungsschwerpunkte bestimmten, fand das neue Reich vor allem in den Werken des jungen und des klassischen G., während das Alterswerk, abgesehen von dem ideologisch bedeutsamen *Faust II*, weitgehend ausgeklammert blieb. Der systemstabilisierende Charakter der G.-Forschung wurde auch deutlich sichtbar, als Otto Harnack (1892 u. 1894) G.s Ästhetik zum Bollwerk gegen den Naturalismus und dessen Thematisierung der sozialen Frage erklärte. Neben die steinernen traten die schriftlichen G.-Denkmäler, von denen einige bis heute herausragen. Zu nennen sind: Herman Grimms *Goethe. Vorlesungen gehalten an der Kgl. Universität zu Berlin* (1874/75, gedruckt 1876, danach weitere, bis 1915 insgesamt zehn Auflagen), die die bis dahin gültige G.-Monographie des Engländers George Henry Lewes (1855) ablösten; die G.-Kapitel der *Geschichte der deutschen Litteratur* von Scherer (1883), der maßgeblichen Literaturgeschichte der Gründerzeit mit insgesamt dreizehn Auflagen bis 1915; die preisgekrönte Biographie *Goethe* von Richard Moritz Meyer (1895), die bereits die Schätze des G.-Archivs nutzen konnte; schließlich die große zweibändige Darstellung *Goethe. Sein Leben und seine Werke* von Albert Bielschowsky (1896–1904, 42 Auflagen). Alle Darstellungen folgten dem Schema von Leben und Werk, wobei das künstlerische Werk als Derivat biographischer Umstände und Lebensbeziehungen erscheint. Von ihnen allen gilt aber auch Rudolf Hayms auf dem Hintergrund der fachintern dominanten positivistischen G.-Philologie gefälltes Urteil über Bielschowsky: Es sei das glücklich gelungene »Wagnis einer frei zusammenfassenden Darstellung«, die sich »über den Staub und Schutt des gelehrten archivalischen Sammelns und Klaubens« hinaushebe (Haym an Bielschowsky, 7.12.1895; zit in Klee, S. 10).

Von grundlegender Bedeutung für die G.-Forschung im Zweiten Reich wurde die sog. Scherer-Schule, zu der im Bereich der G.-Forschung vor allem Erich Schmidt, August Sauer, Richard M. Meyer und Konrad Burdach gehören. Scherer, der zwar, entgegen der Legende, weder das erste germanistische Seminar einrichtete noch der erste Ordinarius für neuere deutsche Literatur war, hat von den prestigeträchtigen Lehrstühlen in Straßburg (seit 1872) und Berlin (seit 1877) durch Schu

lebildung, methodologische Reflexion und fachintern durchaus kontrovers diskutierte Untersuchungen prägend und stimulierend auf die G.-Forschung gewirkt. Obwohl heute das Bild vom »Positivisten« Scherer differenzierter gesehen wird als es etwa Rudolf Unger gezeichnet hat, ist nicht zu übersehen, daß Scherer gerade mit seinem Anspruch, analog zu den Naturwissenschaften intersubjektiv nachprüfbare Ergebnisse zu erzielen und Literaturphänomene als Resultate von verfolgbaren Kausalketten zu beschreiben, den Wissenschaftsbegriff seiner Zeit entscheidend geprägt hat. Der programmatische und als Bestandsaufnahme zu verstehende Aufsatz Scherers *Goethe-Philologie* (1877) – der Begriff wurde 1861 von Karl Gutzkow geprägt – konzentrierte den in ihm vertretenen nationalpädagogischen Anspruch auf das »Studium Goethes« als »Kern und Mittelpunct« (Scherer 1900, S. 10). Er begründete unter Bezugnahme auf *Dichtung und Wahrheit*, ein Werk, das Scherer an anderer Stelle als »Causalerklärung der Genialität« (Reiß, Bd. 1, S. 3) bezeichnete, eine autorzentrierte und philologische Arbeitsweise. Anhand des für vorbildlich erachteten Kommentars von Loepers zu G.s Autobiographie forderte Scherer von der »Exegese« die »Lösung zweier Aufgaben«: »Sie will an Goethes Erzählung historische Kritik üben und sie will den Entstehungsproceß des Werkes in der Seele des Autors erforschen: die höchste Aufgabe einer jeder kunstmäßigen Interpretation« (Scherer 1900, S. 17). Entsprechend setzte Scherer für die G.-Forschung zwei Schwerpunkte: 1. den modellphilologischen, der von der Prämisse ausgeht, man könne »in sorgfältiger und besonnener Aufsuchung von Ähnlichkeiten in dem Leben und der Bildung eines Dichters einerseits und in seinen Werken andererseits gar nicht weit genug gehen« (ebd., S. 126), und unter dem z.B. die Spuren von Herder, Maximiliane Brentano, Johanna Fahlmer und Marianne von Willemer in G.s Werken verfolgt wurden; 2. den strikt textkritischen, der einerseits »Incongruenzen« in vorhandenen Texten sucht – bekannt und umstritten ist die Zerlegung des ersten Faust-Monologs (ebd., S. 307ff.) –, andererseits Unüberliefertes rekonstruieren will, z.B. einen »*Faust* in Prosa«, entworfen »zur Zeit des ersten *Götz* im Winter 1771« (Scherer 1879, S. 77). Viele Vermutungen Scherers sind durch die Archivöffnung 1885 obsolet, andere durch den Fund des *Urfaust* 1887 nicht überzeugender geworden. Diese Fragestellungen Scherers bzw. die Auseinandersetzungen mit ihnen haben auch die G.-Arbeiten der Scherer-Schule, z.B. Erich Schmidts G.-Aufsätze (1886 u. 1901), die Einleitung zur *Urfaust*-Ausgabe von Erich Schmidt (1887), die Arbeiten von Jacob Minor und August Sauer (1880) sowie von Richard M. Meyer (1895) geprägt, während andererseits die Arbeiten Burdachs mit ihrer geistesgeschichtlichen Grundierung und ihrer Einbeziehung des Alterswerkes bereits neue Wege wiesen.

Die bleibende Leistung der G.-Forschung in der Gründerzeit liegt in den editorischen und dokumentarischen Großunternehmen, die z.T. nicht nur eine fachinterne, sondern auch eine breitere literarisch interessierte Öffentlichkeit ansprechen wollten. Die Öffnung des G.-Archivs gab für sie einen zusätzlichen Impuls; bei schon begonnenen Editionen (Hirzel/Bernays, Biedermann) wurden die Bestände des Archivs in spätere Auflagen eingearbeitet. Neben den großen Gesamtausgaben (Weimarer Ausgabe, Jubiläumsausgabe) sind hier zu nennen: 1. Die Teilsammlung *Der junge Goethe. Seine Briefe und Dichtungen*, hg. von Salomon Hirzel, mit einer Einleitung von Michael Bernays (1875; 2. Abdruck 1887), eine Edition, die den bibliographischen Vorarbeiten und der Sammeltätigkeit des Leipziger Buchhändlers und Verlegers Hirzel (*Verzeichniß einer Goethe-Bibliothek*, 1848 u.ö.) und den textkritischen Prinzipien von Bernays' Frühschrift verpflichtet ist. Erst die Neubearbeitung durch Max Morris (1909–1912) freilich vermochte die Schätze des inzwischen zugänglichen G.-Archivs für Texterweiterung und Materialvergleich mit einzubeziehen. 2. *Goethes Gespräche* (1889–1896), hg. von Woldemar Gustav Freiherr von Biedermann, ursprünglich als weitere – fünfte – Abteilung der Weimarer Ausgabe gedacht; erst die zweite Ausgabe (1909–1911) durch Flo-

doard Freiherr von Biedermann – unter Mitwirkung von Morris, Hans Gerhard Gräf und Leonard L. Mackall – erreichte durch Verdoppelung des Materials und Erweiterung der Anlage den Charakter einer maßgeblichen Sammlung der Gespräche. 3. Die neunbändige Dokumentation *Goethe über seine Dichtungen* von Gräf (1901–1914) sammelte die Selbstzeugnisse G.s zu seinen Werken und nahm die Reaktionen anderer fortlaufend in die Anmerkungen auf; diese Konzeption hat sich bis heute als unüberholt erwiesen. 4. Die frühen Bände des G.-Jahrbuchs und die *Schriften der Goethe-Gesellschaft* (seit 1885) vereinigten wichtige Briefcorpora in thematischen oder gruppenorientierten Zusammenstellungen.

Die geistesgeschichtliche Wende, durch die die Methoden und Fragestellungen der gründerzeitlichen G.-Forschung abgelöst wurden, bahnte sich in der Reflexion auf die Leistungsfähigkeit der beiden methodologischen Schwerpunkte Scherers und seiner Schule, des modellphilologischen und des textkritischen, schon früh an.

Wilhelm Dilthey untergrub in seinem frühen Aufsatz *Über die Einbildungskraft der Dichter* (1878) das modellphilologische Credo mit der Umlenkung des Erkenntnisinteresses von den biographischen Fakten auf den dichterischen Schöpfungsvorgang, dessen maßgebliche Instanz nicht mehr eine reproduzierende, sondern die »schaffende Phantasie« sein sollte. Deren »Erforschung« wurde dementsprechend zur »naturgemäßen Grundlegung des wissenschaftlichen Studiums der poetischen Literatur und ihrer Geschichte« erhoben. Dilthey erschien es als »unmöglich, [...] aus den uns gegebenen Daten über das Leben eines Dichters die Gebilde seiner Phantasie zu erklären«; »Mephisto, Gretchen, das Motiv der Wahlverwandtschaften, können Goethe in flüchtigen Lebensbegegnungen aufgegangen sein, welche für den Aufbau seines eigenen Lebens so gut als nichts bedeuteten, welche aber eben diejenige Beschaffenheit hatten, durch die seine Phantasie in leise bildende Tätigkeit des Gestaltens geriet«. Das quellengestützte Vorgehen wich hier dem »divinatorischen Blick des von der Sache Erfüllten« (Dilthey, S. 47ff.). Die Enthistorisierung und Psychologisierung der G.-Forschung nach der Jahrhundertwende war damit vorbereitet.

Der textkritische Ansatz Scherers wurde nach dem Fund der *Urfaust*-Abschrift (1887) durch Erich Schmidt einer Revision unterzogen. Hatte Scherer 1885 z.B. seine *Betrachtungen über Faust* im Horizont altgermanistischer Fragestellungen angesiedelt, so ging Schmidt auf Distanz zu einer solchen Adaption von »Lachmanns Lieder- und Buchbindertheorie« (Schmidt 1905, S. XVIII) sowie zu der zerstückelnden Stilkritik seines Lehrers. Mit der wohl von Kuno Fischer übernommenen These (Mandelkow 1980, S. 255), die Einheit des Werkes liege in der Einheit des Dichters, schwenkte auch der Philologe in die psychologisierende Fragerichtung Diltheys ein.

Die Positionen Diltheys und Erich Schmidts markieren den Rahmen, innerhalb dessen um die Jahrhundertwende über die Entwicklung der G.-Forschung gestritten wurde. Polemischer Höhepunkt war die Streitschrift des Tübinger Gymnasialprofessors Friedrich Braitmaier *Göthekult und Göthephilologie* (1892), Endpunkt der die Epoche abschließende manifestartige Aufsatz *Goethes Lyrik und die Goethe-Philologie* (1905) des Literaturwissenschaftlers Rudolf Lehmann. Lehmann konstatierte, daß »ein guter Teil« der Forderungen Scherers »verwirklicht oder doch seiner Verwirklichung nahegerückt« sei; er plädierte aber für eine Durchbrechung der biographistischen und historisch-genetischen Engführung. Die neue Programmatik, die auf eine kritische Auseinandersetzung mit Scherers Behandlung des ersten Faust-Monologs und mit modellphilologischen Negativbeispielen aus den großen G.-Darstellungen der Gründerzeit gestützt war, läßt sich der rhetorischen Frage entnehmen: »Kommt der Entstehungsgeschichte eines Kunstwerks wirklich mehr Wert und Bedeutung zu als dem hermeneutisch und ästhetisch begründeten Verständnis seines künstlerischen Gehalts?« (Lehmann, S. 136).

Literatur:

Auerbach, Berthold: Goethe und die Erzählungskunst. Stuttgart 1861. – Bernays, Michael: Über Kritik und Geschichte des Goetheschen Textes. Berlin 1866. – Biedermann, Flodoard Frh. von u.a. (Hg.): Goethes Gespräche. 5 Bde. Leipzig 1909–1911. – Biedermann, Woldemar Gustav Frh. von (Hg.): Goethes Gespräche. 9 u. 1 Bde. Leipzig 1889–1896. – Bielschowsky, Albert: Goethe. Sein Leben und seine Werke. 2 Bde. München 1896–1904. – Braitmaier, Friedrich: Göthekult und Göthephilologie. Eine Streitschrift. Tübingen 1892. – Conrady, Karl Otto: Germanistik in Wilhelminischer Zeit. Bemerkungen zu Erich Schmidt (1853–1913). In: Bayerdörfer, Hans-Peter (Hg.): Literatur und Theater in Wilhelminischer Zeit. Tübingen 1978, S. 370–398. – Danzel, Theodor Wilhelm: Über die Behandlung der Geschichte der neueren deutschen Literatur. In: Mayer, Hans (Hg.): Meisterwerke deutscher Literaturkritik. Bd. 2. Berlin 1956, S. 361–369. – Ders.: Einleitung zu dem Commentar zu Goethes Werken (1855). In: Mandelkow, Karl Robert (Hg.) 1977, S. 429–439. – Dilthey, Wilhelm: Über die Einbildungskraft der Dichter. In: Zs. für Völkerpsychologie und Sprachwissenschaft. 10 (1878), S. 42–104. – Dünninger, Josef: Geschichte der deutschen Philologie. In: Stammler, Wolfgang (Hg.): Deutsche Philologie im Aufriß. Berlin, Bielefeld 1952, S. 79–214. – Gervinus, Georg Gottfried: Geschichte der Deutschen Dichtung. 5 Bde. Leipzig ²1853. – GRÄF. – Grimm, Herman: Goethe. Vorlesungen gehalten an der Kgl. Universität zu Berlin. Stuttgart, Berlin ¹⁰1915. – Harnack, Otto: Die klassische Ästhetik der Deutschen. Leipzig 1892. – Ders.: Goethes Kunstanschauung in ihrer Bedeutung für die Gegenwart. In: GoetheJb. 15 (1894), S. 187–205. – Hehn, Viktor: Über Goethes *Herrmann und Dorothea*. Stuttgart, Berlin ⁵1913. – Hettner, Hermann: Die romantische Schule in ihrem Zusammenhang mit Goethe und Schiller (1850). In: ders.: Schriften zur Literatur. Hg. von Jürgen Jahn. Berlin 1959, S. 51–165. – Ders.: Geschichte der deutschen Literatur im 18. Jahrhundert (1869/70). Hg. von Gotthard Erler. Bd. 2. Berlin 1961. – Hirzel, Salomon: Verzeichniß einer Goethe-Bibliothek. Leipzig 1848. – Ders. (Hg.): Der junge Goethe. Seine Briefe und Dichtungen. Mit einer Einleitung von Michael Bernays. 3 Bde. Leipzig 1875. – Hotho, Gustav Heinrich: *Wilhelm Meisters Wanderjahre oder die Entsagenden.* In: Fambach, Oscar (Hg.): Goethe und seine Kritiker. Berlin 1955, S. 314–366. – Humboldt, Wilhelm von: Goethe's Werke. Neun und zwanzigster Band. In: Fambach (Hg.), S. 367–386. – JG Morris. – Klee, Gotthold: Zum Gedächtnis Albert Bielschowskys. In: Friederike und Lili. 5 Goethe-Aufsätze von Dr. Albert Bielschowsky. München 1906. – Kruckis, Hans-

Martin: Mikrologische Wahrheit. Die Neugermanistik des 19. Jahrhunderts und Heinrich Düntzer. In: N.F. GRM. 41 (1991), S. 270–283. – Lehmann, Rudolf: Goethes Lyrik und die Goethe-Philologie. In: GoetheJb. 26 (1905), S. 133–158. – Lewes, George Henry: Goethe's Leben und Werke. 2 Bde. Stuttgart ¹⁴1893. – Mandelkow, Karl Robert (Hg.): Goethe im Urteil seiner Kritiker. Dokumente zur Wirkungsgeschichte Goethes in Deutschland. Bde. 2 u. 3. München 1977 u. 1979. – Ders.: Goethe in Deutschland. Rezeptionsgeschichte eines Klassikers. Bd. 1. München 1980. – Meyer, Richard Moritz: Goethe. Berlin 1913. – Minor, Jacob/Sauer, August: Studien zur Goethe-Philologie. Wien 1880. – Peschken, Bernd: Versuch einer germanistischen Ideologiekritik. Stuttgart 1972. – Reiß, Gunter: Materialien zur Ideologiegeschichte der deutschen Literaturwissenschaft. 2 Bde. Tübingen 1973. – Rosenberg, Rainer: Zehn Kapitel zur Geschichte der Germanistik. Literaturgeschichtsschreibung. Berlin 1981. – Rosenkranz, Karl: Göthe und seine Werke. Königsberg 1847. – Scherer, Wilhelm: Aus Goethes Frühzeit. Bruchstücke eines Commentars zum jungen Goethe. Straßburg 1879. – Ders.: Geschichte der Deutschen Litteratur. Berlin ³1885. – Ders.: Aufsätze über Goethe. Berlin ²1900. – Schlegel, Friedrich: Versuch über den verschiedenen Styl in Goethes früheren und späteren Werken. In: KA II, S. 339–351. – Schmidt, Erich: Charakteristiken. 2 Bde. Berlin 1886–1901. – Ders.: Goethes *Faust* in ursprünglicher Gestalt nach der Göchhausenschen Abschrift herausgegeben. Weimar ⁶1905. – Schmidt, Julian: Zu Goethe's Jubelfeier. Studien zu Goethe's Werken von Heinrich Düntzer (1849). In: Mandelkow, Karl Robert (Hg.) 1977, S. 334–342. – Ders.: Geschichte der deutschen Literatur im 19. Jahrhundert. 3 Bde. London u.a. ²1855. – Schöll, Adolf: Goethe als Staats- und Geschäftsmann. In: ders.: Goethe in Hauptzügen seines Lebens und Wirkens. Gesammelte Abhandlungen. Berlin 1882, S. 98–279. – Sternsdorff, Jürgen: Wissenschaftskonstitution und Reichsgründung. Die Entwicklung der Germanistik bei Wilhelm Scherer. Frankfurt/M. u.a. 1979. – Unger, Rudolf: Vom Werden und Wesen der neueren deutschen Literaturwissenschaft (1914). In: ders.: Gesammelte Studien. Bd. 1. Darmstadt 1966 (Reprint der Ausgabe Berlin 1929), S. 33–48. – Weimar, Klaus: Zur Geschichte der Literaturwissenschaft. Forschungsbericht. In: DVjs. 50 (1976), S. 298–364. – Ders.: Geschichte der deutschen Literaturwissenschaft bis zum Ende des 19. Jahrhunderts. München 1989.

Klaus F. Gille

Goethe-Forschung (20. Jh.)

Das Opus magnum der älteren G.-Philologie, die Weimarer Ausgabe der sämtlichen Schriften, Briefe und Tagebücher, lag 1919 vollständig vor. Damit fand die Erschließung von G.s Nachlaß als eine vorrangige Forschungsaufgabe einen vorläufigen Endpunkt.

Im Bereich der Biographik wurden bereits zwischen 1912 und 1916 mit den Darstellungen von Houston Stewart Chamberlain (1912), Georg Simmel (1913) und Friedrich Gundolf (1916) neue Formen erprobt und neue Maßstäbe gesetzt. Auf eine minutiöse Nachzeichnung von G.s Leben wurde hier verzichtet, und das Interesse war auf Wesenserfassung und Wesensschau gerichtet. Die Abkehr vom genetischen Interpretationsmodell führte zu neuen Begründungszusammenhängen: die kantische Philosophie bei Chamberlain, die Lebensphilosophie bei Simmel und die ästhetischen und ethischen Standards des George-Kreises bei Gundolf. Emphatische Bezugnahme auf den Lebensbegriff und ein neuhegelianisches Geschichtsverständnis liegen auch der monumentalen und einflußreichen Darstellung *Geist der Goethezeit* von Hermann August Korff zugrunde (4 Bde., 1923–1952), die drei Generationen von Forschern und Lehrern als Lehrbuch und Orientierung gedient hat. Im Frühwerk von Max Kommerell *Der Dichter als Führer in der deutschen Klassik* (1928) erscheint G. in konkurrierender Konstellation mit Klopstock, Herder, Schiller, Jean Paul und Hölderlin – eine Zusammenstellung, die für ein neues Kanonbewußtsein der 20er Jahre signifikant ist und wegweisend für die Forschung der 30er und 40er Jahre wurde. Neben den ideen- und geistesgeschichtlichen Neuansätzen bleibt bei einer Gruppe der G.-Forscher die Kontinuität bewährter philologischer Methoden erhalten, so bei Gustav Roethe, Konrad Burdach, Julius Petersen, Robert Petsch u.a., die sich im Einklang wußten mit den konservativen Zielen und Überzeugungen der 1885 begründeten G.-Gesellschaft in Weimar.

Von zentraler Bedeutung für die G.-Forschung der 20er Jahre ist die Wiederentdeckung und Neubewertung des Naturwissenschaftlers G. vor dem Hintergrund der revolutionären Wende in den physikalischen Wissenschaften seit Albert Einstein und Max Planck. Neben vielen an diesem Prozeß Beteiligten verdient hier vor allem Ernst Cassirer Erwähnung. In seinen beiden Sammelbänden *Freiheit und Form* (1916) und *Idee und Gestalt* (1924) werden die im 19. Jh. von Hermann von Helmholtz erörterten Fragen nach dem Verhältnis der G.schen zur etablierten Naturwissenschaft neu gestellt und im Lichte einer veränderten Wissenschaftssituation beantwortet. Cassirer rückt die Metamorphosenlehre G.s ins Zentrum der Interpretation auch seiner dichterischen Werke. Sie avanciert jetzt zum universellen methodologischen Instrumentarium der G.-Deutung, so u.a. in den einflußreichen Aufsätzen von Eduard Spranger und in *Die Metaphysik Goethes* (1932) von Ferdinand Weinhandl.

Charakteristisch für die G.-Forschung der 20er Jahre ist außerdem die entschiedene Hinwendung zum Spätwerk des Dichters, die vor dem Ersten Weltkrieg eingeleitet war durch die Arbeiten von Otto Harnack, Simmel, Burdach u.a. Der Erforschung von G.s Alterswerk sind viele der besten Arbeiten dieses Jahrzehnts gewidmet; durch sie wird die Fixierung auf das klassische Jahrzehnt, die noch für Gundolf und Kommerell die Norm des G.-Verständnisses bildete, zugunsten des Blicks auf den nachklassischen G. aufgebrochen. Mit Karl Viëtors Abhandlung über *Goethes Altersgedichte* (1932) wird bereits der methodische Wechsel zur späteren Stil- und Strukturanalyse eingeleitet. Der Hinwendung zur Altersdichtung entspricht auch die Interessenverlagerung vom ersten zum zweiten Teil des *Faust*. Bahnbrechend war hier Helene Herrmanns Abhandlung *Faust, der Tragödie zweiter Teil. Studien zur inneren Form des Werkes* (1917). Herrmann analysierte den zweiten Teil als ein vom ersten weitgehend unabhängiges, autonomes Kunstwerk und nahm damit die *Faust*-Deutung der 40er und 50er Jahre vorweg, die die Einheit der Dichtung in Frage

stellte. Dagegen versuchte der Neukantianer Heinrich Rickert in seiner philosophischen Interpretation des *Faust* (1931) noch einmal die Einheit des Werkes zu begründen. Mit Karl Justus Obenauers *Der faustische Mensch. Vierzehn Betrachtungen zum zweiten Teil von Goethes Faust* (1922) wird das durch Oswald Spengler populär gewordene Schlagwort vom »Faustischen« zum Schlüsselbegriff und zugleich zum Stichwortgeber für die nationalsozialistischen *Faust*-Deuter während der Zeit des Nationalsozialismus.

Die zahlreichen Vorträge, Aufsätze und Buchveröffentlichungen im G.-Jahr 1932 wurden zu einem weit über die Grenzen Deutschlands hinaus eindrucksvollen Bekenntnis zur »Weltwirkung« G.s. Zugleich jedoch formierte sich jetzt mit Gerhard Fricke, Heinz Kindermann, Franz Koch, Walther Linden u.a. die sog. völkische Literaturwissenschaft mit dem Versuch, das klassische Humanitätsideal und die klassische Ästhetik mit Blick auf eine gewandelte politische Gegenwart einer kritischen Revision zu unterziehen. Diese zeitgemäße »Umwertung« stieß allerdings auch auf Widerspruch, so in Walter Rehms bedeutendem Buch *Griechentum und Goethezeit* (1936), das die »Geschichte eines Glaubens« – so der Untertitel – der Deutschen von Winckelmann bis Hölderlin souverän nachzeichnet und die klassische Ästhetik G.s und Schillers als Höhepunkt der Entwicklung und zugleich als Vorbild für die Gegenwart darstellt. Die Mehrzahl der Forscher wendet ihr Interesse jedoch entweder dem völkisch gedeuteten Sturm-und-Drang-Dichter zu (vgl. Kindermann) oder dem nachklassischen G., dem *West-östlichen Divan*, den *Wanderjahren* und *Faust II*. Programmatisch spricht Hans Pyritz in seinem Nachlaßfragment *Humanität und Leidenschaft* (1939/43) von der »gegenklassischen Wandlung« G.s. Gemeint ist damit ein Durchbruch ins Eigene, Nationale und Naturhaft-Irrationale. »Leidenschaft« steht hier in wertender Opposition gegen »Humanität«! Daß das vorherrschende Interesse am nachklassischen G. sich auch unabhängig vom Zeitgeist artikulieren konnte, zeigen die Forschungen von Wilhelm Flitner, Spranger, Kommerell, Paul

Hankamer und Wilhelm Emrich. Vor allem die Arbeiten von Hankamer und Kommerell aus dieser Zeit können als verdeckte und verschlüsselte Opposition zum Geist des nationalsozialistischen Regimes gelesen werden.

Das starke Interesse am Naturwissenschaftler G. setzt sich auch im Dritten Reich fort, oft in gefährlicher Nähe zu den Versuchen, eine arteigene »Deutsche Physik« (Philipp Lenard, 1936/37) zu etablieren. So wird die *Farbenlehre* G.s von Rupprecht Matthaei morphologisch gedeutet und damit der Zuständigkeit der mathematischen Physik entzogen. Ähnlich argumentieren auch die Autoren Wilhelm Troll und K. Lothar Wolf in ihrer einflußreichen Schrift *Goethes morphologischer Auftrag. Versuch einer naturwissenschaftlichen Morphologie* (1940), in der es programmatisch heißt: »So mag es als eine der vornehmsten Aufgaben gerade der deutschen Naturwissenschaft angesehen werden, einer morphologisch bestimmten Naturerkenntnis, in der das bisher bloß verwaltete Erbe G o e t h e zu lebendiger Blüte gelangen wird, zum Durchbruch zu verhelfen« (S. 10). Vier Jahre später erscheint in der gleichen Reihe *Die Gestalt* (1944, H. 14) Günther Müllers Schrift *Die Gestaltfrage in der Literaturwissenschaft und Goethes Morphologie*. Bereits 1939 war in der Schweiz Emil Staigers Buch *Die Einbildungskraft des Dichters. Untersuchungen zu Gedichten von Brentano, Goethe und Keller* erschienen. Müllers morphologischer Ansatz und Staigers auf Martin Heidegger sich berufende Methode wurden grundlegend für die formanalytische Wende in der deutschsprachigen Literaturwissenschaft, die die G.-Forschung bis Ende der 50er Jahre nachhaltig beeinflußte. Das folgenreichste Ereignis der wissenschaftlichen G.-Rezeption war neben Müller und Staiger das 1943 erschienene Werk Emrichs *Die Symbolik von Faust II. Sinn und Vorformen*. Auch hier liegt die Bedeutung in dem Versuch einer wissenschaftstheoretischen Neufundierung der G.-Forschung, dessen verdeckte und 1943 nicht offengelegte Prämissen Theodor W. Adorno und Walter Benjamin zu verdanken sind. Mit Emrichs Werk beginnt zugleich eine neue Epoche der *Faust*-Inter-

pretation im Horizont der bis heute andauernden Diskussion über das Verhältnis von Symbol und Allegorie, Natur und Geschichte im Gesamtwerk G.s.

Der Neuanfang der G.-Forschung nach dem Ende des Zweiten Weltkriegs wird durch zwei fundamentale Fakten bestimmt: die Teilung Deutschlands und die erst jetzt breitere Beteiligung der außerdeutschen G.-Forschung. Während die G.-Forschung im Westen fast bruchlos an bestimmte Positionen der 30er und 40er Jahre anknüpft, entwickelt sich die genuin marxistische Literaturwissenschaft in strikter Opposition gegen die sog. »bürgerliche« G.-Rezeption. Für beide politische Lager charakteristisch ist die G.-Renaissance, die das beschädigte Selbstbewußtsein der Deutschen im Rückgriff auf den Weimarer Dichter restaurieren oder revolutionieren will. Ein Neubeginn der G.-Forschung in beiden Teilen Deutschlands ist zunächst auf den Gebieten der Edition und Dokumentation zu registrieren. Zu nennen sind hier die Neuausgabe der *Schriften zur Naturwissenschaft* (LA, 1947ff.), die Edition der amtlichen Schriften durch Willy Flach und Helma Dahl (1950–1970), die Begründung des G.-Wörterbuchs durch Wolfgang Schadewaldt (1946/49; 1978ff.), die Dokumentation *Goethe und die Antike* (2 Bde., 1949) von Ernst Grumach, die G.-Bibliographie von Hans Pyritz und Heinz Nicolai (1955–1968), die Sammlung *Corpus der Goethe-Zeichnungen*, bearbeitet von Gerhard Femmel u.a. (10 Bde., 1958–1975) sowie die Neuausgabe von G.s Gesprächen durch Wolfgang Herwig (6 Bde., 1965–1987). Das anspruchsvollste Unternehmen der DDR-Germanistik auf dem Gebiet der Edition ist die 1950 von Ernst Grumach begründete historisch-kritische Ausgabe der Werke G.s (Akademie-Ausgabe), die als Revision der Prinzipien der Weimarer Ausgabe konzipiert war, jedoch unvollendet geblieben ist. An diesem Editionsvorhaben entzündete sich eine breitgefächerte Diskussion über die Aufgaben moderner Editorik. Großen Einfluß gewannen die beiden neuen, im Westen erschienenen G.-Ausgaben: die Hamburger Ausgabe der Werke von Erich Trunz (14 Bde.,

1948–1960), der die Ausgabe der Briefe von Karl Robert Mandelkow und Bodo Morawe (4 Bde., 1962–1967) und die Ausgabe der Briefe an G. von Mandelkow (2 Bde., 1965–1969) folgten, sowie die Gedenkausgabe der Werke, Briefe und Gespräche von Ernst Beutler (24 Bde., 1948–1060). In der DDR erschien von 1960 bis 1978 die Berliner Ausgabe der Poetischen Werke, der Kunsttheoretischen Schriften und der Übersetzungen in 22 Bänden (Redaktion: Siegfried Seidel). Vor allem die Hamburger Ausgabe setzte mit ihren umfangreichen Kommentaren neue Maßstäbe und ist bis heute das meistbenutzte und -zitierte Kompendium der G.-Forschung.

In den 20er und 30er Jahren war keine Biographie und keine Gesamtdarstellung des Dichters von Rang erschienen. Günther Müller bot mit seiner *Kleinen Goethebiographie* (1947) einen ersten Gesamtüberblick auf morphologischer Grundlage. Sie erschien gleichzeitig mit dem zweiten Band der vielgelesenen und bis heute immer wieder aufgelegten *Essays um Goethe* (1941–1947) von Beutler. Eine umfangreiche Gesamtdeutung aus geistesgeschichtlicher Sicht veröffentlichte Viëtor in seinem Buch *Goethe. Dichtung. Wissenschaft, Weltbild* (1949). Die bedeutendste und für die Forschung folgenreichste Gesamtdarstellung ist der dreibändige *Goethe* von Staiger (1952–1959), der weitgehend auf die geschichtlich-biographische Darstellung zugunsten von Werkinterpretationen verzichtet. Eine Biographie G.s im engeren Sinne ist Richard Friedenthals Bestseller *Goethe. Sein Leben und seine Zeit* (1963), in dem sich erstmals eine kritische Position artikuliert, die das Ende des vorherrschenden G.-Kults der ersten Nachkriegsjahrzehnte einläutet. Ein bevorzugtes Thema der Forschung nach 1945 war der Bezug G.s zur Weltliteratur im Doppelaspekt von Aufnahme und Wirkung. Bahnbrechend war hier das Werk *Goethe und die Weltliteratur* (1946) von Fritz Strich, dem viele Einzeluntersuchungen zu diesem Gegenstand folgten. Ging es Strich um die produktive Wechselwirkung von Aufnahme und Wirkung, so konzentrierte sich die Forschung zunehmend auf die vielfältigen Traditionsbezüge, die konstitutiv

für das Werk G.s selbst sind. Stellvertretend seien hier nur genannt Schadewaldts *Goethe-Studien* (1963) für den Bereich der Antike und Katharina Mommsens *Goethe und 1001 Nacht* (1960) für die orientalische Welt, dem sie 1988 als Summe ihrer Forschungstätigkeit die grundlegende Darstellung *Goethe und die arabische Welt* folgen ließ. Als eine Art Resümee der Forschungserträge zu diesem Gegenstand darf die von Hans Reiss herausgegebene Anthologie *Goethe und die Tradition* (1972) gelten.

Neben den zahlreichen Einzelinterpretationen zu G.s Werken verdienen einige grundlegende Werke Erwähnung, die neue Forschungsperspektiven eröffnet haben. Zu ihnen gehören die *Beiträge zu Goethes Kunstauffassung* (1956) des Kunsthistorikers Herbert von Einem, das Buch *Goethe the Alchimist* von Ronald D. Gray und *Culture and Society in Classical Weimar 1775–1786* (1962; Dt. Übers. 1966) von Walter Horace Bruford. Besondere Verdienste um die editorische Erschließung und versachlichte Deutung von G.s morphologischen Schriften erwarb sich Dorothea Kuhn sowohl als Mitherausgeberin in der »Leopoldina« und der naturwissenschaftlichen Schriften in der Hamburger Ausgabe als auch durch zahlreiche Einzelpublikationen. Ihre wissenschaftlichen Bemühungen um diesen Gegenstandsbereich krönte sie durch die meisterhafte Ausgabe der *Schriften zur Morphologie* im Rahmen der G.-Ausgabe des Deutschen Klassikerverlages (Bd. 24, 1987). Ein weiteres wichtiges Thema blieb das Verhältnis G.s zur modernen physikalischen Naturwissenschaft in der Nachfolge Newtons. Zu dieser Frage hatte bereits 1941 Werner Heisenberg in seinem Vortrag *Die Goethesche und die Newtonsche Farbenlehre im Lichte der modernen Physik* wegweisend die Komplementarität der Zugangsweisen zur Natur in Abgrenzung zur »morphologischen Physik« im Dritten Reich erläutert. Das Thema »Goethe und Newton« blieb weiterhin auf der Tagesordnung, führte jedoch in den 80er Jahren zu erneuter und kontroverser Aktualität im Zusammenhang der Diskussion um Formen und Möglichkeiten einer alternativen Naturwissenschaft.

Von einer eigenständigen und genuin marxistisch orientierten G.-Forschung in der DDR kann man erst seit Mitte der 50er Jahre sprechen. Wegweisend waren hier bis 1960 die Schriften von Georg Lukács, die zum großen Teil bereits in den 30er Jahren im Moskauer Exil entstanden waren. Die Kritik an der bisherigen G.-Rezeption verbindet sich in diesen Arbeiten mit einer scharfen Abgrenzung G.s von der Romantik, einer Kanonisierung des sog. klassischen Jahrzehnts (1795–1805), der Betonung der zentralen Funktion der Französischen Revolution und einer an Hegel und Marx orientierten geschichtsphilosophischen Deutung G.s. Die Koexistenz bürgerlicher und marxistischer G.-Interpretation an den Universitäten der sowjetischen Besatzungszone und der späteren DDR bis in die 50er Jahre ist durch die gleichzeitige Lehrtätigkeit von Hans Mayer und Hermann August Korff in Leipzig dokumentiert. So konnte auch der vierte Band von Korffs *Geist der Goethezeit* noch 1953 in der DDR erscheinen. 1960 fand in Weimar ein Kolloquium über Probleme der G.-Forschung statt (vgl. WB. Sonderheft 1960), auf dem unter Leitung von Helmut Holtzhauer neben westdeutschen Vertretern auch marxistische Autoren wie Wilhelm Girnus, Ursula Wertheim, Edith Braemer u. a. programmatisch und offensiv die marxistisch-leninistische G.-Deutung vertraten. Scharf attackierte Girnus die gesamte neuere deutsche Literaturwissenschaft, die noch immer in jenen Kategorien befangen sei, »die die romantische Schule zu prägen begann« (ebd., S. 941). Das Schlußwort von Holtzhauer, »Weimar als Zentrum der Goetheforschung«, bezog sich nicht nur auf den Führungsanspruch im Hinblick auf die G.-Rezeption, sondern auch auf neue Editionsvorhaben, die auf die Weimarer Archive zurückgreifen konnten. Hier hat die G.-Forschung in der DDR Beachtliches und Bleibendes geleistet, einen Freiraum auch für diejenigen Wissenschaftler bietend, die der von der SED verordneten Parteilichkeit nicht Folge leisten wollten. Weimar als Zentrum der G.-Forschung – dies gilt auch für die G.-Gesellschaft, deren Hauptversammlungen seit 1953 wieder stattfinden konnten. Sie wurden auch über den Mauerbau hinweg eines der wenigen Foren eines gesamtdeutschen Dialogs. Eine Art Summe der Bemühungen der G.-Forschung in der DDR bis 1970 bietet der von Holtzhauer herausgegebene Katalog *Goethe Museum. Werk, Leben und Zeit Goethes in Dokumenten* (1969).

Die Zäsur der G.-Forschung in der Bundesrepublik an der Wende der 60er zu den 70er Jahren ist gekennzeichnet durch eine wachsende G.- und Klassik-Kritik, durch Erprobung neuer methodischer Ansätze, durch Umgruppierung der Forschungsschwerpunkte vom Alterswerk auf den Sturm und Drang und die Klassik, durch sozialgeschichtliche Historisierung des Gegenstandes bei gleichzeitiger Aufwertung des Rezeptionshorizonts Gegenwart und durch den kritischen Ost-West-Dialog mit Bezug auf die gesellschaftliche Funktion G.s. Ein Schlüsselwerk am Beginn dieses Zeitraums wurde G.s *Werther*. Der Roman wurde nicht nur zum Identifikationsobjekt neuer Gegenwartserfahrungen (Selbstverwirklichung, Melancholie, Krankheit), sondern auch zum Experimentierfeld der unterschiedlichsten Methoden und Zugangsweisen wie Rezeptionstheorie, Ideologiekritik, Psychoanalyse, Diskursanalyse u. a., die bis Ende der 80er Jahre in zahllosen Arbeiten dokumentiert ist. Neben den *Werther* treten die Werke der Klassik, das vorrangige Ziel der politischen G.-Kritik, so in der von Reinhold Grimm und Jost Hermand herausgegebenen Streitschrift *Die Klassik-Legende* (1971). Ins Zentrum tritt jetzt auch die Auseinandersetzung mit *Wilhelm Meisters Lehrjahren*, für die vielfach das bereits 1953 erschienene provozierende Buch *Goethes Wilhelm Meister* von Karl Schlechta Ansatzpunkte lieferte. Die Darstellung des klassischen Jahrzehnts orientiert sich jetzt, nicht ohne den Einfluß der DDR-Forschung, an dem Zentralereignis der Epoche, der Französischen Revolution. Sie avancierte auch in der Literaturgeschichtsschreibung zum Kennwort der Epoche und ersetzte ältere Epochenbezeichnungen wie z.B. »Goethezeit«. Eine Art Resümee der unterschiedlichen Forschungsansätze und Positionen seit 1970 bietet der 1977 von Karl Otto Conrady herausgegebene Sammelband *Deutsche Literatur der Klassik*.

Der methodische Innovationsschub der Rezeptionstheorie fand in der G.-Forschung seinen Niederschlag in einer Reihe von Darstellungen, die mit Klaus F. Gilles Leidener Dissertation *Wilhelm Meister im Urteil der Zeitgenossen* (1971) eröffnet wird. 1975 erschien der erste Band der von Mandelkow herausgegebenen Sammlung *Goethe im Urteil seiner Kritiker* (4 Bde., 1975–1984), der vom gleichen Autor die Darstellung *Goethe in Deutschland* (2 Bde., 1980–1989) folgte. Die erkenntnisstiftende Funktion der Rezeptionsgeschichte für die Werkinterpretation wird jedoch am Ende der 70er Jahre in Frage gestellt, so bei Heinz Schlaffer (*Exoterik und Esoterik in Goethes Romanen*. In: GoetheJb. 95 (1978), S. 212–226), Albrecht Schöne (*Götterzeichen, Liebeszauber, Satanskult. Neue Einblicke in alte Goethetexte.* 1982) und Rolf Christian Zimmermann, dessen Werk *Das Weltbild des jungen Goethe* (2 Bde., 1969–1979) auf dem uneingeschränkten Primat der Produktionsästhetik beharrt. Zimmermann unternimmt hier den breit angelegten Versuch, das Weltbild und die Werke des jungen G. aus der hermetischen Tradition des 18. Jhs. zu erklären und zu entschlüsseln. Der Rückgriff auf hermetische Traditionen wie Mystik, Alchemie, vormoderne Naturphilosophie ist seit den 80er Jahren charakteristisch für Neuansätze in der Forschung zu den *Wahlverwandtschaften* und den *Wilhelm Meister*-Romanen.

Ein bevorzugtes Problemfeld der G.-Forschung der 70er Jahre ist die Frage nach dem Verhältnis von Adel und Bürgertum, bezogen vor allem auf die sog. »Weimarer Hofklassik« (Hermand, S. 11). Hier sind vor allem der Essay von Hans Mayer *Goethe. Ein Versuch über den Erfolg* (1973), die Programmschrift *Der Bürger als Held. Sozialgeschichtliche Auflösung literarischer Widersprüche* (1973) von Heinz Schlaffer und die Untersuchung *Der Ursprung der bürgerlichen Institution Kunst. Literatursoziologische Untersuchungen zum klassischen Goethe* (1977) von Christa Bürger zu nennen. In der umfangreichen Untersuchung *Höfische Gesellschaft und Französische Revolution bei Goethe. Adliges und bürgerliches Wertsystem im Urteil der Weimarer Klassik* (1977) von Dieter Borchmeyer zeichnet sich, im Unterschied zu Bürger und Schlaffer, bereits eine auf politische Aktualisierung weitgehend verzichtende Sicht ab, die die neuen Historisierungsversuche der 80er Jahre präludiert. Sie bestimmen vor allem die Literaturgeschichten, die in den 80er Jahren einen beträchtlichen Boom erleben. Genannt sei hier nur stellvertretend die Darstellung *Die deutsche Literatur zwischen Französischer Revolution und Restauration* (2 Bde., 1983–1989) von Gerhard Schulz. Schulz wendet sich im Vorwort zum ersten Band gegen eine »rasche Aktualisierung« des Gegenstandes und formuliert provokativ, daß man sich nicht scheuen sollte, »die Literaturgeschichte auch einmal wie ein Museum zu betreten« (S. XII). Diese Äußerung ist signifikant für die Mitte der 80er Jahre einsetzende Abkehr der G.-Forschung von ideologiekritischer Infragestellung und rezeptionsästhetischer Aktualisierung der G.-Texte und den Versuch einer bilanzierenden Rehistorisierung des Gegenstandsfeldes. Aufschlußreich dafür sind die Sammelbände *Klassik und Moderne* (1983), herausgegeben von Karl Richter und Jörg Schönert, die beiden von Wolfgang Wittkowski betreuten Bände *Goethe im Kontext* (1984) und *Verlorene Klassik* (1986) und der von Wilfried Barner, Eberhard Lämmert und Norbert Oellers herausgegebene Band *Unser Commercium. Goethes und Schillers Literaturpolitik* (1984). In diesem Zusammenhang gehört auch die umfangreiche G.-Biographie von Conrady, *Goethe. Leben und Werk* (2 Bde., 1982–1985) – der seit Staiger und Friedenthal erste Versuch einer kritischen Gesamtdarstellung. Gleichzeitig mit Conradys G.-Biographie erschien von 1982 bis 1985 die deutsche Übersetzung von Kurt Robert Eisslers bereits 1962 in den USA veröffentlichter monumentaler Darstellung *Goethe. Eine psychoanalytische Studie*, die in der Öffentlichkeit breit diskutiert wurde, ohne allerdings greifbare Spuren in der G.-Forschung der Folgezeit hinterlassen zu haben.

Das vielleicht wichtigste Ereignis in der G.-Forschung der 80er Jahre ist der Erscheinungsbeginn (1985) von zwei neuen Gesamtausgaben des Dichters, der Münchner Ausgabe des Hanser-Verlages (20 in 25 Bdn.) und der Frankfurter Ausgabe des Deutschen Klassikerverlages (40 in 45 Bdn.). Während die Münchner Ausgabe die Werke, Briefe und biographischen Zeugnisse nach Epochen seines Schaffens anordnet mit dem erklärten Ziel der »Verwandlung einer Edition in eine gesteigerte Biographie des Verfassers« (Richter u.a., S. 28), hält der Deutsche Klassikerverlag an der traditionellen Darbietung nach Gattungen fest. Eine Charakteristik und kritische Bewertung der bisher erschienenen Bände ist im Rahmen dieses Artikels nicht möglich. Für beide Editionen kennzeichnend sind neben neuen Wegen der Textkonstitution die umfangreichen Kommentare, die z.T. weit über die Praxis der Hamburger Ausgabe hinausgehen. Bereits jetzt ist absehbar, daß beide Ausgaben das unverzichtbare Fundament eines neuen Gesamtbildes G.s sind.

In keinem Bereich der G.-Forschung bildete die Teilung Deutschland nach 1945 einen so gravierenden Unterschied wie in der Deutung und Bewertung von G.s Hauptwerk, dem *Faust*. Für Trunz, den Herausgeber des Werkes in der Hamburger Ausgabe (1949), ist die Tatsache, daß G. den *Faust* im Untertitel als *Eine Tragödie* bezeichnet hat, die gegen jede »optimistische« Deutung des Werkes gerichtete Prämisse seiner Auslegung (Komm. in HA, Bd. 3, S. 474f.). Die These, daß das zentrale Thema des Werkes ein religiöses und nicht ein gesellschaftlich-politisches sei, darf als »Elementarhorizont« (Wolfgang Schadewaldt) der westdeutschen Forschung nach 1949 bezeichnet werden. In der DDR hingegen wurde die optimistisch-utopische Deutungsvariante durch Rückgriff auf Hegel und Marx zum Fundament einer beispiellosen Kanonisierung des Werkes als Kernstück der sog. Erbetheorie. Diese Konzeption geht zurück auf die 1940/41 verfaßten *Faust*-Studien von Lukács, für den das Werk das positive »Drama der Menschengattung« (vgl. Lukács, S. 142–158) ist und damit die »gleichzeitige Setzung und Aufhebung des Tragischen« (ebd., S. 146). Fausts Produktivität ist nach Lukács auf die Beherrschung

der Natur gerichtet und nimmt auch die Gewalt gegen Philemon und Baucis als geschichtsnotwendiges Opfer in Kauf. Die Schlußvision des sterbenden Faust, »Auf freiem Grund mit freiem Volk [zu] stehn« (WA I, 15.1, S. 316, V. 11580), wurde, gestützt durch diese Interpretation, zum meistzitierten G.-Zitat in der DDR. Als erste selbständige Buchveröffentlichung über den *Faust* in der DDR erschienen 1967 die einflußreichen *Faust-Gespräche* von Gerhard Scholz (zuerst in der Zeitschrift *Forum* 1964/65). Erst zehn Jahre nach den *Faust-Gesprächen* erschien in der DDR der *Faust*-Kommentar von Heinz Hamm (1978), Zeugnis der bemerkenswerten Diskrepanz zwischen der kulturpolitischen Hochschätzung des Werkes und den Schwierigkeiten der ostdeutschen Forschung, eine konsensfähige Gesamtdarstellung zu erarbeiten. Diesem Vakuum stehen in Westdeutschland und im westlichen Ausland eine Vielzahl von Büchern und Aufsätzen gegenüber, die hier im einzelnen nicht erörtert werden können. Hingewiesen sei nur auf die bis Ende der 70er Jahre anhaltende Dominanz des Forschungsinteresses am 2. und 3. Akt des zweiten Teils, der *Klassischen Walpurgisnacht* und der Helenahandlung. Natur und Kunst und die vielfältigen Bezüge des Werkes zur gesamten Weltliteratur sind die bevorzugt behandelten Themen. Karl Reinhardt, Wolfgang Schadewaldt, Oskar Seidlin, Horst Rüdiger, Katharina Mommsen und der Niederländer Herman Meyer haben diesem Textbereich Untersuchungen gewidmet, die zum bleibenden Ertrag der Forschung der letzten vierzig Jahre gehören. Ein weiteres zentrales Thema der westdeutschen *Faust*-Forschung galt dem Verhältnis von Natur und Geschichte in G.s Werk, wobei erst spät die Kategorie Geschichte sich gegen das Deutungsmonopol Natur durchsetzen konnte. Während in Dorothea Lohmeyers ›*Faust*‹ *und die Welt. Der Zweite Teil der Dichtung* (1975) noch Natur in morphologischer Sicht der zentrale Auslegungshorizont ist, rückt erst in den 80er Jahren Geschichte methodisch und thematisch ins Blickfeld der Forschung. Zu nennen sind hier Heinz Schlaffers an Benjamins Allegoriebegriff anknüpfende

Untersuchung *Faust Zweiter Teil. Die Allegorie des 19. Jahrhunderts* (1981) sowie die Dissertation von Jens Kruse, *Der Tanz der Zeichen. Poetische Struktur und Geschichte in Goethes ›Faust II‹* (1985). Der Paradigmawechsel von Natur zu Geschichte findet seine Entsprechung in der zunehmenden Konzentration der Forschung auf die »historischen« Textpartien (1., 4. u. 5. Akt), so bei Schlaffer, Manfred Birk, Werner Keller, Peter Michelsen und Jochen Schmidt. Einen guten Überblick über die Forschungsgeschichte bietet der von Werner Keller herausgegebene Sammelband *Aufsätze zu Goethes ›Faust II‹* (1991). Einen vorläufigen Höhepunkt der *Faust*-Forschung bildet die zweibändige Ausgabe des Werkes im Rahmen der Frankfurter Ausgabe durch Albrecht Schöne (Bd. 7, 1994), die zu kontroverser Belebung der gegenwärtigen Diskussion des Werkes beigetragen hat.

In der DDR zeichnete sich seit Mitte der 70er Jahre eine Revision des bisherigen Erbedogmatismus ab – die Fixierung auf die deutsche Klassik (»Klassikzentrismus«) und die These, daß die Arbeiterklasse die Aufgabe habe, die humanistischen Ideale der Klassik zu verwirklichen (»Vollstrecker-Theorie«). Wichtig wurde hier die »Klassikdebatte«, die 1973/74 in der Zeitschrift *Sinn und Form* stattgefunden hatte, ausgelöst durch Werner Mittenzweis Aufsatz *Brecht und die Probleme der deutschen Klassik* (1973), in dem in scharfer Form der »Goethe-Schiller-Zentrismus« der bisherigen marxistischen Klassikforschung angegriffen wurde. 1978 formulierte der Weimarer Literaturwissenschaftler Hans-Dietrich Dahnke: »Die deutsche Klassik ist nicht mehr Lebenstatsache und Lebensmacht, sie hat ihre unbestrittene Gültigkeit verloren; man findet keine ungebrochene Akzeptierung und Identifikation mehr, sondern weit mehr eine Ermüdung am Klassischen« (Dahnke, S. 38). Diese Entwicklung betraf auch die *Faust*-Deutung, zunächst in neuen, experimentellen und die bisherige werkgetreue Praxis kritisierenden Aufführungen des Werkes. Für die Forschung sei stellvertretend der wichtige Aufsatz »Fausts letzter Monolog – Poetische Struktur einer geschichtlichen Vision« (GoetheJb. 97 (1980)) von Günter Mieth genannt, für den Faust am Ende keine »moralische Leitfigur« mehr ist. »Begraben wird mit Faust das Menschenbild der bürgerlichen Emanzipation«, und »mit dem letzten Monolog und mit der Grablegung enden Fausts Epoche und die ›Goethe-Zeit‹« (ebd., S. 101). Die Konvergenz west-östlicher G.-Bilder zu diesem Zeitpunkt ist evident.

Die Beschäftigung mit dem Naturwissenschaftler G. erhielt Anfang der 80er Jahre starken Auftrieb durch die ökologische Kritik an der etablierten Wissenschaft und ihrer auf Ausbeutung und Beherrschung der Natur gerichteten Praxis. Der vormoderne Naturbegriff G.s wird als Alternativmodell einer »Naturästhetik« neu entdeckt, so bei Hartmut Böhme in seinem grundlegenden Aufsatz *Lebendige Natur. Wissenschaftskritik, Naturforschung und allegorische Hermetik bei Goethe* (DVjs. 60 (1986)). Eine Dokumentation der internationalen Forschung bietet der 1987 in den USA erschienene Sammelband *Goethe and the Sciences: A Reappraisal*, herausgegeben von Frederick Amrine, Francis J. Zucker und Harvey Wheeler. Kritik an dem vorherrschenden Trend zur Aktualisierung des Naturwissenschaftlers G. übte Schöne in seiner Schrift *Goethes Farbentheologie* (1987), der die Farbenlehre des Dichters aus vormodernen, theologischen Voraussetzungen abzuleiten sucht, die daher ungeeignet seien, als wissenschaftliche Alternative zur modernen Naturwissenschaft zu fungieren.

Ein Standardwerk der G.-Forschung ist der von Karl-Heinz Hahn, dem langjährigen Leiter des Goethe- und Schiller-Archivs und Präsidenten der G.-Gesellschaft in Weimar herausgegebene Bild- und Textband *Goethe in Weimar. Ein Kapitel deutscher Kulturgeschichte* (1986. Fotografiert von Jürgen Karpinski). Als Nachschlagewerk nützlich ist *Goethes Weimar. Das Lexikon der Personen und Schauplätze* (1992) von Effi Biedrzynski. Als neues Standardwerk zu G.s Zeichnungen darf das 1996 erschienene Werk *Zeichnungen* von Petra Maisak bezeichnet werden. Eine neue Gesamtdarstellung des Dichters verdanken wir Nicholas Boyle, Germanist in Cambridge. Sein Werk steht in der Tradition der bedeutenden englischen G.-Forschung, die seit 1945 durch die Namen von Leonard A. Willoughby, Elizabeth Wilkinson, Eric A. Blackall, Ilse Graham, Terence James Reed u.a. repräsentiert ist. Der erste Band von *Goethe. The Poet and the Age* mit dem Untertitel *The poetry of desire 1749-1790* (1991) ist 1995 in deutscher Übersetzung erschienen. Charakteristisch für die Darstellung von Boyle ist die breite Berücksichtigung biographischer Details, ohne in einen überwundenen Biographismus zu verfallen. Subtile Einzelinterpretationen der Werke werden entstehungsgeschichtlich in die Lebensgeschichte G.s integriert, wobei die autobiographische Innenperspektive in ständigem Wechselbezug zur gesamtliterarischen Entwicklung der Epoche erscheint.

Seit Beginn der 80er Jahre sind Ausstellungskataloge auch für die G.-Forschung zu unentbehrlichen Foren der Dokumentation und Interpretation geworden. Folgende wichtige Kataloge seien hier genannt: *Goethe in Deutschland 1945-1982* (Frankfurt/M. 1982), *Goethe in der Kunst des 20. Jahrhunderts* (Frankfurt/M. 1982), *Klassiker in finsteren Zeiten 1933-1945* (2 Bde., Marbach 1983), *Goethe in Italien* (Düsseldorf 1986), *Sturm und Drang* (Frankfurt/M. 1988), *Genius huius Loci. Weimar. Kulturelle Entwürfe aus fünf Jahrhunderten* (Weimar 1992), *Goethe in Trier und Luxemburg. 200 Jahre Campagne in Frankreich* (Trier 1992), *Goethe und die Kunst* (Frankfurt/M. 1994), *Faust – Annäherungen an einen Mythos* (Göttingen 1995).

Literatur:

Barner, Wilfried/König, Christoph (Hg.): Zeitenwechsel. Germanistische Literaturwissenschaft vor und nach 1945. Frankfurt/M. 1996. – Begegnungen mit der Weimarer Klassik. 2. Bayerisch-Thüringer Germanistenkongreß vom 1.–5. April 1993. Dokumentation. Redaktion: Gerhard Lippert. Akademie für Lehrerfortbildung Dillingen. Deutscher Germanistenverband. Akademiebericht. 256 (1994). – Dahnke, Hans-Dietrich: Zur Situation der Klassik-Forschung in der DDR. In: Chiarini, Paolo/Dietze, Walter (Hg.): Deutsche Klassik und Revolution. Texte eines literaturwissenschaftlichen Kolloquiums. Rom 1981, S. 15–50. – Kindermann, Heinz: Das Goethebild des XX. Jahrhunderts. Zweite, verb. u. erg. Ausgabe mit Auswahl-Bibliographie seit 1952. Darmstadt 1966. – Lecke, Bodo: Literatur der deutschen Klassik. Rezeption und Wirkung. Heidelberg 1980. – Leppmann, Wolfgang: Goethe und die Deutschen. Der Nachruhm eines Dichters im Wandel der Zeit und der Weltanschauungen. Bern, München 1982. – Lukács, Georg: Goethe und seine Zeit. Bern 1947. – Mandelkow, Karl Robert: Goethe in Deutschland. Rezeptionsgeschichte eines Klassikers 1773–1982. 2 Bde. München 1980–1989 (mit Bibliographie bis 1979 in Bd. 1, S. 336–341 u. Ergänzungen bis 1988 in Bd. 2, S. 336–338). – Richter, Karl u.a.: Zur Konzeption der Münchner Ausgabe. In: ders. (Hg.): Johann Wolfgang Goethe. Sämtliche Werke nach Epochen seines Schaffens. München, Wien 1985, S. 23–53.

Karl Robert Mandelkow

Goethe-Gesellschaft

Die »Goethe-Gesellschaft in Weimar« wurde 1885 begründet. Sie ist nicht die einzige, aber die größte und wichtigste unter den G.s Namen tragenden und seinem Werk gewidmeten literarischen Gesellschaften in aller Welt. An herausragender Stelle eingebunden in die Geschichte der G.-Rezeption – und mit dieser wiederum in allgemeine geschichtliche Entwicklungen seit dem Ausgang des 19. Jhs. –, hat sie diese Rezeptionsgeschichte in starkem Maße mitbestimmt. Ihr sind vielfältige Bemühungen um die Bewahrung und Verbreitung des G.schen Vermächtnisses zu danken. Zugleich hat sie, partizipierend an den Widersprüchen und Konflikten der geschichtlichen Entwicklung, ihre Wirksamkeit selbst in einer widerspruchsvollen und konfliktreichen Weise ausgeübt. Ihre Geschichte ist noch nicht hinreichend erforscht und beschrieben.

Versuche, eine G.-Gesellschaft zu begründen, wurden bereits unmittelbar nach dem Tod des Dichters unternommen. Programmatische Überlegungen dazu gab es in Weimar, und mit ähnlichen Intentionen wandte sich Varnhagen von Ense an Metternich. Diese Ansätze scheiterten an der politischen Konstellation jener von Demagogenverfolgung und Literaturverboten gekennzeichneten Jahre. Nach der Revolution von 1848/49 erneuerte Bemühungen, in Weimar mit unterschiedlichen Zielstellungen vorgetragen von Franz Liszt und Adolf Schöll, blieben gleichermaßen erfolglos. Der Weg wurde erst frei, als zwei entscheidende Voraussetzungen gegeben waren: zum einen die Ausprägung eines neuen Verhältnisses zu G., getragen von maßgeblichen Repräsentanten des 1871 errichteten preußisch-deutschen Kaiserreiches, zum anderen die Lösung der Erbefrage in Weimar, ermöglicht durch das Testament des letzten G.-Enkels 1885. Zu diesem Zeitpunkt existierten bereits so traditionsreiche und bis heute wirksame Vereinigungen im deutschen Sprachraum wie das Freie Deutsche Hochstift in Frankfurt, begründet 1859, und der Wiener G.-Verein, begründet 1878.

Am 20.6. 1885 wurde die G.-Gesellschaft konstituiert als ein »Verein von Goethe-Freunden und Goethe-Forschern«, der sich zum Ziel setzte, bei der Realisierung der in Weimar in Gang gesetzten Vorhaben – der Einrichtung von Museum und Archiv und der Erarbeitung einer historisch-kritischen Ausgabe – fördernd mitzuwirken und selbst durch jährliche Versammlungen wie durch eigenständige Publikationen die Erschließung und Verbreitung des G.schen Werkes mitzugestalten. Im März 1886 zählte die Gesellschaft, deren Protektor Großherzog Carl Alexander und deren erster Präsident Eduard von Simpson, Präsident des Reichsgerichts in Leipzig, waren, bereits 1660 Mitglieder – und nicht nur deutsche. Durchgesetzt hatte sich unter zwei miteinander konkurrierenden Konzepten das einer Vereinigung aller Freunde der G.schen Poesie und Gedankenwelt anstelle einer Art von G.-Akademie als einer Vereinigung von G.-Forschern. Versammelt waren in der Gesellschaft neben zahlreichen Repräsentanten der Hocharistokratie vor allem Angehörige bürgerlicher Schichten. Das politische Spektrum war durch konservative, monarchistische Positionen bestimmt, während zu demokratischen Richtungen zählende Mitglieder in der Minderheit waren und mit der Arbeiterbewegung verbundene ganz und gar fehlten. Mit

welchem politischen Selbstverständnis die Gesellschaft ihre Tätigkeit aufnahm, verdeutlicht der von Kuno Fischer verfaßte Gründungsaufruf: Es sei die »Zeit einer großen nationalen und politischen Denkart gekommen«, und: »Die Begründung und Erhaltung der politischen Größe unseres Volkes geht Hand in Hand mit der Pflege und Erhaltung seiner idealen Geister« (Götz, S. 33f.). In diesem Sinne war die Gesellschaft eine »staatstragende Vereinigung« (Mandelkow 1989, S. 33).

Durch den Aufbau von Museum und Archiv sowie durch die Erarbeitung der Weimarer Ausgabe (1887–1919) gingen die Fortschritte der G.-Forschung für Jahrzehnte wesentlich von den Weimarer Unternehmungen aus. So behielten für diesen Zeitraum auch die Aktivitäten der Gesellschaft einen zentralen Platz: Es waren überwiegend ihre Mitglieder, die die Arbeiten leisteten, und ihre Publikationen, die die Maßstäbe setzten. In diesen Jahren sind Grundlagen geschaffen worden, ohne die die weitere G.-Forschung nicht vorstellbar ist und die noch heute zum festen Materialbestand gehören. Verbunden sind diese Leistungen freilich auch mit einigen langwirkenden problematischen Aspekten. So wie die Gesellschaft politisch und kulturpolitisch von Anfang an konservativ ausgerichtet war, stand sie auch ästhetisch-theoretisch und kulturpolitisch-praktisch im Zeichen der Opposition gegen die Moderne und der Instrumentalisierung der Klassik für diese Bestrebungen. Selbst wenn innerhalb der Gesellschaft gegen eine in Mythisierung und Verabsolutierung mündende und auf die Beschäftigung mit dem Namenspatron einschränkende Tendenz Widerspruch artikuliert wurde – wie etwa in der Initiative Ernst von Wildenbruchs, der 1903 in seiner Flugschrift *Ein Wort über Weimar* eine Öffnung der Gesellschaft für aktuelle Probleme und gegenwärtige Literaturprozesse forderte –, blieb auch dieser Einspruch der politisch wie ästhetisch konservativen Grundrichtung treu. Auch die Vertreter der gegen den Positivismus sich durchsetzenden geistesgeschichtlichen und lebensphilosophischen Richtung gaben der Gesellschaft kein entscheidend anderes Gepräge.

In den Jahren vor dem Ersten Weltkrieg widmete die G.-Gesellschaft unter ihrem Präsidenten Erich Schmidt ein gut Teil ihrer Kraft der Herausgabe des sog. »Volks-Goethe« (Insel-Verlag 1909), einer sechsbändigen Auswahl aus dem G.schen Werk. Der Erfolg der Ausgabe hat die Euphorie, mit der die Gesellschaft ihren Unternehmungen nachging, zu einem Zeitpunkt am Leben erhalten, als die Vorrangstellung der Weimarer Institutionen und der G.-Gesellschaft in der G.-Forschung und -Edition schon ihrem Ende zuging. Die vom Cotta-Verlag veranstaltete Jubiläumsausgabe ebenso wie das von Julius Zeitler herausgegebene dreibändige G.-Handbuch (1916–1918) hatten bereits keine unmittelbare Beziehung mehr zur Tätigkeit der G.-Gesellschaft.

In den Jahren der Weimarer Republik, deren erster Präsident Friedrich Ebert 1919 den neuen demokratischen Staat auf das Vermächtnis der Weimarer Klassik einzuschwören versucht hatte und zu deren letzten, schon von Aussichtslosigkeit geprägten kulturpolitischen Unternehmen die G.-Ehrung von 1932 gehörte, verlor die G.-Gesellschaft immer mehr von ihrer vormaligen Ausstrahlung. Obwohl sie, über 3000 Mitglieder zählend, ihre gewohnten Aktivitäten fortführte, verringerte sich naturgemäß ihr Einfluß auf die G.-Forschung, die sich an den Universitäten ausbreitete und ihre Ergebnisse immer öfter unabhängig vom G.-Jahrbuch und von der Schriftenreihe der Gesellschaft veröffentlichte. In einer Periode rasanter Entwicklungen und heftiger Kämpfe auch auf literarischem Gebiet stagnierte die geistige Entwicklung in der Gesellschaft. Schon von der Grundkonstellation her lag in der starken Konzentration auf das Werk eines einzigen Dichters – es mochte noch so bedeutsam sein und nicht zuletzt in dem Faktum, daß es heiß umstritten war, seine Aktualität demonstrieren – eine Einschränkung der Repräsentanz- und Geltungsmöglichkeiten. Vor allem aber kam hinzu, daß die in der Gesellschaft vorherrschenden konzeptionellen Intentionen, der politische wie der ästhetische Konservatismus, dazu angetan waren, die Diskrepanz zu fruchtbaren neuen Entwicklungen zu verstärken. Insbesondere unter der Präsidentschaft des radikal monarchistischen und antidemokratischen Gustav Roethe wurden in dieser Richtung entscheidende Akzente gesetzt. Auch wenn Roethes Nachfolger Julius Petersen sich mit der Führung der Weimarer Republik soweit zu arrangieren wußte, daß der Gesellschaft ein maßgeblicher Anteil an der am 22.3. 1932 veranstalteten Reichsgedächtnisfeier übertragen wurde, bedeutete das keine wesentliche Korrektur des bisherigen Weges.

Im Zusammenhang mit der Aufhebung des monarchischen Systems und der Schaffung republikanischer Verhältnisse wurden der G.-Gesellschaft zu Anfang der 20er Jahre durch die juristische Einbindung in die Verantwortung für das G.- und Schiller-Archiv (1922) und durch die Übertragung des Eigentums an den Dornburger Schlössern (1923) auch neue Aufgaben zugesprochen. Innerhalb der Gesellschaft kam es nach langem Streit zu einer Lösung des Problems, wie das Verhältnis zwischen der Weimarer Muttergesellschaft und den zahlreichen Ortsvereinigungen zu gestalten war. Immerhin trug auch die besonders von demokratisch gesinnten Berliner Mitgliedern getragene Initiative für die Einführung demokratischer Prinzipien in das Leben der Gesellschaft, vor allem für die Wahl des Präsidenten durch die Mitgliederversammlung, insofern Früchte, als 1928 ein neues Statut durchgesetzt wurde. Daß auch das keine grundsätzliche Veränderung bedeutete, zeigte sich daran, daß der Versuch, mit Thomas Mann einen der bedeutendsten, vor allem aber entschieden republikanisch engagierten deutschen Schriftsteller in den Vorstand zu holen, am Votum der Mehrheit scheiterte.

Während der Jahre der nationalsozialistischen Herrschaft spielte die G.-Gesellschaft eine vergleichsweise geringe und unauffällige Rolle. Zwar gab es, vor allem anfangs, etliche beschämende Erscheinungen, die kaum mit dem Zwang zur Anpassung und Existenzsicherung begründet werden können: etwa der Jahrbuch-Band von 1934 oder die aktualisierenden Passagen der Rede, die Petersen als Präsident 1935 aus Anlaß des 50jährigen Bestehens der Gesellschaft hielt. Andererseits ist festzuhalten, daß die Gesellschaft eine völlige Gleichschaltung durch eine stille Anpassung umgehen konnte. Immerhin konnte 1935 eine sogar durch ein Auslieferungsverbot betroffene Publikation, Max Heckers Buch *Schillers Tod und Bestattung*, entstehen und gedruckt werden, die der Behauptung der Mathilde Ludendorff, G. habe Schiller im Auftrag der Freimaurer ermorden lassen, das Faktenmaterial entgegenstellte. Daß es nicht zum Ausschluß der jüdischen Mitglieder aus der Gesellschaft kam, verdient hervorgehoben zu werden. Schließlich wurde 1938 mit Anton Kippenberg, dem bedeutenden Verleger und G.-Sammler, auch eine integre Persönlichkeit zum Präsidenten gewählt – wobei schon das Faktum einer Wahl zum sonst üblichen Verfahren der Einsetzung nach dem Führerprinzip im Gegensatz stand. Diese Sachlage hat zumindest für die Entwicklung der Gesellschaft nach 1945 eine positive Voraussetzung geschaffen.

Die Entwicklung nach dem Zweiten Weltkrieg gestaltete sich problematisch und konfliktreich, weil die Gesellschaft stärker als je zuvor in den Strudel politischer Ereignisse geriet. Daß sie indessen nicht nur als einzige der literarischen Gesellschaften Deutschlands ungespalten, gesamtdeutsch blieb, sondern in dieser Sonderlage überdies eine nicht gering zu veranschlagende kulturelle Funktion ausüben konnte, lenkt besondere Aufmerksamkeit auf diesen Aspekt ihrer jüngeren Geschichte.

Im März 1946 erteilte die Sowjetische Militäradministration in Thüringen den drei großen in Weimar ansässigen literarischen Gesellschaften – der G.-Gesellschaft, der Deutschen Shakespeare-Gesellschaft und der Dante-Gesellschaft – die Wiederzulassung. 1948 erschien der 10. Band des Jahrbuchs – noch unter dem seit 1934 geltenden Titel *Neue Folge* und mit der Jahreszahl 1947 –, aber erst 1954 fand die erste Hauptversammlung nach dem Zweiten Weltkrieg statt. Dazwischen lagen, hervorgerufen durch die inzwischen eingetretenen politischen Verwerfungen, schwierige Wegstrecken. Noch an der Schwelle zum G.-Jahr 1949 und vor den im weiteren Verlauf des Jahres vollzogenen separaten Staatsgründungen in West und Ost, setzte eine Verordnung der damaligen Deutschen Verwaltung des Innern in der Sowjetischen Besatzungszone politische Zeichen. Auch die G.-Gesellschaft sollte dem Kulturbund zur demokratischen Erneuerung Deutschlands angeschlossen und damit einer politisch gelenkten Zentralinstanz unterstellt werden. Während die beiden anderen Vereinigungen 1950 noch Hauptversammlungen in Weimar durchführten und danach ihre Aktivitäten in Westdeutschland fortsetzten, bewahrte die G.-Gesellschaft mühevoll und konfliktreich ihre weitere gesamtdeutsche Existenz und Wirksamkeit. Mit Unterstützung namhafter anderer Vorstandsmitglieder gelang es Andreas B. Wachsmuth, der dem 1950 in Marburg gestorbenen Anton Kippenberg als Präsident gefolgt war, der Gesellschaft Bedingungen zu verschaffen, die das Mindestmaß an Autonomie und Handlungsspielraum gewährten, ohne das der Mehrheit westdeutscher Bürger damals die Mitgliedschaft in einer in Weimar ansässigen G.-Gesellschaft nicht möglich gewesen wäre. Erreichbar wäre das jedoch nicht gewesen ohne die noch auf die Wiederherstellung eines einheitlichen Deutschlands – freilich im Sinne der eigenen konzeptionellen Vorstellungen und Ziele – gerichteten Hoffnungen der sowjetischen und der DDR-Führung und die daraus erwachsende Bereitschaft zum Kompromiß in Hinsicht auf eine Gesellschaft, deren Berufung auf das klassische Humanitätsideal mit der offiziellen Ideologie und Kulturprogrammatik kompatibel war und die als Instrument zur Förderung der eigenen Ziele brauchbar erschien. So konnte Wachsmuths des öfteren und immer eindringlicher vorgetragene Argumentation zu diesem Thema offenbar eine gewisse Wirkung ausüben. »Der Ruf nach der Einheit Deutschlands, von hüben und drüben erhoben«, schrieb Wachsmuth im G.-Jahrbuch 1950, »bezeichnet vorläufig nur einen politischen Wunsch auf sehr verschiedenen Ebenen des Standortes. An diesem Unterschied etwas zu ändern, ist nicht Sache der Goethe-Gesellschaft, und es liegt auch nicht in ihrer Macht.

Doch wenn sie nun ihre Mitglieder im Namen Goethes nach Weimar zusammenruft, ist in ihrer Einheit auch etwas von der Einheit Deutschlands still zugegen« (S. 367). Mit Standfestigkeit und Klugheit wies der Vorstand die im Westen laut gewordenen Forderungen nach Trennung ab – definitiv auf der Mitgliederversammlung der westdeutschen Ortsvereinigungen in Essen 1952 – und setzte sich in den kommenden Jahren auch gegen die immer aufs neue, nämlich im Gefolge politischer Krisenkonstellationen wie des Aufstands vom 17.6. 1953, der ungarischen Ereignisse vom Herbst 1956 und des Mauerbaus in Berlin am 13.8. 1961 von seiten der DDR geführten Angriffe zur Wehr. Als im Gefolge des Mauerbaus ein politischer Strategiewechsel in der DDR vollzogen, die Einheit Deutschlands zum – letztlich nicht mehr benannten und erwünschten – geschichtlichen Fernziel verschoben und die selbständige Entwicklung der DDR zum Angelpunkt aller Bestrebungen erhoben wurde, gelang es – dank dem Zusammenwirken der Vorstandsmitglieder aus dem Westen wie aus dem Osten –, durch die Umorientierung der Gesellschaft zu einer internationalen – und diesem Faktor mit zunehmender Konsequenz Rechnung tragenden – Vereinigung, neue Gefahren abzuwenden. In den 70er und 80er Jahren konnte die G.-Gesellschaft eine vergleichsweise ungestörte Arbeit leisten. Sie hat auf diese Weise geholfen, das Bewußtsein kultureller Zusammengehörigkeit und Einheit unter den Deutschen wachzuhalten. Insofern war sie ein Politikum besonderer, nahezu einmaliger Art.

Die Wiederherstellung der staatlichen Einheit Deutschlands 1990 hat die Gesellschaft, die heute etwa 5000 Mitglieder hat – zu denen noch erheblich mehr als Mitglieder von Ortsvereinigungen in Deutschland hinzukommen –, vor neue Aufgaben und Probleme gestellt. Sie ist, was ihre innerdeutsche Funktion betrifft, aus ihren besonderen Konditionen in die Normalität des Wirkens literarischer Gesellschaften zurückgekehrt. Sie hat indessen, kooperierend mit G.-Gesellschaften in anderen Ländern und Erdteilen, ihre Außenwirksamkeit gemäß den aktuellen Erfordernissen

ausgebaut; zu verweisen ist hier vor allem auf ein intensives Stipendiatenprogramm und auf Unterstützung für Übersetzungen und Werkausgaben.

Literatur:

Götz, Wolfgang: 50 Jahre Goethe-Gesellschaft. Weimar 1936. – Hahn, Karl-Heinz: Die Goethe-Gesellschaft in Weimar. Geschichte und Gegenwart. Weimar 1989. – Mandelkow, Karl Robert: Goethe in Deutschland. Rezeptionsgeschichte eines Klassikers. Bd. 1. München 1980. Bd. 2. München 1989. – Stiftung Weimarer Klassik (Hg.): Genius huius Loci. Weimar. Kulturelle Entwürfe aus fünf Jahrhunderten (Ausstellungskatalog). Weimar 1992.

Hans-Dietrich Dahnke

Göttinger Hain

»Hain« oder »Bund« nannten die Göttinger Studenten den Freundschaftsbund, den sechs von ihnen am Abend des 12.9. 1772 in einem Eichengrund nahe Göttingen gründeten. Zu den literarisch bedeutsamen Mitgliedern gehörten Johann Heinrich Voß (1751–1826), Johann Martin Miller (1750–1814), Ludwig Christoph Heinrich Hölty (1748–1776), Johann Friedrich Hahn (1753–1779), Heinrich Christian Boie (1744–1806), Carl Friedrich Cramer (1752–1807), die Grafen Christian und Friedrich Leopold zu Stolberg und als auswärtiges Mitglied Ernst Theodor Johann Brückner (1746–1805). In der Forschung »Hainbund« genannt, gilt er als der geschlossenste Dichterkreis des Sturm und Drang. Boie hatte die jungen poetischen Talente seit Anfang 1772 um sich versammelt und zum Dichten ermuntert. In Oden nach dem Vorbild Friedrich Gottlieb Klopstocks sollte die gegenseitige Freundschaft besungen werden. Man gab sich eine Satzung und steckte sich höhere Ziele: die deutsche Literatur zu erneuern und für Freiheit und Vaterland zu kämpfen. Letzteres blieb diffus; im Bereich der Literatur wirkten die

Hainbündler aber tatsächlich durch die »Befestigung und Erprobung so vieler Formen [...] für die weitere Geschichte der lyrischen Dichtarten vielfältig anregend und fruchtbar« (Kelletat, S. 446). Als Forum diente der von Boie herausgegebene Göttinger *Musenalmanach*, dessen Jahrgänge 1774 und 1775 vor allem von den Beiträgen der Hainbündler geprägt sind. Am produktivsten war das erste Bundesjahr, das zweite, ab Herbst 1773, war bereits vom Auflösungsprozeß gekennzeichnet, denn die Mitglieder schlossen nach und nach ihre Studien ab und verließen Göttingen. Klopstock, seit Frühjahr 1774 Ehrenmitglied des Bundes, versuchte vergeblich, den Hain zu einem Instrument seiner eigenen Reformbestrebungen zu machen.

Die Verbindung zu G. kam über Boies Freund Friedrich Wilhelm Gotter (1746–1797) zustande, der G. im Mai 1772 in Wetzlar kennenlernte. Durch ihn geriet G. zu den Göttingern in ein »gar freundliches Verhältnis«, wie er sich später in *Dichtung und Wahrheit* ausdrückte (MA 16, S. 763). Zunächst stand G. nur zu Boie in unregelmäßiger Korrespondenz. Im Mai 1773 schickte er ihm Gedichte für den Göttinger *Musenalmanach* 1774 (u.a. *Der Wandrer*) und einige Wochen später Exemplare des *Götz von Berlichingen*, die Boie in Göttingen und Umgebung für ihn vertrieb. Über Boie kam Gottfried August Bürger mit G. in Verbindung, und Boie war es auch, der im Oktober 1773 Gottlob Friedrich Ernst Schönborn (1737–1817) an G. empfahl. Beide standen dem Hain nahe, ohne Mitglied zu sein. Schließlich vermittelte Boie Anfang 1775 die Korrespondenz zwischen G. und den Grafen Stolberg sowie ihrer Schwester Auguste. Zu einer persönlichen Bekanntschaft mit Boie, bei der G. Teile aus dem *Faust* vorlas, kam es im Oktober 1774. Ende November 1774 traf G. mit Hahn, Anfang Mai 1775 mit den Grafen Stolberg und im Juli 1775 mit Miller zusammen. Ein freundschaftliches Verhältnis entwickelte sich jedoch nur zu den Grafen Stolberg, die G. spontan auf ihrer Reise in die Schweiz begleitete.

Auf G. aufmerksam wurden die Hainbündler zuerst durch den *Götz*. Sie nahmen das Drama mit Begeisterung auf, entsprach es doch in Form und Inhalt ihren eigenen literarischen Vorstellungen und Freiheitsidealen. Auf der Bundesfeier, die sie anläßlich Klopstocks Geburtstag am 2.7. 1773 abhielten, wurde auf G. als einen Gleichgesinnten angestoßen. Im September 1773 widmete Voß ihm eine Ode, in der er G. als »frei« pries und aufforderte: »Deutsch und eisern, wie Götz, sprich Hohn den Schurken« (an G., 2.10. 1773). »Schurken« waren für den Hain Christoph Martin Wieland und die Brüder Friedrich Heinrich und Johann Georg Jacobi, die als Vertreter einer französisch dominierten Literatur angesehen wurden. Als die Hainbündler von G.s Farcen *Das Unglück der Jacobis* und *Götter, Helden und Wieland* hörten, erschien er ihnen umso mehr als Verbündeter. Der Vorschlag Klopstocks, bei seinem Treffen mit G. im Oktober 1774 zu prüfen, ob dieser in den Bund aufgenommen werden könne, fand allgemeinen Zuspruch, zu einer Aufnahme kam es jedoch nicht. Zwar hatte G. »der freye Ton und das warme deutsche Gefühl von Treue und Unabhangigkeit« im Almanach auf 1774 »ergözt« (an Boie, 16.10. 1773), dennoch blieb er dem Hain gegenüber so distanziert, daß er sich nicht scheute, die »Knaben« später in seiner Satire *Das Neueste von Plundersweilern* (1781) zu verspotten: »Mit Siegsgesang und Harfenschlag / Verklimpern sie den lieben Tag« (MA 2.1, S. 242). Mehr zu schätzen wußte G., was die einzelnen Mitglieder in ihrem weiteren Leben zur deutschen Literatur beitrugen, so daß sein Urteil in der Rückschau von *Dichtung und Wahrheit* über die, »die sich, jung und talentvoll, zusammenhielten, und nachher so viel und mannigfaltig wirkten« (MA 16, S. 568), milder ausfiel.

Literatur:

Kelletat, Alfred (Hg.): Der Göttinger Hain. Stuttgart 1967. -Sauer, August (Hg.): Der Göttinger Dichterbund. Kürschners Deutsche National-Litteratur. Hg. von Joseph Kürschner. Bde. 49 u. 50, Theil 1 u. 2. Berlin, Stuttgart 1888.

Annette Lüchow

Gotha

Zwischen der Weimarer und der Gothaer fürstlichen Familie bestanden traditionell enge Verbindungen. Gegenseitige Besuche fanden in relativ dichter Folge statt. Schon im Dezember 1775 wurde G. nach Gotha eingeladen, da man dort »gar zu neugierig« auf ihn wäre (Carl August an G., 25.12.1775), über zwanzig weitere Besuche sind bis 1801 belegt.

Das Fürstentum Sachsen-Gotha war 1640 durch einen Teilungsvertrag innerhalb des Weimarer Herzoghauses entstanden. Mit Weimar gemeinsam trat es die Erbschaft an, als 1645 die Eisenacher und 1672 die Altenburger Linie der Ernestiner ausstarb. Unmittelbar nachfolgende Teilungen ergaben am Ende des 17. Jhs. drei weimarische und sieben Fürstentümer der gothaischen Linie. Unter diesen war Sachsen-Gotha-Altenburg das größte. Bis gegen Ende des 18. Jhs. hatten die Gothaer Herzöge die eindeutige Vorrangstellung unter den Ernestinern in allen Rang- und Reichsangelegenheiten. Bis 1788 vertrat der Gothaer Abgeordnete auf dem Reichstag in Regensburg auch das Fürstentum Sachsen-Weimar.

Am Gothaer Hof hatte sich unter dem Einfluß der Herzogin Louise Dorothea (1710–1767) eine weltoffene, aufklärungsfreundliche Atmosphäre entwickelt. Im Zentrum des Interesses stand die französische Literatur. Auf Einladung der Herzogin weilte Voltaire 1753 nach seinem Bruch mit Friedrich II. etwa fünf Wochen zu Gast im Schloß Friedenstein. Auf Anregungen aus dieser Zeit gehen seine *Annales de l'empire* (1754) zurück. In Gotha erschien 1784 bis 1790 eine Gesamtausgabe seiner Werke (71 Bände). Seit 1747 erhielt die Herzogin regelmäßig Nachrichten über Vorgänge in Paris und über Neuerscheinungen der französischen Literatur, die an einen ausgewählten Kreis von Interessenten weitergegeben wurden. Der erste Korrespondent, der Abbé Guillaume Thomas François Raynal, stand den Enzyklopädisten nahe. 1753 trat Melchior Grimm an seine Stelle. Die vierzehntägig erscheinende *Correspondance littéraire, philoso-*

phique et critique war an einen größeren Interessentenkreis adressiert (u.a. Katharina II., Georg III. von England, Stanislaus II. August von Polen, Leopold von Toskana, Prinz Friedrich Heinrich Ludwig von Preußen). Der Weimarer Hof erhielt diese Nachrichten über Gotha. Durch Grimms Mitteilungen, Berichte und Abschriften aus literarischen Neuheiten wurden die Abonnenten über die neuesten Themen und Auseinandersetzungen auf künstlerischem, naturwissenschaftlichem, nationalökonomischem und juristischem Gebiet informiert. War Grimm auf Reisen, wurde er durch Denis Diderot vertreten. Am Hofe Ludwigs XVI. hatte Grimm die Funktion eines Gesandten des Gothaer Herzogs und anderer ernestinischen Höfe inne.

Als Carl August in Weimar die Herrschaft übernahm, regierte in Gotha Ernst II. Ludwig (geb. 1745, reg. 1772–1804). Er und sein jüngerer Bruder, Prinz August (1747–1806), waren in dieser Generation die entscheidenden Persönlichkeiten, von denen aus sich die vielfältigen anregenden Beziehungen zum Weimarer Hof entfalteten. Ernst II. war ein der Aufklärung bewußt verbundener Fürst. Unter schwierigen Verhältnissen hatte er sein Amt angetreten (Verschuldung der fürstlichen Kammerkasse, Hungersnot und Teuerung 1772), konsequent und erfolgreich war er seitdem auf wirtschaftliche Stabilität und Wohlfahrt seines Landes bedacht. Engagiert förderte er Wirtschaft, Wissenschaften, Künste und Bildung (Salzmannschule in Schnepfenthal 1784, kartographischer Verlag Justus Perthes 1785, Forstakademie Waltershausen 1796). Ernsts besondere Neigung galt der Astronomie und den geographischen Berechnungen, 1786 bis 1791 ließ er auf dem Seeberg bei Gotha eine Sternwarte errichten, die zu einem allgemein anerkannten Forschungszentrum wurde (1798 erste astronomische Zeitschrift in deutscher Sprache, 1798 Astronomenkongreß). G. nutzte wiederholt des Herzogs physikalisches Kabinett. Mit Aufmerksamkeit verfolgte Ernst G.s Studien zur Mineralogie, zur vergleichenden Anatomie und zur Farbenlehre. Bei der Wiedereinrichtung des Ilmenauer Bergbaus erfuhr Weimar verständnisvolles Entgegenkommen des Gothaer Herzogs (das ehemals hennebergische Bergregal war Gemeinschaftsbesitz von Sachsen-Weimar, Sachsen-Gotha und Kursachsen). Das Fürstentum Gotha gehörte zu den vier ernestinischen Erhalterstaaten der Universität Jena. Die Berufung Schillers an die Universität wurde 1788 durch Carl August und G. bei einem Besuch in Gotha vorbereitet, bevor die offiziellen Vorverhandlungen einsetzten.

In Gotha befand sich von 1774 bis 1779 ein stehendes Hoftheater, bei seinem ersten Besuch erlebte G. hier den berühmten Konrad Ekhof in einem Schauspiel von Louis Sébastien Mercier und eine Oper von Georg Benda. Gotha barg reichhaltige Bibliotheksbestände, ein Münzkabinett und eine Antikensammlung. Als G. beabsichtigte, die Geschichte Bernhards von Weimar zu schreiben, sandte Ernst den in Gotha aufbewahrten Nachlaß des Heerführers nach Weimar. G.s Kopie des Vatikanischen Apoll war ein Geschenk Ernst II. an den Dichter (1782).

In Kunstfragen stand dem Gothaer Herzog sein jüngerer Bruder, Prinz August, beratend zur Seite. Da dieser besonders an Literatur und Philosophie interessiert war, knüpften sich viele enge Beziehungen zum Weimarer Kreis, neben G. auch zu Johann Gottfried Herder und Christoph Martin Wieland, der ihm 1781 den *Oberon* widmete. Im Tiefurter Journal ist er mit mehreren Beiträgen vertreten. Zwei Reisen (1771/72 und 1777/78) führten ihn nach Italien. Neben dem Interesse an den reichen Kunstschätzen suchte Prinz August auch die Begegnung mit dem Rechtsphilosophen Beccaria in Mailand und dem Nationalökonom Marchese Ferdinando Galiani in Neapel. Für Herder brachte er Texte morlakischer Dichtungen mit. – Wiederholt hat G. am Gothaer Hof aus seinen Werken und Manuskripten vorgelesen. Als der vierte Band von *Wilhelm Meisters Lehrjahren* erschien, sandte er vier Exemplare an Prinz August; Empfänger neben dem Adressaten waren die Herzogin, der Minister Sylvius Friedrich Ludwig von Franckenberg und der Geheime Rat Hans von Thümmel. Damit ist zugleich der weitere Hofkreis angedeutet, der die Beziehungen zwischen Gotha und Weimar mit trug. In des Prinzen Palais am Siebenlehner Tor Gothas wurde 1801 G.s 52. Geburtstag gefeiert.

Eine Verbindung besonderer Art zwischen Weimar und Gotha ergab sich, als 1783 Ernst II., Carl August, G., Herder, Prinz August sowie eine Reihe hoher Beamter, Professoren und Gymnasiallehrer in Weimar, Gotha und Jena in den Illuminatenorden eintraten, hohe Ordensgrade erhielten und entsprechende Positionen einnahmen. Ernst II. wurde zunächst Koadjutor und dann 1785 Nationaloberer. Als 1784 der Orden in Bayern verboten wurde, suchte man für den Ordensgründer Adam Weishaupt (1748–1830) eine Professur in Jena einzurichten. Sehr bald, fast unabhängig von dem Skandal, dem Verbot und den Verfolgungen in Bayern, erwiesen sich die Regeln und Riten des Ordens der strikten Observanz als sehr problematisch, und man distanzierte sich zunächst in Weimar, dann auch in Gotha von der Geheimgesellschaft. Ernst II. gewährte dennoch dem Ordensgründer Asyl und eine Pension (1787), als die Verfolgung in Bayern dessen Leben gefährdete.

Eingeschaltet in all diese vielfältigen Interessenbeziehungen war das notwendige diplomatische Zusammengehen von Sachsen-Weimar, Sachsen-Gotha und dem kurmainzischen Erfurt in dem politischen Kräftespiel zwischen Preußen und Österreich in den 80er Jahren, im Engagement des Fürstenbundes und in den Kriegsereignissen der 90er Jahre. Als Carl August 1796 den Beitritt des Obersächsischen Kreises zum Sonderfrieden von Basel (1795) bewirkte, sicherte er damit nicht nur sein Land, sondern auch die gothaischen Fürstentümer vor einem unmittelbaren Kriegseinbruch.

Literatur:

Das italienische Reisetagebuch des Prinzen August von Sachsen-Gotha Altenburg. Hg. von Götz Eckardt. Stendal 1985. – Grimm, Melchior: Paris zündete die Lichter an. Literarische Korrespondenz. Hg. von Kurt Schnelle. Leipzig 1977. – Thümmel, Hans von: Historische, statistische, geographische und topographische Beyträge zur Kenntniß des Herzogtums Altenburg. Altenburg 1818. – Zeyß, Edwin:

Goethes Besuche am Herzoglichen Hofe in Gotha. Sondernummer Thüringer Land. Heimatblätter, 4. Jg., Juni 1927. Weimar 1927.

Rosalinde Gothe

Gotik

G.s Urteil über die Gotik ist in seinen Grundzügen dem Geschichtsverständnis der Aufklärung verpflichtet. Schon die frühe Fassung des *Faust* zeigt die Hauptfigur in »einem hochgewölbten engen gotischen Zimmer« (WA I, 39, S. 219), und auch in später entstandenen Passagen der *Faust*-Dichtung wählt G. denselben Schauplatz, um die Eingeschränktheit und bedrückende Enge von Fausts Gelehrtenexistenz zu charakterisieren: *Urfaust* (1772–1775), *Faust. Ein Fragment* (1790) und *Faust I* (1808), jeweils Szene *Nacht*; *Faust II* (1731), 2. Akt, 1. Szene. Wenn Faust in der frühen Werkfassung seine gotische Studierstube als dumpfen »Kercker« (V. 45) empfindet, der mit leblosem, verstaubtem »Urväter Hausrat« (V. 55) angefüllt ist und in seiner Naturferne »alle Lebensregung hemmt« (V. 60), umreißt er damit recht anschaulich G.s Auffassung von der Gotik.

Um so mehr erstaunt sein emphatisches Lob des Straßburger Münsters in dem Aufsatz *Von Deutscher Baukunst* (1773). Dieser Text stellt jedoch keine generelle Neubewertung der Gotik dar; G. feiert vielmehr das Münster als geniale Schöpfung des Baumeisters Erwin von Steinbach. Für die spezifisch gotischen Qualitäten und für die sakrale Funktion dieses Bauwerks hatte er allerdings wenig Sinn, die historische Epoche blieb ihm im Grunde wohl fremd.

Unter dem Eindruck der Italienreise und durch die klassizistische Orientierung seiner Kunstauffassung in den beiden nachfolgenden Jahrzehnten wuchs G.s Distanz zur Gotik (vgl. z.B. WA I, 49.2, S. 162). In dieser Zeit äußerte er sich, wenn überhaupt, dann negativ über die gotische Kunst, die ihm jetzt formlos, düster,

verschnörkelt, ja monströs erschien (vgl. WA I, 30, S. 135; WA I, 47, S. 64 u. S. 333).

Eine Wandlung seiner ästhetischen Grundsätze zeichnete sich nach der Jahrhundertwende ab. Doch erst Sulpiz Boisserée gelang es 1810, mit Zeichnungen vom Kölner Dom G.s Interesse an der Gotik erneut zu wecken und seine Unterstützung für das geplante Tafelwerk über den Kölner Dom zu gewinnen.

Vertieftes Verständnis für die gotische Architektur wird im zweiten Teil von *Dichtung und Wahrheit* (1812) sichtbar. In der Beschreibung seines Straßburger Aufenthalts unternahm er eine detaillierte Analyse der Münsterfassade (WA I, 27, S. 269–275); doch nach 40 Jahren war das leidenschaftliche Bekenntnis zum Straßburger Münster einem eher nüchternen historischen Interesse für die gotische Architektur gewichen. In den Jahren 1814 und 1815 begeisterte sich G. auf seinen beiden Reisen an Rhein, Main und Neckar für die gotischen Gemälde in der Boisseréeschen Sammlung und besuchte mit Heinrich Friedrich Karl Freiherr vom und zum Stein den Kölner Dom. Als literarischen Ertrag dieser Reisen legte er 1816 unter dem Titel *Über Kunst und Alterthum in den Rhein und Mayn Gegenden* eine Übersicht über die Kulturdenkmäler dieser Region vor. Nachdrücklich verwies er auf den außerordentlichen künstlerischen und kulturgeschichtlichen Wert des Kölner Doms, der die Erhaltung dieses architektonischen »Wunderwerks« erfordere (WA I, 34.1, S. 83). Seine Autorität trug wesentlich dazu bei, daß einflußreiche Staatsmänner für dieses Projekt gewonnen werden konnten.

In den folgenden Jahren nahm G. kontinuierlich Anteil an den Aktivitäten der Brüder Boisserée, veröffentlichte in seiner Zeitschrift *Über Kunst und Alterthum* Besprechungen von Sulpiz Boisserées Kupfertafelsammlung vom Kölner Dom und Beiträge über andere gotische Bauwerke; auch der Essay *Von Deutscher Baukunst* wurde 1824 dort erneut abgedruckt. In dem Aufsatz *Von deutscher Baukunst 1823* blickte G. auf seine Beschäftigung mit der Gotik zurück und grenzte sein Interesse an der gotischen Baukunst gegen die romantische Hinwendung zum Mittelalter ab. Er betonte nun besonders die klassischen Züge der gotischen Architektur, ihr harmonisches Maß und ihre klaren Proportionen, die er bereits in Straßburg intuitiv erfaßt hatte.

Insgesamt sind G.s Äußerungen aus seinen späteren Lebensjahren einerseits von der Bemühung um eine gerechte Würdigung der Gotik gekennzeichnet, andererseits zeigen sie das Bestreben, sich gegen die romantische Idealisierung des Mittelalters abzugrenzen, wie z.B. im zweiten Teil des *Faust*, der ironisch vor »Wust und Moderleben« der gotischen Studierstube als einer Brutstätte von »Grillen« im doppelten Wortsinn warnt (WA I, 15.1, S. 92). Trotz seines Engagements für Boisserées Projekte fürchtete G. offensichtlich, allzu tief in die Projekte seines jüngeren Freundes verstrickt zu werden. Außerdem hatten seine positiven Äußerungen über die Gotik bei der jüngeren Generation den Eindruck erweckt, in G. einen Bundesgenossen für die eigene romantische Mittelalter-Begeisterung gefunden zu haben. Um diesem Irrtum entgegenzuwirken, distanzierte er sich z.T. wieder von seinen früheren günstigen Urteilen über den gotischen Stil.

Literatur:

Benz, Richard: Goethes Anteil am Wiederaufbau des Kölner Doms. In: N.F. JbGG. 7 (1942), S. 226–256. – Beutler, Ernst: *Von Deutscher Baukunst.* Goethes Hymnus auf Erwin von Steinbach. Seine Entstehung und Wirkung. München 1943. – Knopp, Norbert: Zu Goethes Hymnus *Von deutscher Baukunst.* In: DVjs. 53 (1979), S. 615–650. – Robson-Scott, W[illiam] D[ouglas]: Goethe and the Gothic Revival. In: PEGS. N.S. 25 (1956), S. 86–113. – Ders.: The Literary Background of the Gothic Revival in Germany. A Chapter in the History of Taste. Oxford 1965.

Martina Eicheldinger

Gott/Götter/Göttliches

Das Nachdenken über Gott, Götter und Göttliches gehört zu den großen, konstanten Themenkreisen in G.s Oeuvre und durchdringt sowohl die Selbstzeugnisse und autobiographischen Schriften als auch die naturwissenschaftlichen und dichterischen Werke. Seine früh sich herausbildende Überzeugung von der Vollkommenheit und Göttlichkeit des Daseins bekräftigte eine Anschauungsweise, die ihn »Gott in der Natur, die Natur in Gott zu sehen unverbrüchlich gelehrt hatte« (*Tag- und Jahreshefte 1811*) und die ihn in der Mannigfaltigkeit der Erscheinungen das Urbildliche, Göttliche einer schöpferisch-wirkenden Kraft erkennen ließ. Diese unerschütterliche Seinsfrömmigkeit entfremdete G. zwar einerseits dem biblischen Inspirations- und Offenbarungsglauben und trug ihm den Beinamen des »großen Heiden« (vgl. Heine, *Die Nordsee III*; HSA 5, S. 65) ein, ermöglichte ihm aber andrerseits eine von dogmatischen Begrenzungen befreite Weltsicht, der sich das Göttliche in Natur und Kunst, im Wirken einzelner, providentieller Individuen wie in den großen Kulturkreisen aller Zeiten und Völker oder im ethischen Kern der Weltreligionen erschließen konnte. G.s Bekenntnis zu einem auf der Gleichursprünglichkeit von Gott, Natur und Mensch beruhenden Individualismus, den in exemplarischer Weise die großen historischen und mythologischen Naturen Moses und Christus, Prometheus und Ganymed, Zarathustra und Mohammed, Götz von Berlichingen und Faust repräsentieren, verbindet sich deshalb mit einem ebenso ausgeprägten Universalismus, der den Monotheismus wie den Polytheismus, den jüdisch-christlichen wie den islamischen Gottesbegriff, die Götter Griechenlands, Altpersiens oder Indiens umfaßt. Auch G.s Nachdenken über Gott, Götter und Göttliches gehorcht – in Übereinstimmung mit der Lebens- und Werkgeschichte – der Urgesetzlichkeit der Metamorphose, der Polarität und der Steigerung, so daß die Kontinuität seines Glaubens an die Gott-Natur nur in der Vielheit und im Wandel seiner symbolischen Betrachtungsweise zur Darstellung kommt.

G.s religiöse Anfänge standen zunächst noch ganz im Zeichen des protestantisch-orthodoxen Gottesbegriffs, wie ihn eines der ältesten überlieferten Gedichte, die Ode *Poetische Gedanken über die Höllenfahrt Jesu Christi*, dokumentiert. Christus erscheint als der über Tod und Hölle triumphierende »Gott-Mensch« (V. 151; WA I, 37, S. 9), und das pathetisch-rhetorische Gedicht des Sechzehnjährigen endet mit dem feierlichen Gotteslob der jauchzenden Engelchöre: »G r o ß   i s t   d e r   H e r r   G o t t Z e b a o t h !« (V. 160; ebd.). Die stärkste Hinwendung G.s zu einer christlichen, pietistisch geprägten Gottesvorstellung fiel dann in die auf das Leipziger Studium folgende Frankfurter Interims- und Krankheitsphase, die mit der vorübergehenden Bekehrung des Genesenden zum gerechten und gütigen Gott der Bibel endet (vgl. an E. Th. Langer, 17.1. 1769; JG Fischer-Lamberg 1, S. 263f.). Der Enthusiasmus des mit vielen Bibelzitaten beschworenen Erweckungserlebnisses weicht aber am Ende des Schreibens an Ernst Theodor Langer der Sorge über die verzögerte Publikation der *Neuen Lieder* und dem Zweifel am Dichterberuf: »Gott will so scheint's nicht haben dass ich Autor werde« (ebd.). Die endgültige Ablösung von der christlich-transzendenten, der biblischen Offenbarung verpflichteten Gottesvorstellung geht dann auch zeitlich Hand in Hand mit dem Durchbruch G.s zum eigenen, originalen Dichtertum zu Beginn der 70er Jahre, mit jener »radikalen Wiedergeburt« (an Herder, Anfang 1772; JG Fischer-Lamberg 2, S. 71), die er für sich und seine poetischen Entwürfe erhofft. Im Erlebnis der elsässischen Landschaft, in der Liebe zu Friederike und in der Begegnung mit dem Genius der großen Künstler wie des anonymen Volks erschließt sich ihm die »Allgegenwärtige Liebe« (an Trapp, Juli? 1770; JG Fischer-Lamberg 2, S. 9) Gottes, und statt orthodoxer Grübelei wird ihm die gelassene Ergebenheit Eliesers in »s e i n e s Gottes, überall einfliesende Weissheit« (an Trapp, 28.7. 1770; JG Fischer-Lamberg 2, S. 11) zum Vorbild. Bereits in Frankfurt, zu Anfang des Jahres 1770, hatte er sich in

den *Ephemerides* den Grundgedanken von der Allgegenwart Gottes, der Einheit der Gott-Natur, in der Sprache der Gelehrten notiert (vgl. JG Fischer-Lamberg 1, S. 431). Dieser Überzeugung einer Identität von Gott und Natur, wie sie vor allem Spinoza in seiner *Ethica* propagiert hatte (»Deus, seu Natura«), ist G. zeit seines Lebens treu geblieben.

G.s autobiographische Schriften, Briefe und Gespräche bestätigen die Auffassung einer göttlichen Immanenz in Natur, Geschichte und Kunst, die sich aber in ihrer undogmatischen, universalistischen Weite jedem Begriffssystem entzieht. So verweist G. in *Dichtung und Wahrheit* auf den Gegensatz zwischen dem rächenden, »zornigen Gott« (WA I, 26, S. 43) des Alten Testaments, der im Erdbeben von Lissabon seine fortwirkende Macht erwiesen habe, und dem sanfteren Gott des ersten Glaubensartikels, der »mit der Natur in unmittelbarer Verbindung stehe« (ebd., S. 63) und den der Jüngling in der Stille des Waldes, »aus dem Wechselgespräch mit der Natur« (WA I, 27, S. 14), zu verehren suchte. Mit dem »Optimismus« dessen, der glaubte, »mit Gott oder den Göttern ziemlich wieder ausgesöhnt« (WA I, 26, S. 255) zu sein, vertrug sich weder die orthodoxe noch die pietistische, überall auf eine »göttliche Pädagogik« (WA I, 29, S. 29) schließende Gottesvorstellung, und auch das am Ende des achten Buchs rückblickend entworfene kosmologisch-emanative Modell der sich im Menschen reproduzierenden Gottheit deutet auf die Heterodoxie des Heranwachsenden. Geradezu als ein Glaubensbekenntnis des Autors erscheint das Motto zum vierten Teil von *Dichtung und Wahrheit* – »Nemo contra deum nisi deus ipse« (vgl. dazu Gespräch mit Riemer, 16.5. 1807 u. 3.7. 1810; Gespräche, 2, S. 221 u. S. 543), das der Spinoza-Würdigung im sechzehnten Buch unmittelbar vorangeht, aber zugleich auch als Rechtfertigung des biographisch folgenreichen Wechsels an den Hof Carl Augusts fungiert. Ein dezidiertes Bekenntnis zur spinozistischen Gottesvorstellung und der aus ihr resultierenden Ethik enthalten dann die gegen Friedrich Heinrich Jacobis anti-spinozistischen Theismus gerichteten Briefe der 80er Jahre: Für G. beweist

Spinoza »nicht das Daseyn Gottes, das Daseyn ist Gott« (an F. H. Jacobi, 9. 6. 1785), und der kahlen Metaphysik des Glaubensphilosophen, der behauptet, »man könne an Gott nur g l a u - b e n«, stellt er die von der »Betrachtung der Dinge« (an F. H. Jacobi, 5. 5. 1786) ausgehende scientia intuitiva Spinozas gegenüber, die ihn dazu ermuntere, »das göttliche in herbis et lapidibus« sowie »in und aus den rebus singularibus« (an F. H. Jacobi, 9. 6. 1785) zu erkennen. Virulent ist deshalb auch G.s Kritik an Jacobis Schrift *Von den Göttlichen Dingen und ihrer Offenbarung* (1811), einem – wie er erbittert kommentiert – »ungöttlichen Buch von göttlichen Dingen«, dessen Autor partout nicht begreifen wolle, daß Natur und Geist als »Stellvertreter Gottes« (an Knebel, 8. 4. 1812) anzusehen seien. Seine eigene Vorstellung der Gott-Natur entdeckt er dagegen in Herders *Gott* wieder, da dieses Buch Natur und Kunst als »Manifestationen« (WA I, 32, S. 66) Gottes zu begreifen lehre. Auf der Identität von Gott, Natur und Kunst ruht für G. auch die Größe der antiken Kunst: »Diese hohen Kunstwerke sind zugleich als die höchsten Naturwerke von Menschen nach wahren und natürlichen Gesetzen hervorgebracht worden. Alles Willkürliche, Eingebildete fällt zusammen, da ist die Nothwendigkeit, da ist Gott« (ebd., S. 77f.). Sein ästhetisches Interesse gilt ohnehin schon lange den Göttern Griechenlands und ihrer klaren plastischen Gestalt: Zustimmend verfolgt G. deshalb Karl Philipp Moritz' Plan, »eine Götterlehre der Alten in rein menschlichem Sinne zu schreiben« (ebd., S. 70), und seine eigene künstlerische Tätigkeit bezeichnet er als »eine zweite Natur, die gleich der Minerva aus dem Haupte Jupiters, so aus dem Haupte der größten Menschen geboren worden« (ebd., S. 58). Und in *Dichtung und Wahrheit* heißt es: »Es ist genugsam bekannt, daß die griechischen Götter und Helden nicht auf moralischen, sondern auf verklärten physischen Eigenschaften ruhen, weßhalb sie auch dem Künstler so herrliche Gestalten anbieten« (WA I, 28, S. 326).

Die Gespräche, die G. in den späteren Jahren führte, enthalten ebenfalls zahlreiche Belege zu Begriff und Anschauung Gottes und des Göttlichen. Die meisten Aussagen überlieferte Eckermann: Sieht G. angesichts des trägen Entwicklungsgangs der Menschheit gar »die Zeit kommen, wo Gott keine Freude mehr an ihr hat und er abermals Alles zusammenschlagen muß zu einer verjüngten Schöpfung« (23. 10. 1828), so kann er in Geoffroy de Saint-Hilaires synthetischer Naturbetrachtung eine seiner eigenen Überzeugung entsprechende Vorgehensweise begrüßen, die es gestatte, Blicke in die »geheimnisvolle Werkstatt Gottes« (2. 8. 1830) zu tun und damit jene »Allgegenwart Gottes« (8. 10. 1827, 29. 5. 1831) zu erfahren, die als »Produktionskraft« (20. 2. 1831) die Welt erhalte. In den Urphänomenen glaube man »unmittelbar die Gottheit zu gewahren« (23. 2. 1831), wobei jedoch die Idee des Göttlichen in ihrer Grenzenlosigkeit unaussprechlich und auch mit hundert Namen nicht zu nennen sei (31. 12. 1823, 8. 3. 1831). Und verweist G. einmal auf die Inkommensurabilität von menschlicher und göttlicher Vernunft (Eckermann, 15. 10. 1825), so taucht in anderem Zusammenhang die These einer anthropomorphen und anthropogenen Gottesvorstellung auf (vgl. Pollmer, S. 335 f.), die auch in *Dichtung und Wahrheit* zitierte Ansicht, »jeder Mensch habe seine eigne Religion, seine eigne Art der Gottesverehrung« (WA I, 28, S. 268). Auf der Analogie zwischen Schöpfergott und Poet beruht wiederum das Bild Gottes als »Summus poeta« und der Menschen als »Gedanken, Poesien Gottes« (Riemer, 30. 6. 1830; in: JbSK. 4. 1924, S. 59). Ein abschließendes Bekenntnis G.s zur Gott-Natur enthält das große Gespräch mit Eckermann vom 11. 3. 1832, in dem der Göttlichkeit der Evangelien und der Person Christi die Göttlichkeit der wirkenden Natur zur Seite gestellt wird, die sich nicht nur in der lebensspendenden Kraft der Sonne, sondern auch in den großen Menschen aller Zeiten offenbare. Denn »Gott hat sich nach den bekannten imaginierten sechs Schöpfungstagen keineswegs zur Ruhe begeben, vielmehr ist er noch fortwährend wirksam, wie am ersten«.

Auch G.s Naturphilosophie und seine morphologischen Forschungen, seine umfangreichen naturwissenschaftlichen Studien folgen dem Prinzip einer im Urbildlichen, Typischen sich manifestierenden göttlichen Schöpferkraft, die ein an den Gegenständen orientiertes, intuitives Denken als Gestalt, als reines Phänomen wahrzunehmen vermag. Exemplarisch formuliert G. diese seiner Naturbetrachtung zugrundeliegende Idee der Gott-Natur in dem Aufsatz *Bedenken und Ergebung*: »Wir können bei Betrachtung des Weltgebäudes, in seiner weitesten Ausdehnung, in seiner letzten Theilbarkeit, uns der Vorstellung nicht erwehren daß dem Ganzen eine Idee zum Grunde liege, wornach Gott in der Natur, die Natur in Gott, von Ewigkeit zu Ewigkeit schaffen und wirken möge« (WA II, 11, S. 56). Durch Kombination von Idee und Erfahrung, Denken und Anschauen sucht der Naturforscher dem Geheimnis der göttlichen Produktivität auf die Spur zu kommen, deren unmittelbare Erkenntnis ihm aber versagt ist. »Das Wahre«, so G. in der Einleitung zu seinem *Versuch einer Witterungslehre*, »mit dem Göttlichen identisch, läßt sich niemals von uns direct erkennen, wir schauen es nur im Abglanz, im Beispiel, Symbol, in einzelnen und verwandten Erscheinungen; wir werden es gewahr als unbegreifliches Leben und können dem Wunsch nicht entsagen, es dennoch zu begreifen« (WA II, 12, S. 74). In den sittlichen und physischen Urphänomenen, in der Liebe oder in der schöpferischen Kraft, im Magneten, in der Urpflanze oder in der die Farben erzeugenden Sphäre des Trüben – »Am farbigen Abglanz haben wir das Leben« (*Faust II*, V. 4727; WA I, 15.1, S. 7) – offenbart sich dieses Göttlich-Wahre, das den Menschen in Erstaunen, ja in Angst versetzen kann und ihm die Grenzen seines Erkenntnisvermögens zum Bewußtsein bringt.

In G.s dichterischem Jugendwerk erscheint der Bezug auf den christlichen Schöpfergott zumeist in religionskritischer und satirischer Brechung, etwa in dem von der pietistisch-toleranten Liebestheologie geprägten *Brief des Pastors zu *** an den Neuen Pastor zu **** oder in den antiklerikalen Farcen und Satiren der 70er Jahre. Die literarische Angriffslust G.s richtet sich dabei sowohl auf das gar nicht göttliche Schöpfungswerk des christlichen Schöpfergottes (*Jahrmarktsfest zu Plundersweilern*) und die Borniertheit der Erdenbewohner – »O Freund der Mensch ist nur ein Tohr / Stellt er sich Gott als seines Gleichen vor« (*Der Ewige Jude*; JG Fischer-Lamberg 4, S. 103) – als auch gegen die rationalistische Verwässerung des Gottesworts (*Prolog zu den neuesten Offenbahrungen Gottes*). Im *Satyros* verbindet sich der religionskritische Affekt des vergötterten Waldteufels mit einer Satire auf den übersteigerten Geniekult: »Mir geht in der Welt nichts über mich, / Denn Gott ist Gott und ich bin ich!« (V. 110f.; JG Fischer-Lamberg 3, S. 302). Entsprechend seinem historischen Stand als ein freier Ritter, »der nur abhängt von Gott, seinem Kayser und sich selbst« (ebd., S. 195), verkörpert Götz von Berlichingen dagegen ein ursprünglich-patriarchalisches Gottvertrauen. Doch auch in *Stella* bittet der unkonventionelle Dreierbund der Liebenden den »Gott im Himmel« (JG Fischer-Lamberg 5, S. 115) um seinen Beistand. Werthers pantheistische, von der »Gegenwart des Allmächtigen« (JG Fischer-Lamberg 4, S. 107) durchdrungene Seinsfrömmigkeit wandelt sich im Verlauf seiner »Krankheit zum Todte« (ebd., S. 136) in eine blasphemische imitatio Christi, wenn der am Menschenschicksal Verzweifelnde sich die Klage des Gekreuzigten zu eigen macht: »Mein Gott! Mein Gott! warum hast du mich verlassen?« (ebd., S. 163).

G.s Vorliebe für die griechischen Götter, Halbgötter und Helden, die in der Form der Satire (*Götter Helden und Wieland*) oder in den großen Hymnen und Dramenentwürfen der Genieperiode (*Wandrers Sturmlied*, *Prometheus*, *Ganymed*) ihren Ausdruck gefunden hat, dokumentiert auch das Schauspiel *Iphigenie auf Tauris*, das die Läuterung der Diana-Priesterin mit dem religions- und mythengeschichtlichen Prozeß einer Ablösung der »alten Götter« (V. 1714; WA I, 10, S. 74), also der Titanen, durch die »Olympier« (V. 1715; ebd.) verknüpft. Eine Umgestaltung des Pandora-Mythos im Zeichen einer Epoche, in der die Einheit von Wissenschaft und Kunst zerbrochen scheint, versucht das Fragment gebliebene Festspiel *Pandora*, das in der Gestalt des Epimetheus an die Tragik Tassos erinnert, der sein unglückliches Bewußtsein doch zugleich als Quelle seiner Schöpferkraft erfährt: »Und wenn der Mensch in seiner Qual verstummt, / Gab mir ein Gott, zu sagen wie ich leide« (V. 3432f.; WA I, 10, S. 243).

Aus den bis zur Jahrhundertwende entstandenen weltanschaulichen Gedichten, die die Bindung des Menschen an eine – freilich nicht personal zu verstehende – göttliche Macht thematisieren, ragen neben der noch dem Sturm und Drang nahestehenden Hymne *Seefahrt* die Oden *Gränzen der Menschheit* und *Das Göttliche* hervor. Den welthistorischen Konflikt zwischen dem griechischen Polytheismus und dem christlichen Monotheismus gestalten im Spiegel individueller Schicksale die Balladen *Die Braut von Corinth* und *Groß ist die Diana der Epheser*, während die indische Legende *Der Gott und die Bajadere* die Liebesvereinigung zwischen dem Gott und der irdischen Frau verherrlicht. In zahlreichen anderen Gedichten sowie in dem Epen-Fragment der *Achilleis* evoziert G. die Gestalten der griechisch-römischen Götterwelt (*Römische Elegien, Venezianische Epigramme, Alexis und Dora, Euphrosyne, Amor als Landschaftsmaler*), und so ist es nur konsequent, wenn er in dem poetologischen Gedicht *Meine Göttin* der Phantasie als einer Tochter Jupiters huldigt.

Von der Unmittelbarkeit einer alltäglichen Gotteserfahrung künden die *Bekenntnisse einer schönen Seele* im sechsten Buch von *Wilhelm Meisters Lehrjahren*: Anklänge an die herrnhutisch geprägte Religiosität Susanna Katharina von Klettenbergs vermischen sich hier mit einer Frömmigkeit, die sowohl den Glauben an eine den Menschen regierende »höhere Kraft« (WA I, 22, S. 356) als auch die Überzeugung umfaßt, »Gott in der Natur« (ebd., S. 350) erleben zu können.

In den Prosawerken des letzten Lebensabschnitts erscheint der Rückbezug auf eine göttliche Instanz zumeist als Funktion einer sittlichen Ordnung, die in den *Wahlverwandtschaften* Ottilie, der Gott »die Augen geöffnet« (WA I, 20, S. 370) hat, in den Sühnetod treibt und in der *Novelle* die »Ehrfurcht vor dem Ebenbilde Gottes« (WA I, 18, S. 342) über die ungebändigte menschliche Leidenschaft triumphieren läßt. In der »Ehrfurcht vor sich selbst« erfüllt der Mensch – so die Leiter der Pädagogischen Provinz – seine Bestimmung, so daß er sich selbst »für das Beste halten darf was Gott und Natur hervorgebracht haben« (WA I, 24, S. 244). Auch die Maximen und Reflexionen gestalten wiederholt das Wechselverhältnis von Gott und Mensch, so beispielsweise in dem aus Makariens Archiv stammenden Aphorismus: »Das Wahre ist gottähnlich: es erscheint nicht unmittelbar, wir müssen es aus seinen Manifestationen errathen« (MuR, 619).

Der Gedanke von der Gleichnishaftigkeit der auf die Gott-Natur zurückverweisenden Phänomene bestimmt auch die weltanschauliche Lyrik der Altersperiode, insbesondere die den Gruppen *Gott, Gemüth und Welt* und *Gott und Welt* zugeordneten Gedichte *Was wär ein Gott* und *Prooemion* sowie weitere Gedichte wie *Wär nicht das Auge sonnenhaft, Wilhelm Tischbeins Idyllen, Im ernsten Beinhaus war's* oder *Wenn im Unendlichen*. Der Vermittlung zwischen göttlich-heiliger und irdisch-profaner Sphäre ist die indische *Paria-Legende* von 1823 gewidmet, die zugleich – wie der *West-östliche Divan* – die europäisch-abendländische mit der Welt des Morgenlandes verbindet: In Analogie zum parsischen Priester, der es wagen darf, »Gottes Gleichniß aus dem Stein zu schlagen« (*Vermächtniß alt persischen Glaubens*; FA I, 3.1, S. 124), läßt der Dichter des *Divan* die Gedanken Gottes Wort werden – in »allen Elementen Gottes Gegenwart« (ebd., S. 419) erkennend, sie in Poesie und Liebe, im Glauben des Orients wie des Okzidents preisend (*Hegire, Talismane, Erschaffen und Beleben; Närrisch, daß jeder in seinem Falle; Wiederfinden, In tausend Formen magst du dich verstecken, Es ist gut*).

Aus dem christlichen Schöpfungsmythos – »Es ist gut« (vgl. ebd., S. 118f.) – erwächst auch die Konzeption der *Faust*-Tragödie, insofern Faust als Knecht Gottes die beiden Pole der irdischen Existenz – Gottesebenbildlichkeit und Weltlichkeit – in sich vereint. Ihm wird, als einem »Ebenbild der Gottheit« (V. 516; WA I, 14, S. 33), der teuflische Begleiter zugesellt, an dessen Seite er »vom Himmel durch die

Welt zur Hölle« (V. 242; ebd., S. 16) und wieder zurück bis in die himmlischen Sphären geführt wird. Der mit göttlicher Billigung unternommene Versuch Mephistos, Faust von seinem Urquell abzuziehen, scheitert angesichts eines durch irdisch-himmlische Liebe geläuterten Strebens, dem die Gnade Gottes im Bild der »Jungfrau, Mutter, Königin« und »Göttin« (V. 12102f.; WA I, 15.1, S. 337) begegnet. Die Rechtfertigung des »kleinen Gotts der Welt« (V. 281; WA I, 14, S. 20) erscheint somit zugleich als Rechtfertigung Gottes, als Theodizee.

Literatur:

Bollacher, Martin: Der junge Goethe und Spinoza. Studien zur Geschichte des Spinozismus in der Epoche des Sturms und Drangs. Tübingen 1969. – Flitner, Wilhelm: Goethe im Spätwerk. Glaube, Weltsicht, Ethos. Bremen 1957. – Pollmer, Arthur (Hg.): Friedrich Wilhelm Riemer: Mitteilungen über Goethe. Leipzig 1921. – Schaeder, Grete: Gott und Welt. Drei Kapitel Goethescher Weltanschauung. Hameln 1947. – Schöne, Albrecht: Goethes Farbentheologie. München 1987. – Timm, Hermann: Gott und die Freiheit. Studien zur Religionsphilosophie der Goethezeit. Bd. 1: Die Spinozarenaissance. Frankfurt/M. 1974.

Martin Bollacher

Griechenland

Der moderne griechische Staat, allerdings in noch sehr prekärer und unvollendeter Form, kam unter dem Patronat der westlichen Mächte nach elf Jahren eines grausamen und schwierig-verwickelten Befreiungskampfes im letzten Jahr von G.s Leben zustande. G., der Neptunist, der von Weimar aus so vieles vulkanisch untergehen und entstehen sah, erlebte auch das. Vor 1821, während aller Jahrzehnte seines ständig sich entwickelnden und vertiefenden Interesses für das Griechentum, lag der Ort desselben, das Land selbst, die terra sacra mit ihren Bruckstücken und Resten aus bes-

serer Zeit, unter fremder, überwiegend türkischer Herrschaft und bot den sentimentalischen Westeuropäern, die aus dem klassischen Altertum ihre Ideale holten, ein Bild des ungeheuersten Bruches und Verlustes dar. Man konnte natürlich diese Ideale für hinübergerettet in die Kultur Westeuropas halten und sich folglich sehr wenig um den, sozusagen, nun ausgeschöpften Ursprung kümmern; aber G., wie auch (und noch mehr) Hölderlin, blieb stets vom Lande selbst, vom Grund und Nährboden des Griechentums angezogen. Er las schon in seiner Sturm-und-Drang-Zeit den Franzosen Pierre Augustin Guys, der, eine Ausnahme unter den ersten Reisenden, auf viele Spuren eines Überlebens und Fortlebens des alten griechischen Volkes hindeutete, und den Engländer Robert Wood, der Homers Epen als tief in die Landschaft und in die Sitten des wirklichen Landes verwurzelt ansah. Den früh gewonnenen Einsichten in die Nationalität und in die lokale und temporelle Verwurzelung auch klassischer Werke blieb G. sein Leben lang treu und richtete demgemäß immer wieder von neuem seine Aufmerksamkeit auf den reellen Schauplatz der Antike.

In Italien, vor allem in Neapel, zu Paestum und auf seiner Reise durch Sizilien, fühlte G. mit Recht, daß er der griechischen Landschaft nah gekommen war. Auch Rom, wo die Ruinen der alten Stadt mitten in der neuen eine pittoreske Wildnis ausmachten, bot dem Touristen Empfindungen, die denen wohl nicht allzu weit nachstanden, die er in Korinth oder Athen hätte haben können; und zu Paestum, Selinunt, Agrigento, unter den schönen und kolossalen Überresten der alten Magna Graecia, hatte man sicherlich etwas, was kaum Minderwertiges zu nennen wäre. In der ihm charakteristischen Weise erfaßte G. dort vieles, aus klassischem Boden heraus, verstand die schon lange geliebten Werke der Griechen (vor allem Homers) besser und inspirierte damit die eigenen Produktionen bis in die Zeit der *Helena*-Tragödie hinein. Er schrieb am 26.5. 1799 an Wilhelm von Humboldt: »So hat mir [...] mein Aufenthalt zu Neapel, und meine Reise durch Sicilien, eine gewisse nähere Anmuthung zu dem ganzen griechischen Wesen verschafft«. Und wenn er sich ermutigt hätte und weitergereist wäre? Als er sich einschiffte nach Sizilien, »beunruhigte« ihn noch Christian August, Fürst von Waldeck, der »von nichts weniger« sprach, »als daß ich bei meiner Rückkehr mich einrichten sollte, mit ihm nach Griechenland und Dalmatien zu gehen« (WA I, 31, S. 78). Das Angebot war wohl – im Kontrast zu denen, die mehrmals Winckelmann gemacht wurden – kein sehr ernstes. Waldeck reiste auch nicht, sondern kehrte heim; aber sein Vorschlag (der eher wie eine Drohung klingt) steht in dem 1815–17 redigierten zweiten Band der *Italienischen Reise* noch da – wohl mit Absicht, um die ganze deutsche Klassik mit ihrer sehr romantisch bewußt gesteigerten Sehnsucht zu kennzeichnen. G. kehrte aus Italien heim, belebte die klassische Vorzeit nach eigener Weise – vorerst in den Armen der Christiane Vulpius – und näherte sich nie wieder Griechenland.

G. war in Rom und Neapel, wie Winckelmann vor ihm, Dingen ausgesetzt, die entweder aus Griechenland kamen oder dorthin deuteten. In den Künstler- und Kunsthändlerkreisen, wo er verkehrte, tauchten von Zeit zu Zeit Stücke auf, die in der Levante ausgegraben und von dort hinübergeschifft worden waren. Rom zog noch immer, wie in der klassischen Zeit, griechische Werke in den privaten Besitz wohlhabender Sammler. Und Grand-Tour-Reisende, die sich weiter gewagt hatten – bis in die Levante –, kehrten mit ihrer Beute über Rom heim. So sah G. die Zeichnungen der Parthenon-Skulpturen, die Sir Richard Worthley mit sich aus Athen brachte. In Neapel, bei Sir William Hamilton, sah er die Vasen, die unter allen damals ans Licht gekommenen Kunstwerken fast allein echt griechisch waren und die Winckelmann kurz vor seinem Tode als solches erkannt hatte. Bei Hamilton war auch Winckelmanns Freund Johann Hermann Riedesel zu Gast gewesen, dessen Reisebericht G. in Sizilien bei sich führte und der, leider ohne Winckelmann, als erster Deutscher von einiger Bedeutung 1768 Athen erreicht hatte. G. hatte schon in Leipzig, als Student, mit besonderem Interesse zur Messezeit die exotisch wirkenden Griechen betrachtet. In Rom, wo sie zahlreicher waren, suchte er sie auf, wohnte mit Anteil ihrem Gottesdienst bei, hörte ihren Gesängen zu: »Das Griechische klang, wie ein Stern in der Nacht erscheint« (WA I, 30, S. 252). Dieses Interesse für die Menschen selbst – Nachkommen, wie man glaubte und wie sie zunehmend selber glaubten, der Hellenen –, für ihre Sprache und Religion, ihre Trachten und schließlich auch für ihren Kampf um Selbstbestimmung, blieb G. eigen auch in der nachitalienischen Zeit. In Leipzig, Jena und Weimar lebende griechische Studenten suchten ihn auf. Er wiederum sammelte und übersetzte neugriechische Volkslieder (*Neugriechisch-epirotische Heldenlieder* 1815, 1822; *Neugriechische Liebe-Skolien*, 1825). Eines davon – den neugriechischen *Charon* – bot er 1824 als Sujet in einem Künstlerwettbewerb an und beschrieb ausführlich die eingesandten Illustrationen. Eine besondere Freude machte es ihm, wenn er eigene Werke ins Neugriechische übersetzt fand. Die Übertragung seiner *Iphigenie* ins Neugriechische durch den in Jena wohnenden Johannes Papadopulos kommentierte er in den *Tag- und Jahresheften 1817*: »Wenn man das Stück in dieser Sprache und in dieser Beziehung betrachtet, so drückt es ganz eigentlich die sehnsüchtigen Gefühle eines reisenden, oder verbannten Griechen aus: denn die allgemeine Sehnsucht nach dem Vaterlande ist hier unter der Sehnsucht nach Griechenland, als dem einzig menschlich gebildeten Lande, ganz spezifisch ausgedrückt« (WA I, 36, S. 133).

Eifrig las G. in der stets wachsenden Reiseliteratur. Zu den bereits erwähnten Guys und Wood kam noch vor Italien, im April 1781, Richard Chandler, und dann wurden es viele – die Briten Edward Dodwell, William Gell, Leicester Fitzgerald Charles Stanhope, James Emerson und Abercromby Trant, der Däne Peter Oluf Bröndsted, der Deutsche Otto Magnus Freiherr von Stackelberg und andere. Vor allem in der Zeit des Befreiungskrieges suchte G. sich durch ein gezieltes und aufmerksames Lesen Klarheit zu verschaffen nicht nur über laufende Ereignisse, sondern auch über das Land, wo sie sich abspielten, und über das Volk, dessen Schicksal dort entschieden wurde. »Das Individuelle der wirkenden Menschen und Partheyen ist höchst merkwürdig«, so schrieb er am 24.6. 1825 an Johann Heinrich Meyer, »und man kann sich daraus einen ganz eigenen Zustand auferbauen, wornach denn die Gegenwart sich einigermaßen beurtheilen und die Zukunft vorahnen läßt«. Gewisse Berichte haben direkt in die Entstehung seiner eigenen Werke eingewirkt. Karl Gotthold Lenz' *Die Ebene von Troja* und Jean Baptiste Lechevaliers *Beschreibung der Ebene von Troja* zum Beispiel, sowie eine nochmalige Lesung des *Original Genius of Homer* von Robert Wood verhalfen ihm in seiner *Achilleis* zu einer klaren Anschauung des Lokals und auch des ungeheuren Grabmals, das Achilles für Patroklos und sich selbst am Hellespont aufrichten läßt. Bei der Arbeit an *Faust* kam ihm der größtenteils fiktive und doch wirkungsvolle Bericht über Mistra von Georges Guillet de Saint-George (*Lacédémone ancienne et nouvelle*) sehr gelegen, denn er erkannte in jener eigenartig gemischten Landschaft den passenden, zugleich altgriechischen und mittelalterlichen Schauplatz für die Verbindung Fausts mit Helena. Las er sich so immer wieder in die noch bestehenden Ortschaften des klassischen Altertums hinein, empfing er gleichzeitig in seinem Haus in Weimar tatsächliche Andenken und Reste von dort. Er schien sie förmlich an sich zu ziehen. 1813 beschenkte ihn Bröndsted »im Namen der zu so bedeutenden Zwecken nach Griechenland Gereis'ten mit einem zum Spazierstabe umgeformten Palmenzweig von der Akropolis« (*Tag- und Jahreshefte 1813*). Später im selben Jahr, als Friedrich Heinrich Karl Freiherr de la Motte Fouqué ihn besuchte, hatte er »wunderbare Dinge [...] wahre Reliquien« (an Riemer, 13.12. 1813) vor sich auf dem Tische liegen. Das waren kleine Marmorplatten vom Apollo-Tempel zu Delphi (Steiger, S. 767). Als Ägina, Bassae und das Parthenon ihre Pediment-Skulpturen nach Westen verloren, gelangten wenigstens Abrisse und Zeichnungen davon nach Weimar; und was die Phidias-Stücke des Parthenons, die *Elginischen Marmore* (WA, I, 49.2, S. 21ff.) betrifft, so fand er in ihnen, im Jahre 1817, als er bei der Arbeit an der *Italienischen*

Reise wieder einmal Klassisches wachrief, die Bestätigung einer alten Leidenschaft: »Hier ist doch allein Gesetz und Evangelium beysammen« (an Sartorius, 20.7. 1817). Erstaunlich fest blieb G.s vielseitige Liebe nicht nur zur Idee des Griechentums, sondern auch zu ihrem Boden; und es hat auch etwas Ergreifendes an sich, daß er – endgültig nach dem Norden zurückgezogen, dort sich festhaltend an einem kleinen Mittelpunkt – stets die neuesten Informationen zu sich zog, aus den Berichten jüngerer und vielleicht auch abenteuerlicherer Männer. Kein Wunder, daß ihn die Gestalt Lord Byrons so fesselte.

Als der Befreiungskrieg in Griechenland ausbrach, gab es in Weimar, wie überall in Westeuropa, begeisterte Philhellenen. G. zählte nicht zu ihnen. Er verfolgte die Ereignisse skeptisch, keineswegs hingerissen, mit »sittlichem Antheil« (WA IV, 38, S. 195) und klugem, gut informiertem Interesse. Er kannte Johannes Anton Graf Kapodistrias persönlich und sah voraus, daß dieser, nachdem er zu lange im Ausland verweilt hatte – er war russischer Staatsminister gewesen –, der anarchischen Lage zu Hause unterliegen würde. Vieles, was dort sich abspielte, mußte G. tief zuwider sein. Aber Byrons Abschiedsgruß – vom Schiffe selbst abgeschickt, das ihn nach Griechenland führte – bewahrte G. mit anderen Reliquien, dem Widmungsblatt aus *Sardanapalus* zum Beispiel, andächtig auf. Wie die Reisenden, die er so eifrig las, nur in weit höherem Grade, diente ihm Lord Byron als eine Art alter ego, als eine Erweiterung und Übertragung seines eigenen Lebens ins verwickelte und bedenkliche Abenteuer, ins »Unreine«, wie er es selber nannte (Gespräche, 3.1, S. 698), das sich dort abspielte, wohin er nur in der Dichtung und in Gedanken kommen würde. Die Klassik, vor allem die deutsche Klassik, dürfte eher als eine gewollte Wiederbelebung der Antike angesehen werden als eine Renaissance derselben. Wie eine solche Belebung zu bewirken wäre, war eine Frage, die engagierte Menschen in der G.-Zeit sehr beschäftigte und sehr auseinandertrieb. G. repräsentiert sein Zeitalter nicht zuletzt darin, daß er die *Helena-Tragödie* im *Faust II* gerade in den Jahren vollendete, in denen für ein neues Griechenland mit politischen und notwendig gewaltsamen Mitteln »Plaz auf Erden« (*Hyperion*; Hölderlin, S. 96) geschaffen wurde.

Literatur:

Constantine, David: Early Greek Travellers and the Hellenic Ideal. Cambridge 1984. – Ders.: *Achilleis and Nausikaa*: Goethe in Homer's World. In: OGS. 15 (1984), S. 95–111. – Hennig, John: Goethes Europakunde. Amsterdam 1987. – Hölderlin, Friedrich: Hyperion oder Der Eremit in Griechenland. In: ders.: Sämtliche Werke. Bd. 3. Stuttgart 1957. – Irmscher, Johannes: Goethe und die neugriechische Literatur. In: GoetheJb. 98 (1981), S. 43–48. – Soyter, Gerhard: Goethe und das neugriechische Volkslied. In: Gymnasium. 58 (1951), S. 55–72. – Steiger, Robert: Goethes Leben von Tag zu Tag. Bd. 5. Zürich, München 1988.

David Constantine

Griechischer Befreiungskampf

Der Kampf der Griechen um ihre Befreiung von der Türkenherrschaft zieht sich gleichsam durch die gesamte Lebenszeit G.s: Im Zusammenhang mit dem russisch-türkischen Krieg von 1769 bis 1774 kam es zu einem ersten großen Aufstand – ihn nahm Hölderlin zum geschichtlichen Hintergrund für seinen *Hyperion*-Roman –, in den letzten Lebensjahren G.s konnte die völlige Unabhängigkeit des 1829 gegründeten neugriechischen Staates als gesichert gelten.

Erst ab 1815 etwa nahm G. intensiveren Anteil an den Entwicklungen im südlichen Balkan. Zunächst und vorwiegend äußerte sich sein Interesse im literarischen Kontext: Durch junge Griechen, die in Jena studierten und möglicherweise Mitglieder des 1814 gegründeten Geheimordens Philiki Eteiria waren, wurde er auf die patriotischen Lieder der neuen nationalen Bewegung aufmerksam gemacht. Später unternahm er selbst Übersetzungen (*Neugriechisch-epirotische Heldenlieder*, 1822; *Neugriechische Liebe-Skolien*, 1825), und das Volkslied *Charon* veranlaßte ihn 1825 zu einer einmaligen Wiederaufnahme der seit zwanzig Jahren ruhenden Weimarer Preisaufgaben für bildende Künstler. Indessen war er sich darüber im klaren, daß serbische Volkslieder und -epen einen höheren poetischen Rang für sich beanspruchen durften, als die neugriechischen: »›Schlagt ihn tot, schlagt ihn tot! Lorbeern her! Blut! Blut!‹ [...] das ist noch keine Poesie« (Gespräche, 3.1, S. 699).

Zu politischen Vorgängen äußerte sich G. zunächst nur sporadisch und zurückhaltend. Als 1819 die Einwohner der albanischen Stadt Parga, die auf Grund eines Vertrages zwischen England und der Türkei an die Türken übergeben wurde, die ausgegrabenen Reste ihrer Ahnen verbrannten und sämtlich nach den Ionischen Inseln auswanderten, scheint er die allgemeine europäische Entrüstung geteilt zu haben; jedenfalls empfahl er Alessandro Manzoni dieses Geschehen als Sujet für eine Tragödie (WA I, 42.1, S. 164f.). Dem Aufstand von 1821 begegnete er zunächst mit Schweigen und hielt sich dann zu den Ansichten Clemens Lothar Fürst von Metternichs, der eine Destabilisierung des politischen Gleichgewichts im östlichen Mittelmeer befürchtete; er plädierte dafür, daß Konstantinopel »keinem unsrer Potentaten [...] ohne Gefahr, dessen Weltherrschaft dadurch zu begründen, überlassen werden könne« (Gespräche, 3.1, S. 368); nur »beschneiden, reduzieren könne man die türkische Macht in Europa« (ebd., S. 737). Vermutlich hat ihn die Entwicklung des Freiheitskampfes anfänglich eher befremdet. Den ersten extrem demokratischen Verfassungsentwurf der Patrioten hat er schon 1822 zur Kenntnis genommen (Tagebuch, 17.12. 1822), und die entsetzlichen Gewalttätigkeiten des Guerillakriegs widerten ihn als eine Wiederholung der französischen Revolutionswirren von vor 30 Jahren an. 1827 und 1830 hat er sie mit den Worten kommentiert: »Griechenland, die alte Morgue« (Gespräche, 3.2, S. 598); »Zustand der höchsten Verwirrung« (WA I,

Das Gemetzel von Chios. Gemälde von E. Delacroix

42.1, S. 295); »Seeraub nach außen, [...] wucherlichen Raub nach innen« (WA I, 41.2, S. 353). George Gordon Noel Byrons kämpferischen Einsatz in Hellas, mit dem der europäische Philhellenismus seinen größten öffentlichen Triumph feierte, erklärte er sich zunächst – und wohl mit Recht – aus den rein persönlichen Umständen eines Europa- oder gar Weltmüden, doch nach dem jähen und frühen Tod des bewunderten englischen Dichters, in der Zeit, da die ersten Errungenschaf-

ten der Freiheitskämpfer durch die türkische Gegenoffensive ernstlich bedroht schienen, erwachte ein lebhaftes Interesse an den griechischen Ereignissen, und die Zeitungsnachrichten über die fast einjährige Belagerung Missolunghis verfolgte er gespannt.

Ab 1827 dienten G. die Schriften des Dichters und ehemaligen Premierministers der Moldau und der Walachei Jakowakis Rizo-Nerulos als Leitfaden durch das Labyrinth der neueren griechischen Geschichte: 1827/28 besprach er Rizo-Nerulos' *Cours de littérature grecque moderne* (Genf 1827) in *Über Kunst und Altertum*; 1828 las er während seines Dornburger Aufenthalts dessen *Histoire moderne de la Grèce* (Genf 1828), und ein Jahr später nahm er das mehr als 500 Seiten umfassende Buch noch einmal vor. In Rizo-Nerulos sah er einen Repräsentanten der gesellschaftlichen Schicht, von der allein Stabilität und eine ruhige Weiterentwicklung der griechischen Verhältnisse zu erwarten wäre – der Fanarioten, der alten, um den Patriarchen von Konstantinopel gruppierten Aristokratie. Zwar war diese erblich privilegierte Klasse dem Untergang geweiht, er aber setzte darauf, daß unter den Neugriechen aufgeklärte und aufgeschlossene »Fanarioten im höheren Sinne« (WA I, 41.2., S. 323) – also etwa als Adel des Geistes – auferstehen könnten.

In diesem Sinne begrüßte er auch die 1827 erfolgte Wahl des Grafen Johannes Anton Kapodistrias, eines gebürtigen Korfioten und vormaligen russischen Außenministers, zum Präsidenten der neugriechischen Republik. Ihn hatte er schon 1818 in Karlsbad kennengelernt, und Kapodistrias wiederum hatte ihn 1822 und 1827 in Weimar aufgesucht. Skeptisch gegenüber demokratischen Konzepten und Praktiken, erblickte G. in Kapodistrias wohl einen Bonaparte der griechischen Revolution; er erschien ihm als »ein edler, von den allerhöchsten Mächten begünstigter Gouverneur«, als ein Mann, der »in den Tagen der grimmigsten Anarchie« eine neue Ordnung begründen könnte (ebd., S. 353). Um so tiefer war er von dem Widerstand gegen Kapodistrias, der zu dessen Ermordung 1831 führte, enttäuscht. Bezeichnete er sich 1828 noch als »gemäßigten Philhellenen« (WA I, 42.1, S. 291), so äußerte er sich am 28.3. 1830 gegenüber Kanzler von Müller: »Er danke Gott, daß er kein Philhellene sei, sonst würde er sich über den Ausgang des Dramas jämmerlich ärgern«.

Über die Verhandlungen, die zur Einrichtung eines griechischen Königshauses deutscher Abstammung führen sollten, wurde G. ständig informiert. Am 17.9. 1831 besuchte ihn die Königin von Bayern, begleitet von ihrem zweiten Sohn, dem künftigen König Otto I. von Griechenland.

Literatur:

Arnold, Robert Franz: Der deutsche Philhellenismus. In: Euphorion. 2 (Ergänzungsheft 1896), S. 71–181. – Barth, Wilhelm/Kehrig-Korn, Max: Die Philhellenenzeit. München 1960. – Irmscher, Johannes: Goethe und die neugriechische Literatur. In: GoetheJb. 98 (1981), S. 43–48. – Liljegren, Sten Bodvar: Lord Byron and Greece. In: Revue de littérature comparée. 33 (1958), S. 66–73. – Mommsen, Wilhelm: Die politischen Anschauungen Goethes. Stuttgart 1948. – Woodhouse, Christopher Montague: Capodistria. The founder of Greek independence. London 1973.

Nicholas Boyle

→ **Gutes s. Wahres**

Gutes/Böses

Die beiden ethischen Kategorien sind bei G. stets miteinander verklammert. »Das was wir bös nennen, ist nur die andre Seite vom Guten, die [...] nothwendig zu seiner Existenz, und in das Ganze gehört«, heißt es 1771 in der Rede *Zum Schäkespears Tag* (WA I, 37, S. 134). Es kann sich »das wahre ideale Gute im Menschen [...] in der Erfahrung nicht wohl ganz rein zeigen«, schreibt G. am 2.1. 1800 an – und gegen – Friedrich Heinrich Jacobi. Umgekehrt kritisiert er die Annahme Kants, in der menschlichen Natur manifestiere sich »ein radikales Böse« (an Schiller, 31.7. 1799). Wer der menschlichen Natur aufgrund »gewisser Erscheinungen [...] eine E r b s ü n d e« zuschreibe, müsse ihr aufgrund »anderer Manifestationen [...] gleichfalls eine E r b t u g e n d« zugestehen, heißt es noch 1824 (WA I, 41.2, S. 133). Eine Dialektik von Gutem und Bösem bestimmt meist auch G.s dichterische Personengestaltung. Als z.B. König Thoas in dem Drama *Iphigenie auf Tauris* (Versfassung

1786) das Menschenopfer wiedereinführen will, erkennt die Protagonistin: »Es ist derselbe, der mir Gutes that« (WA I, 10, S. 71). Die reine Darstellung des Guten wie des Bösen lehnt der Künstler G. programmatisch ab und beruft sich auf die Malerei der Renaissance. Leonardo da Vinci habe »weder das böse. Princip, den Judas, noch den heiligen Meister jemals zu vollenden« sich getraut, und wo Christus in Andeutungen sich finde, sei er als »Mensch«, nicht als »Gottheit« gestaltet (WA I, 49.1, S. 421f.). Der späte G. verwirft das erwogene Erscheinen des Christus am Schluß des *Faust II*, der mittlere G. verzichtet im *Faust I* auf den ursprünglichen Plan, Satan als Verkörperung des bösen Prinzips auftreten zu lassen. Mephistopheles repräsentiert gleichsam als dialektische Figur das Umschlagen der beiden Kategorien und bezeichnet sich als »Theil von jener Kraft, / Die stets das Böse will und stets das Gute schafft« (WA I, 14, S. 67), während reziprok Helena vermutet: »Ein Widerdämon bist du, das empfind' ich wohl / Und fürchte, Gutes wendest du zum Bösen um« (WA I, 15.1, S. 202f.). In Übereinstimmung mit seinem Autor rechnet Mephisto all jene Weltanschauungen der Vergangenheit zu, in denen die Menschen sich mit dem personifizierten, weil einseitig und eindeutig Bösen konfrontiert sahen: »Den Bösen sind sie los, die Bösen sind geblieben« (WA I, 14, S. 122).

Wenn auch nicht in reiner Form, so zeigt sich Gutes und Böses für G., wie jedes Allgemeine, in einzelnen Manifestationen. Solche Phänomene im Bereich des Sittlichen sind menschliche Handlungen. Ähnlich wie in der Antike bei Aristoteles und in der Moderne bei Johann Gottlieb Fichte ist das Gute bei G. an Tätigkeit und nicht nur an den Willen gebunden. Auch das Böse knüpft G. an den Begriff der Tat: Aus Rom teilt er Charlotte von Stein am 2.12. 1786 die Einsicht mit, »daß der Mensch der das Gute will, eben so thätig (fast auf die selbe Art thätig) seyn müsse, als der Eigennützige, der Kleine, der Böse«. Eine Verschränkung beider Kategorien besteht nun darin, daß Taten, die in guter Absicht geschehen, gleichwohl böse Folgen haben können und darum auch böse genannt werden müssen,

wie umgekehrt aus böser Gesinnung das Gute folgen kann. Daraus ergibt sich G.s Skepsis gegenüber der Vorstellung einer spontan-intuitiven, reflexionslosen Verwirklichung des Guten. Diese Position vertritt Iphigenie gegenüber Thoas: »Um Gut's zu thun braucht's keiner Überlegung«, worauf der König erwidert: »Sehr viel! denn auch dem Guten folgt das Übel«, und Iphigenie: »Der Zweifel ist's, der Gutes böse macht. / Bedenke nicht; gewähre wie du's fühlst« (WA I, 10, S. 86f.). G. leitet hingegen aus dem drohenden Umschlag von Gutem in Böses die Forderung ab, das Gute müsse bewußt und auf die rechte Weise getan werden: »Dunkelheit über uns selbst läßt uns nicht leicht zu, das Gute recht zu thun, und so ist es denn eben so viel, als wenn das Gute nicht gut wäre« (an Knebel, 8.4. 1812).

Der Mensch ist zu moralischem Urteil und inhaltlicher Bestimmung von gut und böse fähig: »Nur allein der Mensch / Vermag das Unmögliche: / Er unterscheidet, / Wählet und richtet«, heißt es 1783 in dem Gedicht *Das Göttliche*, und weiter: »Er allein darf / Den Guten lohnen, / Den Bösen strafen«, während die Natur »unfühlend« ist und »die Sonne / Über Bös' und Gute« gleichermaßen »leuchtet« (WA I, 2, S. 83ff.). In den berühmten Anfangsversen »Edel sei der Mensch, / Hülfreich und gut!« stellt die Konjunktion keine bloße Aufzählung, sondern eine Gleichsetzung der Attribute her. Gut ist jedes Handeln, das nicht nur in der Gesinnung mosaisch-christlicher Nächstenliebe oder lateinischer »Pietas« geschieht (WA I, 41.2, S. 133), sondern auch im Effekt Hilfe für andere darstellt. Böse handelt der »Eigennützige«, der zugleich der »Kleine« ist (an Charlotte von Stein, 2.12. 1786). G. verurteilt bis zuletzt jede Verabsolutierung oder bedingungslose Verwirklichung des partikularen Ichs auf Kosten anderer. »Das radicale Übel: daß jeder gern sein möchte, was er sein könnte, und die Übrigen nichts, ja nicht wären«, lautet ein Aphorismus aus dem Nachlaß (MuR, 863). Das dialektisch ans Böse gebundene Gute kann eintreten, wenn der unüberwindlich egoistische Mensch durch kommunikative Selbst- und Fremderkenntnis aus egozentrischer Erstarrung sich löst: »Zu einer

Freundin, einem Freund gelenkt, / Mittheilend lerne wie der andre denkt. / Gelingt es dir den Starrsinn zu besiegen, / Das Gute wird im ganzen überwiegen« (*Maskenzug 1818*; WA I, 16, S. 267).

Thomas Zabka

Halsbandaffäre

Die Halsbandaffäre (1785/86) stellte eines der wichtigsten politischen Ereignisse des späten Ancien Régime in Frankreich dar. Sie fand in der Öffentlichkeit der Zeit, vor allem in der Publizistik und hier wiederum in den in erster Linie in Holland, Deutschland und der Schweiz veröffentlichten internationalen Gazetten wie der *Gazette de Leyde* und der *Gazette des Deux-Ponts*, ein breites Echo, das es gerechtfertigt erscheinen läßt, sie zugleich als ein »zentrales Medienereignis« (vgl. Angelike/Beermann/Nohr) zu betrachten. Ihre Bedeutung lag darin begründet, daß mit der französischen Königin Marie-Antoinette und dem Kardinal von Rohan zwei Mitglieder des Hochadels in eine Kriminalaffäre verwickelt waren, deren Verlauf einem von diabolischer Hand inszenierten Theaterstück zu ähneln scheint.

Die Halsbandaffäre stellt sich in Grundzügen wie folgt dar: Einer intriganten und verführerischen Lebedame, Jeanne de La Motte, gelang es 1784, sich Einfluß und Gehör bei dem Kardinal Rohan, einem der höchsten Geistlichen Frankreichs, zu verschaffen und ihn dazu zu überreden, für die Königin ein sündhaft teures, ursprünglich von Ludwig XV. in Auftrag gegebenes Diamanthalsband zu kaufen, um ihre Gunst zu erlangen und seinen politischen Einfluß am Hof zurückzuerlangen. Das Halsband wurde nach dem vorgeblichen Einverständnis Marie-Antoinettes einem – wie sich herausstellte – falschen Diener der Königin ausgehändigt und verschwand daraufhin spurlos – ob auf Veranlassung der Königin oder Jeanne De La Mottes sollte ungeklärt bleiben

und zu einem der Gegenstände des anschließenden Prozesses werden. In diesem wurde Madame de La Motte zur Auspeitschung und zu lebenslänglicher Gefängnishaft verurteilt, der Kardinal Rohan hingegen freigesprochen. Cagliostro, ein Abenteurer adeliger Abstammung und italienischer Herkunft, der sowohl zu Rohan wie zu Madame de La Motte in Verbindung stand, war gleichfalls in die Halsbandaffäre verwickelt, eine direkte Mitwirkung oder Mitschuld konnte ihm jedoch nicht nachgewiesen werden. Der überwiegende Teil der öffentlichen Meinung betrachtete seinerseits, ganz im Gegensatz zur Entscheidung des Gerichts, den Kardinal und vor allem die Königin als die wahren Schuldigen und sah in der Affäre ein Symptom für die tiefe moralische Korrumpiertheit des französischen Hofes und der hohen Aristokratie des Ancien Régime (vgl. Maza).

G. zeigte sich von dem Verlauf und den politischen Wirkungen der Halsbandaffäre zutiefst beeindruckt und erkannte klarsichtig ihre große soziale und politische Sprengkraft. Nach Jahrzehnten zurückblickend, schrieb er in den *Tag- und Jahresheften 1789*: »Schon im Jahr 1785 hatte die Halsbandgeschichte einen unaussprechlichen Eindruck auf mich gemacht. In dem unsittlichen Stadt-, Hof- und Staats-Abgrunde, der sich hier eröffnete, erschienen mir die greulichsten Folgen gespensterhaft, deren Erscheinung ich geraume Zeit nicht los werden konnte; wobei ich mich so seltsam benahm, daß Freunde, unter denen ich mich eben auf dem Lande aufhielt, als die erste Nachricht hievon zu uns gelangte, mir nur spät, als die Revolution längst ausgebrochen war, gestanden, daß ich ihnen damals wie wahnsinnig vorgekommen sei«. Auch in der gleichfalls später erschienenen *Campagne in Frankreich*, in der er über ein Zusammentreffen mit dem Baron Breteuil, einem der Gegner des Kardinals Rohan, berichtete, heißt es: »Die durch jenen Proceß entstandene Erschütterung ergriff die Grundfesten des Staates, vernichtete die Achtung gegen die Königin und gegen die obern Stände überhaupt: denn leider alles, was zur Sprache kam, machte nur das greuliche Verderben deutlich, worin der

Hof und die Vornehmeren befangen lagen« (WA I, 33, S. 129). Deutlich ist hier vorausgesetzt, daß die Halsbandaffäre eine entscheidende Etappe auf dem Weg zur Revolution gewesen sei. Am Ende der autobiographischen Schrift hat G. seine Position noch einmal unmißverständlich zusammengefaßt: »Schon im Jahre 1785 erschreckte mich die Halsbandsgeschichte wie das Haupt der Gorgone. Durch dieses unerhört frevelhafte Beginnen sah ich die Würde der Majestät untergraben, schon im voraus vernichtet, und alle Folgeschritte von dieser Zeit an bestätigten leider allzusehr die furchtbaren Ahnungen. Ich trug sie mit mir nach Italien und brachte sie noch geschärfter wieder zurück« (ebd., S. 261).

Bereits 1787 faßte G., wie ein Brief an Philipp Christoph Kayser belegt, den Plan, die Halsbandaffäre zum Stoff für eine » O p e r a B u f f a « zu machen, »zu welchem Zweck sie eigentlich geschehen zu seyn scheint« (14.8. 1787). Das 1791 uraufgeführte Lustspiel *Der Groß-Cophta* zeigt, daß G. dieses urprüngliche Vorhaben einer komischen Oper zugunsten eines Prosaschauspiels aufgab, dessen Handlung weitgehend den historischen Ereignissen der Halsbandaffäre folgte. G. gab dem Verlauf der Halsbandaffäre jedoch ein versöhnliches Ende – die Schuldigen werden am Ende lediglich des Landes verwiesen –, blendete den in der französischen Öffentlichkeit äußerst kontrovers diskutierten Prozeßverlauf aus und ließ auch das Königspaar nicht als Protagonisten auftreten. G. entschärfte somit die politische Dimension des Skandalprozesses, dessen Bedeutung er in der Korrespondenz und in der *Campagne in Frankreich* mit aller Deutlichkeit hervorhob: »Uns wird nur eine demoralisierte Gesellschaft am Rande eines Fürstenstaates vorgeführt, deren Machenschaften zufällig Regierung und Hof in Mitleidenschaft ziehen, welche selber in Goethes Gesellschaftssatire bewußt verschont werden« (Borchmeyer, S. 316). Der Mißerfolg des *Groß-Cophta* mag sich aus der Spannung zwischen der Aktualitätsbezogenheit des Stückes, die das Weimarer Publikum schockierte und befremdete (ebd., S. 316), und dem Herunterspielen der politischen Sprengkraft der Hals-

bandaffäre erklären, die Ludwig Börne zornig und enttäuscht mit dem Ausruf kommentierte: »O welch ein Klein-Cophta!« (Kiefer, S. 630).

Literatur:

Angelike, Karin/Beermann, Matthias/Nohr, René: Frankophone Zeitungen an der deutschen Westgrenze als Medien des Kulturtransfers. In: Lüsebrink, Hans-Jürgen/Reichardt, Rolf (Hg.): Kulturtransfer im Epochenumbruch – Frankreich/Deutschland 1770–1815. Leipzig 1997. – Borchmeyer, Dieter: Höfische Gesellschaft und französische Revolution bei Goethe. Hamburg 1977. – Kiefer, Klaus H. (Hg.): Cagliostro. Dokumente zu Aufklärung und Okkultismus. München 1991, S. 609–635. – Maza, Sarah: The Diamond Necklace Affair Revisited (1785–1786): The Case of the Missing Queen. In: Hunt, Lynn (Hg.): Eroticism and the Body Politic. Baltimore 1991, S. 63–89. – Dies.: Private Lives and Public Affairs. The Causes Célèbres of Prerevolutionary France. Berkeley u.a. 1993. – Schröder, Winfried: Goethes Groß-Cophta – Cagliostro und die Vorgeschichte der Französischen Revolution. In: GoetheJb. 105 (1988), S. 181–211.

Hans-Jürgen Lüsebrink

Hamann, Johann Georg
(1730–1788)

Hamanns Namen mag G. bereits 1768/69 im pietistischen Zirkel um Susanna Katharina von Klettenberg, die eine Hamannleserin war, gehört haben (WA I, 28, S. 106); aber nach eigenem Zeugnis war es Herder, der ihn 1770/71 in Straßburg mit Hamanns Schriften bekannt machte (WA I, 27, S. 314). Die *Sokratischen Denkwürdigkeiten* (1759) begeisterten ihn bald zum Plan eines allerdings nicht ausgeführten Sokratesdramas (an Herder, Anfang 1772). Hamanns »Sibyllinischen Stil« bewertete er in der Rück-

schau von *Dichtung und Wahrheit* ebenso wie
das hamannisierende »Beispiel« der Früh-
schriften Herders als verführendes Muster
(WA I, 28, S. 99 u. S. 105). Das gilt für seinen
Prosahymnus *Von Deutscher Baukunst* (1771)
wie für die »theologischen« Jugendschriften
von 1773, den *Brief des Pastors* und *Zwo wichtige [...] Biblische Fragen* (WA I, 37,
S. 153–173 u. S. 175–190), die Hamanns kryp-
tische Spiele mit Autorfiktion und Druckort
nachahmen, wie für das »taumelnde« Pathos
von *Wandrers Sturmlied* (1772/73). Ob Hamann mit *Satyros oder der vergötterte Waldteufel* (1770) gemeint war, darf bezweifelt werden. Aber anders als die befremdeten frommen Hamannleser (WA I, 28, S. 107), wenn sie
den gehörnten Kopf eines PAN auf dem Fron-
tispiz der *Kreuzzüge des Philologen* wie der
Essais à la Mosaïque (1762) erblickten, nahm
G. in sein von Herder beeinflußtes Hamannbild auch die »panische« Wunderlichkeit des
»Sauvage du Nord« auf. Ob G. der Rezensent
von Wielands *Der goldene Spiegel* in den
Frankfurter Gelehrten Anzeigen vom 27.10.
1772 war (WA I, 37, S. 232–235), der den »Sokratischen Faun in Königsberg« mit seiner
»bittern Wärme« anführt, ist nicht zu beweisen.

Am 2.11. 1775 bestellte G., noch aus Frankfurt, beim Leipziger Buchhändler Philipp
Erasmus Reich elf Schriften Hamanns, am
8.11. aus Weimar ergänzend die *Neue Apologie
des Buchstaben h* (Pisa 1773 [=Frankfurt; d.
Vf.]) und am 15.1. 1776 die *Hierophantischen
Briefe* (1775). Ob er alles Bestellte erhielt, ist
nicht bezeugt. Daß er vorher schon *Christiani
Zacchaei Telonarchae Prolegomena über die
neueste Auslegung der ältesten Urkunde des
menschlichen Geschlechts* (1774) kannte, zeigen die Briefe an Johann Heinrich Merck, den
G. zunächst für den Verfasser hielt (Januar
1775: »herrliche Stärkung«), und an Herder
(25.3. 1775: »dem was implicite Krafft in mir
ist sehr wohl gethan«). Johann Kaspar Lavater,
der von G.s Hamannbegeisterung wußte, bat
ihn, für seine *Physiognomischen Fragmente*
das Hamann-Porträt zu übernehmen, was er
patzig ablehnte: »Hamann mach ich nicht«
(etwa 20.3. 1776). G.s Gewährsmann für alles,

was Hamann anlangte, blieb Herder; auch
als Vermittler wechselseitiger Nachrichten,
Grüße sowie Nachfragen Hamanns nach neuen
Werken G.s. Hamann seinerseits bezog von
ihm Nachrichten über G., so z.B. über die
Frankfurter Gelehrten Anzeigen, über sein eig-
nes Bändchen *Von Deutscher Art und Kunst*,
dessen Beiträger er ihm vorstellte, wie er ihm
auch den *Prolog zu den neuesten Offenbahrungen Gottes, verteutscht durch Dr. Carl Friedrich Bahrdt* (1774), den *Clavigo*, den *Werther*,
G.s lyrische Beiträge zum Göttinger *Musenalmanach* zur Lektüre empfahl. Dabei unterlie-
fen auch Fehlmeldungen: Jakob Michael Reinhold Lenz' *Anmerkungen übers Theater* und
seine Shakespeare-Übersetzungen zeigte er
ihm als Arbeiten G.s an; Hamann aber provozierte Herder (3.4. 1774) mit der Vermutung,
Johann Karl Wezels *Lebensgeschichte Tobias
Knauts des Weisen* (1773/74) habe wohl ihn
oder etwa G. zum Verfasser. Vom *Götz von
Berlichingen* urteilte er: »Der Name seines
Götzen wird wol ein Omen für unsern theatralischen Geschmack seyn, oder die Morgen-
röthe einer neuen Dramaturgie« (an Herder,
30.5. 1774). Der Wertherroman fand nicht Hamanns ganzen Beifall, er ironisierte öfter die
vergleichsweise harmlosen »Leiden« und wit-
terte, indem er das »Martyrologium des lieben
Werther« berief (an Kant, 13.3. 1775), die sub-
versive Theologie des Romans. So wartete er
auch neugierig auf Christoph Friedrich Nicolais Wertherparodie von 1775: *Freuden des
jungen Werthers, Leiden und Freuden Werthers
des Mannes* (an Kant, 18.2. 1775) und fand
Gefallen am *Wertherfieber* (1776), nach dessen
Verfasser Ernst August von Göchhausen er
Herder erfolglos befragte (18.5. 1777). Später
(11.8. 1782) wird er Herder, der seine Unzufriedenheit mit den Weimarer Verhältnissen
beklagte, wegen seiner »Ambition« rügen; sie
sei »eine ärgere Selbstmörderin und Gift-
mischerin als Werthers Lotte mit ihren schnö-
den Reizen«. Daß »der deutsche oder Weiland-
Wieland-Weimarsche Mercur« ihn zum Oberhaupt einer »sehr ansehnlichen Secte« gemacht habe, zu der neben Klopstock, Herder,
Heinrich Wilhelm von Gerstenberg, Johann
Joachim Christoph Bode auch »der dramati-

sche Thavmaturg an den Ufern Mayns« gehöre, amüsierte Hamann (an Hartknoch, 27.2.
1775). Seiner universalen Neugier gaben Herders Briefe reiche Nahrung; so meldete er ihm
(Ende April 1775), G. hege Heiratsgedanken –
den Namen Lili Schönemanns kennt er nicht –,
empfahl einen *Prometheus*, ohne von G.s De-
menti zu wissen (WA I, 38, S. 422), handelte es
sich doch nicht um das unter Verschluß gehaltene, erst 1830 gedruckte dramatische
Fragment G.s von 1773, sondern um die in
Frankfurt im Februar 1775 anonym erschienene Farce Heinrich Leopold Wagners: *Prometheus, Deukalion und seine Recensenten*; zugleich riet er zur Lektüre von G.s *Götter Helden und Wieland*, von Lenz 1774 in Kehl zum
Druck gebracht. Diese »Arlequinspeitsche«
sei, so antwortete Hamann, »nicht ganz« nach
[seinem; d. Vf.] Geschmack; wiewol sie vielleicht das beste Mittel bey gegenwärtiger Barbarey ist« (an Herder, 18.8. 1775). Von Herder
erfuhr Hamann auch, daß G. sich an Nicolai
wegen der Wertherparodie rächen werde; daß
er Hamann sehr ehre und alles aufhasche, was
ihn betreffe (29.7. 1775); welches Porträt in
Lavaters Physiognomik dasjenige G.s sei; daß
Herder G. zusammen mit Hamann zu Paten
seines zweiten Sohnes erwählt habe (aus Bük-
keburg, 24.8. 1776), samt der ironischen
Glosse: »So seid ihr denn gepaart, Genies aus
aller Welt Ende«. Den *Egmont* wird Hamann
erst in Münster kurz vor seinem Tod wenigstens »durchblättern« (an Jacobi, 22.5. 1788).
In einem verlorengegangenen Brief (Ende August 1781?) scheint Herder ihm von dem entstehenden *Tasso* berichtet zu haben, wie aus
Hamanns baldiger Rückfrage hervorgeht:
»Was der Antonio von Göthe bedeuten soll in
Ihrem Briefe, verstehe ich nicht« (17.9. 1781).
Von der *Iphigenie* wußte er bloß durch Herders
Mitteilung (Ende Januar 1787), G.s Werke
würden gedruckt und die *Iphigenie* sei »ganz
neu geworden«.

Herder ist es auch, der Hamanns *Prolegomena* an G. übermittelte, später die *Neue Apologie des Buchstaben h* und *Konxompax* wie
auch den Dank samt der Mitteilung, daß G. ihn
»stumm, aber desto stärker« hochhalte (3.6.
1775) und seine Schriften »sehr sorgfältig in

einer Schachtel« aufbewahre und an der letzten Gabe (wohl *Konxompax*) »mit großer Lust
gesogen« habe (17./21.5. 1779). In *Dichtung
und Wahrheit* (WA I, 28, S. 107f.) wird G. weitere Schriften Hamanns, die er besitze, aufzäh-
len, so dessen Beiträge zu den *Königsberg-
schen Gelehrten und Politischen Zeitungen*.
Schließlich war seine Sammlung von Hamanns
Schriften fast vollständig; sie befindet sich
heute in G.s Bibliothek in Weimar (vgl. Ruppert). Sie diente, auch wegen G.s Randno-
tizen, dem Jugendfreund von Hamanns Kindern und späterem Ehemann von G.s Nichte
Luise Marie Anna Schlosser, Georg Heinrich
Ludwig Nicolovius, bei seiner Vorbereitung einer (allerdings gescheiterten) Ausgabe von
Hamanns Werken (G. an Nicolovius, 20.7.
1819). Wann G. für seine Autographensammlung zwei Briefe Hamanns an Friedrich Karl
von Moser erwarb (ZH, Nr. 398 u. 400; Schrek-
kenbach, S. 91) oder ob und wann der Adressat
sie ihm schenkte, läßt sich nicht mehr ermitteln. In *Dichtung und Wahrheit* rühmt G. sie,
weil sie »von der wundersamen Großheit und
Innigkeit ihres Verfassers Zeugniß ablegen«
(WA I, 28, S. 107). Der »sehr bedeutende
handschriftliche Aufsatz über Herders Preisschrift, den Ursprung der Sprache betreffend«
(ebd., S. 108), *Philologische Einfälle und
Zweifel, über eine akademische Preisschrift*,
samt dem Appell an Friedrich II.: *Au Salomon
de Prusse*, kam wohl ebenfalls über von Moser
(N, Bd. 3, S. 423) in seine Hand. Hamann hatte
diesem die Manuskripte vermacht, als die
Drucklegung scheiterte. Gemeint ist eine
(in G.s Nachlaß nicht erhaltene) Abschrift,
während eine andere oder die Originalhand-
schrift[?] in den Besitz Herders gelangte. Als
G. diesem Anfang Mai 1779 »das Hamanns«
zurücksandte, handelte es sich wohl um dieses
Manuskript, wozu er anmerkte: »Mich dünckt
[ich; d. Vf.] hätte nichts liebers und herrli-
chers von ihm gelesen. Der Brief au Salomon
ist nun ganz ohne gleichen. Seine Briefe [an
von Moser?; d. Vf.] kriegst auch«. Hamann
wiederum bekam Herders Kritik am Weimarer
Hof und seinem Kunstkult zu lesen (Anfang
März bis 21.5. 1781), dazu die Nachricht, G.
habe ein Gespräch »in einem Wirthshause zu

Frankfurt« geschrieben, »wo ein Deutscher u. ein Franzose sich über des Kön.[igs Friedrichs II.; d. Vf.] Schrift Sur la liter.[ature; d. Vf.] Allemande besprechen«. Auch über das sich verdüsternde Verhältnis zu G. unterrichtete ihn Herder und medisierte ausführlich über dessen Einfluß und Ubiquität in Weimar (11.7. 1782). Das trug Herder jene bereits erwähnte geistliche Vermahnung Hamanns ein mit der Werther-Lotte-Anspielung (11.8. 1782). Herder teilte Hamann aber auch die Weiterungen im Verhältnis zu G. mit: eine Predigtkritik (17.2. 1783), eine Art Reuetraum G.s, aber auch die Wiederversöhnung, bei aller bleibenden Reserve (10.5. 1784). Schließlich wird G.s moralische und kritische Hilfe bei der Ausarbeitung der *Ideen* gerühmt (23.4. 1785).

Gelegentlich wird aus Briefwechseln »communicirt«: So ließ Herder G. die Abschrift eines Hamannbriefes an G.s Jugendfreund Friedrich Heinrich Jacobi (vom 14./15.11. 1784) lesen, was er diesem wiederum mitteilte (20.12. 1784): »u. er hat ihm so viel Freude gemacht, wie mir« (HBGA, Bd. 5, S. 89). Von der auf Moses Mendelssohns *Jerusalem* (1783) antwortenden Hamann-Schrift *Golgotha und Scheblimini* (1784) unterrichtete G. Charlotte von Stein in einem französischen Brief (17.9. 1784): Er habe die sibyllinischen Blätter dieses »mage moderne« stets geliebt, und diese neuen machten ihm viel Vergnügen, das er mit ihr trotz allen Verstehensschwierigkeiten teilen wolle. Er müsse Mendelssohn freilich wiederlesen, um den Gegner besser zu verstehen, sei aber glücklich, bis zu einem gewissen Punkt den Ideen Hamanns (»cette tête unique«) folgen zu können, wenn man dabei auch das Paradoxon erfahre, daß man ihn nicht durch bloßes Verstehen verstehen könne. Jacobi, mit dem Hamann seit August 1782 korrespondierte, wurde gebeten: »Theile ia alles mit was du von Haman empfängst. Gott erhalt ihn noch lange da uns Nathan [Mendelssohn; d. Vf.] entronnen ist. Die Crethi und Plethi sterben nicht aus, und der Kinder Zerujah sind soviel mit denen man nichts zu schaffen haben mag« (12.1. 1785). Hamann hatte eher distanziert Jacobis Streit mit Mendelssohn über Lessings angeblichen Spinozismus verfolgt, vor allem seit Jacobis provokanter Schrift *Ueber die Lehre des Spinoza in Briefen an Herrn Moses Mendelssohn* (1785). Und wenn es G. befremdete, daß Jacobi darin unautorisiert zwei seiner Gedichte, *Das Göttliche* mit Namensnennung und die *Prometheus*-Ode anonym, hatte drucken lassen (G. an Jacobi, 11.9. 1785), so war der rechtlich denkende Hamann, ohne von G.s Reaktion zu wissen, durchaus auf seiner Seite (Hamann an Jacobi, 18.2. u. 15.3. 1786). Die Ode, deren Autor ihm erst Jacobis Brief vom 17.11. 1785 nannte, gefiel ihm später besser als das erste Urteil verrät: »Bei aller Schönheit des Gedichts kann ich die Anwendung nicht finden, die Leßing davon gemacht [der es angeblich als Bestätigung seines Spinozismus genommen habe; d. Vf.]. Wozu dürfte sich Jupiter nicht an die Erde und Hütte des Menschentöpfers vergreifen. Jupiter war als ein Sclav des ewigen Schicksals ebenso zu beklagen und weder zu verwünschen noch zu verachten, als Prometheus thut« (an Jacobi, 1.12. 1784). Hamann verstand diesen Prometheus denn auch als dichterische Chiffre menschlicher Hybris. So schrieb er am 17.3. 1786 an Johann George Scheffner, es sei »der alte Menschenschöpfer und Bildhauer mit den modernen Feuerdieben von gantz gleichem Gehalt und Stoff«. Und gegen Jacobi urteilte Hamann am 16.3. 1786: »Was Göthe schreibt wegen seiner Gedichte [an Jacobi, 11.9. 1785; Jacobi hatte ihm G.s Brief im Original zugesandt; d. Vf.], ist ungemein nach meinem eigenen Geschmack [...]. Das Gedicht hat wegen seiner darinn liegenden Wahrheit und Stärke einen schönen Eindruck auf mich gemacht, der dem Urteil der Berliner [Mendelssohns Kritik in seiner Schrift *An die Freunde Lessing*; d. Vf.] immer widersprach«. Kurz darauf (13.5. 1786) ergänzte Hamann: »Ich liebe Göthe, ohne ihn zu kennen, aber Herder muß man kennen, wenn man ihn wie er es verdient lieben soll«. Für diese spontane Liebe gibt es noch ein spätes Zeugnis: Hamann habe, so notierte Jacobi am 25. (oder 29.) 8. 1787 kurz nach dessen Ankunft in Pempelfort, G.s Adaptation von *Die Vögel. Nach dem Aristophanes* (WA I, 17, S. 75–115) gelesen. »Er kam ganz entzückt davon in mein Zimmer. – Das ist ein

Blitzkerl – ein tausend Künstler« (N, Bd. 4, S. 455).

Während G.s Italienreise – Herder und Jacobi hielten Hamann auf dem laufenden – wurde er in Neapel durch den Professor des Staatsrechts Gaetano Filangieri mit Gestalt und Schriften Giovanni Battista Vicos bekannt gemacht; in der *Italiänischen Reise* stellte er diesem »Ältervater« der Italiener Hamann zur Seite: den Deutschen werde er einst »ein ähnlicher Codex [=Stamm, altes, heiliges Buch; d. Vf.] werden« (WA I, 31, S. 28). In der *Campagne in Frankreich* berichtete G. aus Münster im November 1792 vom Besuch bei der Fürstin Adelheid Amalie von Gallitzin; angesichts des Grabes Hamanns »in der Ecke des entlaubten Gartens« habe man sogleich über ihn gesprochen: »Seine großen unvergleichlichen Eigenschaften gaben zu herrlichen Betrachtungen Anlaß; seine letzten Tage jedoch blieben unbesprochen« – wegen der konfessionellen Schwierigkeiten des Begräbnisses (WA I, 33, S. 231). Und in den *Tag- und Jahresheften 1794* notierte G. einiges zum sog. Kreis von Münster: Dessen »aristokratische Anarchie« sei ihm wie »eine Art Mittelalter« erschienen, und Hamanns Briefe seien »hiezu ein unschätzbares Archiv, zu welchem der Schlüssel im Ganzen wohl möchte gefunden werden, für die einzelnen geheimen Fächer vielleicht nie«. Hamanns Tod im Juni 1788 hatte auch G. als »harten« Verlust beklagt: »Ich hatte nie gerechnet ihn zu sehn, seine geistige Gegenwart war mir immer nah. Und doch was muß die Nähe solch eines Menschen seyn!« (an Jacobi, 21.7. 1788).

Aus der sog. klassizistischen Epoche G.s sind keine Zeugnisse für ein akutes Interesse an Hamann bekannt. Erst die Tagebucheintragung vom 28.3. 1806 meldet, Hamanns Schriften seien »wiedergefunden«. Die neue Lektüre fassen die *Tag- und Jahreshefte 1806* zusammen: » H a m a n n s Schriften wurden von Zeit zu Zeit aus dem mystischen Gewölbe wo sie ruhten, hervorgezogen. Der durch die sonderbare Sprachhülle hindurch wirkende rein kräftige Geist zog immer die Bildungslustigen wieder an, bis man, an soviel Räthseln müde und irre, sie bei Seite legte und doch jedesmal eine

vollständige Ausgabe zu wünschen nicht unterlassen konnte«. Die wirre Geschichte der editorischen Bemühungen um Hamann (Nadler 1930, S. 377ff.) mit den ersten Förderern Herder und Jacobi ging bekanntlich ins Leere. Etwa seit 1815 nahm G. sich ihrer konkret an; er entwarf den Editionsplan zu einer chronologisch geordneten Ausgabe (an Dorow, 30.11. 1818). Seine Bemühungen, nach Ausweis der Tagebücher durch erneute und intensive Lektüre der Schriften Hamanns begleitet, spiegeln sich auch in den Briefwechseln mit Georg Heinrich Ludwig Nicolovius, Wilhelm Dorow, Abraham Jakob Penzel, sämtlich ebenso ambitioniert, Hamanns Schriften zu edieren, wie erfolglos und schließlich durch die Ausgabe Friedrich Roths (1821–1825) überholt.

Aber G. hatte im dritten Band von *Dichtung und Wahrheit*, der Anfang 1814 vollendet war und in dem die Bildungskräfte seiner Adoleszenz zur Darstellung kamen, bereits neben einem Herderporträt auch sein Hamannbild entworfen (WA I, 28, S. 106–111). Seit 1810 stand das Studium Hamannscher Schriften in dieser Perspektive. Er bemühte sich etwa, die abhanden gekommenen *Sokratischen Denkwürdigkeiten* und die *Wolken* zu ersetzen. Eine Tagebuchnotiz vom 21.3. 1812 meldet den Beginn seines Versuchs über Hamann, des ersten in der Hamannbiographik und von unüberschätzbarer Wirkung. »Man ahnete hier einen tiefdenkenden gründlichen Mann, der, mit der offenbaren Welt und Literatur genau bekannt, doch auch noch etwas Geheimes, Unerforschliches gelten ließ« und dadurch in den Ruf eines »abstrusen Schwärmers« geriet, andererseits vor allem »eine aufstrebende Jugend« anzog: der Magus aus[!] Norden – ohne daß G. die Genese des Kennworts erörterte: die kleine, den Zug der Heiligen Drei Könige (lat.: Magi) meditierende Schrift Hamanns von 1760: *Die Magi aus Morgenlande zu Bethlehem*, auf die sich Friedrich Karl von Moser bezieht in seinem *Treuherzigen Schreiben [. . .] an den Magum in Norden*, 1762 (G.s Erwähnung WA I, 26, S. 106). Aber in seinem Gedicht *Den Drillingsfreunden von Cöln*, den Brüdern Boisserée und ihrem Freund Johann Baptist Bertram gewidmet, das die Übersendung seines Porträts begleitete, wird auch G. sich – mit einer Hamann-Anspielung – »billig / Heil'gem D r e i k ö n i g e [vergleichen; d. Vf.], / Dieweil er willig / Dem Stern, der ostenher / Wahrhaft erschienen, / Auf allen Wegen war / Bereit zu dienen« (WA I, 2, S. 157). Weitere Stichworte seiner Hamann-Charakteristik: Herders Vermittlung, der sibyllinische Stil, das Humoristische der Sprachspiele, Dunkelheit und Verstandesblitze, Orakel und die Stunde ihrer Sinnerfüllung. Auf die von G. gesehene Mitte der Gestalt Hamanns zielt er mit einer Formel, deren Aperçu er vorweg auf einer Visitenkarte notiert hatte: »Haman hatte / Keine Lehre als für den Gesammtgebrauch unsrer Kräfte, / Keinen Streit als gegen ihre Vereinzelung« (WA I, 42.2, S. 515). Im zwölften Buch von *Dichtung und Wahrheit* wird die Kernlehre Hamanns so expliziert: »'Alles was der Mensch zu leisten unternimmt, es werde nun durch That oder Wort oder sonst hervorgebracht, muß aus sämmtlichen vereinigten Kräften entspringen; alles Vereinzelte ist verwerflich.' Eine herrliche Maxime! aber schwer zu befolgen« (WA I, 28, S. 108 f.).

Mit solchem Lobpreis humaner Totalität hat G. eine von ihm selbst umworbene, anthropologische Konstante in Hamanns Denken erkannt; aber das Zentrum seiner Existenz, sein Schöpfungs- und Offenbarungsglaube, seine Christologie, seine lutherisch geprägte Frömmigkeit kommen ebensowenig in G.s Blick wie die individuelle, musivische Logik seines Stils, seine virtuos gefügten Centonen und (nur geahnt) der Tiefsinn der von G. getadelten literarischen Masken, gemäß Hamanns hermeneutischem Anspruch, lieber gar nicht als in seiner Tiefenschicht falsch verstanden zu werden. Daß G. den Gelegenheitscharakter und Zeitbezug der Schriften Hamanns benennt, d.h. auch die geschichtlich sich steigernde Schwierigkeit des Verstehens, ist ebenso richtig, wie er Hamanns Klarheit »in Lebens- und Freundschaftsverhältnissen« erkennt (ebd., S. 110) und den ironischen Überlegenheitsanspruch dazu. Auch Hamanns Kritik an der undurchschauten Dialektik der modernen Aufklärung und seine Konflikte mit dem Zeitgeist hat G. damals wohl als erster

wahrgenommen, wenngleich ihn deren manieristische Form störte. Bei diesem Porträt ist freilich zu bedenken, daß G. es in der Perspektive seiner eigenen Biographie entwarf; dazu gehört nicht nur, seine einbekannte Scheu vor einer persönlichen Begegnung mit Hamann verständlich zu machen, sondern auch seinen Plan einer Gesamtausgabe von Hamanns Schriften öffentlich anzukündigen. Sie erst werde erlauben, »Natur und Wesen« (ebd., S. 108) Hamanns gültig zu besprechen. So verstand er seine Bemerkungen zum »wunderlichen« Magus (ebd., S. 107) als vorläufige.

Im Zusammenhang mit diesem Plan (Nadler 1930, S. 100 ff.) verzeichnen die Tagebücher der Jahre 1818 bis 1820 eine neu einsetzende Hamannlektüre. G. nahm Friedrich Roths erste Ausgabe von Hamanns *Biblischen Betrachtungen* (1816 und 1818) wahr, auch Friedrich Matthias Gottfried Cramers *Sibyllinische Blätter des Magus in Norden* (1819), den Briefwechsel Hamanns und Jacobis, den Roth in der Ausgabe der Werke Jacobis (Bd. 4.3), kurz nach dessen im März 1819 erfolgten Tode, noch im selben Jahr veröffentlicht hatte. Schließlich beschäftigte G. im Dezember 1823 und Mai 1824 die Rothsche Hamannausgabe. Sein Interesse scheint sich vorwiegend auf die Briefe erstreckt zu haben, auch im Blick auf Hamanns »pädagogisches« Verhältnis zu dem ehemaligen Freunde Jacobi; und das hieß auch zur Klärung seiner eigenen wechselvollen und prekären Freundschaft, deren Grunddifferenz sein Brief vom 6.1. 1813 an Jacobi klar bezeichnet hatte. Jetzt kam »Hamanns Leben in dem Jacobischen Briefwechsel betrachtet« in eine merkwürdige Parallele zu »Napoleon in dem Las Cases« (Tagebuch, 20.12. 1823). Auch eignete sich G. nun einige Stellen aus Hamannbriefen an, so dessen Wort von der »Deutlichkeit« als einer, wie Hamann die Definition Mendelssohns zitiert, »gehörigen Vertheilung des Lichts und Schattens« (Hamann an Jacobi, 18.1. 1786); den Vorwurf mangelnder Deutlichkeit, den Mendelssohn mehrfach erhoben hatte, wendet Hamann zu seinem Begriff von wahrer Deutlichkeit polemisch um; das »herrliche Wort« faszinierte G. so, daß er es in *Kunst und Althertum* (1824, Bd. 5, H. 1) unter *Einzelnes* aufnahm und der Autornennung »H a m a n n« wertend hinzusetzte: »Hört!«. Einen Satz Hamanns aus dessen Brief an Jacobi vom 1.12. 1784: »Ursprüngliches S e y n ist Wahrheit; mitgetheiltes ist Gnade« – notierte er, ebenfalls auf einer Visitenkarte, und variierte das ihm Einleuchtende in einem undatierten Vierzeiler: »Ich wandle auf weiter bunter Flur / Ursprünglicher Natur, / Ein holder Born, in welchem ich bade, / Ist Überlieferung, ist Gnade«. Ein Aufsatz in *Über Kunst und Alterthum* (1821, Bd. 3, H. 1) über *Der deutsche Gil Blas*, die Lebensgeschichte eines deutschen Bedienten, mit dem Titel *Allgemeine fromme Betrachtungen* (WA I, 41.1, S. 259–265) entnimmt eben dieses Schlußwort einem Brief Hamanns an Kant von Ende Dezember 1759 (ZH, Bd. 1, S. 452). G. las ihn am 2.11. 1820 im ersten Band der Rothschen Hamannausgabe und notierte im Tagebuch: »Brief von Hamann an Kant, wundersames Zusammentreffen«. Es traf da zusammen jene Rezensionsunternehmung, seine eigene Reflexion unerforschlicher Lebensleitung und der Fund von Hamanns Satz, den er zitiert: »So eben ruft uns ein verklärter Freund in gleichem Sinne zu« – und der damit endet, es sei »eigentlich die Vorsehung in den k l e i n s t e n Theilen, die das G a n z e gut macht«. In *Kunst und Alterthum* (1825, Bd. 5, H. 2) findet sich auch die Replik G.s auf einen anderen Gedanken Hamanns. Es geht um Jacobis Geständnis (in der 3. Beilage der Spinozaschrift; Werke, Bd. 4.2, S. 70ff.), er habe früh schon sich »über Dinge einer andern Welt« geängstigt, vor allem über die »Aussicht einer ewigdauernden Fortdauer«, und um Hamanns Antwort, auf einem »Wisch« geschrieben, der seinem Brief vom 7.5. 1788 beilag (ZH, Bd. 7, S. 462). Dazu habe es zehn Entwürfe gegeben, berichtet Jacobi (Werke, Bd. 4.2, S. 72). Einen zitiert G., indem er seinen Zeugen Hamann unter diejenigen Menschen rechnet, »deren Persönlichkeit fast ganz Idee ist, [daß sie; d. Vf.] sich so äußerst vor dem Phantastischen scheuen« (WA I, 42.2, S. 143).

So hatte Hamann für G. die Bedeutung einer nahezu lebenslänglichen Instanz – und zugleich Herausforderung. Lavater wußte sich an eine Behauptung des jungen G. zu erinnern, Hamann sei der Autor, von dem er am meisten gelernt habe. Und der Kanzler von Müller notierte am 18.12. 1823 aus einem Gespräch mit G.: »Über Hamann, und seine Briefe an Jacobi. Hamann sei zu seiner Zeit der hellste Kopf gewesen und habe wohl gewußt, was er wolle. Aber er habe immer biblische Sprüche und Stellen aus den Alten wie Masken vorgehalten, und sei dadurch vielen dunkel und mystisch erschienen«. Vielen –, G. aber hielt sich im Geistergespräch mit Hamann an jene hermeneutische Grunderfahrung, die er Charlotte von Stein (17.9. 1784) anvertraut hatte: »on peut bien affirmer le paradoxe qu'on ne l'entend pas par l'entendement«.

Literatur:

Blanke, Fritz/Schreiner, Lothar (Hg.): Johann Georg Hamanns Hauptschriften erklärt [...]. Bd. 1: Die Hamann-Forschung. Gütersloh 1956. – Brändle, Johann: Das Problem der Innerlichkeit. Hamann – Herder – Goethe. Bern 1950. – Büchsel, Elfriede: Geschärfte Aufmerksamkeit – Hamannliteratur seit 1972. In: DVjs. 60 (1986), S. 375–425. – Gildemeister, C[arl] H[ermann]: Goethe und Hamann. In: Johann Georg Hamann's, des Magus im Norden, Leben und Schriften. Bd. 6. Gotha 1873, S. 149–164. – Hamann, Johann Georg: Sämtliche Werke. Historisch-kritische Ausgabe von Josef Nadler. 6 Bde. Wien 1949–1957 [N]. – Ders.: Briefwechsel: Bde. 1–3. Hg. von Walther Ziesemer und Arthur Henkel, Bde. 4–7 hg. von Arthur Henkel. Frankfurt 1955–1979 [ZH]. – Henkel, Arthur: Goethe und Hamann. Ergänzende Bemerkungen zu einem denkwürdigen Geistergespräch. In: Euphorion. 77 (1983), S. 453–469. – Ders.: Deutlichkeit. Marginalie zu einem Hamann-Zitat Goethes. In: Literaturgeschichte als Profession. Fs. für Dietrich Jöns. Hg. von Hartmut Laufhütte. Tübingen 1993. – Ders.: Briefstrategien. Hamann und Mendelssohn, 1762. In: Zwischen den Wissenschaften. Beiträge zur deutschen Literaturgeschichte. Fs. für Bernhard Gajek. Hg. von Gerhard Hahn. Regensburg 1994. – Herder, Johann Gottfried: Briefe. Gesamtausgabe 1763–1803. Bde. 1–9 (Nachträge und Ergänzungen). Weimar 1977–1988 [HGBA]. – Jacobi, Friedrich Heinrich: Werke. Bde. 4.2 u. 4.3: J. G. Hamanns Briefwechsel mit F.H. Jacobi. Leipzig 1819. – Jørgensen, Sven Aage: Johann Georg Hamann. Stuttgart 1976. – Nadler, Josef: Die Hamannausgabe. Vermächtnis-Bemühungen-Vollzug. Halle 1930 [Nadler 1930]. Neudruck (Faksimile) mit der Findliste zu Josef Nadlers Hamann-Nachlaß in der Universitätsbibliothek Münster/Westf. von Sabine Kinder und einem Vorwort von Bernhard Gajek. Bern 1978. – Ders.: Hamann, Kant, Goethe. Halle 1931. – Ders.: Johann Georg Hamann [...] Der Zeuge des Corpus mysticum. Salzburg 1949, bes. S. 468–482. – Ruppert, Hans: Goethes Bibliothek. Katalog. Weimar 1958. – Schreckenbach, Hans-Joachim: Goethes Autographensammlung. Katalog. Weimar 1961. – Stockum, Th[eodorus] C[ornelius] van: Goethe und Hamann (Prolegomena zu einer Monographie). In: Neophilologus. 42 (1958), S. 300–308.

Arthur Henkel

Handwerk

Den Begriff Handwerk benutzte G. über die konkrete Bedeutung hinaus als generalisierende Sammelbezeichnung für Tätigkeit, Broterwerb, Beruf, Metier. Ausgehend davon, daß in diesem Sinne ein »Handwerk« für jedermann notwendig sei, brachte er den Begriff auch für die Tätigkeit des Naturwissenschaftlers (WA II, 6, S. 358), des Dichters (WA I, 1, S. 456), des Schauspielers (Gespräche, 2, S. 758), des bildenden Künstlers (an Carl August, 26.5. 1816), des Musikers (an Kayser, 3.9. 1786), selbst für die des Regierenden (WA I, 1, S. 319) in Anwendung. Wichtig erschien ihm außerdem das individuell-sinnliche Verhältnis zum Material, der Aspekt des greifbaren Hervorbringens im spezifischen Sinne von *Hand*werk (vgl. WA II, 13, S. 114). Die wachsende Erkenntnis, daß jede ernsthafte schöpferische Tätigkeit zunächst handwerkliches Können voraussetze, führte ihn zu hoher Wertschätzung und intensiver Förderung von jeder Art handwerklicher Betätigung; dem gegenüber stand die kritische Bewertung von Zeitströmungen in Kultur, Kunst und Wissenschaft, die seines Erachtens zu einseitig auf das Subjekt und seine innere Befindlichkeit fixiert waren.

Als Kind fand G. Gelegenheit, verschiedenste Gewerke kennenzulernen, z.B. beim Hausumbau am Frankfurter Hirschgraben. Früh entwickelte er auch schon Interesse für das »gemeine Volk« und seine Tätigkeiten. Wie sein Romanheld Werther ging er zu den einfachen Leuten: In Sesenheim lernte er bei einem Korbmacher das Korbflechten, in Wetzlar freundete er sich mit den »Strumpfwaschern« an. Zeitlebens nutzte er seine Reisen dazu, sich auch ein Bild vom Zustand des Handwerks und der Industrie zu machen. Er besuchte u.a. Bergwerke, Sensenschmieden, Drahtziehereien, Eisenhütten, Glashütten, Alaunwerke, Gärtnereien, Färbereien, Ziegeleien, Spinn-, Woll-, Spitzen- und Porzellanmanufakturen, Brauereien, Stahl- und Steinschneidereien. Als ihm in Weimar nach und nach die Bergwerkskommission, die Kriegskommission, das Straßenbauwesen, der Wasserbau, das Finanzwesen, später die Schloßbaukommission, das Hoftheater sowie weitere Aufgaben übertragen wurden, ergaben sich daraus vielfache Anlässe, mit Handwerk und Gewerbe in intensive Berührung zu kommen. So kümmerte er sich auch selbst um die Entwicklung der verschiedenen Gewerke im Bauwesen, um die Strumpfmanufaktur in Apolda, um Kohlebrenner, Buchbinder, Tischler, Kupferstecher, Gerber, Zeugmacher, Glasbläser, Schleifer, Holzfäller, Kupferschmiede, um die Porzellan- und Textilfabrikation in Ilmenau wie um die Gärtnereien in Jena. Mit den Vor- und Nachteilen der Handwerkszünfte setzte er sich aufmerksam auseinander und unterstützte entsprechende Steuerreformen.

Immer wichtiger und bedenkenswerter wurde für G. auch der Zusammenhang von Kunst und Handwerk, insbesondere die Rolle des Handwerklichen in der Kunst. Gerade in dieser Hinsicht gewann er auf seiner Italienreise bedeutsame Einsichten. Im Nachdenken über die eigene Entwicklung als Künstler entdeckte er als einen seiner »Capitalfehler«, daß er »nie das H a n d w e r k einer Sache«, die er »treiben wollte oder sollte, lernen mochte« (WA I, 32, S. 34), und er begriff, »wie ängstlich es ist, wenn man eine gewiße Fähigkeit in sich spürt und einem das Handwerck gänzlich mangelt, sie auszulaßen und auszuüben« (an Carl

August, 11.8. 1787). Seit dem Ende der 80er Jahre überzeugte er sich immer mehr davon, daß Wissenschaft, Kunst und Handwerk einander bedingten. Wenn auch, erkannte er in Rom, »ein Kunstwerck [...] seine Vollkommenheit ausser sich [...] in der Idee des Künstlers« habe, so basiere es doch »in gewissen angenommenen Gesetzen, welche zwar aus der Natur der Kunst und des Handwercks hergeleitet« seien, »aber doch nicht so leicht zu verstehen und zu entziffern sind als die Gesetze der lebendigen Natur« (an Herzogin Luise, [12.-]23.12. 1786). Insofern interessierte er sich, wie seine Beschäftigung mit Benvenuto Cellini zeigt, intensiv dafür, wie sich im Kunstwerk »Naturell, Kunst, Handwerk, Leidenschafft und Zufall« so mischen, daß es letztlich zum »Naturproduct« werde (an Schiller, 8.2. 1797). Gegen den wuchernden Dilettantismus setzte er eine gründliche handwerkliche Ausbildung: »Vom Handwerk kann man sich zur Kunst erheben. Vom Pfuschen nie« (WA I, 47, S. 325). Jeder Künstler müsse lernen, so schärfte er es einem Schüler von Christian Daniel Rauch 1828 ein, »daß Technik und Handwerk dem höchsten Gedanken des Künstlers zuletzt erst die Wirklichkeit verleihen kann« (an Rauch, 11.3. 1828). In diesem Sinne waren viele seiner Weimarer Aktivitäten darauf gerichtet, die Entwicklung sowohl von handwerklichem Können als auch von künstlerischem Geschmack zu fördern; das betraf so unterschiedliche Unternehmungen wie die Zeichenschulen in Weimar und Eisenach, die Großherzogliche Freie Gewerkschule oder die »Sonntags-Nachhilfs-Vorbereitungs-Schule [...] zugunsten jüngerer Handwerker, welche die in dieser Schule mitgeteilten Lehrgegenstände zu nutzen durch Arbeitsverpflichtungen in der Woche gehindert werden« (zit. nach Freitag, S. 31), und aus einem gleichen Impuls heraus veranstaltete er die Kunstausstellungen und Preisaufgaben für zeitgenössische Künstler.

G.s Sympathie für das Handwerk führte auch dazu, daß er dessen Strukturen und Organisationsformen auf die der Gesellschaft insgesamt bezog: Lehrling, Geselle, Meister gab es für ihn in allen Bereichen des Lebens. In welchem Maße diese Sicht sein Idealbild vom Menschen wie seine Praxisvorstellungen prägte, gibt sich im Vergleich der den *Lehrjahren* und den *Wanderjahren* zugrundeliegenden Leitbilder zu erkennen. In den *Lehrjahren* ist Wilhelm Meisters Ideal die allumfassende Ausbildung des Einzelnen, und auch in den *Wanderjahren* möchte er immerhin noch seinem Sohn »einen freieren Blick über die Welt verschaffen, als ein beschränktes Handwerk zu geben vermag« (WA I, 24, S. 53). Doch im eigentlichen läuft alles darauf hinaus, daß sich der Einzelne beschränken möge: »Sich auf Ein Handwerk zu beschränken ist das Beste«, lehrt Montan. »Für den geringsten Kopf wird es immer ein Handwerk, für den besseren eine Kunst sein, und der beste, wenn er Eins thut, thut er alles, oder, um weniger paradox zu sein, in dem Einen, was er recht thut, sieht er das Gleichniß von allem, was recht gethan wird« (ebd., S. 51).

Nicht erst nachdem G. in der Nähe des schlesischen Tarnowitz 1790 die ersten Dampfmaschinen gesehen hatte (an Voigt, 12.9. 1790), beschäftigte ihn das aufkommende Maschinenwesen. Wenn er auch die höhere Produktivität als Vorzug der Maschinenarbeit erkannte, sah er doch in der Trennung der Hand von der Arbeit eine Gefährdung für die Kunst und fürchtete, daß die Technisierung des Lebens und die massenweise technische Reproduzierbarkeit von Kunst-, Kunsthandwerks- und Handwerksprodukten eine Verflachung der Kultur sowie einen Anstieg von Arbeitslosigkeit und damit eine Verarmung ganzer Regionen mit sich bringen würde (vgl. schon *Kunst und Handwerk* aus dem Jahr 1797). Möglichkeiten, solchen Gefahren gegenzusteuern, sah er – so in den *Wanderjahren* – im Auswandern der Handwerker nach Amerika. Der durch das Maschinenwesen allseits bedrohte Handwerker könne hier, als Mann der »strengen Künste« (WA I, 25.1, S. 220) durch seine Arbeit im Kreise einer sittlichen und religiösen Gemeinschaft eine selbständige, unentfremdete Persönlichkeit bleiben. Aber auch aufmunternde Entwicklungen zur Förderung von Kunst und Handwerk in Preußen, den Rhein-Main-Gebieten, Anhalt-Dessau oder Sachsen-Weimar unterstützte G. nachhaltig durch Anstalten zur Entwicklung des handwerklichen Könnens und des künstlerischen Geschmacks. G. gab die Hoffnung nicht auf, daß, ein allmählicher Wandel vorausgesetzt, mit der zielstrebigen Ausbildung von Kunstgeschmack und hohen Handwerksfertigkeiten auch die Künste und das Handwerk wieder neu erblühen könnten. Nach dem gegenwärtigen Niedergang müßten Wissenschaft und Kunst »endlich Technik und Handwerk zu Hülfe rufen und auch diese veredeln« (an Sack, 15.1. 1816). Er hoffte, daß man der Konkurrenz der »unaufhaltsam fortstrebenden Technik« aus den Nachbarstaaten durch die Herstellung von Kunstwerken und auf Dauerhaftigkeit und wahre Bedürfnisbefriedigung ausgelegte Handwerksprodukte entgegenwirken könne (WA I, 49.2, S. 133; vgl. WA I, 23, S. 42f.).

Literatur:

Freitag, Egon: Goethes Alltagsentdeckungen. ›Das Volk interessiert mich unendlich‹. Leipzig 1994. – Klingenberg, Anneliese: Goethes Roman *Wilhelm Meisters Wanderjahre*. Quellen und Komposition. Berlin, Weimar 1972. – Muthesius, Karl: Goethe und das Handwerk. Sein Verhältnis zum werktätigen Volk und zur handwerklich-künstlerischen Erziehung. Leipzig 1927. – Zimmermann, Felix: Die Widerspiegelung der Technik in der deutschen Dichtung von Goethe bis zur Gegenwart. Diss. Dresden 1913.

Michael Niedermeier

Harz

Unter den deutschen Mittelgebirgen, denen G. ein besonderes Interesse zuwandte, hebt sich namentlich der Harz hervor. Davon zeugen drei ausgedehnte Reisen sowie einschlägige Texte.
   Über die Beweggründe der ersten Harzreise (29.11.–14.12. 1777) gab G. verschiedenartige Auskünfte. Am Abend des 10. Dezember schrieb er aus dem Torfhaus an Charlotte von Stein: »Ich will Ihnen entdecken (sagen Sies niemand) dass meine Reise auf den Harz war, dass ich wünschte den Brocken zu besteigen, und nun liebste bin ich heut oben gewesen«. Demgegenüber machte der Rückblickende 1822 in der *Campagne in Frankreich* zwei andere Motive geltend: Er benannte die Absicht, daß er sich im Zusammenhang mit den (damals noch vagen) Ilmenauer Bergwerksplänen eine Erfahrungsgrundlage habe verschaffen wollen; und er führte aus, es sei ihm zugleich um eine Begegnung mit dem in Wernigerode lebenden Friedrich Victor Leberecht Plessing gegangen, jenem schwermütigen jungen Mann, der den *Werther* gelesen und sich an dessen Autor bereits zweimal brieflich gewandt hatte. Die Reise ist gut dokumentiert, sowohl in den Briefen an Charlotte von Stein als auch im Tagebuch. Aus diesen Mitteilungen und Notizen geht hervor, daß G., von Weimar kommend, zunächst über Greußen, Nordhausen, Ilfeld nach Elbingerode ritt, von dort aus die Rübeländer Baumannshöhle besuchte, sich sodann nach Wernigerode wandte, wo die Begegnung mit Plessing stattfand, und im folgenden nach Goslar. Hier besichtigte er das Bergwerk im Rammelsberg und im nahegelegenen Dorf Oker hernach die Hüttenwerke. Die sich anschließende Station war Clausthal, mit ca. 8000 Einwohnern die damals größte Bergstadt des Oberharzes; G. fuhr in die Gruben »Caroline«, »Dorothee«, »Benedicte« ein und ließ sich die Silberhütte zeigen. Von Clausthal aus wurde auch der Abstecher über Altenau zum Torfhaus gemacht, das sich G. als Ausgangspunkt für die Brockenbesteigung gewählt hatte. Weiter reiste G. nach St. Andreasberg, wo er die Gruben »Samson«, »Catharina Neufang«, »Gottes Gnade« besuchte; und über Duderstadt und Mühlhausen gelangte er nach Eisenach, um dort mit dem Herzog und dessen Jagdgefolge zusammenzutreffen.
   G. unternahm die Reise nach Maßgabe größter Verschwiegenheit (vgl. an Merck, 5.8. 1778: »kein Mensch wußte, wo ich war«); unterwegs identifizierte er sich als Gothaer Maler bzw. als Maler Weber aus Darmstadt. Die sympathische Bewandtnis, die G. mit der

Reise verband, reflektiert sich auch in deren poetischem Ergebnis, dem Gedicht *Harzreise im Winter*. Tatsächlich dürfte der übergreifende Beweggrund für sie in der bangen Hoffnung gelegen haben, womöglich ein »befestigungs Zeichen« (an Charlotte von Stein, 10.12. 1777) zu gewinnen. Ob in unwirtlicher Jahreszeit der Aufstieg auf den Götterberg gelingen würde oder nicht, diese Frage hatte für G. die Dimension einer existentiell symbolischen Bedeutsamkeit. Dabei war ihm der Brocken ein heiliger Berg nicht unter dem Aspekt, den fast zeitgleich Friedrich Leopold Graf zu Stolberg hervorkehrte (*Der Harz*); anstelle des deutschtönenden Cheruskia-Bezugs findet sich bei G. eine Assoziation, die mit dem herausragenden der Harzgipfel die Aura von Mythisch-Religiösem schlechthin verband: eines solchen, das auf Heidnisch-Germanisches ebenso rekurrierte wie auf Alttestamentliches. Insofern begründete sich für G. die Heiligkeit des Brockens sowohl dadurch, daß er als exemplarische heidnische Kultstätte gegenwärtig war, wie auch durch seine majestätische, gleichsam verweisungskräftige Größe, die an den archetypischen Berg der Berufung, den Berg Horeb (vgl. 2. Mose 3, 1ff.) denken ließ.

Zu einer zweiten Harzreise brach G. am 6. oder 7.9. 1783 auf; mit sich nahm er den zehnjährigen Fritz von Stein. Der Reiseweg führte zunächst nach Langenstein, wo Quartier auf dem dortigen Gut bei Maria Antonia von Branconi bezogen wurde, jener Italienerin, die G. vier Jahre zuvor in Lausanne kennengelernt hatte und von deren außergewöhnlicher Schönheit er beeindruckt war. Bodetal und Roßtrappe sowie Baumannshöhle und Marmorbrüche bei Rübeland waren Ziele eines Zwei-Tage-Ausflugs. Es folgte ein viertägiger Aufenthalt in Halberstadt; einer Vereinbarung gemäß traf G. hier mit der Herzoginmutter Anna Amalia, deren Bruder Herzog Karl Wilhelm Ferdinand von Braunschweig und dessen Frau zusammen. In Zellerfeld wurde sodann der Vizeberghauptmann Friedrich Wilhelm Heinrich von Trebra besucht, der vor Jahren bereits als Gutachter in Sachen Ilmenauer Grubenprojekt in Anspruch genommen worden war; und er auch stellte sich als Begleiter

Ziegenrücken im Okerthale.
Zeichnung von Goethe

einer dreitägigen Exkursion zur Verfügung, deren Stationen der Brocken und die Heinrichshöhe, Schierke und Elend, Oderteich und Rehberger Graben, die Rehberger Klippe und St. Andreasberg waren. Am 26. September trafen G. und Fritz von Stein, von Zellerfeld kommend, in Göttingen ein; von da aus erfolgte die Rückreise über Kassel und Eisenach.

Diese zweite Harzreise findet sich weit minder gut dokumentiert als die erste; die Briefe an Charlotte von Stein geben nur wenig detaillierte Auskunft; Tagebuch-Notizen fehlen. Einige Aufschlüsse vermittelt Trebras Erinnerungsbericht, geschrieben allerdings erst 1813. Hält man sich an die verfügbaren Informationen, so dominierte auf der Reise das geologische Interesse. Sechs Jahre zuvor noch kaum ausgeprägt, war es 1779 während der Schweizreise kräftig geweckt worden. Aus Zellerfeld schrieb G. an Charlotte von Stein: »Ich habe mich recht mit Steinen angefüttert, sie sollen mir, dencke ich wie die Kiesel dem Auerhan, zur Verdauung meiner übrigen schweeren Winterspeise helfen« (24.9. 1783). Als herausragenden Fund begriff G. die Stücke eines Kontaktgesteins, das sich im Übergang zwischen dem Granit des Brockenplutons und den Grauwacken der Umgebung entdecken ließ. Es handelte sich um Hornfels, dessen Entstehung G. entsprechend des von ihm vertretenen Neptunismus deutete. Als schriftstellerischen Reflex der Reise darf man die im Januar 1784 verfaßte Abhandlung *Über den Granit* verstehen. G. bezeichnete hier den Granit als ursprüngliche »Steinart«, als »Grundveste unserer Erde« (WA II, 9, S. 172). Und kryptisch seinen Aufenthalt auf dem granitsteinernen Brocken assoziierend, führte er aus: »Auf einem hohen nakten Gipfel sitzend und eine weite Gegend überschauend kann ich mir sagen: Hier ruhst du unmittelbar auf einem Grunde, der bis zu den tiefsten Orten der Erde hinreicht, keine neuere Schicht, keine aufgehäufte zusammengeschwemmte Trümmer haben sich zwischen dich und den festen Boden der Urwelt gelegt« (ebd., S. 173f.).

Das geologische und mineralogische Interesse, verbunden mit bergbaulichem, war leitend auch bei der dritten Harzreise. Zustande kam sie 1784, als G. der Aufforderung genügen mußte, sich gemeinsam mit dem Herzog nach Braunschweig zu begeben. Die geheimdiplomatische Bewandtnis dieses Braunschweig-Besuchs ergab sich aus dem von Carl August betriebenen Fürstenbund-Projekt, jenem Plan also, durch einen Zusammenschluß der kleinen und mittleren deutschen Staaten deren Interessen im »Reich« besser geltend machen zu können. G. stand dem Unterfangen skeptisch gegenüber; und nur die Aussicht auf Nutzung der Reise zu weitergreifenden Harzerkundungen ließ sie ihm erträglich erscheinen. Bereits die Anreise wurde entsprechend disponiert, wobei sich zur Teilnahme an der Exkursion auch der Herzog bereitfand; außerdem erwirkte G. die Begleitung von Georg

Melchior Kraus, dem Weimarer Maler und Zeichner, der Besonderheiten der Gesteinsformung, vor allem den Verlauf der Felsklüfte im Bild festhalten sollte. Die damit zu dritt angetretene Reise begann am 8. August; über Dingelstädt, Duderstadt, Lauterberg, Osterode führte sie nach Zellerfeld, wo wiederum Trebra zu Diensten stand und von wo aus die Bergstädte Wildemann, Grund sowie Clausthal (hier Einfahrt in die Gruben »Caroline« und »Dorothee«) aufgesucht wurden. Am 15. August reisten G. und der Herzog nach Goslar weiter; am folgenden Tag erreichte man Braunschweig. Der Aufenthalt dort dauerte bis zum 1. September. Noch mit dem Herzog zusammen – und inzwischen auch wieder mit Kraus – wandte sich G. sodann nach Goslar zurück; man besichtigte das Bergwerk im Rammelsberg, studierte das Erzgewinnungsverfahren des sog. Feuersetzens. Ohne den Herzog wurde hernach das Gebiet um Oker durchforscht (u.a. Messinghütte, Granitklippen am Ziegenrücken, Treppenstein); am 3. September begab man sich über die Stiefmutterklippe, den Wildenplatz und das Torfhaus zum Brocken und übernachtete im Wirtshaus auf der Heinrichshöhe. Der Abstieg führte nach Schierke und Elend, wo die umliegenden Klippen betrachtet wurden; Besuche galten einigen Eisensteingruben bei Elbingerode, der Susenburg und höchstwahrscheinlich erneut der Rübeländer Baumannshöhle. Über Wendefurth, Altenbrak, Treseburg erreichte man schließlich Thale. Ein weiterer Tag wurde im Bodetal verbracht – G.s Hauptinteresse war der Klüftung des Granits gewidmet; am darauffolgenden Tag unternahm man einen Abstecher zur Teufelsmauer. Und nochmals führte der Weg nach Rübeland, bevor über Blankenburg und Langenstein (zweitägiger Aufenthalt bei M. A. von Branconi) die Heimreise angetreten wurde. Die Ankunft in Weimar erfolgte am 14. September.

Zeugnischarakter besitzt – neben den Briefen an Charlotte von Stein sowie an Herders – vor allem das *Geognostische Tagebuch der Harzreise* (WA II, 9, S. 155–168). Im übrigen ist auf die von G. in hohem Maße geschätzten Zeichnungen von Kraus zu verweisen. An Herder schrieb G. am 6. September aus Elbingerode: »Eine grose Last Steine bringe ich geschleppt. Die kleinsten Abweichungen, und Schattirungen die eine Gesteinart der andern näher bringen und die das Kreuz der Systematiker und Sammler sind weil sie nicht wissen wohin sie sie legen sollen, habe ich sorgfältig aufgesucht und habe sie durch Glück gefunden«. Die Briefstelle bezeichnet ein übergreifendes Beobachtungsinteresse, das sich, gerichtet auf die Erkenntnis entstehungsgeschichtlichen Zusammenhangs, in späteren Jahren, zumal während der böhmischen Badeaufenthalte, noch stärker Geltung verschaffte.

Anderthalb Jahrzehnte nach der dritten Harzreise, im Juli 1799, fanden die zurückliegenden Besuche einen dichterischen Reflex in der Ballade *Die erste Walpurgisnacht*. Und etwa zeitgleich arbeitete G. die *Walpurgisnacht*-Szene des *Faust* aus. Die Ortsangabe lautet: »Harzgebirg. Gegend von Schierke und Elend« (WA I, 14, S. 195). Die Klippenlandschaft im Umkreis beider Dörfer wählte G. zum Schauplatz eines Geschehens, das im Zeichen orgiastischen Taumels steht und bei dem er sich spielerisch auf jene christliche Fixierung bezog, derzufolge im Sinne eines Teufels- und Hexenfestes gedeutet wurde, was in der Nacht vom 30. April zum 1. Mai als heidnisch überkommene Frühlingsfeier, begangen zu Ehren der Göttin Ostara, noch immer virulent geblieben war. Auf versteckte Weise erwähnt finden sich in der Szene die von G. im September 1784 besuchten Schnarcherklippen: »Und die Klippen, die sich bücken, / Und die langen Felsennasen, / Wie sie schnarchen, wie sie blasen!« (ebd., S. 197).

Ob G. zwischen der Reise von 1784 und dieser Szenenausarbeitung noch ein weiteres Mal im Harz war, ist eine offene Frage. Als Begleiter der Herzogin hielt er sich vom 19. September bis zum 8.10. 1789 in Aschersleben auf, wo Carl August als Generalmajor stationiert war. Ausflüge in den Ostharz könnten stattgefunden haben, sind aber nicht belegt. Nachweisbar ist eine kurze (und letzte) Wiederbegegnung mit dem Harz lediglich für den August des Jahres 1805. G. hatte, zusammen mit seinem Sohn und Friedrich August Wolf,

die Beireisschen Sammlungen in Helmstedt besucht; die Rückreise (nach Lauchstädt) führte über Halberstadt und dann weiter über die Roßtrappe, den Gernröder Stubenberg und über Ballenstedt. Die Aufzählung dieser Stationen findet sich in einem Brief an Carl August (28.8. 1805). Detaillierteres ist nicht bekannt.

Literatur:

Denecke, Rolf: Goethes Harzreisen. Hildesheim 1980. – Dennert, Friedrich: Goethe und der Harz. Quedlinburg 1927. – Dietert, Friedrich: Goethe im Harz. Wernigerode, Chorin 1920. – Goethe und der Brocken. Sonderdruck der Zs. des Harzvereins für Geschichte und Altertumskunde. Wernigerode 1928. – Kindt, Hermann (Hg.): Goethes Harzerlebnis. Goslar 1949. – Mittheilungen aus dem Goethe-Archiv: Lebensverhältnisse mit Ober-Berghauptmann von Trebra. 1813. In: GoetheJb. 9 (1888), S. 11–20. – Meissner, Christine/Meissner, Markus: ›In der Freiheit der Berge‹. Auf Goethes Spuren im Harz. Weimar 1989. – Schieren, Horst: Goethes erste Harzreise. Eine biographische Studie. In: Beiträge zur Weltlage. 104 (1993), S. 15–33.

Bernd Leistner

→ **Häßliches s. Schönes**

Haushaltsführung

G.s Berühmtheit weckte bei Mit- und Nachlebenden Interesse an den Spuren seines Lebens, an geistigen insonderheit, indessen auch an denen seines Alltags. So sind Quellen über die Haushaltsführung in Fülle erhalten: Briefe, Tagebücher, Berichte von Zeitgenossen, vor allem jedoch Einnahmen und Ausgabenbücher nebst zahlreichen Sonder- und Einzelrechnungen. Letztere erscheinen nahezu wie eine Dokumentation, da G. über seinen Haushalt Buch führen ließ und diesem Rechnungswesen dauernde Beachtung schenkte. Dem Kunstsammler Johann Baptist Bertram erklärte er 1815, warum ihm eine ordentliche Haushaltung so wichtig war: »Wenn die Prosa abgetan ist, kann die Poesie um so lustiger gedeihen« (Gespräche, 2, S. 964).

Seit dem Einzug in das Gartenhaus und dem Eintritt in den Weimarischen Staatsdienst datiert G.s eigene Haushaltung: Zunächst als seinen Bedürfnissen angepaßter, allerdings immer aufwendiger werdender Junggesellenhaushalt. Philipp Friedrich Seidel, mit dem Dichter aus Frankfurt gekommen, organisierte den Alltag als Haushälter, Sekretär und Vertrauter gleichermaßen. Wirtschaft und Finanzen selbständig besorgend, hatte er der Köchin sowie zwei weiblichen und zwei männlichen Bedienten zu befehlen, die für die persönliche Betreuung G.s und für den Haushalt zuständig waren. Von Seidel geführte Bücher belegen den Finanzaufwand. Darin erscheinen für das Hauswesen verwendete Einnahmen: Besoldungen gehen regelmäßig ein. Variable Posten sind z.B. Zinsen, Zuwendungen der Eltern sowie der herzoglichen Familie, Erlöse aus Verkäufen von Wein, Heu, Leinwand und abgelegter Kleidung. Ausgaben sind ab 1778 nach Sachgebieten erfaßt. So im Januar : A. Neujahrsgeschenke, Almosen, Trinkgelder. B. Wäsche. C. Porto. D. Meubles und deren Unterhaltung. E. Kleidung und deren Unterhaltung. F. Extraordinaria. G. Gesinde. H. Keller. I. Lichte. K. Küche (GSA: G.-Rechnungen). Finanzpläne, Monatsrechnungen, vierteljährliche und Generalrecapitalia, von Seidel erstellt, von G. abgezeichnet, fassen Einnahmen und Ausgaben zusammen. So stehen 1779 Einnahmen von 1808 thlr und Ausgaben von 1411 thlr zu Buche, 1783 sind es 2727 thlr Einnahmen und 2595 thlr Ausgaben.

Sonderrechnungsbücher und Einzelbelege nennen u.a. Reiseausgaben. Im Baubüchlein von 1777 notierte Seidel die Namen der beim Umbau des Gartenhauses Beschäftigten, deren Gewerke, Arbeitsstunden sowie den Aufwand an Material, Lohn und Verpflegung. Laut Steuerbuch, über Jahre geführt, entrichtete G. Personensteuer, Grundsteuer für Haus und Garten, Erbzins und Gotteskastenerbzins. In den Tranksteuerbüchlein erscheinen Steuern für fremde Weine. Tägliche Einkäufe, in Vorrat gebrachte Lebensmittel, auf Herren- und Ge-

sindetisch Serviertes sind in Küchenbüchern verzeichnet.

G.s Tagebücher und Briefe dieser Jahre, u.a. an Charlotte von Stein und Carl August, Briefe Seidels und Louise von Göchhausens an G.s Mutter spiegeln das Leben des Dichters im eigenen Hauswesen und bezeugen enge Beziehungen zur herzoglichen und zur Steinschen Familie. In letzterem Fall führte die Vertrautheit in alltäglichen Lebensbereichen bis zur teilweisen Verknüpfung der Haushalte.

Während seiner Italienreise lief G.s Weimarer Haushalt weiter, wenn auch weniger aufwendig. Im ständigen Kontakt mit seinem Herrn hielt Seidel Geschäftsverbindungen und Postverkehr aufrecht, erledigte persönliche Aufträge G.s und überwachte dessen Finanzen. Nach 1788, als Christiane Vulpius die Lebensgefährtin des Dichters wurde, sein Sohn zur Welt kam und Herzog Carl August ihm das Haus am Frauenplan schenkte, wandelte sich der Junggesellen- zum Familienhaushalt. Philipp Seidel schied aus dem Dienst, war indessen weiterhin für G. tätig. So überwachte er noch jahrelang Haushaltsrechnungen und erledigte Geldgeschäfte. Das Hauswesen lag nun bis 1816 in Christianes Händen. Lebensfroh und mit praktischem Weltverstand schuf sie dem geliebten Mann die häusliche Welt. Dem Hause vorstehend, freilich kaum behelligt von der Mühsal des Alltags, konnte G. arbeiten und die ihm genehme Geselligkeit pflegen. Der Briefwechsel zwischen G. und Christiane erwähnt Alltägliches in Fülle und zeigt, welche Aufmerksamkeit der Hausherr seiner Familie und dem Hauswesen widmete.

Wie zeitweise Peter im Baumgarten oder Fritz von Stein im Hause des Junggesellen und Ulrike von Pogwisch in dem des alten G. lebten, gehörten Hausgenossen auch zum erweiterten Familienkreis dieser Jahre: Christianes Tante Juliane Vulpius und ihre Stiefschwester Ernestine bis 1806, Johann Heinrich Meyer von 1791 bis 1802; 1809 bis 1814 kam Christianes Gesellschafterin Caroline Ulrich hinzu. Über Jahre wohnten Mitarbeiter G.s am Frauenplan, so Friedrich Wilhelm Riemer von 1803 bis 1812 oder der Schreiber Johann August Friedrich John von 1814 bis 1819.

Der Haushalt zu Christianes Zeiten war weitläufig und arbeitsaufwendig, denkbar nicht ohne eine sichere Finanzbasis. Der Hausfrau gingen Tante und Stiefschwester zur Hand, dazu eine zahlreiche Dienerschaft: Köchin, Kutscher, Haus- und Laufmädchen. Daneben wurden – wie bereits im Junggesellenhaushalt und auch später – Tagelöhner, Züchtlinge, Gärtner und Lohnbediente beschäftigt. Besorgungen und Transporte übernahmen Botenfrauen und Fuhrleute. Viele Lebensmittel wurden im G.schen Haushalt selbst erzeugt. Fehlendes kaufte man in großen Mengen, brachte es in Vorrat und verarbeitete es im Haus. So wurden jährlich mehrere Schweine geschlachtet, Gänse, Hühner und Tauben gehalten, in zwei Gärten und auf einem Krautland Kartoffeln, Obst und Gemüse angebaut. Von 1798 bis 1803 besaß G. das Freigut Oberroßla. Der Pächter hatte Naturalien zu liefern: Butter, Eier, Käse, Enten, Truthühner, Lerchen, Schöpsenfleisch und anderes. Haushaltsbücher wurden von G.s Diener oder Sekretär angelegt und z.T. geführt. Vor allem waren Quartals- und Jahresrechnungen zu erledigen, die G. selbst kontrollierte. Christiane verfügte über größere Summen, u.a. erhielt sie Quartalsgeld für die Wirtschaft (1808: 150 thlr im Vierteljahr). Ausgaben davon trug sie in vorbereitete Bücher ein. Unter »Für mich und Augusten« vermerkte sie Persönliches wie Reiseausgaben, Schuster- und Schneiderzettel oder Schul- und Taschengeld für den Sohn (GSA: G.-Rechnungen).

Christianes Tod und die Heirat des Sohnes führten zu tiefgreifenden Veränderungen in G.s Hauswesen. Der Dichter wurde vom Haus- und Familienvater zum Senior des Hauses am Frauenplan. Er wählte die im Hinterhaus gelegenen Räume um Arbeitszimmer und Bibliothek zur Alterswohnung. Das junge Paar bewohnte die Mansarde. Fortan stand die Schwiegertochter der Geselligkeit vor. August enthob den Vater aller Wirtschaftssorgen als Vorstand des Doppelhaushaltes. In des Dichters Altersjahren machen die Quellen ein großzügig geführtes Haus sichtbar. In dessen Mittelpunkt stehend, ohne ihm vorzustehen, konnte G. die Annehmlichkeiten genießen.

Zugleich bot ein seinem Lebensstil bequemer eigener Bereich Abgeschiedenheit und Ruhe zur Arbeit. Für den reibungslosen Tagesablauf des Hausherren war auch in diesen Jahren der Diener zuständig, zuweilen unterstützt von Sekretär und Mitarbeitern.

G. finanzierte den gemeinsamen Haushalt. August bestritt mit seinen Einkünften Ausgaben der jungen Familie. Beide besprachen wohl Hauswesen und Finanzen, jedoch kontrollierte G. die Rechnungsführung des Sohnes nicht. Die Haushaltsbücher führte August nach dem System der Kammerrechnungen. Zunächst folgen die Quartale den Festen des Jahres: Weihnachten, Ostern, Johanni, Michaeli. Danach bilden drei Monate des Jahres jeweils ein Quartal. Die Einnahmen für den Wirtschaftsetat – vom Juli 1819 bis Juni 1820 z.B. 4889 thlr, 1829 ca. 10000 – setzten sich zusammen aus G.s Besoldung, den Zinsen für angelegtes Kapital, den Mieteinkünften vom Treuterschen Haus, der Vergütung für Wegfall von Heu und Stroh in Naturalien. Honorare des Dichters erschienen hierbei nicht. Die Ausgaben wurden nach Sachgebieten geordnet: I. Herr Staatsminister. II. Haushaltung. III. Wäsche. IV. Gäste. V. Wein. VI. Holz. VII. Lohn für Bediente. VIII. Livree-Stücke. IX. Equipage. X. Hausreparaturen. XI. Erhaltung des Inventars. XII. Garten. XIII. Almosen. XIV. Abgaben. XV. Insgemein (GSA: G.-Rechnungen). Unter »Herr Staatsminister« erfassen die Bücher G.s persönliche Aufwendungen. Nicht aus seinem Privatvermögen, sondern aus den von August verwalteten Finanzen wurden bestritten: Schneider-, Schuster-, Friseur-, Apotheker- und Arztrechnungen, solche von Buchbindern, Buchhändlern und Mineralwasserhändlern; der Badefrau »Bäder zu tragen«, dem Barbier für »Chirugische Hilfeleistungen«, Beitragszettel der Loge Amalia, das Abonnement der *Berliner Zeitung*, Porto, Fracht, Botenlohn und vieles mehr. Das Kapitel »Haushaltung« betrifft den gemeinsamen Haushalt. Eingetragenes ist unterteilt in: »Der Köchin Marktgeld und Ausgaben nach dem Buch«. Ottilie von G. oblag die Kontrolle der täglichen Einkäufe und deren Eintragung ins Küchenbuch. Sie rechnete monatlich mit ihrem Mann ab. Weitere Posten sind: »Fleisch. Wildpret. Weißbrod und Semmeln. Schwarzbrod. Kaffee. Zucker. Lichter. Oel in die Lampen. Korn. Thee. Suppenzeug und Gemüse«. Des öfteren sind Sonderposten notiert, z.B.: »Zum Vorrath. Zum Einmachen erkauft. Weihnachtsschüttchen. Ostereier für die Kinder« (GSA: G.-Rechnungen). Unter »Wäsche« stehen monatlich ca. 15 bis 18 thlr für Seife, Wäscherlohn und Bügelfrau zu Buche. Die Ausgaben für Wein sind getrennt in: »Der Wein selbst«, »Fracht, Import und Tranksteuer«. Letztere, für Qualitätsweine aus der Ferne gezahlt, ist beträchtlich. Aus »Lohn für Bediente« ist zu ersehen, daß zu dieser Zeit neben G.s Bedienten Kutscher, Köchin, Jungfer, Haus- und Kindermädchen beschäftigt waren. Nach 1827 kam ein zweites Kindermädchen für die Enkeltochter hinzu. Nicht auf den Lohnlisten für Bedienung erscheinen Sekretär, Schreiber und Mitarbeiter G.s; die Lehrer der Kinder bezahlte August. Der Spalte »Abgaben« ist zu entnehmen, daß G. neben Erbzins, Brandsteuer und -versicherung Einkommensteuer zu entrichten hatte, so 1830 z.B. für 15825 thlr Steuerkapital – bei einer Steuer von 8 Pfennig pro Taler und Jahr - fast 880 thlr.

Den Rechnungsbüchern liegen Mappen mit Zahlungsbelegen bei. Defizite zwischen Einnahmen und Ausgaben beglich G. mit zum Teil beträchtlichen Summen aus seiner Privatkasse. »Zuschuß vom Vater baar«, notierte August des öfteren, wiederholt auch »von der Sparkasse erborgt«, etwa zur Begleichung älterer Rechnungen (GSA: G.-Rechnungen).

Die Italienreise des Sohnes, mehr noch dessen Tod nötigten G., wie er am 20.3. 1831 an Sulpiz Boisserée schrieb, »in Bezügen zu wirken, die ich längst andern übertragen hatte. Aus der Stellung des Großvaters zum Hausvater, aus dem Herrn zum Verwalter überzugehen, war eine bedeutende Forderung«.

Wieder selbst der Haushaltung vorstehend, bestellte G. seinen Neffen Rinaldo Vulpius, mit Unterstützung durch den Schreiber John Finanzen und Wirtschaft neu zu ordnen. Beide führten von nun an – monatlich von G. kontrolliert – die Bücher. Ottilie erhielt einen festen Betrag zur persönlichen Verfügung und

Erziehungsgeld für die Kinder, ohne mit dem Haushalt befaßt zu sein. »Von dieser Last befreyt konnt' ich an bedeutende Arbeiten gehen«, ist am 10.2. 1831 im Tagebuch vermerkt. Weitere Eintragungen aus den Jahren 1831 und 1832 belegen G.s Beschäftigung mit dem Hauswesen; so heißt es noch am 2.1. 1832: »Haushaltungsangelegenheiten. Rechnungen, Berichtigung vergangener Wochen und Monate. Mit Vulpius deßhalb Verabredungen. An John das Nähere übertragen«. Obwohl auch nach 1830 der Strom der Besucher nicht abriß, sich im Salon der Schwiegertochter weiterhin Gäste trafen, gehörten aufwendige Geselligkeiten der Vergangenheit an. Der über achtzigjährige Dichter lebte im engsten Familien- und Freundeskreis und nutzte die ihm verbleibende Zeit zur Vollendung seines Lebenswerkes. Diesem Lebensstil angepaßt, funktionierte das Hauswesen. Die Tagebucheintragung vom 25.12. 1831: »Neue Einrichtung der Küche und des Mittagessens« sowie ein von diesem Tag bis zum 15.3. 1832 datiertes, vom Diener geschriebenes Tafelbuch (JbSK. 7. 1927/28, S. 191–216) lassen vermuten, daß G. selbst bestimmte, welche Speisen mittags und abends am Familientisch oder bei Anwesenheit von Gästen serviert wurden.

Auch wenn G. zeitweilig nicht in Weimar lebte, legte er Wert auf einen wohlorganisierten Haushalt. Dessen Führung, die Sorge um Verpflegung, Kleidung, Wohnung und Gesundheit oblag dem jeweiligen Diener; unter G.s Aufsicht waren dann auch Finanzen zu verwalten, tägliche Ausgaben abzurechnen, Tagebuch zu führen, nach Diktat zu schreiben. Daneben galt es, vielerlei Aufträge zu erledigen und Gäste zu versorgen.

Die auf Reisen geführten Bücher erlauben Rückschlüsse auf die Organisation des Reisehaushaltes. So entstanden unterwegs Kosten für Übernachtung und Bewirtung in Gasthäusern, für Pferde und Kutsche. Zu zahlen waren: Brücken- und Straßengebühren sowie Trinkgelder. Am Zielort wurde jeweils ein bequemes Hauswesen eingerichtet. Der Wirt sorgte für Heizung, Beleuchtung, Bedienung, Wäsche. Die Hauptmahlzeit ließ G. in der Regel aus Speisewirtschaften holen: »Ich lasse das Essen aus dem Traiteur-Hause holen, wo ich sechs Schüsselchen erhalte und mir soviel auswählen kann, daß ich satt werde«, teilte er August z.B. am 8.7. 1823 aus Marienbad mit. Für die übrigen Mahlzeiten war der Diener zuständig. Zur Versorgung Nötiges wurde vor Ort gekauft: Kaffee, Schokolade, Mineralwasser, Wein, Obst, Fische u.a. Daneben sorgten Freunde und Bekannte für das leibliche Wohl. »An Confect und getrockneten Früchten zum Nachtisch, nicht weniger an Chocolade lassen es die Freunde auch nicht fehlen. Rothen und weißen Wein ließen sie mir gleichfalls zurück« (an Christiane von Goethe, 17.6. 1815).

Von besonderer Art war die Haushaltssituation während längerer Aufenthalte in Jena. Dort vermißte G. meist die gute Küche des Weimarer Haushaltes: »Nur bringt mich leider das Essen beynahe zur Verzweiflung«, schrieb er Christiane am 17.4. 1810 und an August am 8.10. 1819, es sei »eine Tantalische Qual, wenn ich an unsere Küche denke und hier ganz nahe Hunger leide«. Dem abzuhelfen wurde der Jenaer Haushalt auch von Weimar aus versorgt. Die Zurückgebliebenen erfüllten Wünsche, besorgten Lieferungen und erhielten ihrerseits Jenaer Produkte für den Weimarer Haushalt. Zuzeiten ließ G. die Köchin nach Jena holen, denn: »Bey dem besten Willen der Leute ist es nicht möglich einen Bissen behaglich zu genießen« (an August von Goethe, 18.9. 1821).

G. und seine Familie waren anspruchsvoll. Zugleich stellte das weltoffene Haus des berühmten Dichters, Staatsmannes, Künstlers und Wissenschaftlers hohe Anforderungen an das Hauswesen. Gäste in großer Zahl wurden empfangen und auf das beste bewirtet. Hatte G. anfangs Frühstücke, Tee-, Schokoladen-, Abend- und Kindergesellschaften in Garten und Haus am Stern gegeben, lud er bereits als Mieter am Frauenplan zu großer Tafel. Im 1783er Küchenbuch sind Gästezahlen an G.s Tisch sowie für Gastmahle verwendete Produkte verzeichnet. So waren am 10. Januar mittags 17, am Abend des 23. Juni 24 Personen zu Gast. Der Haus- und Familienvater G. galt als aufmerksamer Gastgeber, als Feinschmek-ker und Weinkenner. Aus den späteren Jahren wird von Dejeuners, Diners, Soupers berichtet, ebenso von Teegesellschaften, Ballabenden und glänzenden Festen. Für die Organisation waren die jungen Goethes zuständig. Zu Mittag – in der Regel von eins bis gegen vier – war G. selten allein zu Tisch. Freunde, Amtskollegen, Mitarbeiter und durchreisende Fremde wurden geladen. Entsprechend hoch stehen Ausgaben für Gäste zu Buche, neben denen für Küche und Keller solche für ausgeliehene Möbel, Betten und Geschirr, für Theaterbillets, Mietkutschen, dazu bedeutende Summen für Wachslichter, Kaffee, Zucker und Tee. Rechnungen von Gastwirten nennen Kosten für Quartier und Bewirtung von Gästen. Bezahlt wurden für Geselligkeiten engagierte Garderobenmädchen und Lohnbediente: zur »Aufwartung an der Tafel, Silber zu putzen, Visite zu fahren« (GSA: G.-Rechnungen).

Das Hauswesen am Frauenplan – insbesondere nach 1820 – bedurfte eines dichten Netzes von Bedienten, Handwerkern und Lieferanten sowie bedeutender Finanzmittel. Rechnungen, unter »Hausreparaturen«, »Erhaltung des Inventars«, »Garten« u.a. (GSA: G.-Rechnungen) abgelegt, lassen die Fülle der nötigen Arbeiten und Gewerke ahnen. Neben Maurern, Malern, Tischlern, Schlossern, Glasern, Ofensetzern und Gärtnern waren Böttcher, Wagner, Sattler, Tapezierer, Schmiede, auch Zinngießer in G.s Haushalt tätig. Die Goethes ließen Töpfe binden und flicken, Körbe flechten, Messer schleifen, Flachs spinnen, Zinngeschirr umgießen, Gardinen aufstecken, Möbel polstern und überziehen, Bilder rahmen, Bücher binden, Pianos stimmen, Lampen putzen, Spiegel belegen und vieles mehr. Weber, Schneider, Schuh-, Handschuh-, Putz- und Hutmacher sorgten für die Kleidung. Händler und Kaufleute aus nah und fern sowie einheimische Bauern, Gärtner, Zitronen- und Kräuterfrauen, Fleischer, Bäcker, Konditoren, Gastwirte belieferten das G.sche Haus. Warenmengen und Preise sind in den Rechnungen, vor allem in den Brot-, Rahm-, Milch- und Fleischbüchern enthalten. Meist wurde nicht sofort bei Lieferung bezahlt, sondern oft erheblich später in größeren Summen, auch in

Form von Abschlägen. Einzelrechnungen zeigen die Vielfalt des Gelieferten. Obst, Gemüse und Kräuter der Saison wurden – soweit nicht selbst gezogen – auf dem Markt gekauft, ebenso Waldfrüchte, Frischwaren wie Butter, Milch, Eier und Geflügel. Frühgemüse bezog man vom Hofgärtner aus den Belvederer Gewächshäusern, Wild aus der herzoglichen Niederlassung, Ilmforellen, Hechte, Karpfen und Krebse aus der Hoffischerei. Zu Festlichkeiten wurden große Pasteten beim Hofkoch bestellt. Gärtner lieferten Blumen, Girlanden und Kränze. Auffallend sind seitenlange Konditorrechnungen der späteren Jahre, während im Familienhaushalt vermutlich das meiste selbst gebacken wurde. Luxuswaren kamen vor allem aus der Ferne – von Kaufleuten geliefert, indessen auch von Verwandten, Freunden und Verehrern gesendet, auf Bestellung oder als Geschenk. Produkte der Frankfurter Gegend – Absender waren G.s Mutter, später zumeist Johann Jakob und Marianne von Willemer – trafen regelmäßig in Weimar ein: Kastanien, Weintrauben, Mostsenf, Honig, Artischocken, Schwartenmagen, zu Weihnachten Konfekt und Zuckerwerk sowie die von G. geliebten Weine der Heimat. Aus Berlin bezog man Teltower Rübchen, Zander, Kaviar und Cervelatwürste, aus Wien Schokolade. Als Familienfreund versorgte der Arzt Nikolaus Meyer über dreißig Jahre G.s Haus mit Waren von der weltoffenen Küste: frische Seefische, Hummer und Austern, geräucherte und marinierte Fische, Schinken, Spickgänse, Hamburger Fleisch, Räucherzungen, Winterbutter, Ananas und ausländische Weine – hauptsächlich Portwein, Malaga, Madeira sowie Franzwein. Wein, nach heutigen Maßstäben unübliche Mengen, lieferten Weinhändler. Bedeutende Summen stehen dafür zu Buche, 1829 z.B. etwa zwanzig Prozent des Haushaltetats. In großen Fässern transportierte Weine zog man erst im sorgfältig gepflegten Weinkeller auf kleine Fässer ab. Edle Sorten und Champagner kamen in Bouteillen. In Wein- oder Kellerbüchern sind Ein- und Abgänge von Wein notiert. Bezeichnend für den Lebensstil im Hause G. sind nach 1820 datierte Delikatessenrechnungen; Gänseleber, Trüffel, Muscheln, Kaviar,

Lachs, Rum, Pariser Senf, spanische Rosinen, Tee, Ingwer, Reis und vieles andere erscheinen darauf.

Die Quellen belegen, welchen Wert G. auf einen wohlorganisierten Haushalt legte. Wir finden darin gleichsam die elementare Basis seiner außerordentlichen Lebensleistung – zugleich aber höchst aufschlußreiche Zeugnisse der Kulturgeschichte, denn selten sind Details des Alltags so zahlreich überliefert wie in diesem Fall.

Quellen:

Goethe- und Schiller-Archiv: Bestand 34, Goethe. Rechnungen.

Literatur:

Gräf, Hans Gerhard (Hg.): Goethes Ehe in Briefen. 2 Bde. Frankfurt 1916. – Kasten, Hans (Hg.): Goethes Bremer Freund Dr. Nicolaus Meyer. Bremen 1926 – Köster, Albert (Hg.): Die Briefe der Frau Rath Goethe. Leipzig 1904. – Schleif, Walter: Goethes Diener. Berlin, Weimar 1965.

Carola Sedlacek

Hegel, Georg Wilhelm Friedrich
(1770–1831)

»Dem Absoluten / empfielt sich / schönstens / zu freundlicher Aufnahme / das Urphaenomen / Weimar Sommer Anfang / 1821«. Mit einem seine *Farbenlehre* veranschaulichenden Trinkglas übermittelte G. dieses vielzitierte Wort an Hegel, den herausragenden Philosophen des sog. deutschen Idealismus und seit 1818 weithin berühmten Professor für Philosophie in Berlin. Ganz ohne gravitätische Miene, vielmehr voll heiter-ironischer Laune, ist G.s Geste erhellend. Sie wirft Licht auf die Beziehung zweier Geister, die sich im souveränen Bewußtsein je eigener Welt begegneten und mögliche Berührungspunkte zu schätzen wußten, ohne sich um ihre ersichtlichen Differenzen zu betrügen. Denn in der Tat können sich »Urphänomen« und »Absolutes«, symptomatische Figuren einer natürlichen Welt ästhetischer Anschauung und einer geistigen Welt begrifflicher Vermittlung, nur mit gewitztem Respekt begrüßen. Zur selben Welt vereinen können sie sich nicht. Weitgehend quer zu dieser Nähe und Distanz frei umfassenden, persönlich »kordaten« (Hegel an seine Frau, 17.10. 1827) Haltung G.'s und Hegels selbst, hat sich die historische Deutung bewegt. Was alsbald vor allem der Hegel-Schule zur Übung wurde, gehörte lange zu den Topoi deutscher Geistesgeschichte: G. und Hegel in einem Atemzug zu nennen, die Welten von »Urphänomen« und »Absolutem« ineinanderzuspiegeln und in dieser Spiegelung das epochale Bild einer gemeinsamen klassischen Weltanschauung zu zeichnen. Zusammen mit diesem Topos hat auch das Thema selbst an Beachtung eingebüßt. Der Sache nach ist es indes nicht weniger interessant. Denn in Nähe und Distanz zugleich trifft die Begegnung G.s und Hegels ins Zentrum ihres Denkens.

Auf Anhieb muß die Konstellation überraschen. G.s Bemerkung: »Für Philosophie im eigentlichen Sinne hatte ich kein Organ« (WA II, 11, S. 47), war nicht kokett gemeint. Hegels spekulative Philosophie des absoluten Geistes aber ist unbestreitbar »Philosophie im eigentlichen Sinne« – die in höchster Komplexität sich vollziehende Anstrengung des Denkens, Vernunft sich selber durchsichtig werden zu lassen. Gewiß stand der Weimarer G. in Kontakt mit dem um die Jahrhundertwende in Jena sich ausbildenden nachkantischen Idealismus. So traf er zunächst auch auf Hegel, der von 1800 bis 1807 als Privatdozent in Jena lebte. Jedoch hat G. sich mit dem hier seinen öffentlichen Gang nehmenden »Absoluten« weder jetzt noch später systematisch

auseinandergesetzt oder die Texte gar nur einer gründlichen Lektüre unterzogen. Daß es unter solch disparaten Umständen zur erwähnten Begrüßung dennoch kommen konnte, ging auf Hegels positive Beurteilung der allgemein ungünstig aufgenommenen *Farbenlehre* zurück (*Enzyklopädie der philosophischen Wissenschaften*, 1817). In G.s *Tag- und Jahresheften 1817* heißt es: »Eben so erbaute mich Professor H e g e l s Zustimmung. Seit Schillers Ableben hatte ich mich von aller Philosophie im Stillen entfernt, und suchte nur die mir eingeborne Methodik, indem ich sie gegen Natur, Kunst und Leben wendete, immer zu größerer Sicherheit und Gewandtheit auszubilden. Großen Werth mußte deßhalb für mich haben, zu sehen und zu bedenken, wie ein Philosoph von dem was ich meinerseits nach meiner Weise vorgelegt, nach seiner Kenntniß nehmen und damit gebaren mögen«.

Während G. Hegels Gebaren erfreut zur Kenntnis nahm, daraus sogar für seine Arbeit gewann (an Reinhard, 5.3. 1821), bildete der Rekurs auf G.s Naturstudien im Ganzen der Hegelschen Naturphilosophie und enzyklopädischen Wissenschaft überhaupt nur ein Moment. Zufällig ist es jedoch nicht. Die Berührung mit G.s Welt zeigt, daß Hegels »Philosophie im eigentlichen Sinne« trotz ihrer spekulativen Höhenlage alles andere ist als die Ausgeburt einer weltlosen Metaphysik. Das »Absolute« meint gerade umgekehrt den Vermittlungsprozeß einer Vernunft, die von Hegel nur deshalb vernünftig genannt wird, weil sie sich in die Realität hinaussetzt und sich in ihr zur konkreten Darstellung bringt. So besehen, teilte Hegel ohne weiteres G.s Widerwillen gegen alle abstrakte Theorie, die der Welt der Phänomene, der Totalität lebendiger Wirklichkeit nicht gerecht wird. Sein »Inneres hat gegen die Abstraktion Nahrung zur widerhaltenden Stärke von Ihnen erhalten«, schrieb er an G. (24.4. 1825). »Urphänomen« und »Absolutes« konnten sich demnach begrüßen, weil sich in beiden Figuren ein sachhaltiges, erfahrungsgesättigtes Welt-Verhältnis aussprach.

In der *Farbenlehre* insbesondere gegen Newton gerichtet, wandten sich G. und Hegel allgemein gegen die Abstraktionen moderner Naturwissenschaft, die den Zusammenhang zwischen Allgemeinem und Besonderem, Idee und Erscheinung zerreißen. Demgegenüber die innere Einheit und sinnlich-ideelle Strukturiertheit der Wirklichkeit aufzuweisen, ist das, was Hegel an G.s »Urphänomen« wie an der Metamorphose hervorhob. Es ist das, was seinem in der Welt konkret sich darstellenden, Idee und Realität vermittelnden »Absoluten« entgegenkam (Hegel an G., 24.2. 1821). Daraus wurde zwar längstens keine gemeinsame Welt – eine Verständigungsmöglichkeit aber gab es. Auch wenn G. weiterhin die »gedruckten Mittheilungen eines solchen Mannes [...]« unklar und abstrus« erschienen, so ward er doch »im lebendigen Gespräch« mit Hegel gewahr, »daß wir in den Grundgedanken und Gesinnungen mit ihm übereinstimmen« (an Knebel, 14.11. 1827). Es sind Gesinnungen, die in ihrem konkreten Weltbezug radikal kritisieren, was Hegel schon früh »Entzweiung« genannt hat (Hegel, Bd. 2, S. 20). Die Reflexionskultur der Entzweiung ist verständig, aber nicht vernünftig, und sie wird auch nicht nur durch die Wissenschaften repräsentiert. Der abstrakte Riß findet sich genauso in der neueren Philosophie, bei Kant und Fichte, auch den Romantikern: in einem verabsolutierten Subjekt, das zur Einheit lebendiger Wirklichkeit nicht mehr vordringen kann. In der Preisgabe aller subjektivistischen Manier die innere Strukturiertheit der Wirklichkeit aufzuschließen, heißt darum zugleich, den notwendigen Zusammenhang zwischen Subjekt und Objekt aufzutun. »Wo Objekt und Subjekt sich berühren, da ist Leben. Wenn Hegel mit seiner Identitätsphilosophie sich mitten zwischen Objekt und Subjekt hineinstellt, und diesen Platz behauptet, so wollen wir ihn loben« (Gespräche, 3.2, S. 181).

Mit diesem zwiespältigen Lob G.s ist indes die Grenze der Verständigung erreicht. Denn davon, daß Hegel sich je nur in die »Mitte« des Entzweiten gestellt hätte, kann keine Rede sein. Vom 18.10. 1827, dem Abend, an dem man in Gesinnungen übereinstimmt, überliefert Eckermann zugleich einen vielsagend ironischen Disput über das »Wesen der *Dialek-*

tik«. Während Hegel die dialektische Verfahrensweise des Geistes für »groß« hält zur Ermittlung der Wahrheit, ist sie für G. eine trügerische Kunst, eine Krankheit, von der das »Studium der Natur« zu heilen vermag, denn das »unendlich und ewig Wahre« der Natur zeigt sich der reinen Beobachtung. Mit dieser Differenz zwischen einer in unmittelbarer Anschauung gegebenen und einer im dialektischen Prozeß der Vernunft allererst zu ermittelnden, also vernünftig vermittelten Wahrheit der Welt, rücken »Urphänomen« und »Absolutes«, G.s primär ästhetisches und Hegels philosophisches Welt-Verhältnis, auseinander. Zwar wollen beide den Riß abstrakter Verstandesreflexion überwinden. Ihr aber nur wie G. die Einsicht konkreter Anschauung entgegenzusetzen, reicht Hegel nicht, »denn aus der Anschauung kann man nicht philosophieren« (Hegel, Bd. 9, S. 21). Wirkliche Einsicht in die Welt entsteht erst mit dem Begriff ihres Zusammenhangs, mit der Vernunft selbst also, die durch ihre Vermittlung mit der Realität deren Strukturen als vernünftige begreifen kann. Die Aufhebung »naiver« Anschauung (Hegel, Bd. 13, S. 174) in begriffliche Erkenntnis heißt nicht, daß Hegel sich über die Bestimmung von G.s »zarter Empirie« (MuR, 565) getäuscht hätte: wie am »Urphänomen«, unterstreicht er auch an der Anschauung den Charakter sinnlich-ideeller Einheit. Als unmittelbare Einheit ist sie aber nur ahnender »Natursinn« (Hegel, Bd. 13, S. 173), nur »Instinkt der Vernunft« (Hegel, Bd. 9, S. 256), und nicht schon die Darstellung der Vernunft selbst. Diese Differenz des Welt-Verhältnisses verändert die Welt im Ganzen. Wahrheit nicht in der Natur zu finden, sondern im Vermittlungsprozeß der Vernunft zu begreifen, führt die Verwirklichung des »Absoluten« konsequent über den Horizont der Natur hinaus. Anders als für G. steht Hegels Natur unter dem Primat des Geistes, der erst in genuin geschichtlicher Welt, in Kunst, Religion und Philosophie, zu wirklicher Darstellung gelangt. Mit dieser Hierarchie von Begriff und Anschauung, von Geist und Natur, durchkreuzt Hegel nicht nur G.s sog. Weltfrömmigkeit; er löst auch die Gleichstellung von »Natur, Kunst

und Leben« auf, die G. in der ihm »einge-
bornen Methodik« verfolgt (*Tag- und Jahreshefte 1817*). In Hegels *Vorlesungen über die
Ästhetik* ist Kunst somit mehr als die »würdigste Auslegerin« der Natur (MuR, 201), sie ist
historische Realität des Geistes, und als solche
wird G.s Dichtung von Hegel geschätzt. So
sind es neben dem *Faust* als der »absoluten
philosophischen Tragödie« (Hegel, Bd. 15,
S. 557; vgl. auch das Kapitel »Die Lust und die
Notwendigkeit« aus der *Phänomenologie des
Geistes*, 1807) vor allem *Iphigenie, Herrmann
und Dorothea* und der *West-östliche Divan*, in
denen Hegel die weltverarbeitenden Möglichkeiten der Kunst auf dem geistigen Boden der
Moderne exemplarisch verwirklicht sieht. Zuletzt aber erfaßt die Hierarchie von Anschauung und Begriff auch noch das Innerste der
Geisteswelt selbst: erst im philosophischen,
alle Phänomene von Natur und Geschichte
konkret in sich vermittelnden absoluten Wissen kommt die vernünftige Wahrheit der Welt
ganz zu sich. Wie immer sich begrüßend: dieser universalphilosophische Anspruch des Hegelschen »Absoluten« bleibt G.s anschaulicher
Welt nicht von ungefähr fremd: »Ich mag
nichts Näheres von der Hegelschen Philosophie wissen, wiewohl Hegel selbst mir ziemlich zusagt. Soviel Philosophie, als ich bis zu
meinem seligen Ende brauche, habe ich noch
allenfalls in Vorrat, eigentlich brauchte ich gar
keine« (von Müller, 16. 7. 1827).

Literatur:

Bubner, Rüdiger: Hegel und Goethe. Heidelberg
1978. – Gadamer, Hans-Georg: Goethe und die Philosophie. Leipzig 1947. – Hegel, Georg Wilhelm
Friedrich: Werke. Bde. 1–20. Hg. von Eva Molden-
hauer u. Karl Markus Michel. Frankfurt/M.
1969–1971. – Hoffmeister, Johannes: Goethe und
der deutsche Idealismus. Eine Einführung zu Hegels
Realphilosophie. Leipzig 1932. – Litt, Theodor:
Goethe und Hegel. In: Studium Generale. 2 (1949),
S. 413–427. – Löwith, Karl: Von Hegel zu Nietzsche.
Der revolutionäre Bruch im Denken des 19. Jahr-
hunderts. Hamburg ⁷1978. – Mayer, Hans: Goethe.
Ein Versuch über den Erfolg. Frankfurt/M. 1973. –
Schmidt, Alfred: Goethes herrlich leuchtende Natur.
Philosophische Studie zur deutschen Spätaufklä-
rung. München, Wien 1984. – Schubert, Johannes:
Goethe und Hegel. Leipzig 1933. – Verra, Valerio:
Dialektik contra Metamorphose. In: Hegel-Annalen.
3 (1986), S. 299–308.

Birgit Sandkaulen

Heidelberg

»Heidelberg sei ein lieblicher Ort für dreitägigen Aufenthalt«, soll G. gesagt haben,
nachdem er dort mehrmals auf der Durchreise
Station gemacht hatte (Voß an G., 7. 12. 1806;
in: GoetheJb. 5. 1884, S. 51). In der Zeit vor
1800 galten seine Besuche vor allem der De-
moiselle Delph, einer Handelsjungfer und alten Freundin des väterlichen Hauses, die wohl
als Botin in Liebes- ebenso wie in Staatsgeschäfte verwickelt war. Erstmals kam G. – gemeinsam mit den Brüdern Stolberg – auf der
Schweizerreise von 1775 am 17. Mai in die
Stadt, die er auch auf der Rückfahrt im Juli
nicht ausließ. Schon im Spätherbst kehrte er
wieder bei der Delphin ein, noch im Unge-
wissen darüber, ob ihn eine Kavalierstour nach
Italien führen oder eine großherzogliche Sta-
fette nach Weimar rufen würde. Einige Jahre
später verbrachten G. und Herzog Carl August
einen Nachmittag auf dem Schloß: »Goethe
zeichnete, und ich kroch in den alten schönen
Trümmern herum«, schrieb der Herzog am 29.
9. 1779 an seine Frau (Gespräche, 1, S. 275).
Im August 1793 – G. reiste damals nach der
Belagerung von Mainz über Mannheim, Heidelberg und Frankfurt nach Hause – traf er
»bei der alten treuen Freundin Delf« seinen
Schwager Johann Georg Schlosser, dessen
»Gegenwart [ihm] sehr wohl« tat, obwohl der
Jugendfreund sich für die Ausführungen zur
Farbenlehre nicht erwärmen konnte (WA I, 33,
S. 326; an F. H. Jacobi, 18. 11. 1793). Auf einer
neuerlichen, der dritten Reise in die Schweiz
kam er zum letzten Mal mit der Delphin zu-
sammen; sie starb 1808. Bei dieser sechsten
Einkehr in Heidelberg beschrieb er die Stadt
und die Gegend, als sähe er sie zum ersten
Mal: mit dem empfänglichen, geschulten Blick

des Landschaftsmalers und mit dem geistig klärenden Auge des phantasievollen Dichters. Er betrachtete sie »mit Entzücken« (an Schiller, 30. 8. 1797), »mit Verwunderung und ich darf wohl sagen mit Erstaunen« (an Carl August, 11. 9. 1797). Die Natur wurde ihm hier zum Bilde: »Die Ansichten nähern sich, von mehrern Seiten, dem Ideal, das der Landschaftsmahler, aus mehrern glücklichen Naturlagen sich in seiner schaffenden Phantasie zusammenbildet« (ebd.).

Im Herbst 1814 fand er bei den Brüdern Boisserée »das lieblichste Quartier« (an Christiane, 27. 9. 1814). Entgegen seinem Vorsatz blieb er dieses Mal vierzehn Tage. Heidelberg war zwar nach wie vor eine Kleinstadt mit etwa 10000 Einwohnern, hatte aber unterdessen durch die Universität an Anziehungskraft gewonnen. Innerhalb eines Jahrzehnts – 1803 war das kurpfälzische Heidelberg aufgrund des Reichsdeputationshauptschlusses dem Großherzogtum Baden zugesprochen worden – hatte die neue Regierung Karl Friedrichs eine Reorganisation der Universität eingeleitet und namhafte akademische Lehrer herangezogen. Zu ihnen zählte Anton Friedrich Justus Thibaut, der den Ruf Heidelbergs als Pflanzschule für Juristen begründete und seit 1808 G.s Sohn unterrichtete. Mit zahlreichen aus Jena berufenen Gelehrten war G. von früher her bekannt, u.a. mit Johann Heinrich Voß, Heinrich Eberhard Gottlob Paulus, Jakob Friedrich Fries und Franz Joseph Schelver. Die gesellschaftliche Atmosphäre Heidelbergs war jedoch seit 1807 zunehmend durch den sog. Romantikerstreit getrübt: »Sie hassen und verfolgen sich alle einander« (G. an Christiane, 31. 10. 1808), so daß er ohne einen integrierenden – und integren – Mittelpunkt die Stadt wohl nicht wieder aufgesucht hätte. Dieser bot sich ihm im Hause der Brüder Boisserée, die im Vertrauen auf die Erneuerung der Universität ihre Heimatstadt Köln verlassen und Heidelberg 1810 zum Standort ihrer Gemäldesammlung gewählt hatten. G. besuchte u.a. Paulus, Thibaut und Voß. Im Zentrum stand aber das intensive Studium der altdeutschen Bilder unter der Assistenz von Sulpiz und Melchior Boisserée sowie Johann Baptist Bertram.

Der Heidelberg-Aufenthalt im Jahr darauf war reich erfüllt, aber spannungsvoll. In Erwartung des Herzogs und in Gegenwart der Familie Willemer fand sich G. vielfach angeregt und abgelenkt. Wie im Jahr zuvor erneuerte sich das unmittelbare Betroffensein »vor dem großen Bild Eycks«, dem Dreikönigsaltar Rogier van der Weydens, das ihn noch in der Lithographie Johann Nepomuk Strixners mit »Bewunderung« erfüllte (W. Grimm an A. von Arnim, 31. 10. 1815, in: Steig, Bd. 3, S. 333; Tagebuch, 26. 9. 1831).

Wie der Genius loci im Vorjahr die dichterische Produktion begünstigt hatte, so vermehrte sich auch in diesem Herbst der *Divan* »um viele Glieder«, darunter »welche von der jüngsten und frischesten Sorte« (an Zelter, 29. 10. 1815). Unterhaltungen mit Paulus über »Orientalisches«, begleitet von Übungen in arabischer Schrift und Grammatik, und Erörterungen mit Georg Friedrich Creuzer über den Doppelsinn antiker Mythen am Beispiel des Gingo-biloba-Blattes förderten die Arbeit. Aus einem gesteigerten Lebensgefühl, das der Liebe zu Marianne von Willemer zu danken war, gingen jetzt etwa fünfzehn Gedichte hervor. Der Aufbruch von Heidelberg geschah indessen unvermittelt; G. fand sich getrieben von der Empfindung, »seit 4 Monaten, als ein Ball [...] hin und wieder geworfen«, »durch eigene und fremde Leiden und Freuden hin und hergewogt« zu sein (an Knebel, 21. 10. 1815; an Zelter, 29. 10. 1815).

Danach kam er, trotz aller Bitten der Freunde, nicht mehr nach Heidelberg. Wie sehr die Stadt für ihn mit Erinnerungen gesättigt war, enthüllt ein Satz, der am 13. 1. 1832 in ein Briefkonzept an Marianne von Willemer einfloß, in der Reinschrift aber unterdrückt wurde: »Heidelberg wiederzusehen muß ganz wunderbar seyn, nur daran zu denken bringt mich in einen ganz eigenen Zustand« (WA IV, 49, S. 413).

Literatur:

Benz, Richard: Heidelberg – Schicksal und Geist. Konstanz u. a. 1961. – Boisserée, Sulpiz: Tagebücher. 1808–1854. Hg. von Hans-J. Weitz. Bd. 1:

1808–1823. Darmstadt 1978. – Burdach, Konrad: Goethes *West-östlicher Divan* in biographischer und zeitgeschichtlicher Beleuchtung. In: GoetheJb. 17 (1896), S. 3–40. – Debon, Günther: Goethes Begegnung mit Heidelberg. 23 Studien und Miniaturen. Heidelberg 1992. – Firmenich-Richartz, Eduard: Sulpiz und Melchior Boisserée als Kunstsammler. Ein Beitrag zur Geschichte der Romantik. Bd. 1. Jena 1916, insbes. S. 194–247. – Goethe und Heidelberg. Hg. von der Direktion des Kurpfälzischen Museums. Heidelberg 1949. – Grimm, Herman: Goethe und Suleika. In: Lohner, Edgar (Hg.): Studien zum *West-östlichen Divan* Goethes. Darmstadt 1971, S. 285–309. – Manger, Klaus: Der westöstliche Garten. Marianne von Willemer, ihr Gedicht *Das Heidelberger Schloß* und Goethe. In: ders. (Hg.): Heidelberg im poetischen Augenblick. Heidelberg 1987, S. 175–209. – Steig, Reinhold (Bearb.): Achim von Arnim und Jacob und Wilhelm Grimm. Stuttgart, Berlin 1904. – Strack, Friedrich: Die Sammlung Boisserée in Heidelberg. Künstleratelier und Bildungsanstalt. In: Gethmann-Siefert, Annemarie/ Pöggeler, Otto (Hg.): Kunst als Kulturgut. Die Bildersammlung der Brüder Boisserée – ein Schritt in der Begründung des Museums. Bonn 1995. – Wolgast, Eike: Phönix aus der Asche? Die Reorganisation der Universität Heidelberg zu Beginn des 19. Jahrhunderts. In: Strack, Friedrich (Hg.): Heidelberg im säkularen Umbruch. Traditionsbewußtsein und Kulturpolitik um 1800. Stuttgart 1987, S. 35–60.

Doris Strack/Friedrich Strack

Heidentum

Unter Heidentum verstand G. in erster Linie die klassische Antike. Seine Begriffsverwendung bezieht sich in umfassender Weise auf deren Leben, Religion, Moral, Kunst. Besonders schätzte er die diesseitigen Lebensformen und die diesseitige Lebensauffassung der alten Griechen und schloß dabei auch deren »wahrhaft heidnisch tragische Gesinnungen« (an Sickler, 28.4. 1812), also ihre tragisch-heroische Weltanschauung ein. Seltener bezog er sich, wenn er von Heidentum, Heiden oder Heidnischem sprach, auf die vorchristliche Gesinnung der Germanen und anderer europäischer sowie – ob altpersisch, altindisch

oder mohammedanisch – orientalischer Kulturen. In genereller Hinsicht aufschlußreich ist es, wenn er in Notizen zu einem Aufsatz über das *Nibelungenlied* (1807/08) das Wort »grundheidnisch« benutzte und zur Erläuterung solche Sätze wie »Keine Spur von einer waltenden Gottheit« oder »Der christliche Cultus ohne den mindesten Einfluß« anschloß (WA I, 42.2, S. 472f.).

Aus nahezu allen Lebensabschnitten G.s liegen Zeugnisse vor, in denen G. sich ausdrücklich als Heiden bezeichnet hat. In *Dichtung und Wahrheit* erzählt er, daß er es liebte, sich selbst der frommen Pietistin Susanna Katharina von Klettenberg gegenüber »als einen Auswärtigen, Fremden, sogar als einen Heiden« (WA I, 28, S. 302) zu geben. Es spricht nichts dagegen, diesem autobiographischen Rückblick auf die Jahre nach der Fixierung einer »eigenen Religion« (WA I, 27, S. 217) Glauben zu schenken. Denn wenn in je eigener Weise schon Werke wie *Prometheus* und *Mahomets Gesang* sowie G.s philosophische Orientierungen, insbesondere die auf Spinoza, die Affinität zu einer Position bezeugten, die aus zeitgenössischem Blickwinkel nicht anders denn als unchristlich und widerchristlich, damit auch als heidnisch gewertet werden konnte, so folgten bald explizite Belege dafür, in denen G. sich einen »Heiden« nannte. Das geschah gerade gegenüber Partnern, die durch Bekenntnis und Profession mit dem Christentum verbunden waren – ohne jegliche Intoleranz und zugleich mit nahezu provokativ hervorgekehrter Deutlichkeit. An Johann Kaspar Lavater schrieb G. am 8.1. 1777: »Dein Durst nach Crist. hat mich gejammert. Du bist übler dran als wir Heiden uns erscheinen doch in der Noth unsre Götter«, und am 29.7. 1782 schrieb er, er sei »zwar kein Widerkrist, kein Unkrist aber doch ein dezidirter Nichtkrist«. Den Herders teilte er auf dem Weg nach Venedig am 15.3. 1790 mit: »Es wäre verdrüßlich, wenn ich vor Palmarum nicht Venedig erreichte. Um als ein Heide von dem Leiden des guten Mannes [Christus; d. Vf.] auch einigen Vortheil zu haben, muß ich die Sängerinnen der Conservatorien nothwendig hören und den Doge im feierlichen Zuge sehen«. In den späteren Jahren

klangen solche Aussagen zumeist subtiler und
differenzierter. Als G. sich für den zu mysti-
scher Christlichkeit neigenden, später zum
Katholizismus übergetretenen Zacharias Werner interessierte, reflektierte er: »Es kommt
mir, einem alten Heiden, ganz wunderlich vor,
das Kreuz auf meinem eignen Grund und Boden aufgepflanzt zu sehen, und Christi Blut
und Wunden poetisch predigen zu hören, ohne
daß es mir gerade zuwider ist. Wir sind dieses
doch dem höheren Standpunct schuldig, auf
den uns die Philosophie gehoben hat. Wir haben das Ideelle schätzen gelernt, es mag sich
auch in den wunderlichsten Formen darstellen« (an Jacobi, 11. 1. 1808). Als jedoch wenige
Monate später Friedrich Schlegel als Rezensent eine zweideutige, indifferente Weltanschauung aus G.s Werken herauslas, antwortete der Dichter mit gelassenem Sarkas-
mus, er fasse Schlegels Kritik als ein »Lob«
auf, wie er es »wohl zu verdienen gewünscht
aber nicht gehofft« habe, und schloß an: »Es
soll mir nunmehr höchst angenehm seyn, als
letzter Heide zu leben und zu sterben« (an
Jacobi, 7. 3. 1808).

G.s demonstrativen Bekenntnissen zu seinem speziellen Heidentum lagen gewichtige
innere Entscheidungen zugrunde. Nicht nur
daß er mit den religiösen und konfessionellen
Inhalten und Formen seiner Lebenswelt wenig
anfangen konnte, er stand ihnen auch bereits
seit den frühen 70er Jahren dezidiert kritisch,
ja ablehnend gegenüber. Den endgültigen Ausschlag in Richtung auf ein positives Gegenbe-
kenntnis gab sein in den 80er Jahren sich ver-
tiefendes pantheistisches Weltverständnis, in
dessen Zentrum ein monistisch gefaßtes Bild
der Natur in ihrem gesetzmäßigen Zusammenhang und ein entschiedener Zug zu einem Le-
bensideal der Diesseitigkeit und Ganzheitlichkeit stand. Daß diese Welt- und Lebensauffassung als »heidnisch« begriffen und bezeichnet werden konnte, gründet wesentlich darin,
daß G. diese seine Vorstellungen – im bewußten Gegensatz zu einer kritisch betrachteten
gegenwärtigen Wirklichkeit – in der Antike,
insbesondere im alten Griechenland historisch verwirklicht fand. G.s Naturauffassung
und Antikeverehrung bildeten solchermaßen

den Ankergrund seines Bekenntnisses zum
Heidentum.

Es bedarf nur eines kurzen Blickes auf
Werke wie die *Römischen Elegien*, *Die Braut
von Corinth* oder die *Italienische Reise*, um
diesen Zusammenhang faßlich zu machen. Einen Höhepunkt erreichte diese Entwicklung in
der *Winckelmann*-Schrift von 1805; insbesondere die Kapitel *Antikes* und *Heidnisches* stehen dafür. Bei den alten Griechen fand G. sein
eigenes Menschenideal am intensivsten verwirklicht – gleichsam als Geschenk der Natur
an ihre Lieblinge. »Jenes Vertrauen auf sich
selbst, jenes Wirken in der Gegenwart, die
reine Verehrung der Götter als Ahnherren, die
Bewunderung derselben gleichsam nur als
Kunstwerke, die Ergebenheit in ein übermächtiges Schicksal, die in dem hohen Werthe des
Nachruhms selbst wieder auf diese Welt angewiesene Zukunft gehören so nothwendig zusammen, machen solch ein unzertrennliches
Ganze, bilden sich zu einem von der Natur
selbst beabsichtigten Zustand des menschlichen Wesens, daß wir in dem höchsten Augenblicke des Genusses, wie in dem tiefsten der
Aufopferung, ja des Untergangs eine unverwüstliche Gesundheit gewahr werden« (WA I,
46, S. 25f.). Im wenngleich idealisiert gefaßten antiken Menschen war das Weltall aus an-
thropozentrischer Sicht gewissermaßen dem
»Gipfel des eigenen Werdens und Wesens« am
nächsten gelangt. Im Gegensatz zu dem
»Neueren«, der sich »fast bei jeder Betrachtung in's Unendliche« werfe, »um zuletzt [...]
auf einen beschränkten Punct wieder zurückzukehren, so fühlten die Alten, ohne weitern
Umweg, sogleich ihre einzige Behaglichkeit
innerhalb der lieblichen Gränzen der schönen
Welt« (ebd., S. 22). Das Kapitel *Heidnisches*
erklärt dann, »daß dergleichen Vorzüge nur
mit einem heidnischen Sinne vereinbar seien«
(ebd., S. 25).

Befand G., daß dieser »heidnische Sinn [...]
aus Winckelmanns Handlungen und Schriften« (ebd., S. 26) hervorleuchte, so schloß eine
solche vorrangige Bindung des Heidnischen
an das Antike nicht aus, daß er auch das durch
andere Völker vertretene Heidentum in sein
Verständnis einbezog. Besonders deutlich

zeigt sich das in solchen Balladendichtungen wie *Der Gott und die Bajadere* und *Die erste Walpurgisnacht*. Die altindische Legende verkündet ein weitgefaßtes, tief humanes Verhältnis zwischen Göttern und Menschen; das druidische Gedicht demonstriert, wie das Teufelsbild des Christentums aus der Verfolgung der altgermanischen Heiden, die von ihrer Naturreligiosität abzustehen nicht bereit waren, hervorgewachsen ist.

In den späten Lebensphasen wurde G.s Blick historisch und ästhetisch distanzierter. Weniger dominierte unmittelbare und einseitige Polemik als skeptisch-souveräne Überschau; deutlich ist auch das Bemühen, Heidentum und Christentum in Einklang zu bringen. 1807 relativierte G. gegenüber Friedrich Wilhelm Riemer die verschiedenen Richtungen als »närrische Spezifikationen« und meinte: »Juden gibt es unter den Heiden: die Wu-
c h e r e r; Christen unter den Heiden: die
S t o i k e r; Heiden unter den Christen: die
L e b e m e n s c h e n« (Gespräche, 2, S. 245). Im Gespräch mit dem Kanzler von Müller am 6.6.1824 hieß es: »Die Gegensätze der heidnischen und christlichen Religion böten allerdings eine reiche Fundgrube für die Poesie. Aber eigentlich taugten beide nichts« (Gespräche, 3.1, S. 697). In der berühmten Hypsistarier-Berufung im Brief vom 22.3.1831 an Sulpiz Boisserée schließlich findet man Ursprung und Funktion des G.schen »Heidentums« auf den entscheidenden Punkt gebracht: Er habe, so G., »von Erschaffung der Welt an, keine Confession gefunden«, zu der er sich »völlig hätte bekennen mögen. Nun erfahr ich aber in meinen alten Tagen von einer Secte der H y p -
s i s t a r i e r, welche, zwischen Heiden, Juden und Christen geklemmt, sich erklärten, das Beste, Vollkommenste, was zu ihrer Kenntniß käme, zu schätzen, zu bewundern, zu verehren und, insofern es also mit der Gottheit im nahen Verhältniß stehen müsse, anzubeten. Da ward mir auf einmal aus einem dunklen Zeitalter her ein frohes Licht, denn ich fühlte, daß ich Zeitlebens getrachtet hatte, mich zum Hypsistarier zu qualificiren; das ist aber keine kleine Bemühung: denn wie kommt man in der Beschränkung seiner Individualität wohl dahin, das Vortrefflichste gewahr zu werden?«.

Literatur:

Brandes, Georg: Goethe. Berlin [5]1922. – Gay, Peter: The Enlightenment. An Interpretation/The Rise of Modern Paganism. Bd. 1. New York 1977. – Hatfield, Henry: Aesthetic Paganism in German Literature from Winckelmann to the Death of Goethe. Cambridge/Mass. 1964. – Korff, Hermann August: Geist der Goethezeit. Leipzig [7]1966. – Meyer, Rudolf: Goethe. Der Heide und der Christ. Stuttgart 1965.

James M. van der Laan

Heilige Allianz/ Wiener Kongreß

Vom 1.11.1814 bis zum 11.6.1815 verhandelten die verantwortlichen europäischen Politiker unter den Augen vieler gekrönter Häupter über die Neuordnung Europas, nachdem das napoleonische Imperium besiegt und zerschlagen worden war. Regierende Mitglieder der Familie Bonaparte in Frankreich, Spanien, Italien, in den Niederlanden und in Rheinbundstaaten, auch einige der treuesten Vasallen Napoleons wie Carl Theodor von Dalberg, Großherzog von Frankfurt, wurden abgesetzt, ihre Territorien den angestammten Herrscherhäusern zurückgegeben. Das entsprach den Grundsätzen der Legitimität und der Restauration, von denen sich die Kongreßbevollmächtigten leiten ließen, ohne allerdings so weit zu gehen, daß sie auch die überholten vorrevolutionären Zustände wiederherstellen wollten. Die Verfassung des alten Deutschen Reiches z.B., darin waren sich die führenden Staatsmänner einig, konnte nicht mehr zu neuem Leben erweckt werden. Wie die neue Verfassung aussehen sollte, war jedoch eine durchaus strittige Frage.

G.s Stimmungslage in der Zeit des Wiener Kongresses war höchst ambivalent. Beginn und Ablauf der Befreiungskriege hatten sich seinen Erwartungen und Hoffnungen, die auf eine europäische Friedensordnung im Zeichen Napoleons gerichtet waren, zuwiderlaufend gestaltet; die Umorientierung von dem bewunderten Imperator auf die Alliierten als Bürgen künftiger Entwicklung war gewiß ein sehr schwieriger Vorgang. Das im Sommer und Herbst 1814 geschriebene Festspiel *Des Epimenides Erwachen* zeigt das Ergebnis dieses Denkprozesses bis in die Elemente selbstkritischer Aussagen hinein an. Während G. sich im Zusammenhang mit der Entstehung des *West-östlichen Divan* neue geistige Lebenswelten erschloß, wandte er sein Interesse zugleich sehr zielbewußt der aktuellen politischen Entwicklung zu. Mit der Vorbereitung des Wiener Kongresses verband er hohe Erwartungen, und so verfolgte er dessen Arbeit anfänglich mit großer Aufmerksamkeit. In den letzten Monaten des Jahres 1814 nutzte er alle ihm zugänglichen Informationsquellen: Durch Christian Gottlob von Voigt wurden ihm die eingehenden Briefe und Depeschen aus Wien übermittelt, durch Kanzler von Müller erhielt er Einsicht in Wiener Aktenstücke, und zwischendurch las er einen Aufsatz, den Georg Sartorius über die Kongreßpolitik verfaßt hatte. Zweimal ist im Dezember »Wiener Congreß« im Tagebuch vermerkt (7.12. u. 12.12. 1814), und aus diesem Monat dürfte auch eine umfangreichere Notiz unter dem gleichen Stichwort stammen, die erstmals in der Weimarer Ausgabe publiziert worden ist (WA I, 53, S. 415 ff.); sie zeigt die ungeduldige und kritische Anteilnahme an den Wiener Verhandlungen. G. rügte, daß die Bevollmächtigten unvorbereitet und uneins in die österreichische Hauptstadt gekommen waren und bezeichnete die Vorgänge als »Wiener Wirrwarr« (an Carl August, 27.12. 1814); er bekundete seine Unzufriedenheit damit, daß Frankreich, das einen Repräsentanten nach Wien geschickt hatte, von den Beratungen ausgeschlossen wurde. Jetzt wurden seine Ängste gegenüber den Hegemonialambitionen und Herrschaftsansprüchen der großen Mächte, die ihn, oberflächlich betrachtet, als bloßen konservativen Kleinstaatspolitiker erscheinen lassen können, wieder wach. Nicht zufällig verlieh er der Sorge vor einer russischen Vorherrschaft, die in Weimar verbreitet war, in Versen Ausdruck, die sich in einer Nachlaßabteilung der *Zahmen*

Xenien finden: »Sie werden solange votiren und schnacken / Wir sehen endlich wieder Kosacken, / Die haben uns vom Tyrannen befreit, / Sie befrein uns auch wohl von der Freiheit« (WA I, 5.1, S. 121). In der Forderung des Zaren Alexander I., das gesamte Polen – einschließlich preußischer und österreichischer Gebietserwerbungen aus den Teilungsverträgen des 18. Jhs. – unter seinem Szepter zu vereinigen, erblickte er mit Recht ein unüberwindbares Hindernis für die Friedensbemühungen des Wiener Kongresses. Seine Enttäuschung war groß; es kann nicht überraschen, daß das Gedicht *Hegire*, das den *West-östlichen Divan* eröffnet, am 24.12. 1814 entstand: »Nord und West und Süd zersplittern, / Throne bersten, Reiche zittern, / Flüchte du, im reinen Osten / Patriarchenluft zu kosten« (FA I, 3.1, S. 12).

Ein Gegengewicht erhielten G.s Ängste und Bedenken in dieser Zeit eigentlich nur durch das Vertrauen, das er auf den österreichischen Außenminister, Clemens Lothar Fürst von Metternich, setzte. Ende Oktober 1813, wenige Tage nach der Leipziger Völkerschlacht, hatte er in Weimar ein Gespräch mit Metternich geführt; vielleicht war es bereits dessen Konzept eines europäischen Gleichgewichts gewesen, das in ihm Sympathie für den Politiker erweckt hatte, und man darf annehmen, daß sich die Ergebnisse dieser Begegnung in einem Brief niederschlugen, den er kurz danach schrieb und in dem er seine Hoffnung einbekannte, daß »ein klarer Sinn das vorübergehende Chaos bald wieder regeln werde« (an Leonhard, 16.11. 1813).

Die Lösung der deutschen Verfassungsfrage mußte nach G.s Meinung zwei Gefahren vermeiden: die Unterdrückung der kleinen Reichsfürsten und die Legitimierung von Volkssouveränität. Als im November 1814 die Bevollmächtigten der Monarchen Österreichs, Preußens, Bayerns, Württembergs und Hannovers einen Verfassungsplan diskutierten, der die übrigen deutschen Fürsten und die Freien Städte ihrer Souveränitätsrechte beraubt hätte, registrierte G. mit Anteilnahme den Protest der »Mindermächtigen« gegen die Vormundschaft der deutschen Monarchien.

Ebenso suspekt waren ihm Nationalrepräsentation und Volksbewaffnung, die Ziele der deutsch-patriotischen Bewegung in und nach den Befreiungskriegen. In seinem ständisch geprägten politischen und sozialen Weltbild hatten demokratische Elemente keinen legitimen Platz. Der Deutsche Bund als Ergebnis der Verhandlungen des Wiener Kongresses, der die Souveränität auch der kleinsten Mitglieder schonte und mit seinem Beratungsorgan, der Bundesversammlung, keine Nationalvertretung, sondern eine weisungsgebundene Gesandtendeputation schuf, entsprach in hohem Maße seinen Vorstellungen. Die Bundesakte bildete einen Bestandteil in der von den Großmächten garantierten Wiener Kongreßakte – dem bedeutendsten europäischen Friedenspakt des 19. Jhs. Metternichs Verdienste um dieses Werk führten dazu, daß dessen Politik über die Kongreßzeit hinaus G.s Anerkennung fand.

In diesem Gesamtzusammenhang ist auch G.s positives Urteil über die Heilige Allianz zu sehen: Laut Eckermann sagte er geradezu enthusiastisch, es sei »nie etwas Größeres und für die Menschheit Wohltätigeres erfunden worden« (Eckermann, 3.1. 1827).

Am 26.9. 1815, im Anschluß an den Wiener Kongreß und die erneute Niederlage Napoleons nach dessen Herrschaft der Hundert Tage, hatten Zar Alexander I. von Rußland, Kaiser Franz I. von Österreich und König Friedrich Wilhelm III. von Preußen den Allianzvertrag unterzeichnet, dem fast alle europäischen Staaten beitraten. Die christliche Religion sollte nach dem Willen der Vertragspartner für die zwischenstaatlichen Beziehungen wie für die innenpolitischen Verhältnisse grundlegend sein. Gottesgnadentum, Legitimität, Patriarchalismus wurden als konstituierende Elemente der christlich-theokratischen Staatsordnung verstanden. Nach einem Zeitalter der Revolution und des napoleonischen Imperialismus verpflichteten sich die Allianzmitglieder, sich gegenseitig beizustehen, um Umsturz und Eroberung abzuwehren. Das Beistandsversprechen enthielt die Drohung, zur Verhinderung jedweder Veränderung des status quo in der europäischen Staatenwelt, ja

sogar darüber hinaus zu intervenieren. Diesen politischen Richtlinien also zollte G. 1827 seine Zustimmung.

Als Aktionsgemeinschaft trat im europäischen Staatensystem nicht die Heilige Allianz, sondern der Bund der Großmächte Rußland, Österreich, Preußen, Großbritannien und – seit dem Aachener Kongreß von 1818 – Frankreich auf, die sog. Quadrupelallianz bzw. Pentarchie. Daß die Politik des Fünfmächtebundes der Heiligen Allianz zugerechnet wurde, war in der Zeit geläufig; auch G. nahm diese Identifizierung vor, die nicht von ungefähr kam. Die Pentarchie bekannte sich nämlich im Jahre 1818 ausdrücklich zu den Zielen der Heiligen Allianz. Doch in den folgenden Jahren, während der Kongresse von Troppau (1820), Laibach (1821) und Verona (1822), traten in der Interventionsfrage unüberbrückbare Differenzen auf. Vor allem Großbritannien ging die Politik der Einmischung in die inneren Angelegenheiten fremder Staaten zu weit.

Die Berechtigung der europäischen Mächte, im Interesse der Aufrechterhaltung des status quo auch mit kriegerischen Mitteln zu intervenieren, stand für G. z. B. im Falle der spanischen Revolution gegen König Ferdinand VII. nicht in Frage. Er hatte keine Einwände, als sich Frankreich Anfang 1823 anschickte, einen Volksaufstand in Spanien niederzuschlagen und die Wiedereinsetzung der bourbonischen Dynastie in Madrid zu erzwingen, und äußerte bei dieser Gelegenheit, daß er »jede Opposition, die nicht zugleich etwas Positives bestrebe«, für »absurd« (Gespräche, 3.1, S. 436) halte. Seine positive Meinung über die Heilige Allianz, die die Zustimmung zu einer derartigen Interventionspolitik einschloß, hatte ihre Wurzel in seinem Wunsch, durch die Erhaltung des status quo Frieden, Ruhe und Ordnung in Europa gewährleistet zu sehen.

Literatur:

Mommsen, Wilhelm: Die politischen Anschauungen Goethes. Stuttgart 1948.

Peter Burg

Heiliges Römisches Reich Deutscher Nation

Zwei Drittel der Lebensjahre G.s. fallen in die Zeit, in der das Heilige Römische Reich Deutscher Nation noch bestand. Obwohl er in ihm ein mangelhaftes und monströses politisches Gebilde sah, stellte er dessen Existenzberechtigung doch nicht grundsätzlich in Frage. Er beteiligte sich am Spott vieler Zeitgenossen, ohne der Reichsverfassung alle Vorzüge abzusprechen. Insbesondere die föderalistische Struktur fand seine Zustimmung. Dies gründete nicht zuletzt in seinem Selbstbewußtsein als Sohn eines Patriziers der Freien Reichsstadt Frankfurt am Main, die nur den Kaiser als Oberhaupt über sich anerkannte. Eine praktische politische Bedeutung erhielt für ihn der Föderalismus, als er in den Dienst des Herzogs von Sachsen-Weimar trat. Im Interesse kleinstaatlicher Unabhängigkeit plädierte er beispielsweise in der Zeit des bayerischen Erbfolgekrieges (1778/79) für den Zusammenschluß einiger benachbarter Reichsstände, um vereint das preußische Begehren, Soldaten im Herzogtum anzuwerben, zurückweisen zu können.

Dem Föderalismus gewann G. insbesondere in kultureller Hinsicht Vorteile ab. Justus Möser, hoher Osnabrücker Beamter und vielbeachteter Schriftsteller, hatte ihm den Blick dafür geöffnet, und so betrachtete er »gerade die Menge kleiner Staaten als höchst erwünscht zu Ausbreitung der Cultur im Einzelnen, nach den Bedürfnissen, welche aus der Lage und Beschaffenheit der verschiedensten Provinzen hervorgehn« (WA I, 28, S. 318). Nicht minder sah er in der Überschaubarkeit kleiner Staaten eine Chance für die Entwicklung positiver politischer Bindungen der Bürger an das Gemeinwesen. Leben und Schaffen Christoph Martin Wielands schienen ihm ein überzeugendes Beispiel dafür zu geben, daß die enge Beziehung zu einer solchen kleinen politischen Gemeinschaft von Jugend an die Erweckung eines patriotischen Engagements fördern könnte (WA I, 36, S. 331).

Zum entscheidenden Kriterium für die Beurteilung des Heiligen Römischen Reiches Deutscher Nation wurde für G. die Frage, ob dieses seine Funktion als Ordnungsmacht erfüllte. Wären Kaiser und Reichsstände in einer lebendigen und friedlichen organischen Einheit vereint gewesen, wären die Entscheidungen und Beschlüsse des Regensburger Reichstages anerkannt, das Reichsrecht und die obersten Gerichte – Reichshofrat in Wien und Reichskammergericht in Wetzlar – respektiert worden, so hätte er das Reich sicherlich uneingeschränkt bejahen können. Diese Voraussetzungen waren indessen nicht gegeben. Im *Urfaust* bereits ließ er seinem beißenden Spott freien Lauf: Frosch spielt in Auerbachs Keller auf die innere Zerrissenheit an: »Das liebe heil'ge Röm'sche Reich, / Wie hält's nur noch zusammen?« (WA I, 14, S. 99).

Das Ende des Reiches im Jahre 1806, unmittelbar vorbereitet durch die Gründung des Rheinbundes unter dem Protektorat Napoleons und die Niederlegung der Kaiserkrone durch den Habsburger Franz I., registrierte G. ohne starke Gemütsbewegung: Daß der »Zwiespalt des Bedienten und Kutschers auf dem Bocke« ihn laut einer Tagebuchnotiz vom 7.8. 1806 »mehr in Leidenschaft versetzte als die Spaltung des römischen Reichs«, dürfte sein Desinteresse aber doch überpointieren. Für ein Lamentieren über das Ende des Reiches, »das denn doch in Deutschland kein Mensch sein Lebtag gesehen, noch viel weniger sich darum bekümmert hat« (an Zelter, 27.7. 1807), hatte er jedoch kein Verständnis. Die Verherrlichung der angeblichen deutschen Einheit und Freiheit im Mittelalter durch die Romantiker beruhte nach seiner Meinung auf einer Verkennung der geschichtlichen Tatsachen, war ein »Rückschritt in's Mittelalter« (an Boisserée, 3.7. 1830). Angesichts der negativen Beurteilung des Heiligen Römischen Reiches Deutscher Nation nimmt es nicht wunder, daß G. die Anerkennung neuer deutscher Verfassungen, sei es des Rheinbundes von 1806 oder des Deutschen Bundes von 1815, leicht fiel, zumal sie nach seiner Auffassung dem politischen und kulturellen Föderalismus Raum ließen.

Literatur:

Mommsen, Wilhelm: Die politischen Anschauungen Goethes. Stuttgart 1948.

Peter Burg

Heine, Heinrich
(1797–1856)

»Heine von Göttingen« – so lautet die Eintragung in G.s Tagebuch vom 2.10. 1824. An diesem Tag also, an dem der Baßsänger Johann Friedrich Reichardt aus Berlin sowie Maximilian von Schreibershofen und dessen Frau auf der Durchreise nach Dresden bei ihm zu Gast waren, hat G. auch den sechsundzwanzigjährigen Heinrich Heine in seinem Haus am Frauenplan empfangen. Heine befand sich auf einer Wanderung durch den Harz und war am Tag zuvor in Weimar angekommen. Er hatte G. um eine Audienz gebeten, indem er ihn auch daran erinnerte, daß sie eigentlich Kollegen seien: »Ich bin auch ein Poet«. Das Verlangen, »nach Weimar zu pilgern«, fügte er hinzu, habe ihn auf dem Brocken ergriffen (HSA 20, S. 175).

G.s lakonische Tagebuchnotiz ist der einzige Hinweis auf Heines Besuch. Das Treffen mit diesem jungen Mann, der in Zukunft einen so großen Ruhm genießen sollte, hat den fünfundsiebzigjährigen G. offenbar wenig beeindruckt.

Warum sollte es auch anders sein? Zu diesem Zeitpunkt war Heine als Dichter noch unbekannt. Zwar hatte Heine G. bereits 1821/1823 Exemplare seiner ersten zwei literarischen Werke zugeschickt, und es ist möglich, daß G. auch über August Wilhelm Schlegel in Bonn und den Kreis um Rahel und Varnhagen

von Ense in Berlin Heines Namen gehört hatte. Sollte er tatsächlich Einblick in das Frühwerk Heines genommen haben, so werden ihm die Gedichte und die Dramen womöglich als zu romantisch vorgekommen sein. G. war zu dieser Zeit von den andauernden Angriffen auf seine Person geplagt und wurde von bekannten und unbekannten Besuchern geradezu belästigt. Zudem unterhielt er sich ungern mit seinen Gästen über literarische Fragen, viel lieber über Botanik, Geologie, Malerei oder ausländische Orte. Insofern hatte Heine wenig zu bieten.

Für Heine mußte es anders sein. Die von der Familie erhoffte kaufmännische Laufbahn war gescheitert, das Rechtsstudium in Bonn, Göttingen, Berlin verzögerte sich. Zuerst von A.W. Schlegel, dann durch die vielen literarischen Kontakte um Varnhagen in Berlin, wurde Heine in seiner dichterischen Bestrebung bekräftigt. Die ersten Bücher waren wohlwollend rezensiert worden; Heine hatte also Hoffnung auf eine erfolgreiche Karriere als Dichter. Eines seiner beherrschenden Vorbilder war G. In der Schule, vor allem dann in der Studienzeit rezipierte er die Werke G.s eifrig, obwohl nicht besonders eingehend. Im November 1823 schrieb er an Ludwig Robert: »Ich habe jetzt, bis auf eine Kleinigkeit, den ganzen Göthe gelesen!!! Ich bin kein blinder Heide mehr, sondern ein sehender« (HSA 20, S. 126). Da Heine die Goetheaner im Varnhagen-Kreis beeindrucken wollte, ist diese Aussage wohl eine Übertreibung; eher unwahrscheinlich ist auch der geäußerte Plan, ein Buch über G. zu schreiben. Immerhin hatte es Heine für einen Artikel zu G. in dem von Varnhagen herausgegebenen Band *Goethe in den Zeugnissen der Mitlebenden* (1823) an Ausdauer gefehlt.

Konnte sich Heine durch eine günstige Aufnahme in Weimar immerhin etwas, und wenn auch nur ein wohlwollendes Wort, erhoffen, so war die Begegnung alles andere als zufriedenstellend. Objektive Berichte über den Besuch fehlen. Vorläufig schwieg Heine selbst darüber; erst acht Monate später äußerte er sich gegenüber Freunden, dann aber ausführlich, kämpferisch, z.T. verbittert. Heine kündigte an, er und G. seien verschiedene Naturen: G. sei der Praktische, der Behagliche, er, Heine, der Schwärmer, der für die Idee Begeisterte: »Ich liege also in wahrhaftem Kriege mit Göthe und seinen Schriften« (HSA 20, S. 200).

Die Enttäuschung über den Besuch war groß, ja so groß, daß man zurecht *Die Harzreise*, die gleich in der Zeit nach dem Aufenthalt in Weimar geschrieben wurde, als »eine mehr oder minder geschickte *Werther*-Paraphrase oder *Werther*-Parodie« aufgefaßt hat, die von Heine aus »Unmut gegen Goethe« geschrieben wurde (Hermand, S. 70). Was mag in Weimar passiert sein? Die von dem Bruder Maximillian verbreitete Geschichte, Heine habe G. von seinem Faust erzählt, mag erfunden sein. Tatsache aber ist, daß Heine doch einen »Faust« schrieb (*Der Doktor Faust. Ein Tanzpoem*, 1851), und dies ganz bewußt »rivalisierend mit dem großen Wolfgang Goethe« (DHA 9, S. 101).

Auf ›persönlicher‹ Ebene war dieses Rivalitätsgefühl für lange Zeit charakteristisch; wie andere jüngere Dichter wollte auch Heine sein großes Vorbild übertreffen. Ende der 20er Jahre war der Unmut groß: »Daß ich dem Aristokratenknecht Göthe mißfalle ist natürlich [...] Er fürchtet die anwachsenden Titanen. Er ist jetzt ein schwacher, abgelebter Gott«. »[G.; d. Vf.] kann doch nicht verhindern daß sein großer Name einst gar oft zusammen genant wird mit dem Namen H. Heine« (HSA 20, S. 302 u. S. 304). Erst der reifere Heine konnte den Grund seiner »antigoetheanischen Ueberzeugungen« offen gestehen: »es war der Neid« (DHA 8.1, S. 157). Später bezeichnete er G. als »seligen Kollegen« (DHA 15, S. 74); er selber sei neben G. »der große Heide Nr. 2« (ebd., S. 112).

Differenziert, aber folgenschwerer, erweist sich die programmatische Ebene, auf der Heine zwischen dem ästhetischen Wert der literarischen Werke und deren Bedeutung für den politischen Fortschritt Deutschlands unterschied. Das hebt ihn von anderen in der G.-Debatte der 20er Jahre und auch scharf von den Ansichten der Schriftsteller des »Jungen Deutschland« ab (vgl. Dietze). Schon 1828

kündigte Heine das Ende der »Kunstidee« an, womit er weder die Werke G.s noch seine Denkweise meinte, sondern »das Prinzip der goethischen Zeit«, das er mit einer fatalen Indifferenz zu Fragen des politischen und sozialen Fortschritts, mit bequemer Bürgerlichkeit, Philistertum, Manierlichkeit und Epigonentum gleichsetzte: »Eine neue Zeit mit einem neuen Prinzipe steigt auf [...]. Vielleicht fühlt Goethe selbst, daß die schöne objektive Welt, die er durch Wort und Beyspiel gestiftet hat, nothwendigerweise zusammensinkt« (DHA 10, S. 247).

Im ersten Buch der *Romantischen Schule* (1835) befindet sich dann die ausführlichste Auseinandersetzung Heines mit G. Sie ist gleichzeitig unterwürfige Huldigung wie provokative Kritik des unlängst verstorbenen Dichters. Auf der einen Seite befürwortet Heine G.s Bruch mit der Romantik im zweiten Heft von *Kunst und Altertum*, auf der anderen Seite bedeutete die Ablehnung des A.W. »Schlegelschen Direktoriums« die »Alleinherrschaft« G.s in der deutschen Literatur. G. habe aus »Angst vor jedem selbstständigen Originalschriftsteller« nur »unbedeutende Kleingeister« um sich erduldet. »Goethe glich jenem Ludwig XI. der den hohen Adel unterdrückte und den tiers état empor hob« (DHA 8.1, S. 149–150). Die Goetheaner hätten die Werke G.s gegen die Beschuldigung der Unsittlichkeit mit dem Argument verteidigt, daß »die Beförderung der Moral [...] keineswegs der Zweck der Kunst sey«: »Die Kunst, wie die Welt, sey ihrer selbst willen da« (ebd., S. 151). An dieser Stelle formulierte Heine seine bedeutendste Kritik der G.schen Werke: »Sie zieren unser theures Vaterland, wie schöne Statuen einen Garten zieren, aber es sind Statuen. Man kann sich darin verlieben, aber sie sind unfruchtbar: die goetheschen Dichtungen bringen nicht die That hervor, wie die Schillerischen. Die That ist das Kind des Wortes, und die goetheschen schönen Worte sind kinderlos« (ebd., S. 155). Das Beispiel G.s habe eine literarische Periode beeinflußt – die »Kunstperiode« – die einen »nachtheiligen Einfluß auf die politische Entwicklung des deutschen Volkes« gehabt habe (ebd., S. 154).

Die Goetheaner betrachteten »die Kunst als eine unabhängige zweite Welt, die sie so hoch stellen, daß alles Treiben der Menschen, ihre Religion und ihre Moral, wechselnd und wandelbar, unter ihr hin sich bewegt [...]. [Sie; d. Vf.] ließen sich dadurch verleiten die Kunst selbst als das Höchste zu proklamieren« (ebd., S. 153). Schuld an dem »Indifferentismus« G.s war für Heine aus seiner saint-simonistischen Perspektive zu dieser Zeit der Pantheismus. In *Zur Geschichte der Religion und Philosophie in Deutschland* nannte Heine G. den »Spinoza der Poesie« (ebd., S. 101).

Die scharfe Unterscheidung, die Heine zwischen G. dem Dichter und G. dem Menschen traf, ist schwer haltbar, wie auch der Begriff »Kunstperiode« in der Wirklichkeit kaum Entsprechung findet. Dennoch kann man seinen emanzipatorischen Impuls verstehen. Sollten die revolutionären, für Heine eng mit der Gestalt Napoleons verknüpften Taten der Franzosen auf deutschem Boden verwirklicht werden, so bedurfte es einer vollkommen neuen, »antigoetheanischen« Kunstauffassung. Doch weder die Schriftsteller des »Jungen Deutschland« noch die Vormärz-Dichter besaßen die Begabung, literarische Werke hohen Ranges zu produzieren, und insofern blieben die Kunstwerke G.s vorbildhaft für Heine, ja er sah sich selber in gewissem Sinne als Erbe G.s (vgl. Spencer). Heine suchte eine Synthese des G.schen dichterischen Könnens mit dem politischen Bewußtsein der neuen Zeit.

Daraus entstand ein diffiziles »Pattern« literarischer Intertextualität. »Die goethischen schönen Worte« dienten Heine als Muster, mit denen er spielte, und die er gleichzeitig gegen seine eigene dichterische Kreativität auszuspielen versuchte. G.-Zitate und Anspielungen finden sich häufig im Werke Heines, wobei sich der jüngere Dichter bewußt mit der Erlebnislyrik G.s auseinandersetzte, sowohl in Parodie wie in Persiflage. Sein Ballett *Faust*, mit ausführlichen Erläuterungen, richtete sich auf spielerische Weise gegen G.s großes Werk; die *Neuen Gedichte* wirken als Gegenstück zum *West-östlichen Divan* (Peters, S. 235–260). *Ideen. Das Buch Le Grand* ist als »Gegenentwurf« zu *Dichtung und Wahrheit* aufgefaßt

worden (vgl. Spencer). Im Wetteifern mit G. und dessen Ruhm wurde der Weimarer Dichterfürst geradezu ein Prüfstein Heines, eine komplizierte Herausforderung, die die nationalistische (Literatur-)Geschichte und die deutschen Nationalsozialisten hartnäckig zu negieren versuchten.

Literatur:

Dietze, Walter: Junges Deutschland und deutsche Klassik. Berlin ³1962. – Friedländer, Fritz: Heine und Goethe. Berlin, Leipzig 1932. – Heinrich Heine: Säkularausgabe. Hg. von den Nationalen Forschungs- und Gedenkstätten der klassischen deutschen Literatur in Weimar und Centre National de la Recherche Scientifique in Paris. Berlin, Paris 1970ff. (=HSA). – Heinrich Heine: Historisch-kritische Gesamtausgabe der Werke. Hg. von Manfred Windfuhr. Hamburg 1973ff. (=DHA). – Hermand, Jost: Der frühe Heine. Ein Kommentar zu den *Reisebildern*. München 1976. – Koopmann, Helmut: Heine in Weimar. In: ZfdPh. 91 (1972), S. 46–66. – Maché, Ulrich: Der junge Heine und Goethe. In: HeineJb. 4 (1965), S. 42–47. – Mandelkow, Karl Robert: Heinrich Heine und die deutsche Klassik. In: ders.: Orpheus und Maschine. Acht literaturgeschichtliche Arbeiten. Heidelberg 1976, S. 63–85. – Mende, Fritz: Zu Heinrich Heines Goethe-Bild. In: Etudes Germaniques. 23 (1968), S. 212–231. – Peters, George F.: ›Der große Heide Nr. 2‹. Heinrich Heine and the Levels of His Goethe Reception. New York u.a. 1989. – Robert-Tornow, Walter: Goethe in Heine's Werken. Berlin 1883. – Spencer, Hanna: Heines Spiel mit Goethes Erbmantel. In: Seminar. 9 (1973), S. 109–126. – Strich, Fritz: Goethe und Heine. In: ders.: Der Dichter und die Zeit. Bern 1947, S. 185–225. – Trilse, Christoph: Das Goethe-Bild Heinrich Heines. In: GoetheJb. 30 (1968), S. 154–191.

George F. Peters

Herder, Johann Gottfried
(1744–1803)

G. hat das für die Literaturgeschichte gültige Bild seines Verhältnisses zu Herder selbst gezeichnet; seine Darstellung im 10. Buch von *Dichtung und Wahrheit*, ergänzt durch weitere

im 11. bis 13. Buch verstreute Äußerungen, wird beim Vergleich mit den korrespondierenden biographischen Primärquellen trotz des zeitlichen Abstands von mehr als 40 Jahren und der literarischen Stilisierung in ihrem Wahrheitsgehalt bestätigt. Zugleich wurde damit die Rolle Herders in der deutschen Literaturgeschichte festgeschrieben; seine anregende Wirkung auf den jungen G. wurde gleichsam als seine Hauptleistung und als Beginn einer »deutschen literarischen Revolution« (WA I, 28, S. 68) bewertet – eine Auffassung, die nicht unberechtigt erscheint, wenn man die Entwicklung der neueren deutschen Dichtung zum Maßstab macht und die mächtige Wirkung und magische Anziehungskraft einer genialen Persönlichkeit wie Herder in ihrer Zeit berücksichtigt.

Als G. 1770/71 in Straßburg das Studium der Rechte beendete, begegnete er Herder, dem verabschiedeten Reisebegleiter eines holsteinischen Prinzen, im Oktober 1770 im Gasthof »Zum Geist«. Vom Ruf des schon damals durch seine *Fragmente (Über die neuere deutsche Literatur)* und *Kritischen Wälder* berühmten, nur fünf Jahre älteren Mannes angezogen, war der begeisterungsfähige und wissensdurstige Student monatelang täglicher Besucher in Herders Krankenstube, assistierte bei der äußerst langwierigen, letztlich nutzlosen Behandlung einer Tränenfistel und ließ sich nicht durch die begreifliche schlechte Laune und den verletzenden Spott des gequälten Patienten abschrecken. Für seine Geduld wurde G. auf das reichste belohnt. Das Menandros-Motto, das er dem ersten Teil seiner Autobiographie voranstellte – »Wer nicht gezüchtigt wird, wird nicht erzogen« –, paßt vornehmlich auf sein epochemachendes Zusammensein mit Herder in Straßburg. *Dichtung und Wahrheit* bestätigt G.s Begegnung mit Herder als das »bedeutendste Ereigniß«, das »die wichtigsten Folgen [...] haben sollte« (WA I, 27, S. 302;

seit Brockhaus' *Realencyclopädie* 1818 Lexikonwissen). Herder spottete zwar über G.s »spazzenmäßig« (an Caroline Flachsland, 21. 3. 1772) unreife Lebensart und seine vor allem auf die ältere deutsche und französische Literatur des 18. Jhs. gegründete oberflächliche Bildung, schüttete aber das reichste Füllhorn anregender Ideen über ihn aus, was G. ihm mit Bewunderung und Verehrung vergalt. Aus Furcht vor Herders Widerspruchsgeist verheimlichte er allerdings seine Pläne zu *Götz* und *Faust* und sein Interesse an der Kabbala. Indem G. das hyperkritische Verhalten Herders mit seiner Krankheit und materiell bedrückten Jugendgeschichte entschuldigt, fällt um so helleres Licht auf Herders »schöne und große Eigenschaften, seine ausgebreiteten Kenntnisse, seine tiefen Einsichten« (WA I, 27, S. 307). Die *Abhandlung über den Ursprung der Sprache* las G. im Manuskript noch ohne hinreichendes Verständnis, aber durch Herders mündliche Mitteilungen wurde er »mit der Poesie von einer ganz andern Seite [...] bekannt als bisher« und lernte, »daß die Dichtkunst überhaupt eine Welt- und Völkergabe sei, nicht ein Privat-Erbtheil einiger feinen gebildeten Männer« (ebd., S. 313). Originalität, Persönlichkeit, lebendiges Gefühl wurden zum alleinigen Wertmaßstab. G. lernte in Straßburg im Keim alles kennen, was Herder später ausgeführt hat. Seine Anregungen und Hinweise betrafen u.a. das Sammeln von Volksliedern, sensualistische Kunstauffassung, die Poesie des *Alten Testaments*, Homer, Pindar, Plato, die *Edda*, Ossian, Johann Georg Hamanns Schriften, Werke Justus Mösers und englischer Autoren wie Jonathan Swift und Oliver Goldsmith, vor allem die Dramen Shakespeares. Einen authentischen Eindruck von diesen Gesprächen vermittelt nach G.s eigenem Zeugnis (WA I, 28, S. 75) die 1773 anonym erschienene Aufsatzsammlung *Von Deutscher Art und Kunst. Einige fliegende Blätter*, die Programmschrift jener »deutschen literarischen Revolution«.

Nach Herders Abreise in sein Bückeburger geistliches Amt im April 1771 wurde die Verbindung mit G. sporadisch in Briefen fortgesetzt, z.T. auch in Mitteilungen durch Herders

Verlobte Caroline Flachsland in Darmstadt. Von hypochondrischen Empfindlichkeiten nie frei, äußerte Herder sich gegen Caroline spöttisch über den »guten Jungen« (13.5. 1772), dem er hoffte, »einige gute Eindrücke gegeben zu haben, die einmal würksam werden können« (21.3. 1772). Er tadelte die Urfassung des *Götz von Berlichingen* als ein Mißverständnis Shakespeares und reagierte eifersüchtig-gekränkt auf G.s empfindsamen *Felsweihe-Gesang an Psyche* (= Caroline) im Mai 1772, bekannte sich aber in Briefen und am Schluß des 1773 veröffentlichten *Shakespear*-Aufsatzes als sein Freund. G. sammelte auf Herders Geheiß im Elsaß »aus denen Kehlen der ältesten Müttergens« (an Herder, Herbst 1771) zwölf deutsche Volkslieder, von denen später einige sowie auch G.s Ballade *Der Fischer* in Herders Volksliedersammlung aufgenommen wurden, übersetzte Stücke aus Ossian, schrieb im Geist und Metaphernstil des Lehrers 1771 den Aufsatz *Von Deutscher Baukunst* und die Rede *Zum Schäkespears Tag*. Im Sommer 1772 las er mit Begeisterung in Herders *Fragmenten*, »wie Gedank' und Empfindung den Ausdruck bildet«, und eignete sich eine sowohl von Pindars Oden als auch von Herders Plastik-Auffassung beeinflußte Vorstellung vom Künstler als dynamisch gestaltendem Schöpfer an (an Herder, Mitte Juli 1772). Schließlich wirkte die Schöpfungshieroglyphe aus dem »mystisch weitstrahlsinnigen Ganzen« der Herderschen *Ältesten Urkunde* (G. an Schönborn, 8.6. 1774) auf den *Urfaust* ein (vgl. Gaier), und Wesenszüge und Gedanken Herders sind auch in die Gestalt Fausts und – in anderer Funktion – in die Farce *Satyros oder der vergötterte Waldteufel* eingeflossen.

Im Dezember 1775 brachte Wieland G. auf den Gedanken, Herder, der sich seit Jahren aus Bückeburg fortsehnte und sich bisher ohne Erfolg um eine Göttinger Professur bemüht hatte, die vakante Weimarer Generalsuperintendentur anzubieten. Herder sagte zu, und G. und Herzog Carl August setzten gegen den Widerstand der thüringischen Geistlichkeit die Berufung durch (Briefgedicht *An Herder*, Februar 1776). Am 1.10. 1776 zog Herder mit seiner Familie in das Weimarer Amtsgebäude

ein, das der Freund für ihn neu vorrichten ließ. Die beiderseitigen Erwartungen auf enge Zusammenarbeit wurden jedoch bald enttäuscht. Herder fühlte sich zurückgesetzt gegenüber G., der schnell zum Minister avancierte und nobilitiert wurde – darüber gibt es von beiden Herders sehr gehässige Äußerungen –, und ihr Verhältnis war mehrere Jahre distanziert, bis G. zu seinem Geburtstag 1783 dem über mangelnde Förderung seiner Schulreformpläne mißmutigen Herder bekannte, daß er ebenfalls an der Reformwilligkeit aufgeklärter Fürsten verzweifelte. Die Basis für die Erneuerung ihrer Freundschaft war die gemeinsame Arbeit an Naturgeschichte und Geschichtsphilosophie in der Entstehungszeit von Herders *Ideen zur Philosophie der Geschichte der Menschheit*. G. ermunterte den Freund zur Ausarbeitung des Werkes und fühlte sich in seinen naturwissenschaftlichen Forschungen sehr bereichert durch die fortwährende, wechselseitig befruchtende Diskussion der philosophischen Zusammenhänge (WA II, 6, S. 20). »Welt und Naturgeschichte rast iezt recht bey uns«, schrieb G. am 8.12. 1783 an Knebel. Spuren von G.s Einwirkung zeigen in den *Ideen* besonders das aufgrund seiner mäßigenden »Ministerial-Censur« (Herder an Hamann, 23.4. 1785) zurückgehaltene und neugeschriebene Kapitel über die Regierungen (2. Teil, 9. Buch, 4. Kapitel), das von Herders antiabsolutistischem Rousseauismus geprägt ist, sowie die Abschnitte über die Kontinuität in der Entwicklungsgeschichte der Natur und die Idee des morphologischen Typus als einer Hauptform verwandter organischer Strukturen (1. Teil, 2. Buch, 4. Kapitel). Zweifelsohne hat Herder hier von den botanischen und osteologischen Untersuchungen G.s profitiert, der unmittelbar nach Abschluß des ersten Teils der *Ideen* den Zwischenkieferknochen beim Menschen entdeckte, dessen Fehlen als Unterscheidungsmerkmal zwischen Affen und Menschen gegolten hatte. Als »Schlußstein zum Menschen« sah G. diese Entdeckung an, die er unmittelbar »in Verbindung« setzte zum »Ganzen« der Herderschen *Ideen* (an Herder, 27.3. 1784). Herder seinerseits machte G. auf Kaspar Friedrich Wolffs *Theoria generationis*

(Epigenesistheorie) aufmerksam, die gegenüber der von Albrecht von Haller und anderen vertretenen Präformationstheorie einen Erkenntnisfortschritt bedeutete. Die wichtigste Quelle ihrer weltanschaulichen Gemeinsamkeiten war die gemeinsame Vorliebe für die pantheistische Philosophie Spinozas, mit der sie sich, zunächst unabhängig voneinander, schon Mitte der 70er Jahre beschäftigt hatten. Während der vertieften Auseinandersetzung mit Spinoza in dem von Friedrich Heinrich Jacobi 1785 öffentlich gemachten Pantheismusstreit bekannten G. und Herder sich gegen Jacobis Glaubensphilosophie zum Pantheismus, wobei G. die philosophische Beweisführung in der Korrespondenz gern dem in diesem Bereich überlegenen Herder überließ (G. an Jacobi, 9.6. 1785). Als G. 1787 während seines Italienaufenthalts Herders Spinoza-Dialoge *Gott. Einige Gespräche* erhielt, erkannte er darin freudig auch seine eigenen Gedanken und eine naturphilosophisch gültige Grundlage für seine empirischen Einzelforschungen (*Italienische Reise. Zweiter Römischer Aufenthalt*, August/September 1787). G. ließ in ausführlichen Briefberichten, die hauptsächlich an Herder adressiert waren, die Weimarer Freunde an seinen beglückenden Natur- und Kunsterlebnissen teilnehmen und wünschte oft, daß Herder bei ihm in Italien sein könnte. Dieser besorgte indessen die Redaktion der ersten autorisierten Werkausgabe, *Goethe's Schriften*. Zahlreiche Detailkorrekturen der von Herder sehr geschätzten Gedichte, für deren Anordnung G. sich die Gedichtsammlung des Freundes in der dritten Folge der *Zerstreuten Blätter* (1787) zum Vorbild nahm, sowie viele Verbesserungen in der Prosodie der *Iphigenie auf Tauris*, deren Neubearbeitung er angeregt hatte, sind Herder zu verdanken.

Als Herder 1788/89 selbst nach Italien reiste, war es insbesondere durch die sozialen und materiellen Bedingungen vorgegeben, daß er keine Wiederholung des Glückes zu erwarten hatte, das G. erlebte, der sich in Italien als Dichter wiedergefunden und unkonventionell »wie ein Künstlerbursche« (Herder an Caroline Herder, 11.10. 1788) gelebt hatte.

Herder reiste in finanzieller Abhängigkeit, stand unter Repräsentationszwang und legte Wert auf den ihm gebührenden gesellschaftlichen Status, konnte sich von den ihn bedrückenden Weimarer Verhältnissen nicht frei machen und war ständig in Gedanken bei seiner zahlreichen Familie, um die sich während seiner Abwesenheit G. als vertrauter Hausfreund kümmerte. Wenn Herder ihm in Briefen an Caroline auch zuweilen unrecht tat, bezeichnete das unterschiedliche Italienerlebnis doch vor allem die Grenzscheide in ihrer Welt- und Kunstauffassung. Gemeinsam mit Karl Philipp Moritz hatte G. in Rom seine Ästhetik weiter ausgearbeitet; Moritz' programmatische Abhandlung *Über die bildende Nachahmung des Schönen* (1788), die auch G.s Ansichten wiedergab, wurde im Weimarer Freundeskreis lebhaft diskutiert. Herder hatte schon längst den Eindruck, daß in Weimar der Kunst unverhältnismäßig große, tendenziell autonome Bedeutung zugemessen werde (an Hamann, März 1781; an Caroline Herder, 9.8. 1788). Das dabei scheinbar entwickelte Verständnis des Schönen als Selbstzweck widerstrebte seinem historisch fundierten und aufklärerischen Kunstbegriff, der trotz aller Anerkennung der Eigengesetzlichkeit der Künste stets auf gesellschaftliche Wirkung zielte. Auf Carolines zunächst zustimmende Berichte reagierte er verärgert und charakterisierte den ihm persönlich sympathischen Moritz als Kreatur G.s; diesem, »dem großen Künstler, dem einzigen rückstrahlenden All im All der Natur, der auch seine Freunde [...] bloß als Papier ansieht, auf welches er schreibt« (an Caroline Herder, 7.3. 1789), warf er Egozentrik und Ästhetizismus vor. Das war ein Vorspiel seiner erklärten Gegenposition zur Kunstpolitik Schillers und G.s, wie er sie ab 1795 vor allem in den *Horen* präsentiert sah, und zu ihren Werken – vor allem zu G.s *Wilhelm Meisters Lehrjahren*, *Römischen Elegien*, *Venezianischen Epigrammen*, den *Xenien*, den Balladen *Die Braut von Corinth* und *Der Gott und die Bajadere*, die ihm samt und sonders als ebenso unsittlich erschienen wie die Aufführungen des Weimarischen Hoftheaters. Herder äußerte seine Gegnerschaft in Gespräch und

Korrespondenz, in der achten Sammlung der *Briefe zu Beförderung der Humanität* und in seiner Zeitschrift *Adrastea*, wobei er immer mehr auch zum Ignorieren der ihm fatalen romantischen Kunstrichtung tendierte, die G. als den »Stellvertreter Apollos auf Erden« (Herder an Gleim, 29.6. 1798) verherrlichte. »Form ist nicht Alles in der Dichtkunst«, hieß es einschränkend im 104. Humanitätsbrief nach dem G.s Dramen erteilten Lob, in dem *Götz von Berlichingen* eindeutig den späteren Werken vorgezogen wird. Über *Wilhelm Meister* schrieb Herder vor Mai 1795 an Gräfin Baudissin, G. habe sich wegen ihrer verschiedenartigen Auffassungen ganz von seinem Urteil abgewandt, in Weimar werde dem Talent »wirkliche insonderheit moralische Exsistenz aufgeopfert«.

Herders gesellschaftsbezogene und zugleich zunehmend moraldidaktische Literaturkonzeption war nicht das einzige Trennende. Hinzu kam Herders Kampf gegen den Kantschen Kritizismus, den G. mißbilligte, zumal er die Idee der Kunstautonomie in der *Kritik der Urteilskraft* theoretisch begründet fand. Letztlich aber waren die unterschiedlichen Kunstkonzeptionen auch Reflex der allgemeinen Epochenwende, gewissermaßen unterschiedliche Versuche, auf die Ereignisse der Französischen Revolution zu reagieren. G.s prinzipieller Ablehnung der Revolution aus naturphilosophisch-weltanschaulichen Gründen sowie aus seinen langjährigen Erfahrungen als Regierungsbeamter im aufgeklärten Absolutismus stand die prorevolutionäre Sympathie des Demokraten Herder diametral entgegen. Nach der Hinrichtung Louis' XVI., als es in deutschen Staaten gefährlich wurde, sich noch positiv zu den Ereignissen in Frankreich zu äußern, distanzierte sich Herder zwar von der terreur, hielt aber an seinen republikanischen Überzeugungen fest, verurteilte den Koalitionskrieg und erwartete nach dem Gesetz der »ziehenden Kette« der Weltepochen (57. *Humanitätsbrief*, Beilage, 2. Teil) als Folgeerscheinungen der Französischen Revolution Auswirkungen für den Fortschritt im europäischen Maßstab. Angesichts dieser in Weimar bekannten politischen Auffassungen Herders

distanzierte sich G. auch als Staatsminister und Freund Carl Augusts seit 1793 von ihm. Als Caroline Herder 1795 mit heftigen, nicht in allen Punkten berechtigten Vorwürfen gegen Carl August und G. die finanzielle Unterstützung für die Ausbildung ihrer Söhne einmahnte, die Herder 1789 zugesichert worden war, um sein Weggehen an die Universität Göttingen zu verhindern, hielt G. ihr Undank und revolutionsfreundliche »Familiengesinnungen« (30.10. 1795) vor. Seitdem konnte von freundschaftlichen Beziehungen zwischen Herder und G. kaum noch die Rede sein, obwohl letzterer immer wieder zu helfen bereit war. Herders Krankenbesuch bei G. im Januar 1801 und die Konfirmation Augusts von Goethe im Juni 1802 blieben Ausnahmen. Später lastete G. die Schuld an dem Zerwürfnis Carolines »unbiegsamem Spatzenkopf« an (von Müller, 8.6. 1821).

In G.s Äußerungen nach Herders Tod (1803) schwingt tiefe Trauer darüber mit, daß ihre unschätzbare Freundschaft aufgrund der hypochondrischen Veranlagung Herders und infolge der Zeitverhältnisse sowie banaler Alltagsquerelen und Kränkungen (wie etwa Herders Äußerungen über G.s *Natürliche Tochter*) in Mißstimmung geendet hatte (*Tag- und Jahreshefte; Biographische Einzelnheiten* – WA I, 35, S. 59; I, 36, S. 254ff.). Im historischen Rückblick in *Dichtung und Wahrheit* überwiegen dennoch Verehrung und Dankbarkeit gegenüber der Persönlichkeit, die wahrscheinlich am tiefsten auf G.s geistige Entwicklung eingewirkt hat. Aus späterer Zeit sind noch die poetische Huldigung im Weimarer *Maskenzug* vom 18.12. 1818 und die Erinnerung an Herders Verdienst um das Verstehen des *Alten Testaments* in den *Noten und Abhandlungen zu besserem Verständniß des West-östlichen Divans* (1819) zu erwähnen. In letztgenanntem Werk wie in den späteren Aufsätzen über Volkslieder und Weltliteratur in der Zeitschrift *Über Kunst und Alterthum* ist das produktive Fortwirken Herderscher Anregungen evident. Im Bewußtsein der Nachwelt ist Herder als gleichsam Mitwirkender an der geistigen und künstlerischen Biographie G.s lebendiger als durch sein eigenes Werk, von dem G. anläßlich einer französischen Übersetzung der *Ideen* bereits 1828 feststellte, es habe »unglaublich auf die Bildung der Nation eingewirkt«, sei aber nun, »da es seine Schuldigkeit gethan, so gut wie vergessen« (WA I, 41.2, S. 345).

Literatur:

Buchwald, Reinhard: Des jungen Goethe Begegnung mit Herder. In: ders.: Das Vermächtnis der deutschen Klassiker. Leipzig 1962, S. 157–172. – Gaier, Ulrich: Herders *Aelteste Urkunde des Menschengeschlechts* und Goethe. In: Poschmann, Brigitte (Hg.): Bückeburger Gespräche über Johann Gottfried Herder 1988. Rinteln 1989, S. 133–150. – Haym, Rudolf: Herder nach seinem Leben und seinen Werken dargestellt. 2 Bde. Berlin 1877/1880, 1885. – Heise, Wolfgang: Der Entwicklungsgedanke als geschichtsphilosophische Programmatik. Zur Gemeinsamkeit von Herder und Goethe in der frühen Weimarer Zeit. In: GoetheJb. 93 (1976), S. 116–138. – Johann Gottfried Herder. Ahndung künftiger Bestimmung. Herausgegeben von der Stiftung Weimarer Klassik – Goethe-Nationalmuseum [Ausstellungskatalog]. Stuttgart/Weimar 1994. – Irmscher, Hans Dietrich: Goethe und Herder im Wechselspiel von Attraktion und Repulsion. In: GoetheJb. 106 (1989), S. 22–52. – Jacoby, Günther: Herder als Faust. Leipzig 1911. – Korff, Hermann August: Geist der Goethezeit. I./II. Teil (1923, 1930). Leipzig ⁷1964: I, S. 87ff., S. 119ff. u. S. 151ff.; II, S. 39–42 u. S. 59–70. – Lindner, Herbert: Das Problem des Spinozismus im Schaffen Goethes und Herders. Weimar 1960. – Nisbet, Hugh Barr: Goethes und Herders Geschichtsdenken. In: GoetheJb. 110 (1993), S. 115–133. – Suphan, Bernhard: Goethe und Herder von 1789–1795. In: Preuß.Jbb. 43 (1879), S. 85–100, S. 142–183 u. S. 411–436.

Günter Arnold

Hermetik

Um die Mitte des 18. Jhs. hatte sich gegenüber den antiken Traditionen und deren Rezeption im Übergang vom Mittelalter zur Neuzeit eine neue Form der Hermetik herausgebildet, die drei Bereiche umfaßte: die Alchemie, Hermetica Ars genannt, wie sie u.a. bereits in der *Chymischen Hochzeit Christiani Rosencreutz* (1616) ihren Ausdruck gefunden hatte; die hermetische Medizin, die von Paracelsus vertreten wurde, in dem Rosenkreuzermythos weiterlebte und zur Zeit G.s einen begeisterten Anhänger in seinem Frankfurter Arzt fand; schließlich die christliche Naturphilosophie von Jakob Böhme.

Die Kerngedanken der neuen, theosophischen Hermetik des 18. Jhs. hat Sincerus Renatus – alias Samuel Richter – in seiner *Theo-Philosophia Theoretico-Practica* (Breslau 1711) herausgearbeitet. Dieser Titel ist dergestalt erklärt, daß »wir in unserer Erkenntnis keine Philosophie ohne die Theologie, und keine Theologie ohne die Philosophie haben; Gott und die Natur ist nicht getrennet« (*Sinceri Renati sämtliche Philosophisch- und Chymische Schrifften*. Leipzig, Breslau 1741, S. 134). Bedeutsam für G. dürfte gewesen sein, daß das achte Kapitel erzählte, »wie Lucifer mit seinen Engeln gefallen«, und mit dem Wortschatz der Alchemie erläuterte, »daß schon eine Erde vor dieser Welt gewesen, aber himmlischen Wesens, ganz hell, klar und durchsichtig, in keiner harten C o a g u l a - t i o n [...], welche Erde in l o c o dieser Welt durch die Entzündung Lucifers in ein finsteres Chaos verfallen; [...] so wurde an seinem l o c o, und in ihm selber, ein Zusammenziehen der ewigen Liebes Begierde des Lichts, [...] also im C o m p a c t i r e n c o n c e n t r i r e t« (ebd., S. 265).

Die an diesem Beispiel erkennbare Dialektik der Konzentration und Expansion lenkte um 1750 die Aufmerksamkeit der Theosophen auf das von den Naturwissenschaften aufgestellte Prinzip der Polarität. Die Hermetiker des 18. Jhs. befaßten sich intensiv mit der Gravitationslehre von Isaac Newton, mit der elektrischen Polarität, mit dem Magnetismus von Franz Mesmer, dessen Vorstellung vom Menschen als einem zweipoligen Magneten auf die hermetische Weltanschauung zugeschnitten war, mit der von William Harvey entdeckten Systole und Diastole des Herzens, und sie waren zudem überzeugt, daß sie der empirischen Naturwissenschaft durch die Übereinstimmung des Glaubens mit der Realität weit überlegen seien.

So war Hermetik zugleich Theosophie und Naturphilosophie. Das ganze Weltall wurde als Gottes Offenbarung und Gottes Schrift angesehen, so daß alle Weisheit aus drei Büchern schöpfe: aus dem Buch der Natur, d.h. aus dem Makrokosmos, aus dem »kleinen Buch« des Mikrokosmos und aus der Bibel.

G. kam sehr früh, schon in der Zeit der Krankheit in Frankfurt zwischen Dezember 1768 und März 1769, in Berührung mit der hermetischen Gedankenwelt. Johann Friedrich Metz, der Frankfurter Arzt, der ihn behandelte, scheint hierin sein Mentor gewesen zu sein. G. berichtet in *Dichtung und Wahrheit*, daß der Arzt sich nicht damit begnügte, seine Patienten mit alchemistischen Methoden zu heilen. Er glaubte an die Psychosomatik und empfahl ihnen im Rahmen seiner Therapie »gewisse mystische chemisch-alchimische Bücher« (WA I, 27, S. 203). So vertiefte sich der junge G. in Georg von Wellings *Opus mago-cabbalisticum et theosophicum* (1735) und las unter anderem Werke von Paracelsus und von dessen holländischem Nachfolger Johann Baptist van Helmont (1577–1644), der seine Theorie auf die Polarität von Sympathie und Antipathie, also auf die magische Kraft des universellen Magnetismus gründete. Die hermetische Lehre des polaren Rhythmus der Natur fand G. auch in der von ihm besonders gepriesenen *Aurea Calena Homeri* (1723).

In den *Ephemerides*, den 1770 in Frankfurt und 1771 in Straßburg von dem jungen G. notierten tagebuchähnlichen Aufzeichnungen, hat man etwa 120 Eintragungen gezählt, die sich auf naturphilosophische oder naturwissenschaftliche Probleme beziehen. Sie enthalten mehrere Paracelsus-Zitate, eine gemäßigte Verteidigung der Gedanken von Giordano Bruno, die Erwähnung von Agrippa von Nettesheim neben Buchtiteln von Johann Tauler, Johann Arndt, Pierre Poiret u.a., das heißt von Vertretern einer mehr oder weniger hermetisch gefärbten Mystik. Besonders wichtig ist eine lateinische Aufzeichnung zur *Bibliographia antiquaria* (Hamburg, Leipzig 1713; [2]1760) des Hamburger Altphilologen Johann Albert Fabricius, die als Credo des jungen G. gelten mag: »Separatim de Deo, et natura rerum disserere difficile et periculosum est, eodem modo quam si de corpore et anima sejunctim cogitamus« (WA I, 37, S. 90f.).

Außerdem zeugen manche Briefe G.s aus derselben Zeit von seinem Interesse für die Hermetik. Am 13.2. 1769 schreibt er an Friederike Oeser: »Wer mit Mühe viel Bücher durchblättert hat, verachtet das leichte einfältige Buch der Natur«. In einem Brief aus Straßburg vom 11.5. 1770 an Ernst Theodor Langer erwähnt er »Hermes Tafel« (JG Fischer-Lamberg 2, S. 6), und an Susanna Katharina von Klettenberg schreibt er am 26.8. 1770: »Die Chymie ist noch immer meine heimlich Geliebte«. Das achte Buch von *Dichtung und Wahrheit* unterrichtet uns über die alchemistischen Experimente, die sowohl Susanna Katharina von Klettenberg als auch der junge G. machten. Kurz darauf erwähnt G. die *Unpartheyische Kirchen- und Ketzer-Historie* von Gottfried Arnold, die 1699/1700 in Frankfurt am Main erschienen war. Durch dieses Werk konnte er die hermetisch geprägten Urschriften der Rosenkreuzerbewegung und ihren bedeutendsten Verfasser Johann Valentin Andreä entdecken und vor allem zu der wichtigen Einsicht gelangen, daß auch in den von den etablierten Kirchen verurteilten Sekten Wahrheit und echte Frömmigkeit bestehen können.

Von da aus bildete sich G. in dem Luzifer-Mythos seine »eigene Religion«, seine Theosophie, die eine Kosmogonie und eine Kosmologie einbezieht. Noch in *Dichtung und Wahrheit* betrachtete er die Schöpfung als eine creatio continua: »Ich möchte mir wohl eine Gottheit vorstellen, die sich von Ewigkeit her selbst produciert« (WA I, 27, S. 217f.). Dabei knüpfte er an die neuplatonisch-hermetische Spekulation der alexandrinischen Schule an. Bei Plotin fand er nämlich die Lehre der drei Hypostasen: das Eine ist Gott, die beiden anderen Seinsgestalten sind der Geist, welcher »Sohn Gottes« heißt, aus dem sich die Seele ausgliedert, die in der Mitte steht zwischen Geist und Welt. Mit ihr beginnt die Lust am Werden und die Natur, die sich durch Emanation immer mehr von ihrem Ursprung entfernt. Der Luzifer-Mythos, der auf die Kirchenväter zurückging, war bei Johann Arndt (1555–1621) und Jakob Böhme (1575–1624) vorhanden und wurde dann auf vielerlei

Weise, in John Miltons *Paradise Lost* (1667), bei Karl von Eckartshausen (1752–1803) und Nikolaus Ludwig von Zinzendorf (1700–1760), also auch in pietistischen Kreisen, besprochen. In der *Theo-Philosophia Theoretico-Practica* zeigt Sincerus Renatus, wie das von Luzifers »Compactiren« verursachte Chaos Gott veranlaßt, die endgültige, von der Bibel beschriebene Schöpfung vorzunehmen, die den Sieg des Lichtes gegen die Finsternis sichert und Luzifer in das Haus des Todes verstößt.

Hier weicht G. von Sincerus Renatus ab, indem er auf die Kosmogonie der Kabbala rekurriert, um das Prinzip der creatio continua zu wahren. Darum bezieht er sich auf die Elohim, d.h. »die Götter«, die unter den vielen Namen, die die jüdische Tradition dem alleinigen Gott gibt, die göttliche Immanenz in ihrer Vielfältigkeit ausdrücken. In der Kabbala fand G. auch die drei Hauptprinzipien seiner Lehre, nämlich Emanation, Konzentration und Expansion. Da der Mensch sowohl die »Welt der Emanation« als auch die »Welt der Tatsachen« in sich umfaßt, vermag er, wie G. es schreibt, »die ursprüngliche Verbindung mit der Gottheit wiederherzustellen« (WA I, 27, S. 220).

Das schon erwähnte *Ephemeriden*-Credo beweist, daß G. durch die *Bibliographia antiquaria* von Fabricius sich sehr früh das Gedankengut der Kabbala aneignen konnte. Hinzu kam der Einfluß von Christoph Friedrich Oetinger (1702–1782), der von einer *philosophia sacra cabbalistica* träumte, und von Jakob Böhme. So erklärt sich, daß G. unter den Quellen seines Luzifer-Mythos nicht nur den Neuplatonismus und die Hermetik, sondern auch das »Mystische, Kabbalistische« (ebd., S. 218) erwähnt. Seine »Privatreligion« (der Ausdruck geht auf Johann Salomo Semlers *Briefe an einen Freund in der Schweiz*, 1786, zurück) spiegelt den Eklektizismus der Zeit wider, der die frühe griechische Naturphilosophie, die alexandrinische Hermetik, die Paracelsische Pansophie, die Böhmesche Philosophie des Bösen mit den Entdeckungen von Newton, Mesmer und anderen in Verbindung zu setzen versuchte. Der gemeinsame

Nenner dieser Lehren ist die Polarität von Konzentration und Expansion, die von G. als notwendige Pulsbewegung, ebenso unerläßlich wie Ein- und Ausatmen, aufgefaßt wurde. Darum rät der Verfasser von *Dichtung und Wahrheit* am Ende des Luzifer-Mythos, daß wir als Einzelwesen, »indem wir von einer Seite uns zu verselbsten genöthigt sind, von der andern in regelmäßigen Pulsen uns zu entselbstigen nicht versäumen« (ebd., S. 222).

Dieses Weltbild fand natürlicherweise seinen Niederschlag in manchen Werken des Dichters. Die symbolische Verwandtschaft des hermetischen Luzifer-Mythos mit der Problematik des Prometheus ist unverkennbar. Der selbstherrliche Titan zeichnet sich durch seine individuelle »Verselbstung« aus, die ihn in der Hymne zu Trotzreden gegen die Götter führt und in dem *Prometheus*-Fragment die vom Menschen selbstgebaute Hütte als Sinnbild der menschlichen Eigenart und Selbstbehauptung erscheinen läßt. Im zweiten Akt dieser Dramenskizze sagt Pandora, daß ihr Herz sich oft »auch nirgend hin und überall doch hin« sehnt. Dieselbe Neigung zur »Entselbstigung« charakterisiert die *Ganymed*-Hymne, die in derselben Zeit wie *Prometheus* gedichtet wurde, so daß beide Hymnen und das Fragment die hermetische Vorstellung des Lebenspulses von Konzentration und Expansion veranschaulichen.

Werther kann an demselben hermetischen Maßstab gemessen werden. Das Luziferische, Prometheische liegt ihm fern, während das Ganymedische, das Verlangen nach Vereinigung mit dem Ganzen sein Herz erfüllt. Ihn charakterisiert der »Enthusiasmus« im Sinne der »Gotterfülltheit«, ein Begriff, der in der zweiten Hälfte des 18. Jhs. an der Tagesordnung war. Da Werther aber nicht in der Lage ist, wie Prometheus produktiv zu sein, täuscht er sich, als er die Begeisterung mit dem »Strom des Genies« gleichsetzt. Ebenso ironisch klingt Werthers Anspielung auf sein eigenes »Hüttchen« im Brief vom 26. Mai (WA I, 19, S. 16). Im Gegensatz zum hüttenbauenden Menschen im *Prometheus*-Fragment, der dadurch seine schöpferische Individualität behauptet, ist Werther »immer nur Gast in fremden Hütten« (ZIMMERMANN, Bd. 2, S. 187). Die tragische Ironie erreicht aber ihren Höhepunkt in der Umarmung der Geliebten am Ende des Romans. Sie bewirkt bei Werther die ihm bis dahin fehlende »Verselbstung«, den Mut zur individuellen Selbstbehauptung, doch diese bei ihm endlich auftauchende Entschlußkraft vermag ihn letztlich nur in den Tod zu stürzen.

Im *Urfaust* variiert G. das Thema der einseitigen Entselbstigung. Er macht aus seinem Helden einen »Enthusiasten«, der in der Erkenntnis keine Befriedigung findet. Faust leidet wie Werther unter der Eingeschränktheit seines Lebens, er träumt davon, sich in der unendlichen Natur zu verlieren, er ist auf das Absolute gerichtet und des Lebens überdrüssig. Aber beide Schicksale unterscheiden sich dadurch, daß G. für Faust eine andere Lösung als den Selbstmord gesucht hat. Um bei ihm die Entselbstigung zu kompensieren, sichert er ihm den Beistand zweier diametral entgegengesetzter Figuren, deren Einfluß bei ihm das nötige, schwer errungene Gleichgewicht herzustellen vermag; Mephistopheles, der die böse Seite des Luziferischen vertritt, und bei Faust nur niedrige und widrige Ichsucht erwecken kann, ohne jedoch seine Enthusiastenseele zu vernichten, und Gretchen, die durch ihre Hingebung und Reinheit imstande ist, die bei Faust mit der individuellen Selbstbehauptung verbundene Eigensucht aufzuwiegen und schließlich als Erlösergestalt erscheint.

Die beiden Pole der Konzentration und Expansion, die G.s Hermetik charakterisieren, finden sich wieder in den zwei Hauptgedanken, die der Dichter 1828 in einem Brief an den Kanzler Friedrich von Müller als die »zwei großen Triebräder aller Natur« bezeichnet, nämlich die Begriffe von Polarität und Steigerung (WA II, 11, S. 11). In den *Wanderjahren* veranschaulicht Makarie, die Gestirn und Licht wird, die Steigerung – bzw. die Entselbstigung aus den frühen Werken. Das Gleichgewicht wird aber durch die Gegenwart eines Naturwissenschaftlers hergestellt, der das andere »Triebrad« vertritt. In der Pädagogischen Provinz erinnert die gleichwertige Darstellung der Weltreligionen an die Frag-

ment gebliebenen *Geheimnisse*, die im Zeichen der Rosenkreuzerbewegung standen, deren Gründerschriften in den Jahren 1781–1782 wieder gedruckt worden waren. Die *Fama Fraternitatis* (1614) wies nämlich mit Nachdruck auf die hermetische Übereinstimmung der alten philosphischen Tradition mit der Theologie und des Liber Naturae mit der Bibel hin und pries zudem die disciplina arcani der Hermetik, die dem offenbaren Geheimnis der *Wanderjahre* entspricht.

In der *Farbenlehre* resümierte G. seine hermetisch geprägte Naturphilosophie: »Das Geeinte zu entzweien, das Entzweite zu einigen, ist das Leben der Natur; dieß ist die ewige Systole und Diastole, die ewige Synkrisis und Diakrisis, das Ein- und Ausathmen der Welt, in der wir leben, weben und sind« (WA II, 1, S. 296).

Literatur:

Bartscherer, Agnes: Paracelsus, Paracelsisten und Goethes *Faust*. Dortmund 1911. – Edighoffer, Roland: Die Rosenkreuzer. München ²1997. – Faivre, Antoine: Accès de l' ésotérisme occidental. Paris ²1996. – Ders.: Philosophie de la Nature. Paris 1996. – Gray, Ronald D.: Goethe the Alchemist. Cambridge 1952. – Lepinte, Christian: Goethe et l'occultisme. Paris 1957. – Raphael, Alice: Goethe and the Philosopher's Stone. London 1965. – Strelka, Joseph: Esoterik bei Goethe. Tübingen 1980. – ZIMMERMANN.

Roland Edighoffer

Hölderlin, Friedrich
(1770–1843)

Im Unterschied zur komplizierten, tragisch überschatteten Problematik des Verhältnisses zu Schiller ist Johann Christian Friedrich Hölderlins Beziehung zu G. durch eine große Fremdheit geprägt – zu unterschiedlich waren Persönlichkeitsstruktur und Dichtungsauffassung. Der Tübinger Student rezipierte G. ganz im revolutionären Kontext; so trug er sich am

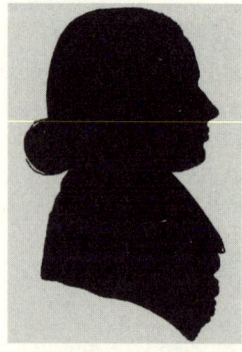

12. 2. 1791 mit dem *Iphigenie*-Zitat »Lust und Liebe sind / die Fittige zu großen Thaten« in Hegels Stammbuch ein (StA 2.1, S. 349); Hegel setzte das pantheistische Symbolon »Hen kai pan« (Briefe von und an Hegel. Bd. 4.1. Hamburg 1977, S. 136) hinzu. Während Hölderlins Zeit als Hauslehrer bei der Schiller-Freundin Charlotte von Kalb kam es am 3. 11. 1794 in Jena zur ersten – unglücklichen – persönlichen Begegnung mit G., als Hölderlin Schiller seinen ersten Besuch abstattete. Ob G. sich dabei an Charlotte von Kalbs Lob und Empfehlung Hölderlins in ihrem Brief vom 3.9. 1794 (StA 7.2, S. 15) erinnerte, ist zweifelhaft; Hölderlin jedenfalls erkannte bei diesem Besuch Schillers Gast nicht: »Ich verstand seinen Nahmen nicht. Kalt, fast ohne einen Blik auf ihn begrüßt ich ihn [...] der Fremde lies ein paar Worte fallen, die gewichtig genug waren, um mich etwas ahnden zu lassen. Aber ich ahndete nichts. [...] Der Himmel helfe mir, mein Unglük, u. meine dummen Streiche gut zu machen, wenn ich nach Weimar komme« (StA 6.1, S. 14O). Während Hölderlins Besuch blätterte G. im Jahrgang 1793 der *Neuen Thalia* mit Hölderlins *Fragment von Hyperion*. Ende Dezember reiste Hölderlin mit Charlotte von Kalb nach Weimar, wo er G. wiedertraf; diese Begegnung stand unter einem besseren Stern (ebd., S. 148). Nach der Entlassung aus dem Hofmeisterdienst ging Hölderlin wieder nach Jena, wo er am 18.1. 1795 G. im Professoren-Club erneut sprach. An Christian Ludwig Neuffer schreibt er am folgenden Tag über G.s Erscheinung: »Ruhig, viel Majestät im Blike, u. auch Liebe, äußerst einfach im Gespräche, das aber doch hie und da mit einem bittern Hiebe auf die Thorheit um ihn [...] gewürzt wird – so fand ich ihn«. Der Brief belegt auch, daß Hölderlin erstaunlich rasch nach dem Erscheinen die ersten beiden Bücher von *Wilhelm Meisters Lehrjahre* – von Schiller geliehen – gelesen

hat. An Hegel schreibt er am 26. Januar: »Göthen hab' ich gesprochen [...] Es ist der schönste Genuß unsers Lebens, so viel Menschlichkeit zu finden bei so viel Größe« (StA 6.1, S. 155).

Nach dieser vorsichtigen Annäherung an »den großen Göthe« (ebd., S. 148) kam es während Hölderlins Zeit als Hauslehrer bei der Frankfurter Familie Gontard 1797 endgültig zum Bruch zwischen beiden. Dieser Bruch hatte sein Vorspiel im Briefwechsel zwischen Schiller und G. Am 27.6. 1797 sandte Schiller G. die ihm von Hölderlin am 20. Juni zur Veröffentlichung in seinem *Musen-Almanach für das Jahr 1798* eingereichten Gedichte *An den Aether* und *Der Wanderer* ohne Nennung des Verfassernamens zu (StA 7.2, S. 95). In seinem Antwortschreiben an Schiller vom 28.6. 1797 äußerte sich G. äußerst reserviert: Er sei den übersandten Gedichten »nicht ganz ungünstig«. Er faßt weder Hölderlins Wesen (»Beyde Gedichte drücken ein sanftes, in Genügsamkeit sich auflösendes Streben aus«) noch den Kern seiner Dichtung (er hat Zweifel, ob der Dichter mit der »Natur« unmittelbar vertraut sei). Schließlich rät er ihm für zukünftige Dichtungen, sich »ein ganz einfaches Idyllisches Factum« zu wählen – ein Rat, mit dem Hölderlin gewiß nicht viel hat anfangen können (StA 7.2, S. 96f.). Am 30. 6. 1797 enthüllte Schiller G. den Namen des Verfassers der beiden Gedichte und sprach von Hölderlin, seinem Freund und »Schutzbefohlenen«, als einem »philosophischen Geist«. Auch nach Enthüllung des Namens durch Schiller blieb G. distanziert, allerdings lobte er in seinem Brief an Schiller vom 1. 7. 1797 an den Hölderlinschen Gedichten »eine gewisse Lieblichkeit, Innigkeit und Mäßigkeit«. Am 28.7. 1797 schreibt Schiller an G., daß er Hölderlin Nachricht von dessen bevorstehendem Besuch in Frankfurt gegeben habe, wo G. sich dann in der Tat vom 3. bis 25. August aufhielt. Am 22. August empfing G. Hölderlin in Frankfurt und berichtete darüber einen Tag später Schiller. Er traf auf einen durch Schwierigkeiten in seiner Hofmeisterexistenz niedergeschlagenen Menschen, der vom Sommerhaus (Adlerflycht) in die Stadt gekommen war. Den Namen seines Gastes verkehrte er gleich in das Diminutiv: »Gestern ist auch Hölterlein bey mir gewesen, er sieht etwas gedrückt und kränklich aus [...]. Ich habe ihm besonders gerathen kleine Gedichte zu machen und sich zu jedem einen menschlich interessanten Gegenstand zu wählen« (an Schiller, 23.8.1797) – eines der großen Mißverständnisse in der deutschen Literaturgeschichte, denkt man nur an Hölderlins späte große Elegien und Hymnen. Skeptisch vermeint der Klassiker bei Hölderlin eine »Neigung zu den mittlern Zeiten«, also zum Mittelalter, zu beobachten (ebd.). In sein Tagebuch notierte G. am 22. August nur kommentarlos: »Gegen Mittag Hölderlein« – das Gespräch mit Hölderlin hat keinerlei Spuren hinterlassen. Von Hölderlin ist über diesen Besuch kein Wort bekannt; für ihn war der Bruch spätestens jetzt offenkundig, wenn er G. auch noch 1799 zur Mitarbeit an einem von ihm geplanten ästhetisch-humanistischen Journal in »Erinnerung einiger unvergeßlicher Stunden, die mir vor Jahren einmal Ihre gütige Gegenwart gewährte« (StA 6.1, S. 349), einlud. Der Brief belegt allerdings eine Kenntnis der ersten beiden Hefte der *Propyläen* und der hier entwickelten Kunstauffassung G.s. Natürlich sagte G. ab – wie schon Schiller am 24. August. 1804 wollte er G. noch ein Exemplar seiner Sophokles-Übersetzungen zukommen lassen (StA 6.1, S. 435 u. StA 7.1, S. 180f.). Im Juli 1804 las Johann Heinrich Voß d. J. Schiller und G. aus diesen Übersetzungen vor, womit er »beide recht [...] regaliert« (StA 7.2, S. 303). Die Sophokles-Übersetzung Hölderlins wurde dann in der *Jenaischen Allgemeinen Literatur-Zeitung* vom 24.–26.10.1804 von Voß d. J. – mit drei anderen, fast gleichzeitig erschienenen Übersetzungen von Gottfried Fähse, Georg Anton Friedrich Ast und Karl Wilhelm Ferdinand Solger – vernichtend rezensiert; an dieser Rezension hatte G. einen – wenn auch nur geringen – Anteil.

Daß die Begegnung in Frankfurt ihre Spuren bei Hölderlin hinterlassen hat, zeigen einige Äußerungen aus Hölderlins zweiter, von Krankheit überschatteter Lebensphase. So überliefern Wilhelm Waiblinger (1823/24) und Johann Georg Fischer (1841) Worte offe-

ner Feindschaft gegen G.; Friedrich Wilhelm Hackländer berichtet in seinem Nachruf auf Hölderlin, dieser habe, auf G. angesprochen, behauptet, ihn nicht zu kennen und nie etwas von ihm gehört zu haben (StA 8, S. 38).

Schon die Zeitgenossen versuchten, sich diesen Bruch zwischen Hölderlin und G. zu erklären. Für Bettina von Arnim etwa konnte G. »einen ihm superioren poetischen Geist nicht ertragen und stieß ihn daher zurück« (StA 7.2, S. 111). Auf die im Vergleich mit Schiller und G. völlig konträre Auffassung des antiken Mythos verweist Ludwig Achim von Arnim: Hölderlin »verirrt sich nicht in Theorien über das Alterthum [...], aber die Götter der Alten umstehen ihn alle wie nahende Sterne, mit deren Bewohnern er reden kann« (StA 8, S. 22). Um zu einem vollständigen Urteil zu kommen, müßte man allerdings auch den Einfluß G.s auf Hölderlins Werk – z.B. des *Werther*-Romans und der *Lehrjahre* auf den *Hyperion* oder des *Tasso* auf die *Empedokles*-Tragödie – untersuchen, was bisher aber noch nicht geschehen ist.

Literatur:

Fahrner, Rudolf: Hölderlins Begegnung mit Goethe und Schiller. Marburg 1925. – Hölderlin, Friedrich: Sämtliche Werke. Bde. 1–8. Hg. von Friedrich Beissner. Stuttgart 1946–1985. (= StA). – Koschlig, Manfred: Goethes Anteil an der Sophokles-Rezension des jungen Voß. In: N.F. JbGG. 13 (1951), S. 218–229.

Christoph Jamme

Hof

G.s Erfahrungen mit deutschen Höfen sind überwiegend an Weimar geknüpft. Die Anziehungskraft der Einladung in die thüringische Residenz erwies sich trotz der den Aufbruch verzögernden Mißverständnisse als so stark, daß G. im Frühjahr 1775 die vom Vater gewünschte und sorgfältig vorbereitete Reise nach Italien zugunsten Weimars aufgab – eine Entscheidung, die Johann Kaspar Goethe gewiß mit Mißtrauen betrachtete, aber auch G. selbst hatte zuvor gemeint, er werde wohl nur schwer »politische Subordination« lernen (an Kestner, 25. 12. 1773). Noch in *Dichtung und Wahrheit* zog er sprichwörtliche »Verse für und gegen den Hof« (Tagebuch, 30.3. 1813) heran – »Lang bei Hofe, lang bei Höll'!« (WA I, 28, S. 321–323 u. S. 374) –, um in der Rückschau vielleicht nicht nur Ansichten des Vaters zu illustrieren (vgl. Komm. in MA 16, S. 1046f.). Im übrigen dürften die Vorstellungen über das Verhältnis von Klugheit und Sittlichkeit, die sein Großonkel Johann Michael von Loen in Schriften wie *Der ehrliche Mann am Hofe* (1742) vorgetragen hatte, an dem Für und Wider nicht unbeteiligt gewesen sein; G. kannte den »didaktischen Roman« zumindest aus daran geknüpften Warnungen des Vaters »vor Höfen und Herrendienst« (WA I, 26, S. 115f.).

Der Gast aus der Freien Reichsstadt, im September 1775 eingetroffen, war in Weimar willkommen, und er öffnete sich bereitwillig den neuen Eindrücken. Johann Heinrich Merck wird nach einigen Monaten informiert: »Ich bin nun ganz in alle Hof- und politische Händel verwickelt und werde fast nicht wieder weg können« (an Merck, 22.1. 1776) – und zugleich heißt es mit eher distanzierendem Unterton: »Wir halten zusammen, sind herrlich untereins und dramatisiren einander, und halten den Hof uns vom Leibe« (an Johanna Fahlmer, 14.2. 1776).

Widersprüchliche Äußerungen G.s über den Weimarer Hof sind nicht selten. Rasch schärfte sich sein Blick für die Problematik des Lebens unter konventionellen Bedingungen, wie er sie hier vorfand. »Hof« als Bezeichnung der fürstlichen Residenz schloß im 18. Jh. zwar noch immer zwei Komponenten ein: die Ausübung der Herrschaftsgewalt und die Repräsentanz der Herrschaft. Zunehmend waren diese Bereiche jedoch im Laufe der vorangegangenen Jahrhunderte nicht nur faktisch, sondern auch begrifflich getrennt worden. Staatsapparat und Beamtenfunktionen wurden z.B. im jährlich erscheinenenden Weimarer *Hof- und Adreß-Calender* unter dem »Hoch-

fürstlich Sächsischen Civil-Etat« erfaßt, dann erst folgte der »Herzogliche S. Weimar- und Eisenachische Hof-Etat«. Beide waren dem Fürsten untergeordnet, doch der Begriff Hof meinte zunehmend vorrangig die Hofhaltung, die Repräsentanz der fürstlichen Herrschaft. Dieses Hofwesen hatte längst strenge Formen ausgebildet und umfaßte personell einen genau abgegrenzten Zirkel. Nur wer als »hoffähig« galt – Adel war Voraussetzung –, kam für ein Hofamt überhaupt in Frage und hatte Zugang zu den großen öffentlichen Hofereignissen. G. selbst hat auch nach seiner Nobilitierung, die ihn 1782 eigentlich erst »hoffähig« machte, nie ein Hofamt bekleidet, erhielt allerdings schon am Ende der 70er Jahre wichtige Positionen in dem kleinen Staatswesen, und schon im Juni 1776 rückte er in das dem Fürsten zunächst stehende »Geheime Consilium« ein.

Das gesamte höfische Leben war vom Protokoll geprägt, über das der Hofmarschall oder die Oberhofmeisterin wachte. Viele der Verpflichtungen, so auch die zu Teilnahme an der Tafel, an Geselligkeit und Unterhaltung, waren weitgehend zur leeren Form erstarrt. Weimar machte darin grundsätzlich keine Ausnahme. So gaben auch der jungen Herzogin Louise die traditionellen Formen der Hofexistenz den Rahmen ihres Weimarer Daseins, während Carl August sich dem möglichst oft zu entziehen suchte. Die Grenzen des bloß routinierten Hofdienstes und der Pflicht-Konversation wurden durch prominente, mit aufgeklärtem Denken zumindest sympathisierende Gäste wie den Fürsten Franz von Dessau, den Erfurter Statthalter Carl Theodor von Dalberg oder den Prinzen August von Gotha erweitert, die Weimar häufig besuchten und interessante Gespräche und vielfältige Anregungen veranlaßten. Zudem lagen kleine Zirkel, das Liebhabertheater, Ausflüge und Sommeraufenthalte außerhalb der Wirkungssphäre des Hofmarschallamtes. Insbesondere die Hofhaltung der Herzogin-Mutter war nicht mehr an das strenge Protokoll gebunden. Die Generalisierung dieser Besonderheiten in der schon am Ende des 18. Jhs. geläufigen Bezeichnung Weimars als »Musenhof« hat allerdings langfristig zur Verunklärung der Urteile über die Verhältnisse, die auch in dieser Hofhaltung dominierten, beigetragen.

G.s Bindung an den Weimarer Hof lag zuallererst in seinem Verhältnis zu Carl August. Auch das von Sympathie getragene Verständnis für die Herzogin Louise, die Einbeziehung in den Kreis der Herzogin-Mutter und das freundschaftliche Verhältnis zu anderen Mitgliedern der Hofgesellschaft (Karl Ludwig von Knebel, Charlotte von Stein) fundierten das große Spektrum persönlicher Beziehungen und Erfahrungen. Dennoch wurden die Verbindlichkeiten des Dienstes oft genug lästig: »Mittags Bey Hofe und so den Ganzen Tagen verdorben« (Tagebuch, 3.2. 1782); »Unser Carnaval ist zu meinem großen Vergnügen endlich auch vorbey« (an Knebel, 26.2. 1782); »Ich mag dem Hofe gern alles zu gefallen thun nur nicht bey Hofe« (an Charlotte von Stein, 19.2. 1786). Aber als fürstliche Lebensumwelt wird der Hof dennoch akzeptiert. Das zeigt sich noch in Einzelheiten wie in G.s Verständnis für eine zu groß angelegte Jagdgesellschaft Carl Augusts in Eisenach: »Der Herzog thut was unschickliches mit dieser Jagd, und doch bin ich nach seiner Herzoglichkeit mit ihm zufrieden. [...] Sein Unglück ist daß ihm zu haus nicht wohl ist. Denn er mag gerne Hof haben pp« (an Charlotte von Stein, 12.12. 1781).

Beobachtungen des Hoflebens in anderen kleinen Residenzen ergaben Vergleichsmöglichkeiten. So zog G. z.B. auf der Rückreise aus der Schweiz 1779 in Homburg das Fazit: »So ziehen wir an den Höfen herum, frieren und langeweilen, essen schlecht und trincken noch schlechter. Hier iammern einen die Leute, sie fühlen wie es bey ihnen aussieht und ein fremder macht ihnen bang. Sie sind schlecht eingerichtet, und haben meist Schöpse und Lumpen um sich« (an Charlotte von Stein, 3. 1. 1780). Im Mai 1782 war G. in diplomatischer Mission an den Thüringer Höfen unterwegs. Die erste Station war Gotha, ein Hof, der dem Weimarer besonders nahe stand und mit dessen Angehörigen G. relativ gut vertraut war. In Meiningen verlief der Empfang eher nach Protokoll: »Ich habe als Gesandter eine förmliche Audienz bey beyden

Herzogen gehabt, die Livree auf dem Saal, der Hof im Vorzimmer, an den Thürflügeln zwey Pagen und die gnädigsten Herrn im Audienz Gemach, Morgen geh ich nach Coburg dieselbe Comödie zu spielen, will in Hildburghausen mich auch an Hof stellen, und gegen Ende der Woche nach Rudolstadt gehn« (an Charlotte von Stein, 12.5. 1782). In allen Residenzen gab es während dieser Reise verbindliches Entgegenkommen; Tafeln, Ausfahrten usw. wurden für den Gast veranstaltet. Für seine Sicherheit auf diesem Parkett dankte er Charlotte von Stein, daß sie ihn »aufs rechte gebracht« habe: »Ich verlange nicht mehr von den Menschen als sie geben können, und ich dringe ihnen wenigstens nicht mehr auf als sie haben wollen, wenn ich ihnen gleich nicht a l l e s geben kann was sie gerne mögten« (13.5. 1782). Vergleichend heißt es über die besuchten Höfe und Fürsten: »Ieder Hof hat einen dezidirten eignen Character der sich von oben herein bildet« (an Charlotte von Stein, 14. 5. 1782). Auf das Bewußtsein von der problematischen Mehrdimensionalität, die G.s Stellung in Weimar hatte und die er auch fernerhin zu akzeptieren suchte, deutet eine Bemerkung vom Herbst 1782: »Ich binn recht zu einem Privatmenschen erschaffen und begreife nicht wie mich das Schicksal in eine Staatsverwaltung und eine fürstliche Familie hat einflicken mögen« (an Charlotte von Stein, 17.9. 1782).

Andere als kleinstaatliche Höfe lernte G. nicht kennen. Die relative Ausnahme – Preußen – kommentierte er anläßlich seines Aufenthaltes in Berlin und Potsdam 1778 mit Ironie, indem er unter dem Eindruck der Städte und der Hofhaltung des Prinzen Heinrich das »grose Uhrwerck« beschrieb, das selbst in Abwesenheit der »grosen alten Walze« – Friedrichs II. – bestens funktioniere: »Es ist ein schön Gefühl an der Quelle des Kriegs zu sizen in dem Augenblick da sie überzusprudeln droht [...] ie gröser die Welt desto garstiger wird die Farce« (an Charlotte von Stein, 17. u. 19.5. 1778). Merck vertraute er an, er habe in dieses Wesen – »Gold, Silber, Marmor, Affen, Papageien und zerrissene Vorhänge«, frondierendes Räsonieren und »Manoeuvres« – zwar nur hineingeblickt »wie das Kind in Schön-Raritäten Kasten«, es seien ihm aber dennoch »tausend Lichter aufgegangen«, und im übrigen habe er dort mit Menschen »gar Nichts zu verkehren gehabt« und »in preußischen Staaten kein laut Wort hervorgebracht, das sie nicht könnten drucken lassen« (5.8. 1778). Demgegenüber erschien die Hoffnung auf Rückkehr in die vertrauten Weimarer Verhältnisse trotz aller Probleme als durchaus tröstlich.

Die Probleme trugen dazu bei, daß G. sich am Ende seines ersten Weimarer Jahrzehnts von seinen Bindungen an Weimar zumindest zeitweise zu distanzieren suchte. Nach der Rückkehr aus Italien erhielt sein Beitrag zum Hof-Theater im engeren und weiteren Sinne veränderten Charakter, ohne daß der eigentliche Hofdienst wesentlich zurückzudrängen war. Ausgedehntere Dimensionen höfischen Lebenszuschnitts, wie sie später etwa in den Begegnungen mit Napoleon und mit dem Zaren oder in den böhmischen Bädern aus Wien aufscheinen konnten, konnte G. nicht durch unmittelbare Eindrücke in seine Erfahrungen und Vergleiche einbeziehen.

Literatur:

Berns, Jörg Jochen/Ignasiak, Detlef (Hg.): Frühneuzeitliche Hofkultur in Hessen und Thüringen. Erlangen, Jena 1993. – Bruford, Walter H.: Kultur und Gesellschaft im klassischen Weimar 1775–1806. Göttingen 1966. – Lyncker, Karl Frhr. von: Am Weimarischen Hof unter Amalien und Karl August. Berlin 1912. Neue Ausgabe: Carl Wilhelm Heinrich Freiherr von Lyncker: Ich diente am Weimarer Hof. Köln u.a. 1997.

Rosalinde Gothe

Homer

Über viele Jahrhunderte hinweg galt Homer als der Dichter schlechthin. Auch für G. war er, ungeachtet von Verschiebungen in Interessen und Perspektiven, lebenslang eine unanfechtbare Größe, an die höchstens die Bibel und Shakespeare heranreichten. G.s Bewunderung für Homer war nahezu unbegrenzt und nahm oftmals euphorischen Charakter an. 1773 nannte er ihn den »heiligen Homer« (WA I, 2, S. 178), 1775/76 den »Vater der Dichter« (WA I, 37, S. 340), 1804 den »Urbarden« (WA I, 40, S. 282), 1822 den »Altvater« (an Zelter, 8.8. 1822); die Werke bedachte er mit den höchsten Attributen: *Ilias* und *Odyssee* waren ihm 1800 der »Grundschatz aller Kunst« (WA I, 48, S. 20), 1817 »urkanonische Bücher«, vom »heiligen Geist« eingegeben (an Creuzer, 1.10. 1817). Homer und seine Epen dienten ihm beständig als höchster Maßstab und als Schatzkammer der Metaphorik; er hielt sie für so unvergleichlich, daß er, um anderen Dichtern gegenüber Gerechtigkeit zu ermöglichen, explizit von jedem Versuch eines Vergleichs abriet (WA I, 46, S. 37; WA I, 7, S. 109).

In *Dichtung und Wahrheit* erzählt G. zwar von einem ersten mißglückten Versuch, sich mit Hilfe einer Prosaparaphrase Homer zu nähern (WA I, 26, S. 61), aber spätestens in Straßburg, unter dem Einfluß Herders, begann er sich die Epen durch eigenes Einfühlen in deren Welt zu erschließen. Aus Sesenheim ließ G. vernehmen, daß er seine »griechische Weisheit so vermehrt« habe, daß er »fast den Homer ohne Übersetzung« lesen könne (an Salzmann, 12.6.[?]1771; JG Fischer-Lamberg 2, S. 21). Von da ab bildete Homer für alle Zeit ein Zentrum von G.s Empfinden und Denken in Hinsicht auf Poesie; *Ilias* und *Odyssee* wurden zur kanonischen Lektüre und zu ständigen Begleitern. Das Einfache und Natürliche, das G. darin fand, nährte jenen Enthusiasmus, den die jungen Rebellen dieser Epoche der ständischen Unnatur und bürgerlichen Enge, den unehrlichen und halbherzigen Gefühlen in ihrer Lebenswelt entgegensetzten. Homer bot ihnen – wie es im Rückblick von *Dichtung und Wahrheit* heißt – »die abgespiegelte Wahrheit einer uralten Gegenwart« (WA I, 28, S. 145) dar. So läßt sich begreifen, daß der Lektüre im »heiligen Homer« in *Künstlers Morgenlied* die Funktion einer andächtigen »litur'schen Lection« (WA I, 2, S. 178) zugedacht wird und daß sie auf den jungen Werther in der Phase seiner Selbstfindung – zugleich im Gegensatz zur Denaturiertheit seiner Umwelt – als »Wiegengesang« (WA I, 19, S. 10) wirkt, in dem er sein brausendes Herz zur Ruhe bringen kann: »So beschränkt und so glücklich waren die herrlichen Altväter! so kindlich ihr Gefühl, ihre Dichtung« (ebd., S. 110). In G.s Homer-Beitrag zu Johann Kaspar Lavaters *Physiognomischen Fragmenten* wird das Bild des Dichters eindringlich beschworen: »Diese eingesunkne Blindheit, die einwärts gekehrte Sehkraft, strengt das innere Leben immer stärker und stärker an, und vollendet den Vater der Dichter« (WA I, 37, S. 340).

Der Italienaufenthalt brachte auch eine Vertiefung für G.s Verhältnis zu Homer und gab seinem Verständnis der Epen eine veränderte Richtung. In der Landschaft Italiens fand G. die Landschaft der Odyssee wieder. »Es war«, schrieb er am 14. 2. 1798 an Schiller, »als wenn man ein eingeschlagnes Bild mit Firnis überzieht, wodurch das Werk zugleich deutlich und in Harmonie erscheint. Ich gestehe daß es mir aufhörte ein Gedicht zu seyn, es schien die Natur selbst.« So beschritt G. den Weg von der Aneignung der Epen als Werke naiv-unschuldiger Natürlichkeit hin zu dem Naturbegriff, der ihm in der klassischen Periode eigen war.

Die *Prolegomena ad Homerum* von Friedrich August Wolf (1795), mit denen der uralte Streit über den Dichter und seine Werke erneut entfacht wurde, irritierten G. wie andere Zeitgenossen zunächst sehr. Wolf hatte im Ergebnis einer umfassenden Analyse mit einer wahrhaft revolutionären These die Epen dem einen legendären Homer abgesprochen und diesen durch eine Reihe von Rhapsoden ersetzt, die, in einer langen Tradition stehend, die Epen als mehr oder minder große Einzelgesänge mündlich überlieferten. G. wollte von dieser Theorie nichts wissen, weil er meinte, daß »diese Herren, um ihre schwachen Flanken zu decken, gelegentlich die fruchtbarsten Gärten des ästhetischen Reichs verwüsten und in leidige Verschanzungen verwandeln« würden: »Und am Ende ist mehr subjectives als man denckt in diesem ganzen Krame« (an Schiller, 17.5. 1795). Bald aber näherte er sich

Wolfs Überlegungen an und gewann ihnen für sein eigenes Schaffen eine produktive Seite ab. Von dem erdrückenden Vorbild des einen großen Homer befreit, fand er sich in der Tradition der »Homeriden« (WA I, 1, S. 294) bestärkt zu eigener Dichtung. Als bewußte Anknüpfung in diesem Sinne verstand er sein Epos *Herrmann und Dorothea* und unternahm es, in der Fragment gebliebenen *Achilleis* die *Ilias*-Handlung fortzusetzen. In diesen Kontext gehören auch das *Nausikaa*-Fragment und die *Helena*-Dichtung. Dennoch hat G. Jahrzehnte später, in den 20er Jahren, freudig aufatmend darauf reagiert, daß jüngere Interpreten wie Carl Ernst Schubarth entgegen Wolfs Theorie wieder für die Einheit und Unteilbarkeit der großen Epen plädierten. *Homer wieder Homer* überschrieb er ein kleines, 1827 gedrucktes Gedicht und bekannte seinen Abfall von der Meinung, »daß Ilias nur ein Flickwerk sei«: »Mög' unser Abfall niemand kränken; / Denn Jugend weiß uns zu entzünden, / Daß wir Ihn lieber als Ganzes denken, / Als Ganzen freudig Ihn empfinden« (WA I, 3, S. 159). Die philologisch-historischen Streitereien erschienen G. angesichts der Unvergänglichkeit dieser Poesie als nebenrangig: »Noch auf den heutigen Tag«, lesen wir in den *Wanderjahren* in *Makariens Archiv*, »haben die Homerischen Gesänge die Kraft, uns wenigstens für Augenblicke von der furchtbaren Last zu befreien, welche die Überlieferung von mehrern tausend Jahren auf uns gewälzt hat« (MuR, 662).

Homer und seine Werke spielten in den 90er Jahren, als G. sein klassisches Poesiekonzept entwickelte und historisch wie theoretisch zu stützen suchte, eine zentrale Rolle. G. begann, mit philologischer Genauigkeit insbesondere die *Ilias* zu studieren; er übersetzte Teile des 7. Buches der *Odyssee* und den sog. *Homerischen Apollonhymnus* und forschte am Homer im Austausch mit Schiller nach den Gesetzen epischer Dichtung. Auch später verfolgte er alle Bemühungen, Homer aufs neue zu übersetzen, mit großem Interesse. Gewiß hatte er Johann Heinrich Voß' Übertragung auf ihre Art klassisch gefunden, aber aus eigener Erfahrung wußte er gut genug um die ständige Veränderung der Sicht auf große Poesie; am 8.8. 1822 schrieb er an Zelter: »Lese ich heute den Homer so sieht er anders aus als vor zehen Jahren; würde man dreihundert Jahre alt, so würde er immer anders aussehen.«

Literatur:

Finsler, Georg: Homer in der Neuzeit. Leipzig, Berlin 1912. – Maaß, Ernst: Goethe und der griechische Geist. In: DVjs. 12 (1934), S. 283–305; auch in: ders.: Ausgewählte Schriften. Hg. von Winfried Bühler. München 1960, S. 235–255. – Schadewaldt, Wolfgang: Goethe und Homer. In: Trivium. 7 (1949), S. 200–232; auch in: ders.: Goethestudien. Natur und Altertum. Zürich, Stuttgart 1963, S. 127–157. – Schwinge, Ernst-Richard: Goethe und die Poesie der Griechen. Wiesbaden, Stuttgart 1986.

Christian-Friedrich Collatz

Horen

Schillers erster Brief an G. enthielt die *Einladung zur Mitarbeit* an der geplanten Zeitschrift. Schiller erbat G.sche Beiträge und versicherte, daß man sich allen Bedingungen, die G. etwa stellen werde, »mit größter Bereitwilligkeit« unterwerfen wolle. Auch für den zunächst von Schiller, Fichte, Wilhelm von Humboldt und Karl Ludwig Woltmann in Jena gebildeten Redaktionsausschuß wünschte man G.s Mitarbeit: »Je größer und näher der Antheil ist, deßen Sie unsre Unternehmung würdigen, desto mehr wird der Werth derselben bey demjenigen Publikum steigen, deßen Beyfall uns der wichtigste ist« (Schiller an G., 13.6. 1794). G. sagte sehr bereitwillig zu: »Ich werde mit Freuden und von ganzem Herzen von der Gesellschaft seyn.« Er versprach Beiträge aus seinen »ungedruckten Sachen« und drückte die Hoffnung aus, daß die »Verbindung mit so wackern Männern« manches, was bei ihm »ins Stocken gerathen« sei, »wieder in einen lebhaften Gang bringen« könne. »Schon eine sehr interessante Unterhaltung wird es

werden sich über die Grundsätze zu vereinigen nach welchen man die eingesendeten Schriften zu prüfen hat, wie über Gehalt und Form zu wachen um diese Zeitschrift vor andern auszuzeichnen und sie bey ihren Vorzügen wenigstens eine Reihe von Jahren zu erhalten« (G. an Schiller, 24.6. 1794).

Die Zusammenarbeit kam rasch in Gang. G. begleitete die drei Jahrgänge der *Horen* als zuverlässiger Beiträger, als Vermittler und redaktioneller Ratgeber. Von internen Konflikten wie etwa dem zwischen Schiller und Fichte hielt er sich allerdings fern. Entscheidenden Vorteil versprach sich Schiller bereits von der Verbindung des G.schen Namens mit dem anspruchsvollen publizistischen Unternehmen, das nach dem Wunsch des Herausgebers »alle Journale, die das Unglück haben, von ähnlichem Innhalt mit den Horen zu seyn«, zu Fall bringen sollte (Schiller an Cotta, 10.7. 1794). Im Zusammenhang mit bevorstehenden Honorarverhandlungen schrieb er an den Verleger: »Ein Mann, wie Göthe, der in Jahrhunderten kaum einmal lebt, ist eine zu kostbare Acquisition, als daß man ihn nicht, um welchen Preiß es auch sey, erkaufen sollte« (Schiller an Cotta, 9.1. 1795).

Das Interesse G.s an dieser Verbindung betraf sowohl die erhoffte Förderung der eigenen Arbeit als auch die notwendige Stärkung von Gleichgesinnten im Literaturbetrieb der 90er Jahre. Schillers *Einladung zur Mitarbeit* hatte versprochen, daß die »literarische Assoziation« der »vorzüglichsten Schriftsteller der Nation« einerseits die Vereinigung des nicht zuletzt durch das Überangebot an Zeitschriften zerstreuten Publikums bewirken und andererseits jedem Autor die »ganze lesende Welt« eröffnen werde. Das neue Journal solle »sowohl philosophischen Untersuchungen als historischen und poetischen Darstellungen offenstehen«, gelehrte und nichtgelehrte Leser zusammenführen, vor allem aber »sich alles verbieten, was sich auf Staatsreligion und politische Verfassung bezieht« (SNA 22, S. 103f.). Die öffentliche *Ankündigung* vom Dezember 1794 verlieh dieser Programmatik noch stärkeren Nachdruck: Das »nahe Geräusch des Kriegs«, der »Kampf politischer Meinungen und Interessen« und der auch das literarische Leben beherrschende, »Musen und Grazien« verscheuchende »allverfolgende Dämon der Staatskritik« sollten aus der Zeitschrift ausgeschlossen sein, die vielmehr dazu beizutragen habe, »die politisch geteilte Welt unter der Fahne der Wahrheit und Schönheit wieder zu vereinigen« (SNA 22, S. 106). Noch vor der Publikation dieses Programms hatte G. die neue »Aussicht [...] mit Schillern in ein angenehmes Verhältniß« zu kommen und »in manchen Fächern mit ihm gemeinschaftlich zu arbeiten« insbesondere deshalb begrüßt, weil sie sich »zu einer Zeit« eröffne, »wo die leidige Politik und der unselige körperlose Partheygeist alle freundschaftliche Verhältnisse aufzuheben, und alle wissenschaftliche Verbindungen zu zerstören droht« (an Friedrich von Stein, 28. 8. 1794).

Nach einer zweiwöchigen »Conferenz« in Weimar, die der Abstimmung inhaltlicher wie taktischer Grundsätze gegolten hatte, schrieb G. an Schiller: »Für die Horen habe fortgefahren zu dencken [...], besonders sinne ich auf Vehikel und Masken wodurch und unter welchen wir dem Publico manches zuschieben können« (1. 10. 1794). Zu diesen »Vehikeln und Masken« ist G.s *Erste Epistel* zu rechnen, die das im Januar 1795 erschienene erste Stück der *Horen* eröffnete. Sie handelt von den Wirkungsmöglichkeiten der Literatur; die »Folgen gefährlicher Bücher« werden gelassen ins Auge gefaßt, da ohnehin jeder nur sich selbst hinein- oder herauslese: »Ganz vergebens strebst du daher durch Schriften des Menschen / Schon entschiedenen Hang und seine Neigung zu wenden; / [...] es bildet / Nur das Leben den Mann und wenig bedeuten die Worte« (WA I, 1, S. 297f.). Mit den perspektivischen Hoffnungen, die, im gleichen Heft beginnend, Schillers Briefe *Über die ästhetische Erziehung des Menschen* entwarfen, hatte diese nüchterne Beschreibung konkreter Zustände nichts zu tun. Jene Briefe gaben die Ambivalenz des »unpolitischen« Programms der Zeitschrift auf ihre Weise zu erkennen, indem sie »wahre politische Freyheit« zum »vollkommensten aller Kunstwerke« erklärten (SNA 20, S. 311). In ganz unmaskierten Gegen-

satz zu dem versprochenen »Stillschweigen« über »das Lieblingsthema des Tages« (SNA 22, S. 106) traten die ebenfalls im ersten Heft begonnenen *Unterhaltungen deutscher Ausgewanderten*, in denen G. Ansichten über die Französische Revolution und deren Folgen ausführlich diskutieren ließ (Fortsetzungen 1795, Stücke 2, 4, 7, 9 u. 10).

G.s übrige Beiträge zu den *Horen* gehörten unterschiedlichen Genres an. Zunächst folgten die *Zweite Epistel* (1795, Stück 2), der Aufsatz *Litterarischer Sansculottismus* (1795, Stück 5) – im Gegensatz zu den *Ausgewanderten* wurde dieser historisch wie kulturpolitisch brisante Beitrag in den kritischen Auseinandersetzungen um die Zeitschrift kaum beachtet – und die Römischen *Elegien* (1795, Stück 6). G. bezeichnete das Heft, in dem diese Gedichte mit der Fortsetzung der Schillerschen Briefe *Über die ästhetische Erziehung* einen »seltsamen Contrast« machten, schon vorab als »Centaur« (Schiller an Körner, 25. 1. 1795). Im ersten Jahrgang erschien auch G.s Nachdichtung aus pseudohomerischen Hymnen, *Auf die Geburt des Apollo* (1795, Stück 9). Es folgten die *Briefe auf einer Reise nach dem Gotthardt* (1796, Stück 8; fragmentarischer Vorabdruck der zweiten Abteilung der *Briefe aus der Schweiz*) sowie Übersetzungen: Madame de Staëls *Versuch über die Dichtungen* (1796, Stück 2) und *Benvenuto Cellini* (1796, Stücke 4–7 u. 9–11; 1797, Stücke 1–4 u. 6). Zu G.s »Acquisitionen« für die *Horen* (Schiller an G., 2. 10. 1795) gehörten auch Knebels von G. und Schiller partiell bearbeitete Übersetzungen aus den *Elegien von Properz* (1796, Stücke 1, 3, 9 u. 11).

Als August Wilhelm Schlegel die Rezension der poetischen *Horen*-Beiträge übernahm, hatte G. angenommen, ein Bündnis mit der »neuen Generation« könne der Zeitschrift zugute kommen (an Schiller, 26. 12. 1795). Auch Schlegels eigene Beiträge waren zunächst willkommen, darunter *Etwas über William Shakespeare bey Gelegenheit Wilhelm Meisters* (1796, Stück 6). Doch Friedrich Schlegels Kritik des zweiten Jahrgangs bereitete dieser Verbindung ein jähes Ende. Daß nunmehr für die »oft von ihrer Bahn abweichenden Horen die

Periode der Uebersetzungen gekommen zu sein« (Fambach, S. 293) scheine, nahm Friedrich Schlegel zum Anlaß, den Kontrast zwischen dem großen Anspruch und dem unleugbaren Niedergang der *Horen* sarkastisch zu beschreiben. Die Abstände zwischen dem Erscheinen der einzelnen Hefte hatten sich immer mehr vergrößert, die Leserzahlen gingen drastisch zurück, und immer öfter sah sich Schiller zur Aufnahme von Beiträgen genötigt, an deren Autoren er gewiß nicht gedacht hatte, als er das *Horen*-Programm entwarf. Trotz Anerkennung der übersetzerischen Leistung G.s knüpfte Friedrich Schlegel in seiner 1796/97 in Johann Friedrich Reichardts *Deutschland* publizierten Rezension an den *Cellini* die Frage, wieviel der Herausgeber der Zeitschrift dem Publikum denn eigentlich zumuten zu können glaube, da er eine Übersetzung von solcher Länge »in eine Monatschrift von dem Plane der Horen« zu »zerstückeln« wage (Fambach, S. 293).

Schiller hatte schon vor Ende des ersten Jahrgangs die Probleme erkannt (vgl. an Humboldt, 21. 8. 1795), sah längst »keine entfernte Möglichkeit« mehr, die Zeitschrift »zu continuiren«, und wünschte nun, sie möge ohne »Eclat« möglichst unbemerkt »selig einschlafen« (an G., 26. 1. 1798). Der *Xenien*-Streit, in den die beizeiten entstandene Absicht, durch öffentliche Erklärung auch »unter die Autoren und Recensenten« der *Horen* »Hoffnung und Furcht« zu verbreiten (G. an Schiller, 16. 9. 1795), schließlich eingemündet war, hatte zudem die ohnehin überwiegend negative öffentliche Teilnahme an der Zeitschrift gleichsam abgelenkt. Die *Horen* endeten mit dem zwölften Stück des Jahrgangs 1797, das sehr verspätet im Juni 1798 erschien. Zum Scheitern des Unternehmens hatten verschiedene Faktoren in komplizierter Mischung beigetragen, insbesondere die unzureichende Aktivität der Beiträger und das Desinteresse des für große geschichtsphilosophisch-ästhetische Entwürfe kaum zugänglichen Publikums sowie die immer stärker das breite Spektrum der Trivialliteratur begünstigenden Wandlungen des literarischen Marktes. Auch publizistische Unternehmungen wie das Schlegelsche *Athenaeum*

unterlagen dieser Entwicklung, und als Herausgeber eigener Zeitschriften machte G. später mehrmals ähnliche Erfahrungen.

Literatur:

Fambach, Oscar (Hg.): Ein Jahrhundert deutscher Literaturkritik (1750–1850). Bd. 2: Schiller und sein Kreis. Berlin 1963. – Hocks, Paul/Schmidt, Peter: Literarische und politische Zeitschriften 1789–1805. Von der politischen Revolution zur Literaturrevolution. Stuttgart 1975. – Otto, Regine: Die Auseinandersetzungen um Schillers *Horen*. In: Debatten und Kontroversen. Literarische Auseinandersetzungen in Deutschland am Ende des 18. Jahrhunderts. Hg. von Hans-Dietrich Dahnke und Bernd Leistner. Bd. 1. Berlin, Weimar 1989, S. 385–450. – Schiller, Friedrich (Hg.): Die Horen. Eine Monatsschrift. Tübingen 1795–1797. Fotomechanischer Nachdruck. Einführung und Kommentar von Paul Raabe. 6 Bde. Berlin 1959. – Schulz, Günter: Schillers *Horen*. Politik und Erziehung. Analyse einer deutschen Zeitschrift. Heidelberg 1960.

Regine Otto

Humanität

» H u m a n i t ä t sei unser ewig Ziel«, heißt es im *Maskenzug 1818* in dem mit Herder befaßten Abschnitt *Die Ilme* (WA I, 16, S. 271). G.s Äußerungen zur Humanität müssen im Zusammenhang mit den breiten Überlegungen gesehen werden, die der Freund aus der Straßburger Zeit diesem Begriff widmete. Anknüpfungspunkte für beide waren zum einen die Humanitätslehren der Antike – Cicero hat sich als erster ausführlich mit dem Begriff befaßt – und der Renaissance, zum anderen Humanitätsvorstellungen der Aufklärung und des Pietismus. Die Bewegung des Neuhumanismus ist von Herders und G.s Humanitätsdenken wesentlich geprägt. Der Begriff der Humanität war schon für die Renaissance die entscheidende Brücke zur Antike; auch die G.-Zeit verspricht sich vom Studium des griechischen und römischen Altertums einen Fortschritt der Menschlichkeit.

G.s Bemerkungen zum Humanitätsbegriff umfassen die Bereiche des gesellschaftlichen Lebens, der Politik, Justiz, Wissenschaft, Medizin, Naturbetrachtung, Kunst und Religion. Im 12. Buch von *Dichtung und Wahrheit* (1814) erscheinen »das Humane und Weltbürgerliche« als Synonyme (WA I, 28, S. 164). Im 13. Buch ist von der Verbreitung der Humanität in der Richterschaft die Rede (ebd., S. 190). In einer Rezension von 1832 heißt es ähnlich: »Diejenigen freien Räume, welche das Gesetz der Willkür überläßt, hat sich die Menschlichkeit erobert und engt nunmehr das Gesetz ein. Die Todesstrafe wird nach und nach beseitigt, die schärfsten Strafen gemildert. Man denkt an die Verbesserung des Zustandes entlassener Verbrecher, man erzieht verwilderte Kinder zum Guten« (WA I, 49.2, S. 67). Solche freiwillige Mildtätigkeit der Mächtigen in Justiz und Politik entspricht ganz dem römischen Begriff der Humanität, wie Herder ihn im 28. der *Briefe zu Beförderung der Humanität* (1794) referiert: »Der Edle, der von [seinen; d. Vf.] Rechten, wo sie unbillig waren, von selbst nachließ, der gegen Kinder, Sklaven, Niedre, Fremde, Feinde nicht als Römischer Bürger oder Patrizier, sondern als Mensch handelte, der war humanus, humanissimus« (HSW 17, S. 141). Auch im 18. Jh. führten, wie G. in einem Nachtrag zu *Dichtung und Wahrheit* schreibt, die »Einflüsse« alter und neuer »Humanitätslehrer« zu »Forderungen an Regenten«, bei »Weltbürgerliche Natur, Unterthanen glücklich zu machen«, auszubilden (WA I, 53, S. 383f.).

G. nennt es wünschenswert, durch »Erhöhung der Humanität auch in Künsten einen mehr ausgebildeten und freyeren Geschmack zu begünstigen« (an Both, 12. 7. 1821). In der *Italienischen Reise* heißt es, die deutsche Literatur habe sich zu »einer freieren, weit umherblickenden Humanität gebildet« (WA I, 31, S. 27). Humanität bedeutet für G. auch im Bereich der ästhetischen Bildung weltbürgerliche Offenheit gegenüber allen menschlichen Kulturen. Eine »liberale humane Weise« der Bildung sieht er eher in der protestantischen, eine »zwingende, klösterlich subordinierende« Bildung eher in der katholischen Kul-

tur ausgeprägt (WA I, 34.1, S. 115). Im Hinblick auf die künstlerischen Inhalte ist für G. allerdings die plastische Kunst der griechischen Antike höchster Ausdruck der Humanität, weil dort die leibliche Gestalt des Menschen zugleich als ein Göttlich-Geistiges angeschaut wird. Einem *Xenien*-Entwurf zufolge, der Schillers Duktus trägt, aber mit G.s Denken übereinstimmt, synthetisiert Humanität die divergierenden Momente des menschlichen Wesens: »Seele legt sie auch in den Genuß, noch Geist in's Bedürfniß, / Grazie selbst in die Kraft, noch in die Hoheit ein Herz« (WA I, 5.1, S. 279). Immer wieder wird, in der Nachfolge des Pietismus, das Herz oder die Seele als eigentliche Quelle der Humanität bezeichnet, so auch in Herders *Briefen zu Beförderung der Humanität*, wo bereits die Humanität der Griechen als eine »Kultur der Seele« gilt (HSW 17, S. 151). Und noch für den späten G. muß 1827 eine Poesie, die »dem innern Gefühl« zugetan ist, »der Humanität ganz eigentlich zusagen« (*Moderne Guelfen und Ghibellinen*; WA I, 41.2, S. 277). Pietistischem Erbe zeigt G. sich auch verpflichtet, wenn er gelegentlich die christliche über die antike Humanität stellt. In der Schrift *Classiker und Romantiker in Italien* heißt es 1820: »Daß wir sie [die Bibel; d. Vf.] näher fühlen, kommt daher, weil sie auf Glauben und höchste Sittlichkeit wirkt, da andere Literaturen nur auf Geschmack und mittlere Menschlichkeit hinleiten« (WA I, 41.1, S. 137f.). Während G. die Opferung Chisti zu keiner Zeit als sinnvollen Glaubensinhalt akzeptieren kann, erkennt er doch jenen Aspekt der abendländischen Hauptreligion an, den Herder im 6. Buch der *Ideen zur Philosophie der Geschichte der Menschheit* (1785) als »Triebfeder der Humanität« bezeichnet: »menschenfreundliche Denkart [...], brüderliche Eintracht und Verzeihung, tätige Hilfe gegen die Notleidenden und Armen, kurz jede Pflicht der Menschheit zum gemeinschaftlichen Bande« (HSW 14, S. 296). »H u m a n u s« heißt in G.s 1784/85 verfaßtem Stanzen-Fragment *Die Geheimnisse* ein sagenhafter Ordensritter, der das Leben Christi nachahmt. Dieser Humanus – als »Freund Humanus« bezeichnet G. später nicht

ohne Ironie Herder (an Meyer, 20.6. 1796) –
ist »gewohnt, für andre nur zu leben«. Voraussetzung seiner Humanität ist allerdings Selbstüberwindung: »Von der Gewalt, die alle Wesen
bindet, / Befreit der Mensch sich, der sich
überwindet« (WA I, 16, S. 178).

Im Zusammenhang der Selbstüberwindung
problematisiert G. den Humanitätsbegriff nun
auch deutlich. Aus Italien schreibt er am 27.5.
1787 an Charlotte von Stein, er stimme mit
Herder zwar darin überein, »daß die Humanität endlich siegen wird, nur fürcht' ich, daß zu
gleicher Zeit die Welt ein großes Hospital und
einer des andern humaner Krankenwärter sein
werde« (WA I, 31, S. 253). Herder selbst warnt
in den *Ideen zur Philosophie der Geschichte der
Menschheit* davor, »die menschliche Gesellschaft nur als ein Hospital, und das Christentum als die gemeine Almosen-Kasse desselben« zu betrachten, weil durch eine staatlich
institutionalisierte Mildtätigkeit »in Ansehung
der Moral und Politik zuletzt ein sehr böser
Zustand« allgemeiner Trägheit und Heuchelei
entstehen könnte (HSW 14, S. 297). G.s Anmerkung liegt indes auf einer ganz anderen
Ebene als Herders Warnung vor dem Sozial-
staat. G. fürchtet, jeder, also auch der Reiche,
könnte von seinem Nächsten als ein Kranker
behandelt werden. Dahinter steht die Skepsis
gegenüber dem humanen Umgang mit den destruktiven menschlichen Energien, wie Herder ihn ansatzweise in den *Ideen*, prägnanter
dann 1793 im 25. der *Briefe zu Beförderung der
Humanität* skizziert: »die zerstörenden Leidenschaften [...] können und müssen von den
erhaltenden Neigungen unserer Natur eingeschränkt und bezwungen, zwar nicht ausge-
tilgt, aber unter eine Regel gebracht werden«.
Dabei »wirken die verschiedenen Charaktere
und Sinnesarten zum Wohle des größeren
Ganzen«. Jeder hat die »Pflicht, [...] dem
Mangelhaften« im Charakter der anderen »zu
Hülfe zu kommen« (HSW 17, S. 119 ff.). Herder denkt die notwendige Selbstüberwindung
als einen andauernden Prozeß universeller
kollektiver Hilfe, G. überspitzt dieses Konzept
zu der bedrückenden Vision all- und wechselseitiger Therapie.

Die Problematik der Läuterung zur Humanität hängt mit einer inneren Doppeldeutigkeit
des Humanitätsbegriffs zusammen. Dieser hat
zum einen eine deskriptive, zum anderen eine
emphatisch-normative Bedeutung. Im ersten
Sinn ist alles human, was zum Menschen gehört. Im zweiten Sinn gelten nur Tugenden wie
Güte, Milde usw. als human. Die Aufklärer –
und in ihrer Nachfolge Herder – heben diesen
Widerspruch in der geschichtsphilosophischen Idee menschlicher Perfektibilität auf:
Im idealen Endzustand, den Gotthold Ephraim
Lessing skeptisch als schönen Traum bezeichnet, decken sich deskriptive und normative
Bedeutung von »menschlich«. G.s deskriptive
Verwendung des Begriffs begreift gerade auch
die moralischen Schwächen ein, etwa wenn
Antonio im Schauspiel *Torquato Tasso* (1789)
seinen Neid auf den Protagonisten »etwas
Menschlichs« nennt (WA I, 10, S. 186). Im
Sinne der universellen Beschreibungsfunktion
des Wortes und ohne Rücksicht auf die mora-
lisch-normative Bedeutung schreibt G.: »Nur
sämmtliche Menschen leben das Menschliche«
(an Schiller, 5.5. 1798); Shakespeares widersprüchliche »Persönlichkeiten und Charaktere« bezeichnet er als »Menschlichkeiten«
(an Zelter, 25.8. 1824; zit. nach WA IV, 38,
S. 231). In anderen Zusammenhängen findet
sich die normative Bedeutung, etwa in der Be-
griffsreihe »das Schöne und Menschliche,
Gute und Große« (an Carlyle, 14.3. 1828). Im
Schauspiel *Iphigenie auf Tauris* (Versfassung
1786) steht das Verhältnis von deskriptiver und
normativer Bedeutung des Menschlichen sogar im Zentrum der Handlung. Iphigenies
Ahnherr Tantalus war »nur ein Mensch. So war
/ Auch sein Vergehen menschlich«. Tantalus'
menschliche Schwächen – »Übermuth / Und
Untreu« – provozieren den Fluch der Götter
und somit die unvorstellbaren Greuel unter
den Tantaliden (WA I, 10, S. 16). Der Fluch
wird in G.s Version des Stoffes schließlich dadurch überwunden, daß ein Nichtgrieche, der
Skythenkönig Thoas, die »Stimme / [...] der
Menschlichkeit« (ebd., S. 84) vernimmt, den
»Zorn« überwindet (ebd., S. 86) und mildtätig
auf sein Recht verzichtet, Iphigenies Bruder
Orest für den versuchten Raub eines Bildes der
Göttin Diana mit dem Tod zu bestrafen. Das

frühklassische Drama folgt hier dem aufklärerischen Gedanken der Perfektibilität, und noch der alte G. hält an dieser Botschaft fest, wenn er 1827 dem Schauspieler Krüger, einem Darsteller des Orest, mit einem Exemplar der Iphigenie die Losung überreicht: »Alle menschliche Gebrechen / Sühnet reine Menschlichkeit« (WA I, 4, S. 277). Entsprechend mahnt er am 29.7. 1817 in einem Brief an Julius Eduard Hitzig, daß man »den Glauben nicht verlieren darf, daß der Mensch einer Besserung [...] fähig sey«. Den Glauben an die heilsame Wirkung einer von allen Übeln gereinigten Menschlichkeit hat G. freilich schon früher in einer berühmten kritischen Äußerung über das *Iphigenie*-Drama selbst eingeschränkt: Am 19.1. 1802 schreibt er an Schiller, er habe in eine »Abschrifft des gräcisirenden Schauspiels [...] hie und da hineingesehen, es ist ganz verteufelt human«. Motiv dieser Selbstironie mag sein, daß G. nicht als der »Humanitätssalbader« gelten wollte, für den er Friedrich Heinrich Jacobi hielt (an Bettina Brentano, 20.4. 1808). Der Ausdruck »verteufelt human« verweist vor allem auf eine Dialektik in G.s Überlegungen zur Ethik: Wo die ideale Forderung des Guten unbedingt und – wie im Fall der Iphigenie-Figur – mit der Prätention natürlicher Unschuld und Herzensreinheit auftritt, wo also die normative Bedeutung des Menschlichen für die vollständige Deskription der menschlichen Natur oder auch nur eines Individuums ausgegeben wird, – dort kann leicht das Gute ins Böse, das Humane ins Teuflische umschlagen. In einem seiner letzten und berühmtesten Briefe formuliert G. die Einsicht, daß einige Mängel der menschlichen Natur – in dem Brief erklärt er eigenes Versagen – unvermeidlich und daher zu akzeptieren sind: »Und so bleibt denn im höchsten Alter uns die Pflicht noch übrig, das Menschliche, das uns nie verläßt, wenigstens in seinen Eigenheiten anzuerkennen und uns durch Reflexion über die Mängel zu beruhigen, deren Zurechnung nicht ganz abzuwenden ist« (an Seebeck, 3.1. 1832). Erst die Anerkennung des Individuell-Mangelhaften, welches dem normativen Begriff der Menschlich

keit nicht ganz genügen kann, eröffnet die Möglichkeit der Humanität.

Thomas Zabka

Humboldt, Alexander von
(1769–1859)

Humboldt könnte G. bereits als Kind erstmals begegnet sein, als dieser am 20.5. 1778 in Schloß Tegel zu Gast war. Die erste wichtige Phase der dann bis zum Tod des Dichters anhaltenden intensiven Beziehungen ergab sich um die Mitte der 90er Jahre, als Humboldt, seit 1793 Oberbergmeister in den seit 1792 zu Preußen gehörenden Fürstentümern Ansbach und Bayreuth, von dort aus des öfteren seinen Bruder Wilhelm besuchte, der seit 1794 in Jena wohnte. G. war in diesen Jahren am Erfahrungsaustausch über naturwissenschaftliche Fragen sehr interessiert und fand in Humboldt einen anregenden Partner. Von Anfang an gingen die Gespräche offenbar über ein bloßes Fachinteresse hinaus, obwohl in diesen Jahren die Mineralogie und die Botanik ein vorrangiges Feld von Gemeinsamkeit bildete. Humboldt hatte 1790 eine – noch neptunistische – mineralogische Schrift (vgl. Krafft) und 1793 eine botanische Schrift verfaßt; in deren Anhang (*Aphorismen aus der chemischen Physiologie der Pflanzen*, 1794) sind galvanische und chemisch-physiologische Experimente geschildert. Ihn bewegte das damals vieldiskutierte Phänomen der Lebenskraft, deren Wirkung und Ursache er zu ergründen suchte. Aus Gesprächen mit G. und Schiller entstand sein Beitrag *Die Lebenskraft oder der rhodische Genius* für die *Horen* (1795) und ein Plan für ein G. zu widmendes botanisches Werk (Hum boldt an G., 21.5. 1795; Hein, S. 48). G. nahm lebhaften Anteil an Humboldts galvanischen Versuchen und ermutigte zu deren baldiger Veröffentlichung. Das regte Humboldt zu umfangreichen, variierten Experimentalreihen an, deren Ergebnisse zu dem Werk *Versuche über die gereizte Muskel- und Nervenfaser* (1797) führten; darin zeigte sich auch, wie sehr ihn G.s Ideen über einen »thierischen Typus« und die »allgemeine Metamorphose im Thierreiche« beeindruckten (Humboldt 1797, Bd. 2, S. 284f.). Einen Höhepunkt des wechselseitigen Austauschs brachte der lange Aufenthalt Humboldts in Jena vom 1.3. bis zum 30.5. 1797, als Humboldt, aus dem Staatsdienst ausgeschieden, sich auf künftige Forschungsreisen vorbereitete. An Karl Ludwig von Knebel schrieb G. am 28.3. 1797, die Gegenwart Humboldts, die allein hinreiche, »eine ganze Lebensepoche interessant auszufüllen«, bringe »alles in Bewegung was nur chemisch, physisch und physiologisch interessant seyn kann, so daß es mir manchmal recht schwer ward mich in meinen Kreis zurück zu ziehen«. Tatsächlich verbrachte G. fast den ganzen März in Jena und beteiligte sich meist an Humboldts Experimenten im Laboratorium der Naturforschenden Gesellschaft, während Humboldt wiederum vom 18. bis zum 25. April in Weimar bei G. und Carl August weilte. Humboldt schrieb im Rückblick auf diese Zeit am 14.5. 1806 an Caroline von Wolzogen, daß er während der ganzen Amerikareise von 1799 bis 1804 gefühlt habe, »wie mächtig jene Jenaer Verhältnisse« auf ihn gewirkt hätten, wie er, »durch Goethes Naturansichten gehoben, gleichsam mit neuen Organen ausgerüstet worden war!«.

Nach der großen Amerikareise, die Humboldts wissenschaftliche Autorität international begründete, setzten sich die wechselseitigen freundschaftlichen Beziehungen ungebrochen fort. G. rezensierte sogleich die Publikation von Humboldts erstem nach seiner Heimkehr von der Berliner Akademie der Wissenschaften gehaltenen Vortrag *Ideen zu einer Physiognomik der Gewächse*. Als er des Jüngeren *Ideen zu einer Geographie der Pflanzen nebst einem Naturgemälde der Tropenländer*

(1807) empfing, die in Stil und Inhalt seinen Einfluß bezeugten, fühlte er sich nicht nur hochgeehrt, sondern auch angeregt, selbst eine vergleichende Darstellung der Gebirgshöhen der alten und neuen Welt zu entwerfen und sie dem Weltreisenden zu widmen. In den *Wahlverwandtschaften* setzte er 1809 dem Naturforscher, der das Fremde so nahezubringen wußte, ein literarisches Denkmal (WA I, 20, S. 292). Humboldt wiederum bedankte sich mit der Übersendung der *Vues des Cordillères* (1810) und kommentierte sie: »Natur und Kunst sind in meinem Werke eng verschwistert [...]. Möchten Sie in einzelnen Ansichten sich selbst, Einfluß Ihrer Schriften auf mich, Einfluß Ihrer herrschenden Nähe erkennen!« (Hein, S. 52). G.s Gedicht *An Alexander von Humboldt* war die Antwort auf die *Prolegomena* zu Humboldts *Nova genera et species plantarum* (1816).

Als Humboldt nach zwanzigjährigem Aufenthalt in Paris, wo er die Edition seines Reisewerkes betrieb, 1826 nach Berlin zurückkehrte, führte ihn sein Weg über Weimar. G. äußerte zu Eckermann sein Erstaunen über Humboldts außergewöhnliche Vielseitigkeit (11.12. 1826) und notierte im Tagebuch die »Einwirkung« des Jüngeren (16.12.). Einen Höhepunkt der Beziehungen bildete Humboldts letzter Besuch am 26. und 27.1. 1831, wo er G. die Ergebnisse seiner russisch-sibirischen Reise von 1829 vortrug und, was noch wichtiger für G. war, einen Augenzeugenbericht vom Pariser Akademiestreit gab. Humboldt war von Oktober 1830 bis Januar 1831 erstmals wieder in Paris gewesen und hatte regelmäßig an den Sitzungen der Académie des Sciences teilgenommen, wo der im Februar 1830 entbrannte Streit zwischen Georges Cuvier und Étienne Geoffroy Saint-Hilaire ausgetragen wurde. Während Cuvier seine Gegenrede hielt, bekundete Humboldt seine Sympathie für G.s im September 1830 erschienene Rezension der *Principes de Philosophie Zoologique* in »geflüsterten Kommentaren« und meinte , die Idee der »Einheit«, die Geoffroy und G. vertraten, sei im wesentlichen wahr (Agassiz, S. 42f.).

Unter etwa 2500 Korrespondenzpartnern

Humboldts war G. der älteste. Nur ein Bruchteil des Briefwechsels ist erhalten. Indessen sind die wechselseitigen Einflüsse nicht nur an den einundzwanzig überlieferten Briefen zu messen. Gab Humboldts vielseitiges, gleichermaßen zur Synthese strebendes Wissen G. oftmals neue Impulse zur Behandlung naturwissenschaftlicher Fragen, so spiegelt sich G.s Einfluß auf Humboldt expressis verbis in der »ästhetischen Behandlung naturhistorischer Gegenstände« (*Ansichten der Natur*, 1808) und in der Plastizität der Sprache wider, die seine späten Schriften auszeichnen. Auch noch Humboldts letztes Werk, *Kosmos* (1845–1862), ist von G.s Ideen mitgeprägt, wird doch gleich anfangs vom »Urgeheimniß aller Gestaltung«, dem »von Göthe so glücklich behandelten Problem der Metamorphose« (Humboldt 1845, S. 22) gesprochen.

Literatur:

Agassiz, Louis: Address delivered on the Centennial Anniversary of the Birth of Alexander von Humboldt. Boston 1869. – Biermann Kurt-R.: Alexander von Humboldt. Leipzig ³1983. – Geiger, Ludwig (Hg.): Goethes Briefwechsel mit Wilhelm und Alexander von Humboldt. Berlin 1909. – Hein, Wolfgang-Hagen: Alexander von Humboldt. Leben und Werk. Frankfurt/M. 1985, S. 45–55. – Humboldt, Alexander von: Florae Fribergensis specimen. Berlin 1793. – Ders.: Versuche über die gereizte Muskel- und Nervenfaser. 2 Bde. Posen, Berlin 1797. – Ders.: Ansichten der Natur. Tübingen 1808. – Ders.: Kosmos. Entwurf einer physischen Weltbeschreibung. Bd. 1. Stuttgart, Augsburg 1845. – Ders.: Die Jugendbriefe. 1787–1799. Hg. von Ilse Jahn und Fritz G. Lange. Berlin 1973. – Ders.: Aus meinem Leben. Autobiographische Bekenntnisse. Hg. von Kurt-R. Biermann. Leipzig u.a. 1987. – Krafft, Fritz: Alexander von Humboldts *Mineralogische Beobachtungen über einige Basalte am Rhein* (1790) und die Neptunismus-Vulkanismus-Kontroverse um die Basalt-Genese. In: Studia Fribergensia: Vorträge des Alexander-von-Humboldt-Kolloquiums in Freiberg vom 8.–10. 11. 1991 aus Anlaß des 200. Jubiläums von Alexander von Humboldts Studienbeginn an der Bergakademie Freiberg. Berlin 1994, S. 117–150. – Kuhn, Dorothea: Über den Grund von Goethes Beschäftigung mit der Natur und ihrer wissenschaftlichen Erkenntnisse (1970). In: dies.: Typus und Metamorphose. Goethe-Studien. Hg. von Renate Grumach. Marbach/N. 1988, S. 90–105.

Ilse Jahn

Humboldt, Wilhelm von

(1767–1835)

Die Familie von Humboldts Vater stammt ursprünglich aus Pommern, sie erzog Beamte und Offiziere für brandenburgisch - preußische Dienste. Die Mutter ist vermögende Erbin einer Hugenottenfamilie, deren Herkunft nach Südfrankreich, Dänemark, Schottland und in die Pfalz verweist. Der Reformator des preußischen Bildungswesens besucht niemals eine Schule. Die häusliche Erziehung für ihn und seinen zwei Jahre jüngeren Bruder Alexander übernimmt anfangs Joachim Heinrich Campe, seit 1777 Gottlob Johann Christian Kunth; Privatunterricht bei bekannten Berliner Gelehrten ergänzt die Ausbildung. Ein geheimer »Tugendbund« mit Henriette Herz, Brendel Veit und Karl La Roche schafft Verbindung zu den auswärtigen Mitgliedern in Thüringen, Caroline von Dacheröden und Caroline von Lengefeld, und über diese zu Schiller. Nach einem unerfreulichen Semester juristischer Studien an der Universität zu Frankfurt an der Oder (1787/88) wechselt Humboldt nach Göttingen, wo er drei Semester seinen Bildungsinteressen nachgeht, indem er bei Georg Christoph Lichtenberg Physik, bei August Ludwig Schlözer Universalgeschichte, bei Christian Gottlob Heyne alte Sprachen hört und sich im Eigenstudium mit Kantischer Philosophie vertraut macht. Im August 1789 besucht er mit Campe das revolutionäre Paris. Auf dem Rückweg kommt er im Dezember nach Erfurt, um sich mit Caroline von Dacheröden zu verloben. Dort lernt er Schiller näher kennen und trifft zum ersten Mal mit G. zusammen, allerdings nur flüchtig; auch die Einführungsschreiben von Friedrich Heinrich Jacobi und Johann Kaspar Lavater verschaffen ihm keinen persönlichen Zugang.

1794 wird zum Schicksalsjahr in der Begegnung von Humboldt, G. und Schiller. Nach einer kurzen Karriere im preußischen Staatsdienst, aus dem er sich bald beurlauben läßt, und einem zurückgezogenen Leben auf den Gütern des Schwiegervaters in Thüringen, verlegt Humboldt im Februar 1794 den Familienwohnsitz nach Jena, um in der Nähe der Familie Schiller zu leben. Die beiden Freunde arbeiten an Schillers neuem Projekt, den *Horen*, für die sie auch die Mitarbeit G.s zu gewinnen versuchen. Der Kontakt wurde zunächst durch Caroline vermittelt, noch vor Schillers Ankunft besuchte G. die Familie in Jena (Leitzmann, Bd. 14, S. 241). Er gestaltet sich rasch überaus fruchtbar für alle Beteiligten, zu denen bald auch Alexander gehört, der seinen Bruder in jener Zeit häufig besucht. G. schätzt und nutzt Humboldts Rat in philologischen und metrischen Fragen sowie seine konstruktive literarische Kritik (etwa bei der Entstehung des *Wilhelm Meister*). Gemeinsam besuchen sie die Anatomie-Vorlesungen von Justus Christian Loder und diskutieren ebensosehr naturwissenschaftliche wie ästhetische Fragen. Diese für die drei Beteiligten, G., Schiller und Humboldt, als besonders glücklich empfundene und erinnerte Epoche endet im Juli 1795 mit der Abreise Humboldts nach Berlin ans Krankenbett der Mutter, von wo er erst im November 1796 nach Jena zurückkehrt. Doch die Wiederaufnahme des gemeinsamen Lebens und Schaffens währt nur wenige Monate. Im April 1797 verläßt die Familie Humboldt Jena und begibt sich auf Reisen. Italien ist durch die Kriegswirren versperrt, man wendet sich nach Paris. Humboldts Pariser Jahre von 1797 bis 1801 sind eine Zeit intensiven Kontakts zwischen ihm und seinen Weimarer Freunden. In einem langen Brief vom September 1800 würdigt er Schillers *Wallenstein*, in einem ganzen Buch, dem einzigen, das er selbst veröffentlicht und das den Titel trägt: *Ästhetische Versuche. Erster Theil. Über Göthes Hermann und Dorothea* (erschienen bei Vieweg, Braunschweig 1799), reagiert er auf G.s neuestes Werk, an dessen Entstehen er in Jena kritisch beratend mitwirkte. Seine Rezension, umfangreicher als das besprochene Gedicht, beginnt mit philosophischen Reflexionen über das »Wesen der Kunst« und ihre Bedeutung für den »menschlichen Geist überhaupt«. Es folgen Erörterungen über die verschiedenen Kunstgattungen, dann wird die spezielle Gattung der »Bürgerlichen Epopee« (Leitzmann, Bd. 2, S. 267–70) eingeführt und schließlich an dem G.schen Werk erläutert. Zwar liegt in den kunstphilosophischen Passagen (Leitzmann, Bd. 2, S. 115–144) die bleibende Bedeutung des Textes, doch die zeitgenössischen Leser reagieren verständnislos und zeigen wenig Neigung, dem »spekulativen Weg« (Schiller an Humboldt, 27.6. 1798) des Autors zu folgen und in die »schauerliche Tiefe« hinabzusteigen (Körner an Schiller, 20.2. 1799). Neben Analysen der neuesten dichterischen Werke der Freunde liefert Humboldt ihnen aus Frankreich Materialien zu einer Physiognomie des französischen Nationalcharakters sowie Nachrichten über französische Kunst und Wissenschaft, die G. mit Interesse aufnimmt und teilweise in den *Propyläen* veröffentlicht; so den Bericht *Über die gegenwärtige französische tragische Bühne* (aus Humboldts Brief vom 18.8. 1799), der G. bei dem Versuch, den *Mahomet* von Voltaire »nicht allein ins Deutsche, sondern womöglich für die Deutschen [zu] übersetzen«, als »ein äußerst glücklicher Leitstern« dient (G. an Humboldt, 28.8. 1799).

Nach Humboldts Rückkehr in den preußischen Staatsdienst im Jahr 1802 – zunächst als Preußischer Resident beim Päpstlichen Stuhl in Rom, nach dem Zusammenbruch Preußens für sechzehn Monate als Leiter der Sektion für Kultus und Unterricht, später wieder im diplomatischen Dienst u. a. in Wien, Frankfurt und London – wird die Art der literarischen Kooperation, wie Humboldt und G. sie in Jena in persönlichem und von Paris aus in brieflichem Kontakt praktizierten, nicht fortgesetzt. Die Freundschaft ist gefestigt, sie erhält persönlichere Züge und währt bis an das Lebensende beider. Ohne Schaden übersteht sie Irritationen, wie sie entstehen, als Humboldt anläßlich eines Besuchs in Weimar kurz nach der Völkerschlacht zu Leipzig bei G. nur wenig Begeisterung für die »Befreiung Deutschlands« findet und Gleichgültigkeit »für alles

Politische und Deutsche« feststellen zu müssen glaubt (an Caroline von Humboldt, 26.10. 1813 u. 1.1. 1814). Sie manifestiert sich in gelegentlichen, auch längeren Besuchen Humboldts in Weimar (zuletzt im Dezember 1826, als beide gemeinsam mit Riemer lange vor dem Schädel Schillers sitzen, dessen Gebeine G. für eine Umbettung in (s)eine neue Gruft hatte bergen lassen); ferner in einem ausgedehnten Briefwechsel (noch der letzte Brief G.s vom 17.3. 1832 ist an Humboldt gerichtet) sowie in der *Rezension von Goethes Zweitem römischen Aufenthalt*, die, auf Bitten der Herausgeber verfaßt, im Septemberheft 1830 der *Berliner Jahrbücher für wissenschaftliche Kritik* erscheint.

Der von Freundschaft und Verehrung getragene Briefwechsel zwischen G. und Humboldt, der sich über 38 Jahre erstreckt und nur unvollständig erhalten ist, gliedert sich in Epochen von unterschiedlichem Charakter. Die 25 Briefe der frühen Zeit (von November 1794 bis Juni 1797) begleiten und ergänzen die Gespräche der gemeinsamen Jenenser Tage. Eigenständigen Werkcharakter tragen vor allem die zehn, teilweise sehr langen Briefe Humboldts aus den Pariser Reise-Jahren (von November 1797 bis Dezember 1800), die die unterbrochenen Gespräche fortzusetzen und zu ersetzen versuchen. Doch mit ihnen endet die Epoche des gemeinsamen Suchens. Die folgenden römischen Briefe sind gekennzeichnet durch das Bemühen, die Fäden der Verbindung nicht abreißen zu lassen, nachdem der »frevelhafte Vorsatz, [...] sich in großer Entfernung monatlich schreiben zu wollen« (G. an Caroline von Humboldt, 25.1. 1804), offensichtlich fehlgeschlagen ist. Gemeinsam interessierende Themen sind »Alterthum, Kunst und deutsche Literatur« (Humboldt an G., 23.8. 1804), doch geht es jetzt in der Tat weniger um Grundsätzliches als um den Wunsch, »sich das täglich erfreuende und bedrängende mit[zu]theilen« (G. an Caroline von Humboldt, 25.1. 1804), den die Entfernung so schwer erfüllbar macht. In der langen Folgezeit übernimmt der Briefwechsel wieder eher dienende Funktion, um einerseits die Besuche

Humboldts in Weimar vorzubereiten, andererseits literarische, persönliche oder Sammlerwünsche auszusprechen und zu erfüllen. Politisches wird kaum oder nur in sehr allgemeiner Form berührt, abgesehen von einigen Bemerkungen, in denen sich eine gemeinsame Abneigung gegenüber bestimmten Tendenzen des Zeitgeistes ausspricht: So äußert Humboldt seine Zustimmung für einen Autor, der »das Verwechseln der Deutschheit mit dem Christen- und Rittertum gerügt hat, mit dem jetzt so viel Unfug getrieben wird«, und zeigt sich in demselben Brief »glücklich« über G.s Wendung (aus einem nicht erhaltenen Brief), »daß die Deutschen geistloser sind, je weniger sie gottlos sind« (Humboldt an G., 7.3. 1814). Neue Intensität und Tiefe gewinnt der Briefwechsel in den letzten beiden Jahren durch Humboldts *Rezension von Goethes Zweitem italienischen Aufenthalt* (dem 29. Band der Ausgabe letzter Hand von 1829). In Erinnerung der gemeinsamen Gespräche von 1794/95 wird wieder über grundsätzliche Fragen diskutiert, zuletzt über G., den *Faust* und das »Wesen der Dichtkunst« (Humboldt an G., 6.1. 1832). In der Rezension ebenso wie in den Briefen geht es Humboldt um den Nachweis, »daß Ihre [G.s] Beschäftigungen mit Naturwissenschaften eins sind mit Ihrem Dichtungsgenie, und daß beide aus dem Tiefsten Ihres Wesens, aus Ihrer Art, die Dinge anzusehen und sich einen Begriff von ihrer Gestaltung zu machen, herstammen« (an G., 4.9. 1830); eine Sichtweise, mit der G. selbst sehr einverstanden ist und die den Interpreten schon zu Lebzeiten des Dichters einen Weg weist, den zu gehen ihnen bis heute nicht leichtgefallen ist.

Literatur:

Borsche, Tilman: Wilhelm von Humboldt. München 1990. – Geiger, Ludwig (Hg.): Goethes Briefwechsel mit Wilhelm und Alexander von Humboldt. Berlin 1909. – Haym, Rudolf: Wilhelm von Humboldt. Lebensbild und Charakteristik. Berlin 1856. – Leitzmann, Albert u.a. (Hg.): Wilhelm von Humboldts Gesammelte Schriften. Im Auftrag der [Königlich] Preußischen Akademie der Wissenschaften hg. von Albert Leitzmann u.a. Berlin 1903–1936. – Müller-

Vollmer, Kurt: Poesie und Einbildungskraft. Zur Dichtungstheorie Wilhelm von Humboldts. Stuttgart 1967. – Schlerath, Bernfried (Hg.): Wilhelm von Humboldt. Vortragszyklus zum 150. Todestag. Berlin 1986. – Seidel, Siegfried (Hg.): Der Briefwechsel zwischen Friedrich Schiller und Wilhelm von Humboldt. Berlin 1962. – Sweet, Paul R.: Wilhelm von Humboldt. A biography. Columbus, Ohio 1978/80. – Sydow, Anna von (Hg.): Wilhelm und Karoline von Humboldt in ihren Briefen. Berlin 1906–1916. – Trabant, Jürgen: Apeliotes oder Der Sinn der Sprache. Wilhelm von Humboldts Sprach-Bild. München 1986.

Tilman Borsche

Humor

G.s Gebrauch des Begriffs spiegelt den Bedeutungswandel wider, den das Wort zu seinen Lebzeiten erfuhr. Die seit dem 17. Jh. tradierte Bedeutung »Stimmung«, »Gemütsverfassung«, »Laune« ist am häufigsten anzutreffen, fast immer in Verbindung mit Attributen, die der zunächst neutralen Grundbedeutung einen spezifischen Charakter verleihen. Es begegnen die Formen »guter«, »heiterer«, »glücklicher«, »allerliebster«, »herrlicher Humor«, in negativer Abstufung »böser«, »schlimmer«, »allerschlimmster Humor«. Die Grundbedeutungen (guter bzw. böser Humor) überwiegen eindeutig und sind auch noch im Sprachgebrauch des alten G. (vornehmlich in Briefen) anzutreffen; statistisch gesehen überwiegen allerdings Belege in Werken, Briefen und Tagebüchern bis 1786. »Guter Humor« (korrespondierend mit »humoristisch«) umfaßt ein Bedeutungsspektrum, das heitere Gelassenheit, Lebenszuversicht, vorurteilsfreie Menschlichkeit einbegreift, darüber hinaus die Lebenskraft meint, Widrigkeiten die Stirn zu bieten, gelegentlich auch bereits künstlerische Produktivität bezeichnen kann. In der Gestalt des »humoristischen Heiligen« Philippus Neri hat G. diesem Typus Gestalt verliehen, einer freien, heiteren Menschlichkeit, vor der soziale Rangunterschiede gleichgültig werden (*Philipp Neri, der humoristische Heilige*; WA I, 32, S. 186–204). »Guter Humor« gründe sich auf »Gleichmuth« und »Charackterkraft«, erläutert G. im Brief an Carl August vom 14.12.1817. »Übler Humor« schließt Weltverdrossenheit, Misanthropie, Selbstquälerei und Eigensinn ein.

Eröffnen diese Kombinationen bereits die Möglichkeit zu reicher semantischer Differenzierung, so zeigt sich G.s Charakterisierungskunst (insbesondere in *Dichtung und Wahrheit*, aber auch in Briefen) in überraschenden und ungewöhnlichen Attribuierungen. Menschen können über »stillen« oder »ausgelassenen«, »possenhaften« oder »verwegenen« Humor verfügen, Schauspieler besitzen häufig »natürlichen« Humor. »Was Herdern betrifft«, so ist in *Dichtung und Wahrheit* zu lesen, »so schrieb sich das Übergewicht seines widersprechenden, bittern, bissigen Humors gewiß von seinem Übel und den daraus entspringenden Leiden her« (WA I, 27, S. 306f.). Benjamin Franklin nennt einen »so gründlichen als frohen Humor« (WA I, 28, S. 240f.) sein eigen, und von Johann Heinrich Merck heißt es: »Sein Humor fand sich wieder ein, nur war er noch bitterer geworden als vorher« (ebd., S. 227). Jakob Michael Reinhold Lenz besitzt einen »so gründlichen und anspruchlosen Humor, eine wahrhaft komische Gabe« (ebd., S. 247). Selbst den »Welterscheinungen« kann »ein unerforschliches, unbedingtes, humoristisches, sich selbst widersprechendes Wesen zum Grunde gedacht« werden (WA II, 11, S. 10f.).

Beziehen sich die Grundbedeutungen »guter«, »böser Humor« mit ihren Abstufungen noch am ehesten auf den tradierten Sinngehalt, so erweitert sich dieser zu geistig-seelischer Befindlichkeit allgemein, zu produktiver (künstlerischer) Gestimmtheit und Spannkraft des Menschen. In diese Richtung zielen die wenigen Belege aus dem Spätwerk, wobei hier zugleich ein spielerisch-ironischer Umgang mit der älteren Wortbedeutung zu beobachten ist: »Du aber bist von freiem Humor« (*West-östlicher Divan*; WA I, 6, S. 259); »Verderbt mir nicht den seltensten Humor!« (*Faust II*; WA I, 15.1, S. 160).

Mitte des 18. Jhs. findet Humor in der spezifischen Bedeutung »Heiterkeit, Spaß ausstrahlend oder hervorrufend« sowohl als menschliche Eigenschaft wie als Qualität eines Kunstwerks aus dem Englischen Eingang in die deutsche Sprache; hinzu treten bald das Attribut »humoristisch« und das Substantiv »Humorist« (für den humoristische Werke schaffenden Künstler). »Humoristisch« in diesem Sinne ist bei G. erstmals im Brief an Johann Kaspar Lavater vom 3.7. 1780 belegt, während Humorist erst sehr viel später und dann nur an wenigen markanten Stellen (insgesamt achtmal) verwendet wird.

Im Hinblick auf den Humor in den Künsten weist G.s Gebrauch Ambivalenz auf, eine – so will es scheinen – nicht selten absichtsvolle Uneindeutigkeit. Sich selbst hat G. nicht explizit als humoristischen Künstler verstanden, wenngleich nicht wenigen seiner Texte (z.B. *Herrmann und Dorothea, Divan, Faust*) humoristische Züge eignen. Seit Mitte der 90er Jahre des 18. Jhs. erscheinen »Humor« und »humoristisch« in ästhetischen Urteilen und Reflexionen G.s (G. an Schiller, 23.1. 1796; vgl. auch das Urteil über Schillers Ballade *Der Gang nach dem Eisenhammer* im Brief an den Dichter vom 30.10. 1797). »Selbst ohne poetisch zu seyn«, ist der Humor »eine Art von Poesie und erhebt uns seiner Natur nach über den Gegenstand« (an Schiller, 31.1. 1798). Überwiegend begegnet G. dem Humoristischen mit erkennbarer Distanz, hebt er die Nähe des Humors zum Absurden, Grotesken, Fratzenhaften hervor. Dominico Feti erscheint als humoristischer Künstler und darum nicht von erstem Range (WA I, 27, S. 312), Friedrich Heinrich Karl Frh. de la Motte Fouqué und Achim von Arnim werden leicht abschätzig Humoristen genannt (*Tag- und Jahreshefte 1814*), die Urteile in der Rezension zu *Des Knaben Wunderhorn*, die Bewertungen von Johann Georg Hamann und Jakob Michael Reinhold Lenz in *Dichtung und Wahrheit* sind auch unter diesem Aspekt durchaus ambivalent. Der Humorist als Typus des modernen Menschen bleibt in G.s Augen ein selbstquälerischer Sonderling mit eher negativen Eigenschaften, an der Nähe des Humoristischen zum Fratzenhaften wird festgehalten (WA I, 42.2, S. 83).

Etwa um 1810 ist ein Wandel in G.s ästhetischem Denken zu beobachten. War G. zunächst der Auffassung, daß durch den Humor (bzw. den Humoristen) das Disparate in all seinen Facetten unreflektiert, künstlerisch undiszipliniert in das Kunstwerk hineingenommen werde, so wird nunmehr die Eigenschaft des Humors akzentuiert, jenes Disparate kraft seelisch-geistiger Disposition des Künstlers zu bändigen und einer ästhetischen Intention verfügbar zu machen. In diesem Sinne kann Humor zu einer positiven Eigenschaft des Künstlers werden und rückt in die Nähe von Ironie (WA I, 48, S. 170f.). Über Giovanni Battista Castis Fabelgedicht *Die redenden Tiere* sagt G.: »Was jedoch solchen Productionen eigentlich den höchsten Werth gibt, ist ein guter Humor, eine heitere, leidenschaftslose Ironie, wodurch die Bitterkeit des Scherzes, der das Thierische im Menschen hervorhebt, gemildert und für geistreiche Leser ein geschmackvoller Beigenuß bereitet wird« (WA I, 49.1, S. 350). In einem Briefkonzept vom 26.2. 1816 spricht G. von der »Scheu vor dem Absurden, welche sich nur durch guten Humor und Ironie überwinden läßt« (WA IV, 26, S. 414).

In G.s Aufsatz *Der Tänzerin Grab* (WA I, 48, S. 143–150) wird dem Humor die ästhetische Qualität zugesprochen, das Häßliche komisch zu behandeln und so seiner Herr zu werden, zwischen dem Schönen und dem Erhabenen ein »Fratzenhaftes« hineinzubilden (ebd., S. 146f.). Eine wesentliche Voraussetzung für G.s positivere Bewertung des Humors bildet seine Erfahrung mit englischer Ästhetik und Literatur (WA I, 33, S. 208f. u. WA IV, 46, S. 193f.). Shaftesbury zustimmend, heißt es in der Rede *Zu brüderlichem Andenken Wielands*: »Geist, Witz, Humor seien die echten Organe, womit ein solches Gemüth die Welt anfasse«. Wieland habe in Shaftesbury »einen wahrhaften älteren Zwillingsbruder im Geiste« gefunden (WA I, 36, S. 323). G.s reicher werdende Erfahrung mit der Weltkunst aller Epochen und die damit einhergehende ästhetische Toleranz verschaffen sich auch in seiner Bewertung des Humors Geltung. Der »gute Humor«, so G., vermittle zwischen »Wissen« und »Einbildungskraft« (WA I, 41.2, S. 227), er scheine »nur zu spielen und zu scherzen« und spreche »doch bedeutende Wahrheiten« aus (WA IV, 41, S. 207). Gezielt wird auf eine ästhetische Souveränität des Künstlers, die auch das rezipierende Subjekt in Freiheit setzt. So ist auch G.s Diktum über Lawrence Sterne zu verstehen: »Yorik-Sterne war der schönste Geist, der je gewirkt hat; wer ihn lies't, fühlt sich sogleich frei und schön; sein Humor ist unnachahmlich, und nicht jeder Humor befreit die Seele« (MuR, 742). Über den Einfluß von Sterne und Oliver Goldsmith auf seine Bildung legt G. noch einmal im Brief an Zelter von 25. 12. 1829 Rechenschaft ab; resümierend heißt es: »Merkwürdig ist noch hiebei daß Yorik sich mehr in das Formlose neigt und Goldsmidt ganz Form ist, der ich mich denn auch ergab, indessen die werten Deutschen sich überzeugt hatten die Eigenschaft des wahren Humors sei das Formlose«. So sehr G. also im Ethischen Yorik-Sterne als beispielhaft ansieht, so deutlich bezeichnet er seine Distanz zur Formlosigkeit des humoristischen Romans. So erweist sich G. der Humor in letzter Instanz nur als Teil des ästhetischen Vermögens, nicht als dieses selbst. In der Maximengruppe *Naivität und Humor* heißt es: »Der Humor ist eins der Elemente des Genies, aber sobald er vorwaltet, nur ein Surrogat desselben; er begleitet die abnehmende Kunst, zerstört, vernichtet sie zuletzt« (MuR, 65). Wenngleich G. für die eigene Kunstpraxis den Humor nicht eigentlich zuläßt und ihm letzlich einen defizitären Status zuerkennt, so ist er tolerant und historisch urteilsfähig genug, den Humor als ästhetisches Signum einer modernen Weltverfassung zu akzeptieren. Diese Haltung kennzeichnet sein Urteil über Jean Paul (im Abschnitt *Vergleichung der Noten und Abhandlungen zu besserem Verständniß des West-östlichen Divans*; FA I, 3.1, S. 202–204) und dessen englischen Vorgänger Sterne. – Im Abschnitt *Umsicht* der *Farbenlehre* konzediert G. selbst dem Forscher »ein heiteres humoristisches Spiel mit den Gegenständen« (WA II, 5.1, S. 292).

Jochen Golz

Ideal

Gewiß war schon dem jungen G. bewußt, welche motivierende und stimulierende Rolle Ideale als Vorbilder und Leitvorstellungen für menschliches Handeln spielen können – seien sie einer bedeutenden Vergangenheit wie etwa der Antike entnommen, einer einengenden und frustrierenden Gegenwart entgegengestellt oder auf eine bessere Zukunft projiziert. Idealisierende Kunstwerke und Kunsttheorien beeinflußten G.s Entwicklung in hohem Maße; nicht zuletzt war Winckelmann mit seinem Griechenenthusiasmus und den entsprechenden kunstprogrammatischen Ableitungen eine wichtige Vermittlungsinstanz. Die hieraus empfangenen neuen Lebens- und Kunstideale forcierten den Widerspruch gegenüber den überständigen alten, stumpf und unwirksam gewordenen Leitvorstellungen, die in G.s Jugendjahren noch vorherrschten. Dem jungen G. ging es darum, den als denaturiert, verkünstelt und verlogen empfundenen Konventionen gegenüber auf Natur als Inbegriff des Wahren und Lebensvollen hinzuweisen und auf die Überwindung der unheilvollen Trennung des Lebens wie der Kunst von der Natur hinzuwirken. In diesem Sinne war ein wesentlicher Teil seines Wirkens der kritischen Abrechnung mit als falsch beurteilten Idealen gewidmet. Mit beißendem Spott und scharfer Polemik attackierte er naturfeindliche Normen, den leeren Geltungsanspruch und Pomp der Herrschenden und – fast noch mehr – die jeweils einseitigen rationalistischen und sentimentalen Denkweisen und Haltungen in der Bürgerwelt. Seine eigenen Vorstellungen von Natur und Kunst fand er in Shakespeares Dramatik umfassend verwirklicht. Gemeinsam mit den Weggefährten dieser frühen Jahre orientierte er sich auf die Natur als Quelle aller Ideale. Nichts solle man – so heißt es in einer Rezension aus den *Frankfurter Gelehrten Anzeigen* von 1772 – »als schön empfinden, als was wahr und schön in der Natur ist« (BA 17, S. 241).

In dem Maße, wie G., insbesondere im Zusammenhang mit seinem Wirken im ersten Weimarer Jahrzehnt, in Handeln und Reflektieren stärker und unausweichlicher in die widerspruchsgeladene Lebensrealität hineingezogen und verstrickt wurde, geriet das Spannungsverhältnis zwischen Ideal und Wirklichkeit immer mehr zu einem Kernthema seines Dichtens und Denkens. Im *Tasso* ist diese Problematik bis zu einem Punkt getrieben, wo aus der Kollision von idealen, poetisch-utopischen Vorstellungen und eigengesetzlicher, widerständiger Lebensrealität ein neues, im Schillerschen Sinne sentimentalisches und insofern modernes Konzept von Kunst und Künstlertum entsteht. Während des Italienaufenthalts, der die bewußte Konzentration auf Kunst und Natur als Felder produktiver Wirksamkeit zum Ergebnis hatte, entwickelte sich sein Kunstverständnis – bei allem dezidierten Bestreben, die enge Beziehung zur Natur als dem Grundwahren zu verstärken – in Richtung auf ein Konzept, das Kunst als Träger von Schönheit, als Vergegenwärtigung von Vollkommenheit der empirischen Lebenswirklichkeit idealisch entgegenstellte. Zwar blieb G., nicht zuletzt infolge seines neugierig offenen Blicks für Realität und seiner Abwehr jeglicher Spielart von Schwärmertum und Lebensferne, der Rigidität gegenüber, die Schiller in seinem Konzept künstlerischer Idealisierung walten ließ, vorsichtig distanziert. In den eigenen kunstpolitischen, theoretischen und kritischen Bemühungen jedoch, wie sie vor allem im Wirken der Weimarischen Kunstfreunde greifbare Gestalt annahmen, verfolgte er keinen wesentlich anderen Kurs als der Mitstreiter und Freund dieser klassischen Phase. Einig war er sich mit Schiller immerhin in der strikten Ablehnung sowohl einer in Verzicht auf Idealität und Naturalismus mündenden Orientierung auf die Wiedergabe banaler und trivialer Realität als auch einer spekulativen, in der Entleerung des Ideals endenden Entfaltung von Gegenwirklichkeit in der Kunst. »Wärt ihr, Schwärmer, im Stande, die Ideale zu fassen«, lautet ein Epigramm aus dem Zyklus *Vier Jahreszeiten*, das im *Xenien*-Kontext entstand, »O! so verehrtet ihr auch, wie sich's gebührt, die Natur« (WA I, 1, S. 352). Und kritische Distanz

spricht aus einer Passage in G.s Brief an Schiller vom 7.4. 1798: »Es scheint daß die meisten Naturen die kleine Portion der idealischen Ingredienten durch ein falsches Streben gar bald aufzehren und dann durch ihre eigne Schwere wieder zur Erde zurückkehren«.

In einem solchen differenzierten Sinne hat der alte G. angesichts der ihm vor Augen stehenden zeitgenössischen Entwicklungen immer wieder das spannungsvolle Verhältnis von Ideal und Wirklichkeit reflektiert und dafür gestimmt, sich der Unvereinbarkeit beider Sphären bewußt zu bleiben und dieser Konstellation das bestmögliche Produktive abzugewinnen. So kommentierte er den Versuch des von ihm bewunderten Byron, gleichsam das Ideal ins Leben hineinzuholen, im Gespräch mit Kanzler von Müller wie folgt: »Es ist ein Unglück, daß so ideenreiche Geister [wie Byron; d. Vf.] ihr I d e a l durchaus verwirklichen, ins Leben einführen wollen. Das geht nun einmal nicht, das I d e a l und die gemeine Wirklichkeit müssen streng geschieden bleiben« (13.6. 1824). Für die Kunst freilich als den Bereich, in dem Ideale gestaltet, bewahrt und fruchtbar gemacht werden können, beharrte er darauf, daß ihre eigentliche Wirkungskraft in ihrer Idealität läge. »Der eigentliche Gewinn für unsere höhere Natur liegt doch allein im Idealen, das aus dem H e r - z e n des Dichters hervorging« (Eckermann, 18.1. 1827). An Claude Lorrain etwa demonstrierte er, wie im Kunstwerk Ideales und Reales zueinander stehen sollten: »Und das ist eben die wahre Idealität, die sich realer Mittel so zu bedienen weiß, daß das erscheinende Wahre eine Täuschung hervorbringt, als sei es w i r k l i c h« (Eckermann, 10.4. 1829). Galt ihm das zumindest in Hinsicht auf bildende Kunst im wesentlichen ohne Einschränkung, blieb doch für die künstlerische Praxis, insbesondere in der Literatur, seine Sicht eher ambivalent. Auf jeden Fall ermahnte er junge Dichter immer wieder und nicht ohne tiefen Grund, sich ans fortschreitende Leben zu halten und sich nicht in leeren Idealen zu verlieren.

Hans-Dietrich Dahnke

Idee

Im Sprachgebrauch des jungen G. schwankt die Bedeutung des Wortes Idee zwischen der Bezeichnung einer einfachen gedanklichen Vorstellung, eines plötzlichen Einfalls und des umfassenden schöpferischen Gedankens eines Genies (z.B. WA I, 37, S. 279). Dabei zeigt sich G.s polemische Haltung gegenüber Dichtern wie Salomon Geßner, deren »abstractes« Gefühl aus dem »Land der Ideen« gespeist werde und so lediglich ein »halbes Interesse« wecke (ebd., S. 288), während das schöpferische Vermögen sich nicht allein an den Intellekt wendet, sondern ein tiefes Empfinden ist, so daß es einen »melodisch sympathetischen Klang in der Seele anschlagen kann« (an Schönborn, 8.7. 1774). Dieser Eindruck, der nicht nur von einem Kunstwerk, sondern auch von einem Naturschauspiel ausgehen kann, wird von G. ebenfalls als »Idee« bezeichnet (an Johanna Fahlmer, 5.6. 1775).

Während seiner späteren Naturforschungen klärt G. seinen Ideenbegriff, der nun deutliche Konturen erhält. Dabei kann man zwei verschiedene Dimensionen voneinander unterscheiden: die göttliche Idee als in der Natur wirksames Prinzip (platonischer Einfluß) und die menschliche Idee als regulierendes Prinzip der Erfahrungen (Wirkung Kants).

G.s Vorstellung der gesetzmäßigen göttlichen Natur beruht auf der Ansicht, daß in den Phänomenen eine urbildliche Idee als Kraft, die deren Metamorphose steuert, wirksam sei. Dieses Urbild erscheint im Urphänomen als die dem Gestaltwechsel zugrundeliegende Gesetzmäßigkeit (WA II, 1, S. 297 u. S. 325; MuR, 1136). So ist die Welt eine »Wirklichwerdung der Ideen Gottes« (Gespräche, 2, S. 705); alles, »was wir gewahr werden und wovon wir reden können, sind nur Manifestationen der Idee« (MuR, 375). Daraus leitet G. ab, daß diese objektiv wirksame, göttliche Idee »ewig und einzig«, der Gebrauch des Begriffs im Plural also eigentlich »nicht wohlgethan« sei (ebd.). Während in der »Idee Simultanes und Successives innigst verbunden« sind, bleiben

sie »auf dem Standpunct der Erfahrung [...] immer getrennt« (WA II, 11, S. 57) und sind »nur durch Kunst und Tath« (an Schopenhauer, 28.1. 1816), »im Anschauen des Verschiednen« und durch das »active Verbinden des Getrennten zur Identität« (MuR, 1137) sowie im »Leben« (MuR, 804) zu vereinigen.

Dagegen spricht G. im Plural von jenen »Ideen«, die die Menschen »wagen«, um die Welt zu erkennen, und »die analog jenen Uranfängen sein möchten« (WA II, 11, S. 56). Hier ist G.s Gebrauch der Worte Begriff und Idee nicht klar geschieden. Für das menschliche Verstehen sind Ideen notwendige Leitfäden zur Orientierung in der Naturforschung, um sich in der Vielfalt der empirischen Erscheinungen nicht zu verlieren. Sie bezeichnen das erkannte Gesetzmäßige der Phänomene und sind auf diese Weise eng an G.s Konzepte der Gestalt, des Typus und des Urphänomens geknüpft. In der zu starken Fixierung des Forschers auf die Idee lauert nach G. allerdings die Gefahr, daß er die Anschauung vernachlässigt und so die Phänomene verfehlt. Diese gefährlich »bequemere« (WA I, 47, S. 168) und anfänglich »tyrannische« (MuR, 541) Wirkung der Idee, ihr Erscheinen als »Phantasterei« (MuR, 800) und »Ideologie« (MuR, 801), ist nach G. jedoch ihrer Natur gemäß (MuR, 541) und gerade der Grund für ihre Produktivität (MuR, 216). Richtigerweise muß das Resultat der »ideellen« Betrachtung, die von einer vorübergehenden Gestalt des Phänomens ausgeht, als eine »Möglichkeit«, »potentiâ« (WA II, 9, S. 234), eine »Vermuthung« (ebd., S. 242), als ihrer »Nützlichkeit« gemäß (MuR, 805) – d.h. als »praktisch« (MuR, 380) – betrachtet werden; allerdings entgehen auch solche »Hypothesen« den genannten Gefahren nicht (MuR, 727 u. 726). Deshalb legt G. auf »Ideen, denen keine sinnliche Wahrnehmung zum Grunde liegt, keinen ausschließenden Wert« (Gespräche, 2, S. 776). Wichtig ist vor allem, daß ein voreiliger »Sprung von der Idee, vom Möglichen, zur Wirklichkeit« (WA II, 3, S. 207) vermieden wird.

G.s Ziel ist eine »Erfahrung der höhern Art« (WA II, 11, S. 33), das Erkennen der göttlichen, objektiven Idee, zu der die menschlichen

Ideen und die Erfahrung sich steigern (WA II, 5.2, S. 259). Aus der Betrachtung der Naturphänomene in ihrer Entwicklung und in ihren Übergängen bildet sich für G. der Begriff der Erscheinung, der »in aufsteigender Linie der Idee begegnen wird« (WA II, 12, S. 12), so daß »Welt und Mensch rein zusammentreffe« (WA II, 5.2, S. 259). Dieses Sichtbarwerden des Ideellen im Augenblick nennt G. »Aperçu« (WA II, 3, S. 247; WA I, 29, S. 28 f.).

Wie G.s Sprachgebrauch nicht scharf zwischen Begriff und Idee trennt, so werden auch Begriffe wie Typus, Urbild, Schema, Gestalt und Idee für ihn fast zu Synonymen (z.B. WA II, 6, S. 20). Dieser terminologischen Unschärfe entspricht die Tatsache, daß die Vokabeln εἴδος, ἰδέα oder idea von den zeitgenössischen Wörterbüchern mit verschiedenen Bedeutungen übersetzt werden, darunter auch Gestalt und Form – Worte, mit denen G. selbst bei einer Plotin-Übertragung arbeitet (MuR, 636, 637 u. 639).

Auch in der Kunst wendet sich G. immer wieder gegen die dem Werk unangemessene Suche nach der zugrundeliegenden Idee, wodurch dessen Gehalt und Fülle gerade verstellt werden kann (Eckermann, 6.5. 1827). Sinnliches und Ideelles müssen einander in der Kunst durchdringen (Eckermann, 4.2. 1829; WA I, 36, S. 278). Die Präsenz der Idee als Gesetzmäßigkeit des Schönen in der Kunst wird durch das Symbol repräsentiert und durch den Stil gestaltet. Für G. ist die Fähigkeit, »auch den totesten Stoff durch Vermählung mit der Idee zu beleben, [...] die schönste Bürgschaft unsers überirdischen Ursprungs« (von Müller, 29.4. 1818).

Wie Kunst und Natur hat auch das Leben des Menschen »eine wirkliche und eine ideelle« Seite, was Menschen »bei zunehmender Bildung empfinden« und was so zum »Grund alles Edlen« wird (WA I, 28, S. 26). Eine Persönlichkeit, die »in der Idee« lebt, d.h. »das Unmögliche« behandelt, »als wenn es möglich wäre« (MuR, 262), ohne die Wirklichkeit des Ideellen anzuerkennen, führt nach G. Ereignisse herbei, die den Charakter des Dämonischen besitzen, wie das Beispiel Napoleon zeigt (MuR, 263 u. 264). Der einseitigen Abstrak-

tion der Idee stellt G. daher immer wieder als ergänzende Kraft die Liebe zur Seite (FA I, 3.1, S. 346; MuR, 711).

Literatur:

Eichhorn, Peter: Idee und Erfahrung im Spätwerk Goethes. Freiburg, München 1971. – Rheker, Gisela: Wort und Begriff der Idee bei Goethe. Diss. Bonn 1947. – Rotten, Elisabeth: Goethes Urphänomen und die platonische Idee. Giessen 1913. – Schmitz, Hermann: Goethes Altersdenken im problemgeschichtlichen Zusammenhang. Bonn 1959, S. 33–231. – Weinhandl, Ferdinand: Die Metaphysik Goethes. Berlin 1932, S. 108–119.

Andreas Anglet

Idylle

Nur wenige seiner Werke bezeichnet G. ausdrücklich als Idyllen; die bedeutendsten von ihnen sind die Gedichte *Der Wandrer* (1772) und *Alexis und Dora* (1797) sowie das Versepos *Herrmann und Dorothea* (1797). Darüber hinaus greifen zahlreiche Dichtungen aller Gattungen idyllische Motive auf oder zitieren die Geschichte des Genres, die von Theokrit und Vergil über Francesco Petrarca, Giovanni Boccaccio, Jacopo Sannazaro, Torquato Tasso und Giovanni Battista Guarini bis zu Idyllikern des 18. Jhs. wie Salomon Gessner und Johann Heinrich Voß reicht. Als »idyllisch« bestimmt G. in dem Aufsatz *Wilhelm Tischbeins Idyllen* (1822) künstlerische Darstellungen, in denen »menschlich natürliche, ewig wiederkehrende, erfreuliche Lebenszustände einfach wahrhaft vorgetragen werden, freilich abgesondert von allem Lästigen, Unreinen, Widerwärtigen, worein wir sie auf Erden gehüllt sehn« (WA I, 49.1, S. 315). Solchermaßen als natürlich angeschaut werden Situationen der Liebe, des Familienlebens, der Freundschaft und auch der Einsiedelei, die im ländlichen, allenfalls kleinstädtischen Bereich lokalisiert sind, deren patriarchalische,

einfache, aber nie entbehrungsreiche Lebensformen über Generationen hinweg konstant
bleiben und deren Personal »zufrieden und gesund« ist, wie es in der Arkadien-Dichtung im
Faust II (1827) heißt (WA I, 15.1, S. 221). Geistige Schlichtheit ist kein tragendes Charakteristikum der G.schen Idyllenfiguren und
wird gegebenenfalls ironisiert, etwa in *Herrmann und Dorothea*, wo dem Protagonisten
»in der Schule das Lesen und Schreiben und
Lernen [...] niemals / Wie den andern gelang« (WA I, 50, S. 207). Zu den häufig wiederkehrenden idyllischen Topoi bei G. zählt das
Motiv der Hütte, Laube oder Grotte, das im
Frühwerk z. B. in Werthers »Wahlheim« (1774)
oder dem Gartenhäuschen des *Urfaust*
(1773–1776), im Spätwerk in dem Gartenhaus
der *Wahlverwandtschaften* (1809) oder der arkadischen Liebesgrotte von Faust und Helena
begegnet. Neben anderer Lyrik pflegt der
West-östliche Divan (1819) in Versen über
Liebe, Gesang und Wein ausgiebig idyllische
Topoi.

Meist ist in G.s Idyllik das Verhältnis von
Natur und Geschichte virulent. Wenn in dem
frühen Gedicht *Der Wandrer* eine Hirtenfami-
lie zwischen Ruinen auf den »Resten / Heiliger
Vergangenheit« lebt (WA I, 2, S. 174), so wird
dieses gängige idyllische Motiv im Sinne von
Goethes Vorstellung einer permanent schaffenden, die Geschichte einbegreifenden Gott-
Natur gedeutet: sie, die »ewig keimende«,
»flickt« eine »Hütte« zwischen die historischen
»Trümmer« (ebd., S. 175f.). Auch in den *Römischen Elegien* (1795) und in der Anfangs-Epi-
sode der *Wanderjahre* (1821), *Sanct Joseph der
Zweite*, sind die Ruinen einer untergegange-
nen Epoche Szenerie einer neuen idyllischen
Erfahrung. Während Schiller in der naiven,
arkadischen Idylle von Antike und Renaissance den idealen Anfang der menschlichen
Geschichte gestaltet sieht und eine sentimen-
talische, elysische Idylle der Moderne postuliert, die das Telos der Menschheit an »Subjekten der Kultur« unter den Bedingungen
»der höchsten gesellschaftlichen Verfeine-
rung« darstellen möge (*Über naive und senti-
mentalische Dichtung*; SNA 20, S. 472), ist für
G. jede Gegenwart als eine idyllische anschau-

bar. Die Einheit von Natur und sittlichem, d. h.
gesellschaftlichem Leben darzustellen, gewähren die Musen zu allen Zeiten. Im Namen
aller neun Musen wird in *Herrmann und Dorothea* die »bürgerliche Idylle« (an Schiller,
7.7. 1796) einer dauerhaft-patriarchalischen,
kleinstädtischen Existenz gezeichnet, während die Terreurphase der Revolution und die
Revolutionskriege gleichzeitig die Epoche er-
schüttern, »als wollte die Welt, die gestaltete,
rückwärts / Lösen in Chaos und Nacht sich auf,
und neu sich gestalten« (WA I, 50, S. 266).
1827 beschreibt G. dann, wie durch die Folgen
der Revolution »ein idyllischer Zustand, in so
fern er im achtzehnten Jahrhundert möglich
war, von Grund auf zerstört« wurde (WA I,
41.2, S. 295). Schon der G. von *Herrmann und
Dorothea* zielt weniger auf die reale Bewahrung einer sozialen Idylle als auf die künstlerische Herstellung von Idyllik im idyllenwi-
drigen Szenarium des historischen Umbruchs.

Daß es sich bei dem Idyllischen um eine
einseitige ästhetische Anschauungsweise,
nicht um die volle Gestalt der Wirklichkeit
handelt, spricht der späte G. in den abschließenden Versen zu *Wilhelm Tischbeins Idyllen*
deutlich aus: »So erweis't sich wohl Natur, /
Künstlerblick vernimmt es nur« (WA I, 49.1,
S. 329). Möchte der idyllische Blick zwar von
allem »Widerwärtigen« wie Leid, Krankheit,
Tod, Krieg und Zerstörung absehen, so sind
diese Momente bei G. doch teils als Unter-
strom, teils als Nährboden des Idyllischen präsent. Alexis' Zweifel an der Treue Doras und
seine Furcht, die Braut zu verlieren, verwandeln das idyllische Gedicht zugleich in eine
Elegie. Die klare Genrezuschreibung der *Römischen Elegien* ist von der lebensgeschichtli-
chen Vergangenheit der idyllischen Erfahrung
bedingt. Eine »tragische Idylle« nennt G. die
Laokoon-Gruppe, in der er die Menschen im
Schlaf von den Schlangen überrascht sieht
(WA I, 47, S. 106). Wie in diesem Schlaf gerät
auch im Arkadien des *Faust II* alles Vernichtende in Vergessenheit, weshalb Euphorion
dem idyllischen Elternpaar vorwirft, daß es
»den Friedenstag« bloß »träumt« (WA I, 15.1,
S. 234). Der bukolischen Tradition entsprechend ist dort, in der Szene *Schattiger Hain*

des 3. Aktes, alle kriegerische Heroik ebenso verbannt wie der Gedanke an den Orkus, aus dem Helena und ihr Chor nur vorübergehend aufgestiegen sind. Mit Euphorion, dem kriegs- und todessüchtigen Sohn von Faust und Helena, kehren diese Motive jedoch wieder und zerstören die Idylle.

Die Idyllik wird von ihrem ausgegrenzten Gegenteil zugleich bedingt und bedroht. Diesen Zusammenhang gestaltet und problematisiert G. in Dichtungen aller Schaffensphasen. Häufig konstituiert sich das Idyllische nur in der Perspektive reflektierender, meist von außen in den idyllischen Bezirk eintretender Künstler- oder Wandererfiguren. Werther verklärt Lottes, Faust Margarethes Welt zur Idylle, während außerhalb dieser Perspektive insbesondere im *Urfaust* und *Faust I* die Not der täglichen Arbeit und die rigide Enge der kleinstädtischen Gesellschaft offenkundig wird. Für Werther stürzt die Idylle zusammen, weil er liebend an ihr teilhaben will; Faust dringt in die von ihm selbst verklärte Welt ein und stilisiert sich anschließend zum »Unbehaus'ten«, der Margarethes Idylle, ihr »Hüttchen« und »häusliches Beginnen / [...] in der kleinen Welt«, untergräbt, so daß sie mit ihm »zu Grunde gehn« muß (WA I, 14, S. 168f.). In *Torquato Tasso* (1789) erinnert der Protagonist seine erste Begegnung mit dem höfischen Leben und mit der Prinzessin als eine goldene Zeit, die er wiedergewinnen und in einer Liebesbeziehung allererst verwirklichen will. Er verzweifelt an der Unmöglichkeit, die idyllische Vision zu realisieren, während die Prinzessin und Leonore Sanvitale die Idylle gleich im Eingangsdialog als artifizielles, freilich auch vollkommen realitätsfernes Schäferspiel inszenieren (WA I, 10. S. 105f.). In den *Wahlverwandtschaften* gestalten Eduard und Charlotte ihren Park als ideale Landschaft. Hier sind es die Eingesessenen selbst, die ihre reale Lebenswelt vergebens in eine Idylle zu verwandeln suchen. Im 5. Akt des *Faust II* (1832) dringt der Protagonist als neuer Lehnsherr in die alte idyllische Welt von Philemon und Baucis ein, um diesen Bezirk in die erst herzustellende Idylle seines Neulands einzugemeinden, wo dereinst »Mensch und Heerde / Sogleich

behaglich auf der neusten Erde« in einem »paradiesisch Land« leben sollen (WA I, 15.1, S. 315). Tatsächlich werden Philemon und Baucis jedoch ermordet; die neue »Völkerschaft« besteht aus »Lemuren«, die den Sinn ihrer Arbeit »vergessen« haben (ebd., S. 312). Solchem Scheitern des Idyllischen bzw. dessen Beschränkung auf die Sicht einzelner Figuren steht die volle künstlerische Ausgestaltung des Idyllischen bei G. überall dort gegenüber, wo die vorübergehende Realität der Idylle als eine ästhetische reflektiert und zugleich mit dem menschlichen Glücksbedürfnis vermittelt wird: etwa in den *Römischen Elegien*, *Alexis und Dora*, *Herrmann und Dorothea*, in der *Novelle* (1828), deren Schluß G. als »Idyllische Darstellung« bezeichnet (WA I, 18, S. 488), und schließlich im Helena-Akt des *Faust II*.

Literatur:

Kaiser, Gerhard: Wandrer und Idylle. Goethe und die Phänomenologie der Natur in der deutschen Dichtung von Geßner bis Gottfried Keller. Göttingen 1977. – Römer, Horst: Idylle und Idyllik in Goethes *Faust II*. In: JeanPaulJb. 11 (1976), S. 137–163.

Thomas Zabka

Illustrationen

»Wort und Bild sind Correlate, die sich immerfort suchen« (MuR, 188). So charakterisierte G. die produktive Wechselbeziehung zwischen den Künsten, von der er stets ausging, ohne freilich eine Analogie im Sinn des Horazischen »ut pictura poesis« zu intendieren. Er setzte das Bedürfnis nach einer Veranschaulichung der Literatur durch die Illustrationskunst, die im 18. und 19. Jh. eine Blütezeit erlebte, als gegeben voraus: »In der menschlichen Natur liegt ein heftiges Verlangen, zu allem, was wir sehen, Worte zu finden, und fast noch lebhafter ist die Begierde, dasjenige mit Augen zu sehen, was wir beschreiben hören [...] Jeder

*Reineke Fuchs. Zeichnung von W. von
Kaulbach*

bildende Künstler ist uns willkommen, der uns eine Gegend vor Augen stellt, der die handelnden Personen eines Romans oder eines Gedichts, so gut oder schlecht als er es vermag, sichtlich vor uns handeln läßt« (WA I, 34.1, S. 354f.).

Wesensbestimmend für die Illustration ist ihr Verhältnis zu einem bestimmten Text, den sie auf unterschiedlichen Ebenen in Bildzeichen übersetzt: schmückend, erhellend, erläuternd, ergänzend. Sie kann sich ihm dienend unterordnen, ihm in freier Paraphrase folgen oder ihm eine neue Dimension hinzufügen. Generell lassen sich drei Formen unterscheiden: Bildbeigaben, die von vornherein als Buchschmuck konzipiert und in das Buch integriert werden; Illustrationen, die, als Einzelblätter oder Zyklen geschaffen, in Ergänzung zum Buch reproduziert werden, und autonome Kunstwerke, die ein zentrales Motiv der Dichtung aufgreifen und es zum Sinnbild erheben können. Die Illustration vermag die visuelle Vorstellung des Lesers entscheidend zu steuern; gelingt es einem Künstler, überzeugende Bilder zu vermitteln, so kann er die Rezeption eines Textes nachhaltig beeinflussen.

In der Bibliothek seines Vaters sah G. schon früh illustrierte Werke, die seine Einbildungs-

kraft anregten. In *Dichtung und Wahrheit* (WA I, 26, S. 49) nennt er u. a. den *Orbis Pictus* des Amos Comenius mit seinen didaktischen Holzschnitten (Nürnberg 1746 u. 1755) und die Foliobibel mit den Kupferstichen von Matthäus Merian (Frankfurt 1627). Später lernte er die illustrierten *Idyllen* von Salomon Gessner kennen, die er 1772 in den *Frankfurter Gelehrten Anzeigen* rezensierte (WA I, 37, S. 284–288). Um 1774/75 beschäftigte G. sich – auch als Autor und Zeichner – intensiv mit Lavaters *Physiognomischen Fragmenten*, bei denen Text und Illustration eine unmittelbare Verbindung eingehen (WA I, 37, S. 327–361).

So verständnisvoll G. sich zur Funktion der Illustration äußerte, so kritisch beurteilte er die ihr mögliche künstlerische Qualität: »Es ist so schwer, daß etwas geleistet werde, was dem Sinne und dem Tone nach zu einem Gedicht passt. Kupfer und Poesie parodiren sich gewöhnlich wechselsweise« (an Cotta, 25. 11. 1805). Er vermerkte jedoch rühmliche Ausnahmen, z. B. die Tierfabel-Illustrationen von Jost Amman, Allaert van Everdingen und Paulus Potter. In diesem Zusammenhang relativierte G. die Anforderungen, die an die Illustration im Vergleich zu einem freien Kunstwerk zu stellen sind: »Von bildlichen Darstellungen, welche zu einem geschriebenen Werke gefertigt werden, darf man freilich nicht so streng verlangen, daß sie sich selbst aussprechen sollen; aber daß sie an und für sich gute Bilder seien, daß sie nach gegebener Erklärung den Beifall des Kunstfreundes gewinnen, läßt sich wohl erwarten« (WA I, 49.1, S. 350). Seine uneingeschränkte Anerkennung fanden Dürers Randzeichnungen im Gebetbuch von Kaiser Maximilian, die Nepomuk Strixner 1808 lithographisch reproduzierte. Diese Arabesken empfahl G. als künstlerisches Vorbild, weil »Albrecht Dürer sich nirgends so frey, so geistreich, groß und schön bewiesen, als in diesen gleichsam extemporirten Blättern« (an Cornelius, 8. 5. 1811).

Auch als Zeichner befaßte G. sich mit Illustrationen: So entwarf er 1773 für die mit Johann Friedrich Merck herausgegebenen *Works of Ossian* eine Titelvignette (Corpus VI b, Nr. 272) und 1815 das Titelblatt für das erste

Heft von *Kunst und Alterthum* (ebd., Nr. 280). Besonderen Rang nehmen die Ideenskizzen zu *Faust* ein, die wohl zumeist um 1810/12 anläßlich einer am Weimarer Theater geplanten Aufführung entstanden. Mit dem *Prolog im Himmel*, der *Erscheinung des Erdgeists*, der *Beschwörung des Pudels* und der *Brockenszene* gelangen G. eindrucksvolle Blätter, die seine persönliche Sicht offenbaren und die Atmosphäre des Stücks pointiert erfassen (Corpus IV b, Nr. 222, 224, 223 u. 227; außerdem 225f., 228ff. sowie VI b, Nr. 216 u. 224).

G. setzte sich lebhaft mit den Illustrationen seines Werks von anderer Hand auseinander und kam dabei nicht selten zu widersprüchlichen Urteilen. Im allgemeinen neigte er zu Darstellungen, die sich dem Text unterordnen, ihn unprätentiös begleiten und dem Leser eine angenehme Unterhaltung gewähren. Er schätzte Künstler wie Moritz Retzsch, von dem er meinte, er habe im Gegensatz zu Peter Cornelius »das wirklich bildlich Darzustellende ergriffen« (Gespräche, 3.2, S. 320), er überschätzte aber auch Dilettanten wie Ludwig Gottlieb Carl Nauwerck oder Christian Ludwig Stieglitz, die sich um den *Faust* bemühten. Andererseits bewunderte G. jedoch die kongenialen *Faust*-Illustrationen von Eugène Delacroix, die eine neue Sinnschicht der Dichtung aufdecken. Eckermann gegenüber äußerte er sich begeistert über ihre kraftvoll-wilde, ins Dämonische zielende Anlage und bekannte: »Da muß man doch gestehen [...], daß man es sich selbst nicht so vollkommen gedacht hat [...] Und wenn ich nun gestehen muß, daß Herr Delacroix meine eigene Vorstellung bei Szenen übertroffen hat, die ich selber gemacht habe, um wie viel mehr werden nicht die Leser alles lebendig und über ihre Imagination hinausgehend finden!« (zu Eckermann, 29.11. 1826; vgl. WA I, 41.2, S. 233f. u. S. 340f.). In seinen letzten Lebensjahren bevorzugte G. Eugen Napoleon Neureuthers arabeske Gedichtillustrationen, die ihn an Dürers Randzeichnungen erinnerten: »In allen diesen Blättern [...] findet sich kein Zug der nicht gefühlt wäre, und selbst die Elemente, die Sie zu Ihren Schöpfungen genialisch zusammenrufen, verwandeln sich einer zwar phantastischen,

Der Osterspaziergang. Faust und Wagner mit dem Pudel. Lithographie von E. Delacroix

durchaus aber geistreichen Natur gemäß [...] Ihre Werke bestechen mich, indem sie meine verschiedensten Erzeugnisse auf eine eigene wunderbare Art, in einer eignen Sphäre, zu einem eignen seltsamen Leben befördern« (an Neureuther, 28.2. 1832).

Gemäß dem Geschmack des Rokoko sind bereits G.s *Neue Lieder* (Leipzig 1770) mit einer dekorativen Titelvignette versehen. Die frühen Werkausgaben tragen Bildschmuck, seit der Verleger Christian Friedrich Himburg seinem Raubdruck *Goethens Schriften* (Berlin 1775/1776) Kupferstiche nach Daniel Chodowiecki, Johann Conrad Krüger und Johann Wilhelm Meil mit Szenen aus den *Leiden des jungen Werthers*, *Götz von Berlichingen*, *Clavigo*, *Erwin und Elmire*, *Stella* und *Claudine von Villabella* beigegeben hat. Die acht Bände der Ausgabe bei Göschen (Leipzig 1787–1790) enthalten Kupferstiche, die auf Chodowiecki, Meil, Adam Friedrich Oeser und Johann Heinrich Lips zurückgehen. *Goethe's sämmtliche Schriften* bei Geistinger (Wien 1810–1817) bringen Titelkupfer von Vincenz Grüner, die

Faust, Hexenküche. Getuschte Federzeichnung
von J.H. Ramberg

bis 1787 noch mehrfach variierte, bestimmten lange die Vorstellung der Leserschaft. Im Zuge der *Werther*-Mode folgte eine Vielzahl deutscher, englischer und französischer Illustrationen bis hin zu der Kupferstichfolge, die Tony Johannot 1844 für eine französische Neuausgabe gestaltete. *Werther*-Motive gingen auf Porzellan, Fächerblättern und Schmuckstücken in die Gebrauchskunst ein; daneben öffnete sich ihnen das Feld der Karikatur.

Das zweite Frühwerk, das die Illustratoren besonders anzog, war der *Götz von Berlichingen*. Johann Heinrich Wilhelm Tischbein fertigte unter dem Eindruck von Lavaters Physiognomik 1782 im Auftrag Herzog Carl Augusts von Sachsen-Weimar das Gemälde *Götz und Weislingen* sowie mehrere Zeichnungen an. Zwischen 1809 und 1811 nahm Franz Pforr den Stoff auf und interpretierte ihn im altdeut-

von Chr. Kaulfuß und Carl Armbruster herausgegebenen *Werke* (Wien 1816–1822) Titelvignetten von Ludwig Ferdinand Schnorr von Carolsfeld und Carl Rahl. Zur *Vollständigen Ausgabe letzter Hand* erschien bei Fleischer (Leipzig 1827–1833) die *Kupfer-Sammlung von Goethe's sämmtlichen Werken,* zu der viele namhafte Künstler beitrugen, z.B. Schnorr von Carolsfeld, Retzsch, Gustav Heinrich Naeke, Moritz von Schwind und Johann Heinrich Ramberg. Letzterer gehörte nach Chodowiecki zu den produktivsten Illustratoren der Zeit. Einen vollständigen Nachweis der Illustrationen in Drucken von G.s Werk bietet Waltraud Hagen.

Die Geschichte der über dekorative Beigaben hinausgehenden G.-Illustration begann 1775 mit Chodowieckis Darstellungen zu den *Leiden des jungen Werthers.* Die empfindsamen Idealporträts von Lotte und Werther legten den Typus fest, und die schlicht, aber gefühlvoll aufgefaßten Szenen, die Chodowiecki

Faust II, 1. Akt. Federzeichnung von
M. Beckmann

schen, das 16. Jh. evozierenden Stil der Romantik; einige der Zeichnungen gab der Frankfurter Kunstverein 1832 im Kupferstich heraus. Delacroix setzte sich zwischen 1836 und 1850 mit dem *Götz von Berlichingen* auseinander und entwarf virtuose, ausdrucksstarke Illustrationen zu den Kernmotiven des Dramas. Im 20. Jh. muß insbesondere auf Lovis Corinth verwiesen werden, der *Die Geschichte Gottfriedens von Berlichingen mit der eisernen Hand* für Steinthal in Berlin 1921/22 mit 27 lithographischen Blättern und Initialen versah.

Eine ganze Reihe von Illustrationen entstand unter G.s unmittelbarem Einfluß. Nach seinen Anweisungen führte Georg Melchior Kraus 1781 ein Aquarell zu dem Gedicht *Das Neueste von Plundersweilern* aus (WA I, 16, 43f.); schon 1779 hatte Kraus eine Aufführung der *Iphigenie* mit Corona Schröter in der Hauptrolle und G. als Orest auf dem Weimarer Liebhabertheater in einem Gemälde festgehalten. 1787 las G. in Rom die Versfassung der *Iphigenie auf Tauris* seinen Künstlerfreunden vor und regte sie damit zur Gestaltung an (WA I, 30, S. 249 u. S. 267). Tischbein schuf 1788 das klassizistische Historienbild *Iphigenie und Orest*, und in sein 1786 begonnenes Porträt *Goethe in der Campagna* fügte er ein Basrelief mit Iphigenie, Orest und Pylades ein. Angelica Kauffmann entwarf Zeichnungen zur *Iphigenie* und Lips den Titelkupfer für die Erstausgabe von 1787. Später verwandelte Anselm Feuerbach die Gestalt der Iphigenie, »das Land der Griechen mit der Seele suchend« (WA I, 10, S. 3; vgl. Feuerbach, S. 194), zu einem monumentalen Sinnbild der Sehnsucht (Gemälde von 1862, 1871 u. 1875).

Die Illustrationen für *Das Römische Carneval* erbat G. in Rom von dem Hausgenossen Johann Georg Schütz, der einzelne Masken und Szenen aquarellierte (WA I, 32, S. 279f.), nach denen Kraus in Weimar 20 kolorierte Kupfertafeln für die Erstausgabe von 1789 anfertigte. Nach Angelica Kauffmanns Darstellung von Klärchen und Egmont stach Lips den Titelkupfer für *Egmont* (ebd., S. 137). 1790 erschien *Torquato Tasso*; hier wählten die Künstler meist die Kranz-Szene mit Tasso und

den beiden Leonoren, so auch Carl Wilhelm Tischbein in einem großformatigen Gemälde von 1828.

Im *Wilhelm Meister* faszinierte sie vor allem die schillernde Gestalt Mignons. 1825 sandte Retzsch das Bild *Wilhelm Meister und Mignon* an G.; 1828 zeigte Wilhelm von Schadow sein Gemälde der als Engel verkleideten *Mignon* auf der Berliner Akademie-Ausstellung. Große Resonanz fand bei den zeitgenössischen Illustratoren das 1797 veröffentlichte Epos *Herrmann und Dorothea*; 1798 beschäftigte Chodowiecki sich damit, 1799 folgten Illustrationen von Franz Ludwig Catel, 1822 von Carl Wilhelm Kolbe, 1827 von Joseph Führich und 1828 von Moritz Oppenheim. Der 1794 erschienene *Reineke Fuchs* erhielt bei Cotta 1846 durch die Stahlstiche nach Wilhelm von Kaulbach seine populärste Bebilderung. Im 20. Jh. wuchs das Interesse am *Reineke*; erwähnenswert sind u.a. die Holzschnitte von Walther Klemm (1914) sowie die Lithographien von Max Slevogt (1928) und Josef Hegenbarth (1958). Den Höhepunkt bildet Lovis Corinths Blockbuch *Reineke Fuchs* (1921) mit Farblithographien, bei denen Text und Bild sich malerisch durchdringen.

G.s Gedichte begleitete Ramberg in mehreren Ausgaben des Taschenbuchs *Minerva* mit Illustrationen, insbesondere im Jahr 1822. Zwischen 1829 und 1839 gab Neureuther in fünf Heften die arabesken Lithographien seiner *Randzeichnungen zu Goethes Balladen und Romanzen* heraus. Ludwig Richter veröffentlichte 1857 im *Goethe-Album* seine Holzschnitte zu einzelnen Gedichten. Ein beliebtes Sujet war der *Erlkönig*; bekannt wurden namentlich die beiden um 1860 entstandenen Gemäldefassungen von Schwind, der auch *Ritter Kurths Brautfahrt* illustrierte. 1924/26 gab Paul Cassirer in Berlin eine Mappe heraus, die zu ausgewählten Gedichten Lithographien von Ernst Barlach, Max Liebermann, Hans Meid und Kurt Walser enthält. Einen hohen Rang nimmt im 20. Jh. die Illustrationsfolge ein, die der Bildhauer Henry Moore 1949/50 zum *Prometheus* in der Übertragung von André Gide schuf.

Kein Werk wurde so oft illustriert wie der

Faust, obwohl G. ihn ursprünglich unbebildert lassen wollte – »der Hexenmeister soll sich allein durchhelfen« (an Cotta, 25.11. 1805). Für die Göschen-Ausgabe von *Faust. Ein Fragment* stach Lips 1790 den Titelkupfer nach Rembrandts Radierung *Der Alchemist* (um 1652). Zum *Fragment* ist nur eine einzige Illustration bekannt: 1797 zeichnete Asmus Jakob Carstens in Rom *Faust und Mephisto in der Hexenküche*; das Blatt gelangte in G.s Sammlung. Als 1808 *Faust. Der Tragödie erster Teil* erschien, setzte eine wahre Bilderflut ein; Hans Henning, Franz Neubert und Wolfgang Wegner verzeichnen die Beispiele.

1810 begann Cornelius mit einem zwölfteiligen historisierenden *Faust*-Zyklus, wobei er sich vornehmlich an Dürer orientierte. Die Zeichnungen wurden 1816 von Ferdinand Ruscheweyh gestochen und beeinflußten in ihrer altdeutschen Gestaltung maßgeblich die Rezeption der Folgezeit. Eine noch breitere Wirkung entfalteten die ebenfalls ab 1810 entstehenden Umrißzeichnungen von Retzsch, der 1816 eine Folge von 26 radierten Blättern zum ersten Teil des *Faust*, 1836 weitere Radierungen zu dem damals wenig berücksichtigten zweiten Teil veröffentlichte. Von Naeke stammen Gemälde und Zeichnungen, die im *Urania Taschenbuch auf das Jahr 1815* reproduziert wurden. Aus der Fülle seien noch einige Gemälde herausgegriffen: *Mephistopheles erscheint dem Faust* (1818) und *Gretchen im Kerker* (1833) von Schnorr von Carolsfeld, *Vor dem Tor* (*Osterspaziergang*, 1821) von Carl Gustav Carus, *Mephisto und der Schüler* (1828) von Julius Oldach und *Faust im Studierzimmer* (1829) von Georg Friedrich Kersting. Seit 1825 beschäftigte Ary Scheffer sich mit Bildern zum *Faust*. Die eindrucksvollste Annäherung an den ersten Teil der Tragödie bieten aber zweifellos die 17 Lithographien, die Delacroix für die französische Ausgabe von 1828 in der Übersetzung von Albert Stapfer schuf; dazu treten die im selben Kontext entstandenen Skizzen und Gemälde, z.B. *Der Tod des Valentin* (1847).

Im späteren 19. Jh. überwog die historistische, altdeutsche Interpretation des *Faust*, die stark von Kaulbach geprägt wurde, etwa von seinen Zeichnungen zur *Goethe-Gallerie* (1857–64). In der Folge wurde eine betont national-heroische Komponente herausgearbeitet, wofür die Illustrationen von Engelbert Seibertz in der von 1854 bis 1858 bei Cotta erschienenen Prachtausgabe beispielhaft sind. Ideologisch zugespitzt verstärkte sich diese Tendenz im Dritten Reich. Im frühen 20. Jh. setzte aber auch ein Neubeginn der künstlerischen Auseinandersetzung mit *Faust* ein, der unter veränderten Auspizien ins Blickfeld der Moderne rückte. Dafür stehen Blätter von Käthe Kollwitz, Emil Nolde, Oskar Schlemmer oder Willi Baumeister und Illustrationsfolgen von Hegenbarth (1922 u. 1961/63), Barlach (1923) und Salvador Dali (1968/69). Nun stieg das Interesse am zweiten Teil des *Faust*; das verdeutlicht der groß angelegte Zyklus von Slevogt, der für Cassirers Prachtausgabe von 1927 nicht weniger als 510 Lithographien und elf Radierungen entwarf. Abschließend sei noch Max Beckmann hervorgehoben, der 1943/44 im Amsterdamer Exil für den Verleger Georg Hartmann 143 Federzeichnungen zum zweiten Teil des *Faust* schuf; ihm gelang es, dem Stoff in dichter, kongenialer Bildsprache eine neue Dimension hinzufügen.

Literatur:

Benz, Richard: Goethes Götz von Berlichingen in Zeichnungen von Franz Pforr. Weimar 1941. – Benz, Richard: Goethe und die romantische Kunst. München 1940. – Bredt, Ernst Wilhelm: Das Neureuther-Album. München 1918. – Buberl, Brigitte: Erlkönig und Alpenbraut. Dichtung, Märchen und Sage in Bildern der Schack-Galerie (Katalog der Schack-Galerie). München 1989. – Busch, Günter: Eugène Delacroix. Der Tod des Valentin. Frankfurt/M. 1973. – Corpus. – Feuerbach, Anselm: Vermächtnis. Hg. von Henriette Feuerbach. Berlin 1913. – Forster-Hahn, Françoise: Romantic Tragedy or National Symbol? The Interpretation of Goethe's *Faust* in 19th-Century German Art. In: Our *Faust*? Roots and ramifications of a modern german myth. Hg. von Reinhold Grimm u. Jost Hermand. Madison/Wisconsin 1987, S. 82–123. – Hagen, Waltraud: Die Drucke von Goethes Werken. Weinheim ²1983. – Henning, Hans: *Faust*-Bibliographie. Teil 2.1 u. 2.2. Berlin, Weimar 1968 u. 1970. – Henning, Hans: Kupfersammlung zu Goethes Werken. Weimar 1982. – Hofer, Philip: Some Drawings and Lithographs for Goethe's *Faust* by Eugène Delacroix. Cambrigde/Mass. 1964. – Maisak, Petra/Hopp, Doris: Goethe in der Kunst des 20. Jh. (Katalog des Freien Deutschen Hochstifts – Frankfurter Goethe-Museum). Frankfurt/M. 1982. – Neubert, Franz: Vom Doctor Faustus zu Goethes *Faust*. Leipzig 1932. – Perels, Christoph: Max Beckmanns Zeichnungen zu Goethes *Faust II*. In: Vierhundert Jahre Faust. Rückblick und Analyse. Hg. von Peter Boerner u. Sidney Johnson. Tübingen 1989, S. 99–132. – Sonnabend, Martin: Peter Cornelius. Zeichnungen zum *Faust* (Katalog der Städtischen Galerie im Städelschen Kunstinstitut). Frankfurt/M. 1991. – Wahl, Hans: *Hermann und Dorothea* (mit 56 Abb.). Leipzig 1922. – Wankmüller, Rike/Zeise, Erika: ›In deinem Nichts hoff' ich das All zu finden‹. Max Beckmann, Illustrationen zu *Faust II*. Federzeichnungen – Bleistiftskizzen. München, Münster 1984. – Wegner, Wolfgang: Die Faustdarstellung vom 16. Jh. bis zur Gegenwart. Amsterdam 1962.

Petra Maisak

Ilmenau

Die Stadt und das Amt Ilmenau (Verwaltungs- und Gerichtsbezirk) gehörten zum Fürstentum Sachsen-Weimar. Das Waldgebiet zwischen Ilmenau und dem Rennsteig war in den 70er Jahren des 18. Jhs. der Schauplatz wilder Jagden und eines oft ausgelassenen, mutwilligen Treibens der Gesellschaft um den jungen Carl August. G. war daran beteiligt, zog sich aber auch oft in die Wälder zurück, um Ruhe und Muße zu finden. Zeugnis davon geben die Zeichnungen *Dampfende Täler bei Ilmenau*, *Emmastein bei Manebach*, *Stützerbacher Grund* u.a. (Corpus I, Nr. 145, 171 u. 147) und viele Briefe an Charlotte von Stein. Auf dem Schloßberg von Stützerbach entstand das Gedicht *Dem Schicksal* (3.8. 1776), in der Jagdaufseherhütte auf dem Kickelhahn schrieb G. *Über allen Gipfeln ist Ruh* (6.9. 1780), bei Ilmenau auf dem Schwalbenstein am 19.3. 1779 den vierten Akt der *Iphigenie* (Prosafassung). Das Gedicht *Ilmenau* entstand Anfang September 1783.

G.s erster Besuch in Ilmenau am 3.5. 1776 erfolgte auf eine Eilstafette hin, die den Her-

zog erreicht hatte. In der Stadt war Feuer ausgebrochen und hatte mehrere Straßen der Oberstadt erfaßt. Ilmenau hatte zu dieser Zeit etwa eineinhalbtausend Einwohner. Zum Amt gehörten im nördlichen Vorland acht Dörfer, im südlichen Waldgebiet einige Häuser von Manebach (beim Steinkohlebergwerk Kammerberg) und ein Teil von Stützerbach (etwa 12 Häuser). Die Stadt selbst war in den vorausgegangenen Jahrzehnten vielfach vom Unglück betroffen. Der am Ende des 17. Jhs. wieder aufgenommene Bergbau hatte zeitweise 600 bis 800 Bergleuten Arbeit gegeben, im Mai 1739 kam er durch einen Dammbruch des Freibachteiches zum Erliegen. Im November 1752 vernichtete ein großes Feuer fast die ganze Stadt. Der Siebenjährige Krieg (1756–1763) brachte viele Durchmärsche, beschwerliche Einquartierungen und forderte umfangreiche Tribute an Nahrungsmitteln. Die Stadt war ohnehin arm und hatte 1661 eine relativ große Beitragssteuer für das Reichsheer zu tragen. Daraus hatte sich eine Schuldenlast von mehreren tausend Gulden angehäuft. Zudem geschahen seit Jahrzehnten Eingriffe in die Steuerkasse und die Stadtfinanzen, die von einflußreichen Beamten in Weimar gedeckt wurden. Als die Bürgerschaft mit ihren Beschwerden in Weimar kein Gehör fand, wandte sie sich an das Reichskammergericht in Wetzlar. Herzogin Anna Amalia strafte diese Rebellion mit einem nächtlichen militärischen Überfall (1768), bei dem die Bürgerhäuser gestürmt und viele Bürger mißhandelt wurden.

Die eigenständige Politik Carl Augusts gegenüber Ilmenau zeichnete sich bereits Anfang 1776 ab. G.s zahlreiche Besuche in Stadt und Amt Ilmenau galten vorrangig amtlichen Aufgaben. An erster Stelle stand das Projekt, den Bergbau wieder zu beleben. Bereits im Juli 1776 fand die erste Inspektion der Bergwerksanlagen statt. Die Bergwerkskommission wurde im Februar 1777 unter G.s Vorsitz gegründet, in der ab 1783 Christian Gottlob Voigt mitwirkte. 1784 konnte der Ilmenauer Bergbau wieder eröffnet werden.

In den verworrenen Finanzverhältnissen der Stadt deutete sich zu dieser Zeit eine neue Ordnung an. Der im Sommer 1779 eingesetzte

Eingestürzte Schachtanlage. Zeichnung von Goethe

Amtmann Heinrich Anton Ackermann hatte zum Jahresende 1780 Anzeige gegen den Steuereinnehmer Georg Friedrich Gruner erhoben. Da Carl August und G. entschieden auf Aufklärung drängten, kam es zu eingehenden Finanzüberprüfungen. Als das Ausmaß der Veruntreuungen offenbar war, wurde Gruner im Dezember 1782 mit Zuchthaus bestraft. Damit war ein eindeutiges Zeichen gesetzt. – Die Revision der Grunerschen Steuerkasse hatte zugleich die Unzulänglichkeit des Ilmenauer Steuerwesens erwiesen, das dringend der Korrektur bedurfte. 1784 wurde eine Immediatkommission gebildet, der neben G. ab 1785 auch Voigt angehörte. Für die Erhebung der Grundsteuer wurde die Weimarer Steuerinstruktion von 1726 zugrunde gelegt. Schon 1786 begannen die Vermessungen, 1793 waren sie abgeschlossen. Die ersten Steuererhebungen nach neuen Kriterien erfolgten 1796. Als die weitaus höheren Beträge Widerstände erwarten ließen, zögerten G. und Voigt allerdings nicht, das Militär zumindest als »Symbol der Gewalt« einzusetzen (an Voigt, 28.8. 1796).

Weitere Möglichkeiten für Wirtschaft und Broterwerb wurden erschlossen. Nördlich von Ilmenau wurde 1794 das Kammergut Unterpörlitz-Heyda den interessierten Gemeinden zum Kauf überlassen, zugleich wurden die meisten Fronen im Amt abgelöst. – In Ilmenau entstand eine fürstliche Porzellanmanufaktur. In Stützerbach war insbesondere die Glasbläserei ein wichtiger Gewerbezweig. Der Bergbau blieb ein krisenreiches Unternehmen. In der Nacht vom 22. zum 23.10.1796 führte ein schwerer Wassereinbruch sein Ende herbei.

Nach 1796 hat G. Ilmenau nur noch zweimal besucht. Im August 1813 lud Carl August ihn ein, seinen Geburtstag in Ilmenau zu feiern. Das Zusammentreffen dort (27. August–2. September) brachte mit gemeinsamen Ausritten, Ausfahrten und Besichtigungen intensive Erinnerungen an frühe Jahre. Der Geburtstag wurde »ein sehr artiges, manigfaltiges, wohlgemeyntes ja rührendes Fest« (an Christiane, 28.8. 1813). – Noch einmal reiste G. zu seinem Geburtstage nach Ilmenau (26.–31.8. 1831). Er fuhr in Gesellschaft seiner Enkel Walter und Wolfgang, »um die Geister der Vergangenheit durch die Gegenwart der Herankommenden auf eine gesetzte und gefaßte Weise zu begrüßen« (an Reinhard, 7.9. 1831). Unter den vertrauten Stätten und Gegenden, die G. aufsuchte, war auch die Jagdhütte auf dem Kickelhahn. Hier fand er am Fenster noch sein Gedicht *Über allen Gipfeln ist Ruh* in seiner eigenen Handschrift. Der tiefe Eindruck, den dieser Besuch hinterließ, hat sich in vielen Briefen niedergeschlagen.

Literatur:

Voigt, Julius: Goethe und Ilmenau. Leipzig 1912, Reprint Leipzig 1990.

Rosalinde Gothe

Indien

In G.s Lebenszeit hat die Kenntnis indischer Kultur wichtige Fortschritte gemacht. Stützte sich das Indien-Bild zunächst vor allem noch auf ältere, aus dem 17. Jh. stammende Berichte niederländischer Autoren, so schufen englische, französische und deutsche Zeitgenossen G.s mit Übersetzungen wesentliche Voraussetzungen für die Öffnung des Blicks auf die ferne Welt Indiens; ihre Arbeiten beschränkten sich freilich auf eine einzige, wenngleich sehr bedeutsame Periode, die des klassischen Sanskrit. In ideeller Hinsicht gingen entscheidende Impulse von Herder aus, der die deutsche Gedankenwelt aus ihrem engen Umkreis herausriß und mit seinen Hinweisen auf den Orient auch dessen Einbeziehung in eine umfassende Vorstellung von Weltgeschichte und Weltkultur vorbereitete. Mit den Arbeiten romantischer Dichter und Ge-

lehrter zu Indien und mit der Begründung einer eigenständigen Indienwissenschaft vollzog sich seit Beginn des 19. Jhs. eine Entwicklung, die G.s Interesse für Indien verstärkte und sein Bild von Menschheitskultur bereicherte.

Im 12. Buch von *Dichtung und Wahrheit* berichtet G. von seinem frühen Umgang mit nicht der klassischen Antike entstammenden Mythologien. Gern trug er demnach in Gesellschaften fabelhafte Geschichten aus der nordischen und der indischen Mythologie vor. Aus dem Buch des niederländischen Arztes Olfert Dapper, *Asia of naukeurige beshryving van Het Rijk des Grooten Mogols, En een groot gedeelte van Indien* (Amsterdam 1672), in welchem die Rāmayāna-Sage erzählt wird, bereicherte er »mit großer Lust« seinen »Mährchenvorrath«: »Der Altar des Ram gelang mir vorzüglich im Nacherzählen, und ungeachtet der großen Mannichfaltigkeit der Personen dieses Mährchens blieb doch der Affe Hannemann der Liebling meines Publicums« – der »Altar« ist eine bereits bei Dapper vorliegende Verballhornung des indischen Wortes »avatāra«, hier: das Herabkommen des Gottes Viṣṇu-Kṛṣṇa auf die Erde in der Gestalt des Rama, und mit dem Affen Hannemann war der Affenkönig Hanumant gemeint, der treue Bundesgenosse Ramas auf seinem Zug nach (Śrī-) Laṅkā zur Wiedererlangung der Sītā. Wie G. aber die Fabeln der nordischen Mythologie nicht in den »Kreis« seines »Dichtungsvermögens« aufnehmen konnte, weil sie sich, »wie herrlich sie mir auch die Einbildungskraft anregten«, im Gegensatz zur griechischen Mythologie »ganz dem sinnlichen Anschaun« entzogen, so erging es ihm auch mit den indischen: »Auch diese unförmlichen und überförmlichen Ungeheuer konnten mich nicht eigentlich poetisch befriedigen; sie lagen zu weit von dem Wahren ab, nach welchem mein Sinn unablässig hinstrebte« (WA I, 28, S. 143f.). Es muß hier dahingestellt bleiben, in welchem Maße die spätere Sicht des Autobiographen die Aussage mitbestimmt hat, dennoch dürfte die Tendenz richtig bezeichnet sein.

Noch im *Groß-Cophta* (1792) spielten metaphorische Bezüge auf Indien in einem konventionellen, insofern eher satirisch-komischen Sinne eine Rolle, als der große Betrüger seine wahren Absichten hinter Berufungen auf ägyptische Priester und indische Weise versteckt. Zur gleichen Zeit aber öffnete sich G. für einen wahren Schatz indischer Poesie: Die Bekanntschaft mit dem Drama *Śakuntalā* des Kālidāsa, die durch Georg Forsters deutsche Übertragung der englischen Übersetzung von William Jones vermittelt wurde, riß ihn zu enthusiastischen Versen hin: »Willt du die Blüthen des frühen, die Früchte des späteren Jahres, / Willt du was reizt und entzückt, willt du was sättigt und nährt, / Willt du den Himmel, die Erde mit Einem Namen begreifen – / Nenn' ich Sakontala dich, und so ist alles gesagt« (WA I, 4, S. 122). Wenige Jahre später trug die nunmehr in neuer Weise entfaltete Neigung zu indischer Poesie Früchte: 1797 entstanden sowohl die mit dem Untertitel *Indische Legende* versehene Ballade *Der Gott und die Bajadere* als auch das *Vorspiel auf dem Theater* zur *Faust*-Dichtung. Die Quelle für die Ballade fand G. in der zweibändigen *Reise nach Ostindien und China* von Pierre Sonnerat (deutsch: Zürich 1783). Während der Bajadere in dem indischen Original im Gegensatz zur christlichen Maria Magdalena jede innere Läuterung fehlt, kleidete G. nach Hegels Interpretation die »christliche Geschichte der büßenden Magdalena in indische Vorstellungsart« (Hegel, Aesthetik I, S. 505) und verzichtete überdies im Gegensatz zur Vorlage auf eine explizite »Moral«. Das *Vorspiel auf dem Theater* folgte, angeregt durch Kālidāsas *Śakuntalā*, dem Schema des indischen Dramas, demgemäß nach einem Weihegebet ein kurzes Gespräch zwischen dem Schauspieldirektor und einem Schauspieler oder einer Schauspielerin das Publikum auf die Aufführung vorbereitet; G. nahm seinerseits mit Hilfe dieses Vorbilds die Gelegenheit wahr, dem eigenen Publikum die widersprüchlichen Implikationen theatralischer Kunst vorzuführen.

Dennoch kam es in den folgenden Jahren nicht zu einer produktiven Weiterführung dieser Ansätze. Zwar verfolgte G. mit großem Interesse die Bemühungen der Romantiker,

insbesondere der Brüder Schlegel – beginnend mit Friedrich Schlegels Arbeit *Ueber die Sprache und Weisheit der Indier* (1808) – um die historische Erschließung der indischen Geisteswelt und äußerte sich positiv über die sich entwickelnde Indienwissenschaft. Dem russischen Grafen Uwarow, einem tatkräftigen Förderer der Orientalistik, schrieb er beispielsweise am 27.2.1811: »Ob ich gleich z.E. in das Gebiet der indischen Literatur nur Streifzüge machen konnte; so ward doch eine frühere Liebe zu den Vedas durch die Beyträge eines Sonnerats, durch die eifrigen Bemühungen eines Jones, durch die Übersetzungen der Sacontala und Gita-Govinda immer aufs neue genährt, und einige Legenden reizten mich, sie zu bearbeiten; wie ich denn schon früher eine poetische Behandlung der Vedas in Gedanken hegte, die [...] wenigstens dazu hätte dienen können, die Anschauung dieser bedeutenden und anmuthigen Überlieferungen bey mehreren zu beleben«. Offenbar aber standen doch zwei gewichtige Motive einem intensiveren Aufgreifen der gegebenen Anregungen entgegen. Zum einen verband sich für G. mit den Schlegelschen Initiativen eine Tendenz zu gegenaufklärerischer, christlich-katholischer Neuorientierung, der er heftig widerstrebte – Friedrich Schlegels Konversion zur katholischen Kirche 1808 mochte ihm nachgerade als eine Konsequenz im Zusammenhang mit dem Indien-Buch erscheinen. Zum anderen stellte sich G.s insbesondere auf dem Gebiet der bildenden Kunst folgenreiche Wendung zu einem mit erheblichen normativen Folgerungen verbundenen Klassizismus einer verständnisvollen Rezeption indischer Kunst entgegen. So wandte er den Blick vorerst von Indien ab und Persien zu. Fand im *West-östlichen Divan* die einen heiteren Seelenfrieden atmende Lebensweisheit des Hafis ihren Niederschlag, so verband sich damit gleichsam im Gegenzug die Abneigung gegen die Vorstellungswelt der Inder. In den *Noten und Abhandlungen* gab G. einem regelrechten Widerwillen gegen Religion und Kunst der Inder Ausdruck: »Eine solche einfache Gottesverehrung« – wie die des monotheistischen und bildlosen Islam, dessen Vorkämpfer Mahmud aufgebrochen war, um

Indien zu erobern – »mußte mit dem Indischen Götzendienste im herbsten Widerspruch stehen, Gegenwirkung und Kampf, ja blutige Vernichtungskriege hervorrufen [...] Noch jetzt sind die Indischen Ungeheuer jedem reinen Gefühle verhaßt, wie gräßlich mögen sie den bildlosen Mahometaner angeschaut haben!« Und schließlich noch einmal, die Inkompatibilität mit der Weltsicht und Lebenshaltung des westlichen Dichters noch prononcierter herausstellend: »Die Indische Lehre taugte von Haus aus nichts, so wie denn gegenwärtig ihre vielen tausend Götter [...] die Zufälligkeiten des Lebens nur noch mehr verwirren, den Unsinn jeder Leidenschaft fördern und die Verrücktheit des Lasters, als die höchste Stufe der Heiligkeit und Seligkeit, begünstigen« (FA I, 3.1, S. 163f.). Der Jenaer Orientalist Gotthard Ludwig Kosegarten, bei dem G. Auskünfte zu Indienfragen einholte, betonte in seiner ansonsten günstigen Rezension zum *Divan*: »Über die Religion der Inder äußert sich der Verfasser zu unfreundlich« (*Jenaische Allgemeine Literatur-Zeitung* 1819, Nr. 286), und G. antwortete darauf immerhin: »Den guten Indiern sind wir so viel schuldig, daß es wohl billig war sie gegen meinen Unmuth in Schutz zu nehmen. [...] Möge mich bald ein gutes Geschick in diese Reiche zurückführen« (an Kosegarten, 30.12.1819). Wirkte sich in den folgenden Jahren ein solches gutes Geschick wenigstens in gewisser Hinsicht positiv aus, blieb doch G.s Distanz gegenüber indischer Religion, Philosophie und bildender Kunst im wesentlichen unverändert. Unter den *Zahmen Xenien* finden sich mehrere, in denen insbesondere die bildende Kunst abgelehnt wird. Und in den Reflexionen *Aus Makariens Archiv* im Kontext der *Wanderjahre* heißt es, gewissermaßen ein für allemal abschließend: »Chinesische, indische, ägyptische Alterthümer sind immer nur Curiositäten; es ist sehr wohlgethan, sich und die Welt damit bekannt zu machen; zu sittlicher und ästhetischer Bildung aber werden sie uns wenig fruchten« (MuR, 763).

Das aber galt nicht für indische Poesie. Gerade in den *Divan*-Jahren fand auch eine G. tief berührende Begegnung mit indischer Ly-

rik statt: »Mir ist ein großer altindischer Schatz zugekommen in englischer Sprache« (an Ottilie von Pogwisch, 27.3.1817). Gemeint war: *The Meghadūta or Cloud Messenger*, transl. by Horace Wilson, Calcutta 1814. Die Bekanntschaft mit diesem aus 111 Strophen bestehenden lyrischen Zyklus fand ihren poetischen Niederschlag in dem Gedicht *Howards Ehrengedächtnis*, das G. dem englischen Meteorologen Luke Howard zum Dank für dessen Wolkenbildungslehre widmete. Über das Durchschauen der Regularität von Wolkenbildung fand der Dichter auch einen neuen Zugang zum Verständnis indischer Denkweise und Bildgestaltung: »Man hatte sich mit Wolken und Wolkenformen so lange getragen, und konnte nun erst diesem Wolkenboten in seinen tausendfältig veränderten Gestalten mit desto sichrerer Anschauung im Geiste folgen« (*Tag- und Jahreshefte 1817*). In den *Zahmen Xenien* gab G. dieser vertieften Zuneigung Ausdruck in den Versen: »Was will man denn vergnüglicher wissen! / Sakontala, Nala die muß man küssen, / Und Mega-Duhta, den Wolkengesandten, / Wer schickt ihn nicht gerne zu Seelenverwandten!« (WA I, 3, S. 251).

Während G. im maßvollen und ordnenden Dichtersinn eines Kālidāsa Kongenialität verspürte, blieb ihm die aus indischer Weltsicht erwachsene und für diese als charakteristisch erscheinende bildende Kunst fremd. War ihm die Welt ein geordneter Kosmos, sah er die Perspektive des Inders darauf als ein ziel- und zweckloses Spiel an. Ihm erschienen indische Dichtungen, wie er in dem 1821 entstandenen, aber erst postum 1833 veröffentlichten kleinen Aufsatz *Indische Dichtungen* schrieb, gerade deshalb so bewunderungswürdig, »weil sie sich aus dem Conflict mit der abstrusesten Philosophie auf einer und mit der monstrosesten Religion auf der andern Seite im glücklichsten Naturell durchhelfen und von beiden nicht mehr annehmen, als ihnen zur inneren Tiefe und äußern Würde frommen mag« (WA I, 42.2, S. 50). Dieser weltanschauliche Gegensatz – unter Einbeziehung damit verbundener sozialer Aspekte – wird evident in der *Paria*-Trilogie (1824). Selbst die sonst als Unförmlichkeit und Monstrosität gescholtene

Vielköpfigkeit und Vielgliedrigkeit indischer Götterbilder findet hier aus einem tiefen menschlich-sozialen Verständnis heraus eine Erklärung. Die Fabel, aus verschiedenen indischen Erzählwerken zusammengeflossen und von G. wiederum bei Sonnerat gefunden, enthält die Motive der Gedankenuntreue, der Tötung und der Wiedererweckung einer Frau und der Verwechslung der beiden abgeschnittenen Köpfe. Die Geschichte von der Pariagöttin ist aus einem Gemisch abenteuerlicher und grotesker Märchen gebildet. G. war sich der hohen poetischen Reinheit und Reife des Werkes deutlich bewußt: »Es kommt mir selber vor wie eine aus Stahldrähten geschmiedete Damaszenerklinge. Ich habe aber auch den Gegenstand vierzig Jahre mit mir herumgetragen, so daß er denn freilich Zeit hatte, sich von allem Ungehörigen zu läutern« (Eckermann, 10.11. 1823). Den Schwierigkeiten selbst alter Freunde wie Wilhelm von Humboldt, die Dichtung zu verstehen, suchte er mit dem kleinen, gemeinsam mit Eckermann verfaßten Aufsatz *Die drei Paria* zu begegnen.

Bis in die letzten Lebensjahre hinein hat G. sich bemüht, Verständnis für indische Kultur zu entwickeln und sie in sein universell aufgeschlossenes, doch wesentlich abendländisch geprägtes Weltbild einzuordnen. Am 17.2. 1829 sagte er laut Eckermann: »Diese Philosophie [...] hat, wenn die Nachrichten des Engländers [Colebrooke; d. Vf.] wahr sind, durchaus nichts Fremdes, vielmehr wiederholen sich in ihr die Epochen, die wir alle selber durchmachen. Wir sind Sensualisten, solange wir Kinder sind; Idealisten, wenn wir lieben und in den geliebten Gegenstand Eigenschaften legen, die nicht eigentlich darin sind. Die Liebe wankt, wir zweifeln an der Treue und sind Skeptiker ehe wir es glaubten. Der Rest des Lebens ist gleichgültig, wir lassen es gehen wie es will, und endigen mit dem Quietismus, wie die indischen Philosophen auch«.

Literatur:

Butler, Eliza M.: Pandits and Pariahs. In: German Studies. Presented to Leonard A. Willoughby. Oxford 1952, S. 26–51. – Däbritz, Walter: Anregungen aus der indischen Mythologie in Goethes Dichtung. In: GoetheJb. 20 (1958), S. 99–117. – Jenisch, Erich: Goethe und das ferne Asien. In: DVjs. 1 (1923), S. 309–338.

Johannes Mehlig

Individualität

G. äußert sich zum Thema »Individualität« vorwiegend in seinen theoretischen Schriften, seinen Briefen, Tagebuchaufzeichnungen und aphoristischen Kurztexten. Die Zusammenhänge sind jeweils sehr unterschiedlich – Kunst, Natur, Religion, Wissenschaft, Philosophie, Geschichte, Zeitkritik u.a.m. –, sie lassen aber, von wenigen widersprüchlichen Abweichungen abgesehen, eine durchaus homogene Konzeption seines Verständnisses von Individualität erkennen. Sein privilegiertes Beispiel für die Frage, was etwas zu einem Individuum macht, ist der Mensch. Gelegentlich kann G. aber auch die Frage diskutieren, ob und in welchem Sinne bei historischen Phänomenen wie Nationen, bei künstlerischen Phänomenen wie Gedichten oder bei biologischen Phänomenen wie Pflanzen von Individualität gesprochen werden kann. Die generalisierenden und gelegentlich nahezu definitorischen Beschreibungen von Individualität orientieren sich aber in der Regel an der menschlichen Person, und sie beantworten vor allem die Frage, was sie wesentlich und nicht nur vorübergehend von anderen Personen unterscheidet. Es scheint, als setze G. für seine Bestimmung von Individualität die Unterscheidung zwischen kontingenten Merkmalen und Wesensmerkmalen voraus: Eigenheiten seien das, »was das Individuum constituirt, das Allgemeine wird dadurch specificirt und in dem Allerwunderlichsten blickt immer noch etwas Verstand, Vernunft und Wohlwollen hindurch, das uns anzieht und fesselt« (WA I, 41.2, S. 253).

Wie in zahlreichen anderen Bemerkungen auch, gibt G. hier zu erkennen, daß Individualität sich im Spannungsfeld zwischen Selbsterhaltung und Abgrenzung gegen das »Allgemeine« konstituiert und daß er – geradezu dialektisch – Individualität einerseits als jeweils Begrenztes und Beschränktes, ja Exklusives, andererseits aber als Konstantes und Widerständiges faßt. Verstand, Vernunft und Wohlwollen sind generische Begriffe. Nicht sie konstituieren Individualität, sondern die Art – die »Eigenart« –, wie sich diese generischen Eigenschaften auch noch im »Allerwunderlichsten«, z.B. im Außenseiter, manifestieren, bringt Individualität zur Erscheinung. Aus dieser Bemerkung läßt sich schließen, daß G. Individualität nicht als Abweichung vom normativ gesetzten Allgemeinen oder als etwas Abnormes, Krankes oder gar Minderwertiges bewertet, sondern im Gegenteil als das Besondere, das den allgemeinen Merkmalen wie Vernünftigkeit oder Wille erst Gestalt und in diesem Sinne auch *Persönlichkeit* vermittelt. Das Besondere der Individualität aber läßt sich nur im Kampf behaupten und durchsetzen. Es existiert nur durch Subsumtion des Allgemeinen unter das Besondere und geht im umgekehrten Falle, nämlich dann, wenn sich das Besondere im Allgemeinen subordinieren läßt, verloren: »Das Individuum geht verloren; das Andenken desselben verschwindet und doch ist ihm und andern daran gelegen, daß es erhalten werde. Jeder ist selbst nur ein Individuum und kann sich auch eigentlich nur für's Individuelle interessiren. Das Allgemeine findet sich von selbst, dringt sich auf, erhält sich, vermehrt sich. Wir benutzen's, aber wir lieben es nicht« (WA I, 36, S. 276).

Auffällig ist, daß G. den Begriff der Individualität auch zur Charakteristik der Zähigkeit und Widerständigkeit, die das Einzelne benötigt, um zu überleben und seine Besonderheit zu profilieren, mit der Vokabel der »Entelechie« erläutert. Dieser Begriff ist eine Wortneuschöpfung des Aristoteles und bezeichnet die Seele in ihrer Eigenschaft als lebenserhaltendes Prinzip: »Die Griechen nannten E n - t e l e c h e i a ein Wesen das immer in Function ist« (WA II, 11, S. 370). Und auf den Zusammenhang zwischen Entelechie und Individualität bezogen, formuliert der späte G. prä-

gnant: »Die Hartnäckigkeit des Individuums und daß der Mensch abschüttelt was ihm nicht gemäß ist [...] ist mir ein Beweis daß so etwas [wie Entelechie; d. Vf.] existiere« (Eckermann, 3.3. 1830). Weniger durch Aristoteles als explizit durch den ersten systematischen Individualitätstheoretiker der Neuzeit, durch Gottfried Wilhelm Leibniz, wurde der Begriff der Entelechie zur Charakteristik des Wesens von Individualität fortentwickelt. Dabei blieb ihm das nach Aristoteles entscheidende Merkmal, nämlich Prinzip der Lebenserhaltung zu sein, bewahrt. Eine Entelechie oder individuelle Substanz ist nach Leibniz eine erzeugende Kraft, die energieerhaltend wirkt und die zugleich individuiert. Die »Hartnäckigkeit«, von der G. spricht, dürfte sich – sofern sie durch den Begriff der Entelechie angemessen erläutert wird – gerade auch auf die widerständige Kraft im Sinne der Leibnizschen Bedeutung von Entelechie beziehen. Überdies hat G.s Zeitgenosse Friedrich Wilhelm Joseph von Schelling diese Bedeutung des Begriffs der Entelechie von Leibniz bewußt übernommen und ausgeführt. Aristoteles, Leibniz und Schelling stimmen darin überein, daß Entelechie als Ursprung der Verbindung eines immateriellen Prinzips, der Seele, mit den materiellen Erscheinungsformen des Lebens, vornehmlich den organischen Körpern, anzusehen ist. Die jeweils eigentümliche Verbindung von Seele und Körper bringt das individuell Verschiedene in der Natur hervor. So gesehen knüpft die Verwendung der Vokabel der Entelechie im Sinne der Individualitätsbestimmung sowohl in der neuzeitlichen Philosophie von Leibniz bis Schelling als auch bei G. unmittelbar an die aristotelische Ursprungsbedeutung an.

Konsequent erwägt G. ganz im Leibnizschen Sinne verschiedentlich, daß auch die Gebilde der nichtmenschlichen organischen Natur als Individuen anzusehen seien. »Die Pflanze erscheint fast nur einen Augenblick als Individuum und zwar da, wenn sie sich als Samenkorn von der Mutterpflanze loslös't« (WA II, 8, S. 82). Individualität scheint sich dennoch in der außermenschlichen Natur als etwas Lebenstüchtiges nur übergangsweise zu manifestieren. G. reflektiert damit auch auf der Ebene der Naturbetrachtung die Tragik des Kampfes um Selbstbehauptung der Individualität, die er ebensosehr für die menschliche Geschichte als charakteristisch ansieht. Die Natur »schafft ewig neue Gestalten; was da ist war noch nie, was war kommt nicht wieder – alles ist neu, und doch immer das Alte [...] Sie scheint alles auf Individualität angelegt zu haben, und macht sich nichts aus den Individuen. Sie baut immer und zerstört immer, und ihre Werkstätte ist unzugänglich« (WA II, 11, S. 5).

Auf den ersten Blick stehen diese Sätze über die Tragik des Individuellen in der Natur der zeitgenössischen idealistischen Naturphilosophie verwechselbar nahe, insbesondere den frühen naturphilosophischen Entwürfen des jungen Schelling, den G. bekanntlich als das Genie des kommenden 19. Jhs. feierte. Der Gedanke, daß alles neu und immer dasselbe sei, wird von Schelling mit dem Bild vom »Kreislauf« der Natur illustriert. Im Unterschied zu G. verbindet Schelling damit aber eine positive Bewertung der Unterordnung des Individuums unter das Prinzip des Kreislaufprozesses. Das Individuum müsse als Mittel, die Gattung als Zweck der Natur erscheinen, und: »Das Individuum geht vorüber, nur die Gattung bleibt, die Natur hört deßwegen nie auf thätig zu seyn. Nur da sie u n e n d l i c h thätig ist, und da diese unendliche Thätigkeit durch endliche Produkte sich darstellen muß, muß sie durch einen endlosen K r e i s l a u f in sich selbst zurückkehren« (Schelling, S. 53). G. plädiert nicht für diese höhere Notwendigkeit des absoluten Kreislaufs der Natur. Indem er die Tragik des Selbsterhaltungskampfes des Individuums darstellt, beschreibt er, was ist, ohne es gutzuheißen, vielmehr sogar mit einem entschieden sensibleren Blick für die konstitutive Bedeutung widerständiger Individualität in der Natur wie in der Geschichte. Wenn nach G. gilt: »Was originell ist, trägt immer die Gebrechen des Individuums an sich«, dann heißt es dagegen auch: »Was nicht originell ist, daran ist nichts gelegen« (MuR, 1016). Und an Herder schreibt er am 4. 9. 1788: »Das Individuum ist ein armes Ding, es erkläre sich für welche Partei es wolle, das G a n z e ist

nie ein G a n z e s, und so schwankt das Menschengeschlecht in einer Lumperei hin und wieder, das alles nichts zu sagen hätte, wenn es nur nicht auf Punkte, die dem Menschen so wesentlich sind, so großen Einfluß hätte«. Aber die Punkte, die den Menschen so wesentlich sind, sind gerade die Charakteristika seiner Individualität, und sie stehen in der Gefahr der Vernichtung. Solche Bemerkungen gehen in ihrer Allgemeinheit freilich weit über die naturphilosophischen Zusammenhänge hinaus, schließen sie aber mit ein. Darüber hinaus bringen Erklärungen wie die zuletzt zitierten eine für G. in allen Zusammenhängen, in denen er von Individualität spricht, gleichermaßen bezeichnende Ambivalenz, ja Dialektik des Individuellen zum Ausdruck: das Individuum lebt nur in Begrenzung und es stirbt an dieser Begrenzung.

Die Schicksalhaftigkeit dieser Ambivalenz bezeichnet G. sogar gelegentlich als dämonisch: »Der Dämon bedeutet hier die nothwendige, bei der Geburt unmittelbar ausgesprochene, begränzte Individualität der Person, das Charakteristische, wodurch sich der Einzelne von jedem andern bei noch so großer Ähnlichkeit unterscheidet [...] In diesem Sinne einer nothwendig aufgestellten Individualität hat man einem jeden Menschen seinen Dämon zugeschrieben, der ihm gelegentlich in's Ohr raunt was denn eigentlich zu thun sei« (WA I, 41.1, S. 216 u. S. 218). Auch für den einzelnen ist seine Individualität niemals hintergehbar. Anpassung würde keinesfalls überflüssig machen, was der Dämon – verstanden als Metapher für das »Suum cuique« – leistet: nämlich zu sagen, »was immer zu tun sei« (Ekkermann, 11. 3. 1828). Damit stellt G. die konstitutive Bedeutung der Individualität für das einem jeden angemessene Leben in die Tradition der griechischen Antike: »Ethos anthropo daimon« (»Seine Eigenart ist dem Menschen sein Geschick«) heißt es bei Heraklit (Diels/Kranz, S. 177), und Platon ist nicht weit von diesen Gedanken entfernt, wenn er das Gelingen sowohl des individuellen Lebensvollzugs als auch des gesellschaftlichen Lebens an das Prinzip der Selbsterkenntnis (gnothi seauton) oder – herakliteisch gesprochen – an die Erkenntnis des eigenen Dämon bindet.

Nach Johannes Falk hegte G. in den letzten Lebensjahren die Meinung, daß jedes Individuum vermittels seiner Neigungen ein »Recht zu Grundsätzen« habe, »die es als Individuum nicht aufheben« lassen solle (S. 80). Man könnte von einem Naturrecht auf Individualität bei G. sprechen, das genau da verankert wäre, wo die Ethik der Neuzeit, insbesondere diejenige der Aufklärung, Gefahr für die Moral und damit Gefahr für den Sieg der Vernunft über den latenten Egoismus des Individuums sieht: im Anspruch der natürlichen Neigungen nämlich. Kant hat dem Recht des empirischen Menschen auf seine Neigungen die Pflicht zum Gehorsam gegenüber dem Sittengesetz und damit die Pflicht zur Niederhaltung der Selbstliebe entgegengesetzt. Freilich hat G. sich nicht ausdrücklich im Gegensatz zur Kantischen Philosophie sehen wollen. Kant habe »doch das unsterbliche Verdienst, uns von jener Weichlichkeit, in die wir versunken waren, zurückgebracht zu haben« (von Müller, 29.4. 1818).

Jedoch dürfte G. Kant nicht attestieren können, auf überzeugende Weise den Beweis für eine überzeitlich gültige Moral erbracht zu haben – was doch Kants Anliegen war. Für G. gilt, »daß moralische Epochen eben so gut wie die Jahreszeiten wechseln« (WA I, 28, S. 211). Daß das erwähnte Recht auf Individualität sogar wie ein Widerstandsrecht ausgelegt werden könnte, ergibt sich insbesondere aus G.s Einschätzung der Bedeutung individueller Innovationen für die Geschichte der Wissenschaft: »Es seien zu allen Zeiten nur die Individuen«, so G. zu Riemer am 26.9. 1807, »welche für die Wissenschaft gewirkt. Nicht das Zeitalter. Das Zeitalter war's, das den Sokrates durch Gift hinrichtete, das Zeitalter, das Hus verbrannte; die Zeitalter sind immer sich gleich geblieben« (Gespräche, 2, S. 256). Und nicht nur die kulturelle Bedeutung der Widerstandsfähigkeit großer Individuen gegen den jeweiligen Zeitgeist eines Zeitalters würdigt G. Vielmehr gilt ihm die produktive Konfliktfähigkeit des Individuums als Bedingung der Möglichkeit einer fortschreitenden Geschichte der Wissenschaften: »Der Conflict des Individuums mit der unmittelbaren Erfah-

rung und der mittelbaren Überlieferung, ist eigentlich die Geschichte der Wissenschaften: denn was in und von ganzen Massen geschieht, bezieht sich doch nur zuletzt auf ein tüchtigeres Individuum, das alles sammeln, sondern, redigiren und vereinigen soll; wobei es wirklich ganz einerlei ist, ob die Zeitgenossen ein solch Bemühen begünstigen oder ihm widerstreben. Denn was heißt begünstigen, als das Vorhandene vermehren und allgemein machen. Dadurch wird wohl genutzt, aber die Hauptsache nicht gefördert« (WA II, 3, S. 136 f.). Was wäre demnach die Hauptsache? Die Souveränisierung individueller Kompetenz gegen die Macht des Augenscheins (»unmittelbare Erfahrung«) und gegen den latenten Dogmatismus der Traditionen (»unmittelbare Überlieferung«). Im selben Kontext, der *Farbenlehre*, gibt G. entsprechend zu erkennen, wie sehr das so wirkende Individuum für seine Wirkung zu kämpfen hat, wie sehr es dadurch auch gefährdet ist: »Der schwache Faden, der sich aus dem manchmal so breiten Gewebe des Wissens und der Wissenschaften durch alle Zeiten, selbst die dunkelsten und verworrensten, ununterbrochen fortzieht, wird durch Individuen durchgeführt« (ebd., S. 134). Und weiter heißt es: »Denn es ist am Ende doch nur immer das Individuum, das einer breiteren Natur und breiteren Überlieferung Brust und Stirn bieten soll« (ebd., S. 136).

Die damit ebenfalls zum Ausdruck gebrachte Überforderung des Individuums erläutert G. nicht nur durch die erwähnten Kommentare zur Ambivalenz und zur Tragik individueller Selbstbehauptung und individueller Integrität. G. verweist auch auf die Rolle der Religion als originärer Ausdrucksform von Individualität. Vielleicht kommt der Religion im G.schen Sinne neben der Kunst als einziger das Privileg zu, eine angemessene Darstellungsform von Individualität zu sein: »So bleibt die eigentliche Religion ein Inneres, ja Individuelles, denn sie hat ganz allein mit dem Gewissen zu thun, dieses soll erregt, es soll beschwichtigt werden« (WA I, 24, S. 123). Das Gewissen als Bewußtsein unübertragbarer Verantwortung ist Reflexion auf die Nichthintergehbarkeit von Individualität. Und seine Funktion diskutiert G., wenn er nach der Quelle der religiösen Angewiesenheit auf Vergebung fragt und in diesem Zusammenhang dem Protestantismus zugute hält, »sich an die moralische Ausbildung des Individuums« (Tagebuch, 7.9. 1807) zu halten. Darin allerdings liegt auch Kritik. Die protestantische Religion habe dem einzelnen Individuum zuviel zu tragen gegeben, soll G. – einem Bericht von Heinrich Voß aus dem Jahre 1805 zufolge – geäußert haben (Gräf, S. 72). Die Weigerung, das Gewissen zu entlasten, raube den Individuen die Kraft, mit sich selber wieder in Harmonie zu kommen. Darin liegt ein Hinweis auf die latente Inhumanität der moralischen Konzentration auf die »Pflicht zum Gewissen«, die das protestantische Ethos auszeichnet. Liest man diese Kritik im Zusammenhang des G.schen Lobes auf die souveräne Energie solcher Individuen, die – wie Sokrates – eine befreiende und befreite Geschichte der Wissenschaft initiieren und nur gegen den Widerstand von Zeitalter und Tradition erfolgreich sein können, dann ließe sich die protestantische Verpflichtung auf das individuelle Gewissen im Sinne G.s auch als Behinderung der Befreiung vom Joch des Gewissens deuten. Diese Behinderung wäre dann dem jeweiligen Zeitgeist zuzuschreiben, gegen den sich zu behaupten Bedingung der Möglichkeit der Wissenschaft, ja vielleicht der Kultur und des Menschen überhaupt ist. Deshalb wohl stellte G. fest, die Jugend müsse »als Individuum die Epochen der Welt-Kultur durchmachen« (Eckermann, 17.1. 1827).

Und mehr noch: »Die Biographie«, so heißt es im Entwurf einer Vorrede zum dritten Teil von *Dichtung und Wahrheit*, »sollte sich einen großen Vorrang vor der Geschichte erwerben, indem sie das Individuum lebendig darstellt« (WA I, 28, S. 358). G. antizipiert damit den modernen Gedanken, daß Geschichtsschreibung sich am angemessensten anhand der Entwicklung individueller Biographien orientieren solle, daß nicht die Geschichte die Individuen, sondern die Individuen die Geschichte machten. Liest man allerdings G.s Plädoyer für die Bedeutung der Biographie als

privilegiertes Dokument der Geschichtsschreibung zusammen mit seiner deutlichen Skepsis gegenüber der Transparenz von Individualität für die Gemeinschaft, dann wird deutlich: Die Biographie – auch die Selbstbiographie – ist nur als eine approximative Hilfestellung, nicht aber als hinreichende Bedingung der Einsicht in die originäre Weltsicht des Individuums anzuerkennen. Die kommunikative Kluft zwischen der Vorstellungswelt des Individuums und der der »anderen« bleibt unüberwindbar: »So ist es am Ende auch nur das Individuum, welches originäre, primäre Vorstellungen hat, das eigentlich Schätzbare und das was zählt. Die andern erhalten ihre Vorstellungen nur als Reflex, als Widerschein. Sie kleiden sich in gewisse Vorstellungen, wissenschaftliche oder sittliche, wie in Modetrachten« (Gespräche, 2, S. 474).

Dieser Gedanke liest sich wie ein Kommentar zu G.s berühmter Bemerkung in seinem Brief an Johann Kaspar Lavater vom 20.9. 1780, der auf diese Weise auch seine Einordnung ins G.sche Verständnis von Individualität erhalten würde: »Habe ich Dir das Wort Individuum est ineffabile woraus ich eine Welt ableite, schon geschrieben?«. Auch aus der individuellen Substanz – der Monade – bei Leibniz ist jeweils eine – und zwar unsere – Welt, unser Universum abzuleiten. Die Monaden sind »miroirs de tout l'univers«, die die Welt repräsentieren (vgl. Leibniz, S. 434 u.ö.). Auch sie kommunizieren nicht, sind fensterlos. Sie sind aber doch über die prästabilierte Harmonie und das göttliche Wissen miteinander indirekt auf eine determinierte Weise vermittelt. G.s Gedanke hingegen scheint weitaus radikalere Konsequenzen aus dem Begriff der Individualität abzuleiten, weniger metaphysische als vielmehr hermeneutische. Die Sprache ist begriffsorientiert und kann als Symbolisierung des kollektiven Bewußtseins bezeichnet werden – so heißt es entsprechend im *Entwurf einer Farbenlehre*: »Man bedenkt niemals genug, daß eine Sprache eigentlich nur symbolisch, nur bildlich sei und die Gegenstände niemals unmittelbar, sondern nur im Widerscheine ausdrücke« (WA II, 1, S. 302). Und als solche ist sie nicht fähig, Individuelles zu transportieren. Sie ist »nur ein Surrogat«. (an C.L. F. Schultz, 11.3. 1816). Später war es Friedrich Schleiermacher, der aus dieser Einsicht in die natürliche Inkompetenz der Sprache gegenüber den originären Intentionen und Mitteilungsbedürfnissen der Individuen sein Prinzip von der Unüberwindbarkeit des Nichtverstehens abgeleitet hat und dieses Prinzip zur ersten Maxime der Kunst des Verstehens, der Hermeneutik, machte.

Die Sprache als notwendige Bedingung der Mittelbarkeit ist niemals hinreichende Bedingung derselben. Sie kann die Exklusivität der Individualität keinesfalls aufheben: »Man mag sich noch so sehr zum Allgemeinen ausbilden, so bleibt man immer ein Individuum, dessen Natur, indem sie gewisse Eigenschaften besitzt, andere nothwendig ausschließt« (an W. von Humboldt, 16.7. 1798). Diese These scheint eine nicht nur anthropologische, sondern auch speziell hermeneutische zu sein. Und wenn er später an Knebel schreiben kann: »und ist es doch immer die Individualität eines Jeden, die ihn hindert, die Individualitäten der andern in ihrem ganzen Umfang gewahr zu werden« (an Knebel, 3.1. 1807), so scheint er dieselbe radikale Definition von Individualität vorauszusetzen, die auf Leibniz zurückgeht, ohne dessen optimistische Lösung des gesellschaftlichen Kohärenzproblems zu teilen.

Im Poeten dürfte G. wohl den konsequentesten Vollstrecker der Einheit in die Nichtintegrierbarkeit des Individuums gesehen haben. Der Poet schafft neue Sprachen und treibt damit seine individuelle Exklusivität auf den Höhepunkt – er zieht in Form der Kunst die Konsequenz aus seiner Selbsteinsicht: »Alle irdische Poesie ist immer noch zu charakteristisch, rein objektiv zu sein, das heißt noch zu individuell, nicht generell genug. Ja, was uns als reines Objekt vorkommt, ist selbst noch Individuum. Die Sonne selbst ist ein Individuum, ob sie uns gleich als das reinste Objekt erscheint, da sie mit nichts zu vergleichen ist« (Gespräche, 2, S. 329). Dieser G. zugeschriebene Gedanke scheint G.s Plädoyer für ein Naturrecht auf Individualität in zugespitzter Form auf den Künstler zu projizieren und läßt sich deuten wie ein Plädoyer für ein Naturrecht auf die künstlerische Subjektivität als Quelle und Bedingung schöpferischer Produktivität. Künstlerische Subjektivität ist zugleich Aufhebung der Objektivität in seiner – des Künstlers – Weltwahrnehmung: »Die Nachahmung der Natur durch die Kunst sei umso glücklicher, je tiefer das Objekt in den Künstler eingedrungen sei und je größer dessen Individualität , je tüchtiger [er] selbst sei« (von Müller, 3.4. 1824).

In *Wilhelm Meisters Lehrjahre* findet dieses Postulat der Nachahmung eine Zuspitzung, die schon ihrer hermeneutikgeschichtlichen Aktualität wegen überrascht, weil sie ebenfalls Spezifisches des späteren Ansatzes von Friedrich Schleiermacher vorwegnimmt: nämlich die eigenartige Verbindung des Prinzips radikaler Individualität mit dem kunsttheoretischen Gedanken der Nachahmung (Mimesis). Es ist Serlo, den G. vertreten läßt, was demzufolge die erste Tugend des Mimen zu sein habe, nämlich »mit Lebhaftigkeit zu umfassen, was sich der Autor bei'm Stück gedacht hat, was man von seiner Individualität hingeben müsse, um einer Rolle genug zu thun« (WA I, 22, S. 181); vgl. dazu auch *Weimarisches Hoftheater*, wo es heißt: »Der Schauspieler müsse [...] in gewissen Rollen seine Individualität unkenntlich [...] machen« (WA I, 40, S. 74). Recht besehen handelt es sich bei diesem Postulat um eine Opferung von Individualität. Nur wer sich selbst als Individuum begreift, kann sich in einen anderen Menschen als ein Individuum hineindenken, um so die individuelle gespielte Figur zu erzeugen. Der Schauspieler habe »erlogene Wahrheiten« (WA I, 22, S. 181) zu verkörpern, die illusionäre Wirkungen hervorbringen, für die es keinen Begriff geben könne. G. läßt Serlo damit die Gegenposition zu Wilhelm Meister einnehmen, dessen Beschreibung der Wirkungen, die seine Shakespearelektüre auf ihn selbst gemacht habe, zu Serlos Bestimmung von der Aufgabe des Mimen in einer auffälligen und durchaus ironischen Spannung steht. Die Figuren in Shakespeares Stücken handeln nach Wilhelms Auffassung so, »als wenn sie Uhren wären, deren Zifferblatt und Gehäuse man von Krystall gebildet hätte, sie zeigten nach ihrer Bestimmung den Lauf der Stunden an, und man kann zugleich das Räder- und Federwerk erkennen, das sie treibt« (WA I, 21, S. 310).

Der Gegensatz zwischen Serlos Plädoyer für die phantastische Individualität auf der Bühne – vollbracht kraft der Tüchtigkeit der eigenen Individualität – und Wilhelms Begeisterung für eine determinierte Dramatik, wie er sie bei Shakespeare zu finden glaubt, könnte kaum größer sein. Wilhelm unterstellt den Begriff, wo nach Serlos Auffassung dessen Grenzen nicht nur evident sind, sondern wo der Begriff auch versagen soll. Aus G.s Lob für Serlos eigene Schauspielkunst läßt sich schließen, daß seine Sympathie nicht auf Wilhelms Seite liegt. Nicht allein, daß Serlos Nachahmungsgabe und sein beißender Witz ihn in »der ganzen Gesellschaft werth, ja unentbehrlich« machten (WA I, 22, S. 116); G. nennt ihn darüber hinaus einen »vollkommnen Schauspieler« (ebd., S. 119), auch weil er in seinen Zuschauern »eine Ahnung von etwas Wunderbarem« wachrief (ebd., S. 117). Der Sache nach steht G. damit in einer auf Francesco Patrizi zurückgehenden Tradition, in der der »aristotelische Realismus« (vgl. Zupnick, S. 469–478) einer Kunsttheorie der eindimensionalen Mimesis kritisiert wurde. Die beste Nachahmung nach dieser Tradition ist die, die im großen Vorbild Natur das Paradigma ständiger Neuschöpfung und nicht das disziplinierende Korrektiv des Abbildes sieht: Mimesis als freigesetzte Kreativität und nicht als versklavende Imitation. Entsprechend bringt G. den Gegensatz zwischen Wilhelm und Serlo unmißverständlich auf den Punkt: »Wilhelm wünschte, alles aus den Begriffen, die er gefaßt hatte, zu entwickeln, und wollte die Kunst in einem Zusammenhange behandelt haben« (WA I, 22, S. 120). Dieser Neigung begegnet Serlo mit Spott und Ironie. Aber das Erkennbare, wenngleich implizite Loblied G.s auf Serlos artistischen Individualismus in Theorie und Praxis hat deutliche Grenzen. Sie liegen in einer eigentümlichen Verbindung von kreativer Originalität des Künstlers einerseits und unschuldiger Naivität andererseits. »Eigentliche Erfindungskraft hatte er nicht«, heißt es über Serlo auch (ebd., S. 116), wenngleich ihm dann doch

Fähigkeiten bescheinigt werden, deren Umsetzung ein Maß an Phantasie benötigen dürften, das außergewöhnlich sein muß. Serlo – ein Beispiel für unbewußtes Gelingen künstlerischer Individualität – ist ebensosehr ein Beispiel für die potentielle Tragik des Individuums überhaupt, nämlich nicht ernst genommen zu werden. Das Individuum, das sich nicht arrangiert, sondern seine Individualität bewußt zu begreifen und zu leben versucht, wird zum Harlekin oder scheitert. Für die erstere Möglichkeit steht Serlo, für die letztere etwa Werther, aber auch Faust.

Der junge Werther scheitert weniger an seiner »Krankheit zum Tode« (WA I, 19, S. 69) als daran, daß der Versuch, diese in ein produktives Leiden zu verwandeln, nicht aufgeht. Mit Werther antizipiert G. in einer Mischung aus verhaltener Sympathie und kritischer Distanz das romantische Individuum, dessen Irrealismus und dessen Tragödie. Im Disput mit Albert verteidigt Werther das Recht auf Selbstmord wie ein Naturrecht. Er vergleicht den Suizidalen mit einem Todkranken, der in seine Krankheit unrettbar verstrickt ist, und so naturwüchsig wie dieses Schicksal sei auch der Entschluß zum Selbstmord. Diese Handlung ist nicht eigentlich als »Freitod« zu bezeichnen, sondern gehorcht einer Logik der Verzweiflung, auf die Werther ausdrücklich aufmerksam macht. Gegen Alberts Einwand, der Mensch habe Verstand, bleibt Werther konsequent: Das »bißchen Verstand« (WA I, 19, S. 72), das den Menschen auszeichne, vermöge nichts gegen Leidenschaft, gegen die »Gränzen der Menschheit« (ebd.), an die einer durch sie stößt. Die Erfahrung der eigenen Endlichkeit wird als tödliche Grenzerfahrung interpretiert, die eo ipso individualisierend wirkt. Der Verstand, den Albert geltend macht, steht sowohl für Moral, in deren Namen Albert protestiert, als auch für die Chance intersubjektiver Einflußnahme. Werthers romantisierende Radikalität entzieht das Individuum aber dieser Vermittlung – sie würde die betreffende Person ihre Individualität kosten – durch den eigenen Tod und erklärt dessen natürliche Logik für stärker als rationale Distanz.

Der biblische Terminus »Krankheit zum Tode«, den Werther dabei verwendet, um den Zustand des Suizidalen zu beschreiben, erfuhr durch ein gleichnamiges Hauptwerk Sören Kierkegaards im 19. Jh. eine bemerkenswerte Bedeutungserweiterung für die Individualphilosophie bis zur Gegenwart. Hier dient die »Krankheit zum Tode« in freiem Anschluß an das *Neue Testament* (Joh. 11, 4) als Charakteristikum eines existentiellen Phänomens, nämlich das der unvertretbaren aber individualkonstitutiven Verzweiflung. Kierkegaards »Krankheit zum Tode« hat ihren Kulminationspunkt im Selbstverlust, der nur vermieden werden kann durch einen individuellen Gottesbezug, und in diesem Sinne durch Erlösung. Werthers »Krankheit zum Tode« ist keiner Erlösung fähig. Diese wäre Selbstverlust. Das Individuum bleibt sich im Tod treu. In der radikalen Apologie des Naturrechts auf den eigenen Tod steckt auch Begeisterung. Werther vermittelt seinem eigenen Zustand dadurch Sinn und gibt damit ein Beispiel für Selbstfindung durch den Tod und nicht für Selbstverlust. Er beschreibt im Unterschied zu Kierkegaard eine weder erlösungsfähige noch erlösungsbedürftige Verzweiflung.

Im zweiten Teil des *Werther* ändert sich der Ton allerdings merklich. Indem er hier von den Grenzen spricht, an die sein Leben stößt, ohne sie konstruktiv umzustilisieren, läßt G. ihn resignieren: »Ja es wird mir gewiß, Lieber! gewiß und immer gewisser, daß an dem Dasein eines Geschöpfes wenig gelegen ist, ganz wenig« (WA I, 19, S. 125). Die Entdeckung der Sinnhaftigkeit der Verzweiflung weicht der Einsicht in die Sinnlosigkeit der Existenz. G.s Werther heroisiert am Ende nicht das Individuum, er demonstriert dessen Tragödie und deren Entwicklung. »Das Klassische nenne ich das Gesunde, und das Romantische das Kranke«, heißt es einmal entsprechend (Eckermann, 2.4. 1829). G.s Zeichnung der Figuren Werther oder Serlo zeigt, daß er den Terminus Krankheit aber in diesem Sinne nicht als pejorative Vokabel verwendet, sondern zur ungeschminkten Charakteristik der Tragödie menschlicher Individualität, sofern diese konsequent gelebt wird.

Literatur:

Diels, Hermann/Kranz, Walther: Die Fragmente der Vorsokratiker. Bd. 1. Zürich, Berlin 1964. – Falk, Johannes: Goethe aus näherm persönlichen Umgange dargestellt. Leipzig 1832. – Gräf, Hans Gerhard (Hg.): Goethe und Schiller in Briefen von Heinrich Voß dem jüngeren. Leipzig o.J. [1896]. – Kallweit, Hilmar: Szenerien der Individualisierung (Goethe, Bentham). In: Frank, Manfred/Haverkamp, Anselm (Hg.): Indiviualität. Poetik und Hermeneutik. Bd. 13. München 1988. – Kobusch, Theo/Oeing-Hanhoff, Ludger/Borsche, Tilmann: Individuum, Individualität. In: Historisches Wörterbuch der Philosophie. Bd. 4. Basel, Stuttgart 1971. – Konersmann, Ralf: Goethes ›Subjektivität‹. In: GRM. 38 (1988), H. 1/2, S. 106–119. – Leibniz, Gottfried Wilhelm: Philologische Abhandlungen. In: Gerhardt, Karl Immanuel (Hg.): Die philosophischen Schriften von G. W. Leibniz. Hildesheim 1960. – Rudolph, Enno: Odyssee des Individuums. Zur Geschichte eines vergessenen Problems. Stuttgart 1991. – Schelling, Friedrich Wilhelm Joseph: Erster Entwurf eines Systems der Naturphilosophie. In: Schellings Werke. Zweiter Hauptband: Schriften zur Naturphilosophie 1799–1801. Hg. von Manfred Schröter. München 1958. – Schings, Hans-Jürgen: Agathon, Anton Reiser, Wilhelm Meister. Zur Pathologie des modernen Subjekts im Roman. In: Wittkowski, Wolfgang (Hg.): Goethe im Kontext. Kunst und Humanität, Naturwissenschaft und Politik von der Aufklärung bis zur Restauration. Tübingen 1984. – Schmitz, Hermann: Goethes Altersdenken im problemgeschichtlichen Zusammenhang. Bonn 1959. – Schwammborn, Claudia: Individualität in Goethes *Wanderjahren*. Paderborn u.a. 1997. – Zupnick, Irving L.: The Dilemma of Renaissance Art. In: ders.: Platon et Aristote à la Renaissance. Paris 1976, S. 469–478.

Enno Rudolph

Industrie

Schon der junge G. entwickelte ein reges Interesse für Ökonomie und Technik. Über die frühen Berührungen mit Bereichen des Handwerks und der Manufaktur hinaus, die er bereits als Kind in Frankfurt hatte, weitete sich sein Blickwinkel insbesondere in der Straßburger Zeit, als ihn – offensichtlich dem Gewinn von Kenntnissen und Erfahrungen gewidmete – Reisen bis nach Lothringen und ins Saarland führten und mit vergleichsweise hochentwickelten Industriebetrieben, zum Beispiel Steinkohlengruben, Eisen- und Alaunwerken, bekannt machten. »Hier«, so heißt es rückblickend in *Dichtung und Wahrheit*, »wurde ich nun eigentlich in das Interesse der Berggegenden eingeweiht, und die Lust zu ökonomischen und technischen Betrachtungen, welche mich einen großen Theil meines Lebens beschäftigt haben, zuerst erregt« (WA I, 27, S. 330). Die positive Beziehung zu Ökonomie und Technik wurde noch intensiver, als er mit diesen wichtigen Lebensbereichen in den vielfältigen politischen Funktionen während seines ersten Weimarer Jahrzehnts, vor allem durch die Tätigkeit in der Bergwerkskommission und die damit verbundenen Ilmenauer Unternehmungen, aktiv und verantwortlich zu tun bekam. Von da an nutzte er jede sich bietende Gelegenheit, seine Wißbegier zu befriedigen und auf diese Weise mit der ökonomisch-technischen Entwicklung seiner Epoche auf dem laufenden zu bleiben. Auf seinen vielen Reisen machte er immer wieder Abstecher zu Orten, an denen er neue Erfahrungen und Erkenntnisse in Hinsicht auf den industriellen Fortschritt gewinnen konnte. Mehr als sechzigmal beispielsweise besuchte er Gruben, Hammerwerke und Hütten. Oftmals suchte er Gespräche mit Kennern und Praktikern und informierte sich zudem durch intensive Lektüre über theoretische Grundlagen wie über praktische Neuerungen. Wenn seine Epoche nachträglich als Beginn der industriellen Revolution bezeichnet worden ist, so läßt sich sagen, daß G. daran mit hohem Interesse und eigenen Aktivitäten Anteil genommen hat. Zugleich ist allerdings zu betonen, daß ihm – wie seinen Zeitgenossen überhaupt – diese neue Qualität geschichtlicher Entwicklung als solche noch kaum, höchstens annäherungsweise in den letzten Jahren oder Jahrzehnten seines Lebens, bewußt werden konnte.

Diese Sachlage kommt auch in G.s Umgang mit dem Begriff Industrie zum Ausdruck: Er entsprach, wie nicht anders zu erwarten, der damals noch weitgehend vom heutigen Gebrauch divergierenden Verwendung des Begriffs. Man meinte mit Industrie zunächst im Kontext der Moralphilosophie eine Tugend im Sinne von erfinderischem Fleiß, eifriger Tätigkeit, Emsigkeit oder Betriebsamkeit – noch 1813 suchte Joachim Heinrich Campe das Fremdwort Industrie durch die deutsche Wortbildung Kunstbetriebsamkeit zu ersetzen. Erst mit der Heraufkunft der »commercial society« (Smith, S. 41) und später mit der neuen Stufe industrieller Produktion begann sich das Bedeutungsspektrum allmählich zu verschieben. Auch im Deutschen wurde der Begriff nun auf die richtige Handhabung des Gewerbes bezogen, allerdings noch unterschiedslos im landwirtschaftlichen, merkantilen und handwerklichen Bereich. Gleichzeitig akzentuierte man bei der Verwendung des Begriffs, ausgehend vom philanthropischen Kampf gegen Armut und Unbildung, die Kraft- und Zeitökonomie mit dem Ziel der Rationalisierung des (Arbeits-)Lebens überhaupt. Gustav von Gülich, dessen *Geschichtliche Darstellung des Handels, der Gewerbe und des Ackerbaus der bedeutendsten handeltreibenden Staaten unserer Zeit* (1830) G. rühmte (Tagebuch, 16. u. 17. 6. 1830), faßte unter dem Blickwinkel der technischen Kunstfertigkeit noch Handel, Gewerbe und Ackerbau als Industrie zusammen; Albrecht Thaer, der von G. geschätzte Begründer der »rationellen Landwirtschaft«, subsumierte unter dem nunmehr vorherrschenden Gesichtspunkt der Warenbildung auch die Landwirtschaft weiterhin unter der Kategorie der Industrie. Erst in den 1830er Jahren gebrauchte man dann vereinzelt den Begriff Großindustrie – in Abgrenzung zum Kleingewerbe –, um das Maschinen- und Fabrikmäßige sowie das Arbeitsteilige der Produktion zu betonen, zudem in Akzentuierung des Moments der Kraft- und Zeitökonomie.

Wie G. sein Zeitalter im wesentlichen nicht als ein industrielles im heutigen Verständnis erlebte, so folgte auch seine Verwendung des Begriffs dem allgemeinen traditionellen Gebrauch, vor allem im Sinne von erfinderischer Emsigkeit oder einfallsreicher Betriebsamkeit – etwa im *Jahrmarktsfest zu Plundersweilern*

Maschinenfabrik Borsig in Berlin

(WA I, 16, S. 35) und im *Groß-Cophta* (WA I, 17, S. 139). In Italien benutzte er den Begriff, um die Findigkeit der Italiener in der bequemen Aus- und Mehrfachnutzung von sich zufällig ergebenden Vorteilen zu verdeutlichen. Als er beobachtet hatte, daß sich Knaben auf Platten wärmten, die bei Stellmacherarbeiten erhitzt worden waren, kam er zu der generellen Einschätzung: »Ich finde in diesem Volk die lebhafteste und geistreichste Industrie, nicht um reich zu werden, sondern um sorgenfrei zu leben« (WA I, 31, S. 41). Gegen den Vorwurf der Müßiggängerei, den Johann Jakob Volkmann den Neapolitanern gemacht hatte, argumentierte er engagiert, indem er die unterschiedlichen Tagesabläufe aus den völlig anderen Lebensweisen der Völker erklärte: Ausgehend von den verschiedenen Klimaten und den daraus abgeleiteten Erfordernissen unterschied er zwischen »südlicher« und »nordischer« (ebd., S. 254) »Industrie«

(ebd., S. 257) und meinte damit vor allem den erfindungsreichen Fleiß; in der Neigung, nicht zu »arbeiten um bloß zu l e b e n, sondern um zu g e n i e ß e n«, erkannte er die Ursache auch dafür, daß »die Handwerker beinahe durchaus gegen die nordischen Länder sehr zurück sind; daß Fabriken nicht zu Stande kommen« (ebd., S. 262). 1794 sprach er von »Industrie«, um damit das Verlagswesen, den Ankauf und Vertrieb von Waren allgemein und die Unternehmungen von Friedrich Justin Bertuchs Weimarer »Industrie-Comptoir« speziell zu bezeichnen (an Voigt, Anfang 1794). Bezog sich der Begriff solchermaßen noch weitgehend auf Erwerb und Handel – unter Einschluß von Handarbeit und Handwerk –, wird erkennbar, wie sehr G. noch in einer vorindustriellen Zeit lebte.

Exemplarisch läßt sich die Problematik an den Bertuchschen Unternehmungen und G.s Verhältnis dazu fassen. Das 1791 begründete

»Industrie-Comptoir« – ab 1803 »Landes-Industrie-Comptoir« – wies zwar teilweise den Charakter eines vorindustriellen Manufakturunternehmens auf und schloß selbst Salinenbetriebe mit ein, doch konzentrierte sich Bertuch – was nicht zuletzt mit der speziellen Weimarer Kulturkonstellation zusammenhing – zunehmend auf das Druck- und Verlagswesen. G. betrachtete Bertuchs spekulative Neigungen durchaus mit Mißtrauen, weil sie seinem ökonomischen Konzept, das Kunst und Handwerk den Vorrang gab, entgegenstanden und nach englischem Vorbild auf Massenproduktion abzielten. Parallelen zum merkantil erfolgreichen Werner aus den *Lehrjahren* sind unübersehbar. Argwohn schwang wohl mit, als G. seine *Rede bei der Feierlichkeit der Stiftung des weißen Adlerordens* nur dann veröffentlichen wollte, wenn er Redaktion und Revision der Druckschrift selbst übernehmen könne: »Der Moment ist zu wichtig als daß man ihn den Zufälligkeiten der Industrie überließe« (an Voigt, 31.1. 1816). Ähnlich dürfte seine Weigerung zu verstehen sein, 1820 eine vom »Industrie-Comptoir« initiierte »Industrie-Austellung« im Jägerhaus, wo auch die Zeichenschule untergebracht war, durchführen zu lassen. G. wußte natürlich um die kulturelle Wirkung, die von Bertuchs Verlagsunternehmen und dessen Produkten auf breite Bevölkerungskreise ausging. Aber zugleich empfand er Abneigung gegen eine Auffassung, wie sie Bertuch bereits 1782 in seinem Aufsatz *Wie versorgt ein kleiner Staat am besten seine Armen und steuert der Betteley?* dargelegt hatte, nach der die Wirtschaft als ein »herrlicher Mechanismus«, als eine »Maschine« (Bertuch, S. 7) anzusehen sei, bei der man die Armut der Arbeiter aus Gründen der Konkurrenzfähigkeit zu begrüßen und die Armenfürsorge als Mittel für den Erhalt disponibler Arbeitskräfte zu nutzen habe. G. hielt hingegen an der Glückseligkeitstheorie fest, wie er sie bei Adam Smith und in Deutschland bei seinem Göttinger Freund Georg Friedrich Christoph Sartorius vertreten fand, und betrachtete statt dessen den Wohlstand als ökonomische Triebkraft.

Für G. behielt der Begriff Industrie vorrangig die Bedeutung eines subjektiven »industriösen« Bewußtseins. In diesem Sinne benutzte er ihn 1807, als er Bildungs- und Kultureinrichtungen wie die Zeichenschule in Weimar zu propagieren suchte: »Jede Anstalt, die auf allgemeine Bildung und Industrie einen bedeutenden Einfluß hat, verdient zur Kenntnis des grössern Publikums zu gelangen« (Morgenblatt, 5.12. 1807; Euphorion 9. 1902, S. 658). Ähnlich heißt es 1813 in dem Aufsatz *Aus Teplitz* im Zusammenhang mit dem in der Gegend versiegenden Zinnbergbau: »Im Gebirge ist es besonders merkwürdig, wie die menschliche Industrie sich schnell herumwirft, ihrer Thätigkeit Surrogate sucht und sich so aus einem Winkel in den andern flüchtet. Die gegenwärtige Lage dient dazu, die Cultur des Bodens [d.i. Ackerbau; d. Vf.] zu befördern« (WA II, 10, S. 109).

Gewiß sind Anzeichen dafür vorhanden, daß G. den allmählichen allgemeinen Bedeutungswandel mitvollzog und beispielsweise im Alter seltener den Ackerbau in seinen Begriffsgebrauch mit einbezog. Sein Verständnis für die Sache war jedoch wesentlich dadurch mitbestimmt, daß er sein Interesse vornehmlich den Bereichen von Kunst und Handwerk zuwandte, die er in enger Wechselwirkung und gegenseitiger Abhängigkeit sah. Ihnen suchte er – etwa durch die Förderung von Anstalten, die bei Künstlern wie bei Handwerkern Kunstgeschmack und Handwerksfertigkeiten entwickeln sollten – aufzuhelfen; in ihnen wollte er Möglichkeiten bewahren, »sich gegen die unaufhaltsam fortstrebende Technik [...] in's Gleichgewicht zu stellen« (WA I, 49.2, S. 133).

Literatur:

Bertuch, Friedrich Justin: Wie versorgt ein kleiner Staat am besten seine Armen und steuert der Betteley? Ein möglicher Versuch. Leipzig, Dessau 1782. – Hilger, Dietrich/Hölscher, Lucian: Industrie/Gewerbe. In: Brunner, Otto u.a. (Hg.): Geschichtliche Grundbegriffe. Historisches Lexikon zur politisch-sozialen Sprache in Deutschland. Stuttgart 1982, S. 237–304. – Smith, Adam: An Inquiry into the Nature and Causes of the Wealth of Nation. Bd. 1. London 1776. – Zastrau, Alfred: Technik und Zivilisation im Blickfeld Goethes. In: Zs. für Humanismus und Technik. 4 (1957), S. 134–136.

Michael Niedermeier

Institutionen

Bestrebungen zur Gründung von Gedenkstätten, die dem Leben und Wirken G.s geweiht sein sollten, sind im Vergleich zu den schon zu Lebzeiten einsetzenden vielfältigen Ehrungen durch Denkmäler erst verhältnismäßig spät wirksam geworden. Sie verknüpfen sich naturgemäß vor allem mit den beiden wesentlichen Lebensstationen Frankfurt und Weimar.

Im Geburtshaus in Frankfurt waren seit 1840 bescheidene Ansätze zu einer musealen Würdigung geschaffen worden. Nach dem Ankauf durch das Freie Deutsche Hochstift konnte das G.-Haus in Frankfurt im Jahre 1863 als erstes öffentliches G.-Museum zugänglich gemacht werden.

In Weimar waren die schon in den 30er Jahren begonnenen Versuche, das G.-Haus am Frauenplan für die öffentliche Hand zu erwerben, immer wieder an der Unentschlossenheit und Uneinigkeit der Erben gescheitert. In den Jahren 1880/81 gab es Bestrebungen, das Frankfurter Museum und die künftig in Weimar zu schaffenden Gedenkstätten unter dem Protektorat des Großherzogs Carl Alexander von Sachsen-Weimar zusammenzufassen. Sie wurden schließlich überholt durch das Testament des Enkels Walther von Goethe, das nach dessen Tod im April 1885 in Kraft trat. Seine Bestimmungen bildeten den Ausgangspunkt zur Errichtung des G.-Nationalmuseums in Weimar als einer staatlichen Einrichtung und zur Begründung des G.- und Schiller-Archivs in Weimar durch die Großherzogin Sophie.

Der Kreis der großen Institutionen wurde nach dem Zweiten Weltkrieg durch das G.-Museum in Düsseldorf erweitert. Aus der Sammlung Kippenberg entstanden, stellt es sich als Ergebnis einer ungewöhnlich konzentrierten privaten Sammlungtätigkeit des 20. Jhs. dar.

Nicht als G.-Institutionen im hier behandelten Sinne sind die Einrichtungen zu betrachten, die unter dem Namen G.s ein allgemeines, in der Regel literarisch-kulturpolitisches Programm verfolgen.

G.s Geburtshaus in Frankfurt war nach dem Verkauf im Jahre 1795 jahrzehntelang als Mietshaus genutzt worden, jedoch von größeren Umbauten verschont geblieben. Vor einschneidenden baulichen Veränderungen, die 1861 in Zusammenhang mit einem Besitzwechsel drohten, wurde es durch das persönliche Engagement Otto Volgers bewahrt, der das Haus 1863 für das von ihm geleitete Freie Deutsche Hochstift erwerben konnte. Das Hochstift, eine in Zusammenhang mit den Schillerfeiern des Jahres 1859 in Frankfurt begründete, als freie Akademie von Männern der Wissenschaft, Kunst und allgemeinen Bildung gedachte Vereinigung in der Nachfolge der Einheitsbewegung von 1848, konnte durch diese Erwerbung eine Situation drohender Stagnation überwinden. Mit der Rettung und Erhaltung von G.s Geburtshaus erhielt es einen neuen, konkreten Arbeitsschwerpunkt.

Erstes Anliegen Volgers war es, den baulichen Zustand völlig in der Gestalt wiederherzustellen, wie er in G.s Jugendjahren gewesen war. Eine Rekonstruktion der Ausstattung kam freilich nur in sehr eingeschränktem Maße in Betracht, soweit beim Verkauf von 1795 noch Einrichtungsgegenstände im Hause verblieben waren oder in einzelnen Fällen zurückerworben werden konnten. Das Erdgeschoß und das erste Obergeschoß wurden zudem für Verwaltungszwecke des Hochstifts in Anspruch genommen, so daß zunächst nur das zweite und dritte Obergeschoß der Öffentlichkeit zugänglich wurden. Da Volger sofort mit einer ausgedehnten Sammlungtätigkeit begann, füllten sich die Räume dort rasch mit Erinnerungsstücken an G., seine Familie und seine Freunde sowie Ausgaben seiner Werke und Literatur über ihn. So entstanden schon unter Volger ein bescheidener »G.-Schatz« und eine G.-Bibliothek, die umso mehr Beachtung fanden, als es in Weimar noch keinerlei Ansätze dieser Art gab.

Die finanziellen Möglichkeiten für solche Aktivitäten blieben zunächst beschränkt. Sie verbesserten sich grundlegend durch das seit 1884 wirksam werdende, von dem Frankfurter Bürger Dr. Adolf Müller gestiftete »Dr. Emanuel Müllersche Vermächtnis«, das für die folgenden Jahrzehnte eine solide Basis für die gesamte Tätigkeit des Hochstifts schuf. Wenn G.s Geburtshaus dabei immer größeren Anteil erhielt und zum eigentlichen Mittelpunkt der Arbeit wurde, so ist das vor allem das Verdienst von Otto Heuer. Mit seiner langjährigen Tätigkeit als Generalsekretär des Freien Deutschen Hochstifts und Direktor des G.-Hauses (1888–1925) ist der Ausbau des Instituts zu einer weithin anerkannten Anstalt musealen Gedenkens und wissenschaftlicher Forschung verbunden.

Ein wesentlicher Ansatzpunkt für diese Entwicklung war, daß 1897 ein eigenes, hinter dem Hof des G.-Hauses anschließendes Biblioteks- und Ausstellungsgebäude eingeweiht werden konnte, das von der Stadt Frankfurt finanziert worden war. Damit ließ sich eine klare Trennung zwischen der Gedenkstätte und dem bibliothekarisch-musealen Bereich herbeiführen. Die Bibliothek und die langsam anwachsende Handschriftensammlung erhielten günstige Bedingungen für einen kontinuierlichen Ausbau. Nach und nach wurden auch die bisher vom Hochstift für Verwaltungs- und Sitzungszwecke genutzten Räume freigemacht. Bei der Ausstattung des G.-Hauses verfolgte man das Ziel, die Lebenswelt des jungen G. durch das Interieur eines Frankfurter Bürgerhauses der Mitte des 18. Jhs. anschaulich zu vergegenwärtigen. Zu diesem Zweck wurden die wenigen authentischen Stücke durch zeitgenössische Möbel und Gegenstände ergänzt. Eine eindeutige Abgrenzung des Museumsbereichs gelang allerdings erst durch einen Erweiterungsbau, der im Gedenkjahr 1932 verwirklicht wurde. Davor lagen Jahre großer finanzieller Schwierigkeiten, die durch den Verlust des Stiftungsvermögens in der Inflation verursacht waren und nur mit Hilfe der öffentlichen Hand, durch Zuschüsse des Reichs, des Landes Preußen und der Stadt Frankfurt, sowie durch Spenden überwunden werden konnten.

Die Erweiterung, für die die Stadt Frankfurt zwei in nördlicher Richtung benachbarte Häuser zur Verfügung stellte, schuf nunmehr die Möglichkeit, ein umfassendes G.-Museum einzurichten. Neben einer Dauerausstellung, die G.s Leben und Umwelt in vielfältigen Spiegelungen vor Augen führen sollte, bot sich Raum für wechselnde, thematisch bestimmte Ausstellungen. Als Grundlage zu beidem dienten die umfangreichen Sammlungen von Erinnerungsstücken, Gemälden, Graphiken, Zeichnungen, Silhouetten und Büsten der G.-Zeit, die Heuer auf der Basis der bescheidenen Ansätze in Volgers »G.-Schatz« mit großem Engagement aufgebaut hatte. Sein Nachfolger Ernst Beutler führte sie als Direktor von Haus und Museum (1925–1960) erfolgreich weiter, wobei er das Sammlungsgebiet auf die Literatur der deutschen Romantik ausdehnte. Dies geschah auch für die Bibliothek, die sich zu einer der umfangreichsten Spezialbibliotheken für die deutsche Literatur von der Mitte des 18. bis zur Mitte des 19. Jhs. entwickelte, und ebenso bei der Handschriftenabteilung. Den Schwerpunkt bildeten hier allerdings weiterhin Autographen G.s und seiner Familienangehörigen, Freunde und Zeitgenossen. Da man im übrigen im Sinne traditionellen bibliothekarischen Sammelns bestrebt war, von möglichst vielen Personen Autographen zu besitzen, setzte sich der Handschriftenbestand überwiegend aus isolierten Einzelstücken zusammen.

Am 22.3. 1944 wurden Haus und Museum bei einem Bombenangriff fast vollständig zerstört. Beim Wiederaufbau konnten vor allem im Erdgeschoß erhaltene Reste verwendet werden; im übrigen bewährte sich die 1939 vorgenommene minutiöse Dokumentation der äußeren und inneren Bausubstanz als Grundlage für einen originalgetreuen Nachbau. Die Einrichtung war – ebenso wie die Bibliotheks-, Handschriften- und Museumsbestände – dank rechtzeitiger Auslagerung vollständig erhalten geblieben. Im Jahre 1951 wurde das G.-Haus wieder eröffnet. Es stellt sich seitdem als getreues Abbild des Frankfurter Bürgerhauses dar, in dem G. die prägenden Kindheits- und Jugendjahre verbracht hat.

Bis 1954 dauerte der Wiederaufbau der Bibliothek und des Museums, die weitgehend auf den Grundmauern der Vorgängerbauten errichtet wurden. Hier bot sich nun auch der notwendige Raum für die Arbeit des Forschungsbereichs, der seit den 60er Jahren zu einem selbständigen Aufgabengebiet ausgestaltet wurde. G. steht dabei jedoch nicht im Zentrum der Vorhaben. Auf der Grundlage der unter Heuer und Beutler erworbenen Nachlaßbestände von Clemens Brentano und Achim und Bettina von Arnim wurde eine umfassende historisch-kritische Ausgabe sämtlicher Werke und Briefe Brentanos in Angriff genommen, die seit 1975 erscheint. Mit umfangreichen Teilen der Nachlässe von Novalis, Ludwig Tieck und Joseph von Eichendorff sowie zahlreichen Einzelhandschriften bildet die Literatur der Romantik heute neben G. einen bedeutenden Schwerpunkt in der Handschriftenabteilung, die seither zu Teilen den Charakter eines Literaturarchivs angenommen hat. Dazu hat beigetragen, daß in Zusammenhang mit der ebenfalls vom Hochstift übernommenen historisch-kritischen Hugo-von-Hofmannsthal-Ausgabe auch wesentliche Teile des Hofmannsthal-Nachlasses und die Bibliothek des Autors übernommen werden konnten. Dagegen bleibt der umfangreiche, über G.s Frankfurter Jahre hinausgreifende Bestand an Manuskripten, Briefen und Dokumenten G.s trotz seiner Reichhaltigkeit im wesentlichen sammlungsmäßig bestimmt; er enthält heute im Kern etwa 100 Gedichthandschriften und etwa 700 Briefe G.s, darunter große Teile der Korrespondenzen mit Friedrich Heinrich Jacobi, Sophie von La Roche und Johann Friedrich Heinrich Schlosser.

In Anbetracht der stetig wachsenden Bestände und der breitgefächerten Forschungsaufgaben erwiesen sich die 1954 wiederaufgebauten Museums-, Bibliotheks- und Verwaltungsgebäude im Laufe der Jahrzehnte als unzureichend. Im Jahre 1997 konnte ein aufwendiger Um- und Ausbau abgeschlossen werden, durch den auf absehbare Zeit die Voraussetzungen für eine allen Anforderungen entsprechende Sicherung, Präsentation und wissenschaftliche Nutzung der vielfältigen Sammlungen geschaffen worden sind.

In G.s Wohnhaus am Frauenplan in Weimar hatten, so lange es sich im Besitz der Erben befand, nur besonders privilegierte Besucher Einlaß gefunden. Erst aufgrund des Testamentes Walther von Goethes wurde das Haus für alle G.-Freunde zugänglich. Durch Stiftungsbrief des Großherzogs Carl Alexander von Sachsen-Weimar vom 8.8. 1885 entstand ein G.-Nationalmuseum, das das Gebäude und die im Hause erhalten gebliebenen G.schen Sammlungen sowie den Inhalt von G.s Räumen im Hinterhaus umfaßte. Dazu kamen wesentliche Teile der übrigen Einrichtung, die den Intestaterben, Leo Graf Henckel von Donnersmarck und Dr. Felix Vulpius, zugefallen waren und von diesen als Schenkung übergeben wurden. In der Gründungsurkunde war das G.-Nationalmuseum umschrieben als »eine staatliche, der öffentlichen Benutzung gewidmete Anstalt, welche den Zweck verfolgt, das Goethehaus nebst dessen Zubehörungen in einer dem Andenken Goethes würdigen, pietätvollen Weise zu erhalten, die Goetheschen Sammlungen sowie andere von Goethe herrührende oder zu ihm und seinem Wirken in Beziehung stehende Gegenstände zu bewahren und der Goetheforschung wie der Verehrung für den Dichter eine fördernde und weihevolle Stätte darzubieten«.

Das folgende Jahrhundert musealer G.-Pflege in Weimar war bestimmt von immer erneuten Versuchen, diesen Aufgaben unter sich wandelnden museologischen Vorstellungen wie auch in Anbetracht eines sich verändernden G.-Bildes gerecht zu werden. Als der erste Direktor, Carl Ruland, im Juli 1886 nach dringend notwendigen Bausicherungs- und Reparaturarbeiten das Vorderhaus eröffnen konnte – das Hinterhaus wurde erst seit Mai 1887 zugänglich –, nannte er als sein Ziel, die gesamte Ausstattung des Hauses »ohngefähr so zu verteilen, wie es zu des Dichters Lebzeiten gewesen war, so daß im großen und ganzen die Räume denselben Eindruck wie damals hervorbringen würden« (*Weimarische Zeitung*, 4. 7. 1886). Einer strengen Wiederherstellung des ursprünglichen Zustandes stand entgegen, daß die Einrichtung nur im Bereich von G.s Arbeits- und Schlafzimmer erhalten und in den übrigen Räumen nach vielfachen Veränderungen weitgehend unbekannt bzw. unerforscht war. Aber es ging Ruland auch vor allem darum, möglichst viel von den G.schen Sammlungen zu zeigen und außerdem G.s vielfältige Arbeitsgebiete wie auch sein geistiges und persönliches Umfeld mit Dokumenten und Bildern sichtbar zu machen. Dazu war eine planmäßige Sammlungstätigkeit erforderlich, die in zunehmendem Maße Neuerwerbungen ins Haus brachte. So kam es letztlich zu einer Vermischung der Elemente von Gedenkstätte und Museum, die eine erhebliche Verfremdung und Überfüllung der Räume zur Folge hatte.

Rulands Nachfolger Karl Koetschau (1907–1909), Wolfgang von Oettingen (1909–1918) und Hans Wahl (1918–1949) faßten demgegenüber mit voller Konsequenz das Ziel ins Auge, die Wohnräume wieder in den ursprünglichen Zustand zu versetzen und in ihnen nur das zu zeigen, was nachweislich zu G.s Lebzeiten dort zu sehen gewesen war. Dazu war es notwendig, Raum für die Fülle der Gegenstände aus G.s Kunst- und naturwissenschaftlichen Sammlungen zu schaffen, die ihren Platz nun nicht mehr im G.-Haus finden konnten. Im Jahre 1914 wurde ein Anbau an der Seifengasse eingeweiht, in dem erstmals – entsprechend den testamentarisch ausgesprochenen Intentionen G.s – Möglichkeiten zu einer sachgemäßen Präsentation seiner Sammlungen wie auch zu ihrer Benutzung in entsprechenden Arbeitsräumen geboten waren. In den Jahren 1932 bis 1935 entstand dann als Verbindungsbau zur Ackerwand ein gesondertes Museumsgebäude; es war vor allem dazu bestimmt, die immer mehr anwachsenden eigenen Sammlungen des Museums zu G.s Leben, Werk und Nachwirkungen in einer langfristig angelegten Dauerausstellung zugänglich zu machen.

Seit den 30er Jahren umfaßte das G.-Nationalmuseum in Weimar also drei miteinander verbundene Baukörper: das Wohnhaus als Gedenkstätte, den Sammlungsanbau als Forschungs- und Arbeitsstätte und das Museumsgebäude. Hinzu kamen später die westlich an das Wohnhaus anschließenden »Vulpiushäuser«, die – ebenfalls zum staatlichen Erbe gehörend – bis 1930 von den Nachkommen Christian August Vulpius' bewohnt waren und nachfolgend zunächst weiter vermietet blieben. Schon 1832 bzw. 1834 erworben, runden sie die den Garten umgebende Häuserfront vom Frauenplan zur Ackerwand ab.

Im April 1945 hat das Wohnhaus am westlichen Teil des Vorderbaus und im Hintergebäude durch Bombentreffer erhebliche Zerstörungen erlitten. Bei dem rechtzeitig ausgelagerten Inventar waren keine Verluste eingetreten. Schon 1949 konnte der Wiederaufbau im wesentlichen abgeschlossen werden. Nach einer Reihe tiefgreifender Restaurierungsarbeiten unter den Direktoren Alfred Jericke (1954–1965) und Willi Ehrlich (1966–1977) präsentiert sich das Gebäude heute im Ergebnis minutiöser denkmalpflegerischer Quellenforschungen und Untersuchungen als getreue Rekonstruktion des Zustandes in G.s letzten Lebensjahren. Die Zimmer der Vorderfront im ersten Stockwerk sowie das Hinterhaus und der Garten können weitgehend den Eindruck vermitteln, den zu dieser Zeit ein Besucher gewann, wenn er vom Hausherrn empfangen wurde.

Die im Museumsbau erstmals 1935 gebotene Dauerausstellung ist entsprechend dem Wandel des G.-Bildes in den Jahren 1960 und 1982 grundlegend umgestaltet worden, wobei auch neue museale Darstellungsformen entwickelt wurden. Gegenwärtig findet ein einschneidender Umbau statt, der – verbunden mit einer Erweiterung in Richtung Seifengasse – die Voraussetzungen für ein neues Projekt schaffen soll: Die Dauerausstellung im G.-Nationalmuseum wird künftig nicht auf G. beschränkt sein; Ziel ist vielmehr ein »Museum der Weimarer Klassik«, in dem Schiller, Herder und Wieland mit der gesamten Weimarer Umwelt angemessen berücksichtigt werden.

Ein wesentlicher Grund hierfür ist, daß das

G.-Nationalmuseum schon seit den 20er Jahren über den Bereich des G.-Hauses hinauszuwachsen begann. Sein Direktor übernahm in Personalunion die Leitung weiterer klassischer Stätten. Im Rahmen der 1953 in Weimar gegründeten Nationalen Forschungs- und Gedenkstätten der klassischen deutschen Literatur wurden dem G.-Nationalmuseum dann sämtliche Gedenkstätten und Museen in und um Weimar organisatorisch unterstellt; dazu gehörten, neben Schillerhaus, Wittumspalais, Kirms-Krakow-Haus, Römischem Haus, Wieland-Gedenkstätte Oßmannstedt, Schloß Tiefurt, Liszthaus und Nietzschehaus, auch G.s Gartenhaus und die G.-Stätten in Dornburg, Großkochberg, Stützerbach und Gabelbach. In Fortsetzung und Weiterentwicklung dieser Aufgabe ist heute die Direktion der Museen für den gesamten musealen Bereich der 1991 geschaffenen »Stiftung Weimarer Klassik« verantwortlich. Die hier betriebene intensive Sammlungstätigkeit erhält dadurch einen entsprechend weiten Rahmen. Gleichwohl gilt den Neuerwerbungen zu G., bei denen auch die Widerspiegelung von G.s Werk in der bildenden Kunst bis zur Gegenwart ins Auge gefaßt wird, nach wie vor besondere Aufmerksamkeit.

Der handschriftliche Nachlaß G.s, von ihm selbst als sein Archiv bezeichnet (WA I, 41.2, S. 25–28), war im Besitz der Erben im wesentlichen vollständig erhalten geblieben. Das Testament Walther von Goethes brachte der G.-Forschung im Jahre 1885 den langersehnten Zugang zu diesem unschätzbaren Quellenfundus. Großherzogin Sophie von Sachsen-Weimar betrachtete das ihr zugefallene Vermächtnis nicht als persönliches Eigentum, sondern »als ein nationales Kleinod was mir anvertraut ist« (Redenotiz aus der Zeit um 1885; G.- und Schiller-Archiv, Institutsarchiv, GSA alt Nr. 173). Im Weimarer Schloß richtete sie umgehend ein G.-Archiv ein. Auf dieser Grundlage konnte nun erstmals eine aus den Handschriften erarbeitete historisch-kritische Gesamtausgabe der Werke, Tagebücher und Briefe G.s in Angriff genommen werden (Sophien- oder Weimarer Ausgabe). Leitung und

Gesamtredaktion des Unternehmens lagen beim Archiv, dessen Arbeitskapazitäten mit dieser anspruchsvollen Aufgabe bis in die Zeit des Ersten Weltkrieges weitestgehend ausgefüllt waren.

Die editorische Tätigkeit hat dennoch auch in dieser Zeit die Arbeiten des Archivs nicht ausschließlich bestimmt. Die ersten Direktoren, Erich Schmidt (1885–1887) und vor allem Bernhard Suphan (1887–1910), haben es verstanden, aus der Keimzelle des G.-Archivs binnen weniger Jahrzehnte ein Literaturarchiv von einmaligem, speziellem Charakter zu machen, wobei ihnen letztlich nicht weniger als ein »Nationalarchiv der deutschen Dichtung« vorschwebte. Von entscheidender Bedeutung war vor allem, daß die letzten Nachkommen Schillers, Ludwig und Alexander von Gleichen-Rußwurm, den in ihrem Besitz verbliebenen Teil von Schillers handschriftlichem Nachlaß im Jahre 1889 als Schenkung übergaben. Das damit geschaffene G.- und Schiller-Archiv wurde durch den Erwerb von Nachlässen weiterer Persönlichkeiten aus G.s Umkreis – zu nennen sind Wieland, Herder, Friedrich Justin Bertuch, Johannes Daniel Falk, Luise von Göchhausen, Karl Ludwig von Knebel, Johann Heinrich Meyer, Kanzler Friedrich von Müller, Friedrich Wilhelm Riemer, Carl Friedrich Zelter – zunächst zu einem Zentrum für die archivalische Überlieferung der klassischen deutschen Literatur. In den folgenden Jahrzehnten konnten zahlreiche weitere Nachlässe von Schriftstellern aus der Zeit seit der Mitte des 18. bis in die zweite Hälfte des 19. Jhs. erworben werden.

Dem Archiv kam dabei zugute, daß gerade in den ersten Jahrzehnten seines Bestehens die positivistisch bestimmte, insbesondere auf biographischen Fakten aufbauende Literaturwissenschaft gesteigerte Aufmerksamkeit auf die Erhaltung und Nutzung literarischer Nachlässe richtete. In Übereinstimmung mit den wesentlichen Strömungen der zeitgenössischen Wissenschaft stehend, nahm das G.- und Schiller-Archiv daher in der Zeit bis zum Ersten Weltkrieg einen raschen Aufschwung. Schon im Jahre 1896 hatte es am Ilmhang über der Stadt ein repräsentatives, auf Kosten der

Großherzogin Sophie errichtetes Gebäude erhalten, in dem, neben Möglichkeiten zur Unterbringung der anwachsenden Bestände und zu ihrer wissenschaftlichen Nutzung, insbesondere auch Räume für Ausstellungszwecke eingerichtet waren.

Diese erste Blütezeit war jedoch nicht von Dauer. Wissenschaftliche, organisatorische und ökonomische Hemmungsfaktoren führten dazu, daß das G.- und Schiller-Archiv in der Zeit zwischen den Weltkriegen in eine Periode der Stagnation geriet. In Zusammenhang mit einer Tendenzwende in der Literaturwissenschaft trat das Interesse an philologischer Quellenarbeit zugunsten geisteswissenschaftlicher Fragestellungen und werkimmanenter Deutungsversuche zurück. Die Stellung als fürstliches Eigentum, zur Zeit der Großherzogin Sophie ein förderndes Element, erwies sich unter ihren Erben zunehmend als finanzielle Gefährdung. Trotz des Eingreifens des Landes Thüringen, das zusammen mit der G.-Gesellschaft seit 1924 den überwiegenden Teil der Finanzierung übernahm, konnten nur die dringendsten laufenden Aufgaben sichergestellt werden. Größere Erwerbungen waren allenfalls in Form von Schenkungen zu realisieren. Die wenigen Mitarbeiter waren nicht in der Lage, die dringlichen Arbeiten zur archivischen Ordnung und Erschließung voranzubringen, die zuvor zugunsten der Weimarer Ausgabe hatten zurückgestellt werden müssen. Zeitweise trat die Vorstellung auf, daß der G.-Nachlaß nach deren Abschluß »ausgewertet« sei und das Archiv vorwiegend museale Aufgaben habe; vorübergehend wurde es mit dem verräterischen Untertitel »Autographenmuseum der klassischen Zeit« bezeichnet. Charakteristisch ist, daß es schon seit 1911 in der Regel keinen eigenen Direktor gab: Von 1911 bis 1918 und wieder von 1928 bis 1949 fungierte der jeweilige Direktor des G.-Nationalmuseums zugleich als Direktor des G.- und Schiller-Archivs.

Einen neuen Aufschwung erfuhr das G.- und Schiller-Archiv nach seiner Einbeziehung in die 1953 begründeten Nationalen Forschungs- und Gedenkstätten der klassischen deutschen Literatur in Weimar. Unter der Leitung von Willy Flach (1954–1958) und Karl-Heinz Hahn (1958–1986) wurden erstmals ausgebildete Archivare hier tätig. In den Mittelpunkt traten die genuin archivischen Aufgaben, bei denen schwerwiegende Versäumnisse und Rückstände aufzuholen waren: die Sicherung und Erhaltung der Bestände und ihre Ordnung und Erschließung als Quellen vor allem für die Literaturwissenschaft, die sich jetzt wieder verstärkt der philologischen Quellenarbeit zuwandte. In einem archivwissenschaftlich fundierten Nachholprogramm entstanden für alle Bestände zumindest vorläufige Verzeichnisse. Ziel der weiteren Erschließungsarbeiten ist es, den gesamten Inhalt des Archivs in Gestalt von im Druck veröffentlichten bzw. mit Hilfe moderner Medien verbreiteten Inventaren allgemein zugänglich zu machen. An erster Stelle steht dabei das Inventar des G.-Bestandes, das die Voraussetzungen für alle künftigen G.-Editionen schaffen soll.

Das G.- und Schiller-Archiv hat auch die Tradition eigener Editionstätigkeit wieder aufgenommen. Neben der Gesamtausgabe der Briefe Herders und der Heine-Säkularausgabe stehen dabei Vorhaben zur Ergänzung und Neubearbeitung der Weimarer G.-Ausgabe im Vordergrund. Die über 20 000 Briefe an G., die dort nicht erfaßt waren, werden in einer Gesamtausgabe in Regestform bereitgestellt. In Vorbereitung ist eine neue kritische Ausgabe von G.s Tagebüchern, die die unzureichende Edition in Abteilung III der Weimarer Ausgabe ersetzen soll.

Gegenwärtig verwahrt und betreut das G.- und Schiller-Archiv 112 Nachlässe, zehn Bestände institutioneller Herkunft sowie Einzelarchivalien von mehr als 3000 Persönlichkeiten. Es ergänzt seine Bestände stetig durch Neuerwerbungen auf dem Wege von Ankauf und Schenkung oder durch Deposita unter Vorbehalt des Eigentumsrechts. Manuskripten und Briefen G.s gilt auch hier besonderes Interesse; doch richtet sich die Aufmerksamkeit auf Archivalien aus dem gesamten Sammlungs- und Arbeitsbereich, der heute die deutschsprachige Literatur von der Mitte des 18. bis Anfang/Mitte des 20. Jhs., aber auch Musik, Bildende Kunst, Philosophie und Wissenschaft aus diesem Zeitraum umfaßt. Von den Beständen, die das G.- und Schiller-Archiv in den vergangenen fünf Jahrzehnten auf unterschiedlichem Wege und in unterschiedlicher Rechtsform erwerben konnte, seien hier, neben einer namhaften Anzahl von G.-Manuskripten, das Liszt-Archiv, das Nietzsche-Archiv, (Teil-)Nachlässe von Achim und Bettina von Arnim und Ch. A. Vulpius sowie Bestände der Deutschen Schillerstiftung und des Deutschen Nationaltheaters Weimar hervorgehoben.

Anton Kippenberg (1874–1950), seit 1905/06 Leiter und Inhaber des Insel-Verlages in Leipzig, hat sich als G.-Sammler ein bleibendes Verdienst erworben. Getreu seinem Wahlspruch »Einen Einzigen verehren« (Katalog der Sammlung Kippenberg, Bd. 1, S. V) hat er in fünf Jahrzehnten eine Sammlung von einmaliger Fülle und Breite aufgebaut, deren ausschließlichen Gegenstand G. und seine Welt bildeten. Er konzentrierte sich dabei auf Zeugnisse aus G.s Lebenszeit und überschritt diesen Rahmen nur in wenigen Sonderbereichen. Das Ziel Kippenbergs war dabei weniger wissenschaftlich als museal bestimmt. Es ging ihm darum, G., seinen Umkreis und seine Zeit anhand charakteristischer Stücke von besonderem dokumentarischem Rang anschaulich und sinnfällig zu machen. Der 1928 in zweiter Ausgabe erschienene Katalog vermittelt einen umfassenden Überblick über den zu diesem Zeitpunkt schon weitgehend abgerundeten Bestand an Handschriften, Zeichnungen, Porträts und Druckwerken sowie Werken der bildenden Kunst und historischen Erinnerungsstücken.

Kippenbergs Wunsch war es, seine Sammlung »möge dauernd zusammenbleiben«; er hoffte, »daß, was früher nur dem Einzelnen zu eigen war, dereinst [...] der Gesamtheit dienen wird« (Katalog der Sammlung Kippenberg, Bd. 1, S. VIII f.). Nach seinem Tode wurde dieses Vermächtnis von den Töchtern in vorbildlicher Weise erfüllt. Sie haben die Sammlung, die den Krieg an verschiedenen Auslagerungsorten ohne Verluste überstanden hatte, 1953 in eine öffentlich-rechtliche Stiftung eingebracht, die der Stadt Düsseldorf anvertraut wurde. Als G.-Museum Düsseldorf – Anton-und-Katharina-Kippenberg-Stiftung – erhielt sie im wiederaufgebauten Hofgärtnerhaus eine angemessene Unterbringung und konnte hier im Juni 1956 erstmals ihre Pforten öffnen. Seit 1987 hat sie unweit davon im rekonstruierten Schloß Jägerhof eine neue Unterkunft und Wirkungsstätte gefunden.

Wichtigstes Anliegen war und ist es, die Schätze der Sammlung durch Ausstellungen der Öffentlichkeit zugänglich zu machen. Man folgte damit durchaus den Intentionen Kippenbergs, der mehrfach seit 1925 und noch in seinen letzten Lebensjahren wertvolle Stücke aus seinem Besitz öffentlich vorgestellt hatte. Das Museum baute eine umfasende Dauerausstellung auf, die für den Gesamtbestand typische Stücke darbietet. Thematisch bestimmte, jährlich oder öfter wechselnde Sonderausstellungen vermitteln zusätzliche Einblicke in die Vielfalt des Vorhandenen.

Das G.-Museum Düsseldorf ist zugleich auch bestrebt, die Aktivitäten Kippenbergs in seinem Geiste fortzusetzen und seine Sammlungen durch geeignete Neuerwerbungen zu ergänzen. Unter der Leitung von Hellmuth von Maltzahn (1955–1966) und Jörn Göres (1966–1992) konnte der Bestand an Handschriften, Büchern, Bildern und Gegenständen mit Hilfe von öffentlichen Mitteln und mit Unterstützung von privaten Spendern um die Hälfte vergrößert werden. Im Mittelpunkt standen dabei nach wie vor G. und seine Welt. Das Ergebnis behielt weitgehend den Charakter einer breit angelegten Kollektion von Einzelstücken vorwiegend musealen Interesses. Durch die Erwerbung einiger handschriftlicher (Teil-)Nachlässe – zu nennen sind die von Johann Nepomuk Hummel, F. H. Jacobi und Riemer – verstärkte sich jedoch auch das wissenschaftliche Forschungsinteresse an den Beständen, das vor allem solchen zusammenhängenden Überlieferungen gilt.

Bei allen Unterschieden, die von den Umständen der Gründung wie von Besonderheiten der Entwicklung bedingt sind, zeigen sich im Rückblick bestimmte Gemeinsamkeiten der dargestellten G.-Institutionen. Der Kern ihrer Tätigkeit ist dokumentarisch bestimmt, ist an eine konkrete materielle Überlieferung gebunden, deren Betreuung eine dauernde, die Konstanz der Einrichtungen voraussetzende und sichernde Aufgabe darstellt. Museale, archivische und bibliothekarische Arbeitsbereiche stehen dabei in unterschiedlicher Gewichtung nebeneinander oder fügen sich auch zu einer Einheit zusammen. Der Werdegang der Institutionen läßt zwei allgemeine Voraussetzungen für eine erfolgreiche und fruchtbare Wirksamkeit erkennen: Zum einen war es unumgänglich, die dokumentarischen Aufgaben mit eigenen Forschungen zu verbinden; nur so lassen sich die Bestände immer erneut für die jeweilige Gegenwart erschließen und lebendig erhalten. Und zum anderen durfte die Aufmerksamkeit nicht zu eng auf die Persönlichkeit G.s konzentriert werden; auch und gerade G. muß in jedem Falle, sowohl in der dokumentarischen Tätigkeit als auch in der Forschung, in den Zusammenhang seiner Zeit und Umwelt gestellt werden. Einige Einrichtungen haben ihr Arbeitsgebiet, von G. ausgehend, auf nachfolgende Epochen von Literatur, Wissenschaft und Kunst ausgedehnt. Sie haben dadurch auch für die als Schwerpunkt beibehaltene Beschäftigung mit G. wesentliche Anregung und Förderung erfahren. Das gilt in besonderem Maße für das G.-Nationalmuseum und das G.- und Schiller-Archiv, die seit 1991, zusammen mit der Herzogin-Anna-Amalia-Bibliothek, die entscheidende Grundsubstanz der Stiftung Weimarer Klassik bilden.

Entstanden vorwiegend im 19. Jh. aus privater Initiative oder unter der Obhut engagierter Fürsten, werden die hier behandelten G.-Institutionen heute im wesentlichen mit Mitteln der öffentlichen Hand unterhalten. Die laufenden Aufwendungen für die Betreuung der Bestände und insbesondere für eine personelle Ausstattung, die den modernen kustodischen und wissenschaftlichen Anforderungen entspricht, lassen sich nur auf diese Weise finanzieren. Der Einsatz privater Stiftungen und Spender kommt vor allem bei Neuerwerbungen zum Tragen. In diesem Bereich wirken sich auch die Folgen der Spaltung Deutschlands aus. Nach Frankfurt und Düsseldorf sind manche bedeutende Stücke und Sammlungen gelangt, die eher in den Weimarer Einrichtungen zu erwarten wären. Hier war man jedoch über vier Jahrzehnte weitgehend vom Zugang zu solchen Erwerbungen ausgeschlossen und verfügt auch gegenwärtig noch nicht über den erforderlichen Hintergrund an Sponsoren, den die G.-Institutionen in den alten Bundesländern über lange Zeit hinweg aufgebaut haben und nach wie vor nutzen können.

Literatur:

Adler, Fritz: Freies Deutsches Hochstift. Seine Geschichte. Erster Teil: 1859–1885. Frankfurt/M. 1959. – Behrens, Jürgen u.a. (Bearb.): Freies Deutsches Hochstift. Frankfurter Goethemuseum. Katalog der Handschriften. Tübingen 1982. – Beutler, Ernst: Die literarhistorischen Museen und Archive, ihre Voraussetzung, Geschichte und Bedeutung. In: Brauer, Ludolph u.a. (Hg.): Forschungsinstitute, ihre Geschichte, Organisation und Ziele. Hamburg 1930, S. 227–259. – Dilthey, Wilhelm: Archive für Literatur. In: Deutsche Rundschau. 58 (1889), S. 360–375. – Eckardt, Dieter: 100 Jahre Goethe-Nationalmuseum. In: GoetheJb. 102 (1985), S. 265–279. – Das Goethe-Nationalmuseum in Weimar. Amtliche Ausgabe. 3 Bde. Weimar 1910–1928. – Golz, Jochen (Hg.): Das Goethe- und Schiller-Archiv 1896–1996. Beiträge aus den ältesten deutschen Literaturarchiv. (Mit Übersicht der Bestände). Weimar 1996. – Hahn, Karl-Heinz: Zur Geschichte des Goethe- und Schiller-Archivs. In: Fs. für Wolfgang Vulpius. Weimar 1957, S. 37–51. – Ders. (Bearb.): Goethe- und Schiller-Archiv. Bestandsverzeichnis. Weimar 1961. – Hansen, Volkmar (Hg.): Goethemuseum Düsseldorf. Anton-und-Katharina-Kippenberg-Stiftung. Goethe in seiner Zeit. Katalog der ständigen Ausstellung. Düsseldorf 1993. – Holtzhauer, Helmut: Goethe-Museum. Werk, Leben und Zeit Goethes in Dokumenten. Berlin, Weimar 1969. – Kähmer, Inge (Bearb.): Goethemuseum Düsseldorf. Anton-und-Katharina-Kippenberg-Stiftung. Katalog der Musikalien. Bonn 1987. – Katalog der Sammlung Kippenberg. 2 Bde. und Registerbd. Leipzig ²1928. – Maltzahn, Hellmuth von: Düsseldorfer Goethemuseum. Sammlung Kippenberg. Sonderdruck aus Inselalmanach 1956. Frankfurt/M. 1956. – Michaelis, Sabine (Bearb.): Freies Deutsches Hochstift. Frankfurter Goethemuseum. Katalog der Gemälde. Tübingen 1982. – Schmid, Gerhard: 100 Jahre Goethe- und Schiller-

Archiv. In: GoetheJb. 102 (1985), S. 251–264. – Schuchardt, Christian: Goethes Kunstsammlungen. 3 Bde. Jena 1848–1849.

Gerhard Schmid

Ironie

G. gehört in die Geschichte der Entwicklung der literarischen Ironie im 18. Jh., weil er einen entscheidenden Beitrag zu deren Umbildung von der rhetorischen Redefigur zur Form der literarischen Aussage geleistet hat. Bei dieser Diskussion ist außerdem die Formel »Scherz und Ernst« zu berücksichtigen, die auch bei Gotthold Ephraim Lessing und Christoph Martin Wieland nachweisbar ist. G. meinte fast immer Ironie, wenn er die Formel verwendete (vgl. Bahr 1972 u. Meyer).

G. wurde von seinen Zeitgenossen Ironie in Charakter und Wesen zugeschrieben. Aus G.s Jugendzeit ist sein Hang zu Verstellung und Rollenspiel bekannt. Später gibt es eine persönliche Neigung zur Ironie, wie etwa das »Mephistophelische«, das sich besonders häufig in Gesprächen (vgl. Falk, Luden u.a.) zeigte. Ernst Heinrich Adolf von Pfuel, der G. 1810 in Teplitz kennenlernte, beschrieb den Dichter folgendermaßen: »Aus dem einen Auge blickt ihm ein Engel, aus dem andern ein Teufel, und seine Rede ist eine tiefe Ironie aller menschlichen Dinge« (Gespräche, 2, S. 559). Johann Peter Eckermann berichtete von G.s »Malice und Ironie« im Gespräch, von Unterhaltungen »voll Übermut, Ironie und mephistophelischer Laune von seiten Goethes« (17.3. 1830). Dabei hob Eckermann besonders die Verbindung von Tiefsinn und Scherz hervor: »Goethe [...] sagte noch manches bedeutende Wort, das, den Schein des Scherzes tragend, dennoch aus dem Grund eines tieferen Hinterhaltes hervorging« (7.10. 1828). Kanzler von Müller nannte die Ironie G.s »Lieblingsform« (1.1. 1832). Johannes Falk spricht von jenem »schalkhaften Ernst«, der G. eigen ist, »und dem oft die feinste Ironie zum

Grunde liegt« (S. 87). Friedrich Wilhelm Riemer widmete der Ironie ein ganzes Kapitel in seinem Buch *Mittheilungen über Goethe* (Berlin 1841). Heinrich Heine erwähnte die Ironie in der *Romantischen Schule* (1835) als Kennzeichen der »Goetheschen Kunstschule« (HSA 8, S. 62).

Die G.sche Werkironie wurde zum ersten Mal 1798 zur Diskussion gestellt. Friedrich Schlegel, der den Begriff romantischer Poesie, insbesondere den Begriff der Romantischen Ironie zwischen 1797 und 1803 entwickelte, wählte G.s *Wilhelm Meisters Lehrjahre* zum Vorbild seiner Ironie-Konzeption in seiner Rezension des Romans im *Athenaeum* von 1798. Ironie wurde bei Schlegel nicht nur als künstlerisches Mittel zur Relativierung der poetischen Aussage herausgestellt, sondern vielmehr als Ausdruck eines nihilistischen Weltverständnisses, das die Möglichkeit verstandesmäßiger Realitätserkenntnis in Frage stellte. Das Prinzip der Ironie diente dazu, die subjektiven Grenzen jeder dichterischen Gestaltung und der durch sie vermittelten Realitätserkenntnis bewußt zu machen und durch den »steten Wechsel von Selbstschöpfung und Selbstvernichtung« zum Ausdruck zu bringen (*Athenaeums*-Fragment 51; KA II, S. 172). Schlegels kritische Theorie berührte sich hier mit G.s Versuch einer literarischen Gestaltung der durch die Französische Revolution und Johann Gottlieb Fichtes *Wissenschaftslehre* verunsicherten Gesellschaft in den *Lehrjahren*, ohne daß sie damit identisch sind. Aus Mangel an geeigneten Werken der Literatur seiner Zeit wählte Schlegel G.s *Lehrjahre* (1795/96) als Vorbild. Nach Schlegel erwähne G. den Helden seines Romans »fast nie ohne Ironie« und scheine »auf sein Meisterwerk selbst von der Höhe seines Geistes herabzulächeln«, obwohl es ihm »der heiligste Ernst« sei (*Athenaeum*, 1798; KA II, S. 133). Doch G.s Ironie-Begriff war der gesellschaftlichen Wirklichkeit des 18. Jhs. stärker verbunden, wenn man an die Reformgespräche im 7. und 8. Buch der *Lehrjahre* denkt, als Schlegel es 1798 wahrhaben wollte. Novalis las da genauer und lehnte die *Lehrjahre* aus diesem Grunde später ab.

Knapp zehn Jahre später sprach Friedrich Schlegel in bezug auf Dichtungen wie *Wilhelm Meisters Lehrjahre* von »moderner Poesie«, die er jetzt von der »romantischen [Poesie; d. Vf.]« (KA III, S. 138) streng geschieden wissen wollte. Unter »romantischer Poesie« verstand er nun ausschließlich die Literatur des christlichen Mittelalters und der frühen Neuzeit (Calderon, Dante, Cervantes). In der Rezension der *Vorlesungen über die deutsche Wissenschaft und Literatur von Adam Müller* in den *Heidelberger Jahrbüchern* von 1808 stellte Schlegel einen »allgemeinen d e u t s c h e n Sinn« (KA III, S. 156) als Bedingung der Dichtung heraus. Dieses poetische Ideal vertrat Schlegel ebenfalls in der im gleichen Band gedruckten Rezension der G.schen Werke in der Cottaschen Ausgabe von 1806. G.s Lyrik fand hier seinen Beifall, weil sie auf dem Wesen des Volksliedes beruhe: »tiefe Eigenheit des Gefühls, verwebt mit abgerissenen Andeutungen der höchsten Phantasie« (KA III, S. 120). Doch im Zusammenhang mit Schlegels neuem Dichtungsverständnis erschien der *Wilhelm Meister* als negatives Beispiel der »modernen Poesie« (ebd., S. 138), als ein »Roman gegen das Romantische« (ebd., S. 131). Die zuvor gepriesene Ironie der *Lehrjahre* wurde jetzt im Vergleich zu »einer sanfteren Ironie« (ebd., S. 137), wie z.B. in *Herrmann und Dorothea*, abgewertet.

Während der Begriff in den folgenden Jahren von Friedrich Schlegel kaum noch verwendet wurde, griff G. ihn im Sinne der Frühromantik auf, wenn er im Vorwort zur *Farbenlehre* (1808) schrieb: »Denn das bloße Anblikken einer Sache kann uns nicht fördern. Jedes Ansehen geht über in ein Betrachten, jedes Betrachten in ein Sinnen, jedes Sinnen in ein Verknüpfen, und so kann man sagen, daß wir schon bei jedem aufmerksamen Blick in die Welt theoretisiren. Dieses aber mit Bewußtsein, mit Selbstkenntniß, mit Freiheit, und um uns eines gewagten Wortes zu bedienen, mit Ironie zu thun und vorzunehmen, eine solche Gewandtheit ist nöthig, wenn die Abstraction, vor der wir uns fürchten, unschädlich, und das Erfahrungsresultat, das wir hoffen, recht lebendig und nützlich werden soll« (WA II, 1, S.

XII). G. sprach von der Ironie als einem »gewagten Wort«, weil sie als Mittel der Welterkenntnis, konzipiert von den Frühromantikern zwischen 1798 und 1801, zu diesem Zeitpunkt von Friedrich Schlegel preisgegeben wurde. Als Naturwissenschaftler war sich G. der Gefahr bewußt, die Erkenntnis von Naturphänomenen entweder durch abstrakte Theorie oder durch bloße Erfahrung zu verfälschen. Die Ironie hatte dabei die Funktion der Vermittlung zwischen Verstand und Erfahrung. Im Bewußtsein der Grenzen rationaler Erkenntnis sollten diese mittels der Ironie transzendiert werden, um zu Schlußfolgerungen zu kommen, die sich aufgrund überprüfter Erfahrung als »lebendig und nützlich« erweisen.

In seiner Altersdichtung entwickelte G. Ironie als Prinzip seines Weltverständnisses und zugleich als Voraussetzung der Möglichkeit der Dichtung in der modernen Welt. Während in den Jugendwerken die Ironie noch nicht vom Satirischen und Farcenhaften getrennt ist, zeigt sie sich in den Werken der Klassik, im *Torquato Tasso*, in den *Römischen Elegien*, in *Herrmann und Dorothea* und in den *Sonetten* in einem Umgang mit historisch gewordenen Formen der Literatur, den man heute als Parodie, Kontrafaktur oder Intertextualität bezeichnen würde. Im Spätwerk dient die Ironie nicht, wie bei Schlegel, der Verneinung, Entwertung und Dekonstruktion der dichterisch verwirklichten Gestaltung, sondern es geht um die Gegenüberstellung von Polaritäten, die ironisch vermittelt werden. In *Dichtung und Wahrheit* spricht G. den Grundgedanken dieser »ironischen Gesinnung« aus: daß sie »sich über die Gegenstände, über Glück und Unglück, Gutes und Böses, Tod und Leben erhebt, und so zum Besitz einer wahrhaft poetischen Welt gelangt« (WA I, 27, S. 346). Am *West-östlichen Divan*, an den *Wanderjahren* und am *Faust II* hat die Forschung die Formen dieser G.schen Altersironie aufgewiesen. Während Ehrhard Bahr von einer »ironie qui cherche« anstelle einer »ironie qui sait« (Bahr 1972, S. 17 u. S. 170) bei G. gesprochen hat, wies Benjamin Bennett ihm eine »radikale Ironie« (S. 8–10 u. S. 334–338) zu, worunter er in ähnlichem Sinne eine Ironie verstand, deren

Objekt außerhalb des Bereichs der Artikulation liegt und zum Zweck der Erklärung der Aussage eigentlich nicht existiert. Der einzige Romantiker, mit dem sich das Konzept der G.schen Altersironie in Verbindung bringen läßt, ist Karl Wilhelm Ferdinand Solger. Sören Kierkegaard, der die romantische Ironie im Anschluß an Hegel verurteilte, hat die G.sche Ironie treffend als »beherrschte Ironie« bezeichnet (S. 271). Als solche erweist sich besonders G.s Altersironie als »das genaue Gegenteil der romantischen Ironie« von 1798 (Japp, S. 237).

Literatur:

Bahr, Ehrhard: Diese sehr ernsten Scherze. Zur rhetorischen Struktur und Funktion der Ironie in Goethes Spätwerk. In: GoetheJb. 31 (1969), S. 157–173. – Ders.: Die Ironie im Spätwerk Goethes: Diese sehr ernsten Scherze. Studien zum *West-östlichen Divan*, zu den *Wanderjahren* und zu *Faust II*. Berlin 1972. – Ders.: Goethe and Romantic Irony. In: Gish, Theodore G. u. a. (Hg.): Deutsche Romantik and English Romanticism. München ⁵1984, S. 1–5. – Behler, Ernst: Die Theorie der romantischen Ironie im Lichte der handschriftlichen Fragmente Friedrich Schlegels. In: ders.: Studien zur deutschen Romantik und zur idealistischen Philosophie. Paderborn 1988, S. 46–65. – Bennett, Benjamin: Beyond Theory. Eighteenth-Century German Literature and the Poetics of Irony. Ithaca, London 1993. – Falk, Johannes: Goethe aus näherem persönlichen Umgang dargestellt. Leipzig 1832. – Hass, Hans-Egon: Über die Ironie bei Goethe. In: Schaefer, Albert (Hg.): Ironie und Dichtung. München 1970, S. 59–83. – Japp, Uwe: Theorie der Ironie. Frankfurt/M. 1983. – Kierkegaard, Sören: Über den Begriff der Ironie mit ständiger Rücksicht auf Sokrates. München, Berlin 1929. – Meyer, Herman: Diese sehr ernsten Scherze. Eine Studie zu *Faust II*. Heidelberg 1970. – Prang, Helmut: Die romantische Ironie. Darmstadt 1972. – Regler, Gustav: Die Ironie im Werk Goethes. Leipzig o. J. [1923]. – Strohschneider-Kohrs, Ingrid: Die romantische Ironie in Theorie und Gestaltung. Tübingen 1960.

Ehrhard Bahr

→ **Irrtum s. Wahrheit**

Islam

Islam ist der Terminus technicus für die von Mohammed verkündete Religion, ein Infinitiv des Verbums aslama, von dem auch die Partizipialform Muslim abgeleitet ist. Während der Grundstamm des Verbums salima »vollständig sein«, »unversehrt sein«, »heil sein« bedeutet, bekam aslama die Bedeutung »vollständig hingeben«, »vollständig aufgeben« mit dem Schwergewicht auf »vollständig«. Es wurde schon früh im absoluten Sinne verwendet, d. h. ohne das Objekt der Hingabe (Gott) zu nennen. Mit Islam bezeichnete der Prophet also eine innere Haltung, in der der Mensch im Hinblick auf Gott sich selber völlig aufgibt.

Die Zeitrechnung des Islam beginnt mit dem Jahre 622, als Mohammed sich zur Hedschra von Mekka nach Medina entschloß, wo er eine größere Schar von Anhängern um sich versammelte, so daß sich von dort aus die Lehre des Islam siegreich verbreitete. Am Ende seines Lebens 632 hatte der Islam bereits begonnen, welthistorische Bedeutung anzunehmen. Den Anhängern des Islam gelten die vorausgehenden Epochen als »Zeit der Unwissenheit«. Heute gehört der Islam in seinen verschiedenen Konfessionen auch zahlenmäßig zu den größten Weltreligionen.

G. bekundete zu den verschiedensten Zeiten seines Lebens ungewöhnliches Interesse für den Islam. Seine Einstellung war überwiegend positiv. Das hing mit Toleranzbestrebungen seiner Zeit zusammen, aber auch damit, daß gewisse Hauptlehren des Islam mit G.s eigenem Fühlen und Denken übereinstimmten. So glaubte G., daß Gott nicht nur durch Christus zur Menschheit spräche, sondern durch eine Reihe von Mittlern. Dies bildete einen der Streitpunkte mit religiös gesinnten Freunden, besonders mit Lavater, den G. auf den Koran hinwies, um zu demonstrieren, daß die Menschheitsgeschichte auch außerhalb des christlichen Bereichs große Religionslehrer kennt. Ein Hauptpfeiler, auf dem G.s Sympathie mit dem Islam beruhte, war die Lehre von der Einheit Gottes. »Der Glaube an den einigen Gott wirkt immer geisterhebend, indem er den Menschen auf die Einheit seines eignen Innern zurückweist« (FA I, 3.1, S. 163). »Nur durch den Begriff des Einen / Hat er alle Welt bezwungen«, rühmte G. an Mohammed (ebd., S. 509). In Übereinstimmung mit der monotheistischen Lehre des Islam war auch für G. Christus ein Prophet, aber nicht selbst ein Gott: »Jesus fühlte rein und dachte / Nur den Einen Gott im Stillen; / Wer ihn selbst zum Gotte machte / Kränckte seinen heilgen Willen« (ebd.). Das festeste Band, das G. mit dem Islam verknüpfte, war sein Vorsehungsglaube, seine Neigung zum Determinismus, zum Glauben an die Vorbestimmung des Schicksals durch Gott. Bei Gefahr konnte G. sich zum »blindesten Fatalismus« bekennen und sich dabei auf den Islam berufen (WA I, 33, S. 123). Hier lag auch der Grund für G.s amor-fati-Gesinnung, die oft berufene »unbedingte Ergebung in den Willen Gottes«. Zur auch Freunden empfohlenen Devise wird seit der *Divan*-Epoche: »Im Islam [...] verharren« (an J. H. Meyer, 29.7. 1816), sich »im Islam zu halten suchen« (an Zelter, 20.9. 1820), sich »in den Islam« werfen und »Gottes unerforschlichen Rathschlüssen« vertrauen (an Marianne von Willemer, 9.2. 1832) etc. Gemeint ist, mit Gleichmut die Fügungen des Schicksals und das, was nicht in des Menschen Macht steht, zu erwarten und zu ertragen. » Z u v e r s i c h t und E r g e b u n g « seien »die echte Grundlage jeder bessern Religion«, sagte G. in einem Gespräch über den Islam am 28.3. 1819 zum Kanzler von Müller (Gespräche, 3.1, S. 108). Im *Buch der Sprüche* steht lapidar: »Wenn Islam Gott ergeben heisst, / Im Islam leben und sterben wir alle« (FA I, 3.1, S. 367).

Literatur:

Mommsen, Katharina: Goethe und die arabische Welt. Frankfurt/M. ²1989. – Paret, Rudi: Mohammed und der Koran. Stuttgart 1957.

Katharina Mommsen

Italien

Italien war im 18. Jh. zweifellos das ersehnteste und beliebteste Reiseziel für Angehörige nördlich der Alpen lebender Nationen, insonderheit aber für Künstler und Kunstliebhaber. Trugen viele Reiseberichte, historische Untersuchungen und Kunstbeschreibungen dazu bei, ein weithin idealisiertes, auch klischeehaftes Bild von Italien aufzubauen, so hob Johann Joachim Winckelmann mit seinem Leben wie mit seinen Schriften Italien in den Rang eines Mekka aller Freunde der Kunst – nicht zuletzt aufgrund der Tatsache, daß dort die Antike mit ihrer Geschichte und mit ihrer Kunst am ehesten zugänglich war.

Auch auf G. hat kein Land eine solche Faszination ausgeübt wie Italien. Das galt schon für die Zeit, da er italienischen Boden noch gar nicht betreten hatte, und es hielt bis zum Ende seines Lebens an. Als er am 9. 10. 1828 mit Eckermann über den Enthusiasmus des gerade aus Italien zurückgekehrten Karl Wilhelm Göttling sprach, sagte er: »Ich kann es dem Guten nicht verargen [...], daß er von Italien mit solcher Begeisterung redet; weiß ich doch wie mir selber zu Mute gewesen ist! Ja ich kann sagen, daß ich nur in R o m empfunden habe, was eigentlich ein Mensch sei. – Zu dieser Höhe, zu diesem Glück der Empfindung bin ich später nie wieder gekommen; ich bin, mit meinem Zustande in Rom verglichen, eigentlich nachher nie wieder froh geworden«. Man mag abrechnen, was Resignation des Alters sowie momentane Ärgernisse und Verstimmungen zu einer solchen Aussage beigetragen haben – die Sätze geben dennoch eine anhaltende, dauerhafte Empfindung und Sehweise wieder.

Vielerlei hat mitgewirkt, Italien für den jungen G. mit einem fast mythischen Glanz zu umgeben. Ohne eigene konkrete Kenntnis des Landes, dafür um so mehr genährt und erfüllt von einem reichhaltigen, teils von idealistischer Stilisierung und Verklärung geprägten Bild- und Textmaterial unterschiedlichster Art, insbesondere aus den Bereichen der bildenden Künste und der Dichtung von der Antike an, entwickelte G. eine Vorstellung von Italien, deren nachhaltige Wirkung noch dann lebendig blieb, als er den realen Ort Italien erfahren hatte.

Diese Mythisierung Italiens begann sehr früh, denn dank der väterlichen Vorliebe für Italien begleiteten italienische Sprache und Kultur bereits die Kindheit des Dichters. Johann Kaspar Goethe hatte 1740 eine Italienreise unternommen, die in mancherlei Hinsicht folgenreich war. Die Erträge der Reise wurden in einer italienisch verfaßten, allerdings durchaus konventionellen und unpersönlichen Reisebeschreibung unter dem Titel *Viaggio per l'Italia* festgehalten. Im Zimmer des Vaters hing eine Landkarte, auf der man die Reiseroute vor Augen hatte. Ein Vorsaal des Hauses war mit einer »Reihe römischer Prospecte« ausgeschmückt – »Hier sah ich täglich«, heißt es in *Dichtung und Wahrheit*, »die Piazza del Popolo, das Coliseo, den Petersplatz, die Peterskirche von außen und innen, die Engelsburg und so manches andere. Diese Gestalten drückten sich tief bei mir ein, und der sonst sehr lakonische Vater hatte wohl manchmal die Gefälligkeit, eine Beschreibung des Gegenstandes vernehmen zu lassen« (WA I, 26, S. 17).

Wichtig für die Entwicklung von G.s innerer Beziehung zu Italien war mit Sicherheit auch der Italiener Domenico Antonio Giovinazzi, der sich schon Jahrzehnte zuvor als Sprachlehrer in Frankfurt niedergelassen hatte und regelmäßig in das Haus am Römerberg kam. Giovinazzi hatte bereits Johann Kaspar Goethe in der italienischen Sprache unterrichtet und bei der Abfassung des *Viaggio* geholfen. Nun gab er nicht nur Wolfgang und Cornelia Unterricht in seiner Muttersprache, sondern sang auch, begleitet von der Frau Rätin, italienische Lieder, »da ich denn das *Solitario bosco ombroso* bald kennenlernte, und auswendig wußte, ehe ich es verstand« (ebd., S. 18). Überdies umgab Giovinazzi aufgrund einer mysteriösen Lebensgeschichte aus der Zeit vor seiner Ansiedlung in Frankfurt – er war in jungen Jahren in einem Kloster gefangengehalten worden, dann daraus entflohen und

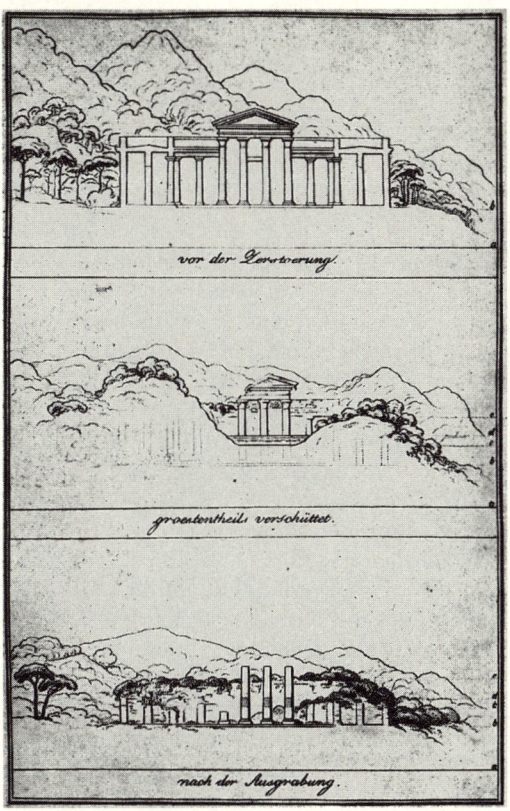

Tempel des Jupiter Serapis zu Pozzuoli.
Zeichnung von Goethe

hatte sich, nachdem der Versuch einer gerichtlichen Rehabilitation fehlgeschlagen war, in die Schweiz und nach Deutschland begeben – eine geheimnisvolle Aura, die wohl ihre Auswirkung auf die Gestaltung der Harfner-Figur in der *Theatralischen Sendung* und in den *Lehrjahren* hatte.

Der junge G. las bereits flüssig italienische Texte, hatte Kenntnisse von der italienischen Literatur und entwickelte eine intensive Beziehung zu italienischen Dichtungen. Benedetto Croce hat darauf aufmerksam gemacht, daß man in manchen Werken G.s die Nachwirkung italienischer Poesie deutlich spüren könne. Der Schwester Cornelia gab er aus Leipzig die Empfehlung, italienische Bücher zu lesen, damit sie die Leidenschaft des Vaters für Italien verstehen könne (an Cornelia Goethe, 7. 12. 1765). Der Student G. hatte sogar vor, Werke in Italienisch zu schreiben.

Den intensiv gehegten Wunsch, selbst nach Italien zu reisen, erfüllte sich G. indessen nicht sogleich bei der ersten sich bietenden Gelegenheit. Zwar hatte er der Anna Luise Karsch am 28. 8. 1775 im Resümee offenbar vielfacher Erwägungen geschrieben: »Vielleicht peitscht mich bald die unsichtbare Geisel der Eumeniden wieder aus meinem Vaterland, wahrscheinlich nicht nordwärts«. Aber als er 1775 auf seiner ersten Reise in die Schweiz mit dem Reisegefährten Jakob Ludwig Passavant, der nach Mailand strebte, bis zum Gotthard gelangt war, wo zumal ein gerade angekommener Pater Neuigkeiten aus Italien verbreitete, begnügte er sich mit Blicken auf das ersehnte Land und kehrte dann um. Von diesem Aufenthalt auf dem Gotthard zeugt eine Zeichnung »nach Art der Dilettanten«, welche »den Fußpfad, der nach Italien hinunter ging«, darstellt. »Indessen ist mir durch diese fruchtlose Bemühung jenes Bild im Gedächtniß unauslöschlich geblieben« (WA I, 29, S. 128). Wahrscheinlich ist dies unauslöschliche Bild zu einem Anstoß für Mignons Lied *Kennst du das Land* geworden: Mignon singt von »Berg« und »Wolkensteg« und erwähnt der »Drachen alte Brut« (WA I, 1, S. 161) – im Bericht über den Aufenthalt im Bereich des Gotthard wird die Drachen-Metapher des öfteren angewendet. Und vielleicht hallen im *Wilhelm Meister* auch die Erzählungen Pater Lorenzos über die Gegend des Lago Maggiore nach.

Wenn in G.s Werk bereits vor der Italienreise die italienische Landschaft unter dem Aspekt der Sehnsucht, der Erwartung von Ungewöhnlichem dargestellt ist, so mischen sich darin verschiedenartigste Elemente: Kindheitserinnerungen an die Erzählungen des Vaters und des Signore Giovinazzi, Imagination einer noch unbekannten Wirklichkeit, Perspektivierung realer Hoffnungen und Wünsche. Hinzu trat mit Sicherheit auch der Einfluß der allgemeinen Stimmung in Hinsicht auf Italien, nicht zuletzt das Bild klassischer Kunst, wie es insbesondere Johann Joachim Winckelmann und Johann Jakob Volkmann vermittelt hatten, die dann auch G.s Führer wurden, als er daran ging, weit über eine bloße Bildungsreise hinaus menschliche und künstlerische Erneuerung zu suchen. In der *Theatralischen Sendung* sind mit Mignon und dem Harfner allerdings auch zwei »italienische« Figuren gezeichnet, die die andere Seite von G.s Bewunderung zum Ausdruck bringen und auf die Unterschicht in seinem damaligen Bild von Italien, auf Geheimnis, Widerspruch und Tragik deuten.

Durch den krisenhaften Ausgang des ersten Weimarer Jahrzehnts erhielt freilich die lange Zeit immer wieder aufgeschobene Erfüllung des Wunsches, nach Italien zu reisen, zugleich die Funktion einer Flucht zur eigenen Rettung und Wiederherstellung: »Die Hauptabsicht meiner Reise«, schrieb G. am 25. 1. 1788 an Carl August, »war: mich von den phisisch moralischen Übeln zu heilen die mich in Deutschland quälten und mich zuletzt unbrauchbar machten; sodann den heisen Durst nach wahrer Kunst zu stillen«. Innerlich hatte G. seine Italienreise, als er sie tatsächlich antrat, längst intensiv vorbereitet. Auch äußerlich erfolgte sein Aufbruch nicht ganz so spontan, wie es seinen Freunden erscheinen mochte, denen er aber seinen Plan verborgen hatte. Insbesondere beweisen die genauen Instruktionen, die er seinem Diener Philipp Friedrich Seidel hinterließ, wie besonnen und gut organisiert der Plan zu dieser Reise war.

G. begab sich von Karlsbad aus am 3. 9. 1786 um drei Uhr morgens – mit einem falschen Paß unter dem Namen Jean Philippe Möller – auf seine Reise. Er fuhr über den Brenner nach Verona, weiter nach Vicenza, Padua, Venedig, Ferrara, Bologna, Florenz, Perugia und kam endlich am 29. Oktober in Rom an. Dort blieb er bis zum 22. 2. 1787. Zusammen mit Johann Heinrich Wilhelm Tischbein reiste er dann nach Neapel und verweilte dort über einen Monat; dreimal bestieg er, von seinem naturwissenschaftlichen Interesse angetrieben, den Vesuv. Mit dem Maler Christoph Heinrich Kniep, den er in Neapel kennengelernt hatte, hielt er sich vom 21. bis 23. März in Pästum auf und fuhr dann zu Schiff nach Sizilien. Hatten ihn bis Neapel Volkmanns *Historisch-kritische Nachrichten von Italien* (Leipzig 1770–71) als Reiseführer geleitet, so diente ihm nun in gleicher Funktion Johann Hermann Riedesels *Reise durch Sicilien und Großgriechenland* (Zürich 1771). Auf Sizilien hatte er Gelegenheit, außer der Schönheit der Natur und den Werken der griechischen Kunst auch die andere Seite des Italien-Mythos zu erfahren und im Zusammenhang mit Cagliostro dem Dämonischen, in der Villa Palagonia dem Manieristischen, dem Monströsen und Absurden zu begegnen. Mitte Mai 1787 kam G. mit dem Schiff von Messina nach Neapel zurück; noch einmal stieg er, als gerade eine Eruption stattfand, auf den Vesuv, um das Naturphänomen aus der Nähe beobachten und dann beschreiben zu können. Am 7. Juni kam er nach Rom zurück und blieb dort noch bis zum 23. 4. 1788. Die Rückreise führte ihn über Florenz, wo er sich mehrere Tage aufhielt, über Modena, Parma, Mailand, wo er Leonardos *Abendmahl* sah, und weiter über Como, Chiavenna, den Splügenpaß, Chur und Konstanz nach Deutschland zurück. Am 18. Juni traf er wieder in Weimar ein.

Ob und wieweit G. bei Antritt der Reise erwartet hatte, durch die Wirklichkeit das mythisierte Bild von Italien bestätigt zu finden, ist schwer zu sagen. Es gibt Anzeichen dafür, daß er anfangs noch stark einem – auch von anderen – vorgedachten Weg folgte, bevor er sich von solchen Prädispositionen freimachte. Als er 1796 mit Schiller erwog, seine Reiseaufzeichnungen – charakteristischerweise hatte er solche nur in den ersten Wochen planvoll und systematisch notiert – in den *Horen* zu publizieren, kam er zu einer grundsätzlich kritischen Bilanz über die Anfänge seiner Reise: Es habe alles, was er in dieser Epoche aufgeschrieben, »mehr den Character eines Menschen der einem Druck entgeht als der in Freiheit lebt, eines Strebenden, der erst nach und nach gewahr wird daß er den Gegenständen die er sich zuzueignen denkt, nicht gewachsen ist und der am Ende seiner Laufbahn erst fühlt, daß er erst jetzt fähig wäre von vorn anzufangen« (an Schiller, 26. 10. 1796). Der Mann, der sich mit einem unbedingten Willensakt die Freiheit genommen hatte, mußte erkennen, daß es ein schwieriger und langwieriger, bis auf den Grund seiner Existenz gehender Prozeß des Anderswerdens und Freiheitgewinnens war, in den er eingetreten war. So stand der Anfang der Reise noch stark im Zeichen von kritischen Distanzierungen gegenüber der Lebenswelt, in der er sich bislang befunden hatte. Diese Phase des Sich-Freimachens mußte erst gründlich durchschritten werden, bevor die Bereitschaft, sich für das Neue zu öffnen, vollauf wirksam werden und zu einer Regeneration führen konnte. Und auch diese Erneuerung war kein Geschenk, sondern das Produkt intensiver, bewußter Bemühung und Arbeit. Nicht umsonst kam G. – am 20. 7. 1787 – zu dem Ergebnis, daß zwei »Capitalfehler« sein »ganzes Leben verfolgt und gepeinigt« hätten: » E i n e r ist, daß ich nie das H a n d w e r k einer Sache, die ich treiben wollte oder sollte, lernen mochte [...] Der andere nah verwandte Fehler ist: daß ich nie so viel Zeit auf eine Arbeit oder Geschäft wenden mochte, als dazu erfordert wird [...] Nun dächt' ich, wäre Zeit und Stunde da sich zu corrigiren« (WA I, 32, S. 34). Was hier am Ende auf den Bereich künstlerischen Schaffens hinausführt, ist aus der Betrachtung des gesamten bisherigen Lebens abgeleitet. Unter solchen Prämissen wird verständlich, warum die Aufmerksamkeit des Italienreisenden G. in erster Linie sich selbst, der eigenen Subjektivität, der Krisenbewältigung und Regeneration galt. G. stellte sich gewiß schnell auf die neue Welt ein, in der er sich befand, räumte die alten Vorstellungen beiseite und öffnete sich ganz den neuen Eindrücken. Aber es kostete einige Zeit, eine solche Wende zu vollziehen. Italien jedoch war damit keineswegs zur beliebigen Kulisse subjektiven Erlebens, zum bloßen Katalysator herabgesetzt. Es bedurfte genau dieses Landes mit seinen konkreten Bedingungen und Möglichkeiten, damit G. das Ziel dieses Unternehmens erreichen konnte.

Wie G. drei Jahrzehnte später feststellte, als er in dem Aufsatz *Schicksal der Handschrift* (1817) auf die Geschichte seiner botanischen Studien zurückblickte, standen drei »Regionen« der Welt im Zentrum seiner italienischen Jahre: Kunst, Natur und Sitten der Völker – jeweils nebeneinander wie miteinander, aber auch in der Abfolge wechselnder Akzentuierungen. In allen drei »Regionen« ging es ihm um ein tiefes Begreifen der jeweils darin obwaltenden Lebensgesetze als des gleichsam Bestandhaltenden, Übergreifenden, Ewigen; nur ein solches Herangehen und Aneignen war für G. eine Basis, auf der er seine zeitliche Existenz produktiv entfalten zu können glaubte.

Italien bot dem Reisenden unermeßliche Kunstschätze dar. Auf sie richtete sich sein Interesse zunächst in herausragendem Maße; auch die Landschaft nahm er anfangs wohl noch weitgehend mit dem Blick der Künstler auf, die durch ihre Werke für ihn als »Augenmenschen« das Faszinosum Italien sinnlich erfaßbar gemacht hatten. Antike Kunst, wie sie ihm zuerst Adam Friedrich Oeser als Wegleiter zu Winckelmanns Verständnis vermittelt hatte, erlebte er zunächst als Gegenbild zur christlich-mittelalterlichen Kunst, dann erschloß er sie sich zunehmend in ihrer Eigenheit, mitsamt den bestürzenden Eindrücken, die ihm erstmals die Ruinen von Pästum mit ihren schweren Formen bescherten. Die Kunst der Renaissance trat ihm anfangs am nachhaltigsten in den Werken Palladios und Raffaels gegenüber. An ihnen wurde ihm bewußt, in welchem Maße »das größte des Menschenthuns und treibens« im Künstlerischen Gestalt annimmt, und zugleich begriff er, wie ein Raffael der »Pyramide«, die von seinen »Vorgängern« und »Meistern« in edlem Wetteifer »stufenweiße in die Höhe gebracht« worden war, »den letzten Stein aufsetzte«, ohne Willkür, vielmehr der Grenzen und Gesetze der Kunst bewußt und diese deshalb »mit leichtigkeit« ausübend (Tagebuch, 20. 10. 1786).

Bei diesen Künstlern und ihren Werken ging G. in die Lehre. Im engen Austausch mit den in Rom lebenden deutschen Künstlern suchte er durch Studium und praktische Übung das eigene Künstlertum zu läutern und zu fördern, um am Ende doch zu erkennen, daß die bildende Kunst nicht das produktivste Feld seines Wirkens war; gleichwohl zeugen an die 800 Zeichnungen, die in Italien entstanden sind und zu seinen besten gehören, von einem fruchtbaren Schaffen. So läßt sich begreifen, daß G. zum Ende dieser Italienreise als das für ihn entscheidende Schlußresultat festschrieb: »Ich darf wohl sagen«, übermittelte er am 17. 3. 1788 dem Herzog Carl August in Weimar, »ich habe mich in dieser anderthalbjährigen Einsamkeit selbst wiedergefunden; aber als was? – Als Künstler!« Wenn er aber die Kunst jetzt als eine »zweite Natur« (WA I, 32, S. 58) begriff, so bezog sein Begriff von Kunst gerade auch das poetische Schaffen mit ein. In der Arbeit an den unvollendeten Dichtungen, die er mit auf die Reise genommen hatte – *Egmont*, *Iphigenie*, *Tasso*, *Wilhelm Meister*, *Faust* –, fand er sich auch und gerade als Dichter wieder.

Die Beziehung zur Kunst wie zur Natur wirkte für G. im Erlebnis der italienischen Landschaft zusammen. Aber der größte Genuß von deren Schönheiten – und diese überwältigten ihn immer wieder – schloß keineswegs das wissenschaftliche Interesse an der Natur-»Region« aus. G. war auf der Reise von Anfang an der Beobachter und Analytiker, zu dem er sich in den Weimarer Jahren gebildet hatte. Aber als entscheidendes Problem stellte sich ihm die Frage danach, wie die Natur »gesetzlich zu Werke gehe, um lebendiges Gebild, als Muster alles künstlichen, hervorzubringen« (WA II, 6, S. 132). Wirkten solchermaßen künstlerische und naturwissenschaftliche Interessen ineinander, hatten G.s Naturstudien gleichwohl eine durchaus eigenständige Funktion, deren Fächer vom naturwissenschaftlichen Fachinteresse im engeren Sinne bis zu weitesten weltanschaulichen Konsequenzen reichte. G. kam nach Italien just aus der Spinoza-Debatte mit Friedrich Heinrich Jacobi, in der er sich als »mit der Phisick gesegnet« (5.5. 1786) glücklich gepriesen hatte. Ihm ging es um den Zusammenhang, um die Gesetzmäßigkeit des Naturganzen. Wie sehr er diesen Aspekt forcierte, zeigt nicht zuletzt das Bemühen um das konkrete Auffinden der »Urpflanze« und damit um den konkreten Nachweis für eine Idee. Im Botanischen Garten von Palermo glaubte er sogar an das Ziel seines

Strebens gelangt zu sein. Wichtiger ist, daß alle diese Teilaspekte sich in der großen Erkenntnis zusammenfanden: »Die Natur ist doch das einzige Buch, das auf allen Blättern großen Gehalt bietet« (WA I, 31, S. 34). Auch auf dem Gebiet der Botanik mündete der Versuch, »in natürlichen Dingen weiter vorzudringen« (WA I, 32, S. 77), letztlich in die Bestätigung des En kai pan des Spinoza.

Die dritte »Region« waren die »Sitten der Völker«. Italien war – nicht nur, aber insbesondere durch Rom – mit großer Menschheitsgeschichte, vor allem auch mit der Antike, verbunden. Dennoch ist zu beachten, daß G. sich hier keineswegs für Geschichte im spezifischen Sinne öffnete. Im Gegenteil: Dem weimarischen Minister hatte sich Geschichte als Raum von Willkür und Zufall, von Unberechenbarkeit des Objekts und Ohnmacht des Subjekts erwiesen. Sein Streben nach dem Gesetzmäßigen, Dauerhaften und Ewigen ließ ihn in Italien diesen Lebensbereich bewußt skeptisch abtun und verdrängen. Dafür aber richtete er seinen Blick eben auf die »Sitten der Völker«, um »an ihnen zu lernen, wie aus dem Zusammentreffen von Nothwendigkeit und Willkür, von Antrieb und Wollen, von Bewegung und Widerstand ein drittes hervorgeht, was weder Kunst noch Natur, sondern beides zugleich ist, nothwendig und zufällig, absichtlich und blind« (WA II, 6, S. 132). Politische Zustände nahm er kaum zur Kenntnis; zumindest spiegeln alle momentanen und späteren Aufzeichnungen kaum Interesse daran wider – selbst der kuriose Vorfall, daß er beim Zeichnen einer Ruine am Gardasee als Spion verdächtigt und kurzfristig arretiert wurde, blieb ihm ganz und gar eine Episode, an die er keine weiteren Überlegungen knüpfte. Aber soziale Verhältnisse registrierte er von Anfang an aufmerksam; teils fand er Einsichten, die er schon in den Weimarer Jahren gewonnen hatte, bestätigt, teils aber versicherte er sich auch – wie bei der Beobachtung des neapolitanischen Volkslebens – neuer Erkenntnisse. Aus dem Miterleben des römischen Karnevals schließlich gelangte er zu eindrucksvollen Konsequenzen. Jeder solle mit dem Autor, so endet der Text über dieses Volksschauspiel,

»da das Leben im Ganzen, wie das Römische Carneval, unübersehlich, ungenießbar, ja bedenklich bleibt, durch diese unbekümmerte Maskengesellschaft an die Wichtigkeit jedes augenblicklichen, oft geringscheinenden Lebensgenusses erinnert werden« (WA I, 32, S. 271).

Wenige Wochen nach der Ankunft in Rom bereits hatte sich G. enthusiastisch über den Gewinn seines Unternehmens geäußert: »Ich zähle einen zweyten Geburtstag, eine wahre Wiedergeburt von dem Tage da ich Rom betrat« (an J. G. und Caroline Herder, 2.[-9.] 12.1786). Auch am Ende des Aufenthalts in Italien ließ sich das gleiche Fazit ziehen. »Ich bin wirklich umgeboren und erneuert und ausgefüllt. Ich fühle, daß sich die Summe meiner Kräfte zusammenschließt, und hoffe noch etwas zu thun« (WA I, 32, S. 61) – diese Sätze vom 23. 8. 1787 nahmen das Gesamtergebnis, das G. für den zweijährigen Aufenthalt bilanzierte, vorweg, und daran hat er zeitlebens festgehalten. Eine Steigerung des Erlebnisses und seiner Wirkungen war nicht mehr denkbar. Das hat weitere Italienreisepläne nicht ausgeschlossen, aber es ist tatsächlich zu etwas Vergleichbarem nicht gekommen.

Ein zweites Mal reiste G. 1790 nach Italien. Auf Bitten Anna Amalias machte er sich auf, um die Herzoginmutter nach dem Abschluß ihrer Italienreise abzuholen und nach Weimar zurückzugeleiten. Die Voraussetzungen waren ungünstig. G., der sich ungern von der Geliebten und dem jüngst geborenen Sohn getrennt hatte, fand sich in Venedig festgehalten, als sich Anna Amalias Ankunft verzögerte. Er füllte diese Zeit (31. März bis 22. Mai) zwar mit vielerlei Dingen aus: Kunstbetrachtungen, Naturbeobachtungen, Menschenstudien – also gleichsam die Hauptfelder der ersten Reise weiterbestellend –, doch sah er sich schon bald gedrängt, Carl August zu »gestehen, daß meiner Liebe für Italien durch diese Reise ein tödtlicher Stos versetzt wird« (3. 4. 1790). Und ungeachtet alles früher erworbenen und bekundeten Verständnisses für die Lebensart der Italiener ließ er sich in seinem Unmut selbst zu einem solchen Satz hinreißen wie: »Ein wenig intoleranter [sei er; d. Vf.] gegen das Sauleben dieser Nation als das vorigemal« (an Herder, 3. 4. 1790). Es blieb nicht bei dieser radikalen Negation, aber es ist doch charakteristisch, daß in dieser Situation die poetische Produktivität sich von den *Römischen Elegien*, in denen das Erlebnis der ersten Reise, zusätzlich verstärkt durch die erotische Beglückung in der Verbindung mit Christiane, einen ungemein positiven Niederschlag fand, zu den *Venezianischen Epigrammen* wandte, zu einem Buch von Sinnsprüchen, dessen Haupttendenz durch nüchterne und scharfe Beobachtung und durch satirische Urteile geprägt ist. Die Kontraste und Schattierungen in seinem Bild von dem Land und seinen Menschen sind sichtlich deutlicher und schärfer gezeichnet.

Der bereits für 1796 vorgesehenen, dann auf 1797 verschobenen und schließlich nicht mehr durchgeführten dritten Italienreise war vor allem zum Ziel gestellt, die Beschäftigung mit Kunst und Natur zu vertiefen und zu systematisieren. Dem dienten intensive Vorbereitungsarbeiten, in die überdies Johann Heinrich Meyer einbezogen war, der bereits in Rom weilte und als Begleiter und Cicerone ausersehen war. Auch an die tiefere Erkundung sozialer Zustände und Verhältnisse war gedacht. In G.s vorbereitenden Materialien finden sich Notate wie »Bedingung der Existenz überhaupt«, »Fassung vor den Epochen« und »Jedes Zustände zu erkundigen« (BA 14, S. 859f.), die in solcher Richtung verstanden werden können. Die von dem glanzvollen Aufstieg Napoleons geprägten Kämpfe des Jahres 1797 in Norditalien ließen es G. aber geraten erscheinen, sich mit einer mehrmonatigen Reise in die Schweiz zu begnügen. Dort traf G. mit dem bereits aus Italien zurückgekehrten Meyer zusammen und reiste mit ihm nach Weimar zurück.

Im weiteren Verlauf seines Lebens hat G. keine Versuche unternommen, Italien wiederzusehen. »Nach Italien, wie ich aufrichtig gestehe, habe ich keine weitere Sehnsucht«, schrieb er am 20. 7. 1817 an Georg Christian Sartorius und begründete das so: »Es ist ein in so manchem Sinn entstelltes und so leicht nicht wieder hergestelltes Land; von meinen alten Liebschaften und Thätigkeiten fänd' ich vielleicht keine Spur mehr. Neues zu säen und zu pflanzen ist zu spät«. Aber das Land, seine Geschichte und seine Kultur blieben ein zentrales Thema seines Wirkens und Schaffens. Während er sich, was die Natur betraf, damit zufrieden geben mußte, gelegentlich ein Mineralienstück für seine Sammlungen zu bekommen, überbrückte er die Ferne durch Kunstwerke – originale wie nachgebildete – und durch Bücher: »An diesen Denk- und Kunstwerken«, schrieb er am 19. 12. 1810 an Friedrich Heinrich Jacobi, »ergetze ich mich sehr seitdem ich von jenem großen, italiänischen Gastmal aufgestanden, und genöthigt bin, mich am nordischen Katzentische vom Abhub zu nähren«. Gern ließ er sich von Italienreisenden über ihre Erlebnisse erzählen, entnahm den Berichten aber auch die Einsicht, wie ferngerückt die eigenen Erlebnisse waren. Doch als er in zwei zeitlich erheblich auseinanderliegenden Phasen – die erste schon 1813 beginnend und 1817 endend, die zweite in den Jahren 1828 und 1829 – die *Italienische Reise* als Teil seiner Autobiographie ausarbeitete, war das nicht nur subjektiv motivierte Erinnerungsarbeit. Vielmehr objektivierte er in diesem Werk seine Erlebnisse und Erfahrungen zu einer exemplarischen kultur- und individualgeschichtlichen Darstellung, die auch die biographischen Fakten in ein spezifisches Licht stellte.

Der Entwicklung italienischer Kultur widmete G. im Rahmen der gegebenen Möglichkeiten weiterhin beständige Aufmerksamkeit. Außer den unmittelbar autobiographischen Werken sind bis in die letzten Lebensjahre hinein viele seiner literarischen, poetischen und kritischen Arbeiten mit Italien, vor allem mit italienischer Kunst und Literatur aus Vergangenheit und Gegenwart verbunden. Italien blieb ihm allezeit das »irdische Paradies« (an Staff, 19. 4. 1822) und das »gelobte Land« (an Göttling, 17. 11. 1827). Und so sandte er auch den eigenen Sohn 1830 auf die Italienfahrt. August freilich starb in Rom und wurde an der Cestius-Pyramide begraben, ein Geschehen, das der Beziehung G.s zu Italien einen düsteren Abschluß gab.

Literatur:

Andreas, Willy: Goethes Flucht nach Italien. In: DVjs. 3 (1961), S. 344–362. – Battafarano, Italo: Italienische Reise. Reisen nach Italien. Trient 1988. – Beutler, Ernst: Die *Italienische Reise*. In: ders.: Wiederholte Spiegelungen. Göttingen 1957. – Croce, Benedetto: Goethe. Zürich u. a. 1920. – Fancelli, Maria: Goethes italienische Reise. In: Impulse. 5 (1982), S. 192–207. – Göres, Jörn (Hg.): Goethe in Italien (Ausstellungskatalog des Goethe-Museums Düsseldorf). Mainz 1986. – Golz, Jochen: Goethe und Italien. In: Impulse. 5 (1982), S. 208–228. – Graevenitz, George von: Deutsche in Rom. Leipzig 1902. – Grimm, Herman: Goethe in Italien. Berlin 1861. – Haarhaus, Julius R.: Auf Goethes Spuren in Italien. 3 Bde. Leipzig 1896–97. – Hoffmeister, Gerhart (Hg.): Goethe in Italy, 1786–1986: A Bi-Centenial Symposium. November 14–16, University of California/ Santa Barbara. Amsterdam 1988. – Kiefer, Klaus H.: Wiedergeburt und Neues Leben. Aspekte des Strukturwandels in Goethes *Italienischer Reise*. Bonn 1978. – Mayer, Hans: Goethes *Italienische Reise*. In: SuF. 12 (1960) 2, S. 235–261. – Miller, Norbert: Der Dichter als Landschaftsmaler. In: Ruez, Michael: Goethes *Italienische Reise*. München, Wien 1985, S. 9–19. – Mittner, Ladislao: Paesaggi italiani di Goethe. In: ders.: La letteratura tedesca de Novecento. Con tre saggi su Goethe. Turin 1960, S. 91–137. – Wölfflin, Heinrich: Goethes *Italienische Reise*. In: JbGG. 12 (1926), S. 325–337.

Hans-Dietrich Dahnke

Italienische Literatur

Die italienische Literatur stellt nach der französischen und englischen die »drittwichtigste außerdeutsche« Nationalliteratur für G. dar (Hennig, S. 128). G. beherrschte die italienische Sprache von Jugend auf so gut, daß er italienisch konversieren und italienische Texte im Original lesen und rezensieren konnte. Darüber hinaus übersetzte er mehrere Texte aus dem Italienischen. Doch ist G.s Rezeption der italienischen Literatur bislang nur unsystematisch erforscht. Von den mehr als 300 italienischen Autoren, die G. nachweislich gelesen hat, repräsentieren lediglich 70 die »schöne Literatur« und halten damit den Naturwissenschaftlern die Waage. In den Rest teilen sich »60 Kunstwissenschaftler, 46 Altertumswissenschaftler, 44 Historiker [...], 16 Musiktheoretiker, 15 Rechtswissenschaftler und 9 Philosophen« (ebd., S. 129). Die schöne Literatur verdient jedoch vorrangig gewürdigt zu werden. Denn während ihn die Fachschriften verschiedener Disziplinen eher temporär beschäftigten, begleitete das Studium einiger italienischer Dichter G.s Leben dauerhaft.

Italienische Studien finden sich in allen Phasen von G.s Leben und Schaffen; dies bezeugt nicht zuletzt die Tatsache, daß er selbst italienische Sprachlehren und Wörterbücher besaß, erwarb und immer wieder entlieh (ebd., S. 130–132). Der Grundstein für G.s Italophilie wurde bereits während seiner Kindheit und Jugend in Frankfurt gelegt. In der väterlichen Bibliothek waren ihm italienische Sprachlehren (Veneroni, Moratori) und Matthias Kramers großes *Teutsch-Italiänisches Dictionarium* (1724) zugänglich, aber auch die Klassiker der italienischen Dichtung wie Dante, Boccaccio, Ariost, Tasso und Guarini. Neben politischen Schriftstellern der Frühen Neuzeit wie Macchiavelli, Boccalini und Loredano lernte G. dort auch die beiden bedeutendsten italienischen Dramatiker des 18. Jhs. kennen, den Lustspieldichter Carlo Goldoni und den Librettisten Pietro Metastasio (Götting, S. 55f.). Durch das Studium von Italien-Beschreibungen und Reiseführern in der väterlichen Bibliothek, die auf literarische Gedenkstätten und Dichtergräber hinweisen, konnte der junge G. seine Kenntnisse der italienischen Literatur vertiefen. G.s landeskundliches Interesse für Italien förderte maßgeblich sein Vater, dessen »Vorliebe für die italiänische Sprache und für alles was sich auf jenes Land bezieht« so ausgeprägt war, daß er »einen großen Teil seiner Zeit [...] auf seine italiänisch verfaßte Reisebeschreibung« verwendete (FA I, 14, S. 19). Der *Viaggio per l'Italia* flankierte als enzyklopädische Landeskunde den Italienischunterricht der Geschwister Johann Wolfgang und Cornelia, den ihnen ihr Vater und von 1760 bis 1762 der private Sprachlehrer Domenico Giovinazzi erteilte (ebd., S. 19f.).

An italienischer Dichtung, insbesondere an Tassos *Gerusalemme Liberata*, entzündete sich schon die Phantasie des kindlichen G.: Von Kindheit auf hat er »K o p p e n ' s befreites Jerusalem [...] fleißig durchgelesen und teilweise memoriert« (ebd., S. 90). In Wilhelm Meisters Jugendgeschichte hat G. die identifikatorische, zu Tränen rührende Tasso-Lektüre literarisch verarbeitet.

Auch während seines Studiums in Leipzig orientierte sich G. an der italienischen Literatur. In Briefen aus Leipzig empfiehlt er seiner Schwester Cornelia uneingeschränkt die Lektüre von Tasso (»Wenn du Tassos Gerusaleme liberata verstehst, lese sie auch«), warnt sie vor dem sprachlich anspruchsvollen *Pastor fido* (»der ist manchmahl schweer, laß dir ihn vom Vater erklären«; 7.12. 1765) und rät ihr von dem anzüglichen Boccaccio ab (»Nichts vom Decameron Papst hin Pabst her. Der Vater müßte sie dann selbst aussuchen«; 23.12. 1765). G. seinerseits imitierte in seiner tändelnden Leipziger Lyrik die galante italienische Dichtung und verfaßte 1766 das nicht überlieferte italienische Libretto zu einer komischen Oper *La sposa rapita* (an Cornelia Goethe, 27.9. 1766).

Die patriotische Begeisterung der Sturm-und-Drang-Jahre schmälerte G.s Neigung zu Italien kaum. Denn er stand, wie etwa seine Mitwirkung an den *Frankfurter Gelehrten Anzeigen vom Jahr 1772* (WA I, 37, S. 196) belegt, durchaus jener Bewegung um Christian Adolf Klotz und Friedrich Justus Riedel nahe, die die urbane Literatur Italiens als Ausweg aus dem Dilemma zwischen französischem und englischem Geschmack erachtete.

Im ersten Jahrzehnt am Weimarer Hof dauerte G.s gefühlsästhetisch fundierter Italianismus fort. G. plante, Boccaccios Falken-Novelle zu dramatisieren (an Charlotte von Stein, 8.8. 1776), und dichtete zur Einweihung der Einsiedelei im Weimarer Park ein Festspiel, »welches an die älteren italiänischen Wald- und Buschfabeln (Favole boschereccie) geistreich erinnern sollte« (FA I, 17, S. 392–400; hier S. 393). Dabei mag vor allem Tassos *Aminta*, die klassische »favola boschereccia«, als Genremuster gedient haben. Denn in seiner un-

statthaften Liebe zu Charlotte von Stein und in seiner Doppelrolle als Künstler und Minister verglich sich G. mit dem italienischen Hofdichter Torquato Tasso, den die Liebe zur Prinzessin Leonora d'Este in den Wahnsinn getrieben haben soll. Das im Frühjahr 1780 konzipierte, nicht auf uns gekommene Prosadrama, der sog. Ur-*Tasso*, wurzelt noch im Geist der Genieästhetik. Diese erhielt erst in Italien ihre klassische Dämpfung, die auch das während und nach der Italienreise in Verse gebrachte Schauspiel *Torquato Tasso* (1790) prägt.

G. hat sich in Italien gründlich mit dem Leben und Werk des Renaissance-Dichters beschäftigt und nachweislich die Tasso-Vita des Abate Serassi studiert. In Venedig bestellte G. Gondolieri, »die den Tasso und Ariost auf ihre eignen Melodien singen« (FA I, 15.1, S. 90), in Ferrara besuchte er Tassos Gefängnis, in Rom dessen Grab und erwarb Tassos Totenmaske, die einen Ehrenplatz in seinem Weimarer Lararium erhielt. Die Wahlverwandtschaft verdeutlicht die Darstellung der Abreise von Rom im *Zweiten Römischen Aufenthalt* (1817), in der sich G. rückblickend »mit Tasso dem Schicksale nach« vergleicht (FA I, 15.2, S. 1157). Die dem Schauspiel einbeschriebenen Bezüge zu Dichtungen von Tasso (II, 1, 994; FA I, 5, S. 761: »Erlaubt ist was gefällt« [»S'ei piace, ei lice«; *Aminta* I, 2, 681]), Guarini (II, 1, 1006; ebd., S. 762: »Erlaubt ist was sich ziemt« [»Piaccia, se lice«; *Pastor fido* II, 1, 1006]) und Ariost zeigen, wie genau G. die italienische Renaissance-Dichtung kannte.

Die Italienreise weitete G.s Blick auf die italienische Literatur in mehrfacher Hinsicht. Zum einen wandte sich G. verstärkt dem Fachschrifttum zu. Er konsultierte für die Reise und bei deren Beschreibung 30 Jahre später altertumswissenschaftliche, kunstgeschichtliche und geographische Werke, viele davon in italienischer Sprache. So studierte er in Padua und Venedig die palladianische Architektur-Theorie. In Vicenza konsultierte G. den Palladio-Kenner Ottavio Bertotti Scamozzi und suchte im Interesse seiner Hypothese von der Pflanzenmetamorphose den Botaniker Antonio Turra auf.

Zum andern lenkte der zweieinhalbjährige Aufenthalt in Italien G.s Interesse auf die moderne italienische Belletristik. Theaterbesuche vermittelten ihm die unerhörte Popularität der Opera buffa, der Charakterkomödie Goldonis und der Märchentragödie Gozzis. G. bewunderte dessen Verwendung traditioneller Typenmasken: »Die Zuschauer spielen mit und die Menge verschmilzt mit dem Theater in ein Ganzes« (*Italienische Reise*; FA I, 15.1, S. 83f.). Diese neue Erfahrung eines untrennbaren Zusammenhangs von Literatur und Leben in Italien relativierte G.s dramentheoretische Maßstäbe.

Zur Auffassung von Dichtung als gesellschaftlichem Phänomen dürfte auch die Teilnahme am kulturellen Leben Italiens beigetragen haben. In Rom kam G. als Mitglied des deutschen Künstlerkreises häufig mit italienischen Künstlern und Dichtern in Kontakt. Er nahm dort an Sitzungen der Accademia degli Arcadi teil, in die er am 4.1. 1788 unter dem Schäfernamen Megalio Melpomenio aufgenommen wurde (*Aufnahme in die Gesellschaft der Arkadier* u. Diplom in italienischer Sprache; ebd., S. 513–518). Zunehmend mißtrauisch gegen das Pathos eines repräsentativen Klassizismus, entdeckte und würdigte G. immer mehr die volkstümliche italienische Poesie und Improvisationskunst. Darüber handelt sein Artikel vom *Volksgesang* (vgl. G.s Übersetzung des Barcarolenliedes *La Biondina*; WA I, 53, S. 355f.), der wie die theaterhistorisch interessante Studie *Frauenrollen auf dem römischen Theater durch Männer gespielt* 1788/89 im *Teutschen Merkur* erschien. Unleidlich reagierte G. dagegen auf leere akademische Debatten, ob Ariost oder Tasso der Vorrang gebühre, reserviert freundlich auf den hohen Stil der klassizistischen Tragödie *Aristodemo* von Vincenzo Monti, die dieser im Hause des Fürsten Philipp Joseph von Liechtenstein eigens für ihn rezitierte (*Italienische Reise*; 23.11. 1786). Angetan war G. von der theatralischen Realisation, der römischen Inszenierung des *Aristodemo*, der er wenig später beiwohnte (15.1. 1787; vgl. *Studien zur Weltliteratur* [1826–1832]; WA I, 42.2, S. 492f.). Mehr G.s Geschmack entsprach die

scherzhafte Satire des Kaiserlichen Hofdichters Giambattista Casti, den er aufsuchte, um sich eine seiner galanten Novellen (*Vescovo di Praga*) vorlesen zu lassen (16.7. 1787).

Um 1800, wohl unter dem Eindruck der Französischen Revolution, kam es in Weimar zu einer neuerlichen Aufwertung der italienischen Nationalliteratur. Den Italienkult G.s und der Weimarischen Kunstfreunde förderten maßgeblich die herzoglichen Bibliothekare Christian Joseph Jagemann (1735–1804) und Karl Ludwig Fernow (1763–1808): der Italienkenner Jagemann, Herausgeber des *Magazins der Italienischen Litteratur und Künste* sowie der *Gazzetta di Weimar*, Herausgeber und Übersetzer italienischer Dichtung (Tasso, Dante), galt G. als »Quelle der italiänischen Literatur« in Deutschland (*Tag- und Jahreshefte 1808*), und »Fernows Gegenwart erhielt unsere italiänischen Studien immer lebendig« (WA I, 36, S. 387). Mit seinen Schriften zur italienischen Philologie und seiner Ariost-Monographie (*Leben Lodovico Ariosts, des Göttlichen*, Zürich 1809) hat wohl insbesondere Fernow auf G. gewirkt. So ist G.s Ariost-Rezeption erst noch umfassend zu würdigen und zu bedenken, ob nicht Fernows *Römischen Studien* vielleicht sogar das Motto der *Italienischen Reise* (»Et in Arcadia ego«) geschuldet ist. Dessen Edition des *Canzoniere* (1807) hat G.s Beschäftigung mit Petrarca angeregt, die auf den Zyklus *Sonette* einwirkte. Im Sonett XVI (*Epoche*) vergleicht das lyrische Ich seine Liebesbegegnung am »A d v e n t von Achtzehnhundert sieben« ausdrücklich mit »Petrarca's [...] K a r f r e i t a g« (FA I, 2, S. 259).

Mit geschärftem Bewußtsein für das gesellschaftliche Moment in der Literatur studierte G. die Novellistik der italienischen Renaissance, insbesondere Boccaccio. Die Boccaccio-Lektüre von 1793 hat ihre unverkennbaren Spuren in der Rahmenhandlung der *Unterhaltungen deutscher Ausgewanderten* hinterlassen, die am Emigrantenschicksal einer adligen Familie zeigt, daß eine nachrevolutionäre gesellschaftliche Ordnung einen neuen Humanismus erfordert. Die Einsicht in die politische Notwendigkeit sozialer Bildung und einer integrativen Gesprächskultur leitete wohl auch G.s Lektüre von Baldassare Castigliones *Cortegiano*. Das erneute Studium Boccaccios (1807) und Matteo Bandellos (1811) steht in entstehungsgeschichtlichem Zusammenhang mit dem Entwurf eines Gesellschaftsromans, den *Wanderjahren*.

G.s Italophilie nach seiner Rückkehr nach Weimar zeigt sich auch in einigen Bearbeitungen populärer italienischer Opern: 1791 bearbeitete er Giovanni Battista Pergolesis komische Oper *L'impresario in angustie* (*Die theatralischen Abentheuer*), die er in Italien kennengelernt hatte. Zwar plädierte G. für die Trennung von Oper und Schauspiel, doch förderte er die italienische Musikkultur in Weimar tatkräftig. Am 16.2. 1810 steuerte er das Lied zu einer *Quadrille italienischer Tänzer und Tänzerinnen* bei, 1811 verfaßte er mit seiner *Rinaldo*-Kantate ein originelles Gegenstück zur Mode der Armida-Opern: sie schildert die pathetische Abschiedsszene aus Tassos *Gerusalemme Liberata* nur aus Rinaldos Retrospektive. Die Kleinoper für Männerchor und Solo-Tenor, von G. für den Prinzen Friedrich von Gotha verfaßt, komponierte der bayerische Hofkomponist Peter von Winter (*Tag- und Jahreshefte 1811*); die Originalpartitur ist erst jüngst von der Forschung entdeckt und gewürdigt worden (vgl. Martin). Seit 1813 konnten am Weimarer Hoftheater Opern in italienischer Sprache aufgeführt werden (*Tag- und Jahreshefte 1813*).

Das gewandelte Verständnis der italienischen Literatur illustrieren auch die sog. *Italienischen Kollektaneen 1795/96*, die G. im Planungsstadium einer dritten Italienreise und umfassenden Landeskunde mit Johann Heinrich Meyer anlegte. Dieses bisher nur ansatzweise untersuchte Italien-Projekt erfaßt das literarische Leben unter kulturgeschichtlichem Blickwinkel, insofern als das Theater oder die improvisierenden »Sänger im Volcke« (FA I, 15.2, S. 942) als populäre »Ergötzungen« kategorisiert werden. Auch beschränkt sich die dort aufgeführte Literatur fast ausschließlich auf Werke der Landeskunde und historisch-politischen Geographie sowie auf Reiseliteratur. Dem enzyklopädisch-volkskundlichen Projekt, das G. 1796 aufgab, entstammt

auch die Idee zur Übersetzung von dem *Leben des Benvenuto Cellini* (Vorveröffentlichungen 1795/96, vollständig 1803), die ein lebhaftes kulturgeschichtliches Interesse für die italienische Renaissance erkennen läßt. Mit seiner Teilnahme an der italienischen Volksdichtung und der Volkstümlichkeit Goldonis schlug sich G. zunehmend auf die Seite der italienischen Romantiker, während er sich von den Klassikern distanzierte. Dies zeigt exemplarisch sein kritisches Verhältnis zu Vittorio Alfieri. Zwar fand G. dessen Lebensroman »interessant« (an Charlotte von Stein, 9.5. 1809) und ließ den *Saul* in Karl Ludwig von Knebels Übersetzung 1811 in Weimar aufführen, doch lehnte er den melodramatischen Solipsismus ab. Mit Alfieris Monologmanie illustriert Hersilie in den *Wanderjahren* vorwurfsvoll Wilhelms mangelnde Anteilnahme: »Mein Zustand kommt mir vor wie ein Trauerspiel des Alfieri; da die Vertrauten völlig ermangeln, so muß zuletzt alles in Monologen verhandelt werden« (FA I, 10, S. 596). Da G. öffentliche Parteinahme im ästhetischen Richtungsstreit Italiens weitgehend vermied, blieb wohl auch Ugo Foscolos Widmung der *Ultime Lettere di Jacopo Ortis* (an G., 16.1. 1802) unbeantwortet.

Sowohl soziales als auch ästhetisches Interesse führte G., dem zufolge »keine Nation [...] vielleicht einen so scharfen Blick« wie die italienische hat (WA I, 41.1, S. 76), zur heiter-galanten Gesellschaftsdichtung Italiens. Die freizügige Urbanität, die er an Castis frivolen Novellen schätzte, fand G. 1811 wieder in den *Novelle galanti* von Verrochio (d.i. Domenico Batacchi), »ein Werk [...], von welchem man [...] eine unsittliche Ansteckung hätte befürchten können; weil man sich aber vor geistigen Einwirkungen, aus einem gewissen frevelhaften Dünkel immer sicherer hält als vor körperlichen, so las ich die Bändchen mit Vergnügen und Eile« (*Tag- und Jahreshefte 1811*). Über die Lektüre Bandellos (ebd.) gelangte G. schließlich zur frivol-burlesken Schmähdichtung des 17. Jhs. und rezensierte die satirische Sonett-Sammlung *La Cicceide* von Giovanni Francesco Lazzarelli (1621–1693) unter dem Titel *Don Ciccio* für das *Morgenblatt* (22.3. 1815). Diese Neigung zur spielerischen Ver-

satilität der galanten italienischen Versdich-
tung steht zeitlich wie stilistisch in engem Zusammenhang mit G.s Alterslyrik, vor allem
dem *West-östlichen Divan* (1815). Für die *Noten und Abhandlungen* vertiefte sich G. auch
in die geographischen Werke des »weitaus-
greifenden Wanderers« Marco Polo (FA I, 3.1,
S. 249) und des Pietro della Valle, durch den
ihm »die Eigenthümlichkeiten des Orients am
ersten und klarsten aufgegangen« sind, so
»daß ich durch diese Darstellung erst meinem
Divan einen eigenthümlichen Grund und Boden gewonnen habe« (ebd., S. 266). Auch bei
den naturwissenschaftlichen, philosophischen
und kunstgeschichtlichen Studien um und
nach 1810 spielen italienische Autoren eine
wichtige Rolle. Für seine *Farbenlehre* studierte
G. den Newtonianismus in italienischen Werken (Francesco Algarotti, Celestino Cominale,
Paolo Frisi) sowie Galileo Galilei, Guglielmo
della Porta und Giovanni Francesco Grimaldi
(Hennig, S. 171–188). Daneben las er Giordano Bruno und vor allem immer wieder die
Künstlerviten des Giorgio Vasari (ebd.,
S. 194–204).

In seinen letzten fünfzehn Lebensjahren
konzentrierte sich G.s Interesse an der italienischen Literatur auf zwei Dichter: Alessandro
Manzoni und Dante Alighieri.

Als Carl August 1817 einen politisch-kultu-
rellen Austausch Weimars mit Mailand inau-
gurierte, beschäftigte sich G. wieder mit der
zeitgenössischen Literatur Italiens (Tommaso
Grossi und Francesco Ruffa). Dem dortigen
Parteienstreit gelten mehrere Beiträge in
Kunst und Alterthum, die vor dem Hintergrund der belanglosen literarischen Fehde
Manzoni als »klassischen Romantiker« preisen: *Classiker und Romantiker in Italien sich
heftig bekämpfend* (1820), *Indicazione di ciò
che nel 1819 si è fatto in Italia intorno alle
lettere, alle scienze ed alle arti* (1821) und *Moderne Guelfen und Ghibellinen* (1827). Außer
von Manzoni erhoffte sich G. vor allem von der
international ausgerichteten Mailänder Tageszeitung *L'Eco* Unterstützung für ein Zusammenwirken der europäischen Literaturen, wie
er es in seinen *Studien zur Weltliteratur* im
Jahre 1828 entwarf (WA I, 41.2, S. 351f. u. WA
42.2, S. 91 u. S. 495).

G.s Verhältnis zu Dante ist trotz zahlreicher
Forschungsarbeiten nicht völlig geklärt. Zu
sehr variieren G.s Urteile, zu vage sind manche sog. Dante-Spuren in G.s Werk. Die typo-
logischen Zusammenhänge, die zwischen
Dantes *Divina commedia* und G.s *Faust* gestiftet wurden, halten nur selten philologischer Probe stand. Das Drei-Phasen-Modell,
das von einer diskontinuierlichen Dante-Re-
zeption mit dem Terminus post quem in den
1790er Jahren und relativen Höhepunkten
1826/27 und 1828–1830 ausgeht (vgl. Sulger-
Gebing), ist mit guten Gründen relativiert
worden (vgl. Hirdt). Denn Dante-Reminiszen-
zen aus den 1770er Jahren (wie die Ugolino-
Episode in der Erstfassung des *Götz*) belegen,
daß G. früh mit Dante vertraut war. Seinen
abwertenden Urteilen (»Modergrün aus Dantes Hölle«, FA I, 2, S. 646; »Dante's grause
Hölle«, ebd., S. 768) stehen Äußerungen gegenüber, die von Verehrung für den italienischen Dichter zeugen. Wohl veranlaßt durch
Bernhard Rudolph Abekens 1826 erschienene
*Beiträge für das Studium der Göttlichen Comö-
die Dante Alighieri's*, befaßte sich G. erneut
mit Dante, da er in ihm einen Kronzeugen
seiner Metamorphosenlehre vermutete
(Hirdt, S. 64–66). Er las im September 1826
die Dante-Übersetzung von Karl Streckfuß und
überarbeitete Strophen aus dem 12. Gesang
der *Hölle*, um seine Auffassung von der Anschaulichkeit des Totenreiches zu bekräftigen.
Unter dem Eindruck der Dante-Lektüre entstanden »bei Betrachtung von Schillers Schädel« (ALH 47, S. 71) die Terzinen *Im ernsten
Beinhaus war's*, die in ihrer Opposition von
Geist und Materie, Licht und Schatten auch
gehaltlich auf Dante verweisen. Dagegen blieb
die Meinung unwiderlegt, nicht Dante sei das
Vorbild für Anfang und Ende von *Faust II*,
sondern Giotto, dessen Fresken vom Triumph
des Todes im Pisaner Campo Santo G. aus dem
Kupferwerk Lavinios kannte. Doch schließen
sich beide Quellen keineswegs aus. Die malerische Übersetzung verbürgte vielmehr für
G. den »sinnlich-bildlich [...] wirkenden
Genius« Dantes, der Metaphysisches »so deutlich in's Auge seiner Einbildungskraft« faßte,
»daß er sie scharf umrissen wiedergeben

konnte« (WA I, 42.2, S. 70) – eine Methode, die auch für den Schluß des *Faust* gilt. Neben sprachlichen Parallelen markieren Motiv-Inversionen (Umkehrung der Hierarchie von Schauen und Liebe) und differente Konfigurationen (Dante und die himmlische Beatrice vs. Faust und die »selige Büßerin, sonst Gretchen genannt«; FA I, 7.1, S. 463) die Dante-Bezüge. Das Prinzip der Umgestaltung zeigt sich besonders im Chorus mysticus (»Alles Vergängliche / Ist nur ein Gleichnis«; ebd., S. 464 [vgl. Dante, *Par.* IV, 40–42]), dessen Schlußverse (»Das Ewig-Weibliche / Zieht uns hinan«) Dantes Versinnlichung des Metaphysischen noch überbieten.

Literatur:

Götting, Franz: Die Bibliothek von Goethes Vater. In: Nassauische Annalen. 64 (1953), S. 23–69. – Grüning, Hans-Georg: Goethe critico della letteratura italiana. Palermo 1988. – Helff, Gertrude: Die Spiegelung italienischen Sprachlebens beim jungen Goethe. Diss. Gießen 1948. – Hennig, John: Goethes Europakunde. Goethes Kenntnisse des nichtdeutschsprachigen Europas. Ausgewählte Aufsätze. Amsterdam 1987. – Hirdt, Willi: Goethe und Dante. In: DanteJb. 68/69 (1993/94), S. 31–80. – Imperatori, Giorgio: Goethe e gli scrittori d'Italia. Udine 1937. – Martin, Dieter: Goethes *Rinaldo* in der Vertonung Peter von Winters. In: Aurnhammer, Achim (Hg.): Torquato Tasso in Deutschland. Berlin, New York 1995, S. 679–708. – Necco, Giovanni: La letteratura italiana nei giudizi di Goethe. In: Romana. 3 (1939), S. 560–577. – Riesz, János: Goethe's ›Canon‹ of contemporary Italian Literature in his *Italienische Reise*. In: Hoffmeister, Gerhart (Hg.): Goethe in Italy. 1786–1986. Amsterdam 1988, S. 133–146. – Rüdiger, Horst: Die Kritik der Romantiker und Goethes an den Tragödien Alfieris. In: ders.: Goethe und Europa. Essays und Aufsätze 1944–1983. Berlin u.a. 1990, S. 160–193. – Sulger-Gebing, Emil: Goethe und Dante. Studien zur vergleichenden Literaturgeschichte. Berlin 1907.

Achim Aurnhammer

Jacobi, Friedrich Heinrich
(1743–1819)

Friedrich Heinrich Jacobi stammte väterlicherseits aus einer norddeutschen protestantischen Pastorenfamilie. Die seine Geburt nur um drei Jahre überlebende Mutter Johanna Marie Fahlmer kam aus einem Frankfurter Handelshaus, in dessen Düsseldorfer Filiale der Vater eingetreten war und eingeheiratet hatte. Während der ältere Bruder Johann Georg – der spätere Dichter – Theologie studieren durfte, wurde Friedrich Heinrich Jacobi trotz seiner Schwerfälligkeit und religiösen Grübeleien vom Vater für den Handelsstand bestimmt. Er entwickelte sich erst zu einem umfassend gebildeten und mit der Philosophie und Literatur seiner Zeit vertrauten Weltmann in Genf, wo er von 1759 bis 1761 zur weiteren Ausbildung war, und zwar unter der Leitung des originellen Mathematikers und Naturforschers George Louis LeSage. Was seine innere Entwicklung betraf, so führte der in früher Jugend von pietistischen Kreisen eingeleitete, aber nie positiv beendete religiöse Kampf – verstärkt unter dem Einfluß Rousseaus, mit dessen Freundeskreis Jacobi in Genf verkehrte, und besonders Voltaires, den er mehrfach in Ferney besuchte – nach immer wieder aufflackernden Zweifeln schließlich zur Überzeugung von einem wissenschaftlich nicht beweisbaren personalen Gott. Philosophisch suchte Jacobi das zu stützen durch eine Evidenzlehre, die sich an den vorkritischen Kant anlehnte.

Nachdem der Vater auch das nun gewünschte Studium der Medizin nicht gestattet hatte, trat Jacobi, wieder in Düsseldorf, in das väterliche Handelshaus ein und vermählte sich 1764 mit der reichen Erbin Betty von Clermont aus Aachen. Er entwickelte bald großes Geschick im Handel und in allen wirtschaftlichen

Fragen und erhielt, auch als Ausgleich für einen zwar verlorenen, aber im Interesse des Kurfürsten Carl Theodor geführten Prozesses des Vaters gegen die Rheinzölle, die Stelle eines Hofkammerrats. In diesem Dienst erarbeitete er 1773/74 einen glänzenden Bericht über die ständische Wirtschaft in den jülich-bergischen Landen und erwirkte 1775 eine Reform der Rheinzölle. 1779 wurde er von Carl Theodor als Geheimer Rat nach München berufen. Hier trat er mit seiner zweiten *Politischen Rhapsodie* als erster – eine Generation vor der »preußischen Reform« –, wenn auch mit geringem Erfolg, für die Freihandelslehre von Adam Smith ein und setzte ein Edikt zur wirtschaftlichen Besserstellung der Bauern durch. Daneben war Jacobi an vielfältigen kulturellen Initiativen beteiligt, so am Aufbau der Düsseldorfer Malerakademie, deren Ehrenmitglied er wurde, und am Vorhaben Sophie von La Roches, eine Rheinische Akademie in Neuwied zu gründen. Seine finanzielle und organisatorische Beteiligung an publizistischen Unternehmungen, von denen allein der mit Wieland 1773 begründete *Teutsche Merkur* erfolgreich war, führte ihn zu eigenen literarischen Produktionen.

Die persönliche Bekanntschaft zwischen Jacobi und G. ergab sich eigentlich aufgrund entfernter verwandtschaftlicher Beziehungen – Jacobis Mutter war mit den Goethes verwandt, und zudem hatte G. durch die Vermittlung von Jacobis fast gleichaltriger Tante Johanna Katharina Sibylla Fahlmer Betty Jacobi schon bei deren Besuchen im Hause Fahlmer in Frankfurt kennengelernt. Über der ersten Begegnung im Juli 1774 in Düsseldorf lag zunächst noch der Schatten öffentlich gewordener persönlicher Attacken G.s auf die Jacobis. G. hatte die »Jakkerls« (vgl. JG Morris), wie er die Brüder abfällig nannte, satirisch angegriffen: Es gab unter anderem ein sketchartiges Pamphlet *Das Unglück der Jacobis* (nicht überliefert), und in der – allerdings ohne G.s Zustimmung durch Lenz publizierten – Farce *Götter Helden und Wieland* waren die Brüder Jacobi als Gehilfen des »auf Waren, Ballen und Tonnen« sitzenden Merkur mit in den Spott über Wieland hineingezogen worden. Aus der

Begegnung erwuchs nichtsdestoweniger eine anfangs geradezu enthusiastische, dann immer wieder krisenhaft gefährdete und trotzdem fast lebenslang dauernde Freundschaft. Jacobi wurde dadurch auch zu eigenen, nun auch dichterisch anspruchsvollen Romanen angeregt: 1775/76 erschien in der von Johann Georg Jacobi gemeinsam mit Wilhelm Heinse, dem literarisch wilden, aber persönlich bescheidenen »Stürmer und Dränger« und jahrelangen Gast im Hause Friedrich Heinrich Jacobis, herausgegebenen Zeitschrift *Iris* der Roman *Aus Eduard Allwills Papieren*, 1779 kam (1775/76 in Fortsetzungen im *Teutschen Merkur*) *Woldemar. Eine Seltenheit aus der Naturgeschichte* als Buch heraus. G. fand den *Allwill* unausgereift und überladen. Konzipiert als Briefroman in der Nachfolge von Samuel Richardsons *Clarissa*, sind der Titelfigur neben denen von Wilhelm Heinse auch kritisch gesehene Züge des jungen »Genies« G. verliehen; die Fabel endet nicht mehr mit der »belohnten Tugend«, sondern Jacobi begnügt sich damit, nicht »moralischer als Geschichte und Erfahrung, [nicht; d. Vf.] philosophischer als der Instinkt vernünftiger Naturen« zu sein und »Menschheit, wie sie ist, unverrückbar vor Augen zu stellen« (Vorrede zur Ausgabe von 1792; *Jacobi's Werke*, Bd. 1, S. XII). Nahezu zum Bruch führte G.s Reaktion auf den *Woldemar*. Dieser Roman, wie G.s *Werther* thematisch in der Nachfolge von Rousseaus *Julie ou la Nouvelle Héloïse* zu sehen, bestand im Gegensatz zu Rousseaus These, daß Liebe selbst innigste Freundschaft werden solle – so etwa formulierte das in seiner Auseinandersetzung mit Hemsterhuis' Liebeslehre, die der Jacobis entspricht, Herder (HSW 15, S. 313) –, und auch im Widerspruch zu G.s *Werther*, auf einer strengen Abgrenzung von Seelenfreundschaft und sinnlicher Liebe. G. verspottete das Werk des Freundes, als er Anfang August 1779 in Ettersburg und im Beisein der Weimarer Hofgesellschaft den Schluß parodistisch veränderte und das Buch im Park an eine Eiche nagelte. In diesem Fall mußte Johanna Fahlmer, die inzwischen nach dem Tod von G.s Schwester Cornelia den Witwer Johann Georg Schlosser geheiratet und somit die verwandtschaftlichen Bande noch enger gezogen hatte, zwischen beiden vermitteln.

Zu einer erneuten Kontroverse kam es über Jacobis Buch *Über die Lehre des Spinoza in Briefen an den Herrn Moses Mendelssohn*, das 1785 den Spinoza-Streit auslöste. Jacobi hatte 1780 in Wolfenbüttel mit Lessing ein Gespräch geführt, in dessen Verlauf Lessing G.s noch unveröffentlichtes *Prometheus*-Gedicht, das Jacobi bei sich führte, gelesen und sich im Anschluß daran zu Spinoza bekannt hatte. Offenbar war Lessing durch eine situationsbedingte Fehlinterpretation zu seiner Erklärung veranlaßt worden; er hatte wohl nur die Verse »Die allmächtige Zeit / Und das ewige Schicksal, / Meine Herrn und deine« (WA I, 2, S. 77) im Sinn, nicht so sehr jedoch den selbstherrlichen und trotzigen Gestus des Titanen. Durch die Veröffentlichung dieser Unterredung hatte Jacobi die Freunde des mittlerweile verstorbenen Lessing, insbesondere Mendelssohn, der zunächst für eine Bekanntmachung war, später zu einer Verteidigung Lessings gegen die These herausgefordert, er habe sich zum Spinozismus bekannt – Spinozismus galt bis dahin überwiegend als Atheismus. Jacobi fügte das G.sche Gedicht *Prometheus* ohne Nennung des Autors, aber auch ohne Abstimmung mit ihm – und zwar in Form einer losen Einlage, damit anstoßnehmende Leser es entfernen könnten – seinem Buch bei. Jedoch gab er zum Ausgleich das ebenfalls noch unveröffentlichte Gedicht *Das Göttliche*, dies mit Nennung des Dichternamens, bei. G., der sich zu einem Spinozismus bekannte, der »in herbis et lapidibus« – einer Formulierung nach Paracelsus – Gott suchte, aber nie auf »Metaphysische Vorstellungsart Anspruch« erhoben hatte (an Jacobi, 9. 6. 1785), schrieb: »Ob du aber wohl gethan hast mein Gedicht mit meinem Nahmen vorauf zu setzen, damit man ia bey dem noch ärgerlichern Prometheus mit Fingern auf mich deute, das mache mit dem Geiste aus der dich es geheisen hat« (an Jacobi, 11. 9. 1785); entgegen seiner Vermutung wurde er aber von niemandem als Autor des *Prometheus* erkannt. Deutlich grenzte G. sich aber auch von Mendelssohns Position ab. Aber er verbarg doch den grundsätzlichen Dissens zu Jacobi nicht.

Gemeinsam mit Herder hatte er bereits nach Jacobis Besuch 1784 in Weimar ein eigentümliches pantheistisches Spinozabild erarbeitet: »Er beweist nicht das Daseyn Gottes, das Daseyn ist Gott. Und wenn ihn andre deshalb Atheum schelten, so mögte ich ihn theissimum ia christianissimum nennen und preisen« (an Jacobi, 9.6. 1785). Jahre später wurde der zentrale Dissenspunkt zu Jacobi in Versen benannt: »Was wär' ein Gott, der nur von außen stieße, / Im Kreis das All am Finger laufen ließe! / Ihm ziemt's, die Welt im Innern zu bewegen, / Natur in Sich, Sich in Natur zu hegen« (WA I, 3, S. 73). Auch in der *Italienischen Reise* finden sich, möglicherweise aus dem späten Rückblick – die Originalbriefe sind nicht erhalten –, scharfe Worte über Jacobis Gottesbild; da ist davon die Rede, daß »J. sich abarbeitet, eine hohle Kindergehirnempfindung zu vergöttern« (WA I, 32, S. 111).

Jacobis kritische Argumentation gegen die Gefahr einer sich in den eigenen Spekulationen verfangenden Philosophie als Wissenschaft, deren Interesse es sei, »daß kein Gott sey« (*Jacobi's Werke*, Bd. 4.1, S. XXVII), hat G. nicht verstanden. Das zeigte sich bei der Debatte über Kant und Fichte. Jacobi nahm Fichte im Atheismus-Streit von 1799, der zu Fichtes von G. unterstützter Entlassung führte, unter dem genannten Gesichtspunkt in Schutz. Er beurteilte Fichtes Philosophie zwar als atheistisch, stellte aber zugleich fest: »daß sie von Gott nichts wisse, gereiche der Transzendentalphilosophie zu keinem Vorwurf« (*Jacobi's Werke*, Bd. 3, S. 7). Diese Einstellung Jacobis führte ein Jahrzehnt später über die unterschiedliche Einschätzung Schellings zu der endgültigen Entfremdung zwischen G. und Jacobi. Sie war vorprogrammiert bei dem Besuch G.s bei Jacobi auf der Rückkehr von der Kampagne in Frankreich (6.11.–4. 12. 1792). Wie G. selbst berichtet (WA I, 33, S. 195–197), vertrat Jacobi in den zahlreichen Gesprächen, die sie miteinander führten, im Anschluß an Charles Bonnet, mit dem er sich seit seinem Jugendaufenthalt in Genf auseinandergesetzt hatte, dessen Einschachtelungslehre, während G. die Natur aus Urpolaritäten begriff, die sich durch alle »Metamorphosen« erhalten.

Jacobi zog sich vor der Französischen Revolution 1794 nach Hamburg und dem holsteinischen Eutin zurück. Dort war er der Mittelpunkt eines Kreises deutscher Dichter und Gelehrter – Matthias Claudius, Friedrich Gottlieb Klopstock, Heinrich Wilhelm von Gerstenberg, Johann Heinrich Voß – und Vermittler des zunächst von den französischen Emigranten getragenen Einflusses deutscher Kultur auf Frankreich, der später in Madame de Staëls *De l'Allemagne* seinen deutlichsten Ausdruck fand.

Blieb 1792 wenigstens das persönliche Verhältnis noch ungetrübt, wurde doch bald wieder Entfremdung sichtbar. Jacobi erhob moralische Einwände gegen den ersten Band der *Lehrjahre*. G. seinerseits reagierte auf die Widmung des von Jacobi völlig überarbeiteten *Woldemar* 1794 zurückhaltend. Deshalb ließ Jacobi bei der nächsten Auflage die Widmung an G. weg, und dieser antwortete darauf am 12.6. 1796: »Der letzte Band meines Romans [*Lehrjahre*; d. Vf.] kommt auf Michael, [...] der zweite und dritte steht eingepackt schon ein halbes Jahr hier auf dem Repositorio, der Unglaube hat sie zurück gehalten, so wie der Unglaube dich auch die Zueignung von Woldemar wegstreichen ließ«. Als Jacobi 1805 in Weimar einkehrte, ließ sich die alte Harmonie nicht wieder herstellen. Zum endgültigen Bruch kam es, als Jacobi 1811 gegen Schelling seine Schrift *Von den göttlichen Dingen und ihrer Offenbarung* veröffentlichte. Darin standen die Sätze: »Die Natur verbirgt Gott [...]. Der Mensch offenbaret Gott, indem er sich mit dem Geist über die Natur erhebt« (*Jacobi's Werke*, Bd. 3, S. 425). G. kommentierte den ersten Teil des Zitats mit dem freilich erst postum gedruckten Zusatz »Aber nicht jedem!« (MuR, 811) und distanzierte sich von Jacobis Auffassung scharf in dem Gedicht *Groß ist die Diana der Epheser*: »Als gäb's einen Gott so im Gehirn / Da! hinter des Menschen alberner Stirn« (WA I, 2, S. 195). Er spielte auf die Geschichte des Goldschmieds von Ephesus (Apostelgeschichte 19, 39) an, der mit seiner Arbeit der Göttin Diana dient und damit fortfährt, als die christliche Botschaft des Paulus durch die Stadt eilt: »Feilt immer fort an Hirschen und Thieren, / Die seiner Gottheit Kniee zieren; / Und hofft, es könnte das Glück ihm walten, / Ihr Angesicht würdig zu gestalten« (ebd., S. 195f.). Jacobi hatte seinerseits auf diese Geschichte bereits in seiner Schrift *Wider Mendelssohns Beschuldigungen* (1786) angespielt und später noch einmal die Figur der »großen Diana von Ephesus« als Sinnbild für das moderne Wuchern mit der Produktivität der Natur bloßzustellen versucht. Hier ordnete er G.s Naturauffassung nicht ganz zutreffend ein. Nach dieser Kontroverse kam es zwar noch zu gelegentlichen Botschaften durch Besuchende, und G. zog auch für die Arbeit an *Dichtung und Wahrheit* Jacobis Erinnerung zu Hilfe, aber das konnte das Verhältnis nicht mehr bessern. Selbst nach Jacobis Tod äußerte sich G. noch häufig kritisch-ablehnend über Jacobi.

Literatur:

Bachmaier, Peter u.a. (Hg.): F.H. Jacobi. Briefwechsel. Stuttgart-Bad Cannstadt 1981ff. – Bollacher, Martin: Der junge Goethe und Spinoza. Tübingen 1969. – Hammacher, Klaus: Die Philosophie Friedrich Heinrich Jacobis. München 1969. – Ders.: Jacobi e il Neospinozismo. In: Spinoza ieri e oggi. 1978, S. 201–216. – Ders.: Friedrich Heinrich Jacobi (1743–1819). Eine Ausstellung des Heinrich Heine Instituts. Düsseldorf 1985. – Ders.: Jacobis Romantheorie. In: Jaeschke, Walter/Holzey, Helmut (Hg.): Früher Idealismus und Frühromantik. Der Streit um die Grundlagen der Ästhetik (1795–1805). Hamburg 1990, S. 174–190. – Jacobi's Werke. Leipzig 1812–1825. – Jacobi, Max (Hg.): Der Briefwechsel zwischen Goethe und Friedrich Heinrich Jacobi. Leipzig 1846. – Maltzahn, Helmuth von: Woldemars Kreuzerhöhungsgeschichte. In: Inselalmanach auf das Jahr 1961. Frankfurt/M. 1960, S. 112–130. – Nicolai, Heinz: Goethe und Jacobi. Studien zur Geschichte ihrer Freundschaft. Stuttgart 1964. – Schüddekopf, Carl (Hg.): Goethes Parodie auf Fritz Jacobis *Woldemar*. Weimar 1908. – Stockum, Theodor Cornelis van: Goethe, Jacobi und die Ettersburger ›Woldemar-Kreuzigung‹. In: Neophilologus. 41 (1957), S. 106–116. – Sudhof, Siegfried: Friedrich Heinrich Jacobi und die ›Kreuzigung‹ seines ›Woldemar‹. In: Neophilologus. 43 (1959), S. 42–52. – Timm, Hermann: Gott und die Freiheit. Studien zur Religionsphilosophie. Bd. 1: Die Spinozarenaissance. Frankfurt/M. 1974. – Weischedel, Wilhelm (Hg.): Streit um die göttlichen Dinge. Darmstadt 1967.

Klaus Hammacher

Jean Paul

(1763–1825)

G. und Jean Paul: Das Verhältnis beider Autoren zueinander nimmt sich je nach der individuellen Perspektive denkbar verschieden aus. Jean Paul hat G. zeit seines Lebens als den größten deutschen Dichter verehrt, dessen Oeuvre in seiner *Vorschule der Aesthetik* als exemplarisch schlechthin angesehen und z.B. in seinem *Titan* auf den *Wilhelm Meister* teils kontrastiv, teils nachahmend Bezug genommen. Hingegen kann von einem produktiven Einfluß Jean Pauls auf G. nicht die Rede sein, eher von einer gelegentlichen Selbstbestimmung am ästhetischen Gegenbild.

1794 hatte Jean Paul mit seinem Roman *Hesperus oder 45 Hundsposttage* seinen größten und nachhaltigsten literarischen Erfolg erzielt. G. hat den ihm vom Autor am 4.6. 1795 verehrungsvoll zugesandten Roman zunächst mit dem Satz »Hierbey ein Tragelaph von der ersten Sorte« am 10. Juni an Schiller weitergereicht. Erst als Jean Paul im Juni 1796 nach Weimar kam, in Herder und Wieland Bundesgenossen fand und vom gebildeten Publikum umschwärmt wurde, geriet der Erfolgsautor, der Verbündete der ästhetischen Gegenfraktion in Weimar und Konkurrent zum *Wilhelm Meister*, in G.s Optik. G. reagierte abweisend und distanziert und wurde darin brieflich von Schiller bestärkt. Nach einigem Zögern erkannte G., daß Jean Paul nicht zum ästhetischen Bundesgenossen tauge, weil ihm sowohl eingeschränkte Lebensverhältnisse und mangelnde Bildung als auch, wichtiger noch, ein zum »Fratzenhaften« (WA I, 42.2, S. 83) tendierender Manierismus ein Einschwenken auf die klassizistische Kunstdoktrin unmöglich machten. Kritik in dieser Richtung artikuliert sich in den *Xenien*; allerdings ist von den insgesamt vier auf Jean Paul gemünzten nur eines

publiziert worden. In dem epigrammatischen Gedicht *Der Chinese in Rom* erteilte G. 1796 Jean Paul eine höhnische Abfuhr. Dabei steht das Chinesische (und dessen Repräsentant) ebenso wie vorher der »Tragelaph« (der Bockhirsch) für eine künstlerisch nicht bewältigte Mischform. In dreifacher Hinsicht geriet Jean Paul ins kritische Visier des Klassikers: als modischer Erfolgsautor, der dem Publikum seine Ware aufzwinge und es damit von wirklich bedeutender Kunst (z.B. vom *Wilhelm Meister*) abspenstig mache, als »Schwärmer« und falscher Prophet, der ästhetische Wahrheiten außer Kraft setze und die Leser ins Unheil führe, schließlich als Repräsentant einer »krank« machenden (manieristischen) Kunst, die er als »gesund« ausgebe und mit der er zu wirklich »gesunder« (klassischer) Kunst in unbillige Konkurrenz trete (vgl. *Der Chinese in Rom*; WA I, 2, S. 132). Die Schärfe der erteilten Abfuhr wird auch auf G.s weitgehend isolierte Position in Weimar zurückzuführen sein und darauf, daß ihm zugetragen worden war, Jean Paul habe sich, wenngleich nur mittelbar, in die Schar der moralisierenden Kritiker seiner *Römischen Elegien* eingereiht. Jean Pauls Polemik gegen die klassische Kunstdoktrin in seiner ebenfalls 1796 entstandenen *Geschichte meiner Vorrede zur zweiten Auflage des Quintus Fixlein* hat G. nicht zur Kenntnis genommen.

Nachdem Jean Paul am 2.7. 1796 Weimar verlassen hatte, entschwand er aus G.s Gesichtskreis. Von Oktober 1798 bis Oktober 1800 lebte Jean Paul in Weimar, ohne daß sich eine Annäherung zu G. im Persönlichen oder Künstlerischen ergeben hätte. G.s Aversion gegen Jean Pauls humoristische Prosa gab sich weiterhin in gelegentlichen Urteilen zu erkennen. In seiner Abwehr von künstlerischer Formlosigkeit, Tränenseligkeit und sentimentaler Weltflucht blieb G. unverändert. Als er im April 1825 im Stammbuch des Enkels Walther eine (frei wiedergegebene) Maxime aus dem *Hesperus* fand – »Der Mensch hat hier dritthalb Minuten: eine zu lächeln, eine zu seufzen und eine halbe zu lieben; denn mitten in dieser Minute stirbt er« –, setzte er dieser die Verse entgegen: »Ihrer sechzig hat die

Stunde, / Über tausend hat der Tag. / Söhnchen! werde dir die Kunde / Was man alles leisten mag« (WA I, 4, S. 267). Auch der Titel von Jean Pauls (postum erschienenem) autobiographischem Text *Wahrheit aus Jean Paul's Leben* mußte G. wegen des parodistischen Bezugs auf die eigene Autobiographie Unbehagen bereiten. »Philisterey«, so im Konzept des Briefes an Zelter vom 5.10. 1830 (WA IV, 47, S. 428), sei »das Element worin er [Jean Paul; d. Vf.] sich mit seiner lieben Nation so innig behagt«.

In der Beurteilung von Jean Pauls künstlerischem Verfahren generell läßt sich hingegen eine Wandlung bei G. beobachten. Sie steht im Zusammenhang mit Veränderungen in dessen ästhetischem Weltverhalten, die seit 1800 durch neue historische Erfahrungen und eine verstärkte Öffnung zur Weltkultur in ihrer historischen Vielfalt hervorgerufen wurden. Zusehends wurde ihm das Absurd-Widersprüchliche der eigenen Epoche bewußt. Hatte G. vordem Jean Pauls humoristische Subjektivität und Formlosigkeit in die Nähe des Grotesken und »Fratzenhaften« gerückt – so war auch die Chinesen-Metapher entstanden –, gewann er nunmehr zum Grotesken als ästhetischer Signatur der Moderne ein anderes Verhältnis, stellte es mit dem Schönen und Erhabenen auf eine Stufe, wie der Aufsatz *Der Tänzerin Grab* (WA I, 48, S. 143–150) zu erkennen gibt. Auch Jean Pauls Persönlichkeit bewertete G. nunmehr positiver. Einen Vorabdruck aus der Neuauflage von Jean Pauls *Levana* bedachte G. im Brief an Karl Ludwig von Knebel vom 16.3. 1814 mit hohem Lob; eine »unglaubliche Reife« sei »daran zu bewundern«. Es ist dann G.s seit 1814 einsetzende intensive Beschäftigung mit orientalischer Dichtung, die ihn Jean Paul in die geistige Nachbarschaft »östlicher Poeten« rücken ließ. Zeugnis davon gibt der wahrscheinlich im Februar/März 1819 verfaßte Abschnitt *Vergleichung* in den *Noten und Abhandlungen zu besserem Verständniß des West-östlichen Divans* (FA I, 3.1, S. 202–204), in dem G. Jean Pauls moderne »Orientalität« beschreibt. G.s eigene poetische Praxis, die nunmehr eine stärkere Affinität zur Allegorie und zum Witz aufweist,

beförderte seine Aufgeschlossenheit und sein Bemühen um »Gerechtigkeit« Jean Pauls prosaistischem Verfahren gegenüber. G. kennzeichnete Jean Pauls Prosa, korrespondierend mit seiner Wertschätzung von Jean Pauls Persönlichkeit (»als Mensch von Würde«; FA I, 3.1, S. 204), mit dem (positiven) Attribut »geistreich« (ebd., S. 203) und revidierte damit stillschweigend das Manierismus-Verdikt von 1796. Gleichwohl wird ein klassizistischer Vorbehalt nie ganz ausgeräumt, und letztlich weist auch G.s ästhetisches Urteil über den Schriftsteller Jean Paul Momente einer ambivalenten Ironie auf. Zwar war G. tolerant genug, Jean Pauls prosaistisches Verfahren als legitime ethische und ästhetische Reaktion auf eine moderne Weltverfassung anzusehen, doch wurde Jean Paul eben nur der Status des »Prosaisten« (ebd., S. 204), der Habitus eines »Talents von Werth« (ebd.), nicht der Rang des »Dichters« zugewiesen. So verbindet sich mit der ethischen Rehabilitierung des Autors neuerliche Zurückweisung aus einer Position ironisch-artistischer Souveränität. Bei aller Annäherung und Verständnisbereitschaft G.s für den humoristischen Prosaschriftsteller Jean Paul bleiben beider Kunstkonzepte, korrespondierend mit unterschiedlichen Lebenshaltungen und Weltsichten, letztlich unvereinbar.

Literatur:

Berend, Eduard: Jean Pauls Ästhetik. Berlin 1909. – Birus, Hendrik: Vergleichung. Goethes Einführung in die Schreibweise Jean Pauls. Stuttgart 1986. – Bruyn, Günter de: Das Leben des Johann Paul Friedrich Richter. Halle 1975. – Golz, Jochen: Jean Pauls ›Poesie in Prose‹ und das klassische Kunstkonzept. Aspekte kontroverser Literaturauffassungen in den Jahren 1796/97. In: Dahnke, Hans-Dietrich u.a. (Hg.): Debatten und Kontroversen. Bd. 2. Berlin 1983, S. 72–153. – Harich, Wolfgang: Jean Pauls Revolutionsdichtung. Berlin 1974. – Wölfel, Kurt: Antiklassizismus und Empfindsamkeit. Der Romancier Jean Paul und die Weimarer Kunstdoktrin. In: Conrady, Karl Otto (Hg.): Deutsche Literatur zur Zeit der Klassik. Stuttgart 1977, S. 362–380.

Jochen Golz

Studentendemonstration am 17. Juli 1792. Radierung von J. C. W. Roux

Jena

G.s erste Begegnung mit Jena erfolgte am 23.12. 1775, sein letzter Aufenthalt fand am 19.6. 1830 im Botanischen Garten statt. Jena war für G. nicht nur ein bevorzugter Aufenthaltsort, in bestimmter Hinsicht wurde ihm die Stadt zur zweiten Heimat. Hier fand er ein mildes Klima, eine reizvolle Landschaft, freundschaftlich verbundene Menschen und die Möglichkeit, sich auf sein schriftstellerisches Werk zu konzentrieren. Von Anfang an war sein Verhältnis zu Jena zugleich von amtlichen Aufgaben, wissenschaftlichen Interessen und persönlichen Beziehungen geprägt. Die Universität wurde für G. ebenso Gegenstand der Fürsorge wie Anziehungspunkt. Die Meinung, Weimar habe erst dadurch den vollen Wert für ihn gewonnen (Vulpius, S. 184), ist gewiß berechtigt. Was G. in Italien für sein Kunstverständnis gefunden hatte, boten ihm Jena und die an der Universität lebenden Menschen für seine wissenschaftlichen, v.a. für seine naturwissenschaftlichen Interessen. Am 27.3. 1784 schrieb er an Herder: »Ich habe gefunden – weder Gold noch Silber, aber was mir eine unsägliche Freude macht – das os intermaxillare am Menschen!« Er hatte die Entdeckung beim Sezieren unter Anleitung des Professors der Medizin und »heimlichen Kanzlers« der Universität, Justus Christian Loder (1753–1832), im Anatomieturm gemacht. Dies war unter G.s vielfältigen naturwissenschaftlichen Beobachtungen und Experimenten, die er in Jena unternahm, ein Schlüsselerlebnis.

In der Zeit bis zur Schlacht im Oktober 1806 wohnte G. im Residenzschloß (an dessen Stelle heute das Hauptgebäude der Universität steht), also in unmittelbarer Nähe der naturhistorischen Sammlungen des »Herzoglichen Museums« und neben der Behausung und Bibliothek des Polyhistors Christian Wilhelm Büttner (1716–1801). Jenas Umgebung erschloß sich G. bei Spaziergängen, Besuchen und Ausflügen. Sie führten ihn bis nach Lobeda, später bis nach Drakendorf zur Familie von Ziegesar, gelegentlich nach Ziegenhain und zum Fuchsturm; nach 1810 war er oft im »Paradies« bei Karl Ludwig von Knebel zu finden.

Erste amtliche Aufgaben in Jena erwuchsen aus G.s Position im Geheimen Consilium, so die Ankäufe des Naturalienkabinetts von Johann Ernst Immanuel Walch (1725–1778) und der Bibliothek Büttners. Auch wiederholte Studentenunruhen waren bis in die 90er Jahre hinein Anlaß für die Anwesenheit G.s im Rahmen seiner Zuständigkeit für die Universität. Ab 1779 kamen Aufgaben der Kriegskommission sowie der Wege- und Wasserbaukommission hinzu. Das Hochwasser der Saale, das die Stadt häufig gefährdete, veranlaßte Flußregulierungen, die nicht durchweg auf Zustimmung der Anlieger stießen. Hingegen blieben G.s und des Herzogs spontane Hilfeleistungen für die Betroffenen des Hochwassers vom 28. und 29.2. 1784 in guter Erinnerung.

Ein wichtiges Tätigkeitsfeld in der Verbindung zu Jena war G.s amtliche Einwirkung auf die Berufung von Professoren – eine Befugnis, die sich ursprünglich aus seiner Position im Geheimen Consilium ergab. Auch nach der Italienreise nahm G. Einfluß auf die Auswahl der Hochschullehrer, teils über den Herzog selbst, teils über seinen Ministerkollegen Christian Gottlob von Voigt (1745–1819). Er war damit wiederholt an Personalentscheidungen beteiligt, die auf längere Sicht die Entwicklung Jenas bestimmten. Eine der frühesten auf G.s Initiative zurückgehenden Berufungen war die des Botanikers August Johann Georg Karl Batsch (1761–1802), dem 1802 Franz Joseph Schelver (1778–1832) und 1807 Friedrich Siegmund Voigt (1781–1850) folgten. Mit der Gründung des Botanischen Gartens, dessen Direktion die Genannten innehatten, war seit 1794 ein Anschauungs- und Experimentierfeld für die Botanik als selbständiges Fach entstanden; auch für G.s anhaltendes Interesse daran war jener Garten einer der wichtigsten Orte in Jena. Auf G.s Einflußnahme ging auch die Berufung des Chemikers Johann Friedrich August Göttling (1753–1809) in die philosophische Fakultät zurück, womit

ein Schritt zur selbständigen Vertretung der Chemie getan wurde. Die Berufung des Nachfolgers Johann Wolfgang Döbereiner (1790–1849) entschied der Herzog allerdings ohne G.s Mitwirkung.

Als besonders wichtig ist die Berufung Schillers zu nennen, an der G. durch ein Promemoria vom 9.12. 1788 beteiligt war. Erst sechs Jahre später, im Anschluß an eine Versammlung der »Naturforschenden Gesellschaft« im Juli 1794, fand die folgenreiche Begegnung beider Männer statt. Nicht zuletzt durch die Mitwirkung G.s an Schillers Zeitschrift *Die Horen* wurde Jena bis zu Schillers Übersiedlung nach Weimar im Jahre 1799 zum Ort des Gedankenaustausches zwischen den Dichtern.

In den 90er Jahren waren es verdienstvolle Gelehrte wie die Philosophen Karl Leonhard Reinhold (1758–1828), Johann Gottlieb Fichte und Friedrich Wilhelm Joseph Schelling, die Theologen Johann Jakob Griesbach (1745–1812), Heinrich Eberhard Gottlob Paulus (1761–1851) und Friedrich Immanuel Niethammer (1766–1848) sowie die Juristen Gottlieb Hufeland (1760–1817), Johann Paul Anselm Feuerbach (1775–1833) und Anton Friedrich Justus Thibaut (1772–1840), die an der Universität wirkten und sie zu einem Mittelpunkt der deutschen Philosophie machten. Dies alles und der zeitweilige Aufenthalt von Wilhelm und Alexander von Humboldt fesselten G. an Jena und trugen nicht unwesentlich zu der gemeinsamen Ideenbildung bei, die die deutsche Klassik begründete. Damals entstanden in Jena zahlreiche Gedichte G.s, darunter *Die Metamorphose der Pflanzen. Wilhelm Meisters Lehrjahre* konnte G. in der Arbeitsatmosphäre, die die Stadt ihm bot, ebenfalls wesentlich fördern.

Um die gleiche Zeit wurde Jena zum Ausgangsort der deutschen Romantik. Schelling, mit dem G. in vielen Grundanschauungen übereinstimmte, bot eine vielbeachtete Orientierung in der Naturphilosophie. Um ihn und die Brüder August Wilhelm Schlegel und Friedrich Schlegel bildete sich ein Kreis von Literaten und Philosophen, dessen Treffpunkt das Haus am Löbdergraben neben dem Roten

Turm wurde, mit Caroline Schlegel (1763–1809) und Dorothea Veit (1763–1839) als vielfältig anregenden Gesprächspartnerinnen. Zu nennen sind auch zeitweilig Anwesende wie Clemens Brentano, Ludwig Tieck und Novalis sowie Johann Wilhelm Ritter (1776–1810), Johann Diederich Gries (1775–1842) und Henrik Steffens (1773–1845). Indem sie die kunsttheoretischen Ideen der Frühromantik entwickelten, verbreiteten sie nicht nur einen frischen Geist, sondern erregten – auch durch ihre ungewöhnliche Lebensführung – manche Irritationen, die nicht selten zu literarischen Kontroversen führten. Für G., der von den meisten Personen dieses Kreises verehrt wurde, bedeutete dies Anregung, oft aber auch Ärgernis.

Ein Ende dieser Epoche deutete sich seit der Entlassung Fichtes an, die übrigens nicht auf G.s Initiative erfolgte. Fichtes Weggang nach Berlin im Jahre 1798 geriet Jena zu großem Nachteil. Als sich am Anfang des neuen Jahrhunderts auch der Kreis der Frühromantiker aufzulösen begann, schien für die Stadt ein Generationswechsel einzutreten, der vor allem für die Universität einschneidende Folgen hatte. 1803 gingen Loder, Schelling, Paulus und mit Christian Gottfried Schütz (1747–1832) auch die *Allgemeine Literatur-Zeitung* aus Jena fort. G. mußte sich um die naturhistorischen Sammlungen für die Universität, insbesondere um eine anatomische Lehrsammlung und um eine neue Literaturzeitung mühen. Unter dem Motto: »Da wir die Menschen verlieren, müssen wir einsweilen die Sachen aufstutzen« (an Voigt, 28.7. 1803) beschäftigte er sich in der zweiten Jahreshälfte 1803 fast ausschließlich mit Jenaer Angelegenheiten. Dazu gehörten auch die Beschäftigung mit der Bibliothek des 1801 gestorbenen Büttner und die Sorge um die Direktion des Botanischen Gartens nach dem Tod von Batsch.

Da die große Zeit der Philosophie in Jena mit dem Fortgang Schellings offenbar abgelaufen war, ging es G. trotz oder wegen der kriegerischen Zeiten vordringlich um den Erhalt der naturhistorischen Sammlungen. Kaum waren hier Ansätze neuer Ordnung geschaffen, brach die Schlacht vom 13./14.10.

1806 über Jena herein. Die Stadt war Bränden und Plünderungen ausgesetzt. In deren Folge und aufgrund der anscheinenden Aussichtslosigkeit für die Universität verließen nicht nur viele Studenten, sondern auch manche wichtige Persönlichkeit die Stadt. Schelver floh nach Heidelberg. Hegel, der bislang auf G.s Fürsprache hin ein kleines Honorar bezogen hatte, ging im November 1806 als Redakteur nach Bamberg, nachdem er die *Phänomenologie des Geistes* fertiggestellt hatte. Der Leiter der Mineralogischen Sammlung, Johann Georg Lenz (1748–1832), klagte über Verluste unter seinen Mineralien. Aber im großen und ganzen blieben die Sammlungen unversehrt, obwohl das Schloß für ein Jahr zum Lazarett wurde. In der Sorge um die Stadt und die Menschen wurde Knebel, der seit 1805 in Jena lebte, für G. zu einer wesentlichen Stütze, auch im Verkehr mit dem französischen Kommandanten, an den sich G. wegen Wiedereröffnung der Universität zu wenden versuchte.

Ab 1807 wohnte G. im Bischoffschen Haus, am »Hauptwachschloßplätzchen« (Ecke der späteren Schloßgasse). Wichtigster Anziehungspunkt für Geselligkeit blieb das Frommannsche Haus am Fürstengraben. Dort konnte mancher Abschied überwunden werden, so auch die Abwanderung von Vater und Sohn Voß nach Heidelberg. Im Frommannschen Kreise traf G. Minchen Herzlieb, die lange Zeit als einziges Vorbild für die Ottilie in G.s *Wahlverwandtschaften* gegolten hat. Dabei hatte man übersehen, daß es schon Jahre vorher Beziehungen G.s zu Sylvie von Ziegesar in Drakendorf gegeben hatte, die sehr wahrscheinlich den wichtigeren, wenn auch nicht einzigen Erlebnishintergrund für den Roman bildeten.

In den darauffolgenden Jahren waren G.s Aufenthalte vor allem durch die ihm übertragene »Oberaufsicht über die unmittelbaren Anstalten für Wissenschaft und Kunst« geprägt. Es handelte sich dabei um naturwissenschaftliche Institute, die von Sachsen-Weimar aus gegründet oder gefördert worden sind, aber nicht der Universitätsverwaltung unterstanden. Sowohl beim Botanischen Garten als auch bei den naturhistorischen Sammlungen kam es nach 1807 darauf an, die Neuordnung und Vermehrung fortzusetzen. Von 1810 an galt es, für das Chemische Institut entsprechende Arbeitsbedingungen zu schaffen, ab 1812 war die Sternwarte und ab 1817 die Tierarzneischule zu verwalten und die besonders langwierige Aufgabe der Reorganisation der Universitätsbibliothek durch Zusammenführung der Sonderbibliotheken in Angriff zu nehmen und abzuschließen. Daneben ergaben sich auch immer wieder bauliche Vorhaben, von denen hier nur der Abriß des Löbdertores und der Neubau des Inspektorhauses im Botanischen Garten genannt sein sollen.

Aus all diesen Aufgaben erwuchsen neue und beständige persönliche Beziehungen. Zu nennen sind vor allem die Direktoren der Institute, die G. unterstanden: der Botaniker Voigt, der Mineraloge Lenz, der Mediziner Johann Friedrich Fuchs (1774–1828), der Chemiker Döbereiner, der Mathematiker und Leiter der Sternwarte Karl Dietrich von Münchow (1778–1836) und der Tierarzt und Leiter der Tierarzneischule Theobald Renner (1759–1850). Mit diesen Gelehrten, zu denen noch der Altphilologe und Redakteur der *Jenaischen Allgemeinen Literatur-Zeitung* Heinrich Karl Abraham Eichstädt (1772–1848), der Physiker Thomas Johann Seebeck (1770–1831), der Mechaniker Johann Christian Friedrich Körner (1778–1847) und in den 20er Jahren der Philologe und Bibliothekar Karl Wilhelm Göttling (1793–1869) zu zählen sind, stand G. bei seinen Jenaer Aufenthalten in fortgesetztem Kontakt.

Ein wesentliches Anliegen G.s bestand darin, die Gelehrten zum Gedankenaustausch zu bewegen und dafür eine Organisationsform zu finden. Schon 1793 hatte Batsch die »Naturforschende Gesellschaft« in Jena gegründet, die die Erweiterung und Ergänzung der Naturwissenschaften und das Sammeln von naturhistorischen Merkwürdigkeiten zum Ziel hatte. Monatlich versammelten sich damals ihre Mitglieder zu einem Vortrag. 1802 gehörten der Gesellschaft noch 81 aktive, 130 korrespondierende und 130 Ehrenmitglieder an. G., der 1804 zum Präsidenten ernannt worden war, versuchte vergeblich, diese Gesellschaft wiederzubeleben. Eine erfolgreichere Entwicklung nahm die »Mineralogische Gesellschaft«, die 1796 gegründet, 1804 als »Herzogliche Gesellschaft« bezeichnet und ebenfalls unter G.s Präsidentschaft gestellt worden war. Sie war ausschließlich darauf orientiert, mit Hilfe korrespondierender Mitglieder die vorhandene Mineraliensammlung zu erweitern.

Als sich ab 1815 eine gewisse Konsolidierung der politischen Lage und der institutionellen Gegebenheiten abzeichnete, versuchte G., eine neue Form akademischen Austauschs unter den Naturforschern ins Leben zu rufen. Die Professoren, die an den der »Oberaufsicht« unterstellten Instituten forschend und lehrend tätig waren, sollten sich zu einer naturwissenschaftlichen   Gemeinschaftsarbeit vereinigen, um damit einen »Weg zur Humanität« zu öffnen (an Knebel, 25. 11. 1808). Ein an die entsprechenden Institutsdirektoren versandtes Rundschreiben vom 27. 3. 1816, in dem G. vorschlug, bei vierteljährlichen Zusammenkünften einen Gedankenaustausch zu praktizieren und so die Forschungen zu fördern, fand jedoch außer bei Döbereiner kein zustimmendes Echo. So blieben die jenaischen Gelehrten unter sich isoliert bzw. nur individuell mit G. in Verbindung.

Ab 1817 hielt sich G. häufig über längere Zeiträume in Jena auf. Er wohnte zunächst in der »Tanne« am Saaleufer, später im alten Gärtnerhaus des Botanischen Gartens. Außer der intensiveren Beschäftigung mit Naturwissenschaften, die sich auch in den Heften *Zur Naturwissenschaft überhaupt, besonders zur Morphologie* niederschlug, und neben den amtlichen Funktionen gab es manche Aufgabe, die ihn in Jena fesselte. Vor allem aber stand die Reform der Universität an, bei der G. zwar nicht unmittelbar amtlich verantwortlich, aber doch in seinen Ämtern beteiligt und betroffen war. Die Jenaer Universität wurde noch Anfang des 19. Jhs. als Hochschule der Ernestinischen Herzogtümer gemeinsam von den Herzögen von Sachsen-Weimar-Eisenach, Sachsen-Gotha und Altenburg, Sachsen-Coburg-Saalfeld und Sachsen-Meiningen unterhalten.

Dementsprechend schwierig gestaltete sich ihre Verwaltung. Hinzu kam der alte Selbstverwaltungsanpruch der Hochschule. An G.s Urteil über die Universitätsverfassung – »Daß die morsche jenaische Verfassung bey dieser Gelegenheit zusammenbrechen würde, ließ sich voraussehen. Jämmerlicher konnte kein gemeines Wesen geführt seyn« (an Knebel, 24.10.1806) – wird sich auch in der Folgezeit zunächst wenig geändert haben. Daß die naturwissenschaftlichen Institute, auf die man von Sachsen-Weimar aus bei der Universitätsentwicklung baute, selbständig unter G.s Oberaufsicht geführt wurden, hatte nicht zuletzt darin seinen Grund.

Eine Reform war dringend geboten. Nachdem Sachsen-Coburg und Sachsen-Meiningen im April 1817 auf ihren Anteil an der Universität verzichtet hatten, blieb diese lediglich Sachsen-Weimar-Eisenach und Sachsen-Gotha und Altenburg unterstellt und wurde außerdem von der Verwaltung ihres Vermögens einschließlich der Rechnungsführung befreit. Eine Kommission wurde mit der Ausarbeitung neuer Universitätsstatuten betraut. G. war daran insofern beteiligt, als ihm die einzelnen Entwürfe zur Begutachtung vorgelegt wurden. Sein Anliegen blieb es, seinen Bereich aus der Gesamtverfassung der Universität herauszuhalten. Dabei entsprach es sicher seinen Intentionen, wenn naturwissenschaftliche Fächer wie die Chemie, die allgemeine Naturgeschichte und die »Technologie« durch die neuen Statuten von 1821 in die philosophische Fakultät integriert wurden und diese damit eine neue Führungsrolle erhielt. Ihr Gewicht gründete sich nunmehr auf die eigenständige Entwicklung der Naturwissenschaften, an der nicht zuletzt auch G. wesentlich beteiligt gewesen war. Das ihm zuweilen nachgesagte Amt eines Kurators der Universität hatte G. abgelehnt.

Im Anschluß an das 50jährige Regierungsjubiläum Carl Augusts im Jahre 1825 sollte auf des Herzogs Anregung auch der Ankunft G.s in Weimar am 7.11.1775 von der Jenaer Universität ehrend gedacht werden. Der Senat der Universität sowie die einzelnen Fakultäten übermittelten G. Gedichte und ehrende Diplome. Die philosophische und die medizinische Fakultät bedachten bei dieser Gelegenheit Friedrich Wilhelm Riemer und Johann Peter Eckermann mit der Ehrendoktorwürde.

Vielfältige Erfahrung sprach sich aus, wenn G. Eckermann gleich nach dessen Ankunft empfohlen hatte, sich für einige Zeit in Jena einzurichten: »Sie finden dort die verschiedenartigsten Quellen und Hülfsmittel für weitere Studien; auch einen sehr gebildeten geselligen Umgang, und überdies ist die Gegend so mannigfaltig, daß Sie wohl funfzig verschiedene Spaziergänge machen können, die alle angenehm und fast alle zu ungestörtem Nachdenken geeignet sind« (11.6.1823).

Literatur:

Ehrengabe der Friedrich-Schiller-Universität Jena. Aus dem Universitätsarchiv. Zum 200. Geburtstage Goethes. 28.8.1749–28.8.1949. Jena 1949. – Hartmann, Leopold: Goethe in Jena. Jena 1970. – Michels, Victor: Goethe und Jena. Jena 1916. – Schmidt, Siegfried u.a. (Hg.): Alma mater Jenensis. Geschichte der Universität Jena. Weimar 1983. – Vulpius, Wolfgang: Goethe in Thüringen. Stätten seines Lebens und Wirkens. Rudolstadt 1955 [Neufassung 1990]. – Wahl, Hans: Goethe im Gärtnerhaus am Botanischen Garten 1817–1830. Jena 1921. – Wolterek, Käthe A.: Goethe in Jena. Jena 1932.

Irmtraut Schmid

Jena und Auerstedt

Zum zweiten Mal in seinem Leben erlebte G. den Krieg, aber diesmal war er kein bloßer Zuschauer mehr, sondern sein Leben wurde in seinem eigenen Hause unmittelbar bedroht.

In der Doppelschlacht bei Jena und Auerstedt am 14.10.1806 bereiteten die französischen Truppen der preußischen Armee und ihren Verbündeten eine vernichtende Niederlage. Das war das definitive Ende des friderizianischen Preußens, das durch die erlittenen territorialen Verluste bis 1813 aus dem Kreis der Großmächte ausschied. Noch schrecklicher sah das Los der kleineren Staaten aus, die sich mit Preußen gegen Frankreich verbündet hatten. Dies war der Fall des Herzogtums Sachsen-Weimar, das nicht nur dieses Bündnis geschlossen hatte und nun Krieg auf eigenem Territorium ertragen mußte, sondern dessen Fürst preußischer General war und Truppen befehligte, die an diesem Krieg beteiligt waren. Nur der Mut der Herzogin, die in Weimar geblieben war und im Laufe von zwei Unterredungen mit Napoleon die Bewunderung des Kaisers errang, konnte den Staat und den Thron ihres Gemahls vor der Wut des Kaisers retten.

Schon Anfang Oktober hatte G. als Weimarer Verpflegungskommissar in Jena Fühlung mit einem Flügel des preußischen Heeres aufgenommen. Als er nach Weimar zurückkam, hatte der andere Teil der preußischen Armee schon in unmittelbarer Nähe der Residenz ein großes Lager aufgeschlagen. Beim Anblick der dort herrschenden Unordnung und des Zustands der Truppen zweifelte G. schon am 12. Oktober an der Möglichkeit eines Sieges.

Am 14. Oktober früh wurde die Kanonade der Schlacht bei Jena in Weimar deutlich vernommen. Sie dauerte den ganzen Vormittag, dann wurde es wieder ganz still. Kaum waren aber G. und die Seinigen wie gewöhnlich gegen drei Uhr zu Tisch gegangen, als ganz nahe Gewehrschüsse zu hören waren. Den preußischen Soldaten, die sich eiligst zurückzogen, folgten bald französische Husaren. Einer ihrer Offiziere war der Baron von Türkheim, Lilis Sohn, den G. zu Fuß zum Schloß begleitete. Während seiner Abwesenheit drangen sechzehn Husaren in sein Haus ein, aber sie waren so erschöpft, daß sie fast sogleich in einem Zimmer des Erdgeschosses einschliefen. Als G. zurückkam, um die Vorbereitungen für den Empfang des Marschalls Michel Ney, der bei ihm einquartiert werden sollte, zu treffen, hatte die Plünderung der Stadt schon begonnen; einige Häuser wurden ein Raub der Flammen, und mehrere Familien flüchteten in G.s Haus. Es gelang Riemer, einen ersten Versuch französischer Tirailleurs, der berüchtigten Löffelgardisten, die in das Haus eindringen

wollten, abzuwehren, aber sie wurden ein zweites Mal so bedrohlich, daß er sie einlassen mußte; sie verlangten sogar, die Zimmer zu besichtigen und den Hausherrn zu sehen. G. erschien, trank ein Glas Wein und wechselte ein paar Worte mit ihnen. Kurz darauf aber begaben sich die Eindringlinge in die Etage und nahmen ein Zimmer in Besitz, das für einen der Adjutanten des Marschalls vorgesehen war. Im Laufe der Nacht drangen sogar zwei von ihnen bis in das Schlafzimmer des Dichters und bedrohten sein Leben. Christiane rief einen der Männer, die ins Haus geflüchtet waren, und es gelang ihnen, G. zu befreien, dann die Türen seines Zimmers und des Vorgemachs zu verschließen. Erst am frühen Morgen wurden die französischen Tirailleurs von einem Offizier, der die Ankunft des Marschalls ankündigte, aus den Betten und dem Haus vertrieben. Der Marschall selbst kam später, als der Tag angebrochen war, und ließ sofort Posten vor der Haustür aufstellen. Damit war G.s Wohnung im Gegensatz zu vielen in Weimar vor Brandstiftung, Plünderung und Mißhandlung sicher. Marschall Ney blieb nur ein paar Stunden, der Dichter mußte aber in den folgenden Tagen die Marschälle Pierre François Charles Augereau und Jean Lannes mit ihrem Gefolge empfangen; am 16. Oktober beherbergte er Dominique Vivant Denon, den Direktor der kaiserlichen Museen, den er in Venedig kennengelernt hatte und der dem Kaiser folgte, um dessen Siege auf Medaillen prägen zu lassen und die französischen Museen zu bereichern. Diese erzwungene Gastfreundschaft kostete G. über 2000 Taler.

In diesen düsteren und bewegten Tagen war G. ganz verzweifelt, er glaubte, alles verloren zu haben und Weimar verlassen zu müssen. Christiane war sein einziger Halt. Die tapfere Frau sorgte für alles, kümmerte sich um das Wohlbefinden der hohen Gäste, half noch manchem Bedürftigen und nahm G. alle materiellen Sorgen ab. Aus Dankbarkeit auch dafür beschloß G. am 17. Oktober, sie förmlich zu heiraten. Die Trauung fand am 19. in der Sakristei der Schloßkirche statt. Er hatte aber die Trauringe symbolisch auf den 14. Oktober, den Tag der Schlacht, datieren lassen.

Literatur:

Koës, Johann Heinrich Carl: Tagebuchaufzeichnungen des Dänischen Archäologen Johann Heinrich Carl Koës (8.–23. Oktober 1806, Weimar). Mitgeteilt von L. Bobé. In: GoetheJb. 27 (1906), S. 118–124. – Müller, Friedrich von: Erinnerungen aus den Kriegszeiten von 1806 bis 1813. Leipzig 1911. – Riemer, Friedrich Wilhelm: Mitteilungen über Goethe. Berlin 1943. – Vulpius, Wolfgang: Christiane. Leipzig, Weimar 1987.

Jean Delinière

Jenaische Allgemeine Literatur-Zeitung

Im August des Jahres 1803 wandte sich G. einer Aufgabe zu, die ihn in der Folgezeit in besonderem Maße in Anspruch nahm. Es ging um den Ersatz der renommierten *Allgemeinen Literatur-Zeitung* (künftig: ALZ), die nach dem Willen der Herausgeber Friedrich Justin Bertuch (1747–1822) und Christian Gottfried Schütz (1747–1832) von Jena nach Halle verlegt werden sollte.

Die Verpflanzung einer so wichtigen Zeitungsredaktion gehörte zu den mannigfachen Abwanderungsbewegungen, die Jena seit Friedrich Gottlieb Fichtes Entlassung im Jahre 1799 erfahren mußte. Der Verlust der ALZ gefährdete den Ruf Jenas, weil sie bislang die Stimme der Jenaer Universität darstellte. G. reagierte auf die Bedrohung mit Entschiedenheit und setzte gemeinsam mit Christian Gottlob Voigt die Gründung einer neuen *Jenaischen Allgemeinen Literatur-Zeitung* (künftig: JALZ) durch. Sie existierte neben der ab 1804 in Halle ansässigen ALZ bis 1841.

Es war vor allem Justus Christian Loder (1753–1832), der mit Hilfe des preußischen Kabinettsrates Karl Friedrich Beyme (1765–1838) die Verlegung der ALZ nach Halle betrieben hatte. Als August Kotzebue (1761–1819) am 19.8. 1803 einen Artikel im *Freimütigen* veröffentlichte, in dem von dem bevor-

stehenden Umzug berichtet und der Niedergang Jenas prophezeit wurde, mußte gehandelt werden, wollte man dem Schicksal Erlangens entgehen, das im gleichen Jahr seine *Literatur-Zeitung* verloren hatte. In einer Besprechung zwischen G., Voigt und dem Herzog am 26. August wurde beschlossen, die neue Zeitung ab 1.1. 1804 in Jena erscheinen zu lassen.

Als Redakteur wurde Heinrich Karl Abraham Eichstädt (1772–1848) gewonnen, der seit 1797 bei der ALZ tätig gewesen war und nunmehr vom Herzog vom 1.1. 1804 an ein privilegium exclusivum erhalten sollte. Die JALZ sollte ein für die Universität wirkendes landesfürstliches Organ sein, über das sich der Herzog die Oberaufsicht vorbehielt. Zur finanziellen Absicherung stellte er 5000 Taler zur Verfügung. Vom ursprünglich als Teilhaber verpflichteten, bald aber ausgeschiedenen Johann Gottlieb Samuel Karl Heun (Pseudonym: Heinrich Clauren; 1771–1854) erhielt man 1737 Taler, mußte ihn jedoch bei seinem Ausscheiden im Jahre 1812 abfinden. Eichstädt selber steuerte 900 Taler bei, und Voigt beschaffte die für die erste Zeit notwendigen Kredite. Von der ALZ übernommen wurden der Buchhalter und Expedient Friedrich Wilhelm Fiedler (um 1753–1821) sowie die Drucker Johann Michael Maucke (1742–1816) und Johann Christian Gottlob Etzdorf (Lebensdaten nicht ermittelt), wobei der letztere von 1806 ab den gesamten Druck ausführte. Die JALZ sollte mit sechs Nummern und einem Intelligenzblatt wöchentlich erscheinen, auch in Format und Ausstattung der ALZ angeglichen werden. Dies löste trotz der Benennung des neuen Organs als *J e n a i s c h e Allgemeine Literatur-Zeitung* bei Bertuch und Schütz heftige Proteste aus, die bis zu Störmanövern des Versandes in Preußen reichten.

Auch bei der Rezensentengewinnung war das Bemühen um Kontinuität zu spüren. Neben Herder sollten Heinrich Eberhard Gottlob Paulus (1761–1851), Friedrich Immanuel Niethammer (1766–1848) und Schiller gewonnen werden. Da Herder schon Ende 1803 starb, Paulus und Niethammer Jena verließen und Schiller sich nicht an der JALZ beteiligte, mußten die Initiatoren der neuen Zeitung andere Rezensenten werben. G. setzte seine persönlichen Verbindungen ein und versuchte Multiplikatoren in den Kulturzentren zu gewinnen. Dabei konnte es nicht ausbleiben, daß seine Neigung zur Naturwissenschaft und Geschichte den Kreis der Angesprochenen mitbestimmte. Auch die Romantiker und Naturphilosophen, u.a. August Wilhelm Schlegel und Schelling, wurden beteiligt, aber die Befürchtung des gegnerischen Lagers, daß die JALZ zu einer Zeitung der Naturphilosophie werden könnte, sollte sich als irrig erweisen.

Hervorzuheben sind als einflußreiche Mitarbeiter der Anfangsjahre die Historiker Johannes von Müller (1752–1802) und Georg Friedrich Christoph Sartorius (1765–1828), die Philologen Friedrich August Wolf (1759–1824) und Johann Heinrich Voß (1751–1826) sowie G. selbst, der sich freilich nicht nur als Rezensent, sondern zusammen mit Eichstädt in den ersten Jahren maßgeblich als Redakteur betätigte. In seinen *Tag- und Jahresheften 1803* stellte er die Ereignisse um die Gründung der JALZ als eine »Sache [...] von der größten Bedeutsamkeit« eindrucksvoll dar. Wenn die JALZ nicht den gleichen Ruhm wie die ALZ erlangen sollte, so lag dies vor allem an der Wissenschaftsentwicklung, die sich durch das Zurücktreten der Philosophie zugunsten einzelner Fachwissenschaften auszeichnete.

Literatur:

Bulling, Karl: Die Rezensenten der Jenaischen Allgemeinen Literaturzeitung. 3 Bde. Weimar 1962–1965. – Krause, Joachim/Oellers, Norbert/Pohlheim, Karl Konrad (Hg.): Sammeln und Sichten. Fs. für Oscar Fambach zum 80. Geburtstag. Bonn 1982, S. 342–344 [vgl. auch die dort aufgeführte Literatur]. – Oellers, Norbert: Die *Jenaische Allgemeine Literatur-Zeitung* und Schiller. In: Studien zur Goethezeit. Fs. für Lieselotte Blumenthal. Weimar 1968, S. 302–329. – Pape, Matthias: Goethe und Johannes Müller im Briefwechsel. Zur Gründungsgeschichte der *Jenaischen Allgemeinen Literatur-Zeitung*. In: JbFDtHochst. 1986, S. 155–186. – Schmid, Irmtraut: Die Gründung der *Jenaischen Allgemeinen Literatur-Zeitung*. Quellen zur Vorgeschichte. In: Impulse. Aufsätze, Quellen, Berichte zur deutschen Klassik und Romantik. Folge 10. Berlin, Weimar 1987, S. 186–273 [vgl. die auf S. 259, Anm. 6 aufgeführte Literatur].

Irmtraut Schmid

Jesus

G.s Jesusbild ist vor dem Hintergrund der zeitgenössischen Auseinandersetzungen um die orthodoxe Satisfaktionslehre zu sehen. Diese setzt einen göttlichen Erlöser voraus, da der in der Erbsünde befangene Mensch sein Heil nur durch den Opfertod Christi erlangen kann, der selber unschuldig alle Sünden der Menschheit sühnt und sie mit Gottvater versöhnt. Diese Theologie, die in ihrer streng lutherischen Form betont, daß dem sündigen Menschen die Gerechtigkeit Christi ohne alle gute Werke zugerechnet wird, verstieß gegen die Moral der Aufklärung; die Lehre von einem zornigen Gott, der als Sühnopfer den Tod seines Sohnes verlangt, kam der menschenfreundlichen Zeit barbarisch vor; schließlich fand man in den Evangelien viele Stellen, welche der Lehre von der Göttlichkeit des Menschensohnes zu widersprechen scheinen. In der Aufklärungstheologie erschien Jesus deshalb vielfach eher als Vorbild und Lehrer der Menschheit, nicht mehr als deren Erlöser; gleichzeitig hielten jedoch vor allem pietistische Kreise an der traditionellen Erlösungstheologie fest, d.h. an Jesus als göttlichem Heiland.

In *Dichtung und Wahrheit* gibt G. rückblickend und stilisierend eine Darstellung seiner religiösen Entwicklung, wobei schon im ersten Buch hervorgehoben wird: »Der Knabe hatte sich überhaupt an den ersten Glaubensartikel gehalten. Der Gott, der mit der Natur in unmittelbarer Verbindung stehe, sie als sein Werk anerkenne und liebe, dieser schien ihm der eigentliche Gott« (WA I, 26, S. 63). »Auf Verlangen«, wie er hervorhebt, schrieb er als Jüngling *Poetische Gedanken über die Höllenfahrt Jesu Christi. Auf Verlangen entworfen von J. W. G.* (1764/65), die konventionell orthodox-lutherisch Jesus als himmlischen Richter darstellen. In der Periode, in welcher G. einen engeren Kontakt zu pietistischen Kreisen in Frankfurt unterhielt, finden sich unter seinen Briefen an Ernst Theodor Langer (z.B. 17.1. 1769) und an Susanne von Klettenberg (z.B. 26.8. 1770) einige pietistisch getönte. Auch Briefe an Lavater bezeugen, wie wichtig die Frage nach dem Messias und Erlöser in den Diskussionen der Freunde war; es gibt aber keine Zeugnisse einer pietistischen Jesusminne. Vielmehr wurde es G. in der Auseinandersetzung mit der Brüdergemeine (vgl. *Dichtung und Wahrheit*, 15. Buch; WA I, 28, S. 304f.) und mit Lavater klar, daß sein Menschenbild mit einer orthodoxen oder pietistischen Erlösungstheologie unvereinbar sei, weshalb er am 29.7. 1782 an Lavater schrieb, er sei »zwar kein Widerkrist, kein Unkrist aber doch ein dezidirter Nichtkrist« – in dem Sinne, daß sein Bild von Jesus sich vom kirchlichen Christusbild radikal unterscheide. Im Gedankenaustausch mit Herder und Charlotte von Stein entstand das Epenfragment *Die Geheimnisse* (1784/85), das mit freimaurerischer und pansophischer Symbolik das Werden einer universalen Humanitätsreligion entwirft, während G. in Auseinandersetzungen mit Friedrich Heinrich Jacobi dem Spinozismus immer näher kam.

Die Distanz zum kirchlichen und pietistischen Jesusbild bedeutete keineswegs einen Verzicht auf die christliche Symbolik – von dem Fragment *Der ewige Jude*, das die Wiederkunft Christi kirchenkritisch behandelt, über *Faust* bis zu *Wilhelm Meisters Wanderjahren*, die mit einer spielerisch-legendenhaften Neuauflage der »Flucht nach Ägypten« eingeleitet werden. Die wegen großer Bibelnähe als blasphemisch aufgefaßte Säkularisierung religiöser Sprache und Motive war jedoch schon für die *Leiden des jungen Werthers* kennzeichnend. Die Bibelallusionen (vgl. Komm. in HA, Bd. 6, S. 591–593) sind sehr dicht, und der Roman schildert – übrigens auch mit einer scharfen Kritik an der »neumodischen moralisch-kritischen Reformation des Christenthumes« (2. Buch. Am 15. September; WA I, 19, S. 122) – statt des tugendhaften Helden, der

die Gnade nicht nötig hat, den Menschen, der den Zusammenbruch und die Gottverlassenheit selber trägt und somit Jesus nachfolgt, indem er sich ihm gleichstellt.

G.s Kritik an dem überlieferten Christusbild verschärfte sich während seines zweiten Aufenthaltes in Italien zu schroffer Ablehnung. Mit der entschiedenen Wende zur Diesseitigkeit und der Welt des Sinnlichen verband sich die Absage an die Nachfolge Christi, die ein verfehltes Leben bedeutet: »Jeglichen Schwärmer schlagt mir an's Kreuz im dreißigsten Jahre; / Kennt er nur einmal die Welt, wird der Betrogne der Schelm« (*Venezianische Epigramme*, Nr. 52; WA I, 1, S. 320). Die *Venezianischen Epigramme* enthalten nicht nur Antiklerikalisches, sondern so scharfe Angriffe auf die christliche Moral, daß viele erst aus dem Nachlaß (vgl. WA I, 53) veröffentlicht wurden. So will G. beispielsweise ein zweiter Stephanus oder Paulus werden, falls Gott die Menschheit durch ein Wunder von den allen natürlichen Lebensgenuß vergiftenden Geschlechtskrankheiten erlöst (ebd., S. 8), und wünscht in einem anderen Epigramm einer hysterischen Frommen, die nach dem Leib des Herrn, der Hostie, verlangt, daß sie »den heilsamern Theil« (ebd.) des Gottes Priapus empfangen möge.

G. blieb sich auch nach dieser Periode in der Ablehnung der Göttlichkeit Jesu und der Lehre vom stellvertretenden Leiden treu. In dem Gedicht *Süßes Kind, die Perlenreihen* aus dem Nachlaß zum *West-östlichen Divan* spricht der mohammedanische Dichter: »Jesus fühlte rein und dachte / Nur den Einen Gott im Stillen; / Wer ihn selbst zum Gotte machte, / Kränkte seinen heil'gen Willen« (WA I, 6, S. 288). Und er versucht sich gegen das Ansinnen der christlichen Geliebten zu wehren: »Mir willst du zum Gotte machen / Solch ein Jammerbild am Holze!« (ebd., S. 289).

In *Wilhelm Meisters Wanderjahren* läßt sich in begrenztem Umfang ein größeres Verständnis für die kirchliche Lehre von der Knechtsgestalt Christi in den Kapiteln über die drei Ehrfurchten feststellen. Mit Bildern von Tod und Kreuzigung werden die Zöglinge zwar vorerst verschont, aber in der dritten Grußform (2. Buch, 1. Kap.) lernen sie schon, »Niedrigkeit und Armuth, Spott und Verachtung, Schmach und Elend, Leiden und Tod als göttlich anzuerkennen, ja Sünde selbst und Verbrechen nicht als Hindernisse, sondern als Fördernisse des Heiligen zu verehren und liebzugewinnen« (WA I, 24, S. 243f.). Das zentrale neutestamentliche Thema der Knechtsgestalt, der Erniedrigung und Entäußerung des am Kreuze gestorbenen Gottes (Philipper 2, 7) erscheint hier als ein Grenzphänomen, dem man zwar nicht begegnen möchte, sich aber zuletzt stellen muß. Obwohl der Schmerz so seinen Sinn erhält, ist es bezeichnend, daß G. auch hier noch die Darstellungen des Schmerzensmannes als empörend und unpädagogisch verwirft: »Aber wir ziehen einen Schleier über diese Leiden, eben weil wir sie so hoch verehren. Wir halten es für eine verdammungswürdige Frechheit, jenes Martergerüst und den daran leidenden Heiligen dem Anblick der Sonne auszusetzen« (*Wilhelm Meisters Wanderjahre*; WA I, 24, S. 255). Noch in der Schrift *Christus nebst zwölf alt- und neutestamentlichen Figuren, den Bildhauern vorgeschlagen* (1830) verwirft G. den nackten und gekreuzigten Gott als Sujet für bildende Künstler.

Wichtiger als der Tod Christi war G. in den *Wanderjahren* und bis zum Ende dessen vorbildhaftes irdisches Leben, und wenn es in einem späten Gespräch mit Eckermann (11.3. 1832) heißt, der menschliche Geist würde »über die Hoheit und sittliche Kultur des Christentums, wie es in den Evangelien schimmert und leuchtet«, nie hinauskommen, denkt G. – mit Lessings Formulierung – an die Religion Christi und nicht an die christliche Religion.

Literatur:

Brinkmann, Richard: Goethes *Werther* und Gottfried Arnolds *Kirchen- und Ketzerhistorie.* In: Versuche zu Goethe. Festschrift für Erich Heller. Heidelberg 1976. S. 167–189. – Luke, David: ›Vor dem Jammerkreuz‹. Goethes Attitude to Christian Belief. In: PEGS. N.S. 59 (1988/89), S. 35–58. – Meinhold, Peter: Goethe zur Geschichte des Christentums. Freiburg, München 1958. – Möbus, Gerhard: Die Christus-Frage in Goethes Leben und Werk. Osnabrück 1964. – Seebaß, Gottfried: Goethe und der christliche Glaube. In: HeidelbergerJb. 31 (1987), S. 105–114. – Thieleke, Helmuth: Goethe und das Christentum. München, Zürich 1982. – ZIMMERMANN.

Sven-Aage Jørgensen

Journal von Tiefurt

Das *Journal von Tiefurt* ist eine in höchstens elf handgeschriebenen Exemplaren verteilte Zeitschrift des Kreises um die Herzogin Anna Amalia. Es wurde auch außerhalb Weimars weitergegeben, so an G.s Mutter in Frankfurt, Barbara Schultheß in Zürich und Johann Heinrich Merck in Darmstadt. Friedrich Hildebrand von Einsiedel nahm gemeinsam mit Louise von Göchhausen die redaktionellen Aufgaben wahr. Das Journal brachte es zwischen August 1781 und Juni 1784 auf insgesamt 47 Stücke. Daß man den Namen *Journal* oder *Tagebuch von Tieffurth* wählte, bezieht sich auf das zunächst zum Vorbild genommene belletristische Unterhaltungsblatt *Journal de Paris*, unterstreicht aber auch die Bedeutung, die Anna Amalias Sommersitz Tiefurt für die Begegnungen dieses Kreises besaß.

»Es ist« – so beginnt das gedruckte Avertissement des Journals vom 15.8. 1781 – »eine Gesellschaft von Gelehrten, Künstlern, Poeten und Staatsleuten, beyderley Geschlechtes, zusammengetreten, und hat sich vorgenommen alles was Politick, Witz, Talente und Verstand, in unsern dermalen so merkwürdigen Zeiten, hervorbringen, in einer periodischen Schrift den Augen eines sich selbst gewählten Publikums, vorzulegen«. Das spiegelt die heiterselbstironische Grundstimmung wie auch die geistigen Interessen des Tiefurter Kreises wider. Unverbindliche Scherz- und Preisfragen, Scharaden und andere Beispiele modischer Unterhaltung wurden bald durch anspruchsvollere Poesie und seriöse politische und ästhetische Dispute ergänzt, ja teilweise verdrängt. So wurden auch Texte der aufmerksam gelesenen, geheimen *Correspondance littéraire* aus Paris aufgenommen, die Beiträge u. a. von Voltaire, Denis Diderot und Jaques Necker enthielt und gleichfalls nur in wenigen intern bleibenden handschriftlichen Exemplaren kursierte – den Zugang dazu vermittelte Prinz August von Gotha.

Die von Toleranz getragene Gemeinsamkeit aufgeklärter adliger Schöngeister und bürgerlicher Intellektueller, von Männern *und* Frauen, die den Kreis um Anna Amalia auszeichnete und durch dessen kulturelle Interessen gestiftet wurde, prägte auch das *Journal von Tiefurt*. Rezeption älterer, vor allem klassisch-antiker Kunst und Literatur, verband sich dabei mit eigener literarischer Produktion. Zu nennen sind Beiträge von Herder (siebzehn Gedicht- und Liedübersetzungen in der Nachlese zu seiner ersten Volksliedersammlung von 1778/79), Karl Ludwig von Knebel (sechs Übersetzungen antiker Poesie), Jakob Michael Reinhold Lenz (vier von G. zur Verfügung gestellte Gedichte) und Merck (ein poetologischer Aufsatz im 4. Stück), die den literaturgeschichtlichen Rang des Journals sicherten.

Hinzu kamen G.s Beiträge: Elf eigene Texte und eine Prosabearbeitung sind von Stück 5 (September 1781) bis Stück 41 (um den Jahreswechsel 1783/84) nachweisbar. Neben Gefälligkeitsgaben für die auf Beiträge angewiesene Redaktion – etwa Gedichten in anakreontischer Manier, meist kleinen Übertragungen aus dem Griechischen – stehen gewichtigere Gedichte, so *Er und sein Name* (8. Stück, Oktober 1781), das in Gestalt eines ironischen Spiels mit dem Familiennamen Klopstock Kritik an diesem Dichter übte, oder die später *Meine Göttin* betitelte *Ode* (5. Stück, September 1781), in der G. die verbündeten Schwestern Phantasie und Hoffnung gegen den drohenden Verlust dichterischer Kreativität beschwört. Das Gedicht *Auf Miedings Tod*, das den alleinigen Inhalt des 23. Stückes (März 1782) bildet, ist dem »Theatermeister« des Liebhabertheaters gewidmet. G. zog hier eine kritische Bilanz seiner ersten sechs Weimarer Jahre, eingefügt in die Spannung von »Geist und Witz« und »Albernheit« (WA I, 16, S. 134).

Das Motiv des memento mori nutzend, gipfelt das Gedicht in der Ermahnung an den »Staatsmann« (ebd., S. 135), sich den Fleiß, die Bescheidenheit und Selbstlosigkeit des einfachen Tischlers, des »guten Mannes« (ebd., S. 140), zum Vorbild zu nehmen. Hier wird deutlich, wie G. den Tiefurter Kreis und dessen Journal nutzte, um Einfluß auf den Herzog und die Hofgesellschaft zu nehmen. Mit dem Spruchgedicht *Edel sey der Mensch* (40. Stück, Dezember 1783, später unter dem Titel *Das Göttliche*) vertraute G. dem Journal ein herausragendes Beispiel seiner damaligen Lyrik an. Die von G. begonnene, aber nicht zu Ende geführte Prosabearbeitung *Der Hausball. Eine deutsche Nationalgeschichte* (6. und 9. Stück, 1781) nach einer 1781 in Wien erschienenen Erzählung von Philipp Hafner ist deshalb von besonderem Interesse, weil in der Einleitung *An den Leser* G.s positive Erwartungen gegenüber den damals beginnenden josephinischen Reformen zum Ausdruck kommen. Zu dem von Georg Christoph Tobler stammenden Prosahymnus *Die Natur* (32. Stück, Januar 1782) schließlich bekannte sich G. insofern, als er ihn – 1828 mit dem Text aus dem Nachlaß Anna Amalias erneut konfrontiert – als Zeugnis seiner damaligen pantheistischen Naturauffassung billigte und sogar in die Ausgabe letzter Hand aufnahm.

Daß die Zeitschrift in Weimar und darüber hinaus kursierte und intensiv gelesen wurde, bezeugen zahlreiche Bemerkungen und Anspielungen in Briefen G.s und seiner Zeitgenossen. Im *Schema der hiesigen Thätigkeit in Künsten, Wissenschaften und andern Anstalten* von 1795 nannte G. das Journal in einem Atemzug mit solchen Periodica wie dem *Teutschen Merkur* und den *Horen* (WA I, 53, S. 488); an einer anderen Stelle dieses Schemas erwähnt er es neben handwerklichen Projekten wie Friedrich Johann Justin Bertuchs »Blumenfabrik« unter dem Aspekt: »Manche Unternehmungen und Anstalten dauern nur eine Zeit, aber auch sie verdienen bemerckt zu werden, denn nichts was wirckt ist ohne Einfluß und manches folgende läßt sich ohne das vorhergehende nicht begreifen« (ebd., S. 490). Von besonderem Gewicht ist G.s Teilnahme am Journal als wichtiges Zeugnis seiner praktischen und geistigen Integration in die Weimarer Verhältnisse; dies wird u.a. deutlich durch die Rezension des zu seinem 32. Geburtstag in Tiefurt aufgeführten Schattenspiels *Minervens Geburt* von Karl Siegmund Freiherr von Seckendorff, die – von Carl August verfaßt – das freundschaftliche Verhältnis zum Herzog und G.s damalige Stellung am Weimarer Hof deutlich reflektiert (Stück 3, 1781).

Literatur:

Burckhardt, C[arl] A[ugust] H[ugo]: Das Tiefurter Journal. Literarhistorische Studie. In: Die Grenzboten. 30 (1871), H. 3, S. 281–299. – Hellen, Eduard von der (Hg.): Das *Journal von Tiefurt*. Mit einer Einleitung von Bernhard Suphan. Weimar 1892.

Siegfried Seifert

Jubiläen

Mit dem Erwachen eines historischen Bewußtseins, das zugleich die Herausbildung eines neuartigen Individualitätsbewußtseins einschloß, wurde im 18. Jh. auch der Keim dafür gelegt, daß Jahrestage seitdem im öffentlichen Leben immer mehr an Bedeutung gewannen. Das gilt nicht nur für markante geschichtliche Ereignisse wie etwa die Initiierung der Reformation durch Luthers Thesenanschlag, deren 300jährige Wiederkehr im Oktober 1817 im protestantischen Deutschland intensiv gefeiert wurde – auch G. nahm daran nicht unerheblichen Anteil –, sondern gerade auch für bedeutende Persönlichkeiten. Im Verlauf des 19. Jhs. entwickelte sich rasch der Geschmack an solchen Jubiläen und Gedenktagen, und es bildete sich ein Ritual heraus, das – mit jeweils dem Bewußtseinsstand und Zeitstil angemessenen Modifikationen – ungeachtet aller Einsprüche und Widerstände bis heute bestimmend geblieben ist.

Jubiläen und Gedenktage für große Individuen verdanken sich unter geschichtlichem Betracht dem Zufall, folgen doch Geburt und Tod in der Regel anderen Gesetzen als denen der Geschichte. Sie werden jedoch im Spannungsfeld von Epochenlagen, langfristigen Kulturentwicklungen und aktuellen zeitgeschichtlichen Konstellationen selbst zu historischen Ereignissen, deren Analyse erhebliche wirkungs- und rezeptionsgeschichtliche Aufschlüsse vermittelt: Wie werden Jahrestage gefeiert – oder warum übergangen –, wer ist daran aktiv oder passiv beteiligt, welche kulturellen Organisationsformen finden Anwendung, welche Resultate ergeben sich? Das sind Fragen, die Jubiläen und Gedenktage zu einem Gradmesser für die Lebendigkeit und Wirksamkeit eines Werkvermächtnisses machen und Gelegenheit zu Bilanzierungen wie zu Neuorientierungen geben. Dabei ist freilich zu beachten, daß die Ansichten und Interessen der aktiv oder passiv Beteiligten eine dominante Rolle spielen. Schon G. hat bei Gelegenheit der Lektüre von Walter Scotts Napoleon-Biographie das Problem reflektiert, als er sich angesichts der Frage nach Wahrheitsgehalt und Überzeugungskraft des Werkes »voraus« die Antwort gab: »Man wird dabei die Menschen näher kennen lernen als den Gegenstand« (an Zelter, 4.12. 1827) – er sah also, daß er über das Subjekt der Rezeption mehr erfahren konnte als über das Objekt. Öffnete sich hier ein fruchtbares Feld rezeptionsgeschichtlicher Vielfalt, so schloß das in dem Maße, wie die allgemeine geschichtliche Entwicklung im 19. und 20. Jh. die immer stärkere politisch-ideologische Vereinnahmung und Aktivierung der Kultur mit sich brachte, auch eine zunehmende Instrumentalisierung ein. Als durchgehende Tendenz auch der G.-Jubiläen zeigt sich, daß die Rezipienten sich des Objekts der Feiern – bewußt oder unbewußt – nur bemächtigten, um es für eigene Interessen zu nutzen.

In diesem Sinne bietet sich die Abfolge der Jubiläen als wesentlicher und zugleich sehr spezifischer Bestandteil der allgemeinen Wirkungs- und Rezeptionsgeschichte dar. Ursprünglich zufällig sich herausbildend, aber mehr und mehr eine Eigengesetzlichkeit und

Zwanghaftigkeit entwickelnd, macht sie Entwicklungen deutlich, deren Grundlinien wegen ihres sonst eher langwierigen und unterschwelligen Verlaufs nicht leicht auszumachen sind.

Als sich 1849 G.s Geburtstag zum 100. Mal jährte, waren die Jubiläumsaktivitäten durchgehend von Beiläufigkeit und Erfolglosigkeit bestimmt; bereits im Vorfeld hatte es kritische Hinweise auf den ungünstigen Stand der Dinge gegeben. Im Jubiläumsjahr selbst wurden zwar Initiativen für großgedachte Unternehmungen eingeleitet: Berliner Gelehrte und Künstler riefen dazu auf, zum 100. Geburtstag eine G.-Stiftung zu begründen, und in Weimar entwarf Franz Liszt, unterstützt durch Großherzog Carl Alexander, sein Programm einer *Fondation Goethe à Weimar*. Beide Vorhaben indessen scheiterten. Die Ursachen dafür sind vielschichtig. Die politischen Spannungen und Kämpfe, noch mehr die militärischen Ereignisse in der Endphase der scheiternden demokratischen Revolution lenkten die Aufmerksamkeit im öffentlichen wie im privaten Leben auf andere Themen als auf eine Dichterfeier, und die ungelösten Probleme der Nationalentwicklung drängten die Unternehmungen ins Regionale ab. Indessen war die wichtigste Ursache für das negative Ergebnis die generelle Distanz und Ferne der Zeitgenossen zu G. und seinem Werk. Nur kleinere Gruppen, hauptsächlich aus relativ isolierten Intellektuellen bestehend, bekannten sich zu G. und glaubten in seinem Vermächtnis eine lebendige Kraft für Gegenwart und Zukunft finden zu können. Zweifellos stand das so erfolgreiche Schiller-Jubiläum 1859 im Zeichen einer günstigeren Konstellation zeitgeschichtlicher Entwicklung, aber das hätte wenig eingetragen, wenn Schiller zu diesem Zeitpunkt nicht wirklich als hochaktuell, mit den gegenwärtigen Tendenzen und Bedürfnissen übereinstimmend empfunden worden wäre. G. jedoch erschien 1849 der überwiegenden Mehrheit nicht als gegenwärtig und hilfreich. Seine Intentionen gingen nicht mit denen der Zeitgeschichte konform. Das kommt in der Facettierung des Bildes von ihm und seinem Werk zum Ausdruck, die ihrerseits dazu beitrug, das negative Resultat zu

fördern. Wenn es bei den generell divergierenden Positionen eine einheitliche Tendenz gab, so die, daß G. als nicht mit der fortgeschrittenen Zeit in Übereinstimmung, ja nicht einmal in Berührung befindlich gesehen wurde. Ohnehin hatten politisch Konservative trotz vieler ihren Intentionen eigentlich entgegenkommender öffentlicher Bekundungen des alten G. kein Vertrauen zu dem als unsicherer Kantonist empfundenen Dichter, und religiöse Ideologen aus allen Konfessionen waren sich schon immer in der Kritik einig. Wichtiger war, daß die die geschichtlichen Alternativen vertretenden Kräfte in – teilweise radikaler – Distanz zu G. verblieben. Für die Demokraten galt schon seit G.s Lebzeiten, daß dieser sich der Zeitferne und Zeitlosigkeit verschrieben und als Fürstenknecht oder bestenfalls als Indifferentist bekannt hatte. Für die Deutschtümler und Nationalpatrioten war er der Staatsferne und Antinationale. Und für die liberalen und nationalliberalen Ideologen, die in den Folgejahren einen wichtigen Einfluß ausübten, erschien er schlechthin als geschichtlich überholt: Fand Julian Schmidt in G. subjektive Willkür, Charakterlosigkeit, Auflehnung gegen Regel und Gesetz als typische Unarten der Deutschen wieder und empfand er G.s Humanitätskonzept als unbrauchbar, weil ohne Sinn für Realität und ohne Gestaltungskraft, so gab Gustav Freytag, indem er erklärte, G.s größtes Kunstwerk sei sein Leben gewesen, eine Losung aus, die für die G.-Rezeption vieler folgender Jahrzehnte wichtig wurde, indem sie ein vergangenes Leben in ein Artefakt verwandelte und zugleich das nachlebende und wirkungskräftige Werk auf eine untergeordnete Position abdrängte.

Ohne bemerkenswerte Aktivitäten ging 1882 der 50. Todestag vorüber. Abgesehen davon, daß die Gedenkrituale sich der Todestage noch nicht im gleichen Maß bemächtigt hatten wie im 20. Jh., waren die Voraussetzungen nach wie vor wenig günstig für einen neuen produktiven Umgang mit dem Dichter. In Weimar waren die G.-Stätten immer noch verschlossen, und niemand wußte, wie es weitergehen sollte. Vor allem aber wirkte die Distanz der früheren Jahrzehnte noch kräftig nach. Her-

man Grimm, einer der maßgeblichen literatur-
politischen Sprecher im neuen Kaiserreich,
setzte, wenn er G. in den jeweils erneuerten
Einleitungen zu seinen Vorlesungen über ihn
angesichts der neuen deutschen Wirklichkeit
für fern und vergangen erklärte, zunächst nur
die Linie fort, die bei aller Unterschiedlichkeit
sowohl von Georg Gottfried Gervinus als auch
von Julian Schmidt eingeschlagen worden war.
Schließlich war es ein charakteristisches
Merkmal dieses Jahres 1882, daß mit der großen G.-Biographie des Jesuitenpaters Alexander Baumgartner und mit der Berliner Rektoratsrede von Emil Du Bois-Reymond sehr
grundsätzliche G.-Kritiker aus dem religiös-
weltanschaulichen und aus dem naturwissenschaftlichen Bereich das Wort führen konnten,
während Gegenstimmen viel leiser blieben.

Das alles gestaltete sich 1899 von Grund auf
anders. Die Aktivitäten zum 150. Geburtstag
erbrachten eine neue Qualität, einen Durchbruch in der Geschichte der G.-Jubiläen. Nicht
daß G. im wilhelminischen Kaiserreich »angekommen« gewesen wäre, vielmehr wurde er
nun »angeeignet« und, soweit das angesichts
der Substanz seines Vermächtnisses nicht
schlichtweg unmöglich war, auch eingepaßt.
Obwohl die prononciertesten Repräsentanten
und Ideologen des Wilhelminismus – Wilhelm
II. selbst an ihrer Spitze – dem Geist des klassischen Weimar denkbar fernstanden und folgerichtig wenig Anteil am Jubiläum nahmen,
gab es eine breitere Schicht aus Aristokratie
und Bürgertum, die, selbst in grundsätzlicher
Übereinstimmung mit dem Status quo in
Deutschland, die Unternehmungen des Jubiläums begrüßten und mittrugen. Im Ergebnis
zeigte sich eine deutliche Politisierung und
Instrumentalisierung der G.-Rezeption. Nach
der Installierung und Festigung der neuen politischen Strukturen, die nunmehr als Erfüllung G.scher Herzenswünsche gelten sollten,
wurde mit der feierlichen Eingemeindung und
Erhöhung G.s ein Zeichen dafür gesetzt, daß
Politik und Kultur, Macht und Geist letztend-
lich versöhnt seien. G. und Bismarck erschienen aus diesem Blickwinkel als Verbündete
und Partner. Die G.sche Bildungsidee, Mittel-
und Zielpunkt der Aneignungsbemühungen,

wurde zum Vehikel einer großen, mit dem Gedanken deutscher geistiger Führerschaft in der
Welt verbundenen kulturhistorischen Mission.

Insofern das eine neue Zentrierung und
Konturierung des G.-Bildes bedeutete, waren
die Voraussetzungen durchaus günstig. Seit
1885 in Weimar nach dem Tod des letzten
G.-Enkels nicht nur bislang verschlossene Türen geöffnet, sondern auch neue Stätten und
Institutionen für die Erforschung und Verbreitung des Werkes begründet worden waren,
blühte die G.-Philologie und -Biographik in
nahezu exzessiver Weise. Die G.-Gesellschaft
wurde im gesamtnationalen Umkreis aktiv, andere G.-Vereine und -Bünde kamen hinzu. Wie
sehr dabei eine idealisierende Überhöhung
und ahistorische Monumentalisierung anvi-
siert wurde, brachte Herman Grimm schon
1898 gleichsam als Leitmotiv für das Jubiläumsjahr auf die Formel: »Wir verlangen monumentale Bilder unserer großen Männer.
[...] Nicht wie sie waren, wollen wir sie sehen, [...] sondern wie sie innerhalb der Volks-
phantasie sich erheben« (Mandelkow 1975,
S. 203). Bei so unterschiedlichen Geistern wie
Hugo von Hofmannsthal und Wilhelm Bölsche
stieß der G.-Kult in den Bereich des Religiösen vor: G. erschien in der Funktion eines
modernen Christus. Die allgemeine Tendenz
der Überhöhung fand eine Ergänzung noch
darin, daß selbst im Lager des Katholizismus
durch Carl Muth versöhnlichere Töne ange-
schlagen wurden. Daran ist besonders gut zu
erkennen, wie übergreifend die apologetisch-
besitzergreifende Tendenz dieses Jubiläums
wirkte. Nur wenige Einzelne hoben sich – wiederum sehr unterschiedlich, ja gegensätzlich
gerichtet – davon ab, etwa Franz Mehring mit
seinen Bemühungen, den instrumentalisieren-
den ideologischen Grundzug deutlich zu machen, aber auch Stefan George mit seiner bösen elitären Polemik gegen die Einladung an
den Pöbel, sich G. zu nähern, oder Heimat-
kunst-Ideologen wie Friedrich Lienhard, die
den Dichter in eine idyllisierte heile Welt des
Regionalen zu pferchen suchten.

Der Anzahl und der Vielfalt nach schlossen
sich die G.-Feiern des Jahres 1932 durchaus

dem Jubiläum von 1899 an. Waren indessen die Geburtstagsfeiern an der Schwelle zum neuen Jahrhundert bestimmt durch eine hohe Selbstgewißheit und Zukunftszuversicht, die es ermöglichten, den früher distanziert betrachteten klassischen Dichter gleichsam in die neue nationale Gemeinschaft hineinzunehmen und aus dieser Identifizierung eine weitere Steigerung des eigenen Bewußtseins zu gewinnen, so standen die Ehrungen von 1932 im Zeichen einer tiefen Krisen-, ja Katastrophenerfahrung und Existenzangst, deretwegen G.s Geist heraufbeschworen wurde, um die zerstörenden Kräfte dieser Gegenwart zu bannen. Darüber hinaus sind zwei Merkmale neuer Qualität wahrzunehmen: Zum einen das Maß, in dem sich das deutsche Staatswesen, das offizielle Deutschland engagierte, zum anderen die Ausbreitung des G.-Gedenkens ins Internationale, wiederum unter erheblicher Anteilnahme von Repräsentanten der jeweiligen Staaten.

Die Gedenkfeiern in Deutschland trugen das Stigma der politischen Krise, in die die Weimarer Republik, bei deren Gründung ihr erster Präsident ausdrücklich den Geist des klassischen Weimar heraufbeschworen hatte, geraten war. Dementsprechend war es natürlich nur logisch, daß sich die höchsten Repräsentanten des Reiches mit einer zentralen Reichsgedächtnisfeier in die G.-Ehrung einschalteten. Ein Aufruf der Reichsregierung steckte den Rahmen dafür ab: G.s Vermächtnis sollte als Botschaft inneren Friedens, als Mittel zur Überwindung des selbstzerfleischenden Streites angeeignet werden; der Dichter wurde zum Stifter nationaler Identität und Eintracht berufen. In diesem Geiste wurde die offizielle Feier in Weimar begangen. Der Präsident der G.-Gesellschaft, Julius Petersen, als Hauptredner malte das angemessene apokalyptische Bild der Lage und mahnte zur Einkehr und Umkehr. Zahlreiche weitere Aktivitäten ergänzten innerhalb und außerhalb der Weimarer Gedenkwoche die offiziellen Bemühungen. Es war indessen charakteristisch, daß die radikalen politischen Kräfte auf der »Rechten« wie auf der »Linken« es verweigerten, sich der Demonstration von Übereinstimmung

und Gemeinsamkeit anzuschließen. Die Nationalsozialisten versuchten, ihre eigene Suppe zu kochen, die Kommunisten kamen – ungeachtet berechtigter Kritik an den Bestrebungen zur politischen Vereinnahmung und Funktionalisierung – über eine Position sektiererischer Distanzierung von dem Dichter nicht hinaus. So waren die Feiern dieses Gedenkjahres in Deutschland letztlich nur die »Demonstration und Selbstdarstellung der bürgerlichen Mitte der Republik« (Mandelkow 1989, S. 76). Immerhin hatte diese Mitte ein sehr breites, eminent divergierendes Spektrum. Es gab jenen Flügel, der die Überhöhung G.s zu einem weltlichen Gott, zu einem modernen Christus, wie sie bereits 1899 sichtbar geworden war, bis zur Unerträglichkeit steigerte, so daß der Geist des Dichters in Gebetsform angerufen wurde. Es gab aber auch dem Ernst der Situation wahrhaft angemessene Bemühungen um G., wie sie von den Brüdern Thomas und Heinrich Mann unternommen wurden, die zuvor sehr verschiedenartige Haltungen gegenüber dem Dichter vertreten hatten.

Bemerkenswert waren die international ausgerichteten Gedenkveranstaltungen in Deutschland und im Ausland; niemals in der bisherigen Rezeptionsgeschichte G.s war das Ausmaß internationaler Aktivitäten so groß gewesen wie in diesem Jahr 1932. Der Völkerbundsausschuß für Literatur und Kunst traf sich im Mai in Frankfurt am Main zu einer Tagung, die sich »Gespräche über Goethe als Europäer« zum Thema erkoren hatte und auf der führende kulturelle Repräsentanten anderer europäischer Länder referierten. »In einer Zeit, da die Völker auseinanderstreben, [gilt es; d. Vf.] im Geiste G.s das Gemeinsame, das die Völker Verständigende und Verbindende zu finden« (*Berliner Tageblatt*, 18.5. 1932), so faßte ein zeitgenössischer Zeitungsbericht die Zielstellung zusammen. Schließlich gab es in vielen europäischen und außereuropäischen Ländern Gedenkfeiern, bei denen, durchaus auf der gleichen Linie wie in Frankfurt, die Erinnerung an den Dichter beschworen wurde, oftmals unter Teilnahme von führenden Politikern jener Länder und der zuständigen deutschen Botschafter. Zahlreiche Konferenzen, Ausstellungen und verlegerische Unternehmungen waren zu verzeichnen, und in der Tat wurde solchermaßen ein beträchtlicher Beitrag zur internationalen Verbreitung des G.schen Werkes geleistet. Alle diese Bemühungen konnten freilich nur mehr Zeichen eines mehr oder minder aufrichtigen guten Willens sein. Es ist charakteristisch, daß sie die Vergegenwärtigung seines Vermächtnisses mit illusionären Erwartungen und Hoffnungen belasteten, die oftmals nur eine Alibifunktion hatten.

Noch einmal geriet ein G.-Jubiläum weitgehend in den Sog politischer Konflikte, wurde es in sachfremde aktuelle Konstellationen eingespannt: 1949 fiel der 200. Geburtstag G.s in den Zeitraum, da der Kalte Krieg in der nationalen Spaltung Deutschlands eine spezifische Konsequenz fand. Es war ein Zufall, daß dieser Tag genau zwischen den Gründungsdaten der beiden deutschen Staaten lag, doch ergab es sich aus der Logik dieses Zufalls, daß die Feiern durch diesen Umstand in außerordentlichem Maße bestimmt wurden. Wiederum zeigte sich ein breites Spektrum von Aktivitäten in Deutschland, diesmal aber hervorstechend akzentuiert durch die starke politische Konfrontation. G. wurde von beiden Lagern beansprucht und vereinnahmt. Folgerichtig ergaben sich höchst konträre Blickwinkel der Betrachtung und Wertung, und vielfach war den Stellungnahmen aufgeregte aktuelle Polemik beigemischt.

Im Westen Deutschlands standen die Jubiläumsaktivitäten noch stark im Zeichen der Funktion, die G. nach 1945 zugewiesen worden war. In der Berufung auf den Dichter und sein über die Zeiten hinausreichendes Vermächtnis sollte die nationale Katastrophe aufgefangen und überwunden werden: G. diente in diesem Sinne zur Legitimierung und Demonstration eines besseren, eines humanen Deutschtums; er bot Zuflucht und Trost für die niedergeschlagenen Einzelnen, spendete Kraft für eine innere, geistige und seelische Heilung und Erneuerung. Über die Jahrhunderte hinweg wurde mit G. als dem exemplarischen Menschen und dem mit-leidenden Bruder

Einverständnis gesucht. Dieser Sachlage, die noch weitgehend der Losung Friedrich Meineckes folgte, sich in »Goethe-Gemeinden« (Mandelkow 1989, Bd. 2, S. 136) als kleinen Berge- und Besinnungsräumen zusammenzufinden, entsprach zum einen, daß die Bemühungen um den Dichter bei aller Öffentlichkeit die Angelegenheit intellektueller Kreise und Schichten blieben, während die Mehrheit des Volkes nicht angesprochen oder weitgehend verfehlt wurde, zum anderen, daß politische und soziale, historisch-gesellschaftliche Sichtweisen zugunsten einer ahistorischen Verinnerlichung an den Rand gedrängt wurden. Kritische Fragestellungen, wie sie zum Beispiel Karl Jaspers und Ortega y Gasset vortrugen, wurden heftig zurückgewiesen. In dem Streit um den Wiederaufbau des G.-Hauses am Frankfurter Hirschgraben spiegelt sich die Konfrontation zwischen einem traditionalistischen, mit Hilfe G.s Erneuerung in Gestalt von Wiederherstellung suchenden und einem moderneren, die Zerstörung des Alten als unwiderruflichen Abschied von der Vergangenheit betrachtenden Konzept sehr deutlich wider. Bei alledem waren staatliche Instanzen wenig involviert; vielmehr gingen die Aktivitäten von kommunalen Verwaltungen und kulturellen Institutionen aus.

Das war im Osten Deutschlands – selbst noch vor der Gründung des neuen Staates – anders. Hier funktionierte schon eine zentrale Orientierung und Steuerung in Gestalt von Zentralverwaltungen oder Länderregierungen, und im Kulturbund zur demokratischen Erneuerung Deutschlands stand auch eine politische Vereinigung zur Verfügung, die wichtige Aufgaben bei der Vorbereitung und Durchführung des Jubiläums übernehmen konnte. Dabei gab es ernste und ehrliche, wenngleich oftmals naive, utopisch-illusionäre Intentionen und Praktiken, G. für die Mehrheit des Volkes, für die »Massen« zu erschließen und erreichbar zu machen; sie waren aber zugleich unablösbar in einen politischen Kontext gestellt, der auf die ideologische Prägung der Menschen und auf die Sicherung und Erweiterung von Machtpositionen zielte. Das klare, offensive Konzept, das der Gestaltung des Jubiläums im Osten Deutschlands zugrundelag, beruhte seinerseits auf dem derzeitigen marxistischen Geschichtsbild: G. wurde zwar als bürgerlicher Künstler und Ideologe betrachtet, erschien indessen, der Aufstiegsphase der bürgerlichen Klasse zugehörig – oder sogar deren Gipfelpunkt –, als eine geschichtliche Figur, an die über den Abstieg und die Agonie der bürgerlichen Klasse hinweg wieder Anschluß herzustellen war, um eine bessere, als sozialistisch vorgestellte Zukunft zu gewinnen. Daß G. auf diese Weise in hohem Maße politisch instrumentalisiert wurde, steht außer Frage; nicht zuletzt diente er solchermaßen als Vehikel, mit dessen Hilfe eine gewandelte, auf den gesellschaftlichen Fortschritt ausgerichtete bürgerliche Intelligenz in die Entwicklung einer neuen Gesellschaftsordnung eingebunden werden sollte. Dieser Aufgabe wurde schließlich auch die Entwicklung eines neuen, auf Historisierung angelegten G.-Bildes zugeordnet. Tatsächlich erbrachte das G.-Jubiläum 1949 einen wesentlichen Schub zur Institutionalisierung und Konsolidierung marxistischer Literaturwissenschaft.

Gemeinsam war der G.-Rezeption des Jahres 1949 im Westen und Osten Deutschlands – bei aller Gegensätzlichkeit –, daß die Bestrebungen auf eine Revitalisierung G.s und der deutschen Klassik schlechthin für Gegenwart und Zukunft zielten; die Überzeugung, daß dies möglich sein würde, war immerhin vorausgesetzt. Freilich erwies sich als prekäre Gemeinsamkeit auch, daß G. dazu diente, sich gegen eine wie immer beschaffene Moderne weltanschaulich und ästhetisch abzublocken. Insofern war eine Vielzahl von retrograden und restaurativen Tendenzen im Spiel.

Verglichen mit dem G.-Jahr 1949 verliefen die Feiern zum 150. Todestag G.s 1982 unspektakulär. Welche Spannungen und Konflikte auch in der gesellschaftlichen Wirklichkeit – im Osten wie im Westen – wirksam sein mochten: die dem Dichter gewidmeten Bemühungen waren längst nicht so stark wie zuvor in die politischen Auseinandersetzungen einbezogen. An diesem Sachverhalt wird einerseits deutlich, daß G. zu diesem Zeitpunkt nicht mehr im Zentrum der offiziellen Inter-

essen und Bedürfnisse stand; das hieß zugleich, daß es kaum noch überspannte Erwartungen in Hinsicht auf eine wünschenswerte aktuelle Rezeption gab. Andererseits resultierte aus der geringeren politischen Inanspruchnahme die Chance für einen angemesseneren sachlichen Umgang mit dem Dichter, der der Erschließung und Aneignung des Dichterwerkes zugute kommen konnte. Das verlief zwar im einzelnen in der DDR und in der Bundesrepublik unterschiedlich, wies aber auch bemerkenswerte Übereinstimmungen in der Grundtendenz auf.

Nach Lage der Dinge war für die DDR keine radikale Revision alter Leitvorstellungen und Interpretationslinien zu erwarten. Dennoch wurden diese mehr oder minder offen infragegestellt und – wenigstens teilweise – verdrängt. Historisch einlinige, zudem überaktualisierende ebenso wie ästhetisch normative Auffassungen und Urteile waren weitgehend abgebaut; eine genauere Historisierung gewann Raum, die insbesondere in Werkinterpretationen zur Geltung kam. Subjektivität erhielt, vor allem durch künstlerische Rezeption, Raum zur produktiven Entfaltung.

In der alten Bundesrepublik gab es in der Fülle von Bemühungen viele, in denen sich das Bestreben zur Beruhigung und Objektivierung des Umgangs mit dem G.schen Erbe gerade nach der Welle radikaler ahistorisch-aktualisierender Kritik, ja Schelte in den Jahren um und nach 1968 produktiv auswirkte. In einem weitgespannten thematischen und methodischen Rahmen wurden G.sche Fragestellungen aufgenommen, die der Auseinandersetzung mit einer problematisch gewordenen Moderne förderlich waren. Äußerten sich in der fast unübersehbaren, auch Marktgängerei einschließenden Vielfalt von Näherungs- und Aneignungsversuchen auch Bestrebungen, G. als eine »›prämoderne‹ Leitfigur« aufzubauen, und geriet insbesondere der »emphatische Rückgriff auf den antimodernistischen Naturforscher und Naturphilosophen« G. (Mandelkow 1989, S. 279) erneut einseitig, so trugen doch die zur Geltung gebrachten Positionen auf ihre Weise auch zu einer Vertiefung und Erneuerung des G.-Bildes bei.

Literatur:

Dahnke, Hans-Dietrich: Humanität und Geschichts-
perspektive. Zu den Goethe-Ehrungen 1932, 1949,
1982. In: WB. 10 (1982), S. 66–89. – Mandelkow,
Karl Robert: Goethe im Urteil seiner Kritiker. Dokumente zur Wirkungsgeschichte Goethes in Deutschland. 4 Bde. München 1975–1984. – Ders.: Goethe in
Deutschland. Rezeptionsgeschichte eines Klassikers. 2 Bde. München 1980/1989. – Meier, Bettina:
Goethe in Trümmern. Wiesbaden 1989. – Wichert,
Adalbert: ›So naht des goldnen Tages Jubelfeier‹.
Goethefeiern 1832–1982. In: Mitteilungen des Deutschen Germanistenverbandes. 40 (1993), S. 40–50.

Hans-Dietrich Dahnke

Judentum

Der oft unternommene Versuch, G.s Stellung
zum Judentum auf das einfache Schema Ju-
denfreund oder -feind, Philo- oder Antisemit
zu bringen, ist so haltlos wie irreführend.
Nicht nur läuft man damit Gefahr, der G.-Zeit
rassistische Ansichten zu unterschieben, man
reduziert auch ein komplexes Verhältnis, das
sich »von dreytausend Jahren [...] Rechenschaft« geben konnte (FA I, 3.1, S. 59), auf eine
bloße Gefühlsangelegenheit. G.s Haltung war
insofern zwiespältig, als er den Widerspruch
zwischen der biblischen Vergangenheit und
der Gegenwart des Judentums, den »Kontrast
zwischen den Ahnherren und den Enkeln« (an
Zelter, 19.5. 1812), nicht in einem Allgemein-
begriff aufheben wollte. Die zeitgenössische
Judenheit schien ihm außerdem stark durch
den »neusten Schacher- und Wucherbetrieb
der Nachkommen Abrahams« (WA II, 3,
S. 140) geprägt zu sein. Allerdings hat er auch
seine Kenntnis von ihr auf das ihm Nächstliegende beschränkt und an den Bestrebungen
und Auseinandersetzungen in ihr keinen Anteil genommen. Als größte, einmalige Leistung der jüdischen Nation galt ihm die Bibel
in ihren »beiden Abtheilungen« (ebd., S. 139);
sie blieb ihm zeitlebens nahe und hat wie kein
anderes Buch sein Schaffen beeinflußt.
Das Judentum, das der junge G. in seiner

Vaterstadt kennenlernte, war das an Kleidung,
Haartracht und Sprache kenntliche der Frankfurter Judengasse, wo es seit drei Jahrhunderten unter ghettoartigen Bedingungen, mit eigener Zivilgerichtsbarkeit und eigenem Kultus, zusammengepfercht leben mußte. Der Bericht von ersten Kontaktaufnahmen in
Dichtung und Wahrheit, geschrieben 1811, als
das Ghetto bereits in Auflösung war, soll zugleich mit der einstigen Realität die Optik des
Kindes wiedergeben: »Die Enge, der Schmutz,
das Gewimmel, der Accent einer unerfreulichen Sprache, alles zusammen machte den un-
angenehmsten Eindruck, [...] die alten Mährchen von Grausamkeit der Juden gegen die
Christenkinder« schwebten »düster vor dem
jungen Gemüth. [...] Indessen blieben sie
doch das auserwählte Volk Gottes, und gingen,
wie es nun mochte gekommen sein, zum Andenken der ältesten Zeiten umher. Außerdem
waren sie ja auch Menschen, thätig, gefällig,
und selbst dem Eigensinn, womit sie an ihren
Gebräuchen hingen, konnte man seine Achtung nicht versagen. [...] Ich ließ nicht ab, bis
ich ihre Schule öfters besucht, einer Beschnei-
dung, einer Hochzeit beigewohnt und von dem
Laubhüttenfest mir ein Bild gemacht hatte«
(WA I, 26, S. 235ff.). Der 10jährige hat sich
auch mit dem Westjiddischen beschäftigt, sogar bei einem Konvertiten Unterricht in der
»teutsch-hebräischen Sprache« genommen
(JG Fischer-Lamberg 1, S. 62) und ist von da
zur Aneignung des Hebräischen weitergegan-
gen.
Das durch Anschauung gewonnene Bild jüdischen Lebens änderte sich während der
Leipziger und Straßburger Studienzeit nicht
sehr und verlor die befremdlichen Züge erst in
den letzten Frankfurter Jahren. Im 4. Teil der
Autobiographie wird von einem Brand in der
Judengasse berichtet (28./29.5. 1774), wo G.
eingriff, eine Löschgasse bildete und energisch gegen Späße auftrat, die »Verachtung
und Unart noch dem Elend« hinzufügten
(WA I, 29, S. 20). Überdies wurde er bald darauf von einem Betroffenen zum Rechtsvertre-
ter genommen und eindringlich mit der Wohn-
situation der Judenstadt bekanntgemacht
(JG Fischer-Lamberg 4, S. 214ff.).

Durch die Übersiedlung nach Weimar 1775 kam G. in Landschaften und Verhältnisse, wo Juden nur vereinzelt, als wandernde Händler, Trödler, Bettler oder aber als »Schutzjuden« des Hofes anzutreffen waren. Erst seit den 90er Jahren erweiterten sich die Kontakte, teils durch auswärtige Besucher (wie den talentierten Studenten David Johann Veit), teils durch Bekanntschaften in den böhmischen Bädern, um Angehörige einer jüngeren, bereits akkulturierten Generation, mit der G. auf der Basis geistiger Gleichberechtigung verkehren konnte. In der nachitalienischen Zeit – »wo Deutschland nichts mehr von mir wußte, noch wissen wollte« (WA II, 6, S. 133) – war ihm das entgegengebrachte künstlerische Interesse besonders wertvoll. Selbstverständlich hat er bei allen Bekanntschaften nie auf Herkunft oder Konfession seines Gegenübers angespielt und auch, gemäß dem eigenen Diktum »Dulden heißt beleidigen« (MuR, 875), jegliche Herablassung vermieden. Besonders dauerhaft gestalteten sich die 1795 angeknüpften Beziehungen zu Rahel Levin, der späteren Frau Varnhagen von Ense, anregend auch die zu den Schwestern Marianne und Sara Meyer aus Berlin, später verheirateten von Eybenberg und von Grotthuß, welche alle zu G.s sensibelstem Publikum zählten.

In Böhmen ergaben sich ferner Kontakte zu jüdischen Vertretern des durch die Kriegsereignisse stark anwachsenden Handels- und Bankkapitals. Der Prager Bankier Simon Edler von Lämel, mit G. 1811 in Karlsbad bekannt geworden, hat aus der Rückschau berichtet, daß auf seine unvermittelte Klage: »Der Schiller, Euer Exzellenz! hat uns Juden mit seiner Abhandlung: ›Die Sendung Mosis‹ sehr weh getan«, G. ebenso unvermittelt seine Frankfurter Kindheitseindrücke resümiert und dann hinzugefügt habe: »Meine Verachtung, die sich wohl zu regen pflegte, war mehr der Reflex der mich umgebenden christlichen Männer und Frauen. Erst später, als ich viele geistbegabte, feinfühlige Männer dieses Stammes kennen lernte, gesellte sich Achtung zu der Bewunderung, die ich für das bibelschöpferische Volk hege« (Gespräche, 2, S. 669). Bankiers und Finanziers waren dem alten G. zwar generell

nicht sympathisch, doch scheint er den jüdischen eine gleichsam artistische Anerkennung entgegengebracht zu haben, wie ein nachgelassener *Divan*-Vers bekundet: »Zu geniessen weiss im Prachern / Abrahams geweihtes Blut / Seh ich sie im Bazar schacher n, / Kaufen wohlfeil kaufen gut« (FA I, 3.1, S. 593).

Für das Verhältnis zu den zahlreichen jüdischen Besuchern G.s nach 1815 gilt die Feststellung der feinfühligen Hofdame Jenny von Pappenheim, daß der Gedanke, jemanden »seiner Abstammung wegen mißtrauisch zu betrachten [...] im damaligen Weimar unmöglich« gewesen wäre und daß Rahel Levin oder Felix Mendelssohn-Bartholdy »zu unserer anerkannten Aristokratie« gehörten (Braun, S. 157). Nächst dem geliebten Mendelssohn-Bartholdy verdienen besondere Hervorhebung der später durch seine Bilder aus dem jüdischen Familienleben bekannt gewordene Maler Moritz Oppenheim, dem G. Anerkennung und den Professorentitel verschaffte – »Ein Titel und ein Orden hält im Gedränge manchen Puff ab« (Gespräche, 3.2, S. 132) –, sowie der Dichter Michael Beer, jüngster Bruder des Komponisten Giacomo Meyerbeer, dessen Emanzipationsdrama *Der Paria* G. aufs Theater brachte und in *Kunst und Altertum* durch Johann Peter Eckermann würdigen ließ: »Der P a r i a kann füglich als Symbol der herabgesetzten, unterdrückten, verachteten Menschheit aller Völker gelten, und wie ein solcher Gegenstand schon allgemein menschlich erscheint, so ist er dadurch höchst poetisch« (Bd. 5, H. 1, S. 107).

In G.s Dichtung kommt das zeitgenössische Judentum wenig vor; es wird von außerhalb liegenden Standpunkten aus gesehen und nicht in seinem Eigenleben dargestellt.

Die Jugendwerke bis 1775 enthalten lediglich einige Verweise auf Händlerisches ohne besondere Färbung. G.s Weimarer Situation spiegelt sich darin wider, daß in dem 1782 entstandenen Gedicht *Auf Miedings Tod* neben Hofmaler und Hofschneider ein Hoffaktor namentlich erwähnt wird: »Der Jude Elkan läuft mit manchem Rest« (WA I, 16, S. 429) – welche Stelle freilich, nachdem Jacob Elkans Sohn Hofbankier geworden war, in die neu-

trale Fassung »Der thät'ge Jude« abgeändert
wurde (ebd., S. 131). Im Oktober 1782 erhielt
G. Besuch von einem »Juden Ephraim« und
zeigte danach »grose Lust«, in seinem *Wilhelm
Meister*-Roman »auch einen Juden anzubrin-
gen«: »Bald hab' ich das bedeutende der Judenheit zusammen«, schrieb er an Charlotte
von Stein (28. 10. 1782).

Daß die Absicht nicht realisiert wurde, und
daß G. auch später keinen Juden dargestellt
hat, lag nicht bloß am Abbruch der Roman-
arbeit oder an klassizistischer Stoffwahl, sondern an der gründlichen Intentionsänderung,
die sein Schaffen mit dem Aufenthalt in Italien
erfuhr. An die Stelle des Sturm-und-Drang-
Naturalismus und -Individualismus trat die
Achtung für das Generische und Typische, die
Aufmerksamkeit auf das Gesetzliche der Natur, durch das sie »lebendiges Gebild, als Muster alles künstlichen« (WA II, 6, S. 132), hervorbringt. Stärker als einzelne Individuen
beschäftigten den Dichter jetzt »Sitten der
Völker« und das »Zusammentreffen von Nothwendigkeit und Willkür, von Antrieb und
Wollen, von Bewegung und Widerstand« in
der »menschlichen Gesellschaft« (ebd.).

Als die neue Betrachtungsweise, das Forschen nach Urform und Metamorphose, auf
den Bereich der Geschichte übertragen wurde,
was 1797 geschah, weckten sogleich wieder
jüdische Themen G.s Interesse, nun aber unter
dem Aspekt des Nationalen. Der damalige Begriff von Nation und Volk war nicht ethnizi-
stisch bestimmt, setzte auch nicht den staatlichen Zusammenhalt voraus; als entscheidend wurden die den Nationalcharakter prägenden historischen und kulturellen Leistungen angesehen, im Fall der Juden also Bibel
und mosaische Religion; mit Blick darauf hatte
G. bereits 1772 festgehalten: »Nicht der Boden, sondern die Verhältnisse eines Volks [...]
bestimmen Nation. So haben die Juden Nation
und Patriotismus, mehr als hundert leibeigne
Geschlechter« (JG Fischer-Lamberg 2, S. 265).
Nachdem Anfang 1797 das im Interventions-
krieg spielende Kleinepos *Herrmann und Dorothea* vollendet war, trug sich G. mit einem
neuen epischen Vorhaben *Die Jagd*. Dafür
»den patriarchalischen Ueberresten« nachspü-
rend, geriet er tief in die letzten Bücher Mose
hinein (an Schiller, 12. 4. 1797) und begann
einen – erst 1819 fertiggestellten – Aufsatz
Israel in der Wüste zu schreiben, der die reale
Dauer des Zuges nach Kanaan untersuchen
sollte, dessen geheimere Themen aber Moses
und das Volk Israel waren. Daß auch hier aktuelle Motive mitspielten, läßt eine denkwür-
dige Stelle am Schluß von *Herrmann und Dorothea* vermuten: »Denn es werden noch stets
die entschlossenen Völker gepriesen, / Die für
Gott und Gesetz, für Eltern, Weiber und Kinder / Stritten und gegen den Feind zusammen-
stehend erlagen« (WA I, 50, S. 267). Offenbar
empfand der Dichter, dem die Bibel stets gegenwärtig war, Analogien zwischen dem jüdischen Volksschicksal und dem jetzt für
Deutschland drohenden.

Während der folgenden Friedens- und
Kriegsjahre, in denen der Aufstieg Napoleons
und die Auflösung des Römischen Reiches vor
sich gingen, gewann die Bibel daher den zusätzlichen Wert eines Weltspiegels, einer welt-
umfassenden Chronik. Als G. 1808 aufgefordert wurde, aus alten literarischen Texten ein
historisch-religiöses »Volksbuch« der Deutschen zusammenzustellen, bot ihm die Bibel
»die höchste Form einer solchen Samml[ung;
d. Vf.]« und die Geschichte der Juden den
»vortheilhaftesten Meridian für unsere kosmologische Methode«. Er entwarf ein detaillier-
tes Schema »Jüdisches Volk«, das dessen »Aufkommen« und Werden, seine äußeren und vor
allem inneren Konflikte, die »Regimentsver-
fassung durch alle Grade« bis hin zum »Loca-
len Untergang« und »Verschlagen[werden; d.
Vf.] in die Weltmasse«, sorgfältig festhielt und
mit einem Ausblick auf die Gegenwart schloß:
»Noch fortlebend. Fortwirkend. Noch immer,
mit Ermanglung aller alten Tugenden, bey Gegenwart aller früheren Fehler, zeigt es einen
bestim[m]t[en] Character und ein entschied-
nes Talent« (WA I, 42.2, S. 421f.). Wie sehr
wiederum – jetzt im Rahmen eines übernatio-
nalen Kulturkonzepts – deutsche Dinge mit-
reflektiert wurden, bezeugen mündliche Äußerungen aus gleicher Zeit. »Verpflanzt, zerstreut wie die Juden in alle Welt müßten die
Deutschen werden, um die Masse des Guten

ganz und zum Heil aller Nationen zu entwikkeln, die in ihnen liegt« (von Müller, 14.12.
1808; ähnlich zu Wilhelm von Humboldt: Gespräche, 2, S. 383).

Die Überlegungen zum »Nationalbuch« fanden ihren verdichteten Niederschlag 1821 im
Ersten Teil des Romans *Wilhelm Meisters Wanderjahre*. Nachdrücklich werden hier Geschichte und Religion der Juden zum unab-
dingbaren Bestandteil religiös-sittlicher Men-
schenbildung erklärt. Als Wilhelm seinen
Sohn Felix der Obhut der Pädagogischen Provinz übergeben hat, lernt er zuletzt deren ab-
gesonderte, nur an wenigen Tagen geöffnete
»Heiligtümer« kennen. Dem Leser erscheinen
sie wie ein modernes, lebensfreundliches Ba-
rockkloster, mit Vorhalle, offenem Kreuzgang
(»Galerie«; WA I, 24, S. 246) und (nicht er-
wähnter) Kirche. Eintretend sieht man hier, an
den Wänden der Galerie, die erste echte Religion der Geschichte – die »ethnische« (ebd.),
die »der Völker« (ebd., S. 247), »welche auf
Ehrfurcht vor dem was über uns ist, beruht«
(ebd., S. 243) – an Motiven aus der jüdischen
Bibel und Geschichte wiedergegeben, wozu
sich, in Sockeln und Friesen, gleichsinnige
(»symphronistische«; ebd., S. 247) Motive anderer Mythologien, besonders der griechischen, gesellen. Auf Wilhelms Frage, warum
zur Darstellung der Religion der Völker vorzüglich »die israelitische Geschichte« (ebd.)
gewählt wurde, erfolgt die bezeichnende, G.s
Ansichten zusammenfassende Antwort: »Vor
dem ethnischen Richterstuhle [...] wird nicht
gefragt, ob es die beste, die vortrefflichste Nation sei, sondern nur ob sie daure, ob sie sich
erhalten habe. Das israelitische Volk hat niemals viel getaugt, wie es ihm seine Anführer,
Richter, Vorsteher, Propheten tausendmal vorgeworfen haben; es besitzt wenig Tugenden
und die meisten Fehler anderer Völker: aber
an Selbstständigkeit, Festigkeit, Tapferkeit,
und wenn alles das nicht mehr gilt, an Zäheit
sucht es seines Gleichen. Es ist das beharrlich-
ste Volk der Erde, es ist, es war, es wird sein,
um den Namen Jehova durch alle Zeiten zu
verherrlichen. Wir haben es daher als Musterbild aufgestellt« (ebd., S. 248).

Neben der pädagogischen Markierung enthalten die *Wanderjahre* auch Stellungnahmen
zum christlich-jüdischen Zusammenleben, die
allerdings sehr viel negativer ausfallen.

Schon die 1821 erschienene Romanversion,
wo noch »auf alles Auswandern Verzicht« getan
ist (FA I, 10, S. 199), verhält sich zu dem »Volk
[...], das den Segen des ewigen Wanderns vor
allen andern sich zueignet«, also den handeltreibenden Juden, äußerst distanziert. »Wir
dürfen weder Gutes noch Böses von ihnen
sprechen; nichts Gutes, weil sich unser Bund
vor ihnen hütet, nichts Böses, weil der Wanderer jeden Begegnenden freundlich zu behandeln, wechselseitigen Vortheils eingedenk,
verpflichtet ist« (WA I, 25.1, S. 184). Noch stärker wird in der Endfassung von 1827/28 ein
trennendes Moment betont. Die nach Amerika
Auswandernden wollen hier grundsätzlich,
wenn auch undogmatisch, an der »christlichen« Religion festhalten, weil sie wie keine
andere zur »Geduld«, zur Schätzung des Daseins auch unter »widerwärtigsten Leiden« be-
fähigt (ebd., S. 210). Nichtchristen bleiben daher vom Bund ausgeschlossen. »In diesem
Sinne, den man vielleicht pedantisch nennen
mag, aber doch als folgerecht anerkennen
muß, dulden wir keinen Juden unter uns; denn
wie sollten wir ihm den Antheil an der höchsten Cultur vergönnen, deren Ursprung und
Herkommen er verläugnet?« (ebd.).

Die Stelle ist von Antisemiten immer wieder
zur Stützung judenfeindlicher Vorschläge benutzt worden, jedoch ohne Recht. Der referie-
rende Erzähler spricht keineswegs als gläu-
biger Christ, er argumentiert überhaupt nicht
religiös, sondern staats- oder vielmehr ver-
einsrechtlich, und er behandelt das bestehende Christentum ausdrücklich und ausschließlich als einen Ordnungsfaktor.

Im Falle G. war eine bewahrende Gesinnung, die im Konflikt zwischen naturrecht-
lichem Anspruch auf Glaubensfreiheit und stabilisierender Forderung nach Religionseinheit
sich unbedingt für letztere entscheidet, durch
die Revolutions- und Kriegsereignisse sehr
verstärkt, wenn auch nicht erzeugt worden.
Sie entsprach seinem Staatsdenken von Anfang an. Bereits in der Straßburger Dissertation und den *Positiones Juris* von 1771 war

postuliert worden, daß »der Gesetzgeber nicht allein berechtigt, sondern verpflichtet sei, einen gewissen Cultus [und damit ein religiöses Minimum; d. Vf.] festzusetzen, von welchem weder die Geistlichkeit noch die Laien sich lossagen dürften« (WA I, 28, S. 42); »übrigens sollte die Frage nicht sein, was jeder bei sich denke, fühle oder sinne« (ebd., S. 41). Die These, die zur Überbrückung des katholisch-protestantischen Gegensatzes gedacht war, ließ freilich alle nichtchristlichen Bekenntnisse in Deutschland ganz außer Betracht.

Das alles bedeutet nicht, daß G. irgendwann die Judengesetze des alten Reiches oder die Judenpolitik des Absolutismus gutgeheißen hätte. Zu beiden hat er sich vielmehr satirisch geäußert. Nur war der Staatsminister G. zunehmend auf die »Verbesserung, Belebung« des Bestehenden »zum Sinnigen, Verständigen« bedacht (*Tag- und Jahreshefte 1795*); er begünstigte natürliche Evolution statt eingreifender Veränderung, ob diese nun von oben oder von unten ausging. Daraus ist die Bemerkung der Autobiographie zu erklären, durch Schriften wie die von Christian Wilhelm Dohm (1781) sei »die bürgerliche Verfassung bedroht« worden (WA I, 28, S. 190). Spätere Vorschläge zur rechtlichen Gleichstellung der Juden hatten in seinen Augen außerdem den Makel, daß sie durch die Französische Revolution ausgelöst oder angeregt waren. Sie erschienen ihm wie Vorboten allgemeiner Auflösung. Als 1807 auf Druck des Rheinbunds der Frankfurter Rat eine *Neue Stättigkeit und Schutzordnung der Judenschaft* vorlegte, ließ sich G. durch Bettina Brentano alles darauf Bezügliche zusenden; er sympathisierte zwar nicht mit der »Städtigkeit«, in der die Juden »freylich als wahre Juden und ehemalige kaiserliche Kammerknechte tractirt« wurden (an Bettina Brentano, 24.2. 1808), doch mit weit mehr Vergnügen als die Gegenschrift des Braunschweiger Finanzrats Israel Jakobsohn las er eine anonyme Replik, in der man »den Finanzgeheimeräthlichen, Jacobinischen Israels Sohn so tüchtig nach Hause geleuchtet hat« (an Bettina Brentano, 20.4. 1808). Die schließliche Frankfurter Rechtslösung (und ihre Zurücknahme nach 1813) scheinen ihn

dann ebensowenig beschäftigt zu haben wie die Vorgänge um das Stein-Hardenbergsche Edikt in Preußen. Doch mit einem Zornausbruch reagierte er 1823, als er tief verletzt aus Marienbad zurückkam, auf das mittlerweile erlassene Weimarer Gesetz, das unter bestimmten Voraussetzungen christlich-jüdische Ehen gestattete. »Alle s i t t l i c h e n Gefühle in den Familien, die doch durchaus auf den r e l i - g i ö s e n ruhten, würden durch ein solch skandaloses Gesetz untergraben [...] Das Ausland müsse durchaus an B e s t e c h u n g glauben [...] wer wisse, ob nicht der allmächtige R o t h s c h i l d dahinter stecke« usw. (von Müller, 23.9. 1823).

Eben diese, vom Gesprächspartner ganz richtig erkannte »tiefe Achtung vor der positiven Religion, vor den bestehenden Staatseinrichtungen [...] trotz seiner Freidenkerei« (ebd.) schlug sich dann in der *Wanderjahre*-Stelle nieder. Gesetzliche »Ausgleichung« überkommener Kasten-, Standes-, Gruppenunterschiede hielt der alte G. für »unmöglich«, Versuche dazu für unheilvoll (von Müller, 14.2. 1824); Emanzipation sei eine Sache jedes einzelnen an seinem Ort. Als ein Gleichnis dafür ist die G.sche *Paria*-Dichtung (1821–1823) zu lesen: Die mit sich und mit der Gottheit unversöhnte »Frau, / Die der Schmerz zur Göttin wandelt« (WA I, 3, S. 16), kann »auch dem Geringsten« Trost geben und Mittlerin zum Weltganzen werden, das für sich ewig unversöhnbar bleibt.

Ebensowenig wie G.s Haltung zur zeitgenössischen Judenheit wurde sein Verhältnis zur jüdischen Bibel und ihrer Religion von Vorurteilen beherrscht. Es war integrierter Teil eines weltanschaulichen Ganzen, das seit den frühen, »unter der Maske eines Landgeistlichen« (WA I, 28, S. 105) verfaßten Abhandlungen *Brief des Pastors zu **** und *Zwo wichtige bisher unerörterte Biblische Fragen* (beide 1773) in den Grundzügen konstant blieb und noch die Ehrfurchten-Lehre der *Wanderjahre* bestimmen wird.

Nach einer Periode pietistischer und hermetisch-kabbalistischer Neigungen (WA I, 27, S. 217f.) hatte der junge G. unter dem Einfluß Lessingscher Spätschriften sich von der herkömmlichen Dogmatik gelöst und insbesondere die Vorstellungen eines menschlich gedachten außerweltlichen Gottes und einer übernatürlichen Offenbarung verabschiedet. An ihre Stelle trat die Überzeugung vom »Ewigen, Nothwendigen, Gesetzlichen« (WA I, 29, S. 10) im Universum, die Anerkennung eines weltimmanent Göttlichen, zu dem der Mensch durch Steigerung seiner geistigen Kräfte sich erheben kann. »Gott, wenn wir hoch stehen, ist alles; stehen wir niedrig, so ist er ein Supplement unsrer Armseligkeit« (MuR, 813). Ein solcher »Amor Dei«, ganz im Doppelsinn des Spinoza, hält sich durch von den Jugendaufsätzen, wo »die ewige Liebe« der »große Mittelpunct unsres Glaubens« genannt wird (JG Fischer-Lamberg 3, S. 116), bis hin zur Schlußszene des *Faust II*: »So ist es die allmächtige Liebe / Die alles bildet, alles hegt« (WA I, 15.1, S. 328). Tendenziöse Versuche à la Houston Stewart Chamberlain, die Bedeutung des Juden Spinoza für G. herabzusetzen, verdienen angesichts dessen keine Widerlegung, höchstens einen Hinweis auf die dezidierte Meinung des Dichters, Spinoza habe, »als Schüler von Descartes«, gerade »durch mathematische und rabbinische Cultur sich zu dem Gipfel des Denkens hervorgehoben« (WA I, 29, S. 11).

Das genaue Komplement zu der spinozistischen Weltfrömmigkeit bildet eine gleichsam Nathansche »Gesinnung gegen alle positive Religion«. Sie sucht an jeder den lebens- und entwicklungsfähigen Kern von der historischen und vergänglichen Hülle zu sondern. Im Raum der Dichtung folgt daraus eine freundliche »positive Ironie«, welche den »Vortrag nach Aller Maas« einrichtet (JG Fischer-Lamberg 3, S. 116) und für das Unnennbare je nach Fiktionszusammenhang »die Himmlischen«, »die Götter«, auch Jehova (z.B. FA I, 3.1, S. 425), Allah oder Brahma einsetzt – »Name ist Schall und Rauch, / Umnebelnd Himmelsgluth« (WA I, 14, S. 174) –; im sozialen Raum unumschränkte religiöse »Toleranz«, die ihren Träger trotzdem »nicht indifferent« macht (JG Fischer-Lamberg 3, S. 109).

Die in der *Theatralischen Sendung* wiedergegebene »Carricatur eines jüdischen Rabbinen« (WA I, 52, S. 267) hat ihre Entsprechung an mehreren Stellen, wo die Erstarrung und Geistleere anderer Kulte, von den griechischen Mysterien bis hin zum Protestantismus, festgehalten wird. Protest meldet sich nur, wo Religionsgemeinschaften »den unsterblichen und unbeflecklichen Funken, unsere Seele« (JG Fischer-Lamberg 3, S. 111) in Dienst und Kult zu ersticken drohen. Hinter G.s Kirchenkritik steckt ein grundsätzlicher, bereits dem Landpastor eigener Abscheu vor der »Hierarchie«, vor der Priesterherrschaft, weil sie »ganz und gar wider den Begriff einer ächten Kirche« streitet (ebd., S. 113). Da die zeitgenössischen, durchweg reform- und aufklärungsfeindlichen Rabbiner eine alte Theokratie zu konservieren suchten, konnte G. mit Blick auf sie (und auf den Heiligenkult) wohl einmal den Katholizismus »eine Art von heidnischem Judentum« nennen (an Zelter, 14.11. 1816).

Was die Dogmatik der Religionen angeht, lehnt G., bester Aufklärungtradition folgend, alle ausschließenden Lehren ab, wonach »ein besonderes Buch, ein besonderer Prophet [...] den Lebensweg vorgezeichnet [hat; d. Vf.], und auf diesem allein sollen alle zum Heil gelangen« (WA I, 41.2, S. 169). Hierher ist vielleicht schon die von dem 16- oder 17jährigen geschriebene, dann völlig vergessene *Judenpredigt* zu stellen, eine kleine ironische Satire, worin ein grotesker Exodus ausgemalt wird, bei dem die sich ausschließenden »Goyen« sämtlich im Roten Meer ertrinken (JG Fischer-Lamberg 1, S. 198). Jedoch war das kein Antijudaismus; man kann die Unmutsäußerung danebenhalten, mit der G. später Heinrich von Kleists künstlerische Hoffnungen auf die Zukunft quittieren wird: »Ein Jude der auf den Messias, ein Christ der aufs neue Jerusalem, und ein Portugiese der auf den Don Sebastian wartet machen mir kein größeres Misbehagen« (an Kleist, 1.2. 1808). Verurteilt wird auch nicht das Partikulare des altjüdischen Glaubens, seine Vorstellungen eines »zuverlässigen Nationalgottes« und eines »gelobten Landes«, welche vielmehr »aus der Absonderung der Zustände« (WA I, 26, S. 213) und aus dem »Eroberungsrechte« (FA I, 3.1,

S. 236) herzuleiten seien; die Kritik gilt exklusiven Heilserwartungen in der Gegenwart. Vor allem trifft sie das offizielle Christentum, wo es, obgleich eine »particulare« Lehre durch seinen Stifter »universell« geworden war (JG Fischer-Lamberg 3, S. 119), wieder Alleinheil verkündet und Alleingeltung beansprucht. G. wendet sich gegen jeden Glauben an »specielle Offenbarung« (WA I, 41.2, S. 169) und »unmittelbare göttliche Eingebung« (ebd., S. 172). Unmißverständlich wird damit auch die kirchliche Lehre von der Göttlichkeit der Erzväter und Propheten, deren Einordnung in einen christlichen Heilsplan, die ganze Okkupation der jüdischen Bibel als Altes Testament, das auf das Neue hindeute, zu den Akten gelegt. Nach G.s Auffassung beruht die Einheit der Bibel allein auf ihrer Herkunft aus der jüdischen Nation; derselben Nation entstammte Jesus von Nazareth, ein edler Mensch, in dessen Lehre ein national beschränkter Glauben übernational wurde; er war »Prophet« (wie ihn der *Divan* mit Vorliebe nennt; vgl. FA I, 3.1, S. 135), als solcher nicht anders inspiriert als seine Vorgänger und Nachfolger und auch in keinem anderen Sinne ein Sohn Gottes.

Als das innerreligiöse Moment, das Juden- und Christentum verbindet und den historischen Christus erst ermöglichte, sieht G. mit allen Aufklärern den Monotheismus an. Jenes auf Bitten Sulpiz Boisserées sekretierte, weil den Kreuz-Glauben angreifende *Divan*-Gedicht *Süßes Kind* akzentuiert fast provokativ diese von den Erzvätern über Christus bis zu Mohammed reichende Gemeinsamkeit.

Doch obschon der »Glaube an den einigen Gott [...] immer geisterhebend« wirkt, »indem er den Menschen auf die Einheit seines eignen Innern zurückweist« (FA I, 3.1, S. 163), zeichnet der jüdische sich noch durch besondere Geistigkeit aus. Sein »Du sollst dir kein Bildnis machen« (2. Mos. 20, 4) schafft jedenfalls dem Dichter und Bildner bessere Voraussetzungen als der Katholizismus mit seiner Kreuzverehrung und seinem Heiligenkult. So erachtet es auch die Pädagogische Provinz für einen »Vorteil der israelitischen Religion [...], daß sie ihren Gott in keine Gestalt ver-

körpert und uns also die Freiheit läßt, ihm eine würdige Menschengestalt zu geben« (WA I, 24, S. 249).

Freilich wird jede positive Religion, auch die mosaische, immer dazu neigen, den reinen Gottesbegriff wieder einzufärben und einzuengen, so daß sie, etwa einem »Nationalpropheten« folgend, von den Bekennern »nur Anhänglichkeit und Förmlichkeiten« fordert (FA I, 3.1, S. 163). Ähnlich wie der Richter in Lessings Ringparabel meint daher G., »daß der ursprüngliche Wert einer jeden Religion erst nach Verlauf von Jahrhunderten aus ihren Folgen beurteilt werden kann. Die jüdische Religion wird immer einen gewissen starren Eigensinn, dabei aber auch freien Klugsinn und lebendige Tätigkeit verbreiten; die mahometanische läßt ihren Bekenner nicht aus einer dumpfen Beschränktheit heraus«; der christlichen gebühre das »Lob, daß nach den größten Verirrungen [...] sie sich in ihrer ersten lieblichen Eigentümlichkeit, als Mission, als Hausgenossenschaft [...] immer wieder hervortut« (ebd., S. 163 f.). Gleichwohl entfernen sich alle drei mehr oder weniger weit von der entfaltungs- und steigerungsfähigen Gottesidee, die in der Bibel wenigstens potentiell enthalten ist. Reicher als die Religionen, die sich auf sie berufen, geht sie sozusagen in ihnen nicht auf, weil das in ihr – und gerade in ihrer ersten Abteilung – niedergelegte Gottesdenken selber noch in Entwicklung begriffen ist. Unter Fühlung mit der Orientalistik seiner Zeit versucht G. einzelne Stufen zu unterscheiden. Wenn nach und entgegen dem Gott der Genesis sich derjenige der letzten vier Bücher Mosis »durchaus grauenvoll und schrecklich erzeigt« – »wie der Mann, so auch sein Gott« –, tritt doch bereits »im Buch Josua und der Richter [...] ein reineres patriarchalisches Wesen« wieder hervor (FA I, 3.1, S. 246) und erfährt in prophetischen Büchern weitere Läuterung, wohingegen »die verworrene Lehrart der Episteln« oder die »Offenbarung Johannis« eher einen Rückfall bedeuten (WA II, 3, S. 140). In G.s Sicht birgt die jüdische Bibel einen religiösen Überschuß, der von der christlichen Religion und selbst der Religion Christi nicht abgegolten wurde und dem wohl nur eine höhere philosophische Religion gerecht zu werden vermag.

Näheren Einblick darein, wie G. über die Aufhebung von jüdischer und christlicher Religion in einer philosophischen dachte, ermöglicht die auf Anregung Carl Friedrich Zelters geplante große *Kantate* zum Reformationsjubiläum 1817, von der genaue Entwürfe vorliegen. G. wollte den Text »auf dem entschiedenen Gegensatz, von G e s e t z und E v a n g e - l i u m« oder, philosophisch gesprochen, »von N o t w e n d i g k e i t und F r e i h e i t« gründen, zugleich aber und ineins damit »auf der Vermittlung solcher Extreme« (an Zelter, 14. 11. 1816). Der erste Kantatenteil hätte für »das Gesetz, das nach Liebe strebt« (ebd.), Stoffe der jüdischen Bibel und Geschichte verwendet. Als »Sprecher« waren vorgesehen: Aaron, Josua, Samuel, Elias, Jonas, »Drohungen, große Feindesmassen in der Ferne weissagend«, und am Ende »Jesaias«, »Rettung und künftiges Glück verkündend« (an Zelter, 10. 12. 1816). Daß Jonas in der Kantate nationales Unheil verkünden muß, ist im Sinne einer Steigerung zu verstehen: Es weist auf Jesaja voraus, dem wiederum alle Unglücksprophetien genommen sind. Unter den altbiblischen Gestalten stand, neben Daniel, dieser humane »Fürstensohn, Patriot und Prophet« (WA I, 49.2, S. 92) zweifellos dem Herzen G.s am nächsten. Vor allem liebte er die unvergleichliche Friedens- und Versöhnungsprophetie Jes. 11, 6. Sie war schon in das religiöse Versepos *Die Geheimnisse* eingegangen – »Und wie mit weiten Fittigen ein Geier / Im Hofe sich bei Tauben niederließ« (WA I, 16, S. 177) –, sie sollte auf dem Gipfelpunkt des geplanten *Jagd*-Epos wie der ausgeführten *Novelle* erscheinen, und sie war fraglos auch für die Schlußgestaltung des ersten Kantatenteils vorgesehen. Auf die Jesajasche Glücksverheißung folgen im Entwurf noch: »Chöre es dankbar aufnehmend, aber im irdischen Sinne« und »Propheten und Sibyllenchöre, auf das Geistige und Ewige hindeutend« (an Zelter, 10. 12. 1816). Hätte G. den Text vollendet, wäre hier anhand jüdisch-biblischen Materials annähernd das Gleiche gestaltet worden, wozu später, in den *Bergschluchten* des *Faust II*,

christkatholisches Material dienen sollte. Denn das Vergängliche an den Religionen war für den Dichter immer nur ein Gleichnis für das in ihnen lebende Göttlich-Unbeschreibliche.

Da G. mit der Lutherbibel aufgewachsen war und sie so intensiv studiert hatte, daß er als » b i b e l f e s t« gelten konnte (FA I, 3.1, S. 173), nimmt nicht wunder, daß Bezugnahmen auf sie, Anspielungen, indirekte und direkte Zitate sein ganzes dichterisches und schriftstellerisches Werk durchziehen. Dabei kommt der ersten Bibel-Abteilung deutlicher Vorrang vor der zweiten zu.

Schon als 16jähriger von der »historisch-kritischen Ansicht« (WA I, 27, S. 98) neuerer Orientwissenschaft angezogen, hatte G. seit 1770/71 ihre Fortschritte aufmerksam verfolgt und zumal die Erkenntnisse über den poetischen Ursprung und Charakter biblischer Bücher sich zu eigen gemacht. Noch in den *Noten und Abhandlungen* zum *West-östlichen Divan* (1819), wo das Geständnis abgelegt wird, daß »alle unsere Wanderungen im Orient durch die heiligen Schriften veranlaßt worden« (FA I, 3.1, S. 229), nennt er das Buch Ruth »das lieblichste kleine Ganze [...], das uns episch und idyllisch überliefert worden ist«, und noch enthusiastischer wird hier von dem »hohen Lied« gesprochen, »als dem zartesten und unnachahmlichsten, was uns von Ausdruck leidenschaftlicher, anmuthiger Liebe zugekommen« (ebd., S. 140). 1774/75 hatte G. eine poetisch wie philologisch hochstehende Übersetzung ausgearbeitet (JG Fischer-Lamberg 5, S. 360–65); damals war ihm der Text so nahe, daß er seine Genieauffassung nahtlos in biblische Metaphorik und Sprache einkleiden konnte (*Salomons Königs von Israel und Juda güldne Worte von der Ceder bis zum Issop*; ebd., S. 357ff.).

Sicher sind manche Bibelzitate in G.s Schriften vornehmlich auf die Sprachkraft der Lutherschen Übersetzung zurückzuführen; bei den meisten muß jedoch bewußte Reflexion des Zitierten vorausgesetzt werden. Nimmt man z.B. wahr, daß der Schluß der *Fischer*-Ballade »Und ward nicht mehr gesehn« (WA I, 1, S. 170) wörtlich aus 1. Mos. 5, 24 stammt und dort von einem zu Gott entrückten Gerechten gesagt ist, dann erschließt sich ein tieferer Sinn des Gedichtes, der es nahe an die aus anderem Material gearbeitete *Ganymed*-Hymne stellt.

Über sprachliche Fügungen hinaus hat G. der Bibel auch Stoffliches, Figuren, Konstellationen, ganze Geschehenskomplexe entnommen. Vor allem die jüdischen Geschichtsbücher boten ihm eine Fülle markanter Motive aus dem Menschen- und Völkerleben, die den Charakter dessen trugen, was er »Urphänomene« nannte: »daß ein Fall oft Tausende werth ist, und sie alle in sich schließt« (WA II, 3, S. 236). So bildet die schon von Werther lebhaft empfundene »patriarchalische Idee [...], wie sie alle, die Altväter, am Brunnen Bekanntschaft machen und freien« (WA I, 19, S. 9), in *Herrmann und Dorothea* die Kernszene der Liebeshandlung, während gleichzeitig im Rahmengeschehen sich Urgeschichtliches wiederholt: Der »Richter« des Flüchtlingszuges erscheint dem Geistlichen wie einer jener »Führer, / Die durch Wüsten und Irren vertriebene Völker geleitet. / Denk ich doch eben, ich rede mit Josua oder mit Moses« (WA I, 50, S. 230f.).

Bei Werken symbolischen Stils liebt es G., die Urphänomene nicht mit der Handlung zu verschmelzen, sondern sie, sei es figural, sei es im Kommentar, sichtbar hervortreten zu lassen. Den Auftritt der Drei Gewaltigen im *Faust II* (WA I, 15.1, S. 257) begleitet ein Randverweis auf 2. Sam. 23, 8, auf die mörderischen Hauptleute König Davids; erst Figuren und Kommentar zusammen machen die Wiederkehr mythischer Gewalt in Fausts Tat kenntlich. Wo Faust den Gipfel seiner Schuld erreicht, bei der Aktion gegen das urbildliche Paar Philemon und Baucis, wird die Kommentierung sogar, als Rede »ad spectatores« (ebd., S. 301), zum Teil des Sprechtextes: »Auch hier geschieht, was längst geschah, / Denn Naboths Weinberg war schon da (Regum I. 21.)«.

Die in G.s Augen tiefsten und schönsten Motive der jüdischen Bibel hat ein Alterswerk in sich aufgenommen, welches symbolische und natürliche Darstellung innig vereint: die 1826–1828 aus dem alten *Jagd*-Plan hervorgegangene *Novelle*. Ihre Handlung kontrastiert, ähnlich wie das Einleitungsgedicht zum *Divan*, westliche Kriegs- und Jagdsucht mit dem Friedensgeist des »reinen Ostens« (FA I, 3.1, S. 12). Exponent dieses Geistes ist eine fremdartige, Tiger und Löwe zur Schau stellende Familie orientalischer Herkunft. Ihre Angehörigen bringen Altbiblisches ins Licht des modernen Tages. So die Frau, deren Klage um das getötete Tier dem Simsonrätsel (Richter 14, 14) schönen Sinn verleiht; so der Mann, dessen psalmhafte Rede Erinnerungen an den fünften und sechsten Schöpfungstag und an das Gottvertrauen Daniels weckt; so endlich der »schwarzaugige, schwarzlockige Knabe« (WA I, 18, S. 335), der, ein neuer Daniel, zu dem ausgebrochenen Löwen in die Burgarena hinabgeht und ihn besänftigt. Im Schlußtableau erscheint das Kind »wie ein mächtiger, siegreicher Überwinder«, der vermeintliche Tyrann des Tierreichs »zwar nicht wie der Überwundene, denn seine Kraft blieb in ihm verborgen, aber doch wie der Gezähmte, wie der dem eigenen friedlichen Willen Anheimgegebene« (ebd., S. 348). »Frommer Sinn und Melodie« haben hier die Jesajasche Friedensverkündung zum Ereignis werden lassen, ganz so wie es das von der Familie gesungene messianische Lied verheißt: »Denn der Ew'ge herrscht auf Erden, / Über Meere herrscht sein Blick; / Löwen sollen Lämmer werden, / Und die Welle schwankt zurück; / Blankes Schwert erstarrt im Hiebe« (ebd.).

Literatur:

Barner, Wilfied: 150 Jahre nach seinem Tod: Goethe und die Juden. In: BBI. 63 (1982), S. 75–82. – Braun, Lily: Im Schatten der Titanen. Berlin o.J. [1929]. – Franz, Erich: Goethe als religiöser Denker. Tübingen 1932. – Geiger, Ludwig: Goethe und die Juden. In: Zeitschrift für die Geschichte der Juden in Deutschland. 1 (1887), S. 321–365. – Hartung, Günter: Goethe und die Juden. In: WB. 40 (1994), S. 398–416. – Mommsen, Wilhelm: Die politischen Anschauungen Goethes. Stuttgart 1948. – Oellers, Norbert: Goethe und Schiller in ihrem Verhältnis zum Judentum. In: Conditio Judaica. 1 (1988), S. 108–130. – Radbruch, Gustav: Gestalten und Gedanken. Zehn Studien. Stuttgart ²1954. – Schaeder, Hans Heinrich: Goethes Erlebnis des Ostens. Leipzig 1938. – Teweles, Heinrich: Goethe und die Juden. Hamburg 1925.

Günter Hartung

Julirevolution

In G.s Tagebuch heißt es in den Notizen zum 31.7. 1830: »Nachricht von der aufgehobenen Cammer, sowie der Preßfreyheit und was dem anhängt«, dann zu Beginn der Eintragungen zum 3.8. 1830: »Erste Nachricht von dem Aufstand in Paris«; die unsicheren Meldungen werden schließlich zwei Tage später durch das Eintreffen der französischen Zeitung *Le Temps* vom 31. Juli zur Gewißheit: »den Beginn der großen Umwendung berichtend, auch ein beygelegtes Blättchen mit der Declaration des Herzog von Orléans«.

Die Julirevolution, deren Kenntnisnahme G. hier knapp notiert, war Resultat des zehn Jahre andauernden Niedergangs der Bourbonenherrschaft, deren immer enger werdender Schulterschluß mit katholischer Kirche und Ultrakonservativen schließlich den von (klein-) bürgerlichen Intellektuellen, Arbeitern und Emigranten getragenen Aufstand ausbrechen ließ. G.s unmittelbare Reaktion erscheint zunächst lakonisch – sein Interesse richtete sich in diesen Tagen zunächst ausschließlich auf einen gleichzeitigen naturwissenschaftlichen Akademiestreit. Der seit 1822 als Erzieher des Sohns der Erbgroßherzogin Maria Paulowna eingesetzte Frédéric Jean Soret berichtet am 2.8. 1830 über G.s befremdliche Reaktion auf die Pariser Unruhen (vgl. FA II, 11, S. 295). Der Streit »zwischen den beyden Classen der Naturforscher, der analysirenden und der synthesirenden« (Tagebuch, 22.7. 1830) beschäftigte G. eingehend im Juli und August des Jahres, Eintragungen dazu finden sich fast täglich im Tagebuch. Die scheinbare Gleichgültigkeit G.s gegenüber den politischen Unruhen in Paris wird aber schon im Zusammenhang mit dem Akademiestreit zweifelhaft. Gegen-

über Carl August Varnhagen von Ense interpretiert er gerade den Akademiestreit als Vorboten der späteren Revolution: »Wundersam deutet schon im Februar der Zwiespalt zweyer Naturforscher auf den ungeheuren Zwiespalt des Reiches zu Ende Juli, davon uns denn die Nachrichten obruiren und unser Interesse verschlingen, da ja überdieß die Folgen uns selbst zu Leibe gehn« (3.10. 1830).

Die zunehmende Nähe nämlich, in die die sich blitzartig ausweitenden Unruhen rücken, läßt das scheinbare Desinteresse schnell umschlagen in Anteilnahme und Besorgnis. In einem Brief an den Sohn nach Italien hofft G. noch am 9.8. 1830, »das in diesen Tagen in Paris eingetretene Unheil« werde auf dessen »Reise keinen weiteren Einfluß haben«. Über die Anteilnahme der Weimarer Gesellschaft an den Ereignissen wird noch distanziert berichtet: »Und so lassen wir denn die Franzosen sich wider sich rüsten und gelegentlich todtschlagen. Le Temps und Le Globe cursiren lebhaft, unsre schönen Freundinnen disputiren über die Vorfallenheiten« (an Soret, 11.8. 1830).

Die Befürchtung, daß »das in Frankreich entzündete Feuer sich, nicht sowohl verbreitet als verderblich überspringt« (an Gersdorff, 9.9. 1830), wird von den verschiedenen Aufständen in deutschen Ländern eingeholt: »Im Allgemeinen hat ein alberner Nachahmungstrieb überall, mehr oder weniger, Rottirungen, wilde Händel, Brennereyen hervorgebracht und die Widerwärtigkeiten gegen die Regierungen haben sich [...] hervorgethan. In Leipzig haben sie Häuser gestürmt, in Dresden das Rathaus verbrannt und die Polizeyarchive zerstört. In einigen Fabrikorten sind auch dergleichen Auftritte gewesen« (an August von Goethe, 17.9. 1830); die Braunschweiger Vorgänge um den Brand des Schlosses, Regierungsumbesetzungen in Dresden, der über Gera und Jena nach Ilmenau, Eisenach und Weimar näherrückende Aufruhr und polizeilich-militärische Schutzmaßnahmen werden gleichermaßen referiert (vgl. an August von Goethe, 30.9. 1830).

Insgesamt deutet G. die Julirevolution einerseits als »Reprise der Tragödie von 1790«

(an Knebel, 12.9. 1830); es sei »der alte tumultuarische Taumel«, der sich »nach vierzig Jahren [...] wieder erneuert« (an Zelter, 5.10. 1830). Andererseits wird gerade diese Wiederholbarkeit von Geschichte – unter der Metapher des »Erdbebens« – als eine das gesamte gesellschaftliche Gefüge bedrohende Naturgewalt bewertet, deren katastrophale Auswirkungen durch die Klügsten und Besten jeweils nur gemildert werden könne: »Das Pariser Erdbeben hat seine Erschütterungen durch Europa lebhaft verzweigt; ihr habt davon ja auch einen Fieberanstoß empfunden. Alle Klugheit der noch Bestehenden liegt darin, daß sie die einzelnen Paroxismen unschädlich machen, und das beschäftigt uns denn auch an allen Orten und Enden. Kommen wir darüber hinaus, so ists wieder auf eine Weile ruhig« (an Zelter, 5.10. 1830). Der letzte Satz dieser Passage drückt G.s tiefen Geschichtspessimismus aus, die unbedingte Wiedererwartbarkeit des revolutionären Unheils und die historische Relativität der scheinbar erreichten Sekurität (vgl. auch das Konzept eines Briefes an W. von Humboldt, 19.10. 1830).

Literatur:

Hamm, Heinz: Julirevolution, Saint-Simonismus und Goethes abschließende Arbeit am *Faust*. In: Keller, Werner (Hg.): Aufsätze zu Goethes *Faust II*. Darmstadt 1992, S. 267–277. – Kreutzer, Leo: Große Begebenheit in Paris, im Juli 1830. In: ders.: Mein Gott Goethe. Essays. Reinbek bei Hamburg 1980, S. 143–145. – Mayer, Hans: Goethe, Hegel und das neunzehnte Jahrhundert. In: ders.: Goethe. Ein Versuch über den Erfolg. Frankfurt/M. 1973, S. 154–160. – Mommsen, Wilhelm: Die politische Anschauung Goethes. Stuttgart 1948. – Richter, Karl: Das ›Regellose‹ und das ›Gesetz‹. Die Auseinandersetzung des Naturwissenschaftlers Goethe mit der Französischen Revolution. In: GoetheJb. 107 (1990), S. 127–143. – Weis, Eberhard: Revolutionen und Reformen außerhalb Deutschlands (1815–1847). In: ders.: Der Durchbruch des Bürgertums. Propyläen Geschichte Europas. Bd. 4. Frankfurt/M. 1992, S. 367–389.

Benedikt Jeßing

Juristische Tätigkeit

Eigentlich hatte sich G. an der Universität Göttingen dem Studium der Geschichte und Literatur widmen wollen, doch sein Vater drang darauf, daß er in Leipzig Jura studierte, um das zu erreichen, was dem Vater nicht gelungen war: einen Platz im Rat der Stadt Frankfurt zu erhalten, wo einer der Textors, der Verwandten seiner Frau, seit Generationen Juristen, schon die Stelle eines Bürgermeisters eingenommen hatte. Viel kam allerdings in den drei Jahren Studium in Leipzig nicht heraus. Erst in Straßburg erlangte G. den juristischen Abschluß als Lizentiat. Danach war er – auch zur Vorbereitung auf ein öffentliches Amt – vier Jahre lang in Frankfurt als Anwalt tätig, bis er im November 1775 nach Weimar übersiedelte.

Während der vier Anwaltsjahre bearbeitete G. 28 Rechtsfälle, zumeist Prozesse, er übernahm aber auch Vormundschaftssachen, Nachlaß- und Konkursangelegenheiten sowie Vermögensverwaltungen und sonstige Bestellungen und Speditionen. Eine Klientel, wenn auch leichtere Fälle, erhielt er sogleich von seinem Onkel Johann Jost Textor, dem Bruder seiner Mutter, der gerade zum Richter ernannt worden war und deshalb seine Anwaltspraxis aufgab. Auch die Brüder Hieronymus Peter und Johann Georg Schlosser traten ihm Prozeß- und Rechtsangelegenheiten ab. Unterstützung leistete der Vater, ein nach des Sohnes Worten gründlicher und eleganter Jurist, dem als Kaiserlichem Rat zwar eine Anwaltstätigkeit nicht gestattet war, der aber genügend juristische Erfahrungen besaß, um dem Sohn zur Hand gehen zu können. Er studierte die Akten und bereitete die Fälle so weit vor, daß der junge Anwalt sie – zur Freude des Vaters – mit Leichtigkeit zur Ausführung bringen konnte. Außerdem stand ein Bürovorsteher, Johann Wilhelm Liebholdt, zur Seite.

Da es im Zivilprozeß damals allein das schriftliche Verfahren gab, kam alles auf die Schriftsätze an. Die G.schen zeichneten sich durch großen Kampfgeist und glänzende Rhe-

torik aus. Während damals das Rechtswesen in
Spitzfindigkeiten, Formelkram, leeren Worten
und äußerer Zier erstickte und die Advokaten
ihre Sache kalt, automatisiert und allein des
Geldverdienens wegen betrieben, machte sich
der Geist der Sturm-und-Drang-Generation
auch in G.s Prozeßakten bemerkbar. Schon
früh vertrat G. die später formulierte Auffassung: »Wer das Recht auf seiner Seite fühlt,
muß derb auftreten: ein höfliches Recht will
gar nichts heißen« (MuR, 1219). Schon in dem
ersten, von ihm gewonnenen Prozeß, in dem
er einen Sohn vertrat, der gegen seinen Vater
auf Herausgabe der versprochenen väterlichen
Fabrik klagte, scheute er sich nicht, unge-
wohnt scharfe und direkte Wendungen zu gebrauchen. Schonungslos zog er über den Gegner her. Allerdings brachte ihm das ebenso wie
dem Gegner, der in derselben Tonart erwiderte, einen Verweis ein. Seine Unerschrok-
kenheit bewies er auch in einem Prozeß gegen
die Stadt Frankfurt, in dem es um die Zulas-
sung einer Bebauung ging; er schrieb: »Ich
würde ohne den Respect, den ich meiner ge-
bietenden Obrigkeit schuldig bin, den Herrn
Advokatum Fisci mit seiner Gesellschaft aus
meinem Hause gewiesen haben« (Fuchs 1927,
S. 49).

Die Meinungen über die juristischen Fähigkeiten G.s sind unter heutigen Juristen geteilt.
Doch lassen seine Schriftsätze erkennen, daß
er als ein eminent praktisch denkender
Mensch einen sicheren Blick für die Schwächen seiner Gegner hatte und große Einsatz-
bereitschaft für seine Fälle an den Tag legte.
Dabei wußte er auch die eigenen Interessen
bereits wahrzunehmen. So verlangte er von
einem Korrespondenzanwalt außer der Erstat-
tung von Auslagen ein Sonderhonorar von 25
Gulden, andernfalls er nicht nach seiner Überzeugung fortzufahren vermöge, sondern der
Sache »den gewöhnlichen Lauf« lassen müsse
(an Steche, 12. 7. 1774). Das war nach heutiger
Auffassung standeswidrig, doch nach dem damals im Rechtsleben herrschenden Trott bestand die selbstbewußte Forderung durchaus
zu Recht, andernfalls sie der graduierte Ge-
genanwalt auch nicht anerkannt hätte. Gerade
in diesem auswärtigen Rechtsfall hatte G. die

Sache sehr gewissenhaft geprüft und auf Bedenken aufmerksam gemacht. Überdies war er
auf die Einkünfte seiner Praxis angewiesen,
denn solange er sich in Frankfurt aufhielt, gab
ihm der Vater nur ein monatliches Taschengeld
von sechs Gulden. Wie ernst es um den nötigen Broterwerb stand, wird an einer Stelle in
Dichtung und Wahrheit deutlich, wo es heißt,
er habe aus Liebe zu Lili Schönemann den
»wachsenden Geschäftskreis« (WA I, 29, S. 59)
seiner Advokatur zu erweitern getrachtet und
deshalb seine Besuche bei Lili zeitweilig fühlbar verringert.

Zu bedenken ist, daß G. als freier Anwalt
bereits in einem Alter auftrat, in dem sich
heute der Jurist noch in der Ausbildung befindet. Er erwies sich jedoch schon vom ersten
Moment an als perfekt und voll in der Materie
stehend. Mit aller Energie ging er besonders
gegen Prozeßverschleppungen vor. Weitblik-
kend rief er dem Gesetzgeber zu, die Rechts-
vorschriften zu kodifizieren, überalterte Gesetze zu überprüfen und auszumerzen (Schubart-Fikentscher, S. 3 f.; Meisner, S. 19–21).
Seinem Unwillen über die herrschenden Zustände gab er im *Faust* in der Schülerszene
Ausdruck. Vertrautheit mit der widerspruchsvollen Geschichte des Rechtswesens und ihren
Folgen verrät auch bereits die satirische Darstellung des Zusammenwirkens von Rechts-
gelehrten und absolutistischer Macht in der
*Geschichte Gottfriedens von Berlichingen mit
der eisernen Hand.*

Seine Schriftsätze im Verkehr mit dem
Frankfurter Gericht unterzeichnete G. mit
»J.W. Goethe, Lt.« oder »Licentiat«, im übrigen unterschrieb er mit »J.W. Goethe, Dr.«. Er
hatte in Straßburg zwar zum Schmerz des Vaters die Promotion zum Doktor der Rechts-
wissenschaften nicht erlangt, aber den Titel
eines Lizentiaten erworben, der als gleichwer-
tig mit dem Doktortitel galt. In Weimar wurde
er schon aus Prestigegründen als »Dr. jur.« geführt, wenn sich auch G. selbst dort in Amts-
sachen nur als »Lizentiat« bezeichnete, wie es
Pausch/Pausch (S. 85 u. S. 250) darstellen. So
konnte es kommen, daß die Universität Jena
ihm zu seinem 50. Dienstjubiläum 1825 wohl
den Ehrendoktor der Philosophie und der Me-

dizin verlieh, die Juristische Fakultät es jedoch lebhaft bedauerte, auf eine Verleihung des Doktorgrades verzichten zu müssen, weil er diesen bereits besitze.

Zur Fortbildung begab sich G. 1772 nach Wetzlar an das Reichskammergericht, wo er von Ende Mai bis Mitte September blieb. Es war die Absicht des Vaters, der selbst nicht nur beim Reichstag in Regensburg und beim Reichshofrat in Wien, sondern auch in Wetzlar als Referendar tätig gewesen war, ihm auf diese Weise noch eine Förderung seiner juristischen Praxis angedeihen zu lassen. G. trug sich auch als Praktikant bzw. Referendar dort ein, tat aber beim Gericht selbst nichts, sei es nun, daß er glaubte, für seine Advokatentätigkeit genügend zu wissen, sei es, daß er sich durch die am Reichskammergericht herrschenden Zustände wie Prozeßverschleppung, Korruption und die damit verbundenen Visitationen sowie von dem Dünkel der Gerichtsräte abgestoßen fühlte, wie das im 12. Buch von *Dichtung und Wahrheit* ausführlich beschrieben ist.

Während des Studiums drängte ihn offenbar wenig zur Juristerei. Welchen Respekt er aber vor der Rechtswissenschaft an sich hatte, geht aus der späteren Äußerung hervor, daß »ein durchgreifender Advocat in einer gerechten Sache« und »ein durchdringender Mathematiker vor dem Sternenhimmel [...] beide gleich gottähnlich« erscheinen (MuR, 606). Dankbar hat er bekannt, daß er als Jurist und als Sohn eines Juristen Genauigkeit und Vorsicht im Denken gelernt habe (von der Trenck, S. 828). Später ließ er den eigenen Sohn Jura studieren, weil dieses Fach, wie er an Carl August am 8.10. 1810 schrieb, als »Fundament eines Geschäftslebens« anzusehen sei.

Da G. auf die Bemühungen aus Universitätskreisen in Straßburg, ihn als Dozenten für Staatsrecht, Geschichte und Redekunst zu gewinnen, nicht eingegangen war, hat ihn zeitlebens die Juristerei begleitet. Während seiner Ministertätigkeit beteiligte er sich aus freien Stücken an der Abfassung von Gesetzen, so bei einem Berggesetz, bei der Ablösung von Feudallasten, bei einer Feuerlöschordnung, bei der Verbesserung des Wildschadensrechts,

ja – laut Tagebuch vom 5., 6. und 16.8. 1781 – mit dem Entwurf einer Konkursordnung. Auch war er mit der Abfassung zahlreicher Verträge beschäftigt, besonders mit denen, die er mit den Schauspielern des Weimarer Theaters abschließen mußte.

Im Fall einer ledigen Kindesmörderin hat G. während seiner Amtszeit im Jahr 1783 – zusammen mit seinen beiden Ministerkollegen – für die Beibehaltung der Todesstrafe gestimmt. Das ist allerdings befremdlich, denkt man an die erschütternden Szenen der Gretchentragödie, vergegenwärtigt man sich, daß im *Werther* das Mädchen, das »in einer wonnevollen Stunde sich in den unaufhaltsamen Freuden der Liebe verliert« (WA I, 19, S. 66), in Schutz genommen wird, oder liest man in *Dichtung und Wahrheit*, was über den durch die Aufklärung geförderten »Humanismus« geschrieben ist: »es sollte mehr nach Billigkeit geurtheilt werden« (WA I, 28, S. 39), »Gefängnisse wurden gebessert, Verbrechen entschuldigt, Strafen gelindert [...]; ein Damm nach dem andern ward durchbrochen« (ebd., S. 190). Doch schon in seinen Straßburger Thesen war G. für die Beibehaltung der Todesstrafe eingetreten – wie es ähnlich auch einer seiner geistigen Mentoren in diesen Jahren, Justus Möser, in den *Patriotischen Phantasien*, einem Buch über moderne Staatslenkung, tat. Als Minister hielt er die Beibehaltung der Todesstrafe zur Abschreckung und als Ordnungsfaktor jedenfalls für notwendig (Wieruszowski, S. 842–845).

Wenn G. ein Jahr nach seinem Wetzlarer Aufenthalt an Johann Georg Christian Kestner schrieb, unter all seinen Talenten sei seine Jurisprudenz »der geringsten eins« (25.12. 1773), so wird man die Erklärung dafür hauptsächlich darin suchen müssen, daß sein Talent in dieser Richtung nicht geweckt worden ist. So heißt es im 11. Buch von *Dichtung und Wahrheit*, daß ihn »keine innere Richtung [...] zu diesen Gegenständen« gedrängt habe. Wenn er Interesse an einer Sache finden sollte, so mußte er ihr »irgend etwas abgewinnen« können, er mußte »etwas an ihr gewahr werden«, das ihm »fruchtbar schien und Aussichten gab« (WA I, 28, S. 40). Es dürfte sich demgegenüber nicht nur um eine Höflichkeitsfloskel gehandelt haben, wenn er fünfzig Jahre später in einem Dankschreiben an die Universität Jena erklärte, daß er sich der Rechtswissenschaft »mit dem größten Eifer gewidmet haben« würde, »wäre dieses Fach zu jener Zeit auf Akademieen wie gegenwärtig [gemeint ist Friedrich Karl von Savignys Historische Schule; d. Vf.] behandelt worden« (24. 11. 1825).

Literatur:

Fuchs, Johannes: Advokat Goethe. Weimar 1927. – Ders.: Goethe als Rechtsanwalt. In: Juristische Wochenschrift. 1932, S. 828–831. – Heinze, Meinhardt: Der Jurist Goethe oder ›Ein höflich Recht will gar nichts heißen‹. In: Neue Juristische Wochenschrift. 1982, S. 622–626. – Kriegk, Georg Ludwig: Deutsche Kulturbilder aus dem 18. Jahrhundert, nebst einem Anhang: Goethe als Rechtsanwalt. Leipzig 1874. – Liermann, Hans: Goethe und die Jurisprudenz. In: Juristische Rundschau. 1949, S. 202–206 u. S. 234–238. – Matthes, Alfons: Goethe als Jurist. In: Juristische Wochenschrift. 1932, S. 831–842. – Meisner, Johannes: Goethe als Jurist. Berlin 1885. – Pausch, Alfons/Pausch, Jutta: Goethes Juristenlaufbahn. Rechtsstudent – Advokat – Staatsdiener. Eine Fachbiographie. Köln 1996. – Schubart-Fikentscher, Gertrud: Goethes sechsundfünfzig Strassburger Thesen vom 6. August 1771. Weimar 1949. – Sina, Peter: Goethe als Jurist. In: Neue Juristische Wochenschrift. 1932, S. 826–828. – Trenck, Siegfried von der: Goethe und das Recht. In: Juristische Wochenschrift. 1932, S. 826–828. – Weissel, Otto: Der Advokat Goethe. Wien, Leipzig 1927. – Wieruszowski, Alfred: Goethe und die Todesstrafe. In: Juristische Wochenschrift. 1932, S. 842–845.

Wolfgang Klien

Kant, Immanuel
(1724–1804)

Lange Zeit begegnete G. der Philosophie Kants mit großer Zurückhaltung. »Kants Kritik der reinen Vernunft war schon längst erschienen«, so resümierte er einmal, »sie lag aber völlig außerhalb meines Kreises«

(*Einwirkung der neuern Philosophie*, 1817; WA II, 11, S. 48). Hier brachte erst die Begegnung mit dem Kantianer Schiller neues Licht; am Rande einer Begegnung in der Jenaer Naturforschenden Gesellschaft (im Juli 1794) klärte Schiller G. über den Zusammenhang und die Differenz von Erfahrung und Idee nach Kantischen Begriffen auf. Seither war G. um vertieftes Quellenstudium bemüht, wovon ausführliche Exzerpte in seinen Handexemplaren der *Kritik der reinen Vernunft* und der *Kritik der Urteilskraft* zeugen. Noch im Jahr zuvor hatte G. (7.6. 1793) sehr kritisch an Herders geschrieben, Kant habe »seinen philosophischen Mantel, nachdem er ein langes Menschenalter gebraucht habe, ihn von mancherlei sudelhaften Vorurtheilen zu reinigen, frevelhaft mit dem Schandfleck des radicalen Bösen beschlabbert, damit doch auch Christen herbeigelockt werden, den Saum zu küssen«.

Kant stammte aus einer lutherischen Handwerkerfamilie; seine Schulbildung erhielt er zwischen 1732 und 1740 am Königsberger Collegium Fridericianum. Im Herbst 1740 wurde er an der heimatlichen Albertus-Universität immatrikuliert; die »Humaniora« und ein besonderes Interesse an den Naturwissenschaften, namentlich Isaac Newtons, prägten sein Studium. Seine Abschlußarbeit *Gedanken von der wahren Schätzung der lebendigen Kräfte* (1746) erschien 1749 im Druck. Im Wintersemester 1755/56 begann Kant – als »Magister legens« – seine akademische Lehrtätigkeit in Königsberg, die er vierzig Jahre lang ausübte; 1796 schied er »ob infirmitatem senilem« als Hochschullehrer aus, blieb allerdings bis Ende 1801 Mitglied des Akademischen Senats der Albertina.

Er las neben den philosophischen Fächern auch über Mathematik, Physik, Geographie und Mineralogie, trat aber in dieser Zeit auch als philosophischer Autor hervor, u.a. mit Schriften zu Grundlagenstreitigkeiten der zeitgenössischen Metaphysik wie *Der einzig mögliche Beweisgrund zu einer Demonstration des Daseins Gottes* (1763), *Versuch, den Begriff der negativen Größen in die Weltweisheit einzuführen* (1763), aber auch mit Schriften zur Kulturkritik wie *Beobachtungen über das Ge-*

fühl des Schönen und Erhabenen (1764), *Träume eines Geistersehers, erläutert durch Träume der Metaphysik* (1766). Vergeblich bewarb er sich 1756 und 1758 um die Königsberger Professur für Logik und Metaphysik, erhielt erst für das Sommersemester 1770 das langerhoffte philosophische Ordinariat. Im folgende Dezennium arbeitete er an seiner Metaphysik-Kritik, die 1781 erschien: *Kritik der reinen Vernunft* (2., erweiterte u. veränderte Aufl. 1787).

Kant ist in diesem Werk der Haupttendenz des Zeitalters verpflichtet: es ist eine Zeit aufklärerischer Kritik, der sich alles zu unterwerfen habe – Majestät, Gesetzgebung, Religion und Sittlichkeit. Hinsichtlich des menschlichen Zusammenlebens faßt G. in einem Gespräch mit Kanzler von Müller (29.4. 1818) die Bedeutung von Kants Kritik dahingehend zusammen, daß sie doch »das unsterbliche Verdienst« habe, »uns von jener Weichlichkeit, in die wir versunken waren, zurückgebracht zu haben«. Kant verwies Metaphysik, wenn sie als Wissenschaft gelten wollte, auf die durch den Menschen praktisch-geistig erfaßbare Wirklichkeit; er gab durch sein Werk wesentlich den Anstoß, über verbindliche Geltungsbedingungen von Erkenntnissen nachzudenken. Diese methodische Tugend, die ein Novum im zeitgenössischen philosophischen Denken war, hat G. besonders interessiert; in seinem Aufsatz *Anschauende Urteilskraft* (1817) betonte er eine zentrale Pointe der kritischen Philosophie, als er bemerkte, es »wollte mir manchmal dünken, der köstliche Mann verfahre schalkhaft ironisch, indem er bald das Erkenntnißvermögen auf's engste einzuschränken bemüht schien, bald über die Gränzen, die er selbst gezogen hatte, mit einem Seitenwink hinausdeutete« (WA II, 11, S. 54). Kant erinnerte die philosophische Zunft daran, daß für den Menschen das Ganze der Wirklichkeit als Ganzes niemals erfahrbar, und so auch nicht erkenntnisfähig sei. Kant hatte damit »den Weg eröffnet, die Empirie auf Principien, und die Spekulation zur Erfahrung zurück zu führen«, worauf Schiller in seiner Schrift *Über die ästhetische Erziehung des Menschen* (15. Brief; SNA 20, S. 357) hinwies.

Die betroffene Öffentlichkeit reagierte mit Mißtrauen und befremdet auf Kants Grundlagenkritik der Philosophie; nicht nur die deutsche Popularphilosophie sah sich ihres Gegenstands beraubt. G. allerdings sah sich in der Abneigung gegenüber der Philosophie seiner Zeit bestätigt durch die Kritik des ostpreußischen »Alles Zermalmers« (Moses Mendelssohn an Elise Reimarus, 18.11. 1783): »Goethen sei die Popularphilosophie stets widerlich gewesen, daher habe er sich leichter zur Kantischen hingeneigt, die jene vernichtet habe«, erinnerte sich Kanzler von Müller eines Gesprächs (18.12. 1823) mit G.

Kant baute in den 80er Jahren seinen Kritizismus weiter aus. Er wendete ihn auch auf die anderen philosophischen System-Teile an, u.a. durch Schriften wie *Kritik der praktischen Vernunft* (1788), *Metaphysische Anfangsgründe der Naturwissenschaft* (1786), *Idee zu einer allgemeinen Geschichte in weltbürgerlicher Absicht* (1784), *Religion innerhalb der Grenzen der bloßen Vernunft* (1793). Das wirkungsgeschichtlich unmittelbar wichtigste Werk war indessen die *Kritik der Urteilskraft* (1790). G. wurde erst durch diese Schrift endgültig aus seiner philosophischen Reserve herausgebracht. In einem Brief an Carl Friedrich Zelter erinnerte er an das »grenzenlose Verdienst unsres alten Kant um die Welt, und ich darf auch sagen um mich, daß er, in seiner Kritik der Urteilskraft, Kunst und Natur nebeneinander stellt und beiden das Recht zugesteht: aus großen Prinzipien zwecklos zu handeln. So hatte mich Spinoza früher schon in dem Haß gegen die absurden Endursachen gegläubiget. Natur und Kunst sind zu groß um auf Zwecke auszugehen, und habens auch nicht nötig« (29.1. 1830).

Seit Mitte der 80er Jahre änderte sich die vorurteilsgeschützte Gleichgültigkeit der deutschen Philosophen Kant gegenüber. An der Universität Jena, G.s unmittelbarer wissenschaftspolitischer Einflußsphäre, bildete sich seit 1787, als Christoph Martin Wielands Schwiegersohn Karl Leonhard Reinhold eine außerordentliche Professur bekam, ein Kreis von engagierten Kant-Lesern, wie Karl Christian Erhard Schmid, Christian Gottfried

Schütz, Christoph Wilhelm Hufeland, Friedrich Immanuel Niethammer, Wilhelm Gottlieb Tennemann und Friedrich Karl Forberg. In Jena wurde 1785 ein erstes kantianisches Periodikum begründet, die *Allgemeine Literatur-Zeitung*, als erstes Organ des Kantianismus, der sich dann in vergleichbarer Intensität auch nach Tübingen, Halle und Berlin ausbreitete.

Als G. 1788 aus Italien zurückkehrte, fand er seine Jenaer Akademie in einem kantianischen Aufschwung. Er nahm sich – um 1789 – zunächst die *Kritik der reinen Vernunft* vor, und er las Reinholds weitverbreitete *Briefe über die Kantische Philosophie*, die 1786/87 in Wielands *Teutschem Merkur* erschienen waren. In dem Maße, wie G. danach die *Kritik der Urteilskraft* rezipierte, entfernte er sich von einigen Positionen seines ursprünglichen Spinozismus. Interessiert an der neuen Art der Identitätsstiftung durch Zentralkategorien der Transzendentalphilosophie, wie z.B. Einbildungskraft, sah er darin eine Möglichkeit, »reine Sinnlichkeit mit Intellectualität zu verbinden, wodurch ganz allein das wahre Kunstwerk hervorgebracht wird« (*Kunst und Handwerk*; WA I, 47, S. 56).

Die in den 90er Jahren veröffentlichten Schriften Kants nahm G. aufmerksamer zur Kenntnis als dessen vorkritische Texte: sehr positiv etwa den Aufsatz *Von einem neuerdings erhobenen vornehmen Ton in der Philosophie* (1796), eher kritisch die Abhandlung *Über das radical Böse in der menschlichen Natur* (1792). Ganz begeistert zeigte er sich vom *Streit der Fakultäten* (1798). »Was werden denn die blinden Anbeter sagen, die ihn als guten Christen so hoch schätzen«, so schrieb Knebel an G. (12.1.1799), »und die – notabene! – nie seinen Spass verstanden?« Auf G.s besonderes Interesse stieß Kants letzte zu seinen Lebzeiten veröffentlichte Schrift, die *Anthropologie in pragmatischer Hinsicht* (1798); wie er an Schiller schreibt (am 19.12.1798), »ein sehr werthes Buch«.

Auch nach dem Tode des Königsberger Weltweisen setzte sich G. kontinuierlich mit dessen Werk auseinander; in seinen Kant-Studien von 1816/17 wollte er beispielsweise den transzendentalen Idealismus hinsichtlich der Hauptkräfte unseres Vorstellungsvermögens – Sinnlichkeit, Verstand, Vernunft – erweitert wissen um die Phantasie (an Maria Pawlowna, 3.1.1817). Auf die säkulare Bedeutung der Philosophie Kants für die Kultur überhaupt hat G. im Gespräch mit Johann Peter Eckermann mit Nachdruck hingewiesen: auf die Frage, welchen der neueren Philosophen er für den vorzüglichsten hielte, antwortete G.: »Kant [...] ist der vorzüglichste, ohne allen Zweifel. Er ist auch derjenige, dessen Lehre sich fortwirkend erwiesen hat, und die in unsere deutsche Kultur am tiefsten eingedrungen ist. Er hat auch auf Sie gewirkt, ohne daß Sie ihn gelesen haben«. Bei alledem blieb zwar ein schmerzliches Bedauern zurück, denn: »Kant hat nie von mir Notiz genommen, wiewohl ich aus eigener Natur einen ähnlichen Weg ging als er« (Eckermann, 11.4.1827). Rückblickend machte G. noch einmal deutlich, worin der spezielle Wert Kants für ihn lag: »Ich danke der kritischen und idealistischen Philosophie, daß sie mich auf mich selbst aufmerksam gemacht hat, das ist ein ungeheurer Gewinn« (an Schultz, 18.9.1831).

Literatur:

Dietzsch, Steffen: Fort Denken mit Kant. Essen 1996. – Martin, Gottfried: Immanuel Kant. Berlin 1969. – Molnár, Géza von: Goethes Kantstudien. Weimar 1994. – Rosenkranz, Karl: Geschichte der Kant'schen Philosophie. Berlin 1987. – Schmidt, Franz: Goethes Kantianismus und Pragmatismus. Mit einer neuen Quelle zu Goethes Kantstudien. In: Zs. f. Religions- u. Geistesgeschichte. 23 (1971), S. 50–59. – Vorländer, Karl: Kant, Schiller, Goethe. Leipzig 1907.

Steffen Dietzsch

Karlsbad

Karlsbad (tschech. Karlovy Vary), Stadt und Kurort im westlichen Böhmen, zwischen dem Kaiserwalde und dem Duppauer Gebirge, an der Mündung des Tepl-Flusses in die Eger gelegen, ist durch seine alkalischen Glaubersalzquellen berühmt geworden, die zur Heilung von Erkrankungen der Leber, Galle und Milz, des Magens und Darms angewendet werden. 1789 wurde die erste wissenschaftliche Analyse des Quellwassers durch Dr. David Becher durchgeführt, der auch die Erzeugung des Karlsbader Salzes in die Wege leitete. Die Besucherzahl stieg rasch an: 1765 kamen 274 Familien, 1800 744 in den Kurort – 1860 waren es bereits 6366. Um die Wende vom 18. zum 19. Jh. wurde Karlsbad – noch vor den anderen westböhmischen Kurorten Marienbad, Franzensbad und Teplitz – zum modischen Treffpunkt der hohen Aristokratie samt vieler gekrönter Häupter aus ganz Europa. Mehr und mehr kamen, nicht zuletzt im Gefolge dieses Aufschwungs, auch vermögende Bürger, Kaufleute, Wissenschaftler, Politiker, Künstler, Offiziere u. a. hierher.

G. weilte dreizehnmal in Karlsbad. Insgesamt verbrachte er hier 885 Tage; sein längster Aufenthalt (1812) dauerte volle 136 Tage. Nach 1818 sank zwar sein Vertrauen zu den Heilwirkungen der Karlsbader Quellen, doch setzte er auf Anraten der Ärzte seine Kuren fort – nun in Kombination mit Marienbad und Teplitz. Zunächst wohnte er im »Weißen Hasen« (1785), in den »Drei roten Rosen« (1786) und im »Grünen Papagei« (1795); seit 1806 bezog er regelmäßig die »Drei Mohren«. Er suchte in Karlsbad Abhilfe von der Hypochondrie, dem Magenübel, den Nierensteinkoliken und der Gicht. Neben den Quellen trug zur Besserung seines Gesundheitszustandes allerdings auch das rege gesellschaftliche Leben des Kurortes bei. Es gewährte ihm Entspannung und Zerstreuung in diesen geschichtsträchtigen, oft von dramatischen Ereignissen erfüllten Zeiten. Die Badegäste suchten einerseits bewußt dem Druck der Zeit auszuweichen und ergaben sich sorglos ihren Vergnügungen, andererseits wurde hier im Geheimen auch hohe Politik betrieben, und so diente das Bad als Treffpunkt nicht nur der Monarchen und ihrer Diplomaten, sondern auch vieler konspirativ wirkender Helfer und Vermittler, nicht zuletzt Emigranten und Agenten unterschiedlicher Befreiungsbewegungen. G. war bemüht, der Politik möglichst auszuweichen. Er befand sich in einer heiklen Lage, war er doch nicht nur ein berühmter deutscher Dichter, sondern auch Minister eines deutschen Kleinstaates, der im Laufe der Jahre unterschiedlichen Bündnissen angehörte. Offenbar war besonders schwierig die Zeit, da Sachsen-Weimar formell Napoleons Verbündeter war. Daß G. von dem französischen Kaiser den Orden der Ehrenlegion annahm, löste die Mißbilligung patriotischer deutscher Kreise aus. Auch später konnte er sich Belastungen nicht entziehen; einerseits verlieh ihm Metternich das Kommandeurskreuz des Leopoldordens, andererseits ließ er ihn aber von der politischen Polizei bespitzeln.

Das gesellschaftliche Leben in Karlsbad war ungemein reich und bunt. Man machte Spaziergänge und Ausflüge in die Umgebung, huldigte dem Tanz, besuchte Theater und Konzerte. Dabei gab es manche Gelegenheit zu lustiger wie geistreicher Konversation. G. ist hier vielen interessanten Menschen begegnet, hat wertvolle Bekanntschaften gemacht und auch Freunde gewonnen. Den Glanzpunkt jeder Kursaison bildete die Anwesenheit von Angehörigen der Herrscherhäuser und des hohen Adels. So trat G. in Berührung mit der österreichischen Kaiserin Maria Ludovica sowie ihrer Tochter, der französischen Kaiserin Marie Louisa, und mit dem preußischen König Friedrich Wilhelm III. sowie mit vielen anderen Vertretern aus höchsten Kreisen der Gesellschaft. Sehr anregend waren für ihn die Begegnungen mit alten und neuen Bekannten aus intellektuellen Schichten. Darunter befanden sich Repräsentanten verschiedenster Künste und Wissenschaften, Schriftsteller, Komponisten, Virtuosen, Maler, Naturwissenschaftler und Ärzte, natürlich auch Beamte und kirchliche Würdenträger.

Bei den Kuraufenthalten G.s spielten auch die »Äugelchen« eine Rolle, erotische Beziehungen, die in einigen Fällen zu mehr oder weniger tiefen Liebschaften führten. So kam er 1785 zwar mit Charlotte von Stein nach Karlsbad, ließ sich aber auch von der Gräfin Brühl bezaubern. 1786 gab es »Äugelchen« mit

Aloysia Gräfin von Lanthieri. 1806 erlebte er »eine kleine Liebschaft« (Urzidil, S. 32) mit Amalie von Levetzow, die damals ihr zweijähriges Töchterchen Ulrike bei sich hatte. 1808 kokettierte er gleichzeitig mit Marianne von Eybenberg, Pauline Gotter, der späteren Gemahlin Schellings, und Silvie von Ziegesar; die Beziehung zu der letzteren ging schon beträchtlich in die Tiefe. 1809 überschüttete ihn dann Bettina Brentano mit ihren Liebesbezeugungen. Als er 1811 mit seiner Ehefrau Christiane nach Karlsbad gekommen war, mußte er zeitweilig auf »Äugelchen« verzichten. Der letzte Karlsbader Aufenthalt 1823 stand schließlich völlig im Zeichen der unglücklichen Altersliebe zu der neunzehnjährigen Ulrike von Levetzow.

Ungeachtet seiner überaus großen Inanspruchnahme durch die Heilverfahren und das gesellige Leben fühlte G. das Bedürfnis und fand er auch Muße genug, seinen künstlerischen und wissenschaftlichen Interessen nachzugehen. Er arbeitete in Karlsbad an der *Iphigenie*, an der *Pandora*, an den *Wahlverwandtschaften*, an *Dichtung und Wahrheit* und an den *Wanderjahren*, es entstanden dort zahlreiche Gelegenheitsgedichte, und Karlsbad war auch ein Ort der Liebesbeziehung, von deren bitterem Ausgang die Marienbader *Elegie* spricht. Im Zusammenhang mit seinen naturwissenschaftlichen Studien, insbesondere auf den Feldern der Mineralogie, Botanik und Meteorologie, unternahm er mit Bekannten aus den Fachkreisen zahlreiche Ausflüge in die nahe wie entfernte Umgebung Karlsbads, um interessante Naturerscheinungen zu besichtigen, sie in Zeichnungen festzuhalten und Minerale zu sammeln. So besuchte er mehrfach naturwissenschaftlich oder auch historisch bemerkenswerte Orte des böhmischen Mittel- und Erzgebirges, etwa die alten Städte Eger, Elbogen, Aussig, Graupen, Kaaden, Kommotau, Laun und Gießhübel sowie die Bergwerksstädte Dux, Brüx, Falkenau, Zinnwald, Joachimsthal, Klostergrab, Mies, Schlaggenwald, und so suchte er auch geologisch und mineralogisch aufschlußreiche Berge auf, den Podhorn, den Donnersberg (Mileschauer), den Kammerbühl (Kammerberg) und den

Sandberg, die Felsengruppe Hans Heiling und die mit Burgruinen gekrönten Felsengebilde Hassenstein und Schreckenstein. Die Resultate seiner Beobachtungen faßte er in mehreren Studien zur böhmischen Geognosie und Geologie zusammen.

Literatur:

Aus Goethes Marienbader Tagen. Zwanzig Beiträge mit fünfzehn Bildbeilagen. Hg. von der Kurstadt Marienbad. (Die Schriftleitung besorgten Dr. Emil Wachtel und Dr. Friedrich Fischl). Marienbad, Leipzig 1932. – Goethe im Egerlande unter Berücksichtigung des einschlägigen Schrifttums neu dargestellt im Goethe-Gedenkjahr von Prof. Alfred Dietrich. Eger 1932. – Goethe und Karlsbad. Zum 22. März 1932. (Bildschmuck nach Originalen des Stadtmuseums in Karlsbad. Den Umschlag zeichnete akad. Maler Josef M. Goehsl). – Pleyer, Wilhelm/Tetzner, Johanna: Goethe in Teplitz 1810, 1812, 1813. Im hundertsten Todesjahr Goethes neu bearbeitet von Arch. Wilhelm Pleyer und Johanna Tetzner. Teplitz-Schönau 1932. – Urzidil, Johannes: Goethe in Böhmen. Zürich ²1962.

Jaromír Loužil

Karlsbader Beschlüsse

In der Zeit vom 26.8. bis zum 28.9. 1819 verbrachte G. wieder einmal einen Kuraufenthalt im böhmischen Karlsbad. In der ersten Woche seines Aufenthaltes wurde die Ruhe der Kleinstadt von regem diplomatischem Treiben gestört, denn zu dieser Zeit fanden hier unter der Leitung des österreichischen Ministers Clemens Lothar Fürst von Metternich Beratungen ihren Abschluß, die für die deutsche Innenpolitik folgenreich sein sollten. G., der als Privatperson, nicht als Staatsminister von Sachsen-Weimar anwesend war, traf persönlich mit Metternich zusammen. Der Zweck der Konferenzen war ihm bekannt. Von ihren Beschlüssen versprach er sich eine positive Wirkung.

Am 20.9. 1819 wurden die Resultate der

Karlsbader Konferenzen in der Frankfurter Bundesversammlung in einem rechtlich fragwürdigen Schnellverfahren zum Gesetz erhoben. Die Staaten des Deutschen Bundes verpflichteten sich, alle Universitäts- und Schullehrer aus ihrem Amt zu entlassen, deren Ansichten die öffentliche Ruhe und Ordnung störten. Landesherrliche Kommissare sollten den Lehrbetrieb an den Universitäten überwachen. Die Vereinigungen der Studentenschaft, die Burschenschaften, wurden verboten. Zensoren sollten die Presse kontrollieren. Eine Zentraluntersuchungskommission schlug in Mainz ihren Sitz auf, um die Umtriebe von geheimen Gesellschaften und Demagogen aufzudecken. Bundesstaaten, die ihren Verpflichtungen nicht nachkamen, konnten zur Befolgung der Gesetze mit Gewalt gezwungen werden.

Die Karlsbader Beschlüsse waren für G. eine legitime Reaktion auf die »unaufhaltsam wirkenden revolutionären Potenzen« (*Tag- und Jahreshefte 1819*), mit denen er ursächlich auch die Ermordung des Schriftstellers August von Kotzebue durch den Jenaer Theologiestudenten Karl Ludwig Sand im März 1819 in Verbindung sah. Schon 1818 hatte er gemeint, daß in Jena »der politische Narrenteufel« los sei, wodurch »kein Hund aus dem Ofen gelockt« würde, sondern nur »die Großen [...] immer apprehensiver werden« müßten und letztlich die Ergebnisse der wissenschaftlichen Arbeit eingeschränkt würden (an Voigt, 6.2. 1818). Wenn er im folgenden Jahr den Wunsch Carl Augusts abschlug, ihn zum Kurator der Universität Jena zu machen und ihn auf diese Weise mit der Überwachung von Forschung und Lehre gemäß den Karlsbader Beschlüssen zu betrauen (AS 2.2, S. 1011 ff.), so distanzierte er sich damit keineswegs von der repressiven Politik des Deutschen Bundes. Vielmehr wollte der Siebzigjährige die ihm verbliebene Schaffenskraft vor allem der Vollendung seines dichterischen Lebenswerkes widmen.

Hatte bereits das Wartburgfest das Großherzogtum Sachsen-Weimar in den Augen der führenden Politiker der Heiligen Allianz, die die Grundsätze der Legitimität und Restauration hochhielten, als Hort revolutionärer Um-

triebe in Mißkredit gebracht, so war G. zur Zeit der Karlsbader Beschlüsse selbst davon überzeugt, daß der Deutsche Bund den revolutionären Tendenzen mit Ausnahmegesetzen entgegensteuern müsse. Er nahm auch keinen Anstoß daran, daß diese Gesetze dauerhaft gültig blieben. Erst die Revolution von 1848 hob sie endlich auf.

Wie weit G. dem Geist der Karlsbader Beschlüsse zustimmte, zeigte sich, als er 1820 auf ein in der Sturm-und-Drang-Zeit verfaßtes und unveröffentlicht gebliebenes Dramenfragment, den *Prometheus*, zurückblickte. Er sprach sich gegen einen Druck aus, weil er befürchtete: »Es käme unsrer revolutionären Jugend als Evangelium recht willkommen, und die hohen Kommissionen zu Berlin und Maynz mögten zu meinen Jünglings-Grillen ein sträflich Gesicht machen« (an Zelter, 11.5. 1820). Offensichtlich nahm er an, die zeitgenössische Jugend würde, sich mit Prometheus identifizierend, sich in der gleichen unbändigen Trotzhaltung gegen die staatlichen Obrigkeiten auflehnen, wie dieser es gegenüber Zeus getan hatte. G. kritisierte trotz des ironischen Untertons bei dieser Gelegenheit kaum das Wirken der Zentraluntersuchungskommission, sondern er fungierte wie diese als Zensor, nun des eigenen Werkes. Das Faktum, daß der alte G. den jungen zensierte, verweist auf die tiefe Widersprüchlichkeit in den Lebenskonjunkturen des Dichters. Das *Prometheus*-Fragment wurde immerhin doch noch zu Lebzeiten gedruckt (1830).

Literatur:

Goethe, Johann Wolfgang von: Amtliche Schriften. Bde. 1–3. Hg. von Willy Flach und Helma Dahl. Weimar 1950–1970. (= AS). – Tümmler, Hans: Goethe, Voigt und die weimarische Pressefreiheit. In: ders.: Goethe in Staat und Politik. Gesammelte Aufsätze. Köln, Graz 1964, S. 240–269. – Ders.: Wartburg, Weimar und Wien. Der Staat Carl Augusts in der Auseinandersetzung mit den Folgen des Studentenfestes von 1817. In: ders.: Das klassische Weimar und das große Zeitgeschehen. Historische Studien. Köln, Graz 1975, S. 123–172.

Peter Burg

Katholizismus

Schon in Frankfurt blieben Katholiken (WA I, 28, S. 222), auf der ersten Schweizreise auch »Gebräuche der römischen Kirche« (WA I, 29, S. 113), G. nicht unvertraut, doch erst in Italien lernte er »den Catholizismus« »ganz [...] in seinem Umfange kennen« (Tagebuch, 3.9. 1786). Die böhmischen Kuraufenthalte brachten wiederholte, die Reisen an Main, Rhein und Neckar 1814 intensive Begegnungen, denen der Kontakt mit Sulpiz Boisserée seit Mai 1811 vorgearbeitet hatte. Doch schon zuvor wurde, ungeachtet der Absage an »Hierarchie« und »sichtbare Kirche« (WA I, 37, S. 165), G.s Urteil über Rom, dieses »Babel« (WA I, 32, S. 63), von einer – selten verletzten – Toleranz temperiert (vgl. WA I, 37, S. 162 f.).

Abschätzige Voten verdichteten sich während der Zeit in Rom. »Barockes Heidenthum« (WA I, 30, S. 192), die »Mummereyen« (an Charlotte an Stein, 8.6. 1787) »lärmender Gottesverehrung« (WA I, 31, S. 107) erregten den Widerspruch eines »protestantischen Diogenismus« (WA I, 30, S. 247), der den liturgischen »Hockuspockus« des päpstlichen Gottesdienstes in der Sistina (an Charlotte von Stein, 2.2. 1787) nicht weniger geißelte als die klerikale Volksverdummung (WA I, 30, S. 181) und in den *Venezianischen Epigrammen* die eucharistische »Weihe« verhöhnte (WA I, 1, S. 311). Der »lutherische« Vorwurf, der Katholizismus sei »eine Art von heidnischen Judentum« (an Zelter, 14.11. 1816), war wirksam noch 1824 in »grellen und tollen Ausfällen [...] über die Mysterien der christlichen Religion, vorzüglich über die immaculata conceptio S. Mariae, deren Mutter Anna schon immaculate concipiert haben soll« (von Müller, 30.6. 1824; vgl. auch an Schultz, 22.8. 1820).

Zugleich aber nahm G. die gestaltende Kraft der römischen Kirche wahr, die »die christlichen Überlieferungen vollkommen durchgearbeitet« (WA I, 32, S. 296), die »Lehre [...] mehr zum Ganzen« (Gespräche, 3.1, S. 396) zusammengefaßt habe und so ihre Gläubigen zu stabilisieren vermöge (Tagebuch, 7.9.

1807). An der Gestalt des Philippo Neri stellte er die Verbindung von »geheimnißvollen seltsamen Innerlichkeiten« mit dem »klarsten Menschenverstand« (WA I, 31, S. 245) vor Augen: Dieser »humoristische Heilige« (WA I, 32, S. 186) war ihm das Muster einer »nach unabhängigem gränzenlosen, geistigen Wirken sich hinsehnenden und hingetriebenen Natur, wie sie durch die streng umfassenden römischkirchlichen Bande sich wieder zusammengehalten fühlen muß« (ebd., S. 200). Auch in der Volksfrömmigkeit, die im »politisch-religiösen« Sankt-Rochus-Fest (WA I, 34.1, S. 21) als Synthese landsmannschaftlich-nationaler und sittlich-religiöser Momente zur Erscheinung kam, sah G. die Frucht geschickten pädagogischen Wirkens (vgl. auch WA I, 40, S. 354). Platt »theophilanthropischer« Polemik, »die Christkatholische Religion in den Koth zu treten« (an Schiller, 31.7. 1799), widersprach er entschieden.

Seine gründliche Abneigung galt jedoch den Konvertiten, bleibt doch »ein jeder, der die Religion verändert, mit einer Art von Makel bespritzt [...]. Ausdauern soll man da, wo uns mehr das Geschick als die Wahl hingestellt. [...] Abfall dagegen bleibt verhaßt, Wankelmuth wird lächerlich« (WA I, 46, S. 32 f.).

Mildernde Umstände billigte G. dem »gründlich gebornen Heiden« Johann Joachim Winckelmann zu (ebd., S. 32); auf die römische Konversion (1780) des Malers Friedrich Müller reagierte er noch zurückhaltend. Weil ihm der Übertritt des einstigen Freundes Friedrich Leopold Graf zu Stolberg (1800) als die Tat eines Menschen galt, der »sich nie auf sich selbst stützen« konnte (WA I, 35, S. 119), mißbilligte er noch 1819 den Angriff des alten Johann Heinrich Voß auf Stolberg, weil ihm zuwider war, daß »eines so zarten Mannes [...] beste Intentionen so schändlich vor die Welt geschleift« wurden (an Knebel, 29.12. 1819). Der Absage G.s an die grassierende »neukatholische Sentimentalität« (WA I, 48, S. 122) tat diese individuelle Apologie keinen Abbruch. Friedrich Schlegels übertritt 1808 gewichtete er denn auch als Symptom: »Durchaus ist aber diese Schlegelsche Conversion sehr der Mühe werth, daß man ihr Schritt vor

Schritt folge, sowohl weil sie ein Zeichen der Zeit ist, als auch weil vielleicht in keiner Zeit ein so merkwürdiger Fall eintrat, daß im höchsten Lichte der Vernunft, des Verstandes, der Weltübersicht ein vorzügliches und höchstausgebildetes Talent verleitet wird sich zu verhüllen, den Popanz zu spielen« (an Reinhard, 22.6.1808). Mit Zacharias Werner, den er trotz weltanschaulicher und ästhetischer Differenzen geschätzt und gefördert hatte, brach er endgültig, als diesen »abstrusen Dichter / [...] die sündige Natur / Nach Rom zur babylon-'schen Hur'« (WA I, 5.1, S.195) getrieben hatte. Selbst auf das Gerücht einer Konversion (Schellings) reagierte er allergisch, kam es ihm doch »komisch« vor, »wenn wir zur dritten Säcularfeyer unseres protestantisch wahrhaft großen Gewinnes das alte überwundene Zeug nun wieder unter einer erneuten mystisch-pantheistischen, abstrus-philosophischen, obgleich im Stillen keineswegs zu verachtenden Form wieder eingeführt sehen sollten« (an Voigt, 27.2.1816).

Den Sinn für die Weite katholischen Lebens verlor G. auch in der Antithese nicht. Der »Klugheit der Jesuiten« (WA I, 30, S.8) galt seine Aufmerksamkeit nicht weniger als dann den napoleonischen Modernisierungen (Tagebuch, 25.8.1806). Das »Genie« François René Vicomte de Chateaubriands nahm er zur Kenntnis. Texte, die zwar »ganz päpstlich-royalistischen Inhalts«, aber ohne eine »Spur von Mönchthum und Pfäfferey« geschrieben waren (an das großherzogliche Paar, 1.8.1822), fanden sein Wohlwollen. Wo allerdings auf die »unité de doctrine« gedrängt wurde, brach der »Argwohn« auf, das »wohl eine andere Tendenz dahinter stecken möge, die nicht eben die der Toleranz oder des Protestantismus sein möchte« (Gespräche, 3.2, S.29). Vollends als man »von Rom« anläßlich des Reformationsjubiläums »die seltsamsten Ausbrüche einer Partheiwuth ohne gleichen« hörte (an Schlosser, 1.6.1817) und eine zielstrebige Konkordatspolitik der Kurie den alten Machtwillen zeigte, wurde auch der Pfaffenspott wieder lebendig, dem *Zahme Xenien* kräftigen Ausdruck gaben (WA I, 5.1, S.136). Die 1772 im *Brief des Pastors* ausgesprochene Zuversicht,

daß es »täglich lichter in der römischen Kirche« werde (WA I, 37, S.164), die auch Johann Peter Eckermann noch für den 11.3.1832 notierte, blieb von einer radikalen Skepsis begleitet: »Man muß den Catholicismus wenig kennen wenn man denkt, daß diese scheinbare Humanisation stattfinden werde« (an Eichstädt, 21.1.1804). G. war sich aber stets einer letzten Unzuständigkeit seines Urteils gegenüber dem Katholizismus bewußt. So war es auch nicht beliebig, daß er, um sich nicht »im Vagen« zu »verlieren« (Eckermann, 6.6.1831), dieser Glaubenswelt Bilder entnahm, die eine versöhnte Welt anschauen lassen. Der Bogen reicht von der Josephsfamilie in den *Wanderjahren* bis zur letzten Szene von *Faust II*. Insofern ist es auch angemessen, wenn sich der Katholizismus seit Carl Muths Votum von 1896 von der apologetischen Abgrenzung befreit hat, die Alexander Baumgartners monumentale G.-Darstellung bestimmte.

Einer gesonderten Betrachtung bedürfte G.s Berührung mit der Ostkirche, deren (unierten) Gottesdienst er erstmals an Epiphanias 1787 in Rom kennenlernte (WA I, 30, S.247). Seit dem Aufzug der Erbprinzessin Maria Pawlowna (1803) befaßte sich G. mit »konstantinopolitanischer Kirchenmusik« (an Zelter, 20.4.1808) und byzantinischer Kunst (an Boisserée, 23.10.1815). Auch der griechische Freiheitskampf gegen die Türken aktualisierte G.s Aufmerksamkeit für die Orthodoxie (WA I, 41.2, S.315–323).

Literatur:

Baumgartner Alexander: Göthe. Sein Leben und seine Werke. 3 Bde. Freiburg 1885/86. – Bernhard, Josef: Goethe und die katholische Welt. In: Frankfurter Hefte. 4 (1949), S.1060–1070. – Felber, Ingrid: Der Protestant im Zentrum der katholischen Welt. In: Görres, Jörn (Hg.): Goethe in Italien (Ausstellungskatalog). Mainz 1986, S.22–32. – Maron, Gottfried: Goethe im Wandel des katholischen Urteils. Über das Lexikon hinausgedacht. In: Beyschlag, Karlmann u.a. (Hg.): Humanitas – Christianitas. Walther von Loewenich zum 65. Geburtstag. Witten 1968, S.222–234. – Muth, Carl: Unser Verhältnis zu Goethe. In: Kultur. Zs. für Wissenschaft, Literatur und Kunst. 1 (1899), Sp.58–67 u. Sp.148–157. – Nicolai, Wilhelm: Goethe und das katholische Frankfurt. Frankfurt 1933. – Propper, Maximilian von: Goethes Verhältnis zur russischen Ikonenmalerei. Analyse einer Legende. In: N.F. JbGG. 25 (1963), S. 27–69. – Reuter, Hans-Heinrich: ›Die Weihe der Kraft‹. Ein Dialog zwischen Goethe und Zelter. In: ders.: Dichters Lande im Reich der Geschichte. Berlin, Weimar 1983, S. 145–160.

Jörg Baur

Kauffmann, Angelika

(1741–1807)

Als G. am 23.4. 1788 aus Rom abreist, ist er sicher, daß er mindestens »drei Personen innigst« (WA I, 32, S. 295) betrübt zurücklassen würde. Vor allem Angelika Kauffmann, die empfindsam-klassizistische Malerin, litt, wie sie ihm am 10.5. 1788 schrieb, sehr an seiner Rückkehr nach Weimar: »Ihr abschid von uns durchdrang mier Herz und Seele, der tag Ihrer abreis war einer der traurigen tagen meines lebens«. Tatsächlich scheint sie zunächst von lähmender Melancholie, jener »art von gleichgültigkeit«, bedroht gewesen zu sein, die sie im selben Brief an G. so sehr perhorreszierte. Denn es fällt auf, daß sie, eine für ihre ungeheure Produktivität bekannte Malerin – ihr Oeuvre wird auf insgesamt 850 Ölgemälde, Zeichnungen und Radierungen geschätzt – erst im August 1788 mit *Vergil liest seine Aeneid Augustus und Octavia vor, die darauf in Ohnmacht fällt* wieder ein Bild vollendete. Das ihre eigene Gefühlslage recht deutlich widerspiegelnde Ölgemälde war G. im Entwurf offenbar vertraut: »Heute bin ich«, schrieb ihm Angelika Kauffmann am 5.8. 1788, »mit dem Virgil zu ende gekommen, von der disposition erinnern sie sich wohl«. Typisch ist das Pathos dieses Gemäldes in mehrfacher Hinsicht. Zum

einen wird deutlich, wie sehr die Malerin der von Winckelmann und Anton Raphael Mengs propagierten klassizistischen ut-pictura-poesis-Konzeption verpflichtet war. Zum andern benennt das Gemälde explizit die Lektüre von Poesie in freundschaftlich-geselligem Rahmen als eine ihrer Idealvorstellungen. Ihr Brief macht außerdem erkennbar, wie ernst sie die künstlerische, auch malerische Autorität G.s genommen haben muß, indem sie ihre Bildkonzeptionen bis ins einzelne mit ihm diskutierte.

Die Beziehung zu Angelika Kauffmann setzte bald nach G.s Ankunft in Rom ein und erreichte schnell eine hohe Intensität. Bereits am zehnten Tage seines römischen Aufenthalts meldete G. dem Freundeskreis in Weimar: »Bey Angelika Kaufmann bin ich zweymal gewesen, sie ist gar angenehm und man bleibt gern bey ihr« (7.11. 1786). Schon bald war er regelmäßiger Sonntagsgast in der Via Sistina 72, der ehemaligen Wohnung von Mengs, wo Angelika seit Anfang 1782 mit ihrem »attenten« (WA I, 32, S. 33), »ökonomischen Gemahl« (ebd., S. 330), dem fünfzehn Jahre älteren venezianischen Maler Antonio Zucchi, lebte. So vertiefte sich die freundschaftliche Beziehung in kurzer Zeit. Bei häufigen gemeinsamen Bildbetrachtungen legte G. besonderen Wert auf Angelikas Urteil, denn »mit ihr ist's eine große Freude, Kunstsachen zu sehen« (ebd., S. 275), zumal sie ihm wiederum das Kompliment machte, »daß sie in Rom wenige kenne, die besser in der Kunst s ä h e n« (ebd., S. 277) als er. Der Umgang zwischen beiden war schließlich so vertraut, daß sich Angelika Kauffmann sogar als »Dolmetscher« (ebd., S. 281) in der Episode mit Maddalena Riggi betätigen konnte.

Natürlich spielten auch Werke der Poesie eine verbindende Rolle. Nachdem G. Angelika im Januar 1787 seine *Iphigenie* erläutert hatte, berichtete er Charlotte von Stein »über die gute Art«, wie die Malerin »das Gedicht empfand. Sie ist eine trefliche zarte, kluge, gute Frau, meine beste Bekanntschafft hier in Rom« (19.–21.2. 1787). Kaum einen Monat danach notierte er, mittlerweile in Neapel: »Angelica hat aus meiner Iphigenie ein Bild zu mahlen unternommen; der Gedanke ist sehr glücklich und sie wird ihn trefflich ausführen. [...] Man sieht auch hieran, wie zart sie fühlt und wie sie sich zuzueignen weiß, was in ihr Fach gehört« (WA I, 31, S. 48). Für die heute im sogenannten roten Deckenzimmer im Weimarer Goethehaus befindliche Zeichnung erhielt sie von Georg Joachim Göschen auf G.s Anweisung eine Sammlung Bücher als Honorar.

Weniger glücklich war G. über sein von Angelika angefertigtes Porträt: »Angelica mahlt mich auch, daraus wird aber nichts. Es verdrießt sie sehr, daß es nicht gleichen und werden will. Es ist immer ein hübscher Bursche, aber keine Spur von mir« (WA I, 32, S. 8). Herder dagegen schrieb seiner Frau Caroline am 27.2.1789 aus Rom: »Sie ist eine Dichterin mit dem Pinsel, u. hat eine sehr zarte Empfindung: [...] Goethes Bild hat sie sehr zart ergriffen, zarter, als er ist; daher die ganze Welt über Unähnlichkeit schreiet, die doch aber wirklich im Bilde nicht existirt. Die zarte Seele hat ihn sich so gedacht, wie sie ihn gemalt«. Trotz des Mißbehagens an seinem Porträt schätzte auch G. das malerische Vermögen von Angelika Kauffmann sehr, wenngleich er, wie Herder, unter geschlechtsspezifischem Blickwinkel urteilte: »Sie hat ein unglaubliches und als Weib wirklich ungeheures Talent« (WA I, 32, S. 60).

Mit G.s Abreise verlor Angelika Kauffmanns bis dahin reger römischer Salon alsbald an Attraktivität. Die Ankunft der Herzogin Anna Amalia und Herders konnte den von Angelika nur um so schmerzlicher gefühlten Verlust nicht ersetzen. In der ersten Zeit schickte sie zahlreiche, zum Teil sehnsuchtsvolle Briefe nach Weimar. Von G.s Antwortbriefen sind nur vier erhalten; der Ton ist relativ distanziert und nüchtern. Ein anfangs von Angelika flehentlich erhofftes Wiedersehen kam nicht zustande.

Literatur:

Baumgärtel, Bettina: Angelika Kauffmann (1741–1807). Bedingungen weiblicher Kreativität in der Malerei des 18. Jahrhunderts. Weinheim, Basel 1990. – Harnack, Otto (Hg.): Zur Nachgeschichte der italienischen Reise. Goethes Briefwechsel mit Freunden und Kunstgenossen in Italien 1788–1790. Weimar 1890. – Helbok, Claudia: Miss Angel. Angelika Kauffmann – eine Biographie. Wien 1968. – Michel, Christoph: Goethe redivivus? Zu einem unbezeichneten Porträt Angelika Kauffmanns. In: JbFDtHochst. 1991, S. 57–67. – Schram, Wilhelm: Die Malerin Angelika Kauffmann. Ein Lebensbild. Brünn 1890. – Smidt, Irmgard: Angelika Kauffmann – Goethes Freundin in Rom. Ein Lebensbild nach ihren Briefen und nach Berichten ihrer Zeitgenossen. In: GoetheJbWien. 67 (1963), S. 101–123. – Thurnher, Eugen (Hg.): Angelika Kauffmann und die deutsche Dichtung. Bregenz 1966.

Anton Philipp Knittel

Klassik/Klassisches

G.s eigene Verwendung der Begriffe »Klassik« und »Klassisches« ist rezeptionsgeschichtlich überlagert durch die Anwendung der Begriffe auf ihn selbst. Die Person G. wird bereits zu Lebzeiten mit den Göttergestalten Apoll und Jupiter verglichen (vgl. Mandelkow, S. 201ff.); und seit dem Erscheinen des Dramas *Iphigenie auf Tauris* (1787) schreibt das Publikum auch seinen Werken Klassizität zu (zur Begriffsgeschichte vgl. Burger). Das noch heute geläufige Modell einer von G. und Schiller begründeten »Weimarer Klassik« geht auf Georg Gottfried Gervinus zurück, der bereits im Jahrzehnt nach G.s Tod die beiden Autoren als ein »doppelseitiges Wesen« darstellt, welches konträre Prinzipien wie Realismus und Idealismus, Natur und Geschichte, Lyrik und Dramatik vereint und ausgleicht (vgl. Mandelkow, S. 122f.).

Zu den ersten Gegnern dieses Rezeptionsmusters zählt G. selbst, der 1795, mitten in seiner als klassisch geltenden Schaffensperiode (ca. 1786–1806), schreibt: »Wir sind überzeugt, daß kein deutscher Autor sich selbst für classisch hält«. Ein »classischer Nationalautor« bilde sich nur, »wenn er in der Geschichte seiner Nation große Begebenheiten und ihre Folgen in einer glücklichen und bedeutenden Einheit« vorfinde, wenn er selbst »vom Nationalgeiste durchdrungen« sei und »seine Nation auf einem hohen Grade der Cultur« sehe. Deutsche Schriftsteller hingegen bildeten sich in »individuellen Verhältnissen«, da der politisch »zerstückelten« Nation jeder »Mittelpunct gesellschaftlicher Lebensbildung« fehle. Diese Argumentation folgt Herders geschichtlichem Denken: sie erklärt die Kultur aus historischen Verhältnissen. Die gegenwärtige Unmöglichkeit von Klassizität nimmt der Revolutionsgegner G. ausdrücklich in Kauf: »Wir wollen die Umwälzungen nicht wünschen, die in Deutschland classische Werke vorbereiten könnten« (*Literarischer Sansculottismus*; WA I, 40, S. 197–199).

Die Absage an Klassizität ist freilich dialektisch gebunden an den Versuch G.s, sich die Kunst und Literatur des klassischen Altertums anzueignen und sie dem eigenen Werk anzuverwandeln. Ein knappes Jahrzehnt vor Entstehen der Schrift *Literarischer Sansculottismus* sucht G. in Italien die Erfahrung von Bedingungen, die einst die Entstehung des Klassischen ermöglicht hatten. Er muß jedoch feststellen, daß ein Anschauen der »Ruinen« keinen »Begriff des Alterthums« gewährt. Allein dem »geologischen und landschaftlichen Blick« sei es möglich, den »classischen Boden« als eine gegenwärtige »Localität« zu betrachten, von der »die größten Thaten bedingt« sind (2.10. 1786; WA I, 30, S. 191). Vermittelt über die Naturbetrachtung – noch in einem Brief vom 24.8. 1819 an Karl Ernst Schubarth heißt es, daß die Natur »immer classisch bleibt« –, gelangt G. bei seinem zweiten römischen Aufenthalt zu einer inneren »Gegenwart des classischen Bodens«, die nun auch die vorgestellte Präsenz der klassischen Kultur einschließt (Dezember 1787; WA I, 32, S. 176). Entsprechend heißt es in der fünften *Römischen Elegie:* »Froh empfind' ich mich nun auf klassischem Boden begeistert; / Vor- und Mitwelt spricht lauter und reizender mir« ([1790]; WA I, 1, S. 239).

Aufgrund dieser Italien-Erfahrung kann G. die antike Kunst für vorbildlich erklären, ohne hinter das geschichtliche Denken zurückzufallen. In der Einleitung zu seiner Zeitschrift *Propyläen* (1798) formuliert er das Ziel, »unter einem Volke wenigstens in der Einbildungskraft zu wohnen, dem eine Vollkommenheit, die wir wünschen und nie erreichen, natürlich war«. Den Künstlern wird kein klassizistisches Regelwerk an die Hand gegeben, sondern die Anschauung der Natur und die Erfahrung antiker Kultur empfohlen sowie die Maxime erteilt, sich »so wenig als möglich von classischem Boden [zu] entfernen« (WA I, 47, S. 6). Seine Vorstellung klassischer Vollkommenheit spricht G. am deutlichsten in den Aufsätzen über Johann Joachim Winckelmann (1805) aus. Im antiken Menschen vereinigten sich »die sämmtlichen Eigenschaften gleichmäßig«, so daß »die gesunde Natur des Menschen als ein Ganzes wirkt«, wogegen die Eigenschaften im modernen Menschen »zerstückelt« sind. Und während dieser sich »fast bei jeder Betrachtung in's Unendliche« werfe, um »auf einen beschränkten Punct wieder zurückzukehren«, finde jener seine volle Bestimmung in der gegebenen Endlichkeit und nehme die eigenen »Gränzen der schönen Welt« zufrieden an (WA I, 46, S. 22). Das klassische Kunstideal ist der in schöner Menschengestalt gebildete Gott. Dieses »Kunstwerk«, das aus den im Künstler harmonisch vereinten, »gesammten Kräften sich geistig entwickelt«, »vergöttert« den Menschen »für die Gegenwart, in der das Vergangene und Künftige begriffen ist« (ebd., S. 29). Diese deutlich von Schillers Modell des Griechisch-Naiven beeinflußten Formulierungen opponieren zugleich »aller christlichen Sinnesart« (ebd., S. 26), von der auch Winckelmann sich während seiner Altertumsstudien entfernt habe. Der für romantische Kunst paradigmatischen Heilsgeschichte des in einem historischen Augenblick zum Menschen werdenden, leidenden, sterbenden und in die Transzendenz zurückkehrenden Gottes stellt G. das entwicklungslose klassische Ideal des im Diesseits als unsterblicher Mensch gestalteten Gottes entgegen.

In den eigenen literarischen Werken des mittleren G. sind klassische Tendenzen im Sinne der Winckelmann-Schrift inhaltlich wie formal erkennbar. Sowohl die Orest-Figur in dem Schauspiel *Iphigenie auf Tauris* (1787) als auch die Titelfigur des Künstlerdramas *Torquato Tasso* (1790) sind als zunächst leidende, die gegebene Welt transzendierende Subjekte gezeichnet, die sich dialogisch mit der Objektivität der Gemeinschaft vermitteln. Ähnliches geschieht in dem Roman *Wilhelm Meisters Lehrjahre* (1795/96), wenn der Protagonist in die Ordnung der sozialreformerischen Turmgesellschaft eintritt. Formal zeigt sich die klassische Tendenz u.a. in der Vermittlung des subjektiven Ausdrucks mit strenger sprachlicher Ordnung – mit Versmaßen etwa, die z.T. antiken Mustern nachgebildet sind. Am Beispiel der *Iphigenie auf Tauris* hat Theodor W. Adorno auf die sprachliche »Brüchigkeit« der Klassizität hingewiesen und die »Unversöhnlichkeit« von Subjektivität und Objektivität als den Wahrheitsgehalt des Werkes bezeichnet (Adorno, S. 16). Die Brüchigkeit des vermeintlich Klassischen zeigt sich auch inhaltlich, etwa in den *Lehrjahren*: Die subjektive Gesangskunst Mignons und des Harfners, die Leiden und Sehnsucht ausdrückt, hat in der Sozialordnung der Turmgesellschaft keinen Platz. Am weitesten geht die – wie Bernhard Böschenstein es nennt – »Selbstbezweiflung der Klassik« in dem Drama *Die natürliche Tochter* (1803), das inhaltlich die Entzweiung der Protagonistin sowohl von den höfischen als auch der bürgerlichen Sozialordnung beschreibt und formal die Erstarrung klassizistischer Sprache aufzeigt (vgl. Böschenstein, S. 364–401). Auch die während der als klassisch geltenden Periode geschriebenen Teile des *Faust*-Dramas – *Ein Fragment* (1790), *Der Tragödie erster Teil* (1808) sowie das 1800 entstandene *Helena*-Fragment – dokumentieren eine »Krise des Klassischen« (Zabka, S. 19), die aus dem Mißverhältnis von »klassischer« Gestaltungsabsicht und »nichtklassischem« Stoff resultiert (Keller, S. 9).

Bei aller durchgängigen Skepsis gegenüber der Realisierbarkeit des Klassischen hält G. doch ebenso durchgängig an der Idee fest, den (romantischen) Ausdruck des subjektiven Leidens und der unendlichen Sehnsucht durch die Vermittlung mit der Objektivität heilsam zu überwinden. Diese Intention spricht aus der berühmt-berüchtigten Sentenz: »Classisch

ist das Gesunde, romantisch das Kranke« (MuR, 1031; ähnlich Eckermann, 2.4. 1829). In diesem Sinne setzt G. in einer anderen Betrachtung aus dem Nachlaß die Bezogenheit auf die äußere Wirklichkeit der Konzentration auf das Ich entgegen: »Ovid blieb classisch auch im Exil: er sucht sein Unglück nicht in sich, sondern in seiner Entfernung von der Hauptstadt der Welt« (MuR, 1032).

Auch das – in der Winckelmann-Schrift am Gegenstand der Götterstatue beschriebene und in dem Gedicht *Dauer im Wechsel* (1803; WA I, 1, S. 119f.) auf das menschliche Leben bezogene – Ideal innerweltlicher Zeitenthobenheit prägt in der Spätphase nach wie vor die Verwendung des Begriffs »klassisch«: Eine künstlerische Darstellung entspreche dem »antiken klassischen Sinn«, wenn sie den Betrachter dazu anhält, »das Vorübergehende immerfort lebend und blühend zu denken«, heißt es 1829 in dem Aufsatz *Das Igeler Monument* (WA I, 49.2, S. 43). »Classischer Worte«, so die *Noten und Abhandlungen zu besserem Verständniß des West-östlichen Divans* (1819), bedienen wir uns, wenn wir »Gefühl und Ereignis als ewig wiederkehrend bezeichnen und aussprechen« wollen (FA I, 3.1, S. 213).

Das in diesem Sinne Klassische lokalisiert der späte G. auch außerhalb der abendländischen Antike. So wendet er sich 1819 in den *Noten und Abhandlungen zum besseren Verständniß des West-östlichen Divans* gegen »das ausschließende Vorurtheil«, nicht gelten zu lassen, »als was von Rom und Athen her auf uns vererbt worden« (FA I, 3.1, S. 201). Die Beschäftigung mit orientalischer Poesie, die Anerkennung der christlichen Kunst des Mittelalters und schließlich das Konzept einer Weltliteratur zeigen eine universalistische Einstellung, die auch den von Frédéric Soret überlieferten Ausspruch bestimmt: »ist ein Werk gut, dann ist es klassisch« (vgl. Gespräche, 3.2, S. 376).

Dem entspricht G.s Wunsch, »daß der leidenschaftliche Zwiespalt zwischen Classikern und Romantikern sich endlich versöhne«. Dies sei der »Hauptsinn« der *Helena*-Dichtung (an Iken, 27.9. 1827), die 1827 unter dem Titel *Helena. Klassisch-romantische Phantasmago-*

rie. Zwischenspiel zu Faust veröffentlicht wird (WA I, 15.2, S. 3). Eine Aufgabe der drei ersten Akte des *Faust II* sei es, »das Klassische und Romantische« als »Dichtungsformen [...] hervortreten und eine Art von Ausgleichung finden« zu lassen (Eckermann, 16.12. 1829). Sowohl in dem Altersdrama als auch in seinen sonstigen Äußerungen nivelliert G. den Gegensatz klassisch-romantisch allerdings nicht, sondern akzentuiert ihn, um Einseitigkeiten zu kritisieren (vgl. Zabka). In der Rezension *Classiker und Romantiker in Italien, sich heftig bekämpfend* heißt es 1820 über die einseitigen Liebhaber der Antike: »Wer bloß mit dem Vergangenen sich beschäftigt, kommt zuletzt in Gefahr, das Entschlafene, für uns Mumienhafte, vertrocknet an sein Herz zu schließen. Eben dieses Festhalten aber am Abgeschiedenen bringt jederzeit einen revolutionären Übergang hervor, wo das vorstrebende Neue nicht [...] zu bändigen ist« (WA I, 41.1, S. 135). Andererseits bestärke der Kampf der »jungen Talente gegen den Classicismus« häufig »das willkürliche Subjekt, das sich gegen Object und Gesetz wehrt« und alles aus sich selbst schöpfen will (an Streckfuß, 14.8. 1827). Die Schrift *Moderne Guelfen und Ghibellinen* (1827) erklärt, in welcher Gefahr beide Richtungen schweben: »die Classiker, daß die Götter zur Phrase werden, die Romantiker, daß ihre Productionen zuletzt charakterlos erscheinen; wodurch sie sich denn beide im Nichtigen begegnen« (WA I, 41.2, S. 277).

Der klassisch-romantische Widerstreit gilt G. als ein exemplarischer »Kampf der Gesinnungen, der in unsren Zeiten waltet« und der »durch alles durch« geht (ebd., S. 276). Allgemein gesprochen handelt es sich – einer Betrachtung aus *Kunst und Alterthum* von 1826 zufolge – um den »Kampf des Alten, Bestehenden, Beharrenden mit Entwicklung, Aus- und Umbildung«, der nicht nur zwischen »Classicismus und Romanticismus«, sondern auch zwischen »Innungszwang und Gewerbsfreiheit« sowie »Festhalten und Zersplittern des Grundbodens« geführt werde (MuR, 346). Ähnlich wie drei Jahrzehnte zuvor in der Schrift *Literarischer Sansculottismus* stellt

G.s Nachdenken über das Klassische die Kunst hier ausdrücklich in historisch-politische Zusammenhänge. Während die Zurückweisung von Klassizität 1795 antirevolutionäre Implikationen enthält, zielt die Klassizismus-Kritik 1826 unterschwellig auch auf die Einseitigkeit konservativer Positionen im politischen Bereich.

Literatur:

Adorno, Theodor W.: Zum Klassizismus von Goethes Iphigenie (1967). In: Noten zur Literatur. 4 (1974), S. 7–33. – Böschenstein, Bernhard: Hoher Stil als Selbstbezweiflung der Klassik. In: Goethe, Johann Wolfgang: Die natürliche Tochter. Frankfurt/M. 1990, S. 364–401. – Borchmeyer, Dieter: Die Weimarer Klassik. Eine Einführung. 2 Bde. Königstein/Ts. 1980. – Burger, Heinz Otto (Hg): Begriffsbestimmung der Klassik und des Klassischen. Darmstadt 1972. – Keller, Werner: Der klassische Goethe und sein nichtklassischer Faust. In: GoetheJb. 95 (1978), S. 9–28. – Mandelkow, Karl Robert: Goethe in Deutschland. Rezeptionsgeschichte eines Klassikers. Bd. 1: 1773–1918. München 1980. – Zabka, Thomas: *Faust II* – Das Klassische und das Romantische. Goethes ›Eingriff in die neueste Literatur‹. Tübingen 1993.

Thomas Zabka

Kleist, Heinrich von
(1777–1811)

Mit Texten Heinrich Bernd Wilhelm von Kleists befaßte sich G. vor allem in den Jahren 1807 und 1808. Am 13.7. 1807 las er in Karlsbad den mit einer Vorrede Adam Müllers erschienenen *Amphitryon*; im Tagebuch apostrophierte er die Komödie als »das seltsamste Zeichen der Zeit«; sie mit der Stoffbehandlung durch Plautus und Molière vergleichend, registrierte er einen exzentrischen Zugriff, der sich darin erweise, daß Kleist »bey den Hauptpersonen auf die Verwirrung des Gefühls« hinausgehe (Tagebuch, 13.7. 1807). Neuerlich veranlaßt sah er sich zur Stellungnahme, als er

– noch immer in Karlsbad – wenige Wochen später das Buch von Müller zugesandt bekam. Dabei bezog er sich in seinem Dank- und Antwortbrief (28.8. 1807) auf einen Passus der Müllerschen *Vorrede*, der davon sprach, daß der Kleistsche *Amphitryon* weder in »antiker noch moderner Manier gearbeitet« scheine und auch eine »mechanische Verbindung von beidem« durch den Autor nicht angestrebt sei, statt dessen eine »gewisse p o e t i s c h e G e - g e n w a r t, in der sich das Antike und Moderne [...] dennoch wohlgefallen werden« (KWB 1, S. 607). Und eben dieser Auffassung widersprach G. in aller Deutlichkeit; er befand, daß sich im Kleistschen Stück eine Vereinigung von »Antikem und Modernem« nicht im mindesten bezeuge, sondern nachgerade eine Scheidung; und er erläuterte: »Wenn man die beyden entgegengesetzten Enden eines lebendigen Wesens durch Contorsion zusammenbringt, so giebt das noch keine neue Art von Organisation«.

Doch nicht nur seine *Amphitryon*-Herausgabe, zugleich ein handschriftliches Exemplar des (noch ungedruckten) *Zerbrochnen Kruges* hatte Müller an G. geschickt. Im Antwortbrief vom 28.8. 1807 gibt es daher Äußerungen auch zu diesem Stück. G. hob »außerordentliche Verdienste« hervor und rühmte die Lebendigkeit der Darstellung. Kritisch indes vermerkte er, daß das Stück – ein »Talent« erweisend, welches sich »doch mehr gegen das Dialektische« hinneige – »auch wieder dem unsichtbaren Theater« angehöre; als mißlich wertete er die »stationäre Proceßform«; und im folgenden schrieb er noch von einem »großen Geschenk« für das deutsche Theater, das dann zu verzeichnen wäre, wenn der Autor sein »Naturell und Geschick« an eine »wirklich dramatische Aufgabe« zu wenden vermöchte: ans Entfalten einer »Handlung vor unsern Augen und Sinnen«. Im übrigen aber teilte G. mit, daß er, zurückgekehrt nach Weimar, sehen wolle, »ob etwa ein Versuch der Vorstellung zu machen sey«.

Im Gegensatz also zum *Amphitryon*, über den G. hernach noch notierte, er sei »als ein bedeutendes, aber unerfreuliches Meteor eines neuen Literatur-Himmels« (WA I, 36, S. 388) erschienen, empfahl sich der *Zerbrochne Krug* immerhin für den »Versuch« einer Inszenierung. Kleist wiederum, durch die signalisierte Bereitschaft ermuntert, wandte sich nun selbst an G., übersandte ihm am 24.1. 1808 das erste *Phöbus*-Heft und damit zugleich das darin abgedruckte *Organische Fragment aus dem Trauerspiel: Penthesilea* – und er bat G. um Mitarbeit an der Zeitschrift. Wenn G. aber in seiner Antwort auf diesen Brief (1.2. 1808) ziemlich schroff reagierte, so nicht nur auf Grund der ihm mißfälligen *Penthesilea*, sondern auch in Anbetracht der Kleistschen Eröffnung, das Trauerspiel sei ebensowenig für die derzeitige Bühne geschrieben wie der *Zerbrochne Krug* und gehöre recht eigentlich einem Theater der »Zukunft« an (KWB 4, S. 397f.). G. rügte diese künstlerische Denkart energisch: Es betrübe und bekümmere ihn stets, wenn er »junge Männer von Geist und Talent« sehe, »die auf ein Theater warten, welches da kommen soll. Ein Jude der auf den Messias, ein Christ der aufs neue Jerusalem, und ein Portugiese der auf den Don Sebastian wartet, machen mir kein größeres Misbehagen«. Bezüglich der *Penthesilea* indes schrieb er davon, daß er sich mit ihr »noch nicht befreunden« könne: »Sie ist aus einem so wunderbaren Geschlecht und bewegt sich in einer so fremden Region daß ich mir Zeit nehmen muß mich in beyde zu finden«.

Viereinhalb Wochen nach dieser G.schen Reaktion, am 2.3. 1808, kam es zur angekündigten *Krug*-Premiere. G. hatte das Stück in drei Aufzüge gegliedert, und spielen ließ er es im Anschluß an einen den Abend eröffnenden Operneinakter (*Der Gefangene* von Domenico della Maria). Zumal das dem 3. Aufzug Zugeordnete empfand das Publikum, so die übereinstimmende Aussage mehrerer zeitgenössischer Berichte, zunehmend als langatmig und spannungslos; das anfängliche Interesse erlahmte; am Ende ergab sich ein klarer Mißerfolg. Für ihn nun hat Kleist, als er in Dresden davon erfuhr, einzig den regieführenden G. verantwortlich gemacht. Reflex des Kleistschen Ingrimms sind gegen G. gerichtete Epigramme, die unverzüglich ins *Vierte und fünfte Stück* sowie ins *Sechste Stück* des *Phö-*

bus eingerückt wurden (vgl. insbes. *Herr von Goethe*, KWB 3, S. 302; *Der Theater-Bearbeiter der Penthesilea*, KWB 3, S. 303; *Das frühreife Genie*, KWB 3, S. 306; *Die lebendigen Pflanzen*, KWB 3, S. 308). Gleichwohl ließ Kleist sich den Mißerfolg der Weimarer Uraufführung insofern eine Lehre sein, als er schließlich den sehr langen zwölften Auftritt seines Lustspiels energisch straffte; in der 1811 erschienenen Buchausgabe des *Kruges* umfaßte er nur noch 59 Verse. Daß Kleist aber den Urtext nicht schlechthin preisgab, bezeugt sich in seiner Entscheidung, ihn in dieser Buchausgabe unter der Überschrift *Variant* als Anhang mitzuteilen, wobei bis heute rätselhaft geblieben ist, weswegen die Textwiedergabe nach 475 Versen unvermittelt abbricht.

G. wiederum hielt auch nach der mißglückten *Krug*-Premiere durchaus an seiner Meinung fest, daß Kleist »kein gemeines Talent« sei (an Knebel, 3. oder 4.5. 1808). Im Jahre 1810 soll er dann Johannes Falk gegenüber auf den *Michael Kohlhaas* zu sprechen gekommen sein und mißbilligend befunden haben, daß ein »großer Geist des Widerspruches« dazu gehöre, »um einen so einzelnen Fall mit so durchgeführter, gründlicher Hypochondrie im Weltlaufe geltend zu machen«. Sein »Recht« zu tadeln aber, heißt es in der Falkschen Darstellung weiter, sei von G. hernach mit dem Hinweis begründet worden, daß er den Jüngeren »geliebt und gehoben« habe (Gespräche, 2, S. 600f.). Und kurz nach dem Kleistschen Freitod zog G. immerhin in Betracht, aufs neue eine *Krug*-Aufführung zu wagen: auf der Grundlage der inzwischen vorliegenden gekürzten Fassung des Stückes (vgl. WA IV, 50, S. 142f.). Eine Art zusammenfassendes Urteil schließlich formulierte G. bei Gelegenheit seiner 1826 geschriebenen, jedoch erst postum publizierten Besprechung von Ludwig Tiecks zweibändiger Sammlung *Dramaturgische Blätter*, in der Beiträge über das *Käthchen von Heilbronn* und *Prinz Friedrich von Homburg* enthalten waren. G. hob die von Tieck bezeugte »Pietät gegen Kleist« hervor, um hernach fortzufahren: »Mir erregte dieser Dichter, bei dem reinsten Vorsatz einer aufrichtigen Theilnahme, immer Schauder und Abscheu,

wie ein von der Natur schön intentionirter Körper, der von einer unheilbaren Krankheit ergriffen wäre« (WA I, 40, S. 178). Und wieder betonte G., daß Kleist ein »talentvoller Mann« gewesen sei, doch eben einer, den man »nur [...] bedauern« könne (ebd., S. 179).

Seit Beginn des 20. Jhs. ist der Beziehung zwischen G. und Kleist stets aufs neue nachgefragt worden, in besonderem Maße von künstlerischen Autoren. Im Jahre 1902 war es Hugo von Hofmannsthal, der in einem fiktiven Gespräch (*Über Charaktere im Roman und im Drama*) Honoré de Balzac agieren und ihn sagen ließ, der »Greis von Weimar« habe »Heinrich von Kleists Seele getötet« (HGW 4, S. 54). Und diese Meinung, daß G. sich an Kleist arg vergangen habe, wurde fürderhin sehr oft literarisch geltend gemacht. Dabei sah man in Kleist den Moderneren, Wahrhaftigeren, den normdurchbrechenden Außerordentlichen, dem ein G. sich verweigert habe, der von olympischer Selbstgerechtigkeit und klassizistischer Verdrängungskunst beherrscht gewesen sei. Sogleich in ganzer Konturschärfe prägte sich das Grundmuster einer solchen Vergegenwärtigung bereits im Expressionismus aus. Als veranlassendes Gedenkdatum wirkte in beträchtlichem Maße Kleists 100. Todestag; die Erinnerung an ihn stand im Zeichen jenes Affronts, der sich aufs kulturell Etablierte schlechthin bezog und der, indem er als Kleist-Kontrahenten G. identifizierte und ihn einer aggressiven Kritik aussetzte, in ihm die geheiligte Traditionsinstanz ebendieses Establishments angriff. Auch hierin erweisen sich viele spätere der einschlägigen Texte den expressionistisch inspirierten als vergleichbar. In den 70er Jahren hob sich unter denen, die solchen Ansatz aktualisierten, namentlich Günter Kunert hervor (*Pamphlet für K.*, 1976; *Ein anderer K.*, 1976); deutlich partizipierte auch Christa Wolfs Prosa *Kein Ort. Nirgends* (1979) an ihm.

Die ältere literaturwissenschaftliche Forschung hat sich vor allem um philologische Erschließung bemüht; sie war darauf bedacht, Anspielungszusammenhänge zu erkunden und zugleich das Divergierende der künstlerischen Disposition beider Dichter zu erörtern. Aus der Reihe der neueren Arbeiten ragt nach wie vor das Buch Katharina Mommsens heraus: *Kleists Kampf mit Goethe* (1974). Nicht unumstritten geblieben, verficht dieses Buch die These, das Kleistsche Gesamtwerk sei als einzige Manifestation eines dichterischen Wettstreits zu fassen: eines »Agons«, den der von brennendem Ehrgeiz getriebene Jüngere zunächst um die Gunst und Anerkennung des Älteren, dann aber, nach schmerzlich erfahrener Ablehnung, mit nämlicher Verve gegen diesen Älteren geführt habe. Die Zeichensprache des Kleistschen Textkorpus wird in diesem Sinne sehr entschieden gedeutet – auf eine Weise, die gleichwohl frei von Borniertheit ist und Weiterungen nicht in Frage stellt. Daß sich die Spur von Auseinandersetzung aber auch in Dichtungen G.s ausgeprägt finde, sucht die Arbeit ebenfalls zu erhellen: Wiederholt habe G. zwischen 1808 und 1811 in kryptischer Art vor allem auf *Penthesilea* Bezug genommen (in *Pandora*, in den *Wunderlichen Nachbarskindern*, im *Neuen Paris*). – Abgesehen von der Darstellung Diethelm Brüggemanns, der den Ansatz Katharina Mommsens weiterverfolgte, strebten indes andere Arbeiten, die sich dem Thema seither widmeten, weit stärker ein Spannungsverhältnis hervorzukehren, das sich in erster Linie aus prinzipiell einander abstoßenden künstlerischen Grundhaltungen ergeben habe. Peter Goldammer akzentuierte dabei den Widerspruch zwischen einer Autorschaft, für die das bürgerliche Humanitätsideal verpflichtend geblieben sei, und der eines Nachgeborenen, der sich radikaler Illusionslosigkeit verschrieben habe. Siegfried Streller wies, aus ähnlicher Sicht, speziell auf den Gegensatz der Antikeauffassungen; Helmut Sembdner machte geltend, daß sich G. im Unterschied zu Kleist dem Tragischen versagt habe. In jüngster Zeit scheint das Interesse für das Thema zurückgetreten zu sein.

Literatur:

Blume, Bernhard: Kleist und Goethe. In: Monatshefte für deutschen Unterricht. 38 (1946), S. 20–31, 83–96 u. S. 150–164. – Brüggemann, Diethelm: Kleists Lust-Spiel mit Goethe. In: ders.: Drei Mystifikationen Heinrich von Kleists. New York u.a. 1985, S. 89–174. – Goldammer, Peter (Hg.): Schriftsteller über Kleist. Eine Dokumentation. Berlin, Weimar 1976. – Ders.: Kleist und Goethe. In: WB. 23 (1977), H. 9, S. 27–44. – Hofmannsthal, Hugo von: Gesammelte Werke in Einzelausgaben. Hg. von Herbert Steiner. Bd. 4. Frankfurt/M. 1951 (=HGW). – Kleist, Heinrich von: Werke und Briefe in vier Bänden. Hg. von Siegfried Streller u.a. Berlin, Weimar 1978 (=KWB). – Mommsen, Katharina: Kleists Kampf mit Goethe. Heidelberg 1974. [Erweiterte Taschenbuchausgabe Frankfurt/M. 1979]. – Schmidt, Jochen: Goethe und Kleist. In: GoetheJb. 112 (1995), S. 111–119. – Sembdner, Helmut (Hg.): Heinrich von Kleists Nachruhm. Eine Wirkungsgeschichte in Dokumenten. Bremen 1967. – Ders. (Hg.): Heinrich von Kleists Lebensspuren. Dokumente und Berichte der Zeitgenossen. Erweiterte Neuausgabe. Frankfurt/M. 1977. – Ders.: Goethes Begegnung mit Kleist. In: ders.: In Sachen Kleist. Beiträge zur Forschung. Zweite, vermehrte Aufl. München 1984, S. 267–281. – Streller, Siegfried: Antikes und Modernes. Zu Goethes Kritik an Heinrich von Kleist. In: Ansichten der deutschen Klassik. Hg. von Helmut Brandt und Manfred Beyer. Berlin, Weimar 1981, S. 348–364.

Bernd Leistner

Klinger, Friedrich Maximilian
(1752–1831)

Die gemeinsame Geburtsstadt Frankfurt am Main hat die Beziehung zwischen G. und Klinger gestiftet und geprägt. Der Sohn einer armen Witwe war sehr früh durch den Patriziersohn und dessen Mutter materiell gefördert worden: »Nun wollte ich auf Akademien gehn, hatte aber keine 100 fl. Ich ward mit Goethe bekannt. Das war die erste frohe Stunde meiner Jugend. Er bot mir seine Hilfe an. [...] Der große Goethe drang in mich, machte mir Vorwürfe und nun leb ich schon ein ganzes Jahr von seiner Güte« (Einlage eines Briefes von Lenz an Charlotte von Stein, Mitte 1776). Am Anfang stand der familiäre Umgang im Hause am Hirschgraben. Klinger und seine Geschwister besuchten die Mutter G.s, die ihnen Märchen vorlas (Rieger, Bd. 1, S. 18). Die Freundschaft zwischen den jungen Männern begann an der Wende 1769/1770. Klingers Stube im Rittergäßchen war später auch Treffpunkt von Literaturinteressierten, einheimischen wie Gästen, so G., Heinrich Leopold Wagner, die Stolbergs, Johann Martin Miller und Philipp Christoph Kayser. G. empfahl den mittellosen Klinger als Jurastudenten an Ludwig Julius Friedrich Höpfner in Gießen; er überließ Klinger das ungedruckte *Neueröffnete moralisch-politische Puppenspiel*.

Unter dem Eindruck des *Götz von Berlichingen* schrieb Klinger sein Drama *Otto*, die Eröffnung seiner Sturm-und-Drang-Dramatik, über die allerdings kein Urteil G.s überliefert ist. Nach dem Studium begann Klinger ein unstetes Wanderleben, das ihn am 10.6. 1776 nach Weimar führte. »Am Montag kam ich hier an – lag an Goethes Hals und er umfaßte mich innig mit aller Liebe« (an Kayser, 12.6. 1776). Er wurde von der Hofgesellschaft freundlich aufgenommen (an Ernst Schleiermacher, 12.6. 1776) und zum Bleiben aufgefordert. Anna Amalia versuchte, ihm eine Stelle in auswärtigen Militärdiensten zu verschaffen. Mit der Zeit häuften und verschärften sich die Konflikte zwischen G. und Klinger: »K l i n g e r ist uns ein Splitter im Fleisch seine harte Heterogeneität schwürt mit uns, und er wird sich herausschwüren« (G. an Merck, 16.9. 1776). Letzter Anstoß zum Bruch waren wohl Gerüchte, die Christoph Kaufmann über kritische Äußerungen Klingers verbreitete – Klinger vermutete dies rückschauend (an Schleiermacher, 14.6. 1789). Klinger hatte seinerseits die Zwänge und Widersprüche in G.s Weimarer Existenz bemerkt und für sich die Abreise festgesetzt: »In Weimar kann ich auf keine Weise mehr bleiben. Goethes Liebe ist groß, aber die Umstände sind gegen uns« (an Mutter und Schwester, 25.9. 1776). Das disharmonische

Ende des Weimarer Aufenthalts führte in Klingers Korrespondenz während der 80er Jahre wiederholt zu abwertenden Urteilen über G.s Kälte und Egoismus, die parallel zu beschwörenden Bekenntnissen zu G. als Freund und Persönlichkeit stehen (z.B. an Schleiermacher, 19.10. 1792).

Nach dem Weggang aus Weimar trat eine dreizehnjährige Pause in den Beziehungen ein. Erst 1789 bat Klinger Ernst Christian Friedrich Adam Schleiermacher, G. über seine nach wie vor bewahrte freundschaftliche Zuneigung zu informieren (an Schleiermacher, 29.8. 1789). G. übermittelte am 11.12. 1789, wiederum über Schleiermacher, ein Schreiben an Klinger, das dieser erfreut erwiderte. Eine nähere Beziehung stellte sich in diesen Jahren jedoch nicht her. 1801 überreichte Regierungsrat Voigt ein Empfehlungsschreiben an Klinger, auf das dieser brieflich reagierte. Erst 1814, mit der Publikation der ersten Teile von *Dichtung und Wahrheit*, in denen Klingers und der Frankfurter Zeit ehrend gedacht wird, begann eine Korrespondenz (Klinger an G., 2.2. u. 26. 5. 1814), die bis zu Klingers Tod 1831 nicht mehr abbrach. Klinger hatte sich nach dem Bruch mit G. einen beachtlichen Aufstieg am Zarenhof erarbeitet, ohne den Wunsch, nach Deutschland zurückzukehren, aufgegeben zu haben. G. war bei diesem Vorhaben ein gedanklicher und praktischer Orientierungspunkt. Die Unsicherheiten einer zwar materiell wohlausgestatteten, aber durch die Hofverhältnisse doch stets gefährdeten Existenz, das Abgetrenntsein vom literarischen Leben in Deutschland sowie der Ausbau einer rationalistisch-aufklärerisch fundierten Weltanschauung prägten in den folgenden Jahrzehnten die widersprüchliche Sicht auf G. Während die Erinnerung an die gemeinsame Jugend unverändert stark und voller Dankbarkeit war (an G., 14. 6. 1801), erfuhren der soziale Status wie auch das literarische Werk G.s kritische Urteile. Soziale Kälte war das Stichwort der Kritik (an Schleiermacher, 19.10. 1792), die auch den Dichter einschloß. Der in diesen Jahren außerordentlich produktive Klinger rückte entschieden von G.s Prosa ab. An *Wilhelm Meisters Lehrjahren* rügte er die scheinbar antibürgerliche Tendenz, die bei ihm den Verdacht erregte, daß G. »eine Aristokratie der Cultur aufführen [will; d. Vf.], und da muß man ja die Linien der Trennung recht scharf ziehen. – In allem dem Ding ist wenig Herz – u über alle dem Ding brütet der kalte Egoismus des Verstands. [...] Ich sehe in allem was ietzt Goethe schreibt, den entzauberten Dichter« (an Nicolovius, 1.3. 1798). Schroff wandte er sich gegen Friedrich Schlegels romantische Würdigung des Romans im *Athenäum* (an Nicolovius, 26. 5. 1799). Trotz herzlicher brieflicher Kontakte zur Mutter G.s (an Katharina Elisabeth Goethe, 18. 9. 1804) übte Klinger an den *Wahlverwandtschaften* heftige Kritik (an Nicolovius, 6. 7. 1810). G.s »schmachvolle« politische Skepsis gegenüber der mit Rußland verbündeten antinapoleonischen Bewegung forderte Klinger zu scharfen Worten heraus. Seine Empörung über das Huldigungsgedicht *Ihro der Kaiserin von Frankreich Majestät* (1812) erhielt ihre Schärfe durch den Verlust des Sohnes bei Borodino (an Morgenstern, 7. 3. 1813). Dies schloß nicht aus, daß Klinger in einer öffentlichen Erklärung die Widmung des Anti-G.-Buches von Köchy (Richard Glover) *Goethe als Mensch und Schriftsteller* (1823) entschieden abwies (an Caroline von Egloffstein, 27. 2. 1824). Trotz des brieflichen Dialogs bei Übersendung einzelner Teile von *Dichtung und Wahrheit* blieben die wechselseitigen Sympathiebekundungen insgesamt formell und kühl. G. hat seine Distanz zu Klinger gegenüber dem Kanzler von Müller als generelle Haltung gegenüber alten Freunden verteidigt (von Müller, 21. 12. 1824). 1828 widmete er dem Jugendfreund die Epistel *An Klinger*, die noch einmal das gemeinsame Herkommen hervorhebt. Am 31. 3. 1831 notierte Kanzler von Müller G.s Reaktion auf die Todesnachricht: »Viel über Klingers Tod, der ihn sehr betrübt hat. ›Das war ein treuer, fester, derber Kerl wie keiner. In früher Zeit hatte ich auch viele Qual mit ihm‹«.

Literatur:

Düntzer, Heinrich: Goethes Unterstützung des jungen Klinger. In: Zur Goetheforschung. Stuttgart 1891, S. 53–76. – Freye, Karl/Stammler, Wolfgang: Briefe von und an J. M. R. Lenz. 2 Bde. Leipzig 1918. – Hellmann, Hanna: Goethe in Klingers Werken. In: GMR. 11 (1923), S. 13–33. – Hering, Christoph: Der Weltmann als Dichter. Berlin 1966. – Leitzmann, Albert: Goethe und Klinger. In: Goethe. Viermonatsschrift der Goethe-Gesellschaft. (1944), S. 181–183. – May, Kurt: F.M. Klingers Sturm und Drang. In: DVjs. 11 (1933), S. 398–407. – Neubürger, Emil: Goethes Jugendfreund F.M. Klinger. Frankfurt/M. 1899. – Rieger, Max: Klinger in seiner Reife und Briefbuch. Darmstadt 1880. – Schmidt, Erich: Lenz und Klinger. Zwei Dichter der Genie-Zeit. Berlin 1878. – Smoljan, Olga: Klinger. Leben und Werk. Weimar 1962. – Waidson, Herbert Morgan: Goethe and Klinger. Some Aspects of a Personal and Literary Relationship. In: PEGS. N.S. 22 (1953/54), S. 97–120.

Peter Müller

Klopstock, Friedrich Gottlieb
(1724–1803)

Friedrich Gottlieb Klopstocks Hauptwerk *Der Messias* (1749–1773) wurde G. schon als Kind bekannt. Obwohl von seinem Vater als unpoetisch abgelehnt (wegen des Hexameterversmaßes und der Reimlosigkeit) und im Hause verboten, wurden die ersten zehn Gesänge des Epos (1755 erschienen) nicht nur heimlich von den Geschwistern gelesen, sondern auch teilweise auswendig gelernt. G. machte sie sich »zu eigen« (MA 16, S. 156). In *Dichtung und Wahrheit* beschreibt G. die frühe Wirkung von Klopstocks biblischer Welt und seine eigenen Nachahmungsversuche. Einsicht in Klopstocks

Bedeutung als Dichter von Oden und Hymnen und als Erneuerer der deutschen Dichtungssprache gewann G. erst später, vermittelt vor allem durch Herder in Straßburg und Johann Heinrich Merck in Darmstadt. In seiner Autobiographie beschreibt G., wie Klopstocks Oden abgeschrieben und gesammelt wurden, und er betont seine außerordentliche Wirkung auf junge Dichter. G.s freirhythmische Dichtungen (z.B. *Wandrers Sturmlied, Ganymed, An Schwager Kronos*) sind ohne das Beispiel von Klopstocks Hymnen (*Dem Allgegenwärtigen, Die Frühlingsfeyer*) nicht zu denken. G. setzte Klopstock ein Denkmal in *Die Leiden des jungen Werthers*. Am Fenster während eines Gewitters erkennt Werther zum ersten Mal die tiefe Verbindung zwischen ihm und Lotte, als sie das Losungswort »Klopstock!« ausspricht, und die zwei sich gleichzeitig an das Gedicht *Die Frühlingsfeyer* erinnern (MA 1.2, S. 215). In der Satire *Götter Helden und Wieland* und in der Besprechung des Gedichtbandes *Gedichte von einem Polnischen Juden* in den *Frankfurter Gelehrten Anzeigen* benutzte G. Klopstocks Dichtung als Maßstab echter Lyrik und betonte später in seiner Autobiographie die starke Wirkung der Eislauf-Gedichte (besonders *Der Eislauf* und *Braga*) und des Dramas *Hermanns Schlacht* (1769) auf seine Freunde und Zeitgenossen. Er beschreibt auch die allgemeine Verwirrung und Enttäuschung als *Die Gelehrtenrepublik* (1774) erschien, ein Werk, das G. gegen die Kritik verteidigte.

1774 begann G. einen Briefwechsel mit Klopstock, und im September besuchte ihn Klopstock im Elternhaus in Frankfurt; 1775 auf dem Rückweg nach Hamburg machte Klopstock wieder in Frankfurt Station. Aus gutem Grund konnte Klopstock einen warmen Empfang von G. erwarten, der ihm schon in seinem ersten Brief geschrieben hatte: »Soll ich den Lebenden nicht anreden, zu dessen Grabe ich wallfahrten würde. [...] ich [...] wünsche daß Sie empfinden mögen mit welch wahrem Gefühl meine Seele an Ihnen hängt« (28.5. 1774). In einem späteren Brief (15.4. 1775) nannte er ihn »lieben Vater«. Nach dem Besuch schickte G. Johann Kaspar Lavater eine Beschreibung

Klopstocks für seine *Physiognomischen Fragmente*: »Über dem Ganzen ruht ein unbeschreiblicher Friede, Reinheit und Mäßigkeit« (MA 1.2, S. 457). Die Enttäuschung, nach *Dichtung und Wahrheit*, die schon den ersten Besuch verdunkelte, als Klopstock allen literarischen Gesprächen auswich und eher vornehm und etwas steif seinen Besuch abstattete, ist hier und in den Briefen sublimiert.

Das Verhältnis zwischen G. und Klopstock wurde im Mai 1776 abgebrochen. Gerüchte über unbändiges Treiben am Hof in Weimar veranlaßten einen Brief von Klopstock an G. mit Warnungen und Vorwürfen, auf den G., irritiert und verletzt, nur knapp antwortete. Klopstock brach alle Verbindungen mit ihm ab und soll privat gesagt haben: »Izt verachte ich Göthen!« (Riege, S. 371). 1784 versuchte G. durch die Brüder Stolberg die Verbindung wiederherzustellen, aber ohne Erfolg.

Die späteren Äußerungen G.s zu Klopstock sind verstreut. Obwohl einige ein satirisches Porträt bieten, ist das Bild in *Dichtung und Wahrheit* differenziert und ausgewogen, eher liebevoll trotz einer gewissen kritischen Distanz. Unter den literarischen Figuren in G.s Kindheit und Jugend schreibt er Klopstock eine zentrale Rolle zu.

Klopstocks Einfluß auf G.s Entwicklung als Dichter wird in der älteren G.-Forschung unterschätzt. Entweder werden die zwei Dichter getrennt als Repräsentanten zweier verschiedener Epochen dargestellt, ohne ihrer so wichtigen Verbindung Rechnung zu tragen. Oder aber Klopstock wird eine Rolle als Vorläufer G.s und der sogenannten Erlebnis-Lyrik zugeschrieben. Dadurch wird die Leistung beider Dichter mißdeutet und vereinfacht. Die neueste Forschung betont das Inadäquate dieser Darstellung und beschreibt G.s produktive Auseinandersetzung mit Klopstocks Werken, die in den Jahren 1772–1775 seine eigene Schöpfung besonders belebte.

Literatur:

Blackall, Eric: The Emergence of German as a Literary Language. Cambridge 1959, S. 482–525. [Dt.: Die Entwicklung des Deutschen zur Literatursprache. 1700–1777. Stuttgart 1966, S. 364–398]. – Hilliard, Kevin: Klopstock and the Literary History of the Eighteenth Century. In: ders.: Philosophy, Letters, and the Fine Arts in Klopstock's Thought. London 1987, S. 1–18. – Hurlebusch, Klaus: Friedrich Gottlieb Klopstock. In: Grimm, Gunter E./Max, Frank Rainer (Hg.): Deutsche Dichter. Bd. 3. Stuttgart 1988, S. 150–176. – Lee, Meredith: A Question of Influence. Goethe, Klopstock, and *Wanderers Sturmlied*. In: GQu. 55 (1982), S. 12–28. – Dies.: Eingeleiet in Klopstocks Rhythmik: *Der Messias* und Goethes Fragment *Der ewige Jude*. In: Hilliard, Kevin/Kohl, Katrin (Hg.): Klopstock an der Grenze der Epochen. Berlin, New York 1995, S. 117–131. – Lyon, Otto: Goethes Verhältnis zu Klopstock. Ihre geistigen, litterarischen und persönlichen Beziehungen. Leipzig 1882. – Paulin, Roger: Von ›Der Zürchersee‹ zu ›aufm Zürichersee‹. In: JbFDtHochst. 1987, S. 23–49. – Riege, Helmut: Komm. in: Friedrich Gottlieb Klopstock: Briefe. Hist.-krit. Ausgabe. Hg. von Horst Gronemeyer, Elisabeth Höpker-Herberg, Klaus Hurlebusch, Rose-Maria Hurlebusch. Bd. 7.2. Berlin, New York 1982, S. 362–373 u. S. 384–388.

Meredith Lee

Knebel, Karl Ludwig von
(1744–1834)

Anläßlich eines Gedichts nannte G. Knebel 1817 seinen »alten Weimarischen Urfreund« (WA I, 4, S. 83). Der Ehrentitel hatte zur Folge, daß bis heute einerseits die Zeugnisse dieser sechs Jahrzehnte umspannenden Freundschaft als permanenter Kommentar zu G.s Biographie gelten, andererseits Knebel selbst weithin lediglich als Kronzeuge für diese Biographie sowie für Fakten aus deren sozialem und kulturellem Umfeld gefragt ist. Die Verbindung war im Dezember 1774 zustande gekommen, als Knebel sich und die Prinzen von Sachsen-Weimar in Frankfurt mit G. bekannt

machte und dadurch den Anstoß gab für G.s Berufung nach Weimar. G. beschrieb die erste Begegnung später in *Dichtung und Wahrheit* (15. Buch; WA I, 28, S. 315–317), Knebel schilderte sie sofort als »eine der außerordentlichsten Erscheinungen« seines Lebens (an Bertuch, 13. 12. 1774). An dieser Bewertung hielt Knebel trotz mancher Irritationen zeitlebens fest. Sie galt der Person wie dem Werk, zu dessen genauesten zeitgenössischen Kennern Knebel gehörte. Er begleitete G.s Schaffen von den *Faust*-Szenen, die er 1774 in Frankfurt kennenlernte, bis zu *Wilhelm Meisters Wanderjahren* mit meist brieflich überlieferten Kommentaren. G. akzeptierte zahlreiche Urteile Knebels unter der Voraussetzung: »Die Mittlerschafft kleidet ihn gar gut, er sieht alles reiner und würckt nur zu wahren Zwecken« (an Charlotte von Stein, 29. 10. 1780).

Als Sohn eines brandenburg-bayreuthischen, später ansbachischen Beamten 1744 auf Schloß Wallerstein bei Nördlingen geboren – die Familie wurde erst 1756 geadelt –, trat Knebel nach rasch abgebrochenem Jurastudium 1765 in preußischen Militärdienst. Im Frühjahr 1773 quittierte er den Dienst, dessen im Potsdamer *Tagebuch meines Lebens* drastisch beurteilten Leerlauf auch seine früh ausgeprägten literarischen Interessen nicht ausgleichen konnten. Auf der Heimreise besuchte Knebel Weimar, wo er im Sommer 1774 eine Anstellung als Gouverneur des jüngeren Prinzen Friedrich Ferdinand Constantin erhielt. Die nach Knebels Plänen geschaffene Hofhaltung in Tiefurt ermöglichte zwanglose höfisch-bürgerlich gemischte Geselligkeit, die nach der Berufung G.s und Herders zeitweise repräsentativ wurde für den sog. Weimarischen Musenhof. In G.s erstem Weimarer Jahrzehnt gehörte Knebel zu den engsten Vertrauten des Dichters und Staatsbeamten, wobei Knebels außergewöhnliches Einfühlungsvermögen und die daraus resultierende Fähigkeit zur »Mittlerschafft« zur Geltung kommen konnten. Dies bewährte sich u.a. im Hinblick auf *Iphigenie*. Als Zeuge der Entstehung und als Mitwirkender der ersten Aufführungen machte er die Prosafassung 1780 während einer Reise bei schweizerischen und deutschen

Freunden bekannt, zugleich persönliche Beziehungen festigend – etwa die zu Friedrich Heinrich Jacobi, den Knebel wieder mit G. versöhnte.

Die Reise, u.a. in einem als Zirkular für die Weimarer Freunde bestimmten *Reyßejournal* dokumentiert, war veranlaßt durch Konflikte zwischen Knebel, seinem Zögling und konkurrierenden Hofbeamten, wobei auch Knebels problematisch-empfindlicher Charakter eine Rolle spielte. In den Ansichten über die »Schiefheiten der Sozietät« weitgehend mit Knebel einig, prägte G. für Knebels labiles, oftmals hypochondrisches Wesen Formulierungen, die ebenfalls langfristig auf die Beurteilung des »Urfreundes« einwirkten (Tagebuch, 31.7. und Ende Dezember 1778). Nachdem Knebel 1781 seine Stellung verloren hatte, versuchte G., ihm die Vorzüge einer so frühen Pensionierung annehmbar zu machen und die Verbindung des Freundes mit Weimar aufrechtzuerhalten (an Charlotte von Stein, 1.5. 1780, 3.5. 1780, 25.10. 1780, 4.12. 1781). Von Ende 1781 bis zum Sommer 1784 lebte Knebel in Franken, hauptsächlich in Nürnberg und Ansbach bei seiner Familie, kehrte dann nach Weimar zurück und ließ sich 1786 in Jena nieder. G. hatte ihn zur Rückkehr ermutigt, bei gleichzeitiger Analyse der verbleibenden Probleme, und bot ihm sein Gartenhaus als Wohnung an (an Knebel, 24.4. u. 9.5. 1784). Die Skrupel, die das als parasitär empfundene Dasein – Knebel erhielt auf Lebenszeit eine herzogliche Pension – und der erzwungene Verzicht auf eine befriedigende »Möglichkeit zur Existenz« (Knebel an Herder, 16.10. 1789) in Knebel hervorriefen, konnten weder G. noch Carl August beseitigen, die Knebels Eignung für bürokratische Aufgaben begründet bezweifelten und ihn immer wieder zur Nutzung seiner speziellen Kenntnisse und Fähigkeiten in schriftstellerischer Arbeit und zugunsten der Freunde aufforderten (vgl. G. an Carl August, 4.11. 1781; Carl August an Knebel, 4.10. 1781). An eine dem gemeinsamen geologischen Interesse gewidmete Tour mit G. durch das Fichtelgebirge im Sommer 1785 schloß sich eine Fahrt Knebels durch Bayern und Tirol an; für die erwünschte Reise nach Italien fehlten jetzt wie später die Mittel.

Während G.s Italienaufenthalt galt Knebel gleichsam als Statthalter des Abwesenden in Weimar, so daß Schiller feststellen konnte: »Aus diesem Knebel wird hier erstaunlich viel gemacht und unstreitig ist er auch ein Mann von Sinn und Karakter«; er gelte in Weimar »für einen der gescheidesten Köpfe«, obwohl auch er in übertriebener Weise durch »Göthens Geist [...] gemodelt« sei, und habe außerdem »nach Göthe den meisten Einfluss auf den Herzog« (an Körner, 12./13.8. 1787). Carl August zog Knebel während G.s Abwesenheit zur Beratung und Korrespondenz in Fürstenbundsangelegenheiten heran und nahm ihn Ende 1786/Anfang 1787 auf eine diplomatische Reise mit. In Knebels Äußerungen zu diesen Angelegenheiten verbanden sich schonungslos formulierte Kritik an den deutschen Zuständen mit der auch von G. geteilten Sorge, daß der politische und militärische Ehrgeiz des Herzogs den Interessen des eigenen Landes schließlich schade. Auch Knebels *Briefe populairen Inhalts* (1787) reflektieren diese Ansichten. Durch die erste Etappe der Französischen Revolution fand Knebel seine Überzeugung von der Notwendigkeit grundlegender politischer und sozialer Veränderungen bestätigt. Doch ähnlich wie die meisten Anhänger der Revolution in Deutschland sah auch er sich durch die Entwicklung nach 1792 zur Revision der anfänglichen Begeisterung veranlaßt.

Seit der Mitte der 80er Jahre wirkte Knebel kritisch an Schriften Herders mit und verfaßte eine Reihe von Aufsätzen, in denen er Herdersche Ideen hauptsächlich mit den ersten Ergebnissen seiner Lukrezstudien verknüpfte, wobei materialistische und religionskritische Tendenzen hervortraten (*Beiträge zur Intelligenz*, 1787; *Über die Natur des Menschen*, 1791; *Philosophische Briefe*, 1793; *Über Unsterblichkeit*, 1797 u.a.). Weitreichende weltanschaulich-philosophische Übereinstimmung, Wesensverwandtschaft und die durch G.s Verbindung mit Schiller veranlaßten Differenzen und Fraktionsbildungen führten dazu, daß Knebel sich in den 90er Jahren immer enger an Herder anschloß. Als Gegengewicht zu der drohenden Entfremdung wirkte G.s und

Schillers Mitarbeit an Knebels Übertragung der *Elegieen von Properz*, die 1796 teilweise in den *Horen*, 1798 als Buchausgabe erschienen. Übereinstimmungen im historischen Antikeverständnis und in ästhetischen Fragen ermöglichten diese Zusammenarbeit.

Im Sommer 1797 hielt sich Knebel, der sich nunmehr endgültig als »Weimarischen Emigranten« empfand (an Caroline Herder, 8.8. 1797), in Bayreuth und Nürnberg auf, wo er eine Anstellung zu finden hoffte. G. und Herder rieten davon ab, in der wohl berechtigten Annahme, daß Knebel als subalterner Verwaltungsbeamter nicht am rechten Platz gewesen wäre. Knebel entschloß sich, nach Ilmenau überzusiedeln, und lebte dort von 1798 bis 1804. Die Heirat mit der Sängerin Luise Rudorf (1777–1852), die einen 1796 geborenen Sohn Carl Augusts in die 1798 geschlossene Ehe brachte, hatte heftige Auseinandersetzungen mit dem Weimarischen Hof und einen schmerzlichen Bruch in den Beziehungen zu Knebels Schwester Henriette zur Folge. Herder vermittelte, auch zwischen den Eheleuten; G. und Knebel trafen sich in diesen Jahren nicht. Der Briefwechsel überbrückte zwar manche Differenzen durch wechselseitige Teilnahme an der Arbeit – Knebel setzte in Ilmenau seine Ende der 80er Jahre begonnene Lukrezübersetzung fort und verfaßte einige Hymnen in elegischem Versmaß –, doch Knebels gleichzeitige Korrespondenz mit Herder und dessen Frau dokumentiert, wie weitgehend Knebel Herders schroffe Ablehnung der in dieser Zeit entstehenden G.schen Werke, z.B. der *Natürlichen Tochter*, teilte. Nach Knebels Rückkehr nach Jena 1804 stellte sich das vertraute Verhältnis zu G. wieder her, unterstützt durch G.s häufige Aufenthalte in Jena, durch zahlreiche gemeinsame, insbesondere naturwissenschaftliche und der Universität zugewandte Interessen sowie durch Knebels Gastfreiheit, die viele auswärtige Besucher anzog, deren Bekanntschaft mit G. häufig durch Knebel eingeleitet wurde. Die Beschäftigung mit Lukrez führte 1821/22 nochmals zu unmittelbarem Zusammenwirken. G.s Absicht, eine kritisch-historische Betrachtung über Lehre und Werk des Lukrez auszuarbeiten,

blieb Entwurf (WA I, 42.2, S. 448–452) und zeitigte Beiträge zur Publikation der Knebelschen Lukrez-Übertragung: Mitarbeit an der *Vorrede* zur ersten Ausgabe (1821), Rezension dieser Ausgabe (*Über Kunst und Alterthum*, 1822; WA I, 41.1, S. 361–365), Beigabe eines empfehlenden Briefes (27.2. 1830; WA IV, 46, S. 251–253) zur zweiten Ausgabe (1831). Zuvor hatte G. bereits eine Passage aus Knebels Lukrezübertragung in die *Materialien zur Geschichte der Farbenlehre* aufgenommen.

In G.s poetischem Werk erscheint Knebel auch im Gedicht *Ilmenau* (Strophe 8) sowie als Adressat des Epigramms *Deinem Schreibtische* (1782) und mehrerer Geburtstagsgedichte (1817, 1825). Umfangreichstes und zuverlässigstes Zeugnis der Beziehungen zwischen G. und Knebel ist der Briefwechsel. Er umfaßt mehr als 700 Stücke aus den Jahren 1774 bis 1832; Briefe Knebels an G. sind erst ab Mai 1793 überliefert. Die bislang nicht zuverlässig edierte Korrespondenz gewinnt ihre exzeptionelle inhaltlich-stilistische Bedeutung einerseits dadurch, daß G. in diesen Briefen überwiegend vertrauensvoll, ohne »geheimrätliche« Reserve spricht; andererseits sind Knebels Briefe insgesamt als ein Hauptteil seines schriftstellerischen Werkes anzusehen. Eine bis heute nur punktuell ausgeschöpfte Faktenquelle stellen die nahezu vollständig überlieferten kalendarischen Tagebücher dar, die Knebel von 1780 bis 1834 geführt hat. – In G.s Auftrag entstanden die Bildnisse Knebels von Christian Friedrich Tieck (Reliefmedaillon, 1820) und Johann Joseph Schmeller (Porträtzeichnungen, zuerst 1824).

Literatur:

Blumenthal, Lieselotte: Schillers und Goethes Anteil an Knebels Properz-Übertragung. In: SchillerJb. 3 (1959), S. 71–93. – Briefwechsel zwischen Goethe und Knebel. (1774–1832). Hg. von Gottschalk Eduard Guhrauer. Erster/Zweiter Theil. Leipzig 1851. – Houben, Heinrich Hubert: Karl Ludwig von Knebels Nachlaß und seine Herausgeber. In: Zs. für Bücherfreunde. N. F. 3, 2. Hälfte. Leipzig 1912. – Maltzahn, Hellmuth Frh. von: Karl Ludwig von Knebel. Goethes Freund. Jena 1929. – Otto, Regine/Rudnik, Christa: Karl Ludwig von Knebel – Goethes ›alter

Weimarischer Urfreund‹. Seine Persönlichkeit und sein literarischer Nachlaß. In: Das Goethe- und Schiller-Archiv 1896–1996. Beiträge aus dem ältesten deutschen Literaturarchiv. Hg. von Jochen Golz. Weimar, Köln 1996, S. 293–320. – Varnhagen von Ense, Karl August/Mundt, Theodor: K.L. von Knebel's literarischer Nachlaß und Briefwechsel. 3 Bde. Leipzig 1835–1836.

Regine Otto

Köln

Im Sommer 1774 kam G. auf seiner Lahn- und Rheinfahrt zum ersten Mal nach Köln. Die Reise führte zunächst bis Düsseldorf, von dort am 24. Juli mit den Brüdern Friedrich Heinrich und Johann Georg Jacobi über Bensberg nach Köln. Der Anblick des unvollendeten Doms – die Arbeiten an dem gotischen Bauwerk waren 1560 eingestellt worden – weckte nicht nur die Bewunderung des Betrachters, sondern bedrückte ihn auch (WA I, 28, S. 284f.).

Erst 41 Jahre nach seinem ersten Aufenthalt kehrte G. nach Köln zurück. Im Verlauf der Revolutionskriege war die Stadt 1794 von französischen Truppen besetzt worden und hatte zwanzig Jahre lang unter französischer Herrschaft gestanden. Im Zuge der Säkularisation wurden 1803 alle Stifte und Klöster aufgehoben, zahlreiche kirchliche Bauwerke abgebrochen, sakrale Kunstwerke verschleudert oder zerstört. Der Dom diente zeitweilig als Vorratsmagazin. Auch als Köln 1815 an Preußen fiel, fehlte es an Mitteln zu seiner Erhaltung. Aber auch das Interesse an mittelalterlichen Bauwerken und Gemälden mußte erst durch Männer wie Sulpiz und Melchior Boisserée, Johann Baptist Bertram und Ferdinand Franz Wallraf geweckt werden.

1810 schickte Sulpiz Boisserée G. Zeichnungen vom Kölner Dom und trug ihm in einem Begleitschreiben seinen Plan einer Kupfertafelsammlung von Ansichten des Kölner Doms vor. Bei einem Treffen im Frühjahr 1811 gelang

es Boisserée, G. vom künstlerischen Wert des Doms zu überzeugen und für die altdeutschen Gemälde zu interessieren, die die Brüder in Heidelberg zusammengetragen hatten. Im zweiten Teil von *Dichtung und Wahrheit* würdigte G. im Anschluß an die Schilderung des Straßburger Münsters Sulpiz Boisserées Domprojekt, in dem er die Bestrebungen seiner eigenen Jugendjahre fortgeführt und vollendet sah (WA I, 27, S. 279).

Nachdem G. 1814 die altkölnischen und -niederländischen Gemälde der Sammlung Boisserée in Heidelberg kennengelernt hatte, entschloß er sich im folgenden Jahr in Begleitung von Heinrich Friedrich Karl Freiherr vom und zum Stein, von Wiesbaden aus nach Köln zu fahren (25.–31.7. 1815). Außer dem Dom wurden weitere mittelalterliche Bauwerke und private Kunstsammlungen besichtigt (Tagebuch, 26.7. 1815). G. verfaßte ein Memorandum über die Kunstdenkmäler an Rhein und Main, das er unter dem Titel *Über Kunst und Alterthum in den Rhein und Mayn Gegenden* als erste Nummer seiner Zeitschrift mit demselben Titel veröffentlichte. Er rief darin zur Erhaltung der Kölner Kunstschätze auf und wies darauf hin, daß der Dom als architektonischer und kulturhistorischer Mittelpunkt nur erhalten werden könne, wenn der Bau vollendet werde. Nach dem Sieg über Napoleon wurde G.s und Steins Besuch im Dom als patriotisches Signal empfunden. In den folgenden Jahrzehnten wurde die Vollendung des Bauwerks, die weder G. noch Boisserée erlebten, immer mehr zu einem nationalen Anliegen. Durch G.s Denkschrift gelang es, den preußischen Kronprinzen und späteren König Friedrich Wilhelm IV. sowie andere Persönlichkeiten des politischen Lebens für dieses Unternehmen zu gewinnen.

Ein heiteres Zwischenspiel in seinen Bemühungen um den Kölner Dom stellt 1823/24 G.s Beschäftigung mit dem Kölner Karneval in der Zeitschrift *Kunst und Alterthum* dar. Von so unterschiedlichen Gegenständen wie dem Kölner Dom und dem Kölner Karneval zugleich zu reden hielt G. dennoch für angemessen, da »beide lebendige Wesen und in diesem Sinne neben einander zu betrachten«

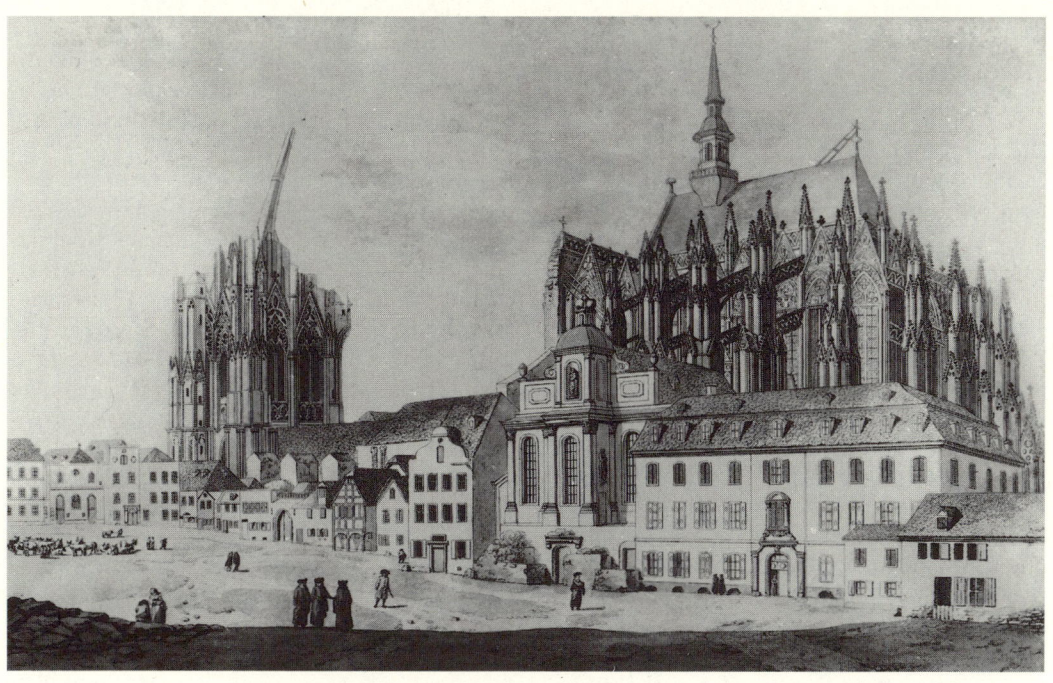

Der unvollendete Dom zu Köln. Kolorierte Radierung von J. Ziegler

(WA I, 49.2, S. 187) seien. Eine Einladung zum Karneval des folgenden Jahres beantwortete er mit seinem Gedicht *Der Cölner Mummenschanz. Fastnacht 1825*; eine dritte Reise nach Köln kam jedoch nicht mehr zustande.

G. selbst sah seine Beziehung zu Köln und zu den Kölner Freunden im Legendenmotiv der Drei Könige symbolisiert, deren Gebeine der Überlieferung zufolge im Kölner Dom aufbewahrt werden. Zu Weihnachten 1814 schickte er den Brüdern Boisserée und Bertram ein kleines Porträt von sich selbst zusammen mit dem Gedicht *Den Drillingsfreunden von Cöln, gegenwärtig in Heidelberg*. Halb scherzhaft und doch mit tieferem Ernst schilderte sich G., der vom Dreikönigs-Altar in der Boisseréeschen Sammlung tief beeindruckt war, in der Rolle des Heidenkönigs, der dem göttlichen Kind huldigt, und rückt damit seine Hinwendung zum Kölner Dom und zu den mittelalterlichen Kunstschätzen der Stadt in die Nähe eines religiösen Erweckungserlebnisses: »Der

Abgebildete / Vergleicht sich billig / Heil'gem D r e i k ö n i g e , / Dieweil er willig / Dem Stern, der ostenher / Wahrhaft erschienen, / Auf allen Wegen war / Bereit zu dienen« (WA I, 2, S. 157).

Literatur:

Benz, Richard: Goethes Anteil am Wiederaufbau des Kölner Doms. Zum hundertjährigen Gedächtnis der Grundsteinlegung im September 1842. In: N.F. JbGG. 7 (1942), S. 226–256. – Robson-Scott, W[illiam] D[ouglas]: The Literary Background of the Gothic Revival in Germany. A Chapter in the History of Taste. Oxford 1965. – Schmitz van Vorst, Josef: Goethe, der Kölner Dom und seine Vollendung. In: Kölner Domblatt. 4/5 (1950), S. 97–110.

Martina Eicheldinger

Koran

Die ursprüngliche Bedeutung des Ausdrucks Qur'ùn: Rezitierung, Verlesung, Rezitiertext, Lektion wurde erst allmählich zur Bezeichnung für die Gesamtheit der arabischen Offenbarungstexte. Mohammeds Berufungserlebnis fiel ins Jahr 609 oder 610 n. Chr., als er 40 Jahre alt war. Erst nachdem er sich seines Verkündigungsauftrags bewußt geworden war und sich zu der Gewißheit durchgerungen hatte, ein Gesandter Gottes und Übermittler einer heiligen Schrift zu sein, wurde er für seine Umwelt bedeutsam. Die Frage, ob Mohammed schreiben konnte, ist kein Problem für Anhänger, die ihn als ein von intellektueller Befleckung reines Gefäß zur Aufnahme heiliger Weisungen betrachten. Erst längere Zeit nach dem Beginn seiner prophetischen Tätigkeit wurden Mohammeds Visionen und Offenbarungen im Textzusammenhang des Koran formuliert. Dessen eigentlicher Sprecher ist der den Propheten in der zweiten Person anredende höhere Geist, aus dessen Mund der Prophet die göttlichen Botschaften zu vernehmen glaubte. Der Koran enthält 114 Suren, d.h. Teilabschnitte, die alle in derselben Reimprosa abgefaßt sind, aber nicht geordnet nach chronologischen oder sachlichen Gesichtspunkten, sondern nach ihrem Umfang in absteigender Linie aneinandergereiht, so daß sie von Sure 2 an bis zum Schluß immer kürzer werden. Der Koran enthält auch viel jüdisches und christliches Gedankengut, da Mohammed als Verkünder einer streng monotheistischen Gotteserkenntnis zur selben Botschaft aufgerufen zu sein glaubte, wie sie ursprünglich im wesentlichen identisch im Judentum und Christentum verkündet worden war.

G. wurde vermutlich durch Herder zur Lektüre des Koran veranlaßt. Erhalten gebliebene Auszüge aus dem Koran von 1771/72 stammen aus der lateinischen Übersetzung von Lodovico Marracci (1698) und der 1771 erschienenen deutschen von David Friedrich Megerlin, die G. in den *Frankfurter Gelehrten Anzeigen* als »elende Produktion« abfertigte; die Rezension drückt den Wunsch nach einer Übersetzung aus, die »unter morgenländischem Himmel von einem Deutschen verfertigt würde, der mit allem Dichter- und Prophetengefühl in seinem Zelte den Koran läse, und Ahndungsgeist genug hätte, das Ganze zu umfassen« (MA 1.2, S. 405). Damals war G. auch schon mit George Sales englischer Übersetzung von 1734 vertraut, auf deren Verdeutschung durch Theodor Arnold von 1746 er später wiederholt zurückgriff. Außerdem benutzte er in der Epoche des *West-östlichen Divan* Joseph von Hammers Übersetzungen in den *Fundgruben des Orients* und den französischen Koran von André du Ruyer (1672).

Anspielungen auf den Koran finden sich in G.s Werk seit *Götz von Berlichingen* (1772). Zahlreiche Gedichte des *West-östlichen Divan* sind unmittelbar durch den Koran inspiriert, wobei G. gern Verse daraus zu Spruchgedichten erweiterte. Zur Thematik der durch den Koran angeregten Gedichte gehören Vorsehungsglaube, Monotheismus, Wohltätigkeit und Ergebung. Tiefsten Respekt vor »des Corans geweiht Vermächtniß« drückt das Gedicht *Beyname* im *Buch Hafis* aus (FA I, 3.1, S. 28). Dem orthodoxen Glauben der Muslims, der Koran existiere »von Ewigkeit« her, sei also nicht »geschaffen«, konnte G. allerdings nicht beipflichten. Das zeigt u. a. sein ironisches Gedicht im *Schenkenbuch: Ob der Koran von Ewigkeit sey?.* In *Der echte Moslem spricht* wird Mohammed als »Verfasser jenes Buches« (FA I, 3.1, S. 434) apostrophiert (*Buch des Paradieses*).

Ambivalente Gefühle gegenüber dem Koran bekunden die *Noten und Abhandlungen* im Kapitel *Mahomet*, das G.s ausführlichste Stellungnahme enthält (FA I, 3.1, S. 157f.): »Der ganze Inhalt des Korans [...] findet sich zu Anfang der zweiten Sura [...] Glauben und Unglauben theilen sich in Oberes und Unteres, Himmel und Hölle sind den Bekennern und Läugnern zugedacht. Nähere Bestimmung des Gebotenen und Verbotenen, fabelhafte Geschichten jüdischer und christlicher Religion, Amplificationen aller Art, gränzenlose Tautologieen und Wiederholungen bilden den Körper dieses heiligen Buches, das uns, so oft wir auch daran gehen, immer von neuem anwidert, dann aber anzieht, in Erstaunen setzt und am Ende Verehrung abnöthigt.«

Literatur:

Mommsen, Katharina: Goethe und die arabische Welt. Frankfurt/M. 1988, ²1989. – Paret, Rudi: Mohammed und der Koran. Stuttgart 1957.

Katharina Mommsen

Kosmologie

Erste Anspielungen zur Kosmologie, d.h. zur Lehre vom Aufbau und von der Entstehung des Weltalls (Kosmogonie), findet man im Werk G.s an unvermutetem Ort und in überraschender Form: in den satirischen Dramen und Fastnachtsspielen der 70er Jahre. Im *Jahrmarktsfest zu Plundersweilern* (1773/1778) verballhornt ein »Schattenspielmann« auf seiner Laterna magica die biblische Schöpfungsgeschichte: Bevor Gott die Welt schuf, »war sie all wüst und leer, / hab Sie all nicks auf die Erd gesehn«. Weltalter und Kulturkreise purzeln durcheinander: Kaum sind Adam und Eva aus dem Paradies »nausgejagt«, »ersaufen« gottlose »Ritter und Damen« in der »Sündflut«, und ins 1. Buch Moses verirrt sich ein ganz unbiblischer Gottgesandter, Merkur, um als deus ex machina »ein End all dieser Not« zu machen (BA 5, S. 122f.).

In dem lukianisch-wielandschen Drama *Satyros*, geschrieben im Spätsommer des gleichen Jahres 1773, wird ein »Waldteufel« (WA I, 16, S. 75) vom Volk, das er zum rousseauisch-naturnahen Leben in die Kastanienwälder gelockt hat, seines kosmogonischen Geheimwissens wegen vergöttert: »Wie im Unding das Urding erquoll, / Lichtsmacht durch die Nacht scholl, / Durchdrang die Tiefen der Wesen all, / Daß aufkeimte Begehrungs-Schwall / Und die Elemente sich erschlossen / Mit Hunger ineinander ergossen, /

Alldurchdringend, alldurchdrungen« – so raunt der Satyr-Mystagoge, sehr zum Leidwesen des christlichen Einsiedlers, sehr zur Bewunderung des fachkundigen Hermes, in einer Kosmologie, bei der G. biblische, pythagoreische, hermetische und spinozistische Auffassungen verquickt (ebd., S. 93f.). Als sich der »Begehrungs-Schwall« des Satyrs allerdings auf Hermes' Frau Eudora richtet, sieht das Volk im Gott wieder nur das Tier: Der kosmologische Mythos hat seine sexuellen Konnotationen zu handgreiflich offenbart.

Nicht zuletzt die Einsicht in die politische Verführungskraft kosmologischer Mythenrede, wie sie Aristophanes in *Die Vögel* persifliert hatte, scheint G. im Sommer 1780 zu einer freien Teilübersetzung dieser Komödie gereizt zu haben: Den Menschen ist die Herrschaft über die Erde durch den Feuerraub des Prometheus unrechtmäßig zugefallen, argumentiert der aus Athen geflohene »Treufreund«; in Wahrheit sind die Vögel – er gibt sich und den Freund »Hoffegut« als Vögel in der Mauser aus – die kosmogonisch legitimierten Herren der Welt. Denn »es sagt der Dichter Periplektomenes [d.i. der »Verwickelte«, eine Erfindung des Plautus; d. Vf.], da er vom Anfang der Anfänge spricht: ›Und in der Urwelt Schoß, voll ruhender innrer Geburten, / Lag das Ei des Anfangs, erwartend Leben und Regung.‹ Nun, wo will das Ei hergekommen sein, wenn es kein Vogel gelegt hat?«. In der folgenden Mythentravestie schlägt wiederum die erotisch-sexuelle Intention der Kosmologie durch: Amor, der »loseste aller Vögel«, »setzte die erste uralte Gewalt eures Geschlechts fort« (BA 5, S. 420–423).

Demagogische Verführungskraft und sexueller Anspielungsreichtum kosmologischer Rede sind es, die den jungen G. besonders interessieren. Und diese Schicht seines Umgangs mit Kosmologie prägt noch die einschlägigen Verse der späteren *Faust*-Dichtungen. Als Faust in der Hexenküche das erregende Bild von Eva-Helena-Gretchen erblickt, quittiert Mephistopheles das mit einer Anspielung auf die Genesis (WA I, 14, S. 119, V. 2441ff.). Baccalaureus und Wagner enthüllen auf ihre Weise die paranoiden Züge, die kosmologisches Wissen annimmt, wenn es als Herrschaftswissen praktisch wird: Sei es in der idealistischen Setzung des Seins durch das Denken einer angemaßten jungen Elite, sei es im technischen Nachvollzug der Schöpfung durch den modernen Prometheus (WA I, 15.1, S. 97ff., V. 6737–7004). Gerade im Schicksal des Homunculus führt G. dann aber am Ende der *Klassischen Walpurgisnacht* alle kosmologische Spekulation in wunderbar sublimierter Weise auf ihren Grund im Eros zurück (V. 8458–8487). Der Zusammenhang mythischer und naturwissenschaftlicher Welterklärungsmodelle mit politischer Theorie wird abermals thematisiert, als sich Faust und Mephistopheles im »Hochgebirg« (ebd., S. 245) über die Entstehung der Gebirge streiten. Der »närrischen Legende« (V. 10073) vom doppelten Höllenumsturz, dem sich nach dem Zeugnis des Mephistopheles nicht nur das Gebirge verdankt, sondern auch die »rechte Lehre« der Revolution (V. 10089), setzt Faust das geognostische Bild einer Natur entgegen, die, nachdem sie »sich in sich selbst gegründet«, »rein«, ohne Umsturz und Gewalt, »den Erdball abgeründet« habe (V. 10097f.). Aber als Mephistopheles sein Höllengemälde zur Vulkanismustheorie verwissenschaftlicht und diese mit dem sozialen Kosmos der modernen Großstadt verknüpft, muß Faust eingestehen, daß auch aus der Evolution die Revolution hervorgehen kann: »Man freut sich daß das Volk sich mehrt, / Nach seiner Art behäglich nährt, / Sogar sich bildet, sich belehrt, / Und man erzieht sich nur Rebellen« (V. 10156–10159).

Über die Bildungseindrücke, aus deren kosmologischem Einschlag sich die Möglichkeit zu dergestalt satirisch-dramatischer Weltdeutung ergab, hat G. im 8. Buch von *Dichtung und Wahrheit* Rechenschaft abgelegt. »Der neue Platonismus lag zum Grunde; das Hermetische, Mystische, Kabbalistische gab auch seinen Beitrag her, und so erbaute ich mir eine Welt, die seltsam genug aussah« (WA I, 27, S. 217f.). »Production«, »Concentration«, »Expansion« (ebd., S. 218f.), »Verselbstung« und »Entselbstigung« (ebd., S. 222) sind die Grundbegriffe einer Lehre, die zugleich Kosmologie, Heilsgeschichte und Künstlermeta-

physik ist. Im 11. Buch seiner Lebensdarstellung berichtet G. aber auch von den enttäuschten Hoffnungen, die seine Generation mit der Lektüre von Paul-Henri Thiry d'Holbachs *Système de la nature* (1770) verband (WA I, 28, S. 68f.), weil man sich von diesem Hauptwerk des Materialismus zwar keinen Aufschluß über die Vereinbarkeit von Notwendigkeit und Freiheit versprechen konnte, wohl aber etwas über den Zusammenhang der Natur im ganzen zu erfahren hoffte. Die Enttäuschung über die »atheistische Halbnacht« (ebd., S. 70) dieses »todtenhaften« (ebd., S. 68) Systems führte G. allerdings »nur desto lebhafter und leidenschaftlicher [...] auf's lebendige Wissen, Erfahren, Thun und Dichten« (ebd., S. 71).

Dorothea Kuhn hat die Schritte aufgewiesen, mit denen G. das mechanistische Verständnis der Welt als einer Uhr oder eines Systems von Maschinen zugunsten der Vorstellung von der Natur als Prozeß sich vervollkommnender Selbstorganisation überwinden konnte. Zwei Maximen waren damit gewonnen: 1. (im Sinne Herders) der Grundsatz, »die ganze Natur vom Differenzierten, nämlich vom Bereich der Lebewesen her, anzusehen« (Kuhn 1982, S. 280) und 2. (im Sinne Schellings) der Versuch, die Idee der Natur als die Idee eines Ganzen zu betrachten, in dem anorganische und organische Natur, Bewegung und Leben gemeinsam das Ganze der Natur-Prinzipien bilden (ebd., S. 285). G. hat sich 1801/02 nicht nur mit dem Titel seines Gedichts *Weltseele* der naturphilosophischen Konzeption Schellings angeschlossen. Auch in den Gedichten *Prooemion*, *Wiederfinden*, *Dauer im Wechsel*, *Eins und Alles*, *Vermächtnis* und *Parabase* findet G.s naturphilosophische Ansicht vom Ganzen der Welt ihre Darstellung. Der Dynamismus der Lebensprozesse soll, so Schelling, für die Naturanschauung vom Organischen her die Naturgeschichte als oberstes Naturprinzip leiten; in der steigernden Wiederkehr polarer Gegensätze (Attraktion und Repulsion, Kontraktion und Expansion, Systole und Diastole) vollzieht sich der lebendige Selbstorganisationsprozeß der Welt. Hier erkennen Vertreter der modernen Physik und Biologie Vorahnungen ihrer eigenen theoretischen Modelle. Mit Hilfe der genannten Prinzipien und mit den Methoden einer lebendigen Naturbeobachtung glaubte G., den morphologischen Bildungsprozeß der Natur auf all ihren Stufen anschauen und darstellen zu können.

Das Prinzip des Dynamismus prägt auch die kosmologischen Vorstellungen des späteren G.; davon zeugen Aufzeichnungen aus dem Bereich der Mineralogie und Geologie: »Die Erde als ein Stern. Als ein Wandelstern. Die neuen Erfahrungen zeigen das Universum selbst nicht als fertig. Die Nebelsterne sieht man als Massen werdender Welten an. Ja den Jupiter als nicht erstarrt. Die Kometen, die man ehemals als Weltenzerstörer ansah, betrachtet man als werdende Erdkörper« (WA II, 9, S. 268). Und über anorganische Prozesse im allgemeinen notiert er: »Die dynamische Ansicht [...] hält nämlich die ganze Materie für lebens- und verwandlungsfähig, je nachdem es die Bedingungen herbeiführen; sie läugnet ein Kosmisches nicht; sie setzt ein Spiel der Elemente durch die ganze Atmosphäre, mit Anziehungskräften zu dem Festen« (WA II, 10, S. 79). G. hielt seine kosmologischen und astronomischen Kenntnisse auf dem aktuellen Stand der Debatte über das Milchstraßen-Universum, wie sie in den Schriften von Thomas Wright, Kant, Johann Heinrich Lambert, Pierre Simon de Laplace und Friedrich Wilhelm Herschel geführt wurde. Zugleich verhielt er sich skeptisch gegenüber Versuchen zur spekulativen Totalansicht Gottes und der Natur wie gegenüber dem Anspruch der Empiriker, die Natur bis auf den Grund erkennen zu können. Laut Eckermann äußerte er am 15.10. 1825: »Die Handlungen des Universums zu messen, reichen seine [des Menschen; d. Vf.] Fähigkeiten nicht hin, und in das Weltall Vernunft bringen zu wollen, ist bei seinem kleinen Standpunkt ein sehr vergebliches Streben«. G. erkennt die beginnende Entfremdung zwischen Lebenswelt und moderner Physik. Einer Pointe Georg Christoph Lichtenbergs anläßlich Kants Beweis, daß Mars und Jupiter jegliche Materie im Weltraum zwischen sich aufgezehrt hätten, pflichtet er mit der Bemerkung bei: »Sind die neu entdeckten Planeten nicht der ganzen Welt unsichtbar, außer den wenigen Astronomen, denen wir auf Wort und Rechnung glauben müssen?« (MuR, 714; vgl. auch Eckermann, 1.2. 1827).

In einem großen Roman in Briefen, wie er ihn Charlotte von Stein am 9. und 10.9. 1780 annoncierte, wollte schon der G. des ersten Weimarer Jahrzehnts sein lebendiges Wissen vom Ganzen der Natur darstellen (vgl. Blumenberg). G. hat diesen Universalroman der Natur von ihren kosmologischen Anfängen bis hin zur Idee des Menschen, wie ihn Herder mit seinen *Ideen zur Philosophie der Geschichte der Menschheit* und zuletzt Alexander von Humboldt mit seinem *Kosmos* noch glaubten vollenden zu können, jedoch nicht geschaffen. Die Elegien über *Die Metamorphose der Pflanzen* und *Metamorphose der Tiere* und der Aufsatz *Über den Granit* gelten als Bruchstücke dieses großen Naturgedichts; aber in gewissem Sinne dürfen noch *Wilhelm Meisters Wanderjahre* dem Projekt zugerechnet werden. Dort verjüngt sich in der Figur des Felix G.s Wißbegierde über die Entstehung der Welt (WA I, 24, S. 42ff.); ein Streitgespräch über die Erdgestaltung bietet Wasser, Feuer, Atmosphäre und Eis zur Hypothesenbildung auf (WA I, 25.1, S. 26ff.); auf der Sternwarte reflektiert Wilhelm Meister über die sittliche Wirkung der Astronomie (WA I, 24, S. 180ff.); vor allem aber die Gestalt der Makarie mit ihrer geheimnisvollen Affinität zum Sonnensystem zeugt für G.s Versuch, das kosmologische Interesse in die Romanwelt der Handlungen und Gefühle einzuführen (ebd., S. 190ff.; WA I, 25.1, S. 280ff.; vgl. WA II, 12, S. 76f.). Die Begründung dafür findet sich im Aufsatz *Winckelmann* (1805): »Denn wozu dient alle der Aufwand von Sonnen und Planeten und Monden, von Sternen und Milchstraßen, von Kometen und Nebelflecken, von gewordenen und werdenden Welten, wenn sich nicht zuletzt ein glücklicher Mensch unbewußt seines Daseins erfreut?« (WA I, 46, S. 22).

Literatur:

Blumenberg, Hans: Die Lesbarkeit der Welt. Frankfurt/M. ²1983. – Harrison, Edward Robert: Kosmologie. Die Wissenschaft vom Universum. Hg. und aus dem Engl. übers. von Helma u. Günther Schwarz. Darmstadt ³1990. – Hippe, Robert: Der kosmologische Mythos am Ende des 8. Buches von *Dichtung und Wahrheit*. In: GoetheJb. 96 (1979), S. 75–83. – Irmscher, Hans-Dietrich: Wilhelm Meister auf der Sternwarte. In: GoetheJb. 110 (1993), S. 275–296. – Kimura, Naoji: Über die naturwissenschaftliche Bedeutung von Goethes Kosmogonie. In: GoetheJb. Tokyo. 14 (1972), S. 227–248. – Kober, Leopold: Goethes Roman über das Weltall und die moderne Geologie. In: ChrWGV. 52/53 (1941), S. 81–85. – Kuhn, Dorothea: Über den Grund von Goethes Beschäftigung mit der Natur und ihrer wissenschaftlichen Erkenntnis. In: SchillerJb. 15 (1971), S. 158–173. – Dies.: Versuch über Modelle der Natur in der Goethezeit. In: dies./Zeller, Bernhard (Hg.): Genio huius loci. Dank an Leiva Petersen. Wien u.a. 1982, S. 265–290. – Rotermund, Hans-Martin: Zur Kosmogonie des jungen Goethe. In: DVjs. 28 (1954), S. 472–486. – Schmidt, Alfred: Goethes herrlich leuchtende Natur. Philosophische Studie zur deutschen Spätaufklärung. München, Wien 1984. – Willems, Gottfried: Mit ›Phisick gesegnet‹ oder mit ›Metaphisick gestraft‹? Goethes Gedichte über ›Gott und Welt‹ und das Problem ihrer Auslegung. In: GoetheJb. 108 (1991), S. 191–205. – ZIMMERMANN.

Günter Peters

→ **Krankheit s. Gesundheit**

Kraus, Georg Melchior

(1737–1806)

Georg Melchior Kraus, wie G. aus Frankfurt am Main stammend, stand dem Dichter insbesondere in dessen erstem Weimarer Jahrzehnt, speziell als bildender Künstler, als begabter Zeichner und Maler, freundschaftlich nahe.

Seine erste künstlerische Ausbildung hatte Kraus bei Johann Heinrich Tischbein in Kassel erhalten. 1761 war er, wohl auf Empfehlung

Tischbeins, nach Paris gegangen; hier hatte er die Akademie besucht, in den Ateliers von Jean-Baptiste Greuze und François Boucher hospitiert und sich in den Pariser Galerien und Privatkabinetten an der Kunst vergangener Epochen, vor allem an der niederländischen Malerei des 17. Jhs., weitergebildet. Nach Frankfurt zurückgekehrt, gab Kraus, inzwischen als Mitglied in die Kaiserliche Akademie der Künste in Wien aufgenommen, an einer in Hanau eingerichteten Zeichenakademie Unterricht. Reisen in die Schweiz und durch Deutschland brachten ihn mit »höhern Kreisen« in Berührung. So ergab es sich auch, daß er »in dem freiherrlichen von Stein'schen Schlosse zu Nassau an der Lahn wohlaufgenommen« wurde. Nach der Verheiratung einer Tochter dieser Familie »an den Grafen von Werthern nahm das neue Ehepaar den Künstler mit auf ihre bedeutenden Güter in Thüringen, und so gelangte er auch nach Weimar. Hier ward er bekannt, anerkannt und von dem dasigen hochgebildeten Kreise sein Bleiben gewünscht«, heißt es im 20. Buch von *Dichtung und Wahrheit* (WA I, 29, S. 169). Die während dieses Aufenthalts entstandenen Arbeiten zeigte Kraus auch G., mit dem er 1774 in Bad Ems und Nassau zusammengetroffen war, und trug auf diese Weise dazu bei, G.s Beziehung zu Weimar und Thüringen vorzubereiten. »Bei'm Durchblättern und Durchschauen der reichlichen Portefeuilles [...] war die liebste Unterhaltung, wenn er landschaftliche oder persönliche Darstellungen vorlegte, der Weimarische Kreis und dessen Umgebung. [...] Alles deutete auf ein frisch thätiges literarisches und Künstlerleben« (ebd., S. 170 u. S. 172). Einem Angebot Anna Amalias folgend, kam Kraus im Herbst 1775, nahezu gleichzeitig mit G., nach Weimar, um das Amt des Direktors der neu gegründeten Freien Zeichenschule zu übernehmen. Noch im selben Jahr begann er ein G.-Bildnis. Bald erfreute er sich großer Beliebtheit – das klingt spürbar in seinem Porträt in *Dichtung und Wahrheit* nach.

Kraus ist mit seinen Arbeiten gleichsam zum Dokumentaristen dieser wichtigen Phase deutscher und weimarischer Kulturgeschichte geworden. 1778 erschienen von ihm achtzehn *Landschaften / nach der Natur gezeichnet und geätzt*. 1783 beauftragte ihn Fürst Franz von Dessau damit, Ansichten vom Wörlitzer Park zu schaffen, die von der Chalcographischen Gesellschaft zu Dessau veröffentlicht wurden. 1788 kamen sechs Hefte zu *Aussichten und Parthien des Herzogl. Parks bey Weimar* heraus. Nicht zuletzt ist in diesen Jahren eine produktive Zusammenarbeit mit G. zu verzeichnen. Diese vollzog sich insbesondere im Zusammenhang mit dem Weimarer Liebhabertheater, das G. leitete und für das Kraus Bühnenbilder und Kostümentwürfe schuf. So entstanden u. a. Szenenbilder zu G.s Singspiel *Die Fischerin* und zu *Iphigenie*. 1781 malte Kraus zu G.s Gedicht *Das Neueste von Plundersweilern* ein Aquarell, als es darum ging – so hat G. diesen Vorgang 1816 kommentiert –, für Anna Amalia »die deutsche Literatur der nächstvergangenen Jahre in einem Scherzbilde« darzustellen. »Nach Erfindung und Entwurf des Verfassers [G.] ward durch Rath K r a u s e eine Aquarellzeichnung verfertigt, zu gleicher Zeit aber ein Gedicht geschrieben, welches die bunten und seltsamen Gestalten einigermaßen erklären sollte« (WA I, 16, S. 43). 1784 begleitete Kraus G. auf dessen dritter Harzreise. Die Zeichnungen zu G.s geologischen Studien fanden G.s Beifall, wie sein Brief an Charlotte von Stein vom 13. August besagt: »Krause zeichnet ganz fürtrefflich und ich bin recht glücklich daß ich dir die schönen Gegenstände [44 Kreidezeichnungen; d. Vf.] so schön gezeichnet mitbringen kann«.

Es überrascht freilich nicht, daß G. während seines Italienaufenthalts – der eine fundamentale ästhetische und künstlerische Umorientierung erbrachte – und danach, eher gelegentlich, aber doch spürbar, auch kritische Distanz zu Kraus' Kunst bekundete, die mehr im niederländischen Stil wurzelte und klassizistische Tendenzen wenig bediente. Gleichwohl blieben die guten Beziehungen beider Männer bis

zum Tode von Kraus erhalten. Kraus war, seit im Januar 1786 im Buch- und Kunstverlag von Bertuchs Landes-Industrie-Comptoir das monatliche Magazin *Journal des Luxus und der Moden* erschien, für dessen künstlerischen Teil zuständig. 1793 wurde er von Carl August nach Mainz berufen, um die verwüstete Stadt zeichnerisch aufzunehmen. Gemeinsam mit G., den er dort antraf, besuchte er das Schlachtfeld. Nach seinen Zeichnungen sind die beiden kolorierten Radierungen *Ansicht von Maynz während der Belagerung im Julio 1793* und *Ansicht von Maynz nach der Übergabe* entstanden.

Mit unermüdlichem Interesse begleitete G. auch die Entwicklung der Freien Zeichenschule. Erarbeitete Kraus nach langen Bemühungen um das Aktzeichnen, um das bessere Verständnis der menschlichen Proportionen zu fördern, für seine Schüler ein *A.B.C. des Zeichners*, erteilte G., der sich ebenfalls mit dem menschlichen Körperbau beschäftigte, Anatomieunterricht an der von Kraus geleiteten Schule und besorgte für die Schüler Gipsabgüsse von Antiken aus Italien. Kraus wurde sicherlich durch G.s Reiseberichte darin bestärkt, selbst einmal Italien zu besuchen – zur Veröffentlichung des *Römischen Carnevals* 1789 hatte er bereits Illustrationen geschaffen. Auf der 1795 gemeinsam mit Charles Gore unternommenen Reise über Mailand nach Genua entstanden zahlreiche Aquarelle, die teilweise als kolorierte Radierungen publiziert wurden. 1795 malte Kraus auch das Aquarell der *Tafelrunde der Anna Amalia*.

Im 20. Buch von *Dichtung und Wahrheit* charakterisierte G. seinen Freund und Lehrer, dessen Tod inmitten der Wirren nach der Schlacht bei Jena er dem Herzog mit dem Satz gemeldet hatte: »Der gute Kraus ist auch in diesen Schicksalen zerkniescht worden« (19.–26. 10. 1806), im Rückblick: »Er war ein heiterer Lebemann [...] der angenehmste Gesellschafter: gleichmüthige Heiterkeit begleitete ihn durchaus; dienstfertig ohne Demuth, gehalten ohne Stolz, fand er sich überall zu Hause, überall beliebt, der thätigste und zugleich der bequemste aller Sterblichen« (WA I, 29, S. 167–169).

Literatur:

Kröll, Christina: Georg Melchior Kraus. In: Göres, Jörn (Hg.): Der Maler Georg Melchior Kraus [...]. Eine Ausstellung des Goethe-Museums Düsseldorf [...]. Düsseldorf, Stuttgart 1983/84. – Laub, Gerhard: Zu Goethes Sammlung von Felszeichnungen aus dem Harz. Der Aufschluß. 24 (1973) 4. Sonderdruck. – Maltzahn, Hellmuth Freiherr von: Georg Melchior Kraus in Weimar und auf Reisen. In: Goethe-Kalender auf das Jahr 1940. Leipzig 1939, S. 216–356. – Meissner, Christine/Meissner, Markus: In der Freiheit der Berge. Auf Goethes Spuren im Harz. Weimar 1989. – Müller-Harang, Ulrike: Das Weimarer Theater zur Zeit Goethes. Weimar 1991. – Schenk zu Schweinsberg, Eberhard Frh.: Verzeichnis der Radierungen von Georg Melchior Kraus. In: JbSK. 7 (1927/28), S. 277–302. – Ders.: Georg Melchior Kraus. Weimar 1930.

Renate Gehl

Krieg/Frieden

Unmittelbar mit dem Krieg in Berührung kam schon der knapp zehnjährige Knabe G. anläßlich der französischen Besetzung Frankfurts 1759 bis 1763, die für ihn allerdings eher eine Bereicherung darstellte, da sie ihn mit der französischen Kultur – Theater und Literatur – bekanntmachte. Später haben Kriege wiederholt und dann tiefer in sein Leben eingegriffen und sein Werk mitgeformt: Der 1. Koalitionskrieg 1792, an dem er auf Wunsch des Herzogs Carl August teilnahm und den er nicht nur revolutions-, sondern auch und vor allem kriegskritisch verarbeitete (*Campagne in Frankreich*). Sodann die Belagerung des republikanischen Mainz, bei der er wiederum als führender Politiker des Herzogtums anwesend sein mußte. Dabei entstanden die ersten *Betrachtungen über die Farben* (*Farbenlehre* vor 1810), die er auch als eine Art Gegenprogramm zu dem zerstörerischen Wesen des Krieges verstand. Zugleich setzte G. die Arbeit am *Reineke Fuchs* fort, nicht nur als Mittel der Ablenkung von unleidlichen Verhältnissen, sondern auch als Zusammenfassung seiner alten und neuen politischen Erfahrungen in einer großen Parabel.

1806 geriet Sachsen-Weimar als Verbündeter Preußens in den Strudel der Schlacht bei Jena und Auerstedt. G. selbst blieb freilich von Plünderungen verschont. Die nationalen Befreiungskriege verfolgte er 1813 mit Skepsis, wenn nicht gar innerer Ablehnung, vor allem wegen der nationalistischen Töne, die sie publizistisch-literarisch und politisch begleiteten. Angesichts der militärischen Niederlage und Abdankung Napoleons mußte er auch seine Hoffnung auf eine europäische »Pax Napoleonica« begraben, die seinem Weimar und darüber hinaus den deutschen Städten, Staaten und Fürstentümern eine weltbürgerliche Kulturentwicklung in einer dauerhaften Friedensordnung hätte sichern sollen. Es war ein allerdings für G.s auf Frieden ausgerichtete Weltsicht symptomatisches Wunschdenken, wenn er 1812 von Napoleon erwartete: »Der alles wollen kann, will auch den Frieden« (WA I, 16, S. 329). Zwei Jahre später hatte er aus dem Sturz des Kaisers gelernt, daß Frieden nicht einfach politisch »machbar« ist: »Den Frieden kann das Wollen nicht bereiten« (ebd., S. 331), heißt es in *Des Epimenides Erwachen*.

So entschieden G. den Krieg ablehnte als »in Wahrheit eine Krankheit, wo die Säfte, die zur Gesundheit und Erhaltung dienen, nur verwendet werden, um ein Fremdes, der Natur Ungemäßes, zu nähren« (Gespräche, 2, S. 170), und so durchgängig negativ-zerstörerisch er ihn darstellte – autobiographisch in der *Campagne in Frankreich*, allegorisch-mythologisch in *Des Epimenides Erwachen* (V. 118–201) und in *Faust II* (V. 10323–10848) –, so wenig war der Frieden ihm nur Gegenpol des Krieges. Das war er auch, aber er war doch zugleich sehr viel mehr. Das könnte die sonst erstaunliche Tatsache verständlich machen, warum G. sich aus der breit und intensiv in der Öffentlichkeit geführten Friedens-Debatte, die im Gefolge von Kants philosophischem Entwurf *Vom ewigen Frieden* (1795) die deutschen Intellektuellen bis über die Jahrhundertwende hinaus stark bewegte, völlig herausgehalten hat: Es gibt von G. weder schriftliche noch mündlich überlieferte

Reaktionen zu diesem wichtigen Thema der Staatenwelt. Für ihn transzendiert Friede vielmehr letztlich die Welt des Politischen: Er ist sowohl individuell möglicher Zustand geistig-seelischer Entsagung gegenüber der Welt der Leidenschaften (*Wandrers Nachtlied*) als auch die Perspektive der Versöhnung der gesamten Schöpfung durch Überwindung der lebensbedrohenden Gewalt als Werk des Menschen, wenn er sich der allesbesiegenden Stärke der Gewaltlosigkeit, der Liebe, bewußt geworden ist. In der *Novelle* heißt es: »Löwen sollen Lämmer werden, / [...] / Blankes Schwert erstarrt im Hiebe« (WA I, 18, S. 343).

Literatur:

Bergstraesser, Arnold: Der Friede in Goethes Dichtung. Freiburg 1967, S. 99–116. – Horn, Gisela: Goethes autobiographische Schriften *Campagne in Frankreich* und *Belagerung von Mainz*. In: Brandt, Helmut/Beyer, Manfred (Hg.): Ansichten der deutschen Klassik. Berlin, Weimar 1981, S. 233–249. – Krippendorff, Ekkehart: Campagne in Frankreich. Goethes ›Antipolitik‹. In: Elsenhans, Hartmut u.a. (Hg.): Frankreich – Europa – Weltpolitik. Opladen 1989, S. 22–35. – Mommsen, Katharina: ›Krieg ist das Losungswort‹. In: JbFDtHochst. 1993, S. 128–147. – Mommsen, Wilhelm: Die politischen Anschauungen Goethes. Stuttgart 1948. – Müller, Klaus-Detlef: Goethes *Campagne in Frankreich* – Innenansicht eines Krieges. In: GoetheJb. 107 (1990), S. 115–126. – Roethe, Gustav: Goethes *Campagne in Frankreich 1792*. Berlin 1919. – Saine, Thomas P.: Goethes Roman *Campagne in Frankreich 1792*. In: Unser Commercium. Veröffentlichungen der Deutschen Schillergesellschaft. 42 (1984), S. 529–558.

Ekkehart Krippendorff

Kritik

Der Kritiker G. lebte in einer Epoche, die sich selbst als »Zeitalter der Kritik« verstand. Kant, der damit eine der wichtigsten Tendenzen der Zeit auf den Begriff brachte (*Kritik der reinen Vernunft*, Vorrede), begründete den universellen Herrschaftsanspruch der Vernunft, von der Kritiker in allen Lebensbereichen öffentlich Gebrauch machen sollten. Die kritische Vernunft richtet sich nicht nur gegen »Scheinwissen«, Aberglauben und Vorurteile, prüft nicht allein die Bedingungen der Möglichkeiten des Wissens, Handelns und Empfindens, sondern löst auch Bewußtseinsprozesse aus, welche die gesellschaftlichen und politischen Institutionen in Frage stellen. Diesen seit je bestehenden Zusammenhang zwischen Kritik und Krise, der ihrer etymologischen Verwandtschaft schon eingeschrieben ist, beschrieb Reinhart Koselleck als einen verdeckten dialektischen Prozeß von Moral und Politik (*Kritik und Krise*, 1973). Unter dem Deckmantel philosophischer und literarischer Kritik haben sich die Intellektuellen gegenüber der politischen Sphäre des Staates ausgegrenzt und sich als moralische Instanz etabliert, um dann vom Standpunkt einer weltbürgerlichen Perspektive über alle Bereiche des Lebens zu richten. Die Kritik wurde zu einer politischen Ersatzhandlung, die in den Bereichen der Philosophie, Ethik und Kunst die Toleranzschwelle der herrschenden Gewalt prüfte. Der öffentliche Gebrauch der Vernunft, wie er sich in der Kritik artikuliert, dient dem »lebendigen Prozeß der Aufklärung« (Habermas, S. 58), an dessen Ende die bürgerliche Öffentlichkeit steht. Kritik, auch in der Form der Literaturkritik, ist also im Zeitalter G.s nicht nur ein kunstimmanentes Phänomen umfassender Theorie- und Geschmacksbildung, sondern sie trägt als Kulturkritik im weitesten Sinne auch zur Konstituierung einer bürgerlichen Öffentlichkeit bei. In dieser Geschichte der bürgerlichen Kritik in Deutschland präsentiert sich der Kritiker G. eigentümlich widersprüchlich: Einerseits ist er empfangend, teilnehmend und mitwirkend, andererseits verhält er sich beobachtend, distanziert oder ablehnend.

Die Blütezeit der deutschen Kritik (1750–1830) deckt sich mit der Lebensspanne G.s, und so nahm er als Zeitgenosse aufmerksam an diesem großen kritischen Diskurs teil. Zwar wirkte er als Kritiker weniger system- und schulbildend als Winckelmann, Lessing,

Herder oder die Gebrüder Schlegel, aber seine Vertrautheit mit der europäischen Tradition war nicht weniger umfassend als ihre, und er stimmte mit ihnen überein, sich diese Tradition kritisch anzueignen und neu zu bewerten. Wollte man sich einen Überblick über seine kritische Methode verschaffen, so hieße das nicht weniger, als sie aus seiner Weltanschauung abzuleiten. Erst aus seinem Natur- und Kunstverständnis lassen sich auch seine Dichtungstheorie und die Prinzipien seiner Kritik verstehen. Doch selbst die literarische Kritik G.s läßt sich nicht auf seine Schriften zur Literatur reduzieren, da sie über das gesamte Werk verteilt ist: Sie findet sich nicht allein in Rezensionen, Noten und Abhandlungen, in Roman (Wilhelm Meisters Shakespearekritik) und Autobiographie, sondern ebenso selbstverständlich in Briefen, Tagebüchern und Gesprächen sowie in den *Xenien* und in Maximen und Reflexionen, ja selbst in der *Farbenlehre*. Schon diese Vielfalt der Gegenstände und Formen sollte davor warnen, G.s Kunst- und Kritikverständnis auf einen Nenner zu bringen, auf ein System festlegen zu wollen. Nimmt man noch hinzu, daß G. zeit seines Lebens Rezensionen und Essays verfaßte und daß er Mitarbeiter oder Herausgeber mehrerer Zeitschriften war, so müßte eine Gesamtdarstellung des Kritikers G. sein ganzes Leben und Werk umfassen. Es empfiehlt sich daher, dem bescheideneren Vorschlag René Welleks zu folgen, und G.s kritische Arbeiten historisch-genetisch zu behandeln und in drei Phasen zu skizzieren: die Anfänge bis zur Rückkehr aus Italien, die klassische Weimarer Epoche (1789–1806) und das Spätwerk.

G. begann seine Kritikerkarriere als Mitarbeiter an dem berühmten Jahrgang 1772 der *Frankfurter Gelehrten Anzeigen*. Inmitten eines Kreises überwiegend junger Intellektueller, denen der alte G. das Bestreben attestierte, »alle Begränzungen zu durchbrechen« (*Tag- und Jahreshefte 1769–1775*), profilierte sich der junge G. durch freche Polemiken gegen den konventionellen Geschmack der Zeit und gegen einen schulmeisterlichen Klassizismus. Im Unterschied zu den gelehrten Besprechungen der Zeit sind seine Rezensionen – deren genaue Zuweisung im einzelnen durch die Anonymität der Veröffentlichungen auch Schwierigkeiten bereitet – antiakademisch und antispekulativ; sie fallen durch ihren respektlosen und temperamentvollen Tonfall auf. Ebenso berühmt wie berüchtigt ist seine rücksichtslose Polemik gegen Johann Georg Sulzers pedantisch akademischen Klassizismus. Sulzers Grundsätze der schönen Künste seien für niemanden nütze »als für den Schüler, der Elemente sucht, und für den ganz leichten Dilettanten nach der Mode« (WA I, 37, S. 207). G. nahm auch Anstoß an der Verniedlichung des »unbestimmten Principiums: N a c h a h - m u n g d e r N a t u r« zu einer » V e r s c h ö - n e r u n g d e r D i n g e« (ebd., S. 208), und er setzte dagegen das Große, Ungeheure und Gewalttätige der Natur – ihre »Kraft«, deren »Widerspiel« die Kunst sei (ebd., S. 210). Ihn interessierte der »wahre E i n f l u ß d e r K ü n - s t e a u f H e r z u n d S i n n« und welchen Nutzen die Theorie für das Genie habe (ebd., S. 214). Das waren neue unerhörte Töne, die repräsentativ für das Literaturprogramm der beginnenden Sturm-und-Drang-Periode sind. So jedenfalls sah G. rückblickend seine kritischen Streifzüge: »Die Recensionen in den Frankfurter gelehrten Anzeigen von 1772 und 1773 geben einen vollständigen Begriff von dem damaligen Zustand unserer Gesellschaft und Persönlichkeit. Ein unbedingtes Bestreben, alle Begränzungen zu durchbrechen, ist bemerkbar« (*Tag- und Jahreshefte 1769–1775*).

Doch bildet diese polemische Kritik im Werk G.s eine Ausnahme; er bevorzugte eine verstehende Kritik, wie er sie durch Herder in Straßburg kennengelernt hatte. Diese will den Leser fördern, dem Dichter dienen und die Literatur verstehen. Hier ist der Kritiker eher Liebhaber der Kunst als Kunstrichter. Das Publikum soll er zum Lesen anregen und seinen Geschmack bilden, das Genie soll er verstehen und fördern und sich in sein Werk nachempfindend versenken. Der Kritiker wird zum Interpreten des Genies, dessen Werke er an ihrer Absicht mißt. Diese positiv schöpferische Kritik erschließt die Originalität, Intention und Schönheit des Kunstwerks einem gleichgesinnten Publikum. G.s Shakespeare-Kritik (*Zum Schäkespears Tag, Wilhelm Meisters theatralische Sendung*) kann als ideales Paradigma dieser produktiven Kritik gelten. Seine Shakespeare-Rede ist ein feuriges Bekenntnis für den großen Briten, dessen Werk nicht kritisch zergliedert, sondern rhapsodisch ausgelegt wird: »Die erste Seite die ich in ihm las, machte mich auf Zeitlebens ihm eigen« (WA I, 37, S. 130). Er wird zum Propheten des Genies, und entsprechend mischen sich Verehrung, Einfühlung und Enthusiasmus. Das ist ganz im Sinne von Herders historisch-genetischer Kritik, und G. wird diese Prinzipien der Kritik bewahren: Das Genie gibt der Kunst die Regel, und seine Werke sind am Ideal ihrer Absicht zu messen. Ob und wie der Kritiker auch zwischen Werk und Publikum vermitteln kann, wenn der Publikumsgeschmack sich wandelt und der Buchmarkt sich vom Kritiker nicht mehr beeinflussen läßt, wurde zum Problem der nächsten Epoche.

Sie wurde 1789 mit G.s Essay *Einfache Nachahmung der Natur, Manier, Stil* eingeleitet. Zusammen mit Schillers Bürger-Rezension (*Über Bürgers Gedichte*, 1791) markiert er einen Wendepunkt in der Auffassung von der Kunst und der Funktion der Kritik. Zweierlei ist an diesem Essay bemerkenswert: die Überwindung der traditionellen Nachahmungslehre und die gesetzgeberische Rolle des Künstlers. Diese Tendenzen wurden 1796 in G.s Einleitung zu den *Propyläen* nochmals unterstrichen. Dort machte er sich über jene naiven Kunstliebhaber lustig, die »ein Kunstwerk als ein Naturwerk« genießen und sich täuschen lassen wie die »echten Sperlinge« des Zeuxis, die nach gemalten Kirschen fliegen. Doch der Kenner wisse, »daß das Kunstwahre und das Naturwahre völlig verschieden« sind (WA I, 47, S. 262f.) Und über die neue Verbindung von Dichter und Kritiker heißt es dort, daß »der echte gesetzgebende Künstler« nach der »Kunstwahrheit« strebe (ebd., S. 23).

Schillers Absage an die plebejischen Tendenzen des Sturm und Drang (*Über Bürgers Gedichte*) entspricht auf G.s Seite der polemische Aufsatz *Literarischer Sansculottismus*, dem wir nicht nur G.s Definition eines klassischen Nationalautors verdanken, sondern auch eine lebhafte Schilderung der immer noch miserablen literarischen Verhältnisse in Deutschland. Zu den historischen Voraussetzungen einer klassischen Nationalliteratur gehören nach G.: eine große nationale Vergangenheit, nationale Einheit und ein hohes Kunstniveau, ferner ein Vorrat vorbildlicher Werke, ein reifes Publikum und »ein Mittelpunct gesellschaftlicher Lebensbildung« (WA I, 40, S. 199). Vergleicht man dieses Ideal mit der Wirklichkeit des literarischen Lebens in Deutschland, so waren dies nicht nur schlechte Zeiten für die Dichtung, sondern ebenso für die Literaturkritik. Denn diese ist als Institution eingebettet in die literarischen Verhältnisse der Produktion, Distribution und Rezeption von Literatur. Noch in einer anderen Hinsicht ist G.s Essay von Interesse. Wie schon der Titel andeutet, widersetzte sich G. unverhohlen den revolutionären Tendenzen seines Zeitalters. Die Übertragung des politischen Schmähwortes auf den Bereich des Geschmacks charakterisiert G.s Verhältnis zur Französischen Revolution hinreichend, aber auch seine Frontstellung gegen jene »ungebildete Anmaßung« (ebd., S. 197), welche die Literatur und Kritik den politischen Tendenzen der Zeit anpassen will. Diesen politischen und literarischen Verhältnissen setzten G. und Schiller ihr Weimarer Kunstprogramm entgegen, wie sie es in den *Horen* und *Propyläen* formulierten.

Seine Grundlage ist die Autonomieerklärung der Kunst, der die Symbolform als Darstellung entspricht. Ob man diese nun bei G. von Karl Philipp Moritz ableitet oder bei Schiller von Kant und wie immer man sie kunsttheoretisch begründet, so lassen sich doch auch externe Gründe dafür angeben, daß sich das Postulat der Zweckfreiheit und Interesselosigkeit der Kunst nach einer kurzen Inkubationszeit durchsetzte. »Von allem, was positiv ist und was menschliche Conventionen einführten, ist die Kunst, wie die Wissenschaft losgesprochen, und beyde erfreuen sich einer absoluten I m m u n i t ä t von der Willkühr der Menschen«, heißt es bei Schiller (SNA 20, S. 333).

Die konventionellen Erwartungen, von denen die Kunst sich nun befreit, lassen sich als moralische, utilitaristische und soziale Funktionalisierungen bestimmen. Die Kunst wird von der Bevormundung durch Staat und Kirche befreit und desgleichen von den Zwängen des literarischen Marktes und des Publikumsgeschmacks. G., der Kant das »grenzenlose Verdienst« zusprach, die Kunst für autonom erklärt zu haben (an Zelter, 29.1.1830), erwartet von der Kunst, daß sie »vollkommen selbstständig« sei und »ihre eigenen Gesetze entschieden ausspreche« (an Beuth, 22.2.1831). Ob man nun G.s und Schillers Abwendung von der zeitgenössischen politischen Wirklichkeit ästhetisch begründet oder als Protest gegen die herrschende Kultur beschreibt, ihr herausragendes Kennzeichen ist die Negation. Autonome Kunst verhält sich kritisch zur depravierenden Wirklichkeit, um die Hoffnung auf eine humanere Welt wachzuhalten.

Diese Autonomieerklärung der Kunst hatte weitreichende Folgen für die Kritik. Unter dem Druck der französischen Ereignisse wurde sie politisch interesselos und beschränkte sich auf die literarisch-ästhetische Sphäre. Sie richtete sich nicht nur gegen die »literarischen Sansculotten« und die politische Publizistik, sondern mehr und mehr auch gegen den Publikumsgeschmack. Besonders nach dem Scheitern des anspruchsvollen *Horen*-Projekts kam es zu jenen verbitterten Urteilen über das zeitgenössische Publikum, wonach der Krieg das einzige Verhältnis zu ihm sei, das einen nicht reue. Der Grund für dieses Zerwürfnis wurde freilich einseitig beim Publikum und der Kapitalisierung des Buchmarktes gesucht. Der Unmut der Weimarer entlud sich im »Xenienkrieg«, in dem sie gegen all jene polemisierten, die ihre Kunstauffassung nicht teilten. So können die *Xenien* als epigrammatische Kritik der literarischen Verhältnisse in Deutschland verstanden werden. Nach dieser »poetischen Teufeley« (Schiller an Körner, 18.1.1796) zogen sich G. und Schiller aus der aktuellen literarischen Diskussion zurück und kritisierten vor allem ihre eigenen im Entstehen begriffenen Werke.

Sie verteidigten nun als Kritiker das autonome Kunstwerk gegen den nivellierenden Publikumsgeschmack. Das Kunstwerk erhält einen absoluten Wert, der unabhängig von der Fassungskraft des Lesers existiert, und der Kritiker prüft nur, ob ein Werk den höchsten Forderungen der Kunst genügt, nicht, ob es allgemein gefällt. Indem man in Weimar das reale Publikum preisgab, sich an einem idealen orientierte, geriet die Kritik in eine marginale Position. Die Kritik entwickelte sich zu einem Kunstgespräch innerhalb einer literarischen Elite, und ihre Werkstattgespräche konzentrierten sich auf eine verstehend genetische Kritik, die das Kunstwerk theoretisch rechtfertigt und vollendet – darin der ästhetischen Praxis der Romantiker nicht unähnlich. Der ausführliche Briefwechsel zwischen G. und Schiller über *Wilhelm Meister* und *Wallenstein* kann als Paradigma dieser Kritik gelten; ergänzt wurde sie durch briefliche Kommentare von Gleichgesinnten aus ihrem Zirkel.

Diese Tendenz wurde im Alterswerk G.s vorherrschend, wenn er etwa sein Privatperiodikum *Über Kunst und Alterthum* als eine »Pflicht gegen entfernte Freunde« (an Reinhard, 31.1.1822) bezeichnete oder in Johann Friedrich Cottas *Morgenblatt für gebildete Stände* seine eigenen Werke ankündigte. G.s letzte Zeitschrift wurde zum Medium der Kommunikation innerhalb einer gleichgesinnten Bildungselite, und seine Selbstanzeigen warben beim Publikum für seine späten Werke. Kunstkritik im engeren Sinne ist das schon nicht mehr zu nennen. Verglichen mit den Maßstäben des Weimarer Kunstprogramms wirkt G.s Literaturkritik nun gelassen. Er läßt gelten, oder aber er schweigt, wo man ein Urteil erwartet. Seine Altersrezensionen sind »eine Art fortlaufender Lektürebericht« (Wohlleben, S. 37), der dem Leser Materialien zum Verständnis der besprochenen Werke an die Hand gibt. Er beschreibt seine Leseeindrücke, würzt sie mit Weisheitssprüchen seiner Kunstanschauung und empfiehlt das Werk. Er macht es sich zur Aufgabe, »den Dichter aus dem Gedicht, das Gedicht aus dem Dichter zu entwickeln« (WA I, 40, S. 280). Diese deskriptive, intuitive und verstehende

Kritik kommt dem Werk zugute, ist aber zugleich die Schwäche von G.s später Kritik, die nicht mehr urteilt. Was seiner Kunstauffassung nicht entspricht, übergeht er mit Schweigen, statt sich polemisch damit auseinanderzusetzen. Schon Wellek hat darauf aufmerksam gemacht, daß in G.s späten Rezensionen die Namen und Werke der Romantiker fehlen. Dem scheint seine Besprechung von *Des Knaben Wunderhorn* zu widersprechen. Doch erstens entspricht diese Sammlung durchaus seinen Vorstellungen von Volkspoesie, die er seit den Straßburger Tagen pflegte, und zweitens empfiehlt er den Herausgebern, auch außerdeutsche, europäische Lieder zu sammeln, was schon auf sein Konzept der Weltliteratur vorausweist. Denn spätestens seit 1827 wurde diese Idee einer »allgemeinen W e l t l i t e r a - t u r« (WA I, 41.2, S. 265) ein neues und letztes Prinzip seiner Literaturkritik.

Um G.s Auffassung von Kritik zusammenzufassen, läßt man ihn am besten selbst zu Wort kommen. In seiner *Theilnahme Goethe's an Manzoni* (1821/27) findet sich folgende Betrachtung: »Es gibt eine zerstörende Kritik und eine productive. Jene ist sehr leicht, denn man darf sich nur irgend einen Maßstab, irgend ein Musterbild, so bornirt sie auch seien, in Gedanken aufstellen, sodann aber kühnlich versichern: vorliegendes Kunstwerk passe nicht dazu, tauge deßwegen nichts, die Sache sei abgethan, und man dürfe ohne weiteres seine Forderung als unbefriedigt erklären; und so befreit man sich von aller Dankbarkeit gegen den Künstler. Die productive Kritik ist um ein gutes Theil schwerer, sie fragt: Was hat sich der Autor vorgesetzt? Ist dieser Vorsatz vernünftig und verständig? Und in wie fern ist es gelungen, ihn auszuführen? Werden diese Fragen einsichtig und liebevoll beantwortet, so helfen wir dem Verfasser nach« (WA I, 42.1, S. 161).

Soweit G.s Selbstverständnis als Kritiker, das keineswegs »der bloß guten Absicht« des Künstlers dient und zum »kritischen Relativismus« führt, wie Wellek (S. 228) behauptet. Der Polemik bis auf Ausnahmen abgeneigt, bevorzugte er eine schöpferische Kritik, die dem Künstler dient und sein Werk versteht. Das ist immer noch Geist vom Geiste Herders. Es ist eine klare Absage an jedwede normative Poetik oder einen dogmatischen Klassizismus, die den Kunstrichter zum Schulmeister des Künstlers macht. Wenn es dann noch heißt, »daß man mehr um des Autors als des Publicums willen urtheilen müsse« (WA I, 42.1, S. 162), so ist dies wohl auch als Absage an die Wirkungsästhetik zu verstehen, obwohl es sich auch gegen einen nivellierenden Publikumsgeschmack richtet. Jedenfalls scheint G. die Vorstellung von einem homogenen Publikum, das sich beeinflussen und bilden ließe, aufgegeben zu haben – die Literaturkritik braucht sich nicht länger vor einer literarischen Öffentlichkeit zu legitimieren. Als individualisierende Kritik verteidigt sie die idealen Absichten des Künstlers und das höchste Niveau der Kunst gegenüber dem Publikum. Der Kritiker wird zum idealen Leser, der als Freund des Autors dessen Werke liebevoll verstehend auslegt.

Literatur:

Baeumer, Max L./Fink, Karl J. (Hg.): Goethe as a Critic of Literature. London 1984. – Berghahn, Klaus L.: Die Literaturkritik der Weimarer Klassik: Autonome Kritik und schöne Öffentlichkeit. In: Hohendahl, Peter Uwe (Hg.): Geschichte der deutschen Literaturkritik (1730–1980). Stuttgart 1985, S. 59–75. – Curtius, Ernst Robert: Goethe als Kritiker. In: ders.: Kritische Essays zur europäischen Literatur. Bern 1950, S. 28–58. – Habermas, Jürgen: Strukturwandel der Öffentlichkeit. Neuwied, Berlin ⁵1991. – Wellek, René: Geschichte der Literaturkritik 1750–1950. Bd. 1. Berlin, New York 1959, S. 206–230. – Wohlleben, Joachim: Goethe als Journalist und Essayist. Frankfurt/M., Bern 1981.

Klaus L. Berghahn

Künstler

G.s Verwendung des Nomens »Künstler« kennzeichnet sich durch eine mitunter verwirrende Schwankungsbreite im Begrifflichen. In den meisten Fällen liegt gleichwohl eine Verwendungsweise vor, über die es bei Johann Christoph Adelung heißt: »In engerer Bedeutung legt man diesen Nahmen denjenigen bey, welche die schönen Künste üben, wie den Mahlern, Baumeistern, Tanzmeistern u.s.f. Nur von Dichtern und Rednern ist es ungewöhnlich« (Sp. 1834). Vergleichbar findet sich dieser Wortgebrauch »in engerer Bedeutung« auch bei Joachim Heinrich Campe bezeichnet: »So werden Mahler, Zeichner, Bildhauer, Bildgräber, Bildformer und überhaupt Bildner, Baumeister, Tonspieler, zuweilen auch der Dichter Künstler genannt« (S. 1090). Demgemäß assoziiert sich bei G., wenn er vom Künstler spricht, zuvörderst die Vorstellung des bildenden Künstlers – den Dichter bezieht sie nur bedingt mit ein. Noch kaum geben solche Einbeziehung die frühen Texte zu erkennen; hernach korrespondiert sie der Idee eines dichterischen Hervorbringens, mit dem G. das Kriterium verband, daß es bildnerisch gestaltend auf eigene Art sein müsse. Und beim späten G. läßt sich mitunter gar eine unbedingte Eingemeindung bemerken. Jedoch kann man auch einem Wortgebrauch begegnen, bei dem der Gedanke an den bildenden Künstler eher vernachlässigt erscheint. »Ich darf wohl sagen: ich habe mich in dieser anderthalbjährigen Einsamkeit selbst wiedergefunden; aber als was? – Als Künstler!« In dieser Briefaussage (an Carl August, 17.3. 1788) faßte G. zusammen, was ihm der Italien-Aufenthalt erbracht hatte. Gerade dies aber war eine der gewonnenen Einsichten, daß er zum bildenden Künstler nicht geschaffen sei. Der Passus nebst seinem Kontext läßt einen Künstlerbegriff hervortreten, der sich deutlich auf literarische Autorschaft bezieht; darüber hinaus meint er einen freien Mann, dem sich als angemessenes Betätigungsfeld die artes liberales erweisen. Entsprechend findet sich die Vorstellung von wissenschaftlichem Tun hier mit eingeschlossen.

»Hüte dich, den Namen deines edelsten Künstlers zu entheiligen, und eile herbei, daß du schauest sein herrliches Werk« (WA I, 37, S. 148). Mit Worten wie diesen feierte im Essay *Von Deutscher Baukunst* der junge G. Er-

win von Steinbach. Die Bewunderung galt einem Bau, der dem Betrachter den »Genius des großen Werkmeisters« (ebd., S. 146) offenbare. »Alles Gestalt, und alles zweckend zum Ganzen; wie das festgegründete ungeheure Gebäude sich leicht in die Luft hebt; wie durchbrochen alles und doch für die Ewigkeit« (ebd., S. 147). Im Erbauer des Straßburger Münsters wurde der Prototyp eines gestaltenden Genies gesehen: ein göttlich Inspirierter, der als Werkbildner ohne Rücksicht auf Konventionen verfahren sei und damit einzig im Zeichen schöpferischer Wahrhaftigkeit. Der Essay stammt aus den Jahren 1771/72. In den Jahren danach entstanden die meisten jener Texte, die Erich Trunz in der Hamburger Ausgabe unter dem Titel »Die Künstlergedichte« zusammenfaßte. Zu ihnen zählen *Künstlers Morgenlied* und *Künstlers Abendlied* (im Erstdruck: *Lied eines physiognomischen Zeichners*); beide Texte beziehen sich auf ein Künstlertum, dem genieästhetische Vorstellungen nicht minder zugrunde liegen. Dabei geht die vorwaltende Interpretation dahin, daß sich in dem einen wie in dem anderen Gedicht die geniale Schöpferkraft dessen bezeuge, der die Verse spricht. Das *Morgenlied* betreffend, ist von Hans Rudolf Vaget (1986) dagegen dargetan worden, daß sich vielmehr der Vorgang einer auf Versagensangst deutenden Krisenbewältigung niederschlage; und von der Hand weisen läßt sich diese Lesart um so weniger, als auch der Sprecher des *Abendliedes* von schöpferischem Selbstbewußtsein weit entfernt ist: »Ach, daß die innre Schöpfungskraft / Durch meinen Sinn erschölle! / Daß eine Bildung voller Saft / Aus meinen Fingern quölle!« (WA I, 2, S. 185). Es ist ein inbrünstig verlangender Wunsch, den der Gedichtanfang ausspricht. Zu befinden wäre, daß G., der in Erwin von Steinbach den schöpferisch genialen Künstler par excellence erblickte und an solchem Beispiel die bildkünstlerisch gestaltende Kraft seiner selbst maß, sich unabweislich von der Furcht bedrängt fühlte, er könnte, wonach er strebte, kaum zu leisten fähig sein. Hervorzuheben ist, daß diese Versagensangst nicht in Hinblick aufs dichterische Vermögen artikuliert wurde. G. bezog sich auf seine Bemühungen als Maler und Zeichner – wobei die Texte erkennen lassen, was der bildende Künstler, der er zu sein wünschte, ihm bedeutete.

Entsprechend wird man die Selbstbescheidung, zu der sich G. nach anderthalbjährigem Italien-Aufenthalt im Februar 1788 genötigt sah, als einen Akt schmerzlicher Entsagung zu verstehen haben. Der schriftliche Reflex beschränkte sich freilich auf nüchternes Konstatieren: »Von meinem längern Aufenthalt in Rom werde ich den Vortheil haben, daß ich auf das Ausüben der bildenden Kunst Verzicht thue« (*Italienische Reise*; WA I, 32, S. 277). Vorangegangen war jenes mit großem Ernst betriebene Studium, das den Werken der Alten galt, auch den Schöpfungen von Künstlern wie Andrea Palladio und Raffael; im Laufe dieses Studiums hatte sich G. einen neuen, auf ästhetische Gesetzlichkeit rekurrierenden Kunstbegriff gewonnen. Unter dem 6. 9. 1787 heißt es über das, was von den besten der »alten Künstler« geschaffen wurde, in der *Italienischen Reise*: »Diese hohen Kunstwerke sind zugleich als die höchsten Naturwerke von Menschen nach wahren und natürlichen Gesetzen hervorgebracht worden. Alles Willkürliche, Eingebildete fällt zusammen, da ist die Nothwendigkeit, da ist Gott« (ebd., S. 77f.). Die Distanz gegenüber einer subjektiv willkürlichen Kunst wie gleichermaßen gegenüber einer bloß naturverfallenen wurde dann auch im Aufsatz *Einfache Nachahmung der Natur, Manier, Stil* akzentuiert; mit dem letzteren, ranghöchsten der Titelbegriffe verband G. die Leistung eines Künstlers, der durch »genaues und tiefes Studium« zum »Wesen der Dinge« vorgedrungen sei und es – soweit dies irgend möglich – »in sichtbaren und greiflichen Gestalten« (WA I, 47, S. 80) auszudrücken wisse. Daß G. sich dabei mittelbar auch aufs dichterische Schaffen bezog, ist kaum in Abrede zu stellen, eben primär jedoch war jenes bildkünstlerische gemeint, für das er sich selbst inzwischen die Eignung abgesprochen hatte.

Aus Italien zurückgekehrt, beschäftigte sich G. mit bildender Kunst in fortdauernd intensiver Weise: Der Entsagungsakt war zugleich derjenige einer engagierten Zuwendung, die es sich angelegen sein ließ, das erlangte Kunstverständnis zu vertiefen sowie für dessen Verbreitung zu sorgen. Als ständigen Berater gewann er sich den streng klassizistisch gesinnten Johann Heinrich Meyer; für die Tatsache, daß G., wenn er sich zu Kunst und Künstlertum fortan äußerte, Klassizistischem auch seinerseits zuneigte, war diese Zusammenarbeit von Belang. Andererseits weisen die entsprechenden Positionsbekundungen noch stets auf den Kontext des G.schen Naturdenkens zurück. Der wirkliche Künstler, so heißt es in der *Einleitung* zu den *Propyläen*, strebe danach, »wetteifernd mit der Natur, etwas geistig Organisches hervorzubringen, und seinem Kunstwerk einen solchen Gehalt, eine solche Form zu geben, wodurch es natürlich zugleich und übernatürlich erscheint« (ebd., S. 12). Auch in den weiteren der G.schen *Propyläen*-Texte tritt dieser ambivalent auf die »schaffende« Natur sich beziehende klassizistische Ansatz unverkennbar hervor. Dabei betonte G., daß ein noch jüngerer Künstler systematisch sich schulen müsse, und zwar eben nicht nur in puncto Naturanschauung, sondern auch, ganz besonders sogar, in Hinsicht auf sein Bildnertum. Sich gegen Denis Diderot wendend (*Diderot's Versuch über die Mahlerei*), stellte er die rhetorische Frage: »welches Genie der Welt wird, auf Einmal, durch das bloße Anschauen der Natur, ohne Überlieferung, sich zu Proportionen entscheiden, die echten Formen ergreifen, den wahren Stil erwählen und sich selbst eine alles umfassende Methode erschaffen?« (WA I, 45, S. 283). G. widmete sich dem *Propyläen*-Projekt (1798–1800) mit großem kunstpädagogischen Eifer. Vor allem sollte erzieherisch auf die Kunstausübenden selbst gewirkt werden; sie wurden auf »Proportionen«, auf die »echten Formen«, auf den »wahren Stil« verpflichtet und folglich auf das Erfordernis eines lernwillig zu absolvierenden Ausbildungsprozesses. Und verwiesen wurden sie darauf, daß es geboten sei, die Natur einzig »auf dem würdigsten Puncte ihrer Erscheinung« zu ergreifen: Sich an die natürliche Erscheinungswelt haltend, habe des Künstlers Werk deren »höchste Momente« zu fixieren, indem es »das Gesetzliche darin anerkennt, die Vollkommenheit der zweckmäßigen Proportion, den Gipfel der Schönheit, die Würde der Bedeutung, die Höhe der Leidenschaft«; derart gebe »der Künstler, dankbar gegen die Natur, die auch ihn hervorbrachte, ihr eine zweite Natur, aber eine gefühlte, eine gedachte, eine menschlich vollendete zurück« (ebd., S. 260 f.). Zwischen 1799 und 1805 veranstaltete G. in Zusammenarbeit mit Meyer eine Reihe von Preisausschreiben; auch sie sollten dazu beitragen, eine dem bezeichneten Kunstideal korrespondierende Schaffensrealität zu erwirken. Ihr Anliegen war Künstlererziehung.

Daß ein ernstlicher Erfolg aller einschlägigen Bemühungen ausblieb, ließ Enttäuschung aufkommen. Noch einmal jedoch trug G. sein aufs Künstlertum bezogenes Credo mit großem Nachdruck vor: in der 1805 publizierten *Winckelmann*-Schrift. Der »auf den Gipfel der Natur« gestellte Mensch, so heißt es hier, sehe sich seinerseits als eine »ganze Natur« an, die »abermals einen Gipfel hervorzubringen« habe. »Dazu steigert er sich, indem er sich mit allen Vollkommenheiten und Tugenden durchdringt, Wahl, Ordnung, Harmonie und Bedeutung aufruft, und sich endlich bis zur Production des Kunstwerkes erhebt, das neben seinen übrigen Thaten und Werken einen glänzenden Platz einnimmt. Ist es einmal hervorgebracht, steht es in seiner idealen Wirklichkeit vor der Welt, so bringt es eine dauernde Wirkung, es bringt die höchste hervor: denn indem es aus den gesammten Kräften sich geistig entwickelt, so nimmt es alles Herrliche, Verehrungs- und Liebenswürdige in sich auf, und erhebt, indem es die menschliche Gestalt beseelt, den Menschen über sich selbst« (WA I, 46, S. 29). Die Kunst als das Medium höchster menschlicher Selbststeigerung, der Künstler als jener exzeptionelle einzelne, der dieses Höchste leistet: Im gleichen Jahr, in dem die Reihe der Preisausschreiben beendet wurde, bekräftigte G. jenen Kunst- und Künstlerbegriff, von dem aus sie konzipiert worden waren. Und daß er nach wie vor daran festhielt, die diesen Begriff ihm erfüllende griechisch-antike Kunst als unbedingt vorbildlich zu erachten, ließ er im folgenden zumindest immer wieder wissen.

Schließlich sprachen er und Meyer noch einmal, im Jahr 1817, eine direkte Aufforderung an die Künstler ihrer Zeit aus, im polemisch gestimmten Essay *Neu-deutsche religios-patriotische Kunst.* Entschieden sei es »in Bezug auf die Kunst«, so heißt es hier, »am sichersten und vernünftigsten [...], sich ausschließlich mit dem Studium der alten griechischen Kunst, und was in neuerer Zeit sich an dieselbe anschloß, zu befassen; hingegen immer gefährlich und vom rechten Weg ableitend andere Muster zu suchen« (WA I, 49.1, S. 52). Allzu viele der zeitgenössischen Künstler sah G. im Banne »herrschender Meinungen und Gesinnungen« (ebd., S. 57), die ihm äußerst zuwider waren: in dem des »National-Enthusiasmus« (ebd.) sowie dem der damit zusammenhängenden »falschen Frömmelei« (ebd., S. 58). Der pädagogische Rückverweis auf die Kunst der Griechen wurde in den Dienst einer gegründeten Abwehr von problematisch Zeittendenziellem genommen und dementsprechend aktualisiert.

»Wenn man die Kunst in einem höhern Sinne betrachtet, so möchte man wünschen, daß nur Meister sich damit abgäben, daß die Schüler auf das strengste geprüft würden, daß Liebhaber sich in einer ehrfurchtsvollen Annäherung glücklich fühlten. Denn das Kunstwerk soll aus dem Genie entspringen, der Künstler soll Gehalt und Form aus der Tiefe seines eigenen Wesens hervorrufen, sich gegen den Stoff beherrschend verhalten, und sich der äußern Einflüsse nur zu seiner Ausbildung bedienen« (WA II, 1, S. 373). Dies schrieb G. im *Schlußwort* zum *Didaktischen Teil* der *Farbenlehre.* Er selbst hatte sich beschieden, daß er in der bildenden Kunst ein »Meister« nie werden könne; verstehen mußte er sich als »Dilettanten«, als »Liebhaber«; er durfte sich bestenfalls als »Kenner« bezeichnen. Der Widerspruch ist evident: Einerseits galt der Künstlererziehung auch dann noch sein Bestreben, als er, sie forciert zu betreiben, voller Enttäuschung längst aufgehört hatte; andererseits wußte er, daß er im Grunde ein Unzuständiger war. In den Maximen und Reflexionen findet sich das Diktum: »Die Kunst kann niemand fördern als der Meister« (MuR,

250). Und desgleichen findet sich hier die entschieden bestimmende Aussage: »Die Kunst ist ein ernsthaftes Geschäft, am ernsthaftesten, wenn sie sich mit edlen heiligen Gegenständen beschäftigt; der Künstler aber steht über der Kunst und dem Gegenstande: über jener, da er sie zu seinen Zwecken braucht, über diesem, weil er ihn nach eigner Weise behandelt« (MuR, 58). Alles die Kunst Fördernde wie auch sie selbst wird hier einzig mit dem werkschaffenden Meister in Beziehung gebracht; und ihm wird gar attestiert, daß er als gestaltendes Subjekt insofern souverän sei, als er sich nur dem ihm eigenen Fügungsbestreben verpflichtet wissen könne. G. sprach damit, zumindest indirekt, seinen auf Künstlererziehung bedachten Bemühungen schneidend das Urteil; und zugleich aber äußerte er sich als Künstler pro domo: als Meister der Dichtkunst. So auch zeichnet sich der beim späten G. des öfteren anzutreffende Begriffsgebrauch ab, bei dem als Künstler der Dichter mitgefaßt wurde. Im 1816 entstandenen *Künstlerlied* ist davon sogar expressis verbis die Rede: »Wie beherzt in Reim und Prose / Redner, Dichter sich ergehn, / Soll des Lebens heitre Rose / Frisch auf Mahlertafel stehn, / Mit Geschwistern reich umgeben, / Mit des Herbstes Frucht umlegt, / Daß sie von geheimem Leben / Offenbaren Sinn erregt«. Die Schlußsequenz des Gedichtes lautet: »Welch ein Werkzeug ihr gebrauchet, / Stellet euch als Brüder dar; / Und gesangweis flammt und rauchet / Opfersäule vom Altar« (WA I, 3, S. 116). Ausgesprochen findet sich der Gedanke einer Künstlerbrüderschaft. G. schrieb das Gedicht in Hinblick auf das Stiftungsfest des Berliner Künstlervereins. Daß er den Text aber über den besonderen Gelegenheitsbezug hinaus für belangvoll hielt, beweist die Tatsache, daß er ihn schließlich den *Wanderjahren* integrierte.

Wenn G. aber auf solche Art den Dichter, damit sich selbst, nun ohne weiteres zugesellte, so hing dies nicht zuletzt mit jenem modifiziert bestimmten Künstlerbegriff zusammen, der vor allem das Kriterium einer bedeutenden werkfügenden Subjektivität geltend machte. »Der Künstler will zur Welt durch ein Ganzes sprechen; dieses Ganze aber findet er nicht in der Natur, sondern es ist die Frucht seines eigenen Geistes, oder, wenn Sie wollen, des Anwehens eines befruchtenden göttlichen Odems«. G. soll dies am 18.4. 1827 gegenüber Johann Peter Eckermann bekundet haben. Es ging bei diesem Gespräch um Rubens, um Shakespeare; und indem es um beide ging, redete G. über sich selbst. Das Künstler-Subjekt, so hier wie auch andernorts die Akzentuierung, könne einen gestaltgebenden Impuls kaum von außen gewinnen; es sei, indem es schaffe, ganz auf sich verwiesen. »Man sagt: ›Studire, Künstler, die Natur!‹ Es ist aber keine Kleinigkeit, aus dem Gemeinen das Edle, aus der Unform das Schöne zu entwikkeln« (MuR, 191). G. bezog sich auf eine Welt- und Zeiterfahrung, die ihm, im Alter mehr denn je, in erster Linie eine mißliche Diffusität offenbarte. Und sie bezeichnend, ordnete er dem Künstler die Aufgabe zu, daß er kraft inneren Vermögens dieses Manko der Außenwelt zu kompensieren habe. G. selbst verlangte solche Leistung sich ab; fürs Künstlertum insgesamt sah er sie als Bestimmungsmoment. Als (meisterlicher) Künstler galt ihm der, der sie, auf welche Weise auch immer, seinerseits zu vollbringen vermochte.

Literatur:

Adelung, Johann Christoph: Grammatisch-kritisches Wörterbuch der Hochdeutschen Mundart. Mit D.W. Soltau's Beyträgen und Berichtigungen. Bd. 2. Wien 1807. – Busch, Werner: Die ›große, simple Linie‹ und die ›allgemeine Harmonie‹ der Farben. Zum Konflikt zwischen Goethes Kunstbegriff, seiner Naturerfahrung und seiner künstlerischen Praxis auf der italienischen Reise. In: GoetheJb. 105 (1988), S. 144–164. – Campe, Joachim Heinrich: Wörterbuch der Deutschen Sprache. Bd. 2. Braunschweig 1808. – Einem, Herbert von: Beiträge zu Goethes Kunstauffassung. Hamburg 1956. – Ders.: Die bildende Kunst im Leben und Schaffen Goethes. In: GoetheJbWien. 86–88 (1984), S. 29–65. – Gulyga, Arsen: Goethe als Ästhetiker und Kunsttheoretiker. In: GoetheJb. 96 (1979), S. 111–127. – Hamm, Heinz: Der Theoretiker Goethe. Grundpositionen seiner Weltanschauung, Philosophie und Kunsttheorie. Berlin 1975. – Kemp, Friedhelm: Schöpfungskraft und Frustration. Nachbemerkungen zu *Künstlers Morgenlied*. In: SchillerJb. 31 (1987), S. 104–116. – Thalheim, Hans-Günther: Zu den kunsttheoretischen Schriften Goethes an der Wende vom 18. zum 19. Jahrhundert. In: WB. 23 (1977), H. 5, S. 5–45. – Vaget, Hans Rudolf: Dilettantismus und Meisterschaft. Zum Problem des Dilettantismus bei Goethe. Praxis, Theorie, Zeitkritik. München 1971. – Ders.: Eros und Apoll. Ein Versuch zu *Künstlers Morgenlied*. In: SchillerJb. 30 (1986), S. 196–217.

Bernd Leistner

Kunst

Als Mitbegründer der klassischen Autonomieästhetik (im Dialog mit Karl Philipp Moritz) hat G. an der Herausbildung des modernen allgemeinen Kunstbegriffs einen unverwechselbaren persönlichen Anteil, der allerdings nicht der vorherrschenden Tendenz entsprach, ein »System der schönen Künste« zu etablieren. Daß G. sich vor allem in den Sturm-und-Drang-Jahren gegen die Klassifikation der Künste nach einem vorgefaßten Prinzip auflehnte, verwundert nicht. In seiner Rezension der Schrift *Die schönen Künste in ihrem Ursprung, ihrer wahren Natur und besten Anwendung* von Johann Georg Sulzer verwahrte er sich dagegen, Malerei und Tanzkunst, Beredsamkeit und Baukunst, Dichtkunst und Bildhauerei nach einem philosophischen Leitfaden »unter die Rubrik Künste, schöne Künste classificiren« zu wollen (WA I, 37, S. 208). Sulzers Prinzip einer der Natur nachempfundenen » V e r s c h ö n e r u n g d e r D i n g e« (ebd.) lehnte er als Verharmlosung der Natur ab, die vor allem Kraft sei, die Kraft verschlinge.

G.s Satz »Die Kunst ist lange bildend, eh' sie schön ist« (ebd., S. 148) artikulierte ein kreativ dynamisches Verständnis des Künstlerischen, das alle Künste einschloß. Die Annahme einer »bildenden Natur« im Menschen stellte einen anthropologischen Begründungszusammenhang her, in dem auch die weitere Entwicklung von G.s Kunstbegriff vorgezeichnet war. Sie führte zu neuen Form- und Schönheitsbegriffen und nahm mehr und mehr eine Wendung ins Objektive. Bereits in den Sturm-und-Drang-Jahren hat G. Ausdruck und Form zusammengedacht: die von charakteristischer Empfindungskraft getragene Ausdrucksenergie galt ihm weder als bloße subjektive Zutat zu regelgeleiteter Gestaltung noch als formlose Ungebundenheit, sondern als formgewordene Subjektivität.

In den Schriften, in denen G. den Ertrag der Italienreise verarbeitete, verband er die Einsicht in die Geschichtlichkeit der Kunst mit dem Versuch, einen spezifisch künstlerischen Anspruch auf Objektivität und Wahrheit zu begründen. Historisches Orientierungsmodell war in den von Johann Joachim Winckelmann vorgezeichneten Bahnen die griechische Klassik. Die Klassikrezeption wurde jedoch durch den bewußt verfolgten autonomieästhetischen Ansatz modifiziert, der zugleich die Differenz zur Antike bezeichnete. Der in *Einfache Nachahmung der Natur, Manier, Stil* (1789) formulierte Stilbegriff zeigt die Bemühung um eine ästhetisch-kunsttheoretische Axiomatik, in deren Rahmen sich der Kunstbegriff mehr und mehr in einen Wertbegriff verwandelte; dies sollte das klassizistische Moment der Weimarer Klassik ausmachen. Zum ersten Mal äußerte sich im genannten Aufsatz aber auch die morphologische Betrachtungsweise in der Kunstauffassung. Stil zeichnet sich gegenüber den Vorstufen der einfachen Nachahmung und der Manier (als einer individuell geprägten »allgemeinen Sprache«; WA I, 47, S. 79) durch die praktisch vervollkommnete Fähigkeit aus, in der zugänglichen Weltkomplexität »die Reihe der Gestalten« zu überblicken »und die verschiedenen charakteristischen Formen neben einander zu stellen« (ebd., S. 80), um sie eigenen Intentionen gemäß darstellen und transformieren zu können.

Die Überlegungen zur Axiomatik der Künste wurden in der *Einleitung zu den Propyläen* (1798) in wichtigen Punkten weitergeführt. Dem entspricht die programmatische Feststellung: »Denn nur auf dem höchsten und genausten Begriff von Kunst kann eine Kunstgeschichte beruhen« (ebd., S. 27). In der *Propyläen*-Einleitung hat G. Grundpositionen der klassischen Autonomieästhetik formuliert. Er griff den antiken Topos vom Kunstwerk als Lebewesen/Organismus (Platon, Aristoteles) auf und bestimmte die künstlerische Hervorbringung als ein »Geistig-Organisches«, das im Bewußtsein der Differenz von Natur und Kunst geschaffen werde. In der *Propyläen*-Einleitung gebrauchte er erstmalig den Terminus »Kunstwahrheit«, die von der »Naturwahrheit« abgehoben wird; ausgeführt ist diese Differenz aber erst im Dialog *Über Wahrheit und Wahrscheinlichkeit der Kunstwerke* (1798). Naturwahrheit – als ästhetisch gerechtfertigte Täuschung, die »Sache selbst« sehen zu lassen – erweist sich als Fiktion angesichts einer hochartifiziellen Gestaltungsform wie der Oper; diese dient der Erörterung als Modellfall für die »innere Wahrheit« (ebd., S. 261) des Kunstwerks als dessen Übereinstimmung mit sich selbst. Damit begründete G. eine Kohärenztheorie der Kunstwahrheit, ausgehend vom kulturellen Status der Kunstwerke als einer »kleinen Welt für sich«, »die nach ihren eignen Gesetzen beurtheilt« sein wolle (ebd., S. 261f.); zugleich fordert sie dazu heraus, nach strukturellen Korrespondenzen zwischen Kunst und Natur zu fragen.

Alternativ zur deduktiv-systematischen Klassifikation der Künste nahm G. Lessings Frage nach der medienbedingten Eigengesetzlichkeit der einzelnen Künste auf: »Der Bildhauer muß anders denken und empfinden als der Mahler« (ebd., S. 23). Komplementär hierzu fragte er nach der »Verwandtschaft der Künste« (WA II, 4, S. 286), die er durch eine vergleichende Betrachtungsweise zu erschließen suchte: »So suchte ich mir außerhalb der Dichtkunst eine Stelle, auf welcher ich zu irgend einer Vergleichung gelangen, und dasjenige was mich in der Nähe verwirrte, aus einer gewissen Entfernung übersehen und beurtheilen könnte. Diesen Zweck zu erreichen, konnte ich mich nirgends besser hinwenden als zur bildenden Kunst« (ebd.). Durch einen solchen Perspektivenwechsel gewann G. nicht nur Vergleichsmöglichkeiten, sondern auch die für eine ästhetische Komparatistik unerläßliche Distanz zur eigenen poetischen Praxis. G.s Kunstbegriff hat sich im wesentlichen durch den Vergleich zwischen Poesie und bil-

dender Kunst (Malerei, Plastik, Baukunst) geformt, in den zunehmend auch andere Künste – Oper, Schauspielkunst, angewandte Kunst u.a. – einbezogen wurden. Ebenso interessierte sich G. für kulturelle Kommunikationsformen wie die Commedia dell' arte und den römischen Karneval, vermißte in Deutschland das Maskenspiel und die Kunst des Extemporierens. Im Vergleich der Künste und Kunstformen spielte auch das jeweilige Ausdrucks- und Gestaltungsmaterial eine wichtige Rolle. Im Aufsatz *Material der bildenden Kunst* (1788) gab G. der Materialität der Gestaltungs- und Ausdrucksmittel eine fundamentale Stellung. Der Künstler »mag sich noch so sehr zum Herrn der Materie machen, in welcher er arbeitet, so kann er doch ihre Natur nicht verändern. Er kann also nur in einem gewissen Sinne und unter einer gewissen Bedingung das hervorbringen, was er im Sinne hat, und es wird derjenige Künstler in seiner Art immer der trefflichste sein, dessen Erfindungs- und Einbildungskraft sich gleichsam unmittelbar mit der Materie verbindet, in welcher er zu arbeiten hat« (WA I, 47, S. 64f.).

Hatte Lessing versucht, die Eigenart von Poesie und bildender Kunst semiotisch, d.h. aus der Differenzierung formsprachlicher Zeichen- und Strukturbildung in Relation zum jeweiligen sinnlichen Medium herzuleiten, so fielen bei G. Zeichen- und Formproblem auseinander. Das Zeichenproblem spielte nur noch indirekt eine Rolle (im Problem der Darstellung, in G.s Gegenstandslehre, in seinem Symbolbegriff). An seine Stelle trat das Formproblem in unmittelbarer Korrelation von Medium und Sinnesmodalität. Generell ließ G. Kunstwerke, höchstes Gelingen vorausgesetzt, aus der Fähigkeit hervorgehen, »reine Sinnlichkeit mit Intellektualität zu verbinden« (BA 19, S. 159). Dennoch verlagerten sich, in Abhängigkeit von Medium und Sinnesart, die Dominanzen. Für alle Künste sollte gelten: »Wer zu den Sinnen nicht klar spricht, redet auch nicht rein zum Gemüth« (WA I, 47, S. 18). Hierbei machte G. jedoch einen Unterschied zwischen Poesie und Malerei: »Das Auge mag wohl der klarste Sinn genannt werden, durch den die leichteste Überlieferung möglich ist.

Aber der innere Sinn ist noch klarer, und zu ihm gelangt die höchste und schnellste Überlieferung durch's Wort« (WA I, 41.1, S. 53). Während G. für die nichtsprachlichen Künste die Materialität der Darstellungs- und Gestaltungsmittel hervorhob, ließ er die mediale Bedingtheit der Zeichenverknüpfung in der Poesie weitestgehend zugunsten der Einbildungskraft zurücktreten. Da die bildende Kunst auf die »Augen des Leibes« (ebd.) wirkt, werden ihr »deutliche, klare, bestimmte« sinnliche Darstellungen abverlangt, deren Gegenstände sich nach Möglichkeit »durch ihr sinnliches Dasein selbst bestimmen« (BA 19, S. 164). Im gleichermaßen bewunderten und als problematisch empfundenen Werk des Malers Johann Heinrich Füßlis z.B. sah G. »Poesie und Malerei im Streit« (ebd., S. 141). Er warf Füßli vor, die sinnliche Darstellung nur als Vehikel zu gebrauchen, um tragisch auf Einbildungskraft und Gefühl, humoristisch auf Einbildungskraft und Geist zu wirken. »Kein echtes Kunstwerk soll auf Einbildungskraft wirken wollen; das ist die Sache der Poesie« (ebd.). Dennoch bleibe Poesie auf Darstellung angewiesen, in der das Innere durch ein Äußeres verkörpert werde bzw. der Dichter das Äußere durch das Innere durchfühlen lasse (MuR, 1028). Bildender Kunst und Poesie ist es nach G. gleichermaßen, wenn auch auf verschiedene Weise, möglich, im Ausdruck sinnlicher und geistiger Subjektivität mit geeigneten Darstellungsgegenständen zu koinzidieren und diese symbolisch zu machen (BA 19, S. 166).

G.s autonomieästhetischer Kunstbegriff war auch ein Gegenbegriff gegen problematische Auswirkungen einer einseitigen Modernisierung. In diesem Kontext gewann die nicht ausschließlich auf die griechische Klassik beschränkte Antikerezeption, die für G. konstitutiv blieb, einen neuartigen Charakter. Die Antike war kein ahistorisches Gegenmodell, sondern historischer Referenzpunkt und unerläßliches Korrektiv gegenüber den Aporien der Moderne, die im Verhältnis von Kunst und Gesellschaft seismographisch wahrzunehmen waren. Paradigmatisch ist der Aufsatz *Antik und Modern* (1818). Im Bewußtsein der unaufhebbaren Differenz zur Antike behauptete G. eine Position der Aneignung, die Modifikation, Ansprüche der jeweiligen Gegenwart, Entbindung eigener Produktivität und auch gewagte Mischungen einschloß. »Nur durch Aneignung fremder Schätze entsteht ein Großes«, sagte G. am 17.12. 1824 zum Kanzler Friedrich von Müller. In seiner Aneignungsperspektive war die Antikerezeption ein Ferment der Modernität: Auf der einen Seite betonte er das historisch Bedingte, Einmalige, unwiderruflich Vergangene der Antike, insbesondere der klassischen Balance von Gemüts- und Tatkraft, auf der anderen Seite billigte er ästhetisch-kommunikativen Regulativen wie »Klarheit der Ansicht«, »Heiterkeit der Aufnahme« und »Leichtigkeit der Mittheilung« (WA I, 49.1, S. 155) einen Orientierungswert zu, der auch gegen Widerstand und Ungunst der Verhältnisse moderne Interpretationen erlaubt: »Jeder sei auf seine Art ein Grieche! Aber er sei's« (ebd., S. 156).

Wesentlich für G.s Kunstbegriff war die passionierte Teilnahme an der Naturforschung; ihr hat er viel Zeit und Kraft gewidmet. In diesen Studien hat sich nicht nur seine morphologische Betrachtungsweise herauskristallisiert, die er auch auf kulturelle Phänomene ausdehnte, die Naturforschung hat ihm zugleich eine ontologische Perspektive eröffnet, in welcher auch ästhetische Strukturen (Schönheit als formales Gefüge, Kunstwahrheit als strukturelle Korrespondenz eigengesetzlicher Ganzheiten) allgemeiner als in einem anthropologischen Begründungszusammenhang fundiert werden konnten. Unter Berufung auf die Naturwissenschaften schienen auch die Legitimationsprobleme der Kunstautonomie besser lösbar.

In einem Nachlaßfragment findet sich die Anwendung der »Gestaltenlehre« als »Verwandlungslehre« auch auf kulturelle Phänomene bekräftigt: »Morphologie. Ruht auf der Überzeugung daß alles was sey sich auch andeuten und zeigen müsse. Von den ersten physischen und chemischen Elementen an, biß zur geistigsten Äusserung des Menschen lassen wir diesen Grundsatz gelten. [...] Die Gestalt ist ein bewegliches, ein werdendes, ein verge-

hendes. Gestaltenlehre ist Verwandlungslehre. Die Lehre der Metamorphose ist der
Schlüssel zu allen Zeichen der Natur« (WA II,
6, S. 446).

Doch G. ging mit der Idee der Metamorphose behutsam um. Er war weder daran interessiert, alles Prozessierende, Ambivalente in
der Gestalt fest- und stillzustellen, noch insistierte er darauf, die Metamorphose (zurückgeführt auf das Grundverhältnis von Polarität
und Steigerung) als einziges Prinzip gelten zu
lassen. Sein morphologischer Ansatz gründete
sich vielmehr auf das Spannungsverhältnis
zentrifugaler und zentripetaler Kräfte. »Die
Idee der Metamorphose ist eine höchst ehr-
würdige, aber zugleich höchst gefährliche
Gabe von oben. Sie führt in's Formlose, zerstört das Wissen, lös't es auf. Sie ist gleich der
vis centrifuga und würde sich in's Unendliche
verlieren, wäre ihr nicht ein Gegengewicht zu-
gegeben: ich meine den Spezificationstrieb« –
diesen bezeichnete er auch als vis centripeta
(WA II, 7, S. 75). Sein Kunstbegriff formte sich
im Rahmen einer Gestaltästhetik, die in ihren
klassizistischen Zügen eindeutig auf Klarheit
und Festigkeit der Gestalt zugeschnitten war;
erst in späteren Jahren kam auch in der Kunstreflexion das metamorphotische, nicht nur
Formen schaffende, sondern auch Formen
sprengende Potential künstlerischer Gestaltung zum Tragen. Insgesamt hat die morphologische Betrachtungsweise nicht nur dazu beigetragen, die historischen Transformationen
der Künste und Kunstformen ins Blickfeld zu
rücken, sie hat G. auch darin bestärkt, alternativ zu deduktiv-systematischer Klassifikation
nach der »Verwandtschaft der Künste« (WA II,
4, S. 286) zu fragen.

G. gelangte zu einem Reihenbegriff des Allgemeinen, der »einen immer reicheren Komplex von Relationen« zusammenfaßt (Cassirer,
S. 213), in deren Kontext die individuelle Dif-
ferenzqualität nicht geopfert werden muß.
Seine Auffassung des Allgemeinen unterscheidet sich vom identitätslogischen Klassenbe-
griff, der nur erfaßt, in welchen gemeinsamen
Merkmalen das Einzelne mit anderem übereinstimmt, statt zu erschließen, »nach welchen
Bedingungen sich das eine an das andere reiht

und aus dem andern hervorgeht« (ebd.,
S. 216). Vom morphologischen Ansatz her ist
es auch folgerichtig, wenn G. in den *Noten und
Abhandlungen zu besserem Verständniß des
West-östlichen Divans* (1819) Epos, Lyrik und
Drama als »Naturformen der Dichtung« (FA I,
3.1, S. 206f.) bezeichnete, die, angeordnet in
einem Kreis, der Differenzierung von Dichtarten vorausliegen; sie entfalten sich in Annäherungen und Gegenbewegungen, paradigmatischen Ausprägungen und vielfältigen Übergängen.

Der Abneigung gegen ein einseitiges Klassi-
fikationssystem, das bei Hegel schließlich in
einer Hierarchie der Kunstgattungen gipfelte,
scheint die Polemik gegen die »Vermischung«
der Künste zu widersprechen. In der *Propyläen*-Einleitung ist die Vermischung als »Kennzeichen des Verfalles der Kunst« gewertet
(WA I, 47, S. 22). »Die Künste selbst, so wie
ihre Arten, sind unter einander verwandt, sie
haben eine gewisse Neigung, sich zu vereinigen, ja sich in einander zu verlieren; aber
eben darin besteht die Pflicht, das Verdienst,
die Würde des echten Künstlers, daß er das
Kunstfach, in welchem er arbeitet, von andern
abzusondern, jede Kunst und Kunstart auf sich
selbst zu stellen und sie auf's möglichste zu
isoliren wisse« (ebd.). Die Verwandtschaft der
Künste aufzuspüren hieß nicht, Lessings vom
Unterschied der Medien und Zeichenmittel
ausgehende Frage nach Differenzqualitäten
aufzugeben. Auch Lessings Bemühungen liefen nicht auf ein System der schönen Künste
nach einem philosophischen Leitfaden hinaus;
dagegen stand schon die medienorientierte se-
miotische Frageweise. Für G. war die fort-
geführte Diskussion über Differenzqualitäten
die Voraussetzung dafür, die Verwandtschaft
der Künste konkret zu erkunden. Der romantische Aufstand gegen die Reinheit der Gattungen hat seine Ablehnung jeglicher Mischung
affektiv verschärft, wie der Briefwechsel mit
Schiller zeigt. So einig Schiller mit G. in der
Verurteilung von »Vermischung und Grenzver-
wirrung« auch war, so verteidigte er doch das
»wechselseitige Hinstreben« von epischer und
dramatischer Dichtung zueinander (an G.,
26. 12. 1797). Bei der Wiederaufnahme der Ar-

beit am *Faust* machte sich G. die im Austausch mit Schiller konzipierte »neue Theorie des epischen Gedichts« (an Schiller, 27.6. 1797) zunutze, in der die Selbständigkeit der Teile ein Hauptpunkt war; so rechnete er mit einem »Ganzen, das immer ein Fragment bleiben wird«. In der Anmerkung *Geschmack* zu seiner Übersetzung von Denis Diderots *Rameau's Neffe* (1805) schrieb er im Hinblick auf die »romantische Wendung ungebildeter Jahrhunderte«, in deren Verlauf das nach klassisch-antiken Maßstäben »Abgeschmackte« mit dem »Ungeheuren« in Berührung gekommen sei: »Woher hätten wir einen Hamlet, einen Lear, eine Anbetung des Kreuzes, einen standhaften Prinzen? Uns auf der Höhe dieser barbarischen Avantagen, da wir die antiken Vortheile wohl niemals erreichen werden, mit Muth zu erhalten, ist unsre Pflicht, zugleich aber auch Pflicht, dasjenige was andre denken, urtheilen und glauben, was sie hervorbringen und leisten, wohl zu kennen und treulich zu schätzen« (WA I, 45, S. 176f.).

Nach der Lektüre des ersten Entwurfs zum späteren *Helena*-Akt von *Faust II* ermunterte Schiller den Dichter, sich keinesfalls durch den Gedanken stören zu lassen, »wenn die schönen Gestalten und Situationen kommen, daß es Schade sey, sie zu verbarbarisieren. Der Fall könnte Ihnen im 2ten Teil des Faust noch öfters vorkommen, und es möchte einmal für allemal gut seyn, Ihr poetisches Gewißen darüber zum Schweigen zu bringen. Das Barbarische der Behandlung, das Ihnen durch den Geist des ganzen aufgelegt wird, kann den höhern Gehalt nicht zerstören und das Schöne nicht aufheben, nur es anders spezifizieren [...]. Sie müssen also in Ihrem Faust überal Ihr F a u s t r e c h t behaupten« (an G., 13.9. 1800). G. dankte für den Zuspruch, vor der »Verbindung des Reinen und Abenteuerlichen« nicht zurückzuschrecken, zumal »aus dieser Amalgamation seltsame Erscheinungen, an denen ich selbst einiges Gefallen habe, hervortreten« (an Schiller, 16.9. 1800). Tatsächlich ist G. in *Faust II* am weitesten von der Reinheit der Mittel abgewichen und zu einer eigenen Mischung von Ausdrucksmitteln, Gestaltungsformen, Spielkulturen aus verschiedenen literarischen Gattungen, verschiedenen Künsten, verschiedenen Traditionen gelangt. Den *Helena*-Akt bezeichnete er im Vorabdruck von 1827/28 als »klassisch-romantische Phantasmagorie« (WA I, 15.2, S. 213). »Es ist Zeit, daß der leidenschaftliche Zwiespalt zwischen Classikern und Romantikern sich endlich versöhne«, schrieb er am 27.9. 1827 an Carl Jacob Ludwig Iken und empfahl, »alles in seinem wahren, ethisch-ästhetischen Werte [zu] schätzen, das Älteste wie das Neuste!«. Die *Klassische Walpurgisnacht* wertete er als »durchaus republikanisch, indem Alles in der Breite neben einander steht, so daß der Eine so viel gilt wie der Andere, und niemand sich subordiniert und sich um den Andern bekümmert« (Eckermann, 21.2. 1831). Insgesamt beanspruchte er für die Komposition der *Faust*-Dichtung, »daß die einzelnen Massen bedeutend und klar seien, während es als ein Ganzes immer inkommensurabel bleibt« (Eckermann, 13.2. 1831).

Daß G. in avancierten Mischungen die Domäne der Poesie erweitert hat, bedeutete nicht, daß ihm die Frage nach gattungsspezifischen Differenzqualitäten gleichgültig geworden wäre. Er hat sie nur neu gestellt und versucht, alles zu überwinden, was in bisherigen Grenzziehungen noch zu statisch war. G. hat nicht aufgehört, nach ästhetischen Invarianten zu fragen, hat diese aber mit zunehmender Konsequenz in ihrer Varianz gedacht. Die eigene künstlerische Praxis lehrte ihn, daß kulturelle Differenzierungsprozesse niemals endgültig abgeschlossen sind; sie fordern Entgrenzungen heraus, wenn sie in verfestigten Formen erstarren. Als »lebendige Heuristik« (MuR, 328), in der sich auch die klassische Axiomatik relativiert, bleibt G.s Kunstreflexion ein historischer Modellfall ästhetischer Modernität im europäischen Kontext; dazu gehört auch die Dimension der Internationalität, die G. selbst im Begriff der »Weltliteratur« expliziert hat.

Literatur:

Cassirer, Ernst: Freiheit und Form. Studien zur deutschen Geistesgeschichte. Darmstadt ⁵1991. – Heise, Wolfgang: Die Wirklichkeit des Möglichen. Dichtung und Ästhetik in Deutschland 1750–1850. Berlin, Weimar 1990. – Kristeller, Paul O.: Das moderne System der Künste. In: ders.: Humanismus und Renaissance. Bd. 2. München 1976, S. 164–206 u. S. 287–312. – Kuhn, Dorothea: Typus und Metamorphose. Goethe-Studien. Hg. von Renate Grumach. Marbach/N. 1988. – Lichtenstern, Christa: Die Wirkungsgeschichte der Metamorphosenlehre Goethes. Von Philipp Otto Runge bis Joseph Beuys. Weinheim 1990. – Luhmann, Niklas: Die Ausdifferenzierung des Kunstsystems. Bern 1994. – Schulze, Sabine (Hg.): Goethe und die Kunst. Wissenschaftlicher Katalog der Ausstellung in der Kunsthalle Schirn. Ostfildern-Ruit 1994.

Michael Franz

Kunstsammlungen

Unter seinen umfangreichen Schätzen beherbergt das G.-Nationalmuseum in Weimar in Gestalt der G.schen Kunstsammlungen eine Kostbarkeit besonderen Ranges. Ihr Wert ist gewiß schon an und für sich bedeutend, erfährt jedoch eine spezifische Steigerung durch die Bindung an Leben und Werk einer so exzeptionellen Persönlichkeit. Dabei sind die Kunstsammlungen keineswegs eine bloße Ergänzung, sie sind vielmehr ein integraler Bestandteil von G.s Lebenswelt, wichtig für das Innere wie für das Äußere seiner Existenz. Die darin enthaltenen Werke sind unerläßlich, wenn es um das Verständnis für das Ganze von G.s Leben und Werk ebenso wie um die Erhellung vieler Details aus seinem Schaffen geht.

Die G.schen Kunstsammlungen enthalten mehr als 26500 Stücke. Die letzte gedruckte Auflistung – im Katalog der Duisburger Ausstellung *Kostbarkeiten aus Goethes Kunstsammlungen* von 1987 (S. 4) – nennt die Gesamtzahl von 26511 Stücken und führt für die einzelnen Sammlungsbereiche folgende Zahlen an: 2512 Zeichnungen, 9179 graphische Blätter, 50 Gemälde, 76 Gemmen, 2059 Münzen, 1926 Medaillen, 8680 Gemmenabdrücke in Schwefel, Siegellack, Gips und Glas, 348 Kleinplastiken, 310 Gefäße und Schaustücke aus Ton und Porzellan – einschließlich Majoliken –, 1226 Silhouetten, 93 größere Skulpturen und Reliefs. Grundsätzlich kann davon ausgegangen werden, daß gemäß dem von G. in seinem Testament geäußerten Wunsch, das von ihm Gesammelte möge nicht auseinandergerissen und verstreut, sondern für die Nachwelt zusammengehalten werden – was auch die Konsequenz enthielt, sie öffentlich zugänglich zu machen –, gerade auch die Kunstsammlungen als Ganzes in irgendmöglicher Vollständigkeit bewahrt worden sind. Nicht mehr nachvollziehbar ist heute noch, was G. von seinen Schätzen selbst präsentiert hat. Die Ausstattung der Räume des Hauses am Frauenplan, so auch die Aufbewahrung und Ausstellung der Kunstwerke, wurde bereits zu Lebzeiten des Dichters wiederholt verändert, und auch nach 1832 sind immer wieder Veränderungen daran vorgenommen worden, die die jeweilige Sicht der Nachlebenden zur Geltung gebracht haben. Fest steht, daß allezeit nur ein Bruchteil des Gesamtbestandes unmittelbar zugänglich war. Immerhin ist noch zum Teil zu sehen, wie der Hausherr seine Sammlungen aufbewahrte. Es gibt noch die speziell angefertigten, überwiegend unaufwendigen und schmucklosen, aber zweckmäßigen, ganz auf ihre Funktion ausgerichteten Schränke und Regale, auch wenn sich ihr Platz mittlerweile verschiedentlich geändert haben mag, und auch die Mappen, in denen die Blätter der Sammlungen jederzeit zum Anschauen und Vorzeigen zur Verfügung standen, sind noch vorhanden.

Für G. waren seine Kunstsammlungen ein Lebenselement, ein Gegenstand alltäglichen Umgangs, nicht aber ausschließenden Eigentums und Besitzerstolzes. »Ist doch wahre Kunst«, ruft Wilhelm Meister in den *Lehrjahren* aus, »wie gute Gesellschaft: sie nöthigt uns auf die angenehmste Weise das Maß zu erkennen, nach dem und zu dem unser Innerstes gebildet ist« (WA I, 23, S. 161). G. war auch, wie er am 10. 5. 1812 an Friedrich Heinrich Jacobi schrieb, allezeit »die sinnliche Anschauung durchaus unentbehrlich«, und in solcher sinnlichen Anschauung wußte er sich Menschen und Dinge auf »magische Weise« zu vergegenwärtigen. »Er hatte die Gabe«, so Erich Trunz, »viel Welt an sich zu ziehen, indem er beobachtete und darstellte, und in diesem Zusammenhang ergab sich für ihn, daß er sammelte und ordnete« (S. 7). G. selbst stellte den Besitz einer solchen Kunstsammlung, der ja die unmittelbare Verfügbarkeit und Zugriffsmöglichkeit für ihn als »Augenmenschen« bedeutete, ganz bewußt in einen funktionalen Zusammenhang mit der Weise seines Lebens und Wirkens; in diesem Sinne sagte er am 23. 10. 1812 zu Kanzler von Müller: »Mir ist der B e s i t z nötig, um den richtigen Begriff der Objekte zu bekommen. Frei von den Täuschungen, die die Begierde nach einem Gegenstand unterhält, läßt erst der B e s i t z mich ruhig und unbefangen urteilen. Und so liebe ich den B e s i t z, nicht der besäßnen Sache, sondern meiner Bildung wegen, und weil er mich r u h i g e r macht«.

Die Entstehungsgeschichte der Kunstsammlungen ist identisch mit der Entwicklung des Sammlers G. und dessen Beziehung zur Kunst. Sie führt insofern bereits in die frühen Kindheitsjahre zurück, als sich das Leben im Haus am Frankfurter Hirschgraben umgeben von den Sammlungen des Vaters abspielte und die Zugehörigkeit zum großbürgerlichen Patriziat die Türen auch zu anderen Privatsammlungen in der Stadt öffnete. Es verstand sich danach nahezu von selbst, daß der Leipziger Student die Möglichkeiten der Blick- und Kenntniserweiterung auch in Hinsicht auf Kunstwerke nutzte. Von Adam Friedrich Oeser ließ er sich tiefer in die Welt der Kunst hineinführen, bei wohlhabenden Leipziger Bürgern lernte er deren Sammlungen kennen. 1768 besuchte er die Dresdener Galerie, 1769 den Mannheimer Antikensaal, zwei der wenigen öffentlich zugänglichen deutschen Kunstsammlungen; 1772 erwarb er selbst erstmals Gipsabgüsse von antiken Köpfen. Bemerkenswert ist das Interesse, das die Rezensenten der *Frankfurter Gelehrten*

Anzeigen Publikationen widmeten, die Kupferstiche, das damals wichtigste Genre von Reproduktionsgraphik als Form der Vermittlung großer Kunst, vorstellten. Natürlich schloß die Rheinreise von 1774 den Besuch der Düsseldorfer Galerie ein. In Weimar war es nicht zuletzt das Bedürfnis des Sammlers, mehr Raum für seine Schätze zu haben, das G. die Übersiedlung aus dem Gartenhaus in das Haus am Frauenplan 1782 als echten Lebensgewinn empfinden ließ. Es wuchsen die eigenen Sammlungen, und der Sammler war auch insofern noch in Weiteres involviert, als ihn Herzog Carl August, seinerseits passionierter Kunstliebhaber und -sammler, in seine Bemühungen um den Erwerb von Kunstwerken einbezog, ja ihm faktisch – und je länger, desto mehr – die konzeptionelle Betreuung seiner Sammlungen übertrug. Offensichtlich in diesem Zusammenhang wandte sich G. am 11. 10. 1780 an Johann Heinrich Merck mit der Bitte um Mitteilung, »wie man es am gescheutsten macht, eine Kupferstichsammlung zu rangieren«.

Natürlich erwuchsen aus dem Erlebnis Italiens, insbesondere Roms, auch für den Kunstsammler G. entscheidende Impulse – wie sehr, das fand bewegenden Ausdruck in dem Brief vom 19. 12. 1810 an Friedrich Heinrich Jacobi: Aus einem von dem Freund übersandten »Jahresbericht der Königl. Akademie der Wissenschaften« ersah G., welche Neuerwerbungen an Münzen in die Münchener Sammlungen eingegangen waren. »Wohl möchte ich«, heißt es da, »einmal die Schätze sehen, die sich dort nach und nach versammelten; besonders machen mich [...] die neu einrangirten Münzen lüstern: denn an diesen Denk- und Kunstwerken ergetze ich mich sehr seitdem ich von jenem großen, italiänischen Gastmal aufgestanden, und genöthigt bin, mich am nordischen Katzentische vom Abhub zu nähren«. Mit der in Italien vollzogenen Wendung und Intensivierung seiner Beziehung zur bildenden Kunst erhielt auch G.s Sammlungsinteresse nicht nur verstärkte äußere Antriebe, sondern auch konsequentere innere Ausrichtung. Die in Rom gesammelten Abgüsse antiker Köpfe zwar mußte er bei seiner Abreise zurücklassen, doch blieb über das ganze weitere Leben hinweg das Bestreben virulent, das, was aufgegeben werden mußte, wiederzuerlangen: Nach und nach versammelten sich auf solche Weise ab 1813 *Zeus von Otricoli, Medusa Rondanini, Juno Ludovisi, Antinous Mandragone* und *Ilioneus* im Haus am Frauenplan.

G.s Sammeltätigkeit nach Italien stand zugleich im Zeichen der von nun an immer mehr bestimmenden Orientierung auf eine geschichtlich-genetische Betrachtungsweise. Sie ist nicht wirklich begreifbar, wenn man darin nicht zu einem wesentlichen Teil die Herbeischaffung von Materialien zur Kunstgeschichte mitwirken sieht. Wenn man erkennt, daß G.s historisierender Blick auf Kunst die sinnliche Präsenz der Gegenstände nicht entbehren konnte, so bedarf es nur der Vergegenwärtigung der mangelhaften zeitgenössischen Bedingungen – sowohl in Hinsicht auf die Herausbildung öffentlicher Museen als auch auf den Entwicklungsstand kunsthistorischer Arbeit ebenso wie graphischer Reproduktionstechniken –, um bewußt zu machen, wie prekär die Situation für einen historisch engagierten Kunstliebhaber und -propagandisten wie G. war. Weimar hatte an bedeutender Kunst wenig zu bieten. Damals zugängliche kunstgeschichtliche Darstellungen waren inhaltlich höchst unbefriedigend und unzuverlässig sowie methodisch unreif; ohnehin waren sie durchgängig noch nicht mit Abbildungen ausgestattet – erst in G.s letzten Lebensjahren gab es in dieser Hinsicht hoffnungsvoll stimmende neue Ansätze. Angesichts dieser Sachlage ist begreiflich, daß seine Sammlung für G. gleichsam als ein »kunsthistorisches Institut« fungierte (Trunz, S. 22) und daß der Drang nach Überschau »die Fülle der Objekte und die Ordnung der Einteilung« nötig machte (ebd., S. 34).

Zugleich ist es erhellend, die Entstehung der G.schen Kunstsammlungen im Zusammenhang mit den tief eingreifenden geschichtlichen und kulturgeschichtlichen Prozessen der Zeit zu sehen. Im Hinblick auf die Entwicklung von Kunstsammlungen bedeutete das zum einen, daß mit der Umgestaltung der politisch-regionalen Strukturen, vor allem aber mit der Auflösung der geistlichen Territorialgewalten, also auch ihrer Residenzen, sowie mit der Aufhebung der Klöster ein wesentlicher Teil bisherigen Mäzenatentums und Kunstsammelns wegbrach; eine Fülle von Kunstwerken kam auf den Markt. Zum anderen ergab sich als Folge der epochalen Umwälzungen, daß eine Neustrukturierung des Sammelbetriebs notwendig wurde. Private, aristokratische und bürgerliche Sammlungen bildeten seit langem einen unerläßlichen Grundstock der Überlieferung, aber immer mehr drängte die Entwicklung auf Strukturen, durch die die privaten Schätze der Öffentlichkeit zugänglich zu machen wären. G.s Engagement dafür – die generelle kulturpolitische und konzeptionelle Seite ebenso wie die konkrete Weimarer Situation betreffend – war unter diesem Gesichtspunkt innovativ und voranweisend. Es darf programmatisch genannt werden, wenn G. die Anzeigen der *Notice sur le Cabinet des Médailles* (1823) in *Kunst und Alterthum* mit einem Satz des zeitgenössischen Historikers Arnold Hermann Ludwig Heeren abschloß: »Die Werke der Kunst gehören nicht Einzelnen, sie gehören der gebildeten Menschheit an« (WA I, 49.2, S. 112). Schon 1795 hatte er in dem für die Freitagsgesellschaft bestimmten Vortragstext *Über die verschiedenen Zweige der hiesigen Thätigkeit* den Wunsch nach Erarbeitung einer »allgemeinen Übersicht«, von »Katalogen von Kunstwerken, die sich wirklich hier befinden« (WA I, 53, S. 179), formuliert; das schloß natürlich den eigenen Besitz ein. Dieser Vorschlag hatte angesichts der vergleichsweise geringen Kunstschätze, die in Weimar zur Verfügung standen, eine besondere Bedeutung. Vergleicht man damit, was G. 1816 in seiner Denkschrift *Kunst und Alterthum am Rhein und Main* über das Öffentlichmachen von Sammlungsschätzen vortrug, so wird ersichtlich, wie der lokale Impuls nach der Erfahrung der mittlerweile in zwanzig grundstürzenden Jahren vor sich gegangenen Veränderungen zu einer übergreifenden kulturpolitischen Programmatik ausgeweitet worden war. Den Bürgern seiner Vaterstadt Frankfurt schrieb er ins Stammbuch: »Die Liebe zu den bildenden

Künsten, im weitesten Sinne, hat sich immerfort bei Privatpersonen lebendig erhalten, und es tritt nunmehr der Zeitpunct ein, wo eine freie Bürgerschaft auch für öffentliche Annäherung und Zusammenordnung einzelner Schätze [...] gemeinsam Sorge tragen wird« (WA I, 34.1, S. 104). Seit 1797 – es war die partielle Vorwegnahme der ihm dann 1815 offiziell übertragenen »Oberaufsicht über die unmittelbaren Anstalten für Wissenschaft und Kunst in Weimar und Jena« – oblag G. gemeinsam mit Christian Gottlob Voigt die Verantwortung für die Herzogliche Bibliothek, damit auch für die Kunstsammlungen Carl Augusts. Hier öffnete sich ihm das Feld, auf dem er seine konzeptionellen Vorstellungen, soweit es die Weimarer Verhältnisse erlaubten, in die Praxis übertragen konnte. Bereits 1809 entwickelte er Vorstellungen für eine öffentliche Ausstellung von Kunstwerken aus dem Besitz des Herzogs und erreichte eine nahezu anderthalb Jahre dauernde Ausstellung in vier Räumen des Fürstenhauses. Die 1824 erfolgte Eröffnung einer Galerie im Jägerhaus – es waren nun immerhin schon sechs Räume – war ein weiterer Schritt, einer der »Gründungsakte« für die Weimarer Kunstsammlungen, wie es sie heute gibt. Alles dies steht in vollkommener Übereinstimmung mit dem kulturellen Konzept, mit dem G. auf die Herausforderungen der Epochenwende zu antworten suchte: Es war Handeln im Sinne der Absicht, in einem reißenden Geschichtsprozeß unter der Asche des Vergangenen und Vergehenden die Funken zu bewahren, mit der seiner Überzeugung nach neues Lebensfeuer entfacht werden konnte.

An der Erweiterung und Vervollständigung seiner Kunstsammlungen hat G. kontinuierlich gearbeitet. Seine Mittel, Kunstwerke zu erwerben, waren vergleichsweise begrenzt, und so ging es für ihn darum, diese Mittel möglichst effektiv zu nutzen. Aus dieser Konstellation – zusammen mit dem Aspekt, daß der Besitz für ihn eine besondere Nutzungs-, vor allem Bildungsfunktion hatte – zog er für sich die Konsequenz, Nachbildungen anzuschaffen, wo Originale sich außer der Reichweite seiner Möglichkeiten befanden. Daraus

resultiert die große Anzahl von Reproduktionsgraphiken und Gemmenabdrücken. »Wie schätzen wir nicht«, schrieb er am 21. 12. 1809 an Zelter, »einen Kupferstich von einem Gemälde das wir nicht sehen können«. Ein Mittel des Ausgleichs fand er darin, daß er sich durch Handzeichnungen die originäre Handschrift bedeutender Künstler gegenwärtig machen konnte. Er bemühte sich beispielsweise, Druckgraphiken möglichst Handzeichnungen der jeweiligen Künstler gegenüberzustellen und durch solche Vergleichung Einsicht und Genuß zu steigern. Immerhin sind unter den Handzeichnungen Werke von Bernini, Carracci, Reni, Giulio Romano, Tiepolo, Tintoretto, Veronese, Altdorfer, Cranach, Elsheimer, van Dyck, Rembrandt, Rubens, Boucher, Callot, Greuze, Silvestre, Watteau, dazu von Zeitgenossen wie Chodowiecki, Cornelius, Friedrich, Pforr, Oeser, Schinkel, Johann Heinrich Wilhelm Tischbein – wenngleich es sich nicht in allen Fällen um Originale, sondern auch um Zeichnungen nach Gemälden und Fresken, gelegentlich um falsche Zuschreibungen handelt (vgl. *Kostbarkeiten aus Goethes Kunstsammlung*, S. 14f.). G. wußte sehr wohl nach Qualität zu scheiden und sich über Kostbarkeiten zu freuen, aber er bot seinem Bildungsbedürfnis Nahrung auch durch nicht so Vollkommenes, eher Mechanisches; die Kopien, selbst die kleinen Gemmenabdrücke, gaben ihm sinnlich faßbare Erinnerungsstützen und beförderten seine Phantasie.

Nach seiner eigenen Aussage hat G. im Verlauf von sechzig Jahren »jährlich wenigstens 100 Dukaten auf Ankauf von Merkwürdigkeiten« verwendet; »noch weit mehr habe ich geschenkt bekommen« (Gespräche, 3.2, S. 723). Wahrscheinlich ist der größte Teil der diesbezüglichen eigenen Ausgaben in die Kunstsammlungen geflossen. G. hat vor allem in den späteren Lebensjahrzehnten ziemlich systematisch gesammelt und die vorhandenen Möglichkeiten gut zu nutzen verstanden. In bestimmten Fällen zwar suchte er sich über größere Zeiträume hinweg langgehegte Wünsche zu erfüllen – etwa um die Gipsabgüsse wiederzuerlangen, die er in Rom hatte zurücklassen müssen –, zumeist aber nutzte er Angebote von Kunsthändlern oder die Möglichkeiten von Auktionen für seine Erwerbungen. In einigen Städten hatte er gute Bekannte, die sich für ihn umtaten und Ankäufe tätigten, so Johann Friedrich Rochlitz in Leipzig und Johann Friedrich Heinrich Schlosser in Frankfurt. Ein nicht geringer Teil der Korrespondenz betrifft diese spezielle Thematik. Natürlich trug ihm sein Ruhm in wachsendem Maße Geschenke ein, um so mehr, als sich seine Sammlerleidenschaft herumsprach. Gerade bei der vergleichsweise geringen Anzahl von Gemälden handelt es sich überwiegend um solche Geschenke; nur das Bildnis des Herzogs von Urbino von Federigo Barocci und die von Bury angefertigte Kopie von Tizians Bild der *Irdischen Liebe*, dazu die Meyerschen Kopien der *Aldobrandinischen Hochzeit* hat G. selbst gekauft oder malen lassen.

Zu verzeichnen sind gewisse Akzentverschiebungen in der Profilierung der Sammlungen. Was die nationale Abkunft der Kunstwerke angeht, so war durch das Italienerlebnis der Vorrang antiker und italienischer Werke prädisponiert, während die Niederländer, die bis zur Italienreise, vor allem in den frühen Jahren, im Zentrum gestanden hatten, danach aber eine geringere Rolle spielten. Gleichwohl gab es in G.s Interesse und Zuwendung keine Tendenzen der Ausschließung. In bezug auf die verschiedenen Sammlungsgebiete läßt sich sagen, daß Kupferstiche und Radierungen lange Zeit voranstanden, dann aber auch Zeichnungen immer wichtiger wurden. Mit der Sammlung von Gemmenabdrücken hatte G. bereits in Italien begonnen. Sie waren erschwinglich und gut transportierbar. Über ihren künstlerischen Wert hatte er ein nüchternes Urteil – sie waren ihm aber nützlich. Nach der Jahrhundertwende erst wandte G. sein Interesse in stärkerem Maße Münzen und Medaillen zu; in späteren Jahren wiederum bevorzugte er Medaillen – sein Sohn August kaufte 1830 in Italien etwa 100 Medaillen, zumeist freilich Abgüsse und Nachbildungen. Immerhin wurden die Münzen 1827 im Junozimmer, dem besten Raum des Hauses, in einem Mahagonischrank, einem Geschenk des Sohnes August, deponiert.

Mit seinen gesammelten Schätzen ging G. intensiv um. Sie beschäftigten ihn vielfach, und er kümmerte sich bis in die Einzelheiten hinein um ihre Unterbringung und Anordnung. Freude am Besitz, Genußbedürfnis und Bildungsdrang kamen dabei gleichermaßen zur Geltung – das hatte er schon empfunden, als er am 23. 12. 1786 in einer Situation, da er es für nahezu unmöglich hielt, in einem »Leben voll Thätigkeit und Übung« seine »Kenntniß auf den höchsten Punckt der Reinheit zu bringen«, an Herzogin Luise schrieb: »Und doch wäre nur diese Sicherheit und Gewißheit die Dinge für das zu nehmen was sie sind, selbst die besten Sachen einander subordiniren zu können, iedes im Verhältniße zum andern zu betrachten der größte Genuß nach dem wir im Kunst wie im Natur und Lebenssinne streben sollten«. Das stetig anhaltende Interesse führte ihn oftmals zu Umstellungen und Neudispositionen, die nicht zuletzt durch den historisierenden Blick des Sammlers bestimmt waren. Es war damals nicht selbstverständlich, die Werke innerhalb der verschiedenen Sammlungsbereiche, wie er es tat, nach nationalen Schulen und nach Epochen anzuordnen. G. hat auch auf diese Weise zu neuen Maßstäben beigetragen. Freilich sind aufgrund einer 1910 vorgenommenen systematischen Umgruppierung der Bestände seine originären Ordnungsprinzipien nicht mehr durchweg dokumentiert.

G.s Umgang mit seinen Kunstsammlungen stand auch zu einem wesentlichen Teil im Zeichen seiner in den späteren Jahren immer konsequenter praktizierten Neigung, seine Kunstschätze gemeinsam mit Freunden und Besuchern, vor allem natürlich im engsten Kreis, zu betrachten und zum Anlaß für intensive Gespräche zu machen; es handelte sich um eine besondere Kultivierungsstufe von Geselligkeit. Auf diese Weise sind durch Aufzeichnungen über solche Werkbetrachtungen und -gespräche viele Zeugnisse überliefert, die das Wissen um G.s Sicht auf Werke der bildenden Kunst erweitern. Insofern es ihm darum ging, mit solchen Formen praktischer Zuwendung zu Kunstwerken vor allem auch jungen Menschen eine tiefere Beziehung zur Kunst zu ver-

mitteln und auf diese Weise, wie er am 13. 10.
1819 an Johann August Gottlieb Weigel
schrieb, eine »Baumschule von Kunstfreunden
zu erhalten«, reichten diese Bemühungen weit
über die Dimension bloßer Geselligkeit oder
bloßen Genusses hinaus; sie reihten sich vielmehr in die ausgedehnte und vielfältige Skala
seiner kulturbewahrenden und -weiterrei-
chenden Lebensleistung ein.

Nicht zuletzt verdient Beachtung, daß eine
Fülle von G.schen Schriften, vor allem aus den
letzten Lebensjahrzehnten, direkt auf die eigenen Sammlungen bezogen ist. G. schrieb über
sie, stellte sie vor und nutzte sie zu erweiterter
Wissens- und Bildungsförderung. Und zu
Recht ist – so von Trunz (S. 25) – darauf hingewiesen worden, daß aus den Sammlungen unmittelbare Anregungen für die Gedanken- und
Bildwelt der späten Dichtungen erwachsen
sind; die überzeugendsten Beispiele dafür liefert der *Zweite Teil* des *Faust*.

Literatur:

Im Blickfeld der Goethezeit. Aquarelle und Zeichnungen aus dem Bestand der Kunstsammlungen zu
Weimar (Ausstellungskatalog). Weimar 1997. – Bütt-
ner, Frank: Bildungsideen und bildende Kunst in
Deutschland um 1800. In: Koselleck, Reinhart (Hg.):
Bildungsbürgertum im 19. Jahrhundert. Teil 2.
Stuttgart 1990. – Goethe als Sammler. Kunst aus dem
Hause am Frauenplan in Weimar (Austellungskata-
log). Weimar, Zürich 1990. – Handrick, Willy: Goethes Kunstsammlung. In: Neue Museumskunde. 15
(1972), S. 274–280. – Hecht, Wolfgang: Goethe und
die Gründung der Weimarer Gemäldegalerie. In:
GoetheJb. 102 (1985), S. 199–214. – Jericke, Alfred:
Goethe und sein Haus am Frauenplan. Weimar 1959.
– Kostbarkeiten aus Goethes Kunstsammlung. Be-
gleitheft und Katalog einer Ausstellung. Duisburg
1987. – Ruland, Carl: Die Schätze des Goethe-Natio-
nalmuseums. Leipzig 1887. – Schmidt, Peter: Die
privaten Kunstsammlungen in Frankfurt am Main
von ihren Anfängen bis zur Ausbildung der reinen
Kunstsammlung. Diss. Göttingen 1961. – Schuchardt, Christian: Goethe's Kunstsammlungen. 2
Bde. Jena 1848. (Neudruck Hildesheim, New York
1976). – Schulze, Sabine (Hg.): Goethe und die
Kunst (Ausstellungskatalog). Ostfildern 1994. –
Trunz, Erich: Goethe als Sammler. In: ders.: Weimarer Goethe-Studien. Weimar 1984, S. 7–47.

Hans-Dietrich Dahnke